Sorgenfalten?
Unsere Zukunftsvorsorge.
Online auf wienerstaedtische.at, telefonisch
und natürlich auch persönlich.
#einesorgeweniger
Ihre Sorgen möchten wir haben.
WIENER STÄDTISCHE
VIENNA INSURANCE GROUP

W0366278

VEREHRTE WEINFREUNDIN, GESCHÄTZTER WEINLIEBHABER!

Wir freuen uns, Ihnen die 26. Ausgabe dieses Guides vorlegen zu dürfen, in dem Sie mehr tolle Weine aller heimischen Sorten und Kategorien vorfinden werden als je zuvor. Dank einer ganzen Serie von exzellenten Jahrgängen seit 2015 – mit Ausnahme des Frostjahres 2016 (und das wenige, das es da gab, ist auch nicht zu verachten) – wurden die Weinfreunde von Mutter Natur und durch die Arbeit unserer Winzer sehr reich beschenkt. Zwar haben sich aufgrund des Ukrainekriegs und der anhaltenden Inflation die wirtschaftlichen Wogen noch nicht geglättet, aber dank des Endes der Corona-Pandemie ist die Weinwirtschaft des Landes wieder zurück auf der Erfolgsspur. Messen und Präsentationen sind wieder in gewohnter Form möglich und finden dementsprechend großen Anklang, und auch auf dem internationalen Parkett ist der österreichische Wein wieder gefragt, wie zuletzt beim neuen Falstaff Wein & Gourmetfestival in Baden-Baden in Deutschland zu spüren war.

Werfen wir einen kurzen Blick zurück auf das Jahr 2022, das für die heimischen Winzer recht positiv verlaufen ist. Nicht nur die Weinqualitäten zeigen sich in allen Bereichen sehr vielversprechend, sondern auch die Erntemenge lag mit 2,53 Mio. Hektolitern über dem Durchschnitt von 2,38 Mio. Im vergangenen Jahr konnten 67,7 Mio. Liter österreichischer Wein exportiert werden, dabei wurden 231,3 Mio. Euro erlöst. Laut Österreichischer Weinmarketinggesellschaft war der Wertzuwachs des Exports bei Weißweinen und Sekten am größten, besonders gefragt waren Österreichs Weine 2020 in Kanada, den USA und Nordeuropa. Ein Wermutstropfen war 2022 das Vereinigte Königreich mit einem deutlichen Wertrückgang (–38,0 Prozent). Dort wurde deutlich spürbar, dass die Bearbeitung des Markts durch den Brexit schwieriger und aufwendiger geworden ist. In Asien zeigte der volatile Markt China nach einem satten Plus im Jahr 2021 (+77,9 Prozent) wieder ein wenig nach unten (–15,8 Prozent). Positive Signale kommen nach einigen Jahren der Stagnation aus Japan. Dort legte Wein aus Österreich deutlich zu (+61,3 Prozent). Einen kräftigen Wertzuwachs gab es auch in Südkorea (+26,4 Prozent), einem Land, das sich aktuell als vielversprechender Zukunftsmarkt für unsere Weine zu etablieren beginnt. Sehr erfreulich ist die Entwicklung, was die Bewirtschaftung der heimischen Weingärten betrifft: 20 Prozent der 44.728 Hektar werden von Winzern bewirtschaftet, die mit »Nachhaltig Austria« zertifiziert sind, bei den biologisch und/oder biodynamisch zertifizierten Flächen erreicht Österreich mit bereits 22 Prozent einen Spitzenwert im internationalen Vergleich. Diese wichtige Entwicklung hin zum organischen Weinbau spiegelt sich natürlich besonders stark bei den Spitzenbetrieben wider: Noch nie

Peter Moser
Falstaff
Chefredakteur

falstaff WEINGUIDE 2023/24

ÖSTERREICH/NACHBARLÄNDER

438 ÖSTERREICHISCHE WEINGÜTER UND
WEINGÜTER AUS NACHBARLÄNDERN
3700 AKTUELLE WEINE
BESCHRIEBEN UND BEWERTET

von

Peter Moser

WEINGASTHÖFE – ESSEN UND WOHNEN IN DEN REGIONEN

BEZUGSQUELLEN IN ÖSTERREICH, DEUTSCHLAND
UND DER SCHWEIZ

ISBN: 978-3-903432-09-3

DIE BESTEN WEINGÜTER VERKOSTET UND BEWERTET

DIE WEINBAUREGIONEN IN ÖSTERREICH UND NACHBARLÄNDER

ERSTE SPARKASSE

Unser Land braucht Menschen, die an sich glauben.

Und eine Bank, die an sie glaubt.

#glaubandich

war der Anteil der Bio-Weine so hoch wie in dieser Ausgabe des Falstaff-Weinguides. Neuigkeiten gibt es im Bereich der geschützten DAC-Herkünfte, wo zwanzig Jahre nach dem ersten DAC im Jahr 2003 für das Weinviertel nun als letztes Gebiet auch die Thermenregion ihre herkunftstypischen Weine im DAC-System schützt. Die autochthonen Weißweinsorten Rotgipfler und Zierfandler sowie die Burgundersorten Chardonnay, Weißburgunder, St. Laurent und Pinot Noir stehen dabei im Fokus. Eingeteilt werden die DAC-Weine in die drei Herkunftsstufen Gebietswein, Ortswein und Riedenwein. Start für die Abfüllung ist der Jahrgang 2023, im nächstjährigen Weinguide ist somit der DAC-Reigen über alle österreichischen Weinbaugebiete hinweg komplett.

Die positive Entwicklung im heimischen Schaumweinsektor setzt sich auch in diesem Jahr fort: Noch nie wurden so viele prickelnde Weine zum Falstaff-Weinguide eingereicht, und das ist ein Zeichen dafür, dass die Marketinganstrengungen erste Früchte tragen. Die Sektpyramide und die Einführung des neuen Begriffs »Sekt Austria« kommen beim Konsumenten an, im Alternativbereich stehen die Pet Nats hoch im Kurs, die eine jüngere Zielgruppe im Schaumweinsegment ansprechen. Die größte Herausforderung für die Zukunft des Weinbaus wird der globale Klimawandel sein, und es ist notwendig, vorausschauend auf dieses Phänomen zu reagieren. Winzern wie Konsumenten stehen spannende und sicher abwechslungsreiche Zeiten bevor, und wir werden diese gerne auch in Zukunft mit unseren kritischen Bemerkungen begleiten und Sie bei der Wahl der besten Weine beraten.

An dieser Stelle möchte ich ganz besonders allen Mitarbeiterinnen und Mitarbeitern dieser 26. Ausgabe sowie allen Weingütern, die ihre Weine in dieser nach wie vor sehr speziellen Zeit vertrauensvoll in unsere kritische Obhut gegeben haben, meinen aufrichtigen Dank aussprechen. Nur ihr Können und ihre bewundernswerte Arbeit machen diesen Guide überhaupt erst möglich. Und damit unsere Winzer auch morgen noch die bestmöglichen Weine für uns Kunden herstellen können, ist es notwendig, dass sie einen fairen Preis für ihre ausgezeichneten Produkte bekommen. Lassen wir uns also unseren Weingenuss auch in Zukunft etwas kosten.

PETER MOSER
Falstaff Chefredakteur

QUALITÄT
BEGINNT BEIM ETIKETT
ETIKETTEN
ETIKETTEN-DRUCKER
TRANSFER-BÄNDER
HEISSFOLIEN-PRÄGUNG
RELIEF-PRÄGUNG
SIEBDRUCK
METAL DOMING
ulrich.at
ulrich
etiketten und verpackungen

DER GUIDE IN DER PRAXIS

Die Darstellungen der Winzer geben Ihnen eine Fülle an Informationen. Aus Platzgründen wurde mit Abkürzungen gearbeitet, die in der Folge erklärt werden. Es wurde jeweils der beste Wein jedes Betriebs beschrieben, zusätzlich jeder, der 90 Punkte oder mehr erreichte.

REBSORTEN-ABKÜRZUNGEN

Weißweinsorten

BLM	Blütenmuskateller
BO	Bouvier
CH	Chardonnay/Feinburgunder/Morillon
FU	Furmint
FV	Frühroter Veltliner/Malvasier
GM	Gelber Muskateller, Muscat-Lunel
GM6	Goldmuskateller
GO	Goldburger
GS	Grüner Sylvaner
GV	Grüner Veltliner
MO	Muskat-Ottonel
MS	Muscaris
MT	Müller-Thurgau/Riesling-Sylvaner
NB	Neuburger
PG	Pinot Gris/Grauburgunder/Ruländer
RG	Rotgipfler
RR	Rheinriesling/Riesling
RV	Roter Veltliner
SÄ	Sämling 88/Scheurebe
SB	Sauvignon Blanc, Muskat-Sylvaner
SE	Semillon
SOG	Souvignier Gris
TR	Gelber-, Roter-, Gewürztraminer
WB	Weißburgunder/Pinot Blanc
WR	Welschriesling
ZF	Zierfandler

Rotweinsorten

BB	Blauburger
BF	Blaufränkisch
BP	Blauer Portugieser
BW	Blauer Wildbacher/Schilcher
CF	Cabernet Franc
CS	Cabernet Sauvignon
ME	Merlot
PN	Pinot Noir/Blauer Burgunder
RA	Ráthay
RMT	Rosenmuskateller
RÖ	Roesler
SG	Sangiovese
SL	St. Laurent
SY	Syrah
ZW	Blauer Zweigelt

BIO

Weine aus organisch-biologischem oder biologisch-dynamischem Anbau

ZERTIFIZIERT NACHHALTIG AUSTRIA

Das Zertifizierungsprogramm »Nachhaltig Austria« regelt in Österreichs Weinbau die Verwendung des Begriffs »Nachhaltigkeit«.

BEGRIFFSDEFINITIONEN UND WEITERE ABKÜRZUNGEN

extratrocken	bis max. 4 gr RZ/L
trocken	bis max. 9 gr RZ/L
halbtrocken	bis max. 12 gr RZ/L
lieblich	bis max. 45 gr RZ/L
süß	über 45 gr RZ/L
Barrique	zu 100 Prozent im neuen Holz ausgebaut
Teilbarrique	zum Teil im neuen Holz ausgebaut
großes Holzfass	im großen Holzfass ausgebaut
Stahltank	im Stahltank ausgebaut
AL	Auslese
BA	Beerenauslese
TBA	Trockenbeerenauslese

VERSCHLUSSSYSTEME

NK	Naturkork
KK	Kunststoffstöpsel
KR	Kronenkorken
VL	VinoLok (Glas)
DV	Drehverschluss
DIAM	Verschluss aus gepresstem Korkgranulat

dpd
DPD Weinlogistik:
Ihre edlen Tropfen
sind mit uns stets
sicher unterwegs.
Als Weinlogistik-Experte sorgen wir seit mehr als 25 Jahren für den verlässlichen Versand von Wein, Sekt, Champagner sowie vielen anderen, bruchsensiblen Produkten. Sicher verpackt in unseren eigens entwickelten DPD Weinkartons kommen Ihre edlen Tropfen nicht nur schnell, sondern auch unversehrt bei Ihren Kund:innen an.
dpd.at
dpd

BEZUGSQUELLEN

Die Winzer wurden gebeten, uns ihre wichtigsten Bezugsquellen anzugeben. Aus diesen Angaben haben wir im Anhang des Guides ein umfangreiches Vinotheken- und Bezugsquellenregister erstellt, aus dem Sie die genaue Anschrift sowie in den meisten Fällen auch Telefon, Fax, Internetadresse, gegebenenfalls E-Mail-Adresse und Öffnungszeiten entnehmen können. Selbstverständlich geben die Winzer auch gerne selbst Auskunft über die Einkaufsquelle, die für Sie die nächste ist.

PREISKATEGORIEN

Wir haben die teilnehmenden Winzer gebeten, uns die Preise für ihre Weine bekannt zu geben und haben nun die Ab-Hof-Preise für Privatkunden in Preiskategorien aufgeteilt. Nicht alle Winzer sind dieser Bitte nachgekommen, manche haben zu diesem Punkt keine Angaben gemacht. Natürlich wurden auch Weine verkostet, die sehr schwer erhältlich sind, weil sie entweder nur in kleinsten Mengen produziert wurden – ein Hauptproblem der österreichischen Weinlandschaft – oder weil es sich um »Kultweine« handelt, die von vornherein nur gegen Reservierung oder für Stammkunden erhältlich sind. Bei diesen Weinen ist die Preiskategorie in Klammern gesetzt. Da diese Weine aber in einem hohen Maß die qualitative Spitze der heimischen Produktion darstellen, wurden sie dennoch verkostet und bewertet, um ein vollständiges Bild abgeben zu können. Eine wichtige Relation besteht noch in Form des Preis-Leistungs-Verhältnisses.
Die Weine wurden ohne Ansehen ihrer Preise verkostet. Natürlich erwartet man sich von einem teureren Wein auch ein entsprechendes Punkteergebnis. Andererseits kann ein Wein, der beispielsweise gute 86 Punkte erreicht und aus der untersten Preiskategorie stammt, ein sehr erfreulicher Einkauf sein. Wie viel man schließlich bereit ist, für sein Weinvergnügen auszugeben, bestimmt jeder für sich.

€	bis	€ 5,–
€€	bis	€ 10,–
€€€	bis	€ 15,–
€€€€	bis	€ 20,–
€€€€€	bis	€ 40,–
€€€€€€	über	€ 40,–
(€€€)	limitiert/auf Reservierung oder ausverkauft	

SYMBOLIK

WEINSPEZIFISCH

- Schaumwein
- biologisch
- vegan
- fruktosearm
- schwefelarm
- histaminarm
- natural
- orange
- * DAC
- ** DAC Reserve
- *** DAC Rosé

WEITERE ANGEBOTE

- Ab-Hof-Verkauf
- Weinverkostung
- Restaurant
- Übernachtungsmöglichkeit
- Heuriger/Buschenschank
- Spirituosen aus eigener Erzeugung
- Feinkost aus eigener Erzeugung

PURER
KÄSEGENUSS
SCHÄRDINGER ASMONTE
Schärdinger
ASMONTE
Schärdinger
WÜRZIG-KRÄFTIG
ASMONTE
laktosefrei
Schärdinger. So schmeckt mir das Leben!

DIE WEINBEWERTUNGEN

Die Bewertung der Weine erfolgt nach dem internationalen 100-Punkte-System, das eine sehr differenzierte und genau akzentuierte Bewertung erlaubt. Da für den Falstaff Weinguide die besten Winzer ihre besten Weine einreichen, würde dies im 20-Punkte-System eine Fülle von ident hoch bewerteten Weinen bedeuten. Das 100-Punkte-System bringt zusätzlich eine internationale Vergleichbarkeit mit sich, die auch für die Winzer selbst strategische Vorteile birgt.

100	Nicht zu übertreffen
95–99	Absolute Weltklasse
90–94	Ausgezeichneter Wein, unter den Besten des Jahrgangs
85–89	Gut bis sehr gut
( )	Fassprobenwertung

Weine mit einer Bewertung unter 85 Punkten werden nicht aufgenommen.

DAS KLASSEMENT – DIE STERNE

In diesem Buch ist jedem erwähnten Wein eine entsprechende Bewertung nach dem international in der Fachwelt gebräuchlichen 100-Punkte-System zuteilgeworden. Fassproben sind durch eine in Klammern gesetzte Bewertung erkennbar, die eine potenzielle Bewertung darstellt.

Die Benotung der Weine erfolgt in offener Verkostung, also in Einschätzung ihres Potenzials, ihres Terroirs und des Stils, den das Haus bei der Vinifikation pflegt – ein Verfahren, das speziell bei der Bewertung von Fassmustern und Jungweinen gegenüber der sogenannten »Blindprobe« von großem Vorteil ist. Daneben wurde auf einer zweiten Ebene eine Einstufung der in den Guide aufgenommenen Betriebe vorgenommen, die nicht ausschließlich im Zusammenhang mit dem aktuellen Abschneiden der Weine eines Produzenten steht. Dieser Versuch eines Klassements ist eine zutiefst subjektive Angelegenheit, dennoch folgt er Richtlinien, die ich an dieser Stelle erläutern möchte.

Seitdem der Aufschwung der heimischen Weinszene so richtig begann, also Ende der Achtzigerjahre, verkoste ich mit großer Regelmäßigkeit die Weine der führenden Betriebe, der Newcomer und solcher, die es gerne wären. Über 450 Produzenten stehen jährlich in Österreich auf dem Programm, was mittlerweile insgesamt mehr als 50.000 Einzelnotizen im Lauf der Jahre bedeutet.

Diese Degustations-Kontinuität verschafft mir einen guten und verlässlichen Überblick. Von persönlichen Präferenzen einmal ganz abgesehen – denn selbstverständlich entwickelt sich über die Zeit gegenüber manchem Winzer ein freundschaftliches Verhältnis, ja sogar Freundschaft –, gibt es aber durchaus objektivierbare Elemente, die ein Klassement erlauben. Die Fähigkeiten eines Produzenten stehen natürlich im Vordergrund, dazu kommen ein möglichst optimales, unverwechselbares Terroir, Vorzüge wie alte Rebanlagen, die richtigen Sortenklone sowie schließlich auch der Aspekt, wie regelmäßig (und das genauso in schwächeren Jahrgängen) eine überragende Qualität erzeugt werden kann. Zusammengefasst sind also Begriffe wie Talent, Terroir und Kontinuität – vielleicht auch Originalität – gefragt. Und dies gilt nicht nur für Österreich, sondern für die ganze Weinwelt.

DIE WELT DER EDELMETALLE

ÖGUSSA

SEIT 1862

Investment in Gold

bei Österreichs führender Edelmetall-Scheideanstalt

Ögussa Goldbarren werden in Österreich gefertigt
und sind daher Mengen unabhängig innerhalb kürzester Zeit verfügbar.

Barren in 11 Größen • 1 bis 1000 Gramm • bis 10.000 € anonym • umsatzsteuerfrei

ÖSTERREICHISCHE GOLD- U. SILBER- SCHEIDEANSTALT GES.M.B.H.
Liesinger-Flur-Gasse 4 | 1230 Wien | T +43 1 86646
Wien, Linz, Salzburg, Innsbruck, Dornbirn, Graz, Klagenfurt
www.oegussa.at

Besuchen Sie unseren Barrenwebshop.

Ein Unternehmen der umicore

Faires Gold

zertifiziert konfliktfreie Lieferkette

FAIRMINED

RESPONSIBLE JEWELRY COUNCIL

CHAIN OF CUSTODY

In welchem Ausmaß dies einem Betrieb in den vergangenen Jahren gelungen ist, soll im Sterne-Klassement ausgedrückt werden. Bis zum Jahr 2006 wurden für diese Weingutsbewertung bis zu drei Sterne verwendet. Die ständig andauernde Qualitätsentwicklung hat uns gezeigt, dass dies zu Unschärfen führt, und so wurde ab der zehnten Ausgabe im Jahr 2007 das Klassement grundlegend überarbeitet und ein Fünf-Sterne-Klassement entwickelt. Dieses erstreckt sich nun in Stufen von der Aufnahme, die gleichzeitig auch Empfehlung ist, bis zu fünf Sternen für die wenigen allerbesten Erzeuger mit Weltgeltung. Es erlaubt dem Autor nun, noch besser zu differenzieren.
Ich möchte Sie speziell auf die neu (diese sind als solche gekennzeichnet) in den Guide aufgenommenen Weingüter aufmerksam machen, das sind alles Namen, die man sich für die Zukunft merken sollte.

DIE STERNE DES KLASSEMENTS UND IHRE BEDEUTUNG

★★★★★

Weingut, das immer außergewöhnliche Qualität erzeugt, was nur auf den allerbesten Terroirs des Landes möglich ist. Der Betrieb zählt zu den besten der Welt und genießt entsprechende internationale Anerkennung und Nachfrage.

★★★★

Erzeuger von konstant herausragender Qualität, ein Betrieb mit einer Bedeutung, die über die Grenzen des Landes hinausreicht. Produziert hochklassige Weine, die auch international wahrgenommen werden.

★★★

Erzeuger von sehr hoher Qualität, bringt kontinuierlich Weine hervor, die in ihrer Gattung zu den besten des Landes gezählt werden.

★★

Betrieb von nationaler Reputation, erzeugt regelmäßig sorten- und regionaltypische Weine in sehr guter Qualität.

★

Betrieb mit überregionaler Bedeutung, erzeugt regelmäßig sorten- und regionaltypische Weine in guter Qualität.

—

Ohne Stern: Empfehlenswerter Betrieb mit regionaler Bedeutung, produziert sortentypische Weine in verlässlicher Qualität.

© Shutterstock

Die Wein-Lagerlogistik GmbH

Immer das richtige Transport- und Logistikprodukt

TRANSPORTLOGISTIK

Nationaler Sammelgutverkehr
Import & Export via See- und Luftfracht
Expresszustellungen
Internationale Paket- und Stückgut-Transporte
Temperatur geführte Transporte

LAGERLOGISTIK

Lagerfläche 12.000 m²
15.000 Palettenstellplätze
Temperaturgeführte Lagerung zwischen 12 – 17°
Steuer-Frei-Lagerung
First In – First Out – Prinzip, chargengeführt
Kundenzugang & Auftragserfassung via Handy App
IFS - Zertifizierung

DIE Wein-Logistik GmbH

Die Wein-Lagerlogistik GmbH
Heidehofweg 9 | 7111 Parndorf
Telefon 02166 / 20674
www.wein-logistik.at

WINE SHOP
Wine & Accessoires

WEINBAUREGIONEN NACH WEINGARTENFLÄCHE

Quelle: BMLRT nach INVEKOS (2022)

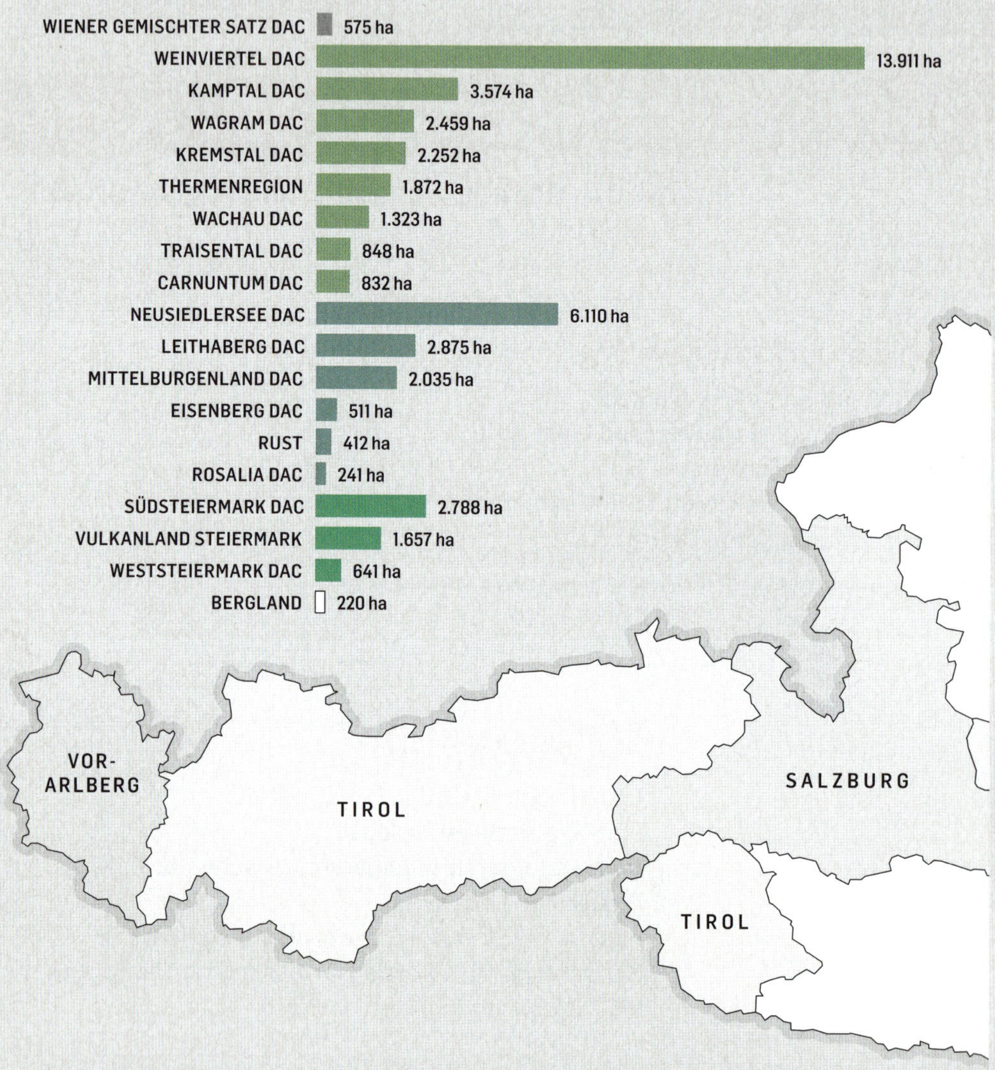

Die Weingartenflächen der Bundesländer Oberösterreich, Kärnten, Salzburg, Tirol und Vorarlberg sind in der Weinregion »Bergland« zusammengefasst.

DIE WEINBAUREGIONEN IN ÖSTERREICH

DIE TOP-WEINGÜTER

★★★★★

Weingut Paul Achs, Gols
Weingut Alzinger, Dürnstein
Weingut Bründlmayer, Langenlois
Weinberghof Karl Fritsch, Oberstockstall
Weingut Gesellmann, Deutschkreutz
Weingut Schloss Gobelsburg, Gobelsburg
Weingut Philipp Grassl, Göttlesbrunn
Weingut Gross, Ehrenhausen
Weingut Gernot und Heike Heinrich, Gols
Weingut Hirsch, Kammern
Weingut Franz Hirtzberger, Spitz an der Donau
Weingut Johanneshof Reinisch, Tattendorf
Weingut Knoll, Dürnstein
Weingut Kollwentz, Großhöflein
Weinlaubenhof Kracher, Illmitz
Weingut Krutzler, Deutsch Schützen
Weingut Lackner-Tinnacher, Gamlitz
Weingut Mantlerhof, Brunn im Felde/Gedersdorf
Weingut Gerhard Markowitsch, Göttlesbrunn
Weingut Moric, Großhöflein
Weingut Neumeister, Straden
Wein-Gut Nigl, Senftenberg
Weingut Anita und Hans Nittnaus, Gols
Weingut Bernhard Ott, Feuersbrunn
Weingut F. X. Pichler, Dürnstein
Weingut Rudi Pichler, Wösendorf
Weingut Pöckl, Mönchhof
Weingut Prager, Weißenkirchen/Wachau
Weingut Familie Proidl, Senftenberg
Weingut Erwin Sabathi, Leutschach an der Weinstraße
Weingut Salomon Undhof, Stein an der Donau
Familienweingut Sattlerhof, Gamlitz
Familienweingut Tement, Ehrenhausen
Weingut Ernst Triebaumer, Rust
Hans Tschida - Angerhof, Illmitz
Weingut Velich, Apetlon
Weingut Wieninger, Wien

★★★★

Weingut Werner Achs, Gols
Weingut Allram, Straß im Straßertale
Weingut Alphart, Traiskirchen
Weingut Markus Altenburger, Jois
Weingut Kurt Angerer, Lengenfeld
Weingut Artner, Höflein
Weingut Anton Bauer, Feuersbrunn
Heribert Bayer Kellerei In Signo Leonis, Neckenmarkt
Weingut Buchegger, Droß
Domäne Wachau, Dürnstein
Weingut Johann Donabaum, Spitz an der Donau
Dürnberg, Falkenstein
Weingut Ebner-Ebenauer, Poysdorf
Weingut Ecker – Eckhof, Kirchberg am Wagram
Edlmoser Weingut & Heuriger, Wien
Weingut Ludwig Ehn, Langenlois
Weingut Eichinger, Straß im Straßertale
Weingut Feiler-Artinger, Rust
Weingut Christian Fischer, Sooß
Weingut Frauwallner Straden, Straden
Weingut Georg Frischengruber, Rossatz
Weingut Josef Fritz, Zaußenberg
Weingut Gager, Deutschkreutz
Weingut Johannes Gebeshuber, Gumpoldskirchen
Weingut Walter Glatzer, Göttlesbrunn
FJ Gritsch – Mauritiushof, Spitz an der Donau
Weingut Gschweicher, Röschitz
Weingut Harkamp, Leibnitz
Weingut Toni Hartl, Reisenberg
Weingut Silvia Heinrich, Deutschkreutz
Weingut Hiedler, Langenlois
Weingut Josef & Georg Högl, Spitz an der Donau
Weingut Hofstätter, Spitz an der Donau
Weingut Markus Huber, Reichersdorf
IBY Rotweingut Bio, Horitschon

Gegenwart braucht
HERKUNFT,
damit sie ZUKUNFT
gestalten kann.
TRADITIONSWEINGÜTER ÖSTERREICH
Bestellen Sie Ihr Lagenbuch unter:
traditionsweingueter.at
Österreichische Traditionsweingüter
1ÖTW ERSTE LAGEN®

Weingut Hans Igler, Deutschkreutz
Weingut Jalits, Badersdorf
Weingut Jamek, Joching
Weingut Daniel Jaunegg, Leutschach an der Weinstraße
Weingut Jurtschitsch, Langenlois
Weingut Kerschbaum, Horitschon
Weingut Kodolitsch, Leibnitz
Weingut Kopfensteiner, Deutsch Schützen
Weingut Krispel, Hof bei Straden
Weingut Lagler, Spitz
Weingut Leth, Fels am Wagram
Weingut Fred Loimer, Langenlois
Weingut Wolfgang Maitz, Ehrenhausen an der Weinstraße
Weingut Malat, Palt
Weingut Mayer am Pfarrplatz, Wien
Weingut Vorspannhof – Mayr, Dross
Weingut Hermann Moser, Rohrendorf
Weingut Dorli Muhr, Prellenkirchen
Weingut MUSTER.gamlitz, Gamlitz
Weingut Franz und Christine Netzl, Göttlesbrunn
Weingut Ludwig Neumayer, Inzersdorf ob der Traisen
Bioweingut Robert Payr, Höflein
Weingut R. & A. Pfaffl, Stetten
Weingut Pichler-Krutzler, Dürnstein
Weingut Pittnauer, Gols
Weingut Polz, Strass in der Steiermark
Weingut Prieler, Schützen am Gebirge
Weingut Rotes Haus, Wien
Weingut Hannes Sabathi, Gamlitz
Josef Scharl – Charakterweine, Sankt Anna am Aigen
Weingut Scheiblhofer, Andau
weingut schiefer.pur, Welgersdorf
Weingut Franz Schindler, Mörbisch
Weingut Schmelz, Joching
Weingut Josef Schmid, Stratzing
Weingut Schwarz, Andau
Weingut Setzer, Hohenwarth
Weingut Skoff Original – Walter Skoff, Gamlitz
Weingut Stadlmann, Traiskirchen
Weingut Stadt Krems, Krems
Weingut Steininger, Langenlois
Weingut Tegernseerhof, Dürnstein
Weingut Josef Tesch, Neckenmarkt
Weingut Tinhof, Trausdorf
Weingut Topf, Straß im Straßertale
Günter + Regina Triebaumer, Rust
Weingut Christian Tschida, Illmitz
Weingut Türk, Stratzing
Weingut Wellanschitz, Neckenmarkt
Weingut Wohlmuth, Kitzeck im Sausal
Weingut Zull, Schrattenthal
Ewald Zweytick Wein, Ratsch an der Weinstraße

★★★

A-Nobis Sektkellerei Norbert Szigeti, Zurndorf
Weingut Aigner, Krems
Allacher Vinum Pannonia, Gols
Weingut Atzberg, Spitz an der Donau
Weingut Familie Auer, Tattendorf
Leo Aumann, Tribuswinkel
Weingut Bannert, Obermarkersdorf
Weingut Christoph Bauer, Jetzelsdorf
Weingut Stefan Bauer, Königsbrunn am Wagram
Weinhof Bauer-Pöltl, Horitschon-Unterpetersdorf
Weingut Bäuerl, Dürnstein
Weingut Bayer – Erbhof, Donnerskirchen
Weingut Berger, Gedersdorf
Weingut Biegler, Gumpoldskirchen
Weingut Karl Brindlmayer, Wagram ob der Traisen
Weingut Philipp Bründlmayer, Grunddorf
Weingut Ceel, Rust
Weingut Christ, Wien
Weingut Cobenzl, Wien
Weingut Zur Dankbarkeit, Podersdorf am See
Weingut Robert Direder, Kirchberg am Wagram
Winzerhof Familie Dockner, Höbenbach
Weingut Tom Dockner, Theyern
Weingut Peter Dolle, Straß im Straßertale
Dreisiebner Stammhaus, Sulztal an der Weinstraße

DÖL LER ER WEIN HAUS

Döllerers höchst persönliches Weinabo

HANDVERLESEN von Döllerer

Ein facettenreiches Abo voll von tollen Weinen und spannenden Inhalten. Keine Box gleicht der anderen, jede ist eine Überraschung. Was sie alle eint, ist der unumstößliche Qualitätsanspruch, für den das Döllerer Weinhaus steht. Charakterstarke Weine mit Herkunft.

Handverlesen von uns für dich.

„Ein Abo für all jene, die gerne einen Blick über den Glasrand werfen."

RAIMUND DÖLLERER

4-, 6-, 12-mal jährlich, oder Endlos Handverlesen ...

Jede Box um AT € 89,00 | DE € 95,00 inkl. Versand

In jeder Box gibt es grandiose Weine & spannende Inhalte.

JETZT ENTDECKEN AUF
DOELLERER.AT/WEINABO

Weingut Josef Edlinger, Furth/Palt
Edlinger Wein x Röschitz, Röschitz
Weingut Josef Ehmoser, Tiefenthal
Weingut Engel, Tieschen
Weingut Ernst, Deutschkreutz
Weingut Ernst, Großwiesendorf
Weingut Esterházy, Trausdorf an der Wulka
Weingut Felberjörgl, Kitzeck
Weingut Rudolf Fidesser, Platt
Weingut Leopold Figl, Wagram ob der Traisen
Weingut Meinhard Forstreiter, Krems-Hollenburg
Weingut Frank, Herrnbaumgarten
Weingut Frühwirth, Klöch
Weingut R & R Gerngross, Sausal
Weingut Giefing, Rust
Burgundermacher Weingut Johann Gisperg, Teesdorf
Weingut Robert Goldenits, Tadten
Weingut Gollenz, Tieschen
Weingut Thomas Gritsch, Spitz an der Donau
Weingut Ingrid Groiss, Breitenwaida
Groszer Wein, Burg
BIO Weingut Gruber Röschitz, Röschitz
Weingut Hagn, Mailberg
Weingut Haider, Illmitz
Weingut Hajszan Neumann, Wien
Hammer Wein Rust, Rust
Graf Hardegg, Seefeld-Kadolz
Weingut Hartl, Oberwaltersdorf
Weingut Herwald Hauleitner, Wagram ob der Traisen
Weingut Leo Hillinger, Jois
Weinhofmeisterei Mathias Hirtzberger, Wösendorf in der Wachau
Weingut Hofbauer-Schmidt, Hohenwarth
Weingut Rudolf Hofmann, Traismauer
Weingut Holzapfel, Weißenkirchen
Weingut Horvath, Gols
Weingut Hundsdorfer, Neckenmarkt
Weingut Hutter Silberbichlerhof, Mautern an der Donau
Weingut Markus Iro, Gols
Weingut Jäger, Weißenkirchen
Weingut Schilcherei® Jöbstl, Wernersdorf bei Wies
Weingut Jordan, Pulkau
Weingut Keringer, Mönchhof
Domaines Kilger, Gamlitz
Winzerhof Kiss Ronald, Jois
Weingut Jacqueline Klein, Andau
Weingut Stift Klosterneuburg, Klosterneuburg
Weingut Kolkmann, Fels am Wagram
Kraft aus Rust, Rust
Weingut Lex Langmann, Sankt Stefan ob Stainz
Weingut Leberl, Großhöflein
Weingut Leindl, Zöbing
Weingut Leitner, Gols
Hofkellerei des Fürsten von Liechtenstein, Wilfersdorf
Weingut Liegenfeld, Donnerskirchen
Weingut Gerhard J. Lobner, Mannersdorf an der March
Weingut MAD, Oggau
Weingut Masser, Leutschach
Weingut Migsich, Antau
Weingut Roland Minkowitsch, Mannersdorf an der March
Müller Klöch, Klöch
Weingut Müller, Krustetten
Weingut Müller-Grossmann, Furth-Palt
Weingut Münzenrieder, Apetlon
Weingut PMC Münzenrieder, Apetlon
Weingut Nehrer, Eisenstadt
Weingut Nimmervoll, Engelmannsbrunn
Weingut Gebrüder Nittnaus, Gols
Anton Nothnagl, Spitz an der Donau
Weingut Riegelnegg – Olwitschhof, Gamlitz
Weingut Pfeifer, Sankt Anna am Aigen
Weingut Pfneisl, Deutschkreutz
Weingut Piriwe, Traiskirchen
Weingut Familie Pitnauer, Göttlesbrunn
Weingut Pongratz Kranachberg, Gamlitz - Kranachberg
Weingut Potzinger, Gabersdorf
Weingut Prechtl, Zellerndorf
Weingut Helmut Preisinger, Gols
Weinkultur Preiß, Theyern
Rotweingut Prickler, Lutzmannsburg
Weingut Primus, Grassnitzberg-Spielfeld

marzek
etiketten + packaging
WELTMEISTER 5x ETIKETTEN
Nur die Natur verpackt besser.
edel & nachhaltig
Die stilvollen, qualitativ-hochwertigen Etiketten von Marzek sorgen dafür, dass die edlen Tropfen unserer Winzer:innen nicht nur auf- und gefallen, sondern auch höchsten Anforderungen an den Umweltschutz gerecht werden.
ETIKETTEN
DESIGN
FEINKARTONAGEN
ETIKETTIERTECHNIK
FLEXIBLES
TT-DRUCKER
www.marzek.at

Weingut Rudolf Rabl, Langenlois
Weingut Hannes Reeh, Andau
Weingut Regele, Ehrenhausen an der Weinstraße
Weingut Rixinger, Spitz an der Donau
Weingut Salzl – Seewinkelhof, Illmitz
Weingut Franz Sauerstingl, Fels am Wagram
Weingut Schauer, Kitzeck
Schlumberger Wein- und Sektkellerei, Wien
Weingut Schneider, Tattendorf
Winzerhaus Hans Schöller, Wagram ob der Traisen
Weingut Familie Schuster, Großriedenthal
Thomas Schwarz, Purbach
Weingut Schwarzböck, Hagenbrunn
Weingut Wolfgang Seher, Platt
Weingut Heinz und Adrienne Sigl, Rossatz
Weingut Peter Skoff – Domäne Kranachberg, Gamlitz
Weingut Sommer, Donnerskirchen
Lesehof Stagård, Krems-Stein
Weingut Bernd Stelzl, Leutschach an der Weinstraße
StephanO Das-Wein-Gut, Deutsch Schützen
Weingut HST – Hannes Steurer, Jois
Karl Stierschneider – Kartäuserhof, Weißenkirchen
Weingut Stift Göttweig, Furth bei Göttweig
Winzerhof Stift, Röschitz
Weingut Strawanzer Donabaum, Spitz an der Donau
Weingut Strehn, Deutschkreutz
Weingut Sutter, Hohenwarth
Weingut Taferner, Göttlesbrunn
Weingut Taubenschuss, Poysdorf
Weingut Thiery-Weber, Rohrendorf
Weingut Tschermonegg, Leutschach
Weingut Petra Unger, Furth-Palt
Weingut Wagentristl, Großhöflein
Weinhof Anton und Elfriede Waldschütz, Sachsendorf
Weingut Reinhard & Markus Waldschütz, Straß im Straßertale
Weingut Weinrieder, Kleinhadersdorf-Poysdorf
Weingut Weixelbaum, Straß im Straßertale
Weingut Wess, Krems
Weingut Juliana Wieder, Neckenmarkt
Weingut Niki Windisch, Groß-Engersdorf
Weingut Winkler-Hermaden, Kapfenstein
Zantho Weingut, Andau
Weingut Stefan Zehetbauer, Schützen am Gebirge
Weingut Alois Zimmermann, Theiß
Weingut Zuschmann-Schöfmann, Martinsdorf

★★

Weingut Adam – Lieleg, Leutschach
Weingut Alphart am Mühlbach, Traiskirchen
Weingut Amsee, Gols
Weingut Michael Auer, Höflein
Klosterkeller der Barmherzigen Brüder, Eisenstadt
Familie Bauer - Bioweingut, Großriedenthal
Weingut Josef Bauer, Feuersbrunn
Weingut Norbert Bauer, Jetzelsdorf
Weingut Benedikt, Kirchberg am Wagram
Weingut Blauensteiner, Gösing am Wagram
Weingut Böheim, Göttlesbrunn-Arbesthal
Weingut Branigg, Kitzeck im Sausal
Weingut Brolli-Arkadenhof, Gamlitz
Weingut Gerhard Deim, Schönberg am Kamp
Weingut Gerald und Andrea Diem, Obermarkersdorf
Weingut Karl Diwald, Großriedenthal
Weingut Christoph Edelbauer, Langenlois
Weingut Eder, Gedersdorf
Weingut Alexander Egermann, Illmitz
Weinhof Ehn, Engelmannsbrunn
Weingut Felsner, Grunddorf
Weingut Grenzhof-Fiedler, Mörbisch
Weingut Buschenschank Firmenich, Ehrenhausen
Weingut Alfred Fischer, Stöttera
Schilcherweingut Friedrich, Sankt Stefan ob Stainz
Weingut Rudolf Fritz, Krems-Thallern
Weingut Fuhrgassl-Huber, Wien
Weingut Stefan Gebetsberger, Spitz an der Donau
Winzerhof Gmeiner, Seebarn
Weingut Norbert Greil, Unterstockstall

WEINKULTUR
kamptal
WEINKULTUR-KAMPTAL.AT
DA SCHAU HER!
DAS KAMPTAL IST NICHT WIE ANDERE WEINBAUGEBIETE.
ES IST ETWAS BESONDERES. ES IST ABWECHSLUNGSREICH
UND IMMER AUCH EIN WENIG ÜBERRASCHEND. GENAU WIE SEINE WEINE.
SIEHT MAN DOCH! UND SCHMECKT MAN AUCH. CHEERS!
SO IST DAS BEI UNS.

Weinhof Grill, Fels am Wagram
Weingut Roman Gritsch, Spitz an der Donau
Weingut Lukas Hagen, Krems
Weingut Heiderer-Mayer, Großweikersdorf
Weingut Herndler, Schiltern
Stiftsweingut Herzogenburg, St. Pölten
Hirschmugl - Domaene am Seggauberg, Leibnitz
Weingut Hirtl, Poysdorf
Weingut Wolfgang Hofer, Wien
Weingut Andreas Holzer, Nussdorf
Weingut Johannes Holzer, Engabrunn
Weingut Armin Huber, Straß im Straßertale
Winzer Christian Jassek, Ragelsdorf
Winzerschlössl Kaiser, Eisenstadt
Bio-Weingut Kemetner, Etsdorf am Kamp
Weingut Kögl, Ratsch an der Weinstraße
Laurenz V., Wien/Zöbing
Weingut Maglock-Nagel, Straß im Straßertale
Schlossweingut Malteser-Ritter-Orden, Mailberg
Weingut Lukas Markowitsch, Göttlesbrunn
Meinrad Markowitsch, Göttlesbrunn
Weingut Martinshof, Neusiedl an der Zaya
Weingut Maurer, Röschitz
Weingut Mazza, Weißenkirchen
Weingut Hans Moser, Eisenstadt
Weinkellerei Lenz Moser, Rohrendorf
Weingut Andreas Muhr, Stixneusiedl
Weingut Müller – Tassilo, Krustetten
Weingut Christian Nastl, Langenlois
Neckenmarkt die Winzer, Neckenmarkt
Nestor, Halbturn
Weingut Noemi, Kitzeck im Sausal
Nolz Wein, Hilpersdorf
Weingut Barbara Öhlzelt, Zöbing
Weingut Oppelmayer, Göttlesbrunn
Weingut Thomas Ott, Reichersdorf
Weinhof Christian Parzer, Oberfucha-Furth
Weingut Pasler, Jois
Weingut Pass, Etzmannsdorf
Weingut PAX, Weißenkirchen in der Wachau
Weingut Pesau, Falkenstein
Weingut Gerhard Pimpel, Göttlesbrunn
Weingut Piribauer, Neudörfl
Weinhof Platzer, Tieschen
Domaine Pöttelsdorf, Pöttelsdorf
Bioweingut Pröglhöf, Obernalb/Retz
Weinbau Familie Reinberger, Grafenwörth
Weingut Reiterer, Wies
Weingut Familie Repolusk, Leutschach an der Weinstraße
Weingut Retzl, Zöbing
Weingut Rosner, Langenlois
Weingut Erich Sattler, Tadten
Weingut Sattler, Jois
Winzerhof Sax, Langenlois
Weingut Schabl, Königsbrunn am Wagram
Weingut Schneider, Röschitz
Weingut Gernot Schuhmann, Gols
Bio-Weingut Schwarz, Schrattenberg
Weingut Peter Schweiger, Zöbing
Weingut Georg Seiler, Rust
Landesweingut Silberberg, Leibnitz
Weingut J. und A. Skringer, Leutschach an der Weinstraße
Sanfter Weinbau Maria und Johannes Söll, Gamlitz
Weingut Sonnhof, Langenlois
Weingut Strauss Gamlitz, Gamlitz
Weingut Strohmaier Thomas, Margaretha & Katrin, Pölfing-Brunn
Weingut Studeny, Obermarkersdorf
Weingut Tanzer, Krems an der Donau
Weingut Reinhard Topf, Straß im Straßertale
Weinbau Tremmel, Rust
Weingut Matthias Trummer, St. Veit in der Südsteiermark
Weingut Urban, Wullersdorf
BIO Weingut Urbanihof – Familie Paschinger, Fels am Wagram
Weingut Gerald Waltner, Engelmannsbrunn
Wandraschek Weinmanufaktur, Krems
Weingut Wannemacher, Hagenbrunn
Weingut Wurzinger Pia, Tadten
Weingut Josef Zeitlberger & Josef Zeitlberger, Großweikersdorf
Weingut Zens, Mailberg
Weingut Harald Zierer, Gumpoldskirchen
Weingut Zöhrer, Krems

HELMUT-PRAMSTALLER.AT

WIR BAUEN IHREN WEINRAUM-WEINKELLER

DAS BESONDERE

DIOGENES

★

Achs-Wendelin Weine, Gols
NÖ Landesweingut Retz – Gut Altenberg, Retz
Weingut Batthyány, Rechnitz
Bio-Weingut Bernthaler + Bernthaler, Gols
Schlossweingut Bockfliess, Stetten
Weingut Brachmann, Traismauer-Wagram
Domäne Roland Chan, Wösendorf in der Wachau
Weingut Daschütz, Kirchberg am Wagram
Alfred Markus Deim, Schönberg
Weingut Christoph Donabaum, Spitz
Weingut Ecker, Grafenberg
Weingut Eichberger, Eibesbrunn
Weingut Ernsthofer, Wösendorf
Weingut Etz, Walkersdorf am Kamp
Bioweingut Viktor Fischer, Wagram ob der Traisen
Weingut Simon Gattinger, Dürnstein
Familienweingut Oberer Germuth, Leutschach
Weingut Gilg, Hagenbrunn
Weingut Wolfgang und Sylvia Groll, Reith/Langenlois
Weingut Familie Hahn, Hohenruppersdorf
Weingut und Buschenschank Haring vlg. Pichlippi, Eibiswald
Weingut David Harm, Krustetten
Weingut Lassl, Sigleß
Weingut Lentsch, Donnerskirchen
Weingut Franz Mayer, Spitz an der Donau
Landhaus Mayer, Wien
Weingut M. Mayer, Königsbrunn
Winzerhof Obenaus, Großriedenthal
Weingut Andreas Ott, Hagenbrunn
Weingut Pleil, Wolkersdorf
Michaela Riedmüller Weine, Hainburg an der Donau
Schaller vom See, Podersdorf am See
Weingut Johann Schneeberger, Heimschuh
Weingut Schreibeis – Keller am Gaisberg, Straß im Straßertale
Weinhof Thomas Stopfer, Ruppersthal
Weingut TrippelGUT, Feldkirchen
Weingut Walter Wien, Wien
Weingut Wruss, Gamlitz
Weingut Leo und Dagmar Wunderer, Oberfellabrunn
Winzerhof Paul Zimmermann, Ziersdorf

—

Domaine Andau, Andau
Weingut Doktor Wunderer, Straning
Weinbau Fink&Kotzian, Eggenburg
Wein.Gölles Weinbau | Buschenschank, Fehring
Weingut Göschl & Töchter, Gols
Bioweingut Groiß, Kleinwiesendorf
Weingut Habsburg, Wien
Weingut Hummel Weinviertel, Niederschleinz
Weingut Ipsmiller, Schrattenberg
Puhwein, Mailberg
Weingut Reckendorfer, Ollersdorf
Weingut Schmid, Langenlois
Wegenstein, Wr. Neudorf
Bioweingut Zirnsack, Sierndorf an der March

weinwelt
INTERSPAR
IN ALLEN INTERSPAR-MÄRKTEN & AUF WEINWELT.AT
DIE VINOTHEK
FÜR JEDEN
GESCHMACK.
ÖGVS | Gesellschaft für Verbraucherstudien GmbH
Branchen Champion 2023
1. PLATZ
KUNDEN ZUFRIEDENHEIT
WEINHANDEL (ONLINE-SHOPS)
Im Vergleich: 13 Unternehmen Befragung 02/2023, ögvs.at/6774
GRATIS PICKUP-SERVICE
AB EINEM BESTELLWERT VON 25,-
ONLINE EINKAUFEN & GRATIS IM INTERSPAR-MARKT ABHOLEN!
IN
INTERSPAR
weinwelt.at

EHRENTAFEL 2023

DIE BESTEN SCHAUMWEINE

96	**121 Brut Nature 2012**, Weingut Markus Altenburger	Seite 508
96	**14/84 Große Reserve 2014**, Weingut Harkamp	Seite 689
96	**Sekt Austria Große Reserve Niederösterreich g.U. Furth Blanc de Blancs Brut Nature 2016**, Weingut & Hotel Malat	Seite 199
95	**Sekt Austria Grosse Reserve Niederösterreich g.U. Langenlois Extra Brut Vintage 2012**, Weingut Schloss Gobelsburg	Seite 139
95	**Loimer Langenlois Große Reserve Blanc de Blancs Brut Nature 2014**, Weingut Fred Loimer	Seite 154
95	**Grüner Veltliner Sekt Austria Große Reserve brut Niederösterreich g.U. Langenlois Ried Steinhaus 2017**, Weingut Steininger	Seite 169
95	**Morillon Brut Nature Blanc de Blancs Grosse Reserve Zero Dosage 2014**, Familienweingut Tement	Seite 737
94	**A-Nobis Grand Cuvée Extra Brut 2013**, A-Nobis Sektkellerei Norbert Szigeti	Seite 580
94	**Sekt Austria Reserve Niederösterreich g.U. Blanc de Blancs Extra Brut Reserve** , Weingut Bründlmayer	Seite 126
94	**Chardonnay Sekt Austria Große Reserve extra brut Niederösterreich g.U. Gedersdorf 2017**, Weingut Buchegger	Seite 187
94	**Viognier V Brut Nature 2019**, Graf Hardegg	Seite 435
94	**Grüner Veltliner Brut Nature Sekt Austria Grosse Reserve g.U. Niederösterreich 2018**, Weingut Jurtschitsch	Seite 149
94	**Blanc de Noirs Sekt Austria Niederösterreich g.U. Große Reserve Brut 2018**, Weingut Leth	Seite 386
94	**Blanc de Noirs Brut Nature Große Reserve 2017**, Weingut Wieninger	Seite 80

Pro erwähntem Betrieb ist nur der höchstbewertete Wein jedes Jahrgangs eingetragen.

ÖSTERREICH WEIN
Große Kunst. Ohne Allüren.
WINE IN MODERATION
WEIN | BEWUSST | GENIESSEN
Weinviertel – eine geschützte Ursprungsbezeichnung der EU für österreichischen Qualitätswein

DIE BESTEN WEISSWEINE

Jahrgang 2022

(100) **Riesling Wachau DAC Ried Singerriedel Smaragd 2022**, Weingut Franz Hirtzberger Seite 309
(100) **Grüner Veltliner Wachau DAC Ried Zwerithaler Kammergut Smaragd 2022**, Weingut Prager Seite 336
99 **Riesling Wachau DAC Ried Achleithen Smaragd 2022**, Weingut Rudi Pichler Seite 333
(99) **Riesling Steinkapelle 2022**, Weingut Ludwig Neumayer Seite 277
(99) **Riesling Wachau DAC Ried Kellerberg 2022**, Weingut F. X. Pichler Seite 331
98 **Riesling Wachau DAC Ried Kalkofen Smaragd 2022**, FJ Gritsch – Mauritiushof Seite 304
(98) **Riesling Wachau DAC Ried Steinertal Smaragd 2022**, Weingut Alzinger Seite 288
(98) **Riesling Wachau DAC Dürnstein Ried Kellerberg 2022**, Weingut Pichler-Krutzler Seite 334
97 **Weißburgunder All the love of the Universe 2022 (Magnum)**, Weingut Christian Tschida Seite 630
(97) **Grüner Veltliner Ried Schreckenstein Reserve 2022**, Weingut Kurt Angerer Seite 125
(97) **Riesling Wachau DAC Ried Bruck Smaragd Alte Parzellen 2022**, Weingut Josef & Georg Högl Seite 312
(97) **Riesling Traisental DAC Getzersdorf Ried Berg 1ÖTW 2022**, Weingut Markus Huber Seite 275
(97) **Riesling Kremstal DAC Ried Hochäcker 1ÖTW 2022**, Wein-Gut Nigl Seite 210
(97) **Riesling Kremstal DAC Ried Steiner Kögl 1ÖTW Alte Reben 2022**, Weingut Salomon Undhof Seite 215
(97) **Riesling Wachau DAC Ried Kellerberg Smaragd 2022**, Weingut Tegernseerhof Seite 345
96 **Riesling Kamptal DAC Ried Heiligenstein 1ÖTW 2022**, Weingut Eichinger Seite 136
96 **Grüner Veltliner Wachau DAC Smaragd Best of 2022**, Weingut Schmelz Seite 339
(96) **Grüner Veltliner Wagram DAC Feuersbrunn Grande Reserve 2022**, Weingut Anton Bauer Seite 352
(96) **Riesling Wachau DAC Ried Kellerberg Smaragd 2022**, Domäne Wachau Seite 294
(96) **Riesling Wachau DAC Smaragd Limitierte Edition 2022**, Weingut Johann Donabaum Seite 298
(96) **Riesling Wachau DAC Ried Kreuzberg Smaragd 2022**, Weingut Georg Frischengruber Seite 301
(96) **Riesling Kremstal DAC Reserve Ried Ehrenfels 1ÖTW 2022**, Weingut Familie Proidl Seite 213
(96) **Riesling Kremstal DAC Ried Schreck 1ÖTW 2022**, Weingut Stadt Krems Seite 218
95 **Riesling Wachau DAC Ried Kellerberg Smaragd 2022**, Weingut Bäuerl Seite 291
95 **Rotgipfler Orange 2022**, Weingut Christian Fischer Seite 246
95 **Riesling Wachau DAC Ried Singerriedel Smaragd 2022**, Weingut Hofstätter Seite 313
95 **Riesling Wachau DAC Ried Achleiten Smaragd 2022**, Weingut Jäger Seite 317
95 **Grüner Veltliner Wachau DAC Ried Steinporz Smaragd 2022**, Weingut Lagler Seite 323
95 **Riesling Wachau DAC Spitz Ried Setzberg Smaragd 2022**, Anton Nothnagl Seite 328
95 **Riesling Wachau DAC Ried Höll Smaragd 2022**, Weingut PAX Seite 330
95 **Grüner Veltliner Weinviertel DAC Reserve Hommage 2022**, Weingut R. & A. Pfaffl Seite 454
95 **Riesling Wachau DAC Ried Achleiten Smaragd 2022**, Karl Stierschneider – Kartäuserhof Seite 342
(95) **Grüner Veltliner Wachau DAC Ried Atzberg Obere Steilterrassen Smaragd 2022**, Weingut Atzberg Seite 290
(95) **Grüner Veltliner Kremstal DAC Reserve Gedersdorf Leopold 2022**, Weingut Buchegger Seite 187
(95) **Grüner Veltliner Ried Sauberg 2022**, Weingut Ebner-Ebenauer Seite 419
(95) **Grüner Veltliner Primary Rocks 2022**, Weingut Gschweicher Seite 432
(95) **Riesling Wachau DAC Ried Kollmitz Smaragd 2022**, Weinhofmeisterei Mathias Hirtzberger Seite 310
(95) **Grüner Veltliner Wachau DAC Ried Achleiten Smaragd 2022**, Weingut Holzapfel Seite 315
(95) **Riesling Kamptal DAC Zöbing Ried Heiligenstein 1ÖTW 2022**, Weingut Leindl Seite 153
(95) **Riesling Nussberg Weißer Marmor 2022**, Weingut Mayer am Pfarrplatz Seite 74

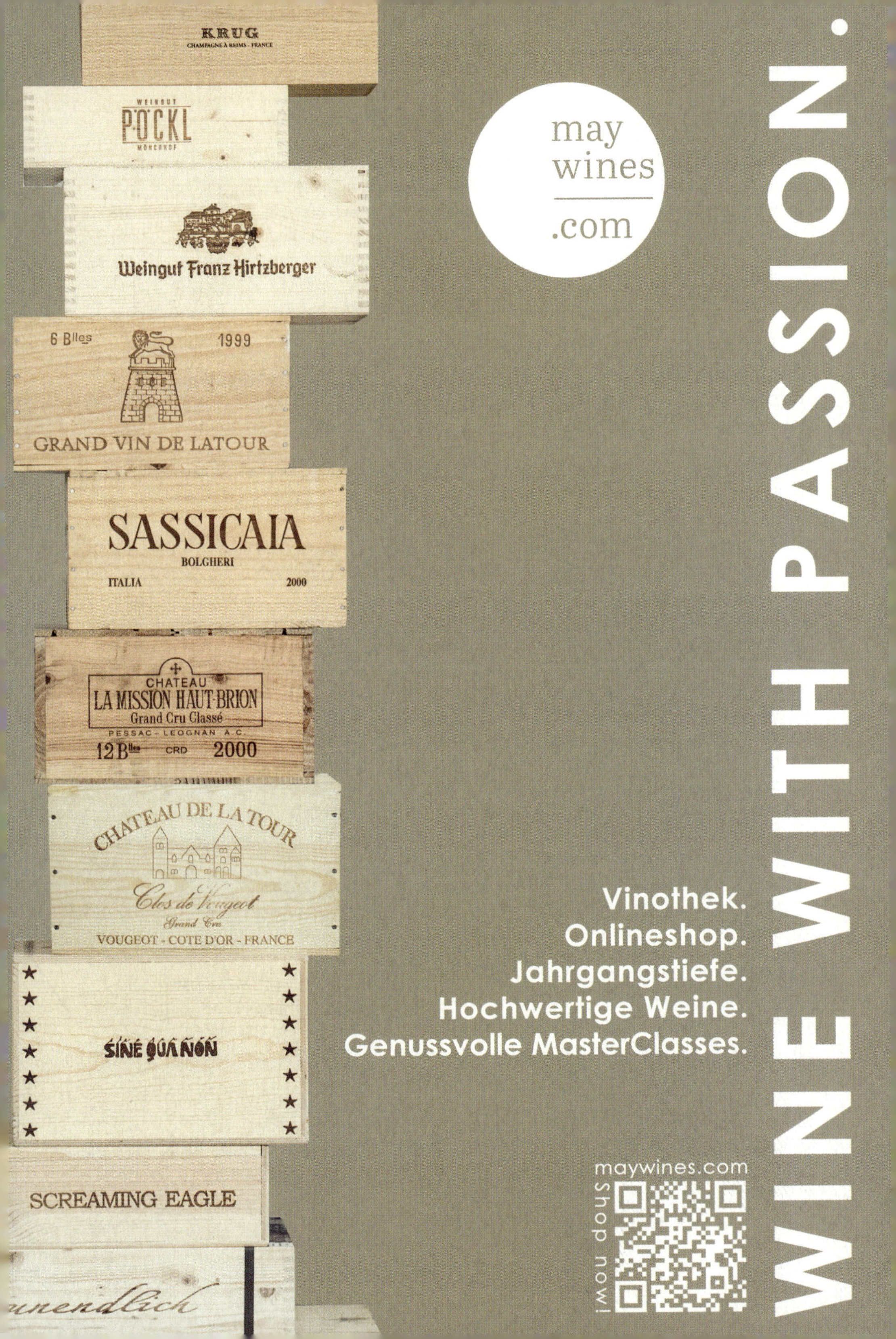
KRUG
CHAMPAGNE À REIMS - FRANCE
WEINGUT
PÖCKL
MÖNCHHOF
Weingut Franz Hirtzberger
6 Blles
1999
GRAND VIN DE LATOUR
SASSICAIA
BOLGHERI
ITALIA
2000
CHATEAU
LA MISSION HAUT-BRION
Grand Cru Classé
PESSAC - LEOGNAN A.C.
12 Blles
CRD
2000
CHATEAU DE LA TOUR
Clos de Vougeot
Grand Cru
VOUGEOT - COTE D'OR - FRANCE
SINE QUA NON
SCREAMING EAGLE
unendlich
may
wines
.com
WINE WITH PASSION.
Vinothek.
Onlineshop.
Jahrgangstiefe.
Hochwertige Weine.
Genussvolle MasterClasses.
maywines.com
shop now!

(95)	**Grüner Veltliner Kremstal DAC Reserve Ried Kremser Frechau 1ÖTW 2022**, Weingut Josef Schmid	Seite 217
(95)	**Grüner Veltliner Weinviertel DAC Reserve Ried Laa 8000 2022**, Weingut Setzer	Seite 467
(95)	**Grüner Veltliner Wachau DAC Ried Zanzl 2022**, Weingut Heinz und Adrienne Sigl	Seite 341
(95)	**Riesling Kremstal DAC Ried Pfaffenberg 1ÖTW 2022**, Weingut Stift Göttweig	Seite 222
(95)	**Riesling Südsteiermark DAC Ried Dr. Wunsch STK 2022**, Weingut Wohlmuth	Seite 742
94	**Riesling Wachau DAC Ried 1000-Eimerberg Smaragd 2022**, Weingut Christoph Donabaum	Seite 297
94	**Roter Veltliner Wagram DAC Ried Steinberg 2022**, Weingut Ecker – Eckhof	Seite 365
94	**Grüner Veltliner Wagram DAC Ried Steinberg 2022**, Weinberghof Karl Fritsch	Seite 371
94	**Gelber Traminer Vulkanland Steiermark DAC Klöch 2022**, Weingut Frühwirth	Seite 756
94	**Grüner Veltliner Wachau DAC Ried Kreutles Smaragd 2022**, Weingut Simon Gattinger	Seite 302
94	**Riesling Wachau DAC Ried 1000-Eimerberg Smaragd 2022**, Weingut Stefan Gebetsberger	Seite 303
94	**Grauer Burgunder Südsteiermark DAC Bio 2021**, Weingut R & R Gerngross	Seite 686
94	**Riesling Wachau DAC Spitz Ried Setzberg Smaragd 2022**, Weingut Roman Gritsch	Seite 307
94	**Grüner Veltliner Wachau DAC Marmor 2022**, Weingut Thomas Gritsch	Seite 308
94	**Riesling Wachau DAC Ried Loibenberg Federspiel 2022**, Weingut Knoll	Seite 320
94	**Sauvignon blanc Ried Steinmühle 2022**, Weingut Kollwentz	Seite 521
94	**Roter Veltliner Gedersdorf Ried Reisenthal 2022**, Weingut Mantlerhof	Seite 201
94	**Sauvignon Blanc Südsteiermark DAC Ried Czamillonberg 2022**, Weingut Potzinger	Seite 711
94	**Grüner Veltliner Traisental DAC Ried Rosengarten 2022**, Weinkultur Preiß	Seite 281
94	**Weißburgunder Wachau DAC 2022**, Weingut Rixinger	Seite 338
94	**Riesling Röschitz vom Urgestein 2022**, Winzerhof Stift	Seite 469
94	**Sauvignon Blanc Südsteiermark DAC Kalk & Kreide 2022**, Familienweingut Tement	Seite 737
94	**Riesling Kremstal DAC Reserve Ried Gebling 1ÖTW 2022**, Weingut Thiery-Weber	Seite 224
94	**Le Petit Man Sang 2022**, Günter + Regina Triebaumer	Seite 665
94	**Riesling Ried Innere Bergen 2022**, Weingut Zull	Seite 483
(94)	**Rotgipfler Ried Oberer Badener Weg Reserve 2022**, Weingut Biegler	Seite 244
(94)	**Grüner Veltliner Kremstal DAC Gedersdorf Ried Wieland 2022**, Weingut Philipp Bründlmayer	Seite 185
(94)	**Riesling Kamptal DAC Ried Heiligenstein 1ÖTW 2022**, Weingut Bründlmayer	Seite 126
(94)	**Grüner Veltliner Traisental DAC Neusiedl Ried Hochschopf 1ÖTW 2022**, Weingut Tom Dockner	Seite 266
(94)	**Grüner Veltliner Wachau DAC Smaragd Alte Kultur 2022**, Weingut Christoph Donabaum	Seite 297
(94)	**Grüner Veltliner Wagram DAC Ried Mordthal 2022**, Weingut Ecker – Eckhof	Seite 365
(94)	**Traminer Vulkanland Steiermark DAC Ried Stradener Rosenberg 1STK 2022**, Weingut Frauwallner Straden	Seite 753
(94)	**Wiener Gemischter Satz DAC Ried Weisleiten 2022**, Weingut Hajszan Neumann	Seite 71
(94)	**Riesling Wachau DAC Ried Singerriedel Smaragd 2022**, Weingut Rixinger	Seite 338
(94)	**Gelber Muskateller Südsteiermark DAC Ried Krepskogel 1STK 2022**, Weingut Erwin Sabathi	Seite 716
(94)	**Sauvignon Blanc Südsteiermark DAC Gamlitz 2022**, Familienweingut Sattlerhof	Seite 721
(94)	**Sauvignon Blanc Südsteiermark DAC Ried Karsabathi 2022**, Weingut J. und A. Skringer	Seite 732
(94)	**Grüner Veltliner Kamptal DAC Reserve Ried Kittmannsberg 1ÖTW 2022**, Weingut Steininger	Seite 169
(94)	**Grüner Veltliner Wachau DAC Spitz Smaragd Kirchnsteig 2022**, Weingut Strawanzer Donabaum	Seite 343
(94)	**Grüner Veltliner Kremstal DAC Reserve Ried Lindobel 2022**, Weingut Thiery-Weber	Seite 224
(94)	**Grüner Veltliner Kremstal DAC Reserve Ried Obere Kremser Sandgrube 2022**, Weingut Türk	Seite 225
(94)	**Grüner Veltliner Kremstal DAC Reserve Furth bei Göttweig Ried Oberfeld 1ÖTW 2022**, Weingut Petra Unger	Seite 227
(94)	**Grüner Veltliner Ried Herrnholz 2022**, Weingut Wieninger	Seite 80

WAGRAM
Grüner trifft Roter Veltliner.
wagram.at

Jahrgang 2021

100	**Riesling Kamptal DAC Zöbing Ried Heiligenstein-Rotfels 1ÖTW 2021**, Weingut Hirsch	Seite 145
100	**Riesling Wachau DAC Ried Schütt Smaragd 2021**, Weingut Knoll	Seite 320
100	**Riesling Kremstal DAC Gedersdorf Ried Wieland 1ÖTW 2021**, Weingut Mantlerhof	Seite 201
(100)	**Riesling Wachau DAC Unendlich 2021**, Weingut F. X. Pichler	Seite 331
99	**Riesling Kamptal DAC Ried Heiligenstein 1ÖTW Alte Reben 2021**, Weingut Bründlmayer	Seite 126
98	**Riesling Kamptal DAC Ried Heiligenstein 2021**, Weingut Schloss Gobelsburg	Seite 139
98	**Chardonnay Gloria 2021**, Weingut Kollwentz	Seite 521
98	**Grüner Veltliner Wagram DAC Feuersbrunn Ried Rosenberg 1ÖTW 2021**, Weingut Bernhard Ott	Seite 391
98	**Sauvignon Blanc Südsteiermark DAC Ried Edelschuh GSTK 2021**, Weingut Wohlmuth	Seite 742
(98)	**Chardonnay Südsteiermark DAC Ried Pössnitzberg GSTK Alte Reben 2021**, Weingut Erwin Sabathi	Seite 716
(98)	**Sauvignon Blanc Südsteiermark DAC Ried Alter Kranachberg GSTK 2021**, Familienweingut Sattlerhof	Seite 721
97	**Chardonnay Alte Reben 2021**, Weingut Paul Achs	Seite 582
97	**Riesling Wachau DAC Reserve Vision 2021**, FJ Gritsch – Mauritiushof	Seite 304
97	**Chardonnay Carnuntum DAC Ried Schüttenberg Filetstück 2021**, Weingut Gerhard Markowitsch	Seite 100
97	**Morillon Vulkanland Steiermark DAC Ried Moarfeitl GSTK 2021**, Weingut Neumeister	Seite 764
97	**Grüner Veltliner Generation X 2021**, Weingut Familie Proidl	Seite 213
97	**Grüner Veltliner Kremstal DAC Reserve Ried Kremser Frechau 1ÖTW 2021**, Weingut Türk	Seite 225
96	**Riesling Kamptal DAC Ried Heiligenstein 1ÖTW 2021**, Weingut Allram	Seite 122
96	**Grüner Veltliner Kamptal DAC Reserve Ried Spiegel 1ÖTW 2021**, Weingut Ludwig Ehn	Seite 134
96	**Grüner Veltliner Ried Schlossberg 1ÖTW 2021**, Weinberghof Karl Fritsch	Seite 371
96	**Roter Veltliner Wagram DAC Ruppersthal Ried Steinberg 1ÖTW Privat 2021**, Weingut Josef Fritz	Seite 373
96	**Riesling Kamptal DAC Reserve Ried Heiligenstein 1ÖTW 2021**, Weingut Hiedler	Seite 143
96	**Riesling Wachau DAC Spitz Smaragd Best of Quitten2 2021**, Weingut Hofstätter	Seite 313
96	**Riesling Wachau DAC Ried Klaus Smaragd 2021**, Weingut Jamek	Seite 319
96	**Grüner Veltliner Sankt Georgen Ried Krainer 2021**, Weingut Moric	Seite 529
96	**Grüner Veltliner Kremstal DAC Reserve Ried Pfaffenberg Alte Reben 2021**, Weingut Pichler-Krutzler	Seite 334
(96)	**Sauvignon Blanc Vulkanland Steiermark DAC Ried Buch GSTK 2021**, Weingut Frauwallner Straden	Seite 753
(96)	**Sauvignon Blanc Südsteiermark DAC Ried Hochgrassnitzberg GSTK 2021**, Weingut Polz	Seite 707
(96)	**Grüner Veltliner Weinviertel DAC Große Reserve 2021**, Weingut Setzer	Seite 467
95	**Rotgipfler Ried Rodauner Top Selektion 2021**, Weingut Alphart	Seite 238
95	**Grüner Veltliner Unfiltriert 2021**, Weingut Kurt Angerer	Seite 125
95	**Wiener Gemischter Satz DAC Ried Saetzen 1ÖTW Reserve 2021**, Edlmoser Weingut & Heuriger	Seite 68
95	**Grüner Veltliner Wagram DAC Ried Georgenberg 1ÖTW 2021**, Weingut Josef Ehmoser	Seite 367
95	**Gelber Traminer Vulkanland Steiermark DAC Ried Hochwarth 2021**, Weingut Frühwirth	Seite 756
95	**Chardonnay Ried Steinriegel 2021**, Weingut Gesellmann	Seite 558
95	**Weißburgunder Ried Gollin 1ÖTW 2021**, Weingut Hajszan Neumann	Seite 71
95	**Grüner Veltliner Wachau DAC Mautern Ried Süssenberg Smaragd 2021**, Weingut Hutter Silberbichlerhof	Seite 316
95	**Riesling Kamptal DAC Ried Heiligenstein 1ÖTW Alte Reben 2021**, Weingut Jurtschitsch	Seite 149

© Robert Herbst
Wachauer Herkunft, garantiert seit 823 n. Chr.
ik-wachau.at
In der Wachau sind wir beim Herkunftsschutz schon immer einen Schritt weiter. Aktuell mit dem neuen Wachau DAC-System. Was bleibt: die bewährten Stilistiken Steinfeder®, Federspiel® und Smaragd®. Echt Wachau, garantiert.
Riedenweine lassen Sie die typische Wachau erleben. Entweder als Grüner Veltliner oder Riesling. Sie bilden die Spitze der Herkunftspyramide und spiegeln Wachauer Terroir in seiner kleinsten Einheit wider – der Riede. Weder spürbarer Holzeinfluss noch Anreicherung sind erlaubt.
Ortsweine werden aus Trauben eines einzelnen Ortes gekeltert. Nur traditionelle Wachauer Rebsorten sind unter diesem Etikett erlaubt, spürbarer Holzeinfluss nicht.
Gebietsweine liefern die geballte Vielfalt der Wachau. Entdecken Sie zahlreiche Sorten und Weinstilistiken, die in der Wachau zu finden sind. Sie werden sehen: Die Region ist seit jeher für eine Überraschung gut.
Wo Wachau draufsteht, ist 100% Handlese drin.
823 n. Chr. wurde die Wachau erstmals urkundlich erwähnt.

95 **Grüner Veltliner Wachau DAC Spitz Elisabeth Selection 2021**, Weingut Lagler Seite 323
95 **Grüner Veltliner Kremstal DAC Reserve Ried Gebling 1ÖTW HannaH 2021**, Weingut Hermann Moser Seite 204
95 **Grüner Veltliner Kremstal DAC Reserve Ried Eichbühel 2021**, Weingut Müller Seite 207
95 **Sauvignon Blanc Südsteiermark DAC Ried Welles 2021**, Weingut Riegelnegg - Olwitschhof Seite 706
95 **Sauvignon Blanc Südsteiermark DAC Ried Sulz Joseph 2021**, Weingut Potzinger Seite 711
95 **Wiener Gemischter Satz DAC Ried Langteufel-Nussberg 1ÖTW 2021**, Weingut Rotes Haus Seite 77
95 **Grüner Veltliner Wagram DAC Reserve 2021**, Weingut Schabl Seite 395
95 **Riesling Ried Braunsdorfer 2021**, Lesehof Stagård Seite 220
95 **Grüner Veltliner Wachau DAC Reserve Smaragd Ultimo 2021**, Karl Stierschneider – Kartäuserhof Seite 342
95 **Grüner Veltliner Kamptal DAC Ried Offenberg 2021**, Weingut Topf Seite 172
95 **Grüner Veltliner Wagram DAC Fels am Wagram Ried Scheiben 1ÖTW 2021**, Weinhof Anton und Elfriede Waldschütz Seite 400
95 **Riesling Kamptal DAC Reserve Ried Heiligenstein 1ÖTW 2021**, Weingut Weixelbaum Seite 176
95 **Riesling Ried Rosengartel 1ÖTW 2021**, Weingut Wieninger Seite 80
95 **Grüner Veltliner Grande Reserve 2021**, Weingut Alois Zimmermann Seite 231
(95) **Grüner Veltliner Kremstal DAC Reserve Ried Moosburgerin 1ÖTW 2021**, Weingut Buchegger Seite 187
(95) **Grüner Veltliner Black Edition 2021**, Weingut Ebner-Ebenauer Seite 419
(95) **Zierfandler Ried Wiege 2021**, Weingut Johannes Gebeshuber Seite 247
(95) **Sauvignon Blanc Südsteiermark DAC Ried Sonneck Alte Reben 2021**, Domaines Kilger Seite 693
(95) **Grüner Veltliner Kamptal DAC Langenlois Ried Käferberg 1ÖTW 2021**, Weingut Fred Loimer Seite 154
(95) **Riesling Kremstal DAC Ried Pfaffenberg 1ÖTW 2021**, Weingut & Hotel Malat Seite 199
(95) **Pinot Blanc Leithaberg DAC Ried Steinweingarten 2021**, Weingut Prieler Seite 534
(95) **Sauvignon Blanc Südsteiermark DAC Ried Gaisriegl 2021**, Weingut Schauer Seite 723
(95) **Chardonnay Südsteiermark DAC Ried Hirritsch Hube 2021**, Weingut Bernd Stelzl Seite 735
(95) **Wiener Gemischter Satz DAC Ried Rosengartel 1ÖTW 2021**, Weingut Wieninger Seite 80

Jahrgang 2020 und älter

99 **Sauvignon Blanc Südsteiermark DAC Ried Zieregg IZ GSTK 2018**, Familienweingut Tement Seite 737
98 **Sauvignon Blanc Vulkanland Steiermark DAC Alte Reben 2020**, Weingut Neumeister Seite 764
98 **Grüner Veltliner Dürnstein Ried Kellerberg »Late Bottled Vintage« 2019**, Weingut Pichler-Krutzler Seite 334
98 **Chardonnay Südsteiermark DAC Ried Pössnitzberger Kapelle GSTK 2020**, Weingut Erwin Sabathi Seite 716
97 **Sauvignon Blanc Vulkanland Steiermark DAC Privat 2019**, Weingut Frauwallner Straden Seite 753
97 **Fritsch & Gottwald Tausend Weiss 2019**, Weinberghof Karl Fritsch Seite 371
97 **Roter Veltliner Josef vs. Johannes 2020**, Weingut Josef Fritz Seite 373
97 **Sauvignon Blanc Südsteiermark DAC Ried Welles GSTK 2020**, Weingut Lackner-Tinnacher Seite 697
97 **Sauvignon Blanc Südsteiermark DAC Ried Sernauberg Exzellenz 2020**, Weingut Riegelnegg - Olwitschhof Seite 706
97 **Sauvignon Blanc Südsteiermark DAC Privat 2019**, Familienweingut Sattlerhof Seite 721
97 **Chardonnay Tiglat 2020**, Weingut Velich Seite 633
97 **Chardonnay Grand Select 2020**, Weingut Wieninger Seite 80
(97) **Sauvignon Blanc Wi.He.Be. Historischer Doppelbesitz 2019**, Weingut Gross Seite 687
96 **Grüner Veltliner Ried Achleiten Smaragd »Late release« 2017**, Domäne Wachau Seite 294

DER HÖHENFLUG DES
WIENER WEINS IST KEIN ZUFALL.

Dahinter steckt die renommierte Winzergruppe WienWein und eine Vision: den Wiener Wein an die Weltspitze zu führen. Die malerischen Weingärten mit Blick auf die Donaumetropole sind untrennbar mit der Stadt verbunden. Sie präsentieren sich ihren Betrachtern voller Stolz und bieten den WienWein Winzern beste Voraussetzungen, um charaktervolle Weine entstehen zu lassen.

TRADITIONSWEINGÜTER ÖSTERREICH

WWW.WIENWEIN.AT

96	**Sauvignon Blanc Südsteiermark DAC Ried Stermetzberg Heaven's Door 2020**, Ewald Zweytick Wein	Seite 746
95	**Grüner Veltliner Reserve 2017**, Weingut Philipp Bründlmayer	Seite 185
95	**Chardonnay Ried Kästenbaum 2020**, Weingut Johanneshof Reinisch	Seite 251
95	**Sauvignon Blanc Südsteiermark DAC Ried Rosengarten T.M.S. 2020**, Weingut Kodolitsch	Seite 695
95	**Grauburgunder Vulkanland Steiermark DAC Ried Hochstrandl Große Lage Alte Reben 2020**, Weingut Krispel	Seite 760
95	**Sauvignon Blanc Südsteiermark DAC Ried Hochstermetzberg GSTK 2020**, Weingut Wolfgang Maitz	Seite 700
95	**Sauvignon Blanc Südsteiermark DAC Reserve Ried Theresienhöhe 1STK 2020**, Weingut Polz	Seite 707
95	**Chardonnay Südsteiermark DAC Ried Hochberg Schwalbenhimmel 2020**, Weingut Pongratz Kranachberg	Seite 709
95	**Sauvignon Blanc Südsteiermark DAC Alte Reben 2019**, Weingut Hannes Sabathi	Seite 719
95	**Grüner Veltliner Neue Zeit Nr.6 Reserve 2019**, Weingut Wolfgang Seher	Seite 466
95	**Sauvignon Blanc Royal 2020**, Weingut Skoff Original – Walter Skoff	Seite 727
95	**Sauvignon Blanc Südsteiermark DAC Ried Kranachberg Rottriegl 2019**, Weingut Peter Skoff – Domäne Kranachberg	Seite 730
95	**Morillon Südsteiermark DAC Ried Sausaler Schlössl 2020**, Weingut Wohlmuth	Seite 742
(95)	**Chardonnay Purbach Ried Thenau 2019**, Weingut Toni Hartl	Seite 516
(95)	**Riesling Kamptal DAC Reserve Maximum 2020**, Weingut Hiedler	Seite 143
94	**Sauvignon Blanc Südsteiermark DAC Ried Gottscheber 2020**, Weingut Adam – Lieleg	Seite 676
94	**Sauvignon Blanc Südsteiermark DAC M 2019**, Dreisiebner Stammhaus	Seite 681
94	**Sauvignon Blanc Südsteiermark DAC Ried Höchleit`n Reserve 2020**, Weingut Felberjörgl	Seite 683
94	**Sauvignon Blanc Ried Zieregg Reserve 2017**, Weingut Buschenschank Firmenich	Seite 684
94	**Grüner Veltliner Kremstal DAC Reserve Krems Ried Hollenburger Kreuzberg Das Weiße Mammut 2020**, Weingut Meinhard Forstreiter	Seite 193
94	**Chardonnay Muri 2020**, Weingut Daniel Jaunegg	Seite 692
94	**Sauvignon Blanc Südsteiermark DAC Ried Grubthal 2020**, Weingut MUSTER.gamlitz	Seite 702
94	**Riesling Kremstal DAC Ried Steinbühel 1ÖTW 2020**, Weingut & Hotel Malat	Seite 199
94	**Weißburgunder Südsteiermark DAC Ried Sernauberg Privat 2020**, Weingut Masser	Seite 701
94	**Chardonnay Vulkanland Steiermark DAC Ried Schemming G Eruption 2020**, Weingut Pfeifer	Seite 766
94	**Sauvignon Blanc Südsteiermark DAC Ried Zieregg 2020**, Weingut Primus	Seite 712
94	**Chardonnay Vulkanland Steiermark DAC Ried Schemming G-Eruption 2020**, Josef Scharl – Charakterweine	Seite 769
94	**Grüner Veltliner Gutsreserve 2020**, Weingut Familie Schuster	Seite 396
94	**Sauvignon Blanc Südsteiermark DAC Ried Meletin 2020**, Landesweingut Silberberg	Seite 726
94	**Sauvignon Blanc Südsteiermark DAC Ried Gamlitzberg Grande Reserve 2019**, Weingut Strauss Gamlitz	Seite 736
94	**Weißburgunder Ried Weißer Berg Selection 2019**, Weingut Taubenschuss	Seite 473
94	**Chardonnay Ried Bandkräfn 2020**, Weingut Ernst Triebaumer	Seite 663
94	**Sauvignon Blanc Südsteiermark DAC Ried Oberglanzberg 2020**, Weingut Tschermonegg	Seite 740
94	**Pinot Blanc Leithaberg DAC Ried Satz 2020**, Weingut Stefan Zehetbauer	Seite 545
(94)	**weisser schiefer »s« 2020**, weingut schiefer.pur	Seite 501

AUSZEIT IM WEINGARTEN

Spa und Wine Lovers aufgepasst! Ob Spring Feelings, Sommerfrische, Herbst Greatness oder magical Winter Vibes – we have it all. Das alles gibt's mit einer großen Portion **Vineyard Experience Deluxe**.

Die **LOISIUM Hotels** in **Langenlois** und in der **Südsteiermark** sind der Place to be für **Weinliebhaber, Foodies** und **Relax-Heroes**. Umgeben von Weingärten & sanften Hügeln genießt man außergewöhnliche **vinophile Glücksmomente** sowie **kulinarische Höhenflüge.**

Wine Experience
buchen unter:
www.loisium.com

LOISIUM Wine & Spa Hotels | Langenlois, hotel.langenlois@loisium.com, +43 2734 77 100 | Südsteiermark, hotel.steiermark@loisium.com, +43 3453 288 00

DIE BESTEN ROSÉWEINE

94	**Blaufränkisch Love Story 2021**, Weingut Strehn	Seite 570
94	**Blaufränkisch Rosé Himmel auf Erden 2022**, Weingut Christian Tschida	Seite 630
93	**Schilcher Weststeiermark DAC Ried Pirkhofberg 2022**, Schilcherweingut Friedrich	Seite 778
93	**Schilcher Weststeiermark DAC Ried Hochgrail Sonnenhang 2021**, Weingut Lex Langmann	Seite 782
93	**Rosalia DAC Rosé Rosénator Réserve 2021**, Weingut Migsich	Seite 644
93	**Schilcher Weststeiermark DAC Ried Aibl 2022**, Weingut Strohmaier	Seite 785
92	**Merlot Vincents Rosé 2022**, Weingut Bründlmayer	Seite 126
92	**Zweigelt Wachau DAC gleichgepresst »To Hell and Back« 2021**, Domäne Roland Chan	Seite 292
92	**Schilcher Weststeiermark DAC Eibiswald Ried Rettenberg Reserve 2021**, Weingut und Buschenschank Haring vlg. Pichlippi	Seite 780
92	**Schilcher Weststeiermark DAC Ried Schilcherberg 2022**, Weingut Schilcherei® Jöbstl	Seite 781
92	**Bohème Rosé 2022**, Weingut Krispel	Seite 760
92	**Rosé La Grande 2022**, Weingut R. & A. Pfaffl	Seite 454
(92)	**Rosé Dogma 2022**, Weingut Pittnauer	Seite 615
(92)	**Schilcher Weststeiermark DAC Ried Lamberg 2022**, Weingut Reiterer	Seite 784
91	**Rosé Wachau DAC 1805 2022**, Domäne Wachau	Seite 294
91	**Rosé de Vienne 2022**, Edlmoser Weingut & Heuriger	Seite 68
91	**Zweigelt Rosé 2022**, Weingut Josef Ehmoser	Seite 367
91	**Rosé Cuvée 2022**, Weingut Ludwig Ehn	Seite 134
91	**Rosalia DAC Rosé The Origin 2022**, Weingut Alfred Fischer	Seite 642
91	**Rosé 2022**, Groszer Wein	Seite 495
91	**Rosé Illyr 2021**, Weingut MUSTER.gamlitz	Seite 702
91	**Rosé vom Stein 2022**, Weingut Prieler	Seite 534
91	**Rosalia DAC Rosé fassgereift 2021 BF**, Domaine Pöttelsdorf	Seite 647
91	**Rosé Selection 2021**, Wandraschek Weinmanufaktur	Seite 228
(91)	**Rosé 2022**, Achs-Wendelin Weine	Seite 585
(91)	**Falkenstein Rosé aus der Provinz 2022**, Dürnberg	Seite 418

DIE BESTEN ROTWEINE

Jahrgang 2022

(93)	**Zweigelt Alte Reben 2022**, Weingut Paul Achs	Seite 582
(93)	**Blauer Zweigelt Goldberg 2022**, Weingut Werner Achs	Seite 584
(93)	**Blaufränkisch KaSoMa 2022**, Weingut Wieninger	Seite 80
91	**Blaufränkisch Leithaberg DAC vom Kalk 2022**, Weingut Markus Altenburger	Seite 508
91	**Zweigelt Selection Heideboden 2022**, Weingut Scheiblhofer	Seite 624
(91)	**Blaufränkisch Vitikult 2022**, Weingut Silvia Heinrich	Seite 560
(91)	**Zweigelt Carnuntum DAC 2022**, Weingut Andreas Muhr	Seite 103
(91)	**Zweigelt Carnuntum DAC Rubin Carnuntum 2022**, Weingut Franz und Christine Netzl	Seite 106
(91)	**Blaufränkisch Vitikult 2022**, Rotweingut Prickler	Seite 568
90	**Zweigelt Sandstein 2022**, Weingut R. & A. Pfaffl	Seite 454
90	**Zweigelt Neusiedlersee DAC Ortswein 2022**, Weingut Helmut Preisinger	Seite 618

WEINBAUGEBIET
30 Jahre
CARNUNTUM
Die Rubin
CARNUNTUM
Weingüter
Die Visitenkarte einer ganzen Region.
www.carnuntum.com

90	**Carnuntum DAC Cuvée 2022**, Weingut Taferner	Seite 115
(90)	**Zweigelt Carnuntum DAC Rubin Carnuntum 2022**, Weingut Michael Auer	Seite 94
(90)	**Blauer Zweigelt Neusiedlersee DAC 2022**, Weingut Gebrüder Nittnaus	Seite 613
(90)	**Blauer Zweigelt Carnuntum DAC Rubin Carnuntum 2022**, Bioweingut Robert Payr	Seite 109

Jahrgang 2021

100	**Blaufränkisch Lutzmannsburg Alte Reben 2021**, Weingut Moric	Seite 529
98	**Shiraz Felsen II 2021**, Weingut Christian Tschida	Seite 630
(97)	**Rêve de Jeunesse 2021**, Weingut Pöckl	Seite 616
(96)	**Blaufränkisch Eisenberg DAC Reserve Ried Reihburg 2021**, Weingut Jalits	Seite 497
(96)	**Cuvée Impresario 2021**, Weingut Kerschbaum	Seite 565
(96)	**Blaufränkisch Perwolff 2021**, Weingut Krutzler	Seite 500
(96)	**Schwarz Rot 2021**, Weingut Schwarz	Seite 628
95	**Blaufränkisch Ried Ungerberg 2021**, Weingut Paul Achs	Seite 582
95	**Blaufränkisch Eisenberg DAC Reserve Ried Szapary 2021**, Groszer Wein	Seite 495
95	**Meisterwerk 2021**, Weingut Markus Iro	Seite 600
95	**Fam Steurer 2021**, Weingut HST – Hannes Steurer	Seite 541
(95)	**XUR 2021**, Weingut Werner Achs	Seite 584
(95)	**Cabernet Sauvignon Reserve l. E. 2021**, Weingut Anton Bauer	Seite 352
(95)	**Syrah Alte Reben 2021**, Weingut Ceel	Seite 654
(95)	**Cablot 2021**, Weingut Gager	Seite 556
(95)	**St. Laurent Ried Holzspur 2021**, Weingut Johanneshof Reinisch	Seite 251
(95)	**Blaufränkisch Eisenberg DAC Reserve Ried Reihburg 2021**, Weingut Kopfensteiner	Seite 498
(95)	**Pinot Noir Anning Gumpoldskirchen 2021**, Weingut Fred Loimer	Seite 154
(95)	**Carnuntum DAC Ried Rosenberg 1ÖTW 2021**, Weingut Gerhard Markowitsch	Seite 100
(95)	**Carnuntum DAC Ried Bärnreiser 1ÖTW Anna-Christina 2021**, Weingut Franz und Christine Netzl	Seite 106
(95)	**Blaufränkisch Leithaberg DAC Jois Ried Altenberg 2021**, Weingut Anita und Hans Nittnaus	Seite 612
(95)	**Blaufränkisch Carnuntum DAC Prellenkirchen Ried Spitzerberg 1ÖTW 2021**, Bioweingut Robert Payr	Seite 109
(95)	**Titan 2021**, Weingut Josef Tesch	Seite 571
94	**Cabernet Sauvignon Ried Langsatz 2021**, Klosterkeller der Barmherzigen Brüder	Seite 510
94	**Blaufränkisch Mittelburgenland DAC Reserve Creitzer 2021**, Weingut Gesellmann	Seite 558
94	**Pinot Noir Ried Dürr 2021**, Weingut Kollwentz	Seite 521
94	**The Great Bustard 2021**, Weingut Scheiblhofer	Seite 624
94	**Blaufränkisch Ried Burgstall 2021**, Weingut Wellanschitz	Seite 573
(94)	**Zweigelt Carnuntum DAC Ried Steinäcker 1ÖTW 2021**, Weingut Artner	Seite 92
(94)	**Carnuntum DAC Ried Aubühl 1ÖTW 2021**, Weingut Michael Auer	Seite 94
(94)	**Blaufränkisch Carnuntum DAC Ried Bärnreiser 1ÖTW 2021**, Weingut Walter Glatzer	Seite 96
(94)	**Carnuntum DAC Höflein Ried Bärnreiser 1ÖTW 2021**, Weingut Philipp Grassl	Seite 98
(94)	**Merlot Ried Altenberg Reserve 2021**, Weingut Horvath	Seite 598
(94)	**Vin Anton 2021**, IBY Rotweingut Bio	Seite 562
(94)	**Blaufränkisch Ried Jungenberg 2021**, Winzerhof Kiss Ronald	Seite 520
(94)	**Merlot Salzberg 2021**, Weingut Helmut Preisinger	Seite 618
(94)	**Carnuntum DAC Ried Haidacker 1ÖTW Excalibur 2021**, Weingut Taferner	Seite 115
(94)	**Cabernet Sauvignon Reserve 2021**, Weingut Juliana Wieder	Seite 574
93	**Blaufränkisch Leithaberg DAC Rot Helden 2021**, Weingut Markus Altenburger	Seite 508

JOiSER RENOMMEE

DREI
WINZER
VERSETZEN
BERGE

www.gsc-werbung.at

Foto: © Kristina Leidenfrostova

joiser-renommee.at

Ronny Kiss
J. Haydngasse 1
7093 Jois
0664/212 37 17

Hannes Steurer
Bahnstraße 28
7093 Jois
0664/55 11 780

Karl Sattler
Klausenberg 3
7093 Jois
0676/542 68 66

93 **Zweigelt Natural Wine 2021**, Weingut Hajszan Neumann Seite 71
93 **Blauer Zweigelt Carnuntum DAC Ried Haidacker 1ÖTW 2021**, Weingut Lukas Markowitsch Seite 101
93 **Strangers 2021**, Weingut Migsich Seite 644
93 **St. Laurent Reserve Alten 2021**, Weingut R. & A. Pfaffl Seite 454
93 **Grand Pri' 2021**, Rotweingut Prickler Seite 568
93 **Zweigelt Unplugged 2021**, Weingut Hannes Reeh Seite 619
93 **Syrah Ried Altenberg 2021**, Weingut Gernot Schuhmann Seite 627
(93) **Blauer Zweigelt Neusiedlersee DAC Reserve Ried Salzberg 2021**, Allacher Vinum Pannonia Seite 586
(93) **Carnuntum DAC Ried Stuhlwerker 1ÖTW 2021**, Weingut Böheim Seite 96
(93) **Zweigelt Ried Gradenthal 2021**, Weingut Christian Fischer Seite 246
(93) **Carnuntum DAC Purple X-Treme 2021**, Meinrad Markowitsch Seite 102
(93) **Zweigelt Carnuntum DAC Ried Stixbergen 2021**, Weingut Andreas Muhr Seite 103
(93) **Blaufränkisch Glimmerschiefer und Kalk 2021**, Weingut PMC Münzenrieder Seite 609
(93) **Blauer Zweigelt Neusiedlersee DAC Reserve Luckenwald 2021**, Weingut Gebrüder Nittnaus Seite 613
(93) **Pannobile 2021**, Weingut Pittnauer Seite 615
(93) **Blaufränkisch Leithaberg DAC 2021**, Weingut Sattler Seite 536
(93) **Pinot Noir Reserve 2021**, Weingut Schneider Seite 255
(93) **Pinot Noir 2021**, weingut schiefer.pur Seite 501

Jahrgang 2020 und älter

(100) **G 2019**, Weingut Gesellmann Seite 558
99 **Blaufränkisch Ried Sonnensteig 2019**, Weingut Wellanschitz Seite 573
97 **Blaufränkisch Ried Altenberg 2020**, Weingut Paul Achs Seite 582
97 **Blaufränkisch Ried Eisner 2019**, Weingut Toni Hartl Seite 516
97 **M1 2020**, Weingut Gerhard Markowitsch Seite 100
97 **Grande Cuvée d´Or 2018**, Weingut Franz Schindler Seite 537
97 **Blaufränkisch Ried Mariental 2020**, Weingut Ernst Triebaumer Seite 663
(97) **Werner Achs Reserve 2020**, Weingut Werner Achs Seite 584
(97) **Herzblut 2017**, Heribert Bayer Kellerei In Signo Leonis Seite 553
(97) **Blaufränkisch Leithaberg DAC Ried Alter Berg 2019**, Weingut Gernot und Heike Heinrich Seite 597
(97) **Blaufränkisch Patriot 2019**, Weingut Josef Tesch Seite 571
96 **Pinot Noir P 2019**, Weinberghof Karl Fritsch Seite 371
96 **Grassl Reserve 2020**, Weingut Philipp Grassl Seite 98
96 **Pinot Noir Ried Kästenbaum 2020**, Weingut Johanneshof Reinisch Seite 251
96 **Steinzeiler 2020**, Weingut Kollwentz Seite 521
96 **Blaufränkisch Carnuntum DAC Prellenkirchen Ried Spitzerberg-Kobeln 1ÖTW Liebkind 2019**, Weingut Dorli Muhr Seite 104
96 **Netzl Privat 2020**, Weingut Franz und Christine Netzl Seite 106
96 **Blaufränkisch Ried Oberer Wald 2019**, Günter + Regina Triebaumer Seite 665
(96) **Blaufränkisch BFG 2020**, Weingut Gager Seite 556
(96) **Cupido l'amour tournant 2019**, Weingut Silvia Heinrich Seite 560
(96) **Blaufränkisch Ried Reihburg 2020**, weingut schiefer.pur Seite 501
95 **Blaufränkisch Leithaberg DAC Ried Jungenberg Late Release 2013**, Weingut Markus Altenburger Seite 508
95 **Blaufränkisch Mittelburgenland DAC Reserve Ried Dürrau 2018**, IBY Rotweingut Bio Seite 562
95 **Blaufränkisch Leithaberg DAC Oggau Ried Marienthal M 56 2018**, Weingut MAD Seite 528
95 **Blaufränkisch Leithaberg DAC Ried Marienthal 2020**, Weingut Prieler Seite 534
(95) **massive a. [rot] 2020**, Weingut Artner Seite 92

Für den perfekten Weinmoment.
Entdecken Sie die Highlights unserer neuen Weinlagerschränke.
home.liebherr.com/winefreestanding
LIEBHERR
Weinlagerschränke
Made in Austria
WPbli5231 GrandCru Selection

(95)	**Anton Bauer Privat 2020**, Weingut Anton Bauer	Seite 352
(95)	**Merlot Altenberg Reserve 2019**, Weingut Pittnauer	Seite 615
(95)	**Praittenbrunn 2019**, Weingut Scheiblhofer	Seite 624
(95)	**V.I.B. Very Important Bottle 2020**, Weingut Taferner	Seite 115
(95)	**Blaufränkisch Mittelburgenland DAC Reserve 2019**, Weingut Juliana Wieder	Seite 574
(95)	**Danubis Grand Select 2019**, Weingut Wieninger	Seite 80
94	**Pinot Noir Tattendorf Ried Holzspur Reserve 2020**, Weingut Familie Auer	Seite 241
94	**Pinot Noir Black Edition 2019**, Weingut Ebner-Ebenauer	Seite 419
94	**La Mission 2020**, Weingut Ernst	Seite 555
94	**Solitaire 2019**, Weingut Feiler-Artinger	Seite 656
94	**Merlot 2018**, Hammer Wein Rust	Seite 659
94	**Pinot Noir Oberwaltersdorf Ried Graf Weingartl 2020**, Weingut Hartl	Seite 250
94	**Hill1 2016**, Weingut Leo Hillinger	Seite 517
94	**Blaufränkisch Mittelburgenland DAC Reserve Biiri 2020**, Weingut Hans Igler	Seite 564
94	**Massiv Top-Rotweincuvée 2019**, Weingut Keringer	Seite 601
94	**Cabernet Franc Reserve 2020**, Weingut Jacqueline Klein	Seite 603
94	**Blaufränkisch Calx 2020**, Weingut Leberl	Seite 524
94	**Blaufränkisch Fat Boy 2018**, Weingut Migsich	Seite 644
94	**Syrah Pegasos Wald und Schotter 2019**, Weingut Familie Pitnauer	Seite 112
94	**Merlot Unplugged 2020**, Weingut Hannes Reeh	Seite 619
94	**Blauburgunder Alte Reben 2020**, Familienweingut Sattlerhof	Seite 721
94	**Blaufränkisch Leithaberg DAC Ried Halser 2020**, Weingut Sommer	Seite 540
94	**Blaufränkisch Leithaberg DAC Kleinhöflein Ried Kirchberg Gloriette® 2020**, Weingut Tinhof	Seite 543
94	**Blaufränkisch Leithaberg DAC Ried Steinberg 2020**, Weingut Stefan Zehetbauer	Seite 545
(94)	**Imperium 2020**, Allacher Vinum Pannonia	Seite 586
(94)	**Cabernet Sauvignon Alter Satz 2020**, Weingut Amsee	Seite 588
(94)	**Pinot Noir Ried Viereck 2020**, Weingut Johannes Gebeshuber	Seite 247
(94)	**Pannobile 2020**, Weingut Leitner	Seite 607
(94)	**Blaufränkisch Grande Reserve V-MAX 2020**, Rotweingut Prickler	Seite 568
(94)	**Unplugged X Cuvée rot 2020**, Weingut Hannes Reeh	Seite 619
(94)	**Blaufränkisch Eisenberg DAC Reserve Ried Saybritz 2019**, StephanO Das-Wein-Gut	Seite 502

DIE BESTEN NATURAL UND ORANGE WINES

94	**Materia Prima 2021**, Weinberghof Karl Fritsch	Seite 371
94	**Roter Veltliner Weitblick Natural 2021**, Weingut Familie Schuster	Seite 396
(94)	**Traminer Natural Wine 2022**, Weingut Hajszan Neumann	Seite 71
93	**Grüner Veltliner Weinviertel DAC Reserve Alter Schatz 2021**, Weingut Christoph Bauer	Seite 411
93	**Gemischter Satz Qualtinger Teil III 2021**, Edlmoser Weingut & Heuriger	Seite 68
93	**Traminer Hanna Glatzer Bunte Weine 2021**, Weingut Walter Glatzer	Seite 96
93	**Gelber Muskateller Orangewein Nestor 2021**, Nestor	Seite 611
93	**Gelber Muskateller Reserve Söll la Vie - Sanfter Weinbau 2013**, Sanfter Weinbau Maria und Johannes Söll	Seite 733
(93)	**Rotgipfler Ried Mandelhöh Limited Edition 2022**, Weingut Alphart am Mühlbach	Seite 240
(93)	**Kompromisslos 2021**, Weingut Masser	Seite 701

Wein-
Vielfalt zum
HOFER PREIS,–

HOFER
Da bin ich mir sicher.

Ob rot oder weiß, trocken oder prickelnd, steirischer Spitzenwein oder Falstaff-prämierte Spezialitäten:

Bei **HOFER** finden Weinliebhaber immer genau das Richtige für jeden Anlass. Eine große Auswahl an ausgesuchten und kontrollierten Weinen sowie spritzigen Schaumweinen garantiert Ihnen hochwertigen Weingenuss zum besten Preis-Leistungs-Verhältnis. Schnuppern Sie in das vielfältige **HOFER** Weinsortiment und lassen Sie sich von Aromen aus Österreich und der ganzen Welt verführen.

Technische und optische Änderungen sowie Satz- und Druckfehler vorbehalten.

hofer.at

92	**Sauvignac 2021**, Weingut Engel	Seite 752
92	**Roter Traminer Tertiär T. 2021**, Weingut Josef Fritz	Seite 373
92	**Gemischter Satz Natural Pure Natur 2022**, Weingut Wolfgang Hofer	Seite 73
92	**Grüner Veltliner Reblaus 2021**, Weingut Hermann Moser	Seite 204
92	**Chardonnay Wilde Liebe 2021**, Weingut Franz und Christine Netzl	Seite 106
92	**Traminer Textura 2021**, Weingut Pasler	Seite 533
92	**Grüner Veltliner Un.konventionell 2021**, Winzerhof Sax	Seite 164
92	**devilORANGEl 2019**, Weingut Peter Skoff – Domäne Kranachberg	Seite 730
(92)	**Müller Thurgau MTX Extrem 2022**, Domäne Wachau	Seite 294
(92)	**Riesling Rebell Naturell 2022**, Weingut Schabl	Seite 395

DIE BESTEN SÜSS- UND DESSERTWEINE

100	**Riesling Loiben Trockenbeerenauslese 2021**, Weingut Knoll	Seite 320
98	**Sauvignon Blanc Ried Stradener Rosenberg TBA Essenz 2017**, Weingut Frauwallner Straden	Seite 753
98	**Welschriesling TBA No. 6 2019**, Weinlaubenhof Kracher	Seite 604
97	**Muskat Ottonel Schwarz Gold 2020**, Weingut Schwarz	Seite 628
97	**Gelber Muskateller Beerenauslese 2021**, Günter + Regina Triebaumer	Seite 665
97	**Muskat Ottonel Schilfwein 2021**, Hans Tschida - Angerhof	Seite 632
97	**SW Beerenauslese 2017**, Weingut Velich	Seite 633
96	**Mosaik Trockenbeerenauslese 2021**, Weingut Alexander Egermann	Seite 593
96	**Gelber Muskateller Ruster Ausbruch DAC Ausbruch 2020**, Weingut Feiler-Artinger	Seite 656
96	**Sämling TBA 2021**, Weingut Leberl	Seite 524
96	**Gelber Muskateller Beerenauslese Ried Rochusberg 2021**, Weingut Roland Minkowitsch	Seite 450
96	**Riesling Ried Dornleiten TBA 2018**, Weingut Weinrieder	Seite 476
(96)	**Chardonnay TBA 2021**, Weingut PMC Münzenrieder	Seite 609
95	**Gelber Muskateller Strohwein Geyern 2021**, Weingut Bannert	Seite 410
95	**Ruster Ausbruch 2021**, Weingut Ceel	Seite 654
95	**Welschriesling TBA 2015**, Weingut Eichberger	Seite 423
95	**Grüner Veltliner TBA 2019**, Weingut Haider	Seite 596
95	**Welschriesling TBA 2017**, Weingut Lackner-Tinnacher	Seite 697
95	**Riesling Proidl spricht Deutsch 2021**, Weingut Familie Proidl	Seite 213
(95)	**Riesling TBA 2021**, Weingut Leitner	Seite 607
94	**Eiswein 2021**, Weingut Familie Auer	Seite 241
94	**Welschriesling Trockenbeerenauslese Neusiedlersee DAC 2020**, Weingut Zur Dankbarkeit	Seite 591
94	**Weißburgunder/Grauburgunder Trockenbeerenauslese 2017**, Weingut Felberjörgl	Seite 683
94	**Grüner Veltliner TBA 2021**, Weingut Meinhard Forstreiter	Seite 193
94	**Eiswein vom Schilcher 2020**, Weingut Schilcherei® Jöbstl	Seite 781
94	**Trockenbeerenauslese Lenz Moser Prestige 2018**, Weinkellerei Lenz Moser	Seite 206
94	**Sämling TBA 2020**, Weingut Münzenrieder	Seite 608
94	**Rotgipfler Beerenauslese Gumpoldskirchen Ried Rasslerin 2021**, Weingut Piriwe	Seite 254
94	**Sauvignon Blanc Beerenauslese 2021**, Familienweingut Sattlerhof	Seite 721
94	**Rotgipfler Gumpoldskichen Auslese 2020**, Weingut Stadlmann	Seite 256
94	**Ruster Ausbruch DAC 2020**, Weinbau Tremmel	Seite 662
94	**Riesling TBA 2021**, Bioweingut Zirnsack	Seite 482
(94)	**Grüner Veltliner Eiswein 2022**, Weingut Türk	Seite 225

BioAgenasol® Gesunder Boden – Gesunde Ernte!

agrana.com/bioagenasol

BioAgenasol® – unser rein pflanzlicher, biologischer Langzeit-Volldünger aus Österreich aktiviert und belebt Ihren Boden und sorgt für die bedarfsgerechte kontinuierliche Nährstoffversorgung und gesunde Ernte.

- Mindestens 90 % Anteil an organischer Substanz
- Hohe Auswaschsicherheit
- Wirksam bei niedrigen Temperaturen
- Bewertet nach Bio Austria Richtlinien

Nähere Infos unter duenger@agrana.com

BioAgenasol®

EINE MARKE VON AGRANA

Parndorfer Platte, Neusiedler See

JAHRGANG 2022: SEHR GUTER JAHRGANG IN ALLEN BEREICHEN

Aus allen Weinbaugebieten gab es zum Ernteabschluss sehr positive Resonanz, sowohl bei den Weiß- wie bei den Rotweinen darf man sich an überdurchschnittlicher Qualität in guten Mengen erfreuen. Zwar liegt die Säure bei vielen Weißen etwas unter dem tollen Jahr 2021, dennoch zeigen die Weine gute Balance und Frische.

Das Weinjahr 2022 verlangte Österreichs Winzern durch ungewöhnliche Witterungsbedingungen einiges ab. Zunächst schien es ein Jahr der großen Trockenheit zu werden, wären da nicht die vereinzelten Niederschläge gewesen – nicht immer zu optimalen Zeitpunkten. Mit viel Einsatz und penibler Arbeit konnten die Winzer letztlich aber reife, balancierte Weißweine mit feinem Fruchtspiel erzeugen. Herausragend präsentieren sich die Rotweine: Sie überzeugen mit Kraft, Struktur und samtigen Tanninen. Je nach Rebsorte, kleinklimatischen Verhältnissen und Bodenbeschaffenheit fiel der Jahrgang 2022 ein wenig differenzierter aus als beispielsweise 2021. Insgesamt präsentieren sich die Weine aber mit ausgeprägter Reife, feiner Frucht und harmonischer Säure. Mit einer Erntemenge von 2,5 Millionen Hektolitern liegt 2022 leicht über dem langjährigen Durchschnitt.

DAS WEINWETTER 2022

Blicken wir zunächst kurz zurück auf den klimatischen Verlauf des Jahres: Nach einem äußerst niederschlagsarmen und milden Winter verlief die Entwicklung der Vegetation zunächst ganz ähnlich wie im Jahr 2021. So fand der Austrieb der Reben erst Ende April statt, also relativ spät. Damit war allerdings die Gefahr der gefürchteten Spätfröste gebannt. Nach anhaltender Trockenheit kam die Rebblüte bei warmer Witterung hingegen recht früh, wobei sie in den meisten Gebieten ausgerechnet zu diesem sensiblen Zeitpunkt von Regenfällen begleitet beziehungsweise beeinträchtigt wurde. In diesen Weinbaugebieten hatten die Winzer alle Hände voll zu tun, um drohende Pilzinfektionen, vor allem Peronospora, in Schach zu halten. Auch durch regional auftretende Verrieselung ergab sich eine natürliche Ausdünnung des Traubenansatzes. Die Sommermonate waren dann von zahlreichen Hitzetagen und vor allem extremer Trockenheit gekennzeichnet, wie sie kaum je zuvor aufgetreten war. Naturgemäß litten Junganlagen und Reben auf kargen Böden, die ohne Bewässerung auskommen müssen, am meisten unter diesen Verhältnissen. Schwere Hagelunwetter und großflächige Starkregen-Ereignisse blieben glücklicherweise aus. Vor der Haupternte, die um den 20. August begann, wendete sich das Blatt jedoch. Es kam zu Niederschlägen, die gebietsweise auch recht heftig ausfielen, gefolgt von zwei weiteren Regenperioden vor der Hauptlese – in der Regel ein recht ungünstiger Termin für Regen, der aber diesmal in den meisten Weinbaugemeinden freudig begrüßt wurde. War die Zuckerreife zuvor noch eher bescheiden, lösten die gerade noch rechtzeitigen Niederschläge einen wahren Reifeschub aus. Anfang September wurden plötzlich Gradationen wie im ausgezeichneten Weinjahr 2019 verzeichnet. Die Säure fiel zwar gegenüber den beiden Vorjahren ab, entsprach aber den Werten der ebenfalls sehr guten Weinjahre 2017 und 2012. Grundsätzlich waren damit alle Voraussetzungen für einen weiteren bemerkenswerten Jahrgang gegeben. Allerdings erforderte der unerwartete Niederschlag ein rasches Handeln in den Weingärten, um der Gefahr von Fäulnis und Botrytis-Bildung vorzubeugen. Eine Folge dieser Wetterkapriolen war eine nahezu gleichzeitige Reife der meisten Rebsorten, was ebenfalls schnelles Agieren erforderte. In vielen Weinbaugegenden wurde die Ernte daher in Rekordzeit absolviert und bereits Ende September beendet. Dies galt natürlich nicht für alle Herkünfte und Rebsorten. So wurde beispielsweise dem Riesling in seinen Anbauzentren nördlich der Donau die nötige ausgedehnte Reifezeit eingeräumt, was jedoch mit Mengenverlusten verbunden war. Endlich konnte sich auch in den Süßwein-Hochburgen entlang des Neusiedler Sees eine schöne Botrytis entfalten, was auch Prädikatsweine der höchsten Stufen ermöglichte. Noch vor Weihnachten kam es außerdem zu einigen derart frostigen Nächten, dass sogar die begehrten Eisweine gelesen werden konnten.

SORTENTYPISCHE WEISSE, GUTE SÄURE

Generell sind reife Weißweine mit feinen Fruchtaromen und etwas geringerer Säure als in den beiden Vorjahren zu erwarten. Auch kräftige Lagen- oder Reserveweine konnten problemlos realisiert werden. Klarer Sortenausdruck ist sowohl bei der Leitsorte Grüner Veltliner festzustellen als auch bei den überraschend rassigen Rieslingen und der von den herrschenden Verhältnissen profitierenden Burgunderfamilie. Die Säure liegt etwas niedriger, ohne dass deswegen breite Weine zu befürchten wären. Auch aromatische Sorten wie Sauvignon Blanc, Muskateller oder Traminer zeigen sich überzeugend. Das gilt zudem für regionale Spezialitäten wie die Roten Veltliner vom Wagram und Rotgipfler sowie Zierfandler aus der Thermenregion. Einige sehr kalte Nächte im Dezember ermöglichten zudem die Lese von rarem Eiswein. Auch in den Wiener Rieden am Nußberg, in Grinzing und Neustift sowie am Bisamberg und in Mauer wurde eine gute Zuckerreife bei geringeren Säurewerten erzielt. Nach ungewöhnlicher Trockenheit kam auch hier der ersehnte Regen, der die Ausreifung begünstigte, sodass die Lese etwas früher als im Vorjahr stattfand und Anfang Oktober bereits beendet war. Das Ergebnis sind runde und balancierte Wiener Gemischte Sätze sowie ausgewogene, fruchtbetonte Rieslinge, die schon etwas früher als in den letzten Jahren einigen Trinkgenuss versprechen.

DICHTE, STRUKTURIERTE ROTE

Sehr trockene Verhältnisse herrschten insbesondere in den Weinorten entlang des Neusiedler Sees. Spätfröste und Hagelschäden blieben aus, letzten Endes konnten sehr gesunde Trauben von hoher Reife und angemessener Säure geerntet werden. Die Voraussetzungen für einen großen Rotweinjahrgang waren ideal, zumal auch das Verhältnis von Fruchtfleisch zu Beerenschalen der sehr kleinbeerigen Trauben optimal war.

HARMONIE IN DER STEIERMARK

In allen drei steirischen Weinbaugebieten wurde ein sehr guter Jahrgang verzeichnet, der in Zukunft wohl des Öfteren mit dem hervorragenden, wenn auch etwas anders gearteten 2021er verglichen werden wird. Die Niederschlagsmengen entsprachen für steirische Verhältnisse dem üblichen Durchschnitt. Die Regenfälle kurz vor der Haupternte wurden auch hier als essenziell für die weitere Entwicklung des Traubengutes erachtet, auch wenn dadurch ein wenig selektioniert werden musste. Die Lesezeit war recht kurz und im Wesentlichen bereits im September abgeschlossen – so früh wie kaum jemals zuvor. Ausschlaggebend dafür war auch, dass die meisten Rebsorten beinahe zugleich die optimale Reife erreichten. Der zur steirischen Leitsorte aufgestiegene Sauvignon Blanc ist besonders gut gelungen, aber auch die Gelben Muskateller, Morillons (Chardonnays), Weißburgunder und Welschrieslinge bereiten selbst verwöhnten Gaumen Freude. Aufgrund der hohen Mostgewichte haben sich Weißweine voll Saft und Kraft entwickelt, vor allem bestechen sie jedoch durch ihre Feinheit und Struktur. Auch die Balance aller Komponenten ist diesmal von Anfang an gegeben, weshalb sich schon die Jungweine sehr saftig, rund und harmonisch präsentieren. Überdies haben im Vulkanland auch die Traminer gute Bedingungen nutzen können, während in der Weststeiermark am Fuße der Koralpe die Schilcher mit klarer Textur und prägnanter rotbeeriger Frucht aufwarten.

JAHRGANG 2021: EIN TRAUMJAHRGANG IN WEISS UND ROT

Selten brachte ein Jahrgang über alle Weinbauregionen hinweg ein derart traumhaftes Ergebnis. Vor allem der großartige Herbst sorgte für perfektes Traubenmaterial und reife Säure, und so entstanden balancierte, elegante Weißweine mit tiefer Frucht und rassiger Struktur sowie kraftvolle, komplexe Rotweine.

Mit einer Erntemenge von rund 2,4 Millionen Hektolitern liegt der Jahrgang 2021 im langjährigen Durchschnitt. Das bietet Grund zur Freude, denn europaweit verlief 2021 im Vergleich weniger positiv: Manche deutsche Weinbaugebiete erlitten drastische Ernteeinbußen; ebenso mussten die großen Weinbauländer Italien, Frankreich und Spanien teils empfindliche Verluste hinnehmen, großteils aufgrund von Spätfrösten.

DAS WEINWETTER 2021

Blicken wir zunächst kurz zurück zum klimatischen Verlauf des Jahres: Nach einem eher niederschlagsarmen Winter ließ der Frühling lange auf sich warten. Der April war kühl und viel zu trocken, der Mai brachte wenig Sonne und dafür reichlich Regen, wenn auch in regional recht unterschiedlicher Menge. Der Austrieb der Reben und ihre Blüte verzögerten sich, im Unterschied zu den Weinbauländern süd-

Nicht nur super - superlativ.
Der Kia EV6 GT.
EV6 GT
Movement that inspires
Er ist 585 PS stark! Er ist in 3,5 Sekunden von 0 auf 100. Er ist damit schneller als so mancher renommierte Sportwagen. Aber eines ist er nicht: protzig. Wär er damit nicht genau der richtige für dich? Teste ihn jetzt, den neuen Kia EV6 GT, bei deinem Kia-Partner.
CO2-Emission: 0 g/km, 20,6 kWh/100km, Reichweite: bis zu 424km1)
Symbolabbildung mit Sonderausstattung. Druckfehler, Irrtümer und Änderungen vorbehalten. Geräuschpegeldaten nach vorgeschriebenen Messverfahren gemäß der Verordnung (EU) Nr. 540/2014 und Regelung Nr. 51.03 UN/ECE [2018/798] ermittelt: Kia EV6 GT Fahrgeräusch dB(A) 66.0 / Nahfeldpegel dB(A) / min-1 0. 1) 0 g/km setzt Nutzung von Strom aus 100% regenerativen Quellen voraus. Angeführte CO2-Emission und kWh/100km gemessen laut WLTP-Testzyklus. Bitte beachte, dass Ladeleistung von Faktoren wie z. B. Außentemperatur sowie Ladezustand und Temperatur der Batterie abhängt. Angegebene Zeiten beziehen sich auf Optimalbedingungen (Ladezustand 10-80%, HV Batterietemperatur 25-29°C) unter Ausschluss zusätzlicher Nebenverbraucher (z. B. Sitz-

lich und westlich des Alpenhauptkammes blieb Österreich diesmal von Spätfrösten verschont. Der Juni brachte schließlich Sonne und Wärme. Die Rebblüte fand erst gegen Ende des Monats statt und fiel bereits in eine heiße Periode, was zum Teil zu Verrieselungen führte und lockerbeerige Trauben zur Folge hatte. Mit der Hitze stieg auch die Unwettergefahr: Bereits am 24. Juni entlud sich im nördlichen Weinviertel eine riesige Gewitterzelle mit heftigem Hagelschlag, der dort rund 1.000 Hektar Weingartenfläche stark schädigte und zum Teil völlig vernichtete. Im benachbarten Tschechien wütete sogar ein Tornado.
Ende Juli traf ein Hagelsturm die Weinbauorte Rührsdorf und Rossatz in der Wachau, Schäden gab es teils auch in den Dürnsteiner und Loibner Weinbergen sowie auf Rebflächen bei Göttweig und im Traisental. Ebenfalls stark vom Hagel geschädigt wurden die Rotweinzentren des Mittelburgenlandes, etwas weniger stark betroffen waren einige Rieden am Wiener Nussberg, im steirischen Vulkanland und in der Südsteiermark. Insgesamt blieben die Ernteausfälle wegen der Unwetter in diesem Jahr aber zum Glück überschaubar. Ansonsten war der Juli ein schöner Sommermonat wie früher einmal, der aber von einem eher trüben, regnerischen und kühlen August abgelöst wurde.
Zum 1. September kam jedoch der große und von den Winzern herbeigesehnte Umschwung: Eine sonnige Wetterphase setzte ein, die volle sechs Wochen anhielt und nur von zwei Regentagen begleitet war. Die Nächte wurden jedoch bereits Mitte September recht kühl, sodass ein deutliches Gefälle zwischen Tages- und Nachttemperaturen auftrat. Das sorgte für eine tolle Aromenausbildung bei den Weißweinen und für Lebendigkeit in den Rotweinen. Ende Oktober gab eine föhnige Periode den Rieslingen nördlich der Donau einen willkommenen letzten Reifeschub. Oidium, Peronospora und unerwünschte Botrytis-Nester hatten unter diesen Bedingungen keine Chance, und in einigen Gebieten beteuerten altgediente Weinbauern und Weinbäuerinnen, noch nie zur Lesezeit so schönes, vollkommen gesundes Traubengut gesehen zu haben. Der Erntezeitpunkt konnte ohne Stress und punktgenau festgelegt werden.

WEISSWEINE MIT FRUCHT UND REIFER SÄURE

Von der Wachau bis nach Carnuntum und vom Weinviertel bis in die Südsteiermark herrscht eitle Freude über wunderbar harmonische Weißweine, deren Inhaltsstoffe durch die lange Vegetationsdauer konzentriert wurden. So entstanden bei hoher Zuckerreife durchwegs extraktreiche, klirrend frische Weine von ungewöhnlicher Aromenvielfalt und rassiger Säurestruktur. Besonders kommt das der Paradesorte Grüner Veltliner zugute. Im Jahrgang 2021 besitzt sie neben einer feinen Würze auch eine tiefe Steinobstfrucht und cremigen Schmelz. Aber auch die Rieslinge zeigen sich sehr vielversprechend und präsentieren sich körperreich und dank einer tollen Säurestruktur sehr leichtfüßig. Ebenso überzeugen die vollreifen, kraftvollen Sauvignon Blancs und Chardonnays sowie die sehr aromatischen Muskateller. Weißweinfans kommen in allen Anbaugebieten und bei einer Vielzahl von Gewichtsklassen voll auf ihre Rechnung, selten bot ein Jahrgang derart großes Trinkanimo.

ROTWEINE MIT STRUKTUR UND POTENZIAL

In Carnuntum sind aus allen Rebsorten und in allen Reifestufen hervorragende Rotweine entstanden. Die späte Lese und die lange Vegetationsdauer könnten speziell den beiden empfindlichen Sorten Pinot Noir und St. Laurent entgegengekommen sein. Sie sollten ebenso wie die weißen Rieden- und Reserveweine über eine tolle Struktur und großes Reifepotenzial verfügen. Im Burgenland konnten die Rotweine von den optimalen Voraussetzungen im Herbst profitieren, allen voran die beiden Leitsorten Zweigelt und Blaufränkisch. Die lange Vegetationsdauer und späte Lese sowie die analytischen Daten sprechen für einen Rotweintyp wie 2019, bei dem trotz hoher Reife eine elegante Struktur und messerscharf definierte Frucht im Vordergrund stehen. Manche sehen sogar den vielversprechendsten Rotwein aller Zeiten in ihren Fässern heranreifen, der in Konkurrenz zu den mächtigen und extraktsüßen Ausnahmejahren 2011 und 2017 treten könnte. Von den französischen Rebsorten könnte der Cabernet in seinen Varianten Sauvignon und Franc diesmal für besonderes Aufsehen sorgen.

Architecture. Design.

Wir gestalten Interiors, die Raum fürs Leben schaffen. Für Persönlichkeiten, die Lust haben, Charakter zu zeigen und ihren Ideen freien Lauf zu lassen. Unsere Betriebs- und Werkstätten, Büros und Shops sind so individuell wie unsere Auftraggeber und ihre einzigartigen Erzeugnisse. Weil nicht unsere Designs das Maß der Dinge sind, sondern die Menschen, die in ihnen arbeiten und Geschäfte machen.

Staatspreis | Design 2022
Sonderpreis | Spaces and Environments

St
p
Staatspreis
Design
2022
des Bundesministeriums
für Digitalisierung und
Wirtschaftsstandort

WEINMANUFAKTUR CLEMENS STROBL © MONIKA NGUYEN

destilat
Architecture+Design

Wien +43 1 9744420
Linz +43 732 916677

office@destilat.at
www.destilat.at

© WSNA

WIEN

WIENER GEMISCHTER SATZ

DAC

Blick vom Bisamberg auf Wien

Kahlenbergerdorf am rechten Donauufer zwischen Nussberg und Leopoldsberg

MODERNE TOP-WEINE UND HEURIGENTRADITION

Weinbau in der Großstadt? Oft handelt es sich dabei um Schauweingärten als Tourismusattraktion. Anders in Wien, hier sind 575 Hektar Rebfläche ein wesentlicher Wirtschaftsfaktor, sie dienen der Erhaltung des Grüngürtels und sind die Basis für hohe Weinqualität. Die Vielfalt reicht vom typischen Gemischten Satz über elegante Rieslinge und kraftvolle Weißburgunder bis zu hochwertigen Rotweinen.

Schon im späten Mittelalter standen Reben auch innerhalb der Stadtmauern von Wien bis in den heutigen ersten Bezirk. Heute liegt der Schwerpunkt des Weinbaus in den Vororten am Stadtrand: Die Lagen am Bisamberg nördlich der Donau – bewirtschaftet von Winzern aus Strebersdorf, Stammersdorf und Jedlersdorf – sind günstig für die Burgunderfamilie und rote Sorten. Im 17., 18. und vor allem 19. Gemeindebezirk mit den Stadtteilen Heiligenstadt, Nussdorf, Grinzing, Sievering und Neustift am Walde werden Riesling, Chardonnay und Weißburgunder auf den meist sehr kalkreichen Böden bevorzugt. Im Süden Wiens mit Mauer, Rodaun und Oberlaa sind Schwarzerdeböden zu finden, gut für kraftvolle Weißweine und opulente Rotweincuvées. Kaum ein Winzer verzichtet aber auf den traditionellen Gemischten Satz, bei dem im Weingarten verschiedene Rebsorten gemeinsam ausgepflanzt sind, die auch gemeinsam geerntet und zu Wein verarbeitet werden. Früher als Risikominderung bei ungleichmäßigen Erntebedingungen vorgesehen, erfreut sich diese Wiener Spezialität heute wieder großer Beliebtheit. Ebenso wiederentdeckt wurde die Top-Lage Nussberg, die junge ideenreiche Winzer aus allen Teilen der Weinstadt – auch Quereinsteiger – beinahe magisch anzieht. Die Anziehungskraft der Wiener Institution des Heurigen ist auch legendär. Ob durchgehend geöffnetes Lokal oder kleine versteckte

© WSNA

Buschenschanken mitten in den Weingärten – ein wahrer Besuchermagnet sind sie alle. Dass sich die moderne Kellerarchitektur und das Equipment gut mit der Tradition alteingesessener Betriebe verknüpfen lassen, ist ebenfalls ein sympathischer Zug des Wiener Weinbaus. Die führenden Betriebe der Metropole haben sich in der Gruppe »WienWein« zusammengefunden, um gemeinsam effektiver für ihre Weine werben zu können. Die Slow-Food-Bewegung hat den Wiener Gemischten Satz bereits 2008 als erstes österreichisches Produkt mit dem »Presidio-Gütesiegel« – der höchstmöglichen Auszeichnung – prämiert. Seit dem Jahrgang 2013 trägt der Wiener Gemischte Satz die Herkunftsbezeichnung DAC. Die Trauben müssen aus einem Wiener Weingarten stammen, der mit zumindest drei weißen Qualitätsrebsorten bepflanzt ist, die gemeinsam gelesen und verarbeitet werden. Der größte Sortenanteil darf nicht höher als 50 Prozent sein, der drittgrößte Anteil muss zumindest 10 Prozent ausmachen.

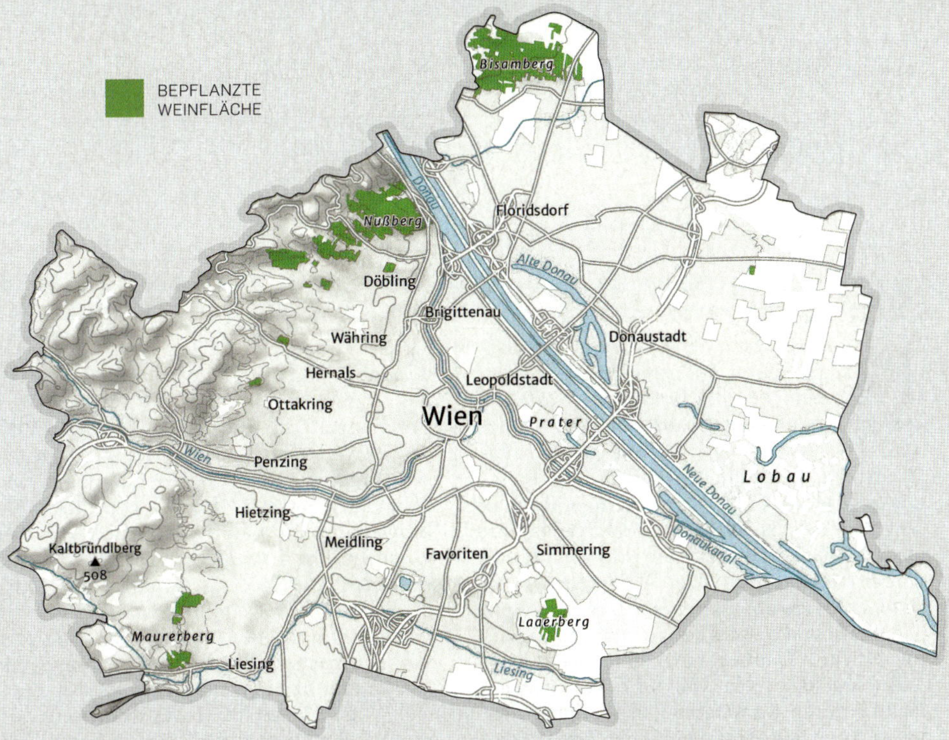

Grundkarte: © Universität Wien, BEV, OSM, SRTM | Österreich Wein Marketing GmbH, 1040 Wien, © ÖWM 2022

WEINBAUGEBIET WIEN

Österreich gesamt:	**44.728 ha**		**Weinbaugebiet Wien:**	**575 ha**	**(1 %)**
Weißweinfläche insgesamt:	**460 ha**	**(80 %)**	**Rotweinfläche insgesamt:**	**115ha**	**(20 %)**
Gemischter Satz:	224 ha	(40 %)	Zweigelt:	33 ha	(5,7 %)
Grüner Veltliner:	135 ha	(23,4 %)	Pinot Noir:	19 ha	(3,3 %)
Riesling:	65 ha	(11,3 %)	Cabernet Sauvignon:	7 ha	(1,2 %)
Chardonnay:	40 ha	(7 %)	Blauburger:	6 ha	(1 %)
Weißburgunder:	37 ha	(6,4 %)	Sankt Laurent:	5 ha	(0,9 %)

AUSGEWÄHLTE WEINGÜTER

★★★★★
Weingut Wieninger, Wien

★★★★
Edlmoser Weingut & Heuriger, Wien
Weingut Mayer am Pfarrplatz, Wien
Weingut Rotes Haus, Wien

★★★
Weingut Christ, Wien
Weingut Cobenzl, Wien

★★★
Weingut Hajszan Neumann, Wien
Schlumberger Wein- und Sektkellerei, Wien

★★
Weingut Fuhrgassl-Huber, Wien
Weingut Wolfgang Hofer, Wien

★
Landhaus Mayer, Wien
Weingut Walter Wien, Wien

★★★

WEINGUT CHRIST

BIO

Rainer Christ hütet ein Erbe an erstklassigen Lagen mit zum Teil sehr alten Rebstöcken. Im Jahr 2005 wurde der Betrieb um- und ausgebaut. Mit zeitgemäßer und außergewöhnlicher Architektur setzt das Weingut Christ eine beeindruckende Landmark in Jedlersdorf. Der große Reichtum an unterschiedlichsten Böden und Lagen erklärt das enorme Sortenspektrum. Ein Unikat und dabei der traditionellste Weißwein ist der Wiener Gemischte Satz. Der bunte, oft seit Generationen bestehende Rebsortenmix dieser Wiener Weißweinspezialität vermittelt auf unnachahmliche Weise die naturgegebenen Faktoren – das Terroir. Zahlreiche, auch reinsortige Spezialitäten runden das Portfolio ab.
Der Stil der Christ-Weine ist von Respekt gegenüber den natürlichen Ressourcen geprägt – puristisch im Sinne von echt. Geologie und Herkunft schmeckbar zu machen ist die größte Herausforderung. Der Umgang mit den Trauben ist durch besondere Sensitivität gekennzeichnet. Händische Lese und Selektion, der Verzicht auf Schönungen, Korrekturen sowie sterile Filtrationen ergeben Weine voll Natürlichkeit und Vitalität. Rainer Christs Philosophie ist auch eine Herausforderung für die Architektur: Im Keller regiert die Gravitation – ein Christ pumpt nichts. Traubenmaterial und Most werden mithilfe der Schwerkraft transportiert. Fünf Klimazonen sorgen für ideale Reifebedingungen. Mit dem Jahrgang 2014 hat Rainer Christ das Bioweingut Petershof am Bisamberg übernommen. Rund zwei Hektar Rebfläche sind es, welche die Riede Wiesthalen und damit das gesamte Bioweingut umfassen. Seit 30 Jahren zählt der Petershof zu den Pionieren des heimischen Bioweinbaus. Die Riede Wiesthalen ist ein historisches »Arrondissement« des Wiener Weinbaus. Blumenwiesen und Wälder säumen die hoch über der Stadt thronende Lage, eine eigene Quelle mit kleinen Wasserstellen fördert zusätzlich Artenreichtum und Biodiversität.

94 * Ried Wiesthalen 1ÖTW 2021
13,5 Vol.-%, NK, gebrauchte Barriques, €€€€€ B H V
Helles Goldgelb, Silberreflexe. Zart nach Ananas, etwas Maracuja, Blütenhonig, kandierte Mandarinenzesten, einladendes Bukett. Saftig, elegant, weißer Pfirsich, feine Säurestruktur, mineralisch und ausgewogen, feine Frucht im Abgang, bleibt haften, sicheres Reifepotenzial.

WEINGUT CHRIST

1210 Wien, Amtsstraße 10–14
T: +43 (1) 2925152
info@weingut-christ.at
www.weingut-christ.at

Kellermeister/Kontakt: Rainer Christ
Anbauweise: Zertifiziert Biologisch (Austria Bio Garantie)
Produktion: 160.000 Flaschen 78 % weiß, 2 % rosé, 19 % rot, 1 % süß, 25 Hektar
Vereinszugehörigkeit: J5 – Jedlersdorfer Winzer, Traditionsweingüter Österreich, WienWein
Messen: Austrian Tasting London, ProWein Düsseldorf, VieVinum, Vinexpo Hongkong, DAC-Präsentationen

Ried Gabrissen

93 * Bisamberg Petershof 2022
13 Vol.-%, NK, Stahltank, €€€ B H V
Mittleres Grüngelb, Silberreflexe. Feine Kräuterwürze, feines Kernobst, ein Hauch von Birne, kandierte Orangenzesten, etwas Blütenhonig. Mittlere Komplexität, feine Fruchtsüße, ein Hauch von Karamell, elegant und gut entwickelt, ein facettenreicher Speisenbegleiter, bereits gut antrinkbar.

93 * Bisamberg 2022
13 Vol.-%, NK, Stahltank/großes Holzfass, €€€€ B H V
Helles Goldgelb, Silberreflexe. Zarte gelbe Tropenfrucht, ein Hauch von Mango und Ananas, floraler Touch, etwas Blütenhonig. Saftig, elegant, feine Pfirsichfrucht, angenehme Süße, mineralisch, feiner Säurebogen, elegant und anhaftend, zitronig-mineralisch im Abgang, harmonisch und bereits gut antrinkbar.

92 Wiener Gemischter Satz DAC 2022
12,5 Vol.-%, DV, Stahltank, €€ B H V
Helles Goldgelb, Messingreflexe. Feine Nuancen von gelber Birne, etwas Mango und Blütenhonig, mit Wiesenkräutern unterlegt. Saftig, elegant, weißes Kernobst, frischer Säurebogen, fruchtige Süße im Abgang, elegant und vielfältig einsetzbar.

94 Weißburgunder Ried Falkenberg 1ÖTW 2021
13,5 Vol.-%, NK, gebrauchte Barriques, €€€€€ B H V
Mittleres Grüngelb, Silberreflexe. Feine Holzwürze, ein Hauch von gelber Tropenfrucht, dazu Noten von Mango und Birne, etwas Vanille, zart nach hellem Nougat, einladendes Bukett. Saftig, elegant, fruchtige Süße, mineralisch und frisch strukturiert, ein saftiger Speisenbegleiter, zeigt Länge, gutes Reifepotenzial.

92 Weißburgunder Der Vollmondwein 2022
13 Vol.-%, DV, Stahltank/großes Holzfass, €€€ B H V
Helles Grüngelb, Silberreflexe. Zart nach Limettenzesten, ein Hauch von frischer Birne und Apfel, mineralischer Touch, etwas Blütenhonig. Saftig, elegant, feine Fruchtsüße, dezenter Säurebogen, bleibt haften, bereits gut entwickelt, vielfältig einsetzbar.

93 Grüner Veltliner Ried Gabrissen X 2022
13 Vol.-%, DV, Stahltank, €€€€ B H V
Helles Gelbgold, Silberreflexe. Feine Nuancen von gelbem Kernobst, ein Hauch von Marille und Mango, kandierte Orangenzesten. Mittlere Komplexität, reife weiße Apfelfrucht, ein Hauch von Karamell und Nougat, zarte Fruchtsüße im Abgang, balanciert und gut anhaftend, ein stoffiger Speisenbegleiter.

92 Grüner Veltliner Bruch 2022
12,5 Vol.-%, DV, Stahltank, €€€ B H V
Helles Grüngelb, Silberreflexe. Zart floral unterlegte Nuancen von weißem Kernobst, etwas Ananas und Blütenhonig, zart nach Orangenzesten, einladendes Bukett. Saftig, elegant, weiße Apfelfrucht, frisch und mineralisch, gut anhaftend, ein vielseitiger Speisenbegleiter, bereits gut antrinkbar.

93 Riesling Ried Zwerchbreiteln 2022
13 Vol.-%, DV, Stahltank, €€€€€ B H V
Helles Grüngelb, Silberreflexe. Zart nach Ananas und Pfirsich, ein Hauch von Blütenhonig und kandierten Mandarinenzesten, mineralischer Touch. Mittlerer Körper, weißer Apfel, frischer Säurebogen, feine Süße im Kern, elegant und gut anhaftend, verfügt über Länge und Zukunftspotenzial.

* Wiener Gemischter Satz DAC

★★★

WEINGUT COBENZL

Wien ist einmalig: Die Stadt beherbergt das einzige Weinbaugebiet der Welt, das zur Gänze innerhalb der Grenzen einer Großstadt liegt und dank einzigartiger Wein- und Heurigentradition die Atmosphäre der Stadt mitprägt.
Das Weingut Wien Cobenzl zählt zu den bedeutendsten Wiener Weinbaubetrieben und ist seit über 110 Jahren im Besitz der Stadt Wien. Hier werden unter der Leitung von Thomas Podsednik von rund 60 Hektar Weingärten in Grinzing, am Nussberg und am Bisamberg herausragende Qualitätsweine gekeltert. Das einzigartige Mikroklima mit pannonischem Einfluss und die Nähe zur Donau sind die idealen Voraussetzungen für feinfruchtige, mineralische Weine. Die Rieden mit klingenden Namen wie Ried Pfeffer, Ried Seidenhaus und Ried Bellevue (»Schöne Aussicht«) zählen seit jeher zu den besten der Stadt.
Entsprechend der Größe und der Vielfalt an Lagen und Rebsorten wird ein breites Angebot an Qualitätsweinen angeboten: Die »Classic«-Weine sind bewusst etwas leichter, mit anregender Frucht und als unkomplizierte Speisenbegleiter konzipiert. Die Lagenweine und die »ÖTW Erste Lage«-Weine faszinieren durch ihre Komplexität, Finesse und das herkunftstypische Terroir.
Das Weingut der Stadt Wien hat als eines der ersten heimischen Weingüter die renommierte Auszeichnung »Nachhaltig Austria« erlangt. Die einzelnen Nachhaltigkeitsmaßnahmen reichen von der Traubenproduktion über die Arbeit im Weingarten bis hin zur umweltfreundlichen Stromerzeugung aus Sonnenenergie.
Seit August 2020 ist das Weingut Wien Cobenzl in Bio-Umstellung. Somit werden Weine, die ab 2023 gekeltert werden, Bio-zertifiziert sein. Das Ganzheitliche des Betriebes zeigt sich auch im Detail: Es gibt sogar eigene Bienenvölker, die für den köstlichen »Wiener Bio-Honig vom Cobenzl« fleißig sammeln.

92 **Gemischter Satz Sekt Austria Reserve Wien g.U. Brut 2018 CH/TR/GV/GM/MO/RR/WB**
13 Vol.-%, NK, Flaschengärung, €€€€€
Mittleres Goldgelb, Silberreflexe, feines Mousseux. Zarte gelbe Tropenfrucht, ein Hauch von Ananas, Limettenzesten, einladendes Bukett. Saftig, elegant, feine Fruchtsüße,

Team Weingut Cobenzl
im Weingarten – Ried Reisenberg

WEINGUT COBENZL
1190 Wien, Am Cobenzl 96
T: +43 (1) 3205805
office@weingutcobenzl.at
www.weingutcobenzl.at
Kellermeister: Ing. Georg Königsbauer
Kontakt: Ing. Thomas Podsednik, Akad. Dipl.-Önol.
Anbauweise: Umstellung auf bio (Bio Austria)
Produktion: 400.000 Flaschen
1 % Schaumwein, 80 % weiß, 4 % rosé, 15 % rot, 60 Hektar
Zertifiziert: Nachhaltig Austria
Vereinszugehörigkeit: WienWein, Traditionsweingüter Österreich
Messen: Foodex Japan, ProWein Düsseldorf, VieVinum, DAC-Präsentationen

© Raimo Rudi Rumpler

dezente Säurestruktur, Mango und Honig im Rückgeschmack, fruchtig-charmante Stilistik.

90 Sekt Austria Rosé Brut Wien g.U. 2021
12,5 Vol.-%, NK, Flaschengärung, €€€
Helles Lachsrosa, Goldreflexe, feine lebendige Perlage. Zart nussig, ein Hauch von Karamell und Orangenzesten, mit roten Kirschen unterlegt. Mittlerer Körper, süßer Kern, etwas Karamell, reife Zwetschken im Nachhall, Blütenhonig im Rückgeschmack.

93 * Ried Steinberg 1ÖTW 2021
13,5 Vol.-%, NK, Stahltank/Flaschenreifung, €€€€€ Ⓥ
Helles Grüngelb, Silberreflexe. Zart nach Wiesenkräutern, Noten von weißem Kernobst, ein Hauch von Birnen und Mango, kandierte Orangenzesten, einladendes Bukett. Stoffig, gute Komplexität, weißer Pfirsich, salzig unterlegte Mineralik, balanciert und gut anhaftend, zeigt gute Länge und Reifepotenzial.

(92) * Nussberg 2022
13,5 Vol.-%, DV, Stahltank, €€€
Helles Goldgelb, Silberreflexe. Feine gelbe Tropenfrucht, ein Hauch von Ananas, etwas Pfirsich, feiner Blütenhonig, kandierte Mandarinenzesten. Mittlere Komplexität, saftig und rund, feiner Säurebogen, etwas Steinobst und feine Fruchtsüße im Abgang, ein balancierter Speisenbegleiter, bereits gut entwickelt.

92 * Ried Reisenberg 2022
13,5 Vol.-%, DV, Amphore, €€€ Ⓥ
Helles Grüngelb, Silberreflexe. Feine Nuancen von weißer Tropenfrucht, unterlegt mit frischer Birne, ein Hauch von Wiesenkräutern, einladendes Bukett. Mittlerer Körper, frische Apfelfrucht, feiner Säurebogen, mineralischer Nachhall, elegant und vielfältig einsetzbar.

89 Wiener Gemischter Satz DAC 2022
12,5 Vol.-%, DV, Stahltank, €€

93 Weißburgunder Ried Seidenhaus 1ÖTW 2021
13,5 Vol.-%, DIAM, Barrique/Flaschenreifung, €€€€€ Ⓥ
Mittleres Goldgelb, Silberreflexe. Feine Nuancen von Karamell und Ananas, mit frischer Birne unterlegt, ein Hauch von Nougat, einladendes Bukett. Saftig, elegant, cremige Textur, etwas Karamell und Kokos im Nachhall, bleibt gut haften, ein stoffiger Speisenwein mit Entwicklungspotenzial.

90 Weißburgunder Grinzing 2021
13,5 Vol.-%, DV, Stahltank, €€
Helles Grüngelb, Silberreflexe. Zarte Nuancen von frischer Birne, ein Hauch von Wiesenkräutern, etwas Blütenhonig. Mineralisch, feine Nuancen von weißem Kernobst, gut integrierter Säurebogen, mineralisch, bereits entwickelt, ein vielseitiger Speisenbegleiter.

Bellevuehöhe, Sievering

93 Riesling Ried Preussen-Nussberg 1ÖTW 2021
13,5 Vol.-%, DIAM, großes Holzfass/Flaschenreifung, €€€€€ Ⓥ
Leuchtendes mittleres Goldgelb, Silberreflexe. Feine gelbe Tropenfrucht, reifer Pfirsich, Ananas, mit Blütenhonig und kandierten Orangenzesten unterlegt. Saftig, elegant, feine Fruchtsüße, gut integrierte Säurestruktur, bleibt gut haften, ein stoffiger Begleiter bei Tisch.

90 Riesling Nussberg 2021
13 Vol.-%, DV, Stahltank, €€€
Helles Goldgelb, Silberreflexe. Ein Hauch von Pfirsich, mit gelber Tropenfrucht unterlegt, floraler Touch, etwas Blütenhonig. Mittlere Komplexität, feine Fruchtsüße, angenehmer Säurebogen, gut entwickelt und zugänglich, zitronig-salziger Nachhall.

(89) Grüner Veltliner Grinzing 2022
13,5 Vol.-%, DV, Stahltank, €€ Ⓥ

92 Pinot Noir Ried Bellevue Sievering 2018
13,5 Vol.-%, NK, Barrique, €€€€
Mittleres Karmingranat, Ockerreflexe, breite Randaufhellung. Tabakig, kräuterwürzig unterlegte rote Waldbeeren, kandierte Orangenzesten, rauchige Nuancen. Mittlere Komplexität, zart nach Preiselbeeren und roten Kirschen, gut integrierte Tannine, mineralisch im Abgang, rotbeeriger Nachhall, bereits zugänglich.

* Wiener Gemischter Satz DAC

★★★★

EDLMOSER WEINGUT & HEURIGER

BIO

In Mauer, an den südlichen Ausläufern des Wienerwalds gelegen, kann das Wiener Traditionshaus Edlmoser auf eine sehr lange Familiengeschichte blicken, die bis ins Jahr 1374 zurückreicht. Dabei prägten immer schon die Erfahrungen von Generationen, der Wunsch nach Wertigkeit und Nachhaltigkeit sowie ein kompromissloser Qualitätsanspruch das Denken und Handeln, und auch heute orientieren sich Viktoria und Michael Edlmoser wie selbstverständlich daran. Das Weingut ist Mitglied der »Traditionsweingüter Österreich« und Gründungsmitglied von WIENWEIN. Auch einer der ältesten Heurigen Wiens in Mauer wird von den Edlmosers geführt.
Zertifiziert biologische Weingärten, Handlese und das pannonische Klima mit gut verteilten Niederschlägen und vielen Sonnenstunden, dazu frische, kühle Luft aus dem Wald und unterschiedlichste Böden bieten ideale Voraussetzungen für vielschichtige, tiefgründige Weine mit faszinierender Mineralik und Würzigkeit. Eine zentrale Rolle spielt dabei etwa der Muschelkalkboden auf Dolomit am Maurerberg mit den 1ÖTW-Lagen Ried Sätzen und Ried Himmel, ein Ablagerungskonglomerat von Korallen, Algen, Schnecken und Muscheln. Am Kadolzberg hingegen entstand durch die Senkung des Wiener Beckens lehmiger Flyschsandsteinboden, perfekt für die Entwicklung von Aroma und Charakter. Alte autochthone und internationale Rebsorten fühlen sich dabei auf den Lagen des Weinguts gleichermaßen wohl und werden mit viel Gefühl für ein ökologisches Gleichgewicht durch das Jahr begleitet. Die Weine als Zusammenspiel von Natur und Winzer sollen schlussendlich den Jahrgang und die Lage widerspiegeln – und sonst nichts.

EDLMOSER WEINGUT & HEURIGER
1230 Wien, Maurer-Lange-Gasse 123
T: +43 (1) 8898680
office@edlmoser.at
www.edlmoser.at
Kellermeister/Kontakt:
Michael Edlmoser
Anbauweise: Zertifiziert Biologisch (Bio Austria)
Produktion: 5 % Schaumwein, 70 % weiß, 10 % rosé, 15 % rot, 15+80 Hektar
Vereinszugehörigkeit:
Traditionsweingüter Österreich, WienWein
Messen: VieVinum

95 * Ried Saetzen-Maurerberg 1ÖTW Reserve 2021
13,5 Vol.-%, DV, großes Holzfass, €€€€€ B V
Helles Grüngelb, Silberreflexe. Feine gelbe Tropenfrucht, reife Papaya, etwas Rhabarber, Mango und Ringlotten, einladendes Bukett, mineralischer Touch. Straff, engmaschig, feine weiße Pfirsichfrucht, lebendiger Säurebogen, zitroniger Touch, gut anhaftend, feine Fruchtsüße im Nachhall, zeigt Länge und Potenzial, wunderbar ausgewogen.

94 * Ried Himmel-Maurerberg 1ÖTW 2021
13,5 Vol.-%, DV, großes Holzfass, €€€€€ B V
Mittleres Grüngelb, Silberreflexe. Zart nach Rhabarber, reife Birnenfrucht, etwas Quitte und Blütenhonig. Straff, engmaschig, weiße Frucht, Limettenzesten im Kern, frischer Säurebogen, mineralisch und lebendig, wirkt sehr leichtfüßig, ein finessenreicher Speisenbegleiter, zeigt Länge und Reifepotenzial.

93 * Maurerberg 2022
13 Vol.-%, DV, Stahltank, €€€€ B V
Helles Grüngelb, Silberreflexe. Reifer gelber Apfel, etwas Mango und Ananas, zarter Blütenhonig, kandierte Orangenzesten, auch etwas Limetten. Saftig, elegant, weißes Kernobst, feiner Säurebogen, mineralisch-zitronig im Nachhall, straff und gut anhaftend, ein vielseitiger Speisenbegleiter mit Reifepotenzial.

91 Wiener Gemischter Satz DAC 2022
12,5 Vol.-%, DV, Stahltank, €€€ B V
Helles Gelbgrün, Silberreflexe. Gelbe Birne und Mango, Mandarinenzeste, floraler Touch. Saftig, frische Apfelfrucht, finessenreiche Struktur, dezente Süße im Nachhall, leichtfüßiger Speisenbegleiter, vielfältig einsetzbar.

94 Grüner Veltliner Ried Saetzen-Maurerberg 1ÖTW 2021
13,5 Vol.-%, DV, großes Holzfass, €€€€€ B V
Mittleres Grüngelb, Silberreflexe. Reife gelbe Tropenfrucht, zart nach Nashi-Birne, dazu Mango und ein Hauch von Quitte. Komplex, saftig, feine Tropenfrucht, Nuancen von weißem Kernobst, feiner Säurebogen, sehr balanciert, vielschichtig und gut anhaftend, ein eleganter Speisenbegleiter, zeigt sehr gute Länge, gutes Entwicklungspotenzial.

92 Grüner Veltliner Maurerberg 2022
13 Vol.-%, DV, Stahltank, €€€€ B V
Helles Goldgelb, Silberreflexe. Zart nach gelbem Apfel, frische Birne und Mango, einladende Frucht, mit dezenter Wiesenkräuterwürze unterlegt. Saftig, weißes Kernobst, feines Säurespiel, mineralisch und gut anhaftend, ein ausgewogener Speisenbegleiter, bereits gut antrinkbar.

94 Riesling Kalkstein Ried Saetzen-Maurerberg 1ÖTW 2021
13,5 Vol.-%, DV, großes Holzfass, €€€€€ B V
Helles Goldgelb, Silberreflexe. Feine Limettenzesten, weiße Tropenfrucht, ein Hauch von Weingartenpfirsich, mineralisch und attraktiv. Mittlere Komplexität, weiße Frucht, feine Säurestruktur, wirkt leichtfüßig und lebendig, mineralisch-salzig im Abgang, zitronig im Rückgeschmack, animierender Stil, bereits gut antrinkbar.

93 Gemischter Satz Qualtinger Teil III 2021
12 Vol.-%, NK, Holzfass, €€€€€€ B I O V
Leuchtendes, sehr zart getrübtes Goldgelb, Silberreflexe. Feine Nuancen von Bergamottenzesten, mineralisch, mit reifem Pfirsich unterlegt, ein Hauch von Rosenöl und Grapefruit. Straff, leichtfüßig, feiner Gerbstoff, engmaschig, anregender Stil, trocknet gut ab, feine salzige Komponente im Nachhall.

91 Rosé de Vienne 2022 ZW/PN
12,5 Vol.-%, DV, Stahltank, €€€ B V
Mittleres Zwiebelrosa, Pinkreflexe, Silbertouch. Zarte weiße Apfelfrucht, ein Hauch von Kirschen, Nuancen von Limettenzesten, floraler Touch. Straff, rotbeerig, lebendig strukturiert, Kernobst, feine Säure, mineralisch-zitronig im Nachhall, animierender Stil.

★★

WEINGUT FUHRGASSL-HUBER

Das traditionelle Fundament des Weinguts stammt von Ernst Huber, der mit seiner Frau Gerti in den 1970er-Jahren gleichzeitig auch das Konzept des Wiener Heurigen vollkommen neu interpretierte: Mit seinen vielfältig angelegten Räumlichkeiten und dem prächtigen Gastgarten entwickelte sich der »Fuhrgassl-Huber« bald zu einem Markenzeichen für die typische »Wiener Geselligkeit« – so autochthon wie der Wiener Wein selbst.
Das familiäre Engagement für die Weinkultur wird nun vom Enkel Thomas Huber mit fachlicher Kompetenz und Enthusiasmus fortgesetzt. Mit seinem Landessieger in der Kategorie »Kräftiger Gemischter Satz« zeigte er mit dem Jahrgang 2011 schon deutlich auf, wohin der Weg weiterhin führen würde, nämlich hin zur Vinifizierung von regionaltypischen Weinen mit hohem qualitativem Anspruch, ohne dabei die erforderliche Balance zwischen Natur und moderner Kellertechnik außer Acht zu lassen.

Seit 2014 ist das Weingut Fuhrgassl-Huber Mitglied der »WienWein«-Gruppe sowie seit 2018 auch der »Traditionsweingüter Österreich« und stellt seit dem Jahrgang 2017 drei 1ÖTW-Lagenweine her: Grüner Veltliner Ried Gollin, Weißburgunder Ried Schenkenberg und Riesling Ried Preussen. Mit dem Jahrgang 2019 ist ein vierter, der Wiener Gemischte Satz DAC Ried Gollin hinzugekommen. Der im Winter 2020 verstorbene Ernst Huber kannte jeden Zentimeter der Wiener Weinberge und pflanzte viele der Rebstöcke vor über 30 Jahren mit eigenen Händen aus. Nun führt sein Enkel Thomas Huber das Weingut alleine. Aufgewachsen im Weingarten an der Seite seines Großvaters, gilt seine besondere Leidenschaft dem Ausbau von alten Rebsorten wie Neuburger, Traminer oder Rotem Muskateller. Derzeit sind von den insgesamt 38 Hektar Anbaufläche 14 für den Wiener Gemischten Satz DAC reserviert. Mit der Ried Mitterberg stellte das Weingut bereits fünfmal den Wiener Landessieger und mit dem Ge-

Hiatahütte, Neustift am Walde

WEINGUT FUHRGASSL-HUBER
1190 Wien
Neustift am Wald 68
T: +43 (1) 4401405-12
weingut@fuhrgassl-huber.at
www.fuhrgassl-huber.at

Kellermeister: Thomas Huber
Kontakt: Natascha Maria Quester
Produktion: 333.333 Flaschen
1 % Schaumwein, 79 % weiß, 2 % rosé, 18 % rot, 38 Hektar
Zertifiziert: Nachhaltig Austria
Vereinszugehörigkeit:
Traditionsweingüter Österreich, WienWein
Messen: fafga Innsbruck, ProWein Düsseldorf, VieVinum, Vinexpo, DAC-Präsentationen

mischten Satz mehrere Male den Vertreter von Wien im »SALON Österreich Wein«.
Die nächsten Qualitätsschritte wird das Weingut Fuhrgassl-Huber mit der Erweiterung der Herkunftsweine setzen, um die besonderen Rieden in Neustift sowie die 1ÖTW-Lagen am Nussberg und in Grinzing noch intensiver herauszuarbeiten.

93 * Nussberg Ried Gollin 1ÖTW 2021
13 Vol.-%, DV, Stahltank, €€€€€
Leuchtendes mittleres Goldgelb, Silberreflexe. Reife Tropenfrucht, Nuancen von Rhabarber, mit Blütenhonig unterlegt. Saftig, stoffig, weißes Steinobst, etwas Karamell, feiner Säurebogen, ein Hauch von Nougat, zeigt Länge und Reifepotenzial.

91 * Mitterberg 2022
13 Vol.-%, DV, Beton/Stahltank, €€€
Helles Goldgelb, Silberreflexe. Zarte Kräuterwürze, Nuancen von gelber Frucht, etwas Honigmelone, feines Bukett. Komplex, gelbe Frucht nach Mango, zarte Süße, mineralisch und gut anhaftend, ein ausgewogener Speisenwein.

93 Riesling Ried Preussen 1ÖTW 2021
13 Vol.-%, DV, Stahltank, €€€€€
Mittleres Grüngelb, Silberreflexe. Feine gelbe Pfirsichfrucht, Nuancen von Blütenhonig und Maracuja, kandierte Mandarinenzesten, mineralischer Touch. Straff, engmaschig, weißes Steinobst, gut integrierter Säurebogen, mineralisch-zitronig, bleibt haften, verfügt über Reifepotenzial.

92 Grüner Veltliner »Schönherr« Alte Reben 2021
13 Vol.-%, DV, Stahltank, €€€
Helles Goldgelb, Silberreflexe. Zart nach Orangenzesten, gelbe Apfelfrucht, etwas Honigmelone, einladendes Bukett. Mittlerer Körper, saftiges weißes Kernobst, frisch strukturiert, salzige Mineralik, ein balancierter Speisenbegleiter.

92 Roter Muskateller Neustift am Walde 2022
11 Vol.-%, DV, Stahltank, €€€
Sehr helles Gold mit Messingreflexen. Floral, feine Holundernoten, weiße Tropenfrucht, etwas nach Litschis und Muskatnuss, einladendes Bukett. Saftig, weißer Pfirsich, traubiger Touch, feine Fruchtsüße, lebendig strukturiert, bleibt gut haften, ein attraktiv-saftiger Sommerwein.

91 Cuvée Rebecca 2018 ME/CS
13,5 Vol.-%, DV, gebrauchte Barriques/Barrique, €€€
Dunkles Rubingranat, violette Reflexe, dezente Ockerrandaufhellung. Zart kräuterwürzig unterlegte reife Zwetschkenfrucht, ein Hauch von Heidelbeerkonfit, einladendes Bukett. Saftig, straffe, reife Kirschen, gut integrierte Tannine, etwas Nougat im Abgang, ein würziger Speisenbegleiter.

★★★

WEINGUT HAJSZAN NEUMANN

BIO

Das Weingut Hajszan Neumann liegt in Grinzing am Fuße des Nussbergs, der wohl traditionsreichsten Weingegend Wiens. Mit viel Leidenschaft werden hier nach biodynamischen Richtlinien edle Weine erzeugt. Fritz Wieninger, der Pionier des Qualitätsweins in Wien, hat das Weingut im Jahr 2014 übernommen und konzentriert sich auf den Wiener Gemischten Satz sowie auf Riesling und Grünen Veltliner. Die Weingärten, die mehrheitlich dem Stararchitekten Heinz Neumann gehören, befinden sich in den besten Wiener Lagen, wobei der Nussberg eine zentrale Rolle spielt. Die mineralischen Muschelkalk- und Kalksteinverwitterungsböden verleihen dem Wein viel Ausdruck.

Das Fundament der hohen Qualität ist der biodynamische Weinbau: Bereits seit dem Jahr 2006 arbeitet das Weingut nach diesen Richtlinien. Dabei steht das Ökosystem Weinberg mit all seinen Facetten im Mittelpunkt, und die Rebstöcke genießen viel Handarbeit. Durch das aktivierte Bodenleben sind sie robust und tragen gesunde Trauben. Auch im Weinkeller wird schonend und reduziert gearbeitet. All das schmeckt man in den lebendigen Weinen von Hajszan Neumann: Jeder verfügt über eine charakteristische Seele, die sich aus dem natürlichen Aroma der Traube und dem Terroir entwickelt. Noch einen Schritt weiter geht Fritz Wieninger mit seiner »Natural«-Linie. Diese auf der Schale vergorenen Weine zeichnen sich durch komplette Zurückhaltung im Keller aus und werden ohne jegliche Eingriffe vinifiziert und ungefiltert in Flaschen gefüllt.

Seit März 2016 betreibt der deutsche Spitzenkoch Juan Amador das »Restaurant Amador« auf dem Weingut. Der Wahlwiener erkochte den dritten Michelin-Stern, und so darf sich Wien erstmals in der Geschichte des »Guide Michelin« über ein Restaurant mit der Höchstbewertung freuen.

93 Pet Nat 2022 NB/MT/RR
11,5 Vol.-%, KR, Flaschengärung, €€€€
Helles Goldgelb, Silberreflexe, feines Mousseux. Zart nach Biskuit, ein Hauch von Ananas und frischer Mango, Wiesenkräuter, nussiger Touch. Straff, mittlerer Körper, weißer Apfel, etwas Nougat, bietet ein lebendiges Trinkvergnügen.

(94) * Ried Weisleiten 2022
13 Vol.-%, DV, Stahltank, €€€€€
Helles Grüngelb, Silberreflexe. Zart nach Birne, feine Kräuterwürze, tabakige Noten, zart nach Orangenzesten. Komplex, weiße Steinobstfrucht, frische Säurestruktur, zitronige Nuancen im Abgang, salzig im Nachhall, gutes Entwicklungspotenzial.

(92) * Nussberg 2022
13 Vol.-%, DV, Stahltank, €€€
Helles Grüngelb, Silberreflexe. Zarte Kräuterwürze, tabakig unterlegte Nuancen von Birnen, kandierte Orangenzesten. Mittlere Komplexität, feine weiße Apfelfrucht, frische Struktur, zart mit Walnuss unterlegtes Finish, salziger Nachhall.

(93) Gemischter Satz Natural Wine 2022
13 Vol.-%, DIAM, Amphore, €€€€€
Deutlich getrübtes Goldgelb, Silberreflexe. Zart nach Grapefruit, nussig, ein Hauch von Zitronenmelisse, würziges Bukett. Komplex, straff, engmaschig, mineralisch,

WEINGUT HAJSZAN NEUMANN
1190 Wien, Grinzinger Straße 86
T: +43 (1) 2901012
weingut@hajszanneumann.com
www.hajszanneumann.com
Kellermeister: Luis Teixeira
Kontakt: Fritz Wieninger
Anbauweise: Biodynamisch (respekt)
Produktion: 66.667 Flaschen
80 % weiß, 20 % rot, 20 Hektar
Vereinszugehörigkeit:
Premium Estates of Austria, Traditionsweingüter Österreich, WienWein, respekt-BIODYN, Weinbauverband Wien
Messen: ProWein Düsseldorf, VieVinum

* Wiener Gemischter Satz DAC

salziger Touch, bleibt gut haften, würzig-aromatischer Nachhall.

95 Weißburgunder Ried Gollin 1ÖTW 2021
13,5 Vol.-%, DV, großes Holzfass, €€€€€ B
Helles Goldgelb, Silberreflexe. Zart nach Walnuss und Kräutern, mit gelber Birne unterlegt, ein Hauch von Orangenzesten, feiner Blütenhonig. Komplex, saftig, feine Fruchtsüße, elegant und gut anhaftend, ein ausgewogener Speisenbegleiter, zeigt Länge, zart nussig im Rückgeschmack, weiteres Reifepotenzial.

94 Riesling Ried Steinberg 1ÖTW 2021
12,5 Vol.-%, DIAM, Stahltank, €€€€€ B
Helles Grüngelb, Silberreflexe. Feine gelbe Tropenfrucht, ein Hauch von Maracuja und Safran, mit Mandarinen unterlegt. Saftig, elegant, feine Fruchtsüße, angenehmer Säurebogen, mineralische Struktur, seidige Textur, feine Salzigkeit, balanciert und anhaftend, ein eleganter Speisenwein mit Reifepotenzial.

93 Riesling Nussberg 2022
13,5 Vol.-%, DV, Stahltank, €€€€ B
Helles Grüngelb, Silberreflexe. Zart nach Blütenhonig, ein Hauch von Steinobst, floraler Touch, Nuancen von Orangenzesten. Stoffig, elegant, feine Fruchtsüße, mineralisch und gut anhaftend, salziger Touch im Nachhall, sicheres Reifepotenzial.

(94) Traminer Natural Wine 2022
13 Vol.-%, DIAM, Amphore, €€€€€ B ()
Helles Goldgelb, Silberreflexe. Intensiv nach Rosenöl, kräutrige Würze, Rosmarin und Melisse, attraktives Bukett. Saftig, weiße Frucht, Nuancen von Apfel, mineralisch-kalkig, saliner Nachhall, vielfältig einsetzbar.

93 Grüner Veltliner Ried Steinberg 1ÖTW 2021
14 Vol.-%, DIAM, Stahltank, €€€€ B
Helles Goldgelb, Silberreflexe. Zarte gelbe Tropenfrucht, ein Hauch von Mango, floraler Touch, zarte Limettenzesten. Saftig, elegant, ein Hauch von Marille, etwas Nougat im Abgang, ein feinwürziger, balancierter Speisenbegleiter.

92 Grüner Veltliner Nussberg 2022
12,5 Vol.-%, DV, Stahltank, €€€ B
Helles Goldgelb, Silberreflexe. Feine gelbe Apfelfrucht, zart nach Blütenhonig und Orangenzesten, einladendes Bukett. Straff, weißer Apfel, frischer Säurebogen, mineralisch-salzig im Abgang, Limetten im Nachhall.

92 Grüner Veltliner Natural Wine 2022
12 Vol.-%, DIAM, Amphore, €€€€ B ()
Zart getrübtes mittleres Goldgelb, Silberreflexe. Gelbe Tropenfrucht, Nuancen von Mango, Limettenzesten, florale Noten, mit etwas Biskuit unterlegt. Straff, engmaschig, gelbe Frucht, präsenter Gerbstoff, würzig im Abgang, trockener Nachhall, ein facettenreicher Speisenbegleiter.

93 Muskateller Natural Wine 2022
12,5 Vol.-%, DIAM, Amphore, €€€€€ B ()
Helles Goldgelb, Silberreflexe. Feiner Blütentouch, intensiv, Muskatnuss, tabakige Noten, etwas Bergamotte. Leichtfüßig, etwas Maracuja, feiner Säurebogen, mineralisch-salzig im Nachhall, ein würziger Sommerwein.

93 Zweigelt Natural Wine 2021
13 Vol.-%, DIAM, Beton, €€€€ B ()
Kräftiges Rubingranat, violette Reflexe, breitere Randaufhellung. Dunkle Waldbeeren, ein Hauch von Zwetschken, schwarze Pfeffer, nussiger Touch. Mittlerer Körper, rotbeeriger Touch, präsente Tannine, Gewürznelken im Nachhall, wird von weiterer Flaschenreife profitieren.

★★

WEINGUT WOLFGANG HOFER

Der Name Hofer wird in Mauer schon seit vielen Jahren mit einer kleinen, aber feinen Heurigenadresse verbunden. Seit 2011 führen Christina und Wolfgang den aufstrebenden Betrieb und sind ein Mitgliedsbetrieb der »Wiener Top Heurigen«. Im Sortiment wird zwischen den drei Linien »Sortenvielfalt frisch & fruchtig«, »Wiener Gemischter Satz DAC klassisch & gehaltvoll« und »Große Lagen & Reserve« unterschieden. Die Weißweine werden im Edelstahltank und im großen Holzfass, die Rotweine im großen Holzfass und in Barriques ausgebaut. Bei den Rotweinsorten liegt das Hauptaugenmerk auf Zweigelt, Cabernet Sauvignon und St. Laurent – sie zeigen das Potenzial der südlichen Wiener Lagen. Der Weinkeller der Familie befindet sich in Gumpoldskirchen in der Thermenregion, wo die gesamte Verarbeitung von der Ernte bis zur Füllung stattfindet. Beim Heurigen wird viel Wert auf regionale und frische Produkte gelegt, so wie auch in den Weingärten sehr naturnah gearbeitet wird. Der Leitspruch des Hauses: »Wer Tradition und Gemütlichkeit sucht, ist bei uns richtig.« Man darf gespannt sein, womit dieser aufstrebende und schon mehrfach ausgezeichnete Wiener Betrieb in Zukunft noch aufwarten wird.

90 Lilly Rosecco 2022 ZW/CS
12 Vol.-%, NK, Stahltank, €€
Zartes Lachsrosa, Silberreflexe, feines Mousseux. Floral unterlegte rote Waldbeeren, einladendes Bukett. Saftig, feine Fruchtsüße, ein Hauch von Zwetschken und eingelegten Kirschen, Blütenhonig im Abgang, bietet unkompliziertes Trinkvergnügen.

93 * Ried Kadolzberg 2022
13,5 Vol.-%, DV, Stahltank/großes Holzfass, €€€
Helles Grüngelb, Silberreflexe. Feine Noten von weißem Kernobst, ein Hauch von Pfirsich, florale Nuancen, mit etwas Limetten unterlegt, attraktives Bukett. Saftig, elegant, weißer Apfel, frischer Säurebogen, mineralisch und straff, sehr gut anhaftend, animierender Stil, feine Fruchtsüße im Abgang, gutes Entwicklungspotenzial.

91 * Maurerberg 2022
13 Vol.-%, DV, Stahltank, €€
Helles Gelbgrün, Silberreflexe. Zart nach frischer Ananas, etwas Maracuja, florale Nuancen, Limettenzesten. Mittlerer Körper, elegant, feine Fruchtsüße, lebendig strukturiert, ein balancierter Speisenbegleiter, mineralischer Nachhall.

92 Gemischter Satz Natural Pure Natur 2022
12,5 Vol.-%, DV, Stahltank/großes Holzfass, €€€
Zart getrübtes Zwiebelrosa, Silberreflexe. Zart nach eingelegten roten Herzkirschen, Wiesenkräutern und Bergamottenzesten. Saftig, rotbeerig und mineralisch, feine Textur, angenehme Fruchtnuancen, nach Kirschen, balanciert, ein facettenreicher Speisenbegleiter.

92 Grauburgunder Herr Hofer Reserve 2022
14 Vol.-%, DV, großes Holzfass/Barrique, €€€
Helles Goldgelb, Silberreflexe. Feine Nuancen von gelbem Kernobst, zart nach gelber Birne, zart nach Wiesenkräutern, ein Hauch von Orangenzesten, mit etwas Blütenhonig unterlegt. Mittlere Komplexität, feine Fruchtsüße, elegant, dezenter Säurebogen, bleibt haften, zugänglich, verfügt über Reifepotenzial.

91 Grüner Veltliner Ried Kadolzberg 2022
13,5 Vol.-%, DV, großes Holzfass/Stahltank, €€€
Helles Gelbgrün, Silberreflexe. Zart rauchig-kräuterwürzig unterlegte Apfelfrucht, feine nussige Aromen, kandierte Orangenzesten. Stoffig, angenehme Würze, gelbe Apfelfrucht, salziger Touch, straff und frisch, ein vielseitiger Begleiter bei Tisch.

WEINGUT WOLFGANG HOFER
1230 Wien
Maurer-Lange-Gasse 29
T: +43 (1) 8887380
vinohofer@aon.at
www.vino-hofer.at

Kellermeister: Wolfgang Hofer
Kontakt: Wolfgang und Christina Hofer
Produktion: 10 % Schaumwein, 65 % weiß, 10 % rosé, 15 % rot, 6 Hektar
Vereinszugehörigkeit: TOP-Heurige, Wiener Heurige

* Wiener Gemischter Satz DAC

★★★★

WEINGUT MAYER AM PFARRPLATZ

Das traditionsreiche Weingut keltert seit 1683 in Döbling und Grinzing besten Wiener Wein. Das romantische Vorstadthaus am Pfarrplatz gilt als Synonym für Weinqualität und Wiener Heurigenkultur. Hier hat Ludwig van Beethoven im Jahr 1817 gewohnt. Während seiner Zeit in Heiligenstadt arbeitete er an seinem größten Werk, der 9. Symphonie. Die Weine des Guts stammen von den besten Rieden Wiens: dem Nussberg und der Alsegger Riede. Sie repräsentieren durch ihre elegante Fruchtaromatik, Balance und Mineralik den Charakter der Wiener Spitzenlagen. Der traditionelle Wiener Gemischte Satz ist der Klassiker im vielfältigen Sortiment: Er wird auf Basis von Grünem Veltliner, Riesling sowie Rotgipfler und Zierfandler, die gemeinsam gelesen und verarbeitet werden, gekeltert. Beim Riesling arbeitet man die feinen Geschmacksnuancen des Nussbergs und der Alsegger Riede heraus. Grüner Veltliner, Sauvignon Blanc und Gelber Muskateller runden das Weißweinprogramm ab. Als Rotwein offeriert das Weingut Mayer am Pfarrplatz einen eleganten Blauen Burgunder.

92 ❸ Riesling Sekt Brut Wien g.U. Große Reserve 2017
12 Vol.-%, NK, Flaschengärung, €€€€
Helles Goldgelb, Silberreflexe, lebendiges Mousseux. Frische gelbe Tropenfrucht, Maracuja und Limetten, Aromen von weißen Blüten, einladendes Bukett. Mineralisch, engmaschig, straffe Struktur, feiner Pfirsich, etwas Nougat im Abgang, ein eleganter, lebendiger Speisenbegleiter.

94 * Ried Langteufel-Nussberg 1ÖTW 2021
14 Vol.-%, DV, Stahltank, €€€€€
Mittleres Grüngelb, Silberreflexe. Feiner Blütenhonig, gelbfruchtige Exotik, Nuancen von Ananas und Mango, etwas Pfirsich, kandierte Orangenzesten, attraktives Bukett. Stoffig, elegant, feine Extraktsüße, gut integrierte Säure, seidige Textur, balanciert und lange anhaftend, ein stoffiger Speisenbegleiter mit Reifepotenzial.

93 * Nussberg 2022
13 Vol.-%, DV, Stahltank, €€€€
Helles Grüngelb, Silberreflexe. Zart nach Limettenzesten, florale Nuancen, etwas Pfirsich, einladendes, fruchtbetontes Bukett. Saftig und elegant, weißes Steinobst, frischer Säurebogen, mineralisch, lebendig und bereits gut antrinkbar, zeigt Länge und Potenzial.

93 * Ried Preussen-Nussberg 1ÖTW 2021
14 Vol.-%, DV, Stahltank, €€€€€
Helles Goldgelb, Silberreflexe. Zart tabakige Kräuterwürze, mit Noten von reifer gelber Frucht unterlegt, Nuancen von Mandarinen und Blütenhonig. Kraftvoll, saftig und elegant, weißes Kernobst, feiner, gut integrierter Säurebogen, mineralisch-salzig im Abgang, ein ausgewogener Speisenwein mit gutem Reifepotenzial.

91 Wiener Gemischter Satz DAC 2022
12,5 Vol.-%, DV, Stahltank, €€€
Helles Gelbgrün, Silberreflexe. Floral, weißes Kernobst, zart nach Birne, ein Hauch von Orangenzesten. Mittlerer Körper, gelber Apfel, frischer Säurebogen, mineralisch-zitronig im Abgang, ein lebendiger Speisenbegleiter.

(95) Riesling Nussberg Weißer Marmor 2022
13 Vol.-%, NK, Stahltank, €€€€€€
Helles Grüngelb, Silberreflexe. Feine Mineralik, zart nach Safran, weißer Pfirsich, ein Hauch von Blüten, facettenreiches Bukett. Straff, engmaschig, Weingartenpfirsich, lebendiger Säurebogen, finessenreich und lange anhaftend, ein delikater Speisenbegleiter mit großem Entwicklungspotenzial.

94 Riesling Ried Preussen-Nussberg 1ÖTW 2021
13,5 Vol.-%, DV, Stahltank, €€€€€
Helles Grüngelb, Silberreflexe. Attraktive Nuancen von weißem Steinobst, florale Noten, ein Hauch von Limetten, mineralisch unterlegt, einladendes Bukett. Saftig, elegant, feine Pfirsichfrucht, mineralischer Touch, saftig, zitroniger Nachhall, ein facettenreicher Speisenbegleiter mit fruchtsüßem Rückgeschmack.

93 Riesling Hernals Ried Alsegg 2022
13,5 Vol.-%, DV, Stahltank, €€€
Helles Grüngelb, Silberreflexe. Feine Nuancen von gelbem Pfirsich, ein Hauch von Blüten, kandierte Mandarinenzesten und etwas Blütenhonig. Saftig, gelbes Steinobst, frisch strukturiert, dezente Fruchtsüße im Abgang, balanciert und trinkfreudig, bereits gut entwickelt.

93 Riesling Nussberg 2022
13,5 Vol.-%, DV, Stahltank, €€€€
Helles Gelbgrün, Silberreflexe. Feine Nuancen von Maracu-

WEINGUT MAYER AM PFARRPLATZ

1190 Wien, Pfarrplatz 2
T: +43 (1) 3360197
weingut@pfarrplatz.at
www.pfarrplatz.at

Kellermeister: Dr. Dragos Pavelescu
Kontakt: Gerhard J. Lobner und Paul Kiefer
Produktion: 90 % weiß, 8 % rot, 2 % süß, 61 Hektar
Zertifiziert: Nachhaltig Austria
Vereinszugehörigkeit: Traditionsweingüter Österreich, WienWein
Messen: Austrian Tasting London, VieVinum, DAC-Präsentationen

Nussberg

ja und Ananas, zarter Blütenhonig, mineralischer Touch, zart nach Limetten, einladendes Bukett. Saftig, elegant, feiner Pfirsich, fruchtige Süße, mineralisch-zitroniger Touch im Abgang, gute Länge, bereits entwickelt und vielfältig einsetzbar.

93 Grüner Veltliner Grinzing Ried Schenkenberg 1ÖTW 2021

14 Vol.-%, DV, Stahltank, €€€€€
Helles Goldgelb, Silberreflexe. Zart floral unterlegte weiße Apfelfrucht, mit einem Hauch von Ananas und Mango unterlegt, ein facettenreiches Bukett, dezenter Blütenhonig im Hintergrund. Mittlerer Körper, weißes Kernobst, feiner Säurebogen, mineralisch-zitronig im Abgang, ein vielseitiger Speisenbegleiter, gute Länge und Reifepotenzial.

92 Grüner Veltliner Grinzing 2022

14 Vol.-%, DV, Stahltank, €€€
Helles Gelbgrün, Silberreflexe. Zarte Wiesenkräuter, weiße Apfelfrucht, ein Hauch von Limettenzesten. Saftig, elegant, zart nach Mango und Birne, mineralisch, dezente Fruchtsüße im Abgang, ein stoffiger, balancierter Speisenbegleiter.

90 Grüner Veltliner 2022

13 Vol.-%, DV, Stahltank, €€
Helles Goldgelb, Silberreflexe. Zarte Apfelfrucht, etwas Mango, ein Hauch von Orangenzesten, mit feiner Kräuterwürze unterlegt. Mittlerer Körper, feine Kernobstnuancen, dezente Säure, feine Fruchtsüße, bietet unkompliziertes Trinkvergnügen.

92 Gelber Muskateller 2022

12,5 Vol.-%, DV, Stahltank, €€€
Helles Gelbgrün, Silberreflexe. Feine frische Tropenfrucht, Nuancen von Maracuja und Muskat, floral unterlegt, einladendes Bukett. Saftig, mineralisch und elegant, feine Nuancen von Pfirsich und Ananas, seidige Textur, frisch im Abgang, gute Länge, ein eleganter Sommerwein.

92 Sauvignon Blanc Hernals 2022

13,5 Vol.-%, DV, Stahltank, €€€€
Helles Gelbgrün, Silberreflexe. Zarte Nuancen von Guaven und Litschis, mit einem Hauch von Passionsfrucht unterlegt, florale Noten, einladendes Bukett. Kraftvoll, saftig und würzig, Aromen von reifen Stachelbeeren, gelbe Tropenfrucht, salzig-mineralischer Nachhall, gutes Reifepotenzial.

91 Sauvignon Blanc 2022

13,5 Vol.-%, DV, Stahltank, €€€
Helles Gelbgrün, Silberreflexe. Feine Nuancen von Stachelbeeren, ein Hauch von Cassis und Grapefruitzesten. Kräftig, weiße Apfelfrucht, frischer Säurebogen, mineralisch, gut balanciert, etwas Blütenhonig und Pfirsich im Nachhall.

(93) Pinot Noir Nussberg 2020

13,5 Vol.-%, NK, großes Holzfass, €€€€
Kräftiges Karmingranat, Ockerreflexe, breite Randaufhellung. Feine Edelholznuancen, ein Hauch von Nougatkaramell, reife Herzkirschen, mit feinem Himbeermark unterlegt, einladendes Bukett. Saftig, samtig und elegant, Kirschfrucht, mineralisch und balanciert, verfügt über Frische und Länge, gutes Reifepotenzial.

Gelber Muskateller

LANDHAUS MAYER
1190 Wien
Eroicagasse 4
T: +43 (1) 3360197
office@landhausmayer.at
www.landhausmayer.at

Kellermeister: Gerhard J. Lobner und Dr. Dragos Pavelescu
Kontakt: Gerhard J. Lobner
Produktion: 90 % weiß, 10 % rot
Messen: ProWein Düsseldorf, VieVinum, Vinexpo Bordeaux

★

LANDHAUS MAYER

Das Landhaus Mayer ist mit niederösterreichischen Weinhauern, die seit Generationen Top-Lagen mit viel Leidenschaft bewirtschaften, eine besondere Kooperation eingegangen: Gemeinsam mit den Winzern entscheidet der Produktionsleiter Gerhard J. Lobner, welche Schritte in den Weingärten zu setzen sind: Vom Rebschnitt über die Laubarbeit bis hin zum optimalen Lesezeitpunkt werden die Rebstöcke begleitet. »Es ist unbeschreiblich, auf welches Potenzial man in diesen Gebieten zurückgreifen kann«, zeigt sich Lobner begeistert. Viele dieser Spitzenlagen sind aufgrund des Strukturwandels extrem gefährdet, aufgegeben zu werden. Dieser Entwicklung will das Landhaus Mayer gegensteuern, indem es gemeinsam mit ansässigen Winzern aussichtsreiche Perspektiven erarbeitet.

90 Riesling 2022
12,5 Vol.-%, DV, Stahltank, €€
Helles Goldgelb, Silberreflexe. Feine florale Nuancen, ein Hauch von Pfirsich und Blütenhonig, einladendes Bukett. Mittlerer Körper, feine Fruchtsüße, ein Hauch von Ananas und Maracuja, mineralisch, gut entwickelt, vielfältig einsetzbar.

89 Gelber Muskateller 2022
12,5 Vol.-%, DV, Stahltank, €€

89 Grüner Veltliner 2022
12,5 Vol.-%, DV, Stahltank, €€

89 Rosé 2022
12 Vol.-%, DV, Stahltank, €€

★★★★

WEINGUT ROTES HAUS

Das Weingut »Rotes Haus« pflegt seit 2001 rund neun Hektar Weingärten in der berühmtesten Wiener Weinlage, dem Nussberg. Im Herzen dieses einzigartigen Weingartens liegt in romantischer Lage das »Rote Haus am Nussberg«. Unter dem Motto »Qualität statt Quantität« repräsentieren die Nussberg-Weine den außergewöhnlichen Charakter dieser besten Wiener Riede. Das einzigartige Terroir und das Mikroklima bilden die Grundlage für die Eleganz und burgundische Stilistik der Weine. In den Weingärten des »Roten Hauses« dominieren Burgundersorten. Hier wachsen Chardonnay, Grauburgunder, Weißburgunder, Neuburger und Traminer gemeinsam in einem Weingarten und bilden so die Grundlage für die Wiener Gemischten Sätze DAC. Reinsortig ausgebaut runden Chardonnay und Grüner Veltliner das Sortiment ab.

95 * Ried Langteufel-Nussberg 1ÖTW 2021
13,5 Vol.-%, NK, großes Holzfass, €€€€€
Helles Goldgelb, Silberreflexe. Frische Orangenzesten, Nuancen von Tabak und Kräutern, ein Hauch von Birne, mineralischer Anklang. Saftig, komplex, feine fruchtige Süße, lebendiger Säurebogen, mineralisch-salzig im Abgang, ein Hauch von Limetten, bleibt sehr gut haften, ein finessenreicher Speisenbegleiter mit sicherem Reifepotenzial.

94 * Ried Preussen-Nussberg 1ÖTW 2021
13,5 Vol.-%, NK, großes Holzfass, €€€€€
Helles Goldgelb, Silberreflexe. Kräuterwürzig unterlegte feine Pfirsichfrucht, frischer Apfel, ein Hauch von Orangenzesten, Blütenhonig klingt an. Komplex, saftig, weißes Steinobst, feiner Säurebogen, zitronig-mineralisch im Abgang, feine Fruchtsüße im Rückgeschmack.

93 * Nussberg 2022
13 Vol.-%, DV, Stahltank, €€€€
Helles Gelbgrün, Silberreflexe. Zart nach Birne und Mango, kandierte Orangenzesten, feine tabakige Würze, mit gelbem Apfel unterlegt. Mittlerer Körper, feine Kernobstnuancen, frisch strukturiert, zitronig-salziger Nachhall, ein feinwürziger Speisenbegleiter.

90 Wiener Gemischter Satz DAC 2022
12,5 Vol.-%, DV, Stahltank, €€€
Helles Goldgelb, Silberreflexe. Zart nach Wiesenkräutern, frische Birne, etwas Mango und Blütenhonig. Feine Noten von gelbem Kernobst, zarte Fruchtsüße, dezenter Säurebogen, mineralisch, etwas Blütenhonig im Abgang.

93 Chardonnay Nussberg 2021
13,5 Vol.-%, NK, großes Holzfass, €€€€€
Helles Goldgelb, Silberreflexe. Zart rauchig-mineralisch unterlegte Kernobstnuancen, ein Hauch von Pfirsich, Limettenzesten klingen an. Kräftig, weißer Apfel, cremige Textur, gelbe Tropenfrucht, ein Hauch von Karamell, bereits gut entwickelt, salziger Touch im Abgang, ein stoffiger Speisenbegleiter.

92 Grüner Veltliner Nussberg 2022
14,5 Vol.-%, DV, Stahltank, €€€
Helles Gelbgrün, Silberreflexe. Frischer Golden-Delicious-Apfel, ein Hauch von Mango und frischen Wiesenkräutern, einladendes Bukett. Komplex, saftig, weißes Kernobst, frischer Säurebogen, mineralisch-zitronig im Nachhall, ein herzhafter Speisenbegleiter.

WEINGUT ROTES HAUS
1190 Wien, Pfarrplatz 2
T: +43 (1) 3360197
office@pfarrplatz.at
www.rotes-haus.at

Kellermeister: Dr. Dragos Pavelescu
Kontakt: Gerhard J. Lobner und Paul Kiefer
Produktion: 95 % weiß, 5 % rot, 9 Hektar
Zertifiziert: Nachhaltig Austria
Vereinszugehörigkeit: WienWein, Traditionsweingüter Österreich
Messen: Austrian Tasting London, ProWein Düsseldorf, VieVinum, Vinexpo Bordeaux, DAC-Präsentationen

* Wiener Gemischter Satz DAC

Schlumberger-Kellerwelten

SCHLUMBERGER WEIN- UND SEKTKELLEREI
1190 Wien
Heiligenstädter Straße 41-43
T: +43 (1) 3682258
services@schlumberger.at
www.schlumberger.at

Kellermeister/Kontakt: Aurore Jeudy
Anbauweise: Zertifiziert Biologisch
Produktion: 10+250 Hektar
Messen: ProWein Düsseldorf, VieVinum

★★★

SCHLUMBERGER WEIN- UND SEKTKELLEREI

BIO

Seit über 180 Jahren steht die Marke Schlumberger für höchste heimische Qualität. Gegründet im Jahr 1842 von Robert Alwin Schlumberger, blickt das Haus auf eine spannende und ereignisreiche Unternehmensgeschichte zurück – von den Anfängen als kleiner Familienbetrieb bis zum Aufstieg zur größten heimischen Sektkellerei.
Bei der Sektherstellung nach der Méthode traditionelle legt man großen Wert auf die Verarbeitung ausschließlich österreichischer Trauben und eine größtmögliche heimische Wertschöpfungskette. Um das Bewusstsein für die Verwendungsvielfalt, die regionale Herstellung sowie die hohen Qualitätsstandards des österreichischen Sekts bei den KonsumentInnen zu stärken, wurde die Qualitätspyramide für Sekt Austria entwickelt. Durch die Auslobung auf den Flaschen und die Kennzeichnung mit der rot-weiß-roten Banderole erkennen die KonsumentInnen somit auf den ersten Blick das Qualitätsniveau eines Sekts. Die Qualitätspyramide dient vor allem als Orientierungshilfe beim Kauf und kennzeichnet österreichische Sekte in drei unterschiedlichen Qualitätsstufen: Sekt Austria, Sekt Austria Reserve und Sekt Austria Große Reserve.

93 ❸ Schlumberger Cuvee 1842 Brut Sekt Austria Reserve 2015 CH/PN
12 Vol.-%, NK, Flaschengärung, €€€€€
Mittleres Goldgelb, Silberreflexe, lebendiges Mousseux. Feine Nuancen von reifer Tropenfrucht, zart nach Mango und Papaya, etwas Backwerk, kandierte Mandarinenzesten und Blütenhonig. Stoffig, komplex, straff und mit feiner Kernobstnote unterlegt, gut integrierter Säurebogen, etwas Nougat, ein saftiger Speisenbegleiter, bereits gut entwickelt.

92 ❸ Schlumberger Sparkling Brut Sekt Austria 2019 WR/WB/CH
12 Vol.-%, NK, Flaschengärung, €€€ Ⓕ
Helles Goldgelb, Silberreflexe, anhaltendes feines Mousseux. Zart nach gelber Tropenfrucht, ein Hauch von Maracuja, Nuancen von weißer Frucht, mit frischen Limetten unterlegt, einladendes Bukett. Seidige Textur, weißer Apfel, frischer Säurebogen, mineralisch-zitronig im Abgang, zugänglicher Stil, vielfältig einsetzbar.

© Philipp Lipiarski

93 **Schlumberger Chardonnay Brut Sekt Austria Reserve 2017**
12 Vol.-%, NK, Flaschengärung, €€€€€
Helles Goldgelb, Silberreflexe, feines Mousseux. Mit einem Hauch von Blütenhonig und Biskuit unterlegte Noten von gelbem Kernobst, einladendes Bukett. Saftig, cremige Textur, ein Hauch von hellem Karamell, mineralisch, feine Fruchtsüße im Nachhall, zeigt Länge und Potenzial.

92 **Schlumberger Grüner Veltliner Brut Bio Sekt Austria 2021**
12 Vol.-%, NK, Flaschengärung, €€€ B
Helles Goldgelb, Silberreflexe, feines, lebendiges Mousseux. Frische gelbe Apfelfrucht, ein Hauch von Mango und Blütenhonig, mit weißen Blüten unterlegt. Saftig, elegant, seidige Textur, weißes Kernobst, feine Fruchtsüße im Abgang, balanciert und gut anhaftend.

93 **Schlumberger Pinot Noir Brut Sekt Austria Reserve 2017**
12 Vol.-%, NK, Flaschengärung, €€€€€
Helles Lachsrosa, Orangereflexe, feines Mousseux. Zart rauchig-würzig unterlegte Nuancen von gelber Frucht, etwas Blütenhonig und Ringlotten, mit etwas Biskuit unterlegt. Saftig, elegant, zart karamellig, eingelegte Kirschen, ein Hauch von Honig im Nachhall, reife Ananas im Rückgeschmack.

91 **Schlumberger Rosé Brut Sekt Austria 2021 ZW/PN/SL**
12 Vol.-%, NK, Flaschengärung, €€€
Helles Lachsrosa, Silberreflexe, zartes Mousseux. Rote Waldbeeren, ein Hauch von eingelegten Kirschen, Orangenzesten klingen an. Mittlere Komplexität, zart nach Pfirsich, dezente Fruchtsüße, mineralisch, bietet umkompliziertes Trinkvergnügen.

★

WEINGUT WALTER WIEN

BIO

Norbert Walter ist gebürtiger Tiroler und in einem landwirtschaftlichen Betrieb in Galtür aufgewachsen. Später zog es ihn immer wieder auf verschiedene Almen in der italienischen Schweiz und in Tirol, wo er insgesamt acht Sommer lang der Käseproduktion nachging. Seit 1989 lebt und arbeitet er in Wien. Auch hier hat er seinen Bezug zur Landwirtschaft nicht verloren. Wien als Großstadt mit eigenem Garten-, Wein-, Obst- und Ackerbau faszinierte ihn von Anfang an. So reifte in ihm schon bald der Wunsch, auch in Wien einer landwirtschaftlichen Tätigkeit nachzugehen, und dieser Traum sollte nach und nach in Erfüllung gehen.
2004 begann Norbert Walter, Rieden am Nussberg, in Sievering und in Oberlaa zu pachten, und schon ein Jahr darauf konnte er mit großer Freude seinen »Erstling«, einen Wiener Riesling, präsentieren. Die Sortenvielfalt wächst seitdem beständig: Sein »www« (Weingut Walter Wien) umfasst heute neben Riesling auch Grünen Veltliner, Gemischten Satz, Chardonnay, Zweigelt und sogar Blaufränkisch. Die Qualität seiner Weine liegt Norbert Walter besonders am Herzen: Naturnaher Weinbau, behutsame Pflege der Weinstöcke und äußerste Sorgfalt bei der Ernte sind die Voraussetzung für ausgezeichnete Tropfen. Seit 2015 ist das Weingut biozertifiziert. Am Bisamberg fand Norbert Walter 2008 einen idyllischen Weingarten mit Weinkeller. Mit viel Engagement und Liebe zum Detail konnte er hier, inmitten der Weingärten, einen ru-

WEINGUT WALTER WIEN
1210 Wien
Untere Jungenberggasse 7
T: +43 (664) 1903469
office@weingut-walter-wien.at
weingut-walter-wien.at

Kellermeister/Kontakt:
Norbert Walter
Anbauweise: Zertifiziert Biologisch
Produktion: 12.000 Flaschen
80 % weiß, 20 % rot, 4 Hektar
Messen: ProWein Düsseldorf, VieVinum

* Wiener Gemischter Satz DAC

higen Platz der Gemütlichkeit für seine Gäste schaffen.

91 * Ried Hackenberg 2022
12,5 Vol.-%, DV, Stahltank, €€€€ B
Helles Goldgelb, Silberreflexe. Feine gelbe Tropenfrucht, reife Birne, ein Hauch von Quitten, florale Nuancen. Saftig, elegant, feine Fruchtsüße, zart nach Karamell, mineralisch-frisch im Abgang, salzig, ein animierender Speisenbegleiter.

90 Wiener Gemischter Satz DAC 2022
12 Vol.-%, DV, Stahltank, €€€ B
Helles Goldgelb, Messingreflexe. Zarte Nuancen von gelbem Kernobst, Birne und kandierte Mandarinenzesten, mit einem Hauch von Wiesenkräutern unterlegt. Frischer weißer Apfel, leichtfüßig, zitronig-mineralisch, ein lebendiger Sommerwein.

92 Riesling Ried Preussen Terrassen Nussberg 2022
13 Vol.-%, DV, Stahltank, €€€€€ B V
Mittleres Goldgelb, Silberreflexe. Zart nach Pfirsich, ein Hauch von Ringlotte, Nuancen von Mandarinenzesten, floraler Touch. Mittlere Komplexität, feine gelbe Tropenfrucht, frischer Säurebogen, zarte Fruchtsüße im Abgang, Steinobst im Nachhall, ein stoffiger Speisenbegleiter.

89 Riesling Bisamberg Ried Jungenberg 2022
12 Vol.-%, DV, Stahltank, €€€ B

90 Chardonnay Bisamberg Ried In den jungen Bergen 2022
13 Vol.-%, DV, großes Holzfass, €€€ B
Helles Grüngelb, Silberreflexe. Zarte Orangenzesten, ein Hauch von gelbem Apfel, Nuancen von Blütenhonig, noch etwas scheu. Mittlerer Körper, ein Hauch von frischen Birnen, lebendig strukturiert, mineralisch-salzig im Abgang, wird von Flaschenreife profitieren.

88 Grüner Veltliner Ried Jungenberg 2022
12 Vol.-%, DV, Stahltank, €€ B

★★★★★

WEINGUT WIENINGER

BIO

Wer in Wien einen solchen Namen trägt, ist verpflichtet, das Beste zu geben. Und diesem Auftrag kommt Fritz Wieninger schon seit vielen Jahren gewissenhaft nach: Hier hat sich aus einem traditionsreichen Heurigenbetrieb heraus ein qualitätsorientiertes Top-Weingut entwickelt. Seit einigen Jahren verarbeitet Wieninger Trauben von beiden Seiten des Donauflusses. Mit den berühmten und besten Lagen am Wiener Nussberg verfügt der dynamische Winzer über ausgezeichnetes Traubenmaterial, und er versteht es, dies in eine umfangreiche Palette von Spitzenweinen zu übersetzen.
In Österreich ist Wieninger für seine barriquegereiften Chardonnays und Pinot Noirs aus der Spitzenserie »Grand Select« berühmt, sein cassiswürziger Bordeaux-Blend (Cabernet/Merlot) »Danubis Grand Select« verdient ebenso Beachtung. Eine besondere Spezialität ist der traditionsreiche Wiener Gemischte Satz. Für diesen authentischen Terroirwein stehen die Reben verschiedener Sorten bunt gemischt im Weingarten und bringen ihre spezifischen Charaktereigenschaften ein. Seit dem Jahrgang 2013 wird er außerdem mit dem Prädikat DAC geadelt.
Der exportorientierte Betrieb hat als einziges Wiener Weingut eine österreichweite Akzeptanz in der Top-Gastronomie gefunden. Längst ist Wieninger in Sachen Qualitätswein die klare Nummer eins der Metropole, 40 Prozent der Produktion werden in 31 Länder auf drei Kontinenten exportiert. Der Anteil in der Wiener Gastronomie ist in den vergangenen Jahren ebenfalls stark gestiegen. Um den Wiener Spitzenwein noch populärer zu machen, hat sich der Winzer mit den Weingütern Christ, Edlmoser, Cobenzl, Mayer am Pfarrplatz sowie Fuhrgassl-Huber zur Gruppe »WienWein« zusammengetan. Mit dem Jahrgang 2017 sind auch erstmals zwölf Wiener Lagen vom Verein »Traditionsweingüter Österreich« als »Erste Lagen« klassifiziert worden, von denen vier vom Weingut Wieninger bewirtschaftet werden.

WEINGUT WIENINGER

1210 Wien, Stammersdorfer Str. 31
T: +43 (1) 2901012
weingut@wieninger.at
www.wieninger.at
Kellermeister: Luis Teixeira
Kontakt: Fritz Wieninger
Anbauweise: Biodynamisch (respekt)
Produktion: 300.000 Flaschen
67 % weiß, 2 % rosé, 30 % rot, 1 % süß, 55 Hektar
Vereinszugehörigkeit:
Premium Estates of Austria, Traditionsweingüter Österreich, Tu Felix Austria, WienWein, respekt-BIODYN, Weinbauverband Wien
Messen: ProWein Düsseldorf, VieVinum, Summa Margreid

Chardonnay

94 Blanc de Noirs Brut Nature Große Reserve 2017
11,5 Vol.-%, NK, Flaschengärung, €€€€€
Helles Goldgelb, zarte Messingreflexe, sehr feines Mousseux. Feine gelbe Pflaumen, etwas Ringlotten, zart nach Biskuit, einladendes Bukett. Saftig, elegant, reife Frucht, feine Süße, mineralisch-zitronig im Abgang, salziger Touch im Nachhall, harmonisch und vielfältig einsetzbar.

93 Cuvée Katharina Rosé Brut nature NV Wien Reserve PN/ZW
Deg. 05/2022, 12 Vol.-%, NK, Flaschengärung, €€€€
Leuchtendes Kupfergold, Silberreflexe, zartes Mousseux. Nuancen von frischen Feigen, zart nach hellem Nougat, ein Hauch von eingelegten Kirschen, attraktives fruchtiges Bukett. Mittlere Komplexität, Biskuit und weiße Frucht, ausgewogen, vielfältig einsetzbar.

(95) * Ried Rosengartel 1ÖTW 2021
14 Vol.-%, VL, großes Holzfass, €€€€€
Mittleres Grüngelb, Silberreflexe. Zarte Nuancen von gelbem Kernobst, ein Hauch von Mango und Pfirsich, mit kandierten Orangenzesten unterlegt. Saftig, kraftvoll, weißer Apfel, feine Säurestruktur, zitroniger Touch im Abgang, gute Länge, feine Fruchtsüße im Rückgeschmack.

94 * Ried Falkenberg 1ÖTW Jeunes Restaurateurs 2021
13,5 Vol.-%, DIAM, Stahltank, €€€€€
Helles Goldgelb, Silberreflexe. Zart nach Mandarinen, Anklänge von gelber Tropenfrucht, etwas Mango und Blütenhonig, mit zarter Kräuterwürze unterlegt. Saftig, komplex, frische Birne, dezenter Säurebogen, mineralisch-salzig im Abgang, zeigt Länge, gutes Entwicklungspotenzial.

94 * Ried Ulm Nussberg 1ÖTW 2021
13,5 Vol.-%, DIAM, großes Holzfass, €€€€€
Helles Grüngelb, Silberreflexe. Zarte Wiesenkräuter, frischer Apfel, Nuancen von Mango, Orangenzesten, mit etwas Blütenhonig unterlegt. Stoffig, mineralisch, feines Kernobst, balanciert und bereits gut antrinkbar, salzig-mineralisch im Abgang, gutes Potenzial.

(93) * Bisamberg 2022
13 Vol.-%, DIAM, Stahltank, €€€€
Helles Grüngelb, Silberreflexe. Kandierte Orangenzesten, reife gelbe Tropenfrucht, etwas Honig, mit frischer Apfelfrucht unterlegt. Mittlere Komplexität, weißes Kernobst, frisch und gut anhaftend, zarte Fruchtsüße im Abgang, mineralisch, mit Reifepotenzial ausgestattet.

(92) Wiener Gemischter Satz DAC 2022
12,5 Vol.-%, DV, Stahltank, €€€
Helles Gelbgrün, Silberreflexe. Frische gelbe Birne, ein Hauch von Tropenfrüchten und Orangenzesten, einladendes Bukett. Straff, knackig strukturiert, weißer Apfel, mineralisch-salziger Nachhall.

97 Chardonnay Grand Select 2020
14 Vol.-%, DIAM, Barrique/Stahltank, €€€€€€
Helles Grüngelb, Silberreflexe. Ein Hauch von Mandarinenkonfit, gelber Pfirsich, helles Nougat, sehr einladendes, harmonisches Bukett. Saftig, elegant, dezente Nuancen von weißem Steinobst, kraftvoll, minera-

* Wiener Gemischter Satz DAC

lisch-salzige Noten, stoffig und gut anhaftend, sicheres Reifepotenzial.

93 Chardonnay Select 2020
13 Vol.-%, DIAM, Barrique, €€€€€ Ⓑ
Mittleres Grüngelb, Silberreflexe. Feine gelbe Tropenfrucht, ein Hauch von Feuerstein, Nuancen von Pfirsich und Safran, Limettentouch. Stoffig, elegant, seidige Textur, weißes Kernobst, zart nach Vanille im Abgang, Ringlotten im Nachhall, mineralischer Rückgeschmack.

(92) Chardonnay Wien 2022
13,5 Vol.-%, DV, Stahltank, €€€ Ⓑ
Helles Grüngelb, Silberreflexe. Frischer gelber Apfel, ein Hauch von Honigmelone, mit Orangenzesten unterlegt. Mittlerer Körper, feine Fruchtsüße, ein Hauch von weißem Pfirsich, gut integrierte Säure, ein vielseitiger, harmonischer Speisenbegleiter.

95 Riesling Ried Preussen 1ÖTW 2021
13,5 Vol.-%, DIAM, Stahltank, €€€€€ Ⓑ
Helles Grüngelb, Silberreflexe. Zarte Nuancen von kandierten Orangenzesten, ein Hauch von Ananas, feiner Blütenhonig, einladendes Bukett. Komplex, straff, engmaschig, weißes Steinobst, feine Fruchtsüße, bleibt gut haften, salziger Nachhall, bereits entwickelt, ein vielseitiger Speisenbegleiter.

95 Riesling Ried Rosengartel 1ÖTW 2021
13 Vol.-%, DIAM, Stahltank, €€€€€ Ⓑ
Helles Grüngelb, Silberreflexe. Feine gelbe Tropenfrucht, ein Hauch von Mango, reife Pfirsichfrucht, Nuancen von kandierten Orangenzesten. Saftig, elegant, weiße Tropenfrucht, finessenreiche Säurestruktur, gut anhaltend, zeigt Länge und Finesse, zitronig-salziger Nachhall.

(93) Riesling Nussberg 2022
13,5 Vol.-%, VL, Stahltank, €€€€€ Ⓑ
Helles Grüngelb, Silberreflexe. Feine Nuancen von weißem Steinobst, etwas Pfirsich und Blütenhonig, ein Hauch von Zitruszesten und kühler Mineralik. Saftig, elegant, straffe Textur, feine Säurestruktur, mineralisch-salzig, zeigt gute Länge, Limetten im Nachhall, verfügt über sicheres Reifepotenzial.

(92) Riesling Wien 2022
14 Vol.-%, DV, Stahltank, €€€ Ⓑ
Helles Grüngelb, Silberreflexe. Feine gelbe Tropenfrucht, Nuancen von Ananas, Mango, etwas Maracuja. Saftig, elegant, feine Frucht, lebendig, versteckt seine Muskeln gekonnt, salziger Nachhall, zitronig im Rückgeschmack.

(94) Grüner Veltliner Ried Herrnholz 2022
13,5 Vol.-%, VL, Stahltank, €€€€ Ⓑ
Helles Gelbgrün, Silberreflexe. Zart nach Orangenzesten, feine Nuancen von gelbem Kernobst, ein Hauch von Kräutern und Tabak, florale Noten. Saftig, zarte gelbe Apfelfrucht, mineralisch, salzig, feine nussige Aromatik, ein facettenreicher Speisenwein.

94 Grüner Veltliner Ried Preussen Nussberg 1ÖTW 2020
14 Vol.-%, DIAM, großes Holzfass, €€€€ Ⓑ
Helles Gelbgrün, Silberreflexe. Zarter Blütenhonig, Marillen, ein Hauch von Steinobst, kandierte Orangenzesten. Kraftvoll, stoffig, dezente Fruchtsüße im Kern, ein Hauch von Marillen auch im Abgang, seidig und lang, ein stoffiger Speisenbegleiter.

(94) Grüner Veltliner Ried Kaasgraben 2021
14 Vol.-%, VL, großes Holzfass, €€€€€ Ⓑ
Helles Goldgelb, Silberreflexe. Feine Kräuterwürze, ein Hauch von gelbem Kernobst, facettenreiches Bukett. Komplex, stoffig, feine Extraktsüße, reife Säurestruktur, ein Hauch von Blütenhonig, stoffig und gut anhaftend, ein Hauch von gelber Birne im Nachhall.

93 Grüner Veltliner Bisamberg 2022
12,5 Vol.-%, DV, Stahltank, €€€ Ⓑ
Helles Grüngelb, Silberreflexe. Zart nach Marille, feine Apfelfrucht, zart rauchige Kräuterwürze, tabakige Nuancen. Saftig, elegant, feine Fruchtsüße, etwas Honigmelone, frische Säurestruktur im Nachhall, ein vielseitiger Speisenwein.

(93) Grüner Veltliner Nussberg 2022
13 Vol.-%, VL, Stahltank, €€€ Ⓑ
Helles Gelbgold, Silberreflexe. Zart floral-mineralisch unterlegte feine Kernobstnuancen, Orangenzesten, dezente Kräuterwürze. Komplex, engmaschig, weißer Apfel, feiner Säurebogen, saliner Touch im Nachhall, ein lebendiger Speisenwein, zitroniger Nachhall.

(92) Grüner Veltliner Wien 2022
12,5 Vol.-%, DV, Stahltank, €€€ Ⓑ
Helles Gelbgrün, Silberreflexe. Zarte Kräuterwürze, feine gelbe Tropenfrucht, etwas Mango und Apfel. Mittlerer Körper, feine Kernobstnuancen, gut integrierte Säurestruktur, balanciert, ein ausgewogener Speisenbegleiter.

(93) Sauvignon Blanc SoMa 2022
13 Vol.-%, DIAM, 500-l-Fass, €€€€€ Ⓑ
Helles Gelbgrün, Silberreflexe. Zart floral unterlegte weiße Tropenfrucht, ein Hauch von Pfirsich, Nuancen von Passionsfrucht. Feine Holzwürze, mineralisch, dezente gelbe Frucht, bleibt gut haften, lebendig-fruchtige Nuancen im Abgang.

(91) Muskateller Wien 2022
12,5 Vol.-%, DV, Stahltank, €€€ Ⓑ
Helles Goldgelb, Silberreflexe. Etwas Blütenhonig, zarte Nuancen von Holundersirup, reifer Pfirsich. Mittlerer Körper, feine Fruchtsüße, gelbe Frucht im Nachhall, ein balancierter Speisenbegleiter.

(95) Danubis Grand Select 2019 CS/ME/ZW
13,5 Vol.-%, DIAM, Barrique, €€€€€€ Ⓑ
Dunkles Rubingranat, violette Reflexe, zarte Randaufhellung. Zart kräuterwürzig unterlegte Nuancen von Brombeeren und Cassis, reife Zwetschken, kandierte Orangenzesten. Stoffig, reife Kirschen, feine Extraktsüße, finessenreiche Struktur, rotbeerig-mineralisch im Abgang, sehr balanciert und bereits gut antrinkbar, ein facettenreicher Speisenbegleiter mit Reifepotenzial.

(92) Wiener Symphonie 2020 ZW/CS/ME
13 Vol.-%, DIAM, gebrauchte Barriques, €€€€ Ⓑ
Dunkles Rubingranat, violette Reflexe, breitere Randaufhellung. Frische schwarze Kirschen, ein Hauch von Brombeeren und Kräutern, einladendes Bukett. Saftig, elegant, reife Zwetschken, würzig und frisch, ein lebendiger Speisenbegleiter mit nussigem Abgang.

94 Merlot Grand Select 2019
13,5 Vol.-%, DIAM, Barrique, €€€€€ Ⓑ
Dunkles Rubingranat, opaker Kern, violette Reflexe, zarte Randaufhellung. Zarte Edelholznuancen, reife Herzkirschen, mit etwas Cassis und Brombeeren unterlegt, Nougat im Hintergrund. Kraftvoll, komplex, saftige Zwetschkenfrucht, reife, tragende Tannine, mineralisch, schokoladiger Nachhall, ein facettenreicher Speisenwein.

94 Pinot Noir Grand Select 2020
13 Vol.-%, DIAM, Barrique/Stahltank, €€€€€€ Ⓑ
Kräftiges Karmingranat, Ockerreflexe, breite Randaufhellung. Feine florale Nuancen, ein Hauch von Hibiskus und Lakritze, Nuancen von Himbeergelee, sehr attraktives Bukett. Saftig, elegant, rotbeerig, frisch strukturiert, dezente Süße, feine Tannine, mineralisch und lange anhaftend, delikater Speisenbegleiter mit sicherem Reifepotenzial.

92 Pinot Noir Select 2020
14 Vol.-%, DIAM, Barrique, €€€€€ Ⓑ
Kräftiges Karmingranat, Ockerreflexe, breite Randaufhellung. Mit Mandarinenzesten unterlegte feine Nuancen von roten Beeren und eingelegten Kirschen, zart nach Veilchen, etwas Tabak. Saftig, elegant und frisch, rote Frucht, gut integrierte Tannine, mineralisch-salzig im Abgang, zitroniger Nachhall, bereits gut antrinkbar.

In den Falkenbergen, Stammersdorf

(93) Blaufränkisch KaSoMa 2022
13 Vol.-%, DIAM, Barrique, €€€€€ Ⓑ
Kräftiges Rubingranat, violette Reflexe, breitere Randaufhellung. Dunkle Beerenfrucht, Nuancen von Brombeeren und eingelegten Kirschen. Straff, knackig, mineralisch im Nachhall, salziger Speisenbegleiter.

(93) St. Laurent Grand Select 2020
12,5 Vol.-%, DIAM, Barrique, €€€€€ Ⓑ
Kräftiges Rubingranat, violette Reflexe, breite Ockerrandaufhellung. Rote Waldbeeren, ein Hauch von frischen Kirschen, kandierte Orangenzesten, etwas Vanille im Hintergrund. Saftig, mittlere Komplexität, rotbeerig und frisch, salzig-rotbeerig auch im Nachhall, ein leichtfüßiger, samtiger Begleiter bei Tisch.

Die Wachau, hier bei Rossatz, eine der bekanntesten Weinbauregionen Österreichs

© WSNA

NIEDER-ÖSTERREICH

GROSSES WEINLAND AN DER DONAU

Die Urbanuskapelle bei Traiskirchen in der Thermenregion

VIELFALT HAT EINEN NAMEN

Niederösterreich ist Österreichs größtes Qualitätsweinbaugebiet. Unter seinem Namen vereint sich ein reichhaltiges Potenzial von Weinherkünften und Weinstilen heimischer Weinraritäten, aber auch internationaler Rebsorten. Die acht in Niederösterreich beheimateten spezifischen Weinbaugebiete Wachau, Kremstal, Kamptal, Traisental, Wagram, Weinviertel, Thermenregion und Carnuntum lassen sich grob in drei Klimaräume einteilen: das Weinviertel im Norden, den Donauraum westlich und das pannonische Niederösterreich südlich und östlich von Wien.

Das große Weinviertel sorgte 2003 für positive Schlagzeilen, als es sich entschloss, nur noch seinen Paradewein, den pfeffrigen Grünen Veltliner, unter dem Namen Weinviertel zu vermarkten. Seitdem garantiert die Bezeichnung »Weinviertel DAC« auf dem Etikett pfeffrig-würzige, frische Veltliner im Glas. Die vielfältige Sortenpalette von frischen Weißweinen, fruchtigen Rotweinen und sogar Süßweinspezialitäten aus dem Weinviertel findet man unter der Herkunftsbezeichnung »Niederösterreich«. Entlang der Donau von Melk bis Klosterneuburg und ihren Nebenflüssen Krems, Traisen und Kamp entdeckt man herrliche Weinorte, aufgefädelt wie an einer Perlenkette. Hier hat sich neben dem Grünen Veltliner auch der Riesling als Flaggschiff positioniert. Diese beiden Rebsorten finden im Kremstal DAC, Kamptal DAC, Traisental DAC und nun auch im Wachau DAC ihre typischen Ausprägungen. Die steilen Urgesteinslagen der Wachau gehen im östlichen Teil des benachbarten Kremstals in Lössterrassen über, die den Weincharakter auch am Wagram prägen.

Südlich von Krems, also auch im Traisental, dominiert Konglomeratboden mit zahlreichen Kalkinseln. Im Kamptal verleihen vorwiegend

© WSNA

Urgesteinsböden den Weinen unverkennbaren Charakter. Spezialitäten wie Roter Veltliner, Weißburgunder, Chardonnay, aber auch elegante Rotweine aus diesen Teilen Niederösterreichs runden das Bild ab.
Im pannonischen Niederösterreich südlich und östlich von Wien wachsen einige der herausragendsten Rotweine Österreichs, wobei in Carnuntum der Zweigelt und der Blaufränkisch, in der Thermenregion der Sankt Laurent und Blauer Burgunder den Ton angeben. Und überall finden sich Spezialitäten, wie Zierfandler und Rotgipfler um Gumpoldskirchen, aber auch edelsüße Raritäten sowie moderne rote Cuvées. Niederösterreich, das ist die Vielfalt aus dem weiten Land der großen Weine.

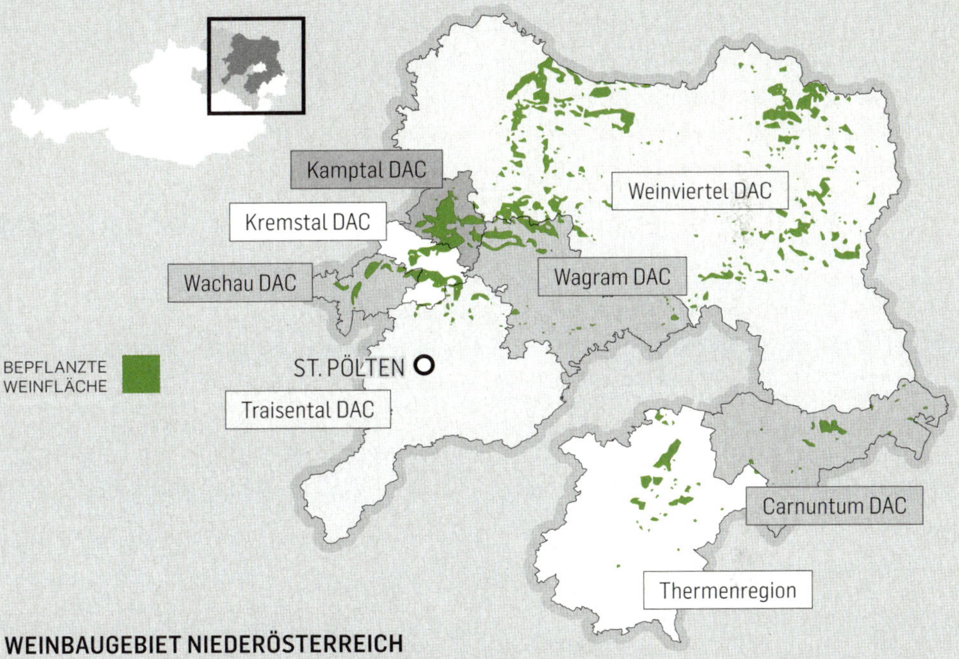

WEINBAUGEBIET NIEDERÖSTERREICH

Österreich gesamt	**44.728 ha**
Weinbaugebiet Niederösterreich	**27.074 ha (60,5 %)**
SPEZIFISCHE WEINBAUGEBIETE	
Carnuntum DAC	832 ha
Kamptal DAC	3.574 ha
Kremstal DAC	2.252 ha
Thermenregion	2.872 ha
Traisental DAC	848 ha
Wachau DAC	1.323 ha
Wagram DAC	2.459 ha
Weinviertel DAC	13.911 ha

Weißweinfläche insgesamt	**20.859 ha**	**(77 %)**
Grüner Veltliner	13.284 ha	(49 %)
Riesling	1.804 ha	(6,7 %)
Welschriesling	1.112 ha	(4,1 %)
Müller-Thurgau	874 ha	(3,2 %)
Weißburgunder	695 ha	(2,6 %)
Rotweinfläche insgesamt	**6.227 ha**	**(23 %)**
Zweigelt	3.478 ha	(12,8 %)
Blauer Portugieser	479 ha	(1,8 %)
Blauburger	371 ha	(1,4 %)
Pinot Noir	291 ha	(1,1 %)
Sankt Laurent	290 ha	(1,1 %)

Der Braunsberg bei Hainburg

© WSNA

NIEDERÖSTERREICH
CARNUNTUM
DAC

Der terrassierte Südhang des Spitzerbergs ist vorrangig mit Blaufränkisch bepflanzt

HISTORISCHE STÄTTEN, ELEGANTE ROTWEINE

Archäologen liefern Zeugnisse der römischen Kultur aus dem geschichtsträchtigen Boden von Carnuntum. Doch ebenso erstaunlich sind die »Bodenschätze« von den rund 832 Hektar Rebfläche, allen voran regionaltypische Rotweine. Als »Rubin Carnuntum« mit dem Symbol des Heidentors am Etikett verstärken sie die Identität des Gebiets und unterliegen nun auch der DAC-Pyramide.

Das Weinbaugebiet Carnuntum erstreckt sich östlich von Wien bis an die Grenze zur Slowakei. Die Weingärten dehnen sich südlich der Donau über drei Hügellandschaften aus: das Leithagebirge, das Arbesthaler Hügelland und die Hainburger Berge. Steinige, schwere Böden mit Lehm und Löss, Sand und Schotter bieten besonders den Rotweinsorten beste Bedingungen. An der Spitze steht die heimische Leitsorte Blauer Zweigelt, als Jungwein mit der Zusatzbezeichnung Rubin Carnuntum, flankiert von St. Laurent und Pinot Noir sowie den internationalen Sorten wie Cabernet Sauvignon, Merlot und Syrah. Eine Renaissance erlebt der Blaufränkisch, der in der Region um Prellenkirchen, speziell am Spitzerberg, ideale Bedingungen vorfindet wie kaum sonst wo in Niederösterreich. Das pannonische Klima mit seinen heißen Sommern und kalten Wintern, die Nähe der Donau und auch der auf die Temperatur ausgleichend wirkende Neusiedler See lassen die blauen Trauben voll ausreifen. Dieses natürliche Potenzial wusste die junge Winzergeneration zu nutzen und führte das Gebiet innerhalb kurzer Zeit an die Spitze: mit harmonischen Rotweinen, die Frucht und Eleganz vereinen. Modern in der Stilistik, aber eigenständig und der Herkunft verpflichtet. Bei alldem soll nicht vergessen

© WSNA

werden, dass sich auch Weißweine – speziell Grüner Veltliner, jüngst vermehrt Sauvignon Blanc und die Burgundersorten – hier durch Struktur und Kraft auszeichnen. Ab sofort unterliegen die Sorten Zweigelt und Blaufränkisch sowie von diesen beiden Sorten geprägte Cuvées ebenso der DAC-Pyramide Gebiets-, Orts- und Riedenwein wie die weißen Sorten Chardonnay, Weißburgunder und Grüner Veltliner. Besucher der glanzvoll renovierten Barockschlösser im nahen Marchfeld, des Archäologieparks Carnuntum, des Nationalparks Donau-Auen und nicht zuletzt das Einzugsgebiet der slowakischen Hauptstadt Bratislava eröffnen zahlreiche Chancen für die Winzer, die Vorzüge der Carnuntum-Weine vorzustellen. Weinorte wie Göttlesbrunn, Höflein, Arbesthal, Stixneusiedl oder Prellenkirchen bieten gemütliche Heurige und waren von jeher Anziehungspunkte für Ausflügler, vor allem durch die Nähe zu Wien. Außerdem nimmt die Gastronomie immer mehr Aufschwung. Und dort sind gebietstypische Weine die klare Nummer eins auf den Weinkarten, passen sie doch hervorragend zur regionalen Küche.

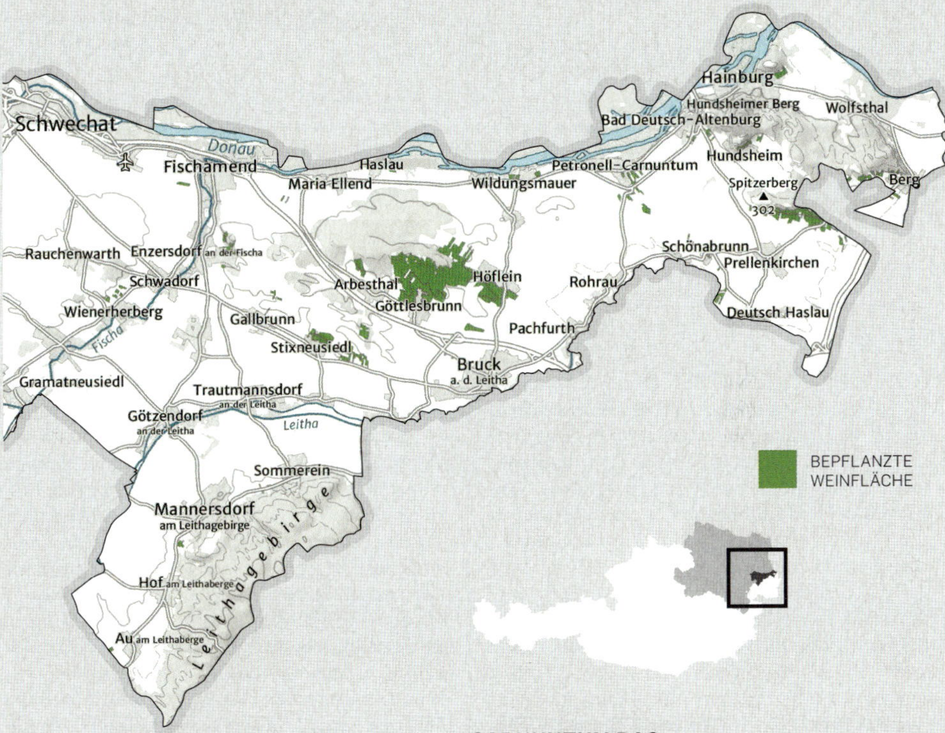

CARNUNTUM DAC

Österreich gesamt	**44.728 ha**
Weinbaugebiet Niederösterreich	**27.074 ha**
Carnuntum DAC	**832 ha**

Grundkarte: © Universität Wien, BEV, OSM, SRTM | Österreich Wein Marketing GmbH, 1040 Wien, © ÖWM 2022

AUSGEWÄHLTE WEINGÜTER

★★★★★

Weingut Philipp Grassl, Göttlesbrunn
Weingut Gerhard Markowitsch, Göttlesbrunn

★★★★

Weingut Artner, Höflein
Weingut Walter Glatzer, Göttlesbrunn
Weingut Dorli Muhr, Prellenkirchen
Weingut Franz und Christine Netzl, Göttlesbrunn
Bioweingut Robert Payr, Höflein

★★★

Weingut Familie Pitnauer, Göttlesbrunn
Weingut Taferner, Göttlesbrunn

★★

Weingut Michael Auer, Höflein
Weingut Böheim, Göttlesbrunn-Arbesthal
Weingut Lukas Markowitsch, Göttlesbrunn
Meinrad Markowitsch, Göttlesbrunn
Weingut Andreas Muhr, Stixneusiedl
Weingut Oppelmayer, Göttlesbrunn
Weingut Gerhard Pimpel, Göttlesbrunn

★

Michaela Riedmüller Weine, Hainburg a. d. Donau

★★★★

WEINGUT ARTNER

BIO

Die Geschichte des Weinguts Artner reicht bis ins Jahr 1650 zurück. Schon die Vorfahren erkannten das Potenzial der Region für den Weinbau. In dem ehemals gemischten landwirtschaftlichen Betrieb hat die Familie seit den 1980er-Jahren den Fokus immer mehr auf die Produktion von Weinen mit Authentizität und Charakter gelegt. Höflein liegt im Weinbaugebiet Carnuntum, das sich östlich von Wien und südlich der Donau bis zur slowakischen Grenze erstreckt. Kräftige Löss- und karge Kalkböden sowie das pannonische Klima mit dem kühlenden Einfluss der Donau bieten ideale Voraussetzungen für die hier wachsenden Weinreben.

Seit der Betrieb im Jahr 2018 in den Kreis der »Traditionsweingüter Österreich« aufgenommen wurde, steht das Thema Herkunft bei der Arbeit im Weingarten noch mehr im Fokus. Die Mitglieder des Vereins sehen es als ihre Verpflichtung, die Charakteristika ihrer Gegend, ihrer Böden, ihres Klimas, ihrer Sorten und ihrer Keller in den Weinen zum Ausdruck zu bringen.

Hannes Artner, der das Weingut von seinem Vater übernommen hat und als kreativer Pionier den Betrieb schon in jungen Jahren qualitativ ausgerichtet hat, sein Sohn Peter, der als Kellermeister sein gesamtes Wissen und seine Leidenschaft für die Weine einbringt, sowie Hannes' Bruder Christoph, der für den internationalen Vertrieb und zu Hause für das Büro verantwortlich ist: Sie alle ziehen gemeinsam an einem Strang, denn die Artners sind eben eine Familie, die sich durch Zusammenhalt, harte Arbeit, Weitergabe von Wissen sowie das Erlernen von Neuem auszeichnet – und letztlich auch durch den Glauben daran, dass es sich lohnt, niemals vom eigenen Qualitätsanspruch abzurücken. Inzwischen werden 40 Hektar Weingärten bewirtschaftet, und mit dem Jahrgang 2021 ist das Weingut Artner als biologischer Betrieb zertifiziert.

WEINGUT ARTNER

2465 Höflein, Dorfstraße 93
T: +43 (2162) 63142
weingut@artner.co.at
www.artner.co.at

Kellermeister: Peter Artner
Kontakt: Hannes u. Christoph Artner
Anbauweise: Zertifiziert Biologisch (Bio Austria)
Produktion: 40 % weiß, 60 % rot, 40 Hektar
Vereinszugehörigkeit: Traditionsweingüter Österreich, Die Rubin Carnuntum Weingüter
Messen: Austrian Tasting London, ÖGW Zürich, ProWein Düsseldorf, London Wine Fair, VieVinum, DAC-Präsentationen, Hong Kong International Wine & Spirits Fair

Kellergasse Höflein

94 Chardonnay * massive a. [weiß] 2021
14 Vol.-%, NK, €€€€€
Mittleres Gelbgrün, Silberreflexe. Attraktive Nuancen von gelber Tropenfrucht, zart nach Mango und reifen gelben Ringlotten, ein Hauch von Blütenhonig, helles Karamell, einladendes Bukett. Saftig, elegant, weißer Pfirsich, seidige Textur, ein Hauch von Fruchtsüße, finessenreich und gut entwickelt, ein balancierter, fast leichtfüßig wirkender Speisenbegleiter mit gutem Reifepotenzial.

(93) Grüner Veltliner * Ried Kirchberg 2022
13,5 Vol.-%, DV, €€€ B
Mittleres Grüngelb, Silberreflexe. Feiner Blütenhonig, ein Hauch von Ananas und Golden-Delicious-Apfel, Nuancen von Mandarinenzesten, mit Wiesenkräutern unterlegt. Saftig, elegant, weißer Pfirsich, feine Fruchtsüße, lebendig strukturiert, bleibt sehr gut haften, ein harmonischer Speisenbegleiter.

91 * Höflein Weiss 2022 GV/CH
13 Vol.-%, DV, Stahltank, €€€ B
Helles Gelbgrün, Silberreflexe. Frische Wiesenkräuter, weißer Apfel, ein Hauch von Blütenhonig und Limettenzesten. Mittlere Komplexität, feine weiße Tropenfrucht, frischer Säurebogen, zart nach Birne, lebendig und vielfältig einsetzbar.

93 * Ried Aubühl 1ÖTW 2021 ZW/BF
14 Vol.-%, NK, €€€€€ B
Dunkles Rubingranat, fester Kern, violette Reflexe, breitere Ockerrandaufhellung. Verhalten, zart nach frischen Zwetschken, kandierte Orangenzesten, ein Hauch von Kräutern. Kraftvoll, feinwürzig, rote Kirschen, präsente, noch etwas fordernde Tannine, salzig-mineralisch im Abgang, wird von Flaschenreife profitieren.

(92) * Amarok 2021 ZW/BF/SY/ME
14 Vol.-%, NK, €€€€€ B
Dunkles Rubingranat, violette Reflexe, zarte Randaufhellung. Zart nach Edelholz, ein Hauch von Vanille, dunkle Waldbeeren, zart nach Lakritze und Cassis. Saftig, elegant, feine Fruchtsüße, gut eingebettete Tannine, elegant und ausgewogen, gute Frische und Länge, bereits gut antrinkbar.

90 * Höflein Rot 2021 ZW/BF/ME
13,5 Vol.-%, NK, €€€ B
Dunkles Rubingranat, violette Reflexe, breitere Randaufhellung. Zarte Nuancen von roten Waldbeeren, ein Hauch von roten Kirschen, mit zarter Kräuterwürze unterlegt. Mittlerer Körper, frisch strukturiert, zarte Tannine, mineralisch und gut anhaftend, ein leichtfüßiger Speisenbegleiter.

(95) massive a. [rot] 2020 SY/ZW/BF
14,5 Vol.-%, NK, €€€€€€
Dunkles Rubingranat, violette Reflexe, breitere Randaufhellung. Zart nach Gewürznelken und Edelholz, reife schwarze Kirschen, zart nach Cassis, Brombeeren und Orangenzesten. Komplex, saftig, engmaschig, reife Frucht, feine Extraktsüße, gut eingebundene Tannine, elegant und ausgewogen, bereits antrinkbar, sicheres Reifepotenzial.

(94) Zweigelt * Ried Steinäcker 1ÖTW 2021
14 Vol.-%, NK, €€€€€ B
Dunkles Rubingranat, violette Reflexe, breitere Ockerrandauf-

hellung. Reife Zwetschken, Herzkirschen, etwas Nougat und Feigen, kandierte Orangenzesten. Saftig, komplex, extraktsüße Textur, runde Tannine elegant und lange anhaftend, feines Nougat im Abgang, zeigt Länge und Reifepotenzial.

(93) Blaufränkisch * Ried Kirchweingarten 1ÖTW 2021
14 Vol.-%, NK, €€€€€ Ⓑ
Dunkles Rubingranat, violette Reflexe, breitere Ockerrandaufhellung. Zarte Kräuterwürze, Brombeeren, schwarze Kirschen, ein Hauch von Zwetschken, kandierte Orangenzesten. Saftig, elegant, feine Fruchtsüße, reife, gut integrierte Tannine, mineralisch im Abgang, gute Länge, sicheres Reifepotenzial.

(93) Syrah And ever 2021
14 Vol.-%, NK
Dunkles Rubingranat, violette Reflexe, breitere Ockerrandaufhellung. Feine Kräuternote, Gewürzanklang, etwas Nougat, schwarze Beeren, etwas Lakritze, unterlegt mit Orangenzesten und Vanille. Saftig, reife Kirschfrucht, feine Süße, präsente, gut integrierte Tannine, mineralisch-salzig im Abgang, ein feinwürziger Speisenbegleiter.

★★

WEINGUT MICHAEL AUER

Authentisch muss er sein, die Besonderheiten der Rebsorte und des Gebietes widerspiegeln, Rückgrat besitzen, aber auch Trinkfluss – stimmig, ausgewogen, harmonisch.« So beschreibt Michael Auer seine Vorstellung von einem idealtypischen Wein aus Carnuntum – und er scheint den richtigen Weg zu diesem Ziel eingeschlagen zu haben: Von den klassischen Gebietsweinen über Ortsweine bis hin zu hochwertigen Weinen aus Einzellagen präsentieren die Auer-Weine stets deutlich und klar ihre Herkunft und das außergewöhnliche Terroir, auf dem sie wachsen. Dabei ist der Blaufränkisch Michael Auers persönlicher Favorit: »Die feine Tanninstruktur macht diesen Rotwein richtig groß«, erklärt der junge Winzer.

Ein Weingut quasi von den Grundmauern weg neu aufzubauen, bringt große Möglichkeiten mit sich, aber auch Herausforderungen. Aus diesem Grund wird hier jeder Schritt genauestens durchdacht und auf seine Stärken und Schwächen geprüft – ein Vorgehen, das zu einer außergewöhnlich konsistenten Weinquali-

Michael und Carina Auer

WEINGUT MICHAEL AUER
2465 Höflein
Hoher Weg
T: +43 (699) 11608281
office@weingut-auer.com
www.weingut-auer.com

Kellermeister/Kontakt:
Michael Auer
Produktion: 106.667 Flaschen
30 % weiß, 7 % rosé, 62 % rot, 1 % süß, 12+3 Hektar
Vereinszugehörigkeit:
Die Rubin Carnuntum Weingüter, Traditionsweingüter Österreich
Messen: ProWein Düsseldorf, VieVinum, DAC-Präsentationen

tät geführt hat. Seit dem Beginn seiner Winzerkarriere widmet sich Michael Auer mit viel Fingerspitzengefühl dem hochsensiblen Prestigethema »Einzellagen«. Mit seiner »Ried Aubühl« ist ihm auf Anhieb eine Cuvée gelungen, die das Potenzial hat, es bis an die Spitze Österreichs zu schaffen.
Bei der Arbeit im Weingarten und im Weinkeller verfolgt Michael Auer gleichermaßen klare Linien: Seine Weine entstehen zwar im Einklang mit der Natur, aber durchaus nicht zufällig. Die Ernte verläuft zur Gänze handverlesen. Im Keller gilt die Devise des »kontrollierten Nichtstuns«: Maximal 20 Tage liegen die Weine auf der Maische. Seit etlichen Jahren setzt der Winzer dabei auf Ganztraubengärung, da der interzelluläre Prozess die Weine besonders weich und harmonisch macht. Michael Auer ist kein Jungwinzer mehr, der viel ausprobiert oder erst seinen Weg finden muss. Er weiß exakt, was er will und wie er seine Ziele erreicht. Genau diese Vision und Beständigkeit spürt und schmeckt man in seinen Weinen.

92 Chardonnay * Monopol 2020
13,5 Vol.-%, NK, Barrique, €€€€€€
Mittleres Gelbgrün, Silberreflexe. Nussige Holzwürze, zart nach Vanille und Nougat, mit gelber Apfelfrucht und etwas Mango unterlegt. Saftig, elegant, feine nussige Nuancen, frischer Apfel im Kern, lebendig strukturiert, mineralisch und anhaftend, ein facettenreicher Speisenbegleiter.

(90) Chardonnay * 2022
13,5 Vol.-%, DV, Barrique, €€€
Helles Gelbgrün, Silberreflexe. Zarte Anklänge von weißem Kernobst, Nuancen von Pfirsich, Noten von frischen Orangenzesten. Mittlerer Körper, frischer Apfel, lebendig strukturiert, zitroniger Touch im Abgang, bereits gut entwickelt.

(94) * Ried Aubühl 1ÖTW 2021 BF/SL
13,5 Vol.-%, NK, 500-l-Fass, €€€€€
Dunkles Rubingranat, tiefer Kern, violette Reflexe, dezente Randaufhellung. Nuancen von Cassis, zart nach Lakritze, dunkle Beeren, feine Kräuterwürze, ein Hauch von Mandarinenzesten. Saftig, elegant, reife Herzkirschen, etwas Johannisbeeren, reife, tragende Tannine, dezente Extraktsüße, salziger Nachhall, gute Länge, sicheres Reifepotenzial.

(92) Zweigelt * Ried Bühl 2021
13,5 Vol.-%, NK, Barrique, €€€€
Dunkles Rubingranat, tiefer Kern, violette Reflexe, dezente Randaufhellung. Zarte Edelholznuancen, schwarze Kirschen, etwas Zwetschken, ein Hauch von Orangenzesten. Saftig, elegant, feine Fruchtsüße, gut integrierte, tragende Tannine, würzig-mineralischer Nachhall, ein ausgewogener Speisenbegleiter.

Syrah

(90) Zweigelt * Rubin Carnuntum 2022
13,5 Vol.-%, DV, Barrique, €€€
Dunkles Rubingranat, violette Reflexe, dezente Randaufhellung. Zart kräuterwürzig unterlegte Zwetschkenfrucht, Nuancen von Brombeeren und Kirschen, ein Hauch von Nougat. Saftig, elegant, rotbeerige Textur, mineralisch und ausgewogen, gut antrinkbar.

(94) Syrah 2021
13,5 Vol.-%, NK, Barrique, €€€€€
Dunkles Rubingranat, violette Reflexe, breitere Ockerrandaufhellung. Dunkle Waldbeeren, reife Zwetschken, ein Hauch von Feigen und kandierten Orangenschalen, mit feiner Edelholzwürze unterlegt. Saftig, elegant, feine Extraktsüße, reife Tannine, zart nach Nelken und Nougat im Abgang, gute Länge, sicheres Reifepotenzial.

* Carnuntum DAC

★★

WEINGUT BÖHEIM

Das Vater-Tochter-Gespann Johann und Stefanie Böheim aus Arbesthal sorgt im Weinbaugebiet Carnuntum für Aufsehen. Es trifft hier Tradition auf Moderne: »In unserem Gespann aus zwei Generationen bilden wir eine Einheit, aber keine Einheit, die von vornherein perfekt und reibungslos abläuft, denn erst durch unsere jeweiligen Eigenarten geben wir den Weinen Charakter und bieten uns gegenseitig einen sicheren Boden, um Neues auszuprobieren. Wir ergänzen uns in Wissen und Experimentierfreude sowie in Tradition und frischem Wind. So verleihen wir unseren Weinen ihre ganz eigene Handschrift«, erklärt Johann Böheim.

(93) Weißburgunder * Stixneusiedl Ried Stixbergen 2021
13,5 Vol.-%, DV, Stahltank, €€€€€
Helles Grüngelb, Silberreflexe. Feine Kräuterwürze, ein Hauch von frischer Birne, weiße Tropenfrucht, tabakige Nuancen, mit Orangenzesten unterlegt. Saftig, frischer Apfel, feiner Säurebogen, elegant und mit Frische ausgestattet, bereits zugänglich, verfügt über Reifepotenzial.

WEINGUT BÖHEIM
2464 Göttlesbrunn-Arbesthal
Hauptstraße 38
T: +43 (2162) 8859
wein@gut-boeheim.at
www.gut-boeheim.at

Kellermeister/Kontakt:
Johann und Stefanie Böheim
Produktion: 50 % weiß, 50 % rot, 20 Hektar
Zertifiziert: Nachhaltig Austria
Vereinszugehörigkeit:
Traditionsweingüter Österreich, Die Rubin Carnuntum Weingüter
Messen: ProWein Düsseldorf, VieVinum

91 Chardonnay * 2022
13,5 Vol.-%, DV, Stahltank, €€€
Helles Gelbgrün, Silberreflexe. Frische Anklänge von weißer Tropenfrucht, zart nach Apfel, ein Hauch von Mango, floraler Touch. Saftig, fruchtig und lebendig strukturiert, ein sauberer, leichtfüßig wirkender Speisenbegleiter für viele Anlässe.

90 Grüner Veltliner * Alte Reben 2022
13,5 Vol.-%, DV, Stahltank, €€€
Helles Gelbgrün, Silberreflexe. Zarte gelbe Frucht, ein Hauch von Blütenhonig, Nuancen von Mango, floraler Touch. Mittlere Komplexität, weißer Apfel, dezente Säurestruktur, zitronig-salzig im Abgang, frisch und lebendig, Limetten im Rückgeschmack.

(93) * Ried Stuhlwerker 1ÖTW 2021 ZW/ME/BF
14 Vol.-%, NK, kleines Holzfass, €€€€€
Tiefdunkles Rubingranat, opaker Kern, violette Reflexe, zarte Randaufhellung. Einladendes Bukett nach Heidelbeeren und schwarzen Herzkirschen, tabakig unterlegte Kräuterwürze, kandierte Orangenzesten. Saftig, rotbeerig, frisch strukturiert, präsente Tannine, mineralisch-salziger Touch, ein lebendiger Speisenbegleiter, der von weiterer Flaschenreife profitieren wird.

(89) Zweigelt * Rubin Carnuntum 2022
13,5 Vol.-%, DV, kleines Holzfass, €€€

(93) Merlot Reserve 2021
14,5 Vol.-%, DV, kleines Holzfass, €€€€
Tiefdunkles Rubingranat, opaker Kern, violette Reflexe, zarte Randaufhellung. Reife Zwetschken, schwarze Kirschen, zart nach Edelholz und Nougat. Saftig, komplex, dunkle Beeren, zarte Fruchtsüße, reife, tragende Tannine, mineralischer Nachhall, ein feinwürziger Speisenbegleiter.

© Weingut Glatzer

WEINGUT WALTER GLATZER
2464 Göttlesbrunn
Rosenbergstraße 5
T: +43 (2162) 8486
info@weingutglatzer.at
www.weingutglatzer.at

Kellermeister/Kontakt:
Walter Glatzer
Anbauweise: Zertifiziert Biologisch
Produktion: 250.000 Flaschen
30 % weiß, 5 % rosé, 65 % rot,
38+10 Hektar
Vereinszugehörigkeit:
Die Rubin Carnuntum Weingüter,
Traditionsweingüter Österreich
Messen: ProWein Düsseldorf,
VieVinum, DAC-Präsentationen

Familie Glatzer

★★★★

WEINGUT WALTER GLATZER

BIO

In jede Flasche Wein lässt Familie Glatzer ihre Liebe zum Handwerk einfließen. Auf insgesamt 50 Hektar Weinbaufläche gedeihen rote und weiße Trauben, deren Charakter von der Natur und dem Witterungsverlauf geprägt sind. Mit dem Jahrgang 2018 wurden erstmals Weine mit Bio-Zertifikat auf den Markt gebracht. Die Weißweine werden fruchtig-mineralisch ausgebaut und haben eine dem Jahrgang angepasste Typizität. Alle Rotweine, die rund 65 Prozent der Rebflächen ausmachen, werden parzellengenau in Stahltanks oder Holzgärständern auf der Maische vergoren und anschließend in Barriques und großen Holzfässern bis zu 15 Monate lang ausgebaut.
Neu im Programm sind ein Göttlesbrunner Ortswein vom Blaufränkisch und eine Weißwein-Cuvée mit der Bezeichnung »Göttlesbrunn Weiß«. Als Vorreiter der Ortsweine in Carnuntum gilt die Cuvée »Gotinsprun«, die schon seit 1992 von Walter Glatzer gekeltert wird. Der St. Laurent Altenberg wurde aufgrund der neuen DAC-Regeln in St. Laurent Alte Reben umbenannt.

Seit 2019 ist das Weingut Glatzer Mitglied der »Traditionsweingüter Österreich«. Die 1ÖTW-Lagenweine sind der Zweigelt Ried Haidacker, die Cuvée Ried Rosenberg und der Blaufränkisch Ried Bärnreiser. Tochter Hanna macht inzwischen schon ihren dritten Jahrgang von »Hannas Bunte Weine«. Bei diesem Projekt dürfen Traminer, Welschriesling, Cabernet und Pinot das machen, was sie wollen.

(92) Chardonnay * Ried Kräften 2021
13 Vol.-%, NK, Teilbarrique, €€€ B H V
Helles Grüngelb, Silberreflexe. Feine gelbe Tropenfrucht, ein Hauch von frischem Apfel und Limetten, mineralischer Touch. Saftig, elegant, feines Kernobst, dezente Fruchtsüße nach Mango, mineralisch und anhaftend, ein Hauch von Blütenhonig im Abgang.

93 Traminer Hanna Glatzer Bunte Weine 2021
12,5 Vol.-%, DIAM, kleines Holzfass, €€€€ B I
Leuchtendes Goldgelb, Orangereflexe. Frische geriebene Orangenzesten, gelbe Tropenfrucht, Maracuja und Papaya klingen an, frische Marillenmarmelade. Saftig, mineralisch, zart nach Rosolio, seidige Textur, gute Balance, bereits gut antrinkbar, ein schwungvoller Natural Wine.

* Carnuntum DAC

(94) Blaufränkisch * Ried Bärnreiser 1ÖTW 2021
14 Vol.-%, NK, 500-l-Fass, €€€€€ B H I
Dunkles Rubingranat, violette Reflexe, breitere Ockerrandaufhellung. Rauchig unterlegte Kräuterwürze, dunkle Mineralik, schwarze Kirschen, dezente Edelholznuancen, braucht Luft. Komplex, stoffig, reife Herzkirschen, gute Frische, feine Tannine, salzig-mineralischer Touch, zitronige Nuancen, feine Extraktsüße im Nachhall, gutes Reifepotenzial.

(93) Zweigelt * Ried Haidacker 1ÖTW 2021
13,5 Vol.-%, NK, 500-l-Fass, €€€€€ B H I
Dunkles Rubingranat, violette Reflexe, breitere Ockerrandaufhellung. Floral unterlegte dunkle Waldbeeren, ein Hauch von Röstaromen und Nougatkaramell, attraktives, einladendes Bukett. Mittlere Komplexität, rote Kirschen, gut integrierte reife Tannine, schokoladig im Abgang, ein feinwürziger Speisenbegleiter.

(93) Sankt Laurent Alte Reben 2021
12,5 Vol.-%, NK, gebrauchte Barriques, €€€€ B F
Kräftiges Rubingranat, violette Reflexe, breitere Ockerrandaufhellung. Reife Waldbeeren, frische Kirschen, zarte Edelholznuancen, mit kandierten Mandarinenzesten unterlegt. Saftig, elegant, reife Brombeeren, feine Tannine, Nougat im Abgang, bereits gut entwickelt und antrinkbar.

91 Pinot Noir Hanna Glatzer Bunte Weine 2021
12,5 Vol.-%, DIAM, großes Holzfass, €€€€ B I
Kräftiges Karmingranat, Ockerreflexe, dezente Randaufhellung. Zarte Kräuterwürze, eingelegte Herzkirschen, floraler Touch, kandierte Orangenzesten. Saftig, elegant, rote Kirschen auch am Gaumen, lebendig und frisch, zartes Nougat im Nachhall.

★★★★★

WEINGUT PHILIPP GRASSL

BIO

Das Weingut Grassl ist mit 27 Hektar Eigenfläche relativ klein, aber fein und überschaubar. Die Grassls sind geradlinige Menschen und mögen die klare Linie. Ihr Konzept: Schwerpunkt bei den Rotweinen, klares Sortiment, puristisch im Auftritt nach außen, funktioneller Keller, Etiketten ohne Schnickschnack, keine Modeweine. Was zählt, ist die Qualität. Das Haus Grassl erzeugt im besten Sinne des Wortes »erdverbundene« Weine, dies aber auf internationalem Qualitätsniveau: Die heimischen Sorten Zweigelt, Blaufränkisch und St. Laurent sind die wichtigsten, sie sind zu mindestens 50 Prozent auch in allen Cuvées enthalten. Cabernet, Merlot und Syrah sollen die vorhandenen Stärken des Zweigelts lediglich besser zur Geltung bringen. Statt wie früher 3.500 stehen heute in den Weingärten 5.000 bis 6.500 Stöcke pro Hektar. Im Keller arbeitet man penibel ohne Intervention und behandelt die Trauben so schonend wie möglich, um deren hohe Qualität dann auch in die Flasche zu bekommen. Weißweine und klassische Rotweine werden im Edelstahltank oder in großen Holzfässern vergoren und gereift. Die Premiumrotweine werden in Holzgärständern – teilweise mit den Naturhefen aus dem Weingarten – vergoren, der Maischekuchen wird händisch untergetaucht. Die Premiumrotweine, die Cuvées »Bärnreiser« und »Neuberg«, sowie der St. Laurent reifen in französischen Barriques. Ein Großteil der Fässer wird jährlich erneuert, um die dunklen Fruchtaromen durch die Struktur des Holzes zu stützen. Die Holznote ist nicht überbetont, sondern begleitet und verfeinert den Ausbau bis zur Abfüllung. 80 Prozent der Produktion sind Rotweine, die Hälfte davon macht die Leitsorte Zweigelt aus. 25 Prozent entfallen auf Pinot Noir und St. Laurent, eine Tradition und Besonderheit des Weinguts. Die restlichen 25 Prozent verteilen sich auf Blaufränkisch, Merlot und andere internationale Rebsorten. Philipp Grassl wurde 2018 zum »Falstaff Winzer des Jahres« gekürt, und auch bei der Falstaff-Rotweinprämierung steht er immer wieder auf der Siegerbühne. Im Herbst 2020 endlich ganz oben!

93 Chardonnay * Höflein Ried Rothenberg 2021
13,5 Vol.-%, NK, Tonneaux Fass, €€€€
Helles Gelbgrün, Silberreflexe. Attraktive Noten von gelber Tropenfrucht, zart nach Pfirsich, floraler Touch, ein Hauch von Limetten. Saftig, elegant, feine Fruchtsüße, zarte Holznuancen, nussig im Abgang, bleibt haften, ein Hauch von Nougat im Nachhall, eleganter Speisenbegleiter.

WEINGUT PHILIPP GRASSL

2464 Göttlesbrunn, Am Graben 4–6
T: +43 (2162) 8483
office@weingut-grassl.com
www.grassl.wine

Kellermeister/Kontakt:
Philipp Grassl
Anbauweise: Zertifiziert Biologisch (Bio Austria)
Produktion: 150.000 Flaschen
25 % weiß, 75 % rot, 30+10 Hektar
Zertifiziert: Nachhaltig Austria
Vereinszugehörigkeit:
Traditionsweingüter Österreich,
Die Rubin Carnuntum Weingüter
Messen: ProWein Düsseldorf,
VieVinum, MondoVino

Weingärten bei Göttlesbrunn

(91) Chardonnay * Höflein 2022
13,5 Vol.-%, NK, großes Holzfass, €€€€ B

Helles Gelbgrün, Silberreflexe. Feine gelbe Tropenfrucht, florale Nuancen, etwas Blütenhonig, zart nach Limettenzesten. Saftig, weißer Apfel, frischer Säurebogen, mineralisch-zitronig im Abgang, ein lebendiger Begleiter bei Tisch, hat Reifepotenzial.

92 Welschriesling Alte Reben Weiss 2021
13,5 Vol.-%, NK, Amphore, €€€€

Helles Gelbgrün, Silberreflexe. Frische Apfelfrucht, ein Hauch von Birne und Wiesenkräutern, zart mit Limetten und Blütenhonig unterlegt. Saftig, elegant, gelbes Kernobst, angenehme Säurestruktur, zitronig-mineralisch, dezente Fruchtsüße im Abgang, vielfältig einsetzbar.

(94) * Höflein Ried Bärnreiser 1ÖTW 2021 ZW/ME/BF
14 Vol.-%, NK, Barrique/500-l-Fass, €€€€€

Dunkles Rubingranat, violette Reflexe, breitere Randaufhellung. Angenehme Edelholznuancen, schwarze Beerenfrucht, tabakig unterlegte Noten von Lakritze und Cassis, facettenreiches Bukett. Saftig, gute Komplexität, reife Herzkirschen, gut integrierte, tragende Tannine, etwas Vanille und Nougat im Abgang, bereits antrinkbar, wird von Flaschenreife profitieren, ein eleganter Speisenbegleiter.

(92) * Göttlesbrunn Ried Neuberg 2021 ZW/BF/ME
14 Vol.-%, NK, 500-l-Fass/Barrique, €€€€

Dunkles Rubingranat, violette Reflexe, zarte Randaufhellung. Frische rote Herzkirschen, zart nach Brombeeren und Lakritze, mit einem Hauch von Edelholz unterlegt. Saftig, rotbeerige Nuancen, feine Tannine, wirkt leichtfüßig und trinkanimierend, mineralisch-zitroniger Touch im Nachhall.

96 Grassl Reserve 2020 ME/BF/ZW
14,5 Vol.-%, NK, Tonneaux Fass/gebrauchte Barriques, €€€€€€

Dunkles Rubingranat, violette Reflexe, breitere Randaufhellung. Feine Edelholznuancen, dunkle Waldbeeren, zart rauchig unterlegte Nuancen von Lakritze und Brombeeren, etwas Nougat. Saftig, elegant, engmaschig und mineralisch, feine reife Tannine, gute Länge, süße Kirschen im Nachhall, sicheres weiteres Entwicklungspotenzial.

(92) Zweigelt * Göttlesbrunn Ried Schüttenberg 1ÖTW 2021
13,5 Vol.-%, NK, 500-l-Fass, €€€€€

Dunkles Rubingranat, violette Reflexe, zarte Randaufhellung. Feine Kräuterwürze, schwarze Beerenfrucht, ein Hauch von Zwetschken und Kirschen, mit etwas Nougat und Orangenzesten unterlegt. Saftig, elegant, reife Kirschen, feine Tannine, süße Beerenfrucht im Abgang, bereits entwickelt und zugänglich, ein vielseitiger Begleiter bei Tisch.

(92) Sankt Laurent Alte Reben 2021
12,5 Vol.-%, NK, 500-l-Fass/kleines Holzfass, €€€€€

Kräftiges Rubingranat, violette Reflexe, breitere Ockerrandaufhellung. Feine Nuancen von kandierten Veilchen, schwarze Beeren, ein Hauch von Cassis, sehr einladendes Bukett. Mittlere Komplexität, zarte Beerenfrucht, ein Hauch von reifen Ribiseln, feine Tannine, leichtfüßig und mineralisch, ein delikater Speisenbegleiter.

* Carnuntum DAC

★★★★★

WEINGUT GERHARD MARKOWITSCH

Das Weingut Markowitsch hat in sehr kurzer Zeit den Sprung in die österreichische Weinelite geschafft. Nur durch kompromissloses Qualitätsstreben konnte dieses Ziel erreicht werden, das 1999 vom Falstaff-Magazin mit der Auszeichnung »Winzer des Jahres« gekrönt wurde. Bei den Rotweinen dominieren Zweigelt, Blaufränkisch und Pinot Noir, bei den Weißweinen Grüner Veltliner, Chardonnay und Weißburgunder. Um der internationalen Nachfrage nach Top-Weinen nachzukommen, werden zusätzlich noch 40 Hektar Trauben von Vertragswinzern nach streng kontrollierten Richtlinien veredelt. Um den Herausforderungen des modernen Weinbaus mit seinem enorm gewachsenen Knowhow gerecht werden zu können, hat die Familie Markowitsch im Jahr 2001 eines der modernsten Kellereigebäude Österreichs errichtet. Ziel von Gerhard Markowitsch ist es, das Terroir von Carnuntum in seinen Weinen schmeckbar zu machen. Das bedeutet für ihn einen verstärkten Einsatz autochthoner Rebsorten wie Zweigelt, aber auch die Verwendung von internationalen Sorten, um so ein klares Profil in der weiten Weinwelt zu entwickeln.

WEINGUT GERHARD MARKOWITSCH
2464 Göttlesbrunn, Pfarrgasse 6
T: +43 (2162) 8222
weingut@markowitsch.at
www.markowitsch.at
Kellermeister: Gerhard Markowitsch
Kontakt: Christine und Gerhard Markowitsch
Anbauweise: Umstellung auf bio (Bio Austria)
Produktion: 30 % weiß, 70 % rot, 79 Hektar
Zertifiziert: Nachhaltig Austria
Vereinszugehörigkeit: Die Rubin Carnuntum Weingüter, Traditionsweingüter Österreich, Tu Felix Austria
Messen: ProWein Düsseldorf, VieVinum, MondoVino

Mit dem M1 des Jahrgangs 2004 gewann Gerhard Markowitsch bei der Falstaff-Rotweinprämierung 2007 die prestigeträchtige »Erste Bank Reserve Trophy«, 2012 belegte er mit dem Rosenberg 2010 den zweiten Gesamtrang. Im Herbst 2015 gewann Gerhard Markowitsch mit dem M1 des Jahrgangs 2012 erneut die »Erste Bank Reserve Trophy«, und im November 2017 wurde er mit der Cuvée Rosenberg zweiter Falstaff-Sieger. 2019 schließlich holte er mit der Cuvée Ried Rosenberg 2017 den begehrten Sieg der Falstaff-Rotweinprämierung nach Niederösterreich und im Herbst 2020 wieder den 2. Platz. Eine Konstanz, die ihresgleichen sucht!

97 Chardonnay * Ried Schüttenberg Filetstück 2021
13,5 Vol.-%, NK, Barrique, €€€€€€

Mittleres Grüngelb, Silberreflexe. Feine Holzwürze, zart nach Vanille und Nougat, weißes Steinobst, frischer Apfel, mineralischer Touch, ein Hauch von Feuerstein. Straff, elegant und finessenreich strukturiert, feine Extraktsüße im Kern, ein Hauch von hellem Nougat, bleibt sehr gut haften, sicheres Reifepotenzial, hat sich unter den besten Sortenvertretern des Landes etabliert.

93 Chardonnay * Ried Schüttenberg 2021
13,5 Vol.-%, NK, Barrique, €€€€€

Helles Gelbgrün, Silberreflexe. Zart nach Vanille und Ananas, mit gelbem Apfel unterlegt, etwas Maracuja und Mandarinenzesten im Hintergrund. Saftig, elegant, weiße Pfirsichfrucht, wirkt frisch und leichtfüßig, mineralisch-salzig im Abgang, anregender Stil, vielfältig einsetzbar.

93 Weißburgunder * Prellenkirchen 2021
13,5 Vol.-%, DV, großes Holzfass/Beton, €€€€

Helles Gelbgrün, Silberreflexe. Zart floral unterlegte Nuancen von weißem Kernobst, ein Hauch von Walnuss, frische Apfelnote, etwas Limettenzesten. Straff, elegant, feine Säurestruktur, mineralisch-zitronig im Abgang, finessenreicher, leichtfüßiger Stil, dezente Süße im Nachhall, ein lebendig-delikater Begleiter bei Tisch.

92 * Göttlesbrunn Weiss 2021 CH/WB
13 Vol.-%, DV, großes Holzfass, €€€€

Helles Grüngelb, Silberreflexe. Zart nach Wiesenkräutern, ein Hauch von Apfel und weißem Pfirsich, mit frischen

Orangenzesten unterlegt. Saftig, elegant, weißes Kernobst, frischer Säurebogen, mineralisch, zitroniger Touch, bereits gut entwickelt, vielfältig einsetzbar.

(95) * Ried Rosenberg 1ÖTW 2021 ZW/ME/BF
14 Vol.-%, NK, Barrique, €€€€€
Dunkles Rubingranat, violette Reflexe, dezente Ockerrandaufhellung. Aromen von dunklen Waldbeeren, reife Zwetschken, feines Nougat, zarte Edelholznoten, mit kandierten Orangenzesten unterlegt. Komplex, saftig, elegant, feine Extraktsüße, reife Tannine, elegant und gut anhaftend, verfügt über sicheres Reifepotenzial.

97 M1 2020 ME/BF
14,5 Vol.-%, NK, Barrique, €€€€€€
Dunkles Rubingranat, violette Reflexe, zarte Ockerrandaufhellung. Feine tabakige Nuancen, dunkle Waldbeeren, reife Zwetschken, ein Hauch von Veloursleder, etwas Cassis und Nougat. Komplex, saftig, elegant, gute Frische, mineralisch-salzig, schwarze Kirschen, reife, tragende Tannine, zeigt Finesse und große Länge, sicheres Reifepotenzial.

(93) Zweigelt * Ried Kirchweingarten 1ÖTW 2021
13,5 Vol.-%, NK, 500-l-Fass, €€€€€
Dunkles Rubingranat, violette Reflexe, breitere Ockerrandaufhellung. Reife Zwetschken, Nuancen von dunklen Kirschen, Mandarinenzesten, mit feiner Kräuterwürze unterlegt. Saftig, reife Herzkirschen, feine Mineralik, bleibt gut haften, eleganter, finessenreicher Stil, gutes Reifepotenzial.

(93) Pinot Noir Reserve 2021
13 Vol.-%, NK, 500-l-Fass, €€€€€
Mittleres Karmingranat, breite Ockerrandaufhellung. Zarte rote Waldbeerenfrucht, etwas nach Himbeeren und eingelegten roten Kirschen, ein Hauch von Mandarinenzesten, etwas Hibiskus. Saftig, elegant, feine Fruchtsüße, zarte Tannine, mineralisch, rote Kirschen im Nachhall, wird von Flaschenreifen profitieren.

★★

WEINGUT LUKAS MARKOWITSCH

Das Brüderpaar Lukas und Johann Markowitsch steht als erfolgreiches Beispiel für den österreichischen Rotwein. Aufgrund des großartigen Potenzials des Göttlesbrunner Zweigelts wird dieser reinsortig und als Cuvée gekeltert. Darüber hinaus möchte man das Potenzial der Rebsorten Blaufränkisch, Merlot und Chardonnay herausarbeiten. Die Ried Haidacker ist ein idealer Standort für den Zweigelt. In diesem für diese Sorte hervorragenden Boden (schottriger Lehm) wurzeln 50-jährige Reben. Das Ergebnis dieser Symbiose sind kraftvolle, füllige Vertreter der Sorte. Eines der ersten Beispiele für die enorme Qualität dieses Weingartens ist der Bundessieger »Zweigelt Haidacker 2000«. Seit dem Millennium ist dieser Wein immer im Vorderfeld diverser Bewertungen zu finden: So wurde er etwa Sortensieger bei der Falstaff-Rotweinprämierung, was die Kontinuität und höchste Qualität dieses Zweigelts belegt. Angespornt von den zahlreichen Erfolgen vinifiziert Lukas Markowitsch gemeinsam mit seinem Bruder noch eine Vielzahl an weiteren Weinen. Geringerer Neuholzanteil und individuellere Mazerationszeiten für eine ideale Fruchtausprägung sind nur einige wegweisende Weiterentwicklungen bei der Kellerarbeit. Ziel ist es, die Einzigartigkeit der Toprieden, kombiniert mit dem Rebsortencharakter, noch akzentuierter herauszuarbeiten. Die Basis bilden gut gepflegte alten Reben in den Göttlesbrunner Toplagen, aus

WEINGUT LUKAS MARKOWITSCH
2464 Göttlesbrunn
Kiragstettn 1
T: +43 (2162) 8226
weingut@lukas-markowitsch.com
www.lukas-markowitsch.com

Kellermeister/Kontakt:
Lukas Markowitsch
Produktion: 30 % weiß, 70 % rot, 15 Hektar
Zertifiziert: Nachhaltig Austria
Vereinszugehörigkeit:
Die Rubin Carnuntum Weingüter, Traditionsweingüter Österreich, DIE Winzer Göttlesbrunn
Messen: Vinobile Feldkirch

* Carnuntum DAC

denen herkunftstypische Weine gekeltert werden, die mit ihrer Finesse, Trinkfreudigkeit und Lagerfähigkeit überzeugen und auf festlichen Tafeln mit erlesenen Speisen ein besonderes Genusserlebnis vermitteln.

92 * Göttlesbrunn Weiß 2021 CH/WB/GV
14 Vol.-%, NK, gebrauchte Barriques, €€€€
Mittleres Goldgelb, Silberreflexe. Reife gelbe Tropenfrucht, Nuancen von Birne und Rhabarber, zarter Blütenhonig, mit kandierten Mandarinenzesten unterlegt. Saftig, feine Fruchtsüße, cremig, zart nach hellem Karamell und Nougat, reife Ananasfrucht im Nachhall, bereits gut entwickelt.

93 Blauer Zweigelt * Ried Haidacker 1ÖTW 2021
14 Vol.-%, NK, Barrique, €€€€€
Kräftiges Rubingranat, violette Reflexe, breitere Ockerrandaufhellung. Feine Kräuterwürze, dunkle Waldbeeren, ein Hauch von Herzkirschen, etwas Melisse, Minze, mit tabakiger Würze unterlegt. Saftig, elegant, eingelegte Kirschen, feine Tannine, etwas Nougat im Abgang, rotbeeriger Nachhall, ein balancierter Speisenbegleiter.

92 * Göttlesbrunn Alte Reben 2021 ZW/BF/ME
13,5 Vol.-%, NK, gebrauchte Barriques, €€€€
Dunkles Rubingranat, violette Reflexe, breitere Ockerrandaufhellung. Zart mit Holznuancen unterlegte schwarze Kirschfrucht, tabakig, etwas Kräuterwürze. Saftig, rund und elegant, reife Kirschen, präsente Tannine, mineralischer Nachhall, ein balancierter, feinwürziger Speisenbegleiter.

89 Zweigelt * Rubin Carnuntum 2021
13 Vol.-%, NK, gebrauchte Barriques, €€€

★★

MEINRAD MARKOWITSCH

Wer den Duft von frisch gerebelten gesunden Trauben kennt, weiß, wie aufregend das Weinmachen sein kann. Wichtig ist hierfür die Wahl des richtigen Rebmaterials in der passenden Lage und viel Feingefühl beim Begleiten zur Vollreife. Für Meinrad Markowitsch ist dabei eine naturnahe Bewirtschaftung selbstverständlich. Nach der Handlese und Selektion der besten Trauben erfolgt eine schonende Verarbeitung, um genau diese Vielfalt an Aromen und Flavours im Wein zu veredeln. Die Familie liebt diese puristisch-präzisen Weine, die dadurch entstehen.
Eine häufige Frage betrifft das violette Outfit und die Namen der Weine, die ganz einfach zu beantworten ist. Es gefällt der Familie einfach, und der Wiedererkennungswert ist sehr hoch.

MEINRAD MARKOWITSCH
2464 Göttlesbrunn
Am Graben 18
T: +43 (2162) 8925
meinrad@markowitsch.com
www.markowitsch.com

Kellermeister/Kontakt:
Meinrad Markowitsch jun.
Produktion: 45 % weiß, 10 % rosé, 45 % rot
Vereinszugehörigkeit:
Die Rubin Carnuntum Weingüter
Messen: VieVinum, Vinobile Montfort

90 Grüner Veltliner * 2022
12,5 Vol.-%, DV, Stahltank, €€
Helles Gelbgrün, Silberreflexe. Zart nach gelbem Apfel, ein Hauch von Wiesenkräutern, tabakig, etwas scheues Bukett. Stoffig, weiße Tropenfrucht, rassiger Säurebogen, Limetten im Abgang, feine salzige Nuancen im Nachhall.

90 Chardonnay * 2022
13 Vol.-%, DV, Stahltank, €€
Helles Grüngelb, Silberreflexe. Frisches gelbes Kernobst, zarte Kräuterwürze, ein Hauch von Blütenhonig. Feine Apfelfrucht, lebendiger Säurebogen, mineralisch-zitronig im Abgang, ein animierender Begleiter bei Tisch.

89 Riesling 2022
12,5 Vol.-%, DV, Stahltank, €€

90 Zweigelt * Rubin Carnuntum 2021
13,5 Vol.-%, DV, Barrique, €€€
Dunkles Rubingranat, violette Reflexe, zarte Randaufhellung. Frische Zwetschken und Herzkirschen, kandierte Orangenzesten, ein Hauch von Kräuterwürze. Mittlerer Körper, reife Kirschen, feine Tannine, gute Frische, salziger Nachhall, vielfältig einsetzbar.

(93) * Purple X-Treme 2021 ZW/BF/ME
14,5 Vol.-%, NK, Barrique, €€€€€
Dunkles Rubingranat, tiefer Kern, violette Reflexe, zarte Ockerrandaufhellung. Ein Hauch von Cassis und Lakritze, feines Brombeerkonfit, Nuancen von Orangenzesten. Saftig, elegant, reife Kirschen, gut integrierte reife Tannine, salziger Touch im Abgang, ein Hauch von Nougat und Zwetschken im Rückgeschmack, wird von Flaschenreife profitieren.

(92) Blaufränkisch * Ried Haidacker 2021
14 Vol.-%, NK, Barrique, €€€€
Dunkles Rubingranat, violette Reflexe, zarte Ockerrandaufhellung. Zart rauchig-tabakig unterlegte rote Kirschfrucht, ein Hauch von Waldbeeren und Holzwürze. Saftig, elegant, reife dunkle Herzkirschen, feste, tragende Tannine, mineralisch-salzig, zeigt Länge, ein stoffiger Speisenbegleiter.

★★

WEINGUT ANDREAS MUHR

BIO

Stixneusiedl ist ein kleiner, romantischer Weinbauort in der Region Carnuntum. Das Arbesthaler Hügelland bietet eine optimale Grundlage für reichhaltige Rotweine und frisch-fruchtige Weißweine. Stixneusiedl bedeutet für Andreas Muhr Heimat – dort sind seine Wurzeln. Energie tankt er in den Weingärten. Er beschreibt sich als bodenständig und naturverbunden. Sein Ziel ist es, die Familiengeschichte weiterzuschreiben. Die Weine, die er auf moderne Weise mit Fachwissen und viel Herz produziert, sollen seine Handschrift tragen und die Geschichte am Leben erhalten.
Der Weinkeller wurde in den 1890er-Jahren erbaut und von Andreas Muhrs Großvater in den 1960er-Jahren restauriert und erweitert. Viele Familienerinnerungen stecken in dem alten Keller, und es wurde dort schon so manche Kellergeschichte geschrieben. Einige Jahre lang lag das alte Gewölbe sozusagen trocken. Im Herbst 2010 fand die erste Lese des jungen Winzers statt, und der Duft des Weines erweckte den Keller wieder zu neuem Leben.
Andreas Muhr beschreitet konsequent den Weg eines kleinen, aber feinen Weinguts. Nach seiner Maxime, glockenklare Weine mit eindeutiger Herkunftstypizität zu erzeugen, hat er in den vergangenen Jahren eine Weinstilistik entwickelt, die sehr gut die Balance zwischen Tradition und Moderne hält. Das Sortiment ist übersichtlich strukturiert: mit Grünem Veltliner, Chardonnay und Weißburgunder sowie mit den Carnuntum-Leitsorten Zweigelt und Blaufränkisch, alle aus Top-Lagen in Stixneusiedl. Diese kann man auch bei seinem Dorfheurigen mit feinen hausgemachten Schmankerln genießen.

91 Chardonnay * Ried Gaisberg 2022
13,5 Vol.-%, DV, 500-l-Fass, €€€ Ⓑ
Helles Grüngelb, Silberreflexe. Mit zitronigen Nuancen un-

WEINGUT ANDREAS MUHR
2463 Stixneusiedl
Hauptstraße 7
T: +43 (699) 11463502
office@amuhr.at
www.amuhr.at

Kellermeister/Kontakt:
Andreas Muhr
Anbauweise: Zertifiziert Biologisch
Produktion: 10 % Schaumwein, 49 % weiß, 10 % rosé, 30 % rot, 1 % süß, 6 Hektar

terlegte frische Apfelfrucht, ein Hauch von Ringlotten, floraler Touch. Saftig, elegant, feine Nuancen von weißem Kernobst, gute Frische, mineralisch, bereits gut entwickelt, ein vielseitiger Speisenbegleiter.

90 Weißburgunder * 2022
12 Vol.-%, DV, Stahltank, €€ B
Helles Gelbgrün, Silberreflexe. Frische Wiesenkräuter, ein Hauch von Birne, nussige Aromen, kandierte Orangenzesten. Saftig, weißes Kernobst, frischer Säurebogen, lebendig und mit angenehmer Mineralik ausgestattet, Limetten im Rückgeschmack.

(93) Zweigelt * Ried Stixbergen 2021
14 Vol.-%, NK, Barrique, €€€€ B
Tiefdunkles Rubingranat, opaker Kern, violette Reflexe, zarte Randaufhellung. Feine Edelholzwürze, etwas verhaltenes Bukett, schwarze Beerenfrucht, zart tabakig unterlegt. Komplex, saftig, engmaschig, gut integrierte Tannine, feine Fruchtsüße im Abgang, bleibt gut haften, wird von Flaschenreife profitieren.

91 Zweigelt * 2022
13,5 Vol.-%, DV, 500-l-Fass, €€€ B
Dunkles Rubingranat, violette Reflexe, zarte Randaufhellung. Zart nach Nougat und reifen Zwetschken, ein Hauch von Orangenzesten, einladendes Bukett. Saftig, rotes Waldbeerenkonfit, eingelegte Kirschen, rund und harmonisch, ein vielseitiger Speisenbegleiter.

(93) Blaufränkisch * Ried Gaisberg 2021
13,5 Vol.-%, NK, Barrique, €€€€ B
Dunkles Rubingranat, violette Reflexe, zarte Randaufhellung. Dunkle Waldbeeren, Zwetschken, Brombeerkonfitüre, mit kandierten Orangenzesten unterlegt. Saftig, elegant und frisch strukturiert, rote Kirschen, feine Tannine, mineralischer Abgang, zeigt Länge und Reifepotenzial.

90 Cuvée * 2022 BF/ZW
13,5 Vol.-%, DV, gebrauchte Barriques, €€ B
Tiefdunkles Rubingranat, violette Reflexe, zarte Randaufhellung. Reife Zwetschken, schwarze Kirschen, mit feiner Kräuterwürze unterlegt. Mittlerer Körper, rotbeeriger Touch, feine Tannine, frisch, salzig-mineralisch, bereits gut entwickelt.

★★★★

WEINGUT DORLI MUHR

BIO

Das Herz des Weinguts stellt eine kleine Weingarten-Parzelle auf der Ried Roterd dar: 0,17 Hektar, die Dorli Muhrs Großmutter Katharina im Jahr 1918 als Hochzeitsgeschenk erhielt. 1996 revitalisierte Dorli Muhr diese Parzelle, und seither ist das Projekt ständig gewachsen. Mittlerweile bearbeitet Dorli Muhr zwölf Hektar Rebfläche auf dem Spitzerberg, und zwar in biologischer Wirtschaftsweise. Die Erträge sind sehr gering: Von den zwölf Hektar Fläche erzeugt Dorli Muhr nur etwa 40.000 Flaschen, davon rund 85 Prozent reinsortigen Blaufränkisch. Die Weine sind sehr konzentriert und doch sehr leichtfüßig und elegant dank der Kalkböden.
Dorli Muhrs Weine sind außerdem bekannt für ihre seidige Dichte und erstaunliche Länge. Etwa ein Viertel der Produktion wird in Österreich verkauft, Exportmärkte sind die USA, Großbritannien, Irland, Belgien, Holland, Portugal, Dänemark, Norwegen, Schweden, Finnland, Polen, Russland, Deutschland, die Schweiz, Thailand und Australien. Seit dem Jahrgang 2018 sind die Weine bio-zertifiziert. Im Jahr 2004 gründete Dorli Muhr eine Gruppe von qualitätsorientierten Winzern, die gemeinsam Kriterien für die Verwendung der Herkunft »Spitzerberg« festlegten und seither einander in der Herstellung besonders feiner Blaufränkisch unterstützen. Auf diese Weise konnte man in den vergangenen Jahren die Aufmerksamkeit der nationalen und internationalen Weinexperten erregen. Nicht zuletzt dank dieser Initiative wurde der Spitzerberg vom Verein »Traditionsweingüter Österreich« zur Ersten Lage ernannt.
Das Weingut beschäftigt derzeit fünf Mitarbeiter. Für die Vinifizierung ist der gebürtige Eisenberger Lukas Brandstätter verantwortlich, der die wertvollen Trauben behutsam zu eleganten Weinen verarbeitet.

© Anna Stöcher

WEINGUT DORLI MUHR

2472 Prellenkirchen
Kirchengasse 24
T: +43 (664) 1804039
dorli@dorlimuhr.at
www.dorlimuhr.at
Kellermeister: Lukas Brandstätter
Kontakt: Dorli Muhr
Anbauweise: Zertifiziert Biologisch (Austria Bio Garantie)
Produktion: 40.000 Flaschen
1 % rosé, 99 % rot, 12+1 Hektar
Vereinszugehörigkeit: Die Rubin Carnuntum Weingüter, Traditionsweingüter Österreich
Messen: Austrian Tasting London, Millésime Bio, ProWein Düsseldorf, VieVinum

Dorli und Anna Muhr

94 Blaufränkisch * Prellenkirchen Ried Spitzerberg-Obere Roterd 1ÖTW 2019
13 Vol.-%, NK, großes Holzfass, €€€€€€ B
Kräftiges Rubingranat, violette Reflexe, breitere Ockerrandaufhellung. Zart tabakig unterlegte Nuancen von roter Kirschfrucht, ein Hauch von Ribiseln und Gewürzen, mineralischer Touch. Saftig, rotbeerig, feine Fruchtsüße, seidige Tannine, salzig und frisch, wirkt leichtfüßig, bleibt gut haften, bereits zugänglich, delikater Stil mit zitronigem Nachhall.

93 Blaufränkisch * Prellenkirchen Samt&Seide 2019
13 Vol.-%, DIAM, großes Holzfass, €€€€ B
Kräftiges Rubingranat, violette Reflexe, breitere Randaufhellung. Zarte Kräuterwürze, rote Kirschen, mineralischer Touch, ein Hauch von Lakritze im Hintergrund. Mittlere Komplexität, rotbeerige Nuancen, ein Hauch von Preiselbeeren, feine Tannine, frisch strukturiert, salzige Noten im Nachhall, ein eleganter Speisenbegleiter.

93 Blaufränkisch * Prellenkirchen Ried Spitzerberg-Kranzen 1ÖTW 2019
13,5 Vol.-%, NK, großes Holzfass, €€€€€€ B
Kräftiges Rubingranat, violette Reflexe, breitere Ockerrandaufhellung. Zarte Kräuterwürze, eingelegte rote Kirschen, ein Hauch von Zwetschken, dunkle Mineralik. Mittlerer Körper, rote Waldbeeren, schlanke Textur, feine Tannine, salziger Touch im Abgang, ein zarter Begleiter bei Tisch.

96 Blaufränkisch * Prellenkirchen Ried Spitzerberg-Kobeln 1ÖTW Liebkind 2019
13,5 Vol.-%, NK, großes Holzfass, €€€€€€ B V
Kräftiges Rubingranat, violette Reflexe, breitere Ockerrandaufhellung. Floral, kandierte Veilchen und Hibiskus, rote Herzkirschen, zart nach Preiselbeeren, mit schwarzen Beeren und Mandarinenzesten unterlegt, zarte tabakige Nuancen. Saftig, rotbeerig, finessenreicher Säurebogen, süße Kirschen, seidige Tannine, salziger Nachhall, mineralisch und lange anhaftend, delikater, zugänglicher und leichtfüßiger Speisenbegleiter, sicheres Reifepotenzial.

95 Blaufränkisch * Prellenkirchen Ried Spitzerberg-Obere Spitzer 1ÖTW 2019
13,5 Vol.-%, NK, großes Holzfass, €€€€€€ B V
Kräftiges Rubingranat, violette Reflexe, breitere Ockerrandaufhellung. Feine rote Waldbeeren, ein Hauch von Kirschen, zarte florale Nuancen, reife Zwetschken, mineralischer Touch, einladendes Bukett. Saftig, süße Kirschen, feine Tannine, komplexer Körper, mineralisch, süße rote Beeren im Abgang, gute Frische, salziger Touch, zeigt Länge und weiteres Entwicklungspotenzial.

94 Syrah 2019
13,5 Vol.-%, NK, großes Holzfass, €€€€€€ B
Dunkles Rubingranat, violette Reflexe, dezente Randaufhellung. Zart nach Lakritze und schwarzen Kirschen, ein Hauch von buntem Pfeffer und eingelegten Pflaumen, Edelholznuancen. Saftig, komplex, feinwürzig, gut integriertes Tannin, süße Frucht, Nougat-Touch und Cassis im Abgang, mineralisch, ein vielseitiger Speisenbegleiter mit Entwicklungspotenzial.

* Carnuntum DAC

★★★★

WEINGUT FRANZ UND CHRISTINE NETZL

BIO

Christina Netzl und ihre Eltern Franz und Christine Netzl sind ein eingespieltes Team. Gemeinsam vinifizieren sie charakterstarke, finessenreiche und vor allem tiefgründige Weine aus den familieneigenen Weingärten rund um Göttlesbrunn, im Herzen des Weinbaugebietes Carnuntum. Das Familienweingut entstand um 1860 aus einem gemischten landwirtschaftlichen Betrieb. Stetiges Streben nach höchster Qualität sowohl im Weingarten als auch im Keller prägen die letzten Generationen und ließen das Weingut zu seinen heutigen 30 Hektar Rebfläche heranwachsen. Persönliches Ziel der Winzerfamilie als Mitglied der »Österreichischen Traditionsweingüter« ist es, die Einzigartigkeit und Typizitäten der einzelnen Rebsorten mit Fokus auf ihre Herkunft herauszuarbeiten. Vor allem die Charakteristika der Einzellagen rücken dabei immer mehr in den Vordergrund. Grundlage dafür sind natürlich die Reben und daher die Bewirtschaftung der Weingärten nach biologischen Richtlinien. Gemeinsam wird stundenlang in Weingarten und Keller getüftelt. Während Franz seine Erfahrung, sein Wissen und die Tradition einbringt, sorgt Christina für neue Ideen und Innovationen – kurz gesagt: Sie ergänzen sich perfekt, und genau diese Kombination bildet die unverwechselbare Grundlage der Netzl-Weine.

Der Zweigelt ist und bleibt der absolute King unter den Sorten, denn er fühlt sich unter den klimatischen Gegebenheiten Carnuntums und auf dessen Böden sehr wohl. Als Basis nahezu aller Weine fasziniert der Zweigelt vor allem durch seine unglaubliche Bandbreite, denn vom klassisch-fruchtigen bis hin zum würzig-raffinierten Glas Wein steckt alles in dieser Traube. Und so bildet er als lagenreiner Zweigelt von der Ried Haidacker 1ÖTW und als wichtigster Teil in der Top-Cuvée Anna-Christina von der Ried Bärnreiser 1ÖTW die Spitze im Sortiment. Genau in diese Richtung geht es weiter, denn die alten Zweigelt-Weingärten bringen jedes Jahr

Familie Netzl

WEINGUT
FRANZ UND CHRISTINE NETZL
2464 Göttlesbrunn
Rosenbergstraße 17
T: +43 (2162) 8236
weingut@netzl.com
www.netzl.com
Kellermeister: Christina Artner-Netzl & Franz Netzl
Kontakt: Christina Artner-Netzl
Anbauweise: Zertifiziert Biologisch
Produktion: 200.000 Flaschen
35 % weiß, 65 % rot, 30 Hektar
Vereinszugehörigkeit:
Traditionsweingüter Österreich,
Die Rubin Carnuntum Weingüter
Messen: ProWein Düsseldorf, VieVinum

© Julius Hirtzberger

höchste Qualitäten und somit großes Potenzial für die Zukunft – autochthon, urtypisch und einfach genial!

92 Weißburgunder * Ried Altenberg 2022
13,5 Vol.-%, NK, 500-l-Fass/Amphore, €€€€ B V
Helles Gelbgrün, Silberreflexe. Zart nach Walnuss und Nashi-Birne, mit feinen Wiesenkräutern und Orangenzesten unterlegt. Saftig, elegant, feine Fruchtsüße, angenehme Säurestruktur, gut balanciert, bleibt haften, bereits gut entwickelt, ein vielseitiger Speisenbegleiter.

91 Grüner Veltliner * Ried Rothenberg 2022
13,5 Vol.-%, NK, 500-l-Fass, €€€€ B V
Helles Goldgelb, Silberreflexe. Zart rauchig-kräuterwürzig unterlegte frische Apfelnote, zart nach Mandarinenzesten, etwas scheues Bukett. Mittlere Komplexität, weißes Kernobst, zart nussig im Abgang, mineralischer Nachhall, zitroniger Touch, wird von Flaschenreife profitieren.

(89) * Göttlesbrunn weiß 2022 CH/GV
13 Vol.-%, DV, Amphore, €€€ B V

92 Chardonnay Wilde Liebe 2021
12 Vol.-%, DIAM, Amphore, €€€€€ B I
Leuchtendes, zart getrübtes Goldgelb, Silberreflexe. Frische Kumquats, gelbe Tropenfrucht, etwas Maracuja, mineralischer Touch, einladendes Bukett. Saftig, Noten von weißem Apfel, rassiger Säurebogen, Limetten im Abgang, seidige Mineralik, mittlere Länge.

(95) * Ried Bärnreiser 1ÖTW Anna-Christina 2021 ZW/BF/ME/CS
14 Vol.-%, NK, Barrique, €€€€€ B V
Dunkles Rubingranat, tiefer Kern, violette Reflexe, zarte Randaufhellung. Zart nach Cassis und Lakritze, ein Hauch von Heidelbeeren, frische Orangenzesten, einladendes, facettenreiches Bukett. Stoffig, dunkle Kirschen, süße Zwetschken, feine, tragende Tannine, schokoladiger Touch im Nachhall, zeigt Länge und Potenzial.

(93) * Göttlesbrunn Edles Tal 2021 ZW/ME/SY
14 Vol.-%, NK, gebrauchte Barriques, €€€€ B V
Dunkles Rubingranat, opaker Kern, violette Reflexe, breitere Randaufhellung. Feine Kirschfrucht, reife Zwetschken, ein Hauch von frischen Feigen, einladendes Bukett. Saftig, elegant, reife Frucht, feine Extraktsüße, runde Tannine, etwas Nougat, bereits gut entwickelt, ein stoffiger Speisenbegleiter.

Blauer Zweigelt

96 Netzl Privat 2020 ZW/ME
14,5 Vol.-%, NK, Barrique, €€€€€€ V
Kräftiges Rubingranat, violette Reflexe, dezente Randaufhellung. Feine Röstaromen, Edelholz und Vanille klingen an, frische Lakritze, Cassis und Herzkirschen, sehr einladendes, floral unterlegtes Aroma. Saftig, elegant und finessenreich, rote Herzkirschen, seidige Tannine, mineralisch und frisch, bleibt sehr gut haften, ein Hauch von Nougat im Nachhall, Potenzial für viele Jahr.

(93) Zweigelt * Ried Haidacker 1ÖTW 2021
13,5 Vol.-%, NK, 500-l-Fass, €€€€€ B V
Dunkles Rubingranat, violette Reflexe, zarte Randaufhellung. Feine Edelholznuancen und Kräuterwürze, schwarze Waldbeeren, reife Kirschen, zart nach Lakritze, mit etwas Nougat unterlegt. Komplex, reife Herzkirschen, stoffig, feine, runde Tannine, mineralisch im Abgang, schokoladiger Nachhall, ein eleganter, vielseitiger Speisenbegleiter.

(91) Zweigelt * Rubin Carnuntum 2022
13,5 Vol.-%, DIAM, gebrauchte Barriques, €€€ B V
Tiefdunkles Rubingranat, opaker Kern, violette Reflexe, zarte Randaufhellung. Frische Kirschen und schwarze Beeren, feine Kräuterwürze, mineralisch, mit Orangenzesten unterlegt. Stoffig, dunkle Waldbeeren, feine Tannine, frisch und gut anhaftend, ein vielseitiger Speisenbegleiter.

Franz Oppelmayer

WEINGUT OPPELMAYER
2464 Göttlesbrunn
Kirchenstraße 9
T: +43 (2162) 8237
weingut@oppelmayer.at
www.oppelmayer.at

Kellermeister/Kontakt:
Franz Oppelmayer
Produktion: 50 % weiß, 50 % rot, 12 Hektar
Zertifiziert: Nachhaltig Austria
Vereinszugehörigkeit:
Traditionsweingüter Österreich, Die Rubin Carnuntum Weingüter
Messen: ProWein Düsseldorf

★★

WEINGUT OPPELMAYER

Seit 1638 – also seit elf Generationen – säumt nun bereits der Weinbau den Lebensweg der Familie Oppelmayer. Puristisch, klassisch und gleichzeitig sehr vielseitig – so präsentiert sich Franz Oppelmayer, Winzer aus Göttlesbrunn in Carnuntum. Vererbte Leidenschaft zum Wein und geerdete Naturverbundenheit lassen ihn mit viel Geschick die Tradition sehr erfolgreich fortsetzen.
Die vielschichtigen, fruchtbetonten Weißweine – wie etwa das Flaggschiff des Hauses, der Sauvignon Blanc Schüttenberg – zählen zu den besten des Landes. Es ist fast die Leidenschaft eines Parfümeurs, mit der der Winzer die Duftnoten der Trauben in die Flaschen bannt. Auch die Rotweine, wie der Rubin Carnuntum, der Zweigelt Haidacker oder die Top-Cuvée »Matador« zeichnen Fülle, Samtigkeit und Frucht aus. Wenn Franz Oppelmayer – der auch die Etiketten seiner Weine selbst malt – von seinen Weinen spricht, bekommt man einfach Lust, sie zu genießen.

92 Weißburgunder * Ried Haidacker Reserve 2020
13,5 Vol.-%, DV, Barrique, €€€€ Ⓥ
Mittleres Gelbgrün, Silberreflexe. Zarte Holzwürze, etwas Vanille und Pfirsich, mit einem Hauch von Mango unterlegt, Anklänge von Wiesenkräutern und Walnuss. Saftig, weißes Kernobst, frischer Apfel, feine Säurestruktur, mineralisch-zitronig im Abgang, ein vielseitiger Speisenbegleiter.

89 Sauvignon Blanc 2022
12,5 Vol.-%, DV, Stahltank, €€€ Ⓥ

92 Zweigelt * Ried Haidacker 1ÖTW 2020
14 Vol.-%, NK, Barrique, €€€€ Ⓥ
Tiefdunkles Rubingranat, opaker Kern, violette Reflexe, zarte Randaufhellung. Reife schwarze Waldbeeren, Brombeeren und dunkle Kirschen, ein Hauch von kandierten Orangenzesten. Saftig, rote Kirschen, gut eingebundene reife Tannine, straffe Mineralik im Abgang, wird von Flaschenreife profitieren.

93 Merlot Mythos Reserve 2019
14 Vol.-%, NK, Barrique, €€€€€ Ⓥ
Kräftiges Rubingranat, violette Reflexe, dezente Ockerrandaufhellung. Einladender Duft nach Nougat, schwarzes Beerenkonfit, etwas Kirschen und Dörrzwetschken, kräuterwürziger Touch. Saftig, elegant, feine Struktur, gut integrierte Tannine, frisches Finish, süße Kirschen und Lakritze, mineralisch, schokoladig, gut entwickelt, ein vielseitiger Speisenbegleiter.

© Katharina Oppelmayer

92 Pinot Noir Reserve 2020
13 Vol.-%, DV, gebrauchte Barriques, €€€ V
Kräftiges Karmingranat, breitere Ockerrandaufhellung. Reife Kirschfrucht, ein Hauch von Waldbeeren, mit kandierten Orangenzesten und Kräutern unterlegt. Saftig, elegant und mit feiner Fruchtsüße ausgestattet, seidige Textur, ein balancierter, charmanter Speisenbegleiter.

92 Matador 2020 ZW/ME/CS
14 Vol.-%, NK, Barrique, €€€€€ V
Kräftiges Rubingranat, violette Reflexe, dezente Ockerrandaufhellung. Zart nach Edelholz, reife Zwetschkenfrucht, Brombeerkonfitüre, ein Hauch von Aranzini, einladendes Bukett. Mittlere Komplexität, rotbeerig, zarte Tannine, gute Frische, ein vielseitiger Speisenbegleiter, feine Süße im Nachhall.

★★★★

BIOWEINGUT ROBERT PAYR

BIO

Das Weingut Payr liegt in Höflein im Weinbaugebiet Carnuntum südöstlich von Wien zwischen Donau und Neusiedler See. Es wird in fünfter Generation von Robert Payr geführt und hat sich der handwerklichen Herstellung von authentischen und regionaltypischen Weinen verschrieben. Bewirtschaftet werden heute zwölf Hektar Weingärten rund um Höflein und Prellenkirchen. Seit 2018 ist das Weingut Mitglied der »Traditionsweingüter Österreich«. Der Weinbau geht in der Familie nachweislich bis ins 18. Jahrhundert zurück. Davon zeugt ein alter Weinkeller aus dem Jahr 1772, der heute noch im Familienbesitz ist. Robert Payr verbindet traditionelles Handwerk mit zeitgeistigem Engagement und entwickelt Weine, deren Geschmack auf den Erfahrungen und der Leidenschaft von nunmehr fünf starken Winzerpersönlichkeiten gründet. Mit Sorgfalt entwickelt er heute das Erbe seiner Vorfahren weiter und beschreitet stets auch eigene Wege. Neben der Ertragsreduktion in den Weingärten und der Umstellung auf biologischen Weinbau richtet er seinen Fokus vor allem auf die Lagen. So hat er neue Weingärten dazugekauft, bereits bestehende völlig neu ausgerichtet und manchen Böden eine Erholungspause gegönnt. In intensiver Auseinandersetzung mit der Rebe, dem Boden und dem Klima setzt der erfahrene Winzer auf die Raffinesse der Natur und arbeitet Wein für Wein die ureigene Geschmacksstruktur der ein-

© Payr

BIOWEINGUT ROBERT PAYR
2465 Höflein
Dorfstraße 18
T: +43 (2162) 62356
robert@weingut-payr.at
www.weingut-payr.at

Kellermeister/Kontakt:
Robert Payr
Anbauweise: Zertifiziert Biologisch (Bio Austria)
Produktion: 1 % Schaumwein, 26 % weiß, 3 % rosé, 71 % rot, 1 % süß, 12 Hektar
Zertifiziert: Nachhaltig Austria
Vereinszugehörigkeit:
Die Rubin Carnuntum Weingüter, Traditionsweingüter Österreich
Messen: VieVinum

Robert Payr

zelnen Lagen behutsam heraus. Rast- und ruhelos – im positiven Sinne – könnte man Robert Payr beschreiben. Offiziell ist das Weingut seit 2015 »Nachhaltig Austria«- und seit 2020 biozertifiziert. Die Trauben aus den eigenen Weingärten werden händisch geerntet, selektioniert und von der Frucht über die Kerne bis hin zum Stiel verarbeitetet. Die Weine von Robert Payr sind starke Charaktere, die ihre eigene Geschichte erzählen. Sie sind strukturiert und würzig und werden für ihre Engmaschigkeit und ihr hohes Lagerpotenzial international geschätzt.

(93) Grüner Veltliner * Höflein Ried Rothenberg 2022
13,5 Vol.-%, DV, Stahltank, €€€€ Ⓑ
Mittleres Goldgelb, Silberreflexe. Kandierte Orangenzesten, etwas Marzipan, gelber Apfel, feine tabakige Nuancen, einladendes Bukett. Saftig, gute Komplexität, nussig unterlegte Nuancen von weißem Kernobst, frisch strukturiert, mineralisch und anhaftend, gutes Reifepotenzial.

89 Grüner Veltliner * Löss 2022
12,5 Vol.-%, DV, Stahltank, €€ Ⓑ

(93) Chardonnay * Höflein Ried Kirchberg 2022
13,5 Vol.-%, DV, Stahltank, €€€€€ Ⓑ
Zart getrübtes helles Gelbgrün, Silberreflexe. Zart nach frischem Kernobst, weißer Apfel, Wiesenkräuter, Noten von Mandarinenzesten, etwas Birne. Mittlere Komplexität, weiße Frucht, frischer, lebendiger Säurebogen, dezente Fruchtsüße im Abgang, bleibt haften, ein vielseitiger Speisenbegleiter mit gutem Entwicklungspotenzial.

91 Chardonnay * Lehm 2022
12,5 Vol.-%, DV, Stahltank, €€ Ⓑ
Helles Grüngelb, Silberreflexe. Frische Wiesenkräuter, ein Hauch von weißem Apfel, Nuancen von Mandarinenzesten. Mittlerer Körper, weiße Apfelfrucht, frischer Säurebogen, mineralisch und lebendig, zarte Fruchtsüße im Abgang, vielfältig einsetzbar.

92 Sauvignon Blanc Selection 2022
13,5 Vol.-%, DV, Stahltank, €€€ Ⓑ
Helles Gelbgrün, Silberreflexe. Zart nach Limetten und frischen Stachelbeeren, Weiße Johannisbeeren klingen an. Saftig, weiße Tropenfrucht, rassiger Säurebogen, zitronigsalzig im Abgang, stoffig und gut anhaftend, dezente Süße im Nachhall, ein animierender Speisenbegleiter.

(95) Blaufränkisch * Prellenkirchen Ried Spitzerberg 1ÖTW 2021
13,5 Vol.-%, NK, gebrauchte Barriques, €€€€€€ Ⓑ
Dunkles Rubingranat, opaker Kern, violette Reflexe, breitere Ockerrandaufhellung. Feine Kräuterwürze, tabakige Nuancen, schwarze Kirschen, etwas Zwetschken, mit kandierten Orangenzesten unterlegt. Stoffig, rotbeerig, frische Kirschen, feine Tannine, lebendige Säurestruktur, salziger Nachhall, ein finessenreicher Speisenbegleiter mit sicherem Entwicklungspotenzial.

(94) Blauer Zweigelt * Höflein Ried Steinäcker 1ÖTW 2021
13,5 Vol.-%, NK, Barrique, €€€€€ Ⓑ
Dunkles Rubingranat, opaker Kern, violette Reflexe, zarte Randaufhellung. Zarte schwarze Kirschfrucht, feine Edelholzaromatik, mit einem Hauch von Zwetschken unterlegt. Saftig, elegant, rote Kirschen, tragende reife Tannine, straff und gut anhaftend, feinwürziges Finale, gutes Reifepotenzial.

(90) Blauer Zweigelt * Rubin Carnuntum 2022
13,5 Vol.-%, DIAM, gebrauchte Barriques, €€€ Ⓑ
Tiefdunkles Rubingranat, opaker Kern, violette Reflexe, zarte Randaufhellung. Reife Zwetschken, Brombeerkonfitüre, ein Hauch von Kräuterwürze, einladendes Bukett. Straff, elegant, rote Kirschen, gut integrierte Tannine, frisch und mineralisch, zart nussiger Nachhall.

(94) * Höflein Ried Bühl 2021 ZW/BF/ME
13,5 Vol.-%, NK, Barrique, €€€€€ Ⓑ
Dunkles Rubingranat, opaker Kern, violette Reflexe, zarte Randaufhellung. Zarte Nuancen von Gewürznelken und Edelholz, schwarze Waldbeeren, etwas Heidelbeeren, attraktives Bukett. Komplex, saftig, rote Kirschen, feine Tannine, frischer Strukturbogen, mineralisch, salzig und anhaftend, wird von weiterer Flaschenreife profitieren.

(93) * Höflein Granat 2021 ZW/CS
13,5 Vol.-%, NK, Barrique, €€€€€ Ⓑ
Dunkles Rubingranat, opaker Kern, violette Reflexe, breitere Randaufhellung. Zart nach Nougat und Zwetschken, mit Brombeerkonfit unterlegt, dezente Kräuterwürze im Hintergrund. Saftig, rund und elegant, frische Herzkirschen, feine, gut integrierte Tannine, gute Frische, feines Nougat im Abgang, ein facettenreicher Speisenbegleiter mit Potenzial.

(92) * Höflein Matthäus 2021 ZW/BF/ME
13,5 Vol.-%, DV, Barrique, €€€€
Dunkles Rubingranat, opaker Kern, violette Reflexe, zarte Randaufhellung. Brombeeren, schwarze Kirschen, feine Gewürznuancen, mit kandierten Orangenzesten unterlegt. Saftig, elegant, reife Waldbeeren, feine Tannine, frisch strukturiert, salzige Mineralik, bleibt haften, verfügt über Reifepotenzial.

(91) * Cuvée Carnuntum Prestige 2021 ZW/BF/ME/CS
13,5 Vol.-%, DV, Teilbarrique, €€€€ Ⓑ
Tiefdunkles Rubingranat, opaker Kern, violette Reflexe, zarte

Randaufhellung. Tabakig, schwarze Waldbeeren, mit etwas Lakritze und Heidelbeeren unterlegt, zart nach Nougat. Saftig, rotbeerig und frisch, mineralisch-salzig, feine Tannine, Johannisbeeren im Abgang, ein lebendiger Speisenbegleiter.

(89) * Cuvée Carnuntum Selection 2022 ZW/BF
13 Vol.-%, DV, Teilbarrique, €€ B

★★

WEINGUT GERHARD PIMPEL

Winzer zu sein bedeutet für Gerhard Pimpel Liebe zur Natur, die Rebstöcke und Trauben zu schätzen, zu beobachten und zu pflegen sowie ein Gespür für die Seele des Weins zu haben. Er versteht die Kunst, ein auf lebendigem Boden gewachsenes Naturprodukt von der Traube bis zum Wein zu begleiten. Pimpel kreiert dichte und zugleich elegante Weine mit Harmonie und Finesse. Man gewinnt hier den Eindruck, dass er jeden einzelnen Rebstock persönlich kennt. Mit den Lagen Rosenberg, Schüttenberg und Bärnreiser zählen die Rieden von Gerhard Pimpel zu den besten im gesamten Weinbaugebiet.
Gerhard Pimpel ist ein ruhiger Winzer, der seine eigenen Wege geht – geradlinig und zielstrebig begleitet er die Arbeit der Natur. »Das Zusammenspiel von Boden, Sorte und Unterlagsrebe muss man beachten«, sagt er. Aufgrund dieser Erfahrung ist es ihm möglich, autochthone, terroirbezogene Weine zu keltern. Beim »Optime«, lateinisch für »unser Bester«, verschmelzen Boden, Klima, Trauben und Holz optimal – und so gilt: Ergo bibamus Optime. Das Weinbaugebiet Carnuntum ist jene Region Niederösterreichs, die sich östlich von Wien und gleichzeitig südlich der Donau erstreckt. Kräftige Löss- und karge Kalkböden sowie das kontinental-pannonische Mikroklima mit den kühlen Einflüssen der Donau bieten ideale Voraussetzungen für attraktive Rotweine, die Frucht und Eleganz vereinen. Die Weine sind modern in der Stilistik, aber eigenständig und immer der Herkunft verpflichtet.

92 Chardonnay * Göttlesbrunn Ried Rosenberg 2021
13,5 Vol.-%, NK, Barrique, €€€€
Mittleres Gelbgrün, Silberreflexe. Frische gelbe Tropenfrucht, zart nach Maracuja, dazu Vanille und kandierte

© www.ludwig-rusch.com

WEINGUT GERHARD PIMPEL
2464 Göttlesbrunn
Kirchenstraße 19
T: +43 (664) 4636650
weingut@gerhardpimpel.at
www.gerhardpimpel.at

Kellermeister/Kontakt:
Gerhard Pimpel
Anbauweise: Umstellung auf bio (Bioveritas)
Produktion: 30 % weiß, 70 % rot, 13 Hektar
Vereinszugehörigkeit:
DIE Winzer Göttlesbrunn, Traditionsweingüter Österreich, Die Rubin Carnuntum Weingüter
Messen: VieVinum

Gerhard Pimpel

Mandarinenzesten. Saftig, elegant, feine Nuancen von weißem Kernobst, dezenter Säurebogen, mineralisch, kühler Stil, ein vielfältig einsetzbarer Speisenwein.

93 Zweigelt * Höflein Ried Bärnreiser 1ÖTW 2020
14,5 Vol.-%, NK, Barrique, €€€€€
Dunkles Rubingranat, opaker Kern, violette Reflexe, zarte Randaufhellung. Zart nach reifen Pflaumen, etwas Holunder und Nougatkaramell, facettenreiches Bukett. Kraftvoll, süße Kirschen, feine Tannine, finessenreich strukturiert, elegant und anhaftend, sicheres Entwicklungspotenzial.

91 Zweigelt * Rubin Carnuntum 2020
14 Vol.-%, NK, gebrauchte Barriques, €€
Tiefdunkles Rubingranat, violette Reflexe, zarte Randaufhellung. Feine Kräuterwürze, reife Zwetschken, mit Herzkirschen unterlegt, etwas Nougat. Saftig, fruchtsüße Textur, angenehme Tannine, frisch strukturiert, bleibt haften, gutes Entwicklungspotenzial.

93 * Göttlesbrunn Ried Rosenberg 1ÖTW 2020 ZW/ME
14,5 Vol.-%, NK, Barrique, €€€€€
Tiefdunkles Rubingranat, opaker Kern, violette Reflexe, zarte Randaufhellung. Süße Herzkirschen, reife Zwetschken, feines Edelholz, einladendes Bukett. Saftig, komplex, kraftvoll, reife Kirschen, feiner Säurebogen, würzige, tragende Tannine, mineralisch-salzig, feines Nougat im Abgang, zeigt Länge und Reifepotenzial.

93 Merlot Optime 2020
14,5 Vol.-%, NK, Barrique, €€€€€
Tiefdunkles Rubingranat, schwarzer Kern, violette Reflexe, zarte Randaufhellung. Dunkles Waldbeerenkonfit, etwas nach Nougat, ein Hauch von Kräutern, mit Brombeernoten unterlegt. Saftig, mittlere Komplexität, gut eingebundene Tanninstruktur, feinwürzig, zart nach Edelholz, schwarze Kirschfrucht im Nachhall, guter Speisenbegleiter.

93 Merlot Optime 2019
14,5 Vol.-%, NK, Barrique, €€€€€
Dunkles Rubingranat, opaker Kern, violette Reflexe, zarte Randaufhellung. Feine Tabakwürze, etwas nach Schokolade, ein Hauch von Nüssen, zart nach Brombeeren, unterlegt mit Holzwürze, einladendes Bukett. Saftig, elegant, feine, gut integrierte Tannine, Zwetschken im Abgang, Nougat im Nachhall, sicheres Potenzial.

★★★

WEINGUT FAMILIE PITNAUER

Für die Vinifizierung der Top-Weine aus dem Hause Pitnauer werden nur von Hand geerntete Trauben höchster Qualität aus Weingärten in bester Lage genutzt.
Im Jahr 1986 lebten 27 Brutpaare eines bunten Zugvogels mit besonders melodischem Gesang in Göttlesbrunn. Ornithologen und Journalisten kamen angereist, um diesen seltenen Gast zu studieren. Das Vorkommen des exotischen Vogels mit dem Namen »Bienenfresser« (Merops apiaster) in den Göttlesbrunner Weinrieden wurde zum Anlass genommen, den besten Zweigelt des Hauses nach ihm zu benennen. Schon damals wollte man damit auf die besonderen Böden (die Nistplätze sind in Erdhöhlen von Löss-Steilwänden) und auf das ideale Klima (der Bienenfresser ist ein wärmeliebender afrikanischer Zugvogel) hinweisen. So wurde dieser farbenprächtige Vogel zum Wappentier des Zweigelt-Engagements von Hans und Edith Pitnauer. Auf den selbst bewirtschafteten 22 Hektar wird auf Insektizide und Herbizide gänzlich verzichtet. Die Weinreben werden mit Erfahrung, Leidenschaft und viel Liebe zur Natur gepflegt. Dadurch erwachsen dem Gut aus den Weingärten um Göttlesbrunn Jahr für Jahr ausgezeichnete und sehr vielfältige Weine.
Über 50 Prozent der Gesamtfläche sind mit Zweigelt bepflanzt. Merlot, Syrah, Cabernet Sauvignon und Cabernet Franc machen den Rest der Rotweinfläche aus und sind die Basis für viele beliebte Lagen- und Jahrgangsrotweine. Besonders diese werden wegen ihres Entwicklungspotenzials und ihrer guten Lagerfähigkeit sehr geschätzt. Die Weißweinlagen sind mit Grünem Veltliner, Sauvignon Blanc und Gelbem Muskateller bepflanzt. Das kleine, aber feine Weißweinsortiment hält ebenfalls einige Überraschungen bereit. Für den Rebschnitt, die Grünarbeit und die Traubenernte sind Edith und Sohn Johannes verantwortlich. Die hochwertige Vinifikation der wertvollen Trauben teilt sich Johannes mit Vater Hans. Nach telefonischer Voranmeldung beim Familienweingut sind Besucher in der Weinbergstraße jederzeit herzlich willkommen.

© by Lisi Lehner Fotografie

WEINGUT FAMILIE PITNAUER

2464 Göttlesbrunn
Weinbergstraße 4-6
T: +43 (2162) 8249
weingut@pitnauer.com
www.pitnauer.com

Kellermeister/Kontakt:
Johannes Pitnauer
Produktion: 20 % weiß, 80 % rot, 22 Hektar
Vereinszugehörigkeit:
Die Rubin Carnuntum Weingüter, Traditionsweingüter Österreich, DIE Winzer Göttlesbrunn
Messen: ProWein Düsseldorf, VieVinum

Johannes Pitnauer

92 Grüner Veltliner * Ried Hagelsberg 2021

14 Vol.-%, DV, Stahltank, €€€

Helles Gelbgrün, Silberreflexe. Feine weiße Apfelfrucht, ein Hauch von frischen Wiesenkräutern, Anklänge von Limettenzesten. Saftig, elegant, feine Nuancen von weißer Frucht, lebendig strukturiert, mineralisch und gut anhaftend, ein vielseitiger, mittelgewichtiger Speisenbegleiter.

91 Sauvignon Blanc Reserve 2022

13 Vol.-%, DV, Stahltank, €€

Helles Grüngelb, Silberreflexe. Zarte Nuancen von Grapefruitzesten, weiße Tropenfrucht, ein Hauch von Stachelbeeren und Cassis. Mittlerer Körper, weißer Apfel, frischer Säurebogen, mineralisch-salzig, zitronige Nuancen, wirkt leichtfüßig, ein frischer Speisenbegleiter.

93 Zweigelt * Göttlesbrunn Ried Bärnreiser 1ÖTW 2018

14 Vol.-%, NK, Barrique, €€€€€

Tiefdunkles Rubingranat, opaker Kern, violette Reflexe, zarter Wasserrand. Feine Tabaknuancen, etwas nach Lakritze und Brombeeren, Holzwürze, Kardamom klingt an. Saftig, elegant, feine Tannine, samtig, ein Hauch von reifen Kirschen im Abgang, mineralisch, schwarze Beerenfrucht im Nachhall, vielseitiger Speisenbegleiter.

92 Zweigelt * Ried Haidacker 1ÖTW 2020

14 Vol.-%, NK, Stahltank, €€€€€

Tiefdunkles Rubingranat, opaker Kern, violette Reflexe, dezente Ockerrandaufhellung. Zart rauchig-kräuterwürzig, dunkle Waldbeeren, frische schwarze Kirschen. Saftig, elegant, reife Zwetschken, gut integrierte reife Tannine, etwas Nougat im Abgang, zeigt Länge und Potenzial, bereits gut antrinkbar.

91 Zweigelt * Bienenfresser Reserve 2020

13,5 Vol.-%, NK, Barrique, €€€€

Dunkles Rubingranat, violette Reflexe, zarte Randaufhellung. Mit Kräuterwürze unterlegte dunkle Waldbeerenfrucht, reife Zwetschken und Kirschen, tabakiger Touch. Saftig, etwas Nougat, reife Frucht, runde, tragende Tannine, schokoladige Nuancen im Nachhall, bereits entwickelt.

94 Syrah Pegasos Wald und Schotter 2019

14 Vol.-%, NK, Barrique, €€€€€

Kräftiges Rubingranat, violette Reflexe, dezente Ockerrandaufhellung. Zart nach Brombeeren und Lakritze, feine Trockenkräuternoten, floraler Touch, feine Edelholznuancen. Saftig, elegant, reife Kirschfrucht, gut integrierte reife Tannine, mineralisch und gut anhaftend, bereits antrinkbar, feinwürziger Nachhall, ein facettenreicher Speisenbegleiter.

89 * Rot Classic Cuvée 2021 ZW/SL/ME

13,5 Vol.-%, DV, Stahltank, €€

93 Cabernet Franc Ouroboros 2017

13,5 Vol.-%, NK, Barrique, €€€€€

Kräftiges Rubingranat, violette Reflexe, breite Randaufhellung. Würzige Edelholznuancen, schwarze Beeren, tabakigblättrige Noten, ein Hauch von roter Frucht im Hintergrund. Saftig, gute Komplexität, reife Kirschen und Zwetschken, seidige Tannine, mineralischer Nachhall, gute Länge, ein ausgereifter Speisenbegleiter.

* Carnuntum DAC

★

MICHAELA RIEDMÜLLER WEINE

Ein Berg an der Grenze hat es Michaela Riedmüller besonders angetan: der Braunsberg. Tatsächlich stellt der charakteristische, prägnante Berg mit seinem massiven Felsgestein – geologisch Teil der Kleinen Karpaten – einen der letzten weißen Flecken auf Österreichs Weinlandkarte dar. Hier vinifiziert die Winzerin mit Begeisterung Blaufränkisch der besonderen Art. Elegant, fein und kühl – das beschreibt wohl am besten die Stilistik ihrer Blaufränkisch, die von Gneis und Granit des Braunsbergs geprägt sind. Nur zehn Kilometer vom Braunsberg entfernt ragt der Spitzerberg hervor, durch sein sehr trockenes und kalkreiches Terroir bringt Michaela Riedmüller hier Blaufränkisch mit straffen Tanninen, feiner Mineralik und tänzelnder Säure hervor. Nicht zu vergessen sind ihre »Down to Earth«-Weine, ein Name, der passender nicht sein könnte. Es war der Beginn ihrer eigenen Reise, der Antrieb dafür, ihr »eigenes bodenständiges Ding« zu machen. Die »Down to Earth«-Serie steht für unfiltrierte, maischevergorene, im Holzfass gereifte authentische Weine.

MICHAELA RIEDMÜLLER WEINE
2410 Hainburg a. d. Donau
Klosterplatz 4
T: +43 (699) 15016910
wein@michaelariedmueller.at
www.michaelariedmueller.at

Kellermeister/Kontakt:
Michaela Riedmüller
Produktion: 50 % weiß, 50 % rot, 7 Hektar

92 * Ried Braunsberg 2021 GV/CH
12,5 Vol.-%, NK, großes Holzfass, €€€€
Helles Goldgelb, Silberreflexe. Zarte Kräuterwürze, feine Anklänge von gelber Tropenfrucht, ein Hauch von Ananas und gelber Birne, mit tabakigen Nuancen unterlegt. Mittlere Komplexität, zart nach Lindenblüten, reifes Kernobst, dezente Fruchtsüße, Birnentouch im Nachhall, mineralisch und anhaftend.

93 From Down to Earth, from Earth to Down 2020 NB/WR
11,5 Vol.-%, NK, großes Holzfass, €€€€
Zart getrübtes helles Goldgelb. Ein Hauch von Blütenhonig und Kumquats, Nuancen von Babybanane, mit kandierten Mandarinenzesten unterlegt. Saftig, cremig, feine Textur, weiße Tropenfrucht klingt an, salziger Nachhall, bereits gut entwickelt, ein frischer, facettenreicher Natural Wine.

91 Grüner Veltliner * 2021
12,5 Vol.-%, DV, großes Holzfass, €€€
Helles Gelbgrün, Silberreflexe. Frischer weißer Apfel, ein Hauch von Zitrone, mit Nuancen von Wiesenkräutern unterlegt. Zart nach Kernobst, ein Hauch von Birne, feine Säure, mineralisch-salzig im Abgang, ein feinwürziger Speisenbegleiter.

91 Grüner Veltliner Salt ,n' Pepper 2021
13 Vol.-%, NK, 500-l-Fass, €€€€€
Helles Goldgelb, Silberreflexe. Zart tabakig, ein Hauch von Kräuterwürze, eher verhaltene Frucht. Saftig, dezente Fruchtsüße, reifes Steinobst, etwas Honig und Mango, dezenter Säurebogen, ein Hauch von Karamell im Abgang, ein gut entwickelter Speisenbegleiter.

92 Blaufränkisch * Ried Braunsberg 2020
13,5 Vol.-%, NK, großes Holzfass, €€€€€
Kräftiges Rubingranat, violette Reflexe, breitere Ockerrandaufhellung. Zart nach Kumquatzesten, ein Hauch von Cassis, Ribiseln und roten Kirschen, zarte Kräuterwürze. Schlank, rotbeerig, salzige Textur, zarte Tannine, mineralisch, bleibt haften, straffer, zitroniger Nachhall.

91 Blaufränkisch * Ried Spitzerberg 2020
13,5 Vol.-%, NK, großes Holzfass, €€€€€
Kräftiges Rubingranat, violette Reflexe, breitere Ockerrandaufhellung. Rotbeerige Nuancen, ein Hauch von Lakritze, eingelegte Kirschen, floraler Anklang, zart nach Kräutern und Limettenzesten. Mittlerer Körper, schlank, rotbeerig, frisch strukturiert, mineralischer Nachhall, zart salzig, wirkt leichtfüßig, animierender Speisenbegleiter.

WEINGUT TAFERNER
2464 Göttlesbrunn, Pfarrgasse 2
T: +43 (2162) 8465
weingut@tafi.at, www.tafi.at
Kellermeister/Kontakt:
Franz und Karoline Taferner
Anbauweise: Zertifiziert Biologisch (Bio Austria)
Produktion: 40 % weiß, 60 % rot, 25 Hektar
Zertifiziert: Nachhaltig Austria
Vereinszugehörigkeit:
Die Rubin Carnuntum Weingüter, Traditionsweingüter Österreich, DIE Winzer Göttlesbrunn
Messen: Millésime Bio, ProWein Düsseldorf, VieVinum, Vinexpo Hongkong

Franz und Karoline Taferner

★★★

WEINGUT TAFERNER

BIO

Im Herzen Carnuntums, wo Weine mit unverwechselbarer Handschrift entstehen, liegt das traditionsreiche Weingut Taferner. Franz und seine Tochter Karoline Taferner produzieren erstklassige Weine, die durch ihren eigenständigen Charakter überzeugen. Gemeinsam werden 25 Hektar Weingärten auf den sonnigen Südhängen des Arbesthaler Hügellandes bewirtschaftet. Schwere Böden mit Lehm und Löss, Sand und Schotter bieten den kräftigen ausdrucksvollen Rotweinen und den eleganten, vollmundigen Weißweinen die besten Bedingungen.
Im Weingarten wird Wert auf verantwortungsvolle schonende und nachhaltige Arbeit im Einklang mit der Natur gelegt. Wer Rotweine mit enormer Dichte, Tannin und gleichzeitig deftigem Schmelz sucht oder einen der besten Gelben Muskateller des Landes verkosten möchte, ist auf dem Weingut Taferner absolut richtig.

(92) Weißburgunder * Ried Altenberg 2022
13,5 Vol.-%, NK, großes Holzfass, €€€€ B V
Helles Goldgelb, Silberreflexe. Zart nussig unterlegte Birnenfrucht, mit Nuancen von weißer Tropenfrucht unterlegt, frische Mandarinenzesten klingen an. Saftig, engmaschig, weißer Apfel, mineralisch und straff, zarte Fruchtsüße, ein eleganter Speisenbegleiter mit Reifepotenzial.

(92) Chardonnay * Ried Schüttenberg 2022
13,5 Vol.-%, NK, großes Holzfass, €€€€€ B
Helles Goldgelb, Silberreflexe. Feine Edelholznuancen, frischer gelber Apfel, zart nach Mango, ein Hauch von Orangenzesten, einladendes Bukett. Mineralisch und elegant, feine Extraktsüße, weißer Pfirsich, dezenter Säurebogen, wirkt bereits gut entwickelt, ein vielseitiger Speisenbegleiter.

91 * Göttlesbrunn Weiß 2022 CH/WB/GV
13,5 Vol.-%, DV, großes Holzfass/Beton/Stahltank, €€€ B
Mittleres Goldgelb, Silberreflexe. Nuancen von reifem Kernobst, gelbe Birne, zarter Blütenhonig, mit dezenter Kräuterwürze unterlegt. Kraftvoll, saftig, süße Frucht, nach Mango, zarter Nougattouch im Abgang, Zitrustouch im Nachhall, ein stoffiger, unkomplizierter Speisenbegleiter.

* Carnuntum DAC

Merlot

(94) * Ried Haidacker 1ÖTW Excalibur 2021 ZW/ME/CS
14 Vol.-%, NK, Barrique, €€€€€
Dunkles Rubingranat, violette Reflexe, breitere Randaufhellung. Schwarze Beerenfrucht, Nuancen von Cassis und Brombeeren, dunkle Herzkirschen, mit einem feinen Edelholztouch unterlegt. Komplex, saftig, frische Kirschen, reife, seidige Tannine, mineralischer Abgang, bleibt haften, gutes Reifepotenzial.

90 * Carnuntum Cuvée 2022 ZW/SL/BF
13 Vol.-%, DV, gebrauchte Barriques, €€ B V
Dunkles Rubingranat, violette Reflexe, zarte Randaufhellung. Mit feiner Kräuterwürze unterlegte Nuancen von frischen Zwetschken und roten Kirschen, ein Hauch von Mandarinenzesten. Mittlerer Körper, dunkle Waldbeeren, frisch strukturiert, Brombeertouch, ein lebendiger Speisenbegleiter.

(95) V.I.B. Very Important Bottle 2020 ME/CS
14,5 Vol.-%, NK, Barrique, €€€€€€
Dunkles Rubingranat, violette Reflexe, zarte Randaufhellung. Intensive Kräuterwürze, feiner Edelholztouch, mit Nougat und Tabak unterlegt, schwarze Beerenfrucht. Kraftvoll, saftig und mit süßer Frucht unterlegt, seidige, gut tragende Tannine, etwas Karamell im Abgang, zeigt Länge, bereits sehr gut entwickelt, verfügt über weiteres Reifepotenzial.

92 Monument 2021 ZW/ME/SL
14 Vol.-%, NK, gebrauchte Barriques, €€€€
Dunkles Rubingranat, violette Reflexe, dezente Randaufhellung. Nuancen von roten Waldbeeren, ein Hauch von Kirschen, feine tabakige Würze, Noten von Ribiseln. Saftig, kirschig, feine, tragende Tannine, mineralisch, eingelegte rote Früchte im Abgang, zart salzig, vielfältig einsetzbar.

(93) Zweigelt * Ried Bärnreiser 1ÖTW 2021 ZW/BF
13,5 Vol.-%, NK, 500-l-Fass, €€€€€
Dunkles Rubingranat, violette Reflexe, breitere Randaufhellung. Zarte Edelholznuancen, ein Hauch von Kräuterwürze, feine rote Waldbeeren, Mandarinenzesten, einladendes Bukett. Saftig, mittlere Komplexität, frisch strukturiert, finessenreich und gut anhaftend, salziger Nachhall, wirkt fast leichtfüßig, bereits gut entwickelt.

90 Zweigelt * Rubin Carnuntum 2021
13,5 Vol.-%, DV, gebrauchte Barriques, €€€
Dunkles Rubingranat, violette Reflexe, zarte Randaufhellung. Mit einem Hauch von Kardamom und Pfeffer unterlegte schwarze Kirschfrucht, ein Hauch von roten Waldbeeren, einladend. Mittlerer Körper, rote Kirschen, feine Fruchtsüße, frisch strukturiert, bietet unkompliziertes Trinkvergnügen, vielfältig einsetzbar.

(94) Cabernet Sauvignon Tribun 2021
14 Vol.-%, NK, Barrique, €€€€€
Dunkles Rubingranat, violette Reflexe, breitere Ockerrandaufhellung. Zart kräuterwürzig, Nuancen von Lakritze und Cassis, zart mit Vanille und Nougat unterlegt, attraktives Bukett. Straff, engmaschig, dunkle Beeren, feste, tragende Tannine, gute Frische und Länge, zeigt sicheres Entwicklungspotenzial.

100 JAHRE
SEIT 1923
NV
NEUE
VIELFALT
Nähe verbindet. Damals wie heute.
Unsere Niederösterreichische Versicherung.
100jahrenv.at

Der Kalvarienberg zwischen Stiefern und Schönberg am Kamp

© WSNA

NIEDERÖSTERREICH

KAMPTAL

DAC

Kamptalwarte am Heiligenstein

GRÜNER VELTLINER UND RIESLING KAMPTAL DAC AUS MILLIONEN JAHRE ALTEN BÖDEN

Namensgeber der Region ist der Kampfluss. Mit 3.574 Hektar ist das Kamptal eines der größeren Weinbaugebiete Österreichs, und Langenlois ist die Stadt mit der größten Rebfläche des Landes.

Kultur und Tourismus haben einen hohen Stellenwert im Kamptal, was durch Heurige und Vinotheken noch verstärkt wird. Mit dem Heiligenstein hat das Kamptal eine der markantesten Lagen Österreichs mit einem ganz besonderen Boden: einem Wüstensandstein mit vulkanischen Bestandteilen aus der 270 Millionen Jahre alten Perm-Zeit. Auf den steilen Terrassen am Südhang wachsen hauptsächlich Rieslingtrauben, die kraftvolle, langlebige Weine hervorbringen. Zur Donau hin verändern sich die Böden, hier sind auf Löss- und Lehmterrassen gute Voraussetzungen für eine Vielfalt an Weintypen gegeben. Neben dem Grünen Veltliner spielen die Burgunderfamilie sowie der Blaue Zweigelt ihre Stärken aus. Klimatisch macht sich im Kamptal die Dynamik zwischen dem heißen Pannonischen Becken und der nördlich angrenzenden kühlen Region Waldviertel bemerkbar. Die beiden Hauptrebsorten Grüner Veltliner und Riesling definieren seit 2008 den Kamptal DAC. Das anfänglich zweistufige Bezeichnungssystem erfährt gerade einen Wandel. Die neue Gliederung, die seit dem Jahrgang 2017 für alle Winzer gilt, legt größeres Gewicht auf die Herkunft, deshalb unterscheidet man nun zwischen Gebietsweinen, also Kamptal DAC, Ortsweinen, die den jeweiligen Ortsnamen als Zusatz tragen, und den Lagenweinen, der Spitze der Pyramide. Diese Weine sind leicht zu erkennen, weil vor der jeweiligen Lage das Wort »Ried« stehen muss, und in den meisten

© Robert Herbst

Fällen findet man auch zusätzlich eine Ortsangabe. Bei den Lagenweinen ist weiterhin der Begriff »Reserve« erlaubt; es wird aber sicher weniger solche Weine geben, die früher mit dieser Bezeichnung gehandelt wurden. Wenn »Reserve« auf dem Etikett steht, darf der Wein nämlich frühestens im September auf den Markt kommen. Einige Winzer verzichten daher gänzlich auf den Begriff, bringen ihre Weine allerdings auch erst zu diesem späteren Zeitpunkt auf den Markt.

Eine Attraktion für Weintouristen ist das Loisium, ein futuristisches Besucher- und Seminarhotelzentrum mit Vinothek und mystischen Weinerlebnissen. Das ganze Ensemble ist ein Symbol für die Symbiose aus Tradition und Innovation. Das Ursinhaus ist die zweite empfehlenswerte Adresse auf der Suche nach Kamptaler Weinen. Neben Langenlois, Gobelsburg, Straß im Straßertale, Kammern und Zöbing sind noch zahlreiche kleinere Weinorte von Bedeutung.

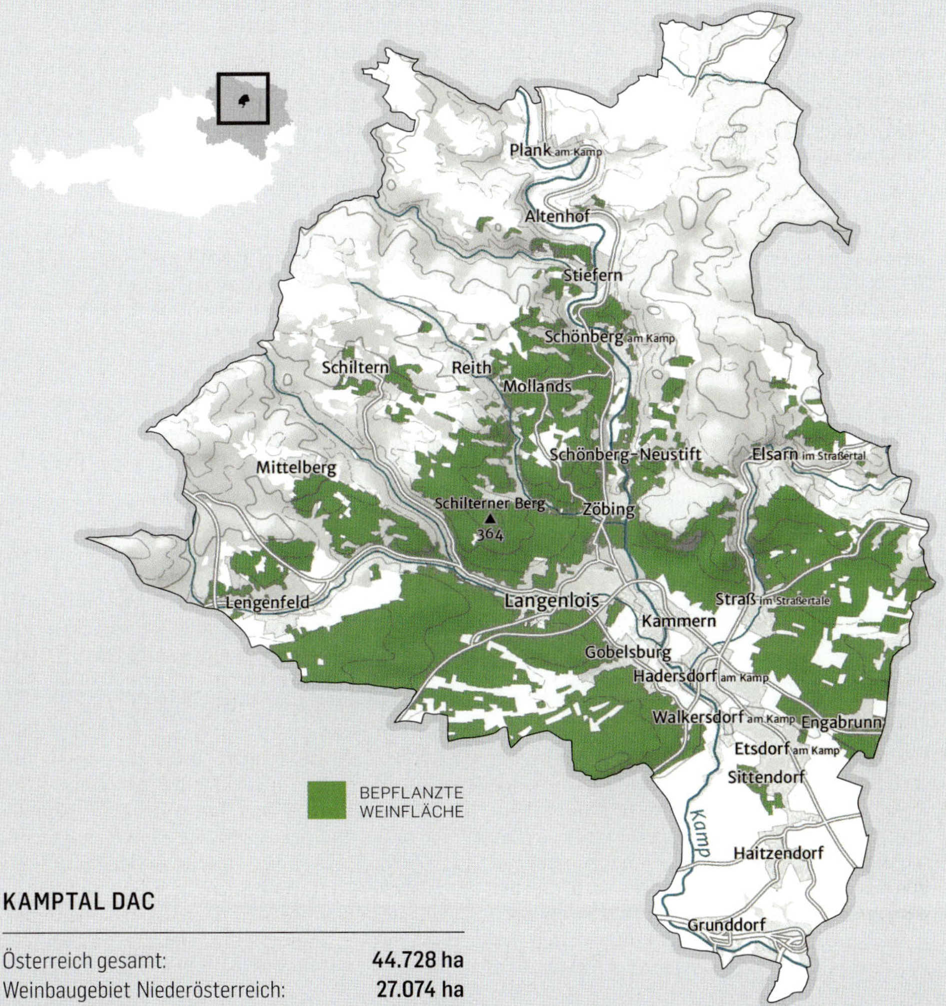

Grundkarte: © Universität Wien, BEV, OSM, SRTM | Österreich Wein Marketing GmbH, 1040 Wien, © ÖWM 2022

KAMPTAL DAC

Österreich gesamt:	**44.728 ha**
Weinbaugebiet Niederösterreich:	**27.074 ha**
Kamptal DAC:	**3.574 ha**

AUSGEWÄHLTE WEINGÜTER

★★★★★
Weingut Bründlmayer, Langenlois
Weingut Schloss Gobelsburg, Gobelsburg
Weingut Hirsch, Kammern

★★★★
Weingut Allram, Straß im Straßertale
Weingut Kurt Angerer, Lengenfeld
Weingut Ludwig Ehn, Langenlois
Weingut Eichinger, Straß im Straßertale
Weingut Hiedler, Langenlois
Weingut Jurtschitsch, Langenlois
Weingut Fred Loimer, Langenlois
Weingut Steininger, Langenlois
Weingut Topf, Straß im Straßertale

★★★
Weingut Peter Dolle, Straß im Straßertale
Weingut Leindl, Zöbing
Weingut Rudolf Rabl, Langenlois
Weingut Reinhard & Markus Waldschütz, Straß im Straßertale
Weingut Weixelbaum, Straß im Straßertale

★★
Weingut Gerhard Deim, Schönberg am Kamp
Weingut Christoph Edelbauer, Langenlois
Weingut Herndler, Schiltern
Weingut Johannes Holzer, Engabrunn
Weingut Armin Huber, Straß im Straßertale
Bio-Weingut Kemetner, Etsdorf am Kamp
Laurenz V., Wien/Zöbing
Weingut Maglock-Nagel, Straß im Straßertale
Weingut Christian Nastl, Langenlois
Weingut Barbara Öhlzelt, Zöbing
Weingut Retzl, Zöbing
Weingut Rosner, Langenlois
Winzerhof Sax, Langenlois
Weingut Peter Schweiger, Zöbing
Weingut Sonnhof, Langenlois
Weingut Reinhard Topf, Straß im Straßertale

★
Alfred Markus Deim, Schönberg
Weingut Etz, Walkersdorf am Kamp
Weingut Wolfgang und Sylvia Groll, Reith/Langenlois
Weingut Schreibeis – Keller am Gaisberg, Straß im Straßertale

—
Weingut Schmid, Langenlois

Am Gaisberg

WEINGUT ALLRAM
3491 Straß im Straßertale
Herrengasse 3
T: +43 (2735) 2232
weingut@allram.at
www.allram.at
Kellermeister/Kontakt:
Lorenz Haas-Allram
Anbauweise: Umstellung auf bio
Produktion: 85 % weiß, 5 % rosé, 5 % rot, 5 % süß, 30 Hektar
Zertifiziert: Nachhaltig Austria
Vereinszugehörigkeit:
Traditionsweingüter Österreich
Messen: Austrian Tasting London, ProWein Düsseldorf, London Wine Fair, VieVinum, MondoVino

Riesling

★★★★

WEINGUT ALLRAM

Das Traditionsweingut Allram der Familie Haas-Allram liegt im Herzen des Weinbaugebietes Kamptal, im Weinort Straß im Straßertale. Seit 2015 leitet mit Sohn Lorenz Haas-Allram die nächste Generation die Geschicke im Familienbetrieb. Dabei schöpft der junge Winzer aus einem enormen Potenzial, denn spricht man von Allram, so kommt man an Lagen wie Gaisberg, Renner und Heiligenstein nicht vorbei. Die 1,5 Hektar große Anlage am Heiligenstein wurde nach 30-jähriger Brache im Jahr 1998 rekultiviert und ist heute die Grundlage für einen absoluten Ausnahme-Riesling.
Ziel der Winzerfamilie ist es, Weine zu keltern, die eine Geschichte erzählen – eine Geschichte der Weinberge, in denen sie ihren Ursprung finden, und der Menschen, die sie prägen. So wird den erstklassigen Lagen und dem Kamptal maximaler Ausdruck verliehen. Erreicht wird dies durch lebendige Böden, eine bunte Fauna und Flora in den Weinbergen sowie minimale Eingriffe in den Reifungsprozess der Weine und Mut zu Neuem. Und so bestechen die Weine der Haas-Allrams durch Präzision und enorme Länge. Sein Können hat Lorenz Haas-Allram bereits mit zahlreichen nationalen und internationalen Auszeichnungen eindrucksvoll unter Beweis gestellt. Bisheriges Highlight seiner jungen Winzerkarriere ist mit Sicherheit die begehrte »White Wine Trophy« der »International Wine Challenge« in London, die er mit dem Riesling Ried Gaisberg 1ÖTW 2016 zum ersten Mal nach Österreich holte. Eine renovierte Jugendstilvilla mitten im Ort, die vom Weingut zu Fuß gut erreichbar ist, steht den Kunden und Weinfreunden als Gästehaus zur Verfügung.

96 Riesling * Ried Heiligenstein 1ÖTW 2021
13 Vol.-%, NK, Stahltank, €€€€€ B
Mittleres Gelbgrün, Silberreflexe. Dezenter Blütenhonig, zart nach Kräutern, dunkle Würze, etwas gelber Pfirsich, einladendes Bukett. Gute Komplexität, saftig, elegant, Papaya klingt an, feinwürzig, frische Kräuternoten, bleibt sehr gut haften, vielfältig einsetzbar.

94 Riesling * Ried Gaisberg 1ÖTW 2021
13 Vol.-%, NK, Stahltank, €€€€€ B V
Helles Gelbgrün, Silberreflexe. Ein Hauch von Limetten-

zesten und weißen Blüten, Weingartenpfirsich, attraktives Bukett. Saftig, engmaschig, weiße Frucht, präziser Säurebogen, lebendig und mineralisch, wirkt leichtfüßig, bleibt gut haften, sicheres Entwicklungspotenzial.

92 Riesling * Herzstück 2022
12,5 Vol.-%, DV, Stahltank, €€€ B V
Mittleres Gelbgrün, Silberreflexe. Feine Kräuternoten, reife Pfirsichnuancen, ein Hauch von Ananas, Blütenhonig klingt an, einladendes Bukett. Saftig, straff, frische Säurestruktur, mineralisch, bleibt gut haften, vielfältig einsetzbar.

91 Riesling * Strass 2022
12,5 Vol.-%, DV, Stahltank, €€€ B V
Helles Gelbgrün, Silberreflexe. Feine Wiesenkräuter, zart nach Maracuja, ein Hauch von Kardamom, frisches Bukett. Saftig, straff, feine Säurestruktur, mineralisch, gelbes Steinobst im Abgang, bereits gut antrinkbar.

95 Grüner Veltliner * Ried Renner 1ÖTW 2021
13,5 Vol.-%, NK, großes Holzfass, €€€€ B V
Helles Strohgelb, silberfarbene Reflexe. Zart nach Mango und Marille, ein Hauch von Tabak und Blütenhonig. Saftig, elegant, zarte Fruchtsüße, feine Säurestruktur, zitronig, ein Hauch von gelben Ringlotten im Abgang, zitronig-salziger Nachhall, bereits zugänglich, sicheres Reifepotenzial.

93 Grüner Veltliner * Ried Rosengartl 2021
14 Vol.-%, NK, großes Holzfass, €€€€ V
Leuchtendes Goldgelb, Silberreflexe. Zarte Würze, unterlegt mit Honig, ein Hauch von Papaya und Ananas, etwas kandierte Orangenzesten. Saftig, straff, extraktsüß nach Maracuja, frisch und balanciert, gut eingebundene Säurestruktur, guter Speisenbegleiter.

93 Grüner Veltliner * Ried Gaisberg 1ÖTW 2021
14 Vol.-%, NK, großes Holzfass, €€€€€
Helles Gelbgrün, Silberreflexe. Weiße Blüten, frischer Apfel, ein Hauch von Limettenzesten, mineralischer Touch. Saftig, elegant, gelbe Frucht nach Mango und Apfel, frisch strukturiert, ein kompakter Stil mit Länge und Potenzial.

92 Grüner Veltliner * Herzstück 2022
12 Vol.-%, DV, Stahltank, €€€ V
Helles Gelbgrün, Silberreflexe. Feine Tabak-Kräuter-Würze, etwas nach Papaya, feine Zitrusnuancen, roter Apfel klingt an. Saftig, elegant, balancierte Säurestruktur, feinwürzig, mineralisch, bereits gut antrinkbar, guter Speisenbegleiter.

92 Grüner Veltliner * Strass Alte Reben 2022
12,5 Vol.-%, DV, Stahltank, €€€ V
Mittleres Gelbgrün, Silberreflexe. Zart nach Blütenhonig und Wiesenkräutern, ein Hauch von Ananas und Mango, floraler Touch. Saftig, engmaschig, feingliedrig, mineralisch, gelbes Kernobst im Abgang, würziger Nachhall, guter Speisenbegleiter.

91 Grüner Veltliner * Strass 2022
12 Vol.-%, DV, Stahltank, €€ B V
Helles Gelbgrün, Silberreflexe. Feine Apfelfrucht, zart nach Kräutern und Clementinen, ein Hauch von Guaven. Saftig, straff, extraktsüß nach gelbem Kernobst, zart nach Maracuja, einladendes Finish, trinkanimierender Stil.

91 Grüner Veltliner * Ried Hasel 2022
12,5 Vol.-%, DV, Stahltank, €€€ B V
Mittleres Gelbgrün, Silberreflexe. Feine Mangonoten, zart nach Quitte, mit Mandarinenzesten unterlegt, Blütenhonig klingt an. Saftig, straff, facettenreiche Säurestruktur, mineralisch, Apfel im Abgang, salziger Nachhall, bereits gut antrinkbar.

93 Grauburgunder Reserve 2021
13,5 Vol.-%, NK, Barrique, €€€€€ B V
Mittleres Gelbgrün. Zarte Birnenfrucht, unterlegt mit Zitrusnuancen, ein Hauch von Kumquats, zart nach Blütenhonig, frisches, lebendiges Bukett. Saftig, feine Säurestruktur, balanciert, weißes Steinobst, Vanilletouch im Abgang, salziger Nachhall, guter Speisenbegleiter.

92 Chardonnay Ried Wechselberg 2022
13 Vol.-%, DV, Stahltank, €€€€ V
Helles Gelbgrün, Silberreflexe. Feine Kräuternoten, zart nach Quitten, ein Hauch von Melisse, Noten von reifem Apfel, Kardamom klingt an. Saftig, elegant, gelbes Steinobst im Abgang, salzig, extraktsüß nach Mango, guter Speisenbegleiter.

90 Weißburgunder Papageno 2022
12,5 Vol.-%, DV, Stahltank, €€€ V
Helles Gelbgrün, Silberreflexe. Floraler Touch, etwas nach Birne, ein Hauch von Orangenzesten, Blütenhonig klingt an. Saftig, straff, feine Säurestruktur, Fruchtsüße nach Marille, bereits gut antrinkbar.

★★★★

WEINGUT KURT ANGERER

Kurt Angerer, bodenständig und weltoffen zugleich, ist einer aus der Winzergeneration, die sich dem Grünen Veltliner verschrieben hat. Nicht, dass er ausschließlich die wichtigste Sorte Österreichs keltern würde, aber er ist bestrebt, ihre Vielfalt zum Ausdruck zu bringen. Dabei entstehen Weine, die ihre mineralischen Strukturen und unterschiedlichen Standorte auszudrücken vermögen. Urgesteinsböden, tiefgründige Lössböden und Kies erlauben eigenständige Weine mit Namen, die auf ihre Herkunft Bezug nehmen: Sie heißen »Kies«, »Spies«, »Loam«, »Granit« oder »Eichenstaude«. Bereits seit 175 Jahren betreibt die Familie Angerer in den Rieden des beschaulichen Winzerortes Lengenfeld Weinbau. Kurt Angerer bewirtschaftet 37 Hektar. Hier entstehen Weine von großer Individualität, mit denen sich Kurt Angerer bereits in das Spitzenfeld der Kamptaler Winzer katapultiert hat und die ihm internationale Auszeichnungen eingebracht haben. Mit seinem herausragenden Syrah RedGranite limited edition 2015 holte Kurt Angerer 2019 bei der Falstaff-Rotweinprämierung den Sieg in der »Reserve Trophy«.

(97) Grüner Veltliner Ried Schreckenstein Reserve 2022
14 Vol.-%, NK, 500-l-Fass, €€€€€€
Leuchtendes Goldgelb, Grünreflexe. Einladendes Bukett nach Mango und Papaya, zarte Tabakwürze, ein Hauch von Orangenschalen, blumiger Touch. Dicht, gute Komplexität, kraftvoll, Tropenfrucht klingt an, feine Mineralik, vielschichtiges Finish, lang anhaltend, sicheres Entwicklungspotenzial.

(95) Grüner Veltliner Ried Frauenberg Reserve 022
13,5 Vol.-%, DV, Stahltank, €€€€
Mittleres Gelbgrün, Silberreflexe. Zarte Würze, dezente Apfelfrucht, dunkle Mineralik, ein Hauch von Orangenzesten, Zitrusnuancen klingen an. Saftig, elegant, balancierte Säurestruktur, extraktsüß nach Mango, Ananas im Nachhall, vielschichtiger Speisenbegleiter mit Potenzial.

(95) Grüner Veltliner Eichenstaude 2022
14 Vol.-%, DV, großes Holzfass, €€€€€
Mittleres Gelbgrün, Silberreflexe. Zart nach Mandarinenzesten und Honigmelone, ein Hauch von Marillen, feinwürzig, engmaschiges Bukett. Saftig, elegant, extraktsüß nach Steinobst, gelbe Tropenfrucht im Nachhall, bleibt gut haften, sicheres Reifepotenzial.

95 Grüner Veltliner Unfiltriert 2021
14,5 Vol.-%, NK, Barrique, €€€€€
Leuchtendes Goldgelb, Grünreflexe. Reife Tropenfrucht, zarte Holzwürze, ein Hauch von Vanille und Kardamom, kandierte Orangenzesten, einladendes Bukett. Saftig, fruchtsüß nach Honigmelone, gut integrierte Säurestruktur, Papaya, etwas Karamell im Nachhall, lang anhaltend, sicheres Reifepotenzial.

(94) Grüner Veltliner Spies 2022
14 Vol.-%, DV, großes Holzfass, €€€€
Leuchtendes Gelbgrün, Silberreflexe. Tabakig, zart nach Wiesenkräutern, Golden-Delicious-Apfelfrucht, Quitte klingt an. Saftig, gute Komplexität, stoffig, gut integrierte Säurestruktur, mineralisch, gelbe Frucht im Abgang, facettenreiches Finish, sicheres Potenzial.

93 Grüner Veltliner Loam 2022
14,5 Vol.-%, DV, 500-l-Fass, €€€€
Mittleres Grüngelb, Silberreflexe. Zarte Kräuternoten, weißes Kernobst, ein Hauch von Clementinen, etwas Ananas. Saftig, straffe Säurestruktur, mineralisch, feinwürzig, Tropenfrucht im Abgang, extraktsüßer Nachhall, guter Speisenbegleiter.

WEINGUT KURT ANGERER
3552 Lengenfeld
Annagasse 101
T: +43 (676) 4306901
kurt.angerer@aon.at
www.kurt-angerer.at

Kellermeister/Kontakt:
Kurt Angerer
Produktion: 60 % weiß, 40 % rot, 37 Hektar
Messen: Austrian Tasting London, ÖGW Zürich, ProWein Düsseldorf, VieVinum, Vinexpo Bordeaux

* Kamptal DAC ** Kamptal DAC Reserve

92 Grüner Veltliner Kies 2022
12,5 Vol.-%, DV, Stahltank, €€
Mittleres Grüngelb, silberfarbene Reflexe. Zarte Kräuternoten, Maracuja und gelber Apfel, dunkle Mineralik, etwas nach Melisse, einladendes Bukett. Saftig, gute Komplexität, engmaschig, vielschichtig, Mango im Abgang, extraktsüßer Nachhall, guter Speisenbegleiter.

(96) Riesling Essence 2022
13,5 Vol.-%, DV, 500-l-Fass, €€€€€€
Mittleres Gelbgrün, silberfarbene Reflexe. Einladendes Bukett nach Mango und Marillen, ein Hauch von Gewürzen, Wiesenkräuter, zart nach Ananas. Vielschichtig, komplex, facettenreiche Säurestruktur, mineralisch-salzig, weißes Steinobst, Limonen im Nachhall, frisch und lange anhaltend, sicheres Reifepotenzial.

(94) Riesling Ried Ametsberg 2022
13 Vol.-%, DV, Stahltank, €€€€€
Leuchtendes Grüngelb, Silberreflexe. Reifes Steinobst, zarte Wiesenkräuter, pinke Grapefruit, ein Hauch von Guaven, facettenreiches Bukett. Saftig, komplex, mineralisch, lebendige Säurestruktur, feinwürzig, Pomelo im Abgang, Pfirsich im Nachhall, lange anhaltend, guter Speisenbegleiter mit Reifepotenzial.

(93) Gelber Traminer 2022
14 Vol.-%, DV, 500-l-Fass, €€€€€
Mittleres Grüngelb, Silberreflexe. Mit Blütenhonig unterlegte reife Tropenfrucht, ein Hauch von Ananas und Litschis, zarte Kräuterwürze, mit Eibischteig unterlegt. Saftig, elegant, fruchtsüß nach Melone, mineralisch, kraftvoll im Nachhall, bleibt gut haften, vielseitiger Speisenbegleiter.

★★★★★

WEINGUT BRÜNDLMAYER

BIO

Im Hause Bründlmayer ist vieles beeindruckend: die Menschen, die Güte der hier in Langenlois erzeugten Weine und schließlich das freundliche und bescheidene Wesen des Mannes, der seit 1980 für den Erfolg dieses Paradeunternehmens sorgt. Nahezu jeder Wein – vom leichtesten Grünen Veltliner über den Rotwein bis hin zum Sekt – hat das Potenzial, Jahrgangsbester seiner Kategorie zu sein.
Die Weingärten sind größtenteils in Terrassen angelegt und werden seit 2015 biologisch-organisch bewirtschaftet. Rund ein Viertel der Rebanlagen wird in sogenannter »Lyra-Erziehung« kultiviert. Wichtigste Rebsorte des Weinguts ist und bleibt der Grüne Veltliner: Von leichten Gebietsweinen bis hin zu komplexen und nachhaltigen Lagenweinen reicht das Spektrum. Die Riesling-Trauben wachsen auf den kargen Gesteinsböden wie etwa auf der Riede Steinmassl. Die historisch älteste und sicher auch berühmteste Lage ist der Zöbinger Heiligenstein, dessen Boden aus der 270 Millionen Jahre zurückliegenden Perm-Zeit stammt. Dieser Wüstensandstein mit vulkanischen Bestandteilen schafft die Voraussetzung für das Wachstum herausragender Weine. Die feinsten Früchte reifen hoch oben auf dem Berg in einem in sich geschlossenen Naturschutzgebiet. Wichtigste Rebsorte des Weinguts ist und bleibt der Grüne Veltliner: Von angenehmen leichten Qualitäts- und Kabinettweinen bis hin zu komplexen und nachhaltigen Spätlesen reicht das Spektrum. Die Riesling-Trauben wachsen auf den kargen Gesteinsböden in den Rieden Steinmassl und Heiligenstein, die daraus gewonnenen Weine können ein geradezu biblisches Alter erreichen. Als Spezialitäten des Hauses gelten ferner der Chardonnay und die Burgundersorten (Pinot Noir, Grau- und Weißburgunder). Auch wenn die Rotweine mehr durch Finesse als durch Kraft glänzen, ist es für Willi Bründlmayer ein besonderes Vergnügen, in diesem klimatischen Grenzgebiet schöne, bekömmliche Rotweine mit markanter Persönlichkeit heranzuziehen. Vor allem sein Pinot Noir erregte jüngst auch international Aufmerksamkeit. Eine Klasse für sich ist der »Bründlmayer Brut«, der nach klassischer Gärung etwa drei Jahre auf der Hefe gelagert, dann per Hand gerüttelt und im Keller degorgiert wird. Im Vinotheksarchiv lagern seit 1947 die jeweils wertvollsten Jahrgänge. Bei intensiven internen Verkostungen aus dem Archiv der Vinothek lernt man vieles über Lagen, Jahrgangscharakter und Ausbaustil.
Mit einem Exportanteil von 30 Prozent ist der Familienbetrieb auch international sehr erfolgreich. Fünfmal in Folge erhielt das Weingut die Auszeichnung »Winery of the year« des amerikanischen »Wine & Spirits Magazine«, und die britische »Financial Times« nennt Bründlmayer ein

WEINGUT BRÜNDLMAYER

3550 Langenlois, Zwettler Straße 23
T: +43 (2734) 21720
weingut@bruendlmayer.at
www.bruendlmayer.at
Kellermeister: Christopher Forst
Kontakt: Willi Bründlmayer, Andreas Wickhoff, Thomas Klinger
Anbauweise: Zertifiziert Biologisch (Bio Austria)
Produktion: 600.000 Flaschen
15 % Schaumwein, 59 % weiß, 10 % rosé, 15 % rot, 1 % süß, 90 Hektar
Zertifiziert: Nachhaltig Austria
Vereinszugehörigkeit:
Traditionsweingüter Österreich
Messen: Austrian Tasting London, Foodex Japan, Millésime Bio, ProWein Düsseldorf, VieVinum, Vinexpo Bordeaux, MondoVino, véritable St.Martin, Summa Margreid

Heiligenstein

»Leuchtfeuer des österreichischen Weinbaus«. Alle aktuellen Weine können im Heurigenhof Bründlmayer, einem Renaissancebau aus dem 16. Jahrhundert, auch glasweise verkostet werden.

94 Sekt Austria Reserve Niederösterreich g.U. Blanc de Blancs Extra Brut CH
Deg. 09/2022, 12 Vol.-%, NK, Stahltank/großes Holzfass, gebrauchte Barriques, Flaschengärung, €€€€€
Helles Goldgelb, Silberreflexe, sehr feines Mousseux. Feine gelbe Tropenfrucht, zart nach Ringlotten und Mango, ein Hauch von Blütenhonig, weißes Nougat. Saftig, elegant, feine gelbe Apfelfrucht, finessenreicher Säurebogen, bleibt haften, mineralisch und mit Länge ausgestattet, ein facettenreicher Speisenbegleiter.

94 Sekt Austria Reserve Niederösterreich g.U. Blanc de Noirs Extra Brut 2016 PN
12 Vol.-%, NK, Stahltank/kleines Holzfass/großes Holzfass/Flaschengärung, €€€€€€
Helles Goldgelb, Messingreflexe, sehr feines Mousseux. Zarte Kräuterwürze, Nuancen von Kirschen, ein Hauch von Ringlotten, nussig-tabakiger Touch, zart mit Blütenhonig unterlegt. Straff, engmaschig, feine gelbe Frucht, etwas Haselnuss, lebendiger Säurebogen, mineralisch-zitronig im Nachhall, Limetten im Rückgeschmack, ein anregender Speisenbegleiter.

93 Sekt Austria Reserve Niederösterreich g.U. Brut CH/PN/PG/WB/GV
Deg. 11/2022, 12 Vol.-%, NK, Flaschengärung/Stahltank/großes Holzfass/gebrauchte Barriques, €€€€€
Helles Goldgelb, Silberreflexe, feines, anhaltendes Mousseux. Frische gelbe Tropenfrucht, ein Hauch von Biskuit und Orangenzesten, einladendes Bukett. Saftig, weißes Kernobst, frisch strukturiert, feine Fruchtsüße im Nachhall, lebendig und anregend.

93 Sekt Austria Reserve Niederösterreich g.U. Brut Rosé PN/SL/ZW
Deg. 12/2022, 11,5 Vol.-%, NK, Flaschengärung, €€€€€
Helles Lachsrosa, Silberreflexe, feines Mousseux. Zart nach eingelegten Kirschen und Akazienhonig, ein Hauch von frischen Ribiseln, einladendes Bukett. Saftig, elegant, frische Ringlotten, rotbeerig unterlegt, zarte Fruchtsüße, frisch und lebendig im Abgang, ein animierender Speisenbegleiter.

99 Riesling * Ried Heiligenstein 1ÖTW Alte Reben 2021
13 Vol.-%, NK, Stahltank/großes Holzfass, €€€€€€
Helles Gelbgrün, Silberreflexe. Dunkle Kräuterwürze, Blütenhonig, Karamell, Melone, etwas nach Papaya, zart nach Bergamotte, facettenreiches Bukett. Saftig, straff, komplex, dunkle Mineralik, weißes Steinobst, zart nach Pfirsich, salzig, vielschichtig, gute Komplexität, sicheres Potenzial.

94 Riesling * Ried Steinmassl 1ÖTW 2022
12,5 Vol.-%, NK, Stahltank, €€€€€
Mittleres Gelbgrün, Silberreflexe. Feine Mangonoten, etwas Blütenhonig, zart nach Kumquats, reife Steinobstfrucht, frisches Bukett. Gute Komplexität, straff, salzig, weißer Pfirsich, ein Hauch von Gewürzen, gut eingebundene Säurestruktur, lang anhaltend, vielschichtiger Speisenbegleiter.

(94) Riesling * Ried Heiligenstein 1ÖTW 2022
13 Vol.-%, NK, Stahltank, €€€€€ B
Leuchtendes Gelbgrün, Goldreflexe. Reife Tabakwürze, etwas nach Blütenhonig, ein Hauch von Orangenzesten, Maracuja und Papaya, einladendes Bukett. Saftig, elegant, extraktsüß, weißes Steinobst, zarte Würze, salzig im Nachhall, guter Speisenbegleiter mit Potenzial.

92 Riesling * Terrassen 2022
12,5 Vol.-%, DV, Stahltank, €€€ B V
Helles Gelbgrün, Silberreflexe. Feine Kräuternoten, zart nach Pfirsich, etwas nach Maracuja, ein Hauch von Wiesenkräutern, Zitruszesten, frisch-fruchtiges Bukett. Saftig, straff, balancierte Säurestruktur, fruchtsüß, mineralisch-salzig, Papaya im Nachhall, guter Speisenbegleiter.

98 Grüner Veltliner * Ried Lamm 1ÖTW 2021
13 Vol.-%, NK, Barrique, €€€€€€ B V
Leuchtendes Goldgelb, Silberreflexe. Feine Tabak-Kräuter-Würze, etwas nussig, gelbe Tropenfrucht, zart nach Honigmelone, Nuancen von kandierter Zitrusfrucht. Saftig, gute Komplexität, straff, gut integrierte Säurestruktur, zart nach Pfirsich, weißes Toffee im Nachhall, einladender Speisenbegleiter, bleibt gut haften, vielschichtig und facettenreich.

97 Grüner Veltliner * Langenlois Ried Spiegel 1ÖTW Vincent 2021
13,5 Vol.-%, NK, Barrique/großes Holzfass, €€€€€€
Leuchtendes Goldgelb, Silberreflexe. Feine Tropenfrucht, zart nach Wiesenkräutern, etwas Blütenhonig, Melone und Clementinen klingen an, mit feiner Würze unterlegt. Saftig, gute Komplexität, salzig, extraktsüß nach Mango, facettenreiche Säurestruktur, bleibt gut haften, vielschichtiger Speisenbegleiter, sicheres Reifepotenzial.

95 Grüner Veltliner * Ried Käferberg 1ÖTW 2021
13 Vol.-%, NK, Stahltank/großes Holzfass, €€€€€€
Leuchtendes Gelbgrün, silberfarbene Reflexe. Reifer Blütenhonig, zart nach Mango, etwas nach Kumquats und Ananas, Karamell, einladendes Bukett. Saftig, gute Komplexität, leichtfüßig, Nuancen von gelber Frucht, salziger Nachhall, Kräutertouch im Rückgeschmack, sicheres Reifepotenzial.

94 Grüner Veltliner * Langenlois Alte Reben 2022
13 Vol.-%, NK, großes Holzfass, €€€€€ B
Mittleres Gelbgrün, Silberreflexe. Feine Kräuter-Tabak-Würze, zart nach Papaya und Mirabellen, ein Hauch von Honigmelone, kandierte Mandarinenzesten. Saftig, straff, mineralisch, Maracujanoten im Abgang, salzig, facettenreiche Säurestruktur, bleibt gut haften, vielfältig einsetzbar.

93 Grüner Veltliner * Ried Loiserberg 1ÖTW 2022
12,5 Vol.-%, NK, Stahltank/großes Holzfass, €€€€ B
Mittleres Gelbgrün, Silberreflexe. Feine Wiesenkräuter, reife Apfelfrucht, etwas nach Gewürzen, weißes Steinobst, mit Bergamotte unterlegt. Saftig, straff, zarte Würze, Pfirsichnoten im Abgang, salziger Nachhall, frisches Finish, guter Speisenbegleiter mit Potenzial.

92 Grüner Veltliner * Ried Berg Vogelsang 2022
12,5 Vol.-%, DV, Stahltank, €€€€ B V
Leuchtendes Goldgelb, Silberreflexe. Feine Tabak-Kräuter-Würze, etwas nach Maracuja, gelbe Apfelfrucht, Guaven, mineralischer Touch. Saftig, straff, weißes Kernobst, feinwürziger Nachhall, gut integrierte Säurestruktur, bleibt haften, balancierter Speisenbegleiter.

91 Grüner Veltliner * Terrassen 2022
12,5 Vol.-%, DV, Stahltank, €€€ B V
Helles Gelbgrün, Silberreflexe. Feine Kräuterwürze, ein Hauch von Papaya, ein Touch von Maracuja, floraler Touch. Saftig, elegant, feine Säurestruktur, weißes Kernobst, zart würzig, Zitrus im Nachhall, bereits gut antrinkbar, vielfältig einsetzbar.

89 Grüner Veltliner L + T 2022
11 Vol.-%, DV, Stahltank, €€€ B V

95 Chardonnay Ried Steinberg Reserve 2021
13 Vol.-%, NK, Barrique, €€€€€ B V
Helles Goldgelb, Silberreflexe. Feine Holzwürze, etwas nach Karamell, Blütenhonig und Orangenschalen, Vanille klingt an, dazu etwas Papaya, mit Gewürznuancen unterlegt. Saftig, elegant, salzig, weiße Tropenfrucht, tabakiger Abgang, mineralischer Nachhall, bleibt sehr gut haften, reduktives Finish, wird von Flaschenreife profitieren.

92 Merlot Vincents Rosé 2022
12,5 Vol.-%, DV, Stahltank, €€€€ B
Helles Lachsrosa, Silberreflexe. Zart nach Nougat und Erdbeeren, etwas Verveine und Orangenzesten, facettenreiches Bukett. Saftig, straff, rotbeerige Nuancen, frisch strukturiert, rote Kirschen im Nachhall, bleibt haften, vielfältig einsetzbar.

93 Cabernet Franc Reserve 2018
13 Vol.-%, NK, Barrique, €€€€€ B
Kräftiges Rubingranat, violette Reflexe, dezente Ockerrandaufhellung. Reife Herzkirschen, zart floral, ein Hauch von Lakritze, mit Orangenzesten unterlegt, einladendes Bukett. Saftig, elegant, rotbeerige Nuancen, präsente, würzige Tannine, salzig-mineralisch im Abgang, wird von weiterer Flaschenreife profitieren.

★

ALFRED MARKUS DEIM

Das traditionelle Weingut der Familie Deim wurde erstmals im Jahr 1772 erwähnt und hat somit weitreichende historische Wurzeln. Der Betrieb wird seit jeher als Familienbetrieb geführt, zudem arbeiten zurzeit drei Generationen mit Freude im Betrieb. Der junge Weinbau- und Kellermeister Markus Deim ist seit seiner frühen Jugend im Weingut involviert. In Übersee sammelte er umfangreiche Erfahrungen, die er bereits im gelungenen Chefwein und der Premiumlinie »Goldedition« umsetzen konnte. In dieser präsentieren sich die edelsten Weine für ein unvergessliches Geschmackserlebnis, darunter befinden sich unter anderem ein starker Grüner Veltliner sowie ein Riesling, aber auch ein Eiswein, der heutzutage eine echte Rarität unter den Weinen darstellt. Insgesamt weist das Weingut eine sehr breite Weinpalette auf und bietet zum Beispiel auch Pinot Blanc, Chardonnay, Rivaner, Malvasier, Sauvignon Blanc, Gelber Muskateller, Gemischter Satz sowie Zweigelt und Pinot Noir.
Den Weingärten, die den Grundstein für hervorragende Weine bilden, werden sehr viel Liebe und Aufmerksamkeit geschenkt. Sie befinden sich im Naturpark Kamptal und im UNESCO-Weltkulturerbe Wachau. Auf dem Gut, das sich einem betont umweltfreundlichen Weinbau verschrieben hat, werden alle Trauben per Hand gelesen. Gemäß den nachhaltigen Grundsätzen des Weinguts wird der Wein überwiegend in großen Eichenholzfässern vergoren und dort bis zur Flaschenreife gelagert. Eine erlebnisreiche Kellerführung durch den romantischen Gewölbekeller ist ein einzigartiges Erlebnis. Danach können die Weine in einem gemütlichen Zirbenstüberl nach Herzenslust mit Genuss verkostet werden. Der Betrieb der Familie Deim weist auch weiterhin eines der besten Preis-Leistungs-Verhältnisse auf.

91 Grüner Veltliner * Ried Klopfhartsberg Goldene Kellerkatz 2022
13 Vol.-%, DV, Stahltank, €€
Helles Gelbgrün, Silberreflexe. Zart nach Golden-Delicious-Apfel, ein Hauch von Wiesenkräutern, mit Orangenzesten unterlegt. Saftig, komplex, reife Honigmelone, feine Fruchtsüße, ausgewogen und anhaftend, ein vielseitiger Speisenbegleiter.

91 Grüner Veltliner * Ried Irbling Chefwein 2022
13 Vol.-%, DV, großes Holzfass, €€
Helles Gelbgrün, Silberreflexe. Frische Ananas, etwas Man-

© Georg Baresch

ALFRED MARKUS DEIM
3562 Schönberg
Mollandser Straße 14
T: +43 (664) 3502312
weinbau@deim.info
www.deim.info

Kellermeister/Kontakt:
Alfred Markus Deim
Produktion: 75 % weiß, 1 % rosé, 23 % rot, 1 % süß, 20 Hektar

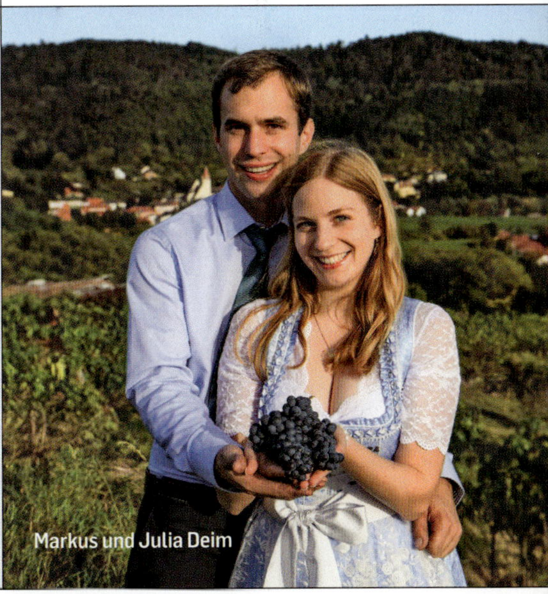

Markus und Julia Deim

go, zart nach kandierten Mandarinenzesten und Blütenhonig. Mittlere Komplexität, reifer weißer Apfel, dezente Säurestruktur, mineralischer Touch im Abgang, vielfältig einsetzbar.

90 Grüner Veltliner * Ried Bühel Terrassen 2022
13,5 Vol.-%, DV, großes Holzfass, €€
Mittleres Gelbgrün, Silberreflexe. Zart nach Blütenhonig, ein Hauch von Marille, Nuancen von Anis im Hintergrund. Saftig, dezente Süße, etwas weitmaschig, Honigmelonen im Kern, bereits trinkfertig.

91 Riesling * Ried Irbling Urgestein 2022
12,5 Vol.-%, DV, Stahltank, €€
Helles Grüngelb, Silberreflexe. Feine Aromen von weißen Blüten, etwas nach Litschis und Weingartenpfirsich, ein Hauch von Limetten. Mittlerer Körper, reife Pfirsichfrucht, gut integrierte Süße, feiner Säurebogen, mineralisch im Abgang, bereits gut antrinkbar.

90 Riesling * Ried Ogratzthal Bergwein 2022
12,5 Vol.-%, DV, großes Holzfass, €€
Helles Gelbgrün, Silberreflexe. Weiße Tropenfrucht, ein Hauch von Pfirsich, mineralischer Touch, zart mit Limettenzesten staffiert. Mittlerer Körper, feine weiße Steinobstfrucht, leichtfüßig, süßer Abgang, etwas zerfließend, bietet unkomplizierten Trinkspaß.

89 Chardonnay Ried Kalvarienberg Markus 2022
13 Vol.-%, DV, großes Holzfass, €€

★★

WEINGUT GERHARD DEIM

Schönberg am Kamp, gelegen in einem Talkessel am nördlichen Ende des Kamptals, zeichnet sich durch ein Kleinklima mit heißen Tagen und besonders kühlen Nächten aus. Hier fokussiert sich das Weingut Gerhard Deim auf die Stärken der Region: Grüner Veltliner und Riesling. Das Fundament des Weinguts wird durch generationenübergreifende Zusammenarbeit und die damit verbundene Kombination aus altbewährten Methoden und jugendlicher Experimentierfreudigkeit gelegt. Alt und Jung verbindet das Streben nach kompromisslos hoher Qualität, und diese beginnt sowohl bei

Gerhard Deim jun. und sen.

WEINGUT GERHARD DEIM
3562 Schönberg am Kamp
Kalvarienberg 8
T: +43 (2733) 8763
wein@deim.at
www.gerharddeim.at

Kontakt: Gerhard Deim
Produktion: 10 % Schaumwein, 80 % weiß, 10 % rot, 20 Hektar
Zertifiziert: Nachhaltig Austria
Messen: Austrian Tasting London, VieVinum, Vinobile Feldkirch

Rieden- und Reserve-Weinen als auch bei Orts- und Gebietsweinen mit der Hege und Pflege eines jeden einzelnen Rebstocks. Schönberger Ortsweine sind geprägt von Frische, Eleganz und Trinkfluss. In ihnen spiegeln sich die unterschiedlichsten Bodenformationen und das durch die Kessellage des Ortes charakterisierte Mikroklima wider. In der Ried Irbling wächst Riesling auf den Ausläufern der Waldviertler Gneis-Schiefer-Platte, Grüner Veltliner am Kalvarienberg steht auf Verwitterungsboden aus Silikatgestein mit einer dünnen Auflage verschwemmten Lösslehms, und in der Ried Bernthal wachsen die Reben auf meterdicken Löss-Lehm-Terrassen. Ein Teil der Rieden-Weine reift bis zur nächsten Ernte in 500-Liter-Fässern – eine ideale Größe, die ein ausgewogenes Verhältnis zwischen natürlichem Sauerstoffeintrag und gleichzeitigem nicht zu großem Holzeinfluss garantiert. Die vielen kleinen Terrassen und Parzellen in den Rieden können aufgrund der Fassgröße Jahr für Jahr getrennt vinifiziert und so in ihrer Entwicklung bis zur Abfüllung optimal begleitet werden.

93 Riesling * Ried Irbling 2021
13 Vol.-%, NK, Stahltank, €€€€
Mittleres Grüngelb, silberfarbene Reflexe. Maracuja, Safran und reifer Pfirsich, unterlegt mit Blütenhonig, zart nach Mandarinenzesten. Gute Komplexität, weiße Tropenfrucht, zitronig-salzige Nuancen, frischer Säurebogen, mineralisch, weißer Pfirsich im Abgang, dezente Fruchtsüße, gut anhaltend, vielschichtiger Speisenbegleiter mit Reifepotenzial.

92 Riesling * Schönberg 2022
12,5 Vol.-%, DV, Stahltank, €€€
Mittleres Gelbgrün, Silberreflexe. Zart nach Orangenzesten, gelber Pfirsich, ein Hauch von Mango, einladendes Bukett. Straff, mineralisch, weißer Apfel, frisch strukturiert, Limetten im Abgang, animierend und pikant, leichtfüßiger Stil.

93 Grüner Veltliner * Ried Kalvarienberg 2021
14 Vol.-%, NK, 500-l-Fass, €€€€€
Mittleres Grüngelb, silberfarbene Reflexe. Mit frischen Orangenzesten unterlegte reife Tropenfrucht, etwas nach Honigmelone, ein Hauch von Babyananas, würzige Noten, attraktives Bukett. Saftig, dezenter Holztouch, gute Komplexität, kraftvoll, cremig, Marillentouch im Abgang, zitroniger Nachhall, vielseitiger Speisenbegleiter mit Potenzial, schon jetzt mit Vergnügen zu trinken.

Ried Kalvarienberg

92 Grüner Veltliner * Schönberg 2022
13 Vol.-%, DV, großes Holzfass, €€€
Mittleres Gelbgrün, Silberreflexe. Feine Apfelfrucht, ein Hauch von Blütenhonig, zart nach Honigmelone, einladendes Bukett. Komplex, saftig, weißes Kernobst, feine Säurestruktur, reifer Apfel im Abgang, bereits gut antrinkbar.

92 Grüner Veltliner * Ried Bernthal 2021
14 Vol.-%, NK, 500-l-Fass, €€€€
Mittleres Gelbgold, silberfarbene Reflexe. Gelber Apfel, etwas nach Orangenzesten, ein Hauch von Passionsfrucht, Zitronenmelisse klingt an, mit Blütenhonig unterlegt. Saftig, straff, weißes Steinobst im Abgang, salziger Nachhall, bleibt gut haften, rund, opulent und zugänglich, vielfältig einsetzbar.

91 Grüner Veltliner * 2022
12,5 Vol.-%, DV, Stahltank, €€
Helles Gelbgrün, Silberreflexe. Zart floral unterlegte frische Apfelfrucht, zart nach Wiesenkräutern, einladendes Bukett, ein Hauch von Birne. Mittlerer Körper, weißes Kernobst, feiner Säurebogen, mineralisch, ein vielseitiger Speisenbegleiter.

★★★

WEINGUT PETER DOLLE

Gute Weine gibt es viele – »Dolle Weine« nur von Winzerlegende Peter Dolle aus Straß. Das alte Stammhaus des Weinguts Dolle befindet sich in der niederösterreichischen Gemeinde Straß im Weinbaugebiet Kamptal, 60 Kilometer westlich von Wien gelegen. Auf einer Weinbaufläche von 35 Hektar werden vom Winzer Peter Dolle senior die Weißweinsorten Riesling, Grüner Veltliner, Grauburgunder, Weißburgunder und Chardonnay sowie die Rotweinsorten Zweigelt, St. Laurent, Cabernet Sauvignon, Merlot und Pinot Noir vinifiziert. Mit bis zu 80 Jahre alten Weißweinstöcken am berühmten Zöbinger Heiligenstein und am angrenzenden Straßer Gaisberg besitzt das Weingut Dolle exklusivste Erste Lagen, wo vor allem die Grünen Veltliner und Rieslinge Jahr für Jahr zu bemerkenswerter Qualität und Finesse heranreifen. Peter Dolles Erfahrung spiegelt sich eindrucksvoll in höchster Weinqualität wider, prämiert mit Hunderten von Auszeichnungen und der Ernennung zum österreichischen »Winzer des Jahres« 1991. Mit seinem jungen Team, seinem Schwiegersohn und leitenden Kellermeister Dariusz Srodulski und einigen anderen für den Betrieb wichtigen jungen Mitarbeitern ist das Weingut für die Zukunft strategisch sehr gut aufgestellt.
Besucher und Interessierte sind auf dem Weingut Dolle immer herzlich willkommen – sei es zu einer Verkostung aktueller Weine oder aus der bis ins Jahr 1962 zurückreichenden Vinothek des Hauses, zu einer Kellerführung mit Peter Dolle persönlich oder zu einer »Dolle Jause« im hauseigenen Restaurant oder im wunderschönen Innenhof des Weinguts.

WEINGUT PETER DOLLE
3491 Straß im Straßertale
Herrengasse 2
T: +43 (2735) 2326
weingut@dolle.at
www.dolle.at

Kellermeister: Peter Dolle und Dariusz Srodulski
Kontakt: Peter Dolle
Produktion: 70 % weiß, 2 % rosé, 28 % rot, 35 Hektar
Vereinszugehörigkeit: Traditionsweingüter Österreich
Messen: ProWein Düsseldorf, VieVinum

94 Riesling * Kammern Ried Gaisberg 1ÖTW Privat 2021
14 Vol.-%, DV, Stahltank, €€€€€
Mittleres Grüngelb, silberfarbene Reflexe. Zarte Noten von Marillen, etwas nach Grapefruit, ein Hauch von Guaven, mit Weingartenpfirsich unterlegt. Gute Komplexität, saftig, engmaschig, gut integrierter Säurebogen, gelbe Tropenfrucht, frischer Rückgeschmack, Limetten im Abgang, bleibt gut haften, leichtfüßig wirkender Speisenbegleiter.

93 Grüner Veltliner * Ried Gaisberg 1ÖTW Alte Reben 2021
14,5 Vol.-%, DV, Stahltank, €€€€€
Mittleres Gelbgrün, silberfarbene Reflexe. Orangenschalen und gelber Pfirsich, ein Hauch von Honigmelone, Wiesenkräuter, Mandarinenzesten. Gute Komplexität, saftig, straff, extraktsüß nach Birne, mineralischer Nachhall, bleibt gut haften, vielseitiger Speisenbegleiter mit Potenzial.

92 Grüner Veltliner * Ried Gaisberg 1ÖTW 2021
12,5 Vol.-%, DV, Stahltank, €€€€
Mittleres Gelbgrün, Silberreflexe. Feine Kräuternoten, ein Hauch von Mango, mineralisch, frisches Bukett, gelber Apfel. Saftig, elegant, lebendiger Säurebogen, etwas salzig, weißes Kernobst im Abgang, bleibt gut haften, vielfältig einsetzbar, jugendlicher Speisenwein.

92 Grauburgunder Symbiose 2019
14,5 Vol.-%, DV, Barrique, €€€€
Mittleres Gelbgrün, silberfarbene Reflexe. Feine Tabaknoten, etwas nach Birne, ein Hauch von Melisse, florale Nuancen, Bergamotte klingt an. Mittlerer Körper, engmaschig, feine Mineralik, cremig im Abgang, Melone im Nachhall, vielseitiger Speisenbegleiter.

91 Cuvée Annee 2017 CS/ME/BB
14 Vol.-%, NK, Barrique, €€€€ Ⓥ
Kräftiges Rubingranat, Ockerreflexe, breitere Randaufhellung. Zart nach Vanille, Nougat und etwas Edelholz, mit dunklen Waldbeeren unterlegt, zart nach Lakritze und reifen Zwetschken. Saftige Kirschen, feine Tannine, gute Frische, mineralisch und balanciert, bleibt gut haften, ein vielseitiger, feinwürziger Speisenbegleiter.

89 Merlot 2019
14 Vol.-%, NK, Barrique, €€€€€

★★

WEINGUT CHRISTOPH EDELBAUER

BIO

Bei Winzer Christoph Edelbauer in Langenlois steht alles im Einklang mit der Natur und mit dem Kamptal: Weingut, Arbeit und Wein. Er weiß, was er will, liebt die Herausforderung und geht seinen Weg geradlinig und konsequent. Den ersten Jahrgang kelterte Christoph Edelbauer im Jahr 2003. Heute bearbeitet der Winzer zwölf Hektar Weingärten und verarbeitet die Trauben auf seinem 2013 fertiggestellten, architektonisch anspruchsvollen Weingut mitten in den Langenloiser Reben. »Nachhaltiges Denken und Handeln sind tief in mir verwurzelt. Deshalb ist es mir wichtig, dass unser Weingut eine überschaubare Größe bewahrt. Nur so kann ich mich mit meiner Überzeugung dem gesamten Prozess der Vinifizierung widmen«, erklärt Edelbauer, der konsequent auf den bewussten Einsatz von Ressourcen achtet. Seine Weingärten bewirtschaftet er biologisch-organisch, seinen Neubau ließ er nach Grundsätzen der Energieeffizienz errichten, und die Klimatisierung seines Kellers erfolgt über umweltschonende Erdluftkollektoren.

Reduziert und umso einprägsamer ist auch das Design der Edelbauer-Ausstattung: Direkter Siebdruck auf die Flaschen ersetzt die Etiketten, die Kartons sind minimalistisch bedruckt, Visitenkarten und Briefpapier auf Naturpapier produziert – ein Gesamtkonzept für Reduktion auf ganzer Linie.

Christoph Edelbauers Weine bestechen durch Schlichtheit, sie sind schnörkellos, entspannt und gleichzeitig spannend – das gilt für das gesamte Sortiment, wobei Grüner Veltliner, Riesling und Pinot Noir seine Aushängeschilder sind. Als Winzer ist er konsequent, in seinem Schaffen setzt er auf Reduktion, das Wesentliche ist und bleibt das Kamptal: Christoph Edelbauer schickt sich an zu zeigen, was das neue Kamptal ausmacht.

92 Pet Nat Rosé 2022 ZW/SL
12,5 Vol.-%, NK, Flaschengärung, €€€€€ Ⓑ
Mittleres zart trübes Lachsrosa, zarte Orangereflexe, feine Perlage. Nuancen von frischer weißer Birne, mit roten Waldbeeren unterlegt, fruchtiges Bukett. Straff, komplex, frischer Apfel, feine Säure, zarte Fruchtsüße, gute Länge, vielfältig einsetzbar.

93 Grüner Veltliner * Ried Thal 2020
13,5 Vol.-%, NK, Stahltank, €€€€€ Ⓑ
Mittleres Grüngelb, Silberreflexe. Feine Nuancen von reifem Kernobst, reifer Apfel, gelbe Tropenfrucht im Hintergrund, angenehmer Blütenhonig. Komplex, kraftvoll, süße Frucht-

WEINGUT CHRISTOPH EDELBAUER
3550 Langenlois
Im Neuberg, Kremser Straße 86
T: +43 (676) 7734811
info@weingut-edelbauer.at
www.weingut-edelbauer.at

Kellermeister/Kontakt: Christoph Edelbauer
Anbauweise: Zertifiziert Biologisch (Bio Austria)
Produktion: 10 % Schaumwein, 50 % weiß, 38 % rot, 2 % süß, 12 Hektar
Messen: Millésime Bio, ProWein Düsseldorf, VieVinum

nuancen, cremige Textur, zarter Karamelltouch im Abgang, seidig und anhaftend, ein gut gereifter Speisenwein.

92 Grüner Veltliner * Langenlois 2022
12,5 Vol.-%, DV, Stahltank, €€€ Ⓑ
Helles Grüngelb, Silberreflexe. Zarte nach frischer Birne und gelbem Apfel, ein Hauch von Wiesenkräutern, Nuancen von Mango und kandierten Orangenzesten. Saftig, elegant, Anklänge von Honigmelone, feiner Säurebogen, mineralisch und straff, ein vielseitiger Begleiter bei Tisch.

(92) Riesling * Langenlois 2022
12,5 Vol.-%, DV, Stahltank, €€€ Ⓑ
Helles Gelbgrün, Silberreflexe. Zart nach Limetten, weißer Pfirsich, florale Nuancen, einladendes Steinobstbukett. Mittlerer Körper, weiße Frucht, rassiger Säurebogen, salzig-mineralisch im Abgang, zitroniger Nachhall, vielfältig einsetzbar.

92 Chardonnay 2022
12,5 Vol.-%, DV, Stahltank, €€€ Ⓑ
Helles Gelbgrün, Silberreflexe. Frische weiße Apfelfrucht, ein Hauch von Ananas und Blüten, Nuancen von Limetten. Mittlerer Körper, weiße Tropenfrucht, lebendiger Säurebogen, mineralisch-zitroniger Nachhall.

92 Pinot Noir Ried Spiegel 2017
13 Vol.-%, NK, 500-l-Fass, €€€€€ Ⓑ
Mittleres Rubingranat, violette Reflexe, breitere Ockerrandaufhellung. Kandierte Veilchen und Lakritze, rote Kirschen, ein Hauch von Dörrfeigen. Samtig, kraftvoll, dunkles Nougat, präsente würzige Tannine, süßer Abgang, ein komplexer Speisenbegleiter mit weiterem Entwicklungspotenzial.

★★★★

WEINGUT LUDWIG EHN

Auf dem Weingut von Ludwig und Michaela Ehn gibt die Natur den Ton an. Die Geschwister bewirtschaften 15 Hektar der besten Langenloiser Rieden mit großer Leidenschaft fürs Handwerk und nach ökologischen Prinzipien. »So naturnah wie möglich, so flexibel wie nötig«, lautet das Credo von Ludwig Ehn, der den 1859 gegründeten Familienbetrieb mit seiner Schwester in fünfter Generation führt. Um mit gesunden Böden und Weinstöcken die idealen Voraussetzungen für beste Trauben zu schaffen, setzt die Weinmanufaktur auf nützlingsschonende Schädlingsbekämpfung und verzichtet selbstverständlich auf den Einsatz von Insektiziden und Herbiziden, vermeidet Plastik und minimiert Traktorfahrten und Emissionen.
Das Kamptaler Klima und die spezielle Bodenstruktur ebnen den Weg für die unverkennbare Frische und Würze der Ehn-Weine. Die Bandbreite unterschiedlicher Spitzenlagen wie der Rieden Panzaun, Spiegel und Heiligenstein bildet den Grundstock für die Sortenvielfalt. Neben den Leitsorten Riesling und Grüner Veltliner, die als Kamptal DAC abgefüllt werden, hat sich das Weingut den Aromasorten Sauvignon Blanc und Muskateller sowie dem traditionellen Gemischten Satz und dem urösterreichischen Neuburger verschrieben.
Kamptaler Weine »zum aus der Reihe trinken« gibt es auf dem Weingut Ehn. Mit Wein ist es wie mit Musik, finden die Naturfreunde und Kulturliebhaber Ludwig und Michaela Ehn: Eintönigkeit ist langweilig. Sie schätzen die Vielfalt im Weingarten und im Glas und legen bei der handwerklichen Pflege der einzelnen Rieden sowie bei der Vinifizierung großen Wert auf Individualität. »Durch kontrollierte Vergärung und behutsame Ausbau- und Reifephasen in Edelstahl oder Holz gelingt es uns, den Charakter jeder Sorte und Lage möglichst unverfälscht zu erhalten«, so der Winzer. Die ausdrucksstarken und ausgewogenen Weine mit hoher Trinkfreudigkeit, für die der Name Ehn steht, geben ihm recht.

96 Grüner Veltliner ** Ried Spiegel 1ÖTW 2021
14 Vol.-%, DV, Teilbarrique, €€€€ Ⓗ
Helles Gelbgrün, silberfarbene Reflexe. Frischer weißer Apfel, Nuancen von Wiesenkräutern, zart mit Papaya und Mango unterlegt, ein Hauch von Orangenzesten, weißes Nougat. Saftig, elegant, frisches süßes Kernobst, frischer Säurekern, cremige Textur, mineralisch und straff im Abgang, salziger Touch, sehr gute Länge, sicheres Reifepotenzial.

© Weingut Ludwig Ehn

WEINGUT LUDWIG EHN

3550 Langenlois
Bahnstraße 3
T: +43 (2734) 2236
weingut.ehn@ehnwein.at
www.ehnwein.at

Kellermeister: Ludwig Ehn
Kontakt: Michaela Ehn
Produktion: 70.000 Flaschen
95 % weiß, 5 % rot, 15 Hektar
Vereinszugehörigkeit:
Traditionsweingüter Österreich
Messen: ProWein Düsseldorf, VieVinum

Ludwig und Michaela Ehn

92 Grüner Veltliner * Ried Panzaun 2022
12,5 Vol.-%, DV, Stahltank, €€
Helles Grüngelb, Silberreflexe. Zarte gelbe Apfelfrucht, ein Hauch von Mango, Nuancen von Orangenzesten. Mittlerer Körper, weißes Kernobst, feiner Säurebogen, mineralisch, gut balanciert, zitronige Nuancen im Abgang, ein feiner Begleiter bei Tisch, sehr gutes Preis-Leistungs-Verhältnis.

91 Grüner Veltliner * Langenlois Löss 2022
12 Vol.-%, DV, Stahltank, €€
Helles Gelbgrün, Silberreflexe. Feine Anklänge von weißer Tropenfrucht, ein Hauch von Ananas und Mango, einladendes, fruchtiges Bukett. Komplex, saftig, weißes Steinobst, feine Fruchtsüße, zugänglich, ein vielseitiger, leichtfüßiger Speisenbegleiter.

95 Riesling ** Ried Heiligenstein 1ÖTW 2021
13,5 Vol.-%, DV, Stahltank, €€€€€
Helles Gelbgrün, Silberreflexe. Nuancen von Limetten, Safran und weißen Blüten, mit Weingartenpfirsich unterlegt, attraktives frisches Bukett. Saftig, engmaschig, elegant, lebendig strukturiert, weißer Apfel im Abgang, feine zitronige Noten, mineralisch und lange anhaftend, ein schwungvoller Begleiter bei Tisch, sicheres Reifepotenzial, gut entwickelt und antrinkbar.

(91) Riesling * Langenlois Urgestein 2022
13 Vol.-%, DV, Stahltank, €€€
Helles Grüngelb, Silberreflexe. Floral unterlegte weiße Tropenfrucht, ein Hauch von Weingartenpfirsich, einladendes Bukett. Saftig, weißes Steinobst, mineralisch-zitroniger Touch, bleibt gut haften, zugänglich, vielfältig einsetzbar.

93 Sauvignon Blanc 2022
12,5 Vol.-%, DV, Stahltank, €€€
Helles Gelbgrün, Silberreflexe. Zart nach Cassis, gelbe Tropenfrucht, etwas Stachelbeeren, typisches Bukett. Straff, elegant, saftig, feine Birnenfrucht, etwas Mango, dezente Süße, gute Länge, sicheres Reifepotenzial, klassischer Sortenausdruck.

92 Gemischter Satz Ried Panzaun 2022
12,5 Vol.-%, DV, Stahltank, €€€
Helles Gelbgrün, Silberreflexe. Frische Kräuterwürze, zart nach Stachelbeeren, frische Grapefruitzesten, Nuancen von weißer Frucht. Saftig, feine Fruchtsüße, angenehmes Säurespiel, zart nach Babybanane im Abgang, bleibt haften, gute Länge.

91 Rosé Cuvée 2022 ZW/PN/CS/SY
12,5 Vol.-%, DV, Stahltank, €€
Mittleres Altrosa, Silberreflexe. Nuancen von Waldbeeren und eingelegten Kirschen, ein Hauch von weißem Nougat. Saftig, elegant, einladende Kirschfrucht, zarter Blütenhonig, bleibt gut haften, zart nach Feigen im Nachhall.

★★★★

WEINGUT EICHINGER

Was von außen wie ein kleines Herrenhaus aussieht, ist in Wahrheit ein großes »Frauenhaus« sowie die Wirkungsstätte von Birgit Eichinger und ihrer Tochter Gloria. Hinter dem Wein steht der Mensch, der ihn mit der Natur erschaffen hat: Birgit Eichinger ist Winzerin mit großer Behutsamkeit, Konsequenz sowie Gespür und gleichzeitig tief verwurzelt in ihrer Heimat, dem Kamptal. Sie ist Inbegriff für hochelegante und charakterstarke Weine. »Weiterentwicklung, nicht Stillstand, Individualität statt Mainstream«, lautet ihr Credo. Alle Weine tragen unverwechselbar die Handschrift der Winzerinnen und die ihrer Geburtsstätte, des Kamptals.
Erfolg braucht Raum. Daher ist der Betrieb seit seiner Gründung im Jahr 1992 auf heute 16 Hektar gewachsen – und das in den besten Kamptaler Rieden. So konnten auch Terrassen am Gaisberg rekultiviert werden. Dieses ehrgeizige Projekt umfasst mehr als drei Hektar bestes Rebland. Bereits 2012 wurde dort von eigenen Selektionen Grüner Veltliner ausgepflanzt. Neuer in der Riege ihrer namhaften Lagen ist die Ried Grub, die seit 2016 ebenfalls mit Grünem Veltliner bestockt ist.

Mehr als 50 Prozent der Gesamtproduktion werden exportiert, woran die zahlreichen internationalen Auszeichnungen nicht ganz unschuldig gewesen sein dürften. Aber auch in Österreich sind die Eichiner-Weine beliebt und von kaum einer Weinkarte wegzudenken. Als Mitglied der »Österreichischen Traditionsweingüter« ist dem Winzerinnen-Duo natürlich auch die Klassifizierung der Ersten Lagen im Donauraum ein wichtiges Anliegen. Denn nicht überall, wo Reben gepflanzt werden, wächst die gleiche Qualität heran. Dieser Suche fühlt man sich im Hause Eichinger verpflichtet.

96 Riesling * Ried Heiligenstein 1ÖTW 2022
13 Vol.-%, NK, Stahltank, €€€€€
Mittleres Gelbgrün, Silberreflexe. Reife Tropenfrucht, dunkle Würze, engmaschig, zarte Mineralik, ein Hauch von Mirabellen, floraler Touch, einladendes Bukett. Saftig, straff, komplexer Speisenbegleiter, mineralisch, feinwürzig, Marille im Abgang, sicheres Potenzial.

94 Riesling * Ried Gaisberg 1ÖTW 2022
13 Vol.-%, NK, Stahltank, €€€€€ Ⓥ
Mittleres Gelbgrün, Silberreflexe. Reife Ananas, zart nach Blütenhonig, etwas nach Marillen, Mandarinenzesten, fa-

Birgit und Gloria Eichinger

WEINGUT EICHINGER
3491 Straß im Straßertale
Langenloiser Straße 365
T: +43 (2735) 5648
office@weingut-eichinger.at
www.weingut-eichinger.at

Kellermeister: Birgit & Gloria Eichinger
Kontakt: Gloria Eichinger
Produktion: 120.000 Flaschen
100 % weiß, 16 Hektar
Zertifiziert: Nachhaltig Austria
Vereinszugehörigkeit: Traditionsweingüter Österreich
Messen: Austrian Tasting London, ProWein Düsseldorf, VieVinum

© WWW.POV.AT

cettenreiches Bukett. Saftig, elegant, balanciert, gut eingebundener Säurebogen, Mangotouch im Abgang, salziger Nachhall, guter Speisenbegleiter.

91 Riesling * Strass 2022

12,5 Vol.-%, DV, Stahltank, €€€ Ⓥ

Mittleres Gelbgrün, Silberreflexe. Mit Kräutern unterlegte gelbe Tropenfrucht, zart nach Quitten, etwas nach Marillen, Zitrus klingt an. Saftig, engmaschig, mineralisch, Pfirsichnoten im Abgang, salziger Rückgeschmack, lang anhaltend, guter Speisenbegleiter.

(94) Grüner Veltliner * Strass Ried Gaisberg 1ÖTW 2021

13,5 Vol.-%, NK, Stahltank/großes Holzfass, €€€€ Ⓥ

Helles Gelbgrün, Silberreflexe. Reife Apfelfrucht, etwas Mango und Blütenhonig, Nuancen von kandierten Orangenzesten. Saftig, elegant, angenehme Fruchtsüße, feiner Säurebogen, balanciert und lange anhaftend, Honigmelone im Nachhall, ein toller Speisenbegleiter mit sicherem Reifepotenzial.

92 Grüner Veltliner * Strass Glanz & Gloria 2022

12,5 Vol.-%, DV, Stahltank, €€€ Ⓥ

Mittleres Gelbgrün, Silberreflexe. Feine Mangonoten, zart nach Papaya, kandierte Orangenzesten, Wiesenkräuter klingen an, mit Blütenhonig unterlegt. Saftig, straff, feine Säurestruktur, mineralisch, engmaschig, weißes Steinobst, bereits gut antrinkbar.

92 Grüner Veltliner * Ried Wechselberg 2022

12,5 Vol.-%, DV, Stahltank, €€€ Ⓥ

Leuchtendes Gelbgrün, Silberreflexe. Reife Tropenfrucht, kandierte Orangenzesten, etwas nach Ananas, mit Wiesenkräutern unterlegt, facettenreiches Bukett. Saftig, gute Komplexität, gut eingebundene Säurestruktur, mineralisch-salzig, Steinobst im Abgang, guter Speisenbegleiter mit Potenzial.

91 Grüner Veltliner * Strass 2022

12 Vol.-%, DV, Stahltank, €€ Ⓥ

Mittleres Gelbgrün, Silberreflexe. Feiner Blütenhonig, ein Hauch von weißem Apfel, Gewürznuancen, etwas Guaven. Saftig, elegant, feine Säurestruktur, balanciert, weißes Kernobst, kräutriger Nachhall, guter Speisenbegleiter.

91 Grüner Veltliner * Ried Hasel 2022

12,5 Vol.-%, DV, Stahltank, €€ Ⓥ

Leuchtendes Goldgelb, Silberreflexe. Einladendes Bukett nach Mango und kandierten Orangenzesten, zart nach Wiesenkräutern, gelbe Apfelfrucht. Saftig, straff, gut eingebundene Säurestruktur, leichtfüßig wirkend, weißes Kernobst im Abgang, bereits gut antrinkbar.

Der Kamp am Fuße des Heiligensteins

93 Roter Veltliner Ried Rosengartl 2021

13 Vol.-%, DV, Stahltank/kleines Holzfass, €€€€€ Ⓥ

Leuchtendes Gelbgrün, Silberreflexe. Mit Blütenhonig und Karamell unterlegte gelbe Tropenfrucht, ein Hauch von Mango und Ananas, einladendes Bukett. Saftig, balanciert, reife Tropenfrucht im Abgang, zarte Holzwürze, salziger Nachhall, guter Speisenbegleiter mit Potenzial.

91 Roter Veltliner Ried Stangl 2022

12,5 Vol.-%, DV, Stahltank, €€€ Ⓥ

Leuchtendes Gelbgrün, silberfarbene Reflexe. Zarte Apfelfrucht, etwas nach Maracuja, ein Hauch von Orangenzesten, Kardamom, einladendes Bukett. Saftig, straff, mittlere Komplexität, Weingartenpfirsich, mineralisch, bleibt gut haften, unkomplizierter Speisenbegleiter.

(91) Chardonnay Ried Gaisberg 2022

13 Vol.-%, DV, Stahltank/großes Holzfass, €€€ Ⓥ

Mittleres Gelbgrün, Silberreflexe. Feine Kräuter-Tabak-Würze, Nuancen von gelber Frucht, kandierte Orangenzesten, ein Hauch von Marillen, floraler Touch. Saftig, gute Komplexität, feinwürzig, etwas nach Kardamom, Apfeltouch im Abgang, unkomplizierter Speisenbegleiter.

★

WEINGUT ETZ

Seit der Gründung im Jahr 1898 ist die vierte Generation auf dem Weingut Etz heute besonders bemüht, das moderne und traditionsreiche Weingut bestmöglich zu führen. Durch mehrere Praktika in Europa und Übersee, wie zum Beispiel in Kalifornien, Argentinien und Australien, hat Franz Etz junior wichtige Erfahrungen und Skills im Weinmachen gesammelt. Er ist gleichermaßen für die Vinifikation wie für die Pflege der rund 43 Hektar eigener Weingartenfläche verantwortlich. Die Weingärten des Betriebs liegen verteilt auf verschiedenen bekannten Rieden des Kamptals zwischen der Weinstadt Langenlois und der Gemeinde Grafenegg. Der Gaisberg ist die Herkunft der Rieslinge. Der Strasser Wechselberg, der Offenberg und das Hasel, das Karl, der Kammerner Hund und die Grub sowie Bleckenweg und Galgenberg sind Ursprung der Grünen Veltliner. Letzterer ist zudem Hauptsorte und Eckpfeiler des Betriebs und nimmt einen Flächenanteil von über 65 Prozent ein.
Das geschmackliche Spektrum der Weine beginnt mit den leichten und fruchtigen Varianten und reicht bis zu würzig-pfeffrigen Lagenweinen, die zu ihrem Ausbau eine bis zu zwölf Monate lange Lagerung auf der Feinhefe erhalten. Die Rieslinge als zweitwichtigste Weißweinsorte des Kamptals werden wie Sauvignon Blanc, Chardonnay und Pinot Blanc lagenrein abgefüllt. Bei der Vinifizierung wird stets darauf geachtet, nur in dem Maße einzugreifen, wie dies auch unbedingt notwendig ist. So wird auf jede Bewegung des Weins bis zur Füllung verzichtet, damit dieser das gesamte Potenzial frei und vollständig entfalten kann. Erfolge bei internationalen Verkostungen und Bewertungen bestätigen, dass dies der richtige Weg ist.

WEINGUT ETZ
3492 Walkersdorf am Kamp
Hauptstraße 27
T: +43 (2735) 2473
office@etzwine.at
www.etzwine.at

Kellermeister/Kontakt: Franz Etz
Produktion: 90 % weiß, 10 % rot, 43 Hektar
Messen: ProWein Düsseldorf

93 Riesling ** Ried Gaisberg 2021
13,5 Vol.-%, DV, Stahltank, €€€
Mittleres Gelbgrün, silberfarbene Reflexe. Reife Tropenfrucht, zarter Honig, etwas nach Mango, Karamell und Passionsfrucht, einladendes Bukett. Saftig, gute Komplexität, fruchtsüß nach Marille, Orangenschalen, guter Speisenbegleiter mit Potenzial.

91 Riesling * Ried Galgenberg 2022
12,5 Vol.-%, DV, Stahltank, €€€
Helles Gelbgrün, Silberreflexe. Feine Kräuter-Tabak-Würze, ein Hauch von Maracuja, weißes Steinobst, Grapefruit klingt an. Saftig, elegant, gut eingebundene Säurestruktur, weißer Pfirsich, zitroniger Nachhall, bereits gut antrinkbar.

91 Grüner Veltliner ** Ried Karl 2021
13 Vol.-%, DV, €€€
Mittleres Gelbgrün, Silberreflexe. Blütenhonig und Ananas, Noten von reifer gelber Frucht, feinwürzig, mit Honig unterlegt. Saftig, elegant, gut eingebundener Säurebogen, fruchtsüß, kandierte Orangenzesten, Papaya im Abgang, bereits gut antrinkbar.

90 Grüner Veltliner * 2022
12,5 Vol.-%, DV, Stahltank, €€
Helles Gelbgrün, Silberreflexe. Feine Kräuterwürze, etwas nach Maracuja, ein Hauch von Birnen, Blütenhonig klingt an. Saftig, elegant, feiner, balancierter Säurebogen, weißes Kernobst im Abgang, bereits gut antrinkbar.

89 Sauvignon Blanc Ried Bleckenweg 2022
12,5 Vol.-%, DV, Stahltank, €€

(88) Chardonnay Ried Bleckenweg 2022
13,5 Vol.-%, DV, Stahltank, €€

★★★★★

WEINGUT SCHLOSS GOBELSBURG

Schloss Gobelsburg ist das älteste Weingut der Donauregion Kamptal und kann auf eine dokumentierte Weinbaugeschichte bis zurück ins 12. Jahrhundert blicken. 2021 feiert Schloss Gobelsburg seinen 850. Jahrgang der altehrwürdigen Domaine. Zisterzienser-Mönche des Stiftes Zwettl erhielten ihre ersten Weingärten im Jahre 1171 und haben über die letzten 850 Jahre den Weinbau in Österreich nachhaltig geprägt.
Über die Jahrhunderte haben die Mönche Weingärten in den allerbesten Lagen Österreichs bewirtschaftet. Heute konzentriert sich das Weingut auf die typischen Herkunftsweine der Donau-Appellationen in den drei Kategorien Gebiets-, Orts- und Riedenwein – darunter weltbekannte Namen wie Ried Heiligenstein oder Ried Lamm. Nachhaltiger Weinbau war immer schon eine Herzensangelegenheit. So werden die Weingärten vom Rebschnitt bis zu den Laubarbeiten mit Umsicht und Bedacht gepflegt. Im Herbst, wenn sich die Blätter im Oktober und November schon golden färben, werden die Trauben per Hand in kleine Kisten gelesen und sorgfältig in den Keller gebracht und dort weiter sortiert.

Einfachheit und Strenge ist ein Leitmotiv der Zisterzienser, das den Weg zu großen Weinen weist. Der Faktor Zeit ist heutzutage ein rares Gut geworden. Den Gobelsburger Weinen wird allerdings der Luxus gegönnt, sich in aller Ruhe in den kühlen Kellern entfalten zu können.
Neben den typischen Appellations-Weinen werden in den Kellern von Schloss Gobelsburg noch andere Weinspezialitäten gekeltert. Das Weingut gilt als Spezialist für österreichischen Qualitätsschaumwein sowie für »Cool Climate«-Rotweine, basierend auf der Pinot-Familie (Pinot Noir, St. Laurent & Zweigelt). Eine kleine, aber feine Spezialität sind die Süßweine aus Gobelsburg. Hier werden Prädikate in allen Ebenen und auch regelmäßig Eiswein gekeltert. Bekannt ist das Weingut auch für seine Beschäftigung mit historischer Weinbereitung, die in den Weinen namens »Tradition« zum Ausdruck kommt.

95 **Sekt Austria Grosse Reserve Niederösterreich g.U. Langenlois Extra Brut Vintage 2012 GV/PN/RR**
Deg. 11/22, 12 Vol.-%, NK, Flaschengärung, €€€€€€
Mittleres Grüngelb, Silberreflexe, sehr feines, anhaltendes Mousseux. Zart nach Backwerk, feine gelbe Tropenfrucht,

WEINGUT SCHLOSS GOBELSBURG
3550 Gobelsburg
Schloss Straße 16
T: +43 (2734) 2422
schloss@gobelsburg.at
www.gobelsburg.at

Kellermeister/Kontakt: Michael Moosbrugger
Produktion: 10 % Schaumwein, 70 % weiß, 20 % rot, 85 Hektar
Zertifiziert: Nachhaltig Austria
Vereinszugehörigkeit: Traditionsweingüter Österreich
Messen: Austrian Tasting London, Foodex Japan, ProWein Düsseldorf, VieVinum, Vinexpo Shanghai

© Schloss Gobelsburg

»Dynamic Cellar Concept« – Fässer auf Rädern im Weinkeller von Schloss Gobelsburg

ein Hauch von Mango und Ringlotten, weißes Nougat, attraktives Bukett. Straff, engmaschig, weiße Apfelfrucht, rassig strukturiert, Limetten im Abgang, sehr jugendlich, mineralisch im Nachhall, gute Länge, weiteres Reifepotenzial.

93 ❶ Sekt Austria Reserve Niederösterreich g.U. Brut GV/PN/RR
Deg. 01/23, 12 Vol.-%, NK, Flaschengärung, €€€€€ Ⓥ
Helles Goldgelb, Silberreflexe, feines Mousseux. Zart nach Biskuit und Wiesenkräutern, Nuancen von reifem gelbem Kernobst, nach Birne und Apfel, etwas Blütenhonig. Mittlerer Körper, weißer Apfel, frischer Säurebogen, mineralisch-zitronig, ein vielfältig einsetzbarer Speisenbegleiter.

93 ❶ Sekt Austria Reserve Niederösterreich g.U. Blanc de Blancs Brut CH/WR/GV
Deg. 12/22, 12 Vol.-%, NK, Flaschengärung, €€€€€ Ⓥ
Helles Goldgelb, Silberreflexe, feines, anhaltendes Mousseux. Zarte gelbe Tropenfrucht, ein Hauch von Biskuit und Blütenhonig, mit kandierten Orangenzesten unterlegt. Saftig, weißer Apfel, mineralisch und straff, zitronig und frisch, angenehmer trockener Stil, ein zart salziger, vielfältig einsetzbarer Speisenbegleiter.

93 ❶ Sekt Austria Reserve Niederösterreich g.U. Brut Rosé ZW/PN/SL
11,5 Vol.-%, NK, Flaschengärung, €€€€€ Ⓥ
Helles Lachsrosa, Silberreflexe, feines Mousseux. Zart nach Erdbeerkonfit und eingelegten Kirschen, ein Hauch von Mandarinenzesten und Blütenhonig, einladendes Bukett. Straff, zart nach Ribiseln, mineralisch-zitronige Textur, salzig im Abgang, ein rassiger Aperitif und finessenreicher Speisenbegleiter.

98 Riesling * Ried Heiligenstein 1ÖTW 2021
13,5 Vol.-%, NK, großes Holzfass, €€€€€€ Ⓥ
Leuchtendes Goldgelb, Grünreflexe. Dezente Kräuternoten, weißes Steinobst, zart nach Honig, etwas Feigengelee, ein Hauch von Grapefruit, komplexes Bukett. Gute Komplexität, zitroniger Touch, frischer Säurebogen, mineralisch, Weingartenpfirsich im Abgang, salziger Rückgeschmack, vielschichtiger Speisenbegleiter, sicheres Entwicklungspotenzial.

95 Riesling * Ried Gaisberg 1ÖTW 2021
13,5 Vol.-%, NK, großes Holzfass, €€€€€ Ⓥ
Leuchtendes Goldgelb, Silberreflexe. Dunkle Mineralik, zart nach Gewürzen, ein Hauch von gelber Tropenfrucht, zart nach weißem Steinobst, mit Blütenhonig unterlegt. Gute Komplexität, saftig, straff, balancierter Säurebogen, Kumquats und Pfirsich im Abgang, bleibt sehr gut haften, vielschichtiger Speisenbegleiter mit Entwicklungspotenzial.

93 Riesling * Zöbing 2022
13 Vol.-%, NK, großes Holzfass, €€€€ Ⓥ
Mittleres Grüngelb, Silberreflexe. Feine Kräuterwürze, etwas nach Mirabellen und Guaven, zart nach Weingartenpfirsich, Blütenhonig klingt an. Saftig, elegant, fruchtsüß nach Marillen, zitroniger Nachhall, leichtfüßig, jedoch lang anhaltend, guter Speisenbegleiter.

97 Grüner Veltliner * Ried Lamm 1ÖTW 2021
13,5 Vol.-%, NK, großes Holzfass, €€€€€€ Ⓥ
Leuchtendes Goldgelb, silberfarbene Reflexe. Mit dezenter Würze unterlegte reife Ananas und Honigmelone, ein Hauch von Apfel, Bergamotte. Gute Komplexität, extraktsüß, mineralisch, gut eingebundener Säurebogen, Mango im Abgang, Orangentouch im Nachhall, vielschichtiger Speisenbegleiter, wird von Flaschenreife profitieren.

96 Grüner Veltliner * Ried Renner 1ÖTW 2021
13,5 Vol.-%, NK, €€€€€ Ⓥ
Leuchtendes Goldgelb, Silberreflexe. Einladendes Bukett nach Mango und Ananas, Blütenhonig, unterlegt mit etwas kandierten Kumquats. Saftig, komplex, facettenreiche Säurestruktur, reifer Apfel und Papaya im Abgang, mineralisch, lang anhaltend, dichtes Finish, sicheres Entwicklungspotenzial.

96 Grüner Veltliner * Ried Grub 1ÖTW 2021
13,5 Vol.-%, NK, großes Holzfass, €€€€€ Ⓥ
Mittleres Grüngelb, Silberreflexe. Gelbe Tropenfrucht, Blütenhonig, unterlegt mit Wiesenkräutern, zart nach Guaven und Mango, Gewürze klingen an. Komplex, straff, facettenreiche Säurestruktur, feinwürzig, mineralisch-salzig, reife Tropenfrucht im Abgang, Karamell im Nachhall, bleibt sehr gut haften, vielschichtiger Speisenbegleiter.

(93) Grüner Veltliner * Ried Steinsetz 2022
13,5 Vol.-%, NK, großes Holzfass, €€€€ Ⓥ
Leuchtendes Goldgelb, Silberreflexe. Frische Kräuternoten, zart nach Melisse, ein Hauch von Orangenschalen, reifes Kernobst klingt an. Saftig, elegant, gut eingebundene Säurestruktur, feinwürzig, Maracuja im Abgang, salziger Nachhall, lang anhaltend, guter Speisenbegleiter.

(93) Grüner Veltliner * Ried Spiegel 2022
13,5 Vol.-%, NK, großes Holzfass, €€€€€ Ⓥ
Leuchtendes Goldgelb, Silberreflexe. Feine Kräuterwürze, etwas nach Maracuja, ein Hauch von Honigmelone, dezente Gewürznuancen. Komplex, saftig, engmaschig, weiße Tropenfrucht, dezente Extraktsüße, bleibt gut haften, dunkle Mineralik im Nachhall, hervorragender Speisenbegleiter.

92 Grüner Veltliner * Langenlois 2022
13 Vol.-%, NK, großes Holzfass, €€€ Ⓥ
Mittleres Gelbgrün, Silberreflexe. Feine Kräuterwürze, unterlegt mit Blütenhonig, gelbe Tropenfrucht, roter Apfel klingt an. Saftig, elegant, Golden-Delicious-Apfel im Abgang, extraktsüßer Nachhall, gut integrierter Säurebogen, vielfältig einsetzbar.

96 Tradition Heritage 10 years Edition 851 GV/RR
13 Vol.-%, NK, €€€€€€ Ⓥ
Mittleres Goldgelb, Silberreflexe. Kräuterwürze und Limetten, ein Hauch von Kiwi, zart nach Pfirsich, floraler Touch, Blütenhonig klingt an. Saftig, gute Komplexität, engmaschig, gut eingebundene Säurestruktur, Karameltouch, Melone im Abgang, salziger Nachhall, facettenreicher Speisenbegleiter.

★

WEINGUT WOLFGANG UND SYLVIA GROLL

Seit 1880 befasst sich die Familie Groll mit Weinbau. Der Familienbetrieb bewirtschaftet eine Weingartenfläche von elf Hektar in den besten Lagen wie Hiesberg, Seeberg, Kogelberg oder Hoheneck. Wolfgang Groll führt heute das Unternehmen gemeinsam mit seiner Frau Sylvia. Das Weingut befindet sich nur wenige Minuten von Langenlois entfernt in Reith, in einem lang gezogenen Tal westlich von Zöbing, wo der Weinbau schon immer Tradition hatte. Die Rebkulturen gedeihen auf Lehm- und Urgesteinsböden, die das ganze Jahr über begrünt sind.
Groll-Wein ist immer Chefsache! Kellermeister Wolfgang Groll, der Hüter des Groll-Weinwissens, ist ausschließlich persönlich für seine Weinkreationen verantwortlich und überlässt dabei nichts dem Zufall. Mit größter Sorgfalt verwandelt er seine Trauben in frische, sortentypische und oft prämierte Weißweine und kräftige Rotweine. Bei den Weißweinen werden Grüner Veltliner, Riesling, Welschriesling, Chardonnay, Rivaner und Muskateller ausgebaut. Das Rotweinsortiment besteht hauptsächlich aus Zweigelt. Neben der intensiven Beschäftigung mit dem Rohprodukt wird auf modernste Kellertechnik gesetzt, denn Groll-Wein will stets weiterentwickelt werden. Durch Kontinuität hat es das Weingut Groll immer wieder geschafft, Prämierungen für seine Weine zu erlangen. Die wichtigsten Erfolge der letzten Jahre waren zahlreiche Auszeichnungen beim »SALON Österreich Wein« sowie einige Langenloiser »Champion«-Weine. Wichtigstes Exportland des aufstrebenden Weinguts ist Deutschland.

WEINGUT WOLFGANG UND SYLVIA GROLL
3553 Reith/Langenlois
Reith 59
T: +43 (2734) 8522
info@weingut-groll.at
www.weingut-groll.at

Kellermeister: Wolfgang Groll
Kontakt: Wolfgang und Sylvia Groll
Produktion: 80 % weiß, 20 % rot, 11 Hektar
Zertifiziert: Nachhaltig Austria
Messen: Weintage im Museumsquartier

92 Grüner Veltliner * Zöbing Ried Kogelberg 2021
13,5 Vol.-%, DV, Stahltank, €€ Ⓗ
Helles Grüngelb, Silberreflexe. Gelbe Tropenfrucht, zart nach Papaya, ein Hauch von Orangenschalen, dezent nach Blütenhonig. Saftig, elegant, feine Fruchtsüße, Ananas im Abgang, salziger Nachhall, guter Speisenbegleiter.

89 Grüner Veltliner * Langenlois Vom Stein 2022
12,5 Vol.-%, DV, Stahltank, €€ Ⓗ

92 Riesling * Langenlois Ried Seeberg 2021
13,5 Vol.-%, DV, Stahltank, €€ Ⓗ
Mittleres Gelbgrün, silberfarbene Reflexe. Dezente Tabakwürze, dunkle Mineralik, ein Hauch von Tropenfrucht, zarter Blütenhonig. Saftig, gute Komplexität, Orangenschalen und Papaya im Abgang, guter Speisenbegleiter mit Potenzial.

91 Riesling * Urgestein 2022
13 Vol.-%, DV, Stahltank, €€ Ⓗ
Mittleres Grüngelb, silberfarbene Reflexe. Zarte Kräuternoten, ein Hauch von Quitte, dezente Würze, Mirabellen und Clementinen klingen an. Mittlere Komplexität, saftig, extraktsüß, Marillen im Abgang, bleibt gut haften, unkomplizierter Speisenbegleiter.

88 Chardonnay Selektion 2022
13,5 Vol.-%, DV, Stahltank, €€ Ⓗ

90 Zweigelt Reserve 2021
13,5 Vol.-%, DV, kleines Holzfass, €€ Ⓗ
Dunkles Rubingranat, violette Reflexe, breitere Randaufhellung. Zarte Holzwürze, Vanille und Nelken, mit roten Herzkirschen und Zwetschken unterlegt. Saftig, komplex, dunkle Beerenfrucht, reife Tannine, mineralisch im Abgang, vielfältig einsetzbar.

★★

WEINGUT HERNDLER

Das Weingut Herndler liegt im Herzen des Kamptals, im Gartendorf Schiltern, etwa sechs Kilometer nördlich von Langenlois. Es besteht seit dem Jahr 1889. Ursprünglich wurde es als gemischter Betrieb geführt, der Weinbau spielte zunächst eine untergeordnete Rolle. Im Lauf der Zeit hat sich daraus jedoch ein reiner Weinbaubetrieb entwickelt. Drei Generationen leben und arbeiten miteinander, dabei geben Tradition und Moderne einander die Hand. Hoch über dem Kamp produziert die Familie auf einer Weinbaufläche von etwa 14,5 Hektar die Klassiker des Kamptals: Grünen Veltliner und Riesling – fruchtig, spritzig, mineralisch.
Das Zusammenspiel von Boden und Klima ist im Kamptal besonders fein und vielfältig. Der magere Urgesteinsboden und der berühmte Lössboden sind die vorherrschenden Bodenarten der Weingärten. Das trockene, heiße pannonische Klima und die rauen, kühlen Lüfte des Waldviertels locken im Wechselspiel zwischen hohen Tages- und niedrigen Nachttemperaturen die feinsten Aromen in den Weintrauben hervor. Die Reben tanken tagsüber Sonne, nachts atmen sie durch und nehmen die würzige Aromatik des Bodens auf, was dem Wein seine einzigartige Fruchtigkeit verleiht.
Wein machen bedeutet für die Winzerfamilie entstehen lassen – von der Traube bis zur fertigen Flasche. Jedes Jahr ist anders, jedes Jahr ist spannend. Das Beste aus dem Naturprodukt Wein herauszuholen ist immer wieder eine faszinierende Herausforderung. Als Win-

WEINGUT HERNDLER
3553 Schiltern
Karglstraße 1
T: +43 (2734) 8283
info@weingut-herndler.at
www.weingut-herndler.at

Kellermeister: Thomas Herndler
Kontakt: Alexandra Herndler
Produktion: 70 % weiß, 30 % rot, 14.5 Hektar
Messen: 501 Bio-Dyn

zer verstehen sie sich gleichermaßen als erfahrene Handwerker wie auch als Partner der Natur, für die es die Weingärten nachhaltig zu bewirtschaften gilt. Viel Handarbeit im Weingarten und schonende Verarbeitung im Keller geben den Weinen ihre persönliche Handschrift. Freude und Genuss, Traditionelles und Neues spiegeln sich in den Weinen wider.

92 Grüner Veltliner * Langenlois Ried Käferberg 2021
14 Vol.-%, DV, €€€
Mittleres Gelbgrün, Silberreflexe. Feine Tabakwürze, etwas nach Kardamom, dezente gelbe Apfelfrucht, gelbe Tropenfrucht, dunkle Mineralik. Kraftvoll, feine Säurestruktur, mineralisch, Mangotouch im Abgang, würziger Nachhall, guter Speisenbegleiter mit Potenzial.

90 Grüner Veltliner * Langenlois Alte Reben 2022
13,5 Vol.-%, DV, Stahltank, €€
Helles Grüngelb, Silberreflexe. Feine Tabakwürze, etwas nach Maracuja und Apfel, ein Hauch von Clementinenzesten, floraler Touch. Saftig, frische Struktur, mineralisch, Kernobst im Abgang, salziger Nachhall, bereits gut antrinkbar.

91 Riesling * Strass Ried Gautscher 2022
13 Vol.-%, DV, Stahltank, €€
Mittleres Gelbgrün, Silberreflexe. Tropenfrucht, feinwürzig, etwas kandierte Grapefruit, zart nach Wiesenkräutern. Saftig, straff, mittlere Komplexität, balanciert und lang anhaltend, Pfirsich im Abgang, mineralischer Nachhall, guter Speisenbegleiter.

90 Gelber Muskateller 2022
11,5 Vol.-%, DV, Stahltank, €€
Helles Gelbgrün, Silberreflexe. Etwas Holunder und Wiesenkräuter, ein Hauch von Pfirsich, floraler Touch, einladendes Bukett. Saftig, straff, frische Säurestruktur, weißes Steinobst im Abgang, zitroniger Nachhall, klassischer Sortenvertreter mit hohem Trinkanimo.

89 Gemischter Satz 2022
12,5 Vol.-%, DV, Stahltank, €€

90 Rotburger Reserve 2021
13 Vol.-%, DV, Barrique, €€€
Dunkles Rubingranat, violette Reflexe, breitere Randaufhellung. Feine rotbeerige Nuancen, frische Kirschen, floraler Touch. Saftig, frische Kirschen auch am Gaumen, angenehme Säurestruktur, mineralisch, gut anhaftend, ein vielseitiger fruchtiger Speisenbegleiter.

★★★★

WEINGUT HIEDLER

Das 1856 gegründete Weingut Hiedler gehört zu den traditionsreichen Häusern in Langenlois. Schon 1906 wurde das Gut durch das Erzherzogtum Österreich unter der Enns für seine Weinqualität geehrt. Diesen Anspruch trieb die Familie über Jahrzehnte immer weiter an die Spitze. Schließlich bescherten Ludwig Hiedler und seine aus Barcelona stammende Frau María Ángeles dem Weingut internationale Aufmerksamkeit und etablierten es als fixe Größe im Kamptal und in Österreich. In fünfter Generation lenken heute die beiden Brüder Ludwig jun. und Dietmar Seite an Seite mit Ludwig sen. die Geschicke des Betriebes, der sich konsequent weiterentwickelt. Die Familie kultiviert teils uralte Weingärten, verstreut über einige der bedeutendsten Weinbergslagen des Kamptals. Mit konsequenter händischer Rebstockpflege, gut überlegtem Begrünungs- und Kompostmanagement und dem jahrzehntelangen Verzicht auf Herbizide und Insektizide fördert man eine aktive Bodenbiologie und sorgt dabei für eine lebendige und vielfältige Weingartenlandschaft. Es sind gesunde und wertvolle Trauben, die hier heranreifen und so das starke Fundament von sehr persönlichen Weinen bilden. Auch im Keller wird handwerklich und traditionell gearbeitet. Die Familie lässt ihren Weinen viel Zeit. Man begegnet allen Prozessen mit Geduld und dem über die Generationen gesammelten Erfahrungswissen. Die Weine dürfen besonders lange auf der Feinhefe reifen, in großen Akazienfässern, Edelstahltanks und manchmal auch in kleinen Eichenfässern. Ein biologischer Säureabbau darf auf natürliche Weise (spontan) vorkommen und wird nicht unterbunden. All das eröffnet den Weinen eine einzigartige Dimension von Textur und Tiefe. Dieser Philosophie – verkörpert durch die in Stein gemeißelte Eule vor dem histori-

Weißburgunder

WEINGUT HIEDLER
3550 Langenlois
Am Rosenhügel 13
T: +43 (2734) 2468
office@hiedler.at
www.hiedler.at

Kellermeister: Ludwig Hiedler
Kontakt: Dietmar Hiedler
Produktion: 95 % weiß, 5 % rot, 30 Hektar
Zertifiziert: Nachhaltig Austria
Vereinszugehörigkeit: Traditionsweingüter Österreich
Messen: ProWein Düsseldorf

schen Weinkeller (und auf dem Etikett) – bleibt die Familie stets verbunden.

96 Riesling ** Ried Heiligenstein 1ÖTW 2021
13,5 Vol.-%, DIAM, Stahltank, €€€€€
Helles Gelbgrün, Silberreflexe. Nuancen von weißer Tropenfrucht, zart nach Minze, frische Limettenzesten, helle Mineralik, zarte Steinobstanklänge. Saftig, engmaschig, elegant, komplexe Textur, feine, gut integrierte Säure, mineralisch, zarte Fruchtsüße im Abgang, verfügt über Länge und Potenzial, harmonisches Finale, großes Zukunftsversprechen.

(95) Riesling ** Maximum 2020
13,5 Vol.-%, DIAM, Stahltank, €€€€€
Mittleres Gelbgrün, Silberreflexe. Attraktives Bukett nach weißer Tropenfrucht und frischem Pfirsich, etwas Maracuja, facettenreiche Aromatik. Saftig, elegant, feine Fruchtsüße, die von rassiger Säure gekontert wird, salzig im Abgang, Limetten im Nachhall, bleibt haften, gutes Entwicklungspotenzial.

94 Riesling ** Ried Steinhaus 1ÖTW 2021
12,5 Vol.-%, DV, Stahltank, €€€€€
Helles Gelbgrün, silberfarbene Reflexe. Nuancen von gelbem Apfel, frische Orangenzesten, mit einem Hauch von Wiesenkräutern unterlegt. Saftig, elegant, weiße Frucht, finessenreicher Säurebogen, mineralisch und leichtfüßig, zitronig-salzig im Nachhall, ein lebendiger Speisenbegleiter.

94 Riesling ** Ried Gaisberg 1ÖTW 2021
13 Vol.-%, DIAM, Stahltank, €€€€€
Helles Gelbgrün, silberfarbene Reflexe. Verhalten, feine Nuancen von gelber Frucht, Blütenaromen, mineralischer Touch, noch etwas scheu. Saftig, elegant, weißer Pfirsich, rassige Struktur, mineralisch-salzig im Abgang, balanciert, ein saftiger Speisenbegleiter, gutes Reifepotenzial.

92 Riesling * Langenlois Urgestein 2022
12,5 Vol.-%, DV, Stahltank, €€€
Helles Goldgelb, Silberreflexe. Zarte Noten von gelbem Pfirsich, mit etwas Mango und Maracuja unterlegt, ein Hauch von Blütenhonig. Saftig, fruchtig, elegant, mineralisch unterlegt, gelbe Tropenfrucht im Nachhall, bereits gut antrinkbar.

(95) Grüner Veltliner ** Maximum 2020
13,5 Vol.-%, DIAM, großes Holzfass, €€€€€
Mittleres Grüngelb, Silberreflexe. Zarte Kräuterwürze, rauchig unterlegte weiße Apfelfrucht, Nuancen von Blütenhonig, mineralischer Touch. Komplex, frisches Kernobst, frischer Säurebogen, zitronig-salzig, betont mineralisch und jugendlich im Abgang, zeigt Länge, wird von Flaschenreife profitieren.

94 Grüner Veltliner ** Ried Kittmannsberg 1ÖTW 2021
13,5 Vol.-%, DIAM, großes Holzfass, €€€€€
Helles Gelbgrün, silberfarbene Reflexe. Zart tabakig-kräuterwürzig unterlegte Kernobstnuancen, ein Hauch von Mandarinenzesten. Saftig, weißer Apfel, etwas Birne, frisch strukturiert, mineralisch im Abgang, zitroniger Nachhall, feine Fruchtsüße im Rückgeschmack, sicheres Reifepotenzial.

94 Grüner Veltliner ** Ried Schenkenbichl 1ÖTW 2021
13,5 Vol.-%, DIAM, großes Holzfass, €€€€€
Helles Grüngelb, silberfarbene Reflexe. Zarte Kräuterwürze,

tabakige Nuancen, frisches gelbes Kernobst, etwas Mango, kandierte Orangenzesten. Saftig, weißer Apfel, frischer Säurebogen, feine Fruchtsüße im Abgang, mineralisch-salzig, bereits gut entwickelt, ein facettenreicher Speisenbegleiter.

93 Grüner Veltliner * Ried Thal 2022
13 Vol.-%, DV, Stahltank, €€€€ V
Leuchtendes Gelbgold, Silberreflexe. Zart nach Orangenzesten, gelber Apfel, feiner Blütenhonig. Saftig, komplex, frischer Säurebogen, weiße Apfelfrucht, Limetten im Abgang, salzig und jugendlich, ein finessenreicher Speisenwein mit gutem Entwicklungspotenzial.

91 Grüner Veltliner * Langenlois Tonmineral 2022
12,5 Vol.-%, DV, Stahltank, €€€ V
Helles Goldgelb, Silberreflexe. Zart nach Kräutern und Marille, dezent nussig unterlegte Kernobstnuancen. Saftig, mittlerer Körper, frischer Apfel, feiner Säurebogen, animierender Stil, vielfältig einsetzbar.

94 Weißburgunder Maximum 2020
13 Vol.-%, DIAM, großes Holzfass, €€€€€ V
Helles Goldgelb, Silberreflexe. Zart nach frischer Quittenfrucht, Nuancen von Birne, weiße Tropenfrucht im Hintergrund. Saftig, seidige Textur, feine Extraktsüße, gelbe Frucht im Abgang, anhaftend und ausgewogen, ein feiner Speisenbegleiter, gute Länge, sichere Zukunft.

92 Weißburgunder Langenlois Kalksand 2022
12,5 Vol.-%, DV, Stahltank/Teilbarrique, €€€ V
Helles Grüngelb, Silberreflexe. Feine Birnenfrucht, weißes Kernobst, zarter Blütenhonig, mit Mandarinenzesten unterlegt. Saftig und balanciert, weißer Apfel, seidige Textur, ein jugendlicher Speisenwein mit sicherem Reifepotenzial.

★★★★★

WEINGUT HIRSCH

BIO

In einem 500 Jahre alten Zehenthof in Kammern im Kamptal widmet sich die Familie Hirsch mit ganzer Leidenschaft der Weinbereitung. Die Philosophie lautet: »Der Boden macht den Wein.« Mehr noch als die Rebsorte entscheidet die Lage über den Charakter der Weine. Hirsch-Weine sind daher stets Herkunftsweine. Sein ganzes Augenmerk legt der renommierte Winzer Johannes Hirsch dabei auf die Rebsorten Grüner Veltliner und Riesling.
Die einzigartigen Lagen, die Johannes Hirsch seit vielen Jahren biodynamisch bewirtschaftet, liegen direkt vor der Haustür des wunderschönen Weinguts. Dazu zählen die bekannten Riesling-Lagen Zöbinger Heiligenstein-Rotfels und Zöbinger Gaisberg sowie die wunderbaren Veltliner-Lagen Kammerner Lamm, Kammerner Grub und Kammerner Renner. Jedes Jahr entstehen hier individuelle Weinpersönlichkeiten voller Kraft, straffer Mineralik, Finesse und Schmelz und spiegeln dabei eindrucksvoll und unverkennbar die Merkmale des Bodens wider.

100 Riesling * Zöbing Ried Heiligenstein-Rotfels 1ÖTW 2021
13 Vol.-%, DV, Stahltank/gr. Holzfass, €€€€€€ B
Helles Gelbgrün, Silberreflexe. Frischer Hauch von Mango, zart nach Kumquats, weißer Pfirsich, Wacholder, ein Hauch von Ginster, etwas Fenchel, zarte Nuancen von Süden. Mittlerer Körper, weißer Pfirsich, feine Fruchtsüße, elegant, gut eingebundene Säurestruktur, finessenreich und balanciert, zeigt große Harmonie und Länge, sicheres Entwicklungspotenzial.

97 Riesling * Zöbing Ried Heiligenstein 1ÖTW 2021
13 Vol.-%, DV, Stahltank/gr. Holzfass, €€€€€ B
Helles Gelbgrün, Silberreflexe. Feine gelbe Pfirsichfrucht, Nuancen von Orangenzesten, mit etwas Mango und Blütenhonig unterlegt, attraktives Bukett. Straff, engmaschig, weißer Pfirsich, finessenreicher Säurebogen, präzise und mineralisch, lange anhaftend, großes Potenzial.

96 Riesling * Zöbing Ried Gaisberg 1ÖTW 2021
13 Vol.-%, DV, Stahltank/gr. Holzfass, €€€€€ B
Helles Gelbgrün, Silberreflexe. Feinfruchtige Nuancen von Mango und Honigmelone, ein Hauch von frischen Orangenzesten, mineralischer Touch. Straff, engmaschig, feine Steinobstnuancen, lebendig strukturiert, klar wie ein Gebirgsbach, zitronig-salzig im Nachhall, bleibt lange haften, sicheres Reifepotenzial.

93 Riesling * Zöbing 2022
12,5 Vol.-%, DV, Stahltank, €€€€
Mittleres Gelb, Silberreflexe. Feine Zitrusnuancen, ein Hauch von Pfirsich, zart nach Clementinen, Blütenhonig, minerali-

Ried Gaisberg

WEINGUT HIRSCH
3493 Kammern
Hauptstraße 76
T: +43 (2735) 2460
info@weingut-hirsch.at
www.weingut-hirsch.at

Kellermeister/Kontakt: Johannes Hirsch
Anbauweise: Biodynamisch (respekt)
Produktion: 100 % weiß, 30 Hektar
Vereinszugehörigkeit: Traditionsweingüter Österreich, respekt-BIODYN
Messen: ProWein Düsseldorf, VieVinum

scher Touch. Gute Komplexität, saftig, straff, mineralisch, balancierter Säurebogen, Tropenfrucht im Abgang, würziger Nachhall, bleibt lange haften, sicheres Potenzial.

96 Grüner Veltliner * Kammern Ried Renner 1ÖTW 2021
13 Vol.-%, DV, Stahltank/gr. Holzfass, €€€€€ B
Helles Gelbgrün, silberfarbene Reflexe. Zart nach Wiesenkräutern, weißer Apfel, Limettenzesten, feine florale Nuancen. Mittlerer Körper, feine Birnenfrucht, gut integrierte, feine Säurestruktur, mineralisch, feine gelbe Mangofrucht, etwas Honigmelone im Nachhall, ein feinwürziger, eleganter Speisenbegleiter.

95 Grüner Veltliner * Kammern Ried Gaisberg 1ÖTW 2021
13 Vol.-%, DV, Stahltank/gr. Holzfass, €€€€€ B
Mittleres Gelbgrün, Silberreflexe. Zarte Nuancen von Golden-Delicious-Apfel, etwas Mango, frische Wiesenkräuter, mit tabakiger Würze unterlegt. Komplex, saftig, feine Fruchtsüße, finessenreich strukturiert, elegant und anhaftend, mineralisch-salzig im Abgang, sehr gute Länge, pikanter Speisenbegleiter mit großem Potenzial.

95 Grüner Veltliner * Kammern Ried Grub 1ÖTW 2021
13 Vol.-%, DV, Stahltank/gr. Holzfass, €€€€€ B
Helles Gelbgrün, Silberreflexe. Frische Wiesenkräuter, tabakige Nuancen, mit reifer gelber Apfelfrucht unterlegt, Nuancen von Orangenzesten und Limetten. Saftig, elegant, feine Mangofrucht, finessenreicher Säurebogen, mineralisch-salzig im Abgang, bereits gut entwickelt, zeigt Länge, pikant-zitronig im Nachhall.

95 Grüner Veltliner * Kammern Ried Lamm 1ÖTW 2021
13 Vol.-%, DV, Stahltank/gr. Holzfass, €€€€€ B
Helles Gelbgrün, silberfarbene Reflexe. Zart nach Wiesenkräutern und frischer Ananas, feine tabakige Nuancen, mit weißem Apfel unterlegt. Saftig, elegant, feines Steinobst, zart nach Honigmelone und Kernobst, mineralisch-zitronig im Abgang, ein finessenreicher Speisenbegleiter mit sicherem Reifepotenzial.

92 Grüner Veltliner * Kammern 2022
12,5 Vol.-%, DV, Stahltank, €€€€ B
Helles Gelb, Silberreflexe. Feine Kräuterwürze, etwas nach Golden-Delicious-Apfel, zart nach Melisse, Quitte, mineralischer Touch. Straff, balancierte Säurestruktur, mineralisch, Apfelfrucht im Abgang, engmaschiger Nachhall, vielschichtiger Speisenbegleiter mit Potenzial.

90 Grüner Veltliner * Hirschvergnügen 2022
11,5 Vol.-%, DV, Stahltank, €€€ B
Helles Gelbgrün, Silberreflexe. Feine Kräuternoten, reife Apfelfrucht, ein Hauch von Kardamom, zart rauchig. Saftig, elegant, balancierte Säurestruktur, mineralisch, feinwürzig, weißes Kernobst im Abgang, leichtfüßiger Nachhall, bereits gut antrinkbar.

★★

WEINGUT JOHANNES HOLZER

Johannes Holzer bewirtschaftet in den besten Lagen der Region zehn Hektar Weingärten. Rund 50 Prozent seiner Weingärten befinden sich in der oft prämierten Top-Lage Engabrunner Stein. Die verschiedenen Bodentypen – vom Urgestein über Schotter bis hin zu tiefgründigem Löss – bieten ideale Bedingungen für hohe Qualität und große Sortenvielfalt. Neben den Sortenklassikern Grüner Veltliner und Riesling gedeihen auch Frühroter Veltliner, Chardonnay, Sauvignon Blanc, Gelber Muskateller, Zweigelt und St. Laurent zu sehr fruchtbetonten und vielschichtigen Weinen. Der Grüne Veltliner, wird in vier Ausbaustufen gekeltert – vom Kamptal DAC von der Riede Karl und der mittelkräftigen »Alten Rebe« von über 45 Jahre alten Weinstöcken über den Lagenwein aus der Top-Riede Engabrunner Stein bis hin zur vielfach ausgezeichneten »Ganztraube vom Stein«. Qualitätsorientiertes Arbeiten im Weingarten auf Basis einer streng kontrollierten Bewirtschaftung mit Verzicht auf Insektizide und Herbizide – seit April 2021 ist sein Betrieb auch »Nachhaltig Austria«-zertifiziert –, strikte Traubenselektion durch Handlese und eine schonende Traubenverarbeitung mit modernster Kellertechnologie haben für Johannes Holzer höchste Priorität. Prämierungen wie »AWC Gold«, die Auszeichnung zum Kreis der Besten und die Aufnahme in den »SALON Österreich Wein« sowie NÖ-Landessiege und AWC-Sortensiege, aber auch der Sieg bei der »Kamptal Trophy« unterstreichen die hohe Qualität seiner Weine.

91 Riesling Sekt Austria brut Niederösterreich g.U. 2019
12,5 Vol.-%, NK, Flaschengärung, €€€€
Helles Gelbgrün, Silberreflexe. Florale Nuancen, ein Hauch von Maracuja und weißem Pfirsich, ein Touch von Limetten. Saftig, feine Fruchtsüße, weiße Tropenfrucht, etwas Honig, lebendig strukturiert, ein saftiger Speisenbegleiter.

93 Riesling ** Engabrunn Ried Stein 2021
13,5 Vol.-%, DV, Stahltank, €€€
Leuchtendes helles Goldgelb. Feine Tropenfrucht, weißes Steinobst, ein Hauch von Blütenhonig. Saftig, rund und opulent, zart nach Karamell und Honig, seidige Textur, Fruchtsüße im Nachhall, mittlere Länge, Nuancen von weißem Steinobst im Abgang, gutes Entwicklungspotenzial.

(92) Grüner Veltliner ** Ried Stein Ganztraube vom Stein 2022
13,5 Vol.-%, DV, Stahltank, €€€
Mittleres Grüngelb, Silberreflexe. Zart tabakig, feinwürzig unterlegte Kernobstnuancen, reife Mango, einladende Fruchtsüße. Saftig, opulenter Stil, zarter Honigschmelz, Nuancen von Orangen, feine Mineralik, wird von Flaschenreife profitieren.

91 Grüner Veltliner * Engabrunn Alte Rebe Klassik 2022
13 Vol.-%, DV, Stahltank, €€
Leuchtendes mittleres Grüngelb, Silberreflexe. Mit einem Hauch von Orangenzesten unterlegte gelbe Apfelfrucht. Elegant, cremige Textur, dezente Fruchtsüße, reifes Kernobst im Abgang, etwas Nougat im Nachhall.

91 Grüner Veltliner * Engabrunn Ried Stein 2022
13,5 Vol.-%, DV, Stahltank, €€€
Mittleres Grüngelb, Silberreflexe. Zarte Wiesenkräuter, ein Hauch von gelbem Apfel und frischen Orangenzesten. Mittlere Komplexität, feine Extraktsüße, mineralisch und anhaftend, dezenter Honigtouch im Nachhall, ein stoffiger Speisenbegleiter.

89 Chardonnay Ried Stein 2022
13 Vol.-%, DV, Stahltank, €€

WEINGUT JOHANNES HOLZER
3492 Engabrunn
Am Anger 8, oder Hauptstraße 47
T: +43 (2735) 2093
holzerwein@aon.at
www.holzerwein.at
Kellermeister/Kontakt:
Johannes Holzer
Produktion: 50.000 Flaschen
4 % Schaumwein, 85 % weiß,
5 % rosé, 5 % rot, 1 % süß,
10+2 Hektar
Zertifiziert: Nachhaltig Austria
Vereinszugehörigkeit:
Kamptal Klassik
Messen: ÖGW Zürich, VieVinum, Weinmesse Salzburg, DAC-Präsentationen

* Kamptal DAC ** Kamptal DAC Reserve

★★

WEINGUT ARMIN HUBER

BIO

Die Weinbautradition der Winzerfamilie Huber im historischen Springerhof reicht bis ins Jahr 1459 zurück. Im denkmalgeschützten Anwesen befindet sich eines der ältesten und renommiertesten Weingüter des Kamptals. Das Traditionsweingut bewirtschaftet 15 Hektar Weingärten in besten Lagen: Heiligenstein, Gaißberg und Wechselberg, wo hervorragende Rieslinge gedeihen, sowie Hasel und Brunngasse mit würzig-pfeffrigen Veltlinern, die die Zeit bekommen, die sie zum Reifen brauchen. Fruchtiger, leichter Grüner Veltliner, Sauvignon Blanc und Gelber Muskateller sowie der »Gleichgepresste«, der als idealer Sommerwein zu genießen ist, bieten immer wieder große Trinkfreude. Armin Huber, der den elterlichen Betrieb 2012 übernommen hat, vinifiziert mit großer Leidenschaft und umweltbewusster Nachhaltigkeit. In einer Balance zwischen Tradition und moderner Technik begleitet er seine Weine behutsam und naturnah durch den gesamten Entstehungsprozess. Seine Bemühungen werden immer wieder mit Auszeichnungen belohnt. Sämtliche Weine, auch so manche Rarität, kann man in gemütlicher Atmosphäre jederzeit unverbindlich verkosten.

WEINGUT ARMIN HUBER
3491 Straß im Straßertale
Marktplatz 16
T: +43 (2735) 2303
info@huberwein.at
www.huberwein.at

Kellermeister/Kontakt:
Armin Huber
Anbauweise: Zertifiziert Biologisch
Produktion: 98 % weiß, 2 % rot, 15 Hektar
Messen: BioFach Nürnberg, Gast Klagenfurt

93 Riesling * Ried Heiligenstein 2021
13,5 Vol.-%, DV, 500-l-Fass, €€€€ B
Helles Gelbgrün, silberfarbene Reflexe. Feine gelbe Pfirsichfrucht, ein Hauch von Mango, Orangen und Blütenhonig, einladendes Bukett. Saftig, gelbe Frucht, angenehme Fruchtsüße, feiner Säurebogen, bleibt haften, bereits gut antrinkbar und vielfältig einsetzbar.

91 Riesling * Ried Gaisberg 2022
12,5 Vol.-%, DV, Stahltank, €€€ B
Mittleres Gelbgrün, Silberreflexe. Weiße Tropenfrucht, etwas Blütenhonig, ein Hauch von Wiesenkräutern, Grapefruitzesten, mit einem Ananastouch unterlegt. Saftig, mittlerer Körper, feine Fruchtsüße, dunkle Mineralik, lang anhaltend, guter Speisenbegleiter.

90 Riesling * Ried Wechselberg 2022
13 Vol.-%, DV, Stahltank, €€ B
Mittleres Gelbgrün, Silberreflexe. Mit Wiesenkräutern und Blütenhonig unterlegtes weißes Steinobst, zart nach Maracuja, Papaya klingt an. Saftig, zitronig, mineralisch, gute Komplexität, Apfelfrucht im Abgang, salzig im Nachhall, guter Speisenbegleiter.

93 Grüner Veltliner * Ried Gaisberg 2021
13,5 Vol.-%, DV, 500-l-Fass, €€€€€ B
Mittleres Grüngelb, silberfarbene Reflexe. Feiner Blütenhonig, kandierte Orangenzesten, Noten von reifer Tropenfrucht, nach Mango und Babybanane, mit feinen Wiesenkräutern unterlegt. Saftig, komplex, gelbe Apfelfrucht, feine Säurestruktur, mineralisch-salzig, gute anhaftend, sicheres Entwicklungspotenzial.

92 Grüner Veltliner * Ried Brunngasse 2021
13,5 Vol.-%, DV, 500-l-Fass, €€ B
Mittleres Gelbgrün, Silberreflexe. Zarte Kräuterwürze, etwas Kardamom, ein Hauch von Quitte, feiner Mangotouch, nussiger Anklang. Saftig, elegant, straff, gut eingebundene Säurestruktur, weiße Tropenfrucht, zart tabakig im Nachhall, leichtfüßig, guter Speisenbegleiter.

90 Grüner Veltliner * Ried Hasel 2022
13 Vol.-%, DV, Stahltank, €€ B
Helles Gelbgrün, Silberreflexe. Dezente Wiesenkräuter, zart nach Maracuja, Golden-Delicious-Apfel, ein Hauch von Gewürzen. Saftig, elegant, gut eingebundene Säurestruktur, mineralisch, extraktsüßes Finish, guter Speisenbegleiter.

WEINGUT JURTSCHITSCH
3550 Langenlois
Rudolfstraße 39
T: +43 (2734) 2116
weingut@jurtschitsch.com
www.jurtschitsch.com

Kellermeister: Stefanie Jurtschitsch
Kontakt: Alwin Jurtschitsch
Anbauweise: Zertifiziert Biologisch
Produktion: 74 % weiß, 25 % rot, 1 % süß, 60 Hektar
Zertifiziert: Nachhaltig Austria
Vereinszugehörigkeit: Traditionsweingüter Österreich
Messen: Millésime Bio, ProWein Düsseldorf, VieVinum

Stefanie und Alwin Jurtschitsch

★★★★

WEINGUT JURTSCHITSCH

BIO

Das Traditionsweingut der Familie Jurtschitsch mit seinem Lesehof aus dem 16. Jahrhundert und dem 700 Jahre alten Naturkeller zählt zu Österreichs schönsten Weingütern. Alwin und Stefanie Jurtschitsch kümmern sich mit viel Liebe und Gefühl um ihre Reben und Weine. Aus Überzeugung und Naturverbundenheit entschlossen sie sich 2006, das Weingut auf kontrollierte organisch-biologische Wirtschaftsweise umzustellen. Es ist eine Selbstverständlichkeit, dass mit der Umstellung ihrer Weinberge auch ein Umdenken in der Weinbereitung einherging. Die Lagenweine werden mit weinbergeigenen Hefen im großen Holzfass vergoren.

Die alten Kellergewölbe, die 2016 revitalisiert wurden, bieten optimale Reifevoraussetzungen für die Weine aus den »Filetstücken« der großen Lagen im Kamptal: Zöbinger Heiligenstein, Loiserberg, Dechant, Schenkenbichl, Käferberg, Lamm und Tanzer. Kaum ein anderes österreichisches Weingut schafft es, mit solcher Zuverlässigkeit beste Qualität über die gesamte Angebotspalette zu bieten. Auch bei Rot- und Süßweinen wurden über die Jahre Meilensteine für die Region gesetzt. Bestätigung findet die kompromisslose Qualitätsarbeit durch zahlreiche wiederkehrende nationale und internationale Auszeichnungen. Der »GrüVe®« gilt als Bestseller in Gastronomie und Fachhandel. Dieser jugendlich-leichte Grüne Veltliner mit seinem Etikett von Christian Ludwig Attersee hat dabei im In- und Ausland viele Weinmoden und Modeweine überdauert.

Wer bei den diesjährigen Bewertungen den einen oder anderen Lagenwein vermisst, muss sich noch etwas gedulden. Stefanie und Alwin Jurtschitsch haben sich dazu entschlossen, ihre allerbesten Weine mit etwas Verzögerung auf den Markt zu bringen.

94 **Grüner Veltliner Brut Nature Sekt Austria Große Reserve g.U. Niederösterreich 2018**

12 Vol.-%, NK, gr. Holzfass/Flaschengärung, €€€€€
Helles Gelbgrün, Silberreflexe, sehr feines, anhaltendes Mousseux. Mit frischem Biskuit unterlegte feine weiße Tropenfrucht, ein Hauch von Apfel, mit kandierten Mandarinenzesten unterlegt. Straff, frischer weißer Apfel, fines-

© www.pov.at

senreicher Säurebogen, engmaschig und lebendig, salzig-zitronig im Abgang, sowohl als Aperitif wie auch als Speisenbegleiter sehr gut einsetzbar. (Deg. 3/23)

93 ❺ Brut Rosé Sekt Austria g.U. Niederösterreich ZW/PN/SL
12 Vol.-%, NK, gr. Holzfass/Flaschengärung, €€€€€ Ⓑ
Helles Lachsrosa, Silberreflexe, lebendiges Mousseux. Zart nach roten Waldbeeren, Aromen von weißen Blüten, mineralischer Touch. Engmaschig, eingelegte Kirschen und Himbeeren, frische Struktur, zitronige Nuancen, bleibt haften, ein Hauch von Fruchtsüße im Nachhall, sehr vielfältig einsetzbar.

95 Grüner Veltliner * Ried Lamm 1ÖTW 2021
13 Vol.-%, NK, großes Holzfass, €€€€€ Ⓑ
Mittleres Grüngelb, Silberreflexe. Zart tabakig unterlegte Kräuterwürze, feine Nuancen von gelbem Kernobst, nach reifem gelbem Apfel, facettenreiches Bukett. Saftig, Noten von weißer Frucht, feines Säurekleid, salzig und lange anhaftend, ein finessenreiches Veltliner-Bild, mineralisch und mit großem Reifepotenzial ausgestattet.

94 Grüner Veltliner * Ried Schenkenbichl 1ÖTW 2021
13 Vol.-%, NK, großes Holzfass, €€€€€ Ⓑ
Helles Grüngelb, Silberreflexe. Zart mit Wiesenkräutern unterlegte attraktive Frucht nach Ananas, Mango und etwas Maracuja, mit einem Hauch von Limettenzesten unterlegt. Saftig, feine Steinobstnuancen, finessenreich, fast rieslinghafte Struktur, salzig und anhaftend, sicheres Reifepotenzial.

94 Grüner Veltliner * Ried Käferberg 1ÖTW 2021
13 Vol.-%, NK, großes Holzfass, €€€€€ Ⓑ
Helles Grüngelb, Silberreflexe. Frischer Apfel, zart nach Honigmelone und Wiesenkräutern, zart mit Orangenzesten und Mangofrucht unterlegt. Saftig, weißes Kernobst, seidige Textur, feiner Säurebogen, eleganter Stil, feine zitronig-salzige Nuancen im Abgang, bereits gut antrinkbar, verfügt über Reifepotenzial.

93 Grüner Veltliner * Langenlois 2022
12,5 Vol.-%, DV, großes Holzfass, €€€€ Ⓑ
Helles Grüngelb, Silberreflexe. Feiner gelber Apfel, zart nach Mango, ein Hauch von Orangenzesten und Blütenhonig. Straff, elegant, frisch strukturiert, engmaschig, mineralisch und gut anhaftend, Nuancen von weißer Frucht im Rückgeschmack, gute Länge und Reifepotenzial.

93 Grüner Veltliner * Ried Dechant 1ÖTW 2021
13 Vol.-%, NK, großes Holzfass, €€€€€ Ⓑ
Helles Grüngelb, Silberreflexe. Feine Nuancen von Mango, Ananas und Bratapfel, zart nussig unterlegte Kräuterwürze. Saftig, elegant, weiße Tropenfrucht, seidige Textur, cremiger Kern, ein Hauch von Karamell im Abgang, bereits gut entwickelt.

92 Grüner Veltliner * Löss 2022
12,5 Vol.-%, DV, Stahltank, €€€ Ⓑ
Helles Grüngelb, Silberreflexe. Feine Note von gelbem Kernobst, ein Hauch von Orangen und Birnen, zarter Blütenhonig, einladend fruchtig. Mittlerer Körper, komplex, feine weiße Apfelfrucht, gut integrierter Säurebogen, mineralischer Nachhall.

92 Grüner Veltliner * Urgestein 2022
12,5 Vol.-%, DV, Stahltank, €€€ Ⓑ
Helles Grüngelb, Silberreflexe. Mit feinen Wiesenkräutern unterlegte Nuancen von weißem Kernobst, Mandarinenzesten, tabakige Würze. Stoffig, engmaschig, frische Apfelfrucht, salzig-zitronige Mineralik im Abgang, knackiger Speisenbegleiter.

95 Riesling * Ried Heiligenstein 1ÖTW Alte Reben 2021
13 Vol.-%, NK, großes Holzfass, €€€€€€ Ⓑ
Helles Grüngelb, Silberreflexe. Zart nach Mandarinenzesten, Nuancen von gelbem Steinobst, frischer Pfirsich, facettenreiches Bukett. Straff, gute Komplexität, weiße Tropenfrucht, ein Hauch von Maracuja im Abgang, mineralisch-salzig, gelbe Tropenfrucht im Rückgeschmack, insgesamt noch etwas scheu, wird von Flaschenreife profitieren.

92 Riesling * Langenlois 2022
12,5 Vol.-%, DV, großes Holzfass, €€€€ Ⓑ
Helles Gelbgrün, Silberreflexe. Mineralisch unterlegte weiße Tropenfrucht, Weingartenpfirsich, ein Hauch von Limetten. Saftig, weißes Steinobst, zart und frisch strukturiert, zitronig im Abgang, animierender, leichtfüßiger Stil.

92 Riesling Platin 2022
12 Vol.-%, DV, Stahltank, €€€ Ⓑ
Helles Grüngelb, Silberreflexe. Mineralisch unterlegte Nuancen von weißem Weingartenpfirsich, mit einem Hauch von Limettenzesten unterlegt. Saftig, engmaschig, frisches Steinobst, rassiger Säurebogen, zitroniger Nachhall, leichtfüßig, ein vielseitiger, finessenreicher Speisenbegleiter.

★★

BIO-WEINGUT KEMETNER

BIO

Das Weingut der Familie Kemetner liegt in Etsdorf, unweit des bekannten Schlosses und Kulturzentrums Grafenegg im südlichen Teil des Kamptals und im Zentrum von Niederösterreich. Schon 1641 wird Nikolaus Kemetner am Stammhaus genannt, sein Sohn Johannes wird 1666 ausdrücklich als »Vinitor in Etsdorff« bezeichnet. Vor Kurzem hat ein Heimatforscher das Winzersiegel der Familie Kemetner wiederentdeckt. Es befindet sich auf Marktrichterrechnungen von 1741 bis 1744, unterfertigt und gesiegelt von Johannes Kemetner, Ratsherr in Etsdorf. Das Siegel zeigt ein Herz mit drei daraus wachsenden Blumen sowie die Buchstaben »J. K.« und ziert das neue Etikett der Familie Kemetner.
In zwölfter Generation führt nun Simon Kemetner den Betrieb weiter und wird natürlich noch tatkräftig von seinem Vater Leopold unterstützt. Heute bewirtschaftet die Familie eine Fläche von neun Hektar Weingärten, wobei der Grüne Veltliner mit fast 60 Prozent den Hauptanteil stellt. Weiters sind 20 Prozent Riesling und 10 Prozent Zweigelt im Programm. Den Rest bilden Rivaner, Chardonnay, Blauburgunder, Sauvignon Blanc, Roter Muskateller und Cabernet Sauvignon. Mit den Etsdorfer Rieden Wohra und Karl verfügen die Kemetners über echte Top-Lagen als Basis für bestes Traubengut. Dieses wird ohne Aufbesserung zu feinen, bekömmlichen und langlebigen Weinen vergoren. Seit 2008 werden die Weingärten biologisch bewirtschaftet.

(93) Grüner Veltliner * Ried Karl Alte Reben 2022
13,5 Vol.-%, NK, großes Holzfass, €€€€ B V
Leuchtendes mittleres Grüngelb, Silberreflexe. Zart nach Orangenzesten, feine tabakige Nuancen, mit einem Hauch von gelbem Kernobst unterlegt. Straff, engmaschig, weiße Frucht, salzige Mineralik, frisch und gut anhaftend, wird von Flaschenreife profitieren.

(92) Grüner Veltliner * Ried Karl 2022
12,5 Vol.-%, NK, Stahltank, €€€ B V
Mittleres Grüngelb, Silberreflexe. Zart nach gelbem Kernobst, ein Hauch von Blütenhonig, Nuancen von Orangenzesten. Saftig, gelber Apfel, etwas Mango, rund, feinwürzig, bereits gut antrinkbar, ein vielseitiger Speisenbegleiter.

© Bio-Weingut Kemetner

BIO-WEINGUT KEMETNER
3492 Etsdorf am Kamp
Obere Marktstraße 2
T: +43 (660) 4626818
weingut@kemetner.at
www.kemetner.at

Kellermeister/Kontakt:
Simon Kemetner
Anbauweise: Zertifiziert Biologisch (Austria Bio Garantie)
Produktion: 85 % weiß, 5 % rosé, 10 % rot, 9 Hektar
Vereinszugehörigkeit:
Weinstraße Kamptal

Leopold Kemetner jun., Simon und Leopold sen.

(93) Riesling * Ried Karl 2022
13 Vol.-%, NK, großes Holzfass, €€€€ B V
Helles Goldgelb, Silberreflexe. Zart nach kandierten Orangenzesten und gelbem Pfirsich, ein Hauch von Blütenhonig, etwas scheues Bukett. Straff, engmaschig, weißes Kernobst, frischer Säurebogen, mineralisch, saliner Nachhall, Limetten im Rückgeschmack, braucht noch seine Zeit, um sich ganz zu entfalten.

91 Riesling * Ried Wohra 2022
12,5 Vol.-%, DV, Stahltank, €€ B V
Mittleres Grüngelb, Silberreflexe. Zart nach Marille, gelber Pfirsich, ein Hauch von Blütenhonig. Saftig, weißes Steinobst, mineralisch-zitronig strukturiert, ein frischer, leichtfüßiger Speisenbegleiter.

92 Roter Muskateller #nofilter 2022
10,5 Vol.-%, NK, kleines Holzfass, €€€€ B O V
Getrübtes helles Orange mit Kupfertouch, Goldreflexe. Mineralisch, Limettenzesten, rotbeeriger Touch. Straff, elegant, weiße Tropenfrucht, kalkige Mineralik, salzig und frisch, zart nussig, vitaler Natural Wine, vielfältig einsetzbar.

92 Pinot Noir Ried Oberhasel 2020
13 Vol.-%, NK, Barrique/gebr. Barriques, €€€€ B V
Mittleres Karmingranat, breite Ockerrandaufhellung. Eingelegte Kirschen, ein Hauch von kandierten Veilchen, feine rotbeerige Nuancen, etwas Dörrobst. Saftig, lebendig und frisch, feine Tannine, charmante Fruchtsüße, gute Länge und Balance, ein facettenreicher Speisenbegleiter.

★★

LAURENZ V.

LAURENZ V. produziert ausschließlich Grünen Veltliner – fruchtbetont, elegant, vielschichtig und mit animierendem Trinkfluss. Für den zeitgemäßen »Twist« sorgen neben dem sehr trinkfreundlichen Weinstil auch klingende Namen: Der »Charming« Grüner Veltliner ist das Flaggschiff von LAURENZ V. (Kamptal Reserve), der »Friendly« Grüner Veltliner der Klassiker aus dem Kamptal und mit »Singing« und »Forbidden« werden Weine für den täglichen Trinkspaß gekeltert. In den besten Jahren wird »L5«, eine Selektion von alten Reben, in Barrique-Fässern ausgebaut und im Keller auf der Flasche gelagert. Das Weingut zeigt die weinstilistische Spannbreite des Grünen Veltliners, wobei der ganzen Geschmacksvielfalt der Rebsorte Rechnung getragen wird. »In der Weinbranche hat jeder seine Geschichte. Unsere ist die, dass wir etwas dazu beitragen, den Grünen Veltliner international bekannter zu machen« – so verbunden ist man bei LAURENZ V. mit der österreichischen Paradesorte. Erklärtes Ziel ist es, den Grünen Veltliner international unter den besten Weißweinen der Welt zu etablieren.
LAURENZ V. exportiert heute weltweit, ist auf allen Kontinenten vertreten und steht für elegante, ausbalancierte und vielschichtige Weine, die dem Credo des Weinguts Rechnung tragen sollen: »Strictly Grüner & Sheer Drinking Pleasure«.

LAURENZ V.
1070 Wien/Zöbing
Mariahilfer Straße 32
T: +43 (1) 5224791
info@laurenzfive.com
www.laurenzfive.com

Kellermeister: Peter Schweiger
Kontakt: Dieter Hübler
Produktion: 100 % weiß
Zertifiziert: Nachhaltig Austria
Messen: Austrian Tasting London, Merano WineFestival, ProWein Düsseldorf, London Wine Fair, The Shanghai International Wine & Spirits Expo, VieVinum, Vinexpo Bordeaux, Vinexpo Hongkong, Vinexpo Shanghai, ProWine China, ProWine Asia, MondoVino, Hong Kong International Wine & Spirits Fair

92 Grüner Veltliner * Zöbing Ried Grub 2021
13 Vol.-%, DV, Stahltank, €€€€€
Mittleres Grüngelb, Silberreflexe. Zart nach Blütenhonig, ein Hauch von gelber Tropenfrucht, zitronige Aspekte, einladendes Bukett. Mittlere Komplexität, feine Birnenfrucht, angenehme, gut integrierte Säurestruktur, zarte Extraktsüße im Abgang, bereits entwickelt, ein vielseitiger Speisenbegleiter.

(91) Grüner Veltliner * Langenlois Friendly by Laurenz V. 2022

12,5 Vol.-%, DV, €€€

Helles Grüngelb, Silberreflexe. Mit frischen Wiesenkräutern unterlegte Nuancen von gelber Frucht, nach Apfel und Mango, mit Limetten unterlegt. Mittlere Komplexität frisches weißes Kernobst, feiner Säurebogen, mineralisch und gut anhaftend.

90 Grüner Veltliner * Singing by Laurenz V. 2022

12 Vol.-%, DV, Stahltank, €€

Helles Gelbgrün, Silberreflexe. Zarte Nuancen von weißem Steinobst, ein Hauch von Birne, mit Limettenzesten unterlegt. Schlank, feine weiße Apfelfrucht, dezenter Säurebogen, bietet unkompliziertes Trinkvergnügen.

92 L5 by Laurenz V. 2020

13 Vol.-%, DV, Barrique, €€€€€

Mittleres Gelbgrün, Silberreflexe. Feine Wiesenkräuter, zart nach gelber Tropenfrucht, tabakige Nuancen, ein Hauch von Vanille und Mandarinenzesten. Mittlerer Körper, weißes Kernobst, etwas Kokos und Karamell, elegant und ausgewogen, ein Hauch von Nougat im Finale.

90 Grüner Veltliner Forbidden by Laurenz V. 2022

11 Vol.-%, DV, Stahltank, €€

Helles Goldgelb, Silberreflexe. Floral unterlegte frische Birnenfrucht, ein Hauch von Mango, mit zarten Wiesenkräutern unterlegt. Leichtfüßig, fruchtige Süße, zarter Säurebogen, weiße Tropenfrucht und Honig im Nachhall.

★★★

WEINGUT LEINDL

Das Weingut Leindl in Zöbing im Kamptal ist ein junger, dynamischer Betrieb. Während seiner zwanzigjährigen Tätigkeit als Önologe in Forschung, Lehre und Beratung wuchs Georg Leindls Wunsch, eigene Weine zu vinifizieren, den er mit der Gründung des Weinguts im Jahr 2013 in die Tat umsetzte. Das Hauptaugenmerk liegt auf Grünem Veltliner und Riesling, in besonders guten Jahrgängen wird auch ein Wein der Rebsorte Viognier gefüllt. Die Weingärten liegen im Kamptal, entsprechend sind die Weine vom Terroir der Lagen Eichelberg, Heiligenstein, Irbling, Kogelberg und Seeberg geprägt. Die Böden verleihen den Weinen ihre Mineralik und Frische.

(95) Riesling * Zöbing Ried Heiligenstein 1ÖTW 2022

13 Vol.-%, NK, großes Holzfass, €€€€€

Helles Grüngelb, Silberreflexe. Golden-Delicious-Apfelfrucht, etwas nach Mango, ein Hauch von Blütenhonig, Marillenfrucht klingt an, facettenreiches Bukett. Saftig, komplex, elegant, mineralisch, weißer Pfirsich, wirkt leichtfüßig, bleibt gut haften, gutes Reifepotenzial.

(94) Riesling * Zöbing Ried Kogelberg 1ÖTW 2022

13 Vol.-%, NK, großes Holzfass, €€€€

Helles Grüngelb, Silberreflexe. Reifer Pfirsich, unterlegt mit kandierten Veilchen, zart floral, ein Hauch von Blütenhonig, vordergründiges, attraktives Bukett. Saftig, straff, lebendige Säurestruktur, mineralisch-salzig, zitroniger Nachhall, bleibt gut haften, vielschichtiger Speisenbegleiter.

(94) Grüner Veltliner * Langenlois Ried Seeberg 1ÖTW 2022

13 Vol.-%, NK, großes Holzfass, €€€€€

Mittleres Grüngelb, Silberreflexe. Zart nach Blütenhonig,

WEINGUT LEINDL
3561 Zöbing
Am Wechselberg 12
T: +43 (676) 5082313
info@weingutleindl.at
www.weingutleindl.at

Kellermeister/Kontakt: Georg Leindl
Produktion: 8 Hektar
Vereinszugehörigkeit: Traditionsweingüter Österreich
Messen: ProWein Düsseldorf, VieVinum, Vinobile Montfort

etwas nach Quitten, ein Hauch von Gewürzen, Kardamom klingt an. Saftig, komplex, feine Säurestruktur, salzig, extraktsüß, Tropenfruchtnoten im Abgang, bleibt gut haften, wird von Flaschenreife profitieren.

93 Grüner Veltliner * Langenlois Ried Eichelberg 2022
13 Vol.-%, DV, großes Holzfass, €€€€
Mittleres Grüngelb, Silberreflexe. Feine Honigmelone, etwas kandierte Orangenschalen, ein Hauch von Ananas, Wiesenkräuter klingen an. Saftig, gute Komplexität, gut eingebundene Säurestruktur, würzig, Tropenfrucht im Abgang, guter Speisenbegleiter.

91 Grüner Veltliner * Langenlois 2022
12,5 Vol.-%, DV, Stahltank, €€
Helles Grüngelb, Silberreflexe. Mit zarten Kräuternoten unterlegter Golden-Delicious-Apfel, ein Hauch von Papaya und Blütenhonig. Engmaschig, frisch und elegant, weißes Kernobst im Abgang, salziger Nachhall, bleibt gut haften, vielfältig einsetzbar.

94 Viognier 2021
15 Vol.-%, NK, Barrique, €€€€€
Mittleres Grüngelb, Silberreflexe. Zartes Karamell, etwas nach Mandarinenzesten, ein Hauch von Marille und Mango, zarte Würze, stoffiges Bukett. Saftig, kraftvoll, extraktsüß nach Tropenfrucht, Honigmelone im Abgang, fleischiges Finish, opulent, jedoch facettenreich, vielschichtiger Speisenbegleiter.

★★★★

WEINGUT FRED LOIMER

BIO

Authentische Weine sind immer geprägt von ihrem Ursprung – und sie erzählen eine Geschichte. Fred Loimers Weine erzählen von Herkunft, von der Kraft der Natur und dem respektvollen Umgang mit Boden, Pflanzen, Tier und Mensch. Das eigene Ideal ist, das Weingut als »geschlossenen Betriebsorganismus« zu verstehen, der möglichst alle Elemente der landwirtschaftlichen Produktion selbst hervorbringt. Das Ergebnis ist Herkunft pur: individuelle, von ihrem Entstehungsort geprägte Weine, entstanden im Rhythmus der Natur, mit Geduld, Präzision und minimaler Einflussnahme, eigenständig, manchmal kontroversiell – und immer wahrhaftig.

95 ❶ Loimer Langenlois Große Reserve Blanc de Blancs Brut Nature 2014 CH/WB/PG
Deg. 5/2023, 12 Vol.-%, DIAM, Flaschengärung, €€€€€€ Ⓑ
Helles Goldgelb, gut anhaltendes feines Mousseux. Feine gelbe Tropenfrucht, zart nach Nougat und Biskuit, mit frischer Mango und Birne unterlegt, facettenreiche Aromatik. Saftig, feine Extraktsüße, angenehmer nussiger Touch, komplex, saliner Touch im Abgang, finessenreich und gut anhaftend, wirkt dabei leichtfüßig, mineralisch im Nachhall, zeigt sehr gute Länge, ungemein jugendlich, aus einer perfekten Magnum.

94 ❶ Loimer Langenlois Blanc de Blancs Sekt g.U. extra brut Große Reserve 2017 CH/WB/PG
Deg. 11/2022, 12 Vol.-%, DIAM, Flaschengärung, €€€€€€ Ⓑ
Helles Goldgelb, Silberreflexe, feines, anhaltendes Mousseux. Frischer gelber Apfel, zart nach Ringlotten und Biskuit, weiße Blüten, ein Hauch von Limetten, attraktives Bukett. Saftig, zart nussig unterlegte weiße Birnenfrucht, elegant und ausgewogen, zeigt gute Frische, mineralisch, lange anhaftend und bereits sehr gut entwickelt.

93 ❶ Loimer Extra Brut Reserve ZW/PN/CH/SL
12 Vol.-%, DIAM, Flaschengärung, €€€€€ Ⓑ
Helles Goldgelb, Silberreflexe, anhaltendes feines Mousseux. Frische weiße Tropenfrucht, ein Hauch von Weingartenpfirsich, florale Nuancen, zart nach Limetten. Saftig, mittlere Komplexität, zart nach Ananas, feiner Säurebogen, mineralisch-zitronig, ein Hauch von Blütenhonig im Nachhall, vielfältig einsetzbar.

93 ❶ Loimer Brut Rosé Reserve ZW/PN/SL
12 Vol.-%, DIAM, Flaschengärung, €€€€€ Ⓑ
Helles Lachsrosa, zarte Kupferreflexe, feines, lebendiges Mousseux. Frische rote Kirschen, ein Hauch von Himbeeren, Limettentouch, attraktives Bukett. Mittlere Komplexität, saftig, rote Kirschen, elegant und animierend, feiner Blütenhonig im Abgang, macht Lust auf ein zweites Glas.

© Andreas Hofer

WEINGUT FRED LOIMER

3550 Langenlois
Haindorfer Vögerlweg 23
T: +43 (2734) 2239
weingut@loimer.at
www.loimer.at

Kellermeister/Kontakt:
Fred Loimer
Anbauweise: Biodynamisch (respekt)
Produktion: 15 % Schaumwein, 80 % weiß, 5 % rot, 80 Hektar
Zertifiziert: Nachhaltig Austria
Vereinszugehörigkeit:
Premium Estates of Austria, Traditionsweingüter Österreich, respekt-BIODYN
Messen: Millésime Bio, ProWein Düsseldorf, VieVinum

Fred Loimer

(95) Grüner Veltliner * Langenlois Ried Käferberg 1ÖTW 2021
13,5 Vol.-%, NK, Holzfass, €€€€€€ B
Mittleres Gelbgrün, Silberreflexe. Attraktive gelbe Tropenfrucht, feine Nuancen von Mango, ein Hauch von Wiesenkräutern, zart tabakig, mit Blütenhonig und Marillenkonfit unterlegt. Straff, elegant, Nuancen von saftigem weißem Kernobst, seidige Textur, mineralisch und gut anhaftend, salziger Nachhall, ein balancierter Speisenbegleiter, bereits gut antrinkbar.

93 Grüner Veltliner * Ried Loiserberg 1ÖTW 2021
13 Vol.-%, DV, Stahltank, €€€€€ B V
Leuchtendes Gelbgrün, Silberreflexe. Feiner Blütenhonig, zarte reduktive Röstaromen, floraler Touch, tabakig-würzige Nuancen. Saftig, elegant, engmaschig, mineralisch, Papaya im Abgang, salziger Nachhall, guter Speisenbegleiter, bereits gut antrinkbar.

92 Grüner Veltliner * Langenlois 2022
12,5 Vol.-%, DV, Stahltank, €€€€ B V
Mittleres Gelbgrün, Silberreflexe. Feine gelbe Apfelfrucht, ein Hauch von Mango, mit Blütenhonig und Orangenzesten unterlegt. Mittlerer Körper, weißes Kernobst, feine Säurestruktur, salzig-mineralisch, Limetten im Abgang, bietet leichtfüßiges Trinkvergnügen.

(95) Riesling * Langenlois Ried Steinmassl 1ÖTW 2021
12,5 Vol.-%, NK, Stahltank, €€€€€ B V
Helles Goldgelb, Silberreflexe. Zarte gelbe Tropenfrucht, ein Hauch von Ananas und Papaya, zarter Blütenhonig, mit frischen Orangenzesten unterlegt, mit Luft frischer Weingartenpfirsich. Saftig, leichtfüßig, weißes Steinobst, finessenreicher Säurebogen, feine Fruchtsüße, zitronig-salzig im Abgang, ein eleganter Jahrgangsvertreter, mit Länge und Potenzial ausgestattet.

(95) Riesling * Zöbing Ried Heiligenstein 1ÖTW 2021
13,5 Vol.-%, NK, großes Holzfass, €€€€€€ B
Helles Goldgelb, Silberreflexe. Etwas scheues Bukett, ganz zart nach Pfirsich und Litschis, ein Hauch von weißen Blüten, zart nach Mandarinenzesten, braucht viel Luft. Stoffig, elegant, feiner Säurebogen, Nuancen von weißer Frucht, wirkt filigran und mineralisch, ein leichtfüßiger Speisenbegleiter, der mit Reife noch deutlich zulegen wird.

(94) Riesling * Ried Loiserberg 1ÖTW 2021
12,5 Vol.-%, DV, Stahltank, €€€€€ B
Helles Grüngelb, Silberreflexe. Feine Kräuternoten, etwas nach Maracuja, zart nach Papaya, ein Hauch von Melisse, mit weißem Pfirsich und Limetten unterlegt. Saftig, fruchtsüße Textur, Marillentouch im Abgang, balanciert, lange anhaltend, ein delikater Speisenbegleiter, sicheres Potenzial.

91 Riesling * Langenlois 2022
12,5 Vol.-%, DV, Stahltank, €€€€ B V
Leuchtendes Gelbgrün, Silberreflexe. Feine Pfirsichfrucht, ein Hauch von Marille und kandierten Mandarinenzesten, florale Aspekte. Mittlerer Körper, feine weiße Tropenfrucht, dezenter Säurebogen, mineralisch im Abgang, ein

Hauch von Wiesenkräutern im Nachhall, balanciert und bereits gut antrinkbar.

(95) Pinot Noir Anning Gumpoldskirchen 2021
12 Vol.-%, NK, Eichenfass, €€€€€€
Mittleres Karmingranat, violette Reflexe, breite Ockerrandaufhellung. Feine Kräuterwürze, kandierte Kumquats, reife Waldbeeren, eingelegte Kirschen, ein Hauch von süßem Edelholz, mit Rosenblättern unterlegt, facettenreiches Bukett. Saftig, elegant, frisch und engmaschig, feine Tannine, mineralisch-salzig, ein leichtfüßiger und zugleich ausdrucksstarker Speisenbegleiter, bereits antrinkbar, mit gutem Reifepotenzial ausgestattet.

94 Pinot Noir Dechant Langenlois 2021
12 Vol.-%, NK, Eichenfass, €€€€€€ B
Kräftiges Rubingranat, violette Reflexe, breitere Ockerrandaufhellung. Feine rote Waldbeerenfrucht, kandierte Veilchen, ein Hauch von Rosen, einladendes Bukett. Saftig, Nuancen von Mandarinen und Erdbeerkonfit, feine, tragende Tannine, elegant und ausgewogen, ein Hauch von Nougat, gute Länge, ein samtiger Speisenbegleiter.

★★

WEINGUT MAGLOCK-NAGEL

Das Weingut Maglock-Nagel liegt mitten im Strassertal zwischen den Lagen Gaisberg und Wechselberg, die durch die Ausläufer des Manhartsbergs und der Böhmischen Masse klimatisch und geologisch geprägt werden. Mit viel Aufmerksamkeit wird versucht, die Vorzüge jedes Jahrgangs herauszuarbeiten und die Charakteristik jeder Lage sich im Glas widerspiegeln zu lassen. Dabei richtet sich der Fokus auf die Kamptal-DAC-Sorten Grüner Veltliner und Riesling. Große Hingabe erhalten auch die klassischen Sorten Weißburgunder, Frühroter Veltliner, Zweigelt und St. Laurent. Mit diversen Begrünungen, bodenschonender Bearbeitung und angepassten Laubarbeiten werden die Weingärten gezielt unterstützt. Das Weingut setzt nach wie vor auf Handlese, die es ermöglicht, bestimmte Lagen in zwei Durchgängen zu ernten. Somit kann der Philosophie – von den mittelgewichtigen, fruchtbetonten Weinen bis hin zu den gehaltvollen, vielschichtigen Lagenweinen – stets nachgekommen werden.

WEINGUT MAGLOCK-NAGEL
3491 Straß im Straßertale
Talstraße 116
T: +43 (2735) 2648
info@maglock-nagel.at
www.maglock-nagel.at

Kellermeister: Franz Maglock
Kontakt: Roswitha Maglock-Nagel und Franz Maglock
Produktion: 80 % weiß, 20 % rot, 15 Hektar
Zertifiziert: Nachhaltig Austria

93 Grüner Veltliner ** Ried Gaisberg 2021
14 Vol.-%, DV, Stahltank, €€€€
Helles Grüngelb, Silberreflexe. Zarte Kräuternoten, ein Hauch von Orangenzesten, dunkle Würze, etwas nach Guaven. Saftig, gute Komplexität, extraktsüß, gut eingebundene Säurestruktur, Honigmelone im Abgang, bleibt gut haften, unkompliziertes Trinkvergnügen, einladender Speisenbegleiter.

92 Grüner Veltliner * Ried Rosengartl 2022
13 Vol.-%, DV, Stahltank, €€
Mittleres Grüngelb. Feine Würze, etwas nach Kardamom, ein Hauch von gelbem Kernobst, dunkle Mineralik. Saftig, fruchtsüß, zart nach Maracuja, reife Tropenfrucht im Abgang, gut integrierte Säurestruktur, vielseitiger Speisenbegleiter.

90 Grüner Veltliner * Ried Wechselberg 2022
12,5 Vol.-%, DV, Stahltank, €€
Helles Gelbgrün, Silberreflexe. Zarte Tropenfruchtnoten, etwas nach kandierten Orangenzesten, Wiesenkräuter klingen an. Saftig, gut eingebundene Säurestruktur, mineralisch, feinwürzig, Noten von gelbem Apfel im Abgang, bereits gut antrinkbar.

92 Riesling * Ried Gaisberg 2021
13 Vol.-%, DV, Stahltank, €€€
Mittleres Gelbgrün, Silberreflexe. Feine Wiesenkräuter, zart nach Limettenzesten und Mirabellen, ein Hauch von dunkler Mineralik. Saftig, restsüß, engmaschig, gelbes Steinobst, zitroniger Nachhall, mineralisch-salzig, hohes Trinkanimo.

89 Riesling * Ried Wechselberg 2022
13 Vol.-%, DV, Stahltank, €€

90 Weißburgunder Reserve 2021
14 Vol.-%, DV, gebrauchte Barriques/Stahltank €€€
Leuchtendes Grüngelb, silberfarbene Reflexe. Mit Honig und Karamell unterlegte gelbe Tropenfrucht, etwas nach Quitte, Wiesenkräuter klingen an. Saftig, elegant, mittlere Komplexität, straff, feine Säurestruktur, weiße Tropenfrucht, stoffiges Finish, bereits gut antrinkbar.

★★

WEINGUT CHRISTIAN NASTL

Wer beim Nastl-Heurigen sitzt und die mächtige, rund 150 Jahre alte Holzpresse betrachtet, der erkennt sofort: Weinbau hat in diesem Familienbetrieb Tradition – wobei die Betonung immer auf dem Wort »Familie« lag und liegt. Heute ist es Christian Nastl, der die Verantwortung über das Familiengut trägt. Gemeinsam mit Renate und Günter Nastl sowie den beiden Geschwistern Alexander und Petra wird die Weinbaugeschichte der Familie weitergeschrieben.
So reifen im unverwechselbaren Kleinklima des Kamptals exzellente Nastl-Weine heran. Ob »VelKam« (VELtliner aus dem KAMptal), wie die leicht-fruchtigen Regionsvertreter heißen, oder die Ortsweine von Veltliner und Riesling oder die außerordentlichen Veltliner von den Einzelrieden Kittmannsberg, Käferberg und Steinmassl: Für jeden Anlass gibt es den passenden Begleiter.
»Genuss auf allen Ebenen«, so lautet das Motto der Winzerfamilie. Im Keller ist das durchaus wörtlich gemeint, denn die Kellerarbeit spielt sich bei den Nastls auf drei Ebenen ab: Ebene eins betritt man durch den traditionellen Kellereingang in der Kellergasse Kühsteingraben. Sie umfasst den Lagerraum mit Edelstahltanks und Verbindungsgängen in den rund 300 Jahre alten Holzfasskeller mit Vinothek. Auf Ebene zwei versieht die sanft arbeitende Presse ihren Dienst. Die Traubenübernahme findet auf der über die Bergzufahrt erreichbaren Ebene drei statt, sämtliche Arbeitsschritte werden durch den freien Fall bewältigt. Von hier aus hat man auch einen wunderbaren Ausblick über die besten Rieden von Langenlois, wie Loiserberg, Steinhaus, Steinmassl oder Käferberg. Veltliner, Riesling und Zweigelt im Reservebereich gehören zur Kategorie, die hausintern als »Gigant« bezeichnet wird. Es sind Weine von besonderer Ausdruckskraft und ausgeprägtem Volumen. Sie entstehen nur in Jahren, in denen die Voraussetzungen für perfektes Traubenmaterial gegeben sind, und

WEINGUT CHRISTIAN NASTL
3550 Langenlois, Gartenzeile 17
T: +43 (2734) 2903
office@nastl.at
www.nastl.at

Kellermeister/Kontakt:
Christian Nastl
Produktion: 1 % Schaumwein, 85 % weiß, 3 % rosé, 10 % rot, 1 % süß, 12+3 Hektar
Zertifiziert: Nachhaltig Austria
Vereinszugehörigkeit:
Weinstraße Kamptal, Kamptal DAC
Messen: Austrian Tasting London, ProWein Düsseldorf, VieVinum, DAC-Präsentationen

sind geprägt von einer vollen Struktur aus Extrakt, Säure und Zucker sowie einem langen Abgang. Diese Giganten sind eine wertvolle Anlage für viele Jahre Genuss. Mit jedem weiteren Jahr der Reife überraschen sie mit neuen Geschmackskomponenten.

91 ʘ Riesling Sekt Brut
12,5 Vol.-%, NK, Flaschengärung, €€€€
Leuchtendes Grüngelb, Silberreflexe, zartes Mousseux. Zarte Kräuterwürze, gelbe Tropenfrucht, etwas Mango und Papaya, mit Blütenhonig unterlegt. Mittlere Komplexität, süße gelbe Tropenfrucht, feiner Säurebogen, zart nach Honig im Abgang, mineralischer Nachhall.

93 Grüner Veltliner * Ried Steinmassl 2021
13,5 Vol.-%, DV, Stahltank, €€€
Helles Goldgelb, Silberreflexe. Zart floral unterlegte feine gelbe Tropenfrucht, ein Hauch von Birne, kandierte Mandarinenzesten. Elegant, saftig, weiße Tropenfrucht, feiner Säurebogen, frisch und zitronig unterlegt, mineralischer Touch im Nachhall, bereits gut entwickelt.

93 Grüner Veltliner * Ried Liss Gigant 2020
13 Vol.-%, DV, großes Holzfass, €€€€€
Helles Goldgelb, Silberreflexe. Reife gelbe Tropenfrucht, ein Hauch von Marille und Blütenhonig, mit dezenter Kräuterwürze unterlegt. Saftig, elegant, feine Fruchtsüße, finessenreich strukturiert, Nuancen von weißer Frucht im Abgang, ein balancierter Speisenbegleiter.

(92) Grüner Veltliner * Ried Käferberg 2022
13,5 Vol.-%, DV, großes Holzfass, €€€
Mittleres Goldgelb, Silberreflexe. Zart nach gelber Tropenfrucht, Nuancen von Papaya und Mango, mit kandierten Orangenzesten unterlegt. Saftig, elegant, weißes Kernobst, feiner Säurebogen, salzige Nuancen, mineralisch-zitronig, ein saftiger Speisenbegleiter mit Potenzial.

90 Grüner Veltliner * Langenlois 2022
12,5 Vol.-%, DV, Stahltank, €€
Leuchtendes Goldgelb, Silberreflexe. Ein Hauch von Golden-Delicious-Apfel, Orangenzesten, mit feinem Blütenhonig unterlegt. Mittlerer Körper, zarte Fruchtsüße, gelbe Frucht im Nachhall, bietet unkompliziertes Trinkvergnügen.

91 Zweigelt Reserve Gigant 2020
13,5 Vol.-%, DV, gebrauchte Barriques, €€€€€
Kräftiges Rubingranat, violette Reflexe, dezente Ockerrandaufhellung. Reife rote Herzkirschen, frische Zwetschken, mit feiner Holzwürze unterlegt, einladendes Bukett. Saftig, elegant, feine Pflaumenfrucht, runde Tannine, etwas Nougat im Abgang, ein fruchtbetonter, vielseitiger Speisenbegleiter.

★★

WEINGUT BARBARA ÖHLZELT

Barbara Öhlzelt vinifizierte ihren ersten Jahrgang 2004 und hat sich seither sehr erfolgreich etabliert. Sie produziert ausschließlich Weißweine mit Schwerpunkt auf Grünem Veltliner und Riesling. Ihr Mann, Vollblutgastronom Karl Schwillinsky, steht ihr dabei tatkräftig zur Seite. Gemeinsam haben sie im Jahr 2007 ihren »Kamptal Verjus« aus der Taufe gehoben und diesem Produkt zu einer wahren Renaissance verholfen. Doch zurück zum Wein: Handarbeit ist für Barbara Öhlzelt im Weingarten ein großes Thema. Die Reben des Riesling Kogelberg sind über 65 Jahre alt und werden komplett von Hand – also ohne Einsatz eines Traktors oder schwerer Maschinen – bearbeitet.
Die Weinpalette gliedert sich in drei Teile: die Leichtweinlinie »Kitz«, die DACs mit Gebiets- und Ortsweinen »Zöbinger«, ausgesuchte kräftigere Riedenweine (Riesling und Grüner Veltliner Ried Blauenstein) sowie die 1ÖTW-Lagen Lamm, Heiligenstein und Kogelberg. Seit Dezember 2014 bereichert »Barbara Öhlzelt Brut« das Sortiment, ein sehr eleganter, leichter und trockener Jahrgangssekt aus Pinot Blanc und Chardonnay. Mit dem Erfolgsautor Daniel Glattauer produziert sie »Gut gegen Nordwind«, einen Gemischten Satz aus den Sorten Grüner und Roter Veltliner, Weißburgunder und Sylvaner, der am Wagram heranreift.

WEINGUT BARBARA ÖHLZELT

3561 Zöbing
Eichelbergstraße 32
T: +43 (2734) 4857
barbara@weinberggeiss.at
www.weinberggeiss.at

Kellermeister/Kontakt:
Barbara Öhlzelt
Produktion: 1 % Schaumwein, 100 % weiß, 6 Hektar
Zertifiziert: Nachhaltig Austria
Vereinszugehörigkeit:
Traditionsweingüter Österreich
Messen: VieVinum

»Zu Tisch im Weingut« nennt sich eine außergewöhnliche Weinkost in einem sehr persönlichen Rahmen auf dem Weingut in Zöbing, die von Mitte Mai bis Mitte August stattfindet und mit fünf saisonalen Gängen von Karl Schwillinsky begleitet wird. Dabei gibt es Produkte aus der Region, Weine von Barbara Öhlzelt und genügend Zeit, um über Wein oder Küche zu plaudern und sich Tipps zu holen. Das Format ist auch perfekt für Firmenausflüge, Teambuilding oder einfach Menschen, die sich für guten Wein und gutes Essen interessieren.

(93) Grüner Veltliner * Kammern Ried Lamm 1ÖTW 2022
13,5 Vol.-%, DV, kleines Holzfass, €€€€€
Helles Gelbgrün, Silberreflexe. Frische Wiesenkräuter, zart nach Guaven, würziger Touch, gelbe Tropenfrucht klingt an, mit Limettenzesten unterlegt. Saftig, straff, feine Säurestruktur, Mangonoten, zitroniger Touch im Nachhall, feinwürziger Rückgeschmack, sicheres Potenzial.

(91) Grüner Veltliner * Ried Blauenstein 2022
13 Vol.-%, DV, großes Holzfass, €€€
Mittleres Gelbgrün, Silberreflexe. Tabak-Kräuter-Würze, etwas nach Mango, ein Hauch von Quitte, kandierte Orangenzesten. Saftig, mittlerer Körper, Zitronentouch, gelbe Apfelfrucht im Abgang, guter Speisenbegleiter.

90 Grüner Veltliner * 20 2022
13 Vol.-%, DV, Stahltank, €€€
Helles Gelbgrün, Silberreflexe. Zart nach Orangenblüten und gelbem Apfel, ein Hauch von Gewürzen, etwas Maracuja. Saftig, elegant, zart nach Mango im Abgang, extraktsüß, feinwürzig, bereits gut antrinkbar.

(93) Riesling * Ried Heiligenstein 1ÖTW 2022
13 Vol.-%, DV, Stahltank, €€€€€
Mittleres Grüngelb, silberfarbene Reflexe. Feine Tabak-Kräuter-Würze, etwas Pfirsich, Grapefruitnoten, mineralischer Touch. Saftig, fruchtsüß, gut eingebundener Säurebogen, etwas nach Maracuja, lebendig, bleibt sehr gut haften, vielschichtig einsetzbar.

(93) Riesling * Ried Kogelberg 1ÖTW 2022
13 Vol.-%, DV, Stahltank, €€€€€
Mittleres Grüngelb, Silberreflexe. Wiesenkräuter, zart nach Guaven, floraler Touch, ein Hauch von Papaya, feinwürzig, kandierte Blutorangen. Saftig, gute Komplexität, straff, weißes Steinobst im Abgang, balancierter Säurebogen, Kumquats im Nachhall, guter Speisenbegleiter mit Potenzial.

(91) Riesling * Ried Blauenstein 2022
12,5 Vol.-%, DV, Stahltank, €€€
Helles Grüngelb, Silberreflexe. Zitrus, etwas weißes Steinobst, frisch und lebendig, Guaven, Kiwis klingen an. Saftig, straff, mittlere Komplexität, weißes Kernobst, Maracuja, Limetten im Abgang, bereits gut antrinkbar.

★★★

WEINGUT RUDOLF RABL

Rudi Rabl freut sich über die traditionsreiche Geschichte seines Familienweinguts, die bis 1750 zurückreicht. Ursprünglich als gemischte Landwirtschaft geführt, hat sich der Familienbetrieb auf 80 Hektar zu einem Weingut entwickelt, das in den besten Kamptaler Rieden Weingärten pflegt. Mit Johanna und Tobias ist die nächste Generation schon in der Winzer- und Önologenausbildung. Die Liebe zur Natur und zu den Trauben, die ökologische Weingartenarbeit mit Kräuterpflanzen sowie das Wissen um die fachgerechte Verarbeitung sorgen für ausgezeichnete Qualitäten der verschiedenen Weinsorten. Im Keller wird Moderne mit traditionellen Werten verbunden. Ökologie ist ein wichtiger Faktor, deshalb ist das Weingut seit 2015 »Nachhaltig Austria«-zertifiziert. Zu den wichtigsten Auszeichnungen der letzten Jahre zählt zweifellos die Kür zum »White Wine Maker of the Year 2019« bei der IWSC in London, ein Titel, den Rudi Rabl sich auch 2021 holen durfte. Weitere Erfolge sind die beiden Decanter-Trophys »Winner Grüner Veltliner Dechant Alte Reben« und »Winner Riesling Ried Steinhaus Rote Erde« sowie die Landessiege 2017 in den Kategorien Riesling und Sauvignon Blanc. Das Weingut ist außerdem laufend im »SALON Österreich Wein« vertreten. Und schließlich wurde der Betrieb als »Weingut des Jahres – Langenlois Champion« im Kamptal ausgezeichnet.

WEINGUT RUDOLF RABL
3550 Langenlois
Weraingraben 10
T: +43 (2734) 2303
office@weingut-rabl.at
www.weingut-rabl.at

Kellermeister/Kontakt:
Rudolf Rabl
Produktion: 68 % weiß, 30 % rot, 2 % süß, 80 Hektar
Zertifiziert: Nachhaltig Austria
Vereinszugehörigkeit:
Weinstraße Kamptal
Messen: ProWein Düsseldorf, VieVinum

94 Grüner Veltliner ** Ried Käferberg Alte Reben 2021

14 Vol.-%, DV, Holzfass, €€€€

Mittleres Grüngelb, silberfarbene Reflexe. Frische Noten von Marillen, Nuancen von reifen Quitten, etwas Banane, mit Wiesenkräutern unterlegt. Straff, engmaschig, weißes Kernobst, cremige Textur, lebendige Säurestruktur, mineralisch und salzig im Nachhall, bereits antrinkbar, gutes Entwicklungspotenzial.

93 Grüner Veltliner ** Ried Loiserberg Alte Reben 2021

14 Vol.-%, DV, Holzfass, €€€€

Mittleres Grüngelb, silberfarbene Reflexe. Zart nach Tropenfrucht, ein Hauch von Babybanane, Nuancen von Pfirsich, floraler Touch. Kraftvoll, weißer Apfel, frischer Säurebogen, mineralisch im Abgang, komplex, helles Karamell, feine Birnenfrucht, bereits antrinkbar, ein stoffiger Begleiter bei Tisch.

93 Grüner Veltliner ** Ried Dechant Alte Reben 2021

14,5 Vol.-%, DV, Holzfass, €€€€

Leuchtendes Grüngelb, silberfarbene Reflexe. Ein Hauch von Mango und Mandarinenzesten, mit feiner Tropenfrucht unterlegt, zarter Blütenhonig, tabakige Nuancen. Kraftvoll, saftig, Nuancen von süßer Frucht, gut integrierter Säurebogen, etwas Honig im Nachhall, ein stoffiger Speisenwein mit Potenzial, reife Ananas im mineralisch-salzigen Abgang, hat eine erste Trinkreife erreicht.

92 Grüner Veltliner * Ried Kittmansberg 2022

13,5 Vol.-%, DV, Stahltank, €€€

Leuchtendes Goldgelb, Silberreflexe. Reife gelbe Birne, zart nach Verveine, ein Hauch von Mandarinenzesten, etwas Blütenhonig. Saftig, elegant, feine Süße, reifes Steinobst im Abgang, mineralisch-salziger Rückgeschmack.

91 Grüner Veltliner * Ried Panzaun 2022

13,5 Vol.-%, DV, Stahltank, €€€

Mittleres Gelbgrün, Silberreflexe. Zarte Kräuterwürze, gelber Apfel, ein Hauch von Melone und Orangenzesten. Mittlerer Körper, wieder etwas Honigmelone, balanciert, fruchtige Süße im Nachhall, ein vielseitiger Speisenbegleiter.

90 Grüner Veltliner * Langenlois 2022
12,5 Vol.-%, DV, Stahltank, €€
Helles Goldgelb, Silberreflexe. Frischer Golden-Delicious-Apfel, ein Hauch von Melone und zarten Wiesenkräutern, tabakiger Touch. Saftig, elegant, weißes Kernobst, gute Frische, ausgewogen und bereits gut antrinkbar, vielfältig einsetzbar.

90 Grüner Veltliner * Vinum Optimum 2022
13 Vol.-%, DV, Stahltank, €€
Helles Goldgelb, Silberreflexe. Zart nach Marille, gelbes Kernobst, feiner Hauch von Mandarinenzesten. Mittlerer Körper, gelber Apfel, feine Fruchtsüße, rund und harmonisch, bietet unkompliziertes Trinkvergnügen.

89 Grüner Veltliner * Terrassen 2022
12,5 Vol.-%, DV, Stahltank, €€

94 Riesling ** Ried Schenkenbichl Alte Reben 2021
13 Vol.-%, DV, Stahltank, €€€€
Helles Gelbgrün, silberfarbene Reflexe. Ein Hauch von Orangenkonfit, weiße Tropenfrucht, frischer Pfirsich, etwas Marille, einladendes, mineralisches Bukett. Engmaschig, feine Fruchtsüße, von einer rassigen Säure gut gekontert, weißer Pfirsich, salzig, zitroniger Touch, animierend, delikat und mit gutem Potenzial ausgestattet.

93 Riesling ** Ried Steinhaus Rote Erde 2021
13 Vol.-%, DV, Stahltank, €€€€
Mittleres Grüngelb, silberfarbene Reflexe. Anklänge von reifer gelber Tropenfrucht, zart nach Mango, Ananas und Blütenhonig, mit kandierten Orangenzesten unterlegt. Saftig, weißer Pfirsich, dezente Süße, lebendiger Säurebogen, mineralisch und gut anhaftend, elegant, dezente Honignuancen auch im Nachhall.

91 Riesling * Langenlois 2022
12,5 Vol.-%, DV, Stahltank, €€
Helles Grüngelb, Silberreflexe. Zarte Anklänge von gelber Tropenfrucht, zart nach Maracuja, ein Hauch von Limettenzesten, einladendes Bukett. Saftig, weiße Apfelfrucht, frischer Säurebogen, dezente Fruchtsüße, mineralisch im Abgang, bleibt gut haften, ein lebendiger Speisenbegleiter.

91 Riesling * Steinberg 2022
13 Vol.-%, DV, Stahltank, €€€
Helles Goldgelb, Silberreflexe. Zart nach Ananas und Mango, ein Hauch von Blüten und Maracuja, feines Bukett. Mittlerer Körper, Nuancen von weißem Steinobst, dezenter Säurebogen, fruchtige Süße im Nachhall, bereits gut entwickelt.

89 Riesling * Terrassen 2022
12 Vol.-%, DV, Stahltank, €€

★★

WEINGUT RETZL

Paul Retzl tritt in die Fußstapfen seines Vaters Erwin und führt nun den Zöbinger Traditionsbetrieb. Schon in den vergangenen Jahren verantwortete der Junior die Vinifizierung der Weine. Im Retzl'schen Weinkeller am Fuß des Zöbinger Heiligensteins reifen im frisch renovierten Kellergewölbe zurzeit regionaltypische Weißweine heran, und in der sehenswerten Vinothek schlummern immer noch einige der ältesten Flaschen Österreichs – die Weine reichen bis zum Jahr 1903 zurück. Mit große Freude bewirtschaftet der Winzer die familieneigenen Weingärten in den besten Lagen des Kamptals: Neben den Rieden Zöbinger Kogelberg, Zöbinger Pfaffenberg und Kammerner Lamm ist man besonders stolz auf die Paradelage Zöbinger Heiligenstein.

Bei den beiden Leitsorten Grüner Veltliner und Riesling kommt der Geschmack des Kamptals am besten zur Geltung. Der Grüne Veltliner wird sowohl als leichter, frischer Grüner Veltliner Kamptal DAC Zöbing sowie als gehaltvoller Grüner Veltliner Kamptal DAC Zöbinger Heiligenstein mit leichter Restsüße ausgebaut. Doch auch der Riesling hat, geprägt durch die Vorfahren, bei Paul Retzl einen hohen Stellenwert. Neben dem Riesling Kamptal DAC Zöbinger Pfaffenberg schätzen Weinkenner den Riesling »Bergjuwel®« Kamptal DAC Zöbinger Heiligenstein, der vom mineralischen Terroir der besonderen Lage profitiert. Mit den Sauvignon-Blanc-Reben, die Vater Erwin Retzl bereits vor 30 Jahren auf den sonnigen Hängen des Zöbinger Heiligensteins aus-

Roter Traminer

WEINGUT RETZL

3561 Zöbing
Heiligensteinstraße 9
T: +43 (2734) 2251
weingut@retzl.cc
www.retzl.cc

Kellermeister/Kontakt:
Paul Retzl
Produktion: 100.000 Flaschen
1 % Schaumwein, 79 % weiß,
1 % rosé, 18 % rot, 1 % süß, 20 Hektar
Zertifiziert: Nachhaltig Austria
Vereinszugehörigkeit:
Ursin Haus, Kamptal DAC

pflanzte, entwickelte sich das Herzensprojekt zu einem weiteren Qualitätsstandbein des Betriebs: Stets reift der Sauvignon Blanc zu ausgezeichneten Prädikatsweinen heran. Nicht so bekannt ist das weitere Weinangebot des Betriebs: Das interessante Sortiment umfasst Chardonnay, Weißburgunder, Welschriesling, Roter Traminer sowie Zweigelt. Ein Besuch des sehenswerten Weinkellers am Zöbinger Heiligenstein im malerischen Kamptal lohnt sich jedenfalls.

93 Riesling Brut 2020
12,5 Vol.-%, NK, Stahltank/Flaschengärung €€€€
Helles Grüngelb, Silberreflexe, lebendiges Mousseux. Feine gelbe Tropenfrucht, ein Hauch von Mango und Maracuja, mit weißen Blüten und Limetten unterlegt. Saftig, straff, weißer Pfirsich, lebendiger Säurebogen, zitronig-mineralisch, feinfruchtiger Nachhall.

92 Grüner Veltliner ** Kammern Ried Lamm 2021
13,5 Vol.-%, NK, Stahltank/gebrauchte Barriques, €€€
Helles Gelbgrün. Zarte Kräuternoten, weißes Kernobst, feine Maracujanoten, Zitruszesten klingen an. Saftig, mittlere Komplexität, salzig, feine Säurestruktur, mineralisch, Apfelfrucht im Abgang, bleibt gut haften, vielfältig einsetzbar.

90 Grüner Veltliner * Zöbing Ried Heiligenstein 2022
13 Vol.-%, DV, Stahltank, €€
Helles Gelbgrün, silberfarbene Reflexe. Zarte Kräuternoten, weißer Apfel und Melisse, Mirabellen. Saftig, straff, mittlerer Körper, feine Kräuterwürze, Tropenfrucht im Abgang, bereits gut antrinkbar.

91 Riesling * Zöbing Terrassen 2022
12,5 Vol.-%, DV, Stahltank, €€
Helles Gelbgrün, Silberreflexe. Feine Wiesenkräuter, gelbe Tropenfrucht, zart nach Kumquats und Melisse. Saftig, frischer Säurebogen, zitroniger Abgang, weißes Steinobst im Nachhall, bereits gut antrinkbar.

91 Weißburgunder Zöbing Ried Heiligenstein Reserve 2020
13,5 Vol.-%, DV, Stahltank/gebrauchte Barriques, €€
Helles Gelbgrün, silberfarbene Reflexe. Dezente Würze, zart nach Birnen und weißem Steinobst, ein Hauch von Mango, einladendes Bukett. Saftig, zarte Extraktsüße, gut eingebundener Säurebogen, Williamsbirne im Abgang, kraftvolles Finish, guter Speisenbegleiter.

90 Roter Traminer Maischevergoren 2021
13,5 Vol.-%, NK, gebrauchte Barriques, €€€
Mittleres Goldgelb, orange Reflexe. Etwas nach Kräutern, ein Hauch von Honigmelone und Papaya, zart nussige Aromatik. Saftig, feine Säurestruktur, mineralisch, etwas tabakig, zart nach Weingartenpfirsich, würziger Rückgeschmack, bereits gut antrinkbar.

★★

WEINGUT ROSNER

BIO

Die langjährige Erfahrung der Familie Rosner, die ausgezeichneten Böden von Langenlois und zahlreiche etablierte Rebsorten zeichnen das familiäre Weingut aus. Für die Winzerfamilie ist es eine Selbstverständlichkeit, im Einklang mit der Natur zu wirtschaften, deshalb war die Zertifizierung als organisch-biologischer Betrieb vor über zehn Jahren keine Challenge, sondern vielmehr unumgänglich.
Angetrieben von der Neugier werden alle Weingärten separat verarbeitet und in kleinen Tanks und Fässern einzeln ausgebaut. Die Weine sind lebendig, authentisch und kontrastreich. Sie sind ein Abbild der Region, welche die Winzerfamilie unverfälscht in die Flasche bringen möchte.

91 Rosé Ancestral 2021 ZW/GV
11 Vol.-%, NK, Flaschengärung, €€€€ Ⓑ Ⓘ Ⓥ
Zart getrübtes Lachsrosa, Silberreflexe, lebendige Perlage. Zart nach eingelegten Kirschen, ein Hauch von Ringlotten, etwas Blütenhonig. Feine rote Waldbeeren, weißer Apfel, frische Säurestruktur, zitronig-salzig im Abgang, ein lebendiger Sommerspaß.

93 Grüner Veltliner * Langenlois Ried Kittmannsberg 2021
13,5 Vol.-%, DV, großes Holzfass, €€€ Ⓑ
Mittleres Grüngelb, Silberreflexe. Feine Nuancen von gelbem Kernobst, reifer Apfel, etwas Mango und Birne, zart nussig und kräuterwürzig unterlegt, tabakiger Hauch. Saftig, elegant, Noten von Golden-Delicious-Apfel, feiner Säurebogen, mineralisch, ein Hauch von Limette, bleibt gut haften, ein stoffiger Speisenbegleiter.

91 Grüner Veltliner * Langenlois 2022
12,5 Vol.-%, DV, Stahltank/großes Holzfass, €€ Ⓑ Ⓥ
Mittleres Grüngelb, Silberreflexe. Frischer gelber Apfel, ein Hauch von Mango, mit zarten Wiesenkräutern unterlegt. Straff, engmaschig, weißes Kernobst, lebendig, salzig-zitroniger Nachhall, ein frischer Speisenbegleiter.

93 Riesling * Langenlois Ried Steinberg 2021
13 Vol.-%, NK, Stahltank, €€€€ Ⓑ Ⓥ
Helles Goldgelb, Silberreflexe. Reife gelbe Pfirsichfrucht, Blütenhonig, frische Orangenzesten, mineralischer Touch. Mittlerer Körper, feine weiße Tropenfrucht, frischer Säurebogen, zitronig-mineralischer Abgang, lebendig, gute Länge, sicheres Reifepotenzial.

92 Riesling * Langenlois Ried Hasel 2021
13 Vol.-%, NK, Stahltank, €€€€ Ⓑ Ⓥ
Helles Grüngelb, Silberreflexe. Zart nach Orangenschalen, weißes Steinobst, ein Hauch von Blütenhonig, florale Nuancen. Straff, engmaschig, frischer Pfirsich, zitroniger Touch im Abgang, mittlere Länge, bereits zugänglich.

92 Chardonnay Zeitlos 2020
13 Vol.-%, NK, 500-l-Fass, €€€ Ⓑ
Mittleres Gelbgrün, Silberreflexe. Zart nach Biskuit, ein Hauch von gelber Birne, kandierte Orangenzesten und Vanille. Mittlere Komplexität, weißes Steinobst, feine Holzwürze, die gut integriert ist, ein balancierter Speisenwein, gutes Reifepotenzial.

WEINGUT ROSNER
3550 Langenlois
Großer Buriweg 29
T: +43 (2734) 4152
office@rosnerwein.at
www.rosnerwein.at

Kellermeister/Kontakt: Stefan Rosner
Anbauweise: Zertifiziert Biologisch (Austria Bio Garantie)
Produktion: 3 % Schaumwein, 70 % weiß, 5 % rosé, 22 % rot, 17 Hektar
Vereinszugehörigkeit: Austria Bio Garantie, Kamptal DAC
Messen: Millésime Bio, VieVinum

* Kamptal DAC ** Kamptal DAC Reserve

★★

WINZERHOF SAX

Bereits seit 1660 schreibt die Familie Sax Winzergeschichte. Unter dem Begriff »Vinifizierung« verstehen die Zwillingsbrüder Sax die Leidenschaft, sortenreine, jahrgangs- und gebietstypische Weine zu keltern, die das Klima und den Boden des Kamptals zur Geltung bringen. Ein hohes Maß an Sonnenstunden und kühle Nächte sorgen hier für hochgradige und fruchtintensive Weine. Zu den besten Rieden des Hauses zählen Steinhaus, Steinmassl, Schenkenbichl, Spiegel und Panzaun, die auch zu den renommierten Rieden des Kamptals gehören.
Das Bestreben ist es, bereits beim Rebschnitt ertragsregulierende Maßnahmen zu setzen, die den unterschiedlichen Sorten angepasst werden. Neueste ökologische Erkenntnisse bilden das Fundament der Weingartenarbeit. Das Hauptaugenmerk liegt traditionell auf Grünem Veltliner und Riesling. Aufgrund unterschiedlicher Geschmacksideale werden dem Kunden inzwischen fünf Ausbauvarianten des Grünen Veltliners angeboten: Vom leichten Grünen Veltliner »Luftikus« bis hin zum Grünen Veltliner »Panzaun« bieten die Sax-Zwillinge für jeden Gaumen den passenden Geschmack. Mit einer eigenen Linie stellt sich bereits die jüngste Winzergeneration dem internationalen Wettbewerb. Das Ziel der Jungen ist es, aus dem reifsten Traubengut der Burgunderreihe Weine zu keltern, die durch ihren Charme international für Aufsehen sorgen. Hinter dem prägnanten Namen »Saxess« verbergen sich diese Weine, die vor allem durch ihre angemessene Reifung in kleinen Holzfässern und durch sanfte nussige und cremige Aromen sehr ausgewogen und elegant erscheinen.

93 Riesling ** Ried Loiserberg 2021
13,5 Vol.-%, DV, Stahltank, €€€
Helles Grüngelb, silberfarbene Reflexe. Feine gelbe Tropenfrucht, nach Ananas und frischem Pfirsich, etwas Mango und Blütenhonig, einladendes Bukett. Stoffig, komplex, Nuancen von weißer Frucht, gut integrierte Säurestruktur, mineralisch-zitronig, gute Balance, bleibt haften, gutes Reifepotenzial.

93 Riesling ** Ried Käferberg 2021
13,5 Vol.-%, DV, Stahltank, €€€
Helles Grüngelb, silberfarbene Reflexe. Feine gelbe Pfirsichfrucht, zart unterlegt mit Ananas und Maracuja, etwas Blütenhonig, floraler Touch. Mittlerer Körper, zarte Fruchtsüße von reifem Steinobst, angenehmer Säurebogen, bleibt haften, ein eleganter Speisenbegleiter mit Zukunftspotenzial.

Michael und Rudolf Sax

WINZERHOF SAX
3550 Langenlois
Walterstraße 16
T: +43 (2734) 2349
office@winzersax.at
www.winzersax.at

Kellermeister: Rudolf Sax
Kontakt: Michael Sax
Produktion: 240.000 Flaschen
5 % Schaumwein, 75 % weiß,
5 % rosé, 10 % rot, 5 % süß,
30 Hektar
Messen: ProWein Düsseldorf, VieVinum

© Winzerhof Sax

92 Grüner Veltliner ** Ried Thal 2021
13,5 Vol.-%, DV, 500-l-Fass, €€€€
Mittleres Golggelb, silberfarbene Reflexe. Reife gelbe Tropenfrucht, ein Hauch von Babybanane, zart hefig und nach Karamell. Saftig, rund und mit fruchtiger Süße ausgestattet, cremiger, kraftvoller Abgang, mineralisch, bei karamellig und anhaftend, ein stoffiger Speisenwein.

91 Grüner Veltliner ** Ried Panzaun 2021
13,5 Vol.-%, DV, Stahltank, €€€
Mittleres Grüngelb, silberfarbene Reflexe. Frische Nuancen von Wiesenkräutern und Golden-Delicious-Apfel, mit frischen Orangenzesten unterlegt. Saftig, weißes Kernobst, lebendiger Säurebogen, mineralisch-zitronig im Abgang, pikanter Speisenbegleiter, vielfältig einsetzbar.

92 Grüner Veltliner Un.konventionell 2021
12,5 Vol.-%, NK, Stahltank, €€€€€
Getrübtes mittleres Goldgelb, Silberreflexe. Frische weiße Tropenfrucht, zart hefig unterlegter Touch von Pfirsich, florale Nuancen, Limettenzesten klingen an. Saftig, frisch strukturiert, nach Marillen und Wiesenkräutern, mineralischer Nachhall, ein eleganter Natural Wine, vielfältig einsetzbar.

92 Chardonnay Barrique Saxess XIII 2021
13,5 Vol.-%, NK, Barrique, €€€€
Leuchtendes mittleres Grüngelb, Silberreflexe. Zart nach Vanille und gelber Tropenfrucht, mit einem Hauch von Nougat und Karamell unterlegt. Saftig, elegant, Nuancen von reifem gelbem Steinobst, helles Nougat, feine Süße im Abgang, ausgewogen und gut antrinkbar, zart nach Butterscotch im Nachhall, gut entwickelt.

WEINGUT SCHMID

Das Weingut Schmid befindet sich in Gobelsburg im Weinbaugebiet Kamptal. Fruchtbare, kalkreiche Löss- und Schotterböden aus dem Tertiär prägen die Weine hier auf besondere Weise. Genaue Handarbeit, moderne sowie traditionelle Methoden der Vinifikation garantieren eine hohe Qualität der Weine des Weingutes. Die Zertifizierungen »Nachhaltig Austria« und »VEGAN« dokumentieren den verantwortungsvollen Umgang mit Ressourcen.
Zusätzlich werden Weingenießer-Touren angeboten. Eine Wanderung durch die Rieden in Gobelsburg endet mit einer Jause und geselligem Beisammensitzen auf dem Weingut – ganz nach dem Motto: »Von der Traube bis zum Wein in der Flasche.« Das südliche Kamptal mit seinem milden Klima bietet beste Bedingungen für hochwertige Weine. Auf den fruchtbaren und kalkreichen Lössböden der Ried Spiegel und den Rollschotterböden der Ried Haid stehen die ältesten Reben der Familie, die außergewöhnliche DAC-Weine garantieren.

90 Pinot Noir Rosé Vintage extra brut 2020
13 Vol.-%, DIAM, Flaschengärung, €€€€
Mittleres Lachsrosa, Kupferreflexe. Zarte rote Waldbeeren, ein Hauch von Erdbeeren und Biskuit, scheues Bukett. Mittlere Komplexität, feiner Gerbstoff, dezenter Säurebogen, Orangen im Abgang, zarte Süße im Nachhall.

92 Riesling ** Ried Haid 2021
13 Vol.-%, DV, Stahltank, €€€€
Helles Gelbgrün, silberfarbene Reflexe. Zart nach Ananas und Papaya, mit einem Hauch von Blütenhonig und Limetten unterlegt. Mittlerer Körper, Weingartenpfirsich, feine Säurestruktur, dezente Fruchtsüße im Abgang, bleibt haften, verfügt über Reifepotenzial.

WEINGUT SCHMID
3550 Langenlois
Schloß Straße 56
T: +43 (2734) 2188
trink@schmidwein.at
www.schmidwein.at

Kellermeister: Ing. Andreas Schmid
Kontakt: Ing. Andreas und Alexandra Schmid
Produktion: 10 % Schaumwein, 73 % weiß, 1 % rosé, 15 % rot, 1 % süß, 20 Hektar
Zertifiziert: Nachhaltig Austria
Vereinszugehörigkeit: Kamptal DAC

89 Riesling * Gobelsburg 2022
12 Vol.-%, DV, Stahltank, €€ Ⓥ

90 Grüner Veltliner * Ried Spiegel 2021
14,5 Vol.-%, DV, Stahltank, €€€ Ⓥ
Helles Grüngelb, silberfarbene Reflexe. Zurückhaltend, zarte Apfelfrucht, ein Hauch von Orangenzesten, scheues Bukett. Mittlere Komplexität, Nuancen von weißem Kernobst, dezenter Säurebogen, mineralisch im Abgang, fruchtige Süße, braucht noch etwas Flaschenreife.

88 Grüner Veltliner * Gobelsburg 2022
12 Vol.-%, DV, Stahltank, €€ Ⓥ

89 Pinot Noir Tradition 2021
14,5 Vol.-%, DIAM, Stahltank, €€€€ Ⓥ

★

WEINGUT SCHREIBEIS KELLER AM GAISBERG

Das Weingut Schreibeis befindet sich in der Einfahrt des malerischen Örtchens Straß im Straßertale, direkt am Fuße des Gaisbergs. Die Weiterentwicklung des Familienbetriebs ist das höchste Ziel von Juniorchef Edwin, der dort seit dem Jahrgang 2017 für die Vinifikation verantwortlich ist. Er ist bestrebt, den Charakter von Sorte und Lage in seinen Weinen zu vereinen, und versteht es perfekt, den Spirit jahrelanger Tradition mit seinem Fachwissen und seiner Kreativität zu fusionieren. Sein Repertoire an Erfahrungen konnte sich der Jungunternehmer unter anderem in einem renommierten biodynamischen Weingut und während eines Praktikums in Neuseeland aneignen.
Grüner Veltliner und Riesling sind mit einem Anteil von 60 Prozent die Hauptsorten. Diese reichen von frisch-fruchtigen Terrassenweinen bis zu den kräftigen Lagenweinen vom Gaisberg und Offenberg. Auch der Weißburgunder ist Tradition im Hause Schreibeis. Die mittelschweren Böden der Strasser Rieden Gautscher und Stangl und das Klima des Kamptals lassen Weißburgundertrauben reifen, die inspirierenden Spielraum für neue Ideen bieten. Die Vielfalt erstreckt sich vom klassischen Stahltankausbau, über Ausbau in kleinen

Edwin Schreibeis, Eva Schreibeis und Kathrin Weywar

WEINGUT SCHREIBEIS KELLER AM GAISBERG
3491 Straß im Straßertale
Gaisbergkellergasse 12
T: +43 (2735) 5823
office@weingut-schreibeis.at
www.weingut-schreibeis.at

Kellermeister/Kontakt:
Edwin Schreibeis
Produktion: 113.333 Flaschen
5 % Schaumwein, 80 % weiß, 4 % rosé, 10 % rot, 1 % süß, 20 Hektar
Vereinszugehörigkeit:
Weinstraße Kamptal
Messen: ProWein Düsseldorf

© Weingut Schreibeis

Holzfässern bis hin zur Maischegärung. Die warmen Sommer der letzten Jahre haben vor allem die Qualität der Rotweine geprägt. Den klassischen Zweigelt, die Zweigelt-Reserve und die neu kreierte Cuvée sollten sich Rotweinfans nicht entgehen lassen. Lust auf mehr? Die Weine können auf dem Weingut in der Gaisbergkellergasse verkostet und vor Ort erworben werden.

89 Zweigelt Frizzante Rosé 2022
12 Vol.-%, DV, Stahltank, €€

(90) Grüner Veltliner ** Strass Ried Offenberg 2021
13,5 Vol.-%, DV, Teilbarrique/Stahltank, €€€€
Leuchtendes Goldgelb, Grünreflexe. Honig und Mango, etwas nach Vanille, zart nach Kardamom, floraler Touch. Mittlerer Körper, saftig, feinwürzig, gelbe Tropenfrucht, stoffiges Finish, individuell einsetzbar.

89 Grüner Veltliner * Strass Ried Hasel 2022
12,5 Vol.-%, DV, Stahltank, €€

88 Grüner Veltliner * Strass 2022
12,5 Vol.-%, DV, Stahltank, €€

(92) Weißburgunder Reserve 2021
13,5 Vol.-%, DV, Stahltank, €€€
Helles Gelbgrün, Silberreflexe. Zart nach Wiesenkräutern und Birne, ein Hauch von Papaya, mit Blütenhonig unterlegt. Frisch und elegant, zarte Extraktsüße, Mangonoten im Abgang, salziger Nachhall, einladender Speisenbegleiter.

90 Weißburgunder Orange 2019
14 Vol.-%, NK, kleines Holzfass, €€€€€
Mittleres Gold, Bernsteinreflexe. Feine Holzwürze, zart hefig, ein Hauch von frisch gebackenem Brot, etwas nach rotem Apfel, kandierte Orangenschalen. Mittlerer Körper, tabakig, etwas nach Kräutern und Birnen, bereits gut antrinkbar.

★★

WEINGUT PETER SCHWEIGER

Das Weingut Schweiger liegt in der Ortschaft Zöbing, inmitten des Kamptals. Peter Schweiger und sein Sohn Peter legen besonders großen Wert auf umweltfreundlichen und nachhaltigen Weinbau. Beide Generationen zollen dem Boden und der Natur besonderen Respekt. Um große Weine zu keltern, sind für sie zwei Dinge entscheidend: die spezielle Wertschätzung der Natur und die umsichtige Behandlung der Rebstöcke. Dieses Bewusstsein zieht sich durch ihr gesamtes Dasein als Winzer und ist schlussendlich in den hervorragenden Weinen zu schmecken.
Die ausschließlich von Hand gelesenen und selektierten Trauben stammen aus den großen Lagen des Kamptals: Zöbinger Heiligenstein, Kogelberg, Gaisberg und Lamm. Die Etiketten der Weine tragen die Philosophie des Betriebes nach außen: Der Kompass verkörpert die Verbundenheit mit der Region. Die Uhr steht für die Intention, den Weinen ausreichend Zeit zum Reifen zu geben. Und so kommen frühestens im April (»IV«) die ersten Weine des vergangenen Jahres auf den Markt.
Die große Liebe gilt dem Grünen Veltliner, der zu acht unterschiedlichen Weinen vinifiziert wird: von leicht und fruchtig über gehaltvoll und mineralisch bis hin zu kräftig und würzig, ausgebaut im Barrique. Peter Schweiger junior, Jahrgang 1996, der seit 2013 nicht nur hand-

WEINGUT PETER SCHWEIGER
3561 Zöbing
Im Grübl 25
T: +43 (664) 2104748
office@schweiger-wein.at
www.schweiger-wein.at

Kellermeister: Peter Schweiger jun.
Kontakt: Peter Schweiger
Produktion: 1 % Schaumwein, 95 % weiß, 1 % rosé, 3 % rot, 18 Hektar
Zertifiziert: Nachhaltig Austria
Messen: VieVinum

werklich, sondern auch mit neuen Ideen und vollem Tatendrang kräftig mitarbeitet, kreiert mit seiner eigenen Linie »96«, die ausschließlich er selbst vinifiziert, besonders anspruchsvolle Weine.

94 Grüner Veltliner ** Ried Lamm 1ÖTW 2021
14,5 Vol.-%, DV, Stahltank, €€€€€
Mittleres Gelbgrün, silberfarbene Reflexe. Frische Golden-Delicious-Apfelfrucht, ein Hauch von Blütenhonig, zart mit Babybanane und Orangenzesten unterlegt. Komplex, saftig, elegant, feine Nuancen von gelber Frucht, finessenreicher Säurebogen, zitronig-mineralischer Nachhall, zeigt Länge, verfügt über Entwicklungspotenzial.

92 Grüner Veltliner ** Ried Gaisberg 1ÖTW 2021
13,5 Vol.-%, DV, Stahltank, €€€€
Helles Grüngelb, silberfarbene Reflexe. Frische Orangenzesten, ein Hauch von Wiesenkräutern, mit weißem Kernobst unterlegt. Saftig, feine Fruchtsüße, reife Birnen, lebendiger Säurebogen, kompakt und anhaftend, gelbe Tropenfrucht im Nachhall, ein eleganter, harmonischer Speisenbegleiter.

91 Grüner Veltliner * Ried Kogelberg 2022
12 Vol.-%, DV, Stahltank, €€
Mittleres Gelbgrün, Silberreflexe. Etwas nach gelbem Apfel und Blütenhonig, unterlegt mit feiner Kräuterwürze, zart nach Guaven. Saftig, mittlere Komplexität, frisch und lebendig, balanciert, weißes Kernobst im Abgang, zitroniger Nachhall, guter Speisenbegleiter.

91 Grüner Veltliner ** Ried Heiligenstein 1ÖTW 2021
13,5 Vol.-%, DV, Stahltank, €€€€
Mittleres Gelbgrün, silberfarbene Reflexe. Frische Kräuterwürze, gelber Apfel, zart nach frischer Birne und kandierten Orangenzesten, mineralischer Touch. Mittlere Komplexität, weißes Kernobst, wirkt etwas weitmaschig, dezente Fruchtsüße, bereits entwickelt und zugänglich.

92 Riesling * Ried Kogelberg 2022
12,5 Vol.-%, DV, Stahltank, €€€€
Helles Grüngelb, Silberreflexe. Frische Kräuterwürze, ein Hauch von Zitrus, etwas nach Physalis, Weingartenpfirsich klingt an. Saftig, elegant, gut eingebundene Säurestruktur, stoffig, Steinobst im Abgang, guter Speisenbegleiter mit Potenzial.

92 Riesling ** Ried Heiligenstein 1ÖTW 2021
13,5 Vol.-%, DV, Stahltank, €€€€
Helles Grüngelb, Silberreflexe. Einladender Duft nach Honigmelone und Marillen, kandierte Mandarinenzesten, floraler Touch. Saftig, straff, lebendige Säurestruktur, dunkle Mineralik, zitroniger Touch, weißer Pfirsich im Abgang, salziger Nachhall.

★★

WEINGUT SONNHOF

Der Name Sonnhof ist seit Generationen mit der Familie Jurtschitsch in Langenlois verbunden. Im Zuge des Generationswechsels entwickelte sich aus der Marke Sonnhof ein eigenständiges Weingut. Durch den respektvollen Umgang mit der Natur und die enge Zusammenarbeit mit ausgewählten Weinbauern wird zur Erhaltung der kleinstrukturierten Kulturlandschaft beigetragen. Und so entstehen aus vielen kleinen Weingartenparzellen auf dem Sonnhof authentische Sorten-, Orts- und Lagenweine aus den versteckten Ecken des Kamptals.

90 Grüner Veltliner * 2022
12,5 Vol.-%, DV, Stahltank, €€
Helles Gelbgrün, Silberreflexe. Zart nach Wiesenkräutern, weißer Apfel, ein Hauch von Birne, tabakige Würze. Mittlerer Körper, saftiges Kernobst, lebendig, mineralisch, Limetten, salziger Nachhall, ein leichtfüßiger Speisenbegleiter.

91 Riesling Urgestein 2022
12,5 Vol.-%, DV, Stahltank, €€€
Helles Gelbgrün, Silberreflexe. Feine gelbe Tropenfrucht, zart nach Pfirsich und Mango, mit Blütenhonig unterlegt, ein Hauch von frischen Feigen. Mittlere Komplexität, weißes Steinobst, ein Hauch von Fruchtsüße, balanciert, mineralisch-salziger Nachhall.

90 Zweigelt Rosé 2022
12 Vol.-%, DV, Stahltank, €€ Ⓑ
Helles Lachsrosa, Silberreflexe. Zart nach roten Waldbeeren, eingelegte Kirschen, Nuancen von Orangen. Mittlerer Körper, zart nach Zwetschken, Ringlotten, feiner Säurebogen, ein schlanker, vielseitiger Sommer mit zitronigem Nachhall.

WEINGUT SONNHOF
3550 Langenlois
Franziskaner Platz 1
T: +43 (2734) 2116
info@weingut-sonnhof.at
www.weingut-sonnhof.at

Kellermeister: Ewald Tiefenböck
Kontakt: Max Trabitsch
Produktion: 75 % weiß, 24 % rot, 1 % süß

Zweigelt

90 Zweigelt Reserve 2020
13 Vol.-%, NK, großes Holzfass, €€€ B
Kräftiges Karmingranat, Ockerreflexe, breitere Randaufhellung. Eingelegte Kirschen, ein Hauch von Zwetschken und Nougat, rotbeeriger Touch, einladendes Bukett. Frisch und lebendig, rote Kirschen, mineralisch im Abgang, ein lebendiger Speisenbegleiter.

89 Zweigelt 2020
12,5 Vol.-%, DV, großes Holzfass, €€

★★★★

WEINGUT STEININGER

Die Familie Steininger hat mit der sorten- und jahrgangsreinen Versektung der typischen Kamptaler Rebsorten eine eigene österreichische Sektphilosophie gefunden. Bei der klassischen Linie beruht das Erfolgsgeheimnis auf zwei Faktoren: einerseits auf der hohen Qualität der Grundweine, die sich klar, fruchtbetont und duftig präsentieren, und andererseits auf der behutsamen zweiten Gärung in der Flasche. Beides zusammen bringt den Charakter der jeweiligen Sorte und das Geschmacksbild des Grundweines perfekt zur Geltung. Bei den Lagensekten Riesling Ried Heiligenstein, Weißburgunder Ried Panzaun und Grüner Veltliner Ried Steinhaus werden Sorte und Terroir in den Vordergrund gestellt. Auch bei den Stillweinen setzt die Familie auf höchste Qualität. Der Fokus liegt auf Grünem Veltliner und Riesling. Jeder Rebstock nimmt die Eindrücke der Natur auf und gibt dem Wein seine Persönlichkeit. Familie Steininger setzt auf die Philosophie, Weine zu machen, welche die Frucht und den Charakter der Traube zeigen. Die Aromen präsentieren sich klar und ausdrucksstark, und das in einer eigenen Stilistik, die das kühle Klima des Kamptals und die Böden wunderbar widerspiegelt. Die wichtigsten Lagen des Weinguts sind Ried Loisium, Ried Lamm, Ried Kittmannsberg, Ried Kogelberg, Ried Steinhaus und Ried Seeberg.

95 Grüner Veltliner Sekt Austria Große Reserve brut Niederösterreich g.U. Langenlois Ried Steinhaus 2017
Deg. 11/2022, 13 Vol.-%, NK, großes Holzfass/Flaschengärung, €€€€€€ V
Leuchtendes Grüngelb, Goldreflexe, zartes, anhaltendes Mousseux. Einladende Tropenfrucht, etwas nach Blütenhonig,

Familie Steininger

WEINGUT STEININGER

3550 Langenlois
Walterstraße
T: +43 (2734) 2372
office@weingut-steininger.at
www.weingut-steininger.at

Kellermeister: Peter Steininger
Kontakt: Eva Steininger
Produktion: 30 % Schaumwein, 50 % weiß, 10 % rosé, 9 % rot, 1 % süß, 70 Hektar
Zertifiziert: Nachhaltig Austria
Vereinszugehörigkeit: Traditionsweingüter Österreich
Messen: ProWein Düsseldorf, VieVinum

ein Hauch von Quitte, Rhabarber und Karamell, floraler Touch. Saftig, gute Komplexität, feinwürzig, reife Mangonoten im Abgang, gut integrierte Säurestruktur, mineralischer Nachhall, saftige Fruchtsüße, vielschichtiger Speisenbegleiter.

94 Riesling Sekt Austria Große Reserve Niederösterreich g.U. Zöbing Ried Heiligenstein 2018
Deg. 11/22, 13 Vol.-%, NK, großes Holzfass/Flaschengärung, €€€€€€
Mittleres Gelbgrün, Silberreflexe, zartes Mousseux. Zart floral, weiße Tropenfrucht, ein Hauch von Weingartenpfirsich, Litschis und Limetten. Kraftvoll, saftig, weißes Steinobst, finessenreich strukturiert, elegant, gut integrierte Fruchtsüße, bleibt gut haften, zeigt Länge, weiteres Reifepotenzial.

93 Riesling Elementar Sekt NV
Deg. 04/23, 13 Vol.-%, NK, Flaschengärung, €€€€€
Mittleres Grüngelb, Silberreflexe. Zarte weiße Pfirsichfrucht, angenehme florale Nuancen, ein Hauch von Limetten. Saftig, feine Tropenfrucht, frisch strukturiert, lebendig und mineralisch, weiße Frucht im Abgang, ein animierender Speisenbegleiter.

92 Riesling Sekt Austria Reserve brut Niederösterreich g.U. 2020
Deg. 12/22, 13 Vol.-%, NK, Flaschengärung, €€€€€
Helles Goldgelb, Silberreflexe, feines Mousseux. Gelbe Tropenfrucht, Nuancen von Maracuja und Limetten, feiner Blütenhonig, dezente Kräuterwürze, mit Mandarinenzesten unterlegt. Kraftvoll, reife Tropenfrucht, Blütenhonig, feiner Säurebogen, mineralisch-zitronig im Abgang.

94 Weißburgunder Sekt Austria Große Reserve g.U. Niederösterreich Ried Panzaun 2017
Deg. 03/22, 13 Vol.-%, NK, großes Holzfass/Flaschengärung, €€€€€€
Leuchtendes Goldgelb, Silberreflexe, anhaltendes feines Mousseux. Mit einem feinen Briochetouch unterlegte gelbe Birnenfrucht, dazu Melone, gelbe Ringlotte, etwas nach Blütenhonig, zart nach Melisse, etwas kandierte Zitrusfrucht. Saftig, elegant, feine Säurestruktur, würzig, zart nach gelbem Apfel, süße Mango und Biskuit im Abgang, ein kraftvoller Speisenbegleiter mit Substanz.

93 Chardonnay Sekt Austria Reserve brut Niederösterreich g.U. 2020
13 Vol.-%, NK, Flaschengärung, €€€€€
Helles Goldgelb, Silberreflexe, feines, anhaltendes Mousseux. Einladende Nuancen von gelber Tropenfrucht, ein Hauch von Apfel und Quitten, floraler Touch. Saftig, charmante Kernobstnuancen, feine Säurestruktur, mineralisch im Abgang, zarter Blütenhonig im Nachhall.

93 Cabernet Sauvignon Rosé Sekt 2021
13 Vol.-%, NK, Flaschengärung, €€€€€
Helles Kupferrot, Goldreflexe, feines, anhaltendes Mousseux. Rote Waldbeeren, zart nach Ribiseln, weißer Apfel und Limettenzesten. Kraftvoll, roter Rhabarber, feiner Säurebogen, Kernobst im Abgang, ein Hauch von Cassis, zitronige Nuancen, ein stoffiger Speisenbegleiter.

93 ⓑ Weißburgunder Elementar Sekt NV
Deg. 11/22, 13 Vol.-%, NK, Flaschengärung, €€€€€ Ⓥ
Helles Grüngelb, Silberreflexe, lebendiges, feines Mousseux. Nuancen von frischer Birne, etwas Mango, mit Mandarinenzesten unterlegt, ein Hauch von gelben Ringlotten. Saftig, elegant und frisch, zarte Fruchtsüße, etwas Biskuit im Abgang, harmonisch und balanciert, zeigt gute Länge, ein feiner Begleiter bei Tisch.

92 ⓑ Muskateller Sekt 2021
Deg. 02/23, 13 Vol.-%, NK, Flaschengärung, €€€€€ Ⓥ
Helles Gelbgrün, Silberreflexe, anhaltendes feines Mousseux. Zart nach Limette und Maracuja, mit weißem Apfel und etwas Pfirsich unterlegt. Saftig, feine Fruchtsüße, Nuancen von Ananas und Blütenhonig, mineralisch im Abgang, salziger Nachhall.

(94) Grüner Veltliner ** Ried Kittmannsberg 1ÖTW 2022
13,5 Vol.-%, DV, Stahltank, €€€€ Ⓥ
Helles Gelbgrün, Silberreflexe. Zart gewürzig unterlegte gelbe Tropenfrucht, etwas Mango und Papaya, zarte Mandarinenzesten, mit etwas Blütenhonig unterlegt. Saftig, engmaschig, weißer Apfel, frisch strukturiert, mineralisch, zeigt gute Länge und Komplexität, sicheres Reifepotenzial.

(93) Grüner Veltliner ** Grand Grü 2022
13,5 Vol.-%, DV, Holzfass, €€€€ Ⓥ
Helles Gelbgrün, Silberreflexe. Zart tabakig, feine Nuancen von reifem Steinobst, ein Hauch von Quitten, zart nach Mandarinenzesten. Saftig, elegant, feine Pfirsichfrucht, mineralisch, ein Hauch von Fruchtsüße, Honigmelone im Abgang, gute Länge, ein stoffiger Speisenbegleiter mit Reifepotenzial.

(93) Grüner Veltliner ** Zöbing Ried Kogelberg 1ÖTW 2022
13,5 Vol.-%, DV, großes Holzfass, €€€€€ Ⓥ
Helles Goldgelb, Silberreflexe. Zart nach Honig und Marille, frische Mango, kandierte Mandarinenzesten. Saftig, elegant, feine Nuancen von gelber Frucht, balanciert, salzige Mineralik, ein Hauch von reifem Steinobst im Nachhall, ein ausgewogener Speisenbegleiter.

92 Grüner Veltliner * Ried Loisium 2022
13 Vol.-%, DV, Stahltank, €€€ Ⓥ
Mittleres Gelbgrün, Silberreflexe. Zart nach Wiesenkräutern, tabakige Würze, frischer gelber Apfel, ein Hauch von frischen Orangenzesten. Saftig, straff, ein Hauch von Anis und gelber Birne, feine Säurestruktur, mineralisch, gut anhaftend, ein eleganter Begleiter bei Tisch.

(92) Grüner Veltliner ** Kammern Ried Lamm 1ÖTW 2022
13,5 Vol.-%, DV, Holzfass, €€€€€ Ⓥ
Leuchtendes mittleres Goldgelb, Silberreflexe. Zarte Kräuterwürze, feine gelbe Tropenfrucht, ein Hauch von Ringlotten, mit weißem Apfel unterlegt. Mittlerer Körper, feine Fruchtsüße, zart nach Birne, dezente Säure, wirkt etwas weitmaschig, ein Hauch von Honig im Nachhall.

90 Grüner Veltliner * 2022
12,5 Vol.-%, DV, Stahltank, €€ Ⓥ
Helles Gelbgrün, Silberreflexe. Zart tabakig, Nuancen von Wiesenkräutern, frischer Apfel, einladendes Bukett. Saftig, mittlerer Körper, weißes Steinobst, frisch strukturiert, Birne im Nachhall, bietet unkompliziertes Trinkvergnügen.

(93) Riesling ** Langenlois Ried Steinhaus 1ÖTW 2022
13 Vol.-%, DV, Stahltank, €€€€ Ⓥ
Helles Gelbgrün, Silberreflexe. Feine weiße Tropenfrucht, Nuancen von Blüten, Limetten und Maracuja, attraktives Bukett. Saftig, engmaschig, weißer Weingartenpfirsich, finessenreicher Säurebogen, salzig-zitronig im Nachhall, bereits zugänglich, ein lebendiger Speisenbegleiter.

(93) Riesling ** Langenlois Ried Seeberg 1ÖTW 2022
13 Vol.-%, DV, Stahltank, €€€€ Ⓥ
Helles Grüngelb, Silberreflexe. Zart nach frischen Orangen, weiße Pfirsichfrucht, ein Hauch von Safran, einladende exotische Nuancen. Saftig, weiße Tropenfrucht, finessenreich strukturiert, mineralisch-zitronig im Abgang, ein straffer Speisenbegleiter mit Länge und Reifepotenzial.

91 Weißburgunder 2022
13,5 Vol.-%, DV, € großes Holzfass, € Ⓥ
Mittleres Goldgelb, Silberreflexe. Zart nussig unterlegte feine gelbe Tropenfrucht, ein Hauch von Apfel, mit kandierten Orangenzesten unterlegt. Komplex, Nuancen von weißem Steinobst, feine Fruchtsüße, elegant und ausgewogen, zarter Blütenhonig im Nachhall, bleibt haften, gutes Reifepotenzial.

★★★★

WEINGUT TOPF

Am Fuß des Gaisbergs im südlichen Kamptal findet man im malerischen Ort Straß im Straßertale das Traditionsweingut der Familie Topf. Dort, wo seit 1885 über fünf Generationen Wissen und Leidenschaft stetig weitergegeben werden, entstehen Weine mit einer einzigartigen Handschrift. Die Tradition zu wahren, das erlernte Handwerk weiterzugeben und viel Sorgfalt in den Weinbergen zählen zur täglichen Praxis. Gemeinsam mit seinen Söhnen vinifiziert Hans Topf Lagen- und Schaumweine und bringt sie mit perfekter Trinkreife auf den Markt. Die Brüder Hans-Peter und Maximilian arbeiten im Einklang mit der Natur und ergänzen das Portfolio ihres Vaters um ihre eigenen Lagenweine, die zusätzlich ihre Initialen »M« bzw. »HP« tragen.

Das große Potenzial und der Stolz der Winzerfamilie beruhen auf den Ersten Lagen Offenberg, Gaisberg, Wechselberg Spiegel und Heiligenstein. Für die Einzigartigkeit und Unverwechselbarkeit dieser Lagen sind Konglomerate aus Glimmerschiefer, Paragneise und Arkosen sowie der Einfluss von unterschiedlichen Kleinklimata verantwortlich. Als Mitglied der Traditionsweingüter Österreich setzt Familie Topf auf die Erlebbarkeit der Lagenweine unter dem Titel »Herkunft im Glas kostbar machen«.

95 Grüner Veltliner * Ried Renner 1ÖTW 2021
12,5 Vol.-%, DV, Stahltank, €€€€€
Mittleres Gelbgrün, Silberreflexe. Zarte Tabakwürze, etwas nach Orangenzesten, ein Hauch von Papaya, floraler Touch, Kardamom klingt an. Saftig, elegant, feinwürzig, gut eingebundene Säurestruktur, dunkle Mineralik, zarte Apfelfrucht im Abgang, bleibt gut haften, vielfältig einsetzbar.

95 Grüner Veltliner * Ried Offenberg 1ÖTW 2021
13,5 Vol.-%, DV, Stahltank, €€€€€
Mittleres Strohgelb, silberfarbene Reflexe. Frischer Golden-Delicious-Apfel, ein Hauch von reifer Marille, dezente Kräuterwürze, kandierte Orangenzesten. Stoffig, komplexe Textur, reifes Kernobst, feine, gut integrierte Säurestruktur, Birne im Abgang, mineralisch-salziger Nachhall, bereits gut antrinkbar.

93 Grüner Veltliner * Ried Gaisberg 1ÖTW 2021
13 Vol.-%, DV, Stahltank, €€€€€
Helles Gelbgrün, silberfarbene Reflexe. Feine Kernobstnuancen, tabakig, rauchige Würze, mit frischen Orangenzes-

Maximilian, Hans Peter und Hans Topf

WEINGUT TOPF
3491 Straß im Straßertale
Talstraße 162, T: +43 (2735) 2491
office@weingut-topf.at
www.weingut-topf.at
Kellermeister: Maximilian & Hans-Peter Topf
Kontakt: Familie Topf
Anbauweise: Umstellung auf bio (Bio Austria)
Produktion: 306.667 Flaschen
10 % Schaumwein, 70 % weiß, 20 % rot,
50 Hektar
Zertifiziert: Nachhaltig Austria
Vereinszugehörigkeit:
Traditionsweingüter Österreich
Messen: Alles für den Gast Salzburg, Austrian Tasting London, ProWein Düsseldorf, VieVinum, Vinitaly, Wein & Genuss Festival Sylt, DAC-Präsentationen

ten unterlegt. Mittlerer Körper, weißer Apfel, frischer Säurebogen, salzig im Nachhall, ein facettenreicher Begleiter bei Tisch.

93 Grüner Veltliner * Ried Rosengartl 1ÖTW 2020
12,5 Vol.-%, DV, Stahltank, €€€€€
Leuchtendes Goldgelb, Silberreflexe. Einladender Duft nach Mango und Akazienhonig, zart nach Litschis, ein Hauch von weißem Nougat, Anis klingt an. Saftig, straff, gut eingebundene Säurestruktur, reife Apfelfrucht, mineralischer Nachhall, bleibt gut haften, würzig-nussiges Finish, kraftvoller Speisenbegleiter.

92 Grüner Veltliner * Ried Wechselberg 1ÖTW 2022
13 Vol.-%, DV, Stahltank, €€€
Helles Grüngelb, Silberreflexe. Feinwürzig unterlegte gelbe Apfelfrucht, zart nach Maracuja, ein Hauch von Kardamom, Wiesenkräuter klingen an. Saftig, mittlere Komplexität, straff, gut integrierte Säurestruktur, mineralisch, Papaya im Nachhall, sehr guter Speisenbegleiter.

91 Grüner Veltliner * Strass im Strassertal 2022
12,5 Vol.-%, DV, Stahltank, €€
Helles Gelbgrün, Silberreflexe. Feine Mangonoten, ein Hauch von Blütenhonig, kandierte Mandarinenzesten, Honigmelone, einladendes Bukett. Saftig, elegant, mineralisch, Papaya im Abgang, salzig, Tropenfrucht im Nachhall, bleibt gut haften, unkompliziertes Trinkvergnügen.

95 Riesling * Ried Heiligenstein 1ÖTW 2021
12,5 Vol.-%, DV, Stahltank, €€€€€
Helles Gelbgrün, Silberreflexe. Zarte Steinobstnuancen, frische Tropenfrüchte, etwas Blütenhonig, einladendes Bukett. Komplex, saftig, elegant strukturiert, feine Fruchtsüße im Abgang, bleibt haften, zitronig-salziger Nachhall, bereits gut antrinkbar, gutes Reifepotenzial.

94 Riesling * Ried Heiligenstein-Steinwand 1ÖTW 2021
12,5 Vol.-%, DV, Stahltank, €€€€€
Helles Gelbgrün, Silberreflexe. Frische Orangenzesten, Nuancen von gelbem Pfirsich, etwas Mango, mineralischer Touch, mit dezenter Kräuterwürze unterlegt. Mittlere Komplexität, weißer Apfel, frischer Säurebogen, lebendig und gut anhaftend, feine Fruchtsüße im Finish, leichtfüßig, mineralisch, zitroniger Touch im Rückgeschmack.

93 Riesling * Ried Wechselberg 1ÖTW 2022
13 Vol.-%, DV, Stahltank, €€€€
Mittleres Gelbgrün, Silberreflexe. Pfirsich und Papaya, Wiesenkräuter klingen an, ein Hauch von Zitruszesten, zart nach Blütenhonig. Gute Komplexität, leichtfüßig, zitronig, gut eingebundener Säurebogen, Litschis im Nachhall, vielfältig einsetzbarer Speisenbegleiter.

Straß im Straßertale

93 Riesling * Ried Wechselberg Spiegel 1ÖTW 2021
13,5 Vol.-%, DV, Stahltank, €€€€€
Mittleres Goldgelb, silberfarbene Reflexe. Einladender Duft nach reifem Steinobst, Blütenhonig, unterlegt mit kandierten Limettenzesten, Marille klingt an. Saftig, elegant, facettenreiche, rassige Säurestruktur, feinwürzig, engmaschig, Pfirsich im Abgang, mineralisch-salziger Nachhall, guter Speisenbegleiter mit Potenzial.

92 Riesling * Strass im Strassertal 2022
13 Vol.-%, DV, Stahltank, €€€
Helles Gelbgrün, Silberreflexe. Feine Kräuterwürze, etwas nach Kumquats, ein Hauch von Pfirsich, zart nach Blütenhonig und Passionsfrucht. Saftig, elegant, lebendig und frisch, gut integrierte Säurestruktur, Marille im Abgang, extraktsüßer Nachhall, guter Speisenbegleiter.

93 Chardonnay Ried Hasel 2020
13,5 Vol.-%, DV, Eichenfass, €€€€€
Leuchtendes Goldgelb, Silberreflexe. Reife Tropenfrucht, unterlegt mit Honig, feine Holzwürze, Vanilletouch, ein Hauch von Gewürzen, floraler Touch. Saftig, gute Komplexität, elegant, facettenreiche Säurestruktur, Mango, ein Hauch von Orangenschalen, salziger Nachhall, vielschichtiger Speisenbegleiter.

★★

WEINGUT REINHARD TOPF

Die Zielsetzung von Reinhard Topf ist eindeutig: Weine mit unverwechselbarer Handschrift zu kreieren und die Ressourcen des Kamptals bestmöglich und nachhaltig zu nutzen. Seit 2015 prägt der junge Winzer, Jahrgang 1992, das Geschehen im Familienbetrieb mit jugendlichem Feuer, Drang zur Innovation und unglaublichem Ehrgeiz. Durch viel Feingefühl bei der Arbeit mit Natur und Boden wird in den besten Lagen des Weinortes Straß im Straßertale der Grundstein für großartigen Wein gelegt. Wer die Weine kennt, wird bestätigen: Reinhard Topf hat nicht nur Freude an seiner Arbeit, sondern schafft es auch, die liebevolle Hingabe zu seinen Rebstöcken eindrucksvoll ins Glas zu bringen.
Das Sortiment reicht von klassisch und leicht bis hin zu reif und kräftig. Unverschnörkelt, feinfruchtig und mit viel Eleganz imponieren die Weine. Der Spaß beim Trinken steht dabei an oberster Stelle. Auch wer Vielschichtigkeit und Komplexität sucht, ist bei dem engagierten Winzer goldrichtig. Der Grüne Veltliner Reserve Ried Gaisberg – eines der Flaggschiffe des Betriebes – lässt die Herzen der Weinliebhaber höherschlagen und sorgt für endlosen Gesprächsstoff. Dem kargen Terroir des Wechselberges, geprägt von Glimmerschiefer und Urgestein, verdankt die Weißburgunder Reserve imposanten Tiefgang und Struktur. Uneingeschränkte Hingabe genießt auch der Riesling in den Lagen Gaisberg und Wechselberg: Schon früh entwickelte sich eine besondere Liebe zu dieser Rebsorte. Mittlerweile zählt er zu den Aushängeschildern des Weingutes und überzeugt durch unverkennbare Steinobstnoten, Feingliedrigkeit und perfekt balancierte Säure.
Aufgrund der Begeisterung dafür, neue Wege rund um den Wein zu betreten, findet seit 2021 eine neue Weinlinie seinen Platz im Sortiment: »Triebwerk« – pur, ungeschönt und unfiltriert.

WEINGUT REINHARD TOPF
3491 Straß im Straßertale
Langenloiser Straße 213
T: +43 (664) 3747156
weingut@reinhardtopf.at
www.reinhardtopf.at

Kellermeister/Kontakt:
Reinhard Topf
Produktion: 90 % weiß, 10 % rot, 8 Hektar
Vereinszugehörigkeit:
Weinstraße Kamptal
Messen: VieVinum, Vinessio Weinmesse Starnberg

92 Riesling * Ried Gaisberg 2022
12,5 Vol.-%, DV, Stahltank, €€
Helles Gelbgrün, silberfarbene Reflexe. Wiesenkräuter, zart nach Pfirsich und etwas kandierten Orangenzesten, mit Blütenhonig unterlegt, einladendes Bukett. Saftig, straff, lebendige Säurestruktur, mineralisch, weißes Steinobst, zitroniger Nachhall, vielseitiger Speisenbegleiter.

92 Grüner Veltliner ** Ried Gaisberg 2021
13,5 Vol.-%, DV, Teilbarrique, €€€
Leuchtendes Grüngelb, Silberreflexe. Zarte Zitrusnuancen, ein Hauch von Ananas, zart nach Guaven, Wiesenkräuter klingen an. Saftig, balancierter Säurebogen, extraktsüß, zart nach Honig, Maracuja klingt an, feinwürzig, mineralisch, guter Speisenbegleiter.

91 Grüner Veltliner ** Ried Wechselberg 2021
14 Vol.-%, DV, Stahltank, €€
Helles Gelbgrün, Silberreflexe. Blütenhonig, zart nach Quitten, ein Hauch von Orangenschalen, gelber Apfel, floraler Touch. Saftig, elegant, engmaschig, Nuancen von gelber Frucht, frisch und lebendig, guter Speisenbegleiter.

91 Grüner Veltliner ** Ried Gaisberg 2022
13,5 Vol.-%, DV, Teilbarrique, €€€
Leuchtendes Goldgelb, Silberreflexe. Feine Kräuterwürze, zart tabakig, gelbe Apfelfrucht, ein Hauch von Kardamom, Orangenzesten klingen an. Saftig, straff, gut eingebundene Säurestruktur, feinwürzig, Nuancen von weißer Frucht, wird von Flaschenreife profitieren.

90 Grüner Veltliner * Ried Hasel 2022
12,5 Vol.-%, DV, Stahltank, €€
Helles Gelbgrün, Silberreflexe. Reife Apfelfrucht, Wiesenkräuter klingen an, feine Gewürznoten, weißes Kernobst, Clementinentouch. Saftig, straff, mittlerer Körper, salzig, Apfel im Abgang, unkompliziertes Trinkvergnügen.

(90) Weißburgunder Ried Wechselberg Reserve 2022
13 Vol.-%, DV, Teilbarrique, €€€
Helles Gelbgrün, Silberreflexe. Dezente Birnenfrucht, Honig, ein Hauch von Guaven, tabakig, floraler Touch. Saftig, elegant, gut eingebundene Säurestruktur, fruchtsüß nach Papaya, feinwürzig, nussiger Nachhall, bereits gut antrinkbar.

★★★

WEINGUT REINHARD & MARKUS WALDSCHÜTZ

BIO

Seit 1871 betreibt die Familie Waldschütz ihren Betrieb in Elsarn im Straßertal. Seit 1994 lenkt der gelernte Weinbau- und Kellermeister Reinhard Waldschütz die Geschicke des Weinguts – mit dem Ziel, naturnahe, fruchtig-frische und für die Gegend geschmackstypische Weine zu kreieren. Das Straßertal ist eine äußerst reizvolle Landschaft auf einer Seehöhe von 208 bis 360 Metern, viele bekannte Rieden sind hier zu finden. Auch die Lagen des Weinguts von Reinhard und Martina Waldschütz befinden sich in Straßer Spitzenrieden wie Wechselberg oder Gaisberg. Sie bilden die Basis für Trauben von bester Qualität, die dann behutsam und schonend zu feinen Weinen verarbeitet werden. Das zeigt sich quer durch alle Rebsorten, insbesondere bei Grünem Veltliner, Riesling und Sauvignon Blanc.
Seit 2012 ist Sohn Markus für den Keller hauptverantwortlich. Durch seine internationalen Praktika in Kalifornien und Neuseeland sorgt er für die kontinuierliche Fortführung des sehr hohen Betriebsstandards.

(94) Grüner Veltliner ** Ried Grub 1ÖTW 2021
13,5 Vol.-%, NK, großes Holzfass, €€€€€ B
Leuchtendes Goldgelb. Gelbe Tropenfrucht, zart nach Ho-

WEINGUT REINHARD & MARKUS WALDSCHÜTZ
3491 Straß im Straßertale
Elsarn 3
T: +43 (2735) 79457
kontakt@weingut-waldschuetz.at
www.weingut-waldschuetz.at

Kellermeister: Markus Waldschütz
Kontakt: Reinhard und Markus Waldschütz
Anbauweise: Zertifiziert Biologisch (Bio Austria)
Produktion: 90 % weiß, 10 % rot, 35 Hektar
Zertifiziert: Nachhaltig Austria
Messen: ProWein Düsseldorf, VieVinum, Vinobile Feldkirch

Blick auf den Heiligenstein

nig, ein Hauch von Tabak und Marille, floraler Touch. Saftig, elegant, gut eingebundene Säurestruktur, mineralisch, fruchtsüß, zitroniger Nachhall, guter Speisenbegleiter mit Potenzial.

(93) Grüner Veltliner ** Ried Rosengartl 2022
13 Vol.-%, NK, großes Holzfass, €€€€€ Ⓑ
Leuchtendes Goldgelb, Silberreflexe. Limettenzesten, zart nach Kräutern, feine Maracujanoten, ein Hauch von Gewürzen. Saftig, mittlere Komplexität, gut eingebundene Säurestruktur, extraktsüß nach Papaya, guter Speisenbegleiter, Nuancen von gelber Frucht im Nachhall.

(92) Grüner Veltliner * Strass Aturo 2022
13 Vol.-%, DV, Stahltank, €€€ Ⓑ
Mittleres Gelbgrün, Silberreflexe. Reife Kräuternoten, zart nach Apfel, ein Hauch von Guaven, feines Bukett. Saftig, straff, gut eingebundene Säurestruktur, feinwürzig, gelbes Kernobst, mineralisch, guter Speisenbegleiter.

90 Grüner Veltliner * Strass 2022
12,5 Vol.-%, DV, Stahltank, €€ Ⓑ
Helles Gelbgrün, Silberreflexe. Feine Tabakwürze, etwas nach Orangenzesten, zart nach Quitte, mit Blütenhonig unterlegt. Saftig, mittlere Komplexität, Tropenfrucht, unkompliziertes Trinkvergnügen.

(93) Riesling ** Ried Gaisberg 1ÖTW 2020
13 Vol.-%, NK, großes Holzfass, €€€€€ Ⓑ
Mittleres Gelbgrün, Silberreflexe. Zart nach Tabak und Wiesenkräutern, weißes Steinobst, etwas nach Mirabellen, mit Honigmelone unterlegt. Saftig, elegant, balancierte Säurestruktur, feinwürzig, weiße Tropenfrucht, salziger Nachhall, gut einsetzbar.

92 Riesling * Strass Venesse 2022
12 Vol.-%, DV, Stahltank, €€€ Ⓑ
Helles Gelbgrün, Silberreflexe. Zart nach Mango und Ananas, kandierte Orangenzesten, etwas nach kandierten Früchten, einladendes Bukett. Saftig, straff, guter Speisenbegleiter, etwas nach Papaya, floraler Touch, vielfältig einsetzbar.

★★★

WEINGUT WEIXELBAUM

BIO

Im lebhaften Zwiegespräch mit der Natur, ganzheitlich und persönlich – so leben und lieben wir den Wein, so betreiben wir unser Familienweingut in Strass bereits in dritter Generation. Das ganze Jahr über leiten und begleiten uns die wahren Werte im Weingarten, im Keller und im Winzerleben.« Die Leidenschaft, mit der die Arbeit verrichtet wird, findet ihren Ausdruck im erklärten Ziel von Heinz Weixelbaum: Weine zu produzieren, die er selbst zu trinken liebt, und anderen dabei zuzusehen, wie sie sich daran erfreuen. Wahre Werte bedeuten nicht Stillstand, sondern behutsame Weiterentwicklung. Die Vergangenheit gibt Rückendeckung, Bodenhaftung und wertvolle Schätze für die Vinothek. In die Zukunft schaut man gemeinsam mit den Kindern Theresa und Pauli, die beim »Familienrat« im Weingarten bereits mitreden, welche Rebsorten ausgepflanzt werden.
Auf 30 Hektar Rebfläche im Weinbaugebiet Kamptal hegt und pflegt die leidenschaftliche Winzerfamilie 140.000 Rebstöcke. Der Schwerpunkt liegt auf Weißwein, abgerundet durch ein kleines, aber feines Sortiment in Rot. Der Erfolg des Betriebes beruht auf ganzheitlichen ökologischen Grundsätzen sowie auf der Bewahrung traditioneller Werte. Gastfreundschaft, gute Laune und bodenständiges Herzblut fließen durch die Adern des Weinguts. Wenn der Wein davon erzählt, dann macht genau das die Familie zufrieden. Wenn der Wein Menschen Freude schenkt, ist die Familie glücklich. »Dann wird unser Beruf ebenso zum Lebenselixier wie ein guter Tropfen Wein.«

95 Riesling ** Ried Heiligenstein 1ÖTW 2021
13,5 Vol.-%, DV, großes Holzfass, €€€€€
Helles Gelbgold, Silberreflexe. Zart nach kandierten Limettenzesten, weißer Pfirsich, etwas Maracuja, feine Fruchtexotik, mineralischer Touch. Straff, engmaschig, feine weiße Tropenfrucht, finessenreicher Säurebogen, harmonisch, zarte Steinobstanklänge im Abgang, ein eleganter Speisenbegleiter, bereits gut entwickelt und antrinkbar.

WEINGUT WEIXELBAUM

3491 Straß im Straßertale
Weinbergweg 196
T: +43 (2735) 2269
weixelbaum@invinoweix.at
invinoweix.at

Kellermeister: Heinz Weixelbaum
Kontakt: Heinz und Gabi Weixelbaum
Anbauweise: Zertifiziert Biologisch (Bio Austria)
Produktion: 90 % weiß, 4 % rosé, 5 % rot, 1 % süß, 30 Hektar
Messen: ProWein Düsseldorf

Chardonnay

94 Riesling ** Strass Ried Gaisberg 1ÖTW 2021

13,5 Vol.-%, DV, großes Holzfass, €€€€€

Helles Gelbgrün, Silberreflexe. Zart mit Orangenzesten und etwas Safran unterlegte feine Nuancen von gelbem Steinobst, Blütenhonig und Limetten. Stoffig, elegant, frischer Weingartenpfirsich, dezente Süße im Nachhall, gute Länge, sicheres Reifepotenzial.

94 Grüner Veltliner ** Strass Ried Gaisberg 1ÖTW 2021

13,5 Vol.-%, DV, großes Holzfass, €€€€€ V

Helles Goldgelb, Silberreflexe. Zart mit Mandarinenzesten unterlegte gelbe Apfelfrucht, floraler Touch, ein Hauch von Marillen im Hintergrund. Saftig, gute Komplexität, elegant und ausgewogen, fruchtige Süße im Abgang, mineralisches Finale, zeigt Länge und Reifepotenzial.

92 Grüner Veltliner * Alte Reben 2022

12,5 Vol.-%, DV, Stahltank, €€€€ B V

Helles Goldgelb, Silberreflexe. Frischer Golden-Delicious-Apfel, gelbe Birne, etwas Mango, ein Hauch von Blütenhonig. Saftig, feine Fruchtsüße, seidige Textur, dezenter Säurebogen, harmonisch und bereits gut antrinkbar, ein eleganter Speisenbegleiter.

93 Chardonnay Wahre Werte 2020

13 Vol.-%, DV, €großes Holzfass, €€€

Mittleres Gelbgrün, Silberreflexe. Zarte Nuancen von reifer gelber Tropenfrucht, ein Hauch von Mango und Blütenhonig, kandierte Orangenzesten, floraler Touch. Stoffig, saftig, elegante, seidige Textur, finessenreicher Säurebogen, mineralisch, zart nach Ananas im Abgang, bereits gut antrinkbar, sicheres Reifepotenzial.

92 Weißburgunder Wahre Werte 2022

13 Vol.-%, DV, großes Holzfass, €€€ B V

Helles Goldgelb, Silberreflexe. Zart mit Wiesenkräutern unterlegte Birnenfrucht, ein Hauch von Melone, mit Orangenzesten unterlegt. Mittlere Komplexität, saftig und elegant, weißes Steinobst, feine Säure, seidige Textur, mineralisch-zitronig im Abgang, ein finessenreicher Speisenbegleiter.

Krustetten südöstlich vom Göttweiger Berg

© Robert Herbst

NIEDERÖSTERREICH

KREMSTAL

DAC

Stift Göttweig

HOCHKULTUR DES WEINES

Könnten Weingärten reden, stünden im Kremstal spannende Diskussionen auf dem Programm. Schließlich verteilt sich die 2.252 Hektar große Rebfläche auf unterschiedliche Zonen: die pittoresken Zwillingsstädte Krems und Stein, die östlicher gelegenen Gebiete und die kleinen Weinorte südlich der Donau rund um Stift Göttweig. Verbindende Elemente sind Grüner Veltliner und Riesling als Repräsentanten für das Gebiet – seit dem Jahrgang 2007 unter der Bezeichnung »Kremstal DAC« – und die Botschaft Kunst und Kultur.

In der alten (Wein-)Kulturstadt Krems und ihrer Zwillingsstadt Stein ist der Weinbezug überall spürbar. Sie werden ihrer Stellung als Imageträger der österreichischen Weinkultur seit langer Zeit gerecht: historisch gesehen mit alten Lesehöfen und Zeugnissen der großen Weinbautradition, aus heutiger Sicht mit jungen, erfolgreichen Winzern sowie einer innovativen Genossenschaft und einer modernen Weinbauschule. Geologisch verwandt mit der westlich angrenzenden Wachau, herrschen im Stadtgebiet und der engeren Umgebung Urgesteinsverwitterungsböden vor, stellvertretend genannt sei die bekannte Lage Steiner Pfaffenberg mit einem eleganten, mineralischen Weintyp. Sehr eigenständige Weine kommen auch aus Senftenberg und den umliegenden kleinen Weinorten, die sich entlang des Flüsschens Krems erstrecken. Ganz anders gelagert sind die Rebflächen im Osten der Stadt als Herkunft von runderen, fülligeren Weinen.

Die gewaltigen Lössterrassen in den Weinorten Rohrendorf – wo die Wiege des weit über die Grenzen hinaus bekannten Weinbaupioniers Prof. Dr. h. c. Lenz Moser stand – und Gedersdorf verleihen der Landschaft einen ganz besonderen Reiz. Südlich der Donau liegen Furth-Palt, Krustetten, Höbenbach, Hollenburg, Ober- und Tiefenfucha, überragt vom weithin sichtbaren Stift

beigestellt

Göttweig. In diesem Teil des Weinbaugebiets tragen auch viele Heurigenbetriebe dazu bei, den urtümlichen und bodenständigen Charakter zu bewahren. Ähnlich wie in den benachbarten Weinbaugebieten Wachau und Kamptal kommt auch im Kremstal das klimatische Spannungsfeld stark zur Geltung: Kühle Einflüsse aus dem nahen Waldviertel treffen auf warme, trockene aus der Pannonischen Tiefebene im Osten. Das tief eingeschnittene Donautal ist dabei durch die temperaturregulierende Wirkung der großen Wasserfläche begünstigt. Saftige, finessenreiche Weißweine, vor allem Grüner Veltliner und Riesling, in kleinerem Ausmaß aber auch dichte, ausdrucksstarke Rotweine prägen das Gebiet, dessen Winzerinnen und Winzer sich durch großes Lagenbewusstsein auszeichnen – als Möglichkeit, die Vielfalt im Kleinen zu verwirklichen.
Die dreistufige DAC-Gliederung ist ähnlich der des Kamptals, Abweichungen gibt es lediglich beim Zeitpunkt des möglichen Erstverkaufsdatums.

KREMSTAL DAC

Österreich gesamt:	**44.728 ha**
Weinbaugebiet Niederösterreich:	**27.074 ha**
Kremstal DAC	**2.252 ha**

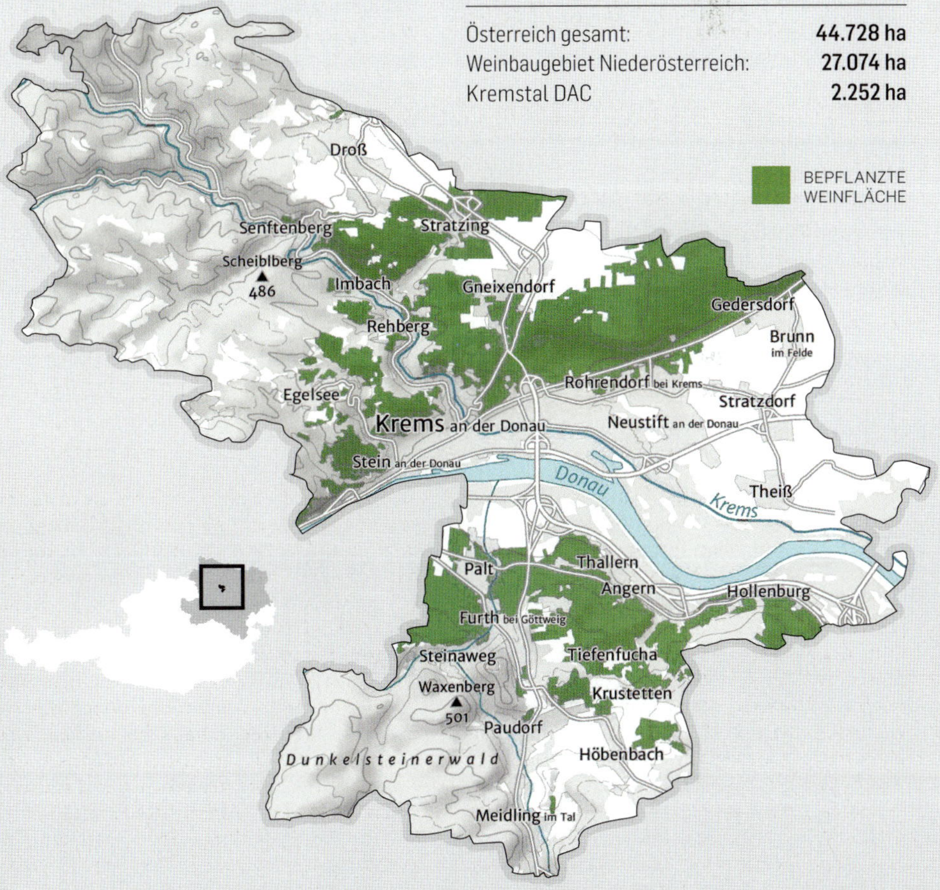

Grundkarte: © Universität Wien, BEV, OSM, SRTM | Österreich Wein Marketing GmbH, 1040 Wien, © ÖWM 2022

AUSGEWÄHLTE WEINGÜTER

★★★★★

Weingut Mantlerhof, Brunn im Felde, Gedersdorf
Wein-Gut Nigl, Senftenberg
Weingut Familie Proidl, Senftenberg
Weingut Salomon Undhof, Stein an der Donau

★★★★

Weingut Buchegger, Droß
Weingut & Hotel Malat, Palt
Weingut Vorspannhof – Mayr, Dross
Weingut Hermann Moser, Rohrendorf
Weingut Josef Schmid, Stratzing
Weingut Stadt Krems, Krems
Weingut Türk, Stratzing

★★★

Weingut Aigner, Krems
Weingut Berger, Gedersdorf
Weingut Philipp Bründlmayer, Grunddorf
Winzerhof Familie Dockner, Höbenbach
Weingut Josef Edlinger, Furth/Palt
Weingut Meinhard Forstreiter, Krems-Hollenburg

★★★

Weingut Müller, Krustetten
Weingut Müller-Grossmann, Furth-Palt
Lesehof Stagård, Krems-Stein
Weingut Stift Göttweig, Furth bei Göttweig
Weingut Thiery-Weber, Rohrendorf
Weingut Petra Unger, Furth-Palt
Weingut Wess, Krems
Weingut Alois Zimmermann, Theiß

★★

Weingut Eder, Gedersdorf
Weingut Felsner, Grunddorf
Weingut Rudolf Fritz, Krems-Thallern
Weingut Lukas Hagen, Krems
Weinkellerei Lenz Moser, Rohrendorf
Weinhof Christian Parzer, Oberfucha-Furth
Weingut Tanzer, Krems an der Donau
Wandraschek Weinmanufaktur, Krems
Weingut Zöhrer, Krems

★

Weingut David Harm, Krustetten

Steiner Schreck

WEINGUT AIGNER
3500 Krems
Weinzierl 53
T: +43 (2732) 84558
info@aigner-wein.at
www.aigner-wein.at

Kellermeister/Kontakt:
Wolfgang Aigner
Produktion: 97 % weiß, 3 % rot, 16 Hektar
Vereinszugehörigkeit:
Original Kremser Wein
Messen: VieVinum

Weingärten bei Krems

★★★

WEINGUT AIGNER

Wolfgang Aigner wurde das Weinmachen in die Wiege gelegt. Der Sohn eines Winzers übernahm bereits mit 21 Jahren das elterliche Weingut in Krems. Von Anfang an arbeitete Aigner konsequent daran, das Potenzial seiner hervorragenden Lagen auszuschöpfen. Denn dort, im Terroir von Sandgrube und Weinzierlberg, liegt die Stärke des Weinguts, das heute auf rund 16 Hektar einige der interessantesten Weißweine der Kremser Region produziert.
Die Rebstöcke wurden zum überwiegenden Teil vor 40 Jahren vom Großvater ausgepflanzt. Der Schwerpunkt liegt auf den Sorten Grüner Veltliner und Riesling. Die Weine haben ein unverkennbares Profil: Sie sind gehaltvoll, aber nicht schwer, wirken frisch und verfügen über markante Würze und kraftvolles Bukett. Aigner baut seine Weine lagerfähig aus. Die Reserven sind noch nach 20 Jahren frisch, zeigen klare Frucht und vielschichtige Tertiäraromen.

93 Grüner Veltliner ** Ried Obere Sandgrube Privat 2021
14 Vol.-%, DV, großes Holzfass, €€€€
Mittleres Grüngelb, Silberreflexe. Zart tabakig unterlegte reife gelbe Tropenfrucht, frische Mango, ein Hauch von Ringlotten, zart mit Honig unterlegt. Kraftvoll, saftig, weißer Apfel, frische Säurestruktur, Limetten im Abgang, wirkt recht leichtfüßig und mineralisch, verfügt über Länge und Entwicklungspotenzial.

92 Grüner Veltliner * Krems 1773 Tradition 2022
12,5 Vol.-%, DV, großes Holzfass, €€€
Mittleres Grüngelb, Silberreflexe. Attraktive Nuancen von Mango und Golden-Delicious-Apfel, feine Kräuterwürze, mit Mandarinenzesten unterlegt. Engmaschig, weißer Apfel, frischer, trockener Stil, zitronige Nuancen im Abgang, ein lebendiger Speisenbegleiter.

90 Grüner Veltliner * Weinzurl 2022
12 Vol.-%, DV, €€
Mittleres Gelbgrün, Silberreflexe. Feine Kräuternoten, etwas Blütenhonig, zart nach Maracuja und Papaya, einladendes Bukett. Saftig, frisch, Zitrusnuancen, weiße Apfelfrucht, lebendige Säurestruktur, bleibt gut haften.

90 Grüner Veltliner * Krems Sandgrube 2022
12,5 Vol.-%, DV, €€
Mittleres Grüngelb, Silberreflexe. Zarte Wiesenkräuter, gelber Apfel, ein Hauch von Orangenzesten. Straff, engmaschig, weißes Kernobst, frisch strukturiert, zitronig-salzig im Finale.

* Kremstal DAC ** Kremstal DAC Reserve

92 Riesling * Ried Weinzierlberg 2021
13,5 Vol.-%, DV, €€€€
Mittleres Grüngelb, silberfarbene Reflexe. Feine Kräuternoten, zart nach Marillen und reifer Ananas, ein Hauch von Blütenhonig. Saftig, straff, extraktsüß, balancierte Säurestruktur, mineralisch, Mangonoten, Orangenzesten im Nachhall, guter Speisenbegleiter.

92 Riesling Ried Kremsleithen 2021
13,5 Vol.-%, DV, Stahltank, €€€€
Mittleres Goldgelb, Silberreflexe. Zart nach Orangenblüten, etwas Honig, Nuancen von reifer Maracuja, Mandarinenfilets, deutliche Botrytiswürze. Süße Textur, feiner Honig im Kern, lebendig strukturiert, ungewöhnliche Stilistik, Auslese-Charakter, wird von Reife profitieren.

91 Chardonnay 2022
13 Vol.-%, DV, Stahltank, €€
Helles Goldgelb, Silberreflexe. Einladende reife gelbe Tropenfrucht, zart nach Papaya und Mango, ein Hauch von Blütenhonig. Straff, weißer Apfel, lebendige Säurestruktur, Limetten im Abgang, animierender Speisenwein.

90 Muskateller 2022
12 Vol.-%, DV, Stahltank, €€
Helles Gelbgrün, Silberreflexe. Würzig-kernig unterlegte Noten von Weißen Johannisbeeren und Muskatnuss. Lebendig, grüner Apfel, Holundersirup, rassige Säurestruktur, zitroniger Nachhall, ein knackiger Sommerwein.

★★★

WEINGUT BERGER

Ein Familienbetrieb mit Tradition ist das Weingut Berger in Gedersdorf bei Krems. Insbesondere die Sorten Grüner Veltliner, Riesling, Gelber Muskateller und Blauer Zweigelt bilden seine Grundpfeiler. Das Weinbaugebiet Kremstal wird vor allem durch den gebietstypischen Löss geprägt. Dieser verleiht den Weinen eine tiefe Frucht und herrliche Eleganz.

WEINGUT BERGER
3494 Gedersdorf
Weinbergstraße 2
T: +43 (2735) 8234
office@weingut-berger.com
www.weingut-berger.com

Kellermeister/Kontakt:
Erich Berger
Produktion: 5 % Schaumwein, 85 % weiß, 2 % rosé, 8 % rot, 25 Hektar
Vereinszugehörigkeit:
Losgelöst(s)t
Messen: ProWein Düsseldorf

Die Weingärten der Familie Berger werden nach den neuesten ökologischen Richtlinien bearbeitet und gepflegt. Weißweine werden temperaturkontrolliert vergoren und im Edelstahltank gelagert. Der Ausbau der Rotweine erfolgt im traditionellen Holzfass.
Im Gästehaus kann man natürlich nicht nur übernachten, auch der gesamte Ab-Hof-Verkauf findet dort statt. Bei einer geplanten Übernachtung in den topausgestatteten, klimatisierten Zimmern wird um rechtzeitige Reservierung gebeten. Seit 2017 ist das Weingut zertifiziert für Nachhaltigkeit nach »FAIR'N GREEN«.

(93) Grüner Veltliner * Ried Moosburgerin 2022
13,5 Vol.-%, DV, €€€€€
Helles Gelbgrün, Silberreflexe. Ein Hauch von Wiesenkräutern und Mango, mit Nuancen von Orangenzesten unterlegt. Saftig, gute Komplexität, weißes Kernobst, feiner Säurebogen, balanciert, harmonisch und gut anhaftend, zeigt Länge und Entwicklungspotenzial.

(92) Grüner Veltliner * Ried Vordern Berg Optimis terrae 2022
13,5 Vol.-%, DV, Stahltank, €€€€
Leuchtendes Goldgelb, silberfarbene Reflexe. Feine Kräuterwürze, Nuancen von Blütenhonig und gelbem Apfel, Mango klingt an. Saftig, mittlere Komplexität, saftig, feine Gewürznoten, weiße Tropenfrucht im Abgang, bereits gut antrinkbar.

90 Grüner Veltliner * Krems Lössterrassen 2022
12,5 Vol.-%, DV, Stahltank, €€
Helles Grüngelb, Silberreflexe. Zarte Zitrusnuancen, feine Apfelfrucht, ein Hauch von Honigmelone, einladendes Bukett. Leichtfüßig, dezente Kernobstnuancen, feiner Säurebogen, ein unkomplizierter Speisenbegleiter.

89 Grüner Veltliner * Gedersdorf 2022
11,5 Vol.-%, DV, Stahltank, €€

(91) Riesling * Stein Ried Pfaffenberg 2022
13,5 Vol.-%, DV, Stahltank, €€€€€
Helles Grüngelb, Silberreflexe. Floral unterlegte gelbe Tropenfrucht, etwas Mango und Maracuja, Limettenzesten. Mittlere Komplexität, weißer Apfel, frischer Säurebogen, zart salzig im Nachhall, harmonisch, bereits gut antrinkbar.

(90) Riesling * Gedersdorf Ried Spiegel 2022
12,5 Vol.-%, DV, Stahltank, €€
Helles Gelbgrün, Silberreflexe. Frische Wiesenkräuter, weißes Kernobst, zart nach Guaven, Melisse, zitroniger Touch. Saftig, elegant, feine Säurestruktur, mineralisch, weitmaschig, Pfirsich im Abgang, bereits gut antrinkbar.

91 Weißer Burgunder Ried Altmandl 2022
12 Vol.-%, DV, Stahltank, €€
Helles Grüngelb, Silberreflexe. Zarte Kräuternoten, etwas nach Melisse, reife Tropenfrucht, Papaya klingt an. Saftig, elegant, feine Säurestruktur, mineralisch, weißes Kernobst, Williamsbirne im Nachhall, feinwürziger Rückgeschmack.

88 Gelber Muskateller 2022
11,5 Vol.-%, DV, Stahltank, €€

★★★

WEINGUT PHILIPP BRÜNDLMAYER

Leidenschaft und Liebe zum Handwerk sind immer noch die besten Voraussetzungen für Qualität. Das gilt ganz besonders für die Herstellung von Produkten, die der Mensch genießen soll und darf – wie zum Beispiel Wein. Philipp Bründlmayer trägt diese Leidenschaft und Liebe in seiner DNA. Seine Weine sind folglich Stoff für Glückseligkeit: sortentypisch, pur, geradlinig und von unverkennbarer Herkunft. In Grunddorf, im letzten Winkel des Kamptals, lagern und reifen sie in Stahltanks und großen Holzfässern. Ihren Ursprung haben sie jedoch auf den mächtigen Lössterrassen von Gedersdorf und Rohrendorf und tragen somit die Herkunftsbezeichnung Kremstal. Ein schöner Flecken

© Atelier Schulte

WEINGUT PHILIPP BRÜNDLMAYER
3485 Grunddorf
Ortsring 44
T: +43 (2735) 5112
office@jpbm.at
www.philipp-bruendlmayer.at

Kellermeister/Kontakt: Philipp Bründlmayer
Produktion: 90 % weiß, 8 % rosé, 2 % rot, 25 Hektar
Zertifiziert: Nachhaltig Austria
Vereinszugehörigkeit: Losgelöst(s)t, Kremstal DAC
Messen: ProWein Düsseldorf, VieVinum

Philipp Bründlmayer

Erde, geschaffen für den Weinbau. Hier herrschen klimatische Bedingungen, die für Aromabildung und Charakter des Weines essenziell sind.
Neben Wissen, Handwerk und Klima ist die Beschaffenheit des Bodens ein maßgeblicher Faktor für die Entstehung von großen Weinen. Im Kremstal bilden Löss und Konglomerat das ideale Terroir für die typisch trockenen Weine, für die das Weinland Österreich so geschätzt wird. Philipp und Josef Bründlmayer betreiben Weinbau mit Bodenhaftung und Verständnis für Tradition. Die Lagen, die das Weingut bewirtschaftet, könnten nicht besser zu dieser Philosophie passen: Sie sind widerspenstig, unwegsam und wollen von Hand bearbeitet werden. Aber sie sind auch – wenn man sie lässt und ihnen richtig begegnet – ein idealer Platz für jene Sorten, für die diese Region so bekannt und beliebt ist.
Bei Philipp Bründlmayer dürfen Weine ungeschminkt zeigen, wo sie aufgewachsen sind – ohne Schnickschnack und doppelten Boden. Auf 25 Hektar bewirtschaftet der Winzer über 100 verschiedene Weingärten mit unterschiedlichsten Mikroklimas. Er bringt nicht nur Weine in die Flasche, die ausgesprochen eindeutige Vertreter ihrer Art sind, sondern auch seine unmissverständliche Handschrift tragen. Mit nicht mehr als einem Gramm Restzucker sind alle Weine besonders trocken und damit Botschafter ihrer Region – Kremstal pur.

(94) Grüner Veltliner * Gedersdorf Ried Wieland 2022
13,5 Vol.-%, DV, 500-l-Fass, €€€€€
Leuchtendes Gelbgrün, Silberreflexe. Zart nach Wiesenkräutern und Zitrus, ein Hauch von weißen Tropenfrüchten, Gewürznuancen. Saftig, komplex, gut integrierter Säurebogen, etwas nach Melisse, Apfelnoten im Abgang, bleibt sehr gut haften, spannender Speisenbegleiter.

(93) Grüner Veltliner * Gedersdorf Ried Vordernberg 2022
13,5 Vol.-%, DV, 500-l-Fass, €€€€€
Leuchtendes Goldgelb, Silberreflexe. Zarte Kräuternoten, etwas Tabakwürze, ein Hauch von Mango und Golden-Delicious-Apfelfrucht. Saftig, straff, balancierte Säurestruktur, mineralisch, Papaya im Abgang, würziger Nachhall, vielfältig einsetzbar.

(92) Grüner Veltliner * Gedersdorf Ried Moosburgerin 2022
13,5 Vol.-%, DV, 500-l-Fass, €€€€€
Mittleres Gelbgrün. Feine Kräuterwürze, weißes Kernobst, zart nach Maracuja, Blütenhonig und Kardamom klingen an. Saftig, mittlere Komplexität, balancierte Säurestruktur, Cayennepfeffer, weiße Tropenfrucht im Abgang, mineralischer Nachhall.

95 Grüner Veltliner Reserve 2017
13,5 Vol.-%, NK, €€€€€
Mittleres Grüngelb, Silberreflexe. Reife gelbe Apfelfrucht, ein Hauch von Birnen, Tabak und Wiesenkräuter klingen an, kandierte Orangenzesten, etwas Blütenhonig. Saftig, kraftvoll, komplex, feine Fruchtsüße, dezenter Säurebogen, mineralisch unterlegt, zart salzige Textur, bleibt gut haften, Nuancen von Limetten im Abgang, bereits gut entwickelt, ein vielschichtiger Speisenbegleiter, verfügt über weiteres Reifepotenzial.

(94) Riesling * Gedersdorf Ried Altmandl 2022
13 Vol.-%, DV, 500-l-Fass, €€€€€
Helles Gelbgrün, Silberreflexe. Zart nach Quitte und Gewürzen, ein Hauch von Anis, frisches Bukett, Weingartenpfirsich klingt an. Komplex, straff, facettenreiche Säurestruktur, zitronig-salzig, Mango im Abgang, bleibt gut haften, vielfältig einsetzbar.

(93) Riesling * Gedersdorf Ried Steingraben 2022
13 Vol.-%, DV, 500-l-Fass, €€€€€
Helles Gelbgrün, Silberreflexe. Feine Maracujanoten, etwas nach Papaya, zart nach Kumquats, floraler Touch. Saftig, straff, frisch und lebendig, Pfirsichnoten im Abgang, Limetten im Rückgeschmack, guter Speisenbegleiter.

(92) Riesling * Gedersdorf Ried Moosburgerin 2022
13 Vol.-%, DV, 500-l-Fass, €€€€€
Helles Gelbgrün, Silberreflexe. Etwas nach Orangenzesten, Noten von gelbem Pfirsich, Blütenhonig, Maracuja klingt an. Saftig, mineralisch, lebendige Säurestruktur, weißes Steinobst, zitroniger Abgang, guter Speisenbegleiter.

(91) Neuburger Reserve 2022
13 Vol.-%, DV, 500-l-Fass, €€€€
Helles Gelbgrün, Silberreflexe. Zart nach Tropenfrucht, etwas nach Ananas und Papaya, dezente Birnennote, Wiesenkräuter klingen an. Saftig, mittlere Komplexität, feine Kräuternoten, Maracuja im Abgang, Orangenzesten, guter Speisenbegleiter.

★★★★

WEINGUT BUCHEGGER

Im Vorspannhof Dross legt Winzerin Silke Mayr mit dem Weingut Buchegger den Fokus auf Vielfalt und höchste Qualität. Ganz im Osten des Weinbaugebiets Kremstal, in Gedersdorf, gedeihen die Buchegger-Weine. Das Zusammenspiel von Boden und Klima ist von ganz besonderer Finesse und Vielfalt und bringt außergewöhnliche Weine mit Eleganz und Mineralik hervor. Im Traditionsweingut Buchegger sind Terroir und Herkunft von größter Bedeutung, und die Erhaltung eines humusreichen Bodens ist stets oberstes Gebot. Nur die besten Lagen machen die besten Trauben, und nur das feinste Gespür erzeugt den besten Wein. Silke Mayr und ihr engagiertes Team mit Kellermeister Michael Nastl investieren eine Extraportion Arbeit, wo es nötig und sinnvoll ist: »Und wir lassen der Natur ihren Lauf, wo sie Zeit zur Entfaltung braucht.« Das Wissen, was gut ist, begleitet Buchegger-Weine von der Rebe bis ins Glas.

94 Chardonnay Sekt Austria Große Reserve extra brut Niederösterreich g.U. Gedersdorf 2017
12 Vol.-%, NK, kleines Holzfass/Flaschengärung, €€€€€
Helles Grüngelb, silberfarbene Reflexe, lebendiges kleinperliges Mousseux. Frische weiße Apfelfrucht, zart nach Mango und Blütenhonig, mit einem Hauch von Backwerk unterlegt, attraktives Bukett. Saftig, feine Tropenfrucht, frischer Säurebogen, Kernobstnuancen im Abgang, mineralisch, lebendiger Stil, ausgewogen und jugendlich, salziger Nachhall.

(95) Grüner Veltliner ** Gedersdorf Leopold 2022
13,5 Vol.-%, DV, Holzfass/Stahltank, €€€€
Mittleres Grüngelb, Silberreflexe. Feine Kräuterwürze, etwas nach Mango, zarte Nuancen von Ananas, Blütenhonig klingt an. Saftig, straff, balancierter Säurebogen, kraftvoll, engmaschig, rote Apfelfrucht, facettenreicher Speisenbegleiter, dunkle Mineralik im Rückgeschmack, sicheres Potenzial.

95 Grüner Veltliner ** Ried Moosburgerin 1ÖTW 2021
13 Vol.-%, DV, Stahltank, €€€€€
Mittleres Gelbgrün, Silberreflexe. Zart tabakig, ein Hauch von Wiesenkräutern, feine Noten von gelbem Kernobst, mit etwas Mango unterlegt. Komplex, saftig, feine reife Fruchtnuancen, gut integrierter Säurebogen, elegant, lange anhaftend, zeigt gute Balance, feinwürziges Finale, sicheres Entwicklungspotenzial.

94 Grüner Veltliner ** Ried Vordernberg 1ÖTW 2021
13 Vol.-%, DV, großes Holzfass, €€€€€
Mittleres Grüngelb, Silberreflexe. Noten von frischem gelbem Kernobst, unterlegt mit Wiesenkräutern, tabakige Würze, ein Hauch von Orangenzesten und Blütenhonig. Straff, weiße Apfelfrucht, frischer Säurebogen, zitroniger Touch, mineralisch-salzig, noch etwas unterentwickelt, wird von Flaschenreife profitieren.

93 Grüner Veltliner * Ried Pfarrweingarten 2022
13 Vol.-%, DV, Stahltank, €€€€
Helles Grüngelb, silberfarbene Reflexe. Zart nach Kräutern und weißer Tropenfrucht, ein Hauch von Orangenblüten, dezente Ananasnoten. Gute Komplexität, saftig, straff, feiner Säurebogen, Birnentouch im Abgang, würziger Nachhall, vielschichtiger Speisenbegleiter.

91 Grüner Veltliner Kamptal DAC Ried Geppling 2022
12,5 Vol.-%, DV, Stahltank, €€€
Helles Gelbgrün, Silberreflexe. Feine Kräuterwürze, etwas Apfelfrucht, ein Hauch von Blütenhonig, mit Maracuja unterlegt. Saftig, mittlere Komplexität, feinwürzig, kraftvoll, Golden-Delicious-Apfel im Abgang, dunkle Mineralik im Nachhall, guter Speisenbegleiter.

WEINGUT BUCHEGGER
3552 Droß
Droß 300
T: +43 (2719) 30056
buchegger@vorspannhof.at
www.buchegger.at

Kellermeister: Michael Nastl
Kontakt: Silke Mayr
Produktion: 90 % weiß, 10 % rot, 11 Hektar
Vereinszugehörigkeit: Traditionsweingüter Österreich

(94) Riesling * Ried Tiefenthal 2022
13,5 Vol.-%, DV, Stahltank, €€€
Helles Grüngelb, silberfarbene Reflexe. Einladendes Bukett nach Weingartenpfirsich, Limettenzesten und Guaven, ein Hauch von Wiesenkräutern. Saftig, elegant, engmaschig, lebendige Säurestruktur, pinker Pfirsich im Abgang, salzig im Rückgeschmack, vielschichtiger Speisenbegleiter.

94 Riesling ** Ried Vordernberg 1ÖTW 2021
13 Vol.-%, DV, Stahltank, €€€€
Leuchtendes mittleres Gelbgrün, Silberreflexe. Zart floral, ein Hauch von Weingartenpfirsich, frische Limettenzesten. Saftig, elegant, weiße Tropenfrucht, finessenreicher Säurebogen, salzig und gut anhaftend, bereits zugänglich, sicheres Entwicklungspotenzial, feine Fruchtsüße im Nachhall.

92 Roter Veltliner Ried Tiefenthal 2022
13 Vol.-%, DV, gebrauchte Barriquies, €€€€
Helles Gelbgrün, silberfarbene Reflexe. Blütenhonig und Williamsbirne, ein Hauch von Marille, zart nach Kräutern, floraler Touch. Saftig, komplex, gut eingebundene Säurestruktur, gelbe Tropenfrucht im Abgang, zart nach Ananas, mineralischer Nachhall, vielfältig einsetzbar.

★★★

WINZERHOF FAMILIE DOCKNER

Mit dem aktuellen Jahrgang ist Familie Dockner aus Höbenbach im südlichen Kremstal sehr zufrieden. In den letzten Jahren konnten sie sich über zahlreiche Erfolge freuen. Inzwischen werden Weine von gut 80 Hektar Eigengrund und 70 Hektar Vertragsflächen vermarktet. Der Grüne Veltliner ist die Hauptsorte des Betriebs, aber auch beim Riesling verstehen die Dockners ihr Handwerk ausgezeichnet. Die Weine aus diesen beiden Sorten werden eingeteilt in Gebietsweine, Ortsweine und Riedenweine. Dass Vater Sepp, der für Weingärten und Vermarktung zuständig ist, und sein Sohn Josef, Kellermeister des Hauses, auch exzellente Rotweine anbieten können, ist nicht ganz neu – und das in einer Region, in der Rotweine nicht unbedingt zu den Paradeweinen zählen. Vor allem mit der Cuveé »Sacra« konnten die beiden schon zum wiederholten Mal zeigen, dass auch im Kremstal rote Spitzenweine möglich sind.
Ein weiteres Projekt der engagierten Familie ist die Erzeugung von eigenem, handgerütteltem Winzersekt, der ganz traditionell mittels Flaschengärung erzeugt wird. Hierfür wurden mehrere alte Keller in der Kellergasse am Kremser Frauengrund restauriert und zur neuen Sektmanufaktur umgebaut, die 2014 eröffnet wurde. Es werden Sekte von allen drei Qualitätsstufen der österreichischen Sektpyramide angeboten: Klassik, Reserve und Große Reserve. Im Jahr 2017 wurde der neue JOE-Keller in Höbenbach eröffnet, eine neue Produktionsstätte, die zu den modernsten Kellern Österreichs zählt. Führungen ab 20 Personen sind gegen Anmeldung jederzeit möglich.

92 ❸ Josef Dockner Blanc de Blancs Sekt Austria g.U. Große Reserve Brut Krems Ried Frauengrund CH/WB/PG
13 Vol.-%, NK, großes Holzfass/Flaschengärung, €€€€€
Mittleres Gelbgrün, Silberreflexe, zartes, feines Mousseux. Frische gelbe Tropenfrucht, ein Hauch von Maracuja und Litschis, etwas Ringlotte. Kraftvoll, straff, dezente Fruchtsüße, mineralisch im Abgang, feinwürzig, Blütenhonig im Nachhall.

91 ❸ Josef Dockner Sekt Austria g.U. Reserve Brut Rosé Reserve PN/ZW
12,5 Vol.-%, NK, Stahltank/Flaschengärung, €€€€
Helles Lachsrosa, Orangereflexe, feines Mousseux. Feines rotes Waldbeerenkonfit, eingelegte Kirschen, mit Mandarinenzesten unterlegt. Mittlere Komplexität, dezente Fruchtsüße, gelbe Frucht, mineralisch, ein kraftvoller Speisenbegleiter, Blutorange im Nachhall.

90 ❸ Josef Dockner Sekt g.U. Klassik Brut CH/WB
12 Vol.-%, NK, Stahltank/Flaschengärung, €€€
Leuchtendes Gelbgold, feines, anhaltendes Mousseux. Frische gelbe Tropenfrucht, ein Hauch von Mango, zart mit Minze und Cassis unterlegt. Weiße Frucht, rassige Säurestruktur, Limetten im Nachhall, ein erfrischender Aperitif.

94 Grüner Veltliner * Ried Steinbühel 1ÖTW 2021
13 Vol.-%, DV, großes Holzfass, €€€€
Leuchtendes Goldgelb, Silberreflexe. Zart nach Blütenhonig und Marille, etwas Pfirsich und Orangenzesten. Saftig, ele-

© chris rogl

WINZERHOF FAMILIE DOCKNER

3508 Höbenbach
Ortsstraße 30
T: +43 (2736) 7262
winzerhof@dockner.at
www.dockner.at

Kellermeister: Josef Dockner jun.
Kontakt: Josef Dockner sen.
Produktion: 70 % weiß, 29 % rot, 1 % süß, 90+90 Hektar
Zertifiziert: Nachhaltig Austria
Vereinszugehörigkeit: Vinum Circa Montem
Messen: ProWein Düsseldorf, VieVinum

Sepp und Josef Dockner

gant, reifer gelber Apfel, feiner Säurekern, fruchtige Süße im Abgang, zeigt Länge, verfügt über Entwicklungspotenzial.

93 Grüner Veltliner * Ried Lusthausberg 2021

13 Vol.-%, DV, großes Holzfass, €€€
Mittleres Grüngelb, Silberreflexe. Weiße Blüten, ein Hauch von Limetten, feine Steinobstaromen, mineralischer Touch. Straff, komplex, reife Ananas und Marille, feiner Säurebogen, ein eleganter Speisenbegleiter mit Blütenhonig im Nachhall.

93 Grüner Veltliner * Ried Gottschelle 1 ÖTW 2021

13 Vol.-%, DV, großes Holzfass, €€€€
Helles Goldgelb, Silberreflexe. Zart nach Wiesenkräutern, Nuancen von weißer Tropenfrucht, ein Hauch von Kernobst, mit Limettenzesten unterlegt. Komplex, saftig, zart nach Ananas und Mango, Blütenhonig im Abgang, zeigt Länge, bereits gut entwickelt, ein stoffiger Speisenbegleiter.

92 Grüner Veltliner * Ried Frauengrund 2022

12,5 Vol.-%, DV, Stahltank, €€
Helles Gelbgrün, Silberreflexe. Dunkle Würze, zart nach Birne und Apfel, etwas nach weißer Tropenfrucht, attraktives Bukett. Saftig, gut integrierte Extraktsüße, balancierte Säurestruktur, mineralisch, Golden-Delicious-Apfel, Honig im Nachhall, hohes Trinkanimo.

91 Grüner Veltliner Wachau DAC Alte Reben 2022

13 Vol.-%, DV, Stahltank, €€
Mittleres Gelbgrün, Silberreflexe. Zarte Nuancen von gelbem Kernobst, ein Hauch von Mango, mit Limettenzesten unterlegt. Saftig, elegant, weißer Apfel, feiner Säurebogen, mineralisch-salzig im Nachhall.

90 Grüner Veltliner * Krems 2022

12 Vol.-%, DV, Stahltank, €€
Mittleres Gelbgrün, Silberreflexe. Feine Tabakwürze, etwas nach Mango und Ananas, zart nach Clementinen, fruchtiges Bukett. Saftig, elegant, extraktsüß nach Birnen, mineralischer Touch, gut integrierter Säurebogen, bleibt gut haften.

90 Grüner Veltliner * Ried Himmelreich 2022

12,5 Vol.-%, DV, Stahltank, €€
Mittleres Gelbgrün, Silberreflexe. Feine Kräuterwürze, zart nach Apfel und Mandarinenzesten, frisches Bukett. Mittlerer Körper, feines Säuregerüst, mineralisch, weißes Kernobst im Abgang, bereits gut antrinkbar.

93 Riesling * Ried Rosengarten 2021

13 Vol.-%, DV, Stahltank, €€€
Helles Grüngelb, Silberreflexe. Frische Mandarinenzesten, weißer Pfirsich, ein Hauch von Tropenfrucht, florale Nuancen. Saftig, elegant, Nuancen von weißer Frucht, frisch strukturiert, mineralisch-salzig im Abgang, bereits entwickelt, ein vielseitiger Begleiter bei Tisch.

93 Riesling * Ried Gottschelle 1ÖTW 2021

13 Vol.-%, DV, Stahltank, €€€€
Leuchtendes Goldgelb, Silberreflexe. Zitronig unterlegte Steinobstnuancen, ein Hauch von Safran, Anklänge von Maracuja, etwas Blütenhonig. Komplex, weißer Pfirsich, rassiger Säurebogen, fruchtige Süße im Abgang, zeigt Länge, salzige Nuancen im Nachhall, gutes Reifepotenzial.

91 Riesling * Ried Steinleithen 2022
12,5 Vol.-%, DV, Stahltank, €€€
Helles Gelbgrün, Silberreflexe. Floral, weißes Steinobst, Limettenzesten, mineralischer Touch. Mittlere Komplexität, feine Fruchtsüße, gut integrierter Säurebogen, mineralisch im Nachhall, bereits gut entwickelt.

90 Riesling * Höbenbach 2022
12 Vol.-%, DV, Stahltank, €€
Helles Gelbgrün, Silberreflexe. Intensive weiße Tropenfrucht, floraler Touch, ein Hauch von Grapefruit und Maracuja. Saftig, gelber Pfirsich, deutliche Fruchtsüße, Marillen im Nachhall, ein charmanter Speisenbegleiter.

91 Sacra 2020 CS/ME/ZW
13,5 Vol.-%, NK, Barrique, €€€€€
Kräftiges Rubingranat, violette Reflexe, zarte Randaufhellung. Zarte Minze, etwas Cassis, dunkle Waldbeeren, ein Hauch von Lakritze. Saftig, reife Zwetschken, Kirschen, frischer Säurebogen, reife Tannine, etwas Nougat, ein lebendiger Speisenbegleiter, bereits antrinkbar.

★★

WEINGUT EDER

Einzigartig, dynamisch, elegant und regional – damit sind das Weingut und seine Weine optimal beschrieben. Seit 1849 wird von Familie Eder in Gedersdorf, einem Ort im östlichen Kremstal, Weinbau betrieben. Der Großteil der Weingärten befindet sich auf den mächtigen Lössterrassen von Gedersdorf. Diese bieten die perfekten Bedingungen für ausdrucksstarken Grünen Veltliner und Riesling. Das 17 Hektar große Weingut wird von dem Geschwisterpaar Martin und Marina mit Unterstützung der gesamten Familie geführt. Martin, Winzer aus Leidenschaft, führt seit 2013 den Familienbetrieb in siebter Generation. Marina, die kreative Ader und Martins rechte Hand, stieg 2017 in das Weingut ein. So unterschiedlich ihre Charaktere sind, so vielseitig sind auch die Weine – vom klassischen würzigen Grünen Veltliner bis zum kräftigen, ausdrucksstarken Zweigelt im Holz. Trotz neuer Dynamik bleibt das Weingut auch zukünftig seinem Motto treu: »Familie, Erfahrung, Innovation und Tradition führen zum Erfolg.«

WEINGUT EDER
3494 Gedersdorf
Weinbergstrasse 66
T: +43 (676) 3467333
office@weinguteder.at
www.weinguteder.at

Kellermeister: Martin Eder
Kontakt: Martin und Marina Eder
Produktion: 2 % Schaumwein, 80 % weiß, 2 % rosé, 15 % rot, 1 % süß, 17 Hektar
Zertifiziert: Nachhaltig Austria
Messen: VieVinum, Weinmesse München

92 Sekt Brut 2018 RR/SB
13 Vol.-%, NK, Flaschengärung, €€€
Leuchtendes Goldgelb, Silberreflexe. Feines, anhaltendes Mousseux. Weiße Blüten, Limetten, feine Tropenfrucht, einladendes Bukett. Saftig, weißer Pfirsich, frisch strukturiert, zitronig-mineralisch, Limetten und Honig im Abgang.

92 Grüner Veltliner ** Ried Moosburgerin 2021
15 Vol.-%, DV, Stahltank/500-l-Fass, €€€€€
Mittleres Goldgelb, Silberreflexe. Etwas Tropenfrucht und Blütenhonig, ein Hauch von Karamell, zart nach Honigmelone, floraler Touch. Saftig, elegant, fruchtsüß, kraftvoll, feine Würze, reife Marillenfrucht im Abgang, bleibt gut haften, stoffiger Speisenbegleiter.

91 Grüner Veltliner * Ried Gernlissen 2022
12,5 Vol.-%, DV, Stahltank, €€
Mittleres Gelbgrün, Silberreflexe. Etwas nach Kardamom und Papaya, zart würzig, ein Hauch von Orangenzesten, Kernobst klingt an. Saftig, straff, feine Säurestruktur, mineralisch-salzig, etwas nach Kräutern, bleibt gut haften.

90 Grüner Veltliner * Gedersdorf Lössterrassen 2022
12 Vol.-%, DV, Stahltank, €€
Mittleres Gelbgrün, Silberreflexe. Feine Wiesenkräuter, zart nach Blütenhonig, Gewürznuancen klingen an, mit Apfelfrucht unterlegt. Saftig, frisch und fruchtig, weißes Steinobst im Abgang, salziger Nachhall, bleibt gut haften.

91 Chardonnay Reserve 2021
15 Vol.-%, DV, kleines Holzfass, €€€€
Mittleres Goldgelb, silberfarbene Reflexe. Feine Kräuterwürze, zart nach Orangenzesten, ein Hauch von Papaya, Holzwürze, zarter Vanilletouch. Saftig, elegant, balancierte Säurestruktur, etwas nach Banane und Honigmelone im Abgang, nussiger Nachhall, kraftvoller Speisenbegleiter.

90 Trio 2019 ZW/BB/RÖ
13 Vol.-%, DV, 500-l-Fass, kleines Holzfass, €€€
Kräftiges Rubingranat, violette Reflexe, zarte Randaufhellung. Etwas nach dunklem Beerenkonfit, Walderdbeeren, zarte Vanillenoten, mit Holzwürze unterlegt. Saftig, fruchtsüß, gut eingebundene Tannine, rotbeerig, fruchtiger Trinkfluss, guter Speisenbegleiter.

★★★

WEINGUT JOSEF EDLINGER

Auf dem Weingut von Josef Edlinger wird auf Nachhaltigkeit großer Wert gelegt. Darum hat Familie Edlinger beschlossen, sich 2014 als eines der ersten Weingüter zertifizieren zu lassen. Josef Edlinger ist akribisch, wenn es um die Auslese bei der Ernte geht. »Wir haben sowohl alte Weingärten aus Familienbesitz als auch ein paar dazugepachtete Filetstücke, da liegt es nahe, aus besonders selektiertem Material besondere Weine zu machen.« Heute wachsen auf Edlingers Rebflächen vornehmlich Riesling- und Veltliner-Trauben – jene beiden Sorten, denen sein Hauptaugenmerk gilt und die mit einem Anteil von rund 70 Prozent vertreten sind. »Wir haben für beide Sorten ideale Rieden: Löss- und Lehmböden für den Grünen Veltliner, Schotter und Urgesteinslagen für unsere Rieslinge.« Trotz dieser Dominanz darf nicht unerwähnt bleiben, dass es, nebst anderen Sorten, auch Sauvignon Blanc, Chardonnay und Pinot Noir in die Edlinger'schen Weingärten geschafft haben und oft großartige Ergebnisse liefern. Die Edlingers in Palt sind ein echter Familienbetrieb. Josef Edlinger zeichnet für die Weingarten- und Kellerarbeit verantwortlich, unterstützt von Sohn Paul und seiner Gattin Gabriele, die sich ebenso um administrative Belange, aber auch um Marketing und Export kümmert. Fünf gemütliche Zimmer im Winzerhof stehen für Gäste zur Verfügung.

(94) Grüner Veltliner ** Furth bei Göttweig Ried Hintere Point 2021
14 Vol.-%, DV, großes Holzfass, €€€ Ⓥ
Mittleres Grüngelb, silberfarbene Reflexe. Etwas Blütenhonig, ein Hauch von Orangenschalen, zart nach Mango, floraler Touch, attraktives Bukett. Saftig, komplex, balancierter Säurebogen, etwas nach Ananas, zart nach Karamell im Nachhall, guter Speisenbegleiter mit Potenzial.

(93) Grüner Veltliner * Furth bei Göttweig Optimas 2022
14 Vol.-%, DV, Stahltank, €€€ Ⓥ
Mittleres Grüngelb, silberfarbene Reflexe. Feine Wiesenkräuter, ein Hauch von reifem Apfel und Tropenfrucht, zarter Blütenhonig. Saftig, elegant, extraktsüß nach Ananas, gut eingebundene Säurestruktur, mineralisch, guter Speisenbegleiter.

WEINGUT JOSEF EDLINGER
3511 Furth/Palt
Lindengasse 22
T: +43 (2732) 77622
j.edlinger@a1.net
www.edlingerwein.at

Kellermeister: Josef Edlinger
Kontakt: Gabriele u. Josef Edlinger
Anbauweise: Umstellung auf bio
Produktion: 75 % weiß, 25 % rot, 20 Hektar
Zertifiziert: Nachhaltig Austria
Messen: VieVinum, Vinobile Feldkirch

92 Grüner Veltliner Wachau DAC Mautern Ried Silberbichl 2022
13,5 Vol.-%, DV, Stahltank, €€
Mittleres Grüngelb, Silberreflexe. Feine Kräuternoten, etwas nach Mango, zart tabakig, Honigmelone klingt an. Saftig, balancierte Säurestruktur, salzig, weißes Kernobst im Abgang, bleibt gut haften, vielseitiger Speisenbegleiter.

91 Grüner Veltliner * Furth bei Göttweig Ried Steinpoint 2022
13 Vol.-%, DV, Stahltank, €€
Helles Grüngelb, silberfarbene Reflexe. Feine Kräuterwürze, etwas nach Mango, ein Hauch von Kardamom, dezent nach Kernobst, frisches Bukett. Saftig, elegant, feine Säurestruktur, mineralisch-salzig, gut eingebundene Säurestruktur, zart nach gelber Apfelfrucht im Abgang, guter Speisenbegleiter.

92 Riesling Wachau DAC Mautern Ried Silberbichl 2022
13,5 Vol.-%, DV, Stahltank, €€€
Helles Grüngelb, silberfarbene Reflexe. Feine Maracujanoten, etwas nach Marille, ein Hauch von Grapefruit, dezenter Blütenhonig. Saftig, elegant, gut eingebundene Säurestruktur, mineralisch-salzig, etwas nach Mango, extraktsüßes Finish, vielfältig einsetzbar.

91 Riesling * Furth bei Göttweig Ried Neuberg 2022
13 Vol.-%, DV, Stahltank, €€
Mittleres Grüngelb, Silberreflexe. Kräuterwürze, etwas nach Pfirsich, unterlegt mit Limettenzesten, frisch und lebendig, weiße Tropenfrucht klingt an. Saftig, straff, komplexe Säurestruktur, mineralisch-salzig, ein Hauch von Quitte, zitroniger Nachhall, guter Speisenbegleiter.

★★

WEINGUT FELSNER

Manfred Felsner bewirtschaftet mithilfe seiner Familie 16 Hektar beste Weinberglagen in Gedersdorf und Rohrendorf. Sein Fokus lässt sich mit drei Begriffen beschreiben: Gebietstypizität, Sortencharakter, Terroir. Seitdem der damals junge Winzer 1990 den Betrieb übernahm, legt er besonderen Wert darauf, den Fruchttypus des Kremstals zum Ausdruck zu bringen und gleichzeitig den Charakter der jeweiligen Sorte herauszuarbeiten. Das Fundament bildet eine Selektion von alten Rebstöcken, die zur Veredelung bei Neuanlagen herangezogen werden. Manfred Felsner ist ein kompromissloser Verfechter des Terroirgedankens sowie des naturnahen Weinbaus.
Das größte Ziel des Veltliner-Spezialisten liegt in der Herausarbeitung der vielen verschiedenen Spielarten dieser urtypisch österreichischen Sorte. Auf seinen exponierten Terrassenweingärten mit eiszeitlichen Löss- oder kalkreichen Konglomeratböden gedeiht Grüner Veltliner ganz hervorragend.
Der milde pannonische Einfluss aus dem Osten und die kühlen Winde aus dem Waldviertel geben den Weinen ihre Würzigkeit und Finesse. Vom duftigen Grünen Veltliner Ried Moosburgerin über den vollmundigen Grünen Veltliner Ried Vordernberg und den mineralischen Grünen Veltliner Ried Gebling bis hin zum komplexen Grünen Veltliner Alte Reben ist jeder Wein eine eigene Persönlichkeit.

WEINGUT FELSNER
3485 Grunddorf
Ortsring 61
T: +43 (2735) 5122
office@weingut-felsner.at
www.weingut-felsner.at

Kellermeister/Kontakt:
Manfred Felsner
Produktion: 68 % weiß, 30 % rot, 2 % süß, 16 Hektar
Messen: ProWein Düsseldorf

(92) Riesling * Ried Gebling 2022
12,5 Vol.-%, DV, Stahltank, €€€
Leuchtendes Gelbgrün, Silberreflexe. Feinwürzig, gelbe Tropenfrucht, ein Hauch von Quitte, Limettenzesten klin-

gen an, frisches Bukett. Saftig, straff, komplex, mineralisch, extraktsüß nach gelbem Apfel, Honig im Nachhall, bleibt gut haften, vielfältig einsetzbar.

(91) Grüner Veltliner ** Ried Schnabel 2022
13 Vol.-%, DV, Stahltank, €€€€
Leuchtendes Gelbgrün, Silberreflexe. Zart nach Kräutern, ein Hauch von Orangenschalen, etwas nach Melisse, gelbe Apfelfrucht. Mittlerer Körper, feine Fruchtsüße, Tropenfrucht im Abgang, Blütenhonig im Nachhall, guter Speisenbegleiter.

90 Grüner Veltliner * Gedersdorf Ried Moosburgerin 2022
12,5 Vol.-%, DV, €€
Leuchtendes Goldgelb, Grünreflexe. Kräuter und gelbe Apfelfrucht, ein Hauch von Guaven, zart nach Papaya, Nuancen von kandierter Zitrusfrucht. Mittlerer Körper, feine Würze, Kernobst im Abgang, saftig, bereits gut antrinkbar, unkomplizierter Trinkfluss.

91 Neuburger Ried Reisenthal 2021
13 Vol.-%, DV, Stahltank, €€€
Helles Gelbgrün, silberfarbene Reflexe. Zitrusnuancen, ein Hauch von Pfirsich, etwas nach Melisse, würziger Touch. Saftig, feine Kräuterwürze, weißes Steinobst im Abgang, salzig-mineralisch, bereits gut antrinkbar, trinkanimierender Stil.

89 Gelber Muskateller 2022
12 Vol.-%, DV, Stahltank, €€

88 Zweigelt Rosé 2022
12 Vol.-%, DV, Stahltank, €€

★★★

WEINGUT MEINHARD FORSTREITER

Wie kaum einem zweiten Weingut im niederösterreichischen Kremstal gelingt es dem Weingut Forstreiter, Tradition und Innovationsfreude zu verbinden. So besitzt das Weingut mit dem Tabor die österreichweit älteste Riede mit unveredelten Grüner-Veltliner-Reben und mit ihrem seit Jahrzehnten organisch gewachsenen Weinkeller eine der modernsten Weinproduktionsstätten in der Region. Das in Hollenburg, dem südöstlichsten Stadtteil der Weißwein-Hauptstadt Krems, liegende Weingut ist seit 1868 in Familienbesitz und wird, obwohl im Laufe der letzten Jahrzehnte von 28 auf 54 Hektar gewachsen, vom jetzigen Winzer Meinhard Forstreiter noch immer als Familienbetrieb in enger Verbindung mit der Natur geführt.

© MuehlbacherRupert GAS

WEINGUT MEINHARD FORSTREITER
3506 Krems-Hollenburg
Hollenburger Kirchengasse 7
T: +43 (2739) 2296
weingut@forstreiter.at
www.forstreiter.at

Kellermeister: Meinhard und Daniel Forstreiter
Kontakt: Meinhard Forstreiter
Produktion: 80 % weiß, 19 % rot, 1 % süß, 54 Hektar
Zertifiziert: Nachhaltig Austria
Messen: ProWein Düsseldorf, VieVinum

Wetterkreuzkirche

Hauptsorte ist der Grüne Veltliner, daneben werden aber auch Riesling, Sauvignon Blanc, Gelber Muskateller sowie Rotweine aus Zweigelt und St. Laurent gekeltert, die erfolgreich in 17 verschiedene Länder exportiert werden. »Wir sind stolz, das Zertifikat ›Nachhaltig produzierter Wein aus Österreich‹ seit 2019 zu tragen und freuen uns, einen ökologischen, ökonomischen und sozialen Beitrag leisten zu können.« Die Weine werden von Privatkunden und Gastronomie gleichermaßen geschätzt, und auf den persönlichen Kontakt mit den Kunden wird hier größter Wert gelegt.

94 Grüner Veltliner * Ried Schiefer 2021
13,5 Vol.-%, DV, Stahltank, €€€€ Ⓥ
Mittleres Grüngelb. Einladender Duft nach gelber Tropenfrucht, zart nach Mango und Marille, ein Hauch von Clementinen, facettenreiches Bukett. Saftig, straff, engmaschig, feinwürzig, weißes Steinobst im Abgang, salzig-mineralisch, vielseitiger Speisenbegleiter mit Potenzial.

94 Grüner Veltliner ** Krems Ried Hollenburger Kreuzberg Das Weiße Mammut 2020
13,5 Vol.-%, NK, Barrique, €€€€€ Ⓥ
Leuchtendes Goldgelb, silberfarbene Reflexe. Blütenhonig, feiner Marillentouch, kandierte Tropenfrucht, Orangenschalen, Honigmelone klingt an. Saftig, elegant, gute Komplexität, Mangonoten, balanciert, tabakig, gut eingebundener Säurebogen, facettenreicher Speisenbegleiter.

93 Grüner Veltliner * Ried Kogl 2022
12,5 Vol.-%, DV, Stahltank, €€ Ⓥ
Mittleres Gelbgrün, Silberreflexe. Mit etwas Blütenhonig unterlegte gelbe Tropenfrucht, zart nach Karamell, ein Hauch von Clementinen, einladendes Bukett. Gute Komplexität, frische Säurestruktur, mineralisch-salzig, balanciert und elegant, weißes Steinobst im Abgang, bleibt gut haften, straffer Nachhall.

92 Grüner Veltliner * Krems Alte Reben 2021
14 Vol.-%, DV, €€€ Ⓥ
Leuchtendes Gelbgrün, Silberreflexe. Feiner Blütenhonig, etwas nach Karamell, gelbe Tropenfrucht und reife Passionsfrucht klingen an. Saftig, mittlere Komplexität, gut eingebundener, balancierter Säurebogen, Apfelfrucht im Abgang, würziger Nachhall, guter Speisenbegleiter.

91 Grüner Veltliner * Krems Kalk & Stein 2022
12,5 Vol.-%, DV, Stahltank, €€
Mittleres Gelbgrün, Silberreflexe. Feine Kräuternoten, ein Hauch von Wiesenkräutern und Maracuja, etwas Drachenfrucht, Limettenzesten. Saftig, straff, feine Säurestruktur, mineralisch, feinwürzig, frisches Finish nach weißem Apfel, guter Speisenbegleiter.

94 Grüner Veltliner Maische 2021
13,5 Vol.-%, DV, 500-l-Fass, €€€€ Ⓥ
Helles Grüngelb, Silberreflexe. Feine Kräuternuancen, ein Hauch von Papaya und kandierten Orangenzesten, etwas nach Marillen, einladendes Bukett. Saftig, straff, frische Struktur, mineralisch-salzig, Quitte im Abgang, bleibt gut haften, lebendiges Finish, sicheres Potenzial.

93 Riesling * Ried Schiefer 2021
13,5 Vol.-%, DV, Stahltank, €€€€ Ⓥ
Helles Grüngelb, silberfarbene Reflexe. Einladender Duft nach Weingartenpfirsich, zart nach Melisse, Ananas und Guaven klingen an, Wiesenkräuter, frisches Bukett. Saftig, elegant, balancierte Säurestruktur, mineralisch, Marillenfrucht im Abgang, bleibt gut haften, vielseitiger Speisenbegleiter.

91 Riesling * Krems Schotter 2022
13 Vol.-%, DV, Stahltank, €€ Ⓥ
Helles Grüngelb, Silberreflexe. Feine Kräuternoten, dezente Nuancen von Steinobst, ein Hauch von Papaya, mit Blütenhonig unterlegt. Saftig, straff, gut eingebundene Säurestruktur, weißes Kernobst im Abgang, salziger Nachhall.

90 Gelber Muskateller 2022
12,5 Vol.-%, DV, Stahltank, €€
Helles Grüngelb, Silberreflexe. Zartes Steinobst, dezente Kräuterwürze, etwas nach Schalotten, ein Hauch von Limetten und Zitronengras, frisches Bukett. Saftig, straff, feine Säurestruktur, Kernobstnoten im Abgang, florales Finish, bereits gut antrinkbar.

88 Sauvignon Blanc 2022
12,5 Vol.-%, DV, Stahltank, €€ Ⓥ

94 Grüner Veltliner TBA 2021
13,5 Vol.-%, DV, Stahltank, €€€€€ Ⓥ
Leuchtendes Gelbgold, Silberreflexe. Feine Botrytiswürze, Aromen von weißer Tropenfrucht, reife Marille, feiner Honigtouch. Saftig, reife Apfelfrucht, frischer Säurebogen, feine Würze, salziger Nachhall, stilistisch einer Beerenauslese nahe, mineralisch und fein.

93 Grüner Veltliner Strohwein 2021
8 Vol.-%, DV, Stahltank, €€€€€ Ⓥ
Kräftiges Goldgelb, Silberreflexe. Kandierte Mandarinenzesten, reifes Steinobst, etwas Mango und Honig. Süß, fruchtig, sauber, lebendig strukturiert, reife Passionsfrucht, ein wahres Trinkdessert.

★★

WEINGUT RUDOLF FRITZ

Das Weingut der Familie Fritz befindet sich am rechten Donauufer, im idyllischen Weinort Thallern, einem südlichen Stadtteil von Krems. Rudolf Fritz ist für die Weine verantwortlich, die aus einer bewirtschafteten Fläche von zwölf Hektar stammen. Der junge Absolvent der Kremser Weinbauschule verschreibt sich dabei ganz den typischen Kremstaler Sorten Grüner Veltliner und Riesling, »weil sie«, wie er betont, »aufgrund des hier herrschenden Klimas und der lokalen Bodenarten jedes Jahr hervorragende Weine erbringen«. Nichtsdestotrotz stehen auch Chardonnay, Sauvignon Blanc, Gelber Muskateller und etwas Zweigelt in den Weingärten.

Bodengesundheit, nützlingsschonender Pflanzenschutz und ein sich daraus ergebendes gut funktionierendes Ökosystem sind dem Jungwinzer ein besonderes Anliegen, ebenso sind ein kurzer Rebschnitt, gezielte Laubarbeit und Ertragsreduktion für ihn unerlässlich, um Trauben hoher physiologischer Reife ernten zu können.

Rudolf Fritz verarbeitet ausschließlich Traubenmaterial aus eigenen Weingärten, das – abhängig von Sorte und Zustand – entweder sofort abgepresst oder einige Stunden auf der Maische belassen wird. Anschließend vergären die Weine in temperaturgesteuerten Stahltanks. Während die Weißweine ausschließlich im Edelstahl ausgebaut werden, kommen die roten Gewächse – nach bis zu dreiwöchiger Maischegärung und anschließendem biologischem Säureabbau – in große Holzfässer, teilweise auch in kleines Holz.

92 Grüner Veltliner ** Ried Schweren Zapfen 2022
13,5 Vol.-%, DV, Stahltank, €€
Mittleres Gelbgrün, Silberreflexe. Kandierte Mandarinenzesten, feine gelbe Tropenfrucht, etwas Mango und Marille, Blütenhonig klingt an. Saftig, elegant, fruchtige Süße, lebendiger Säurebogen, mineralisch und gut anhaftend, Reifepotenzial.

90 Grüner Veltliner * Ried Frauengrund 2022
13 Vol.-%, DV, Stahltank, €€
Mittleres Gelbgrün. Floral, Honigmelone, unterlegt mit kandierten Clementinenzesten, zart nussig, Litschis klingen an. Saftig, frisch, feine Säurestruktur, würzig, Apfelnoten im Abgang, unkomplizierter Trinkfluss.

WEINGUT RUDOLF FRITZ
3506 Krems-Thallern
Fuchsleitenweg 1
T: +43 (2739) 2734
weingut@rudolf-fritz.at
www.rudolf-fritz.at

Kellermeister/Kontakt: Rudolf Fritz
Produktion: 90 % weiß, 10 % rot, 12 Hektar
Vereinszugehörigkeit: Original Kremser Wein

Grüner Veltliner

91 Grüner Veltliner Ried Herrentrost 2022
12,5 Vol.-%, DV, Stahltank, €€
Helles Gelbgrün, Silberreflexe. Feine Nuancen von Limettenzesten, weiße Apfelfrucht, mit einem Hauch von Akazienblüten unterlegt. Mittlerer Körper, feine Fruchtsüße, gelbe Tropenfrucht, balanciert und zugänglich, ein vielseitiger Speisenbegleiter.

91 Riesling * Ried Steinhagen 2022
13 Vol.-%, DV, Stahltank, €€
Helles Grüngelb, silberfarbene Reflexe. Zart nach Blütenhonig und gelber Tropenfrucht, etwas Marille, mit Mandarinenzesten unterlegt. Mittlere Komplexität, Nuancen von süßer weißer Frucht, frischer Säurebogen, mineralisch-zitroniger Nachhall.

91 Riesling * Ried Brunnberg 2022
13,5 Vol.-%, DV, Stahltank, €€€
Helles Grüngelb, silberfarbene Reflexe. Zart nach Orangenzesten, feiner Blütenhonig, gelbe Tropenfrucht, einladendes Bukett. Saftig, elegant, zarte Süße, reife Pfirsichfrucht, mineralisch-zitronig im Abgang, bereits gut antrinkbar.

91 Chardonnay 2022
13 Vol.-%, DV, Stahltank, €€
Leuchtendes Gelbgrün, Silberreflexe. Zart nach Orangenblüten, gelber Pfirsich, ein Hauch von Kumquats, mit Blütenhonig unterlegt. Saftig, elegant, frischer weißer Pfirsich, dezente Süße, ausgewogen und anhaftend, mineralisch, ein facettenreicher Speisenbegleiter.

★★

WEINGUT LUKAS HAGEN

Seit mehr als 200 Jahren befindet sich der in Krems-Rehberg gelegene Betrieb im Besitz der Familie Hagen, die sich immer mehr zum absoluten Veltliner-Spezialisten mausert. Lukas Hagen hat das Weingut im Februar 2022 von seinen Eltern übernommen und betreut gemeinsam mit seinem Vater Anton die Weingärten. Anton ist der Kellermeister, und beide sind für Verkauf und Vermarktung verantwortlich. Von den rund 16 Hektar Rebflächen werden hauptsächlich Weißweine, aber auch etwas Rotwein vinifiziert.

Das Kleinklima des nahe gelegenen Donautals sowie die herbe, sauerstoffreiche Luft des Waldviertels begünstigen die Würze und Finesse der Weine. Dank qualitätsfördernden kurzen Rebschnitts, sorgfältiger Laubarbeit, umweltbewusster Weingartenarbeit und schonender

Lukas Hagen

WEINGUT LUKAS HAGEN
3500 Krems
Seilerweg 45
T: +43 (664) 1131691
info@weingut-hagen.at
www.weingut-hagen.at

Kellermeister/Kontakt:
Lukas und Anton Hagen
Produktion: 90 % weiß, 10 % rot, 16 Hektar
Vereinszugehörigkeit:
Kremstaler Convent, Original Kremser Wein
Messen: Vinobile Feldkirch

© Weingut Hagen

Traubenkelterung erzielt man hier Spitzenqualitäten. Anton Hagen zählt zu den verlässlichsten Produzenten im Raum Krems und erzeugt hervorragende Weine aus Grünem Veltliner, Riesling, Chardonnay, Weißburgunder, Rivaner und Zweigelt. Der Grüne Veltliner – zwei Drittel der Weingartenfläche sind damit bepflanzt – gedeiht größtenteils auf Löss, ein kleiner Teil auf Schotterboden. Aus 45- bis 75-jährigen Rebstöcken hat Anton Hagen jenen Veltlinertyp selektioniert, der sich in Krems am wohlsten fühlt. Auf den kalkreicheren Lössterrassen sind Weißburgunder und Chardonnay gepflanzt. Die besten und sonnigsten Urgesteinsterrassen sind ideal für Riesling, der in den Rieden Kremsleithen, Weinzierlberg und Altenburg wächst.

92 Grüner Veltliner * Krems Ried Holzgasse 2022
13,5 Vol.-%, DV, €€
Mittleres Gelbgrün, silberfarbene Reflexe. Mit Tropenfrucht unterlegter Blütenhonig, zart nach Ananas und Papaya, feinwürzig, Clementinenzesten. Saftig, mittlere Komplexität, salzig, extraktsüß nach Apfel, bleibt gut haften, unkomplizierter Speisenbegleiter.

(92) Grüner Veltliner ** Krems Ried Holzgasse Alte Reben 2022
14 Vol.-%, DV, Stahltank, €€€
Mittleres Gelbgrün, Silberreflexe. Etwas Wiesenkräuter, zart nach Quitte, kandierte Orangenzesten, floraler Touch, Blütenhonig klingt an. Saftig, elegant, feine Fruchtsüße, mineralischer Abgang, Apfel im Nachhall, guter Speisenbegleiter.

90 Grüner Veltliner * Krems Ried Rehberger Goldberg 2022
13 Vol.-%, DV, Stahltank, €€
Helles Gelbgrün, Silberreflexe. Feine Kräuter-Tabak-Würze, etwas nach Apfel und Guaven, Zitrusnuancen, einladendes Bukett. Saftig, straff, mittlerer Körper, gelbes Kernobst, feinwürziger Nachhall, guter Speisenbegleiter.

92 Riesling ** Krems Ried Altenburg 2022
13 Vol.-%, DV, Stahltank, €€€
Mittleres Gelbgrün, Silberreflexe. Feine Kräuternoten, zart nach Marille, etwas Blütenhonig, Bergamotte, Ananas klingt an. Saftig, elegant, feine Säurestruktur, mineralisch, feinwürzig, Steinobst im Abgang, bereits gut antrinkbar.

91 Riesling * Krems Ried Weinzierlberg 2022
12,5 Vol.-%, DV, Stahltank, €€
Helles Gelbgrün, Silberreflexe. Feine Kräuternoten, zart nach Maracuja, weißer Pfirsich, etwas Limettenzesten, frisches Bukett. Saftig, elegant, feine Säurestruktur, mineralisch-salzig, weißes Steinobst, guter Speisenbegleiter.

88 Chardonnay 2022
13,5 Vol.-%, DV, Stahltank, €€

★

WEINGUT DAVID HARM

NEU - BIO

Das Weingut David Harm ist ein Ort für Genießer. »Wir leben für guten Wein und gutes Essen!«, so einfach lässt sich die Motivation von Katharina und David Harm bei ihrer Arbeit auf dem Familienweingut beschreiben.
Das Weingut, idyllisch gelegen, erhoben über der Donau, südlich der Stadt Krems in der kleinen Ortschaft Krustetten, ist ein freudvoller Ort für Genießer und Weinliebhaber, eine Gegend zum Wandern, Radfahren und natürlich ein Plätzchen für feinen Wein. Die bekanntesten Sorten der Region sind Grüner Veltliner und Riesling. Diese wachsen im Kremstal auf unterschiedlichsten Böden. Auch beim Weingut Harm wurzeln die Reben in Löss, Schotter, Urgestein oder Konglomerat. Besonderen Charme übt hier die Lage des Hollenburger Kreuzberges aus. Das dort vorkommende seltene und durch Eiseneinlagerung wunderschön rosafarbene Konglomeratgestein verleiht dem Riesling Kreuzberg seinen besonderen Duft und Geschmack. »Düfte und Geschmäcker aus aller Welt einzufangen ist unsere Leidenschaft, jede Lage darf sich im Wein versinnbildlichen und bekommt dafür Zeit wie Muße«, erzählt David Harm. »Wir setzen dabei auf Handlese, biologisch und veganen Ausbau, Spontangärung, Holz und lange Reifung.« Diese Vielfalt findet sich auch im

David Harm

WEINGUT DAVID HARM
3508 Krustetten
Am Brunnen 14
T: +43 (2739) 2520
office@weinschwaermer.at
www.weinschwaermer.at

Kellermeister/Kontakt:
David Harm
Anbauweise: Zertifiziert Biologisch (Austria Bio Garantie)
Produktion: 80.000 Flaschen
85 % weiß, 15 % rosé, 10 Hektar
Messen: VieVinum

Weingarten, hier ist Platz für Kräuter, Obstbäume und allerhand Kleingetier wie den Weinschwärmer, der auch das Logo ziert.

93 Grüner Veltliner Wachau DAC Ried Zaum 2022

13 Vol.-%, DV, 500-l-Fass/Stahltank, €€€€ B

Helles Goldgelb, Silberreflexe. Nuancen von Golden-Delicious-Apfel, feine Frucht nach Honigmelone, zart mit Orangenzesten unterlegt, einladendes Bukett. Saftig, komplex, elegant, gut integrierte Marillenfrucht, feine Süße, bleibt haften, ausgewogen und gut antrinkbar, verfügt über Reifepotenzial.

92 Grüner Veltliner Wachau DAC Ried Silberbichl 2022

13 Vol.-%, DV, Stahltank, €€€ B V

Helles Grüngelb, Silberreflexe. Zarte gelbe Apfelfrucht, ein Hauch von Mango, Wiesenkräuter, florale Nuancen. Saftig, weißes Kernobst, feiner Säurebogen, zarte, gut eingebettete Fruchtsüße, gute Länge, harmonisch und gut antrinkbar.

93 Grüner Veltliner Hollenburg Ried Schiefer 2021

13 Vol.-%, DV, Stahltank, €€€€ B V

Mittleres Goldgelb, Silberreflexe. Feine gelbe Tropenfrucht, ein Hauch von gekochtem Rhabarber, Nuancen von reifer Quitte, vielschichtige Aromatik. Stoffig, deutliche Fruchtsüße, Honignuancen im Abgang, mineralisch eingerahmt, gute Länge, wird von Flaschenreife profitieren.

93 Riesling * Hollenburg Ried Kreuzberg 2022

13 Vol.-%, DV, Stahltank, €€€€ B V

Helles Grüngelb, silberfarbene Reflexe. Feine Nuancen von Weingartenpfirsich, Blütenhonig und Mango, mit Limettenzesten unterlegt, sehr einladendes Bukett. Saftig, elegant, feine Fruchtsüße, finessenreiche Säurestruktur, bleibt gut haften, salzig-zitronig im Nachhall, sicheres Reifepotenzial.

92 Riesling * Kalk & Löss 2022

13 Vol.-%, DV, Stahltank, €€€ B V

Helles Grüngelb, silberfarbene Reflexe. Zart würzig unterlegte Nuancen von weißem Steinobst, frische Tropenfrucht, etwas Limette. Saftig, elegant, weißer Apfel, frischer Säurebogen, salzig-mineralisch, dezente Fruchtsüße im Nachhall, hat Potenzial.

94 Weißburgunder Ried Gottschelle 2021

13 Vol.-%, DV, gebrauchte Barriques, €€€€ B V

Helles Goldgelb, Silberreflexe. Feine frische Birnenfrucht, ein Hauch von Blütenhonig, mit Wiesenkräutern unterlegt, facettenreiches, einladendes Bukett. Komplex, stoffig, von finessenreicher Säure getragene Fruchtsüße, elegant und lange anhaftend, sicheres Reifepotenzial, bereits jetzt gut antrinkbar.

© @ Atelier Schulte

★★★★

WEINGUT & HOTEL MALAT

Das Weingut Malat gehört zu jenen besonderen Betrieben, die in allen Bereichen Spitzenprodukte erzeugen: Weiß, Rot, Sekt und Süß – und das ausschließlich aus den Trauben der eigenen Weingärten. Seit 2008 leitet Michael Malat den 1722 gegründeten Familienbetrieb in Furth bei Göttweig und verwirklicht hier seinen eigenen Weinstil. »Ich will Weine machen, die man gerne trinkt und nicht nur verkostet, und bei jedem von ihnen soll meine persönliche Handschrift erkennbar sein: Eleganz, Finesse und Trinkfluss!«
Michael Malat verfolgt einen Weinstil, den bereits sein Vater Gerald verfolgte, der Weinbaupionier des Kremstals, der das Weingut mit seinem visionären Schaffen an die Spitze brachte. »Die Vielfalt unseres Sortiments spiegelt einerseits die lange Tradition, aber andererseits auch das Potenzial unserer Weinbauregion wider«, freut sich Michael Malat über die großartigen Möglichkeiten, die er als Winzer im Kremstal vorfindet. Auf die vielerorts übliche Bewässerung der Rebstöcke verzichtet er ganz bewusst: »Sie würde den Charakter der Rieden verändern. Nur wenn die Reben gezwungen sind, tief zu wurzeln, um an Wasser und Mineralstoffe zu gelangen, kommt der Lagencharakter im Wein vollkommen authentisch zum Ausdruck.« Spontanvergärung für alle Lagenweine und der komplette Verzicht auf Botrytistrauben sorgen darüber hinaus für ein präzises, wiedererkennbares Profil aller Weine. Diese präsentieren sich klar und transparent, sortentypisch und animierend, finessenreich, vielschichtig und authentisch, aber nie üppig oder opulent.
Die Malats verstehen es, die gesamte Klaviatur von leichten Weißweinen bis hin zu komplexen Rotweinen perfekt zu bespielen. Jedes Jahr darf man sich auf Spitzenweine aus diesem Haus freuen.
Seit 1976 werden außerdem Österreichs erste Winzersekte, Malat Brut und Malat Brut Rosé, nach der traditionellen Methode erzeugt. Sortentypische edelsüße Weine komplettieren die Produktpalette – auch diese zählen stets zu den besten im Land. Im Weingut Malat gilt Perfektion als Leitmotiv, und das seit vielen Generationen.

96 Chardonnay Sekt Austria Große Reserve Niederösterreich g.U. Furth Blanc de Blancs Brut Nature 2016
Deg. 03/2023, 12,5 Vol.-%, NK, Flaschengärung, €€€€€€ B
Helles Goldgelb, Silberreflexe, feines, sehr lebendiges Mousseux. Zart nussig unterlegte feine gelbe Tropenfrucht, weiße Blüten, Mandarinenzesten, ein Hauch von weißem Nougat, attraktives Bukett. Saftig, elegant, weißes Kernobst, etwas Walnuss, feiner Säurebogen, mineralisch und engmaschig im Abgang, sehr gute Länge, sicheres weiteres Reifepotenzial, nimmt es mit jedem Top-Champagner auf.

93 Sekt Austria Reserve Niederösterreich g.U. Brut Nature 2017 CH/PN
Deg. 11/2022, 12 Vol.-%, NK, Flaschengärung, €€€€€ B
Helles Goldgelb, Silberreflexe, feines, anhaltendes Mousseux. Floral, weiße Blüten, ein Hauch von gelben Ringlotten und Mango, zarter Honigtouch, attraktives Bukett. Saftig, straffe Textur, weißes Kernobst, zart nussig, bleibt haften, ein facettenreicher Speisenbegleiter.

93 Pinot Noir Sekt Austria Reserve Niederösterreich g.U. Brut Rosé 2018
Deg. 11/2022, 12 Vol.-%, NK, Flaschengärung, €€€€€ B
Mittleres Altrosa, Orangereflexe, feines, anhaltendes Mous-

WEINGUT & HOTEL MALAT
3511 Palt, Hafnerstraße 12
T: +43 (2732) 82934
weingut@malat.at
www.malat.at

Kellermeister/Kontakt: Michael Malat
Anbauweise: Umstellung auf bio
Produktion: 10 % Schaumwein, 74 % weiß, 5 % rosé, 10 % rot, 1 % süß, 45 Hektar
Zertifiziert: Nachhaltig Austria
Vereinszugehörigkeit: Traditionsweingüter Österreich
Messen: ProWein Düsseldorf, VieVinum

seux. Eingelegte Kirschen, rote Waldbeeren, zart nach frischen Feigen und Biskuit, vielschichtiges Bukett. Straff, engmaschig, Nuancen von weißem Kernobst, etwas Nougat, bleibt gut haften, mineralisch-frisch, sowohl als Aperitif wie als Speisenbegleiter gut einsetzbar.

(95) Riesling * Ried Pfaffenberg 1ÖTW 2021
13 Vol.-%, NK, großes Holzfass, €€€€€ B
Mittleres Goldgelb, Silberreflexe. Zart nach Mandarinenzesten, gelber Pfirsich, etwas nach Mango und Ananas, floraler Touch, ein Hauch von Limetten. Saftig, engmaschig, feiner Marillentouch, energische Säurestruktur, kühl und mineralisch, zeigt gute Länge, wird von Flaschenreife profitieren.

(94) Riesling * Ried Steinbühel 1ÖTW 2021
13 Vol.-%, NK, großes Holzfass, €€€€€ B
Helles Goldgelb, Silberreflexe. Zart nach kandierten Orangenzesten, feiner Blütenhonig, rotbeerige Nuancen, etwas getrocknete Marillen. Knackig, weißes Steinobst, vibrierender Säurebogen, mineralisch-zitronig, wirkt leichtfüßig, straffer Abgang, Limetten im Nachhall, vitaler Stil.

(94) Riesling * Ried Silberbichl 1ÖTW 2021
13 Vol.-%, NK, großes Holzfass, €€€€€ B
Mittleres Grüngelb, Silberreflexe. Zarte gelbe Tropenfrucht, ein Hauch von Maracuja, weißer Pfirsich, floraler Touch, noch etwas scheu. Straff, engmaschig, frisches Steinobst, rassiges Säuregerüst, Limetten, salzige Mineralik, ein vitaler Speisenbegleiter.

94 Riesling * Ried Steinbühel 1ÖTW 2020
13 Vol.-%, NK, großes Holzfass, €€€€€ B
Mittleres Goldgelb, Silberreflexe. Feinwürzig unterlegte Noten von gelbem Steinobst und Tropenfrucht, ein Hauch von Safran, dunkle Mineralik, etwas Kumquats. Knackig, weiße Frucht, nach Apfel, lebendig strukturiert, wirkt leichtfüßig, animierende salzige Mineralik, bleibt haften, ein frischer Begleiter bei Tisch, gutes Reifepotenzial.

94 Riesling * Ried Silberbichl 1ÖTW 2020
13 Vol.-%, NK, großes Holzfass, €€€€€ B
Helles Goldgelb, Silberreflexe. Frische Orangenzesten, gelbe Tropenfrucht, ein Hauch von Maracuja, mit dezentem Honigtouch unterlegt. Saftig, Nuancen von weißem Pfirsich, finessenreicher Säurebogen, gut integrierte Fruchtsüße, mineralisch-zitronig im Nachhall, gutes Entwicklungspotenzial.

93 Riesling * Ried Pfaffenberg 1ÖTW 2020
13 Vol.-%, NK, großes Holzfass, €€€€€ B
Helles Goldgelb, Silberreflexe. Zart nach Mandarinenzesten, ein Hauch von Safran, Blütenhonig klingt an, etwas scheues Bukett. Mittlerer Körper, weißes Steinobst, feiner Säurebogen, mineralisch-zitronig im Abgang, ein lebendiger Speisenbegleiter.

(94) Grüner Veltliner * Ried Gottschelle 1ÖTW 2021
13 Vol.-%, NK, Holzfass, €€€€€ B
Mittleres Grüngelb, Silberreflexe. Zart mit Wiesenkräutern unterlegte Nuancen von gelbem Kernobst, ein Hauch von Honigmelone und Orangenzesten. Saftig, elegant, feine Noten von weißer Frucht, frischer Säurebogen, zart nach Birne, mineralisch-zitronig, engmaschig und gut anhaftend, ein facettenreicher Speisenbegleiter.

93 Grüner Veltliner * Ried Gottschelle 1ÖTW 2020
13 Vol.-%, NK, Holzfass, €€€€€ B
Mittleres Gelbgrün, Silberreflexe. Feiner Hauch von Wiesenkräutern, etwas Honigmelone und Marille, zart mit Orangenzesten unterlegt. Komplex, weiße Frucht, mineralisch, feiner Gewürztouch im Abgang, mineralisch, ein gut entwickelter Speisenwein, weiteres Reifepotenzial.

(93) Grüner Veltliner * Ried Leukuschberg 2021
13 Vol.-%, NK, gebrauchte Barriques, €€€€€ B
Leuchtendes mittleres Grüngelb. Ganz zarter Hauch von Grapefruit und Golden-Delicious-Apfel, etwas Marille, floraler Touch, frische Orangenzesten. Saftig, weißes Kernobst, frisch strukturiert, mineralisch-zitronig im Abgang, Limetten im Nachhall, ein frischer Speisenbegleiter mit einiger Länge und Reifepotenzial.

92 Grüner Veltliner * Ried Höhlgraben 2022
12,5 Vol.-%, DV, großes Holzfass, €€€€ B
Mittleres Grüngelb, Silberreflexe. Feiner Hauch von Marillenkonfitüre und gelbem Apfel, zart mit Wiesenkräutern unterlegt. Mittlerer Körper, frisches Kernobst, finessenreicher Säurebogen, zitronig-salzig im Abgang, vielfältig einsetzbar.

93 Chardonnay Ried Hochrain 2020
13,5 Vol.-%, NK, Barrique, €€€€€ B
Mittleres Goldgelb, Silberreflexe. Zartes helles Karamell, weißes Nougat, Nuancen von gelbem Apfel, etwas Mango, mit Blütenhonig unterlegt. Saftig, cremig, seidige Textur, weißes Kernobst im Abgang, ein Hauch von Limetten im Nachhall, bereits gut entwickelt und vielfältig einsetzbar.

(93) Chardonnay Ried Hochrain 2021
13 Vol.-%, NK, Barrique, €€€€€ B
Helles Goldgelb, Silberreflexe. Zart nussig unterlegte Ananasfrucht, reifer Pfirsich, etwas Blütenhonig, einladendes Bukett. Straff, engmaschig, feine Holzwürze, weiße Tropenfrucht, gute Frische, zart nach Karamell im Abgang, ein eleganter Speisenwein, gutes Reifepotenzial.

92 Pinot Blanc Ried Am Zaum 2022
12,5 Vol.-%, DV, großes Holzfass, €€€€ B
Helles Goldgelb, Silberreflexe. Verhalten, zart nach frischer Birne, etwas Babybanane, florale Nuancen. Mittlere Komplexität, weiße Birnenfrucht, ein Hauch von Fruchtsüße, balanciert, zartes Säurespiel, mineralisch und frisch im Abgang, bereits gut entwickelt.

93 Pinot Noir Ried Satzen 2019
13 Vol.-%, NK, Barrique, €€€€€ B
Kräftiges Karmingranat, Ockerreflexe, breitere Randaufhellung. Zarte Himbeernote, eingelegte Kirschen, rote Waldbeeren, floraler Touch, einladendes Bukett. Straff, engmaschig, Rote Johannisbeeren, tragende Tannine, dezente Süße im Abgang, Cassis und kandierte Veilchen, bereits gut entwickelt und mit Zukunftspotenzial ausgestattet.

★★★★★

WEINGUT MANTLERHOF

BIO

Nähert man sich dem Weingut Mantlerhof, so öffnet sich in der Ortsmitte von Brunn im Felde der Blick auf einen lieblichen Teich. An dessen Westseite befindet sich ein imposanter Hof mit frühklassizistischer Fassade. Der Mantlerhof geht zurück auf das Stift Admont, das den stattlichen Wirtschaftshof bis Mitte des 16. Jahrhunderts besaß. Vor 200 Jahren wurde dieses Gut von der Familie Mantler erworben. Eines kommt einem sofort in den Sinn: Solidität und Beständigkeit. Beim Blick auf das Etikett wiederholt sich dieser Eindruck. Jedoch: Dass hier keine verstockten Konservativen am Werk sind, merkt man spätestens beim persönlichen Kontakt. Margid und Sepp Mantler sowie ihre drei Kinder bewirtschaften nicht nur Weingärten, sondern betreiben auch Ackerbau. Beide Betriebszweige wurden ab 2003 schrittweise auf biologische Bewirtschaftung umgestellt und sind inzwischen zertifiziert.

Auf den beeindruckenden Terrassen aus Löss, dessen hellgelbe Wände weithin nach Süden leuchten, kultivieren die Mantlers die klassischen Weißweine der Region: Grünen Veltliner und Riesling in Kremstal-DAC-Stilistik und großer Lagenvielfalt. Eine besondere Spezialität des Mantlerhofs ist jedoch die Pflege der Weißweinrebe Roter Veltliner. Von hier stammen deren beeindruckendste Vertreter. In

WEINGUT MANTLERHOF
3494 Brunn im Felde/ Gedersdorf
Hauptstraße 50
T: +43 (2735) 8248
weingut@mantlerhof.com
www.mantlerhof.com
Kellermeister: Josef Mantler
Kontakt: Margid Mantler
Anbauweise: Zertifiziert Biologisch (Austria Bio Garantie)
Produktion: 98 % weiß, 2 % süß, 15 Hektar
Vereinszugehörigkeit: Traditionsweingüter Österreich
Messen: Austrian Tasting London, Millésime Bio, ProWein Düsseldorf, VieVinum

Neuburger

geringerem Ausmaß, aber mit der gleichen Passion werden noch Chardonnay, Gelber Muskateller und Neuburger ausgebaut. Letzterer wurde deshalb gepflanzt, weil ein Vorfahre der geborenen Wachauerin Margid Mantler-Ferstl ein Geburtshelfer dieser Sorte war.
Die besten Lagen, von denen die Weine des Guts in die Flasche kommen, sind Spiegel (Grüner Veltliner), Wieland (Riesling), Steingraben (Riesling) und Moosburgerin (Grüner Veltliner). Alle sind Erste Lagen nach der Klassifizierung der »Traditionsweingüter Österreich« von 2010.
Der eiszeitliche Löss mit seinem hohen Luft- und Kalkgehalt prägt den Grundcharakter der Weine, auch der leichten: saftig, körperbetont, nachhaltig. Die Weine des Mantlerhofs sind ausgesprochen deutlich in der Sortencharakteristik und haben sich den Ruf besonderer Lagerfähigkeit erworben. Obwohl der Hauptanteil der Weine trocken ist, gibt es eine breite Palette von edelsüßen Weinen mit großer Jahrgangstiefe. Die Sammlung alter Flaschen aus eigener Produktion beginnt mit 1947. Den Schwerpunkt der Vermarktung bilden Fachhandel und Gastronomie, der Exportanteil beträgt 45 Prozent.

100 Riesling * Gedersdorf Ried Wieland 1ÖTW 2021
13 Vol.-%, NK, Stahltank, €€€€€ B V
Mittleres Gelbgrün, Silberreflexe. Weißes Steinobst, unterlegt mit Wiesenkräutern, Quitte, Limonenzesten, etwas Maracuja, facettenreiches Bukett. Komplex, engmaschig, vielschichtig, Weingartenpfirsich im Abgang, salzig-mineralisch, viel Druck, bleibt sehr gut haften, Ananas im Nachhall, ganz großer Wein mit Entwicklungspotenzial.

96 Riesling * Gedersdorf Ried Steingraben 1ÖTW 2021
12,5 Vol.-%, NK, Stahltank, €€€€€ B V
Helles Grüngelb, Silberreflexe. Floraler Touch, zart nach Zitronenmelisse, ein Hauch von Pfirsich, frisch, Kandisnoten. Saftig, gute Komplexität, straff, weißes Steinobst, salzig, finessenreich, etwas Litschis im Nachhall, lang anhaltend, sicheres Potenzial.

96 Grüner Veltliner * Gedersdorf Ried Spiegel 1ÖTW 2021
13,5 Vol.-%, NK, Stahltank, €€€€€ B V
Leuchtendes Gelbgrün, silberfarbene Reflexe. Reife Tropenfrucht, zart nach Kräutern, ein Hauch von Kumquats und Melone, dunkle Mineralik. Gute Komplexität, saftig, engmaschig, leichtfüßig, gelbe Apfelfrucht, frisch im Abgang, salziger Nachhall, sicheres Reifepotenzial.

94 Grüner Veltliner ** Gedersdorf Ried Moosburgerin 1ÖTW 2021
13 Vol.-%, NK, Stahltank, €€€€€ B V
Helles Gelbgrün, Silberreflexe. Feine Wiesenkräuter, zart nach Apfel und Maracuja, etwas Blütenhonig, einladendes Bukett. Saftig, engmaschig, feine Gewürznoten, weiße Tropenfrucht, mineralischer Nachhall, guter Speisenbegleiter, sicheres Potenzial.

93 Grüner Veltliner * Gedersdorf Lössterrassen 2022
12,5 Vol.-%, DV, Stahltank, €€€ B V
Helles Gelbgrün, Silberreflexe. Reife Apfelfrucht, etwas nach Ananas und Bergamotte, ein Hauch von Wiesenkräutern, einladendes Bukett. Saftig, straff, lebendige Säurestruktur, extraktsüß nach Honigmelone, bleibt lange haften, vielseitiger Speisenbegleiter.

94 Roter Veltliner Gedersdorf Ried Reisenthal 2022
13,5 Vol.-%, NK, Stahltank, €€€€€ B V
Mittleres Grüngelb, Silberreflexe. Zarter Blütenhonig und reife Birnen, ein Hauch von Clementinen, Gewürznuancen, mit Marille unterlegt. Gute Komplexität, kraftvoll, dunkle Mineralik, feinwürzig, gelbe Tropenfrucht im Abgang, salziger Nachhall, Orangen im Rückgeschmack, sicheres Potenzial.

93 Roter Veltliner Gedersdorf Ried Reisenthal Selection 2021
13,5 Vol.-%, NK, Stahltank, €€€€€ B V
Mittleres Gelbgrün, silberfarbene Reflexe. Zart nach Kumquats, etwas nach Kardamom, Kletzen, Blütenhonig, Nuancen von Mango, attraktives Bukett. Saftig, restsüß, etwas nach Papaya, floraler Touch, balancierte Säurestruktur, mineralisch, vielfältig einsetzbar.

92 Neuburger Hommage 2022
12,5 Vol.-%, DV, Stahltank, €€€€ B V
Helles Gelbgrün, Silberreflexe. Zarte Kräuternoten, etwas nach Zitrus, weißes Kernobst, frisch und lebendig, floraler Touch. Saftig, straff, mineralisch, etwas weitmaschig, bleibt gut haften, Steinobstnuancen im Abgang, unkomplizierter Speisenbegleiter.

WEINGUT VORSPANNHOF – MAYR
3552 Dross
Herrngasse 48
T: +43 (2719) 30056
weingut@vorspannhof.at
www.vorspannhof.at

Kellermeister: Michael Nastl
Kontakt: Silke Mayr
Produktion: 90 % weiß, 10 % rot, 14 Hektar
Vereinszugehörigkeit: Traditionsweingüter Österreich

Ried Gebling

★★★★

WEINGUT VORSPANNHOF – MAYR

Seit über 500 Jahren ist der Vorspannhof Mayr in Droß eine Institution. Zuerst als Pferdewechselstation, dann als Gasthof und seit drei Generationen als eines der Top-Weingüter der Region. Im Vorspannhof kommt zusammen, was das Kremstal ausmacht: ein respektvoller Umgang mit der Natur und den Rieden, Wertschätzung für die Menschen und das richtige Gespür fürs Weinmachen.
Das Weingut wird von Silke Mayr geführt, die mit ihrem engagierten Team und Kellermeister Michael Nastl an der Spitze 14 Hektar Weingärten kultiviert, darunter bekannte Lagen wie Kremser Gebling, Marthal und Kremsleithen.
Im hochmodernen Keller des 500 Jahre alten Gutshofes werden finessenreiche, herkunftstypische Weine vinifiziert. Vorspannhof-Weine tragen möglichst viel von dem in sich, was die jeweiligen Sorten und Lagen ausmacht. Seit 2020 ist das Weingut Mitglied der Traditionsweingüter Österreich.

94 Riesling ** Krems Ried Marthal 2021
13 Vol.-%, DV, Stahltank, €€€€
Helles Grüngelb, Silberreflexe. Frischer Weingartenpfirsich, ein Hauch von Limetten, floraler Touch, mineralisch, einladend. Straff, feinmaschig, zitronig unterlegte weiße Apfelfrucht, finessenreich strukturiert, bleibt haften, gute Länge, ein leichtfüßig wirkender Speisenbegleiter mit sicherem Reifepotenzial.

93 Riesling * Ried Kremsleithen 2022
13,5 Vol.-%, DV, Stahltank, €€€
Helles Gelbgrün, Silberreflexe. Feine Tabak-Kräuter-Würze, etwas nach Grapefruit und reifem Pfirsich, ein Hauch von Guaven, dunkle Mineralik. Saftig, straff, mineralisch, etwas nach Papaya, gut integrierte Säurestruktur, extraktsüßes Finish, guter Speisenbegleiter.

90 Riesling vom Löss 2022
13 Vol.-%, DV, Stahltank, €€
Helles Gelbgrün, Silberreflexe. Feine Kräuterwürze, etwas nach Orangenzesten, ein Hauch von Maracuja, zart nach Kräutern. Saftig, straff, extraktsüß nach Steinobst, frischer Säurebogen, zitroniger Nachhall, guter Speisenbegleiter.

© Robert Herbst

* Kremstal DAC ** Kremstal DAC Reserve

93 Grüner Veltliner ** Ried Kremser Gebling 1ÖTW 2021
13 Vol.-%, DV, großes Holzfass, €€€€
Mittleres Gelbgrün, Silberreflexe. Feine Nuancen von frischer Marille, ein Hauch von kandierten Orangenzesten, Noten von Blütenhonig. Mittlerer Körper, weiße Apfelfrucht, frischer Säurebogen, zarte Süße, gut anhaftend, mineralisch-zitronig im Nachhall, bereits zugänglich, verfügt über Reifepotenzial.

92 Grüner Veltliner * Ried Loiser Weg 2022
13 Vol.-%, DV, Stahltank, €€€
Helles Gelbgrün, Silberreflexe. Feine Wiesenkräuter, ein Hauch von Apfel, zart nach Maracuja, frisches Bukett. Saftig, straff, extraktsüß nach weißem Kernobst, feine Tabakwürze, bleibt gut haften, guter Speisenbegleiter.

91 Grüner Veltliner * Ried Wolfsgraben 2022
12,5 Vol.-%, DV, Stahltank, €€
Helles Gelbgrün, Silberreflexe. Feine Tabakwürze, etwas nach Blütenhonig, ein Hauch von Apfel und Melone. Saftig, straff, feine, balancierte Säurestruktur, salzig, weißes Kernobst im Abgang, frisches Finish, einladendes Trinkanimo.

93 Grüner Veltliner Drei Rosen 2021
14 Vol.-%, DV, Stahltank/kleines Holzfass, €€€€€
Helles Goldgelb, Grünreflexe. Nuancen von reifer gelber Frucht, unterlegt mit Zitrus, zarte Ananasnoten, etwas Mango, ein Hauch von Wiesenkräutern, floral. Saftig, komplex, feine Holzwürze, etwas nach Marillen, kandierte Orangenschalen, feinwürzig im Abgang, bleibt gut haften, wird von Flaschenreife profitieren.

(92) Gemischter Satz Ried Kremser Gebling 2022
DV, Stahltank/kleines Holzfass, €€€
Mittleres Gelbgrün, silberfarbene Reflexe. Feine Kräuterwürze, etwas nach Apfel und Bergamotte, ein Hauch von Gewürzen, balanciertes Bukett. Saftig, straff, feine Textur, mineralisch, gut eingebundener Säurebogen, gelbe Fruchtnoten im Abgang, würziger Nachhall, attraktiver Speisenbegleiter.

91 Gelber Muskateller 2022
12 Vol.-%, DV, Stahltank, €€
Helles Grüngelb, Silberreflexe. Feine Kräuterwürze, etwas nach Quitte, ein Hauch von Zitrus, zart nach Holunderblüten, frisches Bukett. Saftig, elegant, lebendiger Säurebogen, leichtfüßig, mineralisch-salzig, etwas nach Weingartenpfirsich, bereits gut antrinkbar.

89 Sauvignon Blanc 2022
13 Vol.-%, DV, Stahltank, €€

★★★★

WEINGUT HERMANN MOSER

Mit 16 Hektar Rebfläche in besten Lagen in Rohrendorf haben Martin und Carmen Moser in Niederösterreich ein optimales Fundament für ihre breit gefächerte Palette an erstklassigen Weinen gelegt. Der Winzer Martin Moser stellt schon seit einigen Jahren als Kellermeister mit sehr kompletten Weiß- und Rotweinen eine erstaunliche Konstanz unter Beweis und hat im Kreis der »Traditionsweingüter Österreich« eine führende Rolle übernommen. Sein besonderes Augenmerk gilt dem Grünen Veltliner, der sich auf den Lössböden der Region sehr wohlfühlt.
Der großzügige Verkostungsraum mit Platz für bis zu 90 Personen, dessen Glasfront einen herrlichen Blick auf die Rohrendorfer Weinberge mit Terrasse und Gastgarten freigibt, bildet ein attraktives Ambiente sowohl für vinophile als auch für kulinarische Veranstaltungen und kann zudem für diverse Festlichkeiten angemietet werden.
Martin Moser exportiert hauptsächlich in die USA und nach Kanada, ist aber mit seinen Weinen auch in Holland, Dänemark, Deutschland, Großbritannien sowie in Hongkong erfolgreich.

95 Grüner Veltliner ** Ried Gebling 1ÖTW HannaH 2021
14 Vol.-%, DV, Eichenfass, €€€€€
Mittleres Goldgelb, silberfarbene Reflexe. Mit dezenten Kräuternuancen unterlegte gelbe Birnenfrucht, ein Hauch von Papaya, mineralischer Touch, zarter Blütenhonig. Saftig, straff, extraktsüß nach reifem Apfel, balanciert, anhaftend, helles Nougat im Abgang, komplexer, herzhafter Speisenbegleiter mit Potenzial.

© Regina Hügli

WEINGUT HERMANN MOSER

3495 Rohrendorf
Bahnstraße 36
T: +43 (2732) 83841
office@moser-hermann.at
www.moser-hermann.at

Kellermeister: Martin Moser
Kontakt: Martin und Carmen Moser
Produktion: 9 % Schaumwein, 70 % weiß, 15 % rosé, 5 % rot, 1 % süß, 16 Hektar
Vereinszugehörigkeit: Traditionsweingüter Österreich
Messen: VieVinum, DAC-Präsentationen

Hermann Moser mit Duffy

94 Grüner Veltliner ** Ried Gebling 1ÖTW Der Löss 2021
13,5 Vol.-%, DV, Stahltank, €€€€€
Mittleres Grüngelb, silberfarbene Reflexe. Reife Tropenfrucht, Blütenhonig, zart nach Marille und Ananas, etwas nach Kumquats. Saftig, engmaschig, gute Komplexität, balancierter Säurebogen, extraktsüß nach Ananas im Abgang, zitroniger Nachhall, zeigt Frische, lange anhaltend, ein vielschichtiger Speisenbegleiter.

92 Grüner Veltliner * Rohrendorf Karmeliter 2022
12,5 Vol.-%, DV, Stahltank, €€€
Helles Goldgelb, silberfarbene Reflexe. Feiner Blütenhonig, zart nach kandierten Mandarinenzesten, Golden-Delicious-Apfel und Mango. Saftig, extraktsüß, facettenreiche Säurestruktur, Marillentouch im Abgang, salzig, engmaschig, bleibt gut haften, guter Speisenbegleiter.

91 Grüner Veltliner * Rohrendorf Kaiserstiege 2022
13 Vol.-%, DV, Stahltank, €€€
Helles Goldgelb, silberfarbene Reflexe. Feine Kräuternoten, etwas nach Limettenzesten, ein Hauch von Ananas, etwas nach Quitte, einladendes Bukett. Saftig, straff, feine Säurestruktur, dunkle Mineralik, feine Würze, gelbe Apfelfrucht, bleibt lange haften, kraftvolles Finish.

92 Grüner Veltliner Reblaus 2021
13,5 Vol.-%, DV, Barrique, €€€€
Helles Goldgelb, Silberreflexe. Kräuterwürzig-tabakig unterlegt Nuancen von reifer Birne und Quitte, kandierte Mandarinenzesten, brotige Nuancen. Saftig, frische Marillen, gelber Apfel, feiner Säurebogen, mineralisch-salzig im Nachhall, individuelle Stilistik, ein facettenreicher Speisenbegleiter.

94 Riesling ** Ried Gebling 1ÖTW Kellerterrassen 2021
13,5 Vol.-%, DV, Stahltank, €€€€€
Mittleres Grüngelb, silberfarbene Reflexe. Feine Kräuternoten, zart nach Zitrus, ein Hauch von reifem Pfirsich, lebendiges Bukett. Saftig, elegant, facettenreich, extraktsüß nach Marille, angenehmer Säurebogen, Ananas im Rückgeschmack, Blütenhonig, lange anhaltend, sicheres Entwicklungspotenzial.

91 Riesling * Rohrendorf Kaiserstiege 2022
12,5 Vol.-%, DV, Stahltank, €€€
Helles Grüngelb, silberfarbene Reflexe. Zarte gelbe Tropenfrucht, ein Hauch von Mandarinenzesten und Pfirsich, mineralisch unterlegt. Mittlere Komplexität, Nuancen von weißer Frucht, feine Süße im Abgang, lebendig strukturiert, bereits gut antrinkbar.

93 Chardonnay Ried Gelbling Reserve 2021
13,5 Vol.-%, DV, Barrique, €€€€
Mittleres Grüngelb, Silberreflexe. Frischer gelber Apfel, ein Hauch von Ananas und Limetten, weiße Blüten, einladendes Bukett. Saftig, fruchtbetonte Textur, feine Süße im Kern, lebendig strukturiert, weißer Pfirsich, zitroniger Touch im Rückgeschmack.

* Kremstal DAC ** Kremstal DAC Reserve

★★

WEINKELLEREI LENZ MOSER

Die Weine von Lenz Moser sind international gesehen ein wichtiges Aushängeschild für die österreichische Weinszene. Die Weinkellerei, die ihren Sitz in Rohrendorf bei Krems hat, ist nicht nur Marktführer in Sachen Qualitätswein aus Österreich, sondern war und ist stets auch innovativ. Unter anderem wurde hier bereits 1984 der Drehverschluss eingesetzt, seit 2008 findet man diesen auf fast allen Weinen von Lenz Moser.
»Small is beautiful.« Dieser Satz trifft auch auf die Weinkellerei Lenz Moser zu, bringt doch eine Vielzahl von Winzern, die zusammen die rund 2.700 Hektar Weingärten betreuen, die Trauben im Herbst in kleinen Chargen in die Kellerei. Um sicherzugehen, dass nur gesunde und perfekt gereifte Trauben angeliefert werden, hält das vom Chefönologen Michael Rethaller geführte Team engen Kontakt zu den Weinbauern und steht ihnen das ganze Jahr über beratend zur Seite.
Neben der ausgezeichneten Qualität der Produkte aller Weinlinien und der Gewissheit, dass sie mit größter Sorgfalt entstanden sind, ist es auch das äußerst moderate Preisniveau aller Weine, das von den Konsumenten geschätzt wird. Auch seitens anerkannter Expertenjurys finden die Lenz-Moser-Weine im In- und Ausland gebührende Anerkennung.

90 Grüner Veltliner * Rohrendorf Lenz Moser 2022
12,5 Vol.-%, DV, Stahltank, €€
Helles Goldgelb, Silberreflexe. Feine Würze, etwas weißes Kernobst, tabakig, Wiesenkräuter und Janagold-Apfel klingen an. Mittlerer Körper, saftig, extraktsüß, zart mineralisch, Birne im Nachhall, bereits gut antrinkbar.

90 Grüner Veltliner Lenz Moser Prestige 2022
12,5 Vol.-%, DV, Stahltank, €€
Helles Grüngelb, Silberreflexe. Feine gelbe Apfelfrucht, frische Birne, zarter Blütenhonig, mit Limetten unterlegt, attraktives Bukett. Saftig, elegant, feine Fruchtsüße nach Ananas, feiner Säurebogen, eleganter Speisenbegleiter.

89 Grüner Veltliner Lenz Moser Selection 2022
12 Vol.-%, DV, Stahltank, €€

89 Riesling Lenz Moser Prestige 2022
12,5 Vol.-%, DV, Stahltank, €€

90 Blaufränkisch Barrique Lenz Moser Prestige 2020
13,5 Vol.-%, DV, Barrique, €€
Kräftiges Rubingranat, violette Reflexe, breitere Ockerrandaufhellung. Einladende dunkle Beerenfrucht, eingelegte Kirschen, zart nach Cassis. Saftig, frische dunkle Beerenfrucht, feine Tannine, ein vielseitiger, balancierter Speisenbegleiter mit Nougatfinish.

94 Trockenbeerenauslese Lenz Moser Prestige 2018 BO/WR
8,5 Vol.-%, NK, Stahltank, €€€€
Leuchtendes Goldgelb, Silberreflexe. Intensives, einladendes Bukett nach Marillenkonfitüre, Maracuja und Honig. Saftig, elegant und präzise, gut integrierte Fruchtsüße, feiner Säurebogen, ausgewogen und lange anhaftend, ein echtes Trinkdessert, sicheres weiteres Reifepotenzial, ein Preis-Leistungs-Hammer.

WEINKELLEREI LENZ MOSER
3495 Rohrendorf
Lenz-Moser-Straße 1
T: +43 (2732) 85541
marketing@lenzmoser.at
www.lenzmoser.at

Kellermeister: Michael Rethaller
Kontakt: Christoph Bierbaum
Produktion: 55 % weiß, 44 % rot, 1 % süß
Messen: Anuga, ProWein Düsseldorf, VieVinum, Vinexpo

★★★

WEINGUT MÜLLER

Mitten im malerisch gelegenen Weinort Krustetten im südlichen Kremstal befindet sich das Weingut der Familie Müller. Es wurde 1270 erstmals urkundlich als Lesehof in den Göttweiger Stiftsarchiven erwähnt und wird seit 1936 von den Müllers als Familienbetrieb geführt.

Der Weinbau am Göttweiger Berg hat eine lange Tradition, die von der Familie Müller schon in dritter und vierter Generation geschätzt und gepflegt wird. Mit 0,7 Hektar Rebfläche startete Großvater Leopold den Weinbau, mittlerweile wurde die Fläche von den Müllers auf 120 Hektar erweitert. Stefan pflegt mit viel Liebe und Leidenschaft die Weingärten, während Leopold von der Traubenübernahme bis zur Abfüllung die Verantwortung trägt. Ihre Philosophie ist es, im Einklang mit der Natur zu arbeiten und die vielfältigen Gegebenheiten rund um den Göttweiger Berg gezielt zu nutzen, um das Beste aus jeder Riede herauszuarbeiten. Leopold und Stefan Müller sind sich einig: »Unsere Landschaft schenkt uns eine ungemeine Bodenvielfalt – vom tiefgründigen Löss über Verwitterungskonglomerat bis hin zu kargen Urgesteinsböden – und einzigartige klimatische Voraussetzungen für hochqualitative Trauben und charaktervolle Weine! Wir fühlen uns verpflichtet, unsere Landschaft auch für die nächsten Generationen lebenswert zu erhalten, und versuchen, unser Weingut so ressourcenschonend wie möglich zu führen.«

Durch ihre Zielstrebigkeit konnten die strengen Kriterien der »Nachhaltig Austria«-Zertifizierung erreicht werden. Die Weine können in der Vinothek auf dem Weingut oder beim Top-Heurigen, der viermal jährlich geöffnet hat, verkostet werden und sind auch bei vielen Händlern erhältlich.

95 Grüner Veltliner ** Ried Eichbühel 2021
13,5 Vol.-%, NK, Holzfass, €€€€
Helles Gelbgrün, Silberreflexe. Zart nach reifem Apfel und Blütenhonig, etwas nach Kokos, ein Hauch von Mango, einladendes Bukett. Saftig, komplex, extraktsüß nach Tropenfrucht, Ananas klingt an, gut integrierte Säurestruktur, bleibt gut haften, vielschichtiger Speisenbegleiter mit Potenzial.

92 Grüner Veltliner * Ried Neuberg 2022
13 Vol.-%, DV, Stahltank, €€
Mittleres Gelbgrün, silberfarbene Reflexe. Einladendes Bu-

© Weingut Müller

WEINGUT MÜLLER
3508 Krustetten
Hollenburger Straße 12
T: +43 (2739) 2691
info@weingutmueller.at
www.weingutmueller.at

Kellermeister: Leopold Müller
Kontakt: Leopold und Stefan Müller
Produktion: 1 % Schaumwein, 80 % weiß, 1 % rosé, 17 % rot, 1 % süß
Zertifiziert: Nachhaltig Austria
Vereinszugehörigkeit: Vinum Circa Montem
Messen: ProWein Düsseldorf, VieVinum, Vinexpo

Drei Generationen der Familie Müller

kett nach Honigmelone und reifem Apfel, zart nach Gewürzen, dunkle Mineralik, Orangenschalen klingen an. Saftig, straff, kraftvoll, Golden-Delicious-Apfelfrucht, würziger Nachhall, gut eingebundene Säurestruktur, vielfältig einsetzbar.

91 Grüner Veltliner * Ried Frauengrund 2022
12,5 Vol.-%, DV, Stahltank, €€
Helles Grüngelb, Silberreflexe. Etwas nach Kräutern und Zitrus, ein Hauch von Papaya, Blütenhonig klingt an, würziges Bukett. Saftig, engmaschig, gut eingebundene Säurestruktur, mineralisch, Apfelfrucht klingt an, bleibt gut haften, guter Speisenbegleiter.

91 Grüner Veltliner * Ried Kremser Kogl 2022
12,5 Vol.-%, DV, Stahltank, €€
Mittleres Gelbgrün, silberfarbene Reflexe. Einladendes Bukett nach Mango und Blütenhonig, etwas nach kandierten Orangenzesten, Wiesenkräuter klingen an. Saftig, elegant, kraftvoll, Apfelfrucht im Abgang, würziger Nachhall, bereits gut antrinkbar, facettenreicher Speisenbegleiter.

93 Riesling ** Hollenburg Ried Goldberg 2021
13 Vol.-%, NK, Holzfass, €€€€€
Mittleres Grüngelb, Silberreflexe. Mit feinem Blütenhonig unterlegte Marillen und Ringlotten, ein Hauch von Wiesenkräutern, florales Bukett. Saftig, engmaschig, etwas nach Mango, dunkle Mineralik, gut eingebundene Säurestruktur, vielfältig einsetzbar.

91 Riesling * Ried Silberbichl 2022
12,5 Vol.-%, DV, Stahltank, €€€
Helles Grüngelb, Silberreflexe. Feine Wiesenkräuter, etwas nach Passionsfrucht, zart nach Marille, mit Blütenhonig unterlegt. Saftig, frischer Säurebogen, rassig, weißes Steinobst, zitroniger Nachhall, bereits gut antrinkbar.

91 Neuburger Ried Kremser Kogl Reserve 2021
13 Vol.-%, NK, Holzfass, €€€€€
Mittleres Gelbgold, Grünreflexe. Feine Noten von weißem Nougat, etwas nach Orangenzesten, ein Hauch von Mango, zart nach Blütenhonig. Saftig, straff, gut eingebundene Säurestruktur, zarte Holzwürze, ein Hauch von BSA-Noten, Banane, Karamell im Abgang, kraftvoller Speisenbegleiter.

90 Gelber Muskateller Göttweiger Berg 2022
12 Vol.-%, DV, Stahltank, €€
Helles Gelbgrün, Silberreflexe. Zart nach Muskatnuss und Johannisbeerblättern, ein Hauch von Wacholder, floraler Touch. Saftig, elegant, feine Säurestruktur, mineralisch, feinwürzig, etwas Melisse, reifer Apfel im Nachhall, bereits gut antrinkbar.

90 Chardonnay Ried Fuchaberg Reserve 2022
13,5 Vol.-%, DV, großes Holzfass, €€€
Helles Grüngelb, Silberreflexe. Feine Tabakwürze, etwas nach Mango, ein Hauch von Blutorangen, würzig, Kardamom klingt an. Saftig, elegant, feine Säurestruktur, mineralisch, feinwürzig, reife Apfelfrucht im Abgang, guter Speisenbegleiter.

92 Diana 2019 ZW/CS/ME
13,5 Vol.-%, NK, Barrique, €€€€€
Dunkles Rubingranat, violette Reflexe, zarte Ockerrandaufhellung. Nuancen von Edelholz, ein Hauch von Feigen und Lakritze, eingelegte Kirschen. Mittlere Komplexität, feine Fruchtsüße, reife Brombeeren, gut integrierte Tannine, etwas Nougat im Nachhall, ein vielseitiger, gut entwickelter Speisenbegleiter.

89 Zweigelt Reserve 2020
13,5 Vol.-%, DV, Barrique, €€€

WEINGUT
MÜLLER-GROSSMANN
3511 Furth-Palt
Lindengasse 25
T: +43 (2732) 83146
office@mueller-grossmann.at
www.mueller-grossmann.at

Kellermeister/Kontakt:
Marlies Hanke
Anbauweise: Umstellung auf bio
Produktion: 5 % Schaumwein, 90 % weiß, 5 % rosé, 10 Hektar
Zertifiziert: Nachhaltig Austria
Messen: ProWein Düsseldorf, VieVinum, Vinexpo, DAC-Präsentationen

Marlies Hanke

★★★

WEINGUT MÜLLER-GROSSMANN

Das Weingut Müller-Grossmann befindet sich in Furth-Palt im südlichen Kremstal. Hier werden rund um den Göttweiger Berg zehn Hektar Weingärten bewirtschaftet. Mittlerweile wird das Weingut in zweiter Generation aus Frauenhand von Marlies Hanke geführt, die den Betrieb von ihrer Mutter Helma Müller-Grossmann übernommen hat. Die weibliche Finesse ist in den Weinen zu spüren. Großer Wert wird dabei auf Tradition, Herkunft und Individualität gelegt. So viel wie notwendig, so wenig wie möglich – nach diesem Prinzip wird gearbeitet. Grüner Veltliner und Riesling stehen im Fokus, es werden aber auch charaktervolle Burgunder, Rosé und Muskateller sowie drei Sekte nach traditioneller Methode vinifiziert. Der Betrieb wird derzeit auf biologische Wirtschaftsweise umgestellt.

93 Riesling * Ried Steinbühel 1ÖTW 2021
13 Vol.-%, NK, Granitfass, €€€€€ B
Mittleres Grüngelb, Silberreflexe. Reifes Steinobst, etwas nach Blütenhonig, ein Hauch von Ananas, dezente Feigennoten. Saftig, elegant, balancierte Säurestruktur, mineralisch-salzig, gelbe Tropenfrucht, gut eingebundene Frucht, guter Speisenbegleiter.

90 Riesling * Furth 2022
12,5 Vol.-%, DV, Stahltank, €€€ B
Helles Grüngelb. Frische Wiesenkräuter, ein Hauch von Quitte und Papaya, Blütenhonig, dunkle Mineralik, etwas nach Marillen. Saftig, frische und lebendige Säurestruktur, feinwürzig, weißer Pfirsich im Abgang, etwas weitmaschig, attraktives Trinkanimo.

92 Grüner Veltliner * Ried Höhlgraben Alte Reben 2022
13 Vol.-%, DV, Stahltank, €€€
Helles Grüngelb, Silberreflexe. Feine Kräuternuancen, etwas tabakig, ein Hauch von weißem Apfel, mit einem Pfirsichtouch unterlegt. Saftig, gute Komplexität, feinwürzig, gut eingebundene Säurestruktur, mineralisch, Ananastouch im Nachhall.

91 Grüner Veltliner * Furth 2022
12,5 Vol.-%, DV, Stahltank, €€€ B
Helles Grüngelb, silberfarbene Reflexe. Feine Kräuterwürze, etwas gelber Apfel, ein Hauch von Mango, mit Blütenhonig unterlegt. Saftig, elegant, feine Säurestruktur, mineralisch-salzig, etwas nach Quitte, leichtfüßig, extraktsüß im Nachhall, bereits gut antrinkbar.

© Atelier Schulte

90 Grüner Veltliner * Satz Viertel 2022
12 Vol.-%, DV, Stahltank, €€ (B)
Mittleres Gelbgrün, silberfarbene Reflexe. Feine Wiesenkräuter sind mit Blütenhonig unterlegt, zart nach Mango, etwas Passionsfrucht, dezente Mineralik. Saftig, elegant, lebendige Säurestruktur, salzig, frisch, weiße Apfelfrucht im Abgang, bereits gut antrinkbar.

90 Be Natural 2022 MO
12,5 Vol.-%, DV, Teilbarrique, €€€ (B) (I)
Trübes Goldgelb, Kupferreflexe. Zarte Zitrusnuancen, etwas nach Eibisch, ein Hauch von Quitte, florale und ätherische Nuancen. Mittlerer Körper, dezenter Gerbstoff, zart nussig, etwas Apfelfrucht, ein Hauch von Nougat, individuell einsetzbar.

★★★★★

WEIN-GUT NIGL

Das Weingut Nigl liegt am Ortseingang von Senftenberg am Fuße des Burgbergs. Der Betrieb verfügt heute über 30 Hektar Weingärten, die auf die Premiumlagen des Kremstals verteilt sind. Die wichtigsten heißen Pellingen, bestockt mit Riesling und Grünem Veltliner, sowie Hochäcker, der mit Riesling bepflanzt ist. Die Rebflächen befinden sich bei Senftenberg, bei Rehberg und in Kremser Rieden.
Die besten Weine der Nigl'schen Palette tragen den Namen »Privat«. Das Traubengut für die beiden »Privat«-Füllungen stammt aus alten Weingärten im Senftenberger Pellingen. Auf kargen Urgesteinsböden bringen die 40 Jahre alten Rebstöcke zwar nur einen sehr geringen Ertrag, dafür aber umso höhere Qualität: Jahr für Jahr entstehen hier zwei große, lagerfähige Weine von bestechender Konzentration und Mineralik. Stuart Pigott sagt über Martin Nigls Weine: »Vom kleinsten Wein bis zu diesen hohen Spitzen sind Nigls Weißweine kristallklar und extrem präzise in Duft und Geschmack. Hier vereinen sich fast unanständiger Reiz und große Eleganz; einfach genial!« Dieser Aussage kann man nur widerspruchslos beipflichten.
Familie Nigl betreibt in Senftenberg übrigens auch ein Restaurant und ein kleines Hotel, das einen angenehmen Aufenthalt im Kremstal garantiert.

(97) Riesling * Ried Hochäcker 1ÖTW 2022
13 Vol.-%, DV, Holzfass, €€€€€€
Mittleres Goldgelb, Silberreflexe. Reifes Steinobst, etwas Kräuterwürze, zart nach Marillen und Bergamotte, facetten-

Gelber Muskateller

WEIN-GUT NIGL
3541 Senftenberg
Kirchenberg 1
T: +43 (2719) 2609
info@weingutnigl.at
www.weingutnigl.at

Kellermeister/Kontakt:
Martin Nigl
Produktion: 90 % weiß, 9 % rot, 1 % süß, 30 Hektar
Vereinszugehörigkeit:
Traditionsweingüter Österreich
Messen: ProWein Düsseldorf, VieVinum

reiches Bukett. Gute Komplexität, frisch, engmaschig, weißes Steinobst, Zitronengras, Lindenblüten, lang anhaltendes Finish, mineralischer Rückgeschmack, sicheres Reifepotenzial.

(94) Riesling * Rehberg Ried Goldberg 1ÖTW 2022
13 Vol.-%, NK, Holzfass, €€€€€
Mittleres Grüngelb, Silberreflexe. Mit etwas Blütenhonig unterlegte kandierte Orangenschalen, etwas Tropenfrucht, zart nach Marille, facettenreiches Bukett. Komplex, mineralisch, extraktsüß nach Pfirsich, zitroniger Nachhall, bleibt gut haften, elegantes Finish.

92 Riesling * Piri 2022
13 Vol.-%, DV, Stahltank, €€€€
Helles Grüngelb, Silberreflexe. Zart nach Mandarinenzesten, weiße Pfirsichfrucht, florale Nuancen, mineralischer Touch. Mittlerer Körper, feine gelbe Tropenfrucht, feiner Säurebogen, elegant, gut anhaftend, vielfältig einsetzbar.

(96) Grüner Veltliner * Ried Kirchenberg 1ÖTW Herzstück 2022
13 Vol.-%, NK, Holzfass, €€€€€€
Leuchtendes Grüngelb, Goldreflexe. Feine Kräuternoten, unterlegt mit Blütenhonig, zart nach Guaven, ein Hauch von Melone, einladendes Bukett. Saftig, gute Komplexität, feinwürzig, dunkle Mineralik, gut integrierter Säurebogen, Ananas im Abgang, salziger Nachhall, sicheres Entwicklungspotenzial.

(95) Grüner Veltliner * Ried Pellingen 1ÖTW Privat 2022
13 Vol.-%, DV, Stahltank, €€€€€
Mittleres Grüngelb, Silberreflexe. Feine Kräuternoten, Mango und Ananas, unterlegt mit feiner Würze, ein Hauch von Blütenhonig, Clementinen klingen an. Komplex, saftig, gut eingebundene Säurestruktur, dezente Tropenfrucht im Abgang, mineralischer Nachhall, bleibt gut haften, vielfältig einsetzbar, mit Potenzial ausgestattet.

93 Grüner Veltliner * Alte Reben 2022
13 Vol.-%, DV, Stahltank/großes Holzfass, €€€€
Mittleres Grüngelb, Silberreflexe. Feine Tabak-Kräuter-Würze, etwas nach Mango, ein Hauch von Limoncello, frisches, einladendes Bukett. Saftig, komplex, mineralisch, Kumquats klingen an, reife Tropenfrucht im Abgang, vielseitiger Speisenbegleiter mit Potenzial.

93 Grüner Veltliner * Ried Zwetl 2022
13 Vol.-%, DV, Stahltank, €€€€
Leuchtendes Grüngelb, silberfarbene Reflexe. Zarte Wiesenkräuter, mit etwas Blütenhonig unterlegte gelbe Apfelfrucht, Maracuja klingt an. Saftig, elegant, facettenreiche Säurestruktur, gute Komplexität, extraktsüß nach Mango, kräutriges Finish, gutes Entwicklungspotenzial.

Ruine Senftenberg

92 Grüner Veltliner * Piri 2022
12,5 Vol.-%, DV, Stahltank, €€€
Mittleres Gelbgrün, Silberreflexe. Feiner Maracuja-Ananas-Touch, ein Hauch von Quitte, Blütenhonig, unterlegt mit Zitrusnuancen, einladendes Bukett. Saftig, elegant, frische Säurestruktur, mineralisch, Tropenfrucht im Abgang, salziger Rückgeschmack, bleibt gut haften.

91 Sauvignon Blanc 2022
13 Vol.-%, DV, Stahltank, €€€€
Helles Gelbgrün, Silberreflexe. Frische Stachelbeernoten, unterlegt mit Wiesenkräutern, ein Hauch von Maracuja, mit Johannisbeeren unterlegt. Saftig, extraktsüß, gut eingebundene Säurestruktur, Melisse und reifer Apfel, bleibt gut haften.

89 Gelber Muskateller 2022
11,5 Vol.-%, DV, Stahltank, €€€

91 Pinot Noir 2019
13,5 Vol.-%, NK, Holzfass, €€€€€
Kräftiges Karmingranat, Ockerreflexe, breitere Randaufhellung. Zart kräuterwürzig unterlegte Herzkirschfrucht, mit kandierten Orangenzesten unterlegt. Mittlerer Körper, rotbeerig, seidige Textur, feine Tannine, frisch strukturiert, zart salzig im Abgang, ein balancierter Speisenbegleiter.

★★

WEINHOF CHRISTIAN PARZER

Seit 1843 befindet sich der Weinhof Parzer im Familienbesitz und wird heute von Christian Parzer und seiner Frau Andrea gemeinsam geführt. Das Anwesen liegt in Oberfucha im südlichen Kremstal, inmitten der reizvollen Landschaft am Fuß des Göttweiger Bergs. Die verschiedenen Böden und die besondere Lage ergeben hier ein Terroir, das sortentypische Weine entstehen lässt.
Christian Parzer legt sein Hauptaugenmerk auf die Vinifizierung eleganter Weine, die sowohl über Klarheit, Struktur und Finesse verfügen als auch die Charakteristik der Lage und des Jahrgangs unverfälscht widerspiegeln. Grundvoraussetzungen dafür sind einige der besten Rieden wie Sprinzenberg, Richtern oder Gaisberg! Auch die Wachauer Marille, eine weithin bekannte Spezialität, wird in der hauseigenen Brennerei zu hochwertigem Edelbrand destilliert.
Verkosten kann man alles am besten direkt auf dem Weinhof oder im Gästehaus der Familie, das in herrlicher Ruhelage inmitten von Wein- und Obstgärten liegt. Brigitte Parzer bemüht sich voller Freude um das Wohl der Urlaubsgäste. Ein Ort zum Wohl- und »Weinfühlen«.

WEINHOF CHRISTIAN PARZER
3511 Oberfucha-Furth
Ortsstraße 9
T: +43 (2739) 2414
office@weinhof-parzer.at
www.weinhof-parzer.at

Kellermeister/Kontakt:
Christian Parzer
Produktion: 3 % Schaumwein, 77 % weiß, 5 % rosé, 15 % rot, 8 Hektar
Vereinszugehörigkeit:
Vinum Circa Montem

92 Grüner Veltliner * Ried Sprinzenberg 2022
12,5 Vol.-%, DV, Stahltank, €€
Helles Gelbgrün, Silberreflexe. Mit feinen Wiesenkräutern unterlegter Blütenhonig, ein Hauch von Mandarinenzesten, Tropenfrucht klingt an. Saftig, straff, feine Säurestruktur, mineralisch, engmaschig, Apfelfrucht im Abgang, salziger Nachhall, guter Speisenbegleiter.

92 Grüner Veltliner * Ried Richtern 2022
13 Vol.-%, DV, 500-l-Fass, €€€
Helles Grüngelb, Silberreflexe. Etwas nach Quitte und Birnenfrucht, ein Hauch von Orangenzesten, etwas nach Papaya. Saftig, elegant, feine Säurestruktur, mineralisch-salzig, ein Hauch von Apfel im Abgang, feinwürziger Rückgeschmack, guter Speisenbegleiter.

91 Grüner Veltliner * Ried Gaisberg 2022
13 Vol.-%, DV, Stahltank, €€
Mittleres Grüngelb, Silberreflexe. Feine Apfelfrucht, etwas nach Orangenzesten, zart nach Blütenhonig, einladendes Bukett, Birnenfrucht klingt an. Saftig, feine Säurestruktur, kraftvoll, würziger Abgang, Williamsbirne im Nachhall, guter Speisenbegleiter.

92 Riesling * Ried Sprinzenberg 2022
13 Vol.-%, DV, Stahltank, €€€
Helles Gelbgrün, Silberreflexe. Zart nach Blütenhonig und kandierten Mandarinenzesten, gelber Pfirsich, einladendes Bukett. Straff, mineralisch, weißes Steinobst, ein Hauch von Limetten, gut anhaftend, zeigt Reifepotenzial.

90 Riesling Kamptal DAC Strass 2022
12,5 Vol.-%, DV, Stahltank, €€
Helles Grüngelb, silberfarbene Reflexe. Gelbe Tropenfrucht, zart nach Quitten und Guaven, ein Hauch von Limettenzesten, frisches Bukett. Saftig, straff, frischer Säurebogen, mineralisch, zitroniger Abgang, lebendiger Speisenbegleiter.

91 Riesling Herzstück 2021
11 Vol.-%, DV, 500-l-Fass, €€€
Helles Grüngelb, Silberreflexe. Feine Marillennoten, ein Hauch von Blütenhonig, zart nach Ananas und Ringlotten, floraler Touch. Saftig, elegant, fruchtsüß, balancierte Säurestruktur, weißes Steinobst, bleibt gut haften.

★★★★★

WEINGUT FAMILIE PROIDL

Das Familienweingut Proidl agiert zwischen Tradition und Moderne. 1650 aus dem Bremer Raum zugewandert, betreibt die Familie seit 1738 in Senftenberg, das nördlich von Krems und, wenn man so will, am Beginn des Kremstals liegt, Weinbau. Es verbindet die Weinbauregion der Wachau mit der für das Waldviertel typischen, durch Wald und Fels gegliederten Landschaft tief eingeschnittener Flusstäler. Durch die lange Verwurzelung entstand bei Familie Proidl viel Wissen im Umgang mit den örtlichen Steillagen. Sie beobachten akribisch die Natur und sind »Wein-Bauern« mit Leib und Seele. Im Spannungsfeld zwischen der Erfahrung von Generationen und ihrer Neugier allem Wissenswerten gegenüber entsteht eine sinnvolle lebendige Tradition. Die Proidls verstehen sich als Handwerker, als Bergweinbauern mit Vergangenheit und Gegenwart – aber auch auf einem steilen Weg in die Zukunft!
Im Keller herrscht Minimalismus. Durch die hochmineralischen Böden Senftenbergs und die naturnahe Bearbeitung der Weingärten braucht man nach Patrick Proidls Überzeugung im Keller nur mehr wenig einzugreifen. Die wichtigsten Behandlungsmittel sind dabei Geduld, Verkostung und Beobachtung. Statt Fässer und Tanks zu belästigen, gibt Familie Proidl den Weinen die Zeit, die sie brauchen, um sich selbst zu finden. Bei Weinen vom Weingut Proidl dauert die »Weinwerdung« daher nicht zwei bis drei Wochen, sondern drei bis zwölf Monate. So entstehen lagerfähige Weine ohne Ablaufdatum – das verstehen die Proidls unter Nachhaltigkeit.

(96) Riesling ** Ried Pfeningberg 1ÖTW 2022
13 Vol.-%, DV, großes Holzfass, €€€€€
Leuchtendes Goldgelb, Grünreflexe. Feine Wiesenkräuter, etwas Pfirsich, ein Hauch von Mirabellen, Blütenhonig, dunkle Mineralik. Saftig, gute Komplexität, kraftvoll, straff, gut eingebundene Säurestruktur, mineralisch, vielschichtig, Tropenfrucht im Abgang, salziger Nachhall, sicheres Reifepotenzial.

(96) Riesling ** Ried Ehrenfels 1ÖTW 2022
13 Vol.-%, großes Holzfass, DV
Leuchtendes Goldgelb, Grünreflexe. Einladendes Bukett nach Guaven und Papaya, kandierte Grapefruitzesten, frisch, Weingartenpfirsich und Wiesenkräuter. Gute Komplexität, salzig, mineralisch, finessenreicher Säurebogen, Zitrus im Nachhall, sicheres Potenzial.

© Edwin Dullinger

WEINGUT FAMILIE PROIDL
3541 Senftenberg
Oberer Markt 5
T: +43 (2719) 2458
weingut@proidl.com
www.proidl.com

Kellermeister/Kontakt:
Patrick und Franz Proidl
Anbauweise: Umstellung auf bio
Produktion: 90 % weiß, 5 % rot, 5 % süß, 25 Hektar
Zertifiziert: Nachhaltig Austria
Vereinszugehörigkeit:
Traditionsweingüter Österreich
Messen: VieVinum

Patrick Proidl

Riesling

95 Riesling ** Senftenberg Katzengold 2021
14 Vol.-%, DV, Holzfass, €€€€€
Leuchtendes Goldgelb, Silberreflexe. Blütenhonig und kandierte Zitrusnuancen, Ananas und Melone, mineralischer Touch, vielschichtiges Bukett. Saftig, gute Komplexität, mineralisch, engmaschig, reife Tropenfrucht, Weingartenpfirsich klingt an, guter Speisenbegleiter mit Reifepotenzial.

(95) Riesling ** Ried Hochäcker 1ÖTW 2022
13 Vol.-%, DV, großes Holzfass, €€€€€
Leuchtendes Goldgelb, Silberreflexe. Feine Nuancen von Mango, etwas Wiesenkräuter, Limettenzesten, zart nach Guaven, mineralischer Touch. Saftig, straff, fruchtsüß, feinwürzig, Papaya im Abgang, zitronig-würziger Nachhall, kräutriger Rückgeschmack, vielschichtiger Speisenbegleiter, sicheres Potenzial.

97 Riesling Senftenberg Generation X 2021
13,5 Vol.-%, DV, Holzfass, €€€€€€
Leuchtendes Goldgelb, Grünreflexe. Dezent nach Honig und Marille, zart nach Kräutern, Karamell, etwas kandierte Veilchen, einladendes Bukett. Gute Komplexität, straff, dunkle Mineralik, gelbe Tropenfrucht, feinmaschig, salzig, lang anhaltend, guter Speisenbegleiter, sicheres Potenzial.

94 Riesling Weintal 2021
13 Vol.-%, DV, Stahltank, €€€€€€
Leuchtendes Gelbgrün, Silberreflexe. Honigmelone und gelber Pfirsich, zart nach Wiesenkräutern, Clementinenzesten, Karamell, fruchtvolles Bukett. Saftig, komplex, etwas Gewürze, Marille im Abgang, salziger Nachhall, bleibt gut haften, restsüßes Finish, vielfältig einsetzbar.

(95) Grüner Veltliner ** Ried Ehrenfels 1ÖTW 2022
13,5 Vol.-%, DV, großes Holzfass, €€€€€
Leuchtendes Goldgelb, Grünreflexe. Wiesenkräuter, zart nach Kardamom, ein Hauch von Apfel und Kumquats, dezente weiße Steinobstfrucht. Kompakt, straff, gut eingebundene Säurestruktur, mineralisch, extraktsüß nach Pfirsich, guter Speisenbegleiter, lang anhaltend, sicheres Potenzial.

(93) Grüner Veltliner ** Ried Pellingen 1ÖTW 2022
13,5 Vol.-%, DV, großes Holzfass, €€€€€
Leuchtendes Goldgelb, Silberreflexe. Feiner Blütenhonig, zart nach Mango und Wiesenkräutern, etwas nach kandierten Clementinen, reife Fruchtnoten, einladendes Bukett. Saftig, straff, engmaschig, Papaya im Abgang, würziger Nachhall, bleibt gut haften, vielschichtiger Speisenbegleiter.

97 Grüner Veltliner Generation X 2021
15 Vol.-%, DV, Holzfass, €€€€€€
Leuchtendes Goldgelb, silberfarbene Reflexe. Dezente Botrytisnoten, etwas nach Ananas, Blütenhonig klingt an, einladendes, attraktives Bukett. Saftig, komplex, facettenreiche Säurestruktur, mineralisch, fruchtsüß nach Mango, lang anhaltend, sicheres Potenzial, ausgewogener Speisenbegleiter.

94 Gelber Traminer 2021
15 Vol.-%, DV, Holzfass, €€€€€
Mittleres Gelbgrün, Silberreflexe. Einladendes Bukett nach Honig und reifer Birne, Marille, ein Hauch von kandierten Orangenzesten. Saftig, engmaschig, zart nach Eibisch, restsüß nach Ananas, bleibt gut haften, vielschichtiges Potenzial.

93 Chardonnay Generation X 2021
13,5 Vol.-%, DV, Holzfass, €€€€€€
Mittleres Gelbgrün, Silberreflexe. Feine Wiesenkräuter, gelbe Apfelfrucht, zart nach Guaven, etwas Holzwürze, Vanille klingt an. Saftig, mittlere Komplexität, leichtfüßig, würzig, Maracuja im Abgang, salziger Nachhall, bereits gut antrinkbar.

95 Riesling Proidl spricht Deutsch 2021
9,5 Vol.-%, DV, Stahltank, €€€€€
Leuchtendes mittleres Gelbgrün, Silberreflexe. Zart mit Honig unterlegte Maracujanote, reife Ananas, einladende Tropenfrucht. Saftig, weiße Frucht, gut integrierte Süße, finessenreicher Säurebogen, elegant und lange anhaftend, zeigt sehr gute Länge, verfügt über sicheres Reifepotenzial

WEINGUT SALOMON UNDHOF
3500 Stein an der Donau
Undstraße 10
T: +43 (2732) 83226
office@salomonwines.com
www.salomonwein.at

Kellermeister: Bert Michael Salomon
Kontakt: Fanny Marie und Bert Michael Salomon, Dr. Bertold und Mag. Gertrud Salomon
Produktion: 100 % weiß, 25 Hektar
Zertifiziert: Nachhaltig Austria
Vereinszugehörigkeit: Traditionsweingüter Österreich
Messen: VieVinum

Bert Michael, Fanny Marie, Gertrud und Bertold Salomon

★★★★★

WEINGUT SALOMON UNDHOF

Salomon Undhof ist ein Aushängeschild österreichischer Weingeschichte und eines der ältesten privaten Weingüter des Landes. Hier werden seit 230 Jahren Weißweine aus einigen der besten Grand-Cru-Lagen entlang der Donau gewonnen, darunter so bekannte Weingärten wie »Ried Steiner Kögl«, »Ried Pfaffenberg«, »Ried Wachtberg« oder »Ried Lindberg«.
Der Ruhm des Weingutes wurde in den frühen 1930er-Jahren mit einer der ersten Weingutsfüllungen in Österreich begründet. Durch Bertold Salomon steht das Weingut heute vor allem für exzellente trockene Rieslinge und Grüne Veltliner – langlebige, elegante Weine, für die das Haus berühmt ist. Mehr als die Hälfte der 25 Hektar Weingärten ist mit Riesling, der Rest mit Grünem Veltliner und einem kleinen Teil Gelbem Traminer bepflanzt. Die ehemals kirchlichen Weinbergterrassen von Salomon Undhof liegen im westlichsten Teil des Kremstales, wo die Böden hauptsächlich aus Urgestein bestehen. In Stein an der Donau decken sich das Weinbaugebiet Kremstal und das Weltkulturerbe Wachau. Der Name der alten Weinstadt Stein hat seine Wurzeln in der Dominanz der Urgesteinsböden auf den Steinterrassen. Kontrolliert integrierte Weingartenbewirtschaftung und der Verzicht auf Herbizide halten diese Weingärten in gesunder Balance. Diese werden nun in bereits neunter Generation von den Geschwistern Bert und Fanny Marie bearbeitet. Nach 25 Jahren mit jeweils zwei Weinernten (in Österreich und Australien) gaben die Eltern Bertold und Gertrud die Verantwortung an die nächste Generation weiter und konzentrieren sich nun auf die hochklassigen Rotweine ihres australischen »Salomon Estate« in Finniss River und das Joint Venture »Salomon & Andrew« in Neuseeland.

© Susanne Hassler Smith

92 Zweigelt Rosé Sekt g.U. Brut Nature 2020
12,5 Vol.-%, NK, Flaschengärung, €€€€€
Helles Lachsrosa, Silberreflexe, feines Mousseux. Zart nach eingelegten Kirschen, mit einem Hauch von Birne und Ringlotten unterlegt, einladendes Bukett. Straff, engmaschig, rote Waldbeeren, weißer Apfel, frisch, ein zarter, delikater Speisenbegleiter, mineralischer Nachhall.

92 Riesling Pet Nat »Wolke für Zwei« 2022
13 Vol.-%, KR, Flaschengärung, €€€€€
Naturtrübes helles Gelbgrün, feines, kompaktes Mous-

Stein an der Donau

seux. Feine Nuancen von weißer Tropenfrucht, ein Hauch von frischer Birne, dezente Wiesenkräuter, einladendes Bukett. Saftig, frisches gelbes Kernobst, lebendig strukturiert, ein Hauch von Orangen im Abgang, seidig und fein, Limetten im Nachhall.

(97) Riesling * Ried Steiner Kögl 1ÖTW Alte Reben 2022
13,5 Vol.-%, NK, Stahltank, €€€€€€
Helles Gelbgrün, Silberreflexe. Feine Würze, etwas nach Kumquats und Papaya, floraler Touch, Noten von gelbem Pfirsich, mineralische Nuancen. Saftig, elegant, engmaschig, weißes Steinobst im Abgang, salziger Nachhall, balanciert und rund, sehr guter Speisenbegleiter mit Entwicklungspotenzial.

(95) Riesling * Ried Pfaffenberg 1ÖTW Alte Reben 2022
13 Vol.-%, NK, Stahltank, €€€€€€
Helles Gelbgrün, Silberreflexe. Feine Wiesenkräuter, zart nach Mango, dezente Marillennote, ein Hauch von Bergamotte, etwas nach Safran. Saftig, komplex, weißes Steinobst im Abgang, salziger Nachhall, zitroniger Rückgeschmack, vielfältig einsetzbar.

(93) Riesling * Ried Steiner Kögl 1ÖTW 2022
13 Vol.-%, DV, Stahltank, €€€€€
Helles Gelbgrün, silberfarbene Reflexe. Feine Maracujanoten, gelbe Pfirsichfrucht, ein Hauch von Limetten, Mirabellen klingen an. Saftig, komplex, mineralisch-salzig, fruchtsüß nach Pfirsich auch im Abgang, engmaschiges, lang anhaltendes Finish, guter Speisenbegleiter.

92 Riesling * Stein a. d. Donau 2022
12,5 Vol.-%, DV, Stahltank, €€€
Helles Grüngelb, Silberreflexe. Zart floral unterlegte weiße Pfirsichfrucht, ein Hauch von Limettenzesten, mineralischer Touch. Saftig, elegant, feine, gut integrierte Fruchtsüße, angenehmer Säurebogen, Blütenhonig im Nachhall.

(96) Grüner Veltliner * Ried Lindberg 1ÖTW Alte Reben 2022
14 Vol.-%, NK, Stahltank, €€€€€€
Helles Gelbgrün, Silberreflexe. Zart nach Orangenzesten, Maracuja, etwas Quitte, weißes Steinobst, Kräuternoten klingen an. Saftig, engmaschig, facettenreich, wirkt leichtfüßig, gelbe Tropenfrucht, extraktsüßer Nachhall, lange anhaltend, sicheres Potenzial.

(95) Grüner Veltliner * Ried Goldberg Alte Reben 2022
13,5 Vol.-%, NK, Stahltank, €€€€€
Helles Grüngelb, Silberreflexe. Zart nach Wiesenkräutern und gelber Apfelfrucht, etwas Guaven, frische Fruchtnuancen, einladendes Bukett. Saftig, komplex, facettenreiche Säurestruktur, Papaya im Abgang, salziger Nachhall, extraktsüßer Rückgeschmack, sicheres Entwicklungspotenzial.

(93) Grüner Veltliner * Ried Wachtberg 1ÖTW 2022
13,5 Vol.-%, DV, Stahltank, €€€€€
Helles Grüngelb. Dezente Kräuternoten, reife Apfelfrucht, zart nach Blütenhonig, Gewürznuancen und Mango klingen an. Saftig, elegant, gute Komplexität, straff, Tropenfruchtnoten im Abgang, salziger Nachhall, vielschichtiger Speisenbegleiter.

92 Grüner Veltliner * Wieden 2022
12,5 Vol.-%, DV, €€€€
Helles Gelbgrün, Silberreflexe. Feine gelbe Apfelfrucht, zart nach Kardamom, ein Hauch von Quitte, dunkle Mineralik, Blütenhonig klingt an. Gute Komplexität, saftig, kraftvoll, feinwürzig, etwas nach Birne, weißes Steinobst im Abgang, salziger Nachhall, bleibt gut haften, straffer, animierender Speisenbegleiter.

93 Gelber Traminer Wildrosen 2021
14,5 Vol.-%, DV, Stahltank, €€€€
Helles Gelbgrün, Silberreflexe. Etwas Kräuter und Eibisch, zart nach Akazienhonig, pinker Pfirsich, Kardamom klingt an. Saftig, restsüß nach Maracuja, Honigtouch im Rückgeschmack, gut integrierter Säurebogen, lange anhaltend, gutes Potenzial.

★★★★

WEINGUT JOSEF SCHMID

Seit über 150 Jahren befindet sich das Weingut Schmid in Stratzing, einem kleinen Dorf auf einem Hochplateau zwischen Krems und Langenlois, in Familienbesitz, seit 1991 leitet Josef Schmid die Geschicke des feinen Guts. Mit viel Engagement und Idealismus bewirtschaftet er seine Weingärten und vinifiziert Weine, die sich lebendig, kraftvoll, aber mitunter auch sehr elegant präsentieren.

Die Weingärten befinden sich zum Großteil in Stratzing, auf Bergterrassen bei Senftenberg im Kremstal sowie rund um die Stadt Krems. Damit verfügt Josef Schmid über sehr unterschiedliche Terroirs. Lössböden und mineralische Urgesteinsweingärten ermöglichen ihm, eine breite Palette an Weißweintrauben – allen voran Riesling und Grüner Veltliner – an idealen Standorten zu ernten. Für den Winzer sind seine Top-Lagen der größte Schatz, und er ist fest davon überzeugt, dass nur auf besonders guten Böden Reben wachsen können, die sich in den Weinen widerspiegeln und brillieren. Sein Weg und seine Erfolge, die durch zahlreiche Auszeichnungen belegt sind, geben ihm recht.

Im Jahr 2004 wurde ein neuer Kellerzubau fertiggestellt, der eine äußerst behutsame Vinifizierung zulässt. Pumpen haben hier längst ausgedient, und zumindest im Keller hat Schmid die gewünschte Temperatur selbst im Griff. Die angesichts der Qualität erstaunlich preiswerten Weine werden nicht nur von Kritikern gelobt, sondern sind auch auf vielen Weinkarten in der gesamten Top-Gastronomie Österreichs zu finden.

(95) Grüner Veltliner ** Ried Kremser Frechau 1ÖTW 2022

14 Vol.-%, NK, Holzfass, €€€€€

Mittleres Grüngelb, Silberreflexe. Zart rauchig, kräuterwürzig unterlegte kandierte Orangenzesten, Noten von gelbem Kernobst, einladendes Bukett. Kraftvoll, saftige Apfelfrucht, etwas Mango, feiner Säurebogen, bleibt gut haften, dezenter Blütenhonig im Nachhall, ein stoffiger Begleiter bei Tisch.

(94) Grüner Veltliner ** Ried Kremser Gebling 1ÖTW 2022

13,5 Vol.-%, DV, großes Holzfass, €€€€€

Mittleres Gelbgrün, Silberreflexe. Tabakig-kräuterwürzig unterlegte Nuancen von Golden-Delicious-Apfel, ein

WEINGUT JOSEF SCHMID
3552 Stratzing
Obere Hauptstraße 38
T: +43 (2719) 8288
weingut@j-schmid.at
www.j-schmid.at

Kellermeister: Josef Schmid
Kontakt: Josef und Irene Schmid
Produktion: 120.000 Flaschen
90 % weiß, 10 % rot, 20 Hektar
Vereinszugehörigkeit:
Traditionsweingüter Österreich
Messen: VieVinum

Josef Schmid und sein Sohn Josef Anton

Hauch von Birne. Saftig, kraftvoll, feine fruchtige Süße, angenehmer Säurebogen, bleibt gut haften, ein Hauch von Limetten, gute Länge, ein vielseitiger Speisenbegleiter mit Reifepotenzial.

(93) Grüner Veltliner ** Alte Reben 2022
13,5 Vol.-%, DV, großes Holzfass, €€€€€
Leuchtendes Grüngelb, Silberreflexe. Mit Orangenzesten unterlegte gelbe Apfelfrucht, etwas Mango, zarte tabakige Würze. Kraftvoll, stoffig, weißes Kernobst, frisch strukturiert, mineralisch-salziger Nachhall, ein feinwürziger Speisenbegleiter.

91 Grüner Veltliner * Krems Kremser Löss 2022
12,5 Vol.-%, DV, Stahltank, €€€
Helles Grüngelb, silberfarbene Reflexe. Nuancen von weißem Kernobst, frische Birne, ein Hauch von Orangenzesten und Blütenhonig. Mittlere Komplexität, feine Fruchtsüße, frischer Säurebogen, mineralisch im Abgang, ein vielseitiger Speisenbegleiter.

(94) Riesling ** Stratzing Ried Sunogeln 1ÖTW 2022
13,5 Vol.-%, DV, Stahltank, €€€€€
Helles Goldgelb, Silberreflexe. Zart nach frischer weißer Tropenfrucht, ein Hauch von Litschis, kandierte Limettenzesten. Saftig, komplex, weißer Pfirsich, rassiger Säurebogen, mineralisch, gut anhaftend, fruchtige Süße im Nachhall, zeigt Länge und Reifepotenzial.

92 Riesling * vom Urgestein 2022
12,5 Vol.-%, DV, Stahltank, €€€
Sehr helles Gelbgrün, Silberreflexe. Mineralisch, ein Hauch von Limette und weißem Pfirsich, floraler Touch. Stoffig, straff strukturiert, dezente Fruchtsüße nach Mango, mineralisch und anhaftend, bereits gut entwickelt, vielfältig einsetzbar.

92 Riesling K 2022
10 Vol.-%, DIAM, Stahltank, €€€
Helles Gelbgrün, Silberreflexe. Weiße Blüten, feiner Honig, Nuancen von reifem Pfirsich, einladendes Bukett. Leichtfüßig, saftig, weiße Tropenfrucht, lebendiger Säurebogen, gut integrierte Fruchtsüße, zitroniger Touch, mineralisch und gut anhaftend, wird von Flaschenreife profitieren.

(91) Riesling Ried Pfeiffenberg 2022
12,5 Vol.-%, DIAM, Stahltank, €€€
Helles Goldgelb, Silberreflexe. Zarte gelbe Tropenfrucht, ein Hauch von Blütenhonig und Maracuja. Mittlerer Körper, weißer Apfel, rassiger Säurebogen, feine Fruchtsüße, zitroniger Nachhall, ein lebendiger Sommerwein.

91 Chardonnay Kerschbaum 2022
13 Vol.-%, DV, großes Holzfass, €€€
Helles Gelbgrün, Silberreflexe. Frischer Golden-Delicious-Apfel, ein Hauch von Wiesenkräutern, zart nach Mandarinenzesten. Mittlere Komplexität, etwas Pfirsich, feiner Säurebogen, mineralisch, dezente fruchtige Süße im Rückgeschmack.

★★★★

WEINGUT STADT KREMS

Im Stadtzentrum von Krems an der Donau lebt seit 1452 ein besonderer Teil der österreichischen Weinkultur – das Weingut Stadt Krems. Historisch entstand es aus zwei Quellen: einerseits aus den Besitzungen der sogenannten »Bürgerspitalstiftung« – der Babenberger Herzog Leopold VI. gründete im Jahr 1210 ein Bürgerspital in Krems und vermachte diesem bedeutende Schenkungen, darunter auch Weingärten –, andererseits aus großzügigen Legaten des kaiserlichen Burggrafen zu Krems, Ulrich von Dachsberg, der schon 1452 die Stadt mit Weingärten beschenkte. Somit zählt das Weingut Stadt Krems mit mehr als 550 Jahren Geschichte zu den ältesten Weinproduzenten Österreichs und auch Europas.

Seit 2003 wird das Weingut von Fritz Miesbauer geführt, der gemeinsam mit einem jungen, ambitionierten Team aus dem grundsätzlich sympathischen, aber etwas erstarrten Weingut einen Musterbetrieb entwickelte. 2020 erhielt Fritz Miesbauer dafür von Falstaff den Titel »Winzer des Jahres«. Als Mitglied der Österreichischen Traditionsweingüter (ÖTW) steht man in der Gunst, die bedeutendsten Rieden Österreichs zu pflegen. Unter den 40 Hektar Weingartenfläche, die innerhalb der Stadtgrenzen liegen, befinden sich historische Lagen wie die Riede Weinzierlberg, die Riede Schreck, die Riede Wachtberg und die Riede Grillenparz. Mit Akribie, Gefühl und der nötigen entspannten Zugangsweise

© Robert Herbst

WEINGUT STADT KREMS

3500 Krems
Stadtgraben 11
T: +43 (2732) 801441
office@weingutstadtkrems.at
www.weingutstadtkrems.at

Kellermeister: Fritz Miesbauer und Peter Rethaller
Kontakt: Fritz Miesbauer
Produktion: 100 % weiß, 40 Hektar
Zertifiziert: Nachhaltig Austria
Vereinszugehörigkeit: Traditionsweingüter Österreich
Messen: Austrian Tasting London, ProWein Düsseldorf, VieVinum, Vinexpo

Ried Grillenparz

werden diese historischen Rieden in Stein und Krems kultiviert. So entstehen individuelle und charaktervolle Weine. Nur durch behutsame Verarbeitung der Trauben und minimalistischen Weinausbau kann die Einzigartigkeit der Rieden festgehalten werden. Vom kalkhaltigen Schotter-Konglomerat in der Riede Grillenparz, dem geschieferten Amphibolit der Riede Schreck und den Lössterrassen über den Gneis der Riede Wachtberg bis hin zum kargen Schotter- und Gneis-Untergrund der Riede Weinzierlberg: Die Rieden sind sehr vielfältig.

(96) Riesling * Ried Schreck 1ÖTW 2022

13 Vol.-%, NK, Stahltank, €€€€€

Mittleres Goldgelb, Grünreflexe. Mit dunkler Mineralik unterlegter Lindenblütenhonig, etwas nach Orangenschalen, reife Tropenfrucht und Marille klingen an. Saftig, elegant, feine Säurestruktur, mineralisch, zart nach Papaya im Abgang, würziger Rückgeschmack, dicht und lang anhaltend, wird von Flaschenreife profitieren, sicheres Potenzial.

(95) Riesling * Ried Grillenparz 1ÖTW 2022

13 Vol.-%, NK, Stahltank, €€€€€

Helles Gelbgrün, Silberreflexe. Feiner Blütenhonig, etwas würzig, dezente florale Note, ein Hauch von Mango, mit Zitrusnuancen unterlegt, einladendes Bukett. Saftig, komplex, frisch und lebendig, facettenreiche Säurestruktur, Pfirsichnoten im Abgang, salziger Nachhall, dunkle Mineralik im Rückgeschmack, vielschichtig und animierend.

93 Riesling * Stein 2022

13 Vol.-%, DV, Stahltank, €€€€

Helles Gelbgrün, silberfarbene Reflexe. Feine Kräuternoten, etwas Guaven und Pfirsich, ein Hauch von Ringlotten, mit Zitrusnuancen unterlegt. Gute Komplexität, saftig, straff, feine Säurestruktur, engmaschiger Stil, weißes Steinobst im Abgang, salziger Nachhall, sicheres Potenzial.

91 Riesling * Steinterrassen 2022

12,5 Vol.-%, DV, Stahltank, €€

Helles Gelbgrün, Silberreflexe. Zart floral unterlegte feine Pfirsichfrucht, kandierte Orangenzesten im Hintergrund. Saftig, straff, weißes Steinobst, etwas Blütenhonig im Abgang, balanciert und frisch, ein vielseitiger Speisenbegleiter.

(94) Grüner Veltliner * Ried Wachtberg 1ÖTW 2022

13 Vol.-%, NK, Stahltank, €€€€€

Leuchtendes Grüngelb, silberfarbene Reflexe. Zart nach Blütenhonig und Maracuja, etwas nach Papaya, Gewürznuancen klingen an, attraktives Bukett. Saftig, elegant, engmaschige Säurestruktur, mineralisch-salzig, Papaya im Abgang, guter Speisenbegleiter mit Potenzial.

(94) Grüner Veltliner * Ried Lindberg 1ÖTW 2022

13 Vol.-%, NK, Stahltank, €€€€€

Mittleres Grüngelb, Silberreflexe. Feine Tabakwürze, etwas nach Mandarinenschalen und Passionsfrucht, ein Hauch von reifer Apfelfrucht, mit dezenten Kräuternoten unterlegt. Saftig, komplex, engmaschige Säurestruktur, mineralisch, etwas zurückhaltend nach gelbem Kernobst, Honigtouch im Nachhall, vielfältig einsetzbar.

(93) Grüner Veltliner * Ried Weinzierlberg 1ÖTW 2022
13 Vol.-%, NK, Stahltank, €€€€
Leuchtendes Goldgelb, Silberreflexe. Gelbe Apfelfrucht, dezente Wiesenkräuter, ein Hauch von Melisse, etwas zurückhaltend, weißes Steinobst klingt an. Saftig, komplex, gut eingebundene Säurestruktur, mineralisch, rote Apfelfrucht im Nachhall, unkompliziertes Trinkvergnügen.

92 Grüner Veltliner * Krems 2022
12,5 Vol.-%, DV, Stahltank, €€
Helles Gelbgrün, silberfarbene Reflexe. Zart nach Maracuja, ein Hauch von Quitte, feine Mandarinenzesten, etwas nach Gewürzen, facettenreiches Bukett. Saftig, elegant, gut eingebundene Säurestruktur, mineralisch, Zitrusnuancen, frische Birnenfrucht klingt an, guter Speisenbegleiter.

(92) Grüner Veltliner * Stein 2022
13 Vol.-%, DV, Stahltank, €€€€
Mittleres Grüngelb, Silberreflexe. Zarter Duft nach Wiesenkräutern, etwas Melisse, ein Hauch von Golden-Delicious-Apfel, etwas Papaya. Saftig, straff, komplex, fruchtsüß nach Mango, gut eingebundene Säurestruktur, facettenreich, guter Speisenbegleiter.

91 Grüner Veltliner * 2022
12,5 Vol.-%, DV, Stahltank, €€
Helles Gelbgrün, Silberreflexe. Etwas nach Kräutern und gelber Apfelfrucht, zart nach Guaven, ein Hauch von Orangenschalen, einladendes Bukett. Saftig, weißes Kernobst, gut eingebundene Säurestruktur, mineralisch-salzig, bleibt gut haften, Zitrusfrucht klingt an.

★★★

LESEHOF STAGÅRD

BIO

Es war das Jahr 2008, in dem sich beim Lesehof Stagård alles änderte – für Urban Stagård sowieso, aber auch für seine Frau Dominique, mit der er gemeinsam den Lesehof betreibt. Sie übernahmen damals das Weingut von seinen Eltern und krempelten es vom ersten Tag an komplett um. Anders als die Generationen davor wollten sie Weine machen, die nicht nur den Durst stillen, sondern auch von ihnen, ihren Ideen und ihren Reben und Rieden erzählen. Sie stellten sofort auf biologische Bewirtschaftung um und definierten Ziele, die es in langsamen Schritten zu erreichen galt. Sie wollten mutige, spannende und authentische Weine keltern, Weine, für die Evolution und Tradition zwei Seiten derselben Medaille sind, Weine, die Spaß machen, und andere, die fordern. Und sie wollten Riesling.
Die Affinität von Riesling für karge, steinige Böden, späte Reife und die damit verbundene langsame Entwicklung der Aromen sind die natürlichen Grundvoraussetzungen, die sich hier, im westlichen Kremstal finden. Und auch die Tatsache, dass sich im Riesling unterschiedlichste Säuren aufbauen und für niedrige pH-Werte sorgen, ist in Zeiten meteorologischer Rekorde kein Nachteil. Die ganze Bandbreite und die Vielfalt der Sorte versuchen die beiden in mittlerweile 14 Versionen offenzulegen: Der »urban.R« dient dem Einstieg, der »Rock 'n' Riesling« ist die federleichte Referenz an deutsche Herangehensweisen, das »Handwerk« die ausgewogene und solide Brücke hin zu den Einzellageninterpretationen, von denen es mittlerweile neun gibt – Stagårds ganz persönliche Versuche, dem Kremstal und seinen Facetten auf die Spur zu kommen. Ihr neuestes Projekt ist die Vinothek in Stein, das »Wein.Cabinet«.

94 Riesling * Ried Pfaffenberg 2021
12,5 Vol.-%, NK, Stahltank, €€€€€ V
Helles Goldgelb, Silberreflexe. Zart reduktive Würze, feine gelbe Pfirsichfrucht, ein Hauch von Mandarinenzesten, etwas Grapefruit. Mittlerer Körper, feine Fruchtsüße, zart nach Honigmelone, mineralisch, Marillentouch im Rückgeschmack, ein eleganter, bereits gut entwickelter Speisenbegleiter.

93 Riesling ** Ried Steiner Kögl 2021
12 Vol.-%, NK, Stahltank, €€€€€ B V
Mittleres Grüngelb, Silberreflexe. Zart rauchig-würzige Mineralik, mit weißem Pfirsich unterlegt, ein Hauch von Li-

mettenzesten. Mittlere Komplexität, feine weiße Tropenfrucht, zarte Fruchtsüße, schlank und leichtfüßig, mineralischer Nachhall, ein finessenreicher Speisenbegleiter.

93 Riesling ** Ried Grillenparz 2021
12,5 Vol.-%, NK, Stahltank, €€€€€ B V
Mittleres Goldgelb, Messingtouch. Nuancen von Marillenkonfitüre, weißes Nougat, Safran, gelber Pfirsich, kandierte Mandarinenzesten. Mittlerer Körper, saftig, seidige Textur, ein Hauch von Verveine und Honig, mineralisch und balanciert, süßes Steinobst im Nachhall, ein eleganter Speisenbegleiter.

93 Riesling ** Ried Gaisberg 2021
12,5 Vol.-%, NK, Stahltank, €€€€€ B V
Mittleres Goldgelb, Silberreflexe. Mit einem Hauch von Orangen unterlegte gelbe Tropenfrucht, zart nach Pfirsich, etwas Ananas, einladendes Bukett. Saftig, elegant, feine Fruchtsüße, weißer Pfirsich, mineralisch und ausgewogen, zeigt Länge und gutes Reifepotenzial.

95 Riesling Ried Braunsdorfer 2021
12,5 Vol.-%, NK, Stahltank, €€€€€ B V
Mittleres Grüngelb, Silberreflexe. Kandierte Orangenzesten, gelbe Tropenfrucht, ein Hauch von Blütenhonig, mit Limetten unterlegt, facettenreiches Bukett. Saftig, weißer Pfirsich, finessenreicher Säurebogen, mineralisch-salzig im Abgang, elegant und gut anhaftend, ein vielschichtiger Speisenbegleiter.

(95) Riesling Ried Steiner Hund 2021
12,5 Vol.-%, NK, Stahltank, €€€€€ B V
Mittleres Goldgelb, Silberreflexe. Feine Pfirsichnuancen, mineralisch unterlegte, zart nach kandierten Limettenzesten, floraler Touch. Saftig, elegant, finessenreicher Säurebogen, weißer Pfirsich, mineralisch und präzise, leichtfüßig und lange anhaftend, mineralisch-salzig, sicheres Reifepotenzial, bereits jetzt gut antrinkbar.

94 Riesling Ried Steiner Schreck 2021
12,5 Vol.-%, NK, Stahltank, €€€€€ B V
Mittleres Grüngelb, Silberreflexe. Zart rauchige Mineralik, Nuancen von Mandarinenzesten, gelbe Tropenfrucht, etwas Steinobst, Marille und Blütenhonig klingen an. Mittlerer Körper, weiße Frucht, zarte Süße, gute Frische, balanciert, mineralisch im Abgang, verfügt über Länge und Zukunftspotenzial.

93 Riesling Ried Goldberg 2021
13,3 Vol.-%, NK, €€€€€ B V
Mittleres Goldgelb, Silberreflexe. Zart floral unterlegte Nuancen von Pfirsich und kandierten Orangenzesten, ein Hauch von Mango, zitroniger Touch. Saftig, elegant und

LESEHOF STAGÅRD
3500 Krems-Stein
Hintere Fahrstraße 3
T: +43 (660) 1917066
office@stagard.at
www.stagard.at

Kellermeister: Urban T. Stagård
Kontakt: Dominique A. Stagård
Anbauweise: Biodynamisch (Bio Austria, Demeter)
Produktion: 173.333 Flaschen
95 % weiß, 5 % rot, 17 Hektar
Messen: Millésime Bio, ProWein Düsseldorf, VieVinum

frisch, weißes Steinobst, Limetten im Abgang, mineralisch und gut anhaftend, ein finessenreicher Speisenbegleiter.

92 Riesling Handwerk (Urban R.) 2022
12 Vol.-%, DV, Stahltank/gr. Holzfass, €€€ B V
Mittleres Grüngelb, Silberreflexe. Feine Nuancen von gelber Tropenfrucht, zart nach Blütenhonig, mineralisch unterlegt. Schlank, feine Noten von gelbem Steinobst, dezente Fruchtsüße, gut integrierter Säurebogen, bereits gut antrinkbar.

91 Grüner Veltliner Handwerk (Urban G.V.) 2022
12 Vol.-%, DV, Stahltank/gr. Holzfass, €€€ B V
Helles Goldgelb, Silberreflexe. Zart nach Golden-Delicious-Apfel, ein Hauch von Wiesenkräutern und Orangenzesten. Mittlerer Körper, feine Fruchtsüße, zart nach Mango und Ananas, mit dezentem Blütenhonig unterlegt, ein unkomplizierter Speisenbegleiter.

92 Rock'n Riesling 2022
9,5 Vol.-%, DV, €€€€
Helles Gelbgrün, Silberreflexe. Intensive florale Nuancen, Limettenzesten, frisches Bukett. Saftig, süße weiße Tropenfrucht, Nuancen von Litschis und Maracuja, leichtfüßig, frischer Säurebogen, bleibt gut haften, ein lebendigfruchtiger Sommerspaß.

★★★

WEINGUT STIFT GÖTTWEIG

Das Stift Göttweig betreibt seit über 900 Jahren Weinbau. 2006 übernahm Fritz Miesbauer die Geschäfte und brachte das Weingut so richtig auf Vordermann und in die oberste Liga der österreichischen Produzenten. Das prächtige Benediktinerstift liegt gegenüber der Weinstadt Krems, am Südufer der Donau, ganz oben auf dem Gipfel des Göttweiger Bergs. Die Anlage, die nach Plänen des bekannten Architekten Johann Lukas von Hildebrandt erbaut wurde, ist weit über die Grenzen Österreichs hinaus bekannt. Imperial ist außerdem die imposante barocke Kaiserstiege mit ihrem herrlichen Deckenfresko von Paul Troger, das in Form einer Miniaturausgabe für die Kapsel jeder Flasche dieses wiederbelebten Weinguts verwendet wird. Schon 1083 ließen sich hier die Benediktiner nieder, und bereits im 16. Jahrhundert waren die Weine des Stifts für ihre Qualität bekannt und dadurch in den österreichischen Adelshäusern sowie bei den kaiserlichen Truppen gerne gesehen.
Heute weht in der Person von Fritz Miesbauer ein frischer Wind durch die dicken Mauern. 26 Hektar bester Lagen am Göttweiger Berg gehören zum Weingut. Besonders stolz ist Miesbauer auf die »Ersten Lagen« Gottschelle, Silberbichl und Pfaffenberg. Das Weingut ist Mitglied der »Traditionsweingüter Österreich«, besitzt es doch einige über 1.000 Jahre alte Weinberglagen. Das kompromisslose Qualitätsstreben Miesbauers wird regelmäßig von der Fachwelt honoriert und auch Falstaff kürte ihn 2020 zum »Falstaff-Winzer des Jahres«.

WEINGUT STIFT GÖTTWEIG
3511 Furth bei Göttweig
Göttweig 1
T: +43 (2732) 801440
office@weingutstiftgoettweig.at
www.weingutstiftgoettweig.at

Kellermeister: Fritz Miesbauer und Peter Rethaller
Kontakt: Fritz Miesbauer und Franz-Josef Gansberger
Produktion: 90 % weiß, 10 % rot, 26 Hektar
Zertifiziert: Nachhaltig Austria
Vereinszugehörigkeit: Traditionsweingüter Österreich
Messen: ProWein Düsseldorf, VieVinum, Vinexpo

(95) Riesling * Ried Pfaffenberg 1ÖTW 2022
13 Vol.-%, NK, Stahltank, €€€€€
Mittleres Grüngelb, Silberreflexe. Zarte Kräuternoten, etwas Blütenhonig, weißes Steinobst und Maracuja, ein Hauch von Ananas klingt an. Saftig, elegant, balancierte Säurestruktur, würzig, dunkle Mineralik, reifer Weingartenpfirsich, sicheres Reifepotenzial.

94 Riesling * Ried Silberbichl 1ÖTW 2022
13 Vol.-%, NK, Stahltank, €€€€€
Leuchtendes Grüngelb, Silberreflexe. Einladendes Bukett nach Marillen und Papaya, ein Hauch von kandierten Limettenzesten, mit Honigmelone und Wiesenkräutern unterlegt. Saftig, elegant, feine Säurestruktur, mineralisch, Weingartenpfirsich im Abgang, salziger Nachhall, vielschichtiger Speisenbegleiter.

91 Riesling * Furth 2022
12,5 Vol.-%, DV, Stahltank, €€€
Mittleres Gelbgrün, Silberreflexe. Feine gelbe Pfirsichfrucht, ein Hauch von Blütenhonig, mit Limettenzesten unterlegt. Leichtfüßig, weiße Frucht, feine Süße, frischer Säurebogen, harmonisch und gut antrinkbar.

(93) Grüner Veltliner * Ried Gottschelle 1ÖTW 2022
13 Vol.-%, NK, Stahltank, €€€€€
Leuchtendes Grüngelb, Silberreflexe. Feine Wiesenkräuter, ein Hauch von Grapefruitzesten und Lindenblüten, zart nach Ananas, einladendes Bukett. Saftig, elegant, gut integrierte Säurestruktur, mineralisch-salzig, ein Hauch von Guaven im Abgang, tabakiger Nachhall, bleibt gut haften.

90 Grüner Veltliner * Furth 2022
12,5 Vol.-%, DV, Stahltank, €€€
Mittleres Grüngelb, silberfarbene Reflexe. Zarte Tropenfrucht, etwas nach Mango, ein Hauch von Blütenhonig, zart nach Gewürzen. Saftig, elegant, frischer, leichtfüßiger Abgang, weiße Fruchtnoten, dezente Säurestruktur, bereits gut antrinkbar.

★★

WEINGUT TANZER

Bischof Altmann von Passau schenkte 1083 den Ort »Talarin samt Weingärten« dem Stift Göttweig. Heute ist Thallern die Heimat der Familie Tanzer. Das Weingut umfasst elf Hektar Weingärten, die sich in den Kremser Rieden Herrentrost, Frauengrund, Steinhagen und Schweren Zapfen befinden. Im Kremstal werden hauptsächlich Grüner Veltliner und Riesling kultiviert, doch hier findet man auch Muskateller, Weißburgunder und Chardonnay sowie preisgekrönte Rotweine. Das Aushängeschild der Familie ist der neu eingerichtete »TOP-Heurige«. Das Speisenangebot beschränkt sich nicht alleine auf die traditionelle Hauerjause, auch saisonale Spezialitäten werden geboten. Als Digestif gibt es hausgemachte Edelbrände von Marille, Williams-Christ-Birne und Apfel. Die Erfolge der vergangenen Jahre geben Franz Tanzer recht: mehrmalig im »SALON«, elffacher »Kremser Weinstadtsieger«, Sieger des »profil-DAC-Weintests« – und die Krönung war der »Ö1-Wein-Sieger«. Der Ökogedanke setzt sich auch hier fest. Seit dem Jahr 2016 verzichtet man auf Insektizide. Ein Besuch beim Weingut Tanzer lohnt sich, man wird herzlichst empfangen.

92 Grüner Veltliner ** Krems Ried Kellerweingärten Talarin 2020
13,5 Vol.-%, DV, Barrique, €€€
Mittleres Grüngelb, Goldreflexe. Zart nach Blütenhonig und Tropenfrucht, etwas nach Karamell, ein Hauch von Tabakwürze, Mango klingt an. Saftig, elegant, mittlere Komplexität, kraftvoll, gelbe Apfelfrucht, etwas weitmaschig, salziger Nachhall, guter Speisenbegleiter.

91 Grüner Veltliner * Krustetten Ried Goldbühel 2022
13 Vol.-%, DV, Stahltank, €€
Mittleres Grüngelb, Silberreflexe. Feine Wiesenkräuter, zart nach Kardamom, Golden-Delicious-Apfel, ein Hauch von Melone. Saftig, extraktsüß, etwas Mandarinen, Tropenfrucht im Abgang, mineralischer Nachhall, bleibt gut haften.

90 Grüner Veltliner * Krems Ried Frauengrund 2022
12,5 Vol.-%, DV, Stahltank, €€
Helles Gelbgrün, silberfarbene Reflexe. Zart nach Wiesenkräutern, ein Hauch von Apfelfrucht und Marillen, Blütenhonig klingt an, mit Clementinen unterlegt. Saftig, mittlere Komplexität, gut eingebundene Säurestruktur, mineralisch-salzig, Kernobst im Nachhall, guter Speisenbegleiter.

92 Riesling * Krems Ried Schweren Zapfen 2022
13 Vol.-%, DV, Stahltank, €€€
Helles Gelbgrün, Silberreflexe. Dunkle Würze, gelbe Tropenfrucht, ein Hauch von Weingartenpfirsich, floraler Touch, Kräuternoten. Saftig, straff, gelbes Kernobst, leichtfüßig, fruchtsüß, mittlere Komplexität, lange anhaltend, vielfältig einsetzbar.

90 Riesling * Krems Ried Steinhagen 2022
12,5 Vol.-%, DV, Stahltank, €€
Helles Gelbgrün, Silberreflexe. Zart nach Marille und Guaven, ein Hauch von Gewürzen, zart nach Anis, Blütenhonig klingt an. Saftig, straff, feine Struktur, balanciert, weiße Tropenfrucht, unkomplizierter Speisenbegleiter.

91 Pinot Blanc Krems Reserve 2021
13,5 Vol.-%, DV, Teilbarrique, €€
Helles Gelbgrün, Silberreflexe. Zart Wiesenkräuter, etwas tabakig, ein Hauch von Birnen und Honigmelone, kandierte Orangenzesten. Saftig, extraktsüß, weißes Kernobst im Abgang, salzig-zitroniger Nachhall, bereits gut antrinkbar.

WEINGUT TANZER
3506 Krems an der Donau
Thallerner Hauptstraße 1
T: +43 (2739) 2208
wein@tanzer.at
www.tanzer.at

Kellermeister/Kontakt:
Franz Tanzer jun.
Produktion: 46.667 Flaschen
3 % Schaumwein, 80 % weiß,
5 % rosé, 10 % rot, 2 % süß, 11 Hektar
Vereinszugehörigkeit:
Original Kremser Wein, TOP-Heurige

Familie Weber und Toifl

WEINGUT THIERY-WEBER
3495 Rohrendorf, Melkerstraße 1
T: +43 (676) 9705566
office@thiery-weber.at
www.thiery-weber.at

Kellermeister: Erich Weber und Artur Toifl
Kontakt: Maria Weber u. Artur Toifl
Anbauweise: Umstellung auf bio (Austria Bio Garantie)
Produktion: 70 % weiß, 29 % rot, 1 % süß, 21 Hektar
Vereinszugehörigkeit: Traditionsweingüter Österreich, Losgelöst(s)t
Messen: ProWein Düsseldorf, VieVinum

★ ★ ★

WEINGUT THIERY-WEBER

Die meisten Kremstaler Weingüter werden als Familienbetrieb geführt – aber kaum irgendwo ist die Familie wohl so umfassend in den Betrieb integriert wie auf dem Weingut Thiery-Weber. Seit Generationen ist die Familie so tief in ihrem Heimatort Rohrendorf verwurzelt wie die Rebstöcke in den mächtigen Lössterrassen, auf denen im Kremstal Grüne Veltliner und Rieslinge von Weltformat gedeihen. Und Generationen sind es auch, die noch heute im Weingut mitarbeiten: Erich und Maria Weber haben das Weingut 1986 von Marias Vater Karl Thiery, der ebenso wie Gattin Eveline im Betrieb immer noch Hand anlegt, mit damals zwei Hektar Rebfläche übernommen. Unterstützung kommt seit dem Jahr 2005 von Neffe Artur Toifl, der nun seine in Übersee und zuletzt in Langenlois bei Fred Loimer gesammelten Erfahrungen mit einbringt.

»Wir sehen uns als Familienbetrieb und wollen es auch bleiben«, erklärt Artur Toifl, »nicht zuletzt deshalb, weil sich die Aufteilung der Arbeit als ideal herausgestellt hat: Jeder macht im Betrieb genau das, was ihm am meisten Spaß macht. Da sich die einzelnen Neigungen perfekt ergänzen, gelingt es uns, charaktervolle Weine zu produzieren.« Erst vor Kurzem hat das Weingut den traditionellen Gemischten Satz wiederentdeckt: Das »Wolferl« 2011 – nach der in Österreich gebräuchlichen Bezeichnung für die bei der Lese übersehenen Weintrauben im Weingarten benannt – wurde 2013 von Falstaff sogar in die Top 100 der Weißweine Österreichs aufgenommen. »Wir wollen Weine abseits des Mainstreams machen, so handwerklich wie möglich gefertigt – und von denen man gerne noch ein zweites Glas trinkt«, so das hochgesteckte Ziel.

(94) Grüner Veltliner ** Ried Lindobel 2022
13,5 Vol.-%, NK, Holzfass, €€€€€
Mittleres Gelbgrün, Silberreflexe. Zart nach Wiesenkräutern, etwas nach Ananas und Apfel, ein Hauch von Mandarinenzesten, einladendes Bukett. Kraftvoll, komplex, feine Nuancen von weißem Kernobst, finessenreich strukturiert, salzige Nuancen, gut anhaftend, ein eleganter Speisenbegleiter, gutes Zukunftspotenzial.

(93) Grüner Veltliner ** Ried Gebling 1ÖTW 2022
14 Vol.-%, NK, großes Holzfass, €€€€€
Mittleres Grüngelb, Silberreflexe. Zart tabakig unterlegte gelbe Tropenfrucht, frischer Apfel, etwas Mango, feine Wiesenkräuter. Kraftvoll, stoffig, feine Fruchtsüße, von gu-

ter Säure balanciert, elegant und anhaftend, ein saftiger Speisenbegleiter, sicheres Reifepotenzial.

(92) Grüner Veltliner ** Krems Ried Weinzierlberg 2022
13,5 Vol.-%, DV, Stahltank, €€€
Leuchtendes Gelbgrün, Silberreflexe. Frische Wiesenkräuter, zart nach Ananas, etwas Mango, einladendes fruchtiges Bukett. Mittlere Komplexität, weißes Kernobst, feine Fruchtsüße, frischer Säurebogen, würzig und lebendig, ein vielseitiger Speisenbegleiter.

94 Riesling ** Ried Gebling 1ÖTW 2022
13,5 Vol.-%, NK, Stahltank, €€€€€
Mittleres Grüngelb, Silberreflexe. Zart nach frischer Marille und Pfirsich, ein Hauch von Mandarinenzesten, mineralisch, mit Limetten unterlegt, vielschichtiges Bukett. Saftig, elegant, feine Fruchtsüße, finessenreicher Säurebogen, komplex und gut anhaftend, mineralischer Nachhall, zeigt Länge und Reifepotenzial.

(92) Riesling ** Krems Ried Weinzierlberg 2022
13 Vol.-%, DV, Stahltank, €€€
Leuchtendes Gelbgrün, Silberreflexe. Zart nach Maracuja und Litschis, ein Hauch von Limettenzesten. Saftige Tropenfrucht, weißer Pfirsich, frischer Säurebogen, engmaschig, mineralisch, feine Fruchtexotik im Abgang, animierender Stil.

(93) Furmint Artur Toifl 2022
12,5 Vol.-%, NK, gebrauchte Barriques, €€€€€
Mittleres Grüngelb, Silberreflexe. Zart nach Birne und Mango, dezente Kräuterwürze, Steinobst klingt an, kandierte Orangenzesten. Saftig, weißes Steinobst, frisch und lebendig, zart nach Apfel, mineralisch-salzig im Abgang, finessenreicher Säurebogen, die Sorte scheint sich hier sehr wohlzufühlen.

(93) Gemischter Satz Wolferl 2022
13,5 Vol.-%, NK, 500-l-Fass, €€€€€
Leuchtendes mittleres Gelbgrün, Silberreflexe. Zart nach Limettenzesten, feine gelbe Tropenfrucht, weißer Apfel, floraler Touch, facettenreiches Bukett. Komplex, feine Nuancen von weißer Frucht, angenehmer Säurebogen, mineralisch-salzig, zitroniger Touch im Abgang, bereits gut entwickelt, ein vielseitiger Begleiter bei Tisch.

(92) Chardonnay Artur Toifl 2022
13 Vol.-%, DV, großes Holzfass, €€€
Leuchtendes Grüngelb, Silberreflexe. Zarte gelbe Apfelfrucht, floraler Touch, ein Hauch von Ananas, einladendes fruchtiges Bukett. Stoffig, elegant, weiße Apfelfrucht, feiner Säurebogen, mineralisch, gut entwickelt, ein vielseitiger Speisenbegleiter.

92 Merlot-Syrah 2019 ME/SY
14 Vol.-%, NK, Barrique, €€€€
Kräftiges Karmingranat, violette Reflexe, breitere Ockerrandaufhellung. Feine Nuancen von dunklen Waldbeeren, kandierte Orangenzesten, mit Kirschen unterlegt, einladendes Bukett. Mittlere Komplexität, rotbeerig, etwas Nougat, kraftvoll, reife Tannine, feine Extraktsüße im Abgang, ein stoffiger Speisenbegleiter.

★★★★

WEINGUT TÜRK

Das Weingut Türk liegt westlich von Wien im idyllischen Weinort Stratzing im Kremstal, etwa sechs Kilometer nördlich von Krems. Die Wurzeln des renommierten Familienbetriebs reichen bis zum Beginn des 18. Jahrhunderts zurück. Der heutige Betriebsstandort wurde 1836 erworben und von Generation zu Generation ausgebaut. Das Hauptaugenmerk gilt den autochthonen Sorten, wobei der Grüne Veltliner einen Anteil von 75 Prozent einnimmt.
Ziel der Winzerfamilie ist es, durch eine schonende Vinifikation und einen Ausbau, der das Terroir und den regionaltypischen Charakter hervorhebt, finessenreiche, dichte und lebendige Weine zu formen, die das Kremstal mit seinen Böden und Kleinklimata widerspiegeln. Ein besonderer Geheimtipp sind die oftmals international ausgezeichneten Süßweine. Der Eiswein vom Grünen Veltliner präsentiert sich erwartungsgemäß ansprechend.

97 Grüner Veltliner ** Ried Kremser Frechau 1ÖTW 2021
13,5 Vol.-%, DV, Stahltank, €€€€€
Mittleres Gelbgrün, Silberreflexe. Zarte Zitrusnuancen, etwas nach Blütenhonig, ein Hauch von Karamell, reife Maracuja, Marillen klingen an, attraktives Bukett. Saftig, komplex, engmaschig, mineralisch, feinwürzig, weißes Kernobst, zart nach Quitte, frisches Finish, bleibt gut haften, sicheres Potenzial.

Franz Türk

WEINGUT TÜRK
3552 Stratzing
Kirchengasse 16
T: +43 (2719) 28460
info@weinguttuerk.at
www.weinguttuerk.at

Kellermeister/Kontakt:
Franz Türk
Anbauweise: Umstellung auf bio (Bio Austria)
Produktion: 90 % weiß, 5 % rot, 5 % süß, 18 Hektar
Vereinszugehörigkeit:
Traditionsweingüter Österreich
Messen: ProWein Düsseldorf, VieVinum

95 Grüner Veltliner ** Ried Kremser Thurnerberg 1ÖTW 2021
13,5 Vol.-%, DV, Stahltank, €€€€€
Mittleres Gelbgrün, Silberreflexe. Feiner Blütenhonig, etwas nach Wiesenkräutern, ein Hauch von kandierten Orangenzesten, reife Tropenfrucht klingt an. Saftig, gute Komplexität, balancierte Säurestruktur, mineralisch, Mango im Abgang, salziger Nachhall, vielschichtiger Speisenbegleiter.

(94) Grüner Veltliner ** Ried Obere Kremser Sandgrube 2022
13 Vol.-%, DV, Stahltank, €€€€
Mittleres Gelbgrün, Silberreflexe. Feiner Blütenhonig, etwas weiße Tropenfrucht, ein Hauch von Gewürzen, Papaya klingt an. Saftig, elegant, balancierte Säurestruktur, mineralisch, engmaschig, extraktsüß nach reifem Kernobst, bleibt gut haften, vielfältig einsetzbar.

91 Grüner Veltliner * Kremser Weinberge 2022
12,5 Vol.-%, DV, €€€
Helles Gelbgrün, Silberreflexe. Feine Kräuternoten, etwas nach Maracuja, ein Hauch von Orangenzesten, dunkle Mineralik, Wiesenkräuter klingen an. Saftig, elegant, frisch, extraktsüß nach Tropenfrucht, Zitrusnuancen im Nachhall, bleibt gut haften.

91 Grüner Veltliner * Krems vom Urgestein 2022
12,5 Vol.-%, DV, Stahltank, €€€
Mittleres Gelbgrün, Silberreflexe. Etwas nach Blütenhonig und Mango, zart nach Papaya, Clementinenzesten, einladendes Bukett. Mittlere Komplexität, saftig, straff, feine Säurestruktur, leichtfüßig wirkend, Apfel im Abgang, bereits gut antrinkbar.

92 Grüner Veltliner Edition Witzigmann 2022
13 Vol.-%, DV, Stahltank, €€€
Helles Gelbgrün, Silberreflexe. Feine Kräuternoten, etwas Blütenhonig, zarte Maracujanoten, einladendes Bukett. Saftig, straff, feine Struktur, mineralisch, Cox-Orange-Apfel im Abgang, bleibt gut haften.

94 Riesling ** Ried Kremser Wachtberg 1ÖTW 2021
13,5 Vol.-%, DV, Stahltank, €€€€€
Mittleres Grüngelb, Silberreflexe. Zarte weiße Steinobstfrucht, etwas nach Wiesenkräutern, ein Hauch von Kumquats, Marillen klingen an, dezent floral. Saftig, gute Komplexität, frische, lebendige Säurestruktur, weißer Pfirsich im Abgang, salziger Rückgeschmack, feinwürziger Nachhall, sicheres Entwicklungspotenzial.

91 Riesling * Kremser Weinberge 2022
12,5 Vol.-%, DV, Stahltank, €€€
Helles Grüngelb, Silberreflexe. Frische weiße Tropenfrucht, ein Hauch von Maracuja, Mango, florale Nuancen, einladendes Bukett. Mittlerer Körper, ein Hauch von Kernobst, frisch strukturiert, feine Fruchtsüße im Abgang, lebendige Stilistik.

(94) Grüner Veltliner Eiswein 2022
11 Vol.-%, DV, Stahltank, €€€€€
Leuchtendes Gelbgold, Silberreflexe. Feine weiße Tropenfrucht, angenehme Honignote, ein Hauch von frischer Maracuja. Saftig, frisch strukturiert, reifer Pfirsich, zitronig im Abgang, gut eingebundene Süße, delikat und animierend, feine Steinobstnuancen im Nachhall.

★★★

WEINGUT PETRA UNGER

Petra Ungers Weine erzählen von Herzblut und liebevoller Handarbeit. Die elf Hektar Weingärten liegen zu beiden Seiten des Donaustroms am Tor zur Wachau. Auf den steilen Urgesteinsterrassen der Rieden Gaisberg und Hinters Kirchl speichern regionstypische Natursteinmauern die Tageswärme für elegante, mineralische Rieslinge. Von hier reicht der Blick über die Donau bis zu den sonnendurchfluteten Rieden Gottschelle und Oberfeld, die sich am Fuße des Stifts Göttweig erstrecken.
Petra Unger möchte den ganzen Charakter der Region im Glas zur Entfaltung bringen. Dazu geben ihr die regulierende Kraft der Donau, kühle Fallwinde und wärmende pannonische Einflüsse einen ganz besonderen klimatischen Rahmen – ideale Voraussetzungen für ihre ausdrucksstarken, frischen Weißweine, aber auch für elegante Rotweine.
Als Mitglied der »Traditionsweingüter Österreich« ist Petra Unger stolz darauf, dass ihre vielfach ausgezeichneten Weine als Hinweis auf »Erste Lagen« das Prädikat »1 ÖTW« tragen dürfen. Auch in der Vereinigung »11 Frauen und ihre Weine« blickt sie über den Rand ihres Glases hinaus. 2010 begann sie eine Kooperation mit ihrem Winzerkollegen Josef Edlinger, um betriebliche Synergien zu nutzen. Für das Weinmachen bleibt jedoch jeder selbst verantwortlich und damit für die eigene unverwechselbare Handschrift. Ihre Weine versendet Petra Unger in viele Länder der Welt.

(94) Grüner Veltliner ** Furth bei Göttweig Ried Oberfeld 1ÖTW 2022
14 Vol.-%, DV, Stahltank, €€€€€
Mittleres Grüngelb, Silberreflexe. Feine Mangonoten, etwas nach Papaya, ein Hauch von Orangenschalen, zart nach Wiesenkräutern, frisches Bukett. Saftig, komplex, elegant, balancierte Säurestruktur, mineralisch, gelber Apfel im Abgang, salziger Nachhall, guter Speisenbegleiter.

(93) Grüner Veltliner ** Furth bei Göttweig Ried Gottschelle 1ÖTW 2022
13,5 Vol.-%, DV, Stahltank, €€€€
Mittleres Grüngelb, Silberreflexe. Etwas nach Maracuja und Kardamom, ein Hauch von Marille, zart nach Blütenhonig. Saftig, elegant, balancierte Säurestruktur, mineralisch-salzig, zart nach Ringlotte und Apfel im Abgang, guter Speisenbegleiter.

92 Grüner Veltliner * Furth bei Göttweig Ried Hintere Point 2022
13 Vol.-%, DV, Stahltank, €€€
Mittleres Grüngelb, Silberreflexe. Feiner Blütenhonig, etwas nach Orangenschalen, ein Hauch von Mango, Nuancen von reifer Tropenfrucht. Saftig, straff, feine Säurestruktur, mineralisch, fruchtsüß nach Golden-Delicious-Apfel, guter Speisenbegleiter.

(93) Riesling ** Ried Gaisberg 1ÖTW 2022
13,5 Vol.-%, DV, Stahltank, €€€€€
Helles Grüngelb, silberfarbene Reflexe. Zarte Kräuternoten, etwas nach Mango und Papaya, ein Hauch von Orangenzesten. Mittlerer Körper, frische Säurestruktur, mineralisch-salzig, dezent nach weißem Steinobst, Melisse im Nachhall, vielfältig einsetzbar.

93 Riesling ** Ried Hinters Kirchl 2021
13 Vol.-%, DV, Stahltank, €€€€€
Leuchtendes Goldgelb, Silberreflexe. Feiner Blütenhonig, zart nach Mango, ein Hauch von Marille, frische Kräuternoten, einladendes Bukett. Saftig, elegant, frische Struktur,

WEINGUT PETRA UNGER
3511 Furth-Palt
Lindengasse 22
T: +43 (676) 848622822
office@ungerwein.at
www.ungerwein.at

Kellermeister/Kontakt:
Petra Unger
Anbauweise: Umstellung auf bio
Produktion: 75 % weiß, 20 % rot, 5 % süß, 11 Hektar
Zertifiziert: Nachhaltig Austria
Vereinszugehörigkeit:
Traditionsweingüter Österreich
Messen: Austrian Tasting London, ProWein Düsseldorf, VieVinum, DAC-Präsentationen

etwas Weingartenpfirsich, zitroniger Nachhall, guter Speisenbegleiter mit Potenzial.

92 Riesling * Furth bei Göttweig Ried Steinleithen 2022
13 Vol.-%, DV, Stahltank, €€€ V
Mittleres Grüngelb, silberfarbene Reflexe. Feiner Blütenhonig, etwas nach Maracuja, ein Hauch von Zitruszesten, zart nach Ananas. Saftig, straff, frischer Pfirsich, feinwürzig, ein Hauch von Kräutern im Nachhall, dunkles Finish, guter Speisenbegleiter mit Potenzial.

★★

WANDRASCHEK WEINMANUFAKTUR

Seit 1970 ist Krems die neue Heimat von Conny und Wolfgang Wandraschek. Beruflich waren sie in der Architektur tätig, entdeckten jedoch bald die Liebe zum Wein. Im Hausweingarten wird die Lieblingssorte Cabernet Sauvignon ausgepflanzt. »Ein Fass für mich und meine Freunde«, so der Tenor von Wolfgang Wandraschek. Der Inhalt des Fasses wurde schließlich der erste »Falstaff Sortensieger«, drei weitere Erstplatzierungen (1999, 2005 und 2014) folgten.
So der Beginn einer Leidenschaft, die mittlerweile auch Sohn Gregor erfasst hat. Er hat den Familienbetrieb mit knapp zwei Hektar – Tendenz steigend – bereits übernommen. Viele sprechen hier bereits vom »kleinen Stück Bordeaux im Kremstal«, denn die Weinmanufaktur Wandraschek ist ein feines Boutique-Weingut auf höchstem Niveau. Die Rotweine lagern zwei Jahre in französischen Barriquefässern, damit sie harmonisch, stabil und klar werden. Gregor und Vater Wolfgang sehen sich als kreative Handwerker. Mit überwiegender Handarbeit versuchen sie, der Vollkommenheit großer Rotweine möglichst nahe zu kommen. Aber es gibt noch mehr: Neben hochwertigen Rotweinen sowie Rosé und Sekt wird seit Neuestem auch Grüner Veltliner und Riesling in ebenso hoher Qualität aus Toplagen wie dem Steiner Kögl vinifiziert.
Conny Wandraschek ist gemeinsam mit Gregor für Marketing und Verkauf zuständig und veranstaltet auch gerne stilvolle Wein-Events und private Verkostungen auf dem Weingut.

WANDRASCHEK WEINMANUFAKTUR
3500 Krems
Landersdorfer Straße 67
T: +43 (2732) 83645
rotwein@wandraschek.at
www.wandraschek.at

Kellermeister/Kontakt:
Gregor Wandraschek
Produktion: 13.333 Flaschen
2 % Schaumwein, 6 % weiß,
2 % rosé, 90 % rot, 2+0.3 Hektar
Messen: VieVinum

91 Cabernet Sauvignon Rosé Selection 2021
13 Vol.-%, NK, Barrique, €€€€
Helles Lachsrosa, feine Kupferreflexe. Zarte Vanillenoten, etwas nach reifer Tropenfrucht, ein Hauch von Holzwürze, Ribiseltouch, würziges Bukett. Saftig, mittlere Komplexität, fleischige Textur, kraftvoll, mit rotbeeriger Süße unterlegte Holznuancen im Abgang, bleibt gut haften.

93 Merlot 2020
14,5 Vol.-%, NK, Barrique, €€€€€
Kräftiges Rubingranat, violette Reflexe, breiter Ockerrand. Feine Kirschfrucht, zart nach Wiesenkräutern, ein Hauch von Brombeeren, Lakritze, tabakiger Touch, einladendes Bukett. Saftig, balancierte Tanninstruktur, mineralisch, schwarze Kirschfrucht, gute Frische, kraftvoll, zarte Holzwürze im Nachhall, guter Speisenbegleiter.

92 Cuvée Les Trois 2020 CS/ME/ZW
14 Vol.-%, NK, Barrique, €€€
Kräftiges Rubingranat, violette Reflexe, breitere Ockerrandaufhellung. Zart nach Kräutern und Edelholz, Nuancen von

Cassis und Lakritze, kandierte Mandarinenzesten. Saftig, elegant, reife Kirschen, gut integrierte Tannine, gute Frische, wirkt leichtfüßig, ein harmonischer Speisenbegleiter.

92 Pinot Noir 2020
14 Vol.-%, NK, Barrique, €€€€
Mittleres Karmingranat, Ockerreflexe, breite Randaufhellung. Kandierte Orangenzesten, rote Waldbeeren, zart nussig-balsamischer Touch. Saftig, etwas Hibiskus, süße Herzkirschen, feine Tannine, etwas Karamell, mineralische Nuancen im Abgang, süßer rotbeeriger Nachhall.

92 Cabernet Sauvignon Grande Reserve 2020
14 Vol.-%, NK, Barrique, €€€€€
Kräftiges Rubingranat, violette Reflexe, zarte Randaufhellung. Feine Edelholzwürze, Nuancen von Cassis und Feigen, Anklänge von Brombeerkonfit, ein Hauch von Vanille und Nougat. Saftig, elegant, mittlere Komplexität, seidige Tannine, rote Kirschen, mineralisch-salzig, bereits entwickelt und antrinkbar.

91 Blauer Zweigelt 2020
13,5 Vol.-%, NK, Barrique, €€€
Kräftiges Rubingranat, violette Reflexe, breitere Randaufhellung. Zart nach Brombeeren und Zwetschken, mit kandierten Orangenzesten unterlegt. Saftig, rund und harmonisch, feine Würze, etwas Nougat, bereits gut entwickelt, mineralischer Abgang.

★★★

WEINGUT WESS

Das Weingut Wess liegt im Kremstal, einem der kulturreichsten Weinbaugebiete Österreichs. Die Weinberge – ursprünglich im Besitz von Klöstern – wurden schon vor mehr als 1.000 Jahren durch »Weinzierler« bewirtschaftet und sind seit jeher wesentlicher Bestandteil der Natur, der Wirtschaft und der Kultur im Kremstal. 2003 startete Rainer Wess genau hier, im Zentrum dieses traditionsreichen Weinbaugebietes, mit der Gründung seines Weingutes. Seine Leidenschaft für feine und elegante Weine ließ ihn mit viel Geduld Stück für Stück Weinbergparzellen sammeln. Zunächst als Pachtflächen, später auch im Eigenbesitz, wuchs sein Bestand an Reben langsam an und ein ernstzunehmendes Weingut entstand. Auf dieser Pionierleistung ihres Vaters kann Christina Juen-Wess nun aufbauen, um

WEINGUT WESS
3500 Krems, Sandgrube 24
T: +43 (2732) 72389
info@weingut-wess.at
www.weingut-wess.at

Kellermeister/Kontakt:
Christina Juen-Wess
Anbauweise: Umstellung auf bio
Produktion: 93.333 Flaschen
70 % weiß, 5 % rosé, 20 % rot,
5 % süß, 17 Hektar
Zertifiziert: Nachhaltig Austria
Vereinszugehörigkeit:
Traditionsweingüter Österreich
Messen: Austrian Tasting London, ProWein Düsseldorf, VieVinum

Blick auf Krems

das Weingut weiterzuentwickeln. Eine erste Entscheidung war die Umstellung auf biologische (2024 wird der erste bio-zertifizierte Jahrgang sein) und plastikfreie Bewirtschaftung. »Effizient und effektiv« haben sich Christina und ihr Ehemann David als Motto auf die Fahnen geheftet. Wer gut plant und vorausschauend arbeitet, muss hinterher weniger eingreifen und kann den Weinen mehr Raum zur Entfaltung bieten.

Das junge Paar bewirtschaftet 15 der 2.300 Hektar Weinberge im Kremstal und ist besonders stolz auf altehrwürdige Rieden, die von den Traditionsweingütern als Erste Lagen klassifiziert wurden: Ried Pfaffenberg, Ried Kögl und Ried Weinzierlberg sind ihre 1ÖTW-Lagen. Spannend dabei ist, die geologischen Unterschiede von Löss- bis zu Urgesteinsböden mit Schieferanteilen mit den Rebsorten Grüner Veltliner und Riesling herauszuarbeiten. Weiters bieten die hoch aufragenden Weinberge des Kremstals große klimatische Unterschiede mit warmen Zonen nahe der Donau und extrem kühlen Parzellen in hohen Lagen. Um diese Charaktere gut darzustellen, möchte Christina Juen-Wess ihren Weinen mehr Zeit zum Reifen lassen. Vor allem die Rieslinge lagert sie mindestens ein Jahr länger, bevor sie auf den Markt kommen, selbst wenn sie damit gegen den kommerziellen Mainstream schwimmt. Auch Christinas Persönlichkeit spiegelt sich in ihren Weinen wider. Sie ist optimistisch, tatkräftig und kreativ. Unter ihrer Führung geht das Weingut nun in eine neue Ära.

(94) Riesling ** Stein Ried Kögl 1ÖTW 2021
12,5 Vol.-%, NK, Stahltank, €€€€€ Ⓥ
Mittleres Grüngelb, Silberreflexe. Noten von reifer gelber Tropenfrucht, etwas Maracuja, Mango und Papaya, zarter Honigtouch, kandierte Mandarinenzesten. Komplex, feine Marillenfrucht, reifer Pfirsich, gut integrierte Säure, bleibt haften, mit salzigen Nuancen unterlegt, gute Länge, ein fruchtbetonter Speisenbegleiter mit Honignachhall.

(93) Riesling ** Krems Alte Reben 2022
12,5 Vol.-%, DV, Stahltank, €€€€€ Ⓥ
Mittleres Gelbgrün, Silberreflexe. Mit feinem Blütenhonig unterlegte gelbe Tropenfrucht, zarte Note von weißem Pfirsich, Limettenzesten im Hintergrund, einladendes Bukett. Straff, engmaschig, weiße Frucht auch am Gaumen frischer Säurebogen, mineralisch-salzig, zitroniger Nachhall, vielfältig einsetzbar, verfügt über Reifepotenzial.

(94) Riesling Ried Loibenberg 2021
12,5 Vol.-%, NK, Stahltank, €€€€€ Ⓥ
Noch zart getrübtes mittleres Gelbgrün, Silberreflexe. Zarte gelbe Tropenfrucht, ein Hauch von Pfirsich, Maracuja und Limetten, mineralischer Touch. Saftig, elegant, feine weiße Tropenfrucht, frisch strukturiert, mit dezenter Fruchtsüße unterlegt, mineralisch, etwas Ananas im Rückgeschmack, zeigt Länge und gutes Reifepotenzial.

(93) Grüner Veltliner ** Ried Weinzierlberg 2021
12,5 Vol.-%, NK, großes Holzfass, €€€€€ Ⓥ
Leuchtendes kräftiges Goldgelb, Silberreflexe. Feine Marillenkonfitüre, zart nach hellem Karamell, kandierte Orangenzesten, einladendes fruchtiges Bukett. Saftig, elegant, weißer Pfirsich, feine Fruchtsüße, finessenreich strukturiert, Apfel im Abgang, bleibt haften, ein facettenreicher Speisenbegleiter mit Entwicklungspotenzial.

(92) Grüner Veltliner ** Krems Alte Reben 2022
12,5 Vol.-%, DV, großes Holzfass, €€€€€ Ⓥ
Mittleres Gelbgrün, Silberreflexe. Zarte gelbe Tropenfrucht, ein Hauch von Mango und Marille, dezente Kräuterwürze, tabakige Nuancen. Saftig, elegant, gelber Apfel, ein Hauch von Fruchtsüße, gut integrierter Säurebogen, fruchtig und gut anhaftend, ein vielseitiger Speisenbegleiter.

★★★

WEINGUT ALOIS ZIMMERMANN

Alois Zimmermann jun. und Jürgen Klob wollen die volle Frucht der Traube in die Flasche bringen. Dabei greifen sie auf den großen Erfahrungsschatz der Familie zurück. Mit den Augen von Visionären wurde das Weingut zu seiner heutigen Größe aufgebaut. Ihr oberster Grundsatz bei allen Arbeitsschritten sind ein nachhaltiger Weinbau und der schonende Umgang mit der Natur.
Im Weingarten gilt volle Konzentration auf die eigenen Stärken. Grüner Veltliner und Riesling sind die beiden Rebsorten-Stars im Kremstal – und auch auf dem Weingut Alois Zimmermann. Südlich ausgerichtete Weingärten mit langer Sonnenscheindauer lassen die Trauben bestens ausreifen, während kühle Winde aus dem Waldviertel ihre frische Säurestruktur erhalten. Die Rieden des Weinguts tragen berühmte Namen wie Kremser Gebling, Kremser Sandgrube oder Roßhimmel. Sie alle unterscheiden sich durch spezielle Bodenformationen, die von Löss über steinige Lehm-Ton-Böden bis hin zu Urgestein reichen.
Im Keller veredeln sie Weingartenschätze. Jeder Jahrgang ist anders und schmeckt auch anders. Das macht ein Naturprodukt wie den Wein so spannend: Jede Rebsorte erhält durch Boden und Kleinklima des Weingartens eine eigenständige Charakteristik. Bei der Vinifikation sehen sie es als wichtigste Aufgabe, all diese Besonderheiten im Wein einzufangen. Daher werden die Trauben jeder Riede separat verarbeitet und ausgebaut. Und um ihren »Geschmack« unverfälscht wiederzugeben, reifen die Weine in Edelstahltanks. Außerdem gönnt man den Weinen eine lange Reifezeit auf der Feinhefe, dadurch wirken sie am Gaumen cremiger und kompakter. Und irgendwie kann man spüren, dass die Weine dadurch einfach entspannter sind. Für die Weine aus dem Hause Zimmermann gab es deshalb auch national sowie international einige Prämierungen in Gold, Silber und Bronze.

93 Grüner Veltliner ** Ried Rosshimmel 2021
14,5 Vol.-%, DV, Stahltank, €€€
Helles Gelbgrün, Silberreflexe. Zart nach Blütenhonig und Karamell, etwas Apfelfrucht, Ananas klingt an, kandierte Orangenschalen. Saftig, komplex, gut eingebundener Säurebogen, Mangotouch im Abgang, Marille im Nachhall, bleibt gut haften, vielfältig einsetzbar.

92 Grüner Veltliner * Ried Sandgrube 2022
12,5 Vol.-%, DV, Stahltank, €€
Mittleres Gelbgrün, Silberreflexe. Feine Mango-Papaya-Noten, etwas nach kandierten Mandarinenzesten und Blütenhonig, Golden-Delicious-Apfel. Saftig, straff, fruchtsüß nach Pfirsich, floral, gut eingebundene Säurestruktur, mineralisch, bleibt gut haften, vielfältig einsetzbar.

92 Grüner Veltliner ** Ried Kremser Gebling 2021
13,5 Vol.-%, DV, Stahltank, €€€
Mittleres Gelbgrün, Silberreflexe. Zart nach Blütenhonig und gelber Tropenfrucht, Maracuja, Gewürznuancen, tabakiger Touch. Saftig, elegant, gut integrierter Säurebogen, Mangonoten im Abgang, salzig-zitronig im Nachhall, guter Speisenbegleiter.

91 Grüner Veltliner * Ried Gernlüssen 2022
12 Vol.-%, DV, Stahltank, €€
Mittleres Gelbgrün, silberfarbene Reflexe. Etwas nach Blütenhonig und kandierten Orangenzesten, zart nach Melo-

WEINGUT ALOIS ZIMMERMANN
3494 Theiß, Obere Hauptstraße 20
T: +43 (2735) 8209
office@weingut-zimmermann.at
www.weingut-zimmermann.at
Kellermeister: Alois Zimmermann
Kontakt: Alois Zimmermann jun. & Jürgen Klob
Produktion: 90.000 Flaschen
100 % weiß, 11.5 Hektar
Zertifiziert: Nachhaltig Austria
Vereinszugehörigkeit:
Losgelöst(s)t, Weinstraße Kremstal
Messen: ProWein Düsseldorf, VieVinum, Vinobile Feldkirch, Vinobile Montfort, DAC-Präsentationen

* Kremstal DAC ** Kremstal DAC Reserve

ne, Marille klingt an. Saftig, straff, feine Säurestruktur, feinwürzig, Birnentouch im Abgang, leichtfüßig, tabakiger Nachhall, bereits gut antrinkbar.

95 Grüner Veltliner Grande Reserve 2021
14,5 Vol.-%, NK, Barrique, €€€€€ Ⓥ
Helles Gelbgrün, silberfarbene Reflexe. Kandierte Orangenzesten, reife gelbe Tropenfrucht, ein Hauch von Tabak-Holz-Würze, Karamell klingt an. Saftig, gute Komplexität, Papaya, Fruchtsüße nach Marille, bleibt sehr gut haften, lebendig, straffes Finish, vielschichtiger Speisenbegleiter.

93 Riesling ** Ried Kremser Kraxn 2021
13,5 Vol.-%, DV, Stahltank, €€€€ Ⓥ
Mittleres Gelbgrün, Silberreflexe. Zarte Kräuterwürze, gelbes Steinobst, Bergamotte, ein Hauch von Litschis, zitroniger Touch. Saftig, straff, balancierte Säurestruktur, leichtfüßig, extraktsüß nach Pfirsich, mineralischer Nachhall, vielschichtig und elegant.

92 Riesling * Ried Rosshimmel 2022
12,5 Vol.-%, DV, Stahltank, €€ Ⓥ
Helles Gelbgrün, Silberreflexe. Zart floral unterlegte Nuancen von weißer Tropenfrucht, dezente Wiesenkräuter, mineralischer Touch. Saftig, elegant, feine Fruchtsüße, lebendiger Strukturbogen, bleibt gut hängen, vielfältig einsetzbar.

91 Riesling * Ried Kapuzinerberg 2022
12,5 Vol.-%, DV, Stahltank, €€€ Ⓥ
Helles Grüngelb, Silberreflexe. Mit einem Hauch von Minze unterlegte frische Steinobstanklänge, Limettentouch. Saftig, feine Fruchtsüße, etwas Melisse, gut integrierte Säurestruktur, bleibt haften, bereits gut entwickelt.

91 Blütenmuskateller 2022
12 Vol.-%, DV, Stahltank, €€ Ⓥ
Helles Gelbgrün, Silberreflexe. Feine Kräuternoten, zart nach Papaya, ein Hauch von kandierten Limetten, etwas Honigmelone, Holundernoten. Saftig, straff, mineralisch, ein Hauch von Orangenblüten und Pfirsich, bleibt sehr gut haften.

90 Sauvignon Blanc 2022
13 Vol.-%, DV, Stahltank, €€ Ⓥ
Helles Gelbgrün, Silberreflexe. Frische Zitrusnoten, ein Hauch von Melisse, Stachelbeernoten klingen an, frisches Bukett. Straff, frisch, lebendige Säurestruktur, Noten von weißer Frucht, Kräuternoten im Abgang, bereits gut antrinkbar.

★★

WEINGUT ZÖHRER

Die Wurzeln des Weinguts und der Familie Zöhrer reichen 750 Jahre bis in die Zeit der Babenberger zurück. Albrecht I. (1255–1308) belehnte 20 seiner treuesten Gefolgsleute, die Lehnherren von Krems-Weinzierl, mit Ackerland, Wäldern, Obst- und Weingärten in und um Weinzierl, das heute ein Stadtteil von Krems ist. Die Familie Zöhrer gehörte damals dazu und ist heute das letzte international aktive Weingut der Lehnherren von Krems-Weinzierl. Tradition und das Wissen von Generationen wurden Anton Zöhrer somit in die Wiege gelegt.
Konsequent wird daran gearbeitet, das Potenzial der großen Lagen, die zu den bedeutendsten des Kremstals zählen, auszuschöpfen. Denn dort, im Terroir der Rieden, liegt die Stärke des Weinguts Zöhrer. Die Rebstöcke wurden großteils vom Großvater und vom Vater vor 40 bis 100 und mehr Jahren ausgepflanzt. Der Schwerpunkt liegt auf den Sorten Grüner Veltliner und Riesling. Die Weine haben ein unverkennbares Profil, sind von ihrer Herkunft geprägt und erfreuen sich internationaler Wertschätzung.

(93) Grüner Veltliner * Krems Ried Kapuzinerberg 2022
13 Vol.-%, DV, Großes Holzfass, €€€€
Mittleres Gelbgrün, Silberreflexe. Etwas nach Maracuja und Honigmelone, ein Hauch von Melisse, floraler Touch, attraktives Bukett. Saftig, komplex, feine Extraktsüße, Papaya im Abgang, salziger Nachhall, bleibt gut haften.

92 Grüner Veltliner * Krems Ried Wachtberg 2022
13 Vol.-%, DV, Stahltank, €€€€
Helles Grüngelb. Zarte Gewürznoten, ein Hauch von Melisse, zart nach Quitte, gelbe Tropenfrucht, frisches Bukett.

WEINGUT ZÖHRER

3500 Krems, Sandgrube 1
T: +43 (2732) 83191
weingut@zoehrer.at
www.zoehrer.at

Kellermeister/Kontakt: Toni Zöhrer
Produktion: 5 % Schaumwein, 75 % weiß, 15 % rosé, 5 % rot
Vereinszugehörigkeit: Original Kremser Wein
Messen: Forum Vini München, ProWein Düsseldorf, Veltlinertag im Museumsquartier, VieVinum, Vinobile Feldkirch, DAC-Präsentationen, Vinexpo New York

Ried Gebling

Saftig, gut integrierte Säurestruktur, mineralisch-salzig, Maracuja im Abgang, guter Speisenbegleiter.

(92) Grüner Veltliner * Krems Ried Frechau 2022
13,5 Vol.-%, DV, kleines Holzfass, €€€€
Mittleres Gelbgrün, Silberreflexe. Dezente Kräuterwürze, etwas nach Mango, ein Hauch von Blütenhonig, kandierte Mandarinen. Saftig, extraktsüß, kraftvoll, Marillentouch, Tabakwürze im Nachhall, lang anhaltend, guter Speisenbegleiter.

(92) Grüner Veltliner * Krems Ried Gebling 2022
13 Vol.-%, DV, großes Holzfass, €€€€€
Mittleres Grüngelb, silberfarbene Reflexe. Blütenhonig, reifes Kernobst, ein Hauch von Orangenschalen, zart nach Kardamom. Saftig, mittlere Komplexität, gut eingebundene Säurestruktur, mineralisch, Tropenfrucht im Abgang, bleibt gut haften, vielfältig einsetzbar.

91 Grüner Veltliner * Krems Ried Limberg 2022
13 Vol.-%, DV, Stahltank, €€€€
Mittleres Gelbgrün, Silberreflexe. Dezente Kräuterwürze, reifer Apfel, ein Hauch von Orangenzesten, zart nach Guaven. Mittlere Komplexität, kraftvoll, gut eingebundener Säurebogen, würzig, gelbe Apfelfrucht im Abgang, stoffiger Speisenbegleiter.

91 Riesling * Krems Ried Weinzierlberg 2022
13 Vol.-%, DV, 500-l-Fass, €€€€
Helles Gelbgrün, Silberreflexe. Frische Kräuterwürze, zart nach Quitten, ein Hauch von Orangenschalen, Marillen klingen an. Saftig, elegant, feine Struktur, gelbes Kernobst im Abgang, würziger Nachhall, unkomplizierter Speisenbegleiter.

© WSNA

NIEDERÖSTERREICH

THERMENREGION

Preisen und Thörlberg bei Pfaffstätten

GEBIET MIT GESCHICHTE, WEINE MIT ZUKUNFT

Die Thermenregion entstand 1985 durch die Zusammenlegung der früheren Weinbaugebiete Gumpoldskirchen und Bad Vöslau, blickt aber auf eine sehr lange Geschichte zurück. 2.872 Hektar Reben lehnen sich an die Ausläufer des Wienerwalds vom Stadtrand Wiens bis südlich des Kurortes Baden. Autochthone Rebsorten wie Zierfandler und Rotgipfler sind die Spezialität des Gebiets, beim Rotwein dominieren St. Laurent und Pinot Noir.

Schon vor mehr als 2.000 Jahren wurden in der klimatisch begünstigten Region südlich von Wien Weinreben kultiviert. Römische Legionäre, die in Carnuntum und Vindobona stationiert waren, brachten Weinstöcke aus ihrer Heimat und Kenntnisse über die Weinerzeugung nach Pannonien. Der Name »Thermenregion« verweist auf die schwefelhaltigen heißen Quellen von Aquae (Baden).

Die Weinreben profitieren vom pannonischen Klimaeinfluss mit heißen Sommern und trockenen Herbsten sowie 1.800 Sonnenstunden im Jahr. Ständige Luftbewegung lässt im Herbst die Trauben nach Tau oder Regen rasch trocknen. Bei der geologischen Vielfalt überwiegen relativ schwere Böden wie lehmige Tone, sandige Lehme und Braunerde mit hohem Muschelkalkgehalt. Der darunterliegende Verwitterungsschutt und tiefreichende Schichten von Schwemmland helfen bei Entwässerung und Durchwärmung. Im Steinfeld im Südosten der Region bieten eher steinige, karge Schotterböden den Rotweinsorten ausgezeichnete Bedingungen. Hausrecht haben die gebietstypischen – sonst kaum zu findenden – weißen Rebsorten Zierfandler (Synonym: Spätrot) und Rotgipfler, die als Cuvée die legendäre Weinehe Spätrot-Rotgipfler eingehen. Zur traditionellen Sortenvielfalt gehören aber auch der früher als Vöslauer bezeichnete Blaue Portugieser oder der Neuburger, ebenso moderne

© WSNA

Weine aus der Burgunderfamilie, St. Laurent und Zweigelt, aber auch Merlot und Cabernet Sauvignon. Rotweinzentren sind Bad Vöslau, Sooß, Tattendorf und Teesdorf, die klassischen Weißweine kommen aus Perchtoldsdorf, Gumpoldskirchen, Pfaffstätten, Baden, Guntramsdorf und Traiskirchen.
Natur und Kultur ermöglichen ein abwechslungsreiches Freizeitprogramm: von einem Besuch des wieder erblühten Freiguts Thallern des Zisterzienserstiftes Heiligenkreuz, eines der ältesten Weingüter Österreichs, über die Kultur- und Kurstadt Baden mit Theater, Operette, Wellness oder Traubenkur bis zu Ausflügen entlang der Weinstraße oder Wanderungen durch die Weinberge entlang der Wiener Hochquellwasserleitung. Das Wasser zum Wein als exzellenter Speisenbegleiter kommt dann auch in der Gastronomie zu seinem Recht.

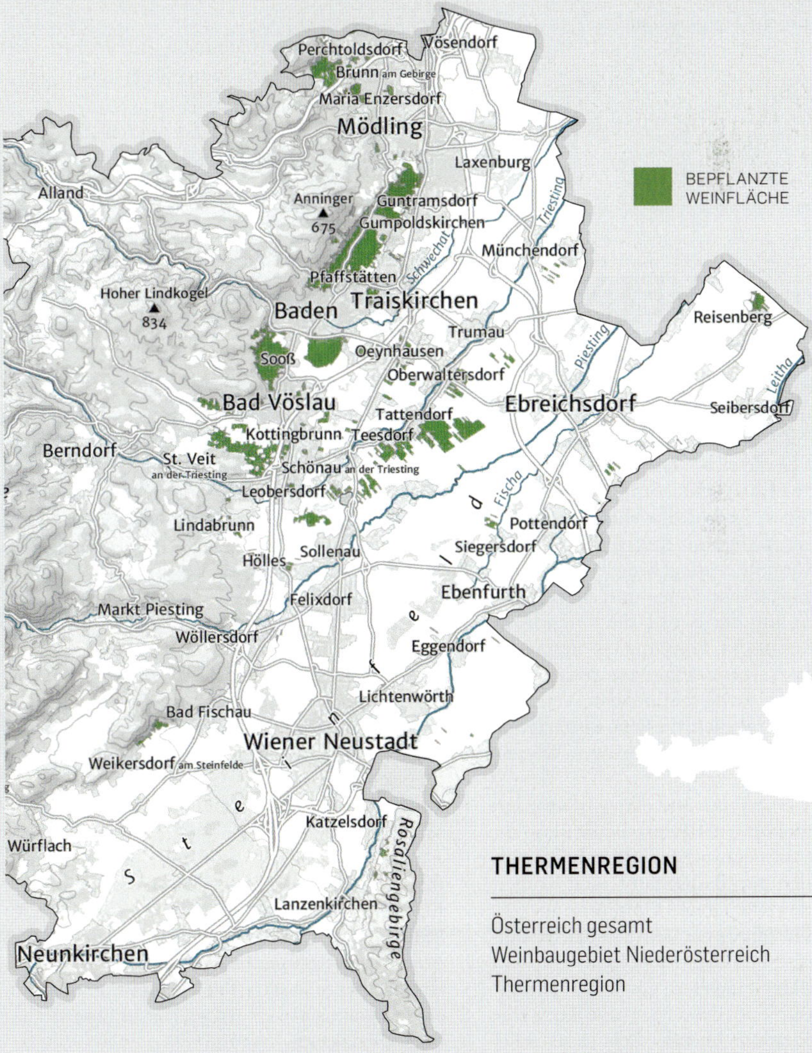

Grundkarte: © Universität Wien, BEV, OSM, SRTM | Österreich Wein Marketing GmbH, 1040 Wien, © ÖWM 2022

THERMENREGION

Österreich gesamt	**44.728 ha**
Weinbaugebiet Niederösterreich	**27.074 ha**
Thermenregion	**2.872 ha**

AUSGEWÄHLTE WEINGÜTER

★★★★★

Weingut Johanneshof Reinisch, Tattendorf

★★★★

Weingut Alphart, Traiskirchen
Weingut Christian Fischer, Sooß
Weingut J. Gebeshuber, Gumpoldskirchen
Weingut Stadlmann, Traiskirchen

★★★

Weingut Familie Auer, Tattendorf
Leo Aumann, Tribuswinkel

★★★

Weingut Biegler, Gumpoldskirchen
Burgundermacher Weingut J. Gisperg, Teesdorf
Weingut Hartl, Oberwaltersdorf
Weingut Piriwe, Traiskirchen
Weingut Schneider, Tattendorf

★★

Weingut Alphart am Mühlbach, Traiskirchen
Weingut Harald Zierer, Gumpoldskirchen

–

Wegenstein, Wr. Neudorf

★★★★

WEINGUT ALPHART

Das Weingut Alphart in Traiskirchen in der Thermenregion steht für höchste Weinqualität und ist Mitglied der »Traditionsweingüter Österreich«. Der Familienbetrieb kann auf eine mehr als 250-jährige Tradition zurückblicken. Etwa 30 Hektar Muschelkalkboden in Eigenbesitz sind mit Reben bestockt, die mit größter Sorgfalt gepflegt werden. Die Eckpfeiler für eigenständige Weine sind ein respektvoller Umgang mit der Natur, die individuelle Pflege jedes Rebstocks, konsequente Ertragsreduktion, penible selektive Handlese zum perfekten Lesezeitpunkt sowie schonendste Verarbeitung. Nur so ist es möglich, die feine Eleganz und klare Frucht der Trauben in den Weinen wiederzufinden.

Vor allem dem Rotgipfler und dem Chardonnay in jeweils mehreren Ausbauarten schenken die Alpharts viel Aufmerksamkeit. Diese beide Sorten reifen in den burgundischen Lagen Rodauner, Teigelsteiner, Satzing und Goldlacke zu ganz besonderen Gewächsen heran. Auch die altösterreichische Sorte Neuburger ist im Hause Alphart mit der Einzellage Hausberg ein wichtiger Fixpunkt im Sortiment. Die eleganten Rotweine sollte man ebenfalls nicht außer Acht lassen. Hier setzt man auf saftige Cuvées aus Zweigelt und Pinot Noir sowie auf die kräftige Paarung aus fleischigem Merlot und reifem Cabernet Sauvignon in der Cuvée »Alpha«. Der reinsortige Pinot Noir ist eine ganz besondere Leidenschaft der Winzerfamilie und begeistert als klassisch-fruchtige Variante ebenso wie als Reserve mit eleganter Struktur und zarter Rotbeerigkeit.

Sechsmal im Jahr ist bei den Alpharts »ausg'steckt«. Der Heurige dient als Plattform zur Kommunikation und zur Präsentation der eigenen Weine. Hier wird Tradition fortgeführt, Weinkultur in angenehmer Atmosphäre gepflegt und auf Qualität der regionalen Grundprodukte in der Küche Wert gelegt. Geboten werden Heurigenklassiker wie Aufstriche und Salate sowie modernisierte Familienrezepte der klassischen Hausmannskost.

95 Chardonnay Privat 2021
13,5 Vol.-%, DV, Barrique, €€€€€ Ⓥ
Mittleres Gelbgrün. Reife Ananasnoten, eingelegter Pfirsich, etwas nach Akazienhonig, Orangenzesten, kandierte Früchte, floraler Touch. Saftig, komplex, fruchtsüß nach Marille, straff, guter Speisenbegleiter, vielschichtig und mineralisch, sicheres Potenzial.

WEINGUT ALPHART

2514 Traiskirchen, Wiener Straße 46
T: +43 (2252) 52328
weingut@alphart.com
www.alphart.com

Kellermeister: Florian Alphart
Kontakt: Claudia & Florian Alphart
Anbauweise: Umstellung auf bio (Bio Austria)
Produktion: 200.000 Flaschen
80 % weiß, 18 % rot, 2 % süß,
30 Hektar
Vereinszugehörigkeit:
Thermenwinzer,
Traditionsweingüter Österreich
Messen: Austrian Tasting London, ProWein Düsseldorf, VieVinum

Florian und Claudia Alphart

93 Chardonnay Ried Tagelsteiner 2021
13,5 Vol.-%, DV, gebrauchte Barriques, €€€€€
Mittleres Gelbgrün, Silberreflexe. Reife Apfelfrucht, Mandarinenzesten, floraler Touch, Blütenhonig, feine Holzwürze, mit Kardamom unterlegt. Saftig, gute Komplexität, leichtfüßig, feinwürzig, Birnentouch im Abgang, salziger Nachhall, sicheres Potenzial.

92 Chardonnay Ried Stein Reserve 2021
13,5 Vol.-%, DV, Teilbarrique, €€€€€
Mittleres Grüngelb, Silberreflexe. Feine Tabakwürze, unterlegt mit Blütenhonig, etwas nach Mango, zart floral, Kumquats klingen an, facettenreiches Bukett. Saftig, mittlere Komplexität, kraftvoll, feinwürzig, gelbe Apfelfrucht im Abgang, salziger Speisenbegleiter, vielfältig einsetzbar.

90 Chardonnay vom Berg 2022
13 Vol.-%, DV, Stahltank, €€€
Helles Gelbgrün, Silberreflexe. Dezente Wiesenkräuter-Tabak-Würze, ein Hauch von Orangenzesten, Maracujanoten, etwas Apfel klingt an. Mittlere Komplexität, saftig, gut integrierte Säurestruktur, mineralisch, Papayanoten im Abgang, salziger Nachhall.

95 Rotgipfler Ried Rodauner Top Selektion 2021
13,5 Vol.-%, DV, Teilbarrique, €€€€€
Mittleres Gelbgrün, Silberreflexe. Feine Tropenfrucht, zart nach Mango und Ananas, etwas Wiesenkräuter, dezente Holzwürze, Toffeetouch. Saftig, komplex, gelbe Tropenfrucht, Limonentouch, ein Hauch von Pfirsich, bleibt gut haften, vielseitiger Speisenbegleiter, sicheres Reifepotenzial.

(93) Rotgipfler Ried Rodauner 2022
13,5 Vol.-%, DV, großes Holzfass, €€€€
Mittleres Gelbgrün, silberfarbene Reflexe. Feiner Blütenhonig, zart nach Guaven, etwas nach Melisse, Orangenschalen, weißes Steinobst klingt an. Gute Komplexität, saftig, straff, Apfelnoten im Abgang, salzig, guter Speisenbegleiter, wird von Flaschenreife profitieren.

(93) Rotgipfler Ried Rodauner 2021
13 Vol.-%, DV, großes Holzfass, €€€€
Mittleres Grüngelb, silberfarbene Reflexe. Etwas Wiesenkräuter, weißes Kernobst, zart nach Apfelfrucht, Orangenzesten klingen an. Komplex, saftig, straff, mineralisch, gelbe Apfelfrucht, Grapefruit im Abgang, bleibt gut haften, frisches Finish, vielschichtiger Speisenbegleiter.

92 Rotgipfler vom Berg 2022
13 Vol.-%, DV, Stahltank, €€
Helles Gelbgrün, Silberreflexe. Frische Kräuterwürze, gelber Apfel, etwas nach Clementinen, mit einem Quittentouch unterlegt. Saftig, elegant, feine Mangonoten, extraktsüß, einladendes Finish, vielfältig einsetzbar.

91 Neuburger Ried Hausberg 2022
12,5 Vol.-%, DV, Stahltank, €€€
Mittleres Gelbgrün, silberfarbene Reflexe. Feine Tabaknoten, etwas nach Melisse, Kräuterwürze, Papayatouch, ein Hauch von Melone, facettenreiches Bukett. Saftig, gute Komplexität, extraktsüß nach reifem Apfel, kandierte Orangen im Nachhall, sicheres Potenzial.

92 Pinot Noir Ried Rosenberg Reserve 2021
13,5 Vol.-%, DV, Teilbarrique, €€€€€ Ⓥ
Kräftiges Karmingranat, violette Reflexe, breitere Ockerrandaufhellung. Frische rote Kirschen, ein Hauch von Waldbeeren, florale Nuancen, ein Hauch von kandierten Mandarinenzesten. Saftig, elegant, rotbeerig, mineralischer Kern, feine Tannine, bleibt gut haften, verfügt über Reifepotenzial.

91 Pinot Noir vom Berg 2021
13 Vol.-%, DV, gebrauchte Barriques, €€€ Ⓥ
Dunkles Rubingranat, violette Reflexe, dezente Ockerrandaufhellung. Reife Kirschen, mit einem Hauch von Brombeeren und Cassis unterlegt, feine Kräuterwürze. Straff, mineralisch, rotbeerige Nuancen, frisch strukturiert, salzig-zitroniger Nachhall, bereits gut antrinkbar.

★★

WEINGUT ALPHART AM MÜHLBACH

Das Weingut Alphart am Mühlbach in Traiskirchen ist ein traditioneller Familienbetrieb im Herzen der Thermenregion. Die Weine von Winzer Lorenz Alphart haben einen modernen, geradlinigen Stil und sind von raffinierter Würze, von Aromenspiel und Mineralik geprägt.
Der Fokus liegt klar auf den autochthonen Sorten Rotgipfler und Zierfandler sowie auf Chardonnay und Pinot Noir. Lorenz Alphart vinifiziert Weine ausschließlich von handverlesenen, perfekt gewachsenen Trauben. Die Herkunft spielt dabei eine entscheidende Rolle, alle Weine werden von den besten Lagen in Traiskirchen, Gumpoldskirchen und Pfaffstätten gekeltert. Lorenz Alphart hat bereits sehr früh auf ein klar verständliches Herkunftssystem mit Gebiets-, Orts- und Riedenweinen gesetzt. An der Spitze steht ganz klar der Top-Rotgipfler von der bekannten Ried »Mandelhöh«, einer der besten Rieden der Region an den Ausläufern des Anningers mit seinen kargen Muschelkalkböden – für den Winzer ein Wein, der mit Vielschichtigkeit und burgundischer Finesse besticht. Auch in seiner neuen Ried »Pressweingarten« steht diese Sortenrarität – die Weine dieser Lagen zählen mittlerweile zu den spannendsten der Region.
Das Weingut hat sich innerhalb der letzten zehn Jahren als »Rising Star« am österreichischen Weinhimmel etabliert – klares Verdienst von Lorenz Alphart, der mit seinem Querdenken, seiner Akribie und seinem guten Gespür für Boden und Rebsorten immer für eine Überraschung gut ist.

WEINGUT ALPHART AM MÜHLBACH
2514 Traiskirchen
Wassergasse 9
T: +43 (2252) 52292
info@alphart.at
www.alphart.at

Kellermeister/Kontakt:
Lorenz Alphart
Produktion: 70 % weiß, 25 % rot, 5 % süß, 10 Hektar
Zertifiziert: Nachhaltig Austria
Messen: ProWein Düsseldorf, VieVinum

(93) Rotgipfler Ried Mandelhöh Limited Edition 2022
13 Vol.-%, NK, Holzfass, €€€€€
Zart getrübtes Grüngelb, Silberreflexe. Kräuterwürzig unterlegte Anklänge von weißer Tropenfrucht, gelbes Steinobst, Limettenzesten, mineralisch unterlegt. Saftig, elegant, gelbe Ringlotten, feiner Säurebogen, zarte Fruchtsüße, salzig im Abgang, fruchtiger Nachhall, gutes Entwicklungspotenzial.

(92) Rotgipfler Ried Pressweingarten 2022
13,5 Vol.-%, DV, großes Holzfass, €€€
Helles Grüngelb, Silberreflexe. Zart nach frischer Birne, ein Hauch von Orangenzesten, dezente Wiesenkräuter. Komplex, saftig, weißes Kernobst, kraftvoll und frisch strukturiert, Limetten im Abgang, verfügt über gute Länge und Entwicklungspotenzial.

(92) Rotgipfler Ried Mandelhöh 2022
13 Vol.-%, DV, großes Holzfass, €€€
Mittleres Grüngelb, Silberreflexe. Frische Gute-Luise-Birne, Nuancen von gelbem Steinobst und Mandarinenzesten, mit Wiesenkräutern unterlegt. Kräftig, weißer Apfel, feiner Säurebogen, mineralisch-salzig im Abgang, ein balancierter Speisenbegleiter.

90 Rotgipfler Maischevergoren 2020
13,5 Vol.-%, NK, gebrauchte Barriques, €€€€€
Leuchtendes mittleres Goldgelb, Silberreflexe. Zarte gelbe Tropenfrucht, frische Wiesenkräuter, würziges Bukett. Kraftvoll, dunkle Mineralik, ein Hauch von Brombeeren, feiner Säurebogen, betont salzig im Abgang, kräuterwürziger Nachhall.

(92) Chardonnay Ried Ruffenbrunn 2022
13 Vol.-%, DV, großes Holzfass, €€€
Helles Gelbgrün, Silberreflexe. Feine weiße Apfelfrucht, mit einem Hauch von Ringlotten und Mango unterlegt, zart nach Wiesenkräutern. Straff, engmaschig, feiner Säurebogen, salziger Nachhall, ein mineralisch geprägter Speisenbegleiter.

(91) Zierfandler Ried Otzler 2022
13 Vol.-%, DV, Amphore/Holzfass, €€€
Mittleres Grüngelb, Silberreflexe. Zart nach Mandarinenzesten und gelbem Pfirsich, ein Hauch von Ringlotten und Blütenhonig. Komplex, engmaschig, weißer Apfel, lebendige Säurestruktur, zart blättrige Würze im Abgang.

★★★

WEINGUT FAMILIE AUER

BIO

Das Weingut Familie Auer ist ein Traditionsbetrieb, der durch Qualität, Nachhaltigkeit und Innovation seit Jahren Weine mit Charakter und persönlicher Handschrift hervorbringt, welche die ganze Leidenschaft der Familie für Natur und Weinbau widerspiegeln. »Von, für und mit der Natur« – so das Motto der Auers. Deshalb bewirtschaftet das Weingut seine 23 Hektar Weingartenfläche nach biologischen Gesichtspunkten, denn Nachhaltigkeit und der Erhalt des Erbes für die nächsten Generationen sind dem Familienbetrieb sehr wichtig. 45 Prozent der Rebfläche sind den Burgundersorten Pinot Noir und St. Laurent, den Leitsorten des Bio-Betriebs, gewidmet.

WEINGUT FAMILIE AUER
2523 Tattendorf
Pottendorfer Straße 14
T: +43 (2253) 81251
office@weingutauer.at
www.weingutauer.at
Kellermeister: Leopold Auer
Kontakt: Leopold und Helga Auer
Anbauweise: Zertifiziert Biologisch (Austria Bio Garantie)
Produktion: 30 % weiß, 70 % rot, 23 Hektar
Vereinszugehörigkeit: Die Burgundermacher, Traditionsweingüter Österreich
Messen: ProWein Düsseldorf, VieVinum, Vinobile Feldkirch

Triebe des Rotgipflers

Sowohl Hanglagen als auch weite Ebenen prägen das Terroir der Weine und geben ihnen ihren unverwechselbaren Charakter. In der Ebene findet man Kalkschotterböden, die besonders durchlässig sind; die Feuchtigkeit nach starken Regenfällen wird rasch abgeleitet. Bei Sonneneinstrahlung erwärmen sich die Böden beträchtlich. St. Laurent und Pinot Noir fühlen sich besonders auf den kargen, steinigen Böden wohl. In den Hanglagen findet man schwere Böden, wie lehmigen Ton, sandigen Lehm und Braunerde mit einem hohen Anteil an Muschelkalk, der durch Reste von Muscheln und Schnecken entstanden ist. Das bildet die perfekte Grundlage für die autochthonen Sorten Rotgipfler und Zierfandler sowie für die weißen Burgundersorten. Das Weingut ist Mitglied des Vereins »Die Burgundermacher« und seit 2022 auch eines der neun »Traditionsweingüter Österreich« in der Thermenregion.
Auch beim Heurigen spiegelt sich die Philosophie der Familie Auer wider: Hier erlebt man eine hohe Glaskultur für jeden edlen Tropfen, ein stilvolles Ambiente in allen Räumlichkeiten, große Gastfreundlichkeit durch familiäre Betreuung sowie saisonale und regionale Schmankerl als Gaumenfreude bei jedem Besuch.

94 Rotgipfler Pfaffstätten Ried Preisen 2021
14 Vol.-%, NK, Barrique, €€€€€ B V
Leuchtendes Goldgelb, Silberreflexe. Zart nach weißem Nougat und Marzipan, mit feiner gelber Tropenfrucht unterlegt, ein Hauch von Kokos. Saftig, Nuancen von weißer Frucht, frischer Apfel, finessenreiche Säurestruktur, salzig-mineralisch im Abgang, Limetten im Nachhall, gute Länge, sicheres Reifepotenzial.

92 Rotgipfler Premium 2021
13,5 Vol.-%, DV, gebrauchte Barriques, €€€ B V
Leuchtendes Goldgelb, Silberreflexe. Kandierte Mandarinenzesten, ein Hauch von Karamell und Blütenhonig, mit frischer Birne unterlegt. Mittlerer Körper, weißer Pfirsich, feines Säurespiel, elegant, seidige, ein Hauch von Süße im Abgang, bleibt haften, verfügt über Reifepotenzial.

94 Zierfandler Pfaffstätten Ried Preisen 2021
14 Vol.-%, NK, Barrique, €€€€€ B V
Mittleres Goldgelb, Silberreflexe. Feine gelbe Tropenfrucht, ein Hauch von Blütenhonig, zart nach Stachelbeeren und Rhabarber, Nuancen von Nougat. Elegant, seidige Textur, ein Hauch von Karamell, zarte Süße im Abgang, bereits gut antrinkbar, finessenreicher Speisenbegleiter mit Zukunftspotenzial.

91 Chardonnay 2021
14 Vol.-%, DV, gebaruchtes Barrique, €€ B V
Helles Goldgelb, Silberreflexe. Frische Wiesenkräuter, gelbe Tropenfrucht, ein Hauch von Ananas, etwas Marille, zart nussiger Touch. Straff, weißer Apfel, lebendiger Säurebogen, mineralisch-zitroniger Touch im Abgang, ein unkomplizierter Speisenbegleiter.

94 Pinot Noir Tattendorf Ried Holzspur Reserve 2020
13,5 Vol.-%, NK, Barrique, €€€€€ B V
Mittleres Karmingranat, violette Reflexe, breitere Ockerrandaufhellung. Nuancen von frischen Zwetschken, zart nach Cassis, rote Kirschen, floraler Touch, mit dezenter Edelholzwürze unterlegt. Saftig, elegant, Nuancen von Johannisbeeren, dezente Süße, gut integrierte, feine Tannine, mineralisch-salzig, kühler Stil, zeigt Länge und Reifepotenzial, bereits gut antrinkbar.

93 Cabernet Sauvignon Merlot Reserve 2020 CS/ME
14 Vol.-%, NK, Barrique, €€€€€ B V
Kräftiges Rubingranat, violette Reflexe, zarte Randaufhellung. Dunkle Waldbeeren, feine Kräuterwürze, Edelholz, tabakige Nuancen, ein Hauch von Cassis, Noten von Mandarinenzesten. Komplex, kraftvoll, dunkle Beeren und Pflaumen, präsente, tragende Tannine, etwas Gerbstoff im Abgang, wird von weiterer Flaschenreife profitieren, braucht aber noch Zeit.

93 St. Laurent Tattendorf Ried Holzspur Reserve 2020
13 Vol.-%, NK, Barrqiue, €€€€€ B V
Kräftiges Karmingranat, violette Reflexe, dezente Ockerrandaufhellung. Zart nach Nougat, Röstaromen, ein Hauch von Kokos, Brombeeren und Cassis, zarte Gewürze, Nuancen von roter Frucht. Elegant, reife Kirschen, frische Struktur, rotbeeriger Touch im Nachhall, mineralisch-zitronige Noten, frischer, feinwürziger Stil, gutes Reifepotenzial.

94 Eiswein 2021 RG/ZF/RR
8,5 Vol.-%, DV, Flaschenreifung, €€€€ B V
Mittleres Gelbgold, Messingreflexe. Intensiv nach Honig und gekochtem Rhabarber, frische Tropenfrucht, Litschis und Maracuja klingen an. Saftig, reife Frucht, stoffige Süße, lebendig strukturiert, bleibt gut haften, ein komplexer Fruchtcocktail.

LEO AUMANN
2512 Tribuswinkel
Oberwaltersdorfer Straße 105
T: +43 (2252) 80502
weingut@aumann.at
www.aumann.at

Kellermeister/Kontakt:
Leo Aumann
Produktion: 3 % Schaumwein, 40 % weiß, 55 % rot, 2 % süß, 45 Hektar
Vereinszugehörigkeit:
Thermenwinzer, Traditionsweingüter Österreich
Messen: ProWein Düsseldorf, VieVinum

Leo Aumann

★★★

LEO AUMANN

Der Name Leo Aumann steht für Qualität auf höchstem Niveau, und so ist der Betrieb eines der neun »Traditionsweingüter Österreich«-Mitglieder aus der Thermenregion. Die charaktervollen und terroirtypischen Weine sind der Inbegriff von wahrem Genuss aus der Thermenregion. Von Tribuswinkel aus erstrecken sich die Weingärten des Weinguts in alle Himmelsrichtungen. Damit kann Leo Aumann aus dem Vollen schöpfen, denn die vielfältigen geologischen Gegebenheiten innerhalb der Thermenregion sorgen für facettenreiche Weine.
Die Hanglagen am Rande des Wienerwaldes bieten idealtypische Voraussetzungen für großartige Weine, Burgundersorten wie Chardonnay, Pinot Noir oder St. Laurent, aber auch Rotgipfler und Zierfandler entwickeln sich hier prächtig. Und der Harterberg mit seinen sandigen Lehmböden bringt hervorragende Qualitäten hervor, besonders bei Merlot und Zweigelt.

(93) Rotgipfler Ried Rodauner 2022
14 Vol.-%, DV, Holzfass/Stahltank, €€€ V
Helles Goldgelb, Silberreflexe. Zart nach frischer Birne, ein Hauch von Mango und Blütenhonig, Mandarinenzesten. Saftig, elegant, gelber Apfel, feiner Säurebogen, mineralisch-zitronig, angenehme Fruchtsüße im Nachhall, ein feiner Speisenbegleiter.

(93) Rotgipfler Ried Wiege 2022
14 Vol.-%, DV, Holzfass, €€€€ V
Helles Grüngelb, Silberreflexe. Frisches Bukett, zart nach Apfelfrucht und Gewürzen, etwas Kardamom, ein Hauch von Kapstachelbeeren und Blütenhonig. Saftig, elegant, feine Säurestruktur, mineralisch, balanciert, Tropenfruchtnoten im Abgang, engmaschiges Finish, bleibt sehr gut haften, vielschichtiger Speisenbegleiter mit Potenzial.

91 Rotgipfler Ried Flamming 2022
13,5 Vol.-%, DV, Stahltank, €€€ V
Helles Grüngelb, silberfarbene Reflexe. Zart nach Kräutern, etwas nach Golden-Delicious-Apfel, mit Blütenaromen und einem Pfirsichtouch unterlegt. Mittlere Komplexität, saftig, stoffig, tabakig, Nuancen von gelber Frucht, extraktsüßer Nachhall, kraftvoller Speisenbegleiter.

93 Chardonnay Reserve 2021
13,5 Vol.-%, DV, Holzfass, €€€€ H V
Mittleres Gelbgrün, silberfarbene Reflexe. Zarte Nougatnoten, ein Hauch von Mango und kandierten Orangenzesten, feine Holzwürze, einladendes Bukett. Saftig, komplex, feine Holzwürze, reife Tropenfrucht, mineralisch, gut ein-

© Helmut Mitter

gebundene Säurestruktur, bleibt gut haften, wird von Flaschenreife profitieren.

(92) Chardonnay Ried Bockfuss 2022
13,5 Vol.-%, DV, Holzfass, €€€€ V
Helles Gelbgrün, silberfarbene Reflexe. Zart nach Karamell und Blütenhonig, ein Hauch von Ananas, kandierte Orangenschalen, einladendes Bukett. Saftig, komplex, balancierte Säurestruktur, Mangotouch im Abgang, reifer Apfel im Nachhall, vielfältig einsetzbar.

(90) Chardonnay Badener Berg 2022
13 Vol.-%, DV, Stahltank, €€ V
Helles Gelbgrün, silberfarbene Reflexe. Feine Kräuter-Tabak-Würze, etwas nach Maracuja, ein Hauch von Orangenzesten, zart nach Tropenfrucht. Saftig, elegant, balancierter Säurebogen, dunkle Mineralik, kraftvoll, Apfelfrucht im Finish, guter Speisenbegleiter.

(91) Zierfandler Ried Hofbreite 2022
14 Vol.-%, DV, Stahltank, €€€
Helles Grüngelb, silberfarbene Reflexe. Reife Papaya und Birne, Kräuternoten, zart floral, ein Hauch von Kumquats. Saftig, kraftvoll, feine Extraktsüße, balanciert, gut eingebundene Säurestruktur, gelbe Tropenfrucht im Abgang, bereits gut antrinkbar.

93 Pinot Noir Ried Bockfuss 2020
13,5 Vol.-%, DV, Holzfass, €€€€€ V
Kräftiges Karmingranat, Ockerreflexe, breitere Randaufhellung. Zart rauchig-kräuterwürzig unterlegte rote Herzkirschen, zart nach Lakritze, mit kandierten Orangenzesten unterlegt. Mittlerer Körper, rotbeerig, frischer Säurebogen, reife Tannine, mineralisch-salzig, zeigt Länge, verfügt über Reifepotenzial.

(90) Pinot Noir Reserve 2021
13,5 Vol.-%, DV, 500-l-Fass, €€€
Mittleres Karmingranat, Ockerreflexe, breite Randaufhellung. Zarte Röstaromen, etwas Karamell, schwarze Kirschen, ein Hauch von Lakritze. Mittlere Komplexität, rotbeerig, frisch strukturiert, mineralisch-salziger Nachhall, ein lebendiger Speisenbegleiter.

(93) Harterberg Reserve 2020 ME/CS/ZW
14,5 Vol.-%, NK, DIAM, Holzfass, €€€€€ V
Dunkles Rubingranat, violette Reflexe, dezente Randaufhellung. Feine Edelholzwürze, dunkle Kirschen, ein Hauch von Zwetschken, schokoladiger Touch. Kraftvoll, würzig, reife Pflaumen, präsente, gut integrierte Tannine, röstignussiger Abgang, gute Länge, ein stoffiger Speisenbegleiter mit Reifepotenzial.

(92) St. Laurent Ried Ronald 2021
13,5 Vol.-%, NK, DIAM, Holzfass, €€€€€ V
Dunkles Rubingranat, violette Reflexe, dezente Randaufhellung. Feine Holzwürze, schwarze Beerenfrucht, reife Zwetschken, dunkle Kirschen. Straff, frische Beeren, lebendige Struktur, feine Tannine, salziger Abgang, zitronig-rotbeerige Nuancen im Finish, ein lebendiger Speisenbegleiter.

(92) Zweigelt Ried Oberkirchen 2021
14,5 Vol.-%, NK, DIAM, kleines Holzfass, €€€€€ V
Kräftiges Rubingranat, violette Reflexe, breitere Randaufhellung. Reife Zwetschken, schwarze Herzkirschen, kandierte Orangenzesten, tabakige Nuancen. Saftig, engmaschig, feine Brombeernote, präsente Tannine, würziger Nachhall, wird von Flaschenreife profitieren.

★★★

WEINGUT BIEGLER

Das Weingut Biegler bewirtschaftet zehn Hektar Weingärten in der Thermenregion. Diese liegen in den bevorzugten Lagen an den Südosthängen des Hausberges Anninger. Klimatisch begünstigt durch die warmen Fallwinde und die Wärme speichernden kalkhaltigen Böden sowie geschützt durch den Berg reifen hier die Trauben zu besonderen Gewächsen heran. Der Betriebssitz, ein romantisches Hauerhaus im Ortszentrum, beherbergt die gesamte Produktionsstätte. Hier treffen sich Weinbegeisterte aus der ganzen Welt mit Othmar Biegler, um seine einzigartigen Weine zu verkosten. Mit ganzem Herzen ist der Winzer Gumpoldskirchner, er wurde hier 1962 geboren. Zwar führte ihn seine Ausbildung nach Klosterneuburg und nach Deutschland, aber im Grunde genommen war es klar: Das wunderschöne Familienweingut in Gumpoldskirchen sollte seine Handschrift tragen.
Man muss nicht gut, sondern besser sein, um etwas zu erreichen – überhaupt, um den Ruf zu haben, ein Spitzenwinzer zu sein. Othmar Biegler verfolgt seine Ziele unbeirrt, inspiriert sowie engagiert – und zudem auch noch ungeheuer erfolgreich. Dabei schwimmen die von ihm gemachten Weine nicht immer im Mainstream mit

© WSNA

WEINGUT BIEGLER
2352 Gumpoldskirchen
Wiener Straße 16–18
T: +43 (2252) 62196
weingut.biegler@kabsi.at
www.weingut-biegler.at

Kellermeister/Kontakt:
Othmar Biegler
Produktion: 40.000 Flaschen
3 % Schaumwein, 75 % weiß,
3 % rosé, 15 % rot, 4 % süß, 10 Hektar
Vereinszugehörigkeit:
Thermenwinzer, Weinforum Thermenregion
Messen: Austrian Tasting London, VieVinum, Weintage im Museumsquartier

Schloss Gumpoldskirchen

oder folgen gar aktuellen Modetrends. Sie haben alle ihren eigenen Charakter: glasklar, elegant, sortenbetont und blitzsauber. »Das Wichtigste passiert im Weingarten ohne mein Zutun. Ich kann nur unterstützen und dafür sorgen, dass die Weinstöcke die besten Bedingungen vorfinden. Die Trauben bleiben bis zum allerletzten Zeitpunkt auf dem Stock, werden nur selektiv von Hand gelesen und schnell und sauber verarbeitet.« Das ist alles, behauptet der Gumpoldskirchner bescheiden.

(94) Rotgipfler Ried Oberer Badener Weg Reserve 2022
14 Vol.-%, DV, gebrauchte Barriques ,€€€€ V
Helles Goldgelb, Silberreflexe. Zart nach getrockneten Birnen, Anklänge von gelber Frucht, etwas Mango, einladendes Bukett. Kraftvoll, saftig, Golden-Delicious-Apfel, feiner Säurebogen, frisch im Abgang, zeigt Länge und Reifepotenzial.

92 Rotgipfler Ried Brindlbach 2022
13,5 Vol.-%, KK, Stahltank, €€€ V
Helles Goldgelb, Silberreflexe. Zart nach Wiesenkräutern, weißes Kernobst, ein Hauch von Ringlotten, mit frischen Orangenzesten unterlegt. Saftig, elegant, weißer Pfirsich, dezente Fruchtsüße, mineralisch und balanciert, bereits gut antrinkbar.

93 Zierfandler Gumpoldskirchen Ried Badener Weg 2022
13 Vol.-%, DV, Stahltank, €€€ V
Helles Gelbgrün, Silberreflexe. Feine weiße Tropenfrucht, Limettenzesten, ein Hauch von Pfirsich, einladendes Bukett. Saftig, elegant, angenehme Fruchtsüße, finessenreich strukturiert, seidig im Abgang, gute Länge, ein angenehmer Speisenbegleiter.

92 Chardonnay Ried Hausberg 2022
14 Vol.-%, DV, Stahltank, €€€ V
Helles Gelbgrün, Silberreflexe. Feine Nuancen von weißem Kernobst, ein Hauch von Limetten, mit feiner Kräuterwürze unterlegt. Saftig, komplex, kraftvoll, reife Apfelfrucht, seidige Textur, mineralisch, saliner Nachhall, bleibt haften, ein stoffiger Speisenbegleiter.

91 Sauvignon Blanc Ried Zistl 2022
13,5 Vol.-%, DV, Stahltank, €€€ V
Helles Goldgelb, Silberreflexe. Zart würzig unterlegte Nuancen von reifen Stachelbeeren, ein Hauch von gelben Paprikaschoten, Mandarinenzesten. Kraftvoll, saftig, weiße Tropenfrucht, frischer Säurebogen, zitronig-salzig, ein lebendiger Speisenbegleiter.

91 Riesling Gumpoldskirchen Ried Grimmling 2022
13,5 Vol.-%, DV, Stahltank, €€€ V
Helles Gelbgrün, Silberreflexe. Etwas scheues Bukett, zart nach Steinobst und Blütenhonig. Saftig, weißer Apfel, gute Komplexität, frisch und zitronig, salzige Mineralik, gutes Reifepotenzial.

89 Gelber Muskateller 2022
12,5 Vol.-%, DV, Stahltank, €€€ V

★★★★

WEINGUT CHRISTIAN FISCHER

BIO

Christian Fischer zählt zu den erfolgreichsten Rotweinpionieren der Thermenregion. Er hat bereits früh begonnen, durch die Einbeziehung international anerkannter Rotweinsorten wie Pinot Noir, Cabernet und Merlot das zweifellos vorhandene Potenzial von Sooß zu nutzen. Das Resultat sind gehaltvolle, vielschichtige Rotweine, die sich durch eine harmonische Tanninstruktur und feinwürzige Frucht auszeichnen. Das Weingut Fischer, das heute 85 Prozent der rund 17 Hektar Rebfläche mit roten Sorten bestockt hat, zeigt, welche Möglichkeiten in den sanften Abhängen des beschaulichen Weinortes mit ihren warmen, lehmig-tonigen Böden stecken. Seit 2013 ist das Weingut außerdem biozertifiziert. »Irgendwann kommt der Moment, da möchte man der Natur etwas zurückgeben«, beschreibt Christian Fischer, warum er seine Weinproduktion auf »bio« umstellte.
Das Weingut Fischer ist insbesondere Garant für erstklassige Rotweine: Der Zweigelt Gradenthal, der im Barrique gereifte Pinot Noir und die Weine der »100 cases«-Linie zählen stets zu den besten Rotweinen Österreichs und haben schon eine Vielzahl von Auszeichnungen eingeheimst.

WEINGUT CHRISTIAN FISCHER
2504 Sooß
Hauptstraße 33
T: +43 (699) 17387130
office@weingut-fischer.at
www.weingut-fischer.com

Kellermeister/Kontakt:
Christian Fischer
Anbauweise: Zertifiziert Biologisch
Produktion: 80.000 Flaschen
15 % weiß, 85 % rot, 17 Hektar
Vereinszugehörigkeit:
Thermenwinzer
Messen: VieVinum

95 Rotgipfler Orange 2022
13,5 Vol.-%, DV, gebrauchte Barriques, €€€€€
Leuchtendes Goldgelb. Feine Nussnuancen, etwas nach Karamell, ein Hauch von Honigmelone und Ananas, Röstaromatik klingt an. Gute Komplexität, fruchtsüß, engmaschig, feinwürzig, Nougattouch, gelbe Tropenfrucht im Abgang, vielschichtig und präzise, facettenreicher Speisenbegleiter mit Potenzial.

91 Rotgipfler Classic 2022
13,5 Vol.-%, DV, Stahltank, €€
Helles Gelbgrün, Silberreflexe. Zart nach Orangen und gelber Apfelfrucht, ein Hauch von Mirabellen, Wiesenkräuter klingen an. Saftig, komplex, straffe Säurestruktur, Maracuja im Abgang, feinwürzig, Toffee im Nachhall, bleibt gut haften, vielfältig einsetzbar.

(93) Zweigelt Ried Gradenthal 2021
13,5 Vol.-%, NK, gebrauchte Barriques, €€€€€
Tiefdunkles Rubingranat, opaker Kern, violette Reflexe, zarte Randaufhellung. Reife Zwetschkenfrucht, etwas Nougat, süßes Brombeerkonfit, kandierte Orangenzesten. Komplex, straff, dunkle Beeren, reife, tragende Tannine, zart nussiger Touch, mineralischer Nachhall, zeigt Länge, verfügt über Reifepotenzial.

(91) Zweigelt Ferabam Premium 2021
13 Vol.-%, NK, gebrauchte Barriques, €€€
Dunkles Rubingranat, violette Reflexe, zarte Randaufhellung. Dunkle Waldbeeren, schwarze Kirschen, feine Kräuterwürze, mit kandierten Orangenzesten unterlegt. Saftig, elegant, reife Kirschen, feine Tannine, mineralischer Abgang, gute Frische, bereits gut entwickelt.

(93) Pinot Noir Premium 2021
13,5 Vol.-%, NK, gebrauchte Barriques, €€€€€
Dunkles Rubingranat, violette Reflexe, zarte Randaufhellung. Reife schwarze Kirschen, etwas Brombeeren und Heidelbeeren, zart tabakige Nuancen, mit einem Hauch von Edelholz unterlegt. Saftig, rote Kirschen, feine Fruchtsüße, finessenreich strukturiert, Himbeernuancen im Abgang, bleibt gut haften, zeigt Reifepotenzial.

(90) Pinot Noir Classic 2021
13,5 Vol.-%, DV, Holzfass, €€ B V
Kräftiges Karmingranat, breitere Ockerrandaufhellung. Zart tabakige Kräuterwürze, rote Waldbeeren, Orangenzesten. Saftige rote Kirschen, ein Hauch von Heidelbeeren, feine Tannine, mineralisch im Abgang, zarte Fruchtsüße im Nachhall, bietet unkompliziertes Trinkvergnügen.

(93) Cabernet Franc hundred cases 2019
13,5 Vol.-%, NK, gebrauchte Barriques, €€€€€ B I V
Dunkles Rubingranat, opaker Kern, violette Reflexe, zarte Randaufhellung. Reife schwarze Kirschen, etwas Heidelbeeren, zart nach Nougat und Tabak, würziges Bukett. Komplex, saftig, reife Kirschen, tragende reife Tannine, würziger Nachhall, ein energischer Speisenbegleiter, gutes Reifepotenzial.

(92) Merlot Premium 2021
14 Vol.-%, NK, gebrauchte Barriques, €€€€€ B I V
Dunkles Rubingranat, violette Reflexe, zarte Randaufhellung. Zarte Kräuterwürze, dunkle Waldbeeren, reife Herzkirschen, etwas Nougat, mit kandierten Orangenzesten unterlegt. Saftig, komplex, deutliche nussige Nuancen, straffe Mineralik, gut Frische, individuelle Würze im Nachhall.

(92) Blaufränkisch Ried Steinhäufel hundred cases 2020
13,5 Vol.-%, NK, gebrauchte Barriques, €€€€€ B V
Dunkles Rubingranat, opaker Kern, violette Reflexe, zarte Randaufhellung. Schwarze Kirschen, Zwetschken, etwas Brombeerkonfit, tabakige Würze. Saftig, straff, dunkle Beeren, zart nach Erdnüssen im Abgang, schwarze Waldbeeren im Nachhall.

★★★★

WEINGUT JOHANNES GEBESHUBER

BIO

Johannes Gebeshuber vinifiziert vielschichtige, finessenreiche und elegante Weine und stützt sich dabei auf die regionaltypischen Sorten der Thermenregion. Einzigartig macht ihn der Ansatz, seine Weißweine ausschließlich aus den Rebsorten Zierfandler und Rotgipfler zu keltern. Bei den Rotweinen fokussiert er sich auf Pinot Noir und St. Laurent.
Gelassenheit gehört für Johannes Gebeshuber zu den wesentlichsten Ingredienzien im Zuge der Weinbereitung. So reifen seine Weine in diesem behaglichen Klima Jahrgang für Jahrgang langsam und ganz von selbst zu bemerkenswer-

WEINGUT JOHANNES GEBESHUBER
2352 Gumpoldskirchen
Jubiläumsstraße 43
T: +43 (2252) 61164
office@weingut-gebeshuber.at
www.weingut-gebeshuber.at
Kellermeister/Kontakt: Johannes Gebeshuber
Anbauweise: Biodynamisch (Demeter)
Produktion: 146.667 Flaschen
5 % Schaumwein, 60 % weiß, 5 % rosé, 25 % rot, 5 % süß, 30 Ha.
Vereinszugehörigkeit: Thermenwinzer, Traditionsweingüter Österreich
Messen: ProWein Düsseldorf, VieVinum, ProWine Asia

Kapelle am Kreuzweg, Thallern

Zierfandler

ten, charaktervollen Persönlichkeiten heran, die wirklich viel zu erzählen haben. Dass auf dem Weingut Gebeshuber biologisch gearbeitet wird, versteht sich dabei von selbst.
Das Sortiment ist aufgeteilt in zwei Linien: In »gebeshuber gumpoldskirchen« ergeben kerngesunde, vollreife Trauben aus vom Muschelkalk dominierten Parzellen in und rund um Gumpoldskirchen zwei perfekt gereifte Speisenbegleiter in Weiß und Rot, die Niveau und Trinkfreude in seltener Harmonie bieten. In »gebeshuber riede« werden die schönsten Trauben des Jahres aus den besten Einzellagen Modler (Zierfandler), Laim (Rotgipfler), Glas (Sankt Laurent) und Viereck (Pinot Noir) verarbeitet. Behutsam und langsam im kleinen und großen Holz gereift, stellen die Riedenweine die qualitative Speerspitze des Hauses dar. Das Weingut Gebeshuber ist seit 2022 Mitglied der »Traditionsweingüter Österreich«.

92 Ⓣ Zierfandler Sekt Austria g.U. Gumpoldskirchen Große Reserve Extra Brut 2018
12 Vol.-%, NK, Stahltank/Flaschengärung, €€€€€ Ⓑ
Helles Grüngelb, Silberreflexe. Zarter Blütenhonig, floraler Touch, weiße Tropenfrucht, einladendes Bukett. Saftig, elegant, feine Apfelfrucht, zart nussig im Abgang, ein stoffiger Speisenbegleiter.

(95) Zierfandler Ried Wiege 2021
13,5 Vol.-%, DV, 500-l-Fass, €€€€€ Ⓑ
Mittleres Goldgelb, Silberreflexe. Noch etwas scheu, zart nach gelbem Pfirsich, frische Orangenzesten, zart mit Mango unterlegt. Stoffig, Nuancen von weißem Steinobst, feine Fruchtsüße, angenehmer Säurebogen, mineralisch und gut anhaftend, sicheres Reifepotenzial, zeigt Tiefgang und Länge.

(93) Zierfandler Ried Modler 2021
13,5 Vol.-%, DV, 500-l-Fass, €€€€€ Ⓑ
Helles Grüngelb, Silberreflexe. Nuancen von reifer gelber Tropenfrucht, zart nach Papaya und Mango, mit feinem Blütenhonig unterlegt, geröstete Ananas. Saftig, kraftvoll und opulent, Nuancen von weißer Frucht, dezenter Säurebogen, mineralisch und balanciert, ein vielseitiger Speisenbegleiter.

(94) Rotgipfler Ried Student 2021
13,5 Vol.-%, DV, 500-l-Fass, €€€€€ Ⓑ
Mittleres Grüngelb, Silberreflexe. Zarte Kräuterwürze, weißer Pfirsich, frische Orangenzesten, rauchige Mineralik. Stoffig, gelbe Tropenfrucht, reifer Pfirsich, feiner Blütenhonig, mineralisch-straff im Abgang, zeigt Länge, wird von Flaschenreife profitieren.

(93) Rotgipfler Ried Laim 2021
13,5 Vol.-%, DV, 500-l-Fass, €€€€€ Ⓑ
Mittleres Grüngelb, Silberreflexe. Feine gelbe Tropenfrucht, Noten von Mango und Ringlotten, dezent nach Blütenhonig. Kraftvoll, weißer Apfel, frischer Säurebogen, mineralisch-salziger Touch im Abgang, Limetten im Nachhall.

(94) Pinot Noir Ried Viereck 2020
13,5 Vol.-%, DV, 500-l-Fass, €€€€€ Ⓑ
Dunkles Karmingranat, violette Reflexe, breitere Ockerrandaufhellung. Süße Waldbeeren, zart nach Himbeerkonfit, florale Nuancen, einladendes Bukett. Saftig, elegant und extraktsüß, zart nach Erdbeerkonfit, frisch, seidige Struktur, mineralisch-salzig im Abgang, zeigt gute Länge, zugänglich, mit Reifepotenzial ausgestattet.

(92) Sankt Laurent Ried Glas 2020
13,5 Vol.-%, DV, 500-l-Fass, €€€€€ Ⓑ
Kräftiges Rubingranat, violette Reflexe, breitere Randaufhellung. Reife Zwetschken, dunkle Herzkirschen, zarte Kräuterwürze, mit Nuancen von Brombeerkonfit unterlegt. Mittlere Komplexität, straff, präsente, etwas erdige Tannine, gute Frische, dunkle Schokonuancen im Abgang.

★★★

BURGUNDERMACHER WEINGUT JOHANN GISPERG

Die »Burgunderfamilie« – ein Wort, das sowohl das Weingut Johann Gisperg als auch die hier vorhandene Leidenschaft für Burgundersorten perfekt beschreibt. St. Laurent & Co, aber auch der davon abstammende Zweigelt spiegeln die Kalkschotterböden ihrer Heimat in der südöstlichen Thermenregion vollendet mit sortentypischem Charakter und strahlender Frucht wider. Schwarz-Weiß-Denken liegt der Familie Gisperg fern, weshalb man hier verschiedene Bewirtschaftungsweisen verbindet und niemals nach Rezept arbeitet. Nachhaltigkeit umfasst in ihrem Wortschatz nicht nur den ökologischen Aspekt, sondern das gesamte Weingut und die mit ihm verbundenen Menschen.

93 Pinot Gris Ried Gestein Reserve 2021
13,5 Vol.-%, DIAM, Barrique, €€€€€
Helles Goldgelb, Silberreflexe. Zart nach Blütenhonig, gelbe Birnenfrucht, ein Hauch von kandierten Orangenzesten. Saftig, weißes Steinobst, cremige Textur, feine Säure, dezent salziger Abgang, ein balancierter Speisenbegleiter.

92 Chardonnay Ried Gestein Reserve 2021
14 Vol.-%, DIAM, Barrique, €€€€€
Helles Grüngelb, Silberreflexe. Feine Holzwürze, Nuancen von reifer Birne, kandierte Orangenzesten. Zart kräuterwürzig unterlegte weiße Apfelfrucht, frisch, salzig, ein Hauch von Limetten, ein vielseitiger Speisenbegleiter.

92 Weißburgunder Ried Gestein Reserve 2021
14 Vol.-%, DIAM, Barrique, €€€€€
Helles Gelbgrün, Silberreflexe. Zarte gelbe Tropenfrucht, ein Hauch von Ananas und Vanille. Dezente Holzwürze, weißer Apfel, feine Säure, saliner Nachhall, ein eleganter Speisenbegleiter, gutes Reifepotenzial.

93 St. Laurent Ried Holzspur Reserve 2020
13 Vol.-%, DIAM, Barrique, €€€€€
Dunkles Karmingranat, Ockerreflexe, dezente Randaufhellung. Feine Gewürznuancen, kandierte Orangenzesten, ein Hauch von dunklen Beeren, Nougat und Nelken. Saftig, elegant, finessenreiche Säurestruktur, rotbeerige Frucht, seidige Tannine, zitroniger Touch, ausgewogen und bereits gut antrinkbar, ein eleganter Speisenbegleiter.

93 Pinot Noir Ried Holzspur Reserve 2020
13,5 Vol.-%, DIAM, Barrique, €€€€€
Mittleres Karmingranat, Ockerreflexe, breitere Randaufhellung. Zarte Holzwürze, reife Erdbeerfrucht, eingelegte Kirschen, kandierte Mandarinenzesten, zarte Kräuterwürze. Mittlerer Körper, saftig, rotbeerig, feine Säurestruktur, gut integrierte Tannine, ein Hauch von Karamell, wirkt leichtfüßig und bereits gut entwickelt, ein vielseitiger Speisenbegleiter.

93 Zweigelt Ried Holzspur Reserve 2020
13,5 Vol.-%, DIAM, Barrique, €€€€€
Dunkles Rubingranat, violette Reflexe, breitere Ockerrandaufhellung. Reife Herzkirschen, ein Hauch von Zwetschken, Nuancen von Nougat, einladende Würze, zart nach Edelholz. Stoffig, Brombeerkonfit, gute Frische, feine Tannine, mineralisch-salzig im Abgang, rotbeeriger Nachhall, ein saftiger Speisenbegleiter, vielfältig einsetzbar.

BURGUNDERMACHER WEINGUT JOHANN GISPERG
2524 Teesdorf, Hauptstraße 14
T: +43 (2253) 81464
wein@weingut-gisperg.at
www.weingut-gisperg.at

Kellermeister/Kontakt: Johann Gisperg
Produktion: 1 % Schaumwein, 34 % weiß, 2 % rosé, 62 % rot, 1 % süß, 16.5 Hektar
Vereinszugehörigkeit: Die Burgundermacher
Messen: VieVinum, Vinobile Feldkirch, Vinobile Montfort, Weinmesse Innsbruck

★★★

WEINGUT HARTL

BIO

Heinrich Hartl III und seine Frau Marie-Sophie bewirtschaften ein feines Familienweingut mit 16 Hektar Weingärten im Weinbaugebiet Thermenregion südlich von Wien. Ihre Ausbildung und Erfahrungen in der Weinbranche mündeten in eine Besinnung auf höchste Qualität. So ist es eine bewusste Entscheidung, eher klein zu bleiben und sich auf Einzellagen zu konzentrieren. Die Rebfläche wird nur dann erweitert, wenn sich historische Weingärten mit individueller Charakteristik anbieten.

In einem Klima, in dem kühle und warme Einflüsse aufeinandertreffen, erzeugen die talentierten Winzer sowohl Weiß- als auch Rotweine von großem Potenzial: Elegante Rotweine aus Pinot Noir und Sankt Laurent und altösterreichische weiße Sorten wie Rotgipfler, Zierfandler und Traminer wachsen seit Jahrhunderten in diesem Gebiet.

In Bescheidenheit und mit großem Respekt der Natur und ihrer Arbeit gegenüber steht für Marie und Heinrich an oberster Stelle, so nachhaltig wie möglich zu wirtschaften. Aus diesem Grund ist die Produktion seit 2022 biologisch-organisch zertifiziert.

Lebendig, elegant und tiefgründig zeigen sich die Hartl-Weine, die auch dazu bestimmt sind, zu reifen. Mit einem modernen Zugang führen die beiden die lange Tradition der Region weiter und heißen Gäste aus aller Welt in ihrem Zuhause willkommen.

Heinrich Hartl ist seit 2022 Mitglied der »Traditionsweingüter Österreich« und auch Obmann des Regionalen Weinkomitees Thermenregion. Er hat es sich mit seinen Kollegen zum Ziel gesetzt, seine Heimatregion wieder an die Spitze der österreichischen Weinbaugebiete zu führen.

WEINGUT HARTL
2522 Oberwaltersdorf
Trumauer Straße 24
T: +43 (2253) 6289
office@weingut-hartl.at
www.weingut-hartl.at

Kellermeister/Kontakt: Heinrich Hartl
Anbauweise: Zertifiziert Biologisch (Bio Austria)
Produktion: 5 % Schaumwein, 42 % weiß, 2 % rosé, 50 % rot, 1 % süß, 14+2 Hektar
Zertifiziert: Nachhaltig Austria
Vereinszugehörigkeit: Die Burgundermacher, Traditionsweingüter Österreich
Messen: VieVinum

(92) Rotgipfler Gumpoldskirchen Ried Kreuzweingarten 2021
13,5 Vol.-%, DV, 500-l-Fass, €€€€
Mittleres Goldgelb, Grünreflexe. Frische Grapefruitnoten, zart nach Apfel und Minze, ein Hauch von Gewürzen, Kardamom klingt an. Saftig, straff, feine Säurestruktur, Bergamotte und Ananas im Abgang, salzig im Nachhall, guter Speisenbegleiter.

90 Rotgipfler 2021
14 Vol.-%, DV, Stahltank, €€€
Helles Grüngelb, Silberreflexe. Reife Apfelfrucht, kandierte Orangenzesten, Blütenhonig, floraler Touch, tabakig unterlegt. Mittlerer Körper, extraktsüß nach Mango, gut eingebundene Säurestruktur, etwas laktisch, bereits gut antrinkbar.

90 Zierfandler 2022
13 Vol.-%, DV, €€€
Mittleres Gelbgrün, Silberreflexe. Wiesenkräuter, zart nach Papaya, Blütenhonig klingt an, etwas nach Orangenschalen, Kardamom und Pfirsich. Saftig, mittlere Komplexität, zart nach Birne, Mandarinen, balancierte Säurestruktur, bereits gut antrinkbar.

(92) Skinz 2022 RG/TR/GM
13,5 Vol.-%, NK, DV, Stahltank, €€€€
Leuchtendes Bernstein, Orangereflexe. Frische Holundernoten, ein Hauch von Wiesenkräutern, Guaven, floraler Touch, zart nach Zitrus, Honigtouch, weißes Steinobst. Saftig, zart blättrig, feine Nuss-Nougat-Noten, gelbes Kernobst, mineralischer Touch, würziger Nachhall, guter Speisenbegleiter.

94 Pinot Noir Oberwaltersdorf Ried Graf Weingartl 2020
13,5 Vol.-%, NK, DV, Barrique, €€€€€ B
Kräftiges Karmingranat, Ockerreflexe, breite Randaufhellung. Tabakig unterlegte zarte Kräuterwürze, dunkle Beerenfrucht, frische Kirschen, etwas Nougat. Saftig, elegant, feine Fruchtsüße, mineralisch und ausgewogen, salziger Nachhall, feine Süße im Finale, zeigt Länge, verfügt über Reifepotenzial.

92 Pinot Noir Oberwaltersdorf Ried Kräutergarten 2020
13,5 Vol.-%, NK, DV, Barrique, €€€€ B
Kräftiges Rubingranat, Ockerreflexe, breitere Randaufhellung. Feine Nuancen von Brombeeren, Cassis, rotbeerige Nuancen, zarte Edelholznote, etwas Nougat. Saftig, elegant, ein Hauch von Erdbeeren, frisch und mineralisch, bereits gut entwickelt und antrinkbar.

(92) St. Laurent Oberwaltersdorf Ried Kräutergarten 2021
12,5 Vol.-%, NK, DV, Barrique, €€€€ B
Dunkles Rubingranat, violette Reflexe, breitere Ockerrandaufhellung. Reife Zwetschkenfrucht, Brombeerkonfit, zart nach Kräutern und Nougat, saftige Herzkirschen, zarte Fruchtsüße, frisch strukturiert, mineralisch im Abgang, ein leichtfüßiger, frischer Speisenbegleiter.

(90) Merlot 2021
13 Vol.-%, DV, Barrqiue, €€€€ B
Kräftiges Rubingranat, Ockerreflexe, breitere Randaufhellung. Nuancen von schwarzen Kirschen und Brombeeren, etwas Cassis, mit zarter Holzwürze unterlegt. Mittlere Komplexität, etwas Vanille und Kokos, rotbeerige Nuancen, Kirschen im Nachhall, bietet unkomplizierten Trinkspaß.

93 Grüner Veltliner Eiswein 2022
11,5 Vol.-%, DV, Stahltank, €€€€ B
Leuchtendes Goldgelb, Silberreflexe. Feine Nuancen von Limettenöl, floraler Touch, intensives Tropenfruchtbukett, mit zarten Honignuancen unterlegt. Saftig, feine Fruchtsüße, reife Maracujafrucht, feiner Säurebogen, sauber und gut anhaftend, ein unkompliziertes Trinkdessert.

★★★★★

WEINGUT JOHANNESHOF REINISCH

BIO

Die Familie Reinisch betreibt in vierter Generation Weinbau und bewirtschaftet Weingärten in den wertvollsten Lagen rund um die traditionsreichen Weinbauorte Tattendorf und Gumpoldskirchen. Die besondere Qualität der Schwemmland-Braunerde-Böden liegt in ihrer großen Durchlässigkeit, die eine rasche Erwärmung gewährleistet und somit den Reifeprozess der Trauben eminent begünstigt. Der hohe Kalkanteil bringt eine ausgeprägte Mineralik in die Weine und macht die Rieden des Johanneshofs Reinisch besonders geeignet für die Kultivierung von Reben der Burgunderfamilie.
Pinot Noir, St. Laurent und Chardonnay bilden den Sortenschwerpunkt im Angebot des Weinguts, das seit 2022 Mitglied der »Traditionsweingüter Österreich« ist. Auf geeignetem Terroir im nahen Ort Gumpoldskirchen werden außerdem Rotgipfler und Zierfandler kultiviert, deren Ausbau bei Bewahrung des schönen Sortencharakters ebenso prägnant erfolgt wie jener sämtlicher anderer Weine aus dem renommierten Betrieb.
Den kleinklimatischen Bedingungen entsprechend sind etwa 60 Prozent der Weine Rotweine, 40 Prozent entfallen auf Weiß- und Süßweine. Die Maxime des Weinguts ist ganz entschieden die persönliche Zuwendung der Winzer zum Wein. Die Brüder Johannes, Christian und Michael Reinisch bewirtschaften die Weingärten unter Einsatz von Nützlingen und variantenreicher Begrünung nach biologischen Richtlinien.

95 Chardonnay Ried Kästenbaum 2020
14 Vol.-%, NK, gebrauchte Barriques, €€€€€€ B
Leuchtendes helles Goldgelb, Silberreflexe. Feine Röstaromen, reduktiver Feuersteintouch, einladende Nuancen von gelbem Steinobst, kandierte Orangen, feine nussige Anklänge, sehr facettenreiches Bukett. Straff, engmaschig, weißer Pfirsich, finessenreich strukturiert, gut integrierte Holzwürze, bleibt sehr gut haften, zart salzig, bereits antrinkbar, verfügt über Länge und sicheres Reifepotenzial.

94 Chardonnay Ried Lores 2021
14 Vol.-%, NK, Barrique, €€€€€ B
Mittleres Goldgelb, Silberreflexe. Zarte Röstaromen, helles Karamell, mit feiner gelber Tropenfrucht unterlegt, kandierte Mandarinenzesten klingen an. Saftig, kraftvoll, feine gelbe Tropenfrucht, ein Hauch von Gewürznelken, salziger Nachhall, etwas Nougat im Abgang, ein kräftiger Speisenbegleiter.

90 Chardonnay 2022
13 Vol.-%, DV, großes Holzfass, €€€ B
Helles Goldgelb, Silberreflexe. Sehr verhalten, ein Hauch von gelber Tropenfrucht, Nuancen von Steinobst, floraler Touch. Mittlerer Körper, mineralisch, weißer Apfel, dezente Säure, salziger Nachhall, zarter Gerbstoff im Abgang, ein feinwürziger Speisenbegleiter.

94 Zierfandler Rotgipfler Gumpoldskirchen S 2018 ZF/RG
14 Vol.-%, NK, Holzfass, €€€€€ B
Mittleres Goldgelb, Silberreflexe. Zart nach Kletzen, ein Hauch von Trockenkräutern, mineralischer Touch, zarte rotbeerige Nuancen, individuelles Bukett. Kräftig, feine gelbe Tropenfrucht, ein Hauch von Nougat, zarte Holzwürze, etwas Marzipan im Abgang, helle Schokolade, mineralisch im Nachhall, noch immer um Jahre zu jung.

92 Gumpoldskirchner Tradition 2022 ZF/RG
13 Vol.-%, DV, Stahltank, €€ B
Leuchtendes Goldgelb, Silberreflexe. Zart nach Verveine und Minze, Nuancen von weißem Steinobst, ein Hauch von Limetten. Saftig, elegant, dezente Fruchtsüße, feiner Säurebogen, mineralischer Touch, etwas Salbei im Abgang, weißer Pfirsich im Nachhall, braucht immer etwas mehr Zeit, ein stoffiger Speisenbegleiter.

91 Dialog 2022 SB/CH
12 Vol.-%, DV, Stahltank, €€ B
Helles Gelbgrün, Silberreflexe. Frische weiße Tropenfrucht, mit Limettenzesten unterlegt, ein Hauch von Blüten, einladendes Bukett. Straff, leichtfüßig, weiße Frucht, etwas Minze, Ribiseltouch im Abgang, zitroniger Nachhall, schwungvoller Sommerwein.

90 First 2022 SB/CB
12 Vol.-%, DV, Stahltank, €€ B
Helles Goldgelb, Silberreflexe. Zart floral, ein Hauch von Holunderblüten, Nuancen von frischen Weißen Johannisbeeren und Stachelbeeren, einladendes Bukett. Schlank, zart nach Minze, feiner Säurebogen, sauber und mineralisch, Limetten im Nachhall, feinwürziger Sommerwein.

93 Zierfandler Gumpolskirchen Ried Spiegel Monopol 2021
14 Vol.-%, NK, großes Holzfass, €€€€€ B
Leuchtendes mittleres Goldgelb, Silberreflexe. Zart rauchig-würzig, feine Noten von gelbem Kernobst, ein Hauch von Mango und Orangenblüten. Kraftvoll, weiße Frucht, salzige Textur, rassiger Säurebogen, saliner Touch im Abgang, noch sehr jugendlich, gutes Reifepotenzial.

93 Rotgipfler Gumpoldskirchen Ried Satzing 2021
14 Vol.-%, NK, großes Holzfass, €€€€€ B
Mittleres Gelbgold, Silberreflexe. Zart tabakig, kräuterwürzig unterlegte weiße Tropenfrucht, frische Birne, mit einem Hauch von Limetten unterlegt. Kraftvoll, fast feurig, straff, salzige Textur, kalkige Frische, zitroniger Nachhall, wird von Flaschenreife profitieren.

92 Rotgipfler 2022
13 Vol.-%, DV, Stahltank, €€€ B
Mittleres Goldgelb, Silberreflexe. Zart nach Ananas, ein Hauch von Birne, dezentes Bukett, mit feinen Nuancen von Orangenzesten unterlegt. Feine weiße Tropenfrucht, zart nach Apfel, frischer Säurebogen, salzig, frischer Abgang, aromatische Kräuter im Nachhall.

96 Pinot Noir Ried Kästenbaum 2020
13,5 Vol.-%, NK, Barrqiue, €€€€€€ B
Mittleres Karmingranat, violette Reflexe, breitere Randaufhellung. Ein Hauch von Mandarinenzesten, feine rote Beerenfrucht, frische Herzkirschen, florale Nuancen, ein Hauch von Edelholz. Saftig, elegant, feine Extraktsüße, eingelegte Kirschen, reife Tannine, salzige Mineralik, sehr gute Balance und Länge, delikater Abgang, sicheres Reifepotenzial.

94 Pinot Noir Ried Holzspur 2021
13,5 Vol.-%, NK, Barrique, €€€€€ B
Kräftiges Rubingranat, violette Reflexe, breitere Randaufhellung. Zarte Nuancen von Edelholz, florale Anklänge, rote Waldbeeren, facettenreiches, einladendes Bukett. Saftig, rote Herzkirschen, zarte Extraktsüße, runde Tannine, saliner Nachhall, bleibt haften, gutes Reifepotenzial.

92 Pinot Noir Gumpoldskirchen 2021
13,5 Vol.-%, NK, Barrique, €€€€€ B
Kräftiges Karmingranat, Ockerreflexe, breitere Randaufhellung. Zarte Aromen von roten Waldbeeren, ein Hauch von Kirschen, mit dezenter Kräuterwürze unterlegt. Saftig, elegant, zarte Fruchtsüße, rote Kirschen im Abgang, bereits zugänglich, feine Mineralik im Nachhall.

WEINGUT JOHANNESHOF REINISCH

2523 Tattendorf, Im Weingarten 1
T: +43 (2253) 81423
office@j-r.at
www.j-r.at

Kellermeister/Kontakt: Familie Reinisch
Anbauweise: Zertifiziert Biologisch (Austria Bio Garantie)
Produktion: 220.000 Flaschen 37 % weiß, 60 % rot, 3 % süß, 40 Hektar
Vereinszugehörigkeit: Traditionsweingüter Österreich
Messen: Millésime Bio, ProWein Düsseldorf, VieVinum, Vinexpo

Rotgipfler

91 Pinot Noir 2021
13 Vol.-%, DV, großes Holzfass, €€€ Ⓑ
Kräftiges Karmingranat, breitere Ockerrandaufhellung. Zart floral unterlegte rote Waldbeerenfrucht, Nuancen von Kirschen, einladendes Bukett. Saftig, rund und elegant, zarte Tannine, mineralisch, rotbeerig im Nachhall, ein lebendig-fruchtiger Speisenbegleiter.

95 St. Laurent Ried Holzspur 2021
13,5 Vol.-%, NK, Barrique, €€€€€ Ⓑ
Kräftiges Rubingranat, opaker Kern, Ockerreflexe, dezente Randaufhellung. Feine Zwetschkenfrucht, ein Hauch von Brombeeren, dunkle Herzkirschen, kandierte Orangenzesten, feine Edelholznuancen. Komplex, saftig, reife Kirschen, feine Tannine, frischer Säurebogen, mineralisch-salzig im Abgang, zitroniger Touch im Nachhall.

94 St. Laurent Ried Frauenfeld 2021
13 Vol.-%, NK, gebrauchte Barriques, €€€€€ Ⓑ
Dunkles Rubingranat, violette Reflexe, dezente Randaufhellung. Reife dunkle Waldbeeren, zarte Kräuterwürze, süße Herzkirschen klingen an, ein facettenreiches Bukett. Saftig, elegant, frische Kirschen, feine Tannine, lebendig, bereits gut entwickelt, bleibt haften, verfügt über Frische und Potenzial.

92 St. Laurent 2021
13 Vol.-%, DV, großes Holzfass, €€€ Ⓑ
Kräftiges Rubingranat, Ockerreflexe, breite Randaufhellung. Nuancen von frischen Zwetschken, rote Herzkirschen, kandierte Orangenzesten. Saftig, elegant, mineralisch, rotbeerige Nuancen, feine Tannine, salzig im Abgang, gute Länge.

93 Zweigelt Ried Frauenfeld 2021
13,5 Vol.-%, NK, gebrauchte Barriques, €€€€ Ⓑ
Tiefdunkles Rubingranat, opaker Kern, violette Reflexe, zarte Randaufhellung. Zart floral unterlegte feine Herzkirschen, Brombeertouch, ein Hauch von Zwetschken. Saftig, elegant, rotbeerig, mineralisch, frischer Säurebogen, zitronig-salziger Nachhall, ein finessenreicher Sortenvertreter.

90 Zweigelt 2021
13 Vol.-%, DV, großes Holzfass, €€ Ⓑ
Kräftiges Rubingranat, violette Reflexe, breitere Randaufhellung. Nuancen von Zwetschken, frische Brombeeren, ein Hauch von Nougat, einladendes Bukett. Saftig, rund, mittlere Komplexität, dezente Fruchtsüße, bietet unkompliziertes Trinkvergnügen.

91 Alter Rebstock 2021 SL/ZW/BF
13 Vol.-%, DV, großes Holzfass, €€ Ⓑ
Kräftiges Rubingranat, violette Reflexe, breitere Randaufhellung. Zart tabakig, Nuancen von Cassis und schwarzen Kirschen, feine Kräuterwürze, mit Orangenzesten unterlegt. Saftig, reife Kirschen, süße Zwetschken, lebendig strukturiert, mineralisch, ein Hauch von Schokolade im Nachhall, universell einsetzbar.

★★★

WEINGUT PIRIWE

Die konsequente Weingartenarbeit erlaubt es »Pepi« Piriwe, ausdrucksstarke Weine zu keltern. Aus der Tradition der Thermenregion pflegt er eine Vielzahl von Rebsorten und bietet verschiedene, für den Weinliebhaber leicht nachvollziehbare Weinlinien an, die die jeweiligen Interpretationen erklären. Von »fruchtig & leicht« über »bewährt & klassisch« bis hin zu »elegant & rot« reicht das Angebot des Winzers. Diese große Auswahl an Weinen kann auch in der hauseigenen Vinothek jeden Freitag und Samstag eingekauft werden.

Seinen Schwerpunkt legt Piriwe auf Chardonnay, Rotgipfler und Zierfandler im Weißweinbereich und Pinot Noir sowie Cuvées beim Rotwein. Um die höchstmögliche Qualität beim Pinot Noir zu keltern, hat er mit seinem Fassbinder begonnen, Fässer aus Wienerwaldeiche zu verwenden. Seine individuelle Pinot-Noir-Interpretation nennt er »PI«. Dieser ausgezeichnete Pinot Noir wurde bis jetzt nur in wenigen Jahren, wie 2009, 2012, 2014, 2015 und 2018, angeboten.

Seit den 1990er-Jahren ist Pepi Piriwe auch für seine hochklassigen Prädikatsweine aus Rotgipfler und Zierfandler bekannt, sie werden geschätzt und wurden schon vielfach ausgezeichnet. Der Betrieb ist in Umstellung auf Bio-Bewirtschaftung, weshalb man es jetzt schon wagt, Orange Wines und schwefelarme Weine, wie »ansa«, »zwara«, »dreia« und »viera«, zu vinifizieren.

Gemeinsam stecken Piriwe und seine Frau Jana fünf- bis sechsmal pro Jahr ihren Heurigen aus und bieten so Weinliebhabern die Möglichkeit, diese regionalen Spezialitäten zu verkosten.

92 Rotgipfler Selektion 2021
13,5 Vol.-%, DV, kleines Holzfass/Stahltank, €€
Mittleres Gelbgrün. Feine Wiesenkräuterwürze, etwas nach Blütenhonig, Orangenzesten, reife Tropenfrucht, nussiger Touch, einladendes Bukett. Saftig, gute Komplexität, kraftvoll, feinwürzig, reife Tropenfrucht, stoffiger Nachhall, mineralischer Rückgeschmack, bereits gut antrinkbar.

91 Rotgipfler sechsa 2021
13,5 Vol.-%, NK, kleines Holzfass, €€€€€
Trübes Goldgelb, Orangereflexe. Feine Kardamomnoten, Safran, etwas nach Quitte, Blütenhonig, Blutorangenzesten klingen an. Saftig, feinwürzig, tabakig, Gerbstoff im Abgang, nussig, etwas nach Bratapfel, individuell einsetzbar.

Josef Piriwe

WEINGUT PIRIWE
2514 Traiskirchen
Wiener Straße 34
T: +43 (2252) 55988
weingut@piriwe.at
www.piriwe.at

Kellermeister/Kontakt:
Josef Piriwe
Anbauweise: Umstellung auf bio
Produktion: 50.000 Flaschen
60 % weiß, 30 % rot, 10 % süß,
14 Hektar
Messen: VieVinum

© © Rainer Mirau

92 Neuburger Renaissance 2021
13,5 Vol.-%, NK, €€€€€
Helles Grüngelb, Silberreflexe. Zarte Honignuancen, etwas nach Holzwürze, ein Hauch von Mango, Vanillenoten, gelbe Tropenfrucht. Saftig, elegant, gute Komplexität, extraktsüß nach Kletzen, Noten von reifer Frucht, mineralisch, lang anhaltend, guter Speisenbegleiter.

90 Neuburger Ouvertüre 2022
12,5 Vol.-%, DV, Stahltank, €€
Mittleres Gelbgrün, Silberreflexe. Feine Tabakwürze, zart nach Kräutern, ein Hauch von Guaven, Orangenzesten. Mittlerer Körper, saftig, feine Apfelfrucht, Wiesenkräuter, unkompliziertes Trinkvergnügen, guter Speisenbegleiter.

93 Cuvée Jana Selektion 2019 CS/ME/SL/ZW
14,5 Vol.-%, NK, gebrauchte Barriques, €€€€€
Kräftiges Rubingranat, violette Reflexe, breitere Ockerrandaufhellung. Reife schwarze Beerenfrucht, Brombeeren, schwarze Kirschen, einladende Kräuterwürze, mit einem feinen Edelholztouch unterlegt. Saftig, elegant, feine Fruchtsüße, reife Tannine, mineralisch, bereits gut entwickelt und antrinkbar.

94 Rotgipfler Beerenauslese Gumpoldskirchen Ried Rasslerin 2021
11 Vol.-%, DV, Stahltank, €€€€
Leuchtendes mittleres Goldgelb, Silberreflexe. Feine Noten von Honig und gekochtem rotem Rhabarber, reife gelbe Pfirsichfrucht im Hintergrund, würziges Bukett. Saftig, ein Hauch von Ananas, Maracuja und Estragon, finessenreiche Säurestruktur, dezente Süße, elegant und anhaftend, sicheres Zukunftspotenzial.

★★★

WEINGUT SCHNEIDER

BIO

Das Bioweingut Schneider konzentriert sich insbesondere auf die Sorten der Burgunderfamilie: den internationalen Pinot Noir und den autochthonen St. Laurent. Diese Spezialisierung ist in erster Linie auf die hervorragenden Anbaubedingungen, die sich aus dem perfekten Zusammenspiel von kontinentalem Klima und Kalkschotterböden ergeben, aber auch auf die Erfahrung und Leidenschaft der einzelnen Winzer zurückzuführen. Dass die Burgunderweine bereits internationales Format haben, beweisen Spitzenplätze bei renommierten Verkostungen. So holte sich Georg Schneider mit dem Pinot Noir Reserve 2009 den Sortensieg bei der Falstaff-Rotweinprämierung 2011.
Gepflegte Gastlichkeit und vorbildliche Gastfreundschaft stehen im Restaurant »Rebhof Schneider« im Vordergrund. Unmittelbar neben dem Weingut, das seit 2022 Mitglied der »Traditionsweingüter Österreich« ist, bietet es regionale Küche. Bei kulinarischen Köstlichkeiten kann man es sich einfach bei einem guten Glas Wein gemütlich machen.

93 Rotgipfler Pfaffstätten Ried Tagelsteiner 2021
13,5 Vol.-%, DV, großes Holzfass, €€€€
Mittleres Gelbgrün, Silberreflexe. Feine Kräuterwürze, nasser Stein, ein Hauch von Orangenschalen, zart nach Mango und Tabak. Saftig, komplex, feine Reduktion, weißes Kernobst, bleibt sehr gut haften, vielseitiger Speisenbegleiter mit Potenzial.

WEINGUT SCHNEIDER
2523 Tattendorf, Badner Straße 3
T: +43 (664) 73046101
office@weingut-schneider.co.at
www.weingut-schneider.co.at

Kellermeister/Kontakt:
Georg Schneider
Anbauweise: Zertifiziert Biologisch (Austria Bio Garantie)
Produktion: 5 % Schaumwein, 35 % weiß, 57 % rot, 3 % süß, 16 Hektar
Vereinszugehörigkeit:
Die Burgundermacher, Traditionsweingüter Österreich
Messen: Millésime Bio, ProWein Düsseldorf, VieVinum, Vinobile Feldkirch, Vinobile Montfort

90 Weißburgunder 2022
13 Vol.-%, DV, Stahltank, €€ Ⓑ
Mittleres Gelbgrün, Silberreflexe. Feine Kräuter-Tabak-Würze, etwas nach Apfelfrucht, zart nach Clementinen, Birnentouch. Saftig, straff, feine Säurestruktur, mineralisch, leichtfüßig, gelbfruchtig, bleibt gut haften, unkompliziertes Trinkvergnügen.

(93) Pinot Noir Reserve 2021
13 Vol.-%, NK, kleines Holzfass, €€€€€ Ⓑ
Kräftiges Karmingranat, breitere Ockerrandaufhellung. Zart nach Cassis und kandierten Veilchen, dunkelbeeriger Touch, feine Holzwürze, einladendes Bukett. Saftig, feine Fruchtsüße, frisch, elegant, seidige Textur, bereits harmonisch und zugänglich, mineralischer Nachhall, gutes Reifepotenzial.

91 Pinot Noir Pfaffstätten 2021
13 Vol.-%, DV, gebrauchte Barriques, €€€ Ⓑ
Kräftiges Karmingranat, Ockerreflexe, breite Randaufhellung. Tabakig, rotbeerige Nuancen, frische rote Kirschen, Mandarinenzesten. Mittlere Komplexität, Erdbeerkonfit, eingelegte Kirschen, mineralisch im Abgang, zart salzige Nuancen, ein vielseitiger Speisenbegleiter.

93 St. Laurent Tattendorf Ried Frauenfeld 2020
13 Vol.-%, NK, kleines Holzfass, €€€€€ Ⓑ
Dunkles Rubingranat, violette Reflexe, zarte Ockerrandaufhellung. Feine Edelholznuancen, ein Hauch von Cassis, Brombeernoten, tabakige Würze, einladendes Bukett. Stoffig, rotbeerig, salzig und balanciert, ein mineralischer Speisenbegleiter, gut antrinkbar, mit Potenzial ausgestattet.

90 Cuvée Noir Reserve 2021 CS/ME/SL
14 Vol.-%, DV, kleines Holzfass, €€€ Ⓑ
Dunkles Rubingranat, violette Reflexe, zarte Randaufhellung. Nuancen von Cassis und Ribiseln, reife Zwetschken, mit zarter Holzwürze unterlegt. Saftig, mittlere Komplexität, betont fruchtig, präsente Tannine im Abgang, würziger Nachhall.

★★★★

WEINGUT STADLMANN

BIO

Bereits 1780 stand das Haus Stadlmann im Zeichen des Weinbaus. Über acht Generationen hinweg wurde das Weinwissen sukzessive vermehrt und weitergegeben. Kaum jemand hat sich derart intensiv mit den einzigartigen Gegebenheiten und den ursprünglichen Rebsorten der Thermenregion auseinandergesetzt wie Bernhard Stadlmann. Er hat seine profunde akademische Ausbildung durch zahlreiche Praktika im Ausland vertieft und geht heute mit viel Erfahrung und einem besonderen Feingefühl für die wertvollsten Lagen in der Region vor.
An den Hängen des Anningers pflegt Stadlmann souverän überwiegend alte Rebstöcke, tief verwurzelt im Muschelkalk. Im Keller nimmt er sich bewusst zurück und lässt dem Wein ausreichend Zeit, um zu reifen. So werden mit präzisem handwerklichem Geschick kontinuierlich authentische Weine vinifiziert, die über ein enormes Lagerpotenzial verfügen. Die Komplexität und Dichte der Zierfandler und Rotgipfler aus dem Hause Stadlmann sind unvergleichlich. Der Betrieb hat sich schon immer diesen regionaltypischen Rebsorten in all ihren Spielarten verschrieben, aber auch Weißburgunder, Riesling sowie St. Laurent und Pinot Noir reifen in großen Holzfässern der Perfektion entgegen. Stadlmann wurde 1994 zum »Falstaff Winzer des Jahres« gekürt und ist seit 2022 auch Mitglied der »Traditionsweingüter Österreich«.

94 Rotgipfler Ried Tagelsteiner 2021
13,5 Vol.-%, NK, großes Holzfass, €€€€€ Ⓑ
Mittleres Grüngelb, Silberreflexe. Etwas nach Honig und Papaya, dazu Mirabellen und kandierte Orangen, floraler Touch, attraktives Bukett. Saftig, elegant, gute Komplexität, engmaschig, extraktsüß nach Marille, bleibt gut haften, vielschichtiger Speisenbegleiter mit Potenzial.

92 Rotgipfler Anning 2022
12,5 Vol.-%, DV, großes Holzfass, €€€ Ⓑ
Mittleres Grüngelb, Silberreflexe. Zart nach Blütenhonig, ein Hauch von Maracuja, etwas Birne, floraler Touch, reife Tropenfrucht. Saftig, mineralisch, kraftvoll, feinwürzig, Cox-Orange-Apfel im Abgang, salziger Nachhall, guter Speisenbegleiter.

WEINGUT STADLMANN
2514 Traiskirchen
Wiener Straße 41
T: +43 (2252) 52343
kontakt@stadlmann-wein.at
www.stadlmann-wein.at

Kellermeister/Kontakt:
Bernhard Stadlmann
Anbauweise: Zertifiziert Biologisch
Produktion: 85 % weiß, 13 % rot, 2 % süß, 20 Hektar
Zertifiziert: Nachhaltig Austria
Vereinszugehörigkeit:
Thermenwinzer, Traditionsweingüter Österreich
Messen: ProWein Düsseldorf, VieVinum

Urbanuskapelle bei Traiskirchen

94 Zierfandler Ried Mandel-Höh 2021
13,5 Vol.-%, NK, großes Holzfass, €€€€€ B
Mittleres Gelbgrün, Silberreflexe. Clementinen, zart nach Limettenzesten, ein Hauch von Pfirsich, etwas nach Honigmelone, frisch und lebendig. Gute Komplexität, würzig, balancierter Säurebogen, Mangotouch im Abgang, vielschichtiger Speisenbegleiter, lang anhaltend, sicheres Potenzial.

93 Zierfandler Ried Igeln 2021
13,5 Vol.-%, NK, großes Holzfass, €€€€ B
Helles Gelbgrün, Silberreflexe. Zart nach Blütenhonig, etwas nach Maracuja, Honigmelone, floraler Touch, Wiesenkräuter klingen an. Gute Komplexität, saftig, straff, extraktsüß nach Mango, bleibt gut haften, mineralisch im Abgang, vielfältig einsetzbar, sicheres Entwicklungspotenzial.

92 Zierfandler Anning 2022
12,5 Vol.-%, DV, großes Holzfass, €€€ B
Mittleres Grüngelb, silberfarbene Reflexe. Frische Kräuterwürze, etwas nach Tabak, weißes Steinobst, Grapefruitzesten, reife Apfelfrucht klingt an. Saftig, komplex, feine Säurestruktur, balanciert, Papaya im Abgang, salziger Nachhall, lang anhaltend, guter Speisenbegleiter.

94 Rotgipfler Gumpoldskichen Auslese 2020
11 Vol.-%, NK, Holzfass, €€€€€ B
Leuchtendes mittleres Gelbgold, Silberreflexe. Feine Honignuancen, reife Quitten, ein Hauch von Marillen und Orangenblüten. Saftig, elegant, gut integrierte Fruchtsüße, seidige Textur, zarte Mineralik, Blütenhonig im Abgang, zeigt Balance und gute Länge, sicheres Reifepotenzial.

WEGENSTEIN

Die Weinkellerei Wegenstein bietet ein umfassendes Sortiment aus den bekanntesten Weinbaugebieten Österreichs und steht verlässlich für nachhaltig produzierte Weine mit Spitzenqualität und einem tollen Preis-Leistungs-Verhältnis.
Die Basis der breiten Sortimentsvielfalt bildet die langfristige Partnerschaft und Zusammenarbeit mit rund 600 heimischen Winzerfamilien. Die daraus resultierende Qualitätskontinuität ermöglicht eine wirtschaftlich erfolgreiche Basis vieler Haupt- und Nebenerwerbswinzer und leistet gleichzeitig einen wichtigen Beitrag zur Erhaltung der Wein- und Kulturlandschaft Österreichs.
Wegenstein vermarktet als eine der größten Weinkellereien Österreichs qualitativ hochwertige Weine in klar strukturierten Sortimentslinien und unter strengen Qualitätskriterien, die

WEGENSTEIN
2355 Wr. Neudorf
IZ NÖ Süd, Straße 3, Obj. 16
T: +43 (2236) 6006200
weinkellerei@wegenstein.at
www.wegenstein.at

Kellermeister: Christian Frank
Kontakt: Ing. Herbert Toifl
Produktion: 57 % weiß, 5 % rosé, 35 % rot, 3 % süß

Kundinnen und Kunden eine nachvollziehbare Grundlage für Kaufentscheidungen bietet: Die »Edition Österreich« steht für klare Sortentypizität aus dem Burgenland oder Niederösterreich, während die Weine mit DAC-Herkunftsprofil in der »Wegenstein Klassik«-Linie einen wichtigen regionalen Schwerpunkt setzen. Die Spitze der Qualitätspyramide bilden hochwertige Terroir-Weine aus der Wachau, dem Weinviertel und Neckenmarkt, die als »Reserven« ausgebaut werden. Neben diesem Qualitätssortiment, das bei BILLA, BILLA PLUS, ADEG und Sutterlüty erhältlich ist, beliefert man auch PENNY Markt mit einer eigenen qualitativ hochwertigen Weinlinie, den »Feinstein«-Weinen, die ebenfalls den regionalen und sortentypischen Charakter einzelner Weinbaugebiete widerspiegeln.

88 Wegenstein Sekt Blanc de Blancs CH/WB/PG
11,5 Vol.-%, NK, Stahltank, €

89 Grüner Veltliner Weinviertel DAC Klassik 2022
12,5 Vol.-%, DV, Stahltank, €€

90 Grüner Veltliner Reserve 2022
13,5 Vol.-%, DV, Stahltank, €€
Helles Gelbgrün, Silberreflexe. Feine Kräuterwürze, dazu gelber Apfel und Melisse, zart nach Kardamom, frisches Bukett. Mittlerer Körper, saftig, feine Säurestruktur, mineralisch, weißes Steinobst, bereits gut antrinkbar.

90 Riesling Reserve 2021
13 Vol.-%, DV, Stahltank, €€
Helles Gelbgrün, Silberreflexe. Feine Kräuterwürze, zart nach Maracuja, ein Hauch von Quitte, Mandarinenzesten klingen an, mit Blütenhonig unterlegt. Saftig, elegant, feine Säurestruktur, mineralisch-salzig, Ananastouch im Abgang, frisch und lebendig.

89 Chardonnay Klassik 2022
12,5 Vol.-%, DV, Stahltank, €€

88 Sauvignon Blanc Feinstein 2022
12,5 Vol.-%, DV, Stahltank, €

★★

WEINGUT HARALD ZIERER

Das Weingut Zierer hat in Gumpoldskirchen tiefe historische Wurzeln und wurde erstmals im Jahre 1790 erwähnt. Harald Zierer, Absolvent der HBLA Klosterneuburg, ist seit 1990 für die Vinifikation verantwortlich, wobei das Weingut nach wie vor noch von der gesamten Familie bewirtschaftet wird. Es werden drei Arten des Weinausbaus verfolgt: die klassische Linie »Klassik«, bei der die Weine im Stahltank ausgebaut werden, die Linie »Tradition«, wofür die Weine im großen Holzfass reifen, und die »Reserve«-Linie, für die der Ausbau in kleinen französischen Holzfässern erfolgt. Außerdem ist Harald Zierer für seine Süßweine bekannt, die entweder klassisch oder im Barrique ausgebaut werden. Auf dem Weingut wird traditionellerweise hohes Augenmerk auf die typischen autochthonen Gumpoldskirchner Sorten Zierfandler und Rotgipfler gelegt, die sowohl reinsortig wie auch als Cuvée angeboten werden. Neben diesen beiden Hauptsorten bleibt allerdings genug Platz für andere Weißweinsorten wie Riesling, Chardonnay, Welschriesling und Weißburgunder. Seit einigen Jahren wird auch

WEINGUT HARALD ZIERER
2352 Gumpoldskirchen
Badener Straße 36
T: +43 (2252) 607302
zierer@weingut-zierer.at
www.weingut-zierer.at

Kellermeister/Kontakt:
Harald Zierer
Produktion: 50.000 Flaschen
80 % weiß, 10 % rot, 10 % süß,
13 Hektar
Messen: VieVinum

Freigut Thallern

erfolgreich die Rotweinproduktion erweitert. Neben dem österreichischen Klassiker Zweigelt bietet das Weingut auch Syrah, Merlot und Pinot Noir.
Um dem Anspruch perfekter Weinqualität gerecht zu werden, wurde neben dem Weingut in Gumpoldskirchen Ende des Jahres 2009 mit einem Zubau der Kellerei begonnen (Presshaus, Flaschenlager, Fasskeller sowie ein moderner Weinverkostungsraum), der kurz vor der Ernte 2010 fertiggestellt wurde. Da in den letzten Jahren die direkte Vermarktung immer wichtiger und zeitaufwendiger wurde, hat sich die Familie Zierer dazu entschlossen, einen Heurigenbetrieb in der Kurstadt Baden zu betreiben. Hier werden natürlich sämtliche Weine des Weinguts glasweise angeboten, des Weiteren gibt es warme und kalte Spezialitäten vom Buffet.

93 Zierfandler Gumpoldskirchen Ried Rasslerin 2021
13,5 Vol.-%, VL, Holzfass, €€€
Helles Gelbgrün, Silberreflexe. Zarte Kräuterwürze, gelbe Tropenfrucht, ein Hauch von Kernobst und kandierten Mandarinenzesten. Saftig, weißer Apfel, frische Säurestruktur, feine Fruchtsüße im Abgang, lebendig und balanciert, wird von Flaschenreife profitieren.

(92) Zierfandler Schatzberg 2022
13 Vol.-%, VL, €€
Helles Gelbgrün, Silberreflexe. Zart nach kandierten Orangenzesten, feine Kräuterwürze, mit feiner Tropenfrucht unterlegt. Saftig, elegant, frischer Apfel, lebendig strukturiert, mineralisch und gut anhaftend, verfügt über Reifepotenzial.

93 Rotgipfler Gumpoldskirchen Ried Grimling 2021
13,5 Vol.-%, VL, großes Holzfass, €€€
Helles Goldgelb, Silberreflexe. Zart nach frischen Orangenzesten, gelbe Tropenfrucht, etwas Mango, ein Hauch von Kräuterwürze, mineralischer Touch. Komplex, saftig, feine Süße, finessenreich, salzige Mineralik, Limetten im Abgang, gute Länge, verfügt über Entwicklungspotenzial.

(90) Rotgipfler Schatzberg 2022
12 Vol.-%, VL, €€
Helles Goldgelb, Silberreflexe. Feine Kräuterwürze, ein Hauch von Melisse, mit etwas Bergamotte unterlegt, Nuancen von Honig. Mittlerer Körper, Gewürznuancen, feine Fruchtsüße, dezenter Säurebogen, etwas Kletzen, bereits entwickelt und antrinkbar.

91 Chardonnay Gumpoldskirchen Ried Asslatz 2022
12,5 Vol.-%, €€
Mittleres Goldgelb, Silberreflexe. Feine gelbe Tropenfrucht, zart nach gelbem Apfel, zart nach Mandarinenzesten. Mittlerer Körper, feine Fruchtsüße, frisch strukturiert, zitronig-mineralisch im Nachhall, ein leichtfüßiger Speisenbegleiter.

Die Ried Engelreich bei Getzersdorf

© WSNA

NIEDERÖSTERREICH

TRAISENTAL

DAC

WEINE MIT RÜCKGRAT UND FINESSE

Das jüngste Weinbaugebiet Österreichs – es besteht in dieser Form erst seit 1995 – ist mit 848 Hektar Rebfläche auch eines der kleinsten des Landes, aber in einer Beziehung ganz groß: Hier führt der Grüne Veltliner das Regiment. Fixpunkte in den kleinen Weinorten sind bodenständige Buschenschanken, Ausflüge in die Geschichte gewähren Traismauer oder Herzogenburg.

Seit dem Jahrgang 2006 kommen typische fruchtige und würzige Grüne Veltliner sowie kernig-mineralische Rieslinge unter der Bezeichnung »Traisental DAC« auf den Markt, die der Gliederung der Kremstal-DAC-Weine entspricht. In keinem anderen österreichischen Weinbaugebiet hat der Grüne Veltliner einen derart dominanten Flächenanteil: Mit 63 Prozent belegt das Traisental unangefochten Platz eins. Doch auch der Riesling gilt als Spezialität des Traisentals. Die Reben stehen überwiegend auf – oft winzigen – Terrassen mit trockenen, schottrigen, sehr kalkreichen Böden. Sie verleihen den Weinen ein sehr eigenständiges Profil mit kräftigem Körper und festem Rückgrat. Die Mineralik ist auch Geschmacksträger, stützt die Säurestruktur und fördert somit die Langlebigkeit der Weine. Besondere Klimafaktoren – pannonische Einflüsse und gleichzeitig Kaltluft aus dem Alpenvorland bringen warme Tage und kühle Nächte – sorgen für eine sehr feine Aromatik und würzige Finesse. Die nahe Donau kann auch hier ihre temperaturausgleichende Rolle voll ausspielen.

Das Traisental ist aber auch ein attraktives Ausflugsziel für Weinliebhaber, Wanderer, Radfahrer und Kulturinteressierte. Uralte Weintradition – noch weit vor der Weinkultur der Römer in der Region da-

© WSNA

tiert – bestätigen Funde von Traubenkernen aus der frühen Bronzezeit. Ein modernes Kulturprogramm in großer Vielfalt bietet die nahe gelegene niederösterreichische Landeshauptstadt St. Pölten.
Von diesem südlichsten Punkt des Weinbaugebiets eröffnen sich viele Wege nach Westen und Osten: von Statzendorf, Unter- und Oberwölbling über Nussdorf, Reichersdorf, Getzersdorf bis nach Inzersdorf und Herzogenburg mit seinem herrlichen Stift. Verbindendes Element ist die Weinkultur, die von den Winzerfamilien in den zahlreichen Buschenschankbetrieben auf sympathische und genussvolle Weise vermittelt wird. Man ist sich der Bedeutung von Grünem Veltliner und Riesling als Botschafter der Region sehr bewusst. Sie leisten einen wesentlichen Beitrag, den unverwechselbaren Weinstil noch bekannter zu machen – persönliche Nuancen bringen die dazu servierten bodenständigen kulinarischen Köstlichkeiten. Man sollte aber nicht verabsäumen, auch andere Sortenspezialitäten in Weiß und Rot zu verkosten.

TRAISENTAL DAC

Österreich gesamt	**44.728 ha**
Weinbaugebiet Niederösterreich	**27.074 ha**
Traisental DAC	**848 ha**

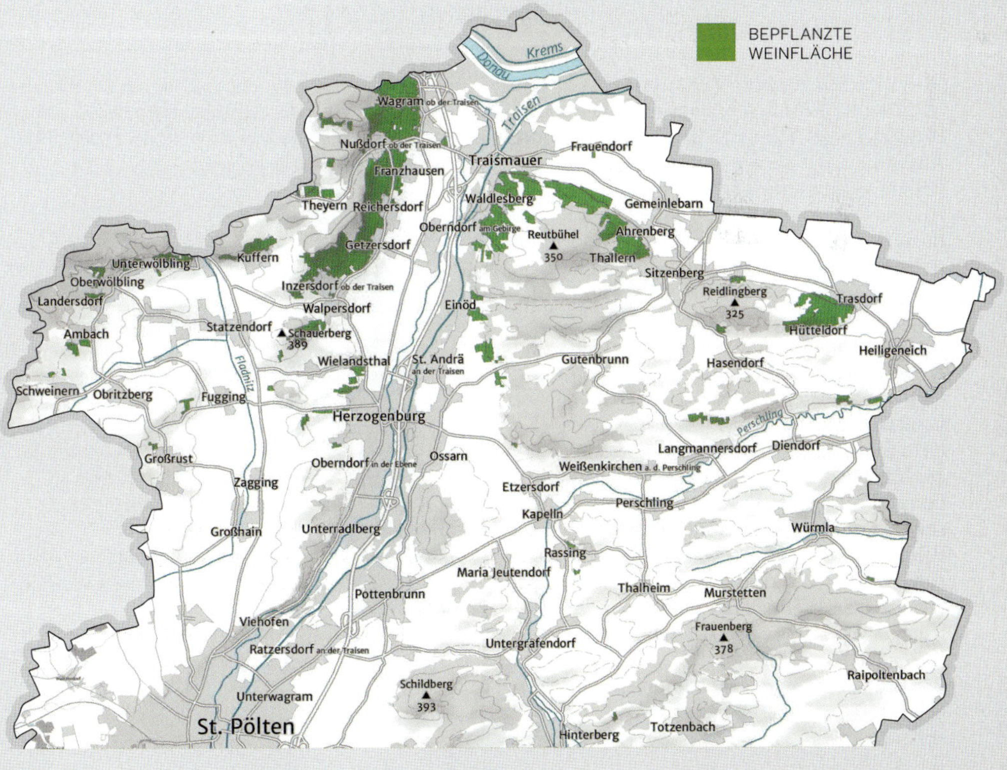

Grundkarte: © Universität Wien, BEV, OSM, SRTM | Österreich Wein Marketing GmbH, 1040 Wien, © ÖWM 2022

AUSGEWÄHLTE WEINGÜTER

★★★★

Weingut Markus Huber, Reichersdorf
Weingut Ludwig Neumayer, Inzersdorf ob der Traisen

★★★

Weingut Karl Brindlmayer, Wagram ob der Traisen
Weingut Tom Dockner, Theyern
Weingut Leopold Figl, Wagram ob der Traisen
Weingut Herwald Hauleitner, Wagram ob der Traisen
Weingut Rudolf Hofmann, Traismauer
Weinkultur Preiß, Theyern

★★★

Winzerhaus Hans Schöller, Wagram ob der Traisen

★★

Stiftsweingut Herzogenburg, St. Pölten
Weingut Andreas Holzer, Nussdorf
Nolz Wein, Hilpersdorf
Weingut Thomas Ott, Reichersdorf

★

Weingut Brachmann, Traismauer-Wagram
Bioweingut Viktor Fischer, Wagram ob der Traisen

★

WEINGUT BRACHMANN

NEU

Im kleinen Weinort Wagram ob der Traisen leitet Kathrin Brachmann seit 2017 die Geschicke des Weinguts. Nach Abschluss ihrer Ausbildung hat sie die Herausforderung angenommen, den elterlichen Betrieb umzustrukturieren und Weine nach ihren Vorstellungen zu produzieren. Dabei steht der Charakter der Rebsorten im Vordergrund. Dieser soll die Typizität des Traisentals widerspiegeln.
Im Anbau beschränkt man sich auf fünf Rebsorten, die sich auf den dort vorherrschenden tiefgründigen Löss- und Konglomeratböden besonders wohlfühlen. Das Weinsortiment ist bewusst kompakt gehalten. Besonderes Liebkind von Kathrin ist der St. Laurent, der erst seit einigen Jahren vinifiziert wird und in Dank und Anerkennung ihrem Vater Josef gewidmet ist. Große Aufmerksamkeit erlangte die junge Winzerin mit Riesling Ried Rosengarten 2021 und 2022 bei den »Falstaff Traisental DAC Cups« 2022 und 2023, wo ihr zweimal in Folge der Sieg nicht zu nehmen war.

94 Grüner Veltliner ** Ried Sonnleithen 2021
14 Vol.-%, DV, Stahltank, €€€
Helles Grüngelb, Silberreflexe. Zarte Nuancen von frischen gelben Ringlotten, etwas Honigmelone und Blütenhonig, mit kandierten Orangenzesten unterlegt. Komplex, saftig, elegante Textur, feiner Säurebogen, fruchtige Süße im Abgang, zeigt Länge und Reifepotenzial.

WEINGUT BRACHMANN
3133 Traismauer-Wagram
Geymüllergasse 4
T: +43 (664) 73708904
office@weingutbrachmann.at
www.weingutbrachmann.at

Kellermeister/Kontakt:
Kathrin Brachmann
Produktion: 86 % weiß, 14 % rot, 6 Hektar

92 Grüner Veltliner * Ried Rosengarten 2022
12,5 Vol.-%, DV, Stahltank, €€
Helles Gelbgrün, silberfarbene Reflexe. Zart nussig-würzig unterlegte reife Birnenfrucht, etwas Mango, mit Orangenzesten unterlegt. Mittlerer Körper, feine weiße Apfelfrucht, frisch strukturiert, mineralisch, gut anhaftend, ein vielseitiger Speisenbegleiter.

93 Grüner Veltliner Alte Reben 2021
13,5 Vol.-%, DV, Stahltank, €€
Helles Grüngelb, Silberreflexe. Zarte gelbe Apfelfrucht, mit etwas Mango und Ananas unterlegt, feine florale Nuancen, ein Hauch von Mandarinenzesten. Saftig, elegant, zarter Säurebogen, harmonisch, gelbe Frucht im Nachhall, bleibt gut haften, ein komplexer Speisenbegleiter.

93 Riesling * Ried Rosengarten 2022
13 Vol.-%, DV, Stahltank, €€
Helles Gelbgrün, silberfarbene Reflexe. Etwas zurückhaltend, weiße Tropenfrucht, Limettenzesten, mineralischer Anklang. Mittlerer Körper, feine Fruchtsüße, balanciert, elegant, gut integrierte Säurestruktur, harmonisch und gut anhaftend, ein facettenreicher Speisenbegleiter.

92 Gelber Muskateller Ried Sonnleithen 2022
12,5 Vol.-%, DV, Stahltank, €€
Sehr helles Goldgelb, Silberreflexe. Feinwürzig-traubiges Bukett, weißer Pfirsich, Holunderblüten, attraktiv. Saftig, elegant, feine weiße Tropenfrucht, frisch, kerniger Touch, gute Länge, toller Sommerwein.

90 St. Laurent Josef 2021
13 Vol.-%, DV, Barrique, €€€
Kräftiges Karmingranat, Ockerreflexe, breitere Randaufhellung. Florale Nuancen, rote Waldbeeren, ein Hauch von frischen Kirschen, einladendes Bukett. Mittlerer Körper, rotbeeriger Touch, gute Frische, ein leichtfüßiger, fruchtiger Speisenbegleiter.

★★★

WEINGUT KARL BRINDLMAYER

Begeistertes Handwerk und sinnliche Wurzeln beschreiben das Weingut Karl Brindlmayer sehr gut. Nach seinem jahrelangen Fokus auf eine akademische Karriere bei gleichzeitiger Unterstützung des Familienweinguts kehrte Karl Brindlmayer zurück zu seinen Wurzeln. Mit Begeisterung zeichnet er in sechster Generation für seine ersten Jahrgänge verantwortlich. Die Familie ist seit 1833 auf dem 1557 erstmals urkundlich erwähnten Hof ansässig und sieht die Zertifizierung »Nachhaltig Austria« als Lebensidee. Nicht zuletzt entstehen die Weine in Erzeugerabfüllung weiterhin ressourcenschonend im hofeigenen alten Weinkeller.
Der Winzer beweist, dass Exzellenz auch abseits von vorgegebenen Wegen erreicht werden kann. Wie alle Reserve-Weine soll die Traditionsmarke »Brigos« gemäß der altkeltischen Wortbedeutung Mächtigkeit verkörpern, aber auch nicht vorlaut sein. Nach langer Reifephase als »Große Reserve« wird die Spannung zwischen Kraft und Expressivität harmonisch gelöst. Über Jahrzehnte baute die Familie ein vielfältiges Sortiment gebiets- und sortentypischer Klassiker sowie unverwechselbarer Lagenweine wie »Rosengarten«, »Sonnleithen« und »Bergen« auf. Neben dem Donaueinfluss und mikroklimatischen Feinheiten sind diese Terrassenweingärten von kalkhaltigen Böden, mitunter tiefgründigem Löss sowie Konglomerat mit Sandstein und

WEINGUT KARL BRINDLMAYER
3133 Wagram ob der Traisen
Wachaustraße 23
T: +43 (2783) 598
wein@brindlmayer.at
www.brindlmayer.at

Kellermeister/Kontakt:
Karl Brindlmayer
Produktion: 1 % Schaumwein, 82 % weiß, 6 % rosé, 10 % rot, 1 % süß, 13 Hektar
Zertifiziert: Nachhaltig Austria
Vereinszugehörigkeit:
Verein Traisentaler Wein, Regio Tragisana
Messen: VieVinum

Mergel geprägt, während auf der Ostseite der Traisen kühlere Hügellagen einen frischen Weincharakter transportieren.
Mit diesen sinnlichen Wurzeln soll jeder Wein das begeisterte Winzerhandwerk auch für ein breites Publikum spürbar machen. Das gelingt dem nunmehrigen Betriebsführer, welcher der Familienmarke mittlerweile mehr als eine lediglich nationale Bekanntheit verliehen hat, sehr gut, denn das eine oder andere Gläschen Brindlmayer-Wein hat schon am »Grote Markt« von Antwerpen oder auf einem Business-Class-Flug nach Montreal so manchem Weinfreund die Sinne verzaubert. Erklärtes Ziel sind Jahr für Jahr unverkennbare und zugleich zugängliche Weine mit Herkunftscharakter, die Charme versprühen und für sich sprechen. Die Winzerfamilie blickt auf viele Auszeichnungen zurück, während die aktuellen Erfolge, wie ein Landessieger sowie ein zweiter Platz beim »Falstaff Traisental DAC Cup« 2023, für den richtigen Weg der »Next Generation« sprechen. Das neue Verkostungsambiente auf dem Weingut ist ein weiterer Schritt in die Zukunft.

93 Grüner Veltliner ** Ried Bergen 2021
13,5 Vol.-%, DV, Stahltank, €€€ V
Mittleres Grüngelb. Mit Blütenhonig unterlegte reife Tropenfrucht, zart nach Quitte, floraler Touch. Straff, komplex, Honigmelone klingt an, lebendige Säurestruktur, mineralisch, etwas salzig, Kokos im Nachhall, guter Speisenbegleiter.

92 Grüner Veltliner * Ried Sonnleithen Alte Reben 2022
13 Vol.-%, DV, €€ V
Mittleres Gelbgrün, silberfarbene Reflexe. Feinwürzig unterlegte rote Apfelfrucht, zart nach Mandarinenzesten, ein Hauch von Mango. Saftig, etwas nach Blütenhonig, gut eingebundene Säurestruktur, gelbe Pfirsichnoten, guter Speisenbegleiter.

90 Grüner Veltliner * Ried Rosengarten 2022
12,5 Vol.-%, DV, €€ V
Helles Gelbgrün, silberfarbene Reflexe. Etwas nach Kräutern, zarte Apfelfrucht, ein Hauch von Melisse, würziger Touch. Saftig, mittlerer Körper, balanciert, Kernobst im Abgang, mineralischer Nachhall, bereits gut antrinkbar.

92 Riesling * Parapluiberg 2022
12,5 Vol.-%, DV, Stahltank, €€ V
Helles Gelbgrün, Silberreflexe. Etwas Marille und Mango, Blütenhonig, zart nach Clementinen, einladendes Bukett. Saftig, komplex, feiner Säurebogen, zart nach Papaya, wirkt leichtfüßig, bleibt gut haften, vielfältig einsetzbar.

89 Chardonnay 2022
13 Vol.-%, DV, Stahltank, €€ V

93 Riesling Beerenauslese 2021
11,5 Vol.-%, DV, Stahltank, €€€€€ V
Helles Goldgelb, Silberreflexe. Reifer weißer Weingartenpfirsich, zart nach Blütenhonig und Maracuja, einladendes Bukett. Saftig, weißes Steinobst, feiner Säurebogen, gut integrierte Süße, Limetten im Abgang, bleibt haften, sicheres Reifepotenzial.

★★★

WEINGUT TOM DOCKNER

Wenn Steine und Geröll aus der Traisen auf ausgewaschenen Kalk treffen, dann braucht es ein paar Jahrtausende, bis sich Konglomerat bildet – ein trockener Begriff für etwas, das großartige Veltliner hervorbringt. Tom Dockners Weinreben wachsen auf diesen uralten, eiszeitlich geprägten Böden, auf denen sich so einiges an wertvollen Bausteinen, sprich Sedimenten, angesammelt hat. Diese wiederum verleihen seinen Grünen Veltlinern aus dem Traisental ihr unverwechselbares Geschmacksbild: mineralisch, vielschichtig, ausdrucksstark und dennoch nicht zu ausladend. »Konglomerat« nennt sich dieser einzigarte Zusammenschluss aus vielen Tausenden Jahren Geröll, Schotter, Kalk, Wind und Wetter. Seine einzigartigen Weinrieden heißen Theyerner Berg, Pletzengraben und Hochschopf. Seit 2019 sind die zwei letztgenannten Rieden als »Erste Lagen 1ÖTW« klassifiziert, und seither ist das Weingut Mitglied der »Österreichischen Traditionsweingüter«. Grüner Veltliner und Riesling sind sicher die bekanntesten Sorten des Traisentals und zu Recht auch die Paradeweine von Tom Dockner, aber auch Traminer und Pinot Noir begeistern immer wieder aufs Neue. Nachhaltigkeit und naturnahe Bewirtschaftung der Weingärten sind dem Traisentaler Winzer sehr wichtig. Kellerar-

WEINGUT TOM DOCKNER
3134 Theyern
Traminerweg 3
T: +43 (664) 5441779
weingut@docknertom.at
www.docknertom.at

Kellermeister/Kontakt:
Thomas Dockner
Produktion: 90 % weiß, 10 % rot, 23 Hektar
Zertifiziert: Nachhaltig Austria
Vereinszugehörigkeit:
Traditionsweingüter Österreich
Messen: VieVinum, MondoVino

Traminer

beit heißt für Tom Dockner, die Qualität und den Charakter der Trauben aus dem Weingarten ohne Verluste in die Flasche zu bringen. Daher sind penible Sauberkeit und schonende Verarbeitung hier selbstverständlich. Kosten lassen sich diese einzigartigen Weine am besten dort, wo sie heranreifen: im lichtdurchfluteten Verkostungsraum mitten im Traisental. Hier kann man selbst dem einzigartigen Charakter der Landschaft, der Menschen, der Natur und dieser Weine auf den Grund gehen.

(94) Grüner Veltliner * Neusiedl Ried Hochschopf 1ÖTW 2022
13 Vol.-%, NK, großes Holzfass, €€€€€ V
Mittleres Grüngelb, Silberreflexe. Mit Gewürznuancen unterlegtes gelbes Kernobst, Golden-Delicious-Apfel und Orangenzesten, tabakig unterlegt. Komplex, saftig, angenehme Fruchtsüße, straffer Säurebogen, sehr jugendlich, mineralischer Nachhall, tolle Länge, wird von weiterer Flaschenreife profitieren.

(93) Grüner Veltliner * Inzersdorf Ried Pletzengraben 1ÖTW 2022
13 Vol.-%, DV, großes Holzfass, €€€€€ V
Mittleres Gelbgrün, Silberreflexe. Zart nach Anis, gelbe Tropenfrucht, etwas Mango und Papaya, mit Mandarinenzesten unterlegt. Komplex, stoffig, elegant und anhaftend, frisch, mit zarter Fruchtsüße ausgestattet, ein facettenreicher Speisenbegleiter.

92 Grüner Veltliner * Ried Theyerner Berg 2022
12,5 Vol.-%, DV, Stahltank, €€€ V
Helles Grüngelb, Silberreflexe. Frische Wiesenkräuter, feine gelbe Tropenfrucht, frische Orangenzesten, ein Hauch von Blütenhonig. Saftig, Nuancen von weißem Kernobst, nach Birne, zitronig, mineralisch-salzig im Abgang, bleibt haften, ein facettenreicher Speisenbegleiter.

93 Riesling * Inzersdorf Ried Pletzengraben 1ÖTW 2021
12,5 Vol.-%, DV, Stahltank, €€€€ V
Mittleres Gelbgrün, Silberreflexe. Feine Nuancen von Feigen, gelbe Tropenfrucht, Pfirsich, etwas türkischer Honig. Stoffig, engmaschig, weißer Apfel, finessenreich und frisch strukturiert, salzig im Abgang, ein animierender Speisenbegleiter, druckvoll und mit Potenzial ausgestattet.

90 Riesling * Parapluiberg 2022
12 Vol.-%, DV, Stahltank, €€ V
Helles Gelbgrün, Silberreflexe. Mit frischen Limetten unterlegte Aromatik von weißer Tropenfrucht, zart floral, einladendes Bukett. Mittlerer Körper, saftige Pfirsichfrucht, feiner Säurebogen, markante Fruchtsüße im Nachhall.

93 Traminer Kalk Konglomerat 2021
13,5 Vol.-%, DV, Stahltank, €€€€ V
Mittleres Gelbgrün, Silberreflexe. Feine Nuancen von Rosenöl, gelbe Tropenfrucht, Ananas und Blütenhonig, einladendes Bukett. Saftig, elegant, gut eingebundene Fruchtsüße, feiner Säurebogen, zitronig-mineralisch, gute Länge, präziser Sortencharakter.

Leopold Figl

WEINGUT LEOPOLD FIGL
3133 Wagram ob der Traisen
Ziegelofengasse 2
T: +43 (660) 1981035
office@weingut-figl.at
www.weingut-figl.at

Kellermeister/Kontakt:
Leopold Figl
Produktion: 2 % Schaumwein, 90 % weiß, 5 % rosé, 3 % rot, 12 Hektar
Vereinszugehörigkeit:
Verein Traisentaler Wein

★★★

WEINGUT LEOPOLD FIGL

Der Familienbetrieb Figl bewirtschaftet seit 1960 Weingärten im unteren Traisental. Die Weingärten befinden sich im Umkreis von Wagram ob der Traisen und wachsen auf Lössböden, wobei Konglomerat das Muttergestein bildet. Der Klosterneuburger Absolvent Leopold Figl war von 2001 bis 2013 Kellermeister im Weingut Stadt Krems und hat danach das smarte Weingut seiner Eltern übernommen, worauf der Fokus auf die gebietstypischen Sorten Grüner Veltliner und Riesling gelegt wurde.
Leopold Figl ist bekannt für fruchtige, aber auch würzige Weine mit einer gut balancierten Säure, die man wunderbar trinken kann. Ein eigens vinifizierter »Blanc de Blancs«-Sekt aus Chardonnay-Trauben nach der traditionellen Methode krönt sein Sortiment. Die Top-Rieden des Weinguts sind Setzen, Sonnleithen und Rosengarten. Durch die gezielte Planung eines modernen Weinkellers wurden perfekte Bedingungen zur schonenden und sauberen Verarbeitung der Trauben geschaffen. Die besondere Pflege der Weingärten und das Bestimmen des optimalen Lesezeitpunktes sind wesentliche Bestandteile einer Produktion qualitativ hochwertiger Weine.

90 ❺ Chardonnay Blanc de Blancs Vintage Brut Reserve 2018
12 Vol.-%, NK, Flaschengärung, €€€
Leuchtendes Goldgelb, feine Perlage. Gelbe Tropenfrucht, ein Hauch von Litschis und Maracuja, mit Mandarinenzesten unterlegt. Mittlerer Körper, reifer Apfel, süße Textur, etwas Honig im Abgang, mineralischer Nachhall.

(93) Grüner Veltliner ** Ried Sonnleithen 2022
13,5 Vol.-%, DV, Stahltank, €€€
Helles Grüngelb, Silberreflexe. Zart nach Honigmelone, Marille und Orangenzesten, mit frischen Wiesenkräutern und Blütenhonig unterlegt. Saftig, elegant, weißes Kernobst, reife Birnenfrucht, feiner Säurebogen, dezente Fruchtsüße, etwas Anis, mineralisch und lange anhaftend, gutes Reifepotenzial.

(93) Grüner Veltliner ** Ried Rosengarten 2022
14 Vol.-%, DV, Stahltank, €€€
Mittleres Gelbgrün, Silberreflexe. Reife gelbe Tropenfrucht, Nuancen von Mango, Blütenhonig und Papaya, einladendes, fruchtbetontes Bukett. Kraftvoll, saftig, süße Frucht, Nuancen von Ananas, angenehmer Säurebogen, mineralisch-zitronig unterlegt, lange anhaftend, ein stoffiger Speisenbegleiter.

© David Schreiber

90 Grüner Veltliner * Ried Setzen 2022
12,5 Vol.-%, DV, Stahltank, €€
Helles Grüngelb, Silberreflexe. Feine gelbe Apfelfrucht, ein Hauch von Honigmelone, kandierte Orangenzesten, angenehme Kräuterwürze. Komplex, straff, feine Birnenfrucht, lebendig strukturiert, mineralisch-salzig, ein vielseitiger Speisenbegleiter.

89 Grüner Veltliner * Wagram Vom Löss 2022
12 Vol.-%, DV, Stahltank, €€

94 Grüner Veltliner Große Reserve 2021
14,5 Vol.-%, DV, Stahltank, €€€
Mittleres Grüngelb, Silberreflexe. Zart nach Marille, gelber Apfel, Orangenzesten, tabakige Nuancen, ein Hauch von Wiesenkräutern und Blütenhonig, facettenreiches Bukett. Stoffig, weißes Kernobst, zarte Fruchtsüße, frischer Säurebogen, mineralisch und lange anhaftend, ein komplexer Speisenwein mit sicherem Entwicklungspotenzial.

★

BIOWEINGUT VIKTOR FISCHER

BIO

Viktor Fischer sieht sich als »Bionier« im Traisental. Seit 2019 führt der junge Winzer das Bioweingut in Wagram ob der Traisen unter seinem Namen. Davor war er im elterlichen Betrieb, dem Biohof Fischer, bereits seit 2012 für den Wein verantwortlich. In den letzten Jahren konnte sich der junge Traisentaler bereits einen Namen machen: Ob beim Falstaff Traisental DAC Cup oder dem Internationalen Bioweinpreis – seine Weine können überzeugen. Seit 2009 werden Viktor Fischers Weine biologisch hergestellt, für ihn eine Herzensangelegenheit. Die Modernisierung seiner Produktion und die Weiterentwicklung seiner Weine – alles immer mit Blick auf Natur und Umwelt – sind die weiteren Ziele des Traisentaler »Bioniers«. Gemeinsam mit seiner Frau Julia baut er seinen Betrieb nach ihren gemeinsamen Vorstellungen um und aus: So wurden 2017 neue Etiketten entworfen und die Flaschen großteils auf umweltfreundliche Leichtflaschen umgestellt, die nur 350 Gramm wiegen und zu 80 Prozent aus Altglas bestehen. 2019 wurde die Traubenverarbeitung modernisiert, und das Weingut konzentriert sich seither auch vermehrt auf den Weinvertrieb in der gehobenen Gastronomie und Hotellerie.

© Bioweingut Viktor Fischer

BIOWEINGUT VIKTOR FISCHER
3133 Wagram ob der Traisen
Wachaustraße 30
T: +43 (699) 111 300 79
bio@fischer-abhof.at
www.fischer-abhof.at

Kellermeister/Kontakt:
Viktor Fischer
Anbauweise: Zertifiziert Biologisch (Austria Bio Garantie)
Produktion: 33.333 Flaschen
7 % Schaumwein, 80 % weiß, 12 % rot, 1 % süß, 5.5 Hektar

Biowinzer Viktor Fischer

Zusätzlich werden die Bioweine aber weiterhin Ab Hof verkauft und bis über Österreichs Grenzen hinaus verschickt.
Wichtig ist dem jungen Biowinzer, so wenig wie möglich und so viel wie nötig in die natürlichen Abläufe einzugreifen. Bei der biologischen Bewirtschaftung spielt im Weingarten der fruchtbare Boden eine besondere Rolle, dieser wird beispielsweise mit selbst erzeugtem Kompost gedüngt, zudem werden Pflanzenauszüge und Tees zur Stärkung der Pflanzen ausgebracht. Handarbeit und die gezielte mechanische Bearbeitung der Weingärten sind ein weiterer wichtiger Erfolgsfaktor. Durch Begrünung und die Pflege des Unterstockbereichs und der Zeilen werden Nützlinge gefördert, die einen gesunden Kreislauf erhalten. »Ich arbeite immer mit Blick auf die Schonung und Unterstützung der Natur und will Bioweine kreieren, die meine Handschrift tragen und so unverkennbar sind«, erklärt Fischer. Jährlich kontrolliert und zertifiziert wird das Bioweingut von der Austria BIO Garantie – so kann Fischer seinen Kundinnen und Kunden beste Bio-Qualität garantieren. »Nur wo Bio zertifiziert wird, ist auch Bio drinnen«, ist der junge Winzer überzeugt.

92 Grüner Veltliner ** Ried Gaisruck 2021
13 Vol.-%, NK, Stahltank, €€€ B
Helles Grüngelb, Silberreflexe. Zarte Kräuterwürze, gelbe Apfelfrucht, Orangenzesten, mit etwas Mango unterlegt. Saftig, weißes Kernobst, zart rauchige Würze, feiner Säurebogen, dezente Fruchtsüße, feine blättrige Nuancen, Limetten im Nachhall, ein ausgewogener Speisenbegleiter.

91 Grüner Veltliner * Ried Rosengarten 2022
13 Vol.-%, DV, Stahltank, €€ B
Mittleres Grüngelb, Silberreflexe. Nuancen von Birnen, ein Hauch von Kletzen, feine tabakige Noten, zart nach Blütenhonig. Saftig, elegant, ein Hauch von Karamell, seidige Textur, feine Süße im Nachhall, ein individueller Stil, bereits gut antrinkbar.

92 Muscaris 2022
12 Vol.-%, DV, Stahltank, €€ B
Helles Grüngelb, Silberreflexe. Mit einem Hauch von Muskatnuss unterlegte weiße Tropenfrucht, floraler Touch, etwas Ananas. Saftig, weiße Apfelfrucht, feine Mineralik, zitronig-frisch, vibrierend und gut anhaftend, ein animierender Sommerwein.

91 Roter Muskateller 2022
12,5 Vol.-%, DV, Stahltank, €€ B
Helles Goldgelb, Silberreflexe. Zart rauchig-würzig unterlegte Nuancen von Traubenkernen, gelbe Tropenfrucht, etwas Muskatnuss. Mittlerer Körper, weißer Apfel, salzige Textur, frisch und gut anhaftend, eine würzige Muskatvariante.

89 Gemischter Satz Nußdorf ob der Traisen 2022
12,5 Vol.-%, DV, Stahltank, €€ B

90 St. Laurent Ried Bergen Reserve 2019
12,5 Vol.-%, NK, Barrique, €€€€ B
Mittleres Karmingranat, Ockerreflexe, breitere Randaufhellung. Rauchig-würzig, zart nach Veloursleder, rotbeerige Nuancen, ein Hauch von Kirschen, Noten von Bergamotte. Saftig, elegant und frisch, wirkt leichtfüßig, etwas Nougat, vielfältig einsetzbar.

★★★

WEINGUT HERWALD HAULEITNER

Herwald und Raphaela Hauleitner bewirtschaften ihre Weingärten in Wagram ob der Traisen nahe Traismauer. Der Familienbetrieb besteht seit 1932 und wird mit dem Leitsatz »Trinken ist ein Bedürfnis, Genießen eine Kunst« geführt. Ziel ist es, puristische Weine mit viel Frucht und Schmelz für den Alltag zu erzeugen. Laufend kommen neue Vertriebspartner im In- und Ausland dazu und erfreuen sich an den filigranen Produkten. Die ausschließlich handverlesenen Weine des sympathischen und freundlichen Winzerpaares sind geprägt vom Terroir und auf den Herkunftscharakter fokussiert (Traisental DAC und Traisental DAC Reserve).
Es gibt im Traisental die Terroirtypen Löss, Konglomerat und den etwas schwereren lehmigeren Tonboden auf Oncophora (Muschelkalk). Vor allem die dominierenden Sorten wie Grüner Veltliner und Riesling sowie Gelber Muskateller aus der Riede Bergen sind die Steckenpferde des Jungwinzerpaares. Klare und authentische Weine zu keltern hat oberste Priorität, Mineralik und Sortenfrucht stehen im Vordergrund. Der vorherrschende tiefgründige und kalkhaltige Lössboden, vor allem in der Top-Lage Sonnleithen,

© www.kernmayer.com

WEINGUT HERWALD HAULEITNER

3133 Wagram ob der Traisen
Weinkeller im Flohbergweg
T: +43 (676) 9519813
traisental@weingut-hauleitner.at
www.hauleitner.at

Kellermeister/Kontakt:
Herwald Hauleitner
Produktion: 90 % weiß, 10 % rot, 9 Hektar
Vereinszugehörigkeit:
Verein Traisentaler Wein

Herwald Hauleitner

garantiert volle Frucht, Harmonie und Trinkvergnügen. Drei weitere Lagenveltliner stehen im Fokus: zum einen der Grüne Veltliner »Rosengarten«, der – auf kühlem Lössboden mit größerer Nähe zum Konglomerat gewachsen – eine sehr feine und filigrane Veltlinerwürze zeigt, zum anderen der Grüne Veltliner »Venusberg«, der auf schwerem und tonigem Boden eine sehr cremige Dichte und Mineralik präsentiert, und schließlich der Grüne Veltliner »Parapluiberg«. Weiters gibt es einen Riesling »Spontan« aus der Lage Sonnleithen, natürlich vergoren ohne Zusatz von Hefe, und einen kräftigen, cremigen Sekt vom Grünen Veltliner mit zwölfmonatiger Lagerung. Das Weingut war »Falstaff Grüner Veltliner Grand Prix«-Sieger 2009 und »Falstaff Traisental DAC Cup«-Sieger 2016, 2018 und 2022 sowie Doppelsieger 2019 und 2021.

93 Grüner Veltliner * Parapluiberg 2022
13,5 Vol.-%, DV, Stahltank, €€
Helles Grüngelb, Silberreflexe. Zart nach gelber Tropenfrucht, ein Hauch von Kräuterwürze, feine Nuancen von Mango und Orangen. Komplex, saftig, weiße Birnenfrucht, feiner Säurebogen, salzige Mineralik, zeigt Länge, gutes Zukunftspotenzial.

92 Grüner Veltliner * Ried Rosengarten 2022
13 Vol.-%, DV, Stahltank, €€
Helles Grüngelb, Silberreflexe. Verhalten, zartes Kernobst, etwas Honigmelone, mit kandierten Orangenzesten unterlegt. Mittlerer Körper, zarte Fruchtsüße, Nuancen von Marille, dezenter Honig im Abgang, bereits entwickelt und zugänglich.

92 Grüner Veltliner * Venusberg 2022
13 Vol.-%, DV, Stahltank, €€
Helles Grüngelb, Silberreflexe. Mit Mandarinenzesten unterlegte gelbe Apfelfrucht, ein Hauch von Wiesenkräutern, tabakige Nuancen, mit etwas Blütenhonig unterlegt. Komplex, saftig, weiße Apfelfrucht, feiner Säurebogen, mineralisch, zeigt gute Länge, verfügt über Reifepotenzial.

91 Grüner Veltliner * Wagram Terrassen 2022
12,5 Vol.-%, DV, Stahltank, €€
Helles Gelbgrün, Silberreflexe. Zart nach Apfel und Honigmelone, zart floral, Nuancen von Orangenzesten. Saftig, elegant, feinwürzig, ein Hauch von frischer Birne, etwas Blütenhonig im Abgang, vielfältig einsetzbar.

91 Grüner Veltliner * Ried Sonnleithen 2022
13 Vol.-%, DV, Stahltank, €€
Helles Grüngelb, Silberreflexe. Feine Kräuterwürze, tabakige Nuancen, Noten von weißer Frucht, ein Hauch von Mandarinenzesten. Mittlerer Körper, zart salzig unterlegte Apfelfrucht, zitroniger Touch, bereits gut antrinkbar, vielfältig einsetzbar.

91 Riesling * Ried Sonnleithen Spontan 2022
13,5 Vol.-%, DV, Stahltank, €€
Helles Gelbgrün, Silberreflexe. Zart blumig, weißer Pfirsich, ein Hauch von Tropenfrucht, etwas Blütenhonig, facettenreiches Bukett. Mittlerer Körper, frisches Kernobst, dunkle Mineralik, feinwürzig im Abgang, zitroniger Nachhall.

89 Rosé C.M.S.Z. 2022 CS/ZW/ME/SY
12,5 Vol.-%, DV, Stahltank, €€

Stift Herzogenburg

STIFTSWEINGUT HERZOGENBURG
3100 St. Pölten
Kugelgasse 1
T: +43 (664) 2501066
office@stiftsweingut-herzogenburg.com
www.stiftsweingut-herzogenburg.com

Kellermeister: Josef Baumgartner
Kontakt: Dr. Hans-Jörg Schelling
Produktion: 80.000 Flaschen
5 % Schaumwein, 90 % weiß, 5 % rosé, 12 Hektar
Vereinszugehörigkeit:
Verein Traisentaler Wein, Regio Tragisana

★★

STIFTSWEINGUT HERZOGENBURG

Bereits seit 4.000 Jahren wird auf dem Gebiet zwischen Donau und Wienerwald Wein angebaut – eine uralte Tradition, die Familie Schelling mit dem Stiftsweingut Herzogenburg seit 2009 fortsetzt. Den lange gehegten Wunsch, ein eigenes Weingut zu betreiben, konnte sich Unternehmer und Politiker Hans Jörg Schelling nach einem eher zufälligen Gespräch mit Prälat Maximilian Fürnsinn erfüllen. Das Stiftsweingut Herzogenburg mit dem Weinschlössl in Wielandsthal liegt mitten im niederösterreichischen Traisental und verfügt über einen der größten unterirdischen und wahrscheinlich ältesten Weinkeller des Tales, den »Johannes Keller« von Jakob Prandtauer. Dieser wurde von Familie Schelling komplett saniert und modernisiert, zudem wurden mehrere Hektar Weinreben neu ausgepflanzt und die bestehenden Weingärten generalüberholt. Bei sämtlichen Veränderungen im Stiftsweingut Herzogenburg waren alle Beteiligten stets bemüht, die Tradition mit dem Zeitgeist zu verbinden und die Philosophie »Tradition neu erlebt« in die Tat umzusetzen. Besonders stolz ist man daher auch auf die reaktivierte Baumpresse aus dem 19. Jahrhundert. Die sehr kalkhaltigen Böden der Terrassen verleihen den Weinen (unter anderem Grüner Veltliner, Riesling, Neuburger, Gelber Muskateller, Sauvignon Blanc, Burgunder-Cuvée, Rosé) ein eigenständiges Profil mit kräftigem Körper und festem Rückgrat. Zahlreiche Auszeichnungen bestätigen den Anspruch der Familie, außerordentliche Weine zu produzieren.

92 Grüner Veltliner * Ried Pfarrweingarten 2022
12,5 Vol.-%, DV, Stahltank, €€
Helles Goldgelb, silberfarbene Reflexe. Zarte Orangenzesten, gelbe Apfelfrucht, ein Hauch von Kräuterwürze, Limetten, dunkle Mineralik. Mittlerer Körper, feine Pfirsichfrucht, etwas Ananas, feine Säurestruktur, zitroniger Touch, dezente Süße im Abgang.

90 Grüner Veltliner * Classic 2022
12 Vol.-%, DV, Stahltank, €€
Helles Goldgelb, Silberreflexe. Nuancen von Golden-Delicious-Apfel, ein Hauch von Babybanane und Mango, fruchtbetontes Bukett. Mittlerer Körper, zart nach Honigmelone, angenehmer Säurebogen, dezente Mineralik, ein Hauch von Fruchtsüße im Abgang, bereits gut antrinkbar.

93 Grüner Veltliner Reserve Selectio 2022
13,5 Vol.-%, DV, Stahltank/großes Holzfass, €€€
Helles Grüngelb, Silberreflexe. Feine Wiesenkräuter, ein Hauch von Tabak, frische Apfelaromen, etwas Birne, kandierte Orangenzesten, facettenreiches Bukett. Kraftvoll, komplex, weißes Kernobst, feiner Säurebogen, würziger Abgang, feine Fruchtsüße, bleibt haften, verfügt über gutes Entwicklungspotenzial.

92 Riesling * 2022
12,5 Vol.-%, DV, Stahltank, €€
Helles Gelbgrün, Silberreflexe. Feine gelbe Tropenfrucht, Nuancen von Pfirsich und Maracuja, etwas Blütenhonig, einladendes Bukett. Saftig, feine weiße Apfelfrucht, mineralisch und lebendig strukturiert, zarte Fruchtsüße, ein balancierter, vielfältig einsetzbarer Speisenbegleiter.

92 Burgunder Cuvée 2022 CH/WB
13,5 Vol.-%, DV, Stahltank/großes Holzfass, €€€
Helles Gelbgrün, Silberreflexe. Feine Nuancen von weißem Kernobst, ein Hauch von frischer Birne, etwas Blütenhonig, Nuancen von Babybanane, mit Mandarinenzesten unterlegt. Stoffig, frisch strukturiert, weiße Apfelfrucht, zitronig-mineralisch im Abgang, ein lebendiger Speisenbegleiter, gutes Reifepotenzial.

91 Sauvignon Blanc 2022
14 Vol.-%, DV, Stahltank, €€
Helles Grün, Silberreflexe. Reife Stachelbeeren, ein Hauch von Passionsfrucht, mit Limettenzesten unterlegt, feine Kräuterwürze im Hintergrund. Feine gelbe Tropenfrucht, komplex, dezente Fruchtsüße, etwas Blütenhonig, bleibt gut haften, mineralischer Nachhall.

★★★

WEINGUT RUDOLF HOFMANN

BIO

Rudi Hofmann ist Autodidakt mit einem hohen Maß an ökologischer Verantwortung. Sein Credo »Zukunft entsteht in der Ried Fuchsenrand« ist Konzept. In Forschungsprojekten mit nationalen und internationalen Partnern versucht er, Antworten auf Fragen zu Nachhaltigkeit und Klimawandel zu finden. In einem neuen Zertifizierungsprojekt kommt Rudi Hofmann seinem Ziel, Nachhaltigkeit objektiv beurteilbar zu machen, sehr nahe. 90 Prozent der Rebflächen sind mit Weißweinrebsorten bepflanzt (50 Prozent Grüner Veltliner, 20 Prozent Riesling, 20 Prozent Sauvignon Blanc, Muskateller, Chardonnay). Die beiden Hauptsorten Grüner Veltliner und Riesling

© ©David Schreiber

WEINGUT RUDOLF HOFMANN
3133 Traismauer
Oberndorfer Straße 41
T: +43 (676) 3133566
office@weingut-hofmann.at
www.weingut-hofmann.at

Kellermeister/Kontakt:
Rudolf Hofmann
Anbauweise: Zertifiziert Biologisch (Bio Austria)
Produktion: 90 % weiß, 10 % rot, 14.5+8 Hektar
Zertifiziert: Nachhaltig Austria
Messen: VieVinum, DAC-Präsentationen

Rudolf Hofmann

* Traisental DAC ** Traisental DAC Reserve

werden als Traisental DAC vermarktet, sein »CMS« ergänzt als frecher Sommerwein das Sortiment. Die Lagen Fuchsenrand und Kogelberg sind die Herzstücke des Weinguts. Während in der Ried Fuchsenrand mit ihren Muschelkalk- und Lössböden die Veltliner zur Hochform auflaufen, beheimatet die Ried Kogelberg mit ihren kargen Konglomerat- und Schotterböden vor allem den Riesling. Die Klassikweine liefern klare Sortentypizität, erlangen früh ihre Trinkreife und sind die Allrounder unter den Speisenbegleitern. Die Kraft der Reserven und die Feinheit der Lagenweine spiegeln das spezielle Terroir des Traisentals mit seinen kalkhaltigen Böden wider, es verleiht ihnen Eigenständigkeit und Reifungspotenzial.

93 Grüner Veltliner ** Ried Fuchsenrand Vintage 2020
14 Vol.-%, DV, Stahltank, €€€€ B
Helles Gelbgrün, Silberreflexe. Reife gelbe Tropenfrucht, Nuancen von Rhabarber, etwas Mango und kandierte Orangenzesten, intensives, attraktives Bukett. Kraftvoll, saftig, exotische Frucht, zart nach Banane, feiner Säurebogen, mineralisch, saliner Nachhall, weiteres Reifepotenzial.

92 Grüner Veltliner * Oberndorf am Gebirge 2022
12,5 Vol.-%, DV, Stahltank, €€ B
Helles Grüngelb, Silberreflexe. Feine Nuancen von reifer gelber Tropenfrucht, ein Hauch von Mango, frische Orangenzesten. Frische Apfelfrucht, lebendiger Säurebogen, mineralisch-zitronig im Abgang, leichtfüßiger, animierender Stil, macht Lust auf ein zweites Glas.

92 Grüner Veltliner * Organic 2022
13 Vol.-%, DV, Stahltank, €€ B
Helles Grüngelb, Silberreflexe. Zarte Kräuterwürze, Nuancen von Orangenzesten, etwas Kernobst, Mango, tabakiger Hauch. Komplex, saftig, weiße Frucht, frischer Säurebogen, mineralisch, ein Hauch von Limetten im Nachhall, lebendig, ein rassig-würziger Speisenbegleiter.

92 Riesling * Ried Fuchsenrand 2022
12,5 Vol.-%, DV, Stahltank, €€€ B
Helles Gelbgrün, Silberreflexe. Zart rauchig, frische weiße Tropenfrucht, tabakige Nuancen, mit Limettenzesten unterlegt. Straff, engmaschig, weißer Pfirsich, zitronig-mineralisch im Abgang, ein animierender Sommerwein mit Entwicklungspotenzial.

92 Riesling * Ried Kogelberg 2022
12,5 Vol.-%, DV, Stahltank, €€€ B
Helles Gelbgrün, Silberreflexe. Nuancen von Zitronenmelisse, weißes Steinobst, mineralischer Anklang, floraler Touch. Saftig, weiße Frucht, frischer Säurebogen, mineralisch im Abgang, gut integrierte Süße im Nachhall, gutes Entwicklungspotenzial.

91 Sauvignon Blanc 2022
12,5 Vol.-%, DV, Stahltank, €€ B V
Helles Gelbgrün, Silberreflexe. Zarte Noten von reifen Stachelbeeren, etwas Guaven, Nuancen von Limettenzesten, einladender Duft. Saftig, elegant, weiße Tropenfrucht, lebendiger Säurebogen, zitronig-salzig im Abgang, vielfältig einsetzbar.

★★

WEINGUT ANDREAS HOLZER

»Weinbau mit Liebe & Leidenschaft – und das seit Generationen« ist der Leitsatz des Weinguts Andreas Holzer, denn ein Weingut entsteht nicht von heute auf morgen. Dafür braucht es viel Liebe, Zeit und die Arbeit mehrerer Generationen. Im Weingarten gibt es immer viel zu tun – gut, wenn da viele eingespielte Hände mit Freude zusammenhelfen, damit dabei das Beste herauskommt, was der Heimatboden hergibt: ein Wein mit unvergleichlichem Charakter. Auf dem Familienweingut Holzer wird bereits in dritter Generation gemeinsam gearbeitet und der Wissensschatz um die Besonderheiten in der Weinproduktion im Traisental weitergegeben. Die speziellen Lagen, gesunde Trauben, ein intakter Boden und die naturnahe Bewirtschaftung, gepaart mit modernster Kellertechnik, sind dabei die Grundlagen für die gebietstypisch fruchtigen Weißweine und gehaltvollen Rotweine, die auf dem Weingut Holzer entstehen.

(93) Grüner Veltliner ** Ried Spiegeln 2022
13,5 Vol.-%, DV, großes Holzfass, €€€
Mittleres Grüngelb, Silberreflexe. Kandierte Orangenzesten, gelber Apfel, ein Hauch von Mango, mit feiner Kräuterwürze und Blütenhonig unterlegt. Komplex, saftig, weiße Frucht, frischer Säurebogen, reifer gelber Apfel im Abgang, fruchtsüßer Nachhall, stoffiger, einladender Stil.

92 Grüner Veltliner ** Alte Reben 2022
13,5 Vol.-%, DV, großes Holzfass, €€
Helles Grüngelb, Silberreflexe. Ein Hauch von Quitten, weißes Kernobst, florale Nuancen, etwas Blütenhonig. Saftig, gelbe Tropenfrucht, rund und harmonisch, etwas Marille und Honig im Abgang, ein eleganter, entwickelter Speisenwein.

90 Grüner Veltliner * 2022
12,5 Vol.-%, DV, Stahltank, €€
Helles Grüngelb, Silberreflexe. Tabakig, feine Nuancen von Golden-Delicious-Apfel, ein Hauch von Orangenzesten. Leichtfüßig, grüner Apfel, straff, lebendiger Säurebogen, zitronig, ein lebendiger Sommerwein.

90 Grüner Veltliner Steinbühl 2022
12,5 Vol.-%, DV, Stahltank, €€
Helles Gelbgrün, Silberreflexe. Frischer Golden-Delicious-Apfel, ein Hauch von Orangenzesten, tabakige Nuancen. Mittlerer Körper, weißer Apfel, frische Säurestruktur, dezente Süße im Nachhall, ein unkomplizierter Speisenbegleiter.

93 Riesling * Privat 2022
13 Vol.-%, DV, Stahltank, €€
Leuchtendes mittleres Grüngelb, Silberreflexe. Reifes Steinobst, gelber Pfirsich, mit etwas Tropenfrucht und Honig unterlegt, attraktives Bukett. Straff, fruchtig, zarte Nuancen von weißer Frucht, lebendiger Säurebogen, mineralisch-zitronig, zeigt Länge und Entwicklungspotenzial.

WEINGUT ANDREAS HOLZER
3134 Nussdorf
Neusiedler Straße 54
T: +43 (2783) 8426
wein@weingutholzer.at
www.weingutholzer.at

Kellermeister/Kontakt:
Andreas Holzer
Produktion: 85 % weiß, 5 % rosé, 10 % rot, 18 Hektar
Messen: VieVinum

90 Gemischter Satz Tradition 2022
12,5 Vol.-%, DV, Stahltank, €€
Helles Gelbgrün, Silberreflexe. Etwas scheues, kräuterwürziges Bukett. Saftig, frisches Kernobst, angenehme Fruchtsüße, lebendig strukturiert, weißer Apfel im Nachhall, animierender Speisenbegleiter.

★★★★

WEINGUT MARKUS HUBER

BIO

Das Weingut Markus Huber gilt als Leitbetrieb des Traisentals, und die Weine sind in mehr als 35 Ländern weltweit zu finden. Das Anliegen des Winzers und Obmanns der Traisentaler Winzer ist es, einerseits individuelle, charaktervolle Weine zu erzeugen und andererseits einen Beitrag zu leisten, um das Traisental mit seinen einzigartigen kalkreichen Konglomeratböden bekannter zu machen. Markus Huber vinifiziert Weine mit glockenklarer Stilistik, terroirbetonter Mineralik und Sortentypizität. Hauptsorte ist ganz klar der Grüne Veltliner. Dieser wird in vier verschiedenen Stilistiken angeboten. Abhängig vom jeweiligen Bodentyp und dem Potenzial der Trauben wird der Wein entweder im Stahltank oder im großen Holzfass ausgebaut. Zweitwichtigste Sorte ist der Riesling, gefolgt von den Sorten Weißburgunder, Sauvignon Blanc und Gelber Muskateller. SALON-Auserwählter 2003, Landessieger, viermaliger »Falstaff Grüner Veltliner Grand Prix«-Sieger, Goldmedaille auf der »London International Wine and Spirit Competition« und Auszeichnung als »Best White Wine Producer«, herausragende Kritiken in österreichischen Fachmedien, eine Nominierung für die Auszeichnung »Newcomer des Jahres« im Falstaff-Magazin und schließlich die Bezeichnung »Wunderkind« im englischen »Decanter«: Markus Huber war schon in jungen Jahren auf dem richtigen Weg und hat diesen bis heute nicht verlassen.
Auch bei der Qualitätssicherung des Produkts geht Markus Huber geradlinig seinen Weg: Seit 2007 ist das Weingut IFS- und BRC-zertifiziert. Kompromissloses Arbeiten zugunsten höchster Qualität ist

Markus Huber

WEINGUT MARKUS HUBER

3134 Reichersdorf
Weinriedenweg 13
T: +43 (2783) 82999
office@weingut-huber.at
www.weingut-huber.at

Kellermeister: Markus Huber und Michael Huber
Kontakt: Markus Huber
Anbauweise: Zertifiziert Biologisch (Bio Austria)
Produktion: 1 % Schaumwein, 94 % weiß, 2 % rosé, 2 % rot, 1 % süß, 50 Hektar
Zertifiziert: Nachhaltig Austria
Vereinszugehörigkeit: Traditionsweingüter Österreich
Messen: ProWein Düsseldorf

die oberste Prämisse von Markus Huber. »Jedes Jahr noch ein klein wenig an der Qualitätsschraube zu drehen, das ist mein Ansporn«, so der Winzer. Seit 2020 sind sämtliche Weingärten organisch-biologisch zertifiziert. Das Weingut ist Mitglied im Verein der »Traditionsweingüter Österreich«. 2015 wurde Markus Huber vom Falstaff-Magazin zum »Winzer des Jahres« gekürt.

(97) Riesling * Getzersdorf Ried Berg 1ÖTW 2022
13 Vol.-%, NK, Stahltank, €€€€€€ B V
Helles Gelbgrün, Silberreflexe. Facettenreich komponierte gelbe Tropenfrüchte, zart nach Pfirsich, Mango und Maracuja, florale Aspekte, mineralischer Touch. Saftig, weißes Steinobst, rassige Säurestruktur, von feiner Fruchtsüße gekontert, salzige Mineralik, elegant und lange anhaltend, sicheres Reifepotenzial.

94 Riesling * Inzersdorf Ried Rothenbart 1ÖTW 2022
13 Vol.-%, DV, Stahltank, €€€€€ B V
Mittleres Gelbgrün, Silberreflexe. Zarte Nuancen von Ananas und Maracuja, ein Hauch von Safran und Blütenhonig, einladendes Bukett, mit Limettenzesten unterlegt. Saftig, elegant, weiße Pfirsichfrucht, finessenreiche Säurestruktur, elegant und anhaftend, zeigt gute Länge, mineralischer Nachhall und sicheres Reifepotenzial.

(95) Grüner Veltliner * Getzersdorf Ried Berg 1ÖTW 2022
13,5 Vol.-%, NK, großes Holzfass, €€€€€€ B V
Mittleres Grüngelb, Silberreflexe. Zart rauchig-tabakig unterlegte feine Aromatik von gelber Frucht, dezente Kräuterwürze, mineralischer Anklang. Stoffig, elegant, feine weiße Apfelfrucht, finessenreiche Struktur, ein Hauch von Süße im Nachhall, zeigt gute Länge und Reifepotenzial, schon in der Jugend in vollen Zügen zu genießen.

(94) Grüner Veltliner * Inzersdorf Ried Zwirch 1ÖTW 2022
13,5 Vol.-%, DV, großes Holzfass, €€€€€ B V
Mittleres Gelbgrün, Silberreflexe. Zarte weiße Apfelfrucht, ein Hauch von Mango, mineralischer Touch, kandierte Orangenzesten im Hintergrund. Saftig, elegant, feine fruchtige Süße, gut integrierter Säurebogen, mineralisch-salzig im Abgang, ein facettenreicher Speisenbegleiter mit gutem Reifepotenzial.

(93) Grüner Veltliner * Reichersdorf Ried Alte Setzen 1ÖTW 2022
13 Vol.-%, DV, großes Holzfass, €€€€ B V
Mittleres Grüngelb, Silberreflexe. Frische Wiesenkräuter, ein Hauch von Apfel, Mango und Ananas, frische Orangenzesten. Saftig, Nuancen von reifem gelbem Kernobst, feine Fruchtsüße, dezenter Säurebogen, opulenterer Stil, stoffig im Abgang, bereits voll entwickelt.

94 Chardonnay Ried Spiegeln 2021
13 Vol.-%, NK, 500-l-Fass/Barrique, €€€€€ B V
Mittleres Goldgelb, Silberreflexe. Zarte Holznuancen, feine gelbe Tropenfrucht, ein Hauch von Pfirsich und weißem Nougat, dezente Noten von Passionsfrucht, einladendes Bukett. Mittlerer Körper, cremige Textur, weißer Apfel, frischer Säurebogen, mineralisch, straff, feine salzige Nuancen, ein facettenreicher Speisenbegleiter.

© Weingut Huber

93 Pinot Blanc Alte Reben 2022
13,5 Vol.-%, DV, großes Holzfass, €€€ B V
Helles Grüngelb, Silberreflexe. Zart nach Orangenzesten, feine Birnenfrucht, ein Hauch von Walnuss, einladendes Bukett. Saftig, harmonisch und balanciert, feine Noten von weißem Kernobst, elegant, mineralisch und mit guter Länge ausgestattet, ein vielseitiger Speisenbegleiter mit Reifepotenzial.

92 Gelber Muskateller 2022
12 Vol.-%, DV, Stahltank, €€ B V
Sehr helles Goldgelb, Silberreflexe. Rauchig-kernige Nuancen, frische Muskatnuss, mit weißer Tropenfrucht und etwas Litschis unterlegt. Mittlerer Körper, reife Maracuja und Limette, frisch und lebendig, ein anregender, leichtfüßiger Sommerwein.

(92) Kontrast 2022
12 Vol.-%, DIAM, Amphore/großes Holzfass/Stahltank, €€€ B I V
Trübes Gelbgrün, Silberreflexe. Frische gelbe Tropenfrucht, ein Hauch von Wiesenkräutern, dezente Sur-Lie-Nuancen, Noten von Limettenzesten. Saftig, cremig, frische Apfelfrucht, mineralisch und lebendig, zitronig und animierend, ein fruchtiger Natural Wine, vor Gebrauch gut schütteln!

91 Sauvignon Blanc 2022
12,5 Vol.-%, DV, Stahltank, €€ B V
Helles Gelbgrün, Silberreflexe. Zart nach Grapefruit, frische Stachelbeeren, ein Hauch von Kräutern, würziges Bukett. Saftig, Nuancen von gelber Tropenfrucht, feine Fruchtsüße, mineralisch und anhaften, zitroniger Nachhall, bereits gut antrinkbar.

★★★★

WEINGUT LUDWIG NEUMAYER

Ludwig Neumayer, seit Jahrzehnten der vinologische Leitstern des Traisentals, hat sich ausschließlich der Produktion von Weißwein verschrieben. Auf magerem, steinigem Kalkterroir entstehen Weine von außerordentlicher Finesse. Grüner Veltliner und Riesling sind die wichtigsten Sorten. Aber auch konzentrierte Weißburgunder und Sauvignon Blanc erhalten regelmäßig Höchstbewertungen. Die Spitzengewächse tragen den Namen »Der Wein vom Stein«. Sie stammen von den höchstgelegenen und steinigsten Weingärten in den Inzersdorfer Rieden – von Neumayers Stein eben. Daneben wachsen Lagenweine wie »Zwirch«, »Rothenbart« und «Rafasetzen«. Zudem werden herausragende Solitärweine unter dem Label »Ikon« gekeltert. Ziel von Ludwig Neumayer ist es, einen unverwechselbaren Stil darzustellen, dichte Weine, die zugleich viel Frische besitzen. Die helle Farbe, die für die Neumayer-Weine sehr typisch ist, entsteht nicht etwa durch mangelnde Reife der Trauben, sondern rührt von den speziellen Böden her. Ein weiteres Plus der Weine ist eine ausgeprägte Säurestruktur. Restzucker wird nur toleriert, wenn er wirklich passt. Zudem verzichtet Neumayer bei der Weinbereitung gänzlich auf den Einsatz von tierischem Eiweiß. Längst sind die anspruchsvollen Weine von der österreichischen und internationalen Top-Gastronomie entdeckt worden. So konnte sich Ludwig Neumayer bereits über Listungen auf Weinkarten freuen, von denen andere Winzer nur träumen können, so zum Beispiel im Sternetempel »Astrance« oder im »Plaza Athénée«, vormals unter der Leitung von Alain Ducasse.

(98) Riesling * Inzersdorf Der Wein vom Stein 2022
13 Vol.-%, DV, Stahltank, €€€€€ V
Helles Gelbgrün, Silberreflexe. Weiße Blüten und Limetten, frisches Steinobst, ein Hauch von Mandarinenzesten und Honig, facettenreiches Bukett. Komplex, saftig, frische Maracuja, feiner Säurebogen, der die Fruchtsüße zur Gänze kontert, mineralisch und straff, feine salzige Nuancen, tolle Länge, zeigt große Präzision, Potenzial für viele Jahre.

(95) Riesling * Inzersdorf Ried Rothenbart 1ÖTW 2022
13 Vol.-%, DV, Stahltank, €€€€€ V
Helles Gelbgrün, Silberreflexe. Florale Nuancen, weißer Weingartenpfirsich, ein Hauch von Tropenfrüchten, kandierte Limetten, zart nach Maracuja, facettenreiches Bukett. Saftig, komplex, weißes Steinobst, finessenreiches Säurekleid, zitronig-salzig, feine Fruchtsüße im Nachhall, sehr gute Länge, bereits zugänglich, elegant und mit großem Potenzial ausgestattet.

(93) Riesling * Inzersdorf Grillenbart 2022
12,5 Vol.-%, DV, Stahltank, €€€€ V
Helles Gelbgrün, Silberreflexe. Zart nach Limetten und

Ludwig Neumayer

WEINGUT LUDWIG NEUMAYER
3131 Inzersdorf ob der Traisen
Dorfstraße 37
T: +43 (2782) 81110
neumayer@weinvomstein.at
www.weinvomstein.at

Kellermeister/Kontakt:
Ludwig Neumayer
Produktion: 100 % weiß,
14.5 Hektar
Vereinszugehörigkeit:
Traditionsweingüter Österreich
Messen: ProWein Düsseldorf

weißem Pfirsich, ein Hauch von Blüten, mineralischer Touch. Saftig, elegant, reifer Weingartenpfirsich, lebendiger Säurebogen, mineralisch, ein Hauch von Süße im Abgang, sehr gute Länge und Reifepotenzial, bietet leichtfüßiges Trinkvergnügen auf hohem Niveau.

(99) Riesling Steinkapelle 2022

13 Vol.-%, DV, Stahltank, €€€€€€ V

Helles Gelbgrün, Silberreflexe. Frische gelbe Tropenfrucht, ein Hauch von Maracuja, Pfirsich und Blütenhonig, dazu etwas Limettenzesten, floraler Touch, sehr facettenreiche Aromatik. Komplex, stoffig, reifer Weingartenpfirsich, feine Fruchtsüße, rassige, gut integrierte Säurestruktur, mineralisch-salzig im Abgang, lange anhaftend, sicheres Reifepotenzial, bietet großes Trinkvergnügen.

(95) Grüner Veltliner * Inzersdorf Ried Rothenbart 2022

14 Vol.-%, DV, Stahltank, €€€€€ V

Helles Gelbgrün, Silberreflexe. Kandierte Orangenzesten, Nuancen von gelbem Kernobst, ein Hauch von Birne und Mango, zarte Kräuterwürze, dunkle Mineralik. Saftig, elegant, feine Fruchtsüße, finessenreicher Säurebogen, mineralisch und gut anhaftend, feine gelbe Apfelfrucht im Abgang, große Länge, sicheres Entwicklungspotenzial.

(95) Grüner Veltliner * Inzersdorf Der Wein vom Stein 2022

14 Vol.-%, DV, Stahltank, €€€€€ V

Helles Gelbgrün, Silberreflexe. Noch etwas scheu, feine Nuancen von weißem Kernobst, zart nach frischer Birne, ein Hauch von Wiesenkräutern, zart nach Blütenhonig, wirkt noch etwas zurückhaltend. Saftig, seidige Textur, feine Fruchtsüße, mineralisch und anhaftend, feine Limettennote, salziger Nachhall, wirkt leichtfüßig und stoffig, verfügt über Länge und Potenzial, braucht noch seine Zeit.

(94) Grüner Veltliner * Inzersdorf Ried Zwirch 1ÖTW 2022

13,5 Vol.-%, DV, Stahltank, €€€€€ V

Helles Gelbgrün, Silberreflexe. Nuancen von Golden-Delicious-Apfel, ein Hauch von Mango, frische Wiesenkräuter, tabakige Note, mineralisch unterlegt. Komplex, engmaschig, Nuancen von weißem Kernobst, feine Säurestruktur, dezente Fruchtsüße im Abgang, ein stoffiger Speisenbegleiter mit sicherem Reifepotenzial.

(92) Grüner Veltliner * Inzersdorf Zwiri 2022

13 Vol.-%, DV, Stahltank, €€€€ V

Helles Grüngelb, Silberreflexe. Feine Nuancen von frischem Kernobst, ein Hauch von Apfel, zart nach Mango, Anklänge von Blütenhonig, Nuancen von Orangenzesten. Saftig, elegant, zart nach Pfirsich, finessenreicher Säurebogen, mineralisch-zitronig im Abgang, salziger Touch im Rückgeschmack.

(91) Grüner Veltliner * Inzersdorf Schieflage 2022

13 Vol.-%, DV, Stahltank, €€€€ V

Helles Gelbgrün, Silberreflexe. Feine Nuancen von frischer Birne, zarter Blütenhonig, Anklänge von Mango, kandierte Orangenzesten. Saftig, elegant, weiße Apfelfrucht, frischer Säurebogen, mineralisch und ausgewogen, bereits gut antrinkbar.

(95) Weißburgunder Inzersdorf Der Wein vom Stein 2022
14 Vol.-%, DV, Stahltank, €€€€€
Helles Grüngelb, Silberreflexe. Zart nussig unterlegte Kräuterwürze, Anklänge von weißem Kernobst, kandierte Orangenzesten, tabakige Nuancen. Kraftvoll, stoffig, feine Fruchtsüße, gelbe Pfirsichfrucht, mineralisch, angenehmer Säurebogen, seidige Textur, zart salzige Nuancen im Abgang, zeigt Länge, sicheres Reifepotenzial.

(92) Sauvignon Blanc Inzersdorf Giess 2022
13 Vol.-%, DV, Stahltank, €€€€€
Helles Gelbgrün, Silberreflexe. Weiße Tropenfrucht, ein Hauch von Cassis, Limetten und Weißen Johannisbeeren, floraler Touch. Saftig, elegant, deutliche Fruchtsüße, lebendiges Säurekleid, mineralisch-zitronig, Honigtouch im Nachhall, elegant, pikant und mit Länge ausgestattet.

★★

NOLZ WEIN

Gemäß dem Grundsatz »Weine produzieren, mit denen wir uns identifizieren können, uns selbst und unsere Produkte ständig weiterentwickeln und mit dem bestmöglichen Service und der besten Beratung an unsere Kunden bringen« hat sich in den vergangenen Jahren auf dem Winzerhof Nolz einiges getan. Tradition, gepaart mit innovativen Ideen, kompromissloses Qualitätsdenken und ein Gefühl für den richtigen Zeitpunkt sind die Eckpfeiler des Erfolgs des jungen Traisentaler Winzers. Der Betrieb zählt sicherlich zu jenen, die viel zum Imagegewinn des kleinen Weinbaugebiets beizutragen imstande sind. Ein Besuch des Heurigen in der Kellergasse am Eichberg ist jederzeit einen Abstecher wert.

90 Gelber Muskateller Sekt 2021
12 Vol.-%, NK, Flaschengärung, €€€
Helles Gelbgrün, Silberreflexe. Feine Kräuternoten, etwas weißes Steinobst, zart nach Holunder, floraler Touch, mit Grapefruit unterlegt. Mittlerer Körper, saftig, Melisse und Holunder im Abgang, bereits gut antrinkbar.

91 Riesling * 2022
13 Vol.-%, DV, Stahltank, €€
Helles Gelbgrün, silberfarbene Reflexe. Zart nach kandierten Mandarinenzesten, gelbe Tropenfrucht, nach Mango und Pfirsich, einladendes Bukett. Saftig, feine weiße Frucht, finessenreicher Säurebogen, zitronig-salzig im Abgang, vielfältig einsetzbar.

91 Grüner Veltliner * Ahrenberg Ried Silberboden 2022
13 Vol.-%, DV, großes Holzfass, €€
Mittleres Gelbgrün, Silberreflexe. Feine Wiesenkräuter, weißes Kernobst, feinwürzig, Apfeltouch. Saftig, mittlere Komplexität, extraktsüß, Nuancen von gelber Frucht im Abgang, salziger Nachhall.

91 Grüner Veltliner * Venusberg 2022
12,5 Vol.-%, DV, Stahltank, €€
Helles Gelbgrün, Silberreflexe. Mit einem Hauch von Limetten unterlegter Golden-Delicious-Apfel, Orangen, etwas Blütenhonig. Mittlerer Körper, Nuancen von frischem Steinobst, lebendig strukturiert, zarte Fruchtsüße, gut entwickelt, ein facettenreicher Speisenwein.

89 Weißburgunder 2022
13 Vol.-%, DV, Stahltank, €€

88 Sauvignon Blanc 2022
12 Vol.-%, DV, Stahltank, €€

NOLZ WEIN
3133 Hilpersdorf
Dorfstraße 5
T: +43 (664) 73534223
office@nolzwein.at
www.nolzwein.at

Kellermeister/Kontakt: Josef Nolz
Produktion: 3 % Schaumwein, 85 % weiß, 1 % rosé, 10 % rot, 1 % süß, 8 Hektar
Vereinszugehörigkeit: Verein Traisentaler Wein

★★

WEINGUT THOMAS OTT

Im Herzen des Traisentals, das auf eine jahrtausendealte Weintradition zurückblicken kann, befindet sich das Familienweingut von Thomas Ott. Für ihn hat Weinbau viel mit Harmonie und Ausgleich zu tun. Ziel ist es, die Weingärten in ihrer natürlichen Balance zu erhalten, sodass nur sehr wenige Eingriffe nötig sind. Die Weine profitieren auch vom speziellen Mikroklima des Traisentals. Für Wärme und Sonne sorgen pannonische Einflüsse, atlantische Strömungen bringen kühle Luft, die für die Ausbildung der Aromen eine wichtige Rolle spielt. Auf den teils winzigen Terrassenweingärten wachsen hauptsächlich Grüner Veltliner und Riesling. Der sehr kalkhaltige Boden fördert die Mineralik und macht die Weine unverwechselbar. Tipp: Besuchen Sie den Winzer auch vor Ort beim Heurigen. Neben den passenden Weinen werden hausgemachte Spezialitäten serviert.

92 Grüner Veltliner * Ried Alte Setzen 2022
13 Vol.-%, DV, 500-l-Fass, €€€
Helles Goldgelb, Silberreflexe. Zart floral unterlegte Nuancen von gelbem Apfel, feine tabakige Würze, noch etwas verhaltenes Bukett. Mittlerer Körper, zart nach Birne, gut integrierte Säurestruktur, etwas Blütenhonig, mineralischer Nachhall, bereits antrinkbar, mit Entwicklungspotenzial ausgestattet.

90 Grüner Veltliner * Flins 2022
12 Vol.-%, DV, Stahltank, €€
Helles Gelbgrün, silberfarbene Reflexe. Zart kräuterwürzig unterlegte weiße Apfelfrucht, ein Hauch von Tabak und Orangenzesten. Saftig, feine Steinobstnuancen, frischer Säurebogen, mineralisch im Abgang, ein vielseitiger Speisenbegleiter.

90 Grüner Veltliner * Ried Mitterweg 2022
12,5 Vol.-%, DV, Stahltank, €€
Helles Grüngelb, Silberreflexe. Zarte gelbe Tropenfrucht, ein Hauch von Mango und Ananas, Nuancen von Blütenhonig, frische Orangenzesten. Mittlere Komplexität, zarte Kräuterwürze, dezenter Säurebogen, ein Hauch von Fruchtsüße im Nachhall, bereits entwickelt.

(91) Riesling * Ried Spiegeln 2022
13 Vol.-%, DV, Stahltank, €€
Mittleres Goldgelb, Silberreflexe. Anklänge von reifer gelber Tropenfrucht, zart nach Ananas und Maracuja, floraler Touch, kandierte Limettenzesten im Hintergrund. Saftig, elegant, feine Fruchtsüße, ein Hauch von Karamell, etwas weiche Textur, Blütenhonig im Nachhall.

Thomas Ott

WEINGUT THOMAS OTT
3134 Reichersdorf
Obere Ortsstraße 37
T: +43 (664) 5271508
info@ott-traisental.at
www.ott-traisental.at

Kellermeister/Kontakt:
Thomas Ott
Produktion: 90 % weiß, 10 % rot
Vereinszugehörigkeit:
Verein Traisentaler Wein

© Weingut Thomas Ott

90 Blütenmuskateller 2022
12 Vol.-%, DV, €€
Sehr helles Goldgelb, Silberreflexe. Floral nach Jasmin, ein Hauch von Limettenzesten, zarte Nuancen von Muskatnuss. Saftig, leichtfüßig, zart nach Pfirsich, frischer Säurebogen, mineralisch-salzig im Nachhall, bietet sommerliches Trinkvergnügen.

89 Gemischter Satz Alte Reben 2022
12 Vol.-%, DV, Stahltank, €€

★★★

WEINKULTUR PREISS

Das Weingut Weinkultur Preiß kann auf eine mehr als 100-jährige Geschichte zurückblicken. Die Familie erwarb das Gut in Theyern 1913, und damals war es noch ein gemischter landwirtschaftlicher Betrieb. Heute konzentriert man sich auf vielseitigen Wein- und Obstbau. Mit Erfahrung und kompromisslosem Willen möchte die Winzerfamilie aus hervorragenden Trauben große Weine keltern. Bewirtschaftet werden zwölf Hektar Wein- und rund elf Hektar Obstkulturen rund um den kleinen idyllischen Ort Theyern, den ältesten Teil der Gemeinde Nußdorf ob der Traisen. Die Rebflächen, meist kleine Terrassen, stehen auf einem Muttergestein aus eiszeitlichen Konglomeratablagerungen mit teilweise mächtigen Lössanwehungen. Diese Böden und der hohe Kalkgehalt prägen die einzigartige Stilistik der Weine: Es entstehen komplexe, unverkennbar mineralische Weine mit Rückgrat, Finesse und Authentizität. Das Konglomerat in den Böden ist über 16 Millionen Jahre alt und setzt sich aus kalkalpinen Geröllen zusammen. Darin findet man unter anderem Mikrofossilien, sogenannte »Kammerlinge«, das sind kleine, einzellige Meeresbewohner. Sie zieren auch das Etikett auf den Weinflaschen. Mittelhohe Erziehung, hohe Laubwand, hohe Stockanzahl und konsequente Ertragsreduktion sind weitere Säulen des Qualitätsanbaus. Bei den Rebsorten dominiert der Grüne Veltliner mit über 60 Prozent, Riesling und Zweigelt folgen mit je zehn Prozent, aber auch Spezialitäten wie Chardonnay und Gelber Muskateller gehören zum Sortiment. Möglichst viel von Frucht und Geschmack der Traube soll bei der Vinifizierung im Keller erhalten bleiben und Terroir und Liebe des Winzers im Wein widerspiegeln. Die wichtigsten Lagen der Familie Preiß sind Brunndoppel, Berg, Hochschopf, Rosengarten, Pletzengraben und Gaisruck.

94 Grüner Veltliner * Ried Rosengarten 2022
13,5 Vol.-%, DV, Stahltank, €€€€
Helles Grüngelb, silberfarbene Reflexe. Zart nach Limetten, florale Nuancen, weiße Tropenfrucht, mit dezenter Kräuterwürze unterlegt. Komplex, saftig, feine Kernobstnuancen, frischer Säurebogen, elegant und lange anhaftend, mineralisch im Abgang, salziger Nachhall, gutes Reifepotenzial.

94 Grüner Veltliner ** Ried Berg 2021
13,5 Vol.-%, DV, Stahltank, €€€€€
Mittleres Grüngelb, Silberreflexe. Mit kandierten Orangenzesten unterlegte feine gelbe Tropenfrucht, etwas Mango, Nuancen von Blütenhonig. Kraftvoll, saftig, reife Birne, frischer Säurebogen, mineralisch-salzig im Abgang, bleibt gut haften, bereits zugänglich, wird von weiterer Flaschenreife profitieren.

93 Grüner Veltliner * Ried Hochschopf 2022
13,5 Vol.-%, DV, Stahltank, €€€
Helles Grüngelb, silberfarbene Reflexe. Frische Birne, et-

WEINKULTUR PREISS
3134 Theyern
Ringgasse 4
T: +43 (2783) 6731
wine@kulturpreiss.at
www.weinkulturpreiss.at

Kellermeister/Kontakt: Viktoria Preiß
Anbauweise: Umstellung auf bio (Austria Bio Garantie)
Produktion: 90 % weiß, 10 % rot, 13 Hektar
Vereinszugehörigkeit: Verein Traisentaler Wein
Messen: VieVinum

Sauvignon Blanc

was Mango, dezente Wiesenkräuterwürze, mit Nuancen von Orangenzesten unterlegt. Kräftig, saftig, weißes Kernobst, gut integrierte Säurestruktur, dezente Fruchtsüße im Abgang, wird von Reife profitieren.

93 Grüner Veltliner ** Ried Brunndoppel 2021
13,5 Vol.-%, DV, Stahltank, €€€€
Helles Grüngelb, Silberreflexe. Zart nussig unterlegte feine gelbe Apfelfrucht, zart nach Blütenhonig und Orangenzesten. Saftig, komplex, ein Hauch von Quitte, feiner Säurebogen, mineralisch, dezente Süße im Nachhall, Marille im Rückgeschmack.

92 Riesling * Ried Pletzengraben 2022
13,5 Vol.-%, DV, Stahltank, €€€€
Helles Gelbgrün, silberfarbene Reflexe. Zarter Blütenhonig, Nuancen von Weingartenpfirsich, frische Orangenzesten. Elegant, feine Fruchtsüße, zart nach Ananas, gut integrierter Säurebogen, mineralisch, saliner Nachhall, bereits gut entwickelt und antrinkbar.

91 Chardonnay Ried Brunndoppel 2022
13,5 Vol.-%, DV, Stahltank, €€€
Helles Goldgelb, Silberreflexe. Zart kräuterwürzig unterlegte Anklänge von gelber Tropenfrucht, ein Hauch von Blütenhonig, tabakige Würze. Saftig, reife gelbe Birnenfrucht, zart nach Blütenhonig, ein stoffiger Speisenbegleiter, bereits gut antrinkbar.

89 Gelber Muskateller Kammerling 2022
11,5 Vol.-%, DV, Stahltank, €€

89 Sauvignon Blanc Kammerling 2022
12 Vol.-%, DV, Stahltank, €€€

90 Zweigelt Rosé Kammerling 2022
12,5 Vol.-%, DV, Stahltank, €€
Helles Lachsrosa, Silberreflexe. Zarte Apfelfrucht, mit eingelegten Kirschen unterlegt, ein Hauch von Limetten. Mittlerer Körper, zarte Fruchtsüße, frisch strukturiert, Zwetschken im Abgang, mineralisch-salziger Nachhall.

90 Zweigelt Kammerling 2021
13 Vol.-%, DV, Stahltank/gebrauchte Barriques, €€
Kräftiges Rubingranat, violette Reflexe, breitere Randaufhellung. Fruchtig, rote Waldbeeren, zarte Kräuterwürze, mit Brombeerkonfit unterlegt. Saftig, feine Kräuterwürze, Erdbeertouch, eingelegte Kirschen, reife Tannine, zartes Nougat im Nachhall.

★★★

WINZERHAUS HANS SCHÖLLER

Ein kleines Dorf südlich der Donau mit großen Ambitionen: Das Winzerhaus Schöller befindet sich im idyllischen Wagram ob der Traisen im Weinbaugebiet Traisental und wird als Familienbetrieb bereits in dritter Generation geführt – ein Ort, wo langjährige Winzertradition und innovative Ideen Hand in Hand gehen und eigenständige Weine mit Charakter und Herkunftstypizität entstehen.

Das Weingut verbindet langjährige Winzertradition mit modernen Akzenten. Dabei steht neben den hohen Ansprüchen an die Qualität vor allem die Verbundenheit mit der Region im Vordergrund. Ein Wein erzählt uns immer eine Geschichte und verrät uns die unverwechselbaren Spuren seines Standortes. Herkunft ist also »kostbar«, und deshalb ist das Credo der Schöllers ganz klar: Authentische Weine aus einer authentischen Region. Und dann wäre da

© @www.stefaniewinter.at

WINZERHAUS HANS SCHÖLLER
3133 Wagram ob der Traisen
Wagramer Straße 10
T: +43 (664) 4266261
winzerhaus@weinschoeller.at
www.weinschoeller.at

Kellermeister/Kontakt:
Johann Schöller
Produktion: 66.667 Flaschen
3 % Schaumwein, 82 % weiß,
2 % rosé, 13 % rot, 11 Hektar

Johann Schöller

noch Johann Schöller, Winzer aus Leidenschaft mit leichtem Hang zur Detailverliebtheit.

(92) Grüner Veltliner * Ried Sonnleithen 2022
13,5 Vol.-%, DV, Stahltank, €€€
Mittleres Gelbgrün, Silberreflexe. Verhalten, ein Hauch von Mandarinenzesten, gelbe Apfelfrucht, feine tabakige Nuancen. Saftig, zart nach Ananas, feine Fruchtsüße, elegant und anhaftend, ein vielseitiger Speisenbegleiter.

91 Grüner Veltliner * Ried Rosengarten 2022
13 Vol.-%, DV, Stahltank, €€
Helles Gelbgold, Silberreflexe. Mit einem Hauch von Limetten unterlegte frische Apfelfrucht, Nuancen von Melone und Mango, zarter Blütenhonig. Straff, feinwürzig, weißer Apfel, zitronig-salzig im Abgang, mineralischer Nachhall.

(92) Riesling * Ried Sonnleithen 2022
13 Vol.-%, DV, Stahltank, €€€
Helles Gelbgrün, Silberreflexe. Blumig unterlegte Pfirsichnote, zart nach Limetten, mineralischer Anklang. Saftig, feine Tropenfrucht, ein Hauch von Fruchtsüße, gute Balance, frisch im Abgang, harmonisch, vielfältig einsetzbar.

(92) Grauburgunder Meilenstein 2021
13,5 Vol.-%, DV, kleines Holzfass, €€€
Helles Gelbgrün, Silberreflexe. Ein Hauch von Karamell, feine Birnenfrucht, zart nach Kletzen. Elegant, seidig, angenehm süßer Fruchtkern, feiner Säurebogen, saliner Nachhall, ein ausgewogener Speisenbegleiter mit Reifepotenzial.

(91) Roter Veltliner Ried Bergen 2022
14 Vol.-%, DV, 500-l-Fass, €€€
Helles Gelbgrün, Silberreflexe. Zarte Nuancen von weißem Kernobst, feine Anklänge von Mango, ein Hauch von Orangenzesten. Mittlerer Körper, dezente Fruchtsüße, weiche Textur, salzige Mineralik, ein seidiger Speisenbegleiter.

90 Gelber Muskateller auf der Terrasse 2022
11 Vol.-%, DV, Stahltank, €€
Helles Goldgelb, Silberreflexe. Zart traubig unterlegte weiße Tropenfrucht, Limettenzesten. Leichtfüßig, weißer Pfirsich, intensive Fruchtsüße, frischer Säurebogen, zitroniger Touch, lebendiger Sommerwein.

© WSNA

NIEDERÖSTERREICH

WACHAU

DAC

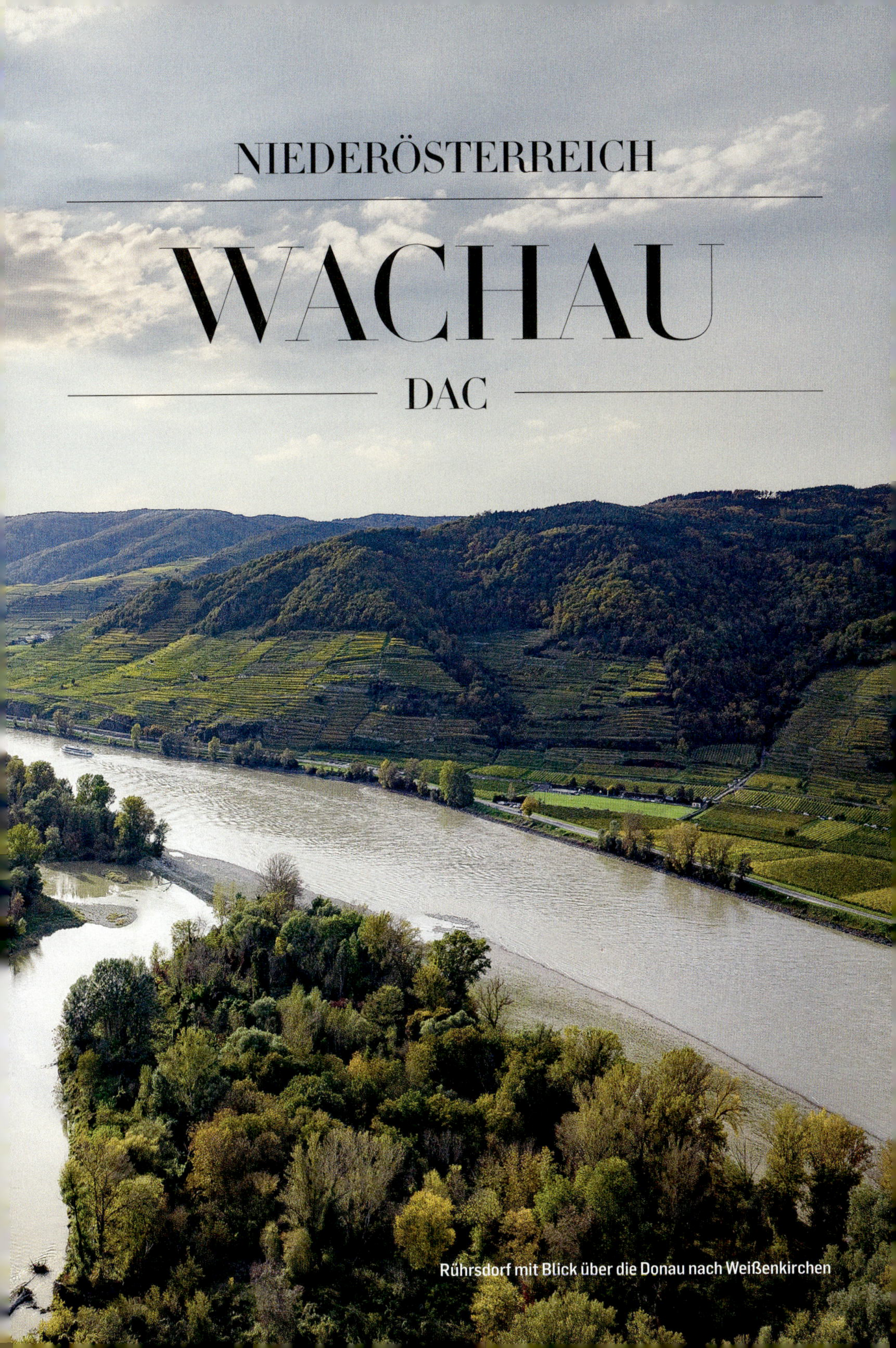

Rührsdorf mit Blick über die Donau nach Weißenkirchen

STEILE TERRASSEN, NOBLE LOGEN FÜR DIE REBEN

Weltkulturerbe und bezaubernde Wohlfühllandschaft – das ist die Wachau. Auf 1.323 Hektar, teils auf steilen Terrassen, stehen hauptsächlich Grüner Veltliner und Riesling. Die Weinkategorien »Steinfeder«, »Federspiel« und »Smaragd« stehen für die Naturbelassenheit der Wachauer Weine, die ab dem Jahrgang 2020 auch DAC-Status haben.

Die Entstehungsgeschichte eines der faszinierendsten Weinbaugebiete Österreichs ist spannend: In der Nacheiszeit setzten sich im Windschatten der Berge Staubböden ab, daraus wurden einerseits die heutigen Lössböden, andererseits die steil abfallenden Hänge aus Gföhler Gneis. Auch die Donau trug ihren Teil bei, indem sie Sand, Schotter und Schwemmlösse in den ebenen Rieden ablagerte. Diese Geologie in Verbindung mit den vom Menschen als »Landschaftspfleger« geschaffenen Terrassen zur Bewirtschaftung der besten Steillagen zeichnen das markante Bild der Wachau. Spannungsreich ist auch das Klima, denn hier treffen zwei starke Einflüsse aufeinander – nicht frontal, sondern eng verzahnt: das westlich-atlantische und das östlich-pannonische Klima. Je nach Hanglage, Exposition, Geländeformation sowie durch die Wärme speichernden Mauern und Felsen werden Kleinstklimazonen wirksam. Die heißen, trockenen Sommer und die strengen Winter werden durch die große Wasserfläche der Donau ausgeglichen. Die kühlen Fallwinde aus dem nördlichen Waldviertel sorgen speziell in den Monaten vor der Ernte für große Schwankungen zwischen Tag- und Nachttemperaturen. Vom kühleren Spitzer Graben bis zum wärmeren Loibenberg entstehen in diesem Zusammenspiel die vielschichtigen Aromen der Trauben.

© shutterstock

Dies wird in den Weinen als kühle Frucht mit teilweise exotischen Anklängen spürbar: von der schlanken Steinfeder über das elegante Federspiel bis zum noblen Smaragd, definiert vom unverzichtbar gewordenen Schutzverband »Vinea Wachau«.
Und nochmals spannend wird es, im historischen Ambiente der Weinorte auf die Suche nach weinkulinarischen Adressen zu gehen. Top-Winzer und Spitzengastronomen sind in der Wachau geradezu auf Schritt und Tritt zu finden, von Spitz über Weißenkirchen, Wösendorf und Joching bis Dürnstein und Loiben – wobei der eine oder andere Seitensprung ans rechte Donauufer zu empfehlen ist. Selbstverständlich kann man in der Wachau auch zahlreiche Heurige besuchen. Neben dem Herrscherpaar Riesling und Veltliner, die es ab dem Jahrgang 2020 als Wachau DAC Gebiets-, Orts- und Riedenwein gibt, garantieren auch Weißburgunder, Neuburger, Muskateller oder Sauvignon Blanc exzellente Geschmackserlebnisse als Gebiets- und Ortsweine.

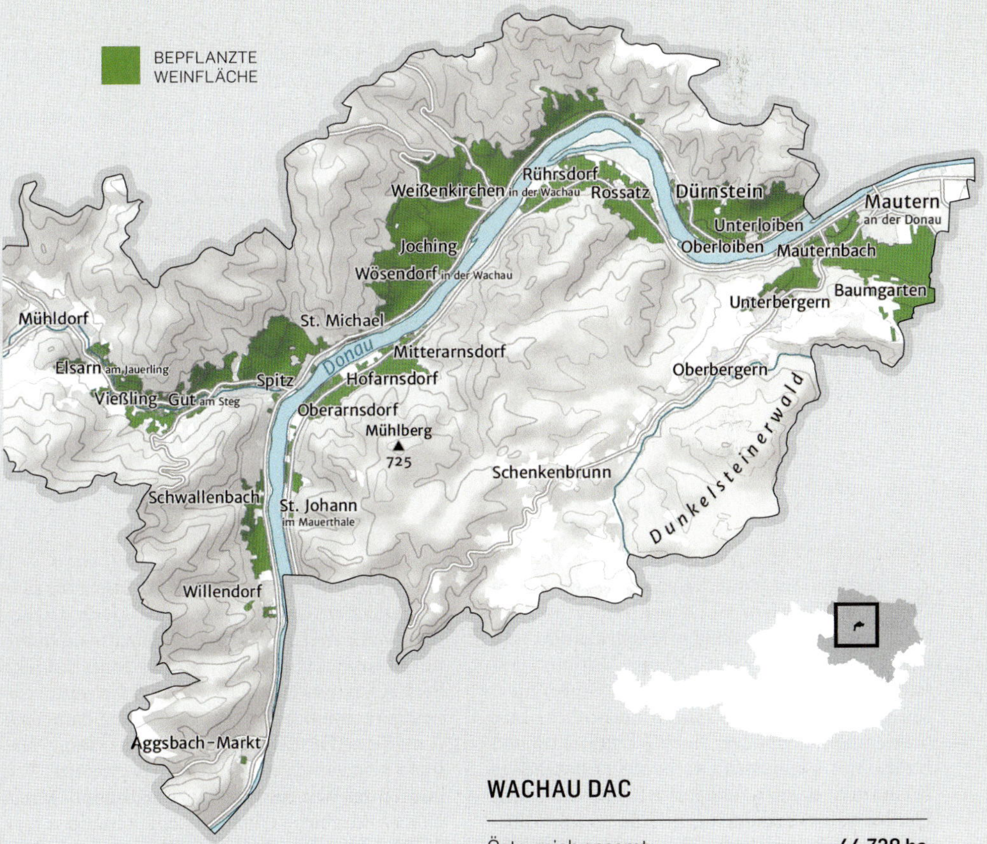

Grundkarte: © Universität Wien, BEV, OSM, SRTM | Österreich Wein Marketing GmbH, 1040 Wien, © ÖWM 2022

WACHAU DAC

Österreich gesamt	**44.728 ha**
Weinbaugebiet Niederösterreich	**27.074 ha**
Wachau DAC	**1.323 ha**

AUSGEWÄHLTE WEINGÜTER

★★★★★

Weingut Alzinger, Dürnstein
Weingut Franz Hirtzberger, Spitz an der Donau
Weingut Knoll, Dürnstein
Weingut F. X. Pichler, Dürnstein
Weingut Rudi Pichler, Wösendorf
Weingut Prager, Weißenkirchen/Wachau

★★★★

Domäne Wachau, Dürnstein
Weingut Johann Donabaum, Spitz an der Donau
Weingut Georg Frischengruber, Rossatz
FJ Gritsch – Mauritiushof, Spitz an der Donau
Weingut Josef & Georg Högl, Spitz an der Donau
Weingut Hofstätter, Spitz an der Donau
Weingut Jamek, Joching
Weingut Lagler, Spitz
Weingut Pichler-Krutzler, Dürnstein
Weingut Schmelz, Joching
Weingut Tegernseerhof, Dürnstein

★★★

Weingut Atzberg, Spitz an der Donau
Weingut Bäuerl, Dürnstein
Weingut Thomas Gritsch, Spitz an der Donau
Weinhofmeisterei Mathias Hirtzberger, Wösendorf in der Wachau
Weingut Holzapfel, Weißenkirchen
Weingut Hutter Silberbichlerhof, Mautern
Weingut Jäger, Weißenkirchen
Anton Nothnagl, Spitz an der Donau
Weingut Rixinger, Spitz an der Donau
Weingut Heinz und Adrienne Sigl, Rossatz
Karl Stierschneider – Kartäuserhof, Weißenkirchen
Weingut Strawanzer Donabaum, Spitz

★★

Weingut Stefan Gebetsberger, Spitz an der Donau
Weingut Roman Gritsch, Spitz an der Donau
Weingut Mazza, Weißenkirchen
Weingut Müller – Tassilo, Krustetten
Weingut PAX, Weißenkirchen in der Wachau

★

Domäne Roland Chan, Wösendorf in der Wachau
Weingut Christoph Donabaum, Spitz
Weingut Ernsthofer, Wösendorf
Weingut Simon Gattinger, Dürnstein
Weingut Franz Mayer, Spitz an der Donau

★★★★★

WEINGUT ALZINGER

Seit 1983 zählt das Weingut Alzinger zu den Fixsternen am Wachauer Winzerhimmel. Leo Alzinger erzeugt in seinen Loibner und Dürnsteiner Top-Lagen Grünen Veltliner und Riesling. Bei meiner heurigen Verkostung lagen wie gewohnt die Paradelagen Loibenberg und Steinertal an der Spitze, die durch Präzision und Strahlkraft beeindrucken. Alzingers langlebige Weine verdienen die ungeteilte Aufmerksamkeit der Weinfreunde, denn hier ist zum wiederholten Mal eine absolute Top-Palette gelungen. Es ist egal, ob man sich zum Riesling oder zum Grünen Veltliner hinwendet: Man wird bei der großen Auswahl unter Garantie fündig. Sollte man die Gelegenheit haben, etwas reifere Weine dieses Hauses zu verkosten, dann wird man erst die ganze Pracht der Weine kennenlernen. Gerade Alzingers Weine sind in ihrer Jugend oft zurückhaltender, entwickeln aber immer eine starke Persönlichkeit. Will man also den Charakter eines Spitzenveltliners näher ergründen, dann sollte man einen gereiften Alzinger-Wein dekantieren, ihm etwas Zeit gönnen – und dann staunen. Anlässlich des Wettbewerbs »Vorbildliches Bauen in Niederösterreich« erklärte eine renommierte Jury 2017 die Neukonzeption des Weingutsgebäudes zu einem der Siegerprojekte. Besonders hervorgehoben wurdex, dass das neue Weingut »für eine nachahmenswerte bauliche Weiterentwicklung des Weltkulturerbegebiets Wachau« steht.

WEINGUT ALZINGER

3601 Dürnstein
Unterloiben 11
T: +43 (2732) 77900
weingut@alzinger.at
www.alzinger.at

Kellermeister/Kontakt: Leo Alzinger
Produktion: 100 % weiß, 12 Hektar
Vereinszugehörigkeit: Vinea Wachau
Messen: ProWein Düsseldorf, VieVinum

Dürnstein

(98) Riesling * Ried Steinertal Smaragd 2022
13 Vol.-%, NK, großes Holzfass
Helles Grüngelb, Silberreflexe. Zarte Blütenaromen, feine weiße Tropenfrucht, zart nach Safran und Limetten, facettenreiches Bukett, ungemein verspielt. Saftig, straff, weißes Steinobst, lebendig, harmonisch und mineralisch, sehr delikater, leichtfüßiger Stil, zitroniger Touch im Abgang, bereits in der Jugend sehr verführerisch.

(97) Riesling * Ried Loibenberg Smaragd 2022
13 Vol.-%, NK, großes Holzfass
Helles Grüngelb, Silberreflexe. Nuancen von reifer gelber Tropenfrucht, kandierte Orangenzesten, ein Hauch von Mango und Pfirsich, mit mineralischen Noten unterlegt. Stoffig, gute Komplexität, mittlerer Körper, zeigt eine sehr gute Länge, bereits harmonisch und antrinkbar, sicheres Potenzial.

(96) Riesling * Ried Höhereck Smaragd 2022
13 Vol.-%, NK, großes Holzfass
Helles Gelbgrün, Silberreflexe. Feine Nuancen von gelbem Steinobst, zart nach kandierten Mandarinenzesten, ein Hauch von Blütenhonig, einladendes Bukett. Saftig, elegant, feiner Pfirsich, balanciert, finessenreicher Säurebogen, sehr gut anhaftend, bereits gut antrinkbar.

(95) Riesling * Ried Hollerin Smaragd 2022
13 Vol.-%, NK, großes Holzfass
Helles Gelbgrün, Silberreflexe. Feine gelbe Steinobstfrucht, zarte florale Nuancen, ein Hauch von Marille, mineralisch und einladend. Am Gaumen bereits zugänglich, harmonisch und elegant, gute Komplexität, weiße Frucht im Abgang, bereits gut antrinkbar, feine Süße im Nachhall.

93 Riesling * Dürnstein Federspiel 2022
12 Vol.-%, DV, Stahltank
Helles Gelbgrün, Silberreflexe. Feine Steinobstnuancen, ein Hauch von Limetten, weiße Tropenfrucht im Hintergrund. Gute Komplexität, weißer Pfirsich im Abgang, mineralischer Nachhall, Limetten, ein frischer Speisenbegleiter.

(97) Grüner Veltliner * Ried Steinertal Smaragd 2021
13 Vol.-%, NK, großes Holzfass
Helles Grüngelb, Silberreflexe. Feine Nuancen von weißer Frucht, gelbe Apfelfrucht, zart nach Marillen, kandierte Orangenzesten, feine Mineralik, mit einem Hauch von Kräuterwürze unterlegt. Saftig, elegant, feine Fruchtsüße im Kern, finessenreicher Säurebogen, salzig-mineralisch im Abgang, ein seidiger Speisenbegleiter, sicheres Entwicklungspotenzial.

(95) Grüner Veltliner * Loiben Ried Loibenberg Smaragd 2022
13 Vol.-%, NK, großes Holzfass
Helles Gelbgrün, Silberreflexe. Dunkle Mineralik, feine Nuancen von weißem Kernobst, ein Hauch von Apfel und Orangenzesten. Komplex, straff, mineralisch und gut strukturiert, feine gelbe Tropenfrucht im Kern, filigraner, puristischer Veltliner-Stil, saliner Nachhall, sicheres Entwicklungspotenzial.

(94) Grüner Veltliner * Ried Liebenberg Smaragd 2021
13,5 Vol.-%, NK, großes Holzfass
Helles Gelbgrün, Silberreflexe. Feine weiße Apfelfrucht, ein Hauch von Orangenzesten, mineralischer Touch. Mittlere Komplexität, feine Kernobstnuancen, feiner Säure-

bogen, salzige Mineralik, bereits harmonisch und zugänglich, ein dezent würziger Speisenwein mit guter Länge, sicheres Reifepotenzial.

(94) Grüner Veltliner * Ried Mühlpoint Smaragd 2022
13 Vol.-%, DV, Stahltank
Helles Gelbgrün, Silberreflexe. Feinwürzig unterlegte Nuancen von gelbem Kernobst, ein Hauch von Apfel und Ringlotte, tabakiger Anklang. Saftig, elegant, dezente Fruchtsüße, gut integrierte Säure, salzig im Abgang, gute Länge, sicheres Reifepotenzial.

93 Grüner Veltliner * Ried Hochstrasser Federspiel 2022
12 Vol.-%, DV, Stahltank
Helles Gelbgrün, Silberreflexe. Frische Wiesenkräuter, feine Nuancen von gelbem Kernobst, ein Hauch von Apfel, tabakige Nuancen, mineralischer Touch. Mittlere Komplexität, Anklänge von weißer Frucht, feiner Säurebogen, mineralisch-salzig im Abgang, ein eleganter Speisenbegleiter mit fruchtsüßem Finale.

93 Grüner Veltliner * Ried Mühlpoint Federspiel 2022
12 Vol.-%, DV, Stahltank
Helles Grüngelb, Silberreflexe. Einladender Duft nach Marillen und Ananas, dunkle Mineralik, feine Wiesenkräuter, frisches Bukett. Komplex, saftig, straff, feine Säurestruktur, mineralisch, leichtfüßig, Nuancen von weißer Frucht, kraftvolles Finish, balanciert und knackig.

92 Grüner Veltliner * Dürnstein Federspiel 2022
12 Vol.-%, DV, Stahltank
Helles Gelbgrün, Silberreflexe. Zarte Kräuterwürze, feine gelbe Apfelfrucht, Mango, ein Hauch von Orangenzesten. Saftig, elegant, weißes Kernobst, feiner Säurebogen, salziger Nachhall.

★★★

WEINGUT ATZBERG

Inmitten der Wachau, einer der schönsten Kulturlandschaften der Welt, liegt der Atzberg. Bereits 1382 wurde in einer Urkunde der »Ärtzberg« als Weinbauriede erwähnt. Der Boden – wie der ursprüngliche Name erahnen lässt – ist sehr erzhaltig. Aufgrund der beschwerlichen Bearbeitung dieser steilen Riede, wurde der Weinbau am Atzberg in den 1950er-Jahren aufgegeben. Der ausgewiesene Wachau-Experte Weinpfarrer Hans Denk (†) attestierte dieser Lage eine Qualität, die sogar in der Wachau einzigartig ist, und so wurde ab dem Jahr 2008 diese herausragende Lage mit viel Handarbeit und unzähligen Arbeitsschritten wieder rekultiviert. Die Südorientierung, die optimale Sonneneinstrahlung, die kühle Luft, die durch das Mieslingtal vom Waldviertel herunterzieht, und die unmittelbare Nähe zur Donau ergeben ein ganz spezielles Mikroklima. Die extrem steile Lage mit bis zu 75 Prozent Hangneigung wird mühevoll zu 100 Prozent per Hand kultiviert. Jedes Jahr entstehen nur zwei Weine, die in ihrer Fülle und Ausdrucksstärke zu den besten der Wachau zählen.

WEINGUT ATZBERG
3620 Spitz an der Donau
Mieslingtal 3
T: +43 (650) 7203663
office@atzberg.at
www.atzberg.at

Kellermeister: Johann Donabaum
Kontakt: Paul Kiefer
Produktion: 100 % weiß, 2 Hektar
Vereinszugehörigkeit:
Vinea Wachau
Messen: ProWein Düsseldorf, VieVinum

(95) Grüner Veltliner * Ried Atzberg Obere Steilterrassen Smaragd 2022
14,5 Vol.-%, NK, großes Holzfass, €€€€€€
Leuchtendes mittleres Gelbgrün, Silberreflexe. Mit frischen Wiesenkräutern unterlegte Nuancen von gelbem Steinobst, etwas Marille, Mango und Apfel, facettenreiches Bukett. Komplex, feine Fruchtsüße, weißer Apfel, dezenter

Blütenhonig, saliner Touch im Finale, zeigt Länge und Reifepotenzial, bereits gut entwickelt, vielfältig einsetzbar.

(93) Grüner Veltliner * Ried Atzberg Steilterrassen Smaragd 2022
14 Vol.-%, DV, Stahltank, €€€€€
Mittleres Gelbgrün, Silberreflexe. Feine Kräuterwürze, gelber Apfel, ein Hauch von Birne und Dörrobst, dunkle Mineralik. Saftig, elegant, reifes Steinobst, dezente Fruchtsüße, feine Säure, mineralisch-salzig im Abgang, ein feinwürziger Speisenbegleiter.

★★★

WEINGUT BÄUERL

Wolfgang Bäuerl bewirtschaftet mit seiner Frau Martina bereits in vierter Generation das kleine, feine Familienweingut in Oberloiben. Eine Hälfte der Trauben stammt aus den Terrassenlagen wie Kellerberg, Höhereck oder Liebenberg. Weitere Rieden sind Kreutles oder Hochstrasser am Fuße des Loibenbergs. Die Trauben werden in kleinen Kisten zum Keller angeliefert und je nach Weincharakter unterschiedlich verarbeitet, immer gerebelt und entweder rasch oder nach längerer Maischestandzeit schonend gepresst. Nach der Klärung vergärt der Wein in Stahltanks, und man gibt ihnen Zeit zur Entwicklung.
Wichtig ist Familie Bäuerl die Erkennbarkeit der Lage, der Traube und des Bodens, wo der Wein gewachsen ist. Deshalb findet man in den Weinen Mineralik, Finesse und Eleganz. Nach dem Motto von Martina Bäuerl »Das einzig B'ständige im Leben ist die Veränderung« bewirtschaftet sie mit ihrem Mann Wolfgang die Weingärten kontrolliert biologisch. Mit dem Jahrgang 2023 ist das Weingut zertifiziert biologisch. Verkosten kann man die Weine beim Heurigen oder einer individuellen Verkostung nach telefonischer Voranmeldung. Weiters stehen noch drei gemütliche Appartements für einen längeren Aufenthalt in der Wachau zur Verfügung.

95 Riesling * Ried Kellerberg Smaragd 2022
13,5 Vol.-%, NK, Stahltank, €€€€€ B V
Helles Grüngelb, Silberreflexe. Zart nach Limettenzesten, ein Hauch von Maracuja und weißem Pfirsich, mineralischer Touch, facettenreiches Bukett. Elegant, saftig, reifer

WEINGUT BÄUERL
3601 Dürnstein
Oberloiben 28
T: +43 (664) 444 0 620
wein@baeuerl.at
www.baeuerl.at

Kellermeister/Kontakt:
Wolfgang Bäuerl
Anbauweise: Umstellung auf bio
Produktion: 20.000 Flaschen
99 % weiß, 1 % süß, 3 Hektar
Vereinszugehörigkeit:
Vinea Wachau

© Rita Newman

Wolfgang und Martina Bäuerl

Pfirsich, ein Hauch von Fruchtsüße, bleibt gut haften, ein balancierter Speisenwein mit guter Länge und sicherem Reifepotenzial.

92 Riesling * Federspiel vom Urgestein 2022
12,5 Vol.-%, DV, Stahltank, €€€ B V
Mittleres Grüngelb, Silberreflexe. Feine gelbe Tropenfrucht, ein Hauch von Papaya, Nuancen von Blütenhonig. Saftig, weiße Frucht, elegant, zarte Süße, dezenter Säurebogen, gut gereift und bereits antrinkbar.

94 Grüner Veltliner * Ried Kellerberg Smaragd 2022
13,5 Vol.-%, NK, Stahltank, €€€€€ B V
Helles Gelbgrün, Silberreflexe. Zart nach Tabak und Gewürzen, feine gelbe Tropenfrucht, Mango, reifer Apfel. Stoffig, saftig, Nuancen von reifem Kernobst, zarte Fruchtsüße, mineralisch-salziger Touch im Abgang, gut entwickelt, ein saftiger Begleiter bei Tisch.

93 Grüner Veltliner * Ried Kreutles Federspiel 2022
12,5 Vol.-%, DV, Stahltank, €€€ B V
Mittleres Grüngelb, Silberreflexe. Zart floral unterlegte gelbe Tropenfrucht, etwas Ananas und Mango, Nuancen von Marille. Saftig, elegant, balanciert, feinfruchtig, mineralisch und gut anhaftend, ein Hauch von Blütenhonig, ausgewogen und gut entwickelt.

92 Grüner Veltliner * Federspiel 2022
12 Vol.-%, DV, Stahltank, €€ B V
Helles Grüngelb, Silberreflexe. Zart kräuterwürzig, tabakig unterlegte Nuancen von weißem Kernobst, ein Hauch von Limettenzesten. Saftig, reifer gelber Apfel, frischer Säurebogen, elegant, bereits entwickelt, zitronig-mineralisch im Nachhall, ein vielseitiger Speisenbegleiter.

90 Grüner Veltliner * Steinfeder 2022
10,5 Vol.-%, DV, Stahltank, €€ V
Helles Grüngelb, Silberreflexe. Zart nach Mango, etwas Orangenzesten, mit frischem Apfel unterlegt. Saftig, elegant, feine Tropenfrucht, zarte Fruchtsüße, feines Säurespiel, bleibt haften, ein vielseitiger Speisenbegleiter.

★

DOMÄNE ROLAND CHAN

NEU

Die Domäne Roland Chan wurde 2017 von Dipl.-Ing. Roland Müksch und seiner Gattin, Dr. Sharon Chan, gegründet, was für Wachauer Verhältnisse den dann doch eigenwilligen Namen des Weinguts erklärt. In den ersten drei Jahren wurde rund ein halber Hektar Steilterrassen in der Ried Höll und Ried Bach bearbeitet. 2021 kamen dann Weingärten in der Ried Achleiten und Ried Klaus dazu – sowie ein Winzerhaus in Sankt Michael. Aktuell werden rund 9.000 Flaschen auf 2,5 Hektar produziert.

Für die Vinifizierung ist der Spitzer Winzer Christoph Donabaum verantwortlich, freilich in Abstimmung mit Roland Müksch. Drei Lesedurchgänge sind notwendig, um in den Steilterrassen das Traubenmaterial zu bekommen, das den Vorstellungen des Eigentümers entspricht. Längere Maischestandzeiten vor der Pressung sind gewünscht. Die Weine werden danach lange auf der Feinhefe gelagert und ungefiltert abgefüllt. Erst zwei Jahre nach der Lese kommen die Weine der Domäne Roland Chan auf den Markt, der 2021er Jahrgang wird also erst im Herbst vertrieben.

© Domaene Roland Chan

DOMÄNE ROLAND CHAN

3610 Wösendorf in der Wachau
Kellergasse 102
T: +43 (660) 8345252
mukschr@yahoo.com
domaene-rolandchan.at

Kellermeister: Christoph Donabaum
Kontakt: Roland Müksch
Produktion: 10.000 Flaschen
90 % weiß, 10 % rosé, 2.3 Hektar
Vereinszugehörigkeit:
Vinea Wachau
Messen: Vinexpo

Lese in der Ried Höll

Die Weine haben schon sehr gute Bewertungen von James Suckling (93 Punkte für den Riesling Ried Bach 2019) und Falstaff (94 Punkte für den Riesling Ried Bach 2020) erhalten, und man ist zweifacher Gewinner einer Trophy für beste Weinbegleitung bei der Hong Kong International Wine and Spirits Competition.

94 Riesling * Ried Höll Smaragd 2021

13,5 Vol.-%, NK, Stahltank/Flaschenreifung, €€€€€
Helles Grüngelb, Silberreflexe. Zarte Anklänge von weißer Tropenfrucht, ein Hauch von Maracuja, Limette, zart nach weißem Pfirsich, einladendes Bukett. Saftig, elegant, Nuancen von weißem Steinobst, feine Fruchtsüße, lebendiger Säurebogen, mineralisch-salzig im Abgang, gute Länge, zugänglich, verfügt über Reifepotenzial.

94 Riesling * Ried Klaus Smaragd 2021

13,5 Vol.-%, NK, großes Holzfass/Flaschenreifung, €€€€€
Helles Grüngelb, Silberreflexe. Einladende gelbe Frucht, ein Hauch von Marzipan und Lanolin, mit etwas Safran unterlegt. Saftig, elegant, weiße Tropenfrucht, mineralisch, saliner Abgang, bleibt lange haften, ein delikater Speisenbegleiter.

94 Riesling * Ried Achleiten Smaragd 2021

14 Vol.-%, NK, Stahltank/Flaschenreifung, €€€€€€
Helles Grüngelb, Silberreflexe. Feine helle Tropenfrucht, zart nach Pfirsich, etwas Mango, dezenter Blütenhonig, einladendes Bukett. Kraftvoll, saftig, steinige Textur, weiße Frucht, feiner Säurebogen, zitronig im Nachhall, kompakt und doch delikat, besitzt Länge, wird von Flaschenreife profitieren.

93 Riesling * Ried Bach Smaragd 2021

13,5 Vol.-%, NK, großes Holzfass/Flaschenreifung, €€€€€
Helles Grüngelb, Silberreflexe. Verhalten, ein Hauch von frischen Orangenzesten, gelbe Tropenfrucht, etwas Blütenhonig. Mittlere Komplexität, weißes Steinobst, frischer Säurebogen, salzig-zitronig im Nachhall, ein leichtfüßiger Speisenbegleiter.

93 Grüner Veltliner * Ried Höll Smaragd 2021

13,5 Vol.-%, NK, Stahltank/Flaschenreifung, €€€€€
Helles Grüngelb, Silberreflexe. Zart nach Orangenzesten, gelber Apfel, etwas Mango, scheues Bukett. Saftig, elegant, feine Nuancen von weißem Kernobst, frischer Säurebogen, mineralisch im Abgang, ausgewogen, zitroniger Touch im Nachhall.

92 Zweigelt * gleichgepresst »To Hell and Back« 2021

12,5 Vol.-%, NK, Stahltank/Flaschenreifung, €€€€€
Helles Lachsrosa, Silberreflexe. Zart floral, ein Hauch von eingelegten Kirschen, Nuancen von roten Beeren. Saftig, weißer Pfirsich, frischer Säurebogen, mineralisch-salzig, bleibt gut haften, verfügt über eine überraschende Länge.

★★★★

DOMÄNE WACHAU

Die Domäne Wachau hat sich mit einer Vielfalt an herkunftstypischen Wachauer Weinen unter der Leitung von Roman Horvath MW und Heinz Frischengruber zu einem der bedeutendsten Weingüter Österreichs entwickelt. Weltberühmte Rieden wie Achleiten, Kellerberg und Singerriedel stehen nur stellvertretend für die Fülle an Top-Lagen, die die Domäne Wachau vinifiziert. Eine entscheidende Relevanz in der Gesamtheit der Domäne Wachau kommt der Arbeit der Winzerfamilien zu. Oft seit Generationen in den steilen Terrassen der Wachau tätig, kennen sie die Besonderheiten jeder Parzelle. In detailverliebter Handarbeit und mit enormer Erfahrung sorgen sie in den Weingärten für ein ökologisches Gleichgewicht, fördern die Arten- und Pflanzenvielfalt und setzen zunehmend auf biologische Bewirtschaftung. Minimalismus auf höchstem handwerklichem Niveau, das ist die Devise im Rahmen der Weinwerdung. Tradition und Innovation sind dabei zwei Seiten derselben Medaille. Neben der Produktion ausdrucksstarker Rieden-Weine geht man mit der Backstage-Serie neue und besonders alte Wege. Der rote Faden bleibt dabei stets, Herkunft, Jahrgang und Sorte präzise herauszuarbeiten.
Von einer internationalen Jury wurde die Domäne Wachau zu einem der World's Best Vineyards gekürt (Nr. 1 in Europa & Nr. 3 weltweit), sie ist somit eine Top-Destination für Weinliebhaber aus aller Welt. Das qualitätsorientierte Veranstaltungsprogramm umfasst Rieden-Wanderungen, Weingutsführungen, einen Kellerschlössel-Heurigen und einzigartige Kulinarien. Wachau-Besucher kommen zudem in der Vinothek am Weingut und im Shop 11A in der Dürnsteiner Altstadt auf ihre Kosten.

(95) Grüner Veltliner * Ried Achleiten Smaragd 2022
13,5 Vol.-%, NK, Stahltank/großes Holzfass, €€€€€ V
Helles Grüngelb, Silberreflexe. Mit Wiesenkräutern unterlegte weiße Apfelfrucht, etwas Honigmelone, Mandarinenzesten klingen an. Saftig, gute Komplexität, engmaschig, feine Fruchtsüße, bleibt gut haften, zeigt Potenzial und Länge, kann bereits angetrunken werden.

(95) Grüner Veltliner * Ried Kellerberg Smaragd 2022
13 Vol.-%, NK, Stahltank/großes Holzfass, €€€€€ V
Mittleres Grüngelb, Silberreflexe. Feine weiße Tropenfrucht, weißer Apfel, ein Hauch von Mandarinenzesten, weiße Blüten, öffnet sich mit Luft, facettenreiches Bukett. Saftig, weißes Kernobst, frischer Säurebogen, mineralisch-salzig im Abgang, noch etwas unterentwickelt, wird von Flaschenreife profitieren.

(94) Grüner Veltliner * Ried Kirnberg Smaragd 2022
13 Vol.-%, NK, Stahltank/großes Holzfass, €€€€€ V
Helles Grüngelb, Silberreflexe. Kräuterwürzig unterlegte gelbe Apfelfrucht, ein Hauch von Blütenhonig und Orangenzesten. Mittlere Komplexität, weißes Kernobst, feiner Säurebogen, salziger Touch, ein vielseitiger Speisenbegleiter, bereits antrinkbar.

(94) Grüner Veltliner * Ried Axpoint Smaragd 2022
13 Vol.-%, NK, Stahltank/großes Holzfass, €€€€€ V
Mittleres Grüngelb, Silberreflexe. Frische Wiesenkräuter, gelbe Tropenfrucht, mit kandierten Orangenzesten unterlegt. Saftig, gelber Apfel, lebendiger Säurebogen, mineralisch-zitronig, dezente Fruchtsüße im Abgang, bereits gut entwickelt.

(94) Grüner Veltliner * Ried Schön Smaragd 2022
13,5 Vol.-%, NK, Stahltank, €€€€€ V
Helles Grüngelb, Silberreflexe. Mit Orangenzesten und Blütenhonig unterlegte gelbe Apfelfrucht, etwas Mango. Mittlere Komplexität, weißer Apfel, frisch strukturiert, mineralisch im Abgang, salzig-zitroniger Nachhall, ein vielseitiger Begleiter bei Tisch.

93 Grüner Veltliner * Rossatz Smaragd 2022
13 Vol.-%, DV, Stahltank, €€€€ V
Mittleres Grüngelb, Silberreflexe. Zart tabakig unterlegte Nuancen von Honigmelone, ein Hauch von Mango, Orangenzesten im Hintergrund. Komplex, saftig, weißer Apfel, finessenreich strukturiert, mineralisch, saliner Nachhall, zeigt gute Länge, Limetten im Rückgeschmack.

93 Grüner Veltliner * Smaragd Himmelstiege 2022
13 Vol.-%, DV, Stahltank, €€€€ V
Helles Grüngelb, Silberreflexe. Feine gelbe Tropenfrucht, frischer Apfel, ein Hauch von Birne, angenehme Kräuterwürze,

© Domäne Wachau

DOMÄNE WACHAU

3601 Dürnstein
Dürnstein 107
T: +43 (2711) 371
office@domaene-wachau.at
www.domaene-wachau.at

Kellermeister: Heinz Frischengruber
Kontakt: Roman Horvath MW
Produktion: 2.500.000 Flaschen 90 % weiß, 4 % rosé, 5 % rot, 1 % süß, 400 Hektar
Zertifiziert: Nachhaltig Austria
Vereinszugehörigkeit: Vinea Wachau
Messen: ProWein Düsseldorf, VieVinum, Vinexpo

Roman Horvath und Heinz Frischengruber

mit Orangenzesten unterlegt. Straff, elegant, weißes Kernobst, feine Säurestruktur, mineralisch-zitronig im Nachhall, ein harmonischer, leichtfüßiger Speisenbegleiter.

(93) Grüner Veltliner * Smaragd Terrassen 2022

13 Vol.-%, DV, Stahltank, €€€€ V
Helles Grüngelb, Silberreflexe. Zart nach gelbe Ringlotten, frischer Apfel, mit einem Hauch von Kräuterwürze unterlegt, mineralischer Touch. Saftig, elegant, feine Nuancen von weißem Kernobst, frischer Säurebogen, mineralisch-salzig im Abgang, vielfältig einsetzbar.

93 Grüner Veltliner * Weissenkirchen Smaragd 2022

13 Vol.-%, DV, Stahltank, €€€€ V
Mittleres Gelbgrün, Silberreflexe. Nuancen von Golden-Delicious-Apfel, ein Hauch von frischen Orangenzesten, tabakige Würze, einladendes Bukett. Saftig, weißes Kernobst, harmonisch, frisch strukturiert, wirkt leichtfüßig und bereits gut entwickelt, salziger Touch im Nachhall.

93 Grüner Veltliner * Dürnstein Smaragd 2022

13 Vol.-%, DV, Stahltank, €€€€ V
Helles Gelbgrün, Silberreflexe. Mit einem Hauch von Orangenzesten unterlegte Nuancen von gelbem Kernobst, feine Wiesenkräuter, mit etwas Mango und Blütenhonig unterlegt. Engmaschig, weiße Apfelfrucht, frisch strukturiert, mineralisch-salzig, zitroniger Nachhall, ein vielseitiger Speisenbegleiter.

92 Grüner Veltliner * Ried Kreuzberg Federspiel 2022

12,5 Vol.-%, DV, Stahltank, €€€ V
Helles Gelbgrün, Silberreflexe. Zart nach Marille und Ananas, kandierte Orangenzesten, mit einem Hauch von Kräuterwürze unterlegt. Saftig, elegant, angenehme Apfelfrucht, frischer Säurebogen, ausgewogen und bereits sehr gut antrinkbar.

(92) Grüner Veltliner * Spitzer Graben Steinwerk 2022

12,5 Vol.-%, NK, Granitfass, €€€€ V
Mittleres Grüngelb, Silberreflexe. Zart nach Wiesenkräutern, frische Marillen, mit einem Hauch von gelber Birne unterlegt, Nuancen von Blütenhonig. Mittlerer Körper, weißer Apfel, frischer Säurebogen, zitronig-salziger Nachhall, ein leichtfüßiger Speisenbegleiter.

96 Grüner Veltliner Ried Achleiten Smaragd »Late release« 2017

13,5 Vol.-%, NK, großes Holzfass, €€€€€€ V
Helles Grüngelb, Silberreflexe. Frische Kräuterwürze, weiße Tropenfrucht, Nuancen von frischem Apfel, rotbeeriger Touch im Hintergrund, facettenreiches Bukett. Saftig, elegant und balanciert, cremige Textur, feine Süße im Kern, Pfirsich und Marzipan im Abgang, ein ausgewogener, gut entwickelter Speisenbegleiter.

(96) Riesling * Ried Kellerberg Smaragd 2022

13 Vol.-%, NK, Stahltank/großes Holzfass, €€€€€ V
Helles Grüngelb, Silberreflexe. Feine gelbe Pfirsichfrucht, zart nach Mandarinen und Blütenhonig, facettenreiches Bukett. Straff, engmaschig, mineralisch geprägt, Weingar-

tenpfirsich, finessenreich und sehr lange anhaftend, wirkt leichtfüßig, sicheres Entwicklungspotenzial.

(95) Riesling * Ried Brandstatt Smaragd 2022
13 Vol.-%, NK, Stahltank, €€€€€ V
Helles Grüngelb, Silberreflexe. Zart nach Blüten und weißem Steinobst, ein Hauch von Mango, mit frischem Pfirsich unterlegt, Nuancen von Orangenblüten. Schlank, weiße Frucht, zart und feingliedrig, weißer Apfel, zitronige Noten im Abgang, leichtfüßiger Speisenbegleiter mit Reifepotenzial.

(95) Riesling * Ried Achleiten Smaragd 2022
13,5 Vol.-%, NK, Stahltank/großes Holzfass, €€€€€ V
Helles Grüngelb, Silberreflexe. Zarte Würze, dunkle Mineralik, Noten von gelbem Steinobst, ein Hauch von kandierten Orangenzesten, klassisches Terroirbukett. Engmaschig, feine Pfirsichfrucht, lebendiger Säurebogen, saline Nuancen, frisch und gut anhaftend, sicheres Entwicklungspotenzial.

(95) Riesling * Ried Singerriedel Smaragd 2022
13 Vol.-%, NK, Stahltank, €€€€€ V
Helles Grüngelb, Silberreflexe. Mit einem Hauch von Blütenhonig unterlegter weißer Weingartenpfirsich, etwas Marille, aber auch weiße Blüten und Limettenzesten. Saftig, weißes Steinobst, leichtfüßig, finessenreich und präzise, klar wie ein Gebirgsbach, lebendiger Nachhall, sehr gutes Reifepotenzial.

(94) Riesling * Ried Loibenberg Smaragd 2022
13 Vol.-%, NK, Stahltank/großes Holzfass, €€€€€ V
Helles Grüngelb, Silberreflexe. Zarte gelbe Tropenfrucht, etwas Mango und Ananas, mit mineralischen Noten unterlegt. Stoffig, Nuancen von weißem Steinobst, ein Hauch von Fruchtsüße, mineralisch-zitronig im Abgang, elegant und gut anhaftend, salzig, mit Reifepotenzial ausgestattet.

93 Riesling * Smaragd Terrassen 2022
13 Vol.-%, DV, Stahltank, €€€€ V
Helles Grüngelb, Silberreflexe. Noch etwas scheu, ein Hauch von Ananas und gelbem Pfirsich, mineralischer Touch. Mittlerer Körper, frische weiße Tropenfrucht, lebendiger Säurebogen, straff und zitronig im Abgang, ein animierender Speisenbegleiter.

93 Riesling * Weissenkirchen Smaragd 2022
13 Vol.-%, DV, Stahltank, €€€€ V
Helles Gelbgrün, Silberreflexe. Frische gelbe Tropenfrucht, Nuancen von Pfirsich und Ananas, zarter Blütenhonig, einladendes Bukett. Mittlere Komplexität, weißes Steinobst, frischer Säurebogen, balanciert, zitroniger Nachhall, bereits gut antrinkbar.

92 Riesling * Ried Trenning Federspiel 2022
12,5 Vol.-%, DV, Stahltank, €€€ V
Mittleres Gelbgrün, Silberreflexe. Floral, Limettenzesten, zarter Blütenhonig, weißer Pfirsich, mineralisch unterlegt. Engmaschig, frischer Apfel, feine Fruchtsüße, saliner Touch im Abgang, kühle, lebendige Stilistik, delikater Speisenbegleiter.

(94) Chardonnay * 20twentyone 2021
13 Vol.-%, NK, kleines Holzfass, €€€€€ V
Helles Gelbgrün, Silberreflexe. Feine Holzwürze nach Vanille und Kräutern, attraktive Tropenfrucht, chablishafte Nuancen, einladendes Bukett. Leichtfüßig, präzise und frisch, weiße Frucht, feiner Säurebogen, ein delikater Speisenwein, animierend und mit Reifepotenzial ausgestattet.

(92) Gemischter Satz * Smaragd Uralt-Reben 2022
13 Vol.-%, NK, Holzfass, €€€€€ V
Helles Goldgelb, zarter Messingtouch. Tabakig-kräuterwürzig unterlegte feine Birnenfrucht, kandierte Orangenzesten, etwas Kamille, zart nach Blütenhonig. Saftig, feine Nuancen von gelber Frucht, zart nach Feigen, mineralisch, balanciert, ein individueller Speisenbegleiter.

91 Roter Traminer * 2022
13 Vol.-%, NK, Stahltank, €€€€€ V
Helles Gelbgrün, Silberreflexe. Zart nach Rosenöl und weißem Apfel, noch sehr zurückhaltendes Bukett. Schlank, feine gelbe Tropenfrucht, dezente Süße, gut integrierter Säurebogen, wirkt sehr leichtgewichtig, mittlere Länge.

(92) Müller Thurgau MTX Extrem 2022
12,5 Vol.-%, DV, Beton, €€€€ O V
Leuchtendes helles Goldgelb, Silberreflexe. Nuancen von gelbem Apfel, ein Hauch von Mango, dazu Kräuter und Mandarinenzesten. Straff, mineralisch, weißes Kernobst, frischer Säurebogen, Limetten im Nachhall, ein animierender, frischer Speisenbegleiter.

(91) Riesling Amphora 2021
12,5 Vol.-%, NK, Amphore, €€€€€ O V
Leuchtendes mittleres Gelbgold, Silberreflexe. Kandierte Mandarinen und Blütenhonig, feine Kräuterwürze, mit gelber Tropenfrucht unterlegt. Mittlerer Körper, weiße Frucht, salzig, lebendig strukturiert, zitronige Nuancen im Nachhall, bietet leichtfüßiges Trinkvergnügen.

91 Rosé * 1805 2022 PN/ZW
13 Vol.-%, DV, kleines Holzfass, €€€€ V
Mittleres Lachsrosa, Silberreflexe. Feine Kräuterwürze, etwas Zwetschken, Nougat und rote Kirschen, mit Orangenzesten unterlegt, facettenreiches Bukett. Straff, engmaschig, weißer Apfel, frischer Säurebogen, mineralisch-zitronig, aber auch Karamell, bleibt haften, vielfältig einsetzbar.

WEINGUT CHRISTOPH DONABAUM
3620 Spitz
Laaben 16
T: +43 (2713) 2618
office@weindonabaum.at
www.weindonabaum.at

Kellermeister/Kontakt:
Christoph Donabaum
Produktion: 26.667 Flaschen
95 % weiß, 4 % rosé, 1 % süß,
4+1 Hektar
Zertifiziert: Nachhaltig Austria
Vereinszugehörigkeit:
Vinea Wachau
Messen: VieVinum

Christoph Donabaum

★

WEINGUT CHRISTOPH DONABAUM

NEU

Christoph Donabaum hat das Weingut von seinen Eltern Josef und Herta übernommen. Nach einigen Jahren im Nebenerwerb entschied er sich, seine ganze Energie nur noch in sein Weingut zu investieren, und geht seitdem seiner Leidenschaft zu 100 Prozent nach. Ein Großteil seiner Weingärten befindet sich im Spitzer Graben. Ebendieser ist als steil terrassierter, kühlerer und späterer Teil des Weinbaugebietes Wachau bekannt. So kommt es oft vor, dass die Weinlese bis in den November hinein dauert. Die steilen Terrassen sind nur händisch zu bewirtschaften – so auch bei der Weinlese. Christophs Motivation ist es, durch akribische Selektion höchste Qualität und exzellenten Geschmack ins Glas zu bringen. Somit ist es notwendig, dass ein Weingarten oft mehrmals durchgelesen wird, um immer nur mit den besten Trauben zu arbeiten. Um Weine mit Ausdruck zu keltern, ist es für den aufstrebenden Winzer daher auch besonders wichtig, Weingärten mit alten Rebstöcken zu erhalten. Dies bestätigt Christoph in seinem Grünen Veltliner Smaragd® Alte Kultur. Bei einem Besuch auf dem Weingut können neben dem Grünen Veltliner noch Riesling sowie der für die Region bekannte Neuburger verkostet werden. Bei Schönwetter lässt es sich gemütlich im Garten oder auf der Terrasse verkosten, ansonsten steht der im Mai 2023 fertiggestellte Verkostungsbereich im Zubau des Weinguts zur Verfügung. Dreimal im Jahr werden auch die Heurigentüren geöffnet, und Christophs Weine können bei einer Heurigenjause auf dem Weingut genossen werden.

94 Riesling * Ried 1000-Eimerberg Smaragd 2022

13,5 Vol.-%, NK, Stahltank, €€€€€
Leuchtendes Gelbgrün, Silberreflexe. Weiße Tropenfrucht, ein Hauch von Limetten und Maracuja, mineralischer Touch, einladendes Bukett. Saftig, gelber Pfirsich, rassiges Säurekleid, feine Fruchtsüße, gute Balance, zeigt Länge, bleibt haften, gutes Reifepotenzial.

93 Riesling * Ried Offenberg Smaragd 2022

13 Vol.-%, NK, Stahltank, €€€€
Helles Gelbgrün, Silberreflexe. Gelbe Tropenfrucht, etwas Pfirsich, weiße Blüten, ein Hauch von Honig. Saftig, frisch strukturiert, weißer Weingartenpfirsich, Limetten im Ab-

© Nimo Zimmerhackl

gang, rassig und mineralisch, kalkiger Touch, zitroniger Nachhall, frischer Begleiter bei Tisch.

91 Riesling * Spitzer Graben Federspiel 2022
12,5 Vol.-%, DV, Stahltank, €€€
Mittleres Grüngelb, Silberreflexe. Zart floral, gelbe Tropenfrucht, ein Hauch von Blütenhonig, Nuancen von Mandarinenzesten. Schlank, weißes Kernobst, frischer Säurebogen, mineralisch, saliner Abgang, ein pikanter Speisenwein.

(94) Grüner Veltliner * Smaragd Alte Kultur 2022
14 Vol.-%, NK, großes Holzfass/Stahltank, €€€€€
Helles Gelbgrün, Silberreflexe. Feine gelbe Apfelfrucht, ein Hauch von Honigmelone, mineralische Nuancen, zart nach Orangenzesten. Saftig, komplex, feine Fruchtsüße, harmonisch strukturiert, ausgewogen im Abgang, bereits sehr gut antrinkbar, verfügt über Reifepotenzial.

93 Grüner Veltliner * Ried Zornberg Smaragd 2022
13,5 Vol.-%, NK, großes Holzfass/Stahltank, €€€€
Helles Gelbgrün, Silberreflexe. Nuancen von Mango und frischer Birne, einladendes fruchtiges Bukett. Komplex, straff, weißer Apfel, feine Fruchtsüße, gut integrierter Säurebogen, mineralisch und anhaftend, ein feiner Speisenwein.

91 Grüner Veltliner * Federspiel Wachauer Terrassen 2022
12,5 Vol.-%, DV, großes Holzfass/Stahltank, €€
Helles Gelbgrün, Silberreflexe. Zart nach frischer Birne, etwas Mango, einladendes Bukett, ein Hauch von Orangenzesten. Mittlerer Körper, feine Kernobstnuancen, mineralisch und anhaftend, ein balancierter Speisenwein.

★★★★

WEINGUT JOHANN DONABAUM

Das Weingut Johann Donabaum zählt zu den aufstrebenden Gütern der Wachau. Der Junior wird tatkräftig von seinen Eltern bei der Bearbeitung der arbeitsintensiven Berg- und Terrassenlagen unterstützt. Die Lagenweine des Hauses – Riesling Offenberg und Setzberg sowie Grüner Veltliner Spitzer Point – findet man auf den bestsortierten Weinkarten des Landes. Auch die rare Traube Neuburger wird gepflegt, der Smaragd aus der Lage Spitzer Biern zählt zu den herausragenden Vertretern dieser Sorte.

Johann und Andrea Donabaum

WEINGUT JOHANN DONABAUM
3620 Spitz an der Donau
Laaben 15
T: +43 (676) 9313150
info@weingut-donabaum.at
www.weingut-donabaum.at

Kellermeister/Kontakt:
Johann Donabaum jun.
Produktion: 73.333 Flaschen
100 % weiß, 10 Hektar
Vereinszugehörigkeit:
Vinea Wachau
Messen: VieVinum

© Florian Schulte

Über eine kleine Brücke im Spitzer Graben führt der Weg zum geschichtsträchtigen, aus dem 16. Jahrhundert stammenden Anwesen. Ein konsequenter Arbeitseinsatz der ganzen Familie ist die Grundlage für optimales Traubengut, die Basis für hochqualitative Weine, die durch Boden, Klima und die Handschrift des Winzers geprägt sind. Den bisher größten Erfolg erzielte das Gut 2009 beim »Decanter World Wine Award« in London, dem größten Weinwettbewerb der Welt: Der Riesling Smaragd Setzberg 2007 gewann die internationale Rieslingtrophäe und wurde damit zum besten Riesling über zehn Pfund gekürt.

Spitz an der Donau

(96) Riesling * Smaragd Limitierte Edition 2022
14,5 Vol.-%, NK, Stahltank/gr. Holzfass, €€€€€€ H V
Mittleres Gelbgrün, Silberreflexe. Zarter Blütenhonig, Orangenzesten, gelber Pfirsich, Marille, floraler Touch, Nuancen von Limetten, noch etwas scheues Bukett. Kraftvoll, komplex, weißes Steinobst, extraktsüße Textur, feine Säurestruktur, mineralisch, etwas Limette, salzig im Abgang, noch sehr jugendlich, besitzt Länge und Potenzial, wird von Flaschenreife profitieren.

(95) Riesling * Spitz Ried Vogelleithen 2022
13,5 Vol.-%, DV, Stahltank, €€€€€ H V
Mittleres Gelbgrün, Silberreflexe. Feine gelbe Tropenfrucht, ein Hauch von Mango und Ananas, zart nach Blütenhonig, rotbeeriger Touch, facettenreich und mineralisch. Engmaschig, weißer Pfirsich, feine Extraktsüße, frischer Säurebogen, mineralisch und gut anhaftend, ein eleganter Speisenbegleiter, gutes Reifepotenzial.

(94) Riesling * Ried Setzberg Smaragd 2022
13,5 Vol.-%, DV, Stahltank, €€€€€ H V
Mittleres Gelbgrün, Silberreflexe. Attraktive gelbe Pfirsichfrucht, etwas Marille, ein Hauch von Blütenhonig, kandierte Orangenzesten. Straff, engmaschig, weißer Pfirsich, lebendiger Säurebogen, mineralisch-zitronig im Abgang, salzig im Nachhall, Limetten im Rückgeschmack, ein finessenreicher Speisenbegleiter.

(94) Riesling * Ried Offenberg Smaragd 2022
13,5 Vol.-%, DV, Stahltank, €€€€€ H V
Mittleres Gelbgrün, Silberreflexe. Feine gelbe Tropenfrucht, Nuancen von reifem Pfirsich und Maracuja, zarter Blütenhonig, mit etwas Limette unterlegt. Straff, engmaschig, weißes Steinobst, frisch strukturiert, mineralisch-zitronig, ein finessenreicher Speisenbegleiter.

(95) Grüner Veltliner * Ried Spitzer Point Smaragd 2022
13,5 Vol.-%, DV, Stahltank, €€€€€ H V
Mittleres Grüngelb, Silberreflexe. Attraktive reife Tropenfrucht, gelber Apfel, Mango und Papaya, zart nach Blütenhonig, Nuancen von Orangenzesten. Kraftvoll, feine Fruchtsüße, etwas Marille, feiner Säurebogen, mineralisch und gut anhaftend, salziger Touch im Abgang, gutes Zukunftspotenzial.

(94) Grüner Veltliner * Wösendorf Ried Kirchweg Smaragd 2022
13,5 Vol.-%, DV, Stahltank, €€€€€ H V
Mittleres Grüngelb, Silberreflexe. Nuancen von Golden-Delicious-Apfel, etwas Blütenhonig, zart nach Mango, Orangenzesten klingen an. Komplex, engmaschig, feines Steinobst, gute Säure, Orangenkonfit im Abgang, mineralisch und gut anhaftend, sicheres Entwicklungspotenzial.

93 Grüner Veltliner * Ried Zornberg Smaragd 2022
13 Vol.-%, DV, Stahltank, €€€€ H V
Helles Gelbgrün, Silberreflexe. Zarte Kräuterwürze, tabakige Nuancen, einladendes gelbes Kernobst, ein Hauch von Birne, kandierte Orangenzesten. Saftig, kräftig, weiße Apfelfrucht, frischer Säurebogen, mineralisch-zitroniger Touch im Abgang, ein vielseitiger Speisenbegleiter.

(94) Neuburger * Spitzer Graben Smaragd 2022
13,5 Vol.-%, DV, Stahltank, €€€€€€ H
Kräftiges Gelbgrün, Silberreflexe. Feine Nuancen von reifen Marillen, Blütenhonig, kandierte Orangenzesten, ein Hauch von Birne. Saftig, gelbes Kernobst, dezente Extraktsüße, Noten von Kletzen, helles Nougat, kraftvoll und gut anhaftend, verfügt über Potenzial für viele Jahr.

Georg und Katrin Ernsthofer

WEINGUT ERNSTHOFER
3610 Wösendorf
Winklgasse 52
T: +43 (664) 4598113
weingut@ernsthofer.at
www.ernsthofer.at

Kellermeister/Kontakt:
Georg Ernsthofer
Produktion: 5 % Schaumwein, 85 % weiß, 10 % rosé, 7 Hektar
Vereinszugehörigkeit:
Vinea Wachau

★

WEINGUT ERNSTHOFER

Direkt an der Donau im Herzen der Wachau befindet sich das Weingut Ernsthofer. Die Familie vinifiziert typische Wachauer Weine, geprägt von Klima und Boden dieser einzigartigen Kulturlandschaft. Es macht sie stolz, durch ihre herausfordernde Arbeit in den steilen Weinterrassen einen persönlichen Beitrag zur Erhaltung des Weltkulturerbes Wachau zu leisten. Die vielfältige Charakteristik der bekannten Rieden wie »Kollmütz«, »Steinriegl« oder »Hinter der Burg« spiegeln sich in den Weinen wider.

(93) Grüner Veltliner * Ried Steinriegl Smaragd 2022
13,5 Vol.-%, DV, großes Holzfass, €€€
Mittleres Gelbgrün, Silberreflexe. Zart nach gelbem Apfel, etwas Papaya, mit Marille unterlegt, ein Hauch von Orangenzesten. Feine Fruchtsüße, dezenter Säurebogen, kräftig, reife Birnenfrucht und feine Kräuterwürze im Abgang, dezenter Blütenhonig im Nachhall.

91 Grüner Veltliner * Ried Kollmütz Federspiel 2022
12,5 Vol.-%, DV, Stahltank, €€€
Helles Grüngelb, silberfarbene Reflexe. Zart mit kandierten Orangenzesten unterlegte reife Tropenfrucht, etwas nach Kräutern, ein Hauch von Quitte, frisches Bukett. Saftig, elegant, feine Säurestruktur, mineralisch, weiße Apfelfrucht im Abgang, salziger Rückgeschmack.

89 Grüner Veltliner * Weißenkirchen Federspiel 2022
12,5 Vol.-%, DV, Stahltank, €€

(93) Riesling * Ried Steinriegl Smaragd 2022
14 Vol.-%, DV, Stahltank, €€€
Leuchtendes Grüngelb, Silberreflexe. Reife gelbe Pfirsichfrucht, ein Hauch von Mango und Blütenhonig, kandierte Orangenzesten. Kraftvoll, weiße Apfelfrucht, feine Süße, mineralisch, zitronig-salziger Nachhall.

92 Riesling * Ried Gaisberg 2022
12,5 Vol.-%, DV, Stahltank, €€
Helles Goldgelb, Silberreflexe. Frischer weißer Pfirsich, florale Nuancen, ein Hauch von Limettenzesten. Saftig, feine Fruchtsüße, lebendig strukturiert, harmonisch und gut anhaftend, ein vielseitiger Speisenbegleiter.

(91) Chardonnay * Reserve 2022
13,5 Vol.-%, DV, großes Holzfass, €€€
Helles Goldgelb, Silberreflexe. Zarte Nuancen von gelbem Kernobst, Mandarinenzesten, ein Hauch von Honigmelone und Blütenhonig. Mittlere Komplexität, süße Frucht, dezente Säurestruktur, bereits entwickelt, vielfältig einsetzbar.

© www.charakter.photos | Philipp Monihart

★★★★

WEINGUT GEORG FRISCHENGRUBER

Das Weingut Frischengruber liegt im Herzen der Wachau in Rossatz. Bewirtschaftet werden 13 Hektar Weingärten, die sich rund um Rossatz erstrecken. Die Rieden Kreuzberg und Zanzl sind besonders hervorzuheben. Die Ried Kreuzberg begeistert mit einer frischen und mineralischen Note, die den Wein außergewöhnlich macht. Die Ried Zanzl hingegen bietet dichte, komplexe und kraftvolle Töne, die man schmeckt.

Im Hause Frischengruber wird hauptsächlich auf Grünen Veltliner und Riesling gesetzt. Von diesen Sorten werden auch die typischen Wachauer Federspiele und Smaragde gekeltert, wobei hier nur höchste Qualität zählt. So wird der Grundstein eines ausgezeichneten Weines bereits im Weingarten gelegt. Unmengen gibt es davon freilich nicht: Die Weine wachsen in der Wachau, und da hat alles seine (natürlichen) Grenzen. Als Mitglied der »Vinea Wachau« bringt man auch nur Trauben in die Flasche, die hier groß geworden sind.

Seit über 150 Jahren erzeugen die Fischengrubers nun schon Wein. Sie begleiten ihn, noch bevor er auf der Welt ist, sie sehen ihn wachsen und erziehen ihn. Sie schützen ihn nach besten Kräften: vor zu viel Sonne, vor starkem Regen oder zu wenig davon. Sie sind auch mit dabei, wenn der Gereifte von Zuhause auszieht, seinen Weg geht und am Ende erzählt, woher er kommt: aus dem Weingut Frischengruber in der wunderschönen Wachau.

(96) Riesling * Ried Kreuzberg Smaragd 2022
13 Vol.-%, NK, Holzfass, €€€€€
Helles Goldgelb, Silberreflexe. Frischer weißer Weingartenpfirsich, Limettenzesten, mit einem Hauch von gelber Tropenfrucht unterlegt, mineralischer Touch, Anklänge von Blütenhonig. Komplex, straff und engmaschig, finessenreich strukturiert, weißer Apfel im Abgang, ungemein lebendig und präzise, zeigt bereits sehr gute Länge, großes Reifepotenzial.

(95) Riesling * Ried Goldberg Smaragd 2022
13 Vol.-%, NK, Stahltank, €€€€€ V
Leuchtendes Goldgelb, Silberreflexe. Feine Nuancen von gelbem Steinobst, ein Hauch von Mango, frische Mandarinenzesten, angenehmer Blütenhonig. Mittlerer Körper, zart nach Ananas, Anklänge von weißer Tropenfrucht, feiner Säurebogen, finessenreich und gut anhaftend, ein eleganter Speisenbegleiter.

(95) Grüner Veltliner * Ried Kreuzberg Smaragd 2022
13,5 Vol.-%, NK, Holzfass, €€€€€
Mittleres Goldgelb, Silberreflexe. Feine weiße Tropenfrucht, ein Hauch von ätherischen Nuancen, Limettenzesten, facettenreiches Bukett. Kraftvoll, weißes Kernobst, feine Fruchtsüße, komplex und lange anhaftend, noch sehr jugendlich, mit sicherem Potenzial ausgestattet.

(94) Grüner Veltliner * Ried Kirnberg Smaragd 2022
13,5 Vol.-%, NK, Holzfass, €€€€€
Leuchtendes Grüngelb, Silberreflexe. Zart kräuterwürzig unterlegte gelbe Apfelfrucht, ein Hauch von Anis, mit etwas Marille unterlegt. Kraftvoll, feinwürzig, reifer Golden-Delicious-Apfel, zarte Süße, feiner Säurebogen, mineralisch, bereits gut entwickelt, bleibt haften, ein stoffiger Speisenbegleiter.

WEINGUT GEORG FRISCHENGRUBER
3602 Rossatz
Rührsdorf 19
T: +43 (2714) 6354
wein@frischengruber.at
www.frischengruber.at

Kellermeister/Kontakt:
Georg Frischengruber
Anbauweise: Umstellung auf bio (Bio Austria)
Produktion: 100 % weiß, 13 Hektar
Zertifiziert: Nachhaltig Austria
Vereinszugehörigkeit:
Vinea Wachau
Messen: ProWein Düsseldorf, VieVinum

* Wachau DAC

(94) Grüner Veltliner * Smaragd Meine Welt 2022
13,5 Vol.-%, NK, kleines Holzfass, €€€€€
Leuchtendes Goldgelb, Silberreflexe. Reife gelbe Tropenfrucht, Nuancen von Mango und Blütenhonig, kandierte Orangenzesten, facettenreiches Bukett. Komplex, weißes Kernobst, dezente Fruchtsüße, mineralisch und straff im Abgang, etwas opulenterer Stil, gute Länge, sicheres Reifepotenzial.

(93) Grüner Veltliner * Ried Zanzl Smaragd 2022
13,5 Vol.-%, NK, Holzfass/Stahltank, €€€€€
Mittleres Grüngelb, Silberreflexe. Etwas zurückhaltendes Bukett, gelbe Ringlotten, ein Hauch von Honigmelone, mit Nuancen von Mandarinenzesten unterlegt. Saftig, weißer Apfel, frische Struktur, mineralisch-zitronig, gute Spannung im Abgang, ein facettenreicher Speisenwein.

★

WEINGUT SIMON GATTINGER

NEU

Eigentlich wusste Simon Gattinger schon als kleines Kind, dass er einmal seinen eigenen Wein keltern möchte. Deshalb widmete er sich während seiner Ausbildung voll und ganz dem Wein und dessen Entstehung. Glück hatte er, denn es gab in seiner Familie noch ein paar Weingärten, von deren Trauben lange Zeit kein eigener Wein produziert wurde. Das ist jetzt ganz anders, denn Simon Gattinger hat sein Wissen und seine Leidenschaft in Fässer gesteckt, in denen jetzt seine Grünen Veltliner und Rieslinge schlummern. Eine echte Entdeckung neben seinen berühmten Kollegen aus der Wachau.

94 Grüner Veltliner * Ried Kreutles Smaragd 2022
13,5 Vol.-%, NK, großes Holzfass, €€€€€
Mittleres Gelbgrün, Silberreflexe. Zarte Nuancen von gelber Frucht, nach Honigmelone, angenehme Kräuterwürze, Mandarinenzesten klingen an. Stoffig, elegant, weißes Kernobst, etwas Blütenhonig, salziges Finish, Limetten im Nachhall, gute Länge, sicheres Reifepotenzial.

93 Grüner Veltliner * Smaragd Nomis 2022
13,5 Vol.-%, NK, großes Holzfass, €€€€€
Helles Goldgelb, Silberreflexe. Feine Wiesenkräuter, ein Hauch von Marille, gelber Apfel, mit frischen Orangenzesten unterlegt. Saftig, elegant, Nuancen von frischem Steinobst, dezente Fruchtsüße, zart nussig-mineralisch im Abgang, ein vielseitiger, harmonischer Speisenbegleiter.

Simon Gattinger

WEINGUT SIMON GATTINGER
3601 Dürnstein
Unterloiben 134
T: +43 (660) 492 6640
info@weingutgattinger.at
www.weingutgattinger.at

Kellermeister/Kontakt:
Simon Gattinger
Produktion: 100 % weiß
Zertifiziert: Nachhaltig Austria
Vereinszugehörigkeit:
Vinea Wachau
Messen: VieVinum

© WWW.POV.AT

91 Grüner Veltliner * Ried Klostersatz Federspiel 2022
12,5 Vol.-%, DV, Stahltank, €€€
Helles Grüngelb, silberfarbene Reflexe. Etwas Wiesenkräuter, zart nach Blütenhonig, reife Apfelfrucht, tabakiger Touch. Saftig, elegant, eingebundene Säurestruktur, mineralisch, gelbe Apfelnoten, bleibt gut haften, leichtfüßiger Stil.

(94) Riesling * Ried Loibenberg Smaragd 2022
13 Vol.-%, NK, Stahltank, €€€€€ V
Leuchtendes Goldgelb, Silberreflexe. Weiße Blüten, frischer Weingartenpfirsich, ein Hauch von Mandarinenzesten, mineralischer Touch. Straff, engmaschig, feines Steinobst, ein Hauch von fruchtiger Süße, balanciert und gut anhaftend, ein eleganter Speisenbegleiter mit Entwicklungspotenzial.

93 Riesling * Ried Höhereck Smaragd 2022
13 Vol.-%, NK, Stahltank, €€€€€
Leuchtendes mittleres Goldgelb, Silberreflexe. Feine Tropenfrucht, ein Hauch von gelbem Pfirsich, florale Nuancen, etwas Blütenhonig. Elegant, saftig, weißes Steinobst, gut integrierte Säurestruktur, mineralisch und bereits gut entwickelt, ein facettenreicher Speisenbegleiter mit Reifepotenzial.

92 Riesling * Ried Burgstall Federspiel 2022
12,5 Vol.-%, DV, Stahltank, €€€
Helles Grüngelb, silberfarbene Reflexe. Feine gelbe Tropenfrucht, etwas Mango, zart würzig unterlegte Orangenzesten. Stoffig, straff, weißes Steinobst, lebendiger Säurebogen, mineralisch-zitronig, bleibt gut haften, ein animierender Speisenbegleiter.

★★

WEINGUT STEFAN GEBETSBERGER

Im Zentrum von Spitz, am Fuße des 1000-Eimerbergs, befindet sich das Weingut der Familie Gebetsberger, die bereits 1859 urkundlich als Hauergeschlecht erwähnt wurde. Man konnte also stets auf viel überliefertes Wissen zurückgreifen und dieses durch neue Ideen erweitern.
Die Weingärten liegen in den besten Lagen von Spitz. Am 1000-Eimerberg gedeihen die Sorten Riesling und Neuburger. Die Top-Lagen für Grünen Veltliner sind Steinporz und Setzberg. Den Weißburgunder findet man am Burgberg, der Rückseite des 1000-Eimerbergs.
Im Jahr 2000 hat Stefan Gebetsberger die Leitung des Betriebs übernommen. Inzwischen wird er bereits von seinem älteren Sohn bei der Arbeit unterstützt. Sein Ziel ist es, das durch Handlese gewonnene, gesunde Traubenmaterial möglichst schonend zur bestmöglichen Qualität heranreifen zu lassen. Seine klaren, sortentypischen, trinkanimierenden Weine bestätigen die Richtigkeit seines Tuns.

94 Grüner Veltliner * Ried Steinporz Smaragd Alte Reben 2022
14 Vol.-%, NK, Stahltank, €€€€
Helles Grüngelb, Silberreflexe. Tabakig, feine Wiesenkräuter, ein Hauch von frischer Birne, kandierte Mandarinenzesten. Kraftvoll, komplex, Noten von reifem gelbem Kernobst, feiner Säurebogen, bleibt haften, mineralischer Nachhall, gutes Reifepotenzial.

93 Grüner Veltliner * Ried Steinporz Smaragd 2022
13,5 Vol.-%, DV, Stahltank, €€€€
Leuchtendes Goldgelb, Silberreflexe. Nuancen von frischer

WEINGUT STEFAN GEBETSBERGER
3620 Spitz an der Donau
Hauptstraße 34
T: +43 (2713) 2096
wein@weingut-gebetsberger.at
www.weingut-gebetsberger.at

Kellermeister/Kontakt:
Stefan Gebetsberger
Produktion: 100 % weiß, 6 Hektar
Vereinszugehörigkeit:
Vinea Wachau
Messen: VieVinum

Ananas, gelber Apfel, feine Wiesenkräuter, kandierte Orangenzesten. Saftig, feinfruchtig, Nuancen von gelber Frucht, dezenter Säurebogen, etwas Blütenhonig im Abgang, mineralischer Nachhall.

92 Grüner Veltliner * Ried Steinporz Federspiel 2022
12,5 Vol.-%, DV, Stahltank, €€
Helles Grüngelb. Feiner Blütenhonig, etwas nach Wiesenkräutern, zart nach Papaya und Birnenfrucht, floraler Touch. Mittlerer Körper, fruchtsüß, gut eingebundene Säurestruktur, mineralisch, Mango im Abgang, bleibt gut haften, guter Speisenbegleiter.

94 Riesling * Ried 1000-Eimerberg Smaragd 2022
13,5 Vol.-%, NK, Stahltank, €€€€
Helles Gelbgrün, Silberreflexe. Frische Tropenfruchtanklänge, Nuancen von Maracuja, ein Hauch von Pfirsich, frische Orangenzesten, einladendes Bukett. Saftig, weißes Steinobst, finessenreicher Säurebogen, mineralisch-zitronig im Nachhall, ein lebendiger Speisenwein, gutes Reifepotenzial.

92 Riesling * Ried 1000-Eimerberg Federspiel 2022
12,5 Vol.-%, DV, Stahltank, €€€
Helles Gelbgrün, Silberreflexe. Frische gelbe Tropenfrucht, Nuancen von Maracuja und Mango, zarter Blütenhonig. Saftig, elegant, weißes Steinobst, feine Fruchtsüße, balanciertes Säurespiel, anhaftend, bereits gut entwickelt.

93 Weißburgunder * Smaragd Terrassen 2022
13,5 Vol.-%, DV, Stahltank, €€€
Helles Goldgelb, Silberreflexe. Feine Nuancen von Walnuss und Kräutern, ein Hauch von Birne, zart nach Blütenhonig. Mittlere Komplexität, weißes Kernobst, rund und harmonisch, feines Säurespiel, ein eleganter Speisenbegleiter mit Entwicklungspotenzial.

★★★★

FJ GRITSCH – MAURITIUSHOF

Das Weingut FJ Gritsch verbindet die Vergangenheit mit dem Heute und behält dabei immer das Morgen im Blick. Franz-Josef Gritsch verkörpert die bereits siebente Generation der Familie, die im historischen Mauritiushof in Spitz an der Donau Weinbau betreibt. So ist es selbstverständlich, dass hier Tradition und überliefertes Wissen von größter Bedeutung sind. Jedoch kann Spitzenqualität nur durch kontinuierliche Weiterentwicklung erreicht werden. Dafür steht der »kalmuck«-Keller, wo der Wein nach modernstem Stand der Technik gekeltert wird. Dazu kommt nun als beeindruckende Neuerung die Weinerlebniswelt: Im und um den geschichtsträchtigen Mauritiushof entstand ein einladender Verkostungs- und Verkaufsraum, ein bestens ausgestatteter Veranstaltungsbereich mit Showküche sowie drei stilvolle und gemütliche Ferienwohnungen, von deren Terrassen man einen atemberaubenden Blick auf die berühmte Lage Singerriedel genießt. Die große hauseigene Tiefgarage rundet das Gesamtkonzept ab.
Die Verbindung von Tradition und Gegenwart zeigt sich bei Franz-Josef Gritsch auch im Weingarten: Unzählige Steinterrassen hat er in den vergangenen Jahren rekultiviert – so etwa in der herausfordernden Ried Kalkofen im Spitzer Graben, also im klimatischen Grenzbereich dessen, wo Weinbau noch möglich ist. Die Rieslinge, die hier wachsen, zeichnen sich durch Kühle, Eleganz und straffe Struktur aus. Daneben bewirtschaftet Gritsch auch den Burgweingarten in Dürnstein, den letzten großen Weingarten innerhalb der historischen Stadtmauer. Die steil aufragenden Steinterrassen lassen keine maschinelle Bearbeitung zu – dies ist der Inbegriff von Handarbeit, die sich lohnt: Das Ergebnis ist ein großartiger, vielschichtiger und tiefgründiger Riesling.

98 Riesling * Ried Kalkofen Smaragd 2022
13,5 Vol.-%, NK, großes Holzfass, €€€€€€ V
Helles Grüngelb, Silberreflexe. Feine Nuancen von weißem Pfirsich, ein Hauch von Blüten und Limetten, feine Mineralik, facettenreich und kühl. Straff, engmaschig, feine Fruchtsüße, reifer Weingartenpfirsich, finessenreicher Säurebogen, zarte Süße im Abgang, delikater, leichtfüßiger Stil, sehr gute Länge, bietet großes Trinkanimo, Potenzial für viele Jahre.

FJ GRITSCH – MAURITIUSHOF

3620 Spitz an der Donau
Kirchenplatz 13
T: +43 (2713) 24 50
office@gritsch.at
www.gritsch.at

Kellermeister/Kontakt:
Franz-Josef Gritsch
Produktion: 14 Hektar
Zertifiziert: Nachhaltig Austria
Vereinszugehörigkeit:
Vinea Wachau
Messen: Austrian Tasting London, ProWein Düsseldorf, VieVinum

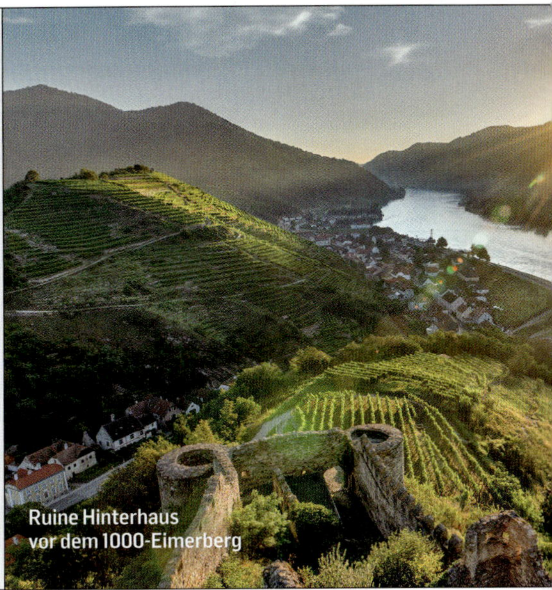

Ruine Hinterhaus vor dem 1000-Eimerberg

97 Riesling * Ried Loibenberg Smaragd 2022

13,5 Vol.-%, NK, großes Holzfass, €€€€€

Helles Grüngelb, Silberreflexe. Nuancen von gelbem Steinobst, ein Hauch von Pfirsich und Marille, feiner Blütenhonig, attraktives Bukett. Saftig, elegant, feine Fruchtsüße, gut integrierter Säurebogen, ausgewogen und bereits gut antrinkbar, ein saftiger Riesling mit großer Länge und Entwicklungspotenzial.

97 Riesling * Dürnstein Ried Burg Reserve 2022

13,5 Vol.-%, NK, großes Holzfass, €€€€€€ V

Helles Grüngelb, Silberreflexe. Feiner gelber Pfirsich, ein Hauch von Tropenfrucht, zarter Blütenhonig, ein Hauch von Mandarinenzesten, mineralischer Touch. Straff, feine Nuancen von weißer Frucht, Limetten, finessenreiche Säurestruktur, elegant und anhaftend, gute Länge, puristisch und salzig, ein stoffiger Speisenbegleiter, hat Zukunft.

97 Riesling * Reserve Vision 2021

13 Vol.-%, NK, großes Holzfass, €€€€€€

Mittleres Grüngelb, Silberreflexe. Nuancen von reifem gelbem Steinobst, kandierte Orangenzesten, ein ganz zarter Hauch von Dörrobst, etwas Passionsfrucht. Stoffig, Nuancen von gelber Frucht, feiner, tragender Gerbstoff, zarter Honigtouch im Abgang, elegant und lange anhaftend, mineralisch-salzig, ein Langstreckenläufer, wird in einigen Jahren erst richtig aufblühen.

96 Riesling * Ried 1000-Eimerberg Smaragd 2022

13,5 Vol.-%, NK, großes Holzfass, €€€€€ V

Helles Grüngelb, Silberreflexe. Zarte gelbe Tropenfrucht, Nuancen von Ananas und Mango, etwas Pfirsich, kandierte Orangenzesten, floral und facettenreich. Saftig, helle Frucht, finessenreicher Säurebogen, mineralisch-zitronig im Abgang, wirkt sehr leichtfüßig, ein animierender Speisenbegleiter mit gutem Reifepotenzial.

94 Riesling * Ried Setzberg Smaragd 2022

13,5 Vol.-%, DV, Stahltank, €€€€€ V

Helles Grüngelb, Silberreflexe. Floral, feiner Pfirsich, ein Hauch von Nelken, unterlegt mit Mango und Maracuja. Stoffig, weiße Frucht, finessenreicher Säurebogen, straffe Textur, dunkle Mineralik, feine Limetten im Abgang, gute Länge, vielfältig einsetzbar.

93 Riesling * Ried 1000-Eimerberg Federspiel 2022

12,5 Vol.-%, DV, Stahltank, €€€€ V

Mittleres Grüngelb, Silberreflexe. Zart floral unterlegte feine Nuancen von gelbem Steinobst, etwas Blütenhonig, mit Orangenzesten unterlegt. Saftig, elegant, süße Tropenfrucht, feine Mineralik, gut integrierte Frische, salziger Touch im Abgang, bleibt gut haften.

97 Grüner Veltliner * Ried Singerriedel Smaragd 2022

14 Vol.-%, NK, großes Holzfass, €€€€€€ V

Mittleres Grüngelb, Silberreflexe. Zart nach Orangenzesten, Nuancen von gelbem Kernobst, tabakig-kräuterwürzig, mi-

© Markus Haslinger

Grüner Veltliner

neralisch und facettenreich. Saftig, komplex, Noten von reifem gelbem Apfel, straff, unterlegt mit zarter Extraktsüße, dunkle Mineralik, große Länge, sicheres Reifepotenzial.

95 Grüner Veltliner * Ried Steinporz Smaragd 2022
13,5 Vol.-%, DV, Stahltank, €€€€€ Ⓥ
Helles Grüngelb, Silberreflexe. Zart nach Orangenzesten, ein Hauch von Ringlotten, mit frischem gelbem Apfel unterlegt, feine Kräuterwürze. Saftig, elegant, seidige Textur, feiner Säurebogen, feine Fruchtsüße im Abgang, mineralisch-salziger Rückgeschmack, bereits zugänglich, zeigt Länge, verfügt über Reifepotenzial.

95 Grüner Veltliner * Ried Hochrain Smaragd 2022
13,5 Vol.-%, NK, großes Holzfass/Holzfass, €€€€€ Ⓥ
Helles Grüngelb, Silberreflexe. Feine weiße Apfelfrucht, ein Hauch von Marille und Blütenhonig, exotisches Bukett. Kraftvoll, straff, elegant, finessenreicher Säurebogen, gelber Apfel, frisch und mit Biss, mineralisch-salzig im Abgang, gute Länge, sicheres Reifepotenzial.

94 Grüner Veltliner * Ried Axpoint Federspiel 2022
12,5 Vol.-%, DV, Stahltank, €€€€
Mittleres Grüngelb, silberfarbene Reflexe. Etwas nach Mango und Ananas, kandierte Orangenzesten, etwas nach Melisse, Blütenhonig klingt an. Saftig, gute Komplexität, balancierte Säurestruktur, mineralisch-salzig, fruchtsüß nach Papaya, guter Speisenbegleiter mit Potenzial.

94 Grüner Veltliner * Ried Klaus Smaragd 2022
13,5 Vol.-%, NK, großes Holzfass, €€€€€
Helles Grüngelb, Silberreflexe. Nuancen von weißem Kernobst, ein Hauch von Apfel, mineralisch unterlegt, weiße Blüten. Komplex, engmaschig, zart nach Marille, finessenreich strukturiert, dunkle Mineralik, bleibt haften, salzig und mit guter Länge ausgestattet.

94 Grüner Veltliner * Ried Loibenberg Smaragd 2022
13,5 Vol.-%, NK, großes Holzfass, €€€€€ Ⓥ
Helles Grüngelb, Silberreflexe. Feine Steinobstanklänge, zart nach Ringlotte und Marille, ein Hauch von Orangenzesten, mineralischer Touch. Saftig, elegant, cremige Textur, ein Hauch von Karamell, salzig im Nachhall, gut entwickelt, ein vielseitiger Speisenbegleiter.

93 Grüner Veltliner * Kirchpoint Federspiel 2022
12,5 Vol.-%, DV, Stahltank, €€€ Ⓥ
Mittleres Grüngelb, silberfarbene Reflexe. Zart nach Honigmelone und Quitte, etwas reife Apfelfrucht, kandierte Orangenzesten, ein Hauch von Gewürzen, attraktives Bukett. Mittlere Komplexität, saftig, straff, etwas tabakig, extraktsüß nach Marille, gut eingebundener Säurebogen, guter Speisenbegleiter, bereits gut entwickelt.

91 Grüner Veltliner * Federspiel kalmuck 2022
12,5 Vol.-%, DV, Stahltank, €€€ Ⓥ
Mittleres Grüngelb, silberfarbene Reflexe. Etwas nach Maracuja und kandierten Orangenschalen, zart nach Blütenhonig, ein Hauch von Passionsfrucht. Saftig, elegant, mineralisch, kraftvoll, feine Fruchtsüße nach Mango und Ananas, salzig, feiner Speisenbegleiter.

94 Sauvignon Blanc * Spitz Smaragd 2022
13,5 Vol.-%, DV, großes Holzfass, €€€€€ Ⓥ
Helles Gelbgrün, Silberreflexe. Zart floral nach Holunderblüten, Limettenzesten, weiße Tropenfrucht, attraktives Bukett. Straff, engmaschig, feine Stachelbeernuancen, lebendig strukturiert, mineralisch im Abgang, ein vielseitiger Speisenbegleiter.

93 Muskateller * Spitz Federspiel 2022
12,5 Vol.-%, DV, Stahltank, €€€€
Helles Gelbgrün, Silberreflexe. Zart nach Holunderblüten, ein Hauch von Muskatnuss, frische Limettenzesten. Saftig, kernig, weiße Frucht, feines Säurespiel, lebendig strukturiert, bleibt gut haften, bietet balanciertes Trinkvergnügen.

★★

WEINGUT ROMAN GRITSCH

Das Weingut Roman Gritsch liegt am Setzberg und ist umgeben von Weingärten mit idyllischem Ausblick, sowohl auf die Ruine Hinterhaus wie auch auf eine der berühmtesten Lagen des Ortes, die Ried Tausendeimerberg.
Urgesteinsböden, Lehm- und Lössböden, Gneis- und Paragneis sowie Sedimentablagerungen sind die Grundzutaten für die tägliche Arbeit des Familienbetriebs. So entfalten die regionaltypischen Weinsorten wie Grüner Veltliner, Riesling, Neuburger und Muskateller erst dann ihre Facetten richtig, wenn man ihnen die entsprechende Bodenstruktur bietet und ihre natürliche physiologische Entwicklung unterstützt. Dieser Grundsatz gilt für jede Tätigkeit der Winzerfamilie, und so finden die Weine ihre Stilistik in einem perfekten Zusammenspiel zwischen Natur und Winzer. Herrlich kräftige Smaragde und fruchtige Federspiele laden zum Verkosten und Genießen ein.

94 Riesling * Spitz Ried Setzberg Smaragd 2022
13,5 Vol.-%, DV, Stahltank, €€€
Mittleres Gelbgrün, Silberreflexe. Zart nach frischen Orangenzesten, feiner gelber Pfirsich, ein Hauch von Tropenfrucht und Blütenhonig. Saftig, kraftvoll, süße Frucht, reifer Pfirsich, seidiger Säurebogen, salzig-zitronig im Abgang, eleganter Stil, verfügt über Länge und Potenzial.

93 Riesling * Spitz Ried 1000-Eimerberg Smaragd 2021
13,5 Vol.-%, NK, Stahltank, €€€€
Mittleres Grüngelb, Silberreflexe. Feiner Hauch von Wiesenkräutern, gelber Pfirsich, Ananas, mineralischer Touch. Saftig, rund, süße Tropenfrucht, dezente Säurestruktur, etwas weitmaschig, ein Hauch von Honig im Abgang, bereits entwickelt, reifer Stil.

91 Riesling * Spitz Ried Setzberg Federspiel 2022
12 Vol.-%, DV, Stahltank, €€
Helles Gelbgrün, Silberreflexe. Weiße Blüten, ein Hauch von frischem Pfirsich, Nuancen von Limetten, mineralischer Touch. Straff, engmaschig, weißes Steinobst, frisch strukturiert, lebendig, salziger Abgang, bietet leichtfüßiges Trinkvergnügen.

93 Grüner Veltliner * Spitz Ried Steinporz Smaragd 2022
13 Vol.-%, DV, Stahltank, €€€
Mittleres Grüngelb, Silberreflexe. Zart mit Gewürzen unterlegte gelbe Tropenfrucht, Nuancen von gelbem Apfel, Mango, ein Hauch von Orangenzesten, etwas Blütenhonig. Kräftig, salzige Mineralik, gelbes Kernobst, dezenter Säurebogen, ein würziger Speisenwein, verfügt über Reifepotenzial.

93 Grüner Veltliner * Spitz Ried Setzberg Smaragd 2021
14 Vol.-%, NK, Stahltank, €€€€
Helles Gelbgrün, Silberreflexe. Frische weiße Tropenfrucht, tabakig, etwas Birne, mit dezenter Kräuterwürze unterlegt. Saftig, rund und elegant, zart nach Marille, feine Fruchtsüße, ausgewogen und bereits gut entwickelt, salzige Mineralik, ein ausgewogener, bereits zugänglicher Speisenbegleiter.

91 Grüner Veltliner * Spitz Ried Setzberg Federspiel 2022
12,5 Vol.-%, DV, Amphore, €€
Helles Gelbgrün, Silberreflexe. Zart floral unterlegte Nuancen von Ananas, etwas Mango, attraktives Bukett. Saftig, gelbe Birne, frischer Säurebogen, mineralisch-zitronig im Abgang, bereits gut antrinkbar.

WEINGUT ROMAN GRITSCH
3620 Spitz an der Donau
Radlbach 11
T: +43 (2713) 2208
wein@romangritsch.at
romangritsch.at

Kellermeister/Kontakt:
Roman Gritsch
Produktion: 2 % Schaumwein, 95 % weiß, 2 % rosé, 1 % rot, 7 Hektar
Vereinszugehörigkeit:
Vinea Wachau

* Wachau DAC

★★★

WEINGUT THOMAS GRITSCH

Präzision und Handwerk aus dem Spitzer Graben in der Wachau zu bieten, das ist das Anliegen von Winzer Thomas Gritsch. Dort, wo sich der Spitzer Graben langsam verengt und immer höher, kühler und steiniger wird, steht sein Weingut. Es bildet quasi die Pforte zu den steilsten Lagen der Wachau – dem Trenning beispielsweise, mit über 500 Metern Seehöhe die höchste Riede der Wachau, dem Zornberg, der Bruck, der Spitzer Point, der Vogelleithen oder dem Setzberg –, deren Böden beste Bedingungen für große Veltliner und Rieslinge bieten. Diese beiden Protagonisten der Wachau spielen die Hauptrolle, wobei es Thomas Gritsch vor allem um eine elegante und lebendige Interpretation der Weine geht, denn Mineralik, Sortentypizität und feine Aromatik sind ihm sehr wichtig. Naturnahe Arbeitsweise in den Weingärten ist ein Muss. Der weithin berühmte Heurige, in dem es auch Muskateller, Weißburgunder und Rosé gibt, wird gemeinsam mit seiner Frau Britta Gritsch geführt. Sie legen größten Wert auf beste regionale Produkte, die sie zu hausgemachten typischen Wachauer Köstlichkeiten verarbeiten. Die Aussteckertermine im Sommer 2023 sind 13. bis 30. Juli und 7. bis 17. September.

WEINGUT THOMAS GRITSCH
3620 Spitz an der Donau
Laaben, Haidgasse 1
T: +43 (676) 5371274
info@weingut-gritsch.at
www.weingut-gritsch.at

Kellermeister: Thomas Gritsch
Kontakt: Thomas und Britta Gritsch
Produktion: 90 % weiß, 10 % rosé, 7.5 Hektar
Vereinszugehörigkeit: TOP-Heurige, Vinea Wachau
Messen: VieVinum

94 Weißburgunder * Spitzer Graben Smaragd 2022
14 Vol.-%, DV, Stahltank, €€€
Helles Grüngelb, Silberreflexe. Feine weiße Birnenfrucht, ein Hauch von Wiesenkräutern, mit gelber Tropenfrucht unterlegt. Saftig, komplex, reifes Kernobst, dezente Fruchtsüße, ein stoffiger Speisenwein, zeigt Länge, verfügt über sehr gutes Reifepotenzial.

94 Grüner Veltliner * Marmor 2022
15 Vol.-%, NK, großes Holzfass, €€€€€
Helles Gelbgrün, Silberreflexe. Wiesenkräuter, Golden-Delicious-Apfel, ein Hauch von Orangenzesten, feine tabakige Würze. Straff, mineralisch, salzig unterlegte Textur, feine Nuancen von weißem Kernobst, bleibt gut haften, zeigt sich noch sehr jugendlich, wird von Flaschenreife profitieren.

93 Grüner Veltliner * Ried Spitzer Point Smaragd 2022
13,5 Vol.-%, DV, großes Holzfass, €€€€
Helles Grüngelb, Silberreflexe. Feine Nuancen von gelber Tropenfrucht, ein Hauch von Mango und Apfel, zart nach Wiesenkräutern, tabakige Note. Saftig, kraftvoll, weißes Kernobst, frischer Säurebogen, Limetten im Abgang, seidige Mineralik, ein lebendiger Speisenbegleiter.

93 Riesling * Ried Vogelleithen Smaragd 2022
13,5 Vol.-%, NK, Stahltank, €€€€€
Helles Gelbgrün, Silberreflexe. Zart nach Orangenzesten, etwas Blütenhonig, dezente Kräuterwürze, zart mit gelber Tropenfrucht unterlegt. Straff, weißes Kernobst, frischer Säurebogen, Limetten, noch sehr unruhig, wird von Flaschenreife profitieren.

92 Riesling * Ried Setzberg Smaragd 2022
13 Vol.-%, DV, Stahltank, €€€€€
Mittleres Grüngelb, Silberreflexe. Feine Nuancen von Orangenzesten, ein Hauch von gelbem Pfirsich und Mango, mineralisch unterlegter Blütenhonig. Mittlere Komplexität, weißer Apfel, feiner Säurebogen, frischer Abgang, zitroniger Nachhall.

91 Gelber Muskateller * Spitzer Graben 2022
11,5 Vol.-%, DV, Stahltank, €€€
Helles Gelbgrün, Silberreflexe. Frische traubige Nuancen, ein Hauch von Holunderblüten, einladendes Bukett. Saftig, elegant und mit angenehmer süßer Frucht ausgestattet, kernig im Abgang, feiner Honig im Nachhall, stoffiger, halbtrockener Stil.

★★★★★

WEINGUT FRANZ HIRTZBERGER

Die Familie Hirtzberger aus Spitz bewirtschaftet einige der besten Lagen der gesamten Wachau. Berühmt sind die Terrassenlagen wie Singerriedel, die sich direkt hinter dem uralten, malerischen Winzerhaus erhebt und einen legendären Riesling hervorbringt. Aber auch die Riede Hochrain ist in Sachen Riesling eine fixe Größe im Kanon der österreichischen Grands Crus. Was Singerriedel für den Riesling, das ist Honivogl für den Grünen Veltliner.
Franz Hirtzberger senior und sein Sohn Franz junior ergänzen sich im Weingarten perfekt, da sitzt jeder Handgriff. Dies drückt sich in der gesamten Weinpalette aus. Im Weinkeller trägt mittlerweile Franz junior die Verantwortung – nicht ohne sich in den entscheidenden Details mit seinem Vater abzustimmen. Auch hier spürt man bei den Weinen die Harmonie dieser Zusammenarbeit.

(100) Riesling * Ried Singerriedel Smaragd 2022
13,5 Vol.-%, NK, Stahltank
Helles Gelbgrün, Silberreflexe. Sehr vielschichtige feine Tropenfrucht, ein Hauch von Pfirsich, florale Nuancen, zart nach Safran und Mandarinenzesten, verführerisches Bukett. Saftig, komplex, weißes Steinobst, frisch und lebendig, finessenreiche Struktur, mineralisch-salzig im Abgang, enorme Länge, große Balance und sicheres Reifepotenzial für viele Jahre, einfach Riesling in Perfektion.

98 Riesling * Ried Steinporz Smaragd 2022
13 Vol.-%, NK, Stahltank
Helles Gelbgrün, Silberreflexe. Mineralisch, weißer Pfirsich, Limettenzesten, floraler Touch, im Hintergrund gelbe Tropenfrucht, einladendes Bukett. Saftig, weiße Frucht, sehr lebendige, vibrierende Struktur, zitroniger Touch, feine Fruchtsüße im Nachhall, elegant und lange anhaftend, großes Reifepotenzial.

(97) Riesling * Ried Hochrain Smaragd 2022
13 Vol.-%, NK, Stahltank
Helles Gelbgrün, Silberreflexe. Zart nach gelber Tropenfrucht, ein Hauch von Safran und Mango, weiße Blüten im Hintergrund. Stoffig, komplex, weißer Apfel, finessenreicher Säurebogen, mineralisch-salziger Nachhall, zitronig im Rückgeschmack, delikater Stil, bereits gut entwickelt.

96 Riesling * Ried Setzberg Smaragd 2022
13 Vol.-%, NK, Stahltank
Helles Gelbgrün, Silberreflexe. Feine florale Nuancen, ein Hauch von Limetten und Steinobst, mineralischer Touch. Straff, weiße Tropenfrucht, zart nach Apfel, finessenreicher Säurebogen, mineralisch-zitronig im Abgang, leichtfüßig, mit festem Kern, lebendiger, trinkfreudiger Stil, sicheres Entwicklungspotenzial.

93 Riesling * Federspiel Steinterrassen 2022
12,5 Vol.-%, NK, Stahltank
Helles Gelbgrün, Silberreflexe, attraktive gelbe Tropenfrucht, Nuancen von weißem Pfirsich, ein Hauch von Limetten, sehr einladendes Bukett. Straff, engmaschig, weißes Steinobst, finessenreich strukturiert, zitroniger Touch im Abgang, ein sehr animierender Speisenbegleiter.

98 Grüner Veltliner * Smaragd Honivogl 2022
13,5 Vol.-%, NK, Stahltank
Helles Grüngelb, Silberreflexe. Zarte gelbe Tropenfrucht, ein Hauch von Honigmelone und Mango, Nuancen von Orangenzesten. Komplex, stoffig, zarte Fruchtsüße, feiner Säurebogen, mineralisch-salzig im Abgang, bleibt sehr gut haften, ein facettenreicher Speisenbegleiter, wirkt fast schlank in seiner Harmonie, sehr gut entwickelt, sicheres Zukunftspotenzial.

WEINGUT FRANZ HIRTZBERGER
3620 Spitz an der Donau
Kremser Straße 8
T: +43 (2713) 2209
weingut@hirtzberger.com
www.hirtzberger.com

Kellermeister: Franz Hirtzberger
Kontakt: Irmgard Hirtzberger
Produktion: 266.667 Flaschen
99 % weiß, 1 % süß, 35 Hektar
Vereinszugehörigkeit:
Vinea Wachau
Messen: ProWein Düsseldorf, VieVinum, MondoVino

* Wachau DAC

95 Grüner Veltliner * Ried Axpoint Smaragd 2022
13 Vol.-%, NK, Stahltank
Helles Grüngelb, Silberreflexe. Zart nach Marille, ein Hauch von Honigmelone, zart nach Mandarinenzesten, facettenreiches Bukett. Saftig, elegant, feine Fruchtsüße, harmonisch, seidig, feine, gut integrierte Säurestruktur, ein eleganter Speisenwein, bereits sehr gut antrinkbar, sicheres Reifepotenzial.

94 Grüner Veltliner * Smaragd Rotes Tor 2022
13 Vol.-%, NK, Stahltank
Helles Grüngelb, Silberreflexe. Zarte Noten von gelbem Kernobst, ein Hauch von Mango und Orangenzesten, mit etwas Kräuterwürze unterlegt. Stoffig, weißer Apfel, saftige Säurestruktur, elegant und balanciert, feine Fruchtsüße im Abgang, bereits entwickelt, Limetten im Nachhall, ein animierender Speisenbegleiter.

94 Grüner Veltliner * Ried Kirchweg Smaragd 2022
13 Vol.-%, NK, Stahltank
Helles Grüngelb, Silberreflexe. Zart nach Mango und Papaya, dezente Kräuterwürze, Nuancen von Mandarinenzesten, mineralischer Touch. Straff, elegant, feine Fruchtsüße, zart salzige Textur, zitronige Nuancen im Rückgeschmack, gutes Reifepotenzial.

93 Grüner Veltliner * Federspiel Rotes Tor 2022
12,5 Vol.-%, NK, Steinzeug
Helles Grüngelb, Silberreflexe. Feine weiße Apfelfrucht, ein Hauch von Kräuterwürze, mit Nuancen von Orangenzesten unterlegt. Saftig, elegant, feine Fruchtsüße, angenehme Säurestruktur, balanciert, zitronig im Abgang, ein vielseitiger Speisenbegleiter.

95 Chardonnay * Smaragd 2022
13,5 Vol.-%, NK, Stahltank
Helles Grüngelb, Silberreflexe. Zart nussig unterlegte feine gelbe Apfelfrucht, florale Nuancen, sehr attraktives, facettenreiches Bukett. Saftig, elegant, zarte gelbe Tropenfrucht, etwas Ananas, Nuancen von Blütenhonig, gut integrierte Säurestruktur, sehr gute Länge, bereits zugänglich, zeigt das Potenzial der Sorte auch ganz ohne kleines Holz.

95 Grauburgunder * Smaragd 2022
13,5 Vol.-%, NK, Stahltank
Helles Grüngelb, Silberreflexe. Zart floral unterlegte Nuancen von weißem Kernobst, ein Hauch von frischem Apfel, Nuancen von Orangenzesten. Saftig, elegant, feiner Säurebogen, lebendig, mineralisch, zeigt gute Frische und Balance, ein feiner Speisenwein, sehr gutes Reifepotenzial.

94 Weißburgunder * Smaragd 2022
13 Vol.-%, NK, Stahltank
Helles Gelbgrün, Silberreflexe. Feine Birnenfrucht, ein Hauch von Wiesenkräutern, floraler Touch. Saftig, feine Tropenfrucht, elegant und ausgewogen, mineralisch, zarter Limettentouch, salzig im Abgang, ein feiner Speisenbegleiter, sicheres Reifepotenzial.

★★★

WEINHOFMEISTEREI MATHIAS HIRTZBERGER

Mathias Hirtzberger hat in Wösendorf mit seiner »Weinhofmeisterei« erfolgreich ein neues Kapitel in der Geschichte der renommierten Winzerfamilie Hirtzberger aufgeschlagen. Ein paar Kilometer vom elterlichen Spitzer Weingut entfernt ist manches ähnlich, aber doch vieles anders. Das zeigen bereits seine sogenannten Wappenweine (»Stab«, »Treu«, »Greif« und »Zier«), Ortsweine, deren Namen auf die lange Historie der Weinhofmeisterei von St. Florian und auf die klimatische und geologische Vielfalt der Gemeindelagen verweisen. Noch spezifischer wird es in seinen vier Einzellagensmaragden, die sich paritätisch aus zwei Veltlinern und zwei Rieslingen zusammensetzen. Am Hangfuß gelegen ist der Kollmütz die Basis für einen sehr komplexen und mineralischen Grünen Veltliner, der seinen Kontrapunkt in einem zweiten dunkelfruchtigen Veltliner vom lössgeprägten Weingarten Spitaler findet. Noch deutlichere Gegensätze zeigen sich zwischen dem Riesling Bach, einer steilen und heißen Terrassenlage, und dem Riesling Kollmitz, einer hoch gelegenen, kargen Paragneis-Verwitterungs-Riede – wobei überall die gleiche Devise gilt: durch nachhaltige Bodenpflege und gezielte Handarbeit die Charakteristika der Sorte zu betonen und dabei doch die subtilen Stimmen herauszuarbeiten, die jeden einzelnen Weingarten unverwechselbar machen. Durch selektive Handlese und schonendste Verar-

WEINHOFMEISTEREI MATHIAS HIRTZBERGER

3610 Wösendorf in der Wachau
Hauptstraße 142
T: +43 (2715) 22 955
buero@weinhofmeisterei.at
www.weinhofmeisterei.at

Kellermeister: Mathias Hirtzberger
Kontakt: Hanna und Mathias Hirtzberger
Produktion: 100 % weiß, 9.5 Hektar
Vereinszugehörigkeit: Vinea Wachau
Messen: ProWein Düsseldorf, VieVinum

Weißenkirchen

beitung im Keller werden diese feinen Nuancen bewahrt und lassen sich auf beeindruckende Weise im Wein erschmecken. Probieren kann man die Weine im neu errichteten Weingut in Wösendorf.

(95) Riesling * Ried Bach Smaragd 2022

13,5 Vol.-%, NK, Stahltank, €€€€€

Helles Grüngelb, Silberreflexe. Zart nach Limetten und weißen Blüten, ein Hauch von Maracuja, mineralischer Touch. Straff, weißer Weingartenpfirsich, feine Fruchtsüße, lebendiger Säurebogen, zitronig, saliner Nachhall, bleibt gut haften, sicheres Entwicklungspotenzial.

(95) Riesling * Ried Kollmitz Smaragd 2022

13 Vol.-%, NK, Stahltank, €€€€€€

Helles Grüngelb, Silberreflexe. Zart floral, weiße Blüten, etwas Maracuja, Weingartenpfirsich, mit einem feinen Honigtouch unterlegt, facettenreiches Bukett. Engmaschig, straff, weißer Apfel, lebendige Säurestruktur, wirkt leichtfüßig, mineralisch, wird von Flaschenreife profitieren.

92 Riesling * Weißenkirchen Federspiel Zier 2022

12,5 Vol.-%, NK, Stahltank, €€€€

Helles Gelbgrün, Silberreflexe. Frische gelbe Fruchtexotik, ein Hauch von Maracuja, mit weißem Pfirsich unterlegt. Saftig, frisch strukturiert, mineralisch, ein Hauch von Limetten, salzig im Abgang, gut anhaftend, ein lebendiger Speisenbegleiter, ein rassiger Sommerwein mit Entwicklungspotenzial.

(95) Grüner Veltliner * Joching Smaragd Spitaler 2022

13,5 Vol.-%, NK, Stahltank/großes Holzfass, €€€€€

Helles Grüngelb, Silberreflexe. Zart tabakig, feine Nuancen von gelbem Kernobst, ein Hauch von Marille und Mango, exotisch, feine Kräuterwürze. Frische Kernobstnoten auch am Gaumen, weißer Apfel, feiner Säurebogen, dunkle Nuancen im Abgang, salzig-zitronig im Nachhall, zeigt Länge, ein würziger Begleiter bei Tisch.

(95) Grüner Veltliner * Ried Kollmütz Smaragd 2022

13 Vol.-%, NK, Stahltank/großes Holzfass, €€€€€€

Helles Grüngelb, Silberreflexe. Nuancen von Orangen, dunkle Mineralik, zeigt eine ausgeprägte Kräuterwürze, tabakiger Touch. Komplex, kräftig, frische gelbe Apfelfrucht, feiner Säurebogen, zitronig-salziger Nachhall, straff, gute Länge, Wiesenkräuter auch im Rückgeschmack.

94 Grüner Veltliner * Weißenkirchen Smaragd Greif 2022

13 Vol.-%, NK, Stahltank/großes Holzfass, €€€€€

Helles Grüngelb, Silberreflexe. Zarte Wiesenkräuter, ein Hauch von frischem Kernobst, gelbe Birne, etwas Honigmelone, tabakige Nuancen. Saftig, weiße Frucht, mineralisch, angenehmer Säurebogen, finessenreich im Abgang, ein Hauch von Marille, bleibt haften, ein zugänglicher Speisenbegleiter mit Potenzial.

92 Grüner Veltliner * Weißenkirchen Federspiel Treu 2022

12,5 Vol.-%, NK, Stahltank/großes Holzfass, €€€€

Helles Grüngelb, Silberreflexe. Zarte Wiesenkräuter, ein Hauch von Melisse, weißer Apfel, facettenreiches Bukett. Straff, elegant, ein Hauch von Honigmelone, gelber Apfel, feiner Säurebogen, ausgewogen und zugänglich, vielfältig einsetzbar.

★★★★

WEINGUT JOSEF & GEORG HÖGL

Authentizität, Nachhaltigkeit und Typizität sind nicht nur Schlagwörter, sondern Prinzipien, nach denen Josef Högl und Sohn Georg ihre Weine in Spitz an der Donau in der Wachau keltern. Die Besonderheit der Weine liefert der Spitzer Graben, ein Seitental des Donautals und zugleich der westlichste und höchstgelegene Teil der Wachau, der sich vom Waldviertel bis nach Spitz zieht. Der Spitzer Graben besticht nicht nur durch die Steilheit der schroffen und steinigen Lagen, sondern auch durch die Eigenwilligkeit des kälteren und unwirtlichen Klimas.
Die rund zehn Hektar Weinberge des Weinguts Högl sind durchgängig Terrassen, die von Trockensteinmauern geprägt sind. Alleine die Ried Schön umfasst 57 Terrassen, verteilt über 130 Höhenmeter. Hauptsächlich bauen die Herren Högl die Rebsorten Grüner Veltliner und Riesling aus. Während sich die Lage Schön durch den kräftigen Glimmerschieferboden hervorragend für Grünen Veltliner mit Tiefgang und Mineralik eignet, wird auf den steilen Steinterrassen der Ried Bruck, in der Granodioritgneis vorherrscht, Riesling angebaut. Josef und Georg Högl verfolgen die Philosophie, dass sich Trauben, Boden, Glimmerschiefer und Gneis sowie die Lage und der Charakter, der sich durch das Terroir entwickelt, im fertigen Wein widerspiegeln sollen. Durch das Praktizieren eines konsequenten naturnahen Weinbaus und das Zusammenspiel von Innovation und Tradition entstehen präzise und vielschichtige Weine höchster Qualität. Die Basis für greifbare Weine schafft reinstes Lesegut, das durch mehrmalige Handlese erzielt wird. Die Smaragde des Weinguts Högl sind tiefe, komplexe und langlebige Weine aus alten Reben.
Als Mitglied der »Vinea Wachau Nobilis Districtus« verpflichten sich die Högls dem strengen Qualitätskodex dieser Vereinigung, die Herkunft, Originalität und Charakter der einzelnen Wachauer Orte und Lagen betont.

WEINGUT JOSEF & GEORG HÖGL
3620 Spitz an der Donau
Viessling 31
T: +43 (2713) 8458
office@weingut-hoegl.at
www.weingut-hoegl.at

Kellermeister: Josef & Georg Högl
Kontakt: Georg Högl
Produktion: 60.000 Flaschen
100 % weiß, 9.5 Hektar
Vereinszugehörigkeit:
Vinea Wachau
Messen: VieVinum

(97) Riesling * Smaragd Vision 2022
13 Vol.-%, NK, Stahltank, €€€€€
Helles Gelbgrün, Silberreflexe. Feine Nuancen von weißem Steinobst, floral unterlegte Pfirsichnoten, ein Hauch von Limetten, einladendes Bukett. Straff, saftig, seidige Textur, feine Fruchtsüße im Kern, finessenreicher Säurebogen, delikat und leichtfüßig, sicheres Entwicklungspotenzial.

(97) Riesling * Ried Bruck Smaragd Alte Parzellen 2022
12,5 Vol.-%, NK, Stahltank, €€€€€€
Mittleres Grüngelb, Silberreflexe. Attraktive gelbe Tropenfrucht, feine Nuancen von Pfirsich, ein Hauch von Limetten, mineralisch unterlegt, Blütenhonig im Hintergrund. Saftig, straff und engmaschig, weißer Pfirsich, feiner Fruchtkern, lebendig und lange anhaftend, tänzelt am Gaumen, bietet leichtfüßigen Riesling-Genuss auf höchstem Niveau.

(96) Riesling * Ried Bruck Smaragd 2022
13 Vol.-%, NK, Stahltank, €€€€€
Helles Gelbgrün, Silberreflexe. Weiße Blüten, ein Hauch von Zitruszesten und Maracuja, Nuancen von weißem Pfirsich, intensives, einladendes Bukett. Saftig, weiße Tropenfrucht, ein Hauch von Süße im Kern, von rassiger Säure sehr gut gekontert, elegant und anhaftend, mineralisch, leichtfüßig und sehr trinkanimierend, gutes Entwicklungspotenzial.

94 Riesling * Ried Bruck Federspiel 2022
12,5 Vol.-%, DV, Stahltank, €€€€
Helles Grüngelb, Silberreflexe. Feine gelbe Tropenfrucht, zart

nach Ananas und Mango, ein Hauch von Blütenhonig, einladendes Bukett. Komplex, saftig, feine Fruchtsüße, finessenreicher Säurebogen, mineralisch-salzig im Abgang, Limetten im Nachhall, verfügt über Länge und Reifepotenzial.

(96) Grüner Veltliner * Ried Schön Smaragd Alte Parzellen 2022
13,5 Vol.-%, NK, Stahltank, €€€€€€
Mittleres Grüngelb, Silberreflexe. Zarte gelbe Kernobstfrucht, feine tabakige Nuancen, angenehme Kräuterwürze, mit dunkler Mineralik unterlegt. Saftig, elegant, komplex, feine Nuancen von gelbem Steinobst, gut integrierter Säurebogen, zeigt sehr große Länge, gutes Reifepotenzial.

(95) Grüner Veltliner * Ried Kaiserberg Smaragd 2022
13,5 Vol.-%, NK, Stahltank, €€€€€
Helles Gelbgrün, Silberreflexe. Zarte Kräuterwürze, dunkle Mineralik, Nuancen von frischem Kernobst, zart nach Orangenzesten. Saftig, elegant, frisch strukturiert, weißer Apfel, salzig im Abgang, wirkt leichtfüßig, ein animierender Speisenbegleiter mit Zug und Definition.

(94) Grüner Veltliner * Ried Schön Smaragd 2022
13,5 Vol.-%, NK, Stahltank, €€€€€
Helles Gelbgrün, Silberreflexe. Feine gelbe Tropenfrucht, etwas Mango, zarter Blütenhonig, feine Mineralik. Saftig, elegant, weißer Apfel, zarte Fruchtsüße, balanciert, feines Säurespiel, harmonisch, elegant, bereits gut entwickelt und antrinkbar, sicheres Reifepotenzial.

(94) Grüner Veltliner * Ried Brandstatt Smaragd 2022
14 Vol.-%, NK, großes Holzfass, €€€€€
Helles Grüngelb, Silberreflexe. Frische gelbe Tropenfrucht, zart nach Mango und Papaya, etwas Honigmelone, feiner Blütenhonig. Saftig, stoffig und elegant, feine Fruchtsüße im Kern, seidige Textur, angenehme Würze im Nachhall, ein eleganter Speisenbegleiter mit Länge und Potenzial.

93 Grüner Veltliner * Ried Schön Federspiel 2022
12,5 Vol.-%, DV, Stahltank, €€€€
Helles Grüngelb, Silberreflexe. Zarte gelbe Tropenfrucht, ein Hauch von Mango und Ananas, etwas Blütenhonig, einladendes Bukett. Saftig, engmaschig, feine Fruchtsüße, mineralisch und sehr gut anhaftend, bietet leichtfüßiges Trinkvergnügen.

(93) Grüner Veltliner * Ried 1000-Eimerberg Smaragd 2022
13,5 Vol.-%, NK, Stahltank, €€€€€
Helles Gelbgrün, Silberreflexe. Zarte Nuancen von weißem Kernobst, ein Hauch von Apfel und Mango, mit Limettenzesten unterlegt. Straff, engmaschig, weißer Pfirsich, mineralisch, feine gelbe Frucht im Nachhall, seidig-harmonischer Stil.

★★★★

WEINGUT HOFSTÄTTER

»Herkunft prägt, das gilt für unsere Weine genauso wie für uns«, so das Motto der Familie Hofstätter, die in Spitz lebt und arbeitet. Als Familienbetrieb mit Hausverstand und Herz findet man die Balance zwischen traditionellem Weinbau und moderner Kellertechnik, Ursprünglichkeit und Internationalität. Die Leidenschaft für guten Wein treibt die Hofstätters an. Und aus Respekt vor der Natur geht man besonders sorgfältig mit den Weingärten um. Sie sind das kostbarste Gut: Wurzel und Zukunft des Betriebes zugleich. Einmal im Jahr steigt man vom Traktor runter und schnappt sich Schürze und Tablett: Dann verwandeln sich Hof und Terrasse für zehn Tage in ein gemütliches Heurigenlokal. Die Quitten, diese aromatischen Früchte des gleichlautenden Baumes, haben übrigens nichts mit der Adresse zu tun. Dem Buch »Flurnamen erzählen« von Elisabeth Arnberger entnimmt man: »Quitten« ist ein uralter Begriff für eine Wegscheid, ein Zusammentreffen zweier Wege. An so einer Weggabelung steht der Hof, und hier erwartet den Weinliebhaber die Familie Hofstätter mit Wachauer Weinen.

96 Riesling * Spitz Smaragd Best of Quitten2 2021
15 Vol.-%, NK, Holzfass, €€€€€ (V)
Helles Grüngelb, Silberreflexe. Reife gelbe Tropenfrucht, ein Hauch von Dörrobst, florale Nuancen, mineralischer Touch, facettenreiches Bukett. Komplex, saftig, gelbe Pfirsich- und Ananasfrucht, feiner Säurekern, elegant und gut anhaftend, bei aller Kraft frisch und präzise, enormes Zukunftspotenzial.

Wolfgang Hofstätter und Petra Schöberl

WEINGUT HOFSTÄTTER
3620 Spitz an der Donau
Quitten 2
T: +43 (664) 5260674
office@weingut-hofstaetter.at
www.weingut-hofstaetter.at

Kellermeister/Kontakt:
Wolfgang Hofstätter
Produktion: 60.000 Flaschen
5 % Schaumwein, 95 % weiß,
8.5 Hektar
Vereinszugehörigkeit:
Vinea Wachau
Messen: VieVinum

95 Riesling * Ried Singerriedel Smaragd 2022
13,5 Vol.-%, NK, Holzfass, €€€€€ V
Mittleres Grüngelb, Silberreflexe. Attraktive gelbe Tropenfrucht, ein Hauch von Ananas und Maracuja, zart mit Limettenzesten unterlegt. Saftig, elegant, weißer Pfirsich, straffer Säurebogen, mineralisch-salzig, zitroniger Touch im Abgang, ein animierender Stil, zeigt Länge und Potenzial.

94 Riesling * Ried 1000-Eimerberg Smaragd 2022
13,5 Vol.-%, DV, Stahltank, €€€€ V
Mittleres Grüngelb, Silberreflexe. Floraler Touch, ein Hauch von reifen Marillen, zart mineralisch, Limettenzesten im Hintergrund. Saftig, weißer Pfirsich, rassiger Säurebogen, zitronig-salzig im Abgang, ausgewogen und bereits gut antrinkbar, ein lebendiger Speisenbegleiter.

92 Riesling * Federspiel Hofi 2020
12,5 Vol.-%, DV, Stahltank, €€€ V
Mittleres Grüngelb, Silberreflexe. Zart nach Orangen, feine gelbe Tropenfrucht, mineralischer Touch, noch etwas zurückhaltend. Mittlerer Körper, weißer Pfirsich, feiner Säurebogen, mineralisch-salzig im Nachhall, dezente Fruchtsüße im Finish, vielfältig einsetzbar.

(94) Grüner Veltliner * Ried 1000-Eimerberg Smaragd 2022
13,5 Vol.-%, NK, Holzfass, €€€€€ V
Mittleres Grüngelb, Silberreflexe. Feine Nuancen von Mango, gelber Apfel, zart nach Orangenzesten und Blütenhonig. Saftig, elegant, angenehme Fruchtsüße, gut integrierter, lebendiger Säurebogen, weißer Pfirsich, zitronig-salziger Nachhall.

93 Grüner Veltliner * St. Michael Ried Harzenleiten Smaragd 2022
13,5 Vol.-%, DV, Stahltank, €€€€ V
Mittleres Grüngelb, Silberreflexe. Zart kräuterwürzig unterlegte gelbe Apfelfrucht, ein Hauch von Orangenzesten, einladendes Bukett. Saftig, reifer weißer Apfel, feine Fruchtsüße, mineralisch, gute Länge, ein stoffiger Begleiter bei Tisch.

92 Grüner Veltliner * Ried Burgberg Federspiel 2022
12,5 Vol.-%, DV, Stahltank, €€€ V
Helles Grüngelb, Silberreflexe. Dezente Kräuterwürze, feine Nuancen von Ananas, kandierte Orangenzesten. Saftig, elegant, feine gelbe Frucht, frischer Säurebogen, mineralisch und gut anhaftend, verfügt über Reifepotenzial.

92 Grüner Veltliner * Ried Steinporz Federspiel 2022
12,5 Vol.-%, DV, Stahltank, €€€ V
Helles Grüngelb, Silberreflexe. Zart nach frischer Birne, Mango und Golden-Delicious-Apfel. Straff, engmaschig, mineralischer Kern, weiße Frucht, lebendig strukturiert, salzig im Abgang, zitroniger Touch im Nachhall, animierender Stil.

91 Grüner Veltliner * Federspiel Hofi 2022
12,5 Vol.-%, DV, Stahltank, €€ V
Helles Grüngelb, Silberreflexe. Zart rauchig unterlegte Kräuterwürze, feine gelbe Tropenfrucht, etwas Mango. Saftig, elegant, Nuancen von frischem Kernobst, frische Säurestruktur, mineralisch-zitroniger Touch, lebendig.

© Nimo Zimmerhackl

(94) Neuburger * Spitz Smaragd 2022
14,5 Vol.-%, NK, Holzfass, €€€€€ V
Mittleres Goldgelb, Silberreflexe. Feine Note von gelber Birne, ein Hauch von Marillenkonfitüre, kandierte Orangenzesten, einladendes Bukett. Saftig, cremige Textur, vollreifer gelber Pfirsich, dezente Säure, helles Nougat, sehr gute Länge, bereits zugänglich, sicheres Reifepotenzial.

93 Weißburgunder * Spitz Smaragd 2022
13,5 Vol.-%, DV, Stahltank, €€€€ V
Leuchtendes mittleres Grüngelb, Silberreflexe. Feine gelbe Birnenfrucht, etwas Mango und Birne, mit zarter Kräuterwürze unterlegt. Mittlere Komplexität, feine Fruchtsüße, zart nach Banane, feiner Säurebogen, mineralisch, bereits gut antrinkbar, nussiger Nachhall.

93 Chardonnay * Spitz Smaragd 2022
13,5 Vol.-%, DV, Stahltank, €€€€ V
Helles Goldgelb, Silberreflexe. Einladende Nuancen von gelbem Kernobst, ein Hauch von Pfirsich, Noten von Blütenhonig. Komplex, saftig, weiße Frucht, Anklänge von Honigmelone, dezenter Säurebogen, kraftvoll, zeigt Länge, gutes Reifepotenzial.

★★★

WEINGUT HOLZAPFEL

Das Weingut Holzapfel hat seinen Sitz in einem ehemaligen Lesehof, einem vor 700 Jahren von den St. Pöltner Chorherren errichteten und von Jakob Prandtauer barockisierten Baujuwel. Damals, als die Weingärten der Wachau noch zum Großteil in kirchlicher Hand waren und den umliegenden Klöstern gehörten, war der Lesehof das Zentrum für die Kelterung der Weintrauben und für die Administration des Weinverkaufs vor Ort. Heute werden insgesamt circa 14 Hektar Rebfläche mit ausschließlich traditionellen Arbeitsmethoden bewirtschaftet. Darunter finden sich so hervorragende Lagen wie Achleiten, Vorderseiber, Weitenberg, Klaus und Kollmitz. Auf steinigen, mineralhaltigen, aber auch kalkhaltigen, schieferdurchsetzten Böden gedeihen Trauben erster Klasse. Aber nicht nur die besonderen Lagen und das Achten auf geringe Erträge sind verantwortlich für die Einzigartigkeit dieser Trauben. Die durch spezielle klimatische Verhältnisse bedingten Temperaturschwankungen und die unterschiedlichen Höhenlagen der Weingärten bewirken eine Säure, die für Frische und Eleganz sorgt.
Karl Holzapfel strebt die Erzeugung von klaren, fruchtig-feinen, charaktervoll-lebendigen Weinen für den täglichen Genuss sowie von trocken-kompakten Smaragdweinen mit komplexem Aromenspiel und großem Potenzial an. Nach der Gärung bleibt der Wein in Kontakt mit der Feinhefe. So entstehen unverwechselbare Weine mit Stil, klarer, delikater Frucht und bester Balance zwischen Mineralik und Frische. Durch die individuelle Art des Vinifizierens entwickeln sich Weine von besonderer Identität für vielerlei Trinkanlässe.
Das Sortiment umfasst die Qualitätskategorien Steinfeder, Federspiel und Smaragd in den Sorten Grüner Veltliner, Riesling und Weißburgunder. Die Selektion »Hippolyt« beeindruckt durch besondere Cremigkeit, Eleganz und Finesse.

WEINGUT HOLZAPFEL
3610 Weißenkirchen
Prandtauerplatz 36
T: +43 (2715) 2310
weingut@holzapfel.at
www.holzapfel.at

Kellermeister/Kontakt: Karl Holzapfel
Produktion: 95 % weiß, 5 % rot, 14 Hektar
Vereinszugehörigkeit: Vinea Wachau
Messen: VieVinum

(95) Grüner Veltliner * Ried Achleiten Smaragd 2022
14 Vol.-%, DV, Stahltank, €€€€€ V
Helles Gelbgrün, Silberreflexe. Rauchig-tabakig, feine Kräuterwürze, dunkle Mineralik, weißer Apfel, zart nach Birne, typisches Bukett. Kraftvoll, stoffig, extraktsüßer Kern, etwas Mango und Blütenhonig, salzig, noch etwas ungestüm, zeigt Länge, wird von Flaschenreife profitieren.

(94) Grüner Veltliner * Joching Ried Kollmitz Smaragd 2022
14 Vol.-%, DV, Stahltank, €€€€€ V
Helles Grüngelb, Silberreflexe. Zarte Kräuterwürze, tabakige Nuancen, ein Hauch von Ananas und Mango, einladendes Bukett. Straff, kraftvoll, weißes Kernobst, frisch strukturiert, salzig-mineralisch im Abgang, gute Länge, sicheres Reifepotenzial.

92 Grüner Veltliner * Ried Achleiten Federspiel 2022
12,5 Vol.-%, DV, Stahltank, €€€€ V
Helles Gelbgrün, Silberreflexe. Frische Wiesenkräuter, Nuancen von Tabak und Anis, gelber Apfel, zart nach Mango, feinwürziges Bukett. Mittlerer Körper, weißes Kernobst, frische Säurestruktur, Limetten im Abgang, gut antrinkbar, zeigt Entwicklungspotenzial.

90 Grüner Veltliner * Joching Federspiel Zehenthof 2022
12,5 Vol.-%, DV, Stahltank, €€€ V
Helles Gelbgrün, Silberreflexe. Frische Apfelfrucht, mit einem Hauch von Mango und Birne unterlegte, zart nach Orangenzesten. Feine Kräuterwürze, weißes Kernobst, dezente Fruchtsüße, mineralisch, bereits gut antrinkbar.

(94) Riesling * Ried Vorderseiber Smaragd 2022
13,5 Vol.-%, DV, Stahltank, €€€€€ V
Helles Gelbgrün, Silberreflexe. Frischer gelber Pfirsich, Nuancen von Tropenfrüchten, zart nach Mandarinenzesten, mit etwas Blütenhonig unterlegt. Saftig, stoffig, weißer Pfirsich, feine Fruchtsüße im Abgang, mineralisch, engmaschig, braucht noch weitere Zeit.

92 Riesling * Joching Federspiel Zehenthof 2022
12,5 Vol.-%, DV, Stahltank, €€€€ V
Helles Gelbgrün, silberfarbene Reflexe. Floraler Touch, frischer weißer Weingartenpfirsich, zitronige Nuancen. Saftig, elegant, etwas Mango, feiner Säurebogen, gute Komplexität, mineralisch im Abgang, zeigt gute Länge, ein stoffiger Speisenbegleiter mit Entwicklungspotenzial.

★★★

WEINGUT HUTTER SILBERBICHLERHOF

Das Familienweingut Hutter verfügt über rund 14 Hektar Weingärten in besten Lagen auf beiden Seiten der Donau, in den Gemeinden Mautern am rechten sowie Loiben und Dürnstein am linken Donauufer. Das Wachauer Traditionsweingut wird bereits in siebenter Generation von der Familie betrieben. Als Mitglied der »Vinea Wachau« produziert man hier Weißweine der Wachauer Weinkategorien Steinfeder, Federspiel und Smaragd aus den Sorten Grüner Veltliner, Riesling und Grauer Burgunder. Den gastronomischen Teil bietet man auch gerne als Veranstaltungsort für Hochzeiten, Geburtstagsfeste, Firmenfeiern und ähnliche Events an. Im Weingarten, im Heurigenlokal oder im überdachten Atriumhof ist je nach Tageszeit und Wetterlage jeweils für bis zu 60 Personen Platz.

95 Grüner Veltliner * Mautern Ried Süssenberg Smaragd 2021
14,5 Vol.-%, DV, Stahltank, €€€€€
Mittleres Goldgelb, Silberreflexe. Zarter Blütenhonig, ein Hauch von reifer Birne und Feigen, zart nach kandierten Orangenzesten, attraktives Bukett. Kraftvoll, saftig, stoffig, feine reife gelbe Frucht, angenehme Säure, sehr gute Länge, bereits zugänglich, ein komplexer Speisenbegleiter, sichere Zukunft.

94 Grüner Veltliner * Mautern Ried Alte Point Smaragd 2021
14,5 Vol.-%, DV, Stahltank, €€€€
Helles Goldgelb, Silberreflexe. Feine Nuancen von Honigmelone und Golden-Delicious-Apfel. Saftig, komplex, feine Fruchtsüße, elegant und anhaftend, frischer Säurebogen, ein ausgewogener Speisenbegleiter, zeigt Länge und Entwicklungspotenzial.

92 Grüner Veltliner * Mautern Ried Süssenberg Federspiel 2022
12,5 Vol.-%, DV, Stahltank, €€€
Helles Gelbgrün, Silberreflexe. Zart nach Grapefruitzesten, feine Kräuterwürze, frische Birne, etwas Mango, einladendes Bukett. Saftig, Golden-Delicious-Apfel, frisch strukturiert, angenehme Fruchtsüße, bleibt haften, zeigt Reifepotenzial.

91 Grüner Veltliner * Mautern Ried Silberbichl Federspiel 2022
12,5 Vol.-%, DV, Stahltank, €€€
Helles Grüngelb. Feine Tropenfrucht, unterlegt mit Wiesenkräutern und Orangenschalen, zart nach Ananas, frisches Bukett. Saftig, straff, extraktsüß, engmaschig, bleibt gut haften, Birnennoten im Abgang, salziger Nachhall, guter Speisenbegleiter.

94 Riesling * Ried Loibenberg Smaragd 2021
14 Vol.-%, DV, Stahltank, €€€€€
Mittleres Grüngelb, Silberreflexe. Zart nach Blutorangen, Maracuja und Mango, feiner Blütenhonig, mit einem mineralischen Touch unterlegt. Saftig, weiße Tropenfrucht, frischer Säurebogen, zart nach Litschis und Limetten, salzig im Nachhall, zeigt Länge, ein stoffiger Begleiter bei Tisch.

WEINGUT HUTTER SILBERBICHLERHOF
3512 Mautern an der Donau
St. Pöltner Straße 385
T: +43 (2732) 83004
info@hutter-wachau.at
www.hutter-wachau.at
Kellermeister/Kontakt:
Friedrich Hutter IV.
Produktion: 90.000 Flaschen
97 % weiß, 2 % rosé, 1 % süß,
14 Hektar
Zertifiziert: Nachhaltig Austria
Vereinszugehörigkeit:
Vinea Wachau
Messen: VieVinum

91 Riesling * Federspiel 2021
12,5 Vol.-%, DV, Stahltank, €€€
Helles Grüngelb, Silberreflexe. Zart floral unterlegte weiße Tropenfrucht, ein Hauch von Blütenhonig, etwas Limetten. Saftig, feine Fruchtsüße, gelber Pfirsich, gut integrierte Säurestruktur, mineralisch im Abgang, Orangentouch im Nachhall.

★★★

WEINGUT JÄGER

Das Weingut Jäger liegt im idyllischen Weinort Weißenkirchen und befindet sich seit Generationen im Familienbesitz. Das Jägerhaus mit seiner klassizistischen Fassade stammt aus dem Jahre 1838. Die mit viel Liebe kultivierten und nachhaltig gepflegten Weingärten liegen in den besten Lagen rund um Weißenkirchen. Jeder Weingarten wird abgestimmt auf Sorte, Lage und Boden individuell bewirtschaftet. Durch die schonende Verarbeitung bei der Ernte und der Weinbereitung bleiben die natürlichen Aromen der sortenrein verarbeiteten Trauben erhalten. Die Weine werden in den drei für die »Vinea Wachau« gültigen Qualitätsstufen »Steinfeder«, »Federspiel« und »Smaragd« in Edelstahltanks ausgebaut. So entwickeln sich jahrgangstypische, dem Sortencharakter entsprechende Weine voll Zartheit, Bukettdichte und fruchtiger Eleganz. Roman Jägers Weine stehen exemplarisch für eine Fruchtpräzision und Lebendigkeit, die man in ihrer Konsequenz und Klarheit sonst nur schwer findet. Zum einen geht es ihm darum, seinen Sorten alles an Aromen und Typizität abzuringen, zum anderen aber auch darum, die spezifischen Terroirnoten seiner Einzellagen authentisch im Wein auszudrücken. Die Betonung liegt auf den Nuancen, und so finden sich immer wieder feine Unterschiede zwischen seinen Weinen aus der Riede Klaus, Achleiten, Vorderseiber oder Steinriegl. Den Smaragden und Federspielen, für die er in der Zwischenzeit berühmt ist, schenkt Roman Jäger dabei die gleiche Aufmerksamkeit. Vinifiziert wird in einem kühlen Tonnengewölbe in Edelstahltanks, um aus den Weinen – dazu zählen auch Sauvignon Blanc und Muskateller – auch noch die filigrans-

Weißenkirchen

WEINGUT JÄGER
3610 Weißenkirchen
Kremser Straße 1
T: +43 (2715) 2535
jaeger@weingut-jaeger.at
www.weingut-jaeger.at

Kellermeister/Kontakt: Roman Jäger
Produktion: 2 % Schaumwein, 95 % weiß, 3 % rosé, 9 Hektar
Vereinszugehörigkeit: Vinea Wachau
Messen: VieVinum

ten Fruchtnoten hervorzuholen. Einmal im Jahr findet im Jägerhaus ein Heuriger statt, der den klassischen Rahmen sprengt und durch eine Vielzahl ausgesuchter kulinarischer Delikatessen beeindruckt.

95 Riesling * Ried Achleiten Smaragd 2022
13,5 Vol.-%, NK, Stahltank, €€€€€
Helles Gelbgrün, Silberreflexe. Mit Zitrusnuancen unterlegte Noten von weißem Pfirsich, ein Hauch von frischem Apfel, mineralischer Touch. Kraftvoll, saftig, weißes Kernobst, mineralisch-salzig im Abgang, lebendige Säurestruktur, bleibt gut haften, jugendlich, glasklar wie ein Gebirgsbach.

95 Riesling * Ried Steinriegl Smaragd 2022
13 Vol.-%, NK, Stahltank, €€€€€
Helles Gelbgrün, Silberreflexe. Zarte florale Nuancen, weißer Pfirsich, Limettenzesten, mineralisch unterlegtes Bukett, einladende Aromatik. Saftig, elegant, weißes Steinobst, zarte Fruchtsüße, frisch strukturiert, mineralisch und leichtfüßig, ein delikater Riesling-Stil, zeigt Länge und gutes Reifepotenzial.

94 Grüner Veltliner * Ried Achleiten Smaragd 2022
14 Vol.-%, NK, Stahltank, €€€€€
Helles Gelbgrün, Silberreflexe. Dunkle Mineralik, feine Kräuterwürze, weißes Kernobst, frischer Apfel, zart nach Ananas, etwas verhaltenes Bukett. Kräftig, engmaschig, feiner Säurebogen, mineralisch-salzig, Limetten im Abgang, braucht noch etwas Flaschenreife, um eine erste Trinkreife zu erreichen.

93 Grüner Veltliner * Selection 2022
13 Vol.-%, DV, Stahltank, €€€
Helles Gelbgrün, Silberreflexe. Frische Wiesenkräuter, weiße Apfelfrucht, ein Hauch von Mango und Birne, tabakige Würze, zart nach Limetten. Saftig, elegant, feine Nuancen von weißem Kernobst, gut integrierte Säurestruktur, feine Mineralik, gute Frische, ein vielseitiger Speisenbegleiter.

92 Grüner Veltliner * Weissenkirchen Steinfeder 2022
11,5 Vol.-%, DV, Stahltank, €€
Helles Gelbgrün, Silberreflexe. Zarte Nuancen von Wiesenkräutern, frischer Apfel, floral, mineralischer Touch. Mittlere Komplexität, weißes Steinobst, finessenreich strukturiert, leichtfüßig, aber saftig, toller Sommerwein mit salzigem Nachhall.

92 Grüner Veltliner * Ried Weitenberg Federspiel 2022
12,5 Vol.-%, DV, Stahltank, €€€
Helles Gelbgrün, silberfarbene Reflexe. Zarte Kräuterwürze, weißes Kernobst, ein Hauch von Mango und Orangenzesten. Balanciert, elegant, ein Hauch von Blütenhonig im Kern, feiner Säurebogen, mineralisch-zitronig im Abgang, bereits gut entwickelt, vielfältig einsetzbar.

92 Gelber Muskateller * Weissenkirchen Federspiel 2022
12,5 Vol.-%, DV, Stahltank, €€€
Sehr helles Goldgelb, Silberreflexe. Kernig-würzig unterlegte weiße Tropenfrucht, Limettenzesten, weißer Pfirsich, Maracuja. Straff, weißes Steinobst, zitronige Nuancen, lebendige Säurestruktur, mineralisch, Limetten im Nachhall.

★★★★

WEINGUT JAMEK

Josef Jamek – ein Name, der wie kein anderer für die Kulturlandschaft Wachau und die Renaissance der österreichischen Weinkultur steht. Schon in den 1950er-Jahren prägte er mit seinen naturbelassenen trockenen Weinen den Typus des Wachauer Weißweins und stand mit seinen Ideen Pate für die Gründung der »Vinea Wachau«, des Schutzverbandes der Weine dieser herrlichen Landschaft.
Das Weingut zählt mit einer Rebfläche von 25 Hektar zu den ansehnlichsten Privatbesitzungen und bewirtschaftet Weingärten in den allerbesten Urgesteinsterrassenlagen. Die Riede Klaus, ein Synonym für Jamek'sche Weinkultur, liegt in einer Steillage mit über hundert Steinterrassen. Hier entsteht seit Jahrzehnten Jameks Vorbild für den Wachauer Riesling. Bereits seit 1959 füllt die Familie Jamek dieses Weinjuwel, das als Parabel auf das große Lebenswerk von Josef Jamek gelten darf. Ebenso sind die Urgesteinsterrassen der Rieden Achleiten und Liebenberg für hochkarätige und vom Terroir der Wachau geprägte Grüne Veltliner bekannt. Die Lagen Hochrain und Zweikreuzgarten in Wösendorf werden in einer schon über 40 Jahre andauernden Kooperation mit dem Benediktinerstift Melk bewirtschaftet. Hier wachsen Weißburgunder und Grüner Veltliner von höchster Qualität.
Die Tradition des Weinguts wird seit 2012 von Jameks Enkeltochter Julia Jamek und ihrem Ehemann Herwig fortgeführt. Beide sind ausgebildete Mediziner und garantieren somit für die Bekömmlichkeit der Weine. Verkostet werden die Weine am besten im gutseigenen Restaurant, das von Johannes Altmann, einem weiteren Enkel von Josef und Edeltraud Jamek, geleitet wird. In der gediegenen Atmosphäre des über 100 Jahre alten Hauses mit einzigartigem Gastgarten kann man exzellente regionale Küche und die Weine glasweise genießen – das macht den Besuch im Hause Jamek-Altmann zu einem unvergleichlichen Erlebnis für jeden Wachaubesucher.

96 Riesling * Ried Klaus Smaragd 2021
14 Vol.-%, NK, großes Holzfass, €€€€€€ Ⓥ
Mittleres Goldgelb, Silberreflexe. Feine Nuancen von gelbem Steinobst, ein Hauch von Blüten, zart nach Orangenzesten, mit einem Hauch von Honig unterlegt. Saftig, gute Komplexität, weißer Pfirsich, finessenreicher Säurebogen, im Abgang filigran und delikat, salzig unterlegter Nachhall, dezente Fruchtsüße, verfügt über Länge und Reifepotenzial.

94 Riesling * Smaragd Dürnsteiner Freiheit 2021
13,5 Vol.-%, NK, großes Holzfass, €€€€€ Ⓥ
Helles Goldgelb, Silberreflexe. Zart nach kandierten Orangenzesten, ein Hauch von frischen Marillen, Nuancen von Blütenhonig. Stoffig, weiße Tropenfrucht, feine Fruchtsüße, frischer Säurebogen, Limetten im Abgang, saliner Nachhall, ein entwickelter Begleiter bei Tisch.

94 Riesling * Ried Pichl Smaragd 2021
13,5 Vol.-%, DV, großes Holzfass, €€€€€ Ⓥ
Helles Goldgelb, Silberreflexe. Feine Noten von gelber Tropenfrucht, etwas Mango und Maracuja, ein Hauch von Orangenblüten, einladendes Bukett. Saftig, weißer Pfirsich, straff und engmaschig, finessenreicher Säurebogen, salzig-zitronig im Abgang, bereits gut antrinkbar.

93 Riesling * Ried Klaus Federspiel 2022
12,5 Vol.-%, NK, großes Holzfass, €€€€€ Ⓥ
Helles Grüngelb, Silberreflexe. Zart nach Pfirsich und Orangenzesten, mit Nuancen von weißem Apfel und Blütenhonig unterlegt. Saftig, elegant, feine Steinobstnoten, fri-

WEINGUT JAMEK
3610 Joching
Josef-Jamek-Straße 45
T: +43 (2715) 2235
info@weingut-jamek.at
www.weingut-jamek.at

Kellermeister: Volker Mader
Kontakt: Dr. Herwig Jamek
Produktion: 3 % Schaumwein, 90 % weiß, 3 % rosé, 3 % rot, 1 % süß, 25 Hektar
Vereinszugehörigkeit: Vinea Wachau
Messen: ProWein Düsseldorf, VieVinum

scher Säurebogen, mineralisch im Abgang, dezente Fruchtsüße im Nachhall, ein facettenreicher Speisenbegleiter.

94 Weißburgunder * Wösendorf Smaragd 2021
13,5 Vol.-%, NK, großes Holzfass, €€€€€€ V
Helles Grüngelb, Silberreflexe. Zart nussig unterlegte gelbe Birnenfrucht, zart nach kandierten Orangenzesten, einladendes Bukett. Saftig, elegant und straff, markanter Säurebogen, mineralisch-zitronig im Finish, ein Hauch von Kletzen im Nachhall, animierender Speisenbegleiter, delikat und frisch.

94 Grüner Veltliner * Ried Achleiten Smaragd 2021
14 Vol.-%, NK, Holzfass, €€€€€€ V
Mittleres Grüngelb, Silberreflexe. Rauchig-kräuterwürzig unterlegte Nuancen von gelber Frucht, Anklänge von Mango, aber auch etwas Anis, terroirtypisches Bukett. Mittlere Komplexität, Golden-Delicious-Apfel, etwas Honigmelone, süßer Nachhall, kraftvoller Abgang, feinwürziger Rückgeschmack.

92 Grüner Veltliner * Dürnstein Ried Liebenberg Smaragd 2021
13,5 Vol.-%, NK, großes Holzfass, €€€€€ V
Helles Grüngelb, Silberreflexe. Zart nach Wiesenkräutern, gelber Apfel, ein Hauch von Orangenzesten. Saftig, etwas Honigmelone, dezenter Säurebogen, süßer Kern, opulente Stilistik, mittlere Länge, braucht noch seine Zeit.

★★★★★

WEINGUT KNOLL

Das Weingut Knoll hat in den vergangenen Jahrzehnten so viele Kultweine hervorgebracht, dass man alleine mit diesen Verkostungsnotizen ein ganzes Buch füllen könnte. Auch das Etikett mit dem heiligen Urban hat Kultstatus und wurde in den vergangenen Jahrzehnten zum Glück nicht verändert. Auf dem Weingut selbst hat sich allerdings viel getan: 2014 wurde der Neubau des Weinguts eröffnet, der sich hinter dem Stammhaus befindet und in dem nun Kunden und Gäste empfangen werden. Emmerich und Monika Knoll führen das Weingut gemeinsam mit ihren Söhnen Emmerich junior, der seit 2012 auch Obmann der »Vinea Wachau« ist, und August.

Bewirtschaftet werden rund 18 Hektar, von denen gut ein Drittel aus Terrassenweingärten besteht. Grüner Veltliner (45 Prozent) wächst in den Rieden Kreutles, Trum, Loibenberg und Schütt, Riesling (45 Prozent) in den Rieden Loibenberg, Kellerberg, Pfaffenberg und Schütt. Aus beiden Sorten wird – sofern es der Jahrgang zulässt – auch die Vinothekfüllung gemacht, eine Selektion der reifsten Trauben verschiedener Lagen. Ergänzt wird das Sortiment durch Weine aus den Sorten Gelber Muskateller, Chardonnay, Gelber Traminer und Blauburgunder. In Jahren mit schöner Botrytis stehen zudem auch edelsüße Weine von der Auslese bis zur Trockenbeerenauslese auf dem Programm. Eine positive Praxis im Hause Knoll: Die Smaragde und Prädikatsweine werden erst ab September ausgeliefert, damit sie den Sommer über im kühlen Keller heranreifen können. Knoll-Weine gelten als Spätstarter (was in Wahrheit unzutreffend ist) und als sehr langlebig (was völlig zutreffend ist).

100 Riesling * Ried Schütt Smaragd 2021
13 Vol.-%, NK, großes Holzfass, €€€€€€
Helles Goldgelb, Silberreflexe. Feine Nuancen von gelbem Steinobst, aber auch tropische Fruchtaspekte, ein Hauch von Blütenhonig, einladendes, suggestives Bukett. Komplex, stoffig, nahtlose Textur, finessenreich strukturiert, weißer Pfirsich, feine Fruchtsüße, enorme Länge, perfekte Balance, zitronig-salzige Nuancen im Abgang, bleibt minutenlang haften, ein perfekter Speisenbegleiter, Riesling wie Samt und Seide.

99 Riesling * Loiben Smaragd Vinothekfüllung 2021
14 Vol.-%, NK, großes Holzfass, €€€€€€
Mittleres Goldgelb, Silberreflexe. Reifer gelbe Pfirsich, ein Hauch von Mango und Blütenhonig, kandierte Orangenzesten, facettenreiches Bukett. Kraftvoll, stoffig, gelbe Tropenfrucht, aber auch weiße Elemente, mit einem straffen Säurekleid unterlegt, ungemein komplex und lange anhaftend, ein perfekter Riesling mit Potenzial für Jahre.

98 Riesling * Ried Kellerberg Smaragd 2021
13 Vol.-%, NK, großes Holzfass, €€€€€
Mittleres Goldgelb, Silberreflexe. Ein Hauch von Mandarinen, gelber Pfirsich, dazu etwas Maracuja, ein Hauch von Li-

WEINGUT KNOLL
3601 Dürnstein
Unterloiben 132
T: +43 (2732) 79355
weingut@knoll.at
www.knoll.at

Kellermeister: Emmerich Knoll
Kontakt: Familie Knoll
Produktion: 98 % weiß, 1 % rot, 1 % süß, 18 Hektar
Vereinszugehörigkeit: Vinea Wachau
Messen: ProWein Düsseldorf, VieVinum

mettenzesten, exotische Nuancen, facettenreiches Bukett. Saftig, feine Fruchtsüße, saftig-seidige Textur, feiner, gut integrierter Säurebogen, hocheleganter Stil, mineralischer Nachhall, zitronig, verfügt über Länge und Reifepotenzial.

97 Riesling * Ried Loibenberg Smaragd 2021
13 Vol.-%, NK, großes Holzfass, €€€€€
Helles Gelbgold, Silberreflexe. Nuancen von frischer gelber Frucht, ein Hauch von Ananas und Mango, zart nach Blütenhonig. Saftig, etwas nach Marillen, feiner Säurebogen, ein Hauch von Blütenhonig, stoffig, ohne opulent zu wirken, gelber Pfirsich im Abgang, mineralisch geprägt im Nachhall, sehr gute Länge, ein toller Speisenbegleiter mit großem Reifepotenzial.

95 Riesling * Loiben Smaragd 2021
13 Vol.-%, NK, großes Holzfass, €€€€€
Helles Grüngelb, Silberreflexe. Intensive Steinobstnoten, weiße Blüten, gelbe Tropenfrucht, einladendes, fruchtiges Bukett. Saftig, weißer Pfirsich, finessenreich strukturiert, salzig-zitronig im Abgang, ein engmaschiger und bereits zugänglicher Speisenbegleiter.

94 Riesling * Ried Loibenberg Federspiel 2022
12 Vol.-%, NK, Stahltank, €€€€€
Helles Grüngelb, silberfarbene Reflexe. Feine Zitrusnuancen, ein Hauch von Pfirsich, dezente Wiesenkräuter, Quitte, attraktives Bukett. Saftig, straff, facettenreich, leichtfüßig, salzig, weißes Kernobst, balancierte Säurestruktur, mineralischer Nachhall, guter Speisenbegleiter.

93 Riesling * Loiben Federspiel 2022
12 Vol.-%, NK, Stahltank, €€€€
Helles Goldgelb, Silberreflexe. Feine gelbe Tropenfrucht, ein Hauch von Pfirsich, Mandarinenzesten. Straff, elegant, Nuancen von weißem Steinobst, finessenreich und sehr trinkfreudig, salziger Touch, bereits zugänglich und in vollen Zügen zu genießen.

98 Riesling Ried Pfaffenberg Selection 2021
13,5 Vol.-%, NK, großes Holzfass, €€€€€
Mittleres Goldgelb, Silberreflexe. Feinwürzig unterlegte Anklänge von gelber Tropenfrucht, zart nach kandierten Orangenzesten, ein Hauch von Marillenkonfit, einladendes Bukett. Kraftvoll, saftig, mit einem rassigen Säurekleid unterlegt, weißer Pfirsich, elegant und anhaftend, noch sehr jugendlich.

98 Grüner Veltliner * Loiben Smaragd Vinothekfüllung 2021
14 Vol.-%, NK, großes Holzfass, €€€€€€
Mittleres Goldgelb, Silberreflexe. Feine Nuancen von gelbem Kernobst, ein Hauch von Mango und Quitten, dazu etwas Kletzen und Tabak, ein Hauch von Blütenhonig. Komplex, straff, elegant, feine Fruchtsüße, harmonisch, seidige Textur, bleibt lange haften, sicheres Reifepotenzial, ein vielschichtiger Speisenbegleiter.

96 Grüner Veltliner * Ried Schütt Smaragd 2021
13 Vol.-%, NK, großes Holzfass, €€€€€
Helles Goldgelb, Silberreflexe. Feine Tropenfrucht, zarter Blütenhonig, zart nach Honigmelone. Elegant, harmonisch, saftige gelbe Tropenfrucht, feiner Säurebogen, mineralisch und lang, zitronig-salziger Touch im Nachhall, ein finessenreicher Speisenbegleiter.

95 Grüner Veltliner * Ried Loibenberg Smaragd 2021
13,5 Vol.-%, NK, großes Holzfass, €€€€€
Mittleres Goldgelb, Silberreflexe. Zart rauchig-kräuterwürzig unterlegte feine gelbe Tropenfrucht, ein Hauch von Papaya, reife Apfelfrucht, Orangenzesten. Komplex, saftig, dezente Fruchtsüße, seidige Textur, feine Mineralik, salziger Nachhall.

94 Grüner Veltliner * Ried Kreutles Smaragd 2021
13 Vol.-%, NK, großes Holzfass, €€€€€
Helles Goldgelb, Silberreflexe. Zarte Wiesenkräuter, gelbe Apfelfrucht, ein Hauch von Mango, einladendes Bukett, zart mit Orangenzesten unterlegt. Saftig, ein Hauch von Birne, feiner Säurebogen, mineralisch, ein harmonischer Speisenbegleiter, zeigt gute Länge und Potenzial.

93 Grüner Veltliner * Ried Kreutles Federspiel 2022
12 Vol.-%, NK, Stahltank, €€€€
Helles Gelbgrün, Silberreflexe. Feine Orangenzesten, gelbe Tropenfrucht, ein Hauch von Wiesenkräutern, einladender

Duft. Mittlere Komplexität, weiße Apfelfrucht, frisch strukturiert, zitroniger Touch im Abgang, sehr lebendig und animierend, gutes Reifepotenzial.

93 Grüner Veltliner * Ried Trum Federspiel 2022
12 Vol.-%, NK, Stahltank, €€€€€
Helles Gelbgrün, Silberreflexe. Reife Apfelfrucht, dezenter Blütenhonig, zart nach Papaya, kandierte Mandarinenzesten, einladendes Bukett. Saftig, straff, feine Säurestruktur, mineralisch-salzig, engmaschig, weiße Apfelfrucht im Abgang, guter Speisenbegleiter.

92 Grüner Veltliner * Loiben Steinfeder 2022
11 Vol.-%, NK, Stahltank, €€€
Helles Gelbgrün, Silberreflexe. Ein Hauch von Golden-Delicious-Apfel, florale Nuancen, attraktives Bukett. Saftig, Nuancen von weißem Kernobst, lebendiger Säurebogen, zitronig-mineralischer Nachhall, bietet leichtfüßiges Trinkvergnügen.

92 Grüner Veltliner * Loiben Federspiel 2022
12 Vol.-%, NK, Stahltank, €€€€
Helles Grüngelb, Silberreflexe. Zarter Hauch von Mandarinen, feine gelbe Tropenfrucht, etwas Ananas, einladendes Bukett. Saftig, elegant, mineralisch, weißer Apfel, dezente Säurestruktur, lebendig, bleibt gut haften, zitroniger Touch im Nachhall.

94 Gelber Muskateller * Loiben Smaragd 2021
13,5 Vol.-%, NK, großes Holzfass, €€€€€
Helles Gelbgrün, Silberreflexe. Zarte Muskatnuss, ein Hauch von Holundersirup, weißer Pfirsich, etwas Litschis. Straff, kräftig, weiße Tropenfrucht, lebendiger Säurebogen, zitronig, feiner Blütenhonig im Abgang, zeigt Länge, verfügt über sicheres Reifepotenzial.

91 Gelber Muskateller * Loiben Federspiel 2022
12 Vol.-%, NK, Stahltank, €€€€
Helles Goldgelb, Silberreflexe. Zart nach Maracuja, feine Muskatnuss, florale Nuancen, Limettentouch. Mittlerer Körper, weiße Pfirsichfrucht, mineralisch-salzig, zitroniger Touch, balanciert, lebendiger Sortenvertreter.

94 Chardonnay * Loiben Smaragd 2021
13 Vol.-%, NK, großes Holzfass, €€€€€
Helles Goldgelb, Silberreflexe. Reife Tropenfrucht, ein Hauch von Quitten, kandierte Orangenzesten, floraler Touch. Straff, weiße Apfelfrucht, frische Struktur, feine Fruchtsüße, elegant und anhaftend, bereits gut antrinkbar.

94 Traminer * Loiben Smaragd 2021
13 Vol.-%, NK, großes Holzfass, €€€€€
Mittleres Goldgelb, Silberreflexe. Nuancen von frischer Ananas, zart nach Marshmallows, etwas Blütenhonig, einladendes, nicht überbordendes Bukett. Komplex, mittlerer Körper, feine Fruchtsüße, mineralisch und gut anhaftend, seidiger Stil, von einer guten Säure getragen, sehr gute Balance.

90 Blauer Burgunder * Rosé Federspiel 2022
11,5 Vol.-%, NK, Stahltank, €€€€
Helles Lachsrosa, Silberreflexe. Zart nach Ringlotten und eingelegten Kirschen, ein Hauch von Blütenhonig, einladend fruchtiges Bukett. Mittlerer Körper, harmonisch, kirschig, zitronig-salzig im Nachhall, ein feiner Sommerwein.

100 Riesling Loiben Trockenbeerenauslese 2021
11,5 Vol.-%, NK, €€€€€€
Mittleres Grüngelb, Silberreflexe. Feiner Blütenhonig, ein Hauch von Kumquats, gelbe Tropenfrucht, Maracujatouch, Mandarinenzesten, ungemein facettenreiches Bukett. Komplex, stoffig, feine gelbe Tropenfrucht, weißer Pfirsich, brillanter Säurebogen, nicht zu üppig, sondern in jeder Phase leichtfüßig und präzise, mineralisch und sehr lange anhaftend, zitronig-salziger Nachhall, Potenzial für Jahrzehnte, nichts weniger als ein Weltklasse-Süßwein.

96 Riesling Ried Pfaffenberg Beerenauslese 2021
13,5 Vol.-%, NK, €€€€€€
Mittleres Grüngelb, Silberreflexe. Zart nach kandierten Mandarinen, reife Pfirsich-Maracuja-Nuancen, mit Blütenhonig unterlegt. Saftig, süßes Steinobst, finessenreicher Säurebogen, präzise, glasklare Stilistik, balanciert, mineralisch-salzig, Limetten im Abgang, delikat im Nachhall, sicheres Entwicklungspotenzial für viele Jahre.

94 Riesling Loiben Auslese 2021
12,5 Vol.-%, NK, €€€€€
Helles Grüngelb, Silberreflexe. Feine weiße Tropenfrucht, etwas reife Maracuja, floraler Touch, ein Hauch von Blütenhonig. Saftig, süße gelbe Pfirsichfrucht, finessenreicher Säurebogen, mineralisch-zitronig im Abgang, verfügt über sehr gute Länge, sicheres Reifepotenzial für viele Jahre.

97 Chardonnay Loiben Trockenbeerenauslese 2021
12,5 Vol.-%, NK, €€€€€€
Helles Grüngelb, Silberreflexe. Kandierte Orangenzesten, reife gelbe Apfelfrucht, ein Hauch von Honigmelone, floral unterlegte Botrytiswürze, einladendes Bukett. Saftig, feine Nuancen von weißem Steinobst, frischer Säurebogen, angenehme Süße im Abgang, bereits gut entwickelt, leichtfüßiger, zugänglicher Stil, klare Pfirsichfrucht im Nachhall, delikater Stil.

95 Gelber Muskateller Loiben Beerenauslese 2021
11,5 Vol.-%, NK, €€€€€
Mittleres Gelbgrün, Silberreflexe. Reife gelbe Tropenfrucht, etwas Holundersirup, Maracuja und frische Feigen, sehr facettenreiches Bukett. Saftig, straff, weißer Pfirsich,

sehr leichtfüßig, gut integrierte Süße, Limettenzesten im Abgang, wirkt schlank und lebendig, feine traubige Muskatnote im Nachhall, salziger Rückgeschmack.

94 Grüner Veltliner Loiben Auslese 2021
13,5 Vol.-%, NK, €€€€€
Helles Gelbgrün, Silberreflexe. Zarte Botrytiswürze, ein Hauch von getrockneten Marillen, florale Nuancen, angenehmer Blütenhonig. Saftig, elegant, gelber Apfel, feine Fruchtsüße, frischer Säurebogen, mineralisch-zitronig im Nachhall, fast trocken anmutend im Abgang, gute Länge, sicheres Reifepotenzial.

94 Grüner Veltliner Loiben Beerenauslese 2021
13,5 Vol.-%, NK, €€€€€
Mittleres Grüngelb, Silberreflexe. Zarte Botrytiswürze, ein Hauch von Dörrobst, gelbes Kernobst, Orangen, zarter Honig, Kräutertouch. Saftig, cremige Textur, weißes Nougat im Abgang, ein kraftvoller Süßwein mit guter Länge, verfügt über Reifepotenzial.

94 Gelber Traminer Loiben Auslese 2021
13,5 Vol.-%, NK, €€€€€
Helles Gelbgrün, Silberreflexe. Nuancen von Honig und reifem weißem Pfirsich, ein Hauch von Rosenöl, kandierte Mandarinenzesten. Kraftvoll, saftig, elegant, gut integrierte Süße, ein Hauch von Blutorangen und Bergamotte im Nachhall, zeigt Länge, sicheres Reifepotenzial.

★★★★

WEINGUT LAGLER

Das Weingut Lagler liegt in der malerischen Gemeinde Spitz an der Donau, im Herzen der Wachau. Die Wurzeln des Weinbaubetriebs der Familie Lagler gehen bis auf das Jahr 1789 zurück. Der Betrieb ist ein Ensemble aus Weingut mit der integrierten wein.kost.bar und dem 4-Sterne-Hotel Garni Weinberghof, welches seit 2018 von Katharina Lagler geführt wird. Im Jahr 2021 wurde der Frühstücksraum des Hotels vergrößert und neu designt. Dieser bietet nun auch auswertigen Gästen die Möglichkeit, das mittlerweile legendäre Frühstücksbuffet der Familie Lagler zu genießen. Auch für kleinere Seminare und andere Veranstaltungen bieten sich die neuen Räumlichkeiten an. Schon seit 2003 ist Karl Lagler junior Kellermeister des Weinguts. Sein Ziel ist es, »den Geschmack der Traube und der Lage im Wein wiederzufinden«. Innovation, Tradition, Naturnähe und Nachhaltigkeit sind die wesentlichen Eckpfeiler der Familie Lagler. Intensive Weingartenpflege, Ausdünnung der Trauben sowie späte und selektive Handlese (für keine bis kaum Botrytis) liefern Trauben, aus denen wunderbar fruchtige und authentische Weine entstehen.
Die Veltliner stammen aus den Toplagen »Burgberg« für Federspiel sowie »Steinporz« und »Axpoint« für Smaragd. Die Riesling-Smaragde vom Tausendeimerberg und Steinporz liefern sich jedes Jahr ein spannendes Duell um die Publikumsgunst. Bei der »Elisabeth«-Selection finden Weinliebhaber eine dichte, üppige Veltliner-Essenz mit exotischer Fruchtaromatik und hervorragendem Alterungspotenzial. Wer die Weine verkosten will, kann das täglich ohne Voranmeldung in Spitz im Weingut Lagler.

(95) Riesling * Ried Steinporz Smaragd 2022
13,5 Vol.-%, NK,DV, Holzfass, €€€€€
Mittleres Grüngelb, Silberreflexe. Feine gelbe Tropen-

WEINGUT LAGLER
3620 Spitz
Am Hinterweg 17
T: +43 (2713) 2939
info@weingut-lagler.at
www.laglers.at

Kellermeister/Kontakt:
Karl Lagler
Produktion: 106.667 Flaschen
2 % Schaumwein, 80 % weiß,
5 % rosé, 10 % rot, 3 % süß,
13.5+0.5 Hektar
Vereinszugehörigkeit:
Vinea Wachau
Messen: ProWein Düsseldorf, VieVinum, DAC-Präsentationen

* Wachau DAC

frucht, Nuancen von Pfirsich, kandierte Mandarinenzesten, etwas Blütenhonig, einladendes Bukett. Saftig, elegant, feine weiße Frucht, cremige Textur, mineralisch und anhaftend, wird von weiterer Flaschenreife profitieren, sicheres Entwicklungspotenzial.

92 Riesling * Ried Setzberg Federspiel 2022
12,5 Vol.-%, DV, Stahltank, €€€€
Helles Grüngelb, Silberreflexe. Einladende Anklänge von gelber Tropenfrucht, zarter Blütenhonig, etwas Mango, facettenreiches Bukett. Mittlerer Körper, angenehme Fruchtsüße, weiße Pfirsichfrucht im Kern, mineralisch und frisch, balanciert, bleibt gut haften, bereits gut antrinkbar.

(95) Grüner Veltliner * Ried Axpoint Smaragd 2022
14 Vol.-%, NK,DV, Stahltank, €€€€
Mittleres Grüngelb, Silberreflexe. Feine Kräuterwürze, etwas gelbe Frucht, exotische Nuancen von Mango, feiner Blütenhonig. Saftig, komplex, mineralischer Kern, feiner Säurebogen, kraftvoll, gut anhaftender Stil, zeigt gute Länge, ein gehaltvoller Speisenbegleiter mit Potenzial.

95 Grüner Veltliner * Ried Steinporz Smaragd 2022
14,5 Vol.-%, NK,DV, Stahltank, €€€€€
Helles Grüngelb, Silberreflexe. Zart tabakig unterlegte Kräuterwürze, weißer Apfel, ein Hauch von Mandarinenzesten, mit reifem Kernobst unterlegt. Kraftvoll, engmaschig, mineralische Textur, feine gelbe Frucht im Abgang, Honigmelone im Nachhall, zeigt Länge und Reifepotenzial.

95 Grüner Veltliner * Spitz Elisabeth Selection 2021
14,5 Vol.-%, NK, Holzfass, €€€€€
Mittleres Goldgelb, Silberreflexe. Zart nach Honig und kandierten Orangenzesten, ein Hauch von reifem gelbem Kernobst, facettenreiches Bukett. Saftig, feine Fruchtsüße, Nuancen von Honigmelone, Kernobst, feines Säurespiel, ausgewogen und kraftvoll, ein eleganter Speisenwein, bereits zugänglich, verfügt über Reifepotenzial.

(93) Grüner Veltliner * Ried Hinter der Burg Smaragd 2022
13,5 Vol.-%, DV, Stahltank, €€€€
Helles Grüngelb, Silberreflexe. Reifer Apfel und Mangofrucht, feine Kräuterwürze, etwas Blütenhonig. Saftig, rund und harmonisch, feiner Säurebogen, dezente Fruchtsüße, komplex, dunkle Mineralik im Abgang, bereits gut antrinkbar.

92 Grüner Veltliner * Ried Burgberg Federspiel 2022
12,5 Vol.-%, DV, Stahltank, €€€
Leuchtendes Gelbgrün, silberfarbene Reflexe. Reife Tropenfrucht, etwas Blütenhonig, zart nach Ananas, Kumquats, floraler Touch, attraktives Bukett. Saftig, frisch, leichtfüßig, feinwürzig, frisch strukturiert, weiße Apfelfrucht im Abgang, balanciert, vielfältig einsetzbar.

91 Grüner Veltliner * Spitz Federspiel Himmelsrichtungen 2022
12,5 Vol.-%, DV, Stahltank, €€
Helles Grüngelb, Silberreflexe. Zarte Kräuterwürze, Nuancen von gelbem Apfel, ein Hauch von Orangenzesten, einladendes Bukett. Saftig, weißes Kernobst, frisch strukturiert, reife gelbe Frucht im Abgang, bereits gut antrinkbar.

94 Weißburgunder * Spitz Smaragd 2021
14 Vol.-%, NK, Stahltank, €€€€
Helles Grüngelb, Silberreflexe. Feine gelbe Birnenfrucht, ein Hauch von Walnuss und Vanille, kandierte Orangenzesten. Kraftvoll, saftig und elegant, reife gelbe Tropenfrucht, etwas Ananas, feine Fruchtsüße, bleibt haften, ein ausgewogener, gut gereifter Speisenbegleiter.

91 Gelber Muskateller * Spitz 2022
12 Vol.-%, DV, Stahltank, €€€
Helles Gelbgrün, Silberreflexe. Zarte weiße Blüten, ein Hauch von Limetten, mineralischer Touch. Saftig, elegant, feine Fruchtsüße, lebendiger Säurekern, ein aromatisch-duftiger Sommerwein.

★

WEINGUT FRANZ MAYER

NEU

Der Großvater, der Vater und jetzt der Sohn: In dritter Generation widmet sich Familie Mayer im Spitzer Graben, einer der schönsten Ecken der Wachau, dem Weinbau. Als leidenschaftliche und erfahrene Winzer wissen sie, dass es die richtige Mischung ausmacht: Traditionen bewahren, den Fortschritt annehmen und der Natur ihren Raum geben. So verstehen sie das Weinmachen. Getreu dem Motto »Mit der Natur und nicht gegen sie« haben sie sich dazu entschlossen, auf biologische Bewirtschaftung umzustellen. Im Spitzer Graben, zwischen Spitz und Mühldorf, finden sich die höchsten und steilsten Weinterrassen der Wachau. Hier gedeihen in den Rieden Mühlgraben, Setzberg, Biern und Schön Grüner Veltliner, Weißburgunder, Riesling, Muskateller und auch der Neuburger. Die größte Freude ist es, beim Vinifizieren die spezifischen Eigenschaften jeder Rebsorte bestmöglich zu präsentieren. Auf dem Weingut gibt es kein »So haben wir das schon immer gemacht«. Man ist bemüht, sich weiterzuentwickeln, vor allem im Weinkeller, und mischt die Vorteile des traditionellen Weinbaus mit den modernen Methoden der Weinherstellung. Den Weinen gönnt man viel Ruhe, um zu reifen und zu werden. Und so überzeugen die harmonischen, naturbelassenen Mayer-Weine mit ihrer einzigartigen Charakteristik. Die Arbeit auf dem Weingut und beim Heurigen wird in der Familie aufgeteilt und die Freude daran ebenso. Das lässt sich schmecken und erleben.

94 Riesling * Ried Setzberg Smaragd 2021
14 Vol.-%, NK, Stahltank, €€€
Mittleres Grüngelb, Silberreflexe. Zart nach Blütenhonig und Mandarinenzesten, ein Hauch von reifem Pfirsich, Nuancen von Maracuja, einladendes Bukett. Saftig, komplex, feine Fruchtsüße, elegant und von einer feinen Säure getragen, zarter Honigtouch im Nachhall, gutes Reifepotenzial.

91 Riesling * Spitzer Graben Federspiel 2022
12,5 Vol.-%, DV, Stahltank, €€ Ⓑ
Helles Grüngelb, silberfarbene Reflexe. Etwas verhalten, zarte Steinobstnuancen, floral, ein Hauch von Mandarinenzesten. Schlank, weiße Tropenfrucht, frischer Säurebogen, mineralisch-zitroniger Touch, salziger Nachhall, animierender Speisenbegleiter.

© nimozimmerhackl

WEINGUT FRANZ MAYER
3620 Spitz an der Donau
Gut am Steg 11
T: +43 (664) 3902379
office@mayerwein.at
www.mayerwein.at

Kellermeister/Kontakt:
Franz Mayer
Anbauweise: Umstellung auf bio
Produktion: 5 % Schaumwein, 70 % weiß, 5 % rosé, 15 % rot, 5 % süß, 4.5+0.5 Hektar
Vereinszugehörigkeit:
Vinea Wachau

Franz Mayer

93 Grüner Veltliner * Ried Mühlgraben Smaragd 2021
14,5 Vol.-%, NK, kleines Holzfass/Stahltank, €€€
Helles Grüngelb, Silberreflexe. Nuancen von frischem gelbem Apfel, ein Hauch von Ringlotte und Honigmelone, mit zarten Wiesenkräutern unterlegt. Saftig, elegant, feine Fruchtsüße, harmonisch, gut eingebundener Säurebogen, ein facettenreicher, gut entwickelter Speisenbegleiter.

90 Grüner Veltliner * Spitzer Graben Federspiel 2022
12,5 Vol.-%, DV, Stahltank, €€ B
Helles Gelbgrün, Silberreflexe. Feine Kräuternoten, zart nach Blütenhonig, etwas nach Gewürzen, Papaya klingt an. Mittlerer Körper, leichtfüßig, etwas Apfelfrucht, dezente Orangenzesten, gut eingebundener Säurebogen, bereits gut antrinkbar.

93 Neuburger * Spitzer Graben 2021
13,5 Vol.-%, NK, Stahltank/kleines Holzfass, €€€
Mittleres Grüngelb, Silberreflexe. Feine Nuancen von reifen Quitten, gelbe Birnenfrucht klingt an, zart nach kandierten Mandarinenzesten. Saftig, elegant und frisch, feine Fruchtsüße im Kern, dezente Säure, harmonisch und mit guter Länge ausgestattet, bereits antrinkbar.

92 Weißburgunder * Smaragd 2021
14 Vol.-%, NK, kleines Holzfass/Stahltank, €€€
Helles Grüngelb, Silberreflexe. Zarte weiße Birnenfrucht, ein Hauch von Litschis und Limetten. Saftig, kraftvoll, gelbe Tropenfrucht, nussiger Touch, ein Hauch von Blütenhonig, Orangenzesten im Nachhall.

★★

WEINGUT MAZZA

Ilse Mazzas Tochter Christine hat mit Ende 2016 den Betrieb übernommen, nun führen die Mazza-Frauen das Weingut gemeinsam. So arbeiten sie Hand in Hand im Weingarten, im Keller und selbstverständlich auch beim Heurigen. Mensch, Natur, Handwerk und Kultur in Einklang zu bringen, ist die Philosophie der zwei Winzerinnen. Ihre duftigen, fruchtigen und harmonisch-eleganten Weine reflektieren diese herrliche Lebenseinstellung. Zu den wichtigsten Sorten zählen Grüner Veltliner und Riesling, erweitert wird das Angebot noch um die Sorten Gelber Muskateller, Chardonnay und Zweigelt.
Die Weingärten werden mit größter Rücksichtnahme auf die Böden und Reben gepflegt, die Trauben sorgfältig von Hand geerntet und von den Winzerinnen mit großem Können und »G'spür«, wie sie zu sagen pflegen, schonend gekeltert – nach traditioneller Art, aber durch moderne Kellertechnik optimiert.

WEINGUT MAZZA
3610 Weißenkirchen
Auf der Burg 124
T: +43 (2715) 2300
weingut@mazza.at
www.mazza.at

Kellermeister/Kontakt:
Christine Mazza
Produktion: 15.000 Flaschen
85 % weiß, 15 % rot, 3 Hektar
Vereinszugehörigkeit:
Vinea Wachau
Messen: VieVinum

(93) Grüner Veltliner * Ried Weitenberg Smaragd 2022
14 Vol.-%, DV, Stahltank, €€€ V
Leuchtendes mittleres Grüngelb, Silberreflexe. Tabakig-kräuterwürzig unterlegte gelbe Apfelfrucht, zart nach Mandarinenzesten. Komplex, weißer Apfel, kräutrige Würze, zart nussig im Abgang, ein trockener, kraftvoller Speisenwein, dunkle, saline Mineralik im Nachhall.

91 Grüner Veltliner * Weißenkirchen Federspiel Christines Grüner 2022
12,5 Vol.-%, DV, Stahltank, €€ V
Helles Grüngelb, Silberreflexe. Zart tabakig unterlegte weiße Birnenfrucht, kandierte Orangenzesten. Mittlerer Körper, weißer Apfel, frisch strukturiert, salzig-zitronig im Abgang, ein saftiger Speisenbegleiter.

90 Grüner Veltliner * Ried Pichl Point Federspiel 2022
12,5 Vol.-%, DV, Stahltank, €€ Ⓥ
Helles Grüngelb, Silberreflexe. Frische Kräuterwürze, weißer Apfel, mineralischer Touch. Mittlerer Körper, gelbes Kernobst, dezenter Säurebogen, mineralisch und gut anhaftend, bereits gut entwickelt.

(93) Riesling * Ried Achleiten Smaragd 2022
14,5 Vol.-%, DV, Stahltank, €€€€ Ⓥ
Mittleres Goldgelb, Silberreflexe. Reife gelbe Tropenfrucht, ein Hauch von Kräutern und Botrytis, dunkle Mineralik, mit gelbem Pfirsich unterlegt. Saftig, feine Fruchtsüße, kraftvoll, reifer Pfirsich, mineralisch, salzig und gut anhaftend, ein Hauch von Limetten und Honig im Abgang, braucht noch weitere Flaschenreife.

92 Riesling * Querkopf 2022
12,5 Vol.-%, DV, Stahltank, €€ Ⓥ
Helles Grüngelb, Silberreflexe. Feiner Blütenhonig, ein Hauch von frischer Ananas, etwas Maracuja, mit Limettenzesten unterlegt. Saftig, elegant, angenehme Fruchtsüße, von frischer Säure gut balanciert, mineralisch, gute Länge, ein lebendiger Speisenbegleiter.

92 Gelber Muskateller * Weißenkirchen Federspiel 2022
12,5 Vol.-%, DV, Stahltank, €€ Ⓥ
Helles Grüngelb, Silberreflexe. Floral, Nuancen von Jasmin und Holunder, ein Hauch von Litschis und Muskatnuss, einladendes Bukett. Saftig, gute Komplexität, zart nach Nelken, feine Fruchtsüße, mineralisch und anhaftend, ein stoffiger Sommerwein.

★★

WEINGUT MÜLLER – TASSILO

Die Brüder Stefan und Leopold Müller aus Krustetten führen neben ihrem Weingut im Kremstal eine Wachauer Weinlinie: »Tassilo«. Diese Weine stammen von zwölf Hektar Top-Lagen in der Wachau, die von dem Brüderpaar sehr sorgfältig gepflegt und bewirtschaftet werden. Die Rebflächen kommen aus dem Besitz des Stiftes Kremsmünster, das 777 nach Christus von Bayernherzog Tassilo III. gegründet wurde und seit dem Jahr 893 Reben in der Wachau pflegt. Die damals sorgfältig angelegten Weingärten bestechen auch heute noch durch ihre besonders guten Bodeneigenschaften und hervorragenden Lagen mit idealen klimatischen Verhältnisse. Vor allem die kargen Urgesteinsböden der tausendjährigen Rieden Süßenberg, Alte

WEINGUT MÜLLER – TASSILO
3508 Krustetten
Hollenburger Straße 12
T: +43 (2739) 2691
info@weingutmueller.at
www.weingutmueller.at

Kellermeister: Leopold Müller
Kontakt: Leopold und Stefan Müller
Produktion: 90 % weiß, 10 % rot
Zertifiziert: Nachhaltig Austria
Messen: ProWein Düsseldorf, VieVinum, Vinexpo

Riesling

Point und Leukuschberg verleihen den Weinen eine charakteristische Mineralik und Vielschichtigkeit. Das kostbarste Stück der Kunstsammlung des Stiftes, der legendäre Tassilokelch, wurde in das Etikett als Symbol für die Wachauer Weine eingebaut.

91 Grüner Veltliner * Steinmauer 2022
12,5 Vol.-%, DV, Stahltank, €€
Mittleres Grüngelb, Silberreflexe. Zart nach Marille, feine gelbe Tropenfrucht klingt an, kandierte Orangenzesten. Straff, weißes Kernobst, feiner Säurebogen, mineralisch und gut anhaftend, ein facettenreicher, jugendlicher Speisenbegleiter.

91 Grüner Veltliner * Ried Alte Point 2022
13 Vol.-%, DV, Stahltank, €€
Mittleres Grüngelb, Silberreflexe. Noten von Mango, etwas Blütenhonig, kandierte Orangenzesten, floraler Touch. Mittlere Komplexität, fruchtig, dezente Süße, gut integrierter Säurebogen, ein Hauch von Honig im Abgang, bereits gut entwickelt, vielseitig, reife Birne im Nachhall.

90 Grüner Veltliner * Mautern 2022
12,5 Vol.-%, DV, Stahltank, €€
Helles Goldgelb, Silberreflexe. Zart nach Honigmelone und Orangenzesten, ein Hauch von Blütenhonig. Saftig, elegant, zart nach Marille, feiner Säurebogen, mineralisch-zitroniger Touch, dezente Fruchtsüße im Abgang.

92 Riesling Ried Süßenberg Reserve 2011
13,5 Vol.-%, DV, Stahltank, €€€€
Leuchtendes Gelbgrün, Silberreflexe. Intensive reife gelbe Tropenfrucht, ein Hauch von Safran und Honig, kandierte Mandarinenzesten, reifes Bukett. Kraftvoll, saftig, reife Papaya, dezenter Säurebogen, feine Kräuterwürze, etwas Honig und Karamell im Abgang, hat seinen Reifezenit erreicht.

90 Pinot Noir Ried Süßenberg Reserve 2018
13,5 Vol.-%, DV, Holzfass, €€€€
Kräftiges Rubingranat, violette Reflexe, breitere Randaufhellung. Feine Kräuterwürze, schokoladig unterlegtes Beerenkonfit, mit rauchigen Nuancen unterlegt. Straff, reife Kirschen, gut integrierte Holzwürze, salziger Nachhall, ein lebendiger, pikanter Speisenbegleiter.

★★★

ANTON NOTHNAGL

Die Liebe zum Wein in dieser ganz besonderen Region, der Wachau, liegt der Familie Nothnagl im Blut – und das bereits seit 1872. »N« steht für »Nothnagl« – es findet sich auf den Etiketten wieder und soll die Qualitätsphilosophie des Hauses unterstreichen. Das Weingut »Rondellenhof« liegt direkt in Spitz an der Donau. Die rund 11 Hektar Weingärten erfordern intensive Handarbeit am Rebstock und befinden sich in den besten Lagen, welche die Grundlage für terroirgeprägte Spitzenweine bilden. Vinifiziert werden Weine der Rebsorten Riesling, Grüner Veltliner, Chardonnay, Weißburgunder, Sauvignon Blanc und Gelber Muskateller. Die Stilistik der Weine reicht von duftigen, eleganten, trinkanimierenden Steinfeder- und Federspiel-Weinen bis hin zu besonders saftigen und fruchtkonzentrierten Smaragden.

95 Riesling * Spitz Ried Setzberg Smaragd 2022
13,5 Vol.-%, DV, Stahltank, €€€€
Helles Grüngelb, Silberreflexe. Einladende Tropenfrucht, Nuancen von Maracuja und Blütenhonig, attraktives Bukett. Komplex, saftig, elegant, gut integrierte Fruchtsüße, feiner Säurerahmen, mineralisch und anhaftend, gute Balance, ein stoffiger Speisenwein, gutes Reifepotenzial.

94 Riesling * Spitz Ried 1000-Eimerberg Selection 2022
12,5 Vol.-%, DV, Stahltank, €€€€
Helles Grüngelb, Silberreflexe. Zarter Blütenhonig, kandierte Limettenzesten, mit weißem Pfirsich unterlegt. Saftig, weißes Steinobst, rassiges Säurekleid, feine Fruchtsüße im Kern, mineralisch-salzig, sehr gute Länge, sicheres Reifepotenzial, bereits zugänglich.

91 Riesling * Spitz Ried Steinporz Federspiel 2022
12,5 Vol.-%, DV, Stahltank, €€€
Helles Grüngelb, Silberreflexe. Zart kräuterwürzig unterlegte weiße Tropenfrucht, frischer Apfel, etwas Steinobst, mineralischer Hauch. Straff, engmaschig, lebendiger Säurebogen, zitroniger Touch, salziger Nachhall, ein pikanter Sommerwein.

94 Grüner Veltliner * Spitz Ried Setzberg Smaragd 2022
13,5 Vol.-%, DV, Stahltank, €€€€
Helles Grüngelb, Silberreflexe. Tabakig, ein Hauch von

ANTON NOTHNAGL
3620 Spitz an der Donau
Radlbach 7
T: +43 (2713) 2612
weingut@nothnagl.at
www.nothnagl.at

Kellermeister/Kontakt:
Anton Nothnagl
Produktion: 100 % weiß, 11 Hektar
Vereinszugehörigkeit:
Vinea Wachau

Rieden bei Spitz an der Donau

Kümmel, feinwürzig unterlegte gelbe Apfelfrucht, mineralischer Touch. Komplex, saftig, weiße Frucht, frische Birne, bleibt gut haften, besitzt Länge und Reifepotenzial.

93 Grüner Veltliner * Spitz Ried Axpoint Federspiel 2022

12 Vol.-%, DV, Stahltank, €€
Helles Grüngelb, silberfarbene Reflexe. Feine Tabakwürze, etwas nach Orangenzesten, zart nach Blütenhonig, etwas nach Mango, feine Birnenfrucht. Saftig, straff, feine Säurestruktur, mineralisch-salzig, engmaschig, weiße Tropenfrucht im Abgang, bleibt gut haften, vielfältig einsetzbar.

93 Grüner Veltliner * Spitz Ried Burgberg Smaragd 2022

13,5 Vol.-%, DV, Stahltank, €€€€
Helles Gelbgrün, Silberreflexe. Frische Wiesenkräuter, gelbe Birnenfrucht, etwas Mango, einladendes Bukett. Komplex, saftig, Nuancen von weißem Kernobst, feiner Säurebogen, elegant, ein Hauch von Anis im Abgang, frisch und stoffig, vielfältig einsetzbar.

92 Grüner Veltliner * Spitz Ried Steinporz Federspiel 2022

12,5 Vol.-%, DV, Stahltank, €€
Mittleres Gelbgrün, silberfarbene Reflexe. Etwas nach Maracuja und Blütenhonig, zart nach Quitte, kandierte Mandarinenzesten klingen an, einladendes Bukett. Saftig, straff, feine Säurestruktur, mineralisch-salzig, engmaschig, fruchtsüß nach Papaya, bleibt gut haften.

92 Grüner Veltliner * Spitz Ried Burgberg Federspiel 2022

12 Vol.-%, DV, Stahltank, €€
Helles Grüngelb, Silberreflexe. Etwas nach Blütenhonig, ein Hauch von reifem Apfel, kandierte Orangenzesten, tabakiger Touch. Saftig, straff, feine Säurestruktur, mineralisch, extraktsüß nach Birne, bleibt gut haften, vielfältig einsetzbar.

92 Gelber Muskateller * 2022

12 Vol.-%, DV, Stahltank, €€€
Sehr helles Goldgelb, Silberreflexe. Einladende feine Tropenfruchtaromen, ein Hauch von Holunderblüten, zart nach Maracuja und Limette. Saftig, fruchtig und frisch strukturiert, gut eingebundener Restzucker, weißer Pfirsich, zeigt Länge, gutes Reifepotenzial.

92 Chardonnay * Spitz Smaragd 2022

13,5 Vol.-%, DV, Stahltank, €€€
Leuchtendes Grüngelb, Silberreflexe. Feine gelbe Tropenfrucht, ein Hauch von Blütenhonig, kandierte Orangenzesten. Saftig, gute Komplexität, feine Fruchtsüße im Kern, reifer gelber Apfel im Abgang, fruchtiger Speisenbegleiter.

91 Sauvignon Blanc * Spitz Federspiel 2022

12,5 Vol.-%, DV, Stahltank, €€€
Helles Gelbgrün, silberfarbene Reflexe. Feine gelbe Tropenfrucht, Guave und Mango klingen an, ein Hauch von Holunderblüten und Grapefruit. Mittlerer Körper, saftig, feine Fruchtsüße nach Ananas, mineralisch und frisch, gut antrinkbar.

★★

WEINGUT PAX

NEU

Verena Axmann-Pichler und Franz Stefan Pichler haben ihr Weingut im Jahr 2020 in Wösendorf gegründet. Geduld und Zeit: Das ist die Philosophie der beiden, die sie von Anfang an begleitet.
Sie geben ihren alten Weinstöcken Zeit, bis die Trauben ihr volles Aromenpotenzial entwickeln können. Die Trauben werden nach der Lese nur leicht angequetscht, damit der Most die Inhaltsstoffe aus den Beerenschalen extrahieren kann. Im Keller legen sie dann die nötige Geduld an den Tag, um ihren Weinen so lange wie möglich den Kontakt auf der Hefe zu lassen. Alle Lagenweine reifen auf dem Weingut PAX im großen Holzfass, denn so bekommen sie mehr Charakter und Tiefgang. Nur mit wenigen Eingriffen in die Weinwerdung erschaffen sie so Weine, die durch ihre Eleganz und ihre Feinheit diese Strahlkraft erbringen, die die beiden so lieben.

95 Riesling * Ried Höll Smaragd 2022
12,5 Vol.-%, NK, Stahltank/großes Holzfass, €€€€€
Mittleres Gelbgrün, Silberreflexe. Feiner Blütenhonig, einladende Pfirsichfrucht, ein Hauch von Maracuja, kandierte Mandarinenzesten, facettenreiches Bukett. Straff, lebendig, weiße Frucht, feine Säurestruktur, mineralisch und leichtfüßig, engmaschig und mit Länge ausgestattet, Limetten im Nachhall, ein delikater Speisenbegleiter, gutes Reifepotenzial.

93 Riesling * Ried Biern Smaragd 2022
12,5 Vol.-%, NK, Stahltank/großes Holzfass, €€€€€
Mittleres Gelbgrün, Silberreflexe. Zart floral, ein Hauch von frischem Pfirsich, etwas Maracuja, Limettenzesten. Straff, engmaschig, Nuancen von weißem Steinobst, rassiger Säurebogen, salzig-zitronig im Abgang, ein lebendiger Speisenbegleiter.

94 Grüner Veltliner * Ried Pichl Point Smaragd 2022
13 Vol.-%, NK, Stahltank/großes Holzfass, €€€€€
Mittleres Gelbgrün, Silberreflexe. Zart nach frischen Orangenzesten, Golden-Delicious-Apfel, etwas Mango und Blütenhonig. Kräftig, feine Nuancen von gelbem Kernobst, feiner Säurebogen, dunkle Mineralik, bleibt haften, gute Länge, verfügt über Reifepotenzial.

94 Grüner Veltliner * Ried Kollmitz Smaragd 2022
13 Vol.-%, NK, Stahltank/großes Holzfass, €€€€€
Mittleres Gelbgrün, Silberreflexe. Zart nach kandierten Orangenzesten, etwas Mango, gelber Apfel, tabakige Nuancen, mit einem Hauch von Wiesenkräutern unterlegt. Saftig, Nuancen von weißer Frucht, lebendige Säurestruktur, straff und gut anhaftend, zitronig-mineralisch im Abgang, salziger Touch im Nachhall, gute Länge, gutes Entwicklungspotenzial.

93 Grüner Veltliner * Ried Hochrain Smaragd 2022
13 Vol.-%, NK, großes Holzfass, €€€€€
Mittleres Gelbgrün, Silberreflexe. Zart tabakige Nuancen, kräuterwürzig unterlegte gelbe Tropenfrucht, ein Hauch von Ananas und Marille. Straff, engmaschig geknüpft, weißes Kernobst, feines Säurespiel, saliner Abgang, zeigt Länge, gutes Reifepotenzial, ein kerniger Begleiter bei Tisch.

92 Grüner Veltliner * Weissenkirchen Federspiel 2022
12 Vol.-%, DV, großes Holzfass/Stahltank, €€€
Mittleres Grüngelb, Silberreflexe. Zart nach gelbem Apfel, ein Hauch von Wiesenkräutern, mit Orangenzesten unterlegt. Mittlerer Körper, zart nach weißem Kernost, feine Säurestruktur, mineralisch-zitronig im Abgang, ein salziger Speisenbegleiter.

WEINGUT PAX
3610 Weißenkirchen in der Wachau
Florianigasse 137
T: +43 (664) 4065858
wein@weingut-pax.at
www.weingut-pax.at

Kellermeister: Franz Stefan Pichler
Kontakt: Franz Stefan Pichler und Verena Axmann
Vereinszugehörigkeit: Vinea Wachau

★★★★★

WEINGUT F. X. PICHLER

Das Weingut F. X. Pichler in Oberloiben zählt bereits seit Jahrzehnten zu den Fixsternen am österreichischen Weinhimmel. Senior Franz Xaver Pichler gebührt das Verdienst, dem Betrieb eine unverwechselbare stilistische Linie gegeben zu haben, die heute von seinem Sohn Lucas, der gemeinsam mit seiner Frau Johanna das Weingut leitet, um weitere spannende Facetten bereichert wird. Wenn man von Pichlers Rieslingen und Grünen Veltlinern spricht, dann auch von den berühmtesten Lagen in Loiben und Dürnstein, die sich im Osten vom Steinertal über den Loibenberg, den Kellerberg bis zum im Westen gelegenen Liebenberg erstrecken. Im Hause Pichler ist es immer das erklärte Ziel, Weine zu keltern, die ein getreues Abbild des Jahres, des Bodens und des speziellen Mikroklimas der Wachau sind. Die feinen Nuancen der jeweiligen Lage sollen in ihrer Einzigartigkeit spürbar und schmeckbar sein. So gestaltet sich eine Verkostung der Weinserie stets als ein »Hochamt der Reife«. Die Weine überzeugen unabhängig von der Kategorie durch ihre präzise Durchgestaltung – alles, was hier auf die Flasche kommt, ist auch exakt so gewollt. Wer sich an der Beurteilung dieser »Weinwerke« versucht, sollte immer den Faktor Zeit im Kopf haben, denn die substanzreichen Smaragde brauchen nun einmal sieben, acht Jahre, um sich zu entfalten, die großen Weine des Hauses der Kategorie »M« oder »Unendlich« noch um einiges länger. Lucas Pichler verfügt seit 2009 in einem sehenswerten neuen Kellergebäude mitten in den Weingärten zwischen Dürnstein und Oberloiben über den Platz, den er braucht, um seine Ideen zu verwirklichen.

(100) Riesling * Unendlich 2021
14 Vol.-%, NK, großes Holzfass (V)
Helles Grüngelb, Silberreflexe. Zarte gelbe Tropenfrucht, ein Hauch von Pfirsich, Nuancen von Orangenblüten, facettenreich geschichtetes Bukett. Saftig, elegant, straff, finessenreich, gut integrierter, sehr präziser Säurebogen, mineralisch, zitroniger Touch, seidige Textur, gut eingebundene zarte Fruchtsüße im Abgang, minutenlang anhaftend, großes Gaumenkino.

(99) Riesling * Ried Kellerberg 2022
13,5 Vol.-%, NK, großes Holzfass (V)
Helles Gelbgrün, Silberreflexe. Feine Nuancen von Mandarinenzesten, ein Hauch von Maracuja und Passionsfrucht, mineralisch unterlegt, ein Hauch von Blütenhonig, vielschichtiges Bukett. Stoffig, elegant, saftig, feine Nuancen von weißem Steinobst, finessenreich und dicht konzipiert, sehr große Länge, wirkt insgesamt sehr delikat und balanciert, großes Zukunftspotenzial, kühl wie ein Gebirgsbach.

WEINGUT F. X. PICHLER
3601 Dürnstein
Oberloiben 57
T: +43 (2732) 85375
weingut@fx-pichler.at
www.fx-pichler.at

Kellermeister: Lucas Pichler
Kontakt: Johanna Pichler
Produktion: 100 % weiß, 20 Hektar
Zertifiziert: Nachhaltig Austria
Messen: ProWein Düsseldorf, VieVinum

Ried Liebenberg und Frauenweingarten

(98) Riesling * Ried Loibenberg 2022
13 Vol.-%, NK, großes Holzfass V
Helles Gelbgrün, Silberreflexe. Zarte gelbe Tropenfrucht, Nuancen von Ananas und Maracuja, ein Hauch von Mandarinenzesten, einladend, feine florale Note. Stoffig, komplex, zarte mineralische Würze, dezente, gut integrierte Säure, wie aus einem Guss, lange anhaftend, ein facettenreicher Speisenbegleiter, großes Reifepotenzial.

(97) Riesling * Ried Steinertal 2022
12,5 Vol.-%, NK, großes Holzfass V
Helles Gelbgrün, Silberreflexe. Sehr feine weiße Pfirsichfrucht, florale Nuancen, ein Hauch von Orangenblüten, zarter Blütenhonig im Hintergrund, sehr attraktives Bukett. Komplex, saftig, Nuancen von weißem Kernobst, feiner Säurebogen, mineralisch-zitroniger Touch, salzig im Abgang, sehr finessenreich, lange anhaften, delikater, leichtfüßiger Stil.

95 Riesling * Loiben Ried Burgstall 2022
12,5 Vol.-%, NK, großes Holzfass V
Helles Gelbgrün, Silberreflexe. Feiner Blütenhonig, ein Hauch von gelbem Pfirsich, zarte Nuancen von Orangenzesten. Saftig, elegant, weiße Apfelfrucht, zitronig und frisch, salziger Touch, ein finessenreicher Speisenbegleiter, delikat und animierend.

94 Riesling * Ried Trum 2022
12,5 Vol.-%, NK, Stahltank V
Helles Gelbgrün, Silberreflexe. Zart nach gelbem Steinobst, feinwürzig und mineralisch, frische Marillen, etwas nach Limetten, einladendes Bukett. Stoffig, weißes Kernobst, frischer Säurebogen, vibrierend und gut anhaftend, salziger Touch im Abgang, stoffig und bereits gut antrinkbar, verfügt über Länge und Reifepotenzial.

93 Riesling * Ried Klostersatz 2022
12,5 Vol.-%, DV, Stahltank V
Helles Gelbgrün, Silberreflexe. Frisches Steinobst, weißer Pfirsich, ein Hauch von Limetten. Straff, knackig, grüner Apfel, sehr rassige Struktur, zitronig im Nachhall, ein lebendiger, animierender Sommerwein.

99 Grüner Veltliner * Unendlich 2021
14,5 Vol.-%, NK, großes Holzfass V
Helles Gelbgrün, Silberreflexe. Feine tabakige Nuancen, ein Hauch von weißem Steinobst, zart nach Birnen und Wiesenkräutern, kandierte Orangenzesten. Kraftvoll, stoffig, feine Fruchtsüße, ein Hauch von Marzipan, Zitrusnuancen im Abgang, salziger Nachhall, große Länge, enormes Zukunftspotenzial.

(98) Grüner Veltliner * Ried Kellerberg 2022
13 Vol.-%, NK, großes Holzfass V
Helles Gelbgrün, Silberreflexe. Zart würzig-tabakig unterlegte Nuancen von gelber Apfelfrucht, zart nach Mango und Ringlotten, ein Hauch von Wiesenkräutern. Saftig, Nuancen von weißem Kernobst, straff, engmaschig, feiner Säurekern, salziger Abgang, sehr große Länge, sicheres Entwicklungspotenzial.

(97) Grüner Veltliner * Ried Loibenberg 2022
13 Vol.-%, NK, großes Holzfass V
Helles Gelbgrün, Silberreflexe. Feine Orangennoten, reifer gelber Apfel, dunkle Mineralik, tabakige Nuancen. Komplex, saftig, Noten von weißem Kernobst, frisch und salzig im Abgang, zeigt sehr gute Länge, würziger Nachhall, sicheres Reifepotenzial, ganz typisch Loibenberg.

(95) Grüner Veltliner * Ried Steinertal 2022
12,5 Vol.-%, NK, Stahltank V
Helles Grüngelb, Silberreflexe. Zarte gelbe Tropenfrucht, ein Hauch von Mango und Papaya, mit frischen Wiesenkräutern unterlegt, im Hintergrund Nuancen von Limetten. Saftig, elegant, Noten von feinem Steinobst, gut integrierter Säurebogen, mineralisch, seidig und fein, zeigt gute Länge, bereits harmonisch und antrinkbar, sicheres Reifepotenzial.

94 Grüner Veltliner * Loiben Ried Klostersatz 2022
12,5 Vol.-%, DV, Stahltank V
Helles Gelbgrün, Silberreflexe. Zarte Nuancen von gelbem Kernobst, frische Wiesenkräuter, mit Mandarinenzesten unterlegt. Straff, dunkle Mineralik, würzig, zart nach Birne, salzig und gut anhaftend, ein komplexer Speisenbegleiter.

94 Grüner Veltliner * Dürnstein 2022
13 Vol.-%, DV, Stahltank V
Helles Gelbgrün, Silberreflexe. Frischer Golden-Delicious-Apfel, ein Hauch von Blütenhonig und kandierten Orangenzesten, tabakige Nuancen. Saftig, elegant, gelbe Tropenfrucht, angenehme Extraktsüße, feiner Säurebogen, mineralisch, saliner Nachhall, zugänglich, sehr gute Länge, ein feiner Ortswein aus großen Lagen.

93 Grüner Veltliner * Loiben 2022
12,5 Vol.-%, DV, Stahltank V
Helles Grüngelb, Silberreflexe. Feinwürzig, weiße Apfelfrucht, ein Hauch von Orangenzesten, tabakige Nuancen. Saftig, elegant, ein Hauch von Honigmelone, feine Säurestruktur, mineralisch-zitronig, zeigt gute Länge, bereits zugänglich, gutes Entwicklungspotenzial.

93 Grüner Veltliner * Ried Frauenweingarten 2022
12,5 Vol.-%, NK, Stahltank V
Helles Grüngelb, Silberreflexe. Frische Kräuterwürze, weißer Apfel, zart nach Mango, tabakiger Touch, mit einem Hauch von Limettenzesten unterlegt. Saftig, Nuancen von Marille und Ananas, finessenreicher Säurebogen, salzig-zitronig, ein animierender Speisenbegleiter, bereits gut antrinkbar.

★★★★★

WEINGUT RUDI PICHLER

Rudi Pichler zählt zu den arrivierten Spitzenerzeugern der Wachau. In seinen Lagen, die über Joching, Wösendorf und Weißenkirchen verstreut sind, erzeugt er charaktervolle, langlebige Weißweine. Neben Grünem Veltliner und Riesling kultiviert Rudi Pichler auch Weißburgunder und den meist voluminösen Roten Veltliner. Der Winzer versteht es, den Weinen in jeder Kategorie sehr viel Sortencharakter einzuhauchen. Sein Federspiel vom Grünen Veltliner ist unter Kennern immer ein Favorit, der trinkanimierenden Stil mit klassischem Wachauer Sortenausdruck verbindet. Bei den großen Smaragden gelingt es Rudi Pichler und der nächsten Generation, Theresa und Rudi junior, das Terroir wunderschön herauszuarbeiten. Diese kräftigen Weine entwickeln auch erst nach einigen Jahren ihre volle Pracht. Rudi Pichler setzt punktuell auf entsprechende Maischestandzeiten, die Gärdauer, die in vergangenen Jahren eher länger angesetzt wurde, ist nun wieder kürzer geworden, weil das dem angestrebten Stil besser entgegenkommt. Das Resultat sind nuancierte Spitzenweine von sehr individueller Prägung. Nicht nur vom Standpunkt der Architektur aus sehenswert ist das moderne Weingut, das 2004 feierlich eröffnet wurde. Es bietet dem engagierten Winzer den idealen Raum, um seine bemerkenswerten Weine unter optimalen Bedingungen zu keltern. Rudi Pichlers charaktervolle neue Serie ist durch eine ungemein mineralische Strahlkraft, Straffheit und Tiefe in der Aromatik gekennzeichnet, die unterschiedlichen Terroirs sind auf das Präziseste entfaltet. Es ist eine Freude, sich diese Weine zu erschließen, allen voran die herausragenden Grünen Veltliner und den Riesling Achleithen. Die Falstaff-Redaktion wählte Rudi Pichler zum »Winzer des Jahres 2010«.

99 Riesling * Ried Achleithen Smaragd 2022
13 Vol.-%, NK, Stahltank, €€€€€€ Ⓥ
Helles Gelbgrün, Silberreflexe. Einladende gelbe Tropenfrucht, weißer Pfirsich, aber auch ein zarter Hauch von roten Beeren. Am Gaumen komplex, seidige Textur, feines Steinobst, finessenreiche Säurestruktur, zarte Fruchtsüße im Abgang, mineralisch gefasst, bereits sehr harmonisch und in sich ruhend, feine Nuancen von gelber Frucht im Abgang, ungemein verführerisch.

98 Riesling * Ried Hochrain Smaragd 2022
13 Vol.-%, NK, Stahltank, €€€€€ Ⓥ
Helles Goldgelb, Silberreflexe. Noch etwas verhalten, zarte gelbe Tropenfrucht, Nuancen von Mango, feiner Blütenhonig, mit einem Hauch von Orangenzesten unterlegt. Straff, Nuancen von gelbem Steinobst, feine Struktur, zitroniger Touch, finessenreich und lange anhaftend, verfügt über eine bezaubernde Frische und beachtliche Länge.

96 Riesling * Ried Kirchweg Smaragd 2022
13 Vol.-%, NK, Stahltank, €€€€€ Ⓥ
Helles Goldgelb, Silberreflexe. Zart nach gelbem Pfirsich, Mango und Orangenzesten, dezente Nuancen von Wiesenkräutern, mineralischer Touch. Straff, engmaschig, weiße Tropenfrucht, lebendiger Säurebogen, salzig-kalkig wirkende Struktur, feine Würze im Abgang, Limettenzesten im Nachhall, sicheres Reifepotenzial.

94 Riesling * Smaragd Terrassen 2022
12,5 Vol.-%, NK, Stahltank, €€€€ Ⓥ
Helles Goldgelb, Silberreflexe. Noch etwas scheues Bukett, feine Steinobstnoten, ein Hauch von Ananas, frische Orangenzesten. Sehr straff, weiße Tropenfrucht, rassiger Säurebogen, weiße Beerenfrucht, Limetten im Nachhall, ein animierender Speisenbegleiter, sehr lebendig.

WEINGUT RUDI PICHLER
3610 Wösendorf
Marienfeldweg 122
T: +43 (2715) +43 664 3445742
weingut@rudipichler.at
www.rudipichler.at

Kellermeister: Rudi Pichler, Rudi Pichler jun.
Kontakt: Rudi Pichler, Theresa Pichler
Produktion: 100 % weiß, 15 Hektar
Vereinszugehörigkeit: Tu Felix Austria, Vinea Wachau
Messen: VieVinum

* Wachau DAC

93 Riesling * Federspiel 2022
12 Vol.-%, NK, Stahltank, €€€ V
Helles Gelbgrün, Silberreflexe. Frischer Weingartenpfirsich, ein Hauch von Limetten, weiße Blüten, einladendes Bukett. Saftig, frisch, feine Tropenfrucht, lebendiger Säurebogen, mineralisch und anhaftend, zitroniger Touch im Nachhall, delikater, leichtfüßiger Speisenbegleiter.

98 Grüner Veltliner * Ried Achleithen Smaragd 2022
13 Vol.-%, NK, Stahltank, €€€€€€ V
Helles Goldgelb, Silberreflexe. Feine Nuancen von feuchten Steinen, zarte rotbeerige Noten, ätherischer Touch, ein Hauch von Feigen. Stoffig, kraftvoll, elegant, zart nach Nougat, feine Säure, angenehme Mineralik, saliner Abgang, große Länge, verfügt über sicheres Entwicklungspotenzial.

96 Grüner Veltliner * Ried Hochrain Smaragd 2022
13 Vol.-%, NK, Stahltank, €€€€€ V
Helles Goldgelb, Silberreflexe. Würzig unterlegter weißer Apfel, dezente Kräuterwürze. Komplex, stoffig, elegante Textur, reifes Kernobst, feiner, gut integrierter Säurebogen, bleibt gut haften, mineralisch-salzig im Abgang, gutes Entwicklungspotenzial für viele Jahre.

95 Grüner Veltliner * Smaragd Terrassen 2022
13 Vol.-%, NK, Stahltank, €€€€ V
Helles Grüngelb, Silberreflexe. Kandierte Orangenzesten, feine gelbe Tropenfrucht, dezente Kräuterwürze, ein Hauch von Grapefruitzesten. Saftig, elegant, feine Nuancen von weißer Frucht, finessenreiche Struktur, mineralisch-würzig im Abgang, ein stoffiger Speisenbegleiter, gutes Entwicklungspotenzial.

95 Grüner Veltliner * Ried Kollmütz Smaragd 2022
13,5 Vol.-%, NK, Stahltank, €€€€€ V
Helles Gelbgrün, Silberreflexe. Dezente Kräuterwürze, tabakig unterlegte gelbe Tropenfrucht, zart nach Ananas, etwas Blütenhonig, kandierte Orangen. Saftig, elegant, mineralisch, angenehme Fruchtsüße, bleibt lange haften, salziger Touch im Nachhall, großes Reifepotenzial.

(93) Grüner Veltliner * Federspiel 2022
12 Vol.-%, NK, Stahltank, €€€ V
Helles Gelbgrün, Silberreflexe. Feine Kräuterwürze, gelber Apfel, ein Hauch von Orangenzesten, einladendes Bukett. Saftig, elegant, feine Fruchtsüße, gut integrierte Säurestruktur, mineralisch-zitronig im Abgang, ein Hauch von Marillen im Nachhall.

95 Weißburgunder * Smaragd Terrassen 2022
13,5 Vol.-%, NK, Stahltank, €€€€ V
Helles Goldgelb, Silberreflexe. Zart rauchig-kräuterwürzig, frische Gute-Luise-Birne, ein Hauch von Mango, etwas Blütenhonig. Straff, Nuancen von weißem Kernobst, feine Struktur, engmaschig, zart nach Grapefruitzesten, gute Länge, ein vielschichtiger Speisenbegleiter.

95 Roter Veltliner * 2022
13 Vol.-%, NK, Stahltank, €€€€€
Helles Goldgelb, Silberreflexe. Nuancen von Dörrfeigen, Kletzen, ein Hauch von Nougat, kandierte Orangenzesten. Komplex, saftig, feine Fruchtsüße, ein Hauch von frischen Datteln im Abgang, salziger Nachhall, mit guter Länge ausgestattet, elegant, sicheres Reifepotenzial.

★★★★

WEINGUT PICHLER-KRUTZLER

BIO

Elisabeth Pichler-Krutzler und Erich Krutzler sind mit Wein aufgewachsen und haben jahrelang in ihren elterlichen Betrieben maßgeblich mitgearbeitet – sie in der Wachau, er im Südburgenland. Der Weinbau ist ihnen also sozusagen in die Wiege gelegt worden. So war die logische, fast naturgemäße Folge ihrer Heirat ein eigenes Weingut. Im Jahr 2007 begann man mit mageren 10.000 Flaschen, heute entstehen auf etwa 14 Hektar Rebfläche Jahr für Jahr an die 15 verschiedene Weine aus berühmten Rieden wie Supperin, Loibenberg, Kellerberg oder Pfaffenberg. In der einzigartigen Natur- und Kulturlandschaft Wachau bringen diese Lagen – nachhaltig und mit Respekt vor der Natur bewirtschaftet und seit 2022 auch bio-zertifiziert – Weine hervor, die ihrer besonderen Herkunft in jeder Hinsicht gerecht werden: nichts für den schnellen Genuss, sondern Aufmerksamkeit und Passion einfordernd.
Im Keller wird so wenig eingegriffen wie nur irgendwie möglich, denn es wird zugelassen und nicht gemacht. Am Ende sollen Weine mit Seele und Charakter stehen, die so authentisch sind, wie es die Natur bestimmt, und die kei-

WEINGUT PICHLER-KRUTZLER
3601 Dürnstein
Oberloiben 16
T: +43 (2732) 71806
office@pichler-krutzler.at
www.pichler-krutzler.at

Kellermeister: Erich Krutzler
Kontakt: Elisabeth Pichler-Krutzler
Anbauweise: Zertifiziert Biologisch
Produktion: 100 % weiß, 14 Hektar
Messen: Austrian Tasting London

nem populären Mainstream hinterherlaufen. Pichler-Krutzler-Weine sind pur, unverfälscht und kompromisslos. Sie werden parzellenrein gelesen und verarbeitet. Da auf Aufbesserung, Wasser- oder Saftentzug, jegliche Schönung und Zusätze verzichtet wird, zeigen sich alle Weine vollkommen ungeschminkt und authentisch – hochwertige Handarbeit ohne modische Tendenzen eben.
Ein neues Weingut in einem historischen Lesehof in Unterloiben/Rothenhof ist in Umbau bzw. Adaptierung.

(98) Riesling * Dürnstein Ried Kellerberg 2022
13 Vol.-%, NK, großes Holzfass, €€€€€€
Mittleres Grüngelb, Silberreflexe. Zart nach Blütenhonig und Mango, ein Hauch von Orangenzesten, floraler Touch, mineralischer Hauch. Komplex, seidig, weißer Pfirsich, finessenreiche Säurestruktur, salziger Touch im Abgang, ungemein balanciert, ein pikanter, schlanker Speisenbegleiter, sicheres Zukunftspotenzial.

(97) Riesling * Loiben Ried Loibenberg 2022
13 Vol.-%, NK, großes Holzfass, €€€€€€
Mittleres Grüngelb, Silberreflexe. Zart rauchig, feinwürzig unterlegte Marillenfrucht, zart nach Orangenzesten, sehr einladendes Bukett, mineralisch unterlegt. Straff, elegant, weißes Steinobst, finessenreiche Säurestruktur, zart nach gelber Tropenfrucht im Abgang, sicheres Reifepotenzial, ein facettenreicher Speisenbegleiter.

94 Riesling * In der Wand 2022
12,5 Vol.-%, DV, Stahltank, €€€€€
Helles Grüngelb, Silberreflexe. Reife Mango, ein Hauch von gelbem Pfirsich und kandierten Mandarinenzesten, mit dunkler Mineralik unterlegt. Straff, saftig, Nuancen von weißem Steinobst, finessenreiche Säurestruktur, zarte gelbe Tropenfrucht im Abgang, frisch und mineralisch, salzig und anhaftend, bietet leichtfüßiges Riesling-Vergnügen.

94 Riesling Kremstal DAC Ried Pfaffenberg 2022
12,5 Vol.-%, DV, Stahltank, €€€€€ B
Helles Gelbgrün, Silberreflexe. Zart nach Pfirsich und Ananas, einladende florale Nuancen, ein Hauch von Blütenhonig. Saftig, weißer Apfel, frische Säurestruktur, puristisch trocken gehalten, balanciert und leichtfüßig, zitroniger Touch im Rückgeschmack, bietet bereits großes Trinkvergnügen.

96 Grüner Veltliner Kremstal DAC Reserve Ried Pfaffenberg Alte Reben 2021
13,5 Vol.-%, NK, großes Holzfass, €€€€€€
Leuchtendes Grüngelb, Silberreflexe. Feine gelbe Tropenfrucht, ein Hauch von Mango und Papaya, zart tabakige Nuancen, frische Orangenzesten. Komplex, saftig, cremige Textur, feine gelbe Apfelfrucht, mineralisch-zitroniger Touch, elegant und ausgewogen, ein finessenreicher Speisenbegleiter, salziger Nachhall, zeigt Länge, verfügt über großes Reifepotenzial.

(95) Grüner Veltliner * Dürnstein Ried Kellerberg 2022
13 Vol.-%, NK, großes Holzfass, €€€€€€
Mittleres Grüngelb, Silberreflexe. Zarte tabakige Nuancen, rauchige Würze, weiße Tropenfrucht, mit kandierten Mandarinenzesten unterlegt. Komplex, engmaschig, feine gelbe Apfelfrucht, gut integrierte Säurestruktur, salzige Mineralik, gut anhaftend, sehr gut entwickelt, ein straffer Speisenbegleiter mit sicherem Reifepotenzial.

(93) Grüner Veltliner * Dürnstein Ried Supperin 2022
13 Vol.-%, NK, großes Holzfass, €€€€€
Leuchtendes Grüngelb, Silberreflexe. Fische Kräuterwürze, gelbe Tropenfrucht, zart nach Ringlotten, ein Hauch von Blütenhonig. Saftig, elegant, feine Marillenfrucht, frischer Säurebogen, mineralisch-salzig, bereits harmonisch, ein feinwürziger Speisenbegleiter.

(93) Grüner Veltliner * Loiben Ried Rothenhof Alte Reben 2022
13 Vol.-%, NK, großes Holzfass, €€€€€
Leuchtendes Grüngelb, Silberreflexe. Feine Kräuterwürze, gelbe Apfelfrucht, zart nach Orangenzesten, ein Hauch von Blütenhonig. Mineralisch, weißer Apfel, feine Säurestruktur, zitroniger Touch, salzig und gut anhaftend, bereits gut entwickelt, ein eleganter Speisenbegleiter.

*** Wachau DAC**

98 Grüner Veltliner Dürnstein Ried Kellerberg »Late Bottled Vintage« 2019
13,5 Vol.-%, NK, großes Holzfass/Stahltank, €€€€€€
Leuchtendes mittleres Grüngelb, Silberreflexe. Feine Nuancen von weißen Blüten, ein Hauch von Pfirsich und Dörrobst, tabakige Nuancen. Straff, engmaschig, weiße Apfelfrucht, finessenreich strukturiert, salzig-mineralisch, Limetten im Nachhall, wirkt sehr leichtfüßig und delikat, vibrierender Stil, der sich einem Riesling durchaus annähert, zeigt Länge und verfügt über ausgezeichnetes Reifepotenzial.

97 Grüner Veltliner Dürnstein Ried Kellerberg »S« 2019
13,5 Vol.-%, NK, großes Holzfass, €€€€€€
Leuchtendes Grüngelb, Silberreflexe. Feine Nuancen von frischen Marillen, zarte Kräuterwürze, mineralischer Touch, kandierte Mandarinenzesten. Komplex, kraftvoll, straffe Textur, engmaschig, finessenreiche Säurestruktur, zeigt sehr gute Tiefe und Frische, Limettentouch im Nachhall, kühler, trinkfreudiger Stil, stoffig und anhaftend, sicheres weiteres Entwicklungspotenzial.

★★★★★

WEINGUT PRAGER

»Vom Stein zum Wein«, lautet die Devise von Toni Bodenstein. Seine Ambition liegt im Ausloten des Qualitätspotenzials der einzelnen Lagen. Das Ziel: individuelle, archetypische Weine ins Glas zu bringen, die den einzigartigen Charakter ihrer Herkunft in sich tragen. Der als »Terroirist der Wachau« bekannte Winzer und Obmann des »Regionalen Weinkomitees Wachau« steht für eine komplexe Philosophie: Geschichte und Zukunft, Nachhaltigkeit und Naturbelassenheit. So erfolgen die Arbeiten in Weinberg und Keller traditionell, gepaart mit der notwendigen Innovation, stets im Streben nach dem qualitativ Bestmöglichen. Naturverbundenheit und Inspiration werden in authentischen Weinen lebendig – als Ergebnis eines ganzheitlichen Konzepts mit nachhaltigem Handeln. Aus Respekt vor der Natur, Wertschätzung des Lebensraums und Verantwortung gegenüber kommenden Generationen entstehen Weine, die Eleganz und Finesse mit Ausdruck und Kraft vereinen, Weine, die zeigen, dass die großen Gewächse der Wachau zu den besten der Welt gehören. Zahlreiche internationale Auszeichnungen bestätigen die Arbeit und die Philosophie von Ilse und Toni Bodenstein, die gemeinsam eines der renommiertesten Weingüter Österreichs führen. Mit dem Jahrgang 2019 werden Ideen und Zielsetzungen der nächsten Generation integriert sein: Sohn Robert Bodenstein, dessen Masterarbeit dem Terroir der Ried Achleiten gewidmet ist, wird mehr Verantwortung übernehmen. Auch er ist fasziniert von der vielschichtigen Einzigartigkeit des Wachauer Terroirs. Die großen Lagen des Weinguts liegen teils in Weißenkirchen (Steinriegl, Zwerithaler, Klaus und Achleiten) sowie in Dürnstein (Kaiserberg und Liebenberg). Beachtung verdient auch der Riesling »Wachstum Bodenstein«, der seine filigrane Finesse einer extremen Höhenlage (460 Meter) verdankt. Beim Grünen Veltliner ist es die »Stockkultur« in der Achleiten, wo ein uralter Rebbestand einen konzentrierten, mineralischen Wein liefert, in den man sich vertiefen kann. Ein besonders charaktervoller Grüner Veltliner stammt aus den ältesten Reben des Weinguts im Kammergut (Ried Zwerithaler). Zusammen sind es 18 Hektar Weingärten, die größtenteils in extremer Terrassenlage bewirtschaftet werden. In diesem einzigartigen Landstrich namens Wachau Winzer sein zu dürfen bedeutet für die Familie Bodenstein gleichermaßen Vermächtnis wie Herausforderung.

(100) Grüner Veltliner * Ried Zwerithaler Kammergut Smaragd 2022
13,5 Vol.-%, NK, Stahltank, €€€€€€
Helles Grüngelb, Silberreflexe. Feinwürzig, zarte Nuancen von Anis, tabakige Noten, zarte gelbe Frucht, ein Hauch von Mango und Blütenhonig. Stoffig, saftige weiße Apfelfrucht, gut integrierte, seidige Säurestruktur, finessenreich und lange anhaltend, saliner Nachhall, bleibt minutenlang haften, Veltliner vom Feinsten.

99 Grüner Veltliner * Ried Achleiten Stockkultur Smaragd 2022
13,5 Vol.-%, NK, Stahltank, €€€€€€
Helles Grüngelb, Silberreflexe. Frische Kräuterwürze, dunkle Mineralik, reife gelbe Apfelfrucht, etwas Mango, tabakig, ein Hauch von Limettenzesten. Straff, elegant, feine Nuancen von weißem Kernobst, stoffig, finessenreich und lebendig, salzig und sehr lange anhaftend, sicheres Reifepotenzial, bereits heute sehr verführerisch.

WEINGUT PRAGER
3610 Weißenkirchen/Wachau
Wachaustraße 48
T: +43 (2715) 2248
prager@weissenkirchen.at
www.weingutprager.at

Kellermeister: Toni Bodenstein
Kontakt: Ilse Bodenstein, Robert Bodenstein und Sophie-Helen Hinterhölzl
Produktion: 100 % weiß, 18.5 Hektar
Vereinszugehörigkeit: Vinea Wachau
Messen: VieVinum

Weißenkirchen

(98) Grüner Veltliner * Wachstum Bodenstein Smaragd 2022

13,5 Vol.-%, NK, Stahltank, €€€€€€

Helles Grüngelb, Silberreflexe. Feine gelbe Tropenfrucht, zart nach Mango und Melone, kandierte Orangenzesten, ein Hauch von Blütenhonig, feine rauchig-tabakige Würze. Saftig, feine Fruchtsüße, komplex, angenehme gelbe Frucht, harmonisch und lange anhaftend, ein sehr eleganter Speisenbegleiter, salziger Nachhall, sicheres Reifepotenzial.

97 Grüner Veltliner * Ried Achleiten Smaragd 2022

13,5 Vol.-%, NK, Stahltank, €€€€€€

Helles Gelbgrün, Silberreflexe. Feine gelbe Apfelfrucht, ein Hauch von Wiesenkräutern, zart nach Mango und Honigmelone, dezenter Limettentouch, zart rauchige Note. Saftig, elegant, feine Nuancen von weißem Kernobst, finessenreicher Säurebogen, mineralisch-salzig, bleibt lange haften, ein facettenreicher Begleiter bei Tisch.

93 Grüner Veltliner * Ried Hinter der Burg Federspiel 2022

12,5 Vol.-%, DV, Stahltank, €€€€€

Helles Gelbgrün, Silberreflexe. Zart nach Wiesenkräuter und frischem gelbem Apfel, ein Hauch von Blütenhonig, kandierte Orangenzesten. Straff, stoffig, weißes Kernobst , frischer Säurebogen, bleibt haften, ein feinwürziger Speisenbegleiter.

(99) Riesling * Wachstum Bodenstein Smaragd 2022

13 Vol.-%, NK, Stahltank, €€€€€€

Helles Grüngelb, Silberreflexe. Feine Mango, ein Hauch von gelber Tropenfrucht und Blütenhonig, zart nach Orangenzesten, ein sehr facettenreiches Bukett. Saftig, Nuancen von weißer Frucht, straff und finessenreich, salzig im Abgang, mineralisch und lange anhaltend, ein energischer, animierender Stil, verfügt über Entwicklungspotenzial.

(98) Riesling * Ried Klaus Smaragd 2022

13 Vol.-%, NK, Stahltank, €€€€€€

Helles Gelbgrün, Silberreflexe. Feine gelbe Tropenfrucht, ein Hauch von Ringlotten, kandierte Mandarinenzesten und Blütenhonig. Stoffig, elegant, salzig im Kern, straff, weiße Frucht, sehr rassig, Limetten im Abgang, wirkt ungemein animierend und bleibt sehr gut haften, ein lebendiger Speisenbegleiter, sehr präzise, großes Reifepotenzial.

(97) Riesling * Ried Achleiten Smaragd 2022

13 Vol.-%, NK, Stahltank, €€€€€€

Helles Grüngelb, Silberreflexe. Feine florale Nuancen, weißer Pfirsich, ein Hauch von Limetten, einladendes Bukett. Straff, engmaschig, weißer Apfel, feine, vibrierende Säurestruktur, lebendig und mineralisch, zart nach Babyananas im Abgang, sehr animierender Stil, zeigt Länge, sicheres Entwicklungspotenzial.

93 Riesling * Ried Steinriegl Federspiel 2022

12,5 Vol.-%, DV, Stahltank, €€€€€

Helles Gebgrün, Silberreflexe. Frische weiße Pfirsichfrucht, ein Hauch von Mango und Limetten, mineralischer Touch, einladendes Bukett. Saftig, elegant, feine Fruchtsüße, rassig-pikanter Säurebogen, salziger Nachhall, bereits antrinkbar, sicheres Reifepotenzial.

★★★

WEINGUT RIXINGER

Friedrich Rixinger ist zutiefst mit seiner Heimat verwurzelt. Die befindet sich in Gut am Steg, im Schlagschatten des Jauerlings, im Herzen des Spitzer Grabens. Die dortigen Bedingungen kratzen an den Extremen des Weinbaus: Die Böden sind karg und steinig, die Topografie ist steil und das Klima fordernd und oft unberechenbar. Rixinger kann damit umgehen. Seit gut zwanzig Jahren bewirtschaftet er – unterstützt von seiner Frau Carina – seine Rieden und kennt ihre Eigenheiten. Er weiß um die Sommerhitze in der großen Riesling- und Neuburgerlage Kalkofen, die alten, aber resistenten Veltliner-Rebstöcke im Zornberg und die Vielfalt der Verhältnisse im legendären Singerriedel, aus dem seine beiden Flaggschiff-Smaragde stammen. Im komplexen Zusammenwirken von Boden, Klima, Rebstock und Wetter sieht sich Rixinger in der Rolle des Mediators. Er greift selten ein, beobachtet viel und arbeitet ökologisch und nachhaltig. Im Keller vinifiziert er auf höchstem handwerklichem Niveau. So entstehen Weine, die sich quer durch die Wachauer Qualitätskategorien durch Eleganz, Charakter und Trinkfluss definieren und den Spitzer Graben in all seinen Schattierungen einfangen.

WEINGUT RIXINGER
3620 Spitz an der Donau
Gut am Steg 8
T: +43 (676) 9656855
weingut@rixinger.at
www.rixinger.at

Kellermeister/ Kontakt:
Friedrich Rixinger
Produktion: 20.000 Flaschen
100 % weiß, 6 Hektar
Vereinszugehörigkeit:
Marivino, Vinea Wachau
Messen: VieVinum

(94) Riesling * Ried Singerriedel Smaragd 2022
14 Vol.-%, NK, Stahltank, €€€€€
Mittleres Grüngelb, Silberreflexe. Nuancen von Ananas, gelber Pfirsich, ein Hauch von weißen Blüten, etwas Holunder. Straff, engmaschig, weißer Weingartenpfirsich, lebendiger Säurebogen, salzig-mineralisch im Abgang, zeigt sehr gute Länge, ein facettenreicher Speisenbegleiter mit gutem Zukunftspotenzial.

90 Riesling * Ried Kalkofen Federspiel 2022
12,5 Vol.-%, DV, Stahltank, €€€
Mittleres Gelbgrün, Silberreflexe. Feine gelbe Tropenfrucht, Limettenzesten, weißer Apfel, noch etwas zurückhaltend. Schlank, lebendiger Säurebogen, frisches Kernobst, zitronig im Abgang, leichtfüßig, sehr trinkanimierend.

94 Weißburgunder * 2022
13,5 Vol.-%, DV, Stahltank, €€€
Helles Goldgelb, Silberreflexe. Ein Hauch von Blütenhonig, gelbe Tropenfrucht, reife Birne, Nuancen von kandierten Orangenzesten. Komplex, straff, weißes Kernobst, dezente Süße, bleibt haften, ein vielseitiger Speisenbegleiter, finessenreich und anhaftend, gutes Entwicklungspotenzial.

93 Grüner Veltliner * Spitzer Graben Smaragd 2022
13,5 Vol.-%, DV, großes Holzfass, €€€€
Leuchtendes Gelbgrün, Silberreflexe. Feiner Mangotouch, einladende Nuancen von Marille, ein Hauch von Orangenzesten. Saftig, gelbe Frucht, feiner Säurekern, mineralisch im Abgang, stoffig, gut anhaftend, salziger Touch im Nachhall, ein ausgewogener Speisenbegleiter.

93 Grüner Veltliner * Ried Singerriedel Smaragd 2021
14 Vol.-%, NK, großes Holzfass, €€€€€
Leuchtendes Grüngelb, Silberreflexe. Feine gelbe Tropenfrucht, ein Hauch Marille und Mango, kandierte Mandarinenzesten und Blütenhonig. Mittlere Komplexität, dabei kraftvoll, süße Frucht, gelber Apfel, zarte Mineralik im Abgang, ein eleganter, stoffiger Speisenwein.

90 Grüner Veltliner * Ried Zornberg Federspiel 2022
12,5 Vol.-%, DV, großes Holzfass, €€€
Mittleres Grüngelb, Silberreflexe. Feine Nuancen von Ananas, etwas Marille, dezente Wiesenkräuter. Mittlere Komplexität, feine Fruchtsüße, ein Hauch von Birne, dezenter Säurebogen, bereits gut antrinkbar.

WEINGUT SCHMELZ
3610 Joching
Joching 14
T: +43 (2715) 2435
info@schmelzweine.at
www.schmelzweine.at

Kellermeister/Kontakt:
Thomas Schmelz
Produktion: 100 % weiß, 12 Hektar
Vereinszugehörigkeit:
Vinea Wachau
Messen: VieVinum

Thomas Schmelz

★★★★

WEINGUT SCHMELZ

Im Herzen der Wachau, in Joching, befindet sich das Familienweingut Schmelz. Geführt wird das Weingut von Thomas Schmelz und seiner Frau Bianca, doch auch Thomas' Bruder Florian leistet in vielen Bereichen eine fantastische Arbeit, beispielsweise im Weingarten und im Keller. Unterstützt wird die junge Generation tatkräftig von Monika und Johann Schmelz, die den Betrieb 2018 übergeben haben.
Die Rebfläche verteilt sich von Wösendorf bis Unterloiben (8 km). Dadurch sind die Weine von verschiedenen Böden und Klimafaktoren geprägt. Grüner Veltliner ist die Hauptsorte, gefolgt vom Riesling. Vervollständigt wird das Sortiment durch Gelben Muskateller, Sauvignon Blanc und Weißburgunder. Liebevolle Arbeit in den Weingärten und eine sorgfältige Ernte sind die Basis für ein gesundes Traubenmaterial, das im Keller schonend mit moderner Technik verarbeitet wird. Es entstehen unverwechselbare trinkfreudige Weine mit dem gewissen Fruchtschmelz.
Die Weine der Familie Schmelz, die Gründungsmitglied des Gebietschutzverbandes »Vinea Wachau« ist, werden bei zahlreichen internationalen und nationalen Verkostungen ausgezeichnet. 2005 wurde Johann Schmelz von Falstaff zum »Winzer des Jahres« gewählt. Weinverkostungen sind in modernem Ambiente mit traumhaftem Ausblick in die Weingärten möglich.

© Michael Parak

96 Grüner Veltliner * Smaragd Best of 2022
14 Vol.-%, DV, Stahltank, €€€€€
Mittleres Gelbgrün, Silberreflexe. Feine Kräuternoten, zart nach Tropenfrucht und Karamell, ein Hauch von Melone, Blütenhonig klingt an. Gute Komplexität, saftig, straff, facettenreiche Säurestruktur, mineralisch, engmaschig, bleibt gut haften, vielschichtiger Speisenbegleiter mit Entwicklungspotenzial.

95 Grüner Veltliner * Joching Ried Kollmitz Smaragd 2022
13,5 Vol.-%, DV, Stahltank, €€€€€ H
Mittleres Grüngelb, silberfarbene Reflexe. Reifes gelbes Kernobst, ein Hauch von Orangenzesten, zart nach Ananas, würzig unterlegt. Saftig, komplex, facettenreiche Säurestruktur, mineralisch-salzig, etwas Marille im Abgang, lang anhaltend, vielschichtiger Speisenbegleiter mit Potenzial.

95 Grüner Veltliner * Loiben Ried Steinertal Smaragd 2022
14 Vol.-%, DV, Stahltank, €€€€€ H
Leuchtendes Gelbgrün. Reife Apfelfrucht, zart nach Cle-

mentinen, etwas nach Kernobst, Blütenhonig klingt an. Saftig, elegant, gute Komplexität, zart nach Maracuja, Papaya im Abgang, Honig im Rückgeschmack, guter Speisenbegleiter mit Entwicklungspotenzial.

94 Grüner Veltliner * Joching Ried Pichl Point Smaragd 2022
13,5 Vol.-%, DV, Stahltank, €€€€
Mittleres Gelbgrün, Silberreflexe. Feine Gewürznuancen, etwas nach Maracuja und weißer Apfelfrucht, dezenter Zitrustouch klingt an. Saftig, mittlere Komplexität, elegant, gut eingebundene Säurestruktur, Tropenfruchtnoten unterlegt mit Tabakwürze im Abgang, guter Speisenbegleiter.

94 Grüner Veltliner * Loiben Ried Loibenberg Smaragd 2022
14 Vol.-%, DV, Stahltank, €€€€€ Ⓗ
Mittleres Goldgelb, Grünreflexe. Zarte Wiesenkräuter, ein Hauch von Papaya und Mango, dezente Quittennote, mit einem Mandarinentouch unterlegt. Gute Komplexität, balancierte Säurestruktur, mineralisch, kraftvoll, reife Apfelfrucht im Abgang, bleibt gut haften, vielfältig einsetzbar.

93 Grüner Veltliner * Joching Ried Pichl Point Federspiel 2022
12,5 Vol.-%, DV, Stahltank, €€€ Ⓗ
Helles Grüngelb, silberfarbene Reflexe. Dezente Wiesenkräuter, zart nach Orangenschalen, weißes Kernobst, ein Hauch von Kardamom, Apfelnuancen klingen an. Saftig, elegant, extraktsüß nach Mango, balancierter Säurebogen, Tropenfrucht im Nachhall, guter Speisenbegleiter.

93 Grüner Veltliner * Weißenkirchen Ried Klaus Federspiel 2022
12,5 Vol.-%, DV, Stahltank, €€€ Ⓗ
Helles Grüngelb, Silberreflexe. Feine Kräuterwürze, dezente Maracujanoten, ein Hauch von Golden-Delicious-Apfel, facettenreiches Bukett. Saftig, elegant, balancierte Säurestruktur, mineralisch, extraktsüß nach Mango und Ananas, würziger Nachhall, guter Speisenbegleiter.

91 Grüner Veltliner * Loiben Federspiel 2022
12,5 Vol.-%, DV, Stahltank, €€€ Ⓗ
Helles Grüngelb, silberfarbene Reflexe. Feine Wiesenkräuter, zart nach Clementinen, ein Hauch von Kardamom und reifem Apfel, würziger Touch. Saftig, elegant, feine Kräuterwürze, weißes Kernobst, balancierter Säurebogen, Maracuja im Nachhall, bereits gut antrinkbar.

90 Grüner Veltliner * Wösendorf Federspiel TOM 2022
12,5 Vol.-%, DV, Stahltank, €€€ Ⓗ
Mittleres Grüngelb, silberfarbene Reflexe. Reife Tropenfrucht, ein Hauch von Guaven, zart nach Orangenzesten, floraler Touch, mit Wiesenkräutern unterlegt. Saftig, straff, frische Säurestruktur, mineralisch-salzig, gelbe Apfelfrucht, bleibt gut haften, vielfältig einsetzbar.

90 Grüner Veltliner * Joching Ried Steinwand Federspiel 2022
12,5 Vol.-%, DV, Stahltank, €€€ Ⓗ
Mittleres Grüngelb. Feiner Blütenhonig, zart nach Quitte, etwas nach kandierten Orangenzesten, Papaya klingt an. Saftig, mittlere Komplexität, straff, feine Säurestruktur, mineralisch, Melisse und Ananas im Abgang, feinwürziger Nachhall.

95 Riesling * Dürnstein Ried Höhereck Smaragd Dürnsteiner Freiheit 2022
13,5 Vol.-%, DV, Stahltank, €€€€€ Ⓗ
Helles Gelbgrün, silberfarbene Reflexe. Dunkle Mineralik, zarte Pfirsichnoten, etwas Passionsfrucht, ein Hauch von Ringlotten und kandierten Grapefruitzesten, facettenreiches Bukett. Saftig, straff, komplex, gut eingebundene Säurestruktur, Marillentouch im Abgang, salziger Nachhall, sicheres Potenzial.

94 Riesling * Weißenkirchen Ried Steinriegl Smaragd 2022
13,5 Vol.-%, DV, Stahltank, €€€€€ Ⓗ
Helles Gelbgrün, silberfarbene Reflexe. Zarte Wiesenkräuter, Nuancen von frischem Pfirsich, ein Hauch von Papaya, frisches, lebendiges Bukett. Saftig, gute Komplexität, gut integrierte Säurestruktur, dunkle Mineralik, extraktsüß nach Marillen und Clementinen, bleibt sehr gut haften, sicheres Potenzial.

93 Riesling * Federspiel Stein am Rain 2022
12,5 Vol.-%, DV, Stahltank, €€€ Ⓗ
Helles Grüngelb, Silberreflexe. Feine Nuancen von gelber Frucht, ein Hauch von Mango und Pfirsich, zart nach Orangenzesten. Mittlere Komplexität, feiner Steinobsttouch, finessenreicher Säurebogen, mineralisch-zitronig, gut anhaftend, bereits zugänglich.

90 Sauvignon Blanc * Joching 2022
12,5 Vol.-%, DV, Stahltank, €€€ Ⓗ
Helles Gelbgrün, Silberreflexe. Feine Kräuternoten, zart nach Melisse, ein Hauch von Cassis, dezente Fruchtnoten, frisches Bukett. Saftig, elegant, feine Säurestruktur, balanciert, Stachelbeeren und weißer Apfel im Abgang, guter Speisenbegleiter.

90 Gelber Muskateller * Joching Federspiel 2022
12,5 Vol.-%, DV, Stahltank, €€€
Helles Gelbgrün, Silberreflexe. Feine Kräuternoten, dezent nach Holunder und etwas Muskat, weiße Pfirsichblüten klingen an, lebendiges Bukett. Saftig, straff, frisch und leichtfüßig, feinwürziger Abgang, salziger Rückgeschmack, bereits gut antrinkbar.

★★★

WEINGUT HEINZ UND ADRIENNE SIGL

BIO

Mitten in den Weinbergen von Rossatz liegt das Weingut Sigl, von wo sich ein Ausblick auf das wunderschöne Donautal von Dürnstein bis Krems erstreckt. Bei einer Weinverkostung in modernem Ambiente können Weinliebhaber sowohl die hervorragenden Weine als auch die traumhafte Kulisse genießen. Seit 2018 befindet sich der Betrieb mit rund acht Hektar Rebfläche in Umstellung auf biologischen Weinbau, und seit dem Jahrgang 2021 sind die Weine biozertifiziert! Kreativität und viel Gefühl gepaart mit einer fundierten Ausbildung und moderner Weintechnologie bilden die perfekte Grundlage für die hochwertigen Weine, die unter anderem aus den Rieden Himmelreich, Frauenweingarten und Kirnberg stammen. Neben den Sortenklassikern Grüner Veltliner und Riesling zählt auch Gelber Muskateller zu den Leitsorten des Betriebs. Die besonderen Klimaverhältnisse in der Wachau, die vorausschauende qualitätsorientierte Arbeit im Weingarten, der richtige physiologische Reifezeitpunkt und die schonende Verarbeitung bilden die Basis für den unverwechselbaren Charakter der Weine. Kein Jahr gleicht dem anderen, und so ist es eine echte Herausforderung, dem Kunden konsequent die reintönigen und fruchttiefen Spitzenprodukte zu bieten. Das heißt aber auch, mit viel Liebe und Können die sortentypischen Merkmale der Trauben zu optimieren.

(95) Grüner Veltliner * Ried Zanzl 2022
14 Vol.-%, DV, Stahltank, €€€€€ B
Leuchtendes Goldgelb, Silberreflexe. Feine gelbe Tropenfrucht, kandierte Orangenzesten, Blütenhonig, facettenreiches Bukett. Komplex, saftig, elegant, reife Mango, feiner Säurebogen, frisch strukturiert, lange anhaftend, feine Süße im Nachhall, bereits antrinkbar, sicheres Reifepotenzial.

(94) Grüner Veltliner * Ried Himmelreich Smaragd 2022
13,5 Vol.-%, DV, Stahltank, €€€€ B
Helles Goldgelb, Silberreflexe. Nuancen von Orangenzesten, gelbe Tropenfrucht, etwas Papaya und Mango, blumi-

WEINGUT HEINZ UND ADRIENNE SIGL
3602 Rossatz, Rossatz 175
T: +43 (2714) 6302
wein@weingut-sigl.at
www.weingut-sigl.at

Kellermeister: Heinz Sigl
Kontakt: Heinz und Adrienne Sigl
Anbauweise: Zertifiziert Biologisch (Austria Bio Garantie)
Produktion: 97 % weiß, 3 % rosé, 8 Hektar
Zertifiziert: Nachhaltig Austria
Vereinszugehörigkeit: Vinea Wachau
Messen: VieVinum

Ruine Dürnstein

* Wachau DAC

ges Bukett, attraktiv. Saftig, gute Komplexität, seidige Textur, gut integrierte Süße, feiner Säurebogen, balanciert und gut anhaftend, ein eleganter Speisenbegleiter mit Reifepotenzial.

(93) Grüner Veltliner * Ried Frauenweingärten Smaragd 2022
13,5 Vol.-%, DV, großes Holzfass, €€€€ Ⓑ
Mittleres Grüngelb, Silberreflexe. Florale Nuancen, ein Hauch von frischen Marillen, zart nach kandierten Mandarinenzesten, einladendes Bukett. Saftig, elegant, gelber Apfel, reife Mango, feiner Säurebogen, bereits gut entwickelt und antrinkbar, fruchtige Süße im Nachhall.

93 Grüner Veltliner * Ried Kirnberg Smaragd 2021
14 Vol.-%, DV, Stahltank/großes Holzfass, €€€€€ Ⓑ
Helles Goldgelb, Silberreflexe. Einladendes Bukett, ein Hauch von Marillenkonfitüre, etwas Biskuit, kandierte Orangenzesten, ein Hauch von Ringlotten. Saftig, seidig, cremige Textur, ein Hauch von hellem Karamell, ein stoffiger Speisenbegleiter, Blütenhonig im Nachhall.

92 Grüner Veltliner * Ried Frauenweingärten Federspiel 2022
12,5 Vol.-%, DV, Stahltank, €€€ Ⓑ
Mittleres Grüngelb, Silberreflexe. Zarte Kräuterwürze, gelber Apfel, ein Hauch von Mango, Nuancen von Nelken. Saftig, elegant, weiße Tropenfrucht, frischer Säurebogen, feinwürzig und anhaftend, ein stoffiger Speisenbegleiter.

92 Riesling * Rossatz Federspiel 2022
12,5 Vol.-%, DV, Stahltank, €€€ Ⓑ
Mittleres Grüngelb, Silberreflexe. Feine weiße Tropenfrucht, ein Hauch von Weingartenpfirsich, blumige Nuancen. Saftig, elegant, zart nach Mango, finessenreich strukturiert, Limetten im Abgang, frisch und animierend, dezente Süße im Nachhall.

★★★

KARL STIERSCHNEIDER KARTÄUSERHOF

Der Geist der Familie Stierschneider fließt seit 1862 in den Kartäuserhof, der 1380 als Lesehof der Kartause Aggsbach erbaut wurde. Mit Wissen um die Magie aus Generationen wurden der Hof sowie das Weingut sorgfältig restauriert und bis zur heutigen Größe von circa 9,5 Hektar ausgebaut. Mit Tradition und einem Schuss Instinkt hat sich die Familie Stierschneider für einen sanften Weg in eine spannende Zukunft entschieden. Immer neue Ideen umzusetzen, um das Wertvolle – den Boden als Grundlage für Einzigartigkeit und die Natur als Lebensraum für die nachfolgenden Generationen – zu erhalten, ist ihr Credo. Zahlreiche nationale und internationale Auszeichnungen bestärken die Stierschneiders darin, ihren Weg der kompromisslosen Qualitätsproduktion konsequent weiterzugehen.
Die Weingärten des Kartäuserhofs befinden sich in südlich exponierten Terrassenlagen. Zu den bekanntesten zählen die Ried Achleiten, die Ried Klaus und die Ried Steinriegl, ergänzt durch die Eigenmarke »Kirchensteig«.

95 Riesling * Ried Achleiten Smaragd 2022
13,5 Vol.-%, DV, Stahltank, €€€€€
Helles Grüngelb, Silberreflexe. Feiner weißer Weingartenpfirsich, ein Hauch von Ringlotten, Limettenzesten, weiße Blüten, einladendes Bukett. Saftig, elegant, gut integrierte Süße, feiner Säurebogen, Mango im Abgang, facettenreich und gut anhaftend, verfügt über Länge und Potenzial, salziger Nachhall.

93 Riesling * Ried Steinriegl Federspiel Alte Reben 2022
12,5 Vol.-%, DV, Stahltank, €€€
Mittleres Goldgelb, silberfarbene Reflexe. Reife Ananas, etwas Mango, zart nach Blütenhonig, intensives, einladendes Bukett. Komplex, saftig, reifer Pfirsich, feine Fruchtsüße, elegant, von frischer Säure getragen, ein facettenreicher Speisenbegleiter.

95 Grüner Veltliner * Reserve Smaragd Ultimo 2021
14 Vol.-%, DV, Stahltank, €€€€€
Leuchtendes mittleres Grüngelb, Silberreflexe. Feine gelbe Tropenfrucht, Nuancen von Papaya und Mango, zarter Blütenhonig, mit kandierten Mandarinenzesten unterlegt. Saftig, elegant,

KARL STIERSCHNEIDER – KARTÄUSERHOF
3610 Weißenkirchen
Kremser Straße 6
T: +43 (2715) 2374
karl@stierschneider.at
www.stierschneider.at

Kellermeister/Kontakt:
Karl und Jakob Stierschneider
Produktion: 3 % Schaumwein, 90 % weiß, 5 % rosé, 2 % rot, 9.5 Hektar
Vereinszugehörigkeit:
Vinea Wachau
Messen: VieVinum

Karl und Jakob Stierschneider

reife Apfelfrucht, feines Säurespiel, dezente Fruchtsüße im Abgang, Orangen im Nachhall, ein stoffiger Speisenbegleiter.

93 Grüner Veltliner * Ried Achleiten Federspiel 2022
12,5 Vol.-%, DV, Stahltank, €€€€
Helles Grüngelb, silberfarbene Reflexe. Feine Maracujanoten, etwas nach kandierten Orangenzesten, Melisse, reife Apfelfrucht, einladendes Bukett. Saftig, straff, feine Säurestruktur, Ananastouch im Abgang, salzig im Nachhall, guter Speisenbegleiter.

92 Grüner Veltliner * Ried Klaus Federspiel 2022
12,5 Vol.-%, DV, Stahltank, €€€
Helles Grüngelb, silberfarbene Reflexe. Etwas nach Kräutern, zart nach Orangenzesten, Honigmelone und Melisse, Apfelfrucht klingt an. Saftig, mittlere Komplexität, gut eingebundene Säurestruktur, mineralisch-salzig, Maracuja im Abgang, bleibt gut haften, straffer Speisenbegleiter.

★★★

WEINGUT STRAWANZER DONABAUM

Das Weingut Strawanzer, vormals Donabaum »In der Spitz«, von Martin Donabaum verfügt über ein recht umfangreiches Sortiment. Beharrlich wird an der Optimierung der Weinqualität gearbeitet. Mehrmalige Lesedurchgänge, freiwillige Mengenbegrenzung und konsequentes Ausdünnen führten zu einer derart deutlichen Qualitätssteigerung, dass Martin Donabaum heute zu den Spitzenwinzern der Region zählt. Die Weingärten nehmen eine Rebfläche von rund sechs Hektar ein, die zu 85 Prozent in den sonnigen Steinterrassen rund um Spitz liegen. Diese unterliegen den strengen Qualitätskontrollen der »Vinea Wachau«. Mitglieder dürfen ausschließlich Weine aus der Wachau führen, die weder aufgebessert noch verändert werden.
Beim »Strawanzer«, so der Name der schicken Buschenschank, besteht die Möglichkeit, sich nicht nur von den Wachauer Klassikern, sondern auch vom jungen Sauvignon Blanc und Gelben Muskateller zu überzeugen. Zu erwähnen sind

* Wachau DAC

WEINGUT STRAWANZER DONABAUM

3620 Spitz an der Donau, In der Spitz 3
T: +43 (2713) 2644
weingut@donabaum.at
www.donabaum.at

Kellermeister: Martin Donabaum
Kontakt: Martin und Alexandra Donabaum
Produktion: 33.333 Flaschen
10 % Schaumwein, 85 % weiß, 5 % rosé,
6 Hektar
Zertifiziert: Nachhaltig Austria
Vereinszugehörigkeit:
Vinea Wachau
Messen: fafga Innsbruck, VieVinum, Vinobile Feldkirch, Vinobile Montfort, Weinmesse Salzburg

ebenso Chardonnay und Weißburgunder. Seit einiger Zeit wird auch Sekt nach traditioneller Methode erzeugt. Den Sonnenuntergang kann man im Garten inmitten der Weingärten hinter dem Setzberg erleben, jener Riede, wo der größte Teil der familieneigenen Reben gepflanzt ist. Sollte man Lust und Laune verspüren, länger zu bleiben, ist man im Boutiquehotel »Weinspitz« oder im traditionellen Gästehaus bestens aufgehoben. Das »Weinspitz« wartet mit großzügigen Suiten auf, allesamt mit einzigartigem Blick über die Wachauer Steinterrassen. Ein beheizter Infinitypool und ein Wellnessbungalow sind die Highlights des Hotels.

(94) Grüner Veltliner * Spitz Smaragd Kirchnsteig 2022

14 Vol.-%, DV, Stahltank, €€€€€€

Mittleres Grüngelb, Silberreflexe. Mit frischen Wiesenkräutern unterlegte frische gelbe Tropenfrucht, ein Hauch von Mandarinenzesten, feiner Blütenhonig. Saftig, feinwürzig, reife Mango, zarter Säurebogen, Honignuancen im Abgang, zeigt Länge, verfügt über Reifepotenzial.

93 Grüner Veltliner * Ried 1000-Eimerberg Smaragd 2022

14 Vol.-%, DV, Stahltank, €€€€€

Mittleres Grüngelb, Silberreflexe. Zart rauchige Mineralik, gelbe Tropenfrucht, Noten von Mango und Papaya, Tabak, ein Hauch von Dörrobst, kandierte Orangenzesten. Komplex, saftig, feinwürzig unterlegte Marillenfrucht, dezente Säurestruktur, dunkle Mineralik im Abgang, dezente Süße im Finish.

92 Grüner Veltliner * Spitz Ried Setzberg Smaragd 2022

13,5 Vol.-%, DV, Stahltank, €€€€€

Helles Gelbgrün, Silberreflexe. Verhalten, zart nach Kernobst, dezente Kräuterwürze, ein Hauch von Orangenzesten, tabakige Nuancen. Saftig, rund und balanciert, gelbes Kernobst, dezente Fruchtsüße im Abgang, bereits entwickelt, ein unkomplizierter Speisenbegleiter.

90 Grüner Veltliner * Ried Setzberg Federspiel 2022

12,5 Vol.-%, DV, Stahltank, €€€

Helles Gelbgrün, Silberreflexe. Zarte Kernobstnuancen, ein Hauch von Wiesenkräutern, mit Orangenzesten unterlegt. Mittlerer Körper, weißer Apfel, feiner Säurebogen, balanciert, vielfältig einsetzbar.

93 Sauvignon Blanc * Smaragd 2022

13,5 Vol.-%, DV, Stahltank, €€€€

Helles Grüngelb, Silberreflexe. Nuancen von Limettenzesten, frische Stachelbeeren, floraler Touch. Saftig, kräftig, weiße Tropenfrucht, feiner Säurebogen, harmonisch, weißer Apfel, zitroniger Nachhall, ein stoffig-eleganter Speisenbegleiter.

93 Neuburger * Spitz Smaragd 2022

13 Vol.-%, DV, Stahltank, €€€€€

Helles Gelbgrün, Silberreflexe. Zart tabakig, mit Kräuterwürze unterlegte dezente Birnenfrucht, ein Hauch von gelbem Apfel, Nuancen von Blütenhonig. Saftig, reife Frucht, feiner Blütenhonig, dezenter Säurebogen, süßer Nachhall, bereits gut antrinkbar.

(93) Riesling * Spitz Ried Offenberg Smaragd 2022
13,5 Vol.-%, DV, Stahltank, €€€€€ V
Leuchtendes helles Grüngelb, Silberreflexe. Mit Mandarinenzesten unterlegte gelbe Pfirsichfrucht, ein Hauch von Ananas, Maracuja im Hintergrund. Saftig, gelbe Tropenfrucht, zarter Säurebogen, fruchtige Süße, wirkt balanciert und leichtfüßig, etwas Honig im Nachhall, ein eleganter Speisenbegleiter.

92 Riesling * Spitz Ried Setzberg Smaragd 2022
13,5 Vol.-%, DV, Stahltank, €€€€€ V
Mittleres Gelbgrün, Silberreflexe. Kandierte Orangen, Mango, zarter Blütenhonig, mineralisch unterlegt. Saftig und fruchtsüß, gut integrierter Säurebogen, ein Hauch von Marillen im Abgang, ein Hauch von Limetten im Nachhall, salziger Touch, bietet unkompliziertes Trinkvergnügen.

92 Weißburgunder * Spitz Smaragd 2022
13 Vol.-%, DV, Stahltank, €€€€€ V
Mittleres Grüngelb, Silberreflexe. Reife Birne, ein Hauch von Wiesenkräutern und Kletzen, nussiger Touch. Mittlere Komplexität, süße Tropenfrucht im Kern, balanciert, etwas Marille, entwickelt und gut antrinkbar.

★★★★

WEINGUT TEGERNSEERHOF

Die Geschichte des Tegernseerhofs reicht über 1.000 Jahre zurück, in jene Zeit, als Kaiser Heinrich II. dem Benediktinerkloster Tegernsee »zwei Huben Land« in der Wachau schenkte. Im Jahr 1176 wurde darauf der Tegernseerhof errichtet, benannt nach seinem Eigentümer.
Heute, viele Jahrhunderte später, ist der Tegernseerhof bereits in sechster Generation im Besitz der Familie Mittelbach. Sein Name ist erhalten geblieben, ebenso das uralte Wissen über Wein, das von Generation zu Generation weitergegeben wurde. Die Weingärten des Tegernseerhofs erstrecken sich über die besten Lagen der Wachau. Sie sind geprägt von steilen Terrassen aus massivem Urgestein, die optimal von den Winden und der Sonne umspielt werden. Das Ergebnis: eine unglaubliche Dichte an Aromen, die sich in den Smaragden des Weinguts auf unterschiedlichste Weise zu erkennen geben. Ob

© Pamela Schmatz

WEINGUT TEGERNSEERHOF
3601 Dürnstein
Unterloiben 12
T: +43 (2732) 85362
office@tegernseerhof.at
www.tegernseerhof.at

Kellermeister/Kontakt: Martin Mittelbach
Produktion: 97 % weiß, 3 % rosé, 23 Hektar
Vereinszugehörigkeit: Vinea Wachau
Messen: ProWein Düsseldorf, VieVinum

Martin Mittelbach

Grüner Veltliner oder Riesling: Jeder Wein hat seine eigene Persönlichkeit, jeder seinen eigenen Charakter.

(97) Riesling * Ried Kellerberg Smaragd 2022
13 Vol.-%, DV, Stahltank, €€€€€€
Helles Gelbgrün, Silberreflexe. Exotische Fruchtnuancen, ein Hauch von Mandarinenzesten, floraler Touch, mineralisch unterlegt. Komplex, wirkt stoffig, engmaschig, feine Pfirsichfrucht, finessenreich strukturiert, Limetten im Abgang, sehr zugänglich, verfügt über eine beachtliche Länge, salziger Nachhall.

(96) Riesling * Ried Steinertal Smaragd 2022
13 Vol.-%, DV, Stahltank, €€€€€€
Helles Gelbgrün, Silberreflexe. Frische Nuancen von weißer Tropenfrucht, dazu ein Hauch Maracuja, floraler Touch, sehr einladendes Bukett. Straff, feine Würze, weiße Frucht auch am Gaumen, finessenreicher Säurebogen, salzig im Abgang, leichtfüßig und sehr zugänglich, ein feiner Speisenbegleiter mit langem Nachhall.

(95) Riesling * Ried Loibenberg Smaragd 2022
13,5 Vol.-%, DV, Stahltank, €€€€€
Helles Grüngelb, Silberreflexe. Feine dunkle Mineralik, weißes Steinobst, ein Hauch von kandierten Limetten, zart mit Mandarinen unterlegt, facettenreiches Bukett. Straff, engmaschig, feiner Pfirsichton, frisch strukturiert, seidig im Abgang, angenehme Mineralik, kühl und anhaftend, gutes Reifepotenzial.

(93) Riesling * Smaragd Bergdistel 2022
13 Vol.-%, DV, Stahltank, €€€€€
Helles Gelbgrün, Silberreflexe. Feine gelbe Pfirsichfrucht, ein Hauch von Blütenhonig, zart nach Ananas, feine Tropenfrucht. Saftig, elegant, feiner Säurebogen, reifer weißer Pfirsich, dezente Fruchtsüße, lebendig und zugänglich, ein vielseitiger Speisenwein.

(96) Grüner Veltliner * Ried Schütt Smaragd 2022
13 Vol.-%, DV, Stahltank, €€€€€€
Helles Grüngelb, Silberreflexe. Nuancen von frischem gelbem Apfel, ein Hauch von Golden Delicious, feine tabakige Nuancen. Saftig, gute Komplexität, elegant, feine reife Tropenfrucht, gut integrierte Säurestruktur, ein zarter Stil, bereits gut antrinkbar, ein stoffig-zugänglicher Speisenbegleiter.

(95) Grüner Veltliner * Ried Höhereck Smaragd 2022
13,5 Vol.-%, DV, Stahltank, €€€€€€
Helles Grüngelb, Silberreflexe. Zart nach Orangenzesten, Kräutern und Mango, facettenreiches Bukett. Komplex, straff, weißes Kernobst, feine Extraktsüße, tragende Säurestruktur, ein Hauch von Orangen im Abgang, elegant und lange anhaftend, zeigt Potenzial, Würze und Länge.

(94) Grüner Veltliner * Smaragd Bergdistel 2022
13 Vol.-%, DV, Stahltank, €€€€€
Helles Gelbgrün, Silberreflexe. Zart mit Limettenzesten unterlegte frische Apfelfrucht, ein Hauch von Wiesenkräutern, feinwürziges Bukett. Saftig, elegant, reife Apfelfrucht, ein Hauch von Blütenhonig, mit dezenter Säure unterlegt, mineralisch, bleibt gut haften, ein facettenreicher Speisenbegleiter.

(94) Grüner Veltliner * Ried Loibenberg Smaragd 2022
13 Vol.-%, DV, Stahltank, €€€€€
Helles Gelbgrün, Silberreflexe. Rauchig, feine Kräuterwürze, Nuancen von weißem Kernobst, mineralischer Touch. Straff, engmaschig, feiner Apfelton, gut integrierte Säurestruktur, zart nach Mango im Nachhall, zitronig-salzige Mineralik im Abgang.

NÄHE VERBINDET – DAMALS WIE HEUTE

Mag. Stefan Jauk, Generaldirektor der Niederösterreichischen Versicherung AG

Sie fragen sich vielleicht: Was hat ein Unternehmen wie die Niederösterreichische Versicherung AG mit Wein zu tun? Einer der Gründe sind unsere Werte »Verantwortung«, »Vertrauen« und »Zusammenhalt«, nach denen wir seit unserer Gründung vor 100 Jahren leben. Auch unsere Winzer haben sich diesen Werten – bewusst oder unbewusst – verschrieben. Sie übernehmen Verantwortung für die Umwelt, die Kund:innen können auf Weine höchster Qualität vertrauen, und in den meist als Familienbetrieb geführten Weingütern wird Zusammenhalt groß geschrieben.

Die Stärke der NV ist ihre Nähe – mit 45 Kundenbüros und mehr als 300 Berater:innen sind wir an der Seite unserer Kund:innen, wenn's drauf ankommt. Getreu unserem Motto NÄHE VERBINDET. Wir setzen auf innovative Produktgestaltung sowie engagierte und gut ausgebildete Mitarbeiter:innen mit Kompetenz und hoher Dienstleistungsqualität. Für unsere Kundenorientierung wurden wir mehrfach ausgezeichnet – zuletzt mit dem Customer Excellence Quality Award 2023, und dies sogar als Branchensieger. Unsere Produktpalette reicht von der altbewährten Feuerversicherung über Eigenheim-, Haushalts- und Betriebsversicherung, Unfall- und Lebensversicherung, bis zu Versicherungen im Weinbau-, Agrar- und Gewerbebereich. Und im Schadenfall sind wir rasch zur Stelle und ein verlässlicher Partner.

Viele der Winzer vertrauen in Sachen Versicherung auf die NV, und mit unserer Unterstützung des Falstaff Grüner Veltliner Grand Prix

wollen wir unserem Anspruch auf partnerschaftliche Zusammenarbeit gerecht werden.

Wir wünschen Ihnen viele schöne und genussvolle Stunden mit unseren ausgezeichneten österreichischen Weinen!

Mag. Stefan Jauk

NV

INFO

Weitere Informationen unter:

nv.at

Der Wagram, hier bei Großriedenthal, mit seinen weithin sichtbaren Geländestufen aus urgeschichtlichen Sedimenten

© WSNA

NIEDERÖSTERREICH

WAGRAM

DAC

GRÜNER VELTLINER HAT LUST AUF LÖSS

Wagram, seit 2007 der offizielle Name dieses Weinbaugebiets, erfreut sich 2022 als 17. Gebiet Österreichs nun auch am DAC-Herkunftsschutz. Die mächtige Geländestufe erstreckt sich am linken Donauufer flussabwärts von Krems 30 Kilometer lang bis zur Stadtgrenze Wiens.

Rund 2.460 Hektar Rebfläche verteilen sich in diesem Weinbaugebiet auf zwei ganz unterschiedliche Zonen. Nördlich der Donau erstreckt sich von der Mündung des Kamps in die Donau der eigentliche Wagram, eine markante Geländestufe. Die restliche Weingartenfläche ist in der südlich der Donau gelegenen Großlage Klosterneuburg und kleinen Weinorten im Tullnerfeld zu finden.

Der Wagram selbst kann in seiner geologischen und klimatischen Einheitlichkeit als idealtypisches Weinbaugebiet bezeichnet werden. Der Boden – eine Lössanwehung an den Ufern des Urmeeres, die ein einzigartiges Landschaftsbild formt – ist reich an Fossilien und Mineralien. Er verleiht den Weinen nachweislich eine ganz eigenständige Charakteristik. Der Einfluss des pannonischen Klimas mit sehr warmen Sonnentagen steht im Wechselspiel mit den kühlen Nächten. Die Kombination ergibt Weine von betonter Fruchtigkeit, Eleganz und Schmelz. Dieses Terroir kommt vor allem in der Hauptsorte des Gebiets, dem Grünen Veltliner, vollendet zum Ausdruck. Auch der autochthone Rote Veltliner, der übrigens nicht mit dem Grünen Veltliner verwandt ist, gedeiht unter diesen Bedingungen hervorragend, und immer mehr Winzer haben diese aromatische Sorte inzwischen ausgepflanzt und in ihrem Sortiment.

Gehaltvolle Rotweine – vorwiegend aus Blauem Zweigelt und Blauburgunder – sind in den führenden Weingütern ebenso anzutreffen wie Süßweine. Speziell Eisweine

© Robert Herbst

werden am Wagram in besonderer Qualität gekeltert. Die Qualitätssteigerung in den letzten Jahren hat den Wagram dem Status eines Geheimtipps enthoben. Orte wie Feuersbrunn, Fels, Kirchberg oder Großriedenthal haben sich längst als Adressen engagierter Betriebe etabliert, und ab dem Jahrgang 2021 stehen die gebietstypischen Weine offiziell unter DAC-Herkunftsschutz.
Die auch historisch gesehen wichtige Weinstadt Klosterneuburg deckt ein weites weinbauliches Spektrum ab: Hier befinden sich beschauliche Heurige ebenso wie traditionsreiche Betriebe von stattlicher Größe, Sektkellereien und eine Institution von besonderem Wert: die Höhere Bundeslehranstalt für Wein- und Obstbau, die erste Weinbauschule der Welt – gegründet 1860 – und heute renommierte Ausbildungsstätte des österreichischen Winzernachwuchses, der die Erfolgsgeschichte des österreichischen Weins weiterhin sichern soll.

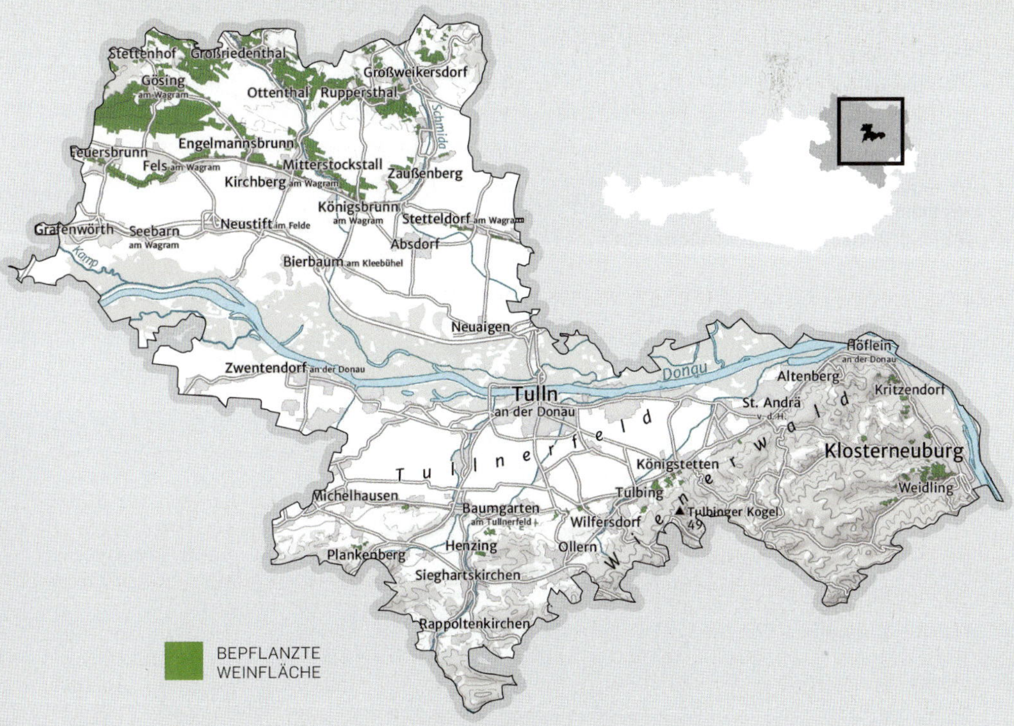

Grundkarte: © Universität Wien, BEV, OSM, SRTM | Österreich Wein Marketing GmbH, 1040 Wien, © ÖWM 2022

WAGRAM DAC

Österreich gesamt	**44.728 ha**
Weinbaugebiet Niederösterreich	**27.074 ha**
Wagram DAC	**2.459 ha**

AUSGEWÄHLTE WEINGÜTER

★★★★★

Weinberghof Karl Fritsch, Oberstockstall
Weingut Bernhard Ott, Feuersbrunn

★★★★

Weingut Anton Bauer, Feuersbrunn
Weingut Ecker – Eckhof, Kirchberg am Wagram
Weingut Josef Fritz, Zaußenberg
Weingut Leth, Fels am Wagram

★★★

Weingut Stefan Bauer, Königsbrunn am Wagram
Weingut Robert Direder, Kirchberg am Wagram
Weingut Josef Ehmoser, Tiefenthal
Weingut Ernst, Großwiesendorf
Weingut Stift Klosterneuburg, Klosterneuburg
Weingut Kolkmann, Fels am Wagram
Weingut Nimmervoll, Engelmannsbrunn
Weingut Franz Sauerstingl, Fels am Wagram
Weingut Familie Schuster, Großriedenthal
Weinhof Anton und Elfriede Waldschütz, Sachsendorf

★★

Familie Bauer – Bioweingut, Großriedenthal
Weingut Josef Bauer, Feuersbrunn
Weingut Benedikt, Kirchberg am Wagram
Weingut Blauensteiner, Gösing am Wagram
Weingut Karl Diwald, Großriedenthal
Weinhof Ehn, Engelmannsbrunn
Winzerhof Gmeiner, Seebarn
Weingut Norbert Greil, Unterstockstall
Weinhof Grill, Fels am Wagram
Weingut Heiderer-Mayer, Großweikersdorf
Weinbau Familie Reinberger, Grafenwörth
Weingut Schabl, Königsbrunn am Wagram
BIO Weingut Urbanihof – Familie Paschinger, Fels am Wagram
Weingut Gerald Waltner, Engelmannsbrunn
Weingut Josef Zeitlberger & Josef Zeitlberger, Großweikersdorf

★

Weingut Daschütz, Kirchberg am Wagram
Weingut M. Mayer, Königsbrunn
Winzerhof Obenaus, Großriedenthal
Weinhof Thomas Stopfer, Ruppersthal

–

Bioweingut Groiß, Kleinwiesendorf
Weingut Habsburg, Wien/Großriedenthal

Der buddhistische Stupa am Wagram

WEINGUT ANTON BAUER
3483 Feuersbrunn
Neufang 42
T: +43 (2738) 2556
office@antonbauer.at
www.antonbauer.at

Kellermeister/Kontakt:
Anton Bauer
Produktion: 1 % Schaumwein, 54 % weiß, 44 % rot, 1 % süß, 40 Hektar
Messen: Austrian Tasting London, ProWein Düsseldorf, VieVinum

Anton Bauer

★★★★

WEINGUT ANTON BAUER

Wenn er etwas anpackt, dann richtig. 1992 übernahm der Wagramer Anton Bauer das elterliche Weingut mit gerade einmal 3,2 Hektar Rebfläche, heute bewirtschaftet der Qualitätsfanatiker rund 40 Hektar Weingärten in Feuersbrunn. Sein Handwerk lernte er an der Weinbauschule Krems, bei einem Praktikum im Burgund – einer Weinregion, für die er eine besondere Leidenschaft hegt – und vier Jahre lang als Önologe auf einem renommierten niederösterreichischen Weingut. Danach fühlte sich Anton Bauer bereit für das »Abenteuer Winzerdasein« und geht seither seinen Weg geradlinig und mit Freude.
Es ist die Kombination aus tief verwurzelt und offen für Neues, aus traditionell und experimentell, die Anton Bauer ausmacht. Von Anfang an dachte und handelte der Winzer visionär. So setzte er neben den Wagramer Klassikern wie Grünem und Rotem Veltliner oder Riesling schon früh auf Rotweine – ein mutiger Schritt, der von vielen skeptisch beäugt wurde. Doch Anton Bauer folgte seiner Überzeugung, und heute gehören sein Pinot Noir, sein Cabernet Sauvignon und seine legendäre »Cuvée Legendär« zu den Top-Rotweinen des Landes. Mit seinen sorten- und regionaltypischen Weißweinen spielt er in der gleichen Liga. Rosenberg, Spiegel, Kirchthal und Stiegl heißen seine besten Lagen, aus denen er Jahr für Jahr glasklare Weine mit Tiefgang keltert.
Anton Bauer legt großen Wert auf Genauigkeit, eine nützlingsschonende integrierte Traubenproduktion und den maßvollen Einsatz von Pflanzenschutzmitteln. Ein gesunder, mit Humus angereicherter Boden bildet die Basis für die tief wurzelnden Rebstöcke. Sommerschnitt und Traubenreduktion sind weitere Grundlagen für reifes Lesegut von bester Qualität. Das physiologisch reife Traubenmaterial wird so schonend wie möglich verarbeitet, 100%ige Handlese ist selbstverständlich.

(96) Grüner Veltliner * Feuersbrunn Grande Reserve 2022
13,5 Vol.-%, NK, großes Holzfass, €€€€€€
Zart getrübtes leuchtendes mittleres Gelbgrün, Silberreflexe. Nuancen von frischem weißem Kernobst, ein Hauch von Orangenzesten, tabakige Würze, mineralisch unterlegt. Kraftvoll, feine gelbe Apfelfrucht, elegant und gut anhaftend, zarte Fruchtsüße, Nuancen von Birne und Mango im Abgang, sehr gute Länge, dunkle Mineralik, großes Zukunftspotenzial.

© Presse&Foto FRANZ GLEISS

* Wagram DAC

(95) Grüner Veltliner * Feuersbrunn Ried Rosenberg Alte Rebe 2022
13,5 Vol.-%, DV, großes Holzfass, €€€€€
Leuchtendes Grüngelb, Silberreflexe. Zarte tabakige Nuancen, ein Hauch von frischen Wiesenkräutern, feine Anklänge von gelber Frucht, Nuancen von Mango, mit Orangenzesten unterlegt. Straff, engmaschig, feine Nuancen von weißem Kernobst, lebendig strukturiert, mineralisch und anhaftend, zeigt sehr gute Länge, sicheres Entwicklungspotenzial.

(95) Grüner Veltliner * Feuersbrunn Private Selection l. E. 2022
13,5 Vol.-%, NK, Beton, €€€€€€
Mittleres Goldgelb, Silberreflexe. Nuancen von Marille und Mango, ein Hauch von Blütenhonig, zarte Noten von Orangenzesten. Stoffig, elegant, seidige Textur, feine Fruchtsüße, dezenter Säurebogen, harmonisch und zugänglich, ein Hauch von Marillen im Nachhall, bereits gut entwickelt, ein vielseitiger Speisenbegleiter.

(94) Grüner Veltliner * Feuersbrunn Ried Brenner 2022
13 Vol.-%, DV, Stahltank, €€€€
Leuchtendes Grüngelb, Silberreflexe. Tabakig-kräuterwürzig unterlegte frische Birnenfrucht, etwas Mango, Nuancen von Orangenzesten. Saftig, elegant, Golden-Delicious-Apfel, frische, lebendige Säurestruktur, mineralisch-salzig, wirkt kräftig, zeigt gute Länge und Reifepotenzial.

(94) Grüner Veltliner * Feuersbrunn Ried Spiegel 2022
13,5 Vol.-%, DV, großes Holzfass, €€€€€
Leuchtendes mittleres Gelbgrün, Silberreflexe. Feine Nuancen von gelber Tropenfrucht, Noten von Ananas und Marille, zarter Blütenhonig, ein Hauch von Orangen. Kräftig, elegant, feine Nuancen von gelbem Kernobst, finessenreiche Säurestruktur, salzig und engmaschig, weißer Apfel im Rückgeschmack, zeigt Länge und Potenzial.

(93) Grüner Veltliner * Feuersbrunn Ried Kirchthal 2022
13,5 Vol.-%, DV, Beton, €€€€
Mittleres Grüngelb, Silberreflexe. Frische Wiesenkräuter, Noten von weißem Kernobst, frische Orangenzesten, mit zartem Blütenhonig unterlegt. Komplex, gelber Apfel, feine Tropenfrucht, gut integrierter Säurebogen, feine Fruchtsüße, mineralisch, gut anhaftend, ein stoffiger Speisenwein.

92 Grüner Veltliner * Feuersbrunn Ried Rosenberg 2022
13 Vol.-%, DV, Stahltank, €€€€
Mittleres Grüngelb, Silberreflexe. Frische Kräuterwürze, weiße Birne, etwas Mango, tabakiger Touch. Mittlerer Körper, weißer Apfel, pfeffrige Nuancen, dunkle Mineralik im Abgang, kerniger Stil, vielfältig einsetzbar.

93 Grüner Veltliner Ried Königsberg Respic 2021
13,5 Vol.-%, DV, großes Holzfass, €€€€€
Mittleres Gelbgold, Silberreflexe. Mineralisch unterlegte feine gelbe Apfelfrucht, dazu etwas Mandarinenzesten, dezente Wiesenkräuter., zarter Blütenhonig. Kräftig, feine Nuancen von weißem Kernobst, angenehmer Säurebogen, bleibt haften, zarte Fruchtsüße im Nachhall, gutes Reifepotenzial.

92 Grüner Veltliner Respic Messwein 2022
12,5 Vol.-%, DV, Stahltank, €€€
Mittleres Gelbgrün, Silberreflexe. Zart tabakig unterlegte Apfelfrucht, ein Hauch von Mango und Wiesenkräutern, kandierte Orangenzesten. Mittlere Komplexität, frisch strukturiert, weißer Apfel, salzig, Limetten im würzigen Nachhall, gut antrinkbar.

(93) Chardonnay * Feuersbrunn Reserve 2021
13,5 Vol.-%, NK, Barrique, €€€€€
Leuchtendes Grüngelb, Silberreflexe. Zart nach kandierten Mandarinenzesten, reife Quitte, gelber Apfel, weißes Nougat, feine Wiesenkräuter klingen an. Saftig, reifes gelbes Kernobst, frische Mango, seidige Textur, zarte Holzwürze im Abgang, Blütenhonig im Nachhall, gut entwickelt.

(93) Pinot Blanc * Feuersbrunn 2021
13,5 Vol.-%, NK, Beton/500-l-Fass, €€€€€
Mittleres Gelbgrün, Silberreflexe. Zarter Blütenhonig, feine Nuancen von gelbem Kernobst, ein Hauch von Birne. Saftig, straff, ein Hauch von Marzipan, weißer Apfel, zitronig-mineralisch im Abgang, ausgewogen, ein vielseitiger Speisenbegleiter mit Reifepotenzial.

(93) Riesling * Feuersbrunn Alte Rebe Reserve 2022
13,5 Vol.-%, DV, Beton, €€€€€
Mittleres Grüngelb, Silberreflexe. Frische gelbe Tropenfrucht, Nuancen von Ananas und Mango, floraler Touch, etwas Honig, einladendes Bukett. Stoffig, weißer Pfirsich, feine Fruchtsüße, finessenreicher Säurebogen, mineralisch und frisch, bleibt gut haften, ein eleganter Begleiter bei Tisch, gutes Reifepotenzial.

(93) Pinot Noir * Feuersbrunn Reserve 2021
14 Vol.-%, NK, Barrique, €€€€€€ H
Mittleres Karmingranat, Ockerreflexe, breite Randaufhellung. Intensive Nuancen von roten Kirschen, floraler Touch, ein Hauch von Erdbeerkonfit. Saftig, elegant, rote Waldbeeren, reife, tragende Tannine, mineralisch und straff, feine Fruchtsüße im Abgang, bleibt haften, jugendlich, aber bereits zugänglich.

(95) Pinot Noir Private Selection l. E. 2020
14 Vol.-%, NK, Barrique, €€€€€€ H
Mittleres Karmingranat, Ockerreflexe, breite Randaufhellung. Zart nach Vanille und kandierten Veilchen, ein Hauch von Johannisbeeren, etwas Nougat, verführerisches Bukett. Stoffig, elegant, weißes Nougat, rote Beeren, feine Tannine, bleibt sehr gut haften, dunkle Waldbeeren im Nachhall, ein Hauch von Schokolade, ein facettenreicher Speisenbegleiter, sichere Zukunft.

(95) Cabernet Sauvignon Reserve l. E. 2021
14 Vol.-%, NK, Barrique, €€€€€€ H
Dunkles Rubingranat, violette Reflexe, zarte Randaufhellung. Kräuterwürzig-tabakig unterlegte schwarze Beerenfrucht, etwas Cassis, feine Edelholzwürze, ein Hauch von Nougat. Saftig, frische Johannisbeeren, lebendig strukturiert, tragende reife Tannine, zitronig-mineralisch im Abgang, würzig und gut anhaftend, braucht noch weitere Flaschenreife.

(95) Anton Bauer Privat 2020 CS/ME
14 Vol.-%, NK, Barrique, €€€€€€ H
Dunkles Rubingranat, violette Reflexe, zarte Randaufhellung. Nuancen von reifen Pflaumen und Cassis, feine Edelholzwürze, zarte Kräuternoten, mit kandierten Orangenzesten unterlegt. Kraftvoll, Brombeeren, etwas Nougat, reife, tragende Tannine, bleibt gut haften, ein stoffiger Speisenbegleiter, ausgestattet mit Länge und weiterem Entwicklungspotenzial.

(94) Blaufränkisch Reserve l. E. 2019
14 Vol.-%, NK, Barrique, €€€€€€ H
Kräftiges Rubingranat, violette Reflexe, breite Ockerrandaufhellung. Tabakig, zarter Nougat, schwarze Kirschen, Brombeerkonfit, zarte florale Nuancen, ein Hauch von Mandarinenzesten. Saftig, kraftvoll, frische Kirschen, feine Tannine, lebendig strukturiert, süße Beeren im Abgang, mineralisch-salzig, würziger Edelholztouch im Nachhall, bleibt haften, ein stoffiger Speisenbegleiter mit Reifepotenzial.

93 Merlot Respic 2021
14 Vol.-%, NK, Barrique
Dunkles Rubingranat, violette Reflexe, zarte Randaufhellung. Mit dezenter Holzwürze unterlegte schwarze Herzkirschfrucht, dunkle Waldbeeren, kandierte Orangenzesten. Kräftig, stoffig, reife Tannine, Zwetschken und etwas Nougat, gute Frische, pfeffriger Nachhall, bereits gut antrinkbar, verfügt über Reifepotenzial.

★★

FAMILIE BAUER – BIOWEINGUT

BIO

Familie Bauer setzt auf Rot: Im Betrieb nimmt der Grüne Veltliner zwar einen großen Teil der Rebfläche ein, doch schon zu Großvaters Zeiten wurde hier die regionaltypische Rebsorte des Wagrams – der Rote Veltliner – mit eigenen Selektionen und somit als Hoflinie stets weiterveredelt.
Großriedenthal liegt am oberen Kamm des Wagrams, wo neben den mächtigen Lössformationen auf den Hochebenen auch Schotter und Sandböden Bedeutung haben. So wurden die Burgundersorten auf einem kalkhaltigen Lössboden ausgepflanzt, und auf sandig-schottrigem Lössboden gedeiht neben dem Roten Veltliner auch Riesling. Besonderes Augenmerk legt das Bioweingut Bauer auf lebendig-gesunde Böden, Natur und Klima. Mit neuen Piwi-Sorten wie Donauriesling und Donauveltliner werden im Weingarten sowie bei der Kelterung selbst schon länger Erfahrungen gesammelt. Auch die drei verschiedenen Natural Wines werden erfolgreich – hauptsäch-

Eva Maria und Josef Bauer

FAMILIE BAUER - BIOWEINGUT
3471 Großriedenthal
Hauptstraße 68
T: +43 (2279) 7204
info@familiebauer.at
www.familiebauer.at

Kellermeister/Kontakt:
Josef Bauer
Anbauweise: Zertifiziert Biologisch (Austria Bio Garantie)
Produktion: 3 % Schaumwein, 72 % weiß, 22 % rot, 3 % süß, 28 Hektar
Vereinszugehörigkeit:
Weingüter Wagram, Slow Food Presidio
Messen: ProWein Düsseldorf, VieVinum, Vinobile Montfort

lich auf dem US-Markt – verkauft. Jedenfalls zu erwähnen sind die Süßweine der Familie Bauer in Form von Beeren- und Trockenbeerenauslesen sowie Eiswein.

92 Grüner Veltliner * Ried Hinterberg 2021

13,5 Vol.-%, DV, Teilbarrique, €€€ B

Mittleres Goldgelb, silberfarbene Reflexe. Zart nach Gewürznelken und Bergamottenzesten, ein Hauch von Safran, gelber Apfel, Nuancen von reifer Maracuja. Mineralisch, reife gelbe Birnenfrucht, dezente Kräuterwürze, salziger Touch im Abgang, braucht noch weitere Flaschenreife.

91 Grüner Veltliner * Ried Goldberg 2022

13 Vol.-%, DV, Stahltank, €€ B

Helles Gelbgrün, Silberreflexe. Feine Kräuterwürze, etwas nach Bergamotte, ein Hauch von Guaven, weiße Apfelfrucht, Zitronengras klingt an. Saftig, elegant, balancierte Säurestruktur, feinwürzig, weißes Kernobst im Abgang, bereits gut antrinkbar.

92 Weißburgunder * Großriedenthal Reserve 2021

13,5 Vol.-%, DV, Teilbarrique, €€€ B

Mittleres Gelbgrün, Silberreflexe. Feiner Blütenhonig, etwas Gewürznuancen, gelbe Tropenfrucht, zart nach Kletzen, floraler Touch. Saftig, elegant, frisch und lebendig, gelbes Steinobst im Abgang, salziger Nachhall, guter Speisenbegleiter.

92 Roter Veltliner * Ried Hinterberg 2021

13,5 Vol.-%, DV, Teilbarrique, €€€ B

Mittleres Grüngelb, silberfarbene Reflexe. Zart rauchig-kräuterwürzig unterlegte reife gelbe Tropenfrucht, etwas Blütenhonig, reife Birne, ein Hauch von Safran. Komplex, süße Frucht, wirkt kraftvoll, mineralisch und gut anhaftend, Honigtouch im Abgang, individueller Stil.

90 Roter Veltliner * Terrassen 2022

12 Vol.-%, DV, Stahltank, €€

Mittleres Gelbgrün, Silberreflexe. Feine Kräuterwürze, etwas nach Williamsbirne, zart nach Anis und Kumquats, mit Maracuja unterlegt. Saftig, elegant, salzig, weißes Kernobst, etwas nach Melisse im Nachhall, bereits gut antrinkbar.

91 Roter Veltliner Urig 2020

13,5 Vol.-%, NK, Holzfass, €€€€€

Leuchtendes trübes Goldgelb. Zarte Zitrusnuancen, Steinobst, etwas nach Quitte und Honig, Akazientouch, Marille klingt an, mit Kumquats unterlegt. Saftig, elegant, feiner Gerbstoff, Guaven im Abgang, nussiger Nachhall, Karamell im Rückgeschmack, bereits gut antrinkbar.

★★

WEINGUT JOSEF BAUER

Bereits in vierter Generation bewirtschaften Joe und Christine Bauer dreizehn Hektar Weingärten in den Rieden am Hengstberg in Feuersbrunn. Mit dem Jahrgang 2017 brachte sich die fünfte Generation mit Florian in den Betrieb ein, und die neue Weinlinie »Saphir« trägt seine Handschrift. Die ausgepflanzten Rebsorten des Weinguts Bauer bestehen aus Grünem Veltliner (50 Prozent), Riesling (20 Prozent), Weißburgunder (7 Prozent), Rotem Veltliner (5 Prozent), Zweigelt (10 Prozent) und Cabernet Sauvignon (5 Prozent).
Ein Fokus der Winzerfamilie, den auch Florian Bauer zukünftig weiterverfolgen und -entwickeln möchte, ist die Umstellung auf organisch-biologischen Weinbau, ohne dabei die lange Tradition des Betriebs aus den Augen zu verlieren.
Seit Florian die Verantwortung für die Vinifikation übernommen hat, änderte sich so manches. Neben traditioneller Vergärung im Stahltank mit Reinzuchthefen gibt es sowohl Versuche im kleinen wie im großen Holz oder auch in Keramik (Clayver) mit Spontangärung. Der Papa lässt ihn machen, denn was dabei herauskommt, ist ebenso innovativ wie trinkvergnüglich.

(92) Grüner Veltliner * Feuersbrunn Ried Spiegel 2022
13,5 Vol.-%, DV, Holzfass/Stahltank, €€€ V
Mittleres Gelbgrün, Silberreflexe. Feine Kräuterwürze, etwas nach kandierten Orangenschalen, Papaya, ein Hauch von Blütenhonig. Saftig, balanciert, feinwürzig, gut integrierter Säurebogen, Guaven im Abgang, salziger Nachhall, guter Speisenbegleiter.

(92) Grüner Veltliner * Feuersbrunn Ried Rosenberg 2022
13,5 Vol.-%, DV, großes Holzfass, €€€ V
Leuchtendes Goldgelb, Silberreflexe. Feine Kräuterwürze, zart nach Maracuja, gelber Apfel, zart nach kandierten Orangenzesten. Saftig, elegant, wiederum etwas nach Maracuja, zart nussig, feinwürzig, guter Speisenbegleiter mit Potenzial.

90 Grüner Veltliner * Katharina 2022
12,5 Vol.-%, DV, Stahltank, €€ V
Mittleres Gelbgrün, silberfarbene Reflexe. Feine Wiesenkräuter, zart nach Melisse, etwas nach Kardamom, gelber Apfel. Saftig, mittlere Komplexität, salzig, etwas nach Orangenschalen, mineralisch, guter Speisenbegleiter.

91 Roter Veltliner * Roter Saphir 2021
14 Vol.-%, DV, gebrauchte Barriques, €€€€ V
Mittleres Gelbgrün, silberfarbene Reflexe. Einladendes Bukett nach Marille und Blütenhonig, etwas nach Kletzen, mit Holzwürze unterlegt. Saftig, gute Komplexität, salzig, etwas nach Birne, Vanille im Nachhall, guter Speisenbegleiter.

89 Roter Veltliner * Feuersbrunn 2022
12 Vol.-%, DV, Stahltank, €€ V

93 Weißburgunder Weisser Saphir 2021
13,5 Vol.-%, DV, Barrique, €€€€
Mittleres Gelbgrün, Silberreflexe. Birne und Ananas, unterlegt mit dunkler Mineralik, feinwürzig, etwas reduktiv, frisches Bukett. Saftig, fruchtsüß, gut eingebundene Säurestruktur, Marille und Honigmelone im Abgang, feiner Vanilletouch im Nachhall, guter Speisenbegleiter mit Potenzial.

WEINGUT JOSEF BAUER
3483 Feuersbrunn
Neufang 52
T: +43 (2738) 2309
weingut@josefbauer.at
www.josefbauer.at

Kellermeister: Florian Bauer
Kontakt: Josef Bauer
Anbauweise: Umstellung auf bio (Austria Bio Garantie)
Produktion: 80.000 Flaschen
85 % weiß, 8 % rosé, 7 % rot,
13 Hektar
Vereinszugehörigkeit:
Weingüter Wagram
Messen: DAC-Präsentationen

* Wagram DAC

★★★

WEINGUT STEFAN BAUER

Stefan und Karin Bauer haben Vergangenheit und Zukunft mit Fantasie vereint – bei jedem ihrer Weine und in der Architektur des Weinguts. Sie vertrauen auf die naturgegebenen Vorzüge der regionltypischen Sorten und versuchen, durch den Ausbau eine unaufdringliche klassische Stilistik zu erreichen, wovon die Leitsorten Grüner und Roter Veltliner in besonderem Maße profitieren. Der Rote Veltliner, die Diva unter den Veltlinern, erfährt auf dem Weingut eine besondere Zuneigung, die klassische Variante ebenso wie die Reserve, die von Ausbau und Lagerung im Akazienfass besonders profitiert.
Die berührende Geradlinigkeit und der völlige Verzicht auf modische Allüren zeichnen den Winzer und seine Weine aus. »Ich laufe keinen kurzlebigen Trends nach«, so Stefan Bauer. Als Verbeugung vor dem Weitblick der Großeltern Josef und Mathilde Hutzler taufte Stefan Bauer seinen besten Grünen Veltliner »Hutzler«, geerntet von den ältesten und besten Rebstöcken in den Weingärten rund um Königsbrunn. Der »Hutzler« ist ein vielschichtiger Veltliner, balanciert und doch jugendlich; seine reife und komplexe Frucht entwickelt die ganze harmonische Kraft der Wagramer Lössböden. Die Basis der Grüner-Veltliner-Serie bildet der »Wagram«, es folgen die beiden Lagenveltliner Ried Bromberg und Ried Steinagrund, sowie als gereifte Variante der »Hutzler«, der immer erst ab Herbst erhältlich ist.

WEINGUT STEFAN BAUER
3465 Königsbrunn am Wagram
Rathausplatz 19
T: +43 (2278) 2771
stefan@weingutbauer.at
www.weingutbauer.at

Kellermeister/Kontakt:
Stefan Bauer
Produktion: 95 % weiß, 1 % rosé, 4 % rot, 12 Hektar
Vereinszugehörigkeit:
Wagramer Selektion
Messen: ProWein Düsseldorf, VieVinum

94 Grüner Veltliner * Fels Ried Steinagrund 2021
13,5 Vol.-%, DV, Holzfass, €€€
Mittleres Grüngelb, goldfarbene Reflexe. Einladende Kräuterwürze, ein Hauch von Marille, Anklänge von reifer gelber Tropenfrucht, tabakiger Touch. Kraftvoll, saftig, feine Nuancen von gelber Frucht, ein Hauch von Pfirsich, feine Säurestruktur, etwas Blütenhonig, mineralisch im Abgang, gute Länge, ein vielschichtiger Speisenwein mit Reifepotenzial.

94 Grüner Veltliner Hutzler 2021
14 Vol.-%, NK, Holzfass, €€€€€
Mittleres Gelbgrün, Silberreflexe. Feine Nuancen von frischen Marillen, etwas Pfirsich, einladendes Bukett, mit einem Hauch von Blütenhonig unterlegt. Kraftvoll, saftig, reife Honigmelone, feiner Säurebogen, dezente Süße im Abgang, kräuterwürzige Nuancen im Nachhall, zeigt Länge und Potenzial.

92 Roter Veltliner * 2022
12,5 Vol.-%, DV, Stahltank, €€
Helles Goldgelb, Silberreflexe. Zart floral unterlegte Nuancen von Birne, etwas Orangen, facettenreiches Bukett. Saftig, frischer Apfel, zart nach Quitten, frischer Säurebogen, lebendig und trinkanimierend, macht Lust auf ein zweites Glas.

92 Roter Veltliner * Ruppersthal Ried Steinmeisel 2021
13,5 Vol.-%, DV, Holzfass, €€€
Mittleres Goldgelb, silberfarbene Reflexe. Etwas zurückhaltend, ein Hauch von Kletzen, gelbe Tropenfrucht, Mandarinenzesten, etwas Blütenhonig. Mittlere Komplexität, weiße Pfirsichfrucht, feine Säurestruktur, salziger Touch, feine zitronige Nuancen, bleibt haften, ein guter Speisenbegleiter, bereits gut entwickelt.

91 Weißburgunder * 2022
13 Vol.-%, DV, Stahltank, €€
Mittleres Gelbgrün, Silberreflexe. Etwas verhalten, feine Nuancen von gelbem Kernobst, ein Hauch von Mandarinenzesten. Straff, kernig, weißer Apfel, frischer Säurebogen, mineralisch-salzig im Nachhall, Limetten im Rückgeschmack.

94 Weißburgunder Hutzler 2021
14 Vol.-%, NK, Holzfass, €€€€€
Mittleres Gelbgrün, Silberreflexe. Zart nussig unterlegte Nuancen von gelber Frucht, ein Hauch von Mango, zart nach kandierten Orangenzesten. Komplex, elegant, fruchtige Süße im Kern, angenehmer Säurebogen, etwas Karamell im Abgang, besitzt gute Länge, sicheres Reifepotenzial.

★★

WEINGUT BENEDIKT

Wolfgang Benedikt gehört zur dynamischen und innovativen Winzergeneration am Wagram. Seine Weine bestechen durch eine blitzsaubere und fruchtbetonte Stilistik mit Tiefgang. Der Winzer ist Mitglied der »Wagramer Selektion« und bemüht sich in verschiedensten Funktionen, die Entwicklung der Region voranzutreiben und ihre Zukunft aktiv mitzugestalten. Er führt gemeinsam mit seiner Frau Kristina in der Marktgemeinde Kirchberg am Wagram einen Traditionsbetrieb (Weinbau seit 1776) mit modernem Weinverständnis. Den Grundstein dafür haben seine Eltern Johann und Irmgard Benedikt bereits vor fünf Jahrzehnten gelegt. Seitdem haben sie das Weingut stetig weiterentwickelt und den Anforderungen eines modernen und nachhaltigen Qualitätsweinbaus angepasst. Vor allem im Spitzensegment sind eine klare Handschrift und dieses rigorose Qualitätsdenken erkennbar.
Vorrangiges Ziel des Winzers ist es, sich auf die Leitsorte der Region zu besinnen: den Grünen Veltliner. Diesem widmet er sich in fünf verschiedenen Ausbaustufen, wobei die kräftigen Lagen-Veltliner »Ried Schafflerberg« und »Ried Goldberg« die Spitze darstellen – Verkostungserfolge inklusive. Zur Vervollständigung der überaus gelungenen Serie präsentiert Wolfgang Benedikt schon seit Jahren sehr gelungene Rieslinge und seit Kurzem auch die Wagramer Top-Spezialität: den Roten Veltliner.

92 Grüner Veltliner * Ried Goldberg 2022
14 Vol.-%, DV, großes Holzfass, €€€
Mittleres Gelbgrün, silberfarbene Reflexe. Etwas Blütenhonig, ein Hauch von Mango und Marille, zart nach gekochtem Rhabarber. Saftig, kraftvoll, gut integrierte Säure-

© Katharina Gossow

WEINGUT BENEDIKT
3470 Kirchberg am Wagram
Mallon 26
T: +43 (676) 63 62 490
office@benedikt.cc
www.benedikt.cc

Kellermeister/Kontakt: Ing. Wolfgang Benedikt
Produktion: 80 % weiß, 5 % rosé, 15 % rot, 10+10 Hektar
Vereinszugehörigkeit: Wagramer Selektion
Messen: VieVinum

Wolfgang und Kristina Benedikt

struktur, extraktsüß nach Tropenfrucht, stoffiges Finish, guter Speisenbegleiter.

91 Grüner Veltliner * Ried Scheiben 2022
13 Vol.-%, DV, Stahltank, €€
Helles Gelbgrün, Silberreflexe. Feine Tabakwürze, zart nach Apfel und Quitte, etwas Zitrusnuancen. Saftig, elegant, mineralisch, fruchtsüß nach gelbem Kernobst, trinkanimierendes Finish, bereits gut antrinkbar.

90 Grüner Veltliner * Ried Schafflerberg 2022
13,5 Vol.-%, DV, großes Holzfass, €€
Helles Gelbgrün. Dunkle Würze, etwas nach Orangen und reifem Kernobst, Kräuternoten, zart nach Physalis. Mittlerer Körper, feine Säurestruktur, balanciert, stoffig, Birnentouch im Abgang, bereits gut antrinkbar.

93 Grüner Veltliner Goldberg Große Reserve 2019
14 Vol.-%, DV, Teilbarrique, €€€€
Mittleres Grüngelb. Einladendes Bukett nach Marille, etwas Orangenblüten, zart nach Honig, etwas nach Melisse. Saftig, gute Komplexität, fruchtsüß, zart nach Quittengelee im Abgang, mineralisches Finish, kraftvoll im Nachhall, vielfältig einsetzbar.

90 Roter Veltliner * 2022
13 Vol.-%, DV, Holzfass, €€
Helles Grüngelb, silberfarbene Reflexe. Frische Kräuterwürze, etwas nach Birnen, zart nach Kumquats, weißes Kernobst. Mittlerer Körper, balancierte Säurestruktur, etwas weitmaschig, Apfelnoten im Abgang, bereits gut antrinkbar.

89 Riesling * 2022
13,5 Vol.-%, DV, Stahltank, €€

★★

WEINGUT BLAUENSTEINER

Das Weingut Blauensteiner liegt im Weinort Gösing, eingebettet in einer Mulde mitten am Wagram. Große Aufmerksamkeit wird dem Grünen Veltliner mit rund der Hälfte der Anbaufläche geschenkt. Derzeit werden vom leichten Sommerwein »Wilbling« über »Essenthal« und den gehaltvollen »Fumberg« bis hin zum »Fumberg Privat« insgesamt vier Lagenweine vom Grünen Veltliner angeboten. Die zweite Hälfte der Betriebsfläche teilen sich Roter Veltliner, Sauvignon Blanc, Chardonnay, Riesling, Gelber Muskateller sowie Zweigelt. Der Rotweinanteil beträgt etwa 12 Prozent.

Der gelbe Lössboden besitzt ein überaus hohes Wasserhaltevermögen und sorgt für die Vielschichtigkeit des Aromas der Weine. Trockene, heiße Sommer sind vorherrschend. Die relative Abkühlung während der Nachtstunden an den Hängen des Wagrams – vor allem hier in der Höhenlage von Gösing – verleiht dem Wein Fruchtigkeit und eine subtile Aromatik. Zu den besten Rieden, welche die Familie Blauensteiner bewirtschaftet, zählen Essenthal, Fumberg, Gmirk und Wilbling. Das Weingut Blauensteiner ist Gründungsmitglied der »Weingüter Wagram«.

WEINGUT BLAUENSTEINER
3482 Gösing am Wagram
Obere Zeile 12
T: +43 (664) 2424925
weingut@blauensteiner.com
www.blauensteiner.com

Kellermeister: Leopold Blauensteiner
Kontakt: Christoph Blauensteiner
Produktion: 85 % weiß, 2 % rosé, 12 % rot, 1 % süß, 8.5 Hektar
Vereinszugehörigkeit: Weingüter Wagram
Messen: ProWein Düsseldorf, DAC-Präsentationen

93 Grüner Veltliner * Ried Fumberg Privat 2021
14,5 Vol.-%, DV, Stahltank, €€€€
Helles Goldgelb, silberfarbene Reflexe. Frische Marillenfrucht, ein Hauch von Maracuja, kandierte Orangenzesten, mit feinem Blütenhonig unterlegt. Kraftvoll, saftig, gelbe Birne, feiner Säurebogen, fruchtsüßer Abgang, ein eleganter Speisenwein mit gutem Reifepotenzial.

92 Grüner Veltliner * Wilder 2021
13 Vol.-%, DV, Stahltank, €€€
Mittleres Gelbgrün, Silberreflexe. Zart nach Mandarinen, gelbe Tropenfrucht, ein Hauch von Blütenhonig, feinwürziges Bukett. Mittlere Komplexität, weißer Apfel, feiner Säurebogen, dezente Fruchtsüße, harmonisch und vielfältig einsetzbar.

92 Grüner Veltliner * Ried Fumberg 2022
14 Vol.-%, DV, Stahltank, €€€
Mittleres Grüngelb, Silberreflexe. Zart nach Wiesenkräutern, weißes Kernobst, feiner Hauch von Orangenzesten. Straff, engmaschig, zarte Birnenfrucht, mineralisch, feiner Säurebogen, salziger Touch im Abgang, gute Länge, vielseitiger Speisenbegleiter.

90 Grüner Veltliner * Ried Essenthal 2022
13 Vol.-%, DV, Stahltank, €€
Helles Grüngelb, Silberreflexe. Zarte frische Apfelfrucht, mit einem Hauch von Mango unterlegt, floraler Anklang. Mittlere Komplexität, Nuancen von Birne, feiner Säurebogen, harmonisch, Wiesenkräuter im Abgang, zitroniger Nachhall.

91 Sauvignon Blanc * 2022
12 Vol.-%, DV, Stahltank, €€
Helles Gelbgrün, Silberreflexe. Nuancen von Stachelbeeren, feiner Touch von Holunderblüten, zart nach Guaven, einladendes Bukett. Saftig, weiße Tropenfrucht, leichtfüßig, frisch und animierend, ein delikater Sommerwein.

91 Roter Veltliner * Ried Fumberg 2022
13 Vol.-%, DV, Stahltank, €€€
Helles Goldgelb, Silberreflexe. Zart nach Blütenhonig und frischer Birne, etwas Mango, mineralischer Touch. Mittlerer Körper, weißer Apfel, feine Säure, salziger Touch im Abgang, dezente Fruchtsüße im Nachhall, verfügt über Entwicklungspotenzial.

★

WEINGUT DASCHÜTZ

Der Betrieb der Familie Daschütz wird schon seit mehr als 200 Jahren als Familienbetrieb geführt. Das Hauptaugenmerk ist darauf gerichtet, regional- und terroirtypische Weine mit persönlicher Handschrift und einem gewissen internationalen Touch zu produzieren. Dabei werden natürlich wichtige ökologische und ökonomische Grundsätze berücksichtigt.
Der Grundstein für beste Weinqualität wird bereits im Weingarten gelegt. Nützlingsschonende integrierte Traubenproduktion sowie Sorgfalt und Genauigkeit sind ein absolutes Muss. Durch Rebschnitt und Ertragsreduktion erreicht die Familie Daschütz die angestrebte Vollreife der Trauben. Nach der händischen Ernte in mehreren Durchgängen – faules Traubenmaterial wird ausgelesen – werden diese schonend gepresst und mittels moderner Kellertechnik weiterverarbeitet. Hygiene und Sorgfalt sind hier die wichtigsten Faktoren.
Leichte, fruchtige Weißweine werden im Stahltank ausgebaut, kräftigere Vertreter in Eichen- oder Akazienholzfässern. Einige Rotweine erhalten durch die Vergärung oder Lagerung in Eichenholzfässern (Barriques) zusätzliche Fülle und Komplexität. Hierbei ist wie bei fast allen Dingen im Leben die Zeit ein wesentlicher Faktor. Familie Daschütz ist überzeugt: »Man sollte den Weinen die nötige Zeit zum Reifen und Entfalten geben, dann wird das Ergebnis umso hochwertiger und harmonischer.«

WEINGUT DASCHÜTZ
3470 Kirchberg am Wagram
Mitterstockstall 38
T: +43 (2279) 2443
weingut@daschuetz.at
www.daschuetz.at

Kellermeister/Kontakt:
Christoph Daschütz
Produktion: 80 % weiß, 5 % rosé, 15 % rot, 10 Hektar

91 Grüner Veltliner * Tradition 2021
14 Vol.-%, DV, Stahltank, €€
Helles Gelbgrün, Silberreflexe. Feine Kräuternoten, etwas nach Brennnesseltee, ein Hauch von Guaven, weißes Kernobst. Saftig, gut integrierter Säurebogen, extraktsüß nach Apfel, wirkt leichtfüßig, bereits gut antrinkbar.

90 Grüner Veltliner * 2022
12,5 Vol.-%, DV, Stahltank, €€
Helles Gelbgrün, Silberreflexe. Feine Kräuternoten, Golden-Delicious-Apfel, etwas nach Melisse, zart pfeffrige Nuancen. Saftig, frisch, zitronig, Noten von weißem Apfel im Abgang, unkompliziert antrinkbar.

89 Weißburgunder * 2022
12,5 Vol.-%, DV, Stahltank, €€

91 Weißburgunder Barrique Mc Creamy 2019
13,5 Vol.-%, DV, Barrique, €€€€
Mittleres Gelbgrün, Silberreflexe. Feine Holzwürze, gelbe Tropenfrucht, Karamell, ein Hauch von Zitruszesten, Marille klingt an. Saftig, mittlere Komplexität, fruchtsüß nach Mango, etwas Vanille, Röstaromatik im Abgang, guter Speisenbegleiter.

90 Riesling * 2022
12,5 Vol.-%, DV, Stahltank, €€
Helles Gelbgrün, Silberreflexe. Zart nach Maracuja und Pfirsich, unterlegt mit Bergamotte, ein Hauch von Gewürzen. Saftig, frisch und lebendig, balancierte Säurestruktur, Limettentouch im Abgang, individuell einsetzbar.

88 Sauvignon Blanc * 2021
12 Vol.-%, DV, Stahltank, €€

★★★

WEINGUT ROBERT DIREDER

Demut, Dankbarkeit und Traditionsbewusstsein, das sind die Fundamente des Schaffens als Winzer und auch die von Robert Direder: Demut vor dem unerschöpflichen Reichtum der Natur, den es zu bewahren gilt, Dankbarkeit für die Geschenke, die die nimmermüde Erde Jahr für Jahr spendet, Traditionsbewusstsein im Sinne der Pflege des Erbes und des Handwerks. Der Lohn für diese Konsequenz sind langlebige und charaktervolle Weine.
Robert Direders besonderes Anliegen ist es, den »Spannungsbogen« eines Weines und des Jahrgangs herauszuarbeiten, zu betonen, ihn langlebig zu gestalten. Deshalb hat er sich auch entschlossen, seinen Weinen mehr Zeit

Roter Veltliner

WEINGUT ROBERT DIREDER
3470 Kirchberg am Wagram
Mitterstockstall 1a
T: +43 (664) 4322236
weingut@direder.at
www.direder.at

Kellermeister/Kontakt:
Robert Direder
Produktion: 80 % weiß, 10 % rosé, 10 % rot, 14 Hektar
Vereinszugehörigkeit:
Wagramer Selektion
Messen: ProWein Düsseldorf, VieVinum, Vinobile Feldkirch

zur Reife zu geben. Heuer wurde aus diesem Grund ein Teil seiner Weine im gefüllten Zustand nochmals verkostet und bewertet.
Im Weingarten setzen die Direders auf extensive Bewirtschaftung des Bodens und schonende Pflege der Rebstöcke. Sie werden im besten Sinne erzogen, ohne mit Nachdruck Leistung zu fordern, und man überlässt hier dem Weingarten eine gewisse Form der »Eigenverantwortung« und greift nur dort ein, wo es unbedingt notwendig ist. Die natürliche Wechselwirkung von Löss und Rebe kann man als Winzer nicht verbessern, es kann aber darauf geachtet werden, dass sie nicht gestört wird.
Im Keller begleitet der junge Kellermeister mit Vorsicht und Zurückhaltung seine Weine und vermeidet übermäßige Eingriffe. Im Übrigen verlässt er sich auf seine Intuition. Diese Zurückhaltung wird mit besonders feinfruchtigen, feingliedrigen und runden Weinen belohnt.
Familie Direder schätzt Eigenständigkeit und erfreut sich am Authentischen. Und sie blühen auf, wenn Hervorragendes gelingt! Das Resultat dieser Begeisterung: Weine mit Charakter, die fordern, aber niemals überfordern.

93 Roter Veltliner * Ried Mordthal 2021

13,5 Vol.-%, DV, großes Holzfass, €€€

Mittleres Grüngelb, silberfarbene Reflexe. Feine Wiesenkräuterwürze, gelbes Kernobst, ein Hauch von Blütenhonig, mit kandierten Orangenzesten unterlegt. Kraftvoll, saftig, gelbe Birnenfrucht, straffe Textur, feine Süße im Abgang, mineralisch im Nachhall, zeigt Länge, verfügt über Entwicklungspotenzial.

91 Roter Veltliner * 2022

12,5 Vol.-%, DV, Stahltank, €€

Helles Gelbgold, Silberreflexe. Frische Birnenfrucht, dazu etwas Papaya, ein Hauch von Blütenhonig und Mandarinenzesten. Saftig, weiße Tropenfrucht, Nuancen von Pfirsich, frisch und lebendig, zitronige Noten im Abgang, ein animierender Speisenbegleiter.

93 Weißburgunder * Ruppersthal 2021

13,5 Vol.-%, DV, Stahltank, €€€

Helles Goldgelb, Silberreflexe. Feine Kernobstnuancen, ein Hauch von gelber Birne, floraler Touch, mit zartem Blütenhonig unterlegt. Stoffig, weiße Apfelfrucht, finessenreicher Säurebogen, mineralisch-salzig im Abgang, pikanter Speisenbegleiter, zeigt Länge und Potenzial.

Kirchberg am Wagram

93 Grüner Veltliner * Mitterstockstall Ried Schlossberg 2021

13,5 Vol.-%, DV, großes Holzfass, €€€

Mittleres Grüngelb, silberfarbene Reflexe. Feine Nuancen von gelbem Kernobst, Golden-Delicious-Apfel, ein Hauch von Honigmelone und Tabak, kandierte Orangenzesten. Saftig, elegant, Nuancen von weißer Frucht, frischer Säurebogen, feine Fruchtsüße im Abgang, gute Länge, zitronig-salzig im Nachhall, ein feinwürziger Speisenbegleiter.

(93) Grüner Veltliner * Mitterstockstall Ried Schlossberg Alte Reben 2020

13,5 Vol.-%, DV, großes Holzfass/Stahltank, €€€€

Mittleres Goldgelb, Silberreflexe. Feine Nuancen von gelbem Kernobst, ein Hauch von Honigmelone, zart nach Wiesenkräutern, fruchtig dominiertes Bukett. Kraftvoll, etwas Marzipan, weißer Apfel, dezente Süße, salzige Mineralik im Abgang, Nuancen von Nougat im Nachhall.

92 Grüner Veltliner * Kirchberg 2022

13 Vol.-%, DV, Stahltank, €€

Mittleres Gelbgrün, Silberreflexe. Frische Wiesenkräuter, gelbe Tropenfrucht, ein Hauch von Apfel und Mango, einladendes Bukett. Saftig, elegant, weißes Kernobst, lebendig strukturiert, feine Fruchtsüße im Abgang, bleibt haften, bereits gut antrinkbar.

★★

WEINGUT KARL DIWALD

Im Winzerhof aus dem 17. Jahrhundert betreibt Familie Diwald in sechster Generation Weinbau auf einer Fläche von zwölf Hektar. Die geologisch unterschiedlichen Toplagen Goldberg, Eisenhut und Hinterberg (von mächtigem kalkhaltigem Löss bis zu rotem Schotter) bieten die besten Voraussetzungen, um charaktervolle Weine zu keltern.
Die Hauptsorte ist der Grüne Veltliner, ausgebaut von leicht-fruchtig bis hin zur kräftigen Reserve. Riesling, Roter Veltliner, Gelber Muskateller, Chardonnay und Frühroter Veltliner ergänzen das Weißweinangebot. Bei den Rotweinsorten dominiert der Zweigelt mit etwas Merlot und Cabernet Sauvignon. Kurzer Rebschnitt, dem Wetter angepasste Laubarbeit und selektionierte Lese von Hand bringen vollreifes Lesegut in den Weinkeller. Aufgrund der darauffolgenden schonenden Behandlung des Leseguts entstehen dort mit der Zeit fruchtige, elegante und vollmundige Weißweine und kräftige, vielschichtige Rotwein von höchster Qualität. Der Winzersekt Diwald Brut und die Schaumweine (Chardonnay, Rosé vom Zweigelt) vervollständigen das Programm.

WEINGUT KARL DIWALD
3471 Großriedenthal
Großriedenthal 33
T: +43 (2279) 7218
office@weinbau-karl-diwald.at
www.weinbau-karl-diwald.at

Kellermeister/Kontakt:
Karl Diwald
Produktion: 80 % weiß, 20 % rot, 11.5 Hektar

92 Cuvée Blanc Brut Nature Sekt Austria Niederösterreich g.U. 2020 CH/RR
13 Vol.-%, NK, Flaschengärung, €€€€
Helles Grüngelb, Silberreflexe, feines Mousseux. Zart nach Biskuit, weißer Apfel, frische Tropenfrucht, Limetten und Maracuja im Hintergrund. Mittlerer Körper, feine Frucht nach Pfirsich, lebendig strukturiert, mineralisch-salzig, zitroniger Nachhall, ein vielseitiger Speisenbegleiter.

93 Grüner Veltliner * Großriedenthal Ried Goldberg 2021
13,5 Vol.-%, DV, großes Holzfass, €€€
Mittleres Gelbgrün, silberfarbene Reflexe. Feine Kräuternoten, ein Hauch von Orangenschalen, zart nach Quitte und Marille. Saftig, elegant, frische Säurestruktur, salzig, Birnen im Abgang, bleibt gut haften, vielfältig einsetzbar.

92 Grüner Veltliner * Großriedenthal Ried Eisenhut 2022
13,5 Vol.-%, DV, Stahltank, €€
Helles Gelbgrün, silberfarbene Reflexe. Zarte Kräuternoten, frischer Apfel, ein Hauch von Quitte, zart nach Melisse, einladendes Bukett. Saftig, elegant, feine Säurestruktur, mineralisch, gelbes Kernobst im Abgang, würziger Nachhall, stoffiger Speisenbegleiter.

92 Roter Veltliner * Gösing Ried Eisenhut 2022
13 Vol.-%, DV, Stahltank, €€€
Mittleres Gelbgrün, silberfarbene Reflexe. Zarte Kräuternoten, ein Hauch von Papaya, mit Blütenhonig unterlegte kandierte Clementinenzesten, floraler Touch. Saftig, engmaschig, gut eingebundene Säurestruktur, feinwürzig, weißes Kernobst, bleibt gut haften, vielfältig einsetzbar.

91 Riesling * 2022
13 Vol.-%, DV, Stahltank, €€
Helles Gelbgrün, Silberreflexe. Feine Wiesenkräuter, etwas nach Weingartenpfirsich, ein Hauch von Papaya, kandierte Orangenzesten klingen an, frisches Bukett. Saftig, frisch, lebendige Säurestruktur, zitroniger Abgang, weißes Kernobst im Nachhall, guter Speisenbegleiter.

88 Rosé 2022 ZW/BB
11,5 Vol.-%, DV, Stahltank, €€

WEINGUT ECKER – ECKHOF
3470 Kirchberg am Wagram
Mitterstockstall 25
T: +43 (2279) 2440
weingut@eckhof.at
www.eckhof.at

Kellermeister/Kontakt:
Bernhard Ecker
Anbauweise: Umstellung auf bio
Produktion: 80 % weiß, 20 % rot, 24 Hektar
Vereinszugehörigkeit:
Wagramer Selektion
Messen: ProWein Düsseldorf, VieVinum

Alexandra und Bernhard Ecker

★★★★

WEINGUT ECKER-ECKHOF

Das Weingut Ecker – Eckhof, gelegen im Herzen von Niederösterreich, in Mitterstockstall, Gemeinde Kirchberg am Wagram, ist ein Familienbetrieb in dritter Generation, wobei die Familie Ecker bereits seit über 400 Jahren in der Weinbranche tätig ist. Der Betrieb liegt im schönen Weinbaugebiet Wagram, auf jener tiefen Lössschicht, die sich nördlich der Donau etwa 20 Kilometer – zwischen Krems und Stockerau – nach Osten erstreckt. Das klimatische Profil dieser Region bietet beste Voraussetzungen für die Sorten Grüner und Roter Veltliner. Derzeit wird auf dem Weingut eine Eigenfläche von 24 Hektar bewirtschaftet.
Bernhard Ecker produziert zu 80 Prozent Weißwein aus heimischen Sorten. Der Grüner Veltliner, der in fünf verschiedenen Varianten angeboten wird, sowie der Rote Veltliner sind die wichtigsten Sorten des umfangreichen Weinsortiments. Der national und international mehrfach ausgezeichnete Betrieb ist seit Jahren fixer Bestandteil der heimischen Winzerszene. Auch im Ausland erfreuen sich Ecker-Weine immer größerer Beliebtheit. Ecker steht für konstante Spitzenqualität ohne Kompromisse. Die Weine, die von Weinkennern Jahr für Jahr geschätzt werden, zeichnen sich vor allem durch Klarheit, Finesse und Langlebigkeit aus.
Ein gemütlicher Heuriger verwöhnt die Gäste mit vielen traditionellen Gerichten der Region und dem dazu passenden Glas Wein oder Sekt. Des Weiteren steht ein moderner Verkostungsraum zur Verfügung, in dem nach kurzer telefonischer Voranmeldung in aller Ruhe das gesamte Sortiment probiert werden kann.

(94) Grüner Veltliner * Ried Mordthal 2022
14 Vol.-%, DV, großes Holzfass/Stahltank, €€€€
Mittleres Gelbgrün, silberfarbene Reflexe. Feiner Blütenhonig, ein Hauch von Zitrus, zart nach Orangenblüten, reifer Apfel, einladendes Bukett. Komplex, dicht, feine Struktur, extraktsüß nach Papaya, bleibt gut haften, vielschichtiger Speisenbegleiter mit Potenzial.

92 Grüner Veltliner * Ried Steinberg 2022
12,5 Vol.-%, DV, Stahltank, €€
Mittleres Gelbgrün, silberfarbene Reflexe. Zarter Blütenhonig, etwas nach Karamell, ein Hauch von Orangenschalen, Quitte und Melisse klingen an. Saftig, mittlere Komplexität, frisch und elegant, gut eingebundener Säurebogen, weißes Kernobst, mineralischer Nachhall, guter Speisenbegleiter.

© Weingut Ecker-Eckhof

* Wagram DAC

92 Grüner Veltliner * Ried Schlossberg 2022
13 Vol.-%, DV, Stahltank, €€€
Leuchtendes helles Gelbgrün. Reife Tropenfrucht, zart nach Karamell, ein Hauch von Papaya, zart nach Blütenhonig. Saftig, kraftvoll, feine Säurestruktur, dunkle Mineralik, gelbe Apfelfrucht klingt an, würziger Nachhall, guter Speisenbegleiter.

94 Roter Veltliner * Ried Steinberg 2022
13,5 Vol.-%, DV, Stahltank/großes Holzfass, €€€€
Helles Gelbgrün, Silberreflexe. Dezente Wiesenkräuter und Golden-Delicious-Apfel, zart nach Papaya, etwas Blütenhonig, einladendes Bukett. Saftig, komplex, engmaschiger Stil, mineralisch, feine Tabakwürze, weißes Steinobst im Abgang, lange anhaltend, vielschichtiger Speisenbegleiter mit Potenzial.

(94) Roter Veltliner * Ried Steinberg Große Reserve 2022
13,5 Vol.-%, NK, kleines Holzfass, €€€€€
Leuchtendes Grüngelb, Silberreflexe. Zart nach Honigmelone und Gewürzen, ein Hauch von kandierten Orangenschalen, mit Melisse unterlegt. Saftig, engmaschig, kräutrig, mineralisch, gelbe Tropenfrucht im Abgang, bleibt gut haften, sicheres Entwicklungspotenzial.

93 Roter Veltliner * Ried Mordthal 2022
13 Vol.-%, DV, Stahltank, €€€
Mittleres Grüngelb, silberfarbene Reflexe. Feine Wiesenkräuter, zart nach Quitte und Maracuja, Gewürznuancen klingen an. Saftig, elegant, feine Struktur, mineralisch, gelbe Tropenfrucht im Abgang, bleibt gut haften, vielfältig einsetzbar.

90 Roter Veltliner * 2022
12,5 Vol.-%, DV, Stahltank, €€
Helles Gelbgrün, silberfarbene Reflexe. Einladendes Bukett nach Maracuja und pinker Grapefruit, zart nach Birne, Wiesenkräuter klingen an. Mittlerer Körper, elegant, engmaschig, balanciert, zarte Tabakwürze, Noten von weißer Frucht, unkompliziertes Trinkvergnügen.

93 Weißburgunder * Kalk 2022
13 Vol.-%, DV, Stahltank, €€€€
Mittleres Gelbgrün, Silberreflexe. Feine Kräuternoten, ein Hauch von kandierten Orangenschalen, etwas nach Birnen, weißes Steinobst. Saftig, komplex, frische Apfelfrucht, gut eingebundene Säurestruktur, mineralisch, würziger Nachhall, guter Speisenbegleiter.

(93) Grauburgunder * Kalk 2022
13 Vol.-%, DV, kleines Holzfass/Stahltank, €€€€
Leuchtendes helles Gelbgrün. Gelbe Tropenfrucht, zart nach Maracuja, etwas Ananas, ein Hauch von Orangenschalen und Quitte. Saftig, extraktsüß, balanciert und engmaschig, weißes Steinobst, mineralischer Nachhall, guter Speisenbegleiter, sicheres Reifepotenzial.

92 Riesling * 2022
12,5 Vol.-%, DV, Stahltank, €€
Helles Gelbgrün, silberfarbene Reflexe. Weißes Steinobst, Wiesenkräuter, etwas Limettenzesten, frisches Bukett. Straff, lebendig, Pfirsichtouch, zitroniger Abgang, salziger Rückgeschmack, guter Speisenbegleiter.

91 Burgunder Cuvée von Eckhof 2022 WB/CH
13 Vol.-%, DV, Stahltank, €€
Mittleres Gelbgrün, silberfarbene Reflexe. Reife Apfelfrucht, zart nach Kardamom, etwas Guaven und Kapstachelbeeren, einladendes Bukett. Saftig, mittlere Komplexität, straff, lebendige Säure, mineralisch, bleibt gut haften, vielfältig einsetzbar.

90 Pinot Noir Reserve Edition Alexandra III 2019
13,5 Vol.-%, NK, kleines Holzfass, €€€€€
Kräftiges Karmingranat, violette Reflexe, breitere Ockerrandaufhellung. Reife Waldbeeren, zart nach eingelegten Kirschen, ein Hauch von Vanille. Mittlerer Körper, zart nach Himbeeren und Lakritze, salzig im Abgang, präsente Holznuancen, wird von Flaschenreife profitieren.

★★★

WEINGUT JOSEF EHMOSER

BIO

Josef und Martina Ehmoser bewirtschaften mit viel Leidenschaft erstklassige Rieden im östlichen Teil des Wagrams, eines markanten Höhenzugs aus Löss. Eine naturnahe Arbeitsweise, seit Generationen gelebte Nachhaltigkeit und ein bedingungsloser Qualitätsanspruch bilden dabei die Leitlinien. Als Mitglied bei den Österreichischen Traditionsweingütern vertraut das Weingut seinen Vorfahren und konzentriert sich auf traditionelle Weine – gewachsen im Einklang mit Boden, Klima und Sorte. Jede Flasche ist dabei etwas Typisches und Ursprüngliches vom Wagram – ein Unikat, geradlinig mit Aussage und Ausstrahlung. Das Sortiment präsentiert sich ausdrucksstark und umfassend: Die Hauptsorte ist der Grüne Veltliner, der auf den charakteristischen Lössböden hervorragend gedeiht und von klassisch-würzig über kraftvoll-elegant bis hin zu den beiden ÖTW-Erste-Lage-Weinen Ried Georgenberg und Ried Hohenberg gekeltert wird. Das Herzblut der Ehmosers hängt aber auch am vielschichtigen Weißburgunder. Dass auch Riesling in reinen Lösslagen eine herrliche Pikanz entwickelt, beweist Josef Ehmoser überzeugend. Die im großen Holzfass ausgebauten Rotweine Zweigelt und St. Laurent geben sich ebenfalls finessenreich und elegant.

Im Weingarten nimmt die Handarbeit einen hohen Stellenwert ein, und so wird ausschließlich händisch geerntet. Im Keller lässt Josef Ehmoser seinen Weinen Zeit, ihre eigene Persönlichkeit zu entwickeln. Er unterstützt stets das Potenzial seiner Weine und betont deren Eigenheit, ohne sie jedoch auf vorgeschriebene Wege zu zwingen. Die Kraft der Natur bleibt so zur Gänze erhalten, und das schmeckt man – auch noch Jahre später. International sind die regionaltypischen Weine des Weinguts Josef Ehmoser äußerst geschätzt. Jahrgang 2022 war die erste biozertifizierte Ernte.

95 Grüner Veltliner *
Ried Georgenberg 1ÖTW 2021

14 Vol.-%, NK, großes Holzfass, €€€€€

Mittleres Gelbgrün, Silberreflexe. Zarter Duft nach Ananas und Marillen, ein Hauch von Wiesenkräutern, zart nach Honig, einladendes Bukett. Komplex, saftig, straff, finessenreicher Säurebogen, weißes Steinobst im Abgang, salziger Nachhall, feinwürziger Rückgeschmack, vielfältig einsetzbar, mit Potenzial ausgestattet.

© Foto beigestellt

WEINGUT JOSEF EHMOSER
3701 Tiefenthal
Tiefenthal 9
T: +43 (2955) 70442
office@weingut-ehmoser.at
www.weingut-ehmoser.at

Kellermeister: Josef Ehmoser
Kontakt: Josef und Martina Ehmoser
Anbauweise: Zertifiziert Biologisch (Bio Austria)
Produktion: 80 % weiß, 20 % rot, 17 Hektar
Vereinszugehörigkeit: Traditionsweingüter Österreich
Messen: VieVinum

Martina und Josef Ehmoser

* Wagram DAC

Riesling

93 Grüner Veltliner * Ried Hohenberg 1ÖTW 2021
13,5 Vol.-%, NK, großes Holzfass, €€€€
Mittleres Gelbgrün, Silberreflexe. Papaya und Marillen, mit Blütenhonig unterlegt, zart nach Karamell, einladendes Bukett, Clementinen klingen an. Saftig, gute Komplexität, extraktsüß nach Mango, engmaschig, facettenreiche Säurestruktur, bleibt sehr gut haften, vielschichtiger Speisenbegleiter.

90 Grüner Veltliner * Terrassen 2022
12 Vol.-%, DV, Stahltank, €€
Mittleres Gelbgrün, Silberreflexe. Kräuterwürze, etwas nach weißem Apfel, ein Hauch von Zitruszesten, frisches, feinwürziges Bukett. Saftig, mittlerer Körper, Golden-Delicious-Apfel, gut eingebundener Säurebogen, bereits gut antrinkbar.

92 Riesling * Grossweikersdorf Vom gelben Löss 2022
12,5 Vol.-%, DV, Stahltank, €€€
Helles Gelbgrün. Dezente Pfirsichnote, unterlegt mit Grapefruitzesten, etwas nach Melisse, mineralische Anklänge. Mittlerer Körper, straff, frische Struktur, Noten von weißer Frucht, zitroniger Nachhall, bleibt gut haften, leichtfüßiges Finish.

92 Gemischter Satz * 2021
13 Vol.-%, DIAM, großes Holzfass/Beton, €€€
Mittleres Gelbgrün, Silberreflexe. Einladendes Bukett nach Marille und Passionsfrucht, kandierte Zitrusnoten, floral, Blütenhonig klingt an. Komplex, saftig, straff, feine Säurestruktur, Nuancen von gelber Frucht im Abgang, salziger Nachhall, lebendiges Finish.

(91) Weißer Burgunder * Grossweikersdorf Vom gelben Löss 2022
12,5 Vol.-%, DV, großes Holzfass, €€€
Mittleres Gelbgrün. Kräuternoten, zart nach Guaven, ein Hauch von Wiesenkräutern, tabakige Noten, Passionsfrucht. Saftig, elegant, extraktsüß nach Tropenfrucht, guter Grip, gut eingebundene Säurestruktur, Birnenfrucht im Nachhall, bereits gut antrinkbar.

91 Zweigelt Rosé 2022
12 Vol.-%, DV, Stahltank, €€
Helles Altrosa, Silberreflexe. Feine Tabak-Kräuter-Noten, zart nach Erdbeeren, ein Hauch von Kirsche, Drachenfrucht, floraler Touch. Saftig, balancierte Säurestruktur, mineralisch, pinker Pfirsich, bleibt gut haften, unkomplizierter Sommerwein.

★★

WEINHOF EHN

Der Wagram bietet mit seinen vielseitigen Plateaus und Hanglagen die idealen Voraussetzungen für Gerhard Ehn, um in bewusster Auseinandersetzung mit der Natur hochwertige Weine zu produzieren. 2003 übernahm der Winzer den Familienbetrieb und modernisierte ihn Schritt für Schritt, bis hin zum Kellerneubau. Auch die Etiketten wurden auf eine schlichte, aber aussagekräftige Linie geändert. Durch das Ausnutzen des vorhandenen Gefälles gelingt es dem Weingut, von der Traube bis zum fertigen Wein in der Flasche mit teilweise nur drei Pumpvorgängen das Auslangen zu finden. Je nach Sorte und Jahrgang werden die Weine im Stahltank, im großen Holzfass oder teilweise im Barrique ausgebaut.
Das Hauptaugenmerk des Winzers liegt auf dem Grünen Veltliner. Durch vier verschiedene Ausbauvarianten ist es hier gelungen, vom

WEINHOF EHN
3470 Engelmannsbrunn
Kapellenberg 47
T: +43 (2279) 27377
office@weinhofehn.at
www.weinhofehn.at

Kellermeister/Kontakt:
Gerhard Ehn
Produktion: 2 % Schaumwein, 85 % weiß, 3 % rosé, 10 % rot, 10 Hektar
Vereinszugehörigkeit:
Wagramer Selektion
Messen: VieVinum, Weinmesse Innsbruck

Gerhard Ehn

leichten, spritzigen Sommerwein »Swing« bis hin zum gehaltvollen Top-Veltliner aus der Ried Mordthal eine Reihe qualitativ hochwertiger Weine zu keltern, bei denen für jeden Geschmack etwas dabei ist. Die Sorten Roter Veltliner, Weißburgunder, Chardonnay, Riesling und Frühroter Veltliner runden das Angebot bei den Weißweinen ab. Beim Rotwein wird der Zweigelt sowohl klassisch als auch im Barrique ausgebaut. Ziel des aufstrebenden Betriebs ist es, mit moderner Kellertechnik und viel Naturbewusstsein hervorragende Weine zu produzieren, die einfach Freude am Genuss bereiten.

93 Grüner Veltliner * Gehnius Große Reserve 2021
13,5 Vol.-%, DV, gebrauchte Barriques, €€€€
Leuchtendes Gelbgrün, silberfarbene Reflexe. Zart nach Mango und reifen Feigen, ein Hauch von Würze und Toffee. Saftig, gute Komplexität, gut integrierter Säurebogen, Mango und Honigmelone im Abgang, mineralischer Nachhall, guter Speisenbegleiter mit Potenzial.

92 Grüner Veltliner * Ried Mordthal 2022
13,5 Vol.-%, DV, großes Holzfass, €€€
Leuchtendes Goldgelb, Grünreflexe. Etwas nach Kräutern und Blütenhonig, ein Hauch von Apfel und Kardamom, feine Maracujanoten. Straff, leichtfüßig, engmaschig, weißes Kernobst im Abgang, Melone im Nachhall, anhaltend, bereits gut antrinkbar.

91 Grüner Veltliner * Ried Satz 2022
13 Vol.-%, DV, Stahltank, €€
Leuchtendes Goldgelb, Silberreflexe. Etwas nach Mango und Passionsfrucht, zart nach Wiesenkräutern und Blütenhonig. Saftig, elegant, dezente Säurestruktur, Golden-Delicious-Apfelfrucht im Abgang, salziger Nachhall, unkomplizierter Speisenbegleiter.

90 Grüner Veltliner * Ried Hochrain 2022
12,5 Vol.-%, DV, Stahltank, €€
Mittleres Gelbgrün, silberfarbene Reflexe. Zarte Wiesenkräuter, ein Hauch von Papaya, etwas Apfelfrucht, tabakige Nuancen. Saftig, mittlerer Körper, feine Säurestruktur, etwas Kräuter, weißes Kernobst im Abgang, bereits gut antrinkbar.

91 Roter Veltliner * Ried Bromberg 2022
13 Vol.-%, DV, Stahltank, €€€
Mittleres Gelbgrün, silberfarbene Reflexe. Zarte Wiesenkräuter und Mango, etwas nach Birne und Gewürzen, einladendes Bukett. Saftig, kraftvoll, gut eingebundene Säurestruktur, mineralisch, Apfelfrucht im Abgang, stoffiges Finish.

89 Weißburgunder * 2022
13,5 Vol.-%, DV, Stahltank, €€

★★★

WEINGUT ERNST

Harald Ernst ist für Weininteressierte schon länger kein Unbekannter mehr. Aber nicht nur durch seine vielen »SALON«-Siege, »SALON«-Weine und Landessiege, sondern auch durch andere nationale und internationale Auszeichnungen ist man auf den Winzer aufmerksam geworden. Die wichtigste Sorte, wie könnte es am Wagram anders sein, ist für den Betrieb Grüner Veltliner, den es in mehreren Ausbaustufen gibt. Aber auch seine Rieslinge und Weißburgunder konnten schon große Auszeichnungen und exzellente Verkostungsergebnisse verbuchen. Seit einigen Jahren wird Roter Veltliner ausgebaut. Und auch mit dieser Sorte wurden bereits große internationale Erfolge erzielt.
Es wird bei der Bewirtschaftung der Rebanlagen großer Wert auf Nachhaltigkeit gelegt. Der Boden ist das Kapital, das für die nächsten Generationen gesund, vital und vor allem belebt erhalten werden muss. Der Artenvielfalt in der Pflanzen- und Tierwelt und der Mannigfaltigkeit der Bodenorganismen wird große Aufmerksamkeit geschenkt. Daher versucht man, mit vielen verschiedenen Pflanzen und Kräutern im Weingarten Leben in und über den Boden zu bringen. Denn nur auf gesunden und lebendigen Böden in Kombination mit einem Verständnis des Menschen für die Natur und die Reben werden sich diese wohlfühlen und auf Dauer hohe Traubenqualitäten hervorbringen können. Der Winzer ist bemüht, ein großes Blatt-Frucht-Verhältnis zu erreichen, das durch eine hohe Laubwand und starkes Ausdünnen erzielt wird.
Die Lese erfolgt stets in mehreren Durchgängen und immer zu 100 Prozent von Hand. Im gemütlichen, freundlichen Verkostungsraum kann man gegen Voranmeldung die Weine probieren.

WEINGUT ERNST
3701 Großwiesendorf
Großwiesendorf 34
T: +43 (2955) 70325
weingut.ernst@aon.at
www.weingut-ernst.at

Kellermeister/Kontakt:
Harald Ernst
Produktion: 90 % weiß, 3 % rosé, 7 % rot, 14 Hektar

93 Roter Veltliner * Grossweikersdorf Ried Steinberg 2022
13 Vol.-%, DV, Stahltank, €€€
Leuchtendes mittleres Goldgelb, Silberreflexe. Reife frische Birnenfrucht, etwas Mango, Blütenhonig und Mandarinenzesten. Mittlere Komplexität, gelbe Tropenfrucht, wieder etwas Mango, feine Fruchtsüße, mineralisch und gut anhaftend, ein facettenreicher Speisenbegleiter mit Reifepotenzial.

91 Roter Veltliner * 2022
12,5 Vol.-%, DV, Stahltank, €€
Helles Gelbgrün, Silberreflexe. Feine gelbe Tropenfrucht, ein Hauch von Birnen, kandierte Orangenzesten, etwas Blütenhonig. Mittlerer Körper, weißes Kernobst, feiner Säurebogen, mineralisch-zitroniger Touch, ein vielseitiger Speisenbegleiter.

(92) Riesling * Ried Steinberg 2022
13 Vol.-%, DV, Stahltank, €€
Mittleres Gelbgrün, Silberreflexe. Feine gelbe Tropenfrucht, Nuancen von Ananas und Maracuja, einladendes Bukett. Saftig, weißer Pfirsich, feine Fruchtsüße, lebendiger Säurebogen, mineralisch-zitroniger Touch, salziger Nachhall, gutes Reifepotenzial.

92 Weißburgunder * 2022
13,5 Vol.-%, DV, Stahltank
Helles Goldgelb, Silberreflexe. Zarte Birnenfrucht, ein Hauch von Orangenzesten, mit feinen Wiesenkräutern unterlegt. Mittlere Komplexität, weißes Kernobst, dezente Fruchtsüße, mineralisch und ausgewogen, ein vielseitiger Speisenbegleiter mit Reifepotenzial.

91 Grüner Veltliner * Ried Hohenberg 2022
13 Vol.-%, DV, Stahltank, €€
Mittleres Gelbgrün, Silberreflexe. Mit einem Hauch von Limetten unterlegte weiße Apfelfrucht, kandierte Orangenzesten. Mittlerer Körper, feine Nuancen von weißem Kernobst, zart nach Wiesenkräutern, zitronig-salziger Nachhall, bereits gut antrinkbar.

(91) Grüner Veltliner * Classic 2022
12,5 Vol.-%, DV, Stahltank
Mittleres Gelbgrün, Silberreflexe. Frischer gelber Apfel, zart nach Mango, dezente Kräuterwürze, Orangenzesten. Mittlerer Körper, Golden-Delicious-Apfel, saftig, feine Säurestruktur, dezente Fruchtsüße, mineralisch, gut entwickelt, ein vielseitiger Speisenbegleiter.

★★★★★

WEINBERGHOF KARL FRITSCH

BIO

Wein zu machen bedeutet für Karl Fritsch, Tradition auf ein positives Fundament für neues Handeln in der Gegenwart zu heben, denn erst aufgrund traditioneller Erfahrungen und Werte, die mit Inspirationen der Gegenwart gepaart werden, kann Kulturgut bewahrt und können neue Werte geschaffen werden.
Auf einer Fläche von 30 Hektar werden zu rund zwei Dritteln Weißwein mit Schwerpunkt Grüner Veltliner und Riesling und zu einem Drittel Rotwein erzeugt.
Der Wagram bietet in der Symbiose aus Klima und Boden speziell dem Grünen Veltliner hervorragende Bedingungen. Sucht man nach den Kernkompetenzen des Weinberghofs, dann testet man am besten den Grünen Veltliner, der hier sowohl als leichter Sommerwein als auch in Form von subtilen Lagenweinen, wie etwa von den Rieden Steinberg und Schlossberg, angeboten wird. Bei den Rotweinen zählt die Cuvée »Foggathal« zu den bekanntesten und besten Österreichs, aber auch der saftige Pinot Noir hat einen exzellenten Ruf.
Kopf des Weinberghofs ist Weinmacher Karl Fritsch. Er hat unter den Winzern der Region Wagram aufgrund seiner Innovationen und seiner Umsetzungskraft einen sehr guten Ruf und war hier für viele ein ausgezeichneter Mentor.
Sowohl die wachsende Zahl seiner Kunden als auch die Prämierungen der Weine zeigen die Erfolge seines Weinguts. Bei Karl Fritsch stehen seit der Umstellung auf Biodynamie im Jänner 2006 die Natur und ihre Ressourcen im Vordergrund seiner Arbeit, denn für ihn ist es nicht nur eine Verpflichtung, sondern auch ein Privileg, mit der Natur zu arbeiten. Ende 2007 wurde das Weingut Karl Fritsch in den Kreis der »Traditionsweingüter Österreich« aufgenommen, was seine wichtige Rolle im Weinbaugebiet Wagram unterstreicht.

97 Fritsch & Gottwald Tausend Weiss 2019 CH/WB
12,5 Vol.-%, KR, 500-l-Fass, €€€€€€ Ⓥ
Leuchtendes mittleres Goldgelb, Grünreflexe. Einladendes Bukett nach Ananas und Mandarinenzesten, ein Hauch von Karamell, zart nach Feigen, rotbeeriger Hauch, mit Holzwürze unterlegt. Gute Komplexität, vielschichtig, engmaschige, salzige Mineralik, zart nach Kräutern, weiße Tropenfrucht im Abgang, facettenreicher Speisenbegleiter, nussiger Nachhall, sicheres Potenzial.

WEINBERGHOF KARL FRITSCH
3470 Oberstockstall
Schlossbergstraße 9
T: +43 (2279) 5037
info@fritsch.cc
www.fritsch.cc

Kellermeister/Kontakt: Karl Fritsch
Anbauweise: Biodynamisch (respekt)
Produktion: 75 % weiß, 25 % rot, 30 Hektar
Vereinszugehörigkeit: Traditionsweingüter Österreich, respekt-BIODYN
Messen: Millésime Bio, ProWein Düsseldorf, VieVinum, MondoVino, Summa Margreid

Weingärten bei Oberstockstall

94 Materia Prima 2021 TR/GV

12,5 Vol.-%, NK, Beton/großes Holzfass, €€€€€ B

Zart getrübtes Orangegold, Silberreflexe. Frische Limetten, ein Hauch von Mandarinenzesten und Williamsbirne, attraktives Bukett. Saftig, präzise, rotbeerige Nuancen, feiner Säurebogen, kalkige Frische, grüner Apfel im Nachhall, ein animierender Natural Wine.

96 Grüner Veltliner Ried Schlossberg 1ÖTW 2021

13 Vol.-%, DV, Stahltank, €€€€€ B V

Mittleres Grüngelb, Silberreflexe. Zarte Kräuterwürze, feine Nuancen von weißem Kernobst, ein Hauch von Orangenzesten und Verveine. Straff, elegant, feine Apfelnuancen, etwas Melone, saftig und frisch, mineralisch-zitronig im Abgang, ein animierender, leichtfüßiger Speisenbegleiter mit Pikanz und Frische, sicheres Reifepotenzial.

94 Grüner Veltliner * Ried Steinberg 2022

12,5 Vol.-%, DV, Stahltank, €€€ B V

Helles Grüngelb, Silberreflexe. Zart nach Mandarinenzesten, ein Hauch von Golden-Delicious-Apfel, Nuancen von Blütenhonig. Stoffig, engmaschig, feine Nuancen von weißem Kernobst, finessenreicher Säurebogen, komplex, dabei leichtfüßig und engmaschig, mit mineralischem Abgang, bereits gut antrinkbar, ein facettenreicher Speisenbegleiter.

93 Grüner Veltliner * Kirchberg 2022

12,5 Vol.-%, DV, Stahltank, €€€ V

Helles Grüngelb, Silberreflexe. Zart nach gelbem Kernobst, frische Wiesenkräuter, ein Hauch von Verveine und Kamille, zart nach Mandarinenzesten. Stoffig, elegant, gelber Apfel, feiner Säurebogen, mineralisch-zitronig im Abgang, vielfältig einsetzbar.

93 Grüner Veltliner Geiler Stoff by Alexander Fritsch 2021

12,5 Vol.-%, DV, großes Holzfass, €€€

Zart getrübtes Goldgelb, Silberreflexe. Zarte Nuancen von gelber Tropenfrucht, dezente Kräuterwürze. Straff, mineralisch, engmaschig, ein Hauch von grüner Birne, salzig im Abgang, Limetten im Nachhall, ein animierender Speisenbegleiter.

95 Riesling Ried Mordthal 1ÖTW 2021

12,5 Vol.-%, DV, Stahltank, €€€€€ B V

Mittleres Goldgelb, Silberreflexe. Zart floral unterlegte feine gelbe Pfirsichfrucht, kandierte Orangenzesten, mineralischer Touch. Straff, engmaschig, feine weiße Tropenfrucht, lebendige, finessenreiche Struktur, Noten von Limetten, salziger Nachhall.

93 Riesling * Wagram 2022

12,5 Vol.-%, DV, Stahltank, €€€ B V

Helles Grüngelb, Silberreflexe. Intensive Nuancen von gelbem Pfirsich, floraler Touch, ein Hauch von Ananas, sehr einladendes Bukett. Straff, engmaschig, weiße Frucht, lebendig und frisch, sehr trinkfreudig, ein vielseitiger, zugänglicher Sortenvertreter.

94 Roter Veltliner Ried Steinberg 1ÖTW 2021

12,5 Vol.-%, DV, Stahltank, €€€€€ B V

Mittleres Goldgelb, Silberreflexe. Zart nussig unterlegte reife Birnenfrucht, ein Hauch von Quitten, kandierte Mandarinenzesten, ein Hauch von Blütenhonig. Saftig, elegant, feine Nuancen von gelbem Steinobst, etwas Honigmelone, dezente Fruchtsüße im Abgang, mineralisch und vielfältig einsetzbar.

96 Pinot Noir P 2019

13 Vol.-%, NK, 500-l-Fass, €€€€€

Kräftiges Karmingranat, violette Reflexe, breite Randaufhellung. Ein Hauch von Nougat, eingelegte Kirschen, ein Hauch von Vanille. Komplex, straff, engmaschig, feine Tannine, mineralisch-salzig im Abgang, verfügt über Würze und Länge, ein kerniger Speisenbegleiter, gutes Reifepotenzial, wird noch weiter zulegen.

92 Pinot Noir Ruppersthal 2021

12,5 Vol.-%, DV, kleines Holzfass, €€€€ B V

Leuchtendes mittleres Kirschrot, Silberreflexe. Frische rotbeerige Nuancen, ein Hauch von Johannisbeeren, dezente Kräuterwürze. Frisch, lebendig, zart nach Erdbeeren, mineralisch, lebendig, feine Fruchtsüße im Abgang, sehr animierend, ein frischer Speisenbegleiter.

★★★★

WEINGUT JOSEF FRITZ

Seit 2003 führen Irene und Josef Fritz das Weingut Fritz in Zaußenberg bei Königsbrunn am Wagram – heute mit insgesamt 16 Hektar Rebfläche –, und seit 2020 ist das Weingut auch Mitglied der »Traditionsweingüter Österreich«. Die Lagen Mordthal, Himmelreich, Steinberg und Schlossberg mit Böden aus Löss, Tertiärschotter und Sandstein bieten den Rebsorten Roter und Grüner Veltliner, Roter Traminer, Weißburgunder und Riesling sowie Blauer Zweigelt und St. Laurent gemeinsam mit dem milden Klima der Region beste Voraussetzungen.

Ökologisches Gleichgewicht ist das Um und Auf in den Weingärten, damit der Facettenreichtum einer möglichst unberührten Natur für die Zukunft erhalten bleibt. Aus diesem Grund beschränken sich Irene und Josef Fritz auf minimalen Pflanzenschutz im Rahmen der Umstellung auf biologischen Weinbau. Wein versteht man hier als Summe von Mensch, Natur und der Kulturlandschaft Weingarten. Nur absolut reifes und sauberes Traubenmaterial kommt hier in den Keller. Dies bedingt eine rigorose Selektion im Weingarten und schonende Lese von Hand. Die Weißweine werden zur Erhaltung ihres frischen und fruchtigen Aromas sauber und kühl in Edelstahltanks vergoren und nach dem ersten Abstich im klimatisch idealen, in den Löss gebauten Keller gelagert. Die leichteren Weine lagern bis zur Flaschenfüllung in Edelstahltanks, die Lagenweine in Holzfässern.

Seit 2019 besteht das Restaurant »Josefs Himmelreich«, benannt nach einer Zaußenberger Weinlage und auch nach dem Winzer. Seit dem Vorjahr sorgt dort der Weststeirer Marco Gangl, der sich sein Rüstzeug beim Landhaus Bacher, aber auch beim schwedischen Dreisterner Frantzén holte, für kulinarische Highlights.

96 Roter Veltliner * Ruppersthal Ried Steinberg 1ÖTW Privat 2021

13,5 Vol.-%, NK, kleines Holzfass, €€€€€

Leuchtendes Goldgelb, Silberreflexe. Einladendes Bukett nach Honigmelone und Passionsfrucht, dezenter Honigtouch, florale Nuancen, Orangenblüten klingen an, einladendes Bukett. Straff, komplex, kraftvoll, gut integrierte Säurestruktur, facettenreich und mineralisch, reife Tropenfrucht, Birnentouch im Abgang, vielschichtiger Speisenbegleiter.

WEINGUT JOSEF FRITZ
3701 Zaußenberg
Ortsstraße 3
T: +43 (2278) 2515
office@weingut-fritz.at
www.weingut-fritz.at

Kellermeister: Josef Fritz
Kontakt: Josef und Irene Fritz
Anbauweise: Umstellung auf bio
Produktion: 5 % Schaumwein, 90 % weiß, 5 % rot, 16 Hektar
Zertifiziert: Nachhaltig Austria
Vereinszugehörigkeit: Traditionsweingüter Österreich, Weingüter Wagram
Messen: ÖGW Zürich, ProWein Düsseldorf, VieVinum

Johannes Fritz

* Wagram DAC

Roter Traminer

94 Roter Veltliner * Ruppersthal Ried Mordthal 1ÖTW 2021
13 Vol.-%, NK, großes Holzfass, €€€€
Mittleres Gelbgrün, silberfarbene Reflexe. Zarte Honignoten, etwas nach Mango und Marillen, ein Hauch von Kokos, floraler Touch, mit Zitrusnoten unterlegt. Gute Komplexität, elegant, balancierte Säurestruktur, mineralisch-salzig, Birnenfrucht im Abgang, würziger Nachhall, zitroniger Rückgeschmack, sicheres Entwicklungspotenzial.

93 Roter Veltliner * Großweikersdorf Ried Steinberg 2022
13 Vol.-%, DV, großes Holzfass, €€€
Mittleres Gelbgrün, Silberreflexe. Feine Kräuternoten, zart nach Maracuja, Williamsbirne klingt an, Honigmelone und Kumquats. Komplex, saftig, gut eingebundener Säurebogen, mineralisch-salzig, etwas nach Orangen und gelbem Kernobst, guter Speisenbegleiter mit Potenzial.

90 Roter Veltliner * Terrassen 2022
12,5 Vol.-%, DV, Stahltank, €€
Mittleres Gelbgrün, silberfarbene Reflexe. Zarte Quittennote, etwas nach Feigen, ein Hauch von Blütenhonig, Wiesenkräuter klingen an. Mittlere Komplexität, saftig, Nuancen von gelber Frucht im Abgang, würziger Nachhall, bereits gut antrinkbar.

97 Roter Veltliner Josef vs. Johannes 2020
13,5 Vol.-%, NK, kleines Holzfass, €€€€€€
Mittleres Goldgelb, silberfarbene Reflexe. Honig und Kräuterwürze, unterlegt mit Passionsfrucht, Karamell, zartes Toffee, ein Hauch von Mango, reife Ananas klingt an. Gute Komplexität, kraftvoll, feine Würze, gut integrierter Säurebogen, Ananas auch im Abgang, salziger Rückgeschmack, vielschichtiger Speisenbegleiter, gutes Reifepotenzial.

92 Roter Veltliner Gondwana 2021
13 Vol.-%, NK, Beton, €€€€€
Leuchtendes Goldgelb, Silberreflexe. Zarte Kräuternoten, etwas nach Mango, ein Hauch von Papaya, floraler Touch, zart nach Gewürzen wie Anis. Saftig, straff, mineralisch, gelbe Apfelfrucht, etwas Mango im Abgang, kraftvolles Finish.

93 Grüner Veltliner * Mitterstockstall Ried Schlossberg 1ÖTW 2021
12,5 Vol.-%, NK, großes Holzfass, €€€€
Mittleres Gelbgrün, silberfarbene Reflexe. Etwas nach Maracuja und Kräutern, zart nach Melisse, etwas Honigmelone, Kardamom klingt an. Saftig, mittlere Komplexität, Gewürze, Ananas im Abgang, salziger Nachhall, guter Speisenbegleiter.

92 Grüner Veltliner * Zaussenberg Ried Himmelreich 2022
13 Vol.-%, DV, Stahltank, €€
Mittleres Gelbgrün, silberfarbene Reflexe. Frische gelbe Tropenfrucht, etwas nach Blütenhonig, zart nach Wiesenkräutern, ein Hauch von Papaya und Ananas. Saftig, komplex, gut eingebundene Säurestruktur, feinwürzig, extraktsüß nach Birne, bleibt gut haften.

93 Traminer * Große Reserve 2021
13,5 Vol.-%, NK, kleines Holzfass, €€€€
Mittleres Goldgelb, silberfarbene Reflexe. Zart nach Mango und kandierten Orangenzesten, Honig, ein Hauch von Rosenöl und Eibischnoten. Komplex, straff, gut integrierte Säurestruktur, feinwürzig, Apfelnoten im Abgang, salziger Nachhall, kraftvoller Speisenbegleiter.

93 Chardonnay * Große Reserve 2021
13,5 Vol.-%, NK, kleines Holzfass, €€€€
Mittleres Gelbgrün, silberfarbene Reflexe. Zarte Holzwürze, etwas nach Brioche, ein Hauch von Quitte, gelbe Tropenfrucht, Ananas klingt an. Saftig, gute Komplexität, gut eingebundene Säurestruktur, mineralisch, Gewürznoten, tabakig, Maracuja im Abgang, sicheres Potenzial.

92 Roter Traminer Tertiär T. 2021
13 Vol.-%, NK, kleines Holzfass, €€€€
Trübes Gelbgrün. Zart nach Eibisch und rotem Apfel, etwas nach Cox-Orange-Apfel, Kräuternoten, etwas nach Lindenblüten, Kreuzkümmel klingt an. Saftig, elegant, feine Säurestruktur, mineralisch-salzig, etwas nach Papaya, würziger Abgang, mineralisch, tabakiger Rückgeschmack.

★★

WINZERHOF GMEINER

Der Winzerhof Gmeiner liegt in Seebarn am Wagram, rund fünf Kilometer von Schloss Grafenegg entfernt. Die Weingärten verteilen sich entlang des Wagrams. Der Sortenspiegel des erfolgreichen Winzers Christian Gmeiner besteht in etwa zur Hälfte aus Weißweinsorten wie Grüner Veltliner, Riesling, Chardonnay, Sauvignon Blanc und Muskateller, die andere Hälfte machen Rotweinsorten wie Zweigelt, Cabernet Sauvignon, Shiraz, Pinot Noir und Roesler aus. Im Sortiment ist auch eine Rotweincuvée namens »Capirah«, die für 15 Monate im Kastanienholz ausgebaut wird.
Zahlreiche Auszeichnungen bestätigen, dass der Winzer, der Jahr für Jahr gute Serien sowohl mit seinen Weiß- als auch mit seinen Rotweinen vorlegt, auf dem richtigen Weg ist. Immer wieder wagt er sich an neue Projekte oder Ausbaustufen heran, wie zum Beispiel beim Cabernet Sauvignon Grande Reserve, dem Zweigelt No. 1 oder dem Zweigelt Goldberg Jahrgang 2000 mit über 20-jähriger Fasslagerung, beim Chardonnay, der 15 Jahre im Holz lagerte, oder bei Perligem wie dem Frizzante vom Cabernet Sauvignon in Rosé und Weiß vom Welschriesling. Alle Weine kann man auch beim Heurigen verkosten.

93 Grüner Veltliner * Ried Eisenhut 2022
13,5 Vol.-%, DV, Stahltank, €€
Mittleres Grüngelb, Silberreflexe. Feiner Blütenhonig, Orangenzesten, ein Hauch von Honigmelone, etwas Marille. Komplex, feine gelbe Apfelfrucht, zarter Säurebogen, dezente Fruchtsüße im Nachhall, feine salzige Nuancen, ein stoffiger Speisenbegleiter.

92 Grüner Veltliner * Ried Wora 2022
13 Vol.-%, DV, Stahltank, €€
Mittleres Grüngelb, Silberreflexe. Zarte Kräuterwürze, feine gelbe Tropenfrucht, ein Hauch von Mango und Orangenzesten. Mittlere Komplexität, weiße Apfelfrucht, etwas Honigmelone, feiner Säurebogen, mineralisch, dezente Süße im Nachhall, ein vielseitiger Speisenbegleiter.

89 Grüner Veltliner * Trio 2022
12,5 Vol.-%, DV, Stahltank, €€

92 Riesling * Limited Edition 2022
13 Vol.-%, DV, Stahltank, €€
Helles Gelbgrün, Silberreflexe. Zarte Nuancen von frischem Pfirsich, ein Hauch von Blüten, zart nach Limettenzesten. Straff, engmaschig, weißer Apfel, frischer Säurebogen, zitronig-mineralisch, feine salzige Nuancen, lebendig, ein vielseitiger Speisenwein.

91 Sauvignon Blanc * 2022
13 Vol.-%, DV, Stahltank, €€
Helles Goldgelb, Silberreflexe. Feine Nuancen von Cassis und gelben Stachelbeeren, Blütenhonig, einladendes Bukett. Saftig, kraftvoll, zart nach gelber Tropenfrucht und etwas Karamell, bleibt haften, ein komplexer, gut entwickelter Speisenbegleiter.

90 Chardonnay * 2022
13 Vol.-%, DV, Stahltank, €€
Helles Goldgelb, Silberreflexe. Zart nach gelber Tropenfrucht, etwas Blütenhonig, Orangenzesten, einladendes Bukett. Saftig, elegant, weißer Apfel, zarte Fruchtsüße, finessenreiche Säurestruktur, zitronig-salzig im Abgang, ein leichtfüßiger Speisenbegleiter.

WINZERHOF GMEINER
3484 Seebarn
Hauptstraße 65
T: +43 (664) 4858891
office@gmeiner-weine.at
www.gmeiner-weine.at

Kellermeister/Kontakt:
Christian Gmeiner
Produktion: 8 % Schaumwein, 50 % weiß, 5 % rosé, 35 % rot, 2 % süß, 8 Hektar
Messen: Vinobile Feldkirch

Kellergasse bei Fels am Wagram

WEINGUT NORBERT GREIL
3465 Unterstockstall
Alte Weinstraße 4
T: +43 (2279) 2139
office@weingut-greil.at
www.weingut-greil.at

Kellermeister/Kontakt:
Norbert Greil
Produktion: 60 % weiß, 40 % rot, 8 Hektar
Vereinszugehörigkeit:
Wagramer Selektion
Messen: DAC-Präsentationen

★★

WEINGUT NORBERT GREIL

Leidenschaft ist die Motivation für Weinliebhaber, die zu lustvollem Genuss, zu Faszination und zu Sehnsucht nach einem Weinerlebnis führt – ein Eckpfeiler auf dem Weingut Greil, das im schönen Weindorf Unterstockstall bei Kirchberg am Wagram seit 1778 als Familienbetrieb geführt wird.
Davor hieß das Weingut Klosterhof (Zehenthof) und gehörte zum Kloster St. Andrä an der Traisen. Deren Mönche begründeten das Anwesen im Mittelalter, im Nachbarock wurde dem Gut sein heutiges Antlitz verpasst. Drei überlebensgroße Terracottastatuen, die Göttinnen für Obst-, Weinbau und Landwirtschaft, kamen aus der Toscana nach Unterstockstall. Eine davon ziert heute, im 21. Jahrhundert, das Weinetikett der Familie Greil.

92 Grüner Veltliner * Ried Schlossberg Große Resverve 2021
14 Vol.-%, DV, großes Holzfass, €€€ F
Helles Gelbgrün, Goldreflexe. Zarte Kräuterwürze, unterlegt mit feiner Holzwürze, ein Hauch von Papaya, Passionsfrucht klingt an. Saftig, frisch, elegant, feine Säurestruktur, mineralisch, leichtfüßig, gute Balance, vielfältig einsetzbar.

89 Grüner Veltliner * Ried Steinthal 2022
13 Vol.-%, DV, Stahltank, €€

90 Weißburgunder * Terra 2022
13 Vol.-%, DV, €€
Helles Gelbgrün, Silberreflexe. Etwas nach Ananas und Litschis, ein Hauch von Guaven, Limonenzesten klingen an. Mittlerer Körper, frische Struktur, Birnen-Apfel-Frucht im Abgang, salzig, etwas weitmaschig, bereits gut antrinkbar.

(88) Chardonnay * Terra 2022
13 Vol.-%, DV, Stahltank, €€

91 Roter Traminer Terra 2022
14 Vol.-%, DV, Stahltank, €€€
Leuchtendes Gelbgrün, Silberreflexe. Feine Mandarinenzesten, etwas nach Quitte, florale Nuancen, ein Hauch von Papaya. Saftig, elegant, fruchtsüß, würzig, Extraktsüße im Abgang, unkomplizierter Speisenbegleiter.

91 Terra Inspiration 2021 WB/CH
14 Vol.-%, DV, Barrique, €€€
Mittleres Gelbgrün, Goldreflexe. Mit feinen Karamellnoten unterlegte reife Tropenfrucht, etwas nach Gewürzen, zart nach Blütenhonig, nussiger Touch. Mittlerer Körper, frische Säurestruktur, feinwürzig, frische Fruchtsüße, Birnentouch, bereits gut antrinkbar.

★★

WEINHOF GRILL

Der Weinhof Grill beschäftigt sich sehr intensiv mit dem Grünen Veltliner, der am Wagram hervorragende Bedingungen vorfindet. Die Palette reicht vom leichten, fruchtigen bis hin zum kräftigen, gereiften Wein. Ein ganz besonderes Augenmerk legt die Winzerin Gudrun Grill-Gnauer auf den Roten Veltliner: Die alte, fast in Vergessenheit geratene Sorte wird Jahr für Jahr in einer hohen Qualität erzeugt. Aber auch Rieslinge erlangen auf den tiefgründigen Lössböden ihr volles Aroma mit einer sehr ausgewogenen Säure. Weißburgunder und Chardonnay finden in der Cuvée »Emilia« ihre Bestimmung.
Die Philosophie von Gudrun Grill-Gnauer ist es, Weine zu erzeugen, die einfach und unkompliziert zu trinken sind und Freude bereiten, aber auch Weine, die über Kraft und Finesse verfügen und für eine längere Lagerung geeignet sind.

92 Grüner Veltliner * Ried Brunnthal 2022
13,5 Vol.-%, DV, Stahltank, €€
Mittleres Gelbgrün, silberfarbene Reflexe. Feine Mangonoten, etwas nach Orangenzesten, zart nach Blütenhonig, Sanddorn, einladendes Bukett. Mittlere Komplexität, saftig, elegant, gut integrierte Säurestruktur, mineralisch, Apfelnoten im Abgang, guter Speisenbegleiter.

91 Grüner Veltliner * Fels am Wagram Ried Scheiben Selektion 2022
13 Vol.-%, DV, Stahltank, €€
Mittleres Gelbgrün, Silberreflexe. Feine Tabakwürze, dunkle Mineralik, gelbe Tropenfrucht, zart nach Guaven. Balanciert, mittlerer Körper, gut eingebundene Säurestruktur, gelbfruchtig im Abgang, bleibt gut haften.

90 Grüner Veltliner * Fels am Wagram Ried Scheiben 2022
12,5 Vol.-%, DV, Stahltank, €€
Helles Grüngelb, Silberreflexe. Zart nach Kernobst, ein Hauch von Wiesenkräutern, weißer Apfel, mit Orangenzesten unterlegt. Mittlere Komplexität, frisch strukturiert, dezente Mangonote im Abgang, bietet unkompliziertes Trinkvergnügen.

92 Roter Veltliner * Ried Fumberg 2021
13,5 Vol.-%, DV, Stahltank, €€€
Mittleres Gelbgrün. Noten von reifer Ananas, etwas nach Blütenhonig, zart nach Guaven, Wiesenkräuter klingen an, mit Karamell unterlegt. Saftig, straff, Marillentouch im Abgang, Orangen im Nachhall, bleibt gut haften, vielfältig einsetzbar.

89 Roter Veltliner * 2022
12,5 Vol.-%, DV, Stahltank, €€

91 Riesling * Ried Brunnthal 2022
13,5 Vol.-%, DV, Stahltank, €€
Mittleres Gelbgrün, silberfarbene Reflexe. Zart nach Quitte und Marillen, unterlegt mit Grapefruit, zart nach Kräutern. Mittlerer Körper, feine Säurestruktur, Pfirsich im Abgang, frisches Finish, unkomplizierter Speisenbegleiter.

92 Cuvée Emilia 2022 WB/CH
13 Vol.-%, DV, Stahltank, €€
Mittleres Gelbgrün, Silberreflexe. Tabakwürze, frische Tropenfrucht, Zitronengras, Steinobstnoten klingen an. Saftig, gute Komplexität, gut eingebundene Säurestruktur, mineralisch-salzig, etwas Papaya, Pfirsich im Finish, guter Speisenbegleiter.

WEINHOF GRILL
3481 Fels am Wagram
Untere Marktstraße 19
T: +43 (2738) 2239
gudrun.grill@aon.at
www.weinhof-grill.com

Kellermeister/Kontakt:
Gudrun Grill-Gnauer
Anbauweise: Umstellung auf bio
Produktion: 70 % weiß, 29 % rot, 1 % süß, 12 Hektar
Vereinszugehörigkeit:
Weingüter Wagram
Messen: ProWein Düsseldorf, VieVinum, Vinobile Feldkirch, Vinobile Montfort

Karin und Herbert Groiß

BIOWEINGUT GROISS
3701 Kleinwiesendorf
Kleinwiesendorf 24
T: +43 (2955) 70 234
office@weingutgroiss.at
weingutgroiss.at

Kellermeister: Herbert Groiß
Kontakt: Karin und Herbert Groiß
Anbauweise: Zertifiziert Biologisch (Austria Bio Garantie)
Produktion: 120.000 Flaschen
5 % Schaumwein, 70 % weiß,
25 % rot, 15+13 Hektar

BIOWEINGUT GROISS

NEU - BIO

Karin und Herbert Groiß lieben, was sie tun – für ein besseres Ganzes und mit Genuss. Die beiden arbeiten eng mit der Natur, passen sich ihren Vorgaben an, nehmen ihre Stärken auf und meißeln sie heraus – beim Wein und im Leben.
In dritter Generation führen sie das Weingut nun und sind im Herzen schon seit Langem Bio-Winzer, seit 2019 auch offiziell. Sie bewirtschaften ihre Weingärten bioLOGISCH, weil es für sie nicht egal ist, wie der Wein entsteht und wer den Preis dafür bezahlt. Sie unterstützen die natürlichen Kräfte, um die Reben stark und gesund zu halten. Pflanzen, Lebewesen, generationsübergreifendes Wissen und die Hand des Winzers, die den Boden berührt: All das macht ein besseres Ganzes – mit Genuss und frei nach ihrem Motto: »Das Leben ist schön, und wir sind mittendrin.«

91 Riesling * 2022
13 Vol.-%, DV, Stahltank, €€ B V
Helles Gelbgrün, silberfarbene Reflexe. Zarte Wiesenkräuter, frische Zitrusnuancen, weißes Steinobst, ein Hauch von Melisse. Saftig, leichtfüßig, gut integrierte Säurestruktur, mineralisch-salzig, gelbe Tropenfrucht, zitroniger Nachhall, bleibt gut haften.

91 Grüner Veltliner * Ried Steinberg Alte Reben 2021
13 Vol.-%, DV, Stahltank, €€ B V
Mittleres Gelbgrün, Silberreflexe. Kandierte Orangenschalen, zart nach Mango, etwas Blütenhonig, ein Hauch von Guaven. Saftig, elegant, feine Würze, reife gelbe Frucht, gut eingebundene Säurestruktur, mineralisch, bereits gut antrinkbar.

90 Grüner Veltliner * Großweikersdorf Ried Steinberg 2022
13 Vol.-%, DV, Stahltank, €€ B V
Mittleres Gelbgrün, silberfarbene Reflexe. Kräuterwürze, ein Hauch von Maracuja, zart floral, Papaya klingt an. Saftig, straff, frische Säurestruktur, zart blättrig, weißes Kernobst im Abgang, bleibt gut haften.

90 Roter Veltliner * 2022
13,5 Vol.-%, DV, Stahltank, €€ V
Mittleres Gelbgrün, silberfarbene Reflexe. Zarte Birnenfrucht, etwas Blütenhonig, ein Hauch von Papaya, Feigen klingen an. Saftig, mittlere Komplexität, gut eingebunde-

ner Säurebogen, dunkle Mineralik, würzig, gelber Apfel im Abgang, bereits gut antrinkbar.

89 Chardonnay * 2022
13,5 Vol.-%, DV, Stahltank, €€ Ⓑ Ⓥ

89 Cabernet Sauvignon / Merlot Cuvée 2020 CS/ME
13,5 Vol.-%, DV, Teilbarrique, €€ Ⓑ

WEINGUT HABSBURG

NEU

Das Haus Habsburg war eines der einflussreichsten und angesehensten Königshäuser Europas. Es ist das schlagende Herz Europas, das stolz ist auf seine imperiale Geschichte und landschaftliche Pracht: Österreich, ein Land der Musik, Kunst, Kultur, Geschichte und der feinen Küche. Und so ist auch das Weingut Habsburg Teil dieser reichen kulturellen und kulinarischen Geschichte Österreichs und wird vom Spross der Habsburger-Dynastie, dem Weinproduzenten und Unternehmer Maximilian Habsburg-Lothringen, erfolgreich in die Zukunft geführt.
Als Hobby begonnen – mit ursprünglich 0,5 Hektar Anbaufläche in Großriedenthal im Weinbaugebiet Wagram – lieferten die wohlgehegten, in Familienbesitz stehenden Rieden etwas mehr Wein, als die Familie verbrauchen konnte. Und so bekam auch ein kleiner Kreis von Liebhabern erlesener Raritäten immer wieder die Möglichkeit, am privaten Genuss des Weinguts Habsburg teilzuhaben.
Inzwischen ist das Weingut auf vier Hektar angewachsen, was etwas mehr als 20.000 Flaschen bedeutet. Jede dieser Flaschen wurde mit Liebe und Sorgfalt hergestellt, und die önologischen Kostbarkeiten garantieren höchste Exklusivität. Der nachhaltige Umgang mit den Ressourcen und die Erhaltung der Kulturlandschaft der Weinrieden haben dabei einen hohen Stellenwert.

(93) Grüner Veltliner * Erzherzog Maximilian von Österreich 2022
13,5 Vol.-%, DV, großes Holzfass, €€€€
Mittleres Grüngelb, Silberreflexe. Feine tabakige Würze, Nuancen von Wiesenkräutern, ein Hauch von Golden-Delicious-Apfel, zart nach Ringlotten, etwas frische Birne. Komplex, stoffig, feine Fruchtsüße, dezente Säurestruktur, ein Hauch von Honig, zeigt gute Länge, sicheres Reifepotenzial.

92 Grüner Veltliner Ried Goldberg 2022
12,5 Vol.-%, DV, Stahltank, €€€
Mittleres Grüngelb, Silberreflexe. Frische gelbe Apfelfrucht, ein Hauch von Mango und Blütenhonig, mit kandierten Orangenzesten unterlegt. Saftig, elegant, Nuancen von weißem Kernobst, feiner Säurebogen, mineralisch und gut anhaftend, ein herzhafter, bereits gut antrinkbarer Speisenbegleiter.

92 Cuvée Maximilian I. 2019 ZW/ME/SY
14 Vol.-%, NK, Barrique, €€€€€
Kräftiges Rubingranat, violette Reflexe, breitere Ockerrandaufhellung. Zart nach Cassis, ein Hauch von Lakritze, schwarze Kirschen, feine Edelholzwürze. Mittlerer Körper, rotbeerige Textur, frische Kirschen, salzige Nuancen, mineralisch und anhaftend, noch recht jugendlich, gutes Reifepotenzial.

WEINGUT HABSBURG
1090 Wien
Lazarettgasse 37
T: +43 (1) 9686549
office@weingut-habsburg.com
weingut-habsburg.com/

Kellermeister: Maximilian Habsburg-Lothringen
Kontakt: Maximilian Habsburg-Lothringen, Inna Habsburg-Lothringen
Produktion: 26.667 Flaschen
60 % weiß, 40 % rot, 4 Hektar
Messen: VieVinum

92 Cuvée Erzherzog Maximilian von Österreich 2018 ME/SY
14,5 Vol.-%, NK, Barrique, €€€€€€
Mittleres Karmingranat, violette Reflexe, breitere Ockerrandaufhellung. Zart nach Kräutern und Edelholz, reife Zwetschken, süße Herzkirschen, mit kandierten Orangenzesten unterlegt, etwas Vanille und Nougat. Saftig, elegant und rund, reife Kirschfrucht, seidige Tannine, gute Balance, mineralisch-salzig im Abgang, bereits gut entwickelt, ein vielseitiger Speisenbegleiter mit weiterem Entwicklungspotenzial.

91 Zweigelt Reserve Barrique 2021
13,5 Vol.-%, DV, gebrauchte Barriques, €€€
Dunkles Rubingranat, violette Reflexe, dezente Ockerrandaufhellung. Feine Kräuterwürze, reife Zwetschken, ein Hauch von Dörrfeigen und Nougat, einladendes Bukett. Mittlere Komplexität, eingelegte Kirschen, feine Tannine, rotbeeriger Touch, Kirschen im Nachhall, ein schwungvoller Begleiter bei Tisch.

★★

WEINGUT HEIDERER-MAYER

Immer im Einklang mit der Natur, im Streben, höchste Qualität vom Rebstock in die Flasche zu bringen – das ist das Motto des Familienbetriebs Heiderer-Mayer. Das klassifizierte Weingut der »Wagramer Selektion« bewirtschaftet mehr als 30 Hektar in Baumgarten am Wagram.
Die südlich abfallenden Lössterrassen sind prädestiniert für Weißweine, allen voran für Grüne Veltliner. Auch fruchtbetonte Chardonnays und finessenreiche Rieslinge überzeugen mit ihrer klaren Struktur. Die besondere Liebe aber gehört dem Rotwein, wofür die Trauben in geschützten Kessellagen mit geeigneten Böden exzellent gedeihen. Neben den Sortenschwerpunkten Zweigelt und St. Laurent wird auch ein Cabernet Sauvignon vinifiziert. Das Hauptaugenmerk wird auf fruchtige, kräftige Rotweine mit samtigem Tannin und schöner Farbintensität gelegt. Die im Barriquefass gereifte Rotweincuvée namens »Legat« soll die Mitgliedschaft bei der »Europäischen Weinritterschaft« bekunden. Mit dem Burgunder-Frizzante »Esprit« wird das vielseitige Angebot ergänzt.
Bei einer Verkostung im gemütlichen Koststüberl kann man nicht nur den Lebenslauf der Weine kennenlernen, sondern sich auch vom

Reinhard und Stefan Mayer

WEINGUT HEIDERER-MAYER
3701 Großweikersdorf
Baumgarten am Wagram 25
T: +43 (2955) 70368
office@heiderer-mayer.at
www.heiderer-mayer.at

Kellermeister: Reinhard Mayer
Kontakt: Stefan Mayer
Produktion: 5 % Schaumwein, 56 % weiß, 3 % rosé, 35 % rot, 1 % süß, 30 Hektar
Vereinszugehörigkeit: Wagramer Selektion
Messen: Alles für den Gast Salzburg, Gast Klagenfurt, ProWein Düsseldorf

© Thomas Aschauer

Trinkspaß und dem sehr guten Preis-Leistungs-Verhältnis überzeugen.

92 Roter Veltliner * Ried Steinberg 2022
13,5 Vol.-%, DV, Stahltank/kleines Holzfass, €€€€
Mittleres Goldgelb, Silberreflexe. Feine Fruchtsüße, reife Birnenfrucht, ein Hauch von Quitten und Blütenhonig. Kraftvoll, saftig, etwas Honigmelone, zarte Säurestruktur, präsente Fruchtsüße im Abgang, elegant und stoffig, gut anhaftend, verfügt über Reifepotenzial.

91 Chardonnay * 2022
12,5 Vol.-%, DV, Stahltank, €€
Helles Goldgelb, Silberreflexe. Mit einem Hauch von Wiesenkräutern unterlegte gelbe Tropenfrucht, frischer Apfel, florale Nuancen. Mittlerer Körper, frisches Kernobst, weißer Apfel, feine Säurestruktur, dezente Fruchtsüße im Abgang, ein balancierter Speisenbegleiter.

(91) Grüner Veltliner * Ried Silberberg 2022
13,5 Vol.-%, DV, großes Holzfass, €€€
Mittleres Grüngelb, Silberreflexe. Nuancen von Wiesenkräutern, feines Kernobst, mit kandierten Mandarinenzesten unterlegt. Kraftvoll, saftig, reife Apfelfrucht, etwas Birne, dezenter Säurebogen, mineralisch im Nachhall, ausgewogen, ein vielseitiger Speisenbegleiter, gut entwickelt.

90 Grüner Veltliner * 2022
12,5 Vol.-%, DV, Stahltank, €€
Mittleres Gelbgrün, Silberreflexe. Tabakig, Nuancen von Mango, mit einem Hauch von Limettenzesten unterlegt. Mittlerer Körper, zart nach Kernobst, etwas Apfel, harmonisches Säurespiel, mineralischer Nachhall, zitroniger Touch, bereits gut antrinkbar.

91 Cabernet Sauvignon Barrique 2019
14,5 Vol.-%, NK, Barrique, €€€
Kräftiges Rubingranat, violette Reflexe, breiterer Ockerrand. Feine Edelholz-Nougat-Würze, dunkle Waldbeeren, mit etwas Cassis unterlegt. Saftig, reife Kirschen, Röstaromen und Karamell im Kern, schokoladiger Nachhall, ein kräftiger Speisenbegleiter.

90 Legat Barrique 2020 ZW/CS/RÖ
13,5 Vol.-%, DV, Barrique/gebrauchte Barriques, €€€
Dunkles Rubingranat, violette Reflexe, dezente Randaufhellung. Etwas Feigen und reife Zwetschken. Saftig, reife Kirschen, zart nach Dörrzwetschken, kräuterwürzig im Abgang, dezente Holzwürze, ein unkomplizierter Speisenbegleiter.

★★★

WEINGUT STIFT KLOSTERNEUBURG

Seit seiner Gründung im Jahr 1114 betreibt das Stift Klosterneuburg Weinbau und ist damit das älteste und eines der renommiertesten Weingüter Österreichs. Die Weingärten befinden sich in ausgewählten Lagen von Klosterneuburg, Wien, Gumpoldskirchen und Tattendorf. Während in Klosterneuburg die Rebsorten Grüner Veltliner, Riesling und Sauvignon Blanc kultiviert werden, stehen auf den Wiener Lagen im Kahlenbergerdorf und am Nussberg der Wiener Gemischte Satz sowie die Burgundersorten im Vordergrund. In den Weingärten von Gumpoldskirchen werden die autochthonen Spezialitäten Zierfandler und Rotgipfler gepflegt, und in Tattendorf reifen die berühmten Rotweine des Weinguts, allen voran der St. Laurent, der hier auf einer Fläche von 40 Hektar steht – damit ist die Riede Stiftsbreite der größte St.-Laurent-Weingarten der Welt. Daneben werden auch Zweigelt, Blaufränkisch, Cabernet Sauvignon und Merlot kultiviert. Eine Klasse für sich sind die flaschenvergorenen Sekte des Hauses, allen voran die »MATHÄI Große Reserve«. Als erstes klimaneutrales Weingut Österreichs ist das Weingut Stift Klosterneuburg auch Vorreiter in Sachen Nachhaltigkeit und Klimaschutz.
Das Weinangebot des Weinguts gliedert sich in zwei Linien: Die Ortsweine sind von der Stilistik her fruchtbetonte Weine, welche die Typizität ihres Herkunftsortes widerspiegeln. Die Lagenweine stammen aus den besten Weingärten und sind einzigartige, konzentrierte, langlebige Weine aus physiologisch hochreifen Trauben. Die Weine können in der täglich geöffneten Vinothek des Stifts verkostet werden.
Ein besonderes Highlight für kulturinteressierte Weinfreunde ist eine Führung durch die historischen Kelleranlagen, die sich bis zu fünf Etagen tief unterhalb des Stifts Klosterneuburg erstrecken.

* Wagram DAC

91 ❸ Mathäi Sekt Austria Reserve Wien g.U. Brut 2019
Deg. 04/2021, 12,5 Vol.-%, NK, Flaschengärung, €€€€
Helles Grüngelb, Silberreflexe, feines Mousseux. Floral unterlegte Anklänge von weißer Tropenfrucht, zart nach Limettenzesten, einladendes Bukett. Saftig, gelbe Tropenfrucht, etwas Maracuja, frischer Säurebogen, zitronig unterlegter Honigtouch, sommerlicher Trinkspaß.

90 ❸ Mathäi Sekt Austria Große Reserve Wien g.U. Brut Nature2017
Deg. 03/2021, 12,5 Vol.-%, NK, Flaschengärung, €€€€€
Helles Gelbgrün, Silberreflexe, lebendiges Mousseux. Feine Tropenfrucht, ein Hauch von frischer Mango, etwas Maracuja, zarter Blütenhonig. Straff, gelbe Tropenfrucht, gut integrierte Säure, mineralisch, zarter Gerbstoff, im Abgang eine fruchtige Süße, die so gar nicht mit der Angabe »Brut Nature« am Etikett korrespondiert.

90 ❸ Grüner Veltliner Sekt Austria Reserve Niederösterreich g.U. Brut 2017
Deg. 12/2020, 12,5 Vol.-%, NK, Flaschengärung, €€€€
Helles Grüngelb, Silberreflexe, zarte Perlage. Zart nach Limetten und Lindenblüten, ein Hauch von weißem Apfel, Nuancen von Margeriten. Saftig, gelbe Tropenfrucht, süßer Kern, bereits gut entwickelt, Wiesenkräuter, Birne und Honig im Nachhall.

(91) Grüner Veltliner * Ried Hengsberg 2022
13 Vol.-%, DV, Holzfass/Stahltank, €€€ ❻
Mittleres Gelbgrün, Silberreflexe. Zarter Blütenhonig und Golden-Delicious-Apfel, ein Hauch von Melisse, dezente Kräuternoten. Saftig, elegant, feinwürzig, etwas nach Karamell und Papaya, extraktsüß im Nachhall, guter Speisenbegleiter.

90 Grüner Veltliner * Klosterneuburg 2022
12,5 Vol.-%, DV, Stahltank, €€
Helles Gelbgrün, Silberreflexe. Feine Wiesenkräuter, zart nach Maracuja, Limettenzesten, pfeffrig, ein Hauch von Apfelnoten. Saftig, mittlerer Körper, weißes Kernobst im Abgang, Orangentouch im Rückgeschmack, bereits gut antrinkbar.

(93) Grüner Veltliner * Ried Steinriegel Reserve 2022
13,5 Vol.-%, NK, Tonneaux, €€€€ ❺
Noch zart getrübtes mittleres Grüngelb, Silberreflexe. Saftiger Anklang von gelbem Apfel, etwas Blütenhonig, zart nach Papaya, mit kandierten Orangenzesten unterlegt. Kräftig, zarte Kräuterwürze, weißes Kernobst, angenehmer Säurebogen, dunkle Mineralik im Abgang, zeigt Länge und Potenzial.

88 Grüner Veltliner Pastell 2022
12,5 Vol.-%, DV, Stahltank, €€

(92) Riesling * Ried Franzhauser 2022
13 Vol.-%, DV, Stahltank, €€€
Helles Grüngelb, Silberreflexe. Feine Nuancen von weißer Tropenfrucht, etwas Marille und Pfirsich, ein Hauch von Blütenhonig. Mittlere Komplexität, dezente Fruchtsüße, feiner Säurebogen, mineralisch-zitroniger Nachhall, gut antrinkbar.

90 Riesling * Klosterneuburg 2022
12 Vol.-%, DV, Stahltank, €€
Helles Gelbgrün, Silberreflexe. Pfirsich und Blütenhonig, unterlegt mit Wiesenkräutern, zarte Grapefruitnoten, frisches Bukett. Saftig, fruchtsüß, etwas weitmaschig, zart nach Maracuja im Abgang, zerfließender Nachhall.

(88) Riesling Pastell 2022
12,5 Vol.-%, DV, Stahltank, €€

(92) Wiener Gemischter Satz DAC Ried Weisleiten 2022
13 Vol.-%, NK, €€€€
Helles Grüngelb, silberfarbene Reflexe. Tabakig, feine Wiesenkräuter, zart nach Papaya, weiße Tropenfrucht, einladendes Bukett. Saftig, mittlere Komplexität, salzig, etwas nach Birne im Abgang, bleibt gut haften, unkompliziertes Trinkvergnügen.

90 Wiener Gemischter Satz DAC 2022
12 Vol.-%, DV, Stahltank, großes Holzfass/Stahltank, €€
Helles Gelbgrün, silberfarbene Reflexe. Zarte Apfelfrucht, etwas nach Maracuja, ein Hauch von Blütenhonig, florale Nuancen, Gewürze klingen an. Elegant, Apfelfrucht, feinwürzig, weißes Steinobst, tabakiger Nachhall, bereits gut antrinkbar.

(93) Weißburgunder Ried Jungherrn Reserve 2022
14,5 Vol.-%, NK, Eichenfass, €€€€€
Mittleres Gelbgrün, Silberreflexe. Nuancen von Wiesenkräutern, unterlegt von Birne und einem Vanilletouch, Orangenzesten klingen an. Saftig, cremige Textur, ein Hauch von Fruchtsüße, elegant, gut anhaftend, ein kraftvoller Speisenbegleiter mit feinwürzigem Nachhall.

(91) Weißburgunder Ried Jungherrn 2022
13,5 Vol.-%, DV, Holzfass, €€€
Mittleres Grüngelb. Dunkle Mineralik, zart nach Birne, ein Hauch von Gewürzen. Mittlerer Körper, kraftvoll, gut eingebundene Säurestruktur, Apfelnoten im Abgang, tabakiger Nachhall, individuell einsetzbar.

WEINGUT STIFT KLOSTERNEUBURG

3400 Klosterneuburg
Stiftsplatz 1
T: +43 (2243) 411
weingut@stift-klosterneuburg.at
www.stift-klosterneuburg.at

Kellermeister: Peter Philipp
Kontakt: Dr. Wolfgang Hamm
Produktion: 45 % weiß, 55 % rot, 108 Hektar
Zertifiziert: Nachhaltig Austria
Messen: ProWein Düsseldorf, VieVinum

Stift Klosterneuburg

(89) Weißburgunder Pastell 2022
13 Vol.-%, DV, Stahltank, €€

89 Weißburgunder Wien 2022
13 Vol.-%, DV, Stahltank, €€

92 Rotgipfler Ried Hofpoint Große Reserve 2021
14 Vol.-%, NK, Tonneaux, €€€€€
Mittleres Grüngelb, Silberreflexe. Frisch gekochter roter Rhabarber, Mango, zarter Blütenhonig, einladendes Bukett. Saftig, seidige Textur, reife Tropenfrucht, feine Säure, zart nach hellem Karamell im Abgang, etwas weitmaschig, dezente Süße im Nachhall.

90 Zierfandler-Rotgipfler Gumpoldskirchen 2022
13,5 Vol.-%, DV, Stahltank, €€
Helles Goldgelb, Silberreflexe. Feine weiße Tropenfrucht, ein Hauch von Litschis, Pfirsich, etwas Blütenhonig, florale Nuancen. Mittlere Komplexität, zart nach Birne, gute Balance, mineralisch-zitronig im Abgang, dezente Süße im Nachhall.

(89) Spätrot-Rotgipfler Pastell 2022
13,5 Vol.-%, DV, Stahltank, €€

90 Sauvignon Blanc Klosterneuburg 2022
12,5 Vol.-%, DV, Stahltank, €€
Helles Gelbgrün, Silberreflexe. Wiesenkräuter, unterlegt mit Blütenhonig, feine Noten von Kapstachelbeeren, zart nach Guaven. Saftig, mittlere Komplexität, etwas nach Cassis, fruchtsüß im Abgang, bleibt gut haften, unkomplizierter Speisenbegleiter.

90 Gelber Muskateller Wien 2022
12 Vol.-%, DV, Stahltank, €€€
Helles Gelbgrün, silberfarbene Reflexe. Feiner Blütenhonig, etwas nach Muskatnuss, zart nach Limetten, ein Hauch von Lindenblüten und Gewürzen. Saftig, mittlerer Körper, balancierte Säurestruktur, Holundernoten im Abgang, salziger Nachhall, bereits gut antrinkbar.

88 Rosé Tattendorf 2022 SL/ZW
11,5 Vol.-%, DV, Stahltank, €€

92 St. Laurent Ried Stiftsbreite Reserve 2020
13,5 Vol.-%, NK, kleines Holzfass, €€€€€ V
Dunkles Rubingranat, violette Reflexe, breitere Ockerrandaufhellung. Zarte Edelholzwürze, Vanille, tabakig, dunkle Beeren und etwas Karamell. Saftig, elegant, Nuancen von roter Frucht, nach Kirschen, feine Tannine, zarte Extraktsüße, balanciert, ein stoffiger Begleiter bei Tisch.

91 St. Laurent Ried Stiftsbreite Ausstich 2021
13,5 Vol.-%, NK, großes Holzfass, €€€ V
Kräftiges Rubingranat, violette Reflexe, breitere Ockerrandaufhellung. Feine Nuancen von roten Waldbeeren, dezentes Brombeerkonfit, mit frischen Kirschen unterlegt, zarte Kräuterwürze. Saftig, rote Herzkirschen, gut integrierte Tannine, salzig-würziger Abgang, vielfältig einsetzbar.

(88) St. Laurent Pastell 2021
12,5 Vol.-%, DV, Stahltank, €€

90 Zweigelt Tattendorf 2021
13,5 Vol.-%, DV, großes Holzfass, €€
Kräftiges Rubingranat, violette Reflexe, zarte Randaufhellung. Zart nach Kirschen und kandierten Veilchen, etwas nach Brombeeren, Vanille klingt an. Saftig, mittlerer Körper, dunkles Beerenkonfit, balancierte Tanninstruktur, würziger Nachhall.

90 Patronis 2021 SL/ZW/ME
13,5 Vol.-%, DV, großes Holzfass/gebr. Barrique €€€
Kräftiges Rubingranat, violette Reflexe, breiterer Ockerrand. Zarte Kräuterwürze, ein Hauch von Erdbeerkonfit und Brombeeren, etwas Nougat. Mittlerer Körper, zart nach Zwetschken, dezente Tannine, balanciert, bereits zugänglich, unkomplizierter Speisenbegleiter.

90 Pinot Noir Ried Raflerjoch Reserve 2020
13,5 Vol.-%, NK, kleines Holzfass, €€€€€ V
Kräftiges Karmingranat, violette Reflexe, breitere Randaufhellung. Zart nach Velours, Kräuterwürze, feine Nuancen von roten Waldbeeren, Brombeeren, tabakige Noten. Straff, dezente Holzaromen, schwarze Kirschen, mineralisch, salzig, etwas Gerbstoff, mittlere Länge.

89 Pinot Noir Wien 2021
13 Vol.-%, DV, großes Holzfass, €€€ V

★★★

WEINGUT KOLKMANN

BIO

Das Weingut Kolkmann ist ein richtiges Großfamilien-Weingut, denn hier leben und arbeiten vier Generationen. Das Zusammenspiel der individuellen Persönlichkeiten und der Zusammenhalt in der Familie sind maßgebliche Faktoren für den Erfolg des Familienweinguts. Die Werte Bodenständigkeit, Vertrauen und Zuverlässigkeit finden sich in den Weinen wieder.

Bewirtschaftet wird eine Fläche von 60 Hektar Weingärten in Fels am Wagram. Die Lagen mit fruchtbarem Lössboden gehören zu den besten der Region und bringen den Geschmack des Wagrams direkt ins Glas. Das Weingut Kolkmann ist »Nachhaltig Austria«-zertifiziert und bewirtschaftet seit 2021 organisch-biologisch, womit die Zukunftsfähigkeit für die nächste Generation gefestigt ist. Die Winzer Horst, Gerhard und Horst jun. Kolkmann arbeiten unermüdlich daran, das natürliche Gleichgewicht in den Weingärten zu erhalten und noch lebendigere und tiefgründigere Weine zu kreieren. Die Herzen der drei Winzer schlagen für den Grünen und den Roten Veltliner. Diese Weine stehen für den Wagram wie keine anderen. Familie Kolkmann bewahrt sich aber auch ihre Liebe zu anderen Sorten und kultiviert und pflegt diese mit der gleichen Sorgfalt wie die Veltliner. Denn auf dem Weingut wird Vielfalt und Buntheit gelebt – ganz wie in einer richtigen Großfamilie eben!

Das Sortiment ist gut strukturiert. Die Basis bilden die Gebietsweine: Grüner Veltliner Fruchtspiel & Co machen Lust auf den Wagram! In den Ortsweinen der Familie Kolkmann findet man die Tiefgründigkeit der Lösslagen des Weinortes Fels wieder. Der Felser Grüner Veltliner spielt sein Pfefferl voll aus. Bei den gehaltvollen Riedenweinen dominieren der Grüne und der Rote Veltliner aus den Top-Rieden Brunnthal und Scheiben. Abgerundet wird die Palette an Riedenweinen von einem wunderbar saftigen Riesling aus der Ried Fumberg.

Auf dem Weingut können die Weine mit herrlichem Ausblick auf die Wagramer Landschaft verkostet und gekauft werden. Das großzügige Ambiente des Degustationsgebäudes, die Möglichkeit, sämtliche Weine zu verkosten, und die persönliche Beratung sind das Um und Auf auf dem Familienweingut. Die Kunden und Besucher sollen sich hier rundum wohl und gut beraten fühlen.

94 Roter Veltliner * Ried Scheiben Reserve 2021
14 Vol.-%, DV, Eichenfass, €€€€€ B
Mittleres Grüngelb, silberfarbene Reflexe. Feine gelbe Tropenfrucht, zart nach Melisse, ein Hauch von Vanille, mit Blütenhonig unterlegt, facettenreiches Bukett. Saftig, elegant, feine gelbe Birnenfrucht, mineralisch, zitronig-salziger Nachhall, gute Frische und Länge, sicheres Reifepotenzial.

92 Roter Veltliner * Ried Scheiben 2022
13 Vol.-%, DV, Stahltank, €€ B
Mittleres Gelbgrün, Silberreflexe. Feine Wiesenkräuter,

© KERMER

WEINGUT KOLKMANN

3481 Fels am Wagram
Kremser Straße 53
T: +43 (2738) 2436
office@kolkmann.at
www.kolkmann.at

Kellermeister: Daniel Schön
Kontakt: Horst u. Gerhard Kolkmann
Anbauweise: Zertifiziert Biologisch (Bioveritas)
Produktion: 60 % weiß, 39 % rot, 1 % süß, 60 Hektar
Zertifiziert: Nachhaltig Austria
Vereinszugehörigkeit: Wagramer Selektion
Messen: ProWein Düsseldorf, VieVinum, Weintage im Museumsquartier

Horst jun., Gerhard und Horst Kolkmann sen.

zart nach Apfel und Maracuja, etwas nach Melisse, frisches Bukett. Saftig, engmaschig, feinwürzig, etwas weißes Kernobst, leichtfüßig, mineralisch im Nachhall, lang anhaltend, gut antrinkbar.

93 Grüner Veltliner * Ried Brunnthal Reserve 2021

13,5 Vol.-%, NK, Eichenfass, €€€€€
Mittleres Gelbgold, silberfarbene Reflexe. Zart kräuterwürzig unterlegte Nuancen von reifem gelbem Kernobst, ein Hauch von Kletzen, etwas Marzipan, kandierte Orangenzesten. Saftig, elegant, weißer Apfel, frischer Säurebogen, mineralisch-zitronig im Abgang.

91 Grüner Veltliner * Ried Brunnthal 2022

13,5 Vol.-%, DV, Stahltank, €€€
Mittleres Goldgelb, Silberreflexe. Feine Kräuterwürze, etwas nach Maracuja, ein Hauch von Melisse, Quitte, würziger Touch. Mittlerer Körper, salzig, etwas nach Guaven im Abgang, frisch und lebendig, unkomplizierter Speisenbegleiter mit Potenzial.

90 Grüner Veltliner * Fels am Wagram 2022

12,5 Vol.-%, DV, Stahltank, €€
Helles Gelbgrün, Silberreflexe. Feine Kräuterwürze, reife Apfelfrucht, zart nach Guaven, Birnentouch, mineralischer Anklang. Mittlerer Körper, saftig, feine Säurestruktur, weißer Apfel im Abgang, salziger Nachhall, bereits gut antrinkbar.

88 Grüner Veltliner * Fruchtspiel 2022

12 Vol.-%, DV, €€

91 Riesling * Ried Fumberg 2022

13,5 Vol.-%, DV, Stahltank, €€
Helles Gelbgrün, Silberreflexe. Feine Kräuternoten, zart nach Maracuja und weißem Pfirsich, floraler Touch, mineralisch unterlegt. Saftig, komplex, salzig, gelbe Tropenfrucht im Abgang, Limettentouch im Nachhall, guter Speisenbegleiter.

91 Weißburgunder * Fels am Wagram 2022

13,5 Vol.-%, DV, Holzfass, €€€
Mittleres Gelbgrün, Silberreflexe. Feine Apfelfrucht, zarte Wiesenkräuter, ein Hauch von Feigen, Zitrusnoten klingen an. Saftig, Birnentouch, gut eingebundener Säurebogen, feinwürzig, bleibt gut haften, unkomplizierter Speisenbegleiter.

90 * Burgunder vom Löss 2022 CH/WB

13,5 Vol.-%, DV, Stahltank, €€
Helles Gelbgrün, Silberreflexe. Mit feinem Blütenhonig unterlegte Birnenfrucht, zart nach Grapefruit, Wiesenkräuter klingen an. Saftig, straff, gut eingebundener Säurebogen, extraktsüß nach Maracuja, trinkanimierender Stil, bereits gut antrinkbar.

90 Pinot Noir Reserve 2020

13,5 Vol.-%, DV, Eichenfass, €€€€
Kräftiges Karmingranat, violette Reflexe, breitere Randaufhellung. Zarte rote Waldbeerenkonfitüre, ein Hauch von Lakritze, floraler Touch, mit dezenter Holzwürze unterlegt. Mittlerer Körper, süße Beerenfrucht, feine Säure, samtig und elegant, zugänglicher Stil, bereits gut antrinkbar.

★★★★

WEINGUT LETH

BIO

Das Weingut der Familie Leth in Fels liegt direkt an den Lössterrassen des Wagrams. Wohl kein anderes Weinbaugebiet in Österreich wird derart von einem Terroir beherrscht wie der Wagram. Der Löss prägt maßgeblich den Charakter der Weine, der Grüner Veltliner dankt es ihm mit großartiger Würze, Dichte und Harmonie. Es ist daher auch kein Zufall, dass mehr als die Hälfte der stattlichen 52 Hektar Rebfläche dieser Sorte gewidmet ist. Von den nach Süden ausgerichteten Terrassenlagen werden fünf verschiedene Grüne Veltliner gekeltert. Herausragend dabei sind die beiden Lagenweine von den Rieden Brunnthal und Scheiben, die als »Erste Lagen« der Traditionsweingüter Österreich klassifiziert sind. Es ist nicht eine plakative Primärfrucht, die bei diesen Weinen im Vordergrund steht, sondern die Vielschichtigkeit der Aromatik, feine Mineralik und ein ausgezeichnetes Potenzial für lange Flaschenreife. Dass die Veltliner vom Weingut Leth zu den besten im Land zählen, beweisen eindrucksvoll erste Plätze beim »Falstaff Grüner Veltliner Grand Prix« wie auch beim »SALON Österreich Wein«.

Neben dem Grünen Veltliner liegt ein weiterer Schwerpunkt des Weinguts auf der Wagramer Traditionssorte Roter Veltliner. Mit einer äußerst gelungenen Kombination aus Fruchtschmelz und Saftigkeit zeigt er das hohe Qualitätspotenzial der immer beliebter werdenden Spezialität auf, die auf dem Weingut Leth in drei Varianten vinifiziert wird.

Dem Engagement von Franz Leth jun. ist es zu verdanken, dass schon vor mehr als einem Jahrzehnt mit Bio-Anbau Erfahrungen gesammelt wurden und mit der Ernte 2021 der gesamte Betrieb biologisch zertifiziert ist. Kompromisslos zeigt sich Franz Leth jun. auch in allen anderen Qualitätsfragen, die Ernte erfolgt trotz der großen Rebfläche zu 100 Prozent per Hand, das kürzlich neu errichtete Presshaus ist nach den Prinzipien für eine maximal schonende Verarbeitung eingerichtet worden, und die Top-Lagenweine des Gutes lagern zumindest für ein Jahr in großen traditionellen Holzfässern. Auch das neu im Aufbau befindliche Sektsortiment beschäftigt sich nur mit den beiden höchsten Qualitätsstufen »Sekt Austria Reserve« und »Sekt Austria Große Reserve«.

Katrin und Franz Leth

WEINGUT LETH
3481 Fels am Wagram
Kirchengasse 6, T: +43 (2738) 2240
office@weingut-leth.at
www.weingut-leth.at
Kellermeister: Franz Leth jun.
Kontakt: Franz Leth sen., Franz Leth jun.
Anbauweise: Zertifiziert Biologisch (Bio Austria)
Produktion: 1 % Schaumwein, 80 % weiß, 1 % rosé, 18 % rot, 52 Hektar
Zertifiziert: Nachhaltig Austria
Vereinszugehörigkeit: Traditionsweingüter Österreich, Weingüter Wagram
Messen: Austrian Tasting London, ÖGW Zürich, Prodexpo Moskau, ProWein Düsseldorf, VieVinum, Vinexpo

© Weingut Leth/Anna Stöcher

94 Blanc de Noirs Sekt Austria Niederösterreich g.U. Große Reserve Brut 2018
12 Vol.-%, NK, Flaschengärung, €€€€€
Helles Grüngelb, Silberreflexe, lebendiges, feines Mousseux. Feine gelbe Tropenfrucht, ein Hauch von Ringlotten und Quitten, eingelegte Kirschen im Hintergrund. Saftig, elegant, feine Fruchtsüße im Kern, zarter Blütenhonig, verfügt über sehr gute Länge, vielfältig einsetzbar.

93 Blanc de Blancs Sekt Austria Große Reserve Niederösterreich g.U. Brut Nature 2018
12 Vol.-%, NK, Flaschengärung, €€€€€
Helles Grüngelb, Silberreflexe, lebendiges, feines Mousseux. Zart floral unterlegte frische gelbe Apfelfrucht, etwas Papaya, Wiesenkräuter, ein Hauch von Zitruszesten. Straff, engmaschig, weißes Kernobst, mineralisch im Abgang, ein präziser Speisenbegleiter mit Reifepotenzial.

92 Roter Veltliner Brut Reserve Sekt Austria Niederösterreich g.U. 2019
12 Vol.-%, NK, Flaschengärung, €€€€
Helles Gelbgrün, Silberreflexe, lebendiges Mousseux. Feine Nuancen von reifer Birne und Feigen, mit weißer Tropenfrucht und Biskuit unterlegt. Mittlere Komplexität, weißer Apfel, feine Fruchtsüße, lebendig strukturiert, zitronig im Abgang, etwas Honig im Nachhall.

94 Grüner Veltliner * Fels Ried Scheiben 1ÖTW 2021
13,5 Vol.-%, DV, großes Holzfass, €€€€€ B
Leuchtendes mittleres Grüngelb, silberfarbene Reflexe. Zarter Blütenhonig, kandierte Orangenzesten, reifer gelber Apfel, tabakiger Touch, ein Hauch von Blütenhonig. Stoffig, weißer Apfel, feine Säurestruktur, etwas Honigmelone im Abgang, mineralisch, gute Länge, sicheres Reifepotenzial.

94 Grüner Veltliner * Fels Gigama Grande Reserve 2021
13,5 Vol.-%, DV, Holzfass, €€€€€
Mittleres Gelbgrün, Silberreflexe. Feine Nuancen von Mango und Blütenhonig, ein Hauch von Marillenkonfit, sehr attraktives Bukett. Stoffig, seidige Textur, feine Fruchtsüße, dezenter Säurebogen, harmonisch und gut entwickelt, zarter Blütenhonig im Nachhall, ein eleganter Speisenbegleiter mit Reifepotenzial.

93 Grüner Veltliner * Fels Ried Brunnthal 1ÖTW 2021
13 Vol.-%, DV, großes Holzfass, €€€€ B
Mittleres Grüngelb, Silberreflexe. Feine Nuancen von gelber Tropenfrucht, etwas Mango und Marille, mit tabakiger Kräuterwürze unterlegt. Komplex, saftig, weißes Kernobst, feine Säurestruktur, mineralisch-salzig im Abgang, elegant und mit Länge ausgestattet, ein facettenreicher Begleiter bei Tisch.

Hammergraben, Fels am Wagram

92 Grüner Veltliner * Fels Ried Schafflerberg 2022
12,5 Vol.-%, DV, großes Holzfass, €€€ B
Leuchtendes Grüngelb, Silberreflexe. Mit frischen Wiesenkräutern unterlegter Golden-Delicious-Apfel, frische Orangenzesten. Saftig, weißes Kernobst, feine Fruchtsüße, mittlere Länge, mineralisch im Abgang, ein vielseitiger Speisenbegleiter.

91 Grüner Veltliner * Fels Ried Steinagrund 2022
12,5 Vol.-%, DV
Helles Grüngelb, Silberreflexe. Zarte gelbe Birnenfrucht, etwas Mango, mit Blütenhonig unterlegt, ein Hauch von Wiesenkräutern. Mittlerer Körper, reifes Kernobst, zarte Fruchtsüße, ausgewogen und bereits gut antrinkbar.

93 Riesling * Fels Ried Schillingsberg 2022
13 Vol.-%, DV, großes Holzfass, €€€€
Mittleres Gelbgrün, Silberreflexe. Feiner Blütenhonig, gelbe Tropenfrucht nach Mango und Papaya, mit kandierten Mandarinenzesten unterlegt. Saftig, feine gelbe Frucht, frischer Säurebogen, gute Balance, gut anhaftend, bereits antrinkbar.

90 Riesling * Fels Ried Brunnthal 2021
13 Vol.-%, DV, Holzfass, €€€
Helles Grüngelb, Silberreflexe. Zart nach Mandarinenzesten, gelbe Tropenfrucht, feinwürziger Touch nach Safran. Mittlerer Körper, feine Marillenfrucht, dezente Säurestruktur, elegant, fruchtige Süße im Abgang, bereits entwickelt.

93 Chardonnay * Fels Grande Reserve 2021
13,5 Vol.-%, NK,DV, gebrauchte Barriques, €€€€
Leuchtendes mittleres Grüngelb, Silberreflexe. Zart nach hellem Nougat, reifer Apfel, Mango und etwas Vanille. Stoffig, saftige weiße Pfirsichfrucht, ein Hauch von Karamell, elegant und gut anhaftend, ein facettenreicher Speisenbegleiter mit Entwicklungspotenzial.

93 Roter Veltliner * Fels Ried Scheiben 1ÖTW 2021
13,5 Vol.-%, DV, großes Holzfass, €€€€€ B
Mittleres Grüngelb, silberfarbene Reflexe. Nuancen von Wiesenkräutern, feine gelbe Tropenfrucht, etwas Mango, zarter Blütenhonig, facettenreiches Bukett. Komplex, feine Fruchtsüße, weißes Kernobst, gut integrierter Säurebogen, salziger Touch im Abgang, gute Frische und Länge.

★

WEINGUT M. MAYER

Das Weingut und der Heurige Mayer werden als Familienbetrieb von Matthias und Jasmin Mayer mittlerweile in dritter Generation geführt. Im Weinort Königsbrunn am Wagram gelegen, gedeihen auf den für dieses Gebiet typischen Lössböden die mit Leidenschaft und Geduld gekelterten Weine. Auf den Rebflächen sind Grüner und Roter Veltliner, Riesling, Gelber Muskateller sowie die Rotweinsorten Zweigelt und St. Laurent ausgepflanzt. Da der Rhythmus des Weins das Leben der Winzer bestimmt, legt man hier allergrößten Wert auf Qualität, Stil und Service. Naturnahe Bewirtschaftung, ertragsbegrenzter Ausbau und akribische Weingartenarbeit bescheren der Familie schon seit Jahren zufriedene Weinkunden. Im Heurigenlokal, das in einer der schönsten Kellergassen Niederösterreichs liegt und im Sommer mit einem großen Gastgarten lockt, kann man sich in ruhiger Lage eine Auszeit gönnen. Und da zu einem edlen Wein auch eine köstliche Jause gehört, erfreut ein Angebot hausgemachter Speisen den deftigen, den anspruchsvollen, aber auch den vegetarischen Gaumen.

WEINGUT M. MAYER
3465 Königsbrunn
Kremser Straße 19
T: +43 (676) 88234442
weingut@m-mayer.at
www.m-mayer.at

Kellermeister/Kontakt:
Matthias Mayer
Produktion: 9 Hektar
Vereinszugehörigkeit:
Wagramer Selektion
Messen: Weinmesse Salzburg

92 Roter Veltliner * Ried Steinberg 2022
13,2 Vol.-%, DV, Stahltank, €€
Mittleres Grüngelb, silberfarbene Reflexe. Feine Wiesenkräuter, zart nach Apfel, ein Hauch von Papaya, etwas Bergamotte. Straff, elegant, gut integrierte Säurestruktur, Birnenfrucht im Abgang, salziger Nachhall, guter Speisenbegleiter mit Potenzial.

92 Grüner Veltliner * Ried Mordthal Reserve 2021
13,1 Vol.-%, DV, großes Holzfass, €€€
Mittleres Gelbgrün, Silberreflexe. Dezente Mangonoten, reife Ananas, Orangenschalen klingen an, floraler Touch, einladendes Bukett. Saftig, straff, balanciert, feine Extraktsüße nach Apfel, gut eingebundener Säurebogen, Melisse im Nachhall, bereits gut antrinkbar.

90 Grüner Veltliner * Ried Bromberg 2022
13 Vol.-%, DV, Stahltank, €€
Mittleres Gelbgrün, Silberreflexe. Zarte Kräuternoten, gelbe Tropenfrucht, ein Hauch von Gewürzen, zart nach Zitrusfrucht. Saftig, elegant, mittlerer Körper, gut eingebundener Säurebogen, gelber Apfel im Abgang, salziger Nachhall, bereits gut antrinkbar.

89 Grüner Veltliner * Stoamasl® 2022
12,4 Vol.-%, DV, Stahltank, €€

89 Riesling * 2022
12,7 Vol.-%, DV, Stahltank, €€

88 Gelber Muskateller * 2022
12,3 Vol.-%, DV, Stahltank, €€

WEINGUT NIMMERVOLL
3470 Engelmannsbrunn
Steingassl 30
T: +43 (676) 9503682
office@nimmervoll.cc
www.nimmervoll.cc

Kellermeister: Gregor Nimmervoll
Kontakt: Claudia Nimmervoll
Produktion: 80 % weiß, 15 % rosé, 1 % rot, 4 % süß, 14+2 Hektar
Vereinszugehörigkeit: Weinstraße Wagram
Messen: ProWein Düsseldorf, VieVinum, Weinmesse München

Weingut Nimmervoll

★★★

WEINGUT NIMMERVOLL

Mit dem Jahrgang 2022 steigt auch das Weingut Nimmervoll aus Engelmannsbrunn – mittlerweile einer der Leitbetriebe der Region – in das neue DAC-Schema am Wagram ein. Für Gregor Nimmervoll zieht das aber keine großen Veränderungen im Sortiment nach sich: »Unsere Gliederung hat schon bisher die Idee der Herkunftsweine sehr gut abgebildet.« Lediglich bei den zwei Liebkindern Weißburgunder und Traminer werden die Riedenweine nun als »Eiserne Brücke« und »Fux« geführt. Über allem thront die »Engilmar«-Linie von individuellen Top-Weinen, die es nur in außergewöhnlichen Jahren gibt. Mit dem Engilmar Roten Veltliner 2021 ist das nach 2016 zum erst zweiten Mal bei der Wagramer Leitsorte der Fall.

Die Visitenkarte des Weingutes ist aber der Grüne Veltliner vom Schafflerberg, der Jahr für Jahr das Potenzial der kühlen Lage und der uralten Rebstöcke perfekt abbildet. Gerade im sehr typischen Jahrgang 2022 spiegelt dieser Wein die Eigenheiten der Lage, aber auch die Handschrift des Winzers optimal wider. »Die Witterung war im Vorjahr durchaus herausfordernd, bei der Lese waren gute Nerven und Geduld gefragt«, sagt Claudia Nimmervoll. Als Lohn dafür sind einmal mehr gebietstypische, lössgeprägte Weine mit unverkennbarer Handschrift und viel Tiefgang entstanden. Diese gibt es nicht nur ab Hof, sondern auch bei ausgewählten Partnern im In- und Ausland zu kosten und zu kaufen.

94 Roter Veltliner * Engilmar 2021
13,5 Vol.-%, DV, großes Holzfass, €€€€€
Leuchtendes Goldgelb, silberfarbene Reflexe. Feine Tabak-Holz-Würze, etwas nach Mango, Karamell, dezente Akazienhonignote. Gute Komplexität, vanillig, eingebundene Säurestruktur, feinwürzig, reife Marillen, bleibt gut haften, Honig im Finish, stoffiger Speisenbegleiter mit Länge.

93 Roter Veltliner * Ried Eisenhut 2022
13,5 Vol.-%, DV, großes Holzfass, €€€€
Mittleres Gelbgrün, silberfarbene Reflexe. Etwas nach Kräutern, ein Hauch von Orangenschalen, zart nach Guaven, Blütenhonig klingt an. Saftig, fruchtsüß, Mango, balancierter Säurebogen, floraler Touch, guter Speisenbegleiter, vielfältig einsetzbar.

© Hertha Hurnaus

92 Grüner Veltliner * Ried Schafflerberg 2022
13,5 Vol.-%, DV, großes Holzfass, €€€€
Mittleres Grüngelb. Zarte Tabakwürze, etwas Orangenschalen, ein Hauch von Papaya, reifer Apfel. Mittlere Komplexität, facettenreich, Maracuja im Abgang, extraktsüßer Nachhall, vielfältig einsetzbar.

91 Grüner Veltliner * Wagramlöss 2022
12,5 Vol.-%, DV, Flaschenreifung, €€€
Mittleres Gelbgrün, Silberreflexe. Feine Kräuterwürze, etwas nach Maracuja, ein Hauch von Melisse, Golden-Delicious-Apfel klingt an. Saftig, elegant, extraktsüß nach Apfel und Blütenhonig, gut integrierte Säurestruktur, guter Speisenbegleiter.

91 Riesling * Wagramschotter 2022
13 Vol.-%, DV, Flaschenreifung, €€€
Leuchtendes helles Gelbgrün. Frisches Steinobst, Wiesenkräuter, zart nach Melisse, Weingartenpfirsich, einladendes Bukett. Mittlerer Körper, frisch und lebendig, mineralisch, Pfirsich im Abgang, salziger Nachhall, unkompliziert antrinkbar.

93 Traminer FUX 2021
13,5 Vol.-%, DV, großes Holzfass, €€€€€
Mittleres Goldgelb, Grünreflexe. Zarte Eibischnote, Rosenöl, ein Hauch von Wiesenkräutern, etwas nach Guaven, kandierte Zitruszesten. Saftig, restsüß nach Marillen, Ananastouch im Abgang, Honig im Rückgeschmack, gut eingebundener Säurebogen, bereits gut antrinkbar.

★

WINZERHOF OBENAUS

Der Wagram mit meterhohem tiefgründigem Löss ist die Heimat, der Arbeitsplatz sowie das Zuhause der Familie Obenaus. Inmitten von Großriedenthal nördlich der Donau, das auch »Tal der guten Weine« genannt wird, werden jedes Jahr Weine mit besonderer Handschrift gekeltert. Betriebsinhaberin, Winzerin bzw. Dirigentin ist Luisa Obenaus. Wohlbedacht, mit viel Engagement und einer gewissen Zielstrebigkeit hat sie in den letzten Jahren die Weinstilistik verfeinert, erweitert und ausgebaut, ganz nach ihrem Geschmack und ihren Vorstellungen.
Grüner Veltliner, Riesling und Roter Veltliner sind die Hauptdarsteller des Winzerhofs. Finessenreich und vielschichtig, fokussiert auf Sorte und Lage – das beschreibt ihre Weine wohl am besten. Doch ein Rezept gibt es nicht, sondern das Gespür für Natur und Rebstöcke lässt jedes Jahr die ganz eigenständigen und gebietsty-

Luisa Obenaus

WINZERHOF OBENAUS
3471 Großriedenthal
Hauptstraße 53
T: +43 (664) 9288455
info@winzerhof-obenaus.at
www.winzerhof-obenaus.at

Kellermeister/Kontakt:
Luisa Obenaus
Produktion: 92 % weiß, 8 % rot, 12 Hektar

© Winzerhof Obenaus

pischen Weine entstehen – sorgfältig gelenkt, denn ganz ohne geht's natürlich auch nicht. Zusätzlich findet man auf dem Winzerhof auch noch zwei liebevoll eingerichtete Genießerzimmer, benannt nach den Rebsorten Riesling und Zweigelt. Unter dem Motto »Schlafen, wo der Wein wächst« lässt sich der Weingenuss mit allen Sinnen erleben.

92 Grüner Veltliner * Ried Hinterberg 2022
13 Vol.-%, DV, Stahltank, €€
Helles Gelbgrün, Silberreflexe. Gelbe Apfelfrucht, etwas nach Birnen, ein Hauch von Gewürzen und Blütenhonig, mineralischer Touch. Saftig, gute Komplexität, balanciert, lebendiger Säurebogen, Kernobst im Abgang, lange anhaltend, guter Speisenbegleiter.

90 Grüner Veltliner * Ried Eisenhut 2022
12,5 Vol.-%, DV, €€
Helles Gelbgrün, Silberreflexe. Feine Apfelfrucht, zart nach Zitronengras, etwas nach Wiesenkräutern, frisches Bukett. Saftig, straff, gut eingebundene Säurestruktur, mineralisch-salzig, etwas nach Papaya, bleibt gut haften, bereits gut antrinkbar.

88 Grüner Veltliner * 2022
12 Vol.-%, DV, Stahltank, €€

92 Riesling * Ried Spielberg 2022
12,5 Vol.-%, DV, Stahltank, €€
Helles Gelbgrün, silberfarbene Reflexe. Weißer Pfirsich, unterlegt mit Kräutern, zart nach Papaya, dunkle Mineralik, feine Tabakwürze. Straff, facettenreiche Säurestruktur, mineralisch-salzig, etwas Quitte im Abgang, bleibt gut haften, lebendiger Speisenbegleiter.

90 Roter Veltliner * Ried Hinterberg 2022
12,5 Vol.-%, DV, Stahltank, €€
Mittleres Gelbgrün, Silberreflexe. Feine Kräuternoten, zart nach Williamsbirne, ein Hauch von Kamille, attraktives Bukett. Saftig, engmaschig, weiße Frucht, gut eingebundene Säurestruktur, etwas zerfließend im Nachhall, bereits gut antrinkbar.

89 Chardonnay 2022
13 Vol.-%, DV, Stahltank, €€

★★★★★

WEINGUT BERNHARD OTT

BIO

Will man Terroir, also das, was den Wein und seinen Geschmack grundlegend prägt, muss man auf Interventionen verzichten. Das ist vor allem eine Sache des Vertrauens: in das eigene Potenzial und darin, dass sich die Natur auch aus eigener Kraft entwickeln kann, wenn man sie nur lässt. Davon ist Bernhard Ott überzeugt. Mit dem Umstieg auf die Biodynamie im Jahr 2006 hat sich der Wagramer Winzer voll und ganz dem Rhythmus der Natur angepasst: kompromisslos und offen für das, was der jeweilige Jahrgang für ihn bereithält.
Seit Bernhard Ott das elterliche Weingut Anfang der 1990er-Jahre übernommen hat, setzt er fast ausschließlich auf Grünen Veltliner. Der tiefgründige Löss am Wagram und im Kamptal bekommen der Rebsorte besonders gut. Bei der Bewirtschaftung der Weingärten nach den Prinzipien der Biodynamie erfolgt vieles von Hand: die Weinlese, das Rühren der biodynamischen Präparate, die Herstellung von biologischem Kompost. Man setzt auf eine intensive Begrünung, schonende Bodenbearbeitung mit leichten Maschinen und eine spontane Gärung durch Hefen, die von Natur aus in den Weingärten vorhanden sind. Vieles an der Art, mit der Bernhard Ott heute seinen Wein macht, erinnert an seine Vorfahren. Im Keller benutzt er längst handbetriebene Traubenmühlen und eine Korbpresse und mazeriert die Trauben mit Stiel. Die Spontangärung sowie die Lagerung auf der Vollhefe erfolgen in großen Holzfässern. Sie sind Otts größte Hommage an die Tradition, die er mit Respekt vor der Vergangenheit, aber mit dem Wissen von heute in die Zukunft trägt – für eigenständige Weine, die mehr denn je für kompromisslose Qualität und einen unverwechselbaren Geschmack stehen.
Das Weingut Ott ist Mitglied bei respekt-BIODYN und den Österreichischen Traditions-

Fasskeller, Weingut Bernhard Ott

WEINGUT BERNHARD OTT
3483 Feuersbrunn
Neufang 36
T: +43 (2738) 2257
bernhard@ott.at
www.ott.at

Kellermeister: Günter Weisböck
Kontakt: Bernhard Ott
Anbauweise: Biodynamisch (respekt)
Produktion: 100 % weiß
Vereinszugehörigkeit: Traditionsweingüter Österreich, respekt-BIODYN
Messen: ProWein Düsseldorf, VieVinum

weingütern sowie Partner der JRE Jeunes Restaurateurs Österreichs.

98 Grüner Veltliner * Feuersbrunn Ried Rosenberg 1ÖTW 2021
13 Vol.-%, DV, großes Holzfass, €€€€€€
Helles Grüngelb, Silberreflexe. Zarte florale Nuancen, ein Hauch von frischer Marille, zart mit Mandarinen- und Orangenzesten unterlegt. Straff, strahlende Textur, zarte kristalline Mineralik, feiner Säurebogen, weißes Kernobst, finessenreich und sehr lange anhaftend, zarte Fruchtsüße im Nachhall, große Länge, sicheres Reifepotenzial, ein verführerischer Speisenbegleiter.

96 Grüner Veltliner Kamptal DAC Engabrunn Ried Stein 1ÖTW 2021
13 Vol.-%, DV, großes Holzfass, €€€€€€
Helles Gelbgrün, Silberreflexe. Feine weiße Frucht, fast rieslinghafte Steinobstnuancen, zart nach Limettenzesten, floraler Touch. Straff, engmaschig, weißes Kernobst, finessenreiche Säurestruktur, dunkelmineralisch-salzig im Abgang, ein filigran wirkender Speisenwein mit sicherem Reifepotenzial.

96 Grüner Veltliner * Feuersbrunn Ried Spiegel 1ÖTW 2021
13 Vol.-%, DV, großes Holzfass, €€€€€€
Helles Gelbgrün, Silberreflexe. Feine weiße Fruchtexotik, ein Hauch von Ananas, florale Noten, etwas Limetten, kühle Aspekte, mit Nuancen von Blütenhonig unterlegt. Stoffig, sehr gute Komplexität ohne jede Form von Opulenz, harmonisch und jugendlich, zitroniger Touch im Abgang, lebendig und animierend, mineralisch und anhaftend, zeigt sehr gute Länge, sicheres Reifepotenzial.

95 Grüner Veltliner * Feuersbrunn Ried Kirchthal 2021
12,5 Vol.-%, DV, großes Holzfass, €€€€€
Helles Gelbgrün, Silberreflexe. Anklänge von reifer gelber Tropenfrucht, zart nach Marille, ein Hauch von Ananas, zarte Kräuterwürze, einladendes Bukett. Feine Textur, Nuancen von weißer Frucht, elegant, seidig und nahtlos, zarte Fruchtsüße, zitronige Noten im Abgang, Zitrustouch auch im Nachhall, delikater Speisenbegleiter.

94 Grüner Veltliner * Gösing Ried Gmirk 2021
13 Vol.-%, DV, großes Holzfass, €€€€€
Helles Grüngelb, Silberreflexe. Zart nach Orangenzesten, Nuancen von frischem gelbem Kernobst, ein Hauch von Wiesenkräutern, feine tabakige Würze. Saftig, elegant, weiße Frucht, feiner Säurebogen, ein Hauch von Limetten im Abgang, ein balancierter, feiner Speisenbegleiter.

94 Grüner Veltliner * Feuersbrunn Ried Brenner 2021
13 Vol.-%, DV, großes Holzfass, €€€€€
Helles Gelbgrün, Silberreflexe. Ein Hauch von Orangenblüten, zarte gelbe Frucht nach Mango, dezente Wiesenkräuter. Straff, feine Kernobstnuancen, ein Hauch von Birne, mineralisch-salzig im Abgang, engmaschig und gut anhaftend, weißer Apfel im Nachhall, ein facettenreicher Speisenwein.

© Weingut Bernhard Ott

★★

WEINBAU FAMILIE REINBERGER

Unweit der Donau, wo sich die Felder gemächlich dem Wagram zuneigen, liegen die Weingärten der Familie Reinberger. Flugsandablagerungen der älteren Eiszeit bilden hier die Grundlage für den Weinbau. Diese mächtigen Lössanwehungen mit ihrem hohen Kalkgehalt und ihrer guten Wasserspeicherkapazität zeichnen den Boden aus und fördern das Wachstum und die Reife der Trauben, die in den sonnigen Hanglagen des Wagrams gedeihen. Das Kleinklima ist von den Ausläufern des warmen pannonischen Klimas im Wechselspiel mit kühlerer Luft aus dem Waldviertel bestimmt.
Hier bringt der Grüne Veltliner seine Würzigkeit, Rasse und Pikanz voll zur Geltung und wird deshalb auch auf mehr als der Hälfte der über zehn Hektar Rebfläche kultiviert. Mit Überzeugung behält man aber auch die »Altösterreicher« Roter und Frühroter Veltliner im Programm, an denen man die frische Frucht und zarte Eleganz besonders schätzt. Riesling, Chardonnay und Zweigelt runden die Sortenpalette ab.
Der Wein entsteht mit seiner Eigenart und Vielfalt bereits im Weingarten, jedes Bemühen im Keller kann nur ein Bewahren jener Kraft sein, die die Natur in Form von hochqualitativen Trauben liefert. Das Hauptaugenmerk des Familienbetriebs liegt in der Weißweinbereitung, wobei traditionelle und moderne Kellertechnik in Einklang gebracht werden. Jedoch ist ein Höchstgrad an Fruchtigkeit und Eleganz noch nicht alles: Eigenständigkeit, bedingt durch Boden und Klima, und die Fantasie des Winzers zeichnen große Weine mit Seele und Charakter aus. Zahlreiche nationale und internationale Auszeichnungen bestätigen die Arbeit der dynamischen Winzerfamilie und zeugen von der Qualität der Weine.

91 Grüner Veltliner * Feuersbrunn Rose Grün 2022
13,5 Vol.-%, DV, Stahltank, €€
Mittleres Grüngelb, Silberreflexe. Dezente Kräuter-Tabak-Würze, etwas Apfel, ein Hauch von Guaven und Clementinen. Saftig, elegant, gut eingebundene Säurestruktur, feinwürzig, Golden-Delicious-Apfel im Abgang, bereits gut antrinkbar.

90 Grüner Veltliner * Feuersbrunn Ried Brenner 2022
12,5 Vol.-%, DV, Stahltank, €€
Helles Gelbgrün, Silberreflexe. Wiesenkräuter, zart nach Maracuja, etwas nach Melisse, frisches Bukett, Apfelnoten klingen an. Saftig, elegant, feine Säurestruktur, mineralisch, bleibt gut haften, unkompliziertes Trinkvergnügen.

90 Grüner Veltliner * Fels Ried Dorner Reserve 2021
14 Vol.-%, DV, 500-l-Fass, €€€
Mittleres Grüngelb, silberfarbene Reflexe. Feine gelbe Apfelfrucht, etwas Papaya, kandierte Orangenzesten, dezent kräuterwürzig unterlegt. Mittlerer Körper, weißer Apfel, dezenter Säurebogen, mineralisch, ein Hauch von Birnen im Abgang, bereits entwickelt.

93 Grüner Veltliner Fels Ried Scheiben Große Reserve 2020
13,5 Vol.-%, DV, 500-l-Fass, €€€€
Leuchtendes Goldgelb, silberfarbene Reflexe. Feine Tabaknuancen, etwas nach Mango, floral, zart nach Blütenhonig, Karamell klingt an. Saftig, elegant, feine Tabakwürze, Nuancen von Tropenfrucht, Papaya im Rückgeschmack, guter Speisenbegleiter.

WEINBAU FAMILIE REINBERGER
3484 Grafenwörth
Kremser Straße 10
T: +43 (664) 4154894
weinbau@reinberger.at
www.reinberger.at

Kellermeister/Kontakt:
Ing. Alfred Reinberger
Produktion: 1 % Schaumwein, 89 % weiß, 1 % rosé, 8 % rot, 1 % süß, 10 Hektar
Vereinszugehörigkeit: Weingüter Wagram
Messen: ProWein Düsseldorf, Vinobile Feldkirch, Vinobile Montfort, DAC-Präsentationen

* Wagram DAC

92 Roter Veltliner * Gösing Ried Fumberg Reserve 2021
14,5 Vol.-%, DV, 500-l-Fass, €€€
Mittleres Goldgelb, silberfarbene Reflexe. Feine Nuancen von reifer gelber Birne, etwas Mango und Blütenhonig, mit zarter Kräuterwürze unterlegt. Saftig, elegant, reifer gelber Pfirsich, zarte Fruchtsüße, mineralisch und anhaftend, ein Hauch von Nugat im Nachhall.

91 Roter Veltliner * Feuersbrunn Lössterrassen 2022
13,5 Vol.-%, DV, großes Holzfass, €€€
Helles Gelbgrün, silberfarbene Reflexe. Gewürznuancen, etwas nach Birne, zart nach Melisse, ein Hauch von Quitte, mit Blütenhonig unterlegt. Saftig, elegant, extraktsüß nach Mango, kräutrig im Nachhall, kraftvoller Speisenbegleiter.

★★★

WEINGUT FRANZ SAUERSTINGL

»All you need is Löss« ist der Leitspruch des Weinguts Sauerstingl. Der Familienbetrieb befindet sich in Fels am Wagram und bewirtschaftet rund zwölf Hektar Rebfläche. Franz Sauerstingl ist für die Vinifikation der Weine verantwortlich, der Fokus liegt auf dem Grünen Veltliner. Dieser wird in vier verschiedenen Varianten angeboten: »LÖSS I«, »LÖSS II«, »LÖSS III« und »LÖSS IV«. Diese Bezeichnungen vereinen die geologischen Gegebenheiten am Wagram mit der Klassifizierung der Veltliner von leicht-fruchtig-unkompliziert (LÖSS I und II) bis gehaltvoll-reif-ausdrucksstark (LÖSS III und IV).
Die Weingärten liegen rund um Fels und reichen von der Wagramkante (lockere Schotterböden mit Lössauflage) bis knapp unter den Hengstberg, der mit 360 Metern Seehöhe die höchste Erhebung des Wagrams ist. Dort befinden sich die wichtigsten Lagen der Familie: Scheiben und Brunnthal. Beide Rieden zeichnen sich durch besonders tiefgründige Lössböden aus und sind mit bis zu 40 Jahre alten Reben bestockt.
Zusätzlich vinifiziert man folgende Weißweine: Riesling, Weißburgunder sowie den regional sehr bedeutenden Roten Veltliner. Beim Rotwein setzt man auf Zweigelt sowie auf die Cuvée »Dark Red Löss«.
Dass Franz Sauerstingl mit der Umsetzung seines anspruchsvollen Qualitätskonzepts auf dem richtigen Weg ist, bestätigt neben einer Vielzahl zufriedener Kunden auch die Aufnahme des Weinguts in renommierte Weinführer. Zahlreiche Auszeichnungen sowie die mehrmalige Aufnahme in den »SALON Österreich Wein« mit den Sorten Grüner Veltliner und Roter Veltliner spiegeln das Level der Weine wider.

WEINGUT FRANZ SAUERSTINGL
3481 Fels am Wagram
Parkstraße 11
T: +43 (2738) 3435
franz@sauerstingl.at
www.sauerstingl.at

Kellermeister/Kontakt: Franz Sauerstingl
Produktion: 89 % weiß, 11 % rot, 12.5 Hektar
Vereinszugehörigkeit: Wagramer Selektion
Messen: ProWein Düsseldorf

93 Grüner Veltliner * Ried Brunnthal Löss IV 2022
13,5 Vol.-%, DV, Stahltank/großes Holzfass, €€€
Leuchtendes Goldgelb, Silberreflexe. Frisches Bukett, zart nach Maracuja, ein Hauch von Zitrus, Golden-Delicious-Apfel klingt an. Komplex, saftig, kraftvoll, feinwürzig, ein Hauch von Guaven, mineralischer Nachhall, bleibt sehr gut haften, vielfältig einsetzbar.

91 Grüner Veltliner * Ried Scheiben Löss III 2022
13 Vol.-%, DV, €€€
Mittleres Gelbgrün. Feine Wiesenkräuter, zart nach Quitte, ein Hauch von Kumquats, mit Apfelfrucht unterlegt. Saf-

tig, gut eingebundene Säurestruktur, feinwürzig, extraktsüß nach Golden-Delicious-Apfel, bleibt gut haften, unkomplizierter Speisenbegleiter.

90 Grüner Veltliner * Löss II 2022
12,5 Vol.-%, DV, Stahltank, €€
Helles Gelbgrün, Silberreflexe. Feine Wiesenkräuter, zart nach Kardamom, ein Hauch von Apfel, frische Zitrusnoten. Mittlerer Körper, zarte Säurestruktur, feinwürzig, Kernobst im Abgang, bereits gut antrinkbar.

89 Grüner Veltliner * Löss I 2022
12 Vol.-%, DV, Stahltank, €€

94 Grüner Veltliner Reserve 2021
14 Vol.-%, DV, Stahltank/großes Holzfass, €€€€
Leuchtendes Goldgelb, Silberreflexe. Zarte Tropenfrucht, etwas nach Zitrus, ein Hauch von Quitte, mineralischer Touch. Saftig, komplex, feine Fruchtsüße, etwas nach Mango, frisch und lebendig, feinwürzig, Ananas im Abgang, salziger Rückgeschmack, vielseitiger Speisenbegleiter.

89 Roter Veltliner * 2022
12,5 Vol.-%, DV, Stahltank, €€

★★

WEINGUT SCHABL

BIO

Das Weingut Schabl ist ein Familienbetrieb, dessen Weingärten sich in die sanften Hügellandschaften an den Südhängen des Wagrams einbetten. 1891 gelangte der Hof in den Besitz der Familie. Seither wird er stets weiterentwickelt und von den Eltern an die Kinder vererbt.
Momentan arbeiten Romana und Herbert Schabl, die das Weingut die vergangenen Jahre geprägt haben, mit Sohn Paul und seiner Partnerin Elena zusammen. Die beiden, als fünfte Generation und Zukunft, steuern großes Talent und viel önologisches Gespür bei. Die Weingärten bewirtschaftet Familie Schabl biologisch, denn Weinmachen sieht man hier als ein Handwerk an, das neben kreativem Schaffen auch die Verantwortung für die Natur und den Menschen beinhaltet. So entstehen Weine voll Seele, Herzblut und mit wohltuendem Gebietscharakter.

92 Pet Nat Schaumwein Brut 2022
12 Vol.-%, NK, Flaschengärung, €€€€
Naturtrübes helles Gelb, feines Mousseux. Reifer gelber Apfel, ein Hauch von Birne und Mango, feine Kräuterwürze, einladendes Bukett. Mittlere Komplexität, zarte Fruchtsüße, reife Birne, frischer Säurebogen, Blütenhonig im Nachhall.

95 Grüner Veltliner * Reserve 2021
13 Vol.-%, NK, Holzfass/Flaschenreifung, €€€€
Mittleres Gelbgrün, silberfarbene Reflexe. Mit Blütenhonig und Karamell unterlegte Ananas und reifer Pfirsich, ein Hauch von Feigen. Saftig, engmaschig, gute Komplexität, frisch und balanciert, weißes Steinobst im Abgang, facettenreiches Finish, sicheres Potenzial.

(92) Grüner Veltliner * Ried Mordthal 2022
13,5 Vol.-%, DV, Stahltank, €€€
Mittleres Gelbgrün, silberfarbene Reflexe. Einladendes Bukett nach Apfel und Orangenzesten, zart nach Quitte, dezente Kräuterwürze, Zitronenmelisse klingt an. Saftig,

WEINGUT SCHABL
3465 Königsbrunn am Wagram
Kremser Straße 13
T: +43 (2278) 2287
office@weingut-schabl.at
www.weingut-schabl.at

Kellermeister: Herbert Schabl
Kontakt: Paul Schabl
Anbauweise: Zertifiziert Biologisch
Produktion: 5 % Schaumwein, 85 % weiß, 5 % rosé, 5 % rot
Vereinszugehörigkeit: Slow Food Presidio
Messen: Millésime Bio, VieVinum

straff, gut eingebundene Säurestruktur, feinwürzig, Kernobst im Abgang, salziger Nachhall, guter Speisenbegleiter.

(93) Roter Veltliner * Ried Steinberg 2022
13 Vol.-%, DV, Stahltank, €€€ V
Mittleres Gelbgrün, Silberreflexe. Weißes Kernobst, zart nach Zitrus, ein Hauch von Birnen, Physalis klingt an. Saftig, straff, Ringlotten im Abgang, dezente Säurestruktur, mineralisch, vielseitiger Speisenbegleiter mit Potenzial.

93 Roter Veltliner * Ried Hochrain Reserve 2021
13 Vol.-%, NK, Holzfass, Flaschenreifung, €€€€ V
Leuchtendes Goldgelb, Grünreflexe. Zarte Tabakwürze, etwas Honig, ein Hauch von Mango und Papaya, zart nach Litschis, florale Noten. Saftig, gute Komplexität, gelbe Tropenfrucht, feinwürzig, gut eingebundene Säurestruktur, zart nach Kokos im Nachhall, guter Speisenbegleiter.

(92) Riesling Rebell Naturell 2022
12,5 Vol.-%, NK, Stahltank, €€€€€
Leuchtendes trübes Goldgelb, Orangereflexe. Etwas Honig und feine Kräuter, ein Hauch von Kamillenblüten, Marillengelee, kandierte Orangenzesten. Saftig, elegant, balancierte Säurestruktur, zarter Gerbstoff, extraktsüßes Finish, zitroniger Nachhall, guter Speisenbegleiter.

★★★

WEINGUT FAMILIE SCHUSTER

BIO

Das Bioweingut der Familie Schuster liegt in Großriedenthal am Wagram. Hier arbeiten zwei Generationen gemeinsam, die lieben, was sie tun. Seit 1772 beschäftigt man sich hier mit dem Weinbau, und in Sachen Roter Veltliner kann man einiges von Familie Schuster lernen, haben sie doch Pionierarbeit geleistet und sich schon lange Zeit mit dieser einzigartigen Sorte intensiv auseinandergesetzt. Der leidenschaftliche Einsatz für diese Sorte in allen Gewichtsklassen – vom klassischen Sortenvertreter bis zu den kräftigen Roten Veltlinern der Ried Altweingarten und der Ried Berg Eisenhut – macht sich bezahlt. Mit SALON-Sieger und Landessieger konnten sie Schusters bereits früh ihr Können erfolgreich unter Beweis stellen! Auch auf die Leitsorte des Wagrams, den Grünen Veltliner,

Thomas Schuster

WEINGUT FAMILIE SCHUSTER
3471 Großriedenthal
Hauptstraße 61
T: +43 (2279) 7203
office@weingut-schuster.at
www.weingut-schuster.at

Kellermeister/Kontakt: Thomas Schuster
Anbauweise: Zertifiziert Biologisch
Produktion: 85 % weiß, 15 % rot, 13 Hektar
Vereinszugehörigkeit: Weingüter Wagram
Messen: ProWein Düsseldorf, VieVinum

kann man sich hier verlassen. Vom klassischen fruchtbetonten leichten Veltliner vom Wagram bis hin zum Riedenwein der Lage Eisenhut mit Tiefgang und großem Lagerpotenzial: Hier fühlt sich die Sorte überaus wohl.
Im Weingarten nehmen sich Thomas Schuster und seine Familie viel Zeit für händische Arbeiten, die an jeden Weingarten individuell angepasst werden. Klar ist, dass die Familie der Natur etwas zurückgeben möchte. Dabei spielt die biologische Bewirtschaftung der Reben eine große Rolle. Weniger ist oft mehr: So wird im Keller gerne auf große Technik verzichtet, und man gibt dem Wein ganz einfach Zeit zu reifen.
»Wenn man die Natur arbeiten lässt, kann man als Winzer die Reben übers Jahr begleiten und bekommt so die Möglichkeit, die Individualität und Besonderheit jeder einzelnen Lage perfekt herauszuarbeiten«, so Thomas Schuster. Der Marienkäfer am Etikett ist für das Tun der Familie dabei sichtbares Symbol. Wie zu Hause fühlt man sich, wenn man auf dem Weingut zu Gast ist und ein paar Tage lang die Ruhe und Gelassenheit des Wagrams genießen kann – mit regionalem Frühstück mit Eiern von Schusters glücklichen Hühnern und abends einer Weinverkostung in entspannter Atmosphäre. Und die neue Website lädt auch aus der Entfernung zum Stöbern durch die Weinvielfalt der Schusters ein.

93 Grüner Veltliner * Ried Eisenhut 2021
14 Vol.-%, DV, großes Holzfass, €€€€ Ⓑ
Mittleres Grüngelb, silberfarbene Reflexe. Zart nach Kräutern, etwas Ananas und Mirabelle, dunkle Würze. Gute Komplexität, saftig, extraktsüß nach Tropenfrucht, balanciert, lang anhaltend, guter Speisenbegleiter.

90 Grüner Veltliner * Grossriedenthal Alte Reben 2022
13 Vol.-%, DV, Stahltank, €€
Mittleres Gelbgrün, silberfarbene Reflexe. Feine Wiesenkräuter, zart nach Quitte, ein Hauch von Orangenschalen, Mangonoten klingen an. Mittlere Komplexität, saftig, weißes Kernobst im Abgang, bereits gut antrinkbar.

94 Grüner Veltliner Gutsreserve 2020
13,5 Vol.-%, NK, gebrauchte Barriques, €€€€€ Ⓑ
Leuchtendes Goldgelb, Silberreflexe. Honig und Anis, unterlegt mit Limettenzesten, ein Hauch von Papaya, frische Melone klingt an. Gute Komplexität, kraftvoll, feine Würze, weißes Steinobst, balancierte Säurestruktur, lang anhaltend, nussiger Nachhall, bereits gut antrinkbar.

Weingärten bei Großriedenthal

93 Roter Veltliner * Ried Berg Eisenhut 2021
13,5 Vol.-%, DV, großes Holzfass, €€€€ Ⓑ
Mittleres Gelbgrün, Silberreflexe. Gelbes Kernobst, unterlegt mit nussigen Nuancen, etwas nach Papaya, Blütenhonig klingt an. Saftig, gute Komplexität, Mango im Abgang, balancierter Säurebogen, lang anhaltend, feiner Speisenbegleiter.

91 Roter Veltliner * Ried Altweingarten 2022
13 Vol.-%, DV, Stahltank, €€€ Ⓑ
Mittleres Gelbgrün, Silberreflexe. Zarter Duft nach Birnen und Gewürzen, etwas nach Kardamom, Ringlotten klingen an. Saftig, mittlere Komplexität, Cox-Orange-Apfel im Abgang, salziger Nachhall, lang anhaltend, guter Speisenbegleiter.

94 Roter Veltliner Weitblick Natural 2021
12,5 Vol.-%, NK, gebrauchte Barriques, €€€€€ ⓘ ⓘ
Leuchtendes Goldgelb, Orangereflexe. Einladender Duft nach kandierten Mandeln, Blutorange und Ananas, ein Hauch von Nelken, attraktives Bukett. Saftig, engmaschig, frisch, zarter Gerbstoff, Honigtouch, Nashi-Birne im Abgang, salziger Rückgeschmack, vielschichtiger, spannender Naturwein mit Reifepotenzial.

★

WEINHOF THOMAS STOPFER

Der Weinbau ist in der Familie Stopfer seit Generationen verankert. Für Thomas Stopfer bedeutet er mehr als nur gute alte Tradition. Wein vereint seine Liebe und Verbundenheit zur Natur mit der Freude am Genießen. Oberstes Ziel des Winzers ist es daher, die Qualität der übers Jahr behutsam gereiften Trauben in jede einzelne Flasche zu bringen.
Im Sortiment finden sich die fruchtig-pfeffrigen Grünen Veltliner »Classic«, der »Steinberg« – kräftig, würzig und mineralisch – sowie die »Reserve« für Liebhaber gereifter Weine. Die Sortenvielfalt reicht von Rosé-Weinen über Roten Veltliner und Riesling bis hin zu Gelbem Muskateller. Bei den Rotweinen setzt man auf die Sorten Zweigelt und Cabernet Sauvignon als Partner in den Cuvées, die zum größten Teil in Barrique-Fässern ausgebaut werden.
Wer die Stille sucht und gerne in der Natur seine Seele baumeln lässt, der wird den Wagram lieben. Genießen steht bei den Stopfers im Vordergrund, sei es kulinarisch, kulturell oder spirituell – gerne begleitet von einem guten Achterl Wein.

WEINHOF THOMAS STOPFER
3701 Ruppersthal
Ruppersthal 41
T: +43 (676) 6661188
office@weinhof-stopfer.at
www.weinhof-stopfer.at

Kellermeister/Kontakt: Thomas Stopfer
Produktion: 80 % weiß, 20 % rot, 8+2 Hektar
Messen: ProWein Düsseldorf, Vinobile Feldkirch, Weinmesse München

93 Grüner Veltliner * Ried Steinberg Privat 2021
13,5 Vol.-%, DV, 500-l-Fass, €€€€
Mittleres Grüngelb, Silberreflexe. Reife Quittenfrucht, zart nach Marille und Blütenhonig, attraktives, reifes Bukett. Saftige gelbe Tropenfrucht, feine Säurestruktur, dezente Süße im Abgang, mineralisch-salzig, sehr gute Länge, ein komplexer Speisenbegleiter mit Reifepotenzial.

92 Grüner Veltliner * Ruppersthal Ried Steinberg 2022
13,5 Vol.-%, DV, Stahltank/großes Holzfass, €€€
Helles Grüngelb, Silberreflexe. Nuancen von Golden-Delicious-Apfel, ein Hauch von Mango, zart nach Orangenzesten, etwas Blütenhonig. Saftig, elegant, feine Fruchtsüße, finessenreich strukturiert, feiner Honigtouch im Nachhall, ein stoffiger Speisenbegleiter.

90 Grüner Veltliner * Ruppersthal Vom Löss 2022
12,5 Vol.-%, DV, Stahltank, €€
Helles Gelbgrün, Silberreflexe. Zarte Nuancen von gelbem Kernobst, ein Hauch von Mango, kandierte Orangenzesten. Straff, saftig, weißer Apfel, feine Säurestruktur, zitroniger Touch, salzige Mineralik.

89 Grüner Veltliner * 2022
12,5 Vol.-%, DV, Stahltank, €€

(92) Roter Veltliner * Ruppersthal Ried Mordthal 2022
13,5 Vol.-%, DV, 500-l-Fass/Stahltank, €€€
Helles Goldgelb, Silberreflexe. Reife gelbe Tropenfrucht, etwas Ananas und Mango, einladendes Bukett, zarte Nuancen von Mandarinenzesten. Mittlere Komplexität, feine Birnenfrucht, dezente Säurestruktur, mineralisch und anhaftend, ein vielseitiger Begleiter bie Tisch.

91 Roter Veltliner * Ruppersthal Vom Löss 2022
12,5 Vol.-%, DV, Stahltank, €€
Helles Gelbgrün, Silberreflexe. Zart floral unterlegte Nuancen von frischer Birne und Quitte, ein Hauch von Mandarinenzesten. Mittlerer Körper, weißer Apfel, feines Säuregerüst, zitronig unterlegte Mineralik, feine Süße im Nachhall, ein vielseitiger Speisenbegleiter.

★★

BIO WEINGUT URBANIHOF FAMILIE PASCHINGER

BIO

Das Weingut Urbanihof in Fels am Wagram, wo Tradition auf Moderne trifft, wird bereits in elfter Generation von Sonja und Franz Paschinger geführt. Jakob und Lisa Paschinger sind »The Next Generation«, daher befassen sich die Eltern jeden Tag aufs Neue mit Qualität und Nachhaltigkeit, um ihren Kindern guten Grund und Boden zu übergeben. Dies spiegelt sich in der seit 2016 zertifizierten Umstellung auf bio-organischen Weinbau wider.
Der behutsame Umgang mit der Natur und der Vinifikation sorgt für aussagekräftige, köstliche Weine.

92 Grüner Veltliner * Ried Dorner 1598 2021

13,5 Vol.-%, DV, kleines Holzfass, €€€€

Mittleres Gelbgrün, silberfarbene Reflexe. Zart nach Honigmelone und Passionsfrucht, etwas Wiesenkräuter, dezent nach Marille, mit einem Vanilletouch unterlegt. Saftig, elegant, kraftvoll, Holzwürze klingt an, etwas nach Babybanane, weißes Nougat, stoffiges Finish, bereits gut antrinkbar.

90 Grüner Veltliner * 4U 2022

12,5 Vol.-%, DV, Stahltank, €€

Mittleres Gelbgrün, Silberreflexe. Zart nach Ananas und Birnen, etwas Blütenhonig, floral, einladendes Bukett. Saftig, elegant, frische Säurestruktur, feinwürzig, weißes Kernobst, balanciert, bereits gut antrinkbar.

93 Grüner Veltliner Ried Dorner Grande Reserve 2020

13 Vol.-%, NK, Barrique, €€€€€ Ⓑ

Mittleres Gelbgrün, silberfarbene Reflexe. Reife Tropenfrucht, zart nach Marille, etwas Honig, ein Hauch von Wiesenkräutern, zart nach Kletzen. Saftig, gute Komplexität, salzig-mineralisch, fruchtsüß nach Passionsfrucht im Abgang, kraftvolles Finish, unterlegt mit Holzwürze, sicheres Entwicklungspotenzial.

91 Grüner Veltliner Ried Brunnthal Wagramer Selektion 2020

12,5 Vol.-%, DV, Stahltank, €€ Ⓑ

Helles Gelbgrün, silberfarbene Reflexe. Zarte Kräuternoten, ein Hauch von Orangenschalen, zart nach Papaya, mineralischer Touch. Mittlere Komplexität, straff, engmaschig, gelbe Tropenfrucht, unkomplizierter Speisenbegleiter.

92 Riesling * Fels 2022

13 Vol.-%, DV, Stahltank, €€€

Mittleres Grüngelb. Mit etwas Kräuterwürze unterlegter reifer Pfirsich, zart nach Ringlotten, ein Hauch von Limettenzesten. Saftig, elegant, frisch und lebendig, salzig, weißes Steinobst, bleibt gut haften, vielfältig einsetzbar.

91 Roter Veltliner * Fels 2021

13,5 Vol.-%, DV, kleines Holzfass, €€€

Mittleres Grüngelb, Silberreflexe. Feine Birnenfrucht, zart nach Kardamom, kandierte Veilchen, ein Hauch von kandierten Mandeln. Saftig, kraftvoll, feiner Extrakt nach kandiertem Apfel, würziger Nachhall, guter Speisenbegleiter.

BIO WEINGUT URBANIHOF – FAMILIE PASCHINGER
3481 Fels am Wagram
St.-Urban-Straße 3
T: +43 (2738) 234412
weingut@urbanihof.at
www.urbanihof.at

Kellermeister/Kontakt:
Dipl.-HLFL-Ing. Franz Paschinger
Anbauweise: Zertifiziert Biologisch (Bio Austria)
Produktion: 80 % weiß, 20 % rot, 40 Hektar
Vereinszugehörigkeit:
Wagramer Selektion
Messen: ProWein Düsseldorf, VieVinum

★★★

WEINHOF ANTON UND ELFRIEDE WALDSCHÜTZ

Was Erde und Natur beginnen, wird auf dem Weinhof Waldschütz mit größter Sorgfalt vollendet. Dabei vertraut die Familie auf das Wissen der Generationen aus 150 Jahren Weinbau und auf ihr Fingerspitzengefühl. Die 18 Hektar Weingärten befinden sich auf vorwiegend sonnenverwöhnten Hängen in den bekannten Weinbaugebieten Wagram und Kamptal. Auf Urgestein, sandigen Lehm- und Löss-Schotter-Böden sowie auf tiefgründigen Lehm-Löss-Böden wachsen dort fruchtbetonte, elegante Weine. Im Umgang mit den Weinstöcken wird auf die optimale Pflege der Reben und die Erhaltung gesunder, lebendiger Böden Wert gelegt.

Auch wenn jeder Jahrgang seine Eigenheiten hat, bleibt die Weinstilistik der Familie Waldschütz unverkennbar. Die sortenreinen Weine der Linien »Hof«, »Gebiet« und »Ort« sind klassisch ausgebaut und entfalten sich besonders fein und gebietstypisch. Vor allem Weine mit Riedenbezeichnungen wie Brunnthal, Anzenthal und Goldberg mit ihrer geradlinigen Stilistik und eleganten Frucht machen ihrer Herkunft alle Ehre. Bei der Serie »Winzer« erkennt man die Leidenschaft, mit der hier gearbeitet wird.

Viermal im Jahr betreibt die ganze Familie zudem einen eigenen Heurigen in Obernholz im Kamptal, wo die Weine umgeben von Rebstöcken zu heurigentypischen Speisen und hausgemachten Mehlspeisen serviert werden. Verkostung und Kauf der Weine sind am besten nach telefonischer Voranmeldung auf dem Weinhof in Sachsendorf am Wagram sowie beim »TOP-Heurigen« in Obernholz möglich.

95 Grüner Veltliner * Fels am Wagram Ried Scheiben 1ÖTW 2021

14,5 Vol.-%, NK, Teilbarrique, €€€€€

Mittleres Gelbgrün, silberfarbene Reflexe. Dezente Mangonote, etwas Kardamom, ein Hauch von Orangenschalen, floraler Touch, Blütenhonig klingt an. Gute Komplexität, saftig, straff, facettenreiche Säurestruktur, weiße Tropenfrucht, etwas Litschis im Nachhall, bleibt sehr gut haften, vielschichtig, sicheres Reifepotenzial.

Ralph und Anton Waldschütz

WEINHOF ANTON UND ELFRIEDE WALDSCHÜTZ
3474 Sachsendorf, Sachsendorf 17
T: +43 (664) 3874076
wein@waldschuetz.at
www.waldschuetz.at

Kellermeister: Ralph Waldschütz
Kontakt: Anton und Elfriede Waldschütz
Produktion: 1 % Schaumwein, 70 % weiß, 7 % rosé, 21 % rot, 1 % süß, 18+10 Hektar
Zertifiziert: Nachhaltig Austria
Vereinszugehörigkeit: Traditionsweingüter Österreich, Wagramer Selektion
Messen: Austrian Tasting London, Igeho Basel, ProWein Düsseldorf, London Wine Fair, VieVinum, Vinobile Feldkirch, DAC-Präsentationen

© Leonhard Hilzensauer

93 Grüner Veltliner * Fels am Wagram Ried Brunnthal 1ÖTW 2021
14 Vol.-%, NK, Teilbarrique, €€€€€
Helles Gelbgrün, silberfarbene Reflexe. Feine Wiesenkräuter, zart nach Blütenhonig, Mangotouch, ein Hauch von kandierten Clementinen. Saftig, gute Komplexität, zart nach Pfirsich, feine Extraktsüße, salziger Nachhall, bleibt gut haften, sehr gut antrinkbar.

92 Grüner Veltliner * Fels am Wagram 2022
13,5 Vol.-%, DV, großes Holzfass, €€€
Mittleres Gelbgrün. Feiner Blütenhonig, zart nach Wiesenkräutern, ein Hauch von Mango, reife Apfelfrucht klingt an. Saftig, gute Komplexität, salzig, extraktsüßer Abgang, Kernobstnoten im Rückgeschmack, guter Speisenbegleiter.

93 Riesling * Fels am Wagram Ried Anzenthal 2021
14 Vol.-%, DV, großes Holzfass, €€€€
Mittleres Gelbgrün, Silberreflexe. Feine Wiesenkräuter, zart nach Papaya, ein Hauch von Grapefruitnoten, mit Melisse unterlegt. Saftig, extraktsüß, gut integrierte Säurestruktur, etwas nach Ringlotten, engmaschig, balanciert, kraftvolles Finish, vielschichtiger Speisenbegleiter.

91 Riesling Kamptal DAC Strass im Strassertal 2022
12,5 Vol.-%, DV, Stahltank, €€
Mittleres Grüngelb, Silberreflexe. Pfirsichnoten, etwas Kräuter, ein Hauch von Orangenblüten und Sanddorn. Saftig, frisch und mineralisch, feinwürzig, weiße Frucht im Abgang, bereits gut antrinkbar, unkompliziertes Trinkanimo.

(92) Roter Veltliner * Gösing Ried Goldberg 2022
13,5 Vol.-%, DV, Teilbarrique, €€€€
Mittleres Grüngelb, Silberreflexe. Zart nach Kräutern und Limettenzesten, ein Hauch von weißer Tropenfrucht, tabakig, Drachenfrucht klingt an. Saftig, straff, fruchtsüß nach Steinobst, würziger Abgang, mineralisch, guter Speisenbegleiter, bereits gut antrinkbar.

Frühroter Veltliner

90 Roter Veltliner * von den Wagramer Terrassen 2022
13 Vol.-%, DV, Stahltank, €€
Helles Grüngelb, Silberreflexe. Zarte Maracujanote, etwas nach Papaya, ein Hauch von Orangenschalen, feine Wiesenkräuter, Melisse klingt an. Saftig, elegant, feine Säurestruktur, mineralisch-salzig, Birnenfrucht im Abgang, bereits gut antrinkbar.

★★

WEINGUT GERALD WALTNER

Im Jahr 2003 übernahm Gerald Waltner, der in kurzer Zeit den Sprung an die Spitze der Wagramer Winzer geschafft hat, die Verantwortung im elterlichen Weingut in Engelmannsbrunn. Mithilfe seiner Familie bewirtschaftet er heute über elf Hektar der besten Weinrieden in Engelmannsbrunn und Gösing. Er ist aufgrund seiner Verbundenheit mit der Natur bestrebt, Nachhaltigkeit und Umweltschutz zu pflegen und zu fördern, und beschreibt sich als bodenständig und naturverbunden, aber trotzdem mit modernem Stil. »Es fasziniert mich, dem Wein meine eigene Sprache zu verleihen – meine Sprache des Duftes, meine Sprache des Gaumens, meine Handschrift. Ich möchte Technik und Erfahrung kombinieren, um das Produkt zu schaffen, das meinen Charakter widerspiegelt. Ich nutze die Frische und Freiheit meiner Gedanken als Motivation für Weinkreationen, die fordern«, so Gerald Waltner. Seine größte Auf-

* Wagram DAC

Gerald und Theresa Waltner

WEINGUT GERALD WALTNER
3470 Engelmannsbrunn
Am Berg 18
T: +43 (2279) 2471
info@weingutwaltner.at
www.weingutwaltner.at

Kellermeister/Kontakt: Gerald Waltner
Produktion: 80 % weiß, 5 % rosé, 15 % rot, 11 Hektar
Messen: ProWein Düsseldorf

merksamkeit gilt dem Grünen Veltliner, der am Wagram mit seinem einzigartigen Terroir wohl beste Voraussetzungen vorfindet. Zahlreiche Auszeichnungen, wie »SALON«-Sieger, Landessieger, »Vineus Newcomer Award«, und die Aufnahme in verschiedene Weinguides in den letzten Jahren bestätigen die Arbeit des Winzers und zeugen von der Qualität seiner Weine. Auffallend ist auch der sehr hohe Exportanteil der Waltner-Weine. Neben dem Verkauf in Österreich werden bereits über 65 Prozent der Produktion nach Deutschland, Belgien, Irland, Italien, in die Schweiz und die Niederlande exportiert.

92 Grüner Veltliner * Gösing Ried Dorner 2022
13,5 Vol.-%, DV, Stahltank, €€€
Mittleres Grüngelb, Silberreflexe. Zart nach Kardamom, etwas nach kandierten Zitruszesten, reifes Kernobst, mineralischer Touch. Saftig, kraftvoll, gut integrierte Säurestruktur, Tropenfrucht im Abgang, bleibt gut haften, eleganter Speisenbegleiter.

91 Grüner Veltliner * Gösing Ried Steinbertz 2022
13 Vol.-%, DV, Stahltank, €€
Mittleres Gelbgrün, Silberreflexe. Zart nach Kräutern und Guaven, ein Hauch von Maracuja, weiße Apfelfrucht. Mittlere Komplexität, straff, feiner Säurebogen, etwas nach weißem Fruchtfleisch, engmaschig, vielfältig einsetzbar.

90 Grüner Veltliner * Engelmannsbrunn Ried Hochrain 2022
12,5 Vol.-%, DV, Stahltank, €€
Leuchtendes helles Grüngelb. Feine Tabakwürze, etwas nach Apfel, zart nach Orangenschalen, Melisse. Saftig, mittlerer Körper, leichtfüßig, Maracuja im Abgang, zitroniger Nachhall, bereits gut antrinkbar.

91 Roter Veltliner * 2022
12,5 Vol.-%, DV, Stahltank, €€
Mittleres Gelbgrün, silberfarbene Reflexe. Feine Tabakwürze, etwas nach reifem Apfel und Guaven, kandierte Zitrusnoten, Birnentouch. Saftig, gut eingebundene Säurestruktur, mineralisch, etwas weißes Kernobst im Abgang, zitroniger Rückgeschmack, guter Speisenbegleiter.

89 Chardonnay * 2022
12,5 Vol.-%, DV, Stahltank, €€

89 Weißburgunder * 2022
13 Vol.-%, DV, €€

© Margarethe Lechner Gusenbauer Photography

★★

WEINGUT JOSEF ZEITLBERGER & JOSEF ZEITLBERGER

Wenn man sich einen Platz an der Spitze der österreichischen, aber auch internationalen Weinwelt erobern möchte, ist die konsequente Qualitätsproduktion Voraussetzung, davon ist die Familie Zeitlberger überzeugt.
Derzeit werden rund vierzehn Hektar Weingartenfläche bewirtschaftet. Dem Urgedanken der traditionellen Weißweinproduktion in diesem Gebiet zum Trotz hat sich Familie Zeitlberger auf die Produktion hochwertiger Rotweine spezialisiert. Basis ist die Ried Himmelreich, eine Lage, die aufgrund ihrer Bodenbeschaffenheit, der Sonneneinstrahlung und der luftigen Südlage beste Voraussetzungen für die Herstellung qualitativer Weine bietet. Hier gedeiht der Blaue Zweigelt ganz vorzüglich. Selbstverständlich kommt dabei die Weißweinlinie nicht zu kurz: Zeitlberger & Zeitlberger bieten auch den regionaltypischen Grünen Veltliner sowie etwas Riesling, Chardonnay und Gelben Muskateller.

93 Grüner Veltliner * Ried Hohenberg 2022
12,5 Vol.-%, DV, Stahltank, €€
Helles Gelbgrün, Silberreflexe. Zart nach Orangenzesten, ein Hauch von gelbem Apfel, etwas Blütenhonig, mit Wiesenkräutern unterlegt. Saftig, elegant, weißer Apfel, finessenreiche Struktur, mineralisch, zeigt gute Länge und sicheres Reifepotenzial, tolles Preis-Leistungs-Verhältnis.

90 Grüner Veltliner * classic 2022
12,5 Vol.-%, DV, Stahltank, €€
Leuchtendes mittleres Gelbgrün, Silberreflexe. Zart tabakig, feine gelbe Apfelfrucht, Wiesenkräuter, ein Hauch von Orangen. Leichtfüßig, weißes Kernobst, finessenreich strukturiert, zitroniger Touch im Abgang, ein Hauch von Honig im Rückgeschmack.

92 Riesling * Ried Steinberg 2022
12,5 Vol.-%, DV, Stahltank, €€
Mittleres Grüngelb, Silberreflexe. Feine gelbe Tropenfrucht, zart nach Blütenhonig, etwas Mango und Maracuja, einladendes Bukett. Straff, weiße Frucht, grüner Apfel, lebendige Säurestruktur, mineralisch-zitronig, ein Hauch von Limetten im Abgang, ein sommerlicher Sortenvertreter.

91 Gelber Muskateller * 2022
12,5 Vol.-%, DV, Stahltank, €€
Helles Gelbgrün, Silberreflexe. Zart nach Holunderblüten und Blütenhonig, etwas Ananas, traubiger Touch. Saftig, weißer Pfirsich, frischer Säurebogen, zitroniger Touch, mineralischer Abgang, ein lebendiger Sommerwein.

89 Sauvignon Blanc * 2022
12,5 Vol.-%, DV, Stahltank, €€

90 Zweigelt Ried Himmelreich 2020
14 Vol.-%, DV, Teilbarrique, €€
Tiefdunkles Rubingranat, opaker Kern, violette Reflexe. Kräuterwürzig unterlegt, feine Gewürznuancen, ein Hauch von Schokolade. Mittlere Komplexität, zart nach Zwetschken und Kirschen, mineralischer Abgang, bereits gut antrinkbar.

WEINGUT JOSEF ZEITLBERGER & JOSEF ZEITLBERGER
3701 Großweikersdorf
Tiefenthal 4
T: +43 (2955) 70369
office@zeitlberger.at
www.zeitlberger.at

Kellermeister/Kontakt:
Josef Zeitlberger
Produktion: 50 % weiß, 50 % rot, 14 Hektar
Messen: ProWein Düsseldorf

* Wagram DAC

© Robert Herbst

NIEDERÖSTERREICH

WEINVIERTEL

DAC

Burgruine Falkenstein nahe der tschechischen Grenze im Norden des Weinviertels

Die denkmalgeschützte Windmühle thront auf dem Kalvarienberg über der Weinstadt Retz

WEITES VELTLINERLAND MIT NEUEM PROFIL

Das Weinviertel ist ein vielfältiges, offenes und einladendes Land. Weingärten auf sanften Hügeln wechseln sich ab mit im Wind wogenden Kornfeldern. Außergewöhnliche Kulturdenkmäler und verträumte Kellergassen prägen die weite Landschaft.

Mehr als 13.911 Hektar sind hier mit Reben bepflanzt. Ungefähr die Hälfte der Weingärten birgt das wahre Erfolgsrezept des Weinviertels in sich: Grünen Veltliner, namentlich bezeichnet in der gebietstypischen Ausprägung als »Weinviertel DAC«. Von der Donau im Süden bis zur tschechischen Grenze im Norden, vom Manhartsberg im Westen bis zur slowakischen Grenze im Osten erstreckt sich das mächtige Weinbaugebiet. Wichtigste Rebsorte ist der Grüne Veltliner, der als wahrer Sortenstar auf rund 8.500 Hektar Rebfläche fest verwurzelt ist. Dazu kommen sein fruchtbetontes Bukett und die frische Säure. Dieser spezifische Weincharakter findet seit 2002 in der ersten kontrollierten Herkunftsbezeichnung (DAC) in Österreich seinen Ausdruck. Damit wurde der »Weinviertel DAC« zum Vorreiter des neuen österreichischen Herkunftsmarketings.

In der Gegend um die Weinstadt Wolkersdorf wächst neben dem Grünen Veltliner auch der Weißburgunder. Eine weitere Weißweinsorte, der Riesling, ist an den Hängen des Bisambergs zu Hause. Bei Mannersdorf an der March herrschen bei pannonischem Klimaeinfluss beste Bedingungen für Rieslinge, Burgunder und Traminer. Die Winzer im nordöstlichen Teil des Weinviertels um Poysdorf keltern vor allem Welschriesling und Grünen Veltliner. An der Nordgrenze ist Falkenstein ein Fixpunkt für fruchtbetonte Weißweine. Im Westen des Weinviertels zwi-

© WSNA

schen Retz und Röschitz warten Grüne Veltliner und Rieslinge mit mineralischer Finesse und tiefer Würze auf. Das Retzer Land ist eine »Klimainsel« mit glühend heißen und trockenen Sommern sowie sehr kalten Wintern. Die Sonnenscheindauer ist hier eine der längsten in ganz Österreich, und das wirkt sich aus: Die Weine sind konzentrierter, kräftiger und körperreicher. Die Rotweininsel Haugsdorf ist aufgrund des trockenen Klimas prädestiniert für fruchtigen, gehaltvollen Zweigelt und Blauen Portugieser.

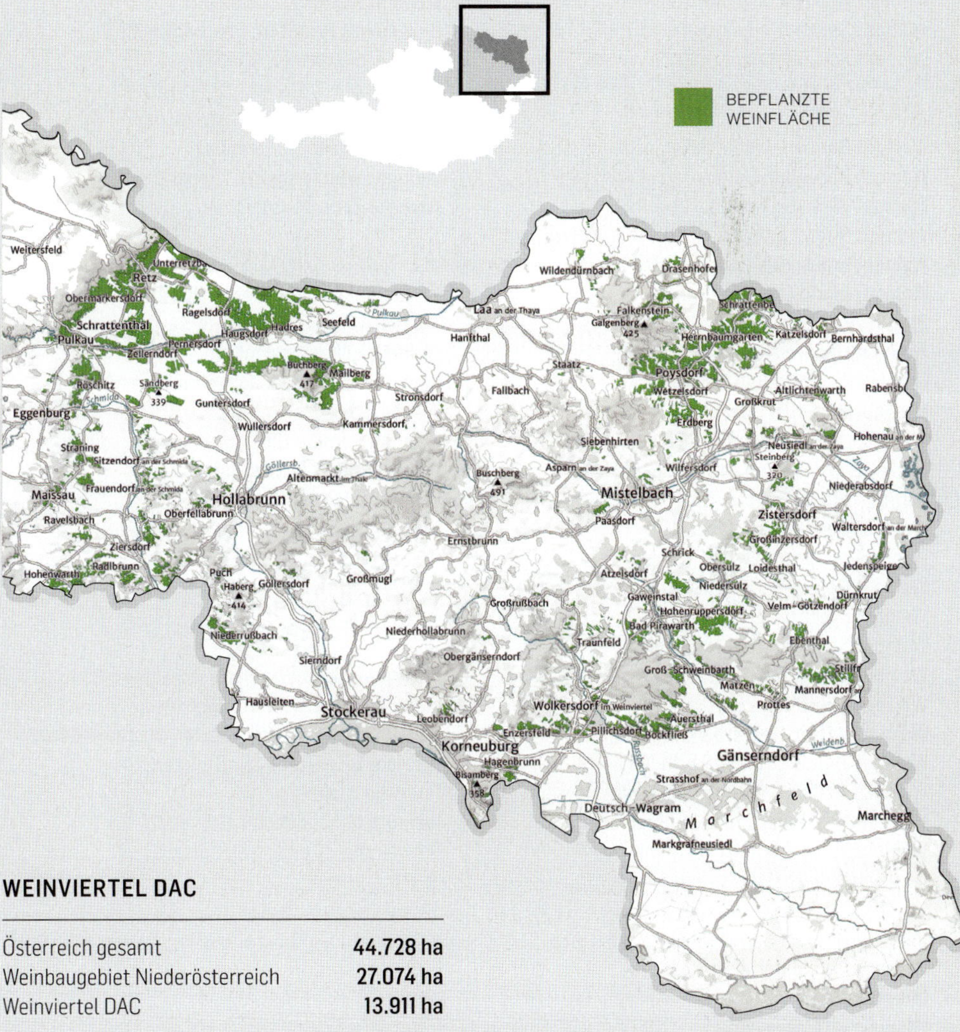

WEINVIERTEL DAC

Österreich gesamt	**44.728 ha**
Weinbaugebiet Niederösterreich	**27.074 ha**
Weinviertel DAC	**13.911 ha**

Grundkarte: © Universität Wien, BEV, OSM, SRTM | Österreich Wein Marketing GmbH, 1040 Wien, © ÖWM 2022

AUSGEWÄHLTE WEINGÜTER

★★★★

Dürnberg, Falkenstein
Weingut Ebner-Ebenauer, Poysdorf
Weingut Gschweicher, Röschitz
Weingut R. & A. Pfaffl, Stetten
Weingut Setzer, Hohenwarth
Weingut Zull, Schrattenthal

★★★

Weingut Bannert, Obermarkersdorf
Weingut Christoph Bauer, Jetzelsdorf
Edlinger Wein x Röschitz, Röschitz
Weingut Rudolf Fidesser, Platt
Weingut Frank, Herrnbaumgarten
Weingut Ingrid Groiss, Breitenwaida
BIO Weingut Gruber Röschitz, Röschitz
Weingut Hagn, Mailberg
Graf Hardegg, Seefeld-Kadolz
Weingut Hofbauer-Schmidt, Hohenwarth
Weingut Jordan, Pulkau
Hofkellerei des Fürsten von Liechtenstein, Wilfersdorf
Weingut Gerhard J. Lobner, Mannersdorf an der March
Weingut Roland Minkowitsch, Mannersdorf/March
Weingut Prechtl, Zellerndorf
Weingut Schwarzböck, Hagenbrunn
Weingut Wolfgang Seher, Platt
Winzerhof Stift, Röschitz
Weingut Sutter, Hohenwarth
Weingut Taubenschuss, Poysdorf
Weingut Weinrieder, Kleinhadersdorf-Poysdorf
Weingut Niki Windisch, Groß-Engersdorf
Weingut Zuschmann-Schöfmann, Martinsdorf

★★

Weingut Norbert Bauer, Jetzelsdorf
Weingut Gerald und Andrea Diem, Obermarkersdorf
Weingut Hirtl, Poysdorf
Winzer Christian Jassek, Ragelsdorf
Schlossweingut Malteser-Ritter-Orden, Mailberg
Weingut Martinshof, Neusiedl an der Zaya
Weingut Maurer, Röschitz
Weingut Pass, Etzmannsdorf
Weingut Pesau, Falkenstein
Bioweingut Pröglhöf, Obernalb/Retz
Weingut Schneider, Röschitz
Bio-Weingut Schwarz, Schrattenberg
Weingut Studeny, Obermarkersdorf
Weingut Urban, Wullersdorf
Weingut Wannemacher, Hagenbrunn
Weingut Zens, Mailberg

★

NÖ Landesweingut Retz – Gut Altenberg, Retz
Schlossweingut Bockfliess, Stetten
Weingut Ecker, Grafenberg
Weingut Eichberger, Eibesbrunn
Weingut Gilg, Hagenbrunn
Weingut Familie Hahn, Hohenruppersdorf
Weingut Andreas Ott, Hagenbrunn
Weingut Pleil, Wolkersdorf
Weingut Leo und Dagmar Wunderer, Oberfellabrunn
Winzerhof Paul Zimmermann, Ziersdorf

—

Weingut Doktor Wunderer, Straning
Weinbau Fink&Kotzian, Eggenburg
Weingut Hummel Weinviertel, Niederschleinz
Weingut Ipsmiller, Schrattenberg
Puhwein, Mailberg
Weingut Reckendorfer, Ollersdorf
Bioweingut Zirnsack, Sierndorf an der March

NÖ LANDESWEINGUT RETZ – GUT ALTENBERG
2070 Retz
Seeweg 2
T: +43 (2942) 2202
lwg.retz@diefachschule.at
www.diefachschule.at

Kellermeister/Kontakt:
Leopold Wurst
Produktion: 5 % Schaumwein, 60 % weiß, 5 % rosé, 25 % rot, 5 % süß, 12 Hektar
Messen: VieVinum

Die Weinstadt Retz

★

NÖ LANDESWEINGUT RETZ GUT ALTENBERG

Das Landesweingut Gut Altenberg liegt in Retz, der bekannten Weinstadt im nordwestlichen Niederösterreich, direkt an der tschechischen Grenze. Die Weingärten befinden sich in den besten Retzer Rieden Altenberg und Züngel an den Ausläufern des Manhartsbergs. Sie liegen in geschützter Südlage und profitieren einerseits vom mineralreichen, durchlässigen Urgesteinsboden sowie andererseits von einem besonders sonnenreichen, pannonisch beeinflussten Klima. Die reifen, gesunden Trauben werden schonend verarbeitet und je nach Weintyp ausgebaut. Bei den Weißweinen wird vor allem auf Fruchtigkeit und Frische Wert gelegt. Die Rotweine werden generell in großen Holzfässern ausgebaut, bei St. Laurent, Cabernet Sauvignon, Merlot und Pinot Noir erfolgt der Ausbau zum Teil auch in Barriques.
Dank der hohen Qualität der Produkte darf sich das Landesweingut immer wieder über Auszeichnungen freuen, die die Leistungen des Musterbetriebs unterstreichen. Im Jahr 2019 wurde die Gewürztraminer Auslese 2018 beim »SALON Österreich Wein« zum Bundessieger gekürt. 2012 wurde der Betrieb vom »Regionalen Weinkomitee Weinviertel« zertifiziert. Das Weingut verfügt über ein Winzerhaus mitten in den Weinbergen, das sich für herrliche Feste und Events anbietet.

91 Grüner Veltliner * 2022
12,5 Vol.-%, DV, Stahltank, €€
Helles Gelbgrün, silberfarbene Reflexe. Feine Kräuternoten, zart nach gelbem Apfel, dezente Cayennepfeffernote, ein Hauch von Zitrus. Saftig, elegant, feine Säurestruktur, weißes Steinobst, ein Hauch von Orangenzesten, bleibt gut haften.

88 Grüner Veltliner Klassik 2022
12,5 Vol.-%, DV, Stahltank, €€

90 Chardonnay 2022
12,5 Vol.-%, DV, Stahltank, €€
Helles Gelbgrün, Silberreflexe. Feine Tabakwürze, etwas nach Melisse, zarte gelbe Apfelfrucht, feine Kräuternuancen. Saftig, mittlerer Körper, gut eingebundener Säurebogen, Karamell, Papaya im Nachhall, unkompliziert antrinkbar.

90 Riesling 2022
12,5 Vol.-%, DV, Stahltank, €€
Helles Gelbgrün, Silberreflexe. Feine Tabakwürze, etwas nach weißem Pfirsich, ein Hauch von Limetten, frisches Bukett. Saftig, elegant, frische Säurestruktur, feine Extraktsüße, etwas nach Steinobst, bleibt gut haften.

89 Gelber Muskateller 2022
12 Vol.-%, DV, Stahltank, €€

88 Sauvignon Blanc 2022
12,5 Vol.-%, DV, Stahltank, €€

★★★

WEINGUT BANNERT

Das Weingut Bannert ist ein international prämierter Traditionsbetrieb und wird bereits in sechster Generation geführt – Weinwirtschaft und Kulturerbe seit 1856. Schon im Jahr 1926 war das Weingut unter dem Vorfahren Rudolf Bauer vom Staat zu einer Beispielkellerei des Landes ernannt worden. Und auch heute ist das Weingut Bannert ein Vorzeigebetrieb auf dem modernsten Stand der Technik. Mittlerweile findet man die Weine fast weltweit, und auch in Österreich schmücken sie zahlreiche Weinkarten. Doch der Betrieb ist nicht nur als Vertreter höchster Weinqualität bekannt. Das romantische Weingut mit seiner idyllischen Lage ist zudem ein Geheimtipp für Feste aller Art, vor allem für Hochzeiten.

91 * Ried Geyern 2022
12,5 Vol.-%, DV, Stahltank, €€
Mittleres Gelbgrün, Silberreflexe. Feine Kräuternoten, etwas nach Kardamom, weißes Kernobst, frische Apfelfrucht klingt an. Straff, feine Säurestruktur, mineralisch-salzig, etwas nach Maracuja im Abgang, guter Speisenbegleiter.

92 Grüner Veltliner Ried Rosenhügel Selektion 2022
13 Vol.-%, DV, großes Holzfass/Stahltank, €€€
Mittleres Gelbgrün, silberfarbene Reflexe. Feine Apfelfrucht, zart nach Cox-Orange-Apfel, ein Hauch von Papaya, Gewürznoten klingen an. Saftig, extraktsüß, leichtfüßig, feine Würze, Maracujanoten im Abgang, mineralischer Nachhall, guter Speisenbegleiter.

89 Grüner Veltliner Classic 2022
12 Vol.-%, DV, Stahltank, €€

Weinbau im Retzerland

WEINGUT BANNERT
2073 Obermarkersdorf
Obermarkersdorf 198
T: +43 (2942) 8337
office@weingutbannert.com
www.weingutbannert.com

Kellermeister: Manfred Bannert
Kontakt: Manfred und Nici Bannert
Produktion: 45+10 Hektar
Messen: ProWein Düsseldorf, VieVinum, DAC-Präsentationen

92 Riesling Ried Sündlasberg vom Urgestein Selektion 2022
12,5 Vol.-%, DV, großes Holzfass/Stahltank, €€€
Helles Grüngelb, silberfarbene Reflexe. Etwas nach Gewürzen und Steinobst, ein Hauch von Grapefruit, dezente Mangofrucht. Saftig, mittlere Komplexität, salzig, feinwürzig, gut eingebundener Säurebogen, Pfirsich im Abgang, bleibt gut haften.

(90) Sauvignon Blanc Ried Geyern 2022
12,5 Vol.-%, DV, Stahltank, €€
Helles Gelbgrün, silberfarbene Reflexe. Feine Wiesenkräuter, etwas nach Stachelbeeren, Bergamotte, ein Hauch von weißem Pfirsich. Mittlerer Körper, balancierte Säurestruktur, etwas nach Melisse, frisch und lebendig, zitroniger Nachhall, bereits gut antrinkbar.

90 Gelber Muskateller Ried Geyern 2022
12,5 Vol.-%, DV, Stahltank, €€
Helles Gelbgrün, Silberreflexe. Feine Kräuterwürze, etwas nach Holunder, zart nach Brennnesseln, würziges Bukett. Saftig, feine Säurestruktur, extraktsüß nach weißem Pfirsich, Blütenhonig, trinkanimierender Stil.

90 Chardonnay Ried Nussberg Selektion 2022
13,5 Vol.-%, DV, großes Holzfass/Stahltank, €€€
Mittleres Gelbgrün, silberfarbene Reflexe. Zarte Tabak-Kräuter-Noten, etwas Tropenfrucht, zart nach Kardamom, mit Orangenschalen unterlegt. Saftig, fruchtsüß, etwas Honigmelone im Abgang, stoffig, bleibt gut haften, unkompliziert antrinkbar.

91 St. Laurent Ried Kreuzberg Reserve 2019
13,5 Vol.-%, DV, Barrique, €€€
Kräftiges Rubingranat, violette Reflexe, dezente Randaufhellung. Feines Brombeerkonfit, schwarze Kirschen, ein Hauch Vanille, Kräuter, kandierte Orangenzesten. Saftig, elegant, feines Nougat, reife Tannine, mineralisch und balanciert, rotbeerig, dezente Fruchtsüße, bleibt haften, gutes Reifepotenzial.

89 Cuvée Schatzberg Reserve 2019 CS/ME/ZW
13,5 Vol.-%, DV, Barrique, €€€€

88 Blauer Zweigelt Rosenhügel Reserve 2019
13,5 Vol.-%, DV, Barrique, €€€€

95 Gelber Muskateller Strohwein Ried Geyern 2021
9,5 Vol.-%, DV, Stahltank, €€€€
Leuchtendes kräftiges Gold, Messingreflexe. Mit Jasmin unterlegter feiner Blütenhonig, ein Hauch von Holundersirup und Muskatnuss, intensives Bukett. Saftig, seidige Textur, rassige, finessenreiche Säurestruktur, delikat, Limetten im Abgang, salziger Nachhall, sicheres Reifepotenzial.

93 Traminer Ried Holzpoint Auslese 2020
11,5 Vol.-%, DV, Stahltank, €€€
Mittleres Goldgelb, Silberreflexe. Feine Nuancen von Rosenöl, reife gelbe Pfirsichfrucht, ein Hauch von frischen Litschis und Honig. Saftig, elegant, frische Birnenfrucht, lebendig strukturiert, dank der guten Säure fast trocken wirkend, gute Länge, sicheres Reifepotenzial.

★★★

WEINGUT CHRISTOPH BAUER

BIO

Das Weingut Christoph Bauer steht für handwerkliche Weine mit klarem Sorten- und Jahrgangscharakter. Bewusstes Arbeiten im Weingarten ist dabei Voraussetzung: Seit 2015 bewirtschaftet die Familie ihre Weingärten organisch-biologisch. Reife Trauben und schonende Verarbeitung sind die Basis für die Weine von Christoph Bauer. Der Winzer überzeugt seit Jahren mit charakteristischen Weiß- und Rotweinen. Dass beides auf hohem Niveau möglich ist, liegt an den einzigartigen Rieden der Winzerfamilie: Jetzelsdorf bei Haugsdorf bietet einerseits sehr gute Lagen und Böden für Weißweine sowie andererseits warme Kessellagen, in denen rote Sorten optimal heranreifen.

93 Grüner Veltliner ** Alter Schatz 2021
13,5 Vol.-%, DV, großes Holzfass, €€€€ B I
Mittleres Gelbgrün, Silberreflexe. Feine Kräuternoten, ein Hauch von Maracuja, zart nach Blütenhonig, etwas nussig, Nuancen von Mango und Karamell. Saftig, straff, feine Säurestruktur, mineralisch, weißes Steinobst im Abgang, bleibt gut haften, vielfältig einsetzbar.

93 Grüner Veltliner ** Privat 2021
14,5 Vol.-%, NK, Barrique, €€€€€ B
Mittleres Grüngelb, silberfarbene Reflexe. Zarte Mangonoten, etwas nach Honig, ein Hauch von Guaven, vanilliger Touch, florale Nuancen. Gute Komplexität, saftig, fruchtsüß nach Marille, zart nach Karamell, straffe Säurestruktur, bleibt gut haften, wird von Flaschenreife profitieren.

Blauer Portugieser

WEINGUT CHRISTOPH BAUER
2053 Jetzelsdorf
Jetzelsdorf 49
T: +43 (2944) 2304
office@bauerwein.at
www.bauerwein.at

Kellermeister/Kontakt:
Christoph Bauer
Anbauweise: Zertifiziert Biologisch (Austria Bio Garantie)
Produktion: 60 % weiß, 40 % rot, 20 Hektar
Vereinszugehörigkeit:
Nordwein Österreich
Messen: Millésime Bio, VieVinum

90 Grüner Veltliner * 2022
12 Vol.-%, DV, Stahltank, €€ Ⓑ
Helles Grüngelb, Silberreflexe. Feine Wiesenkräuter, etwas nach Apfelfrucht und Mango, ein Hauch von Blutorange, Wiesenkräuter klingen an. Saftig, elegant, feine Säurestruktur, mineralisch-salzig, leichtfüßig wirkend, bereits gut antrinkbar.

90 Grüner Veltliner Spezial 2022
13,5 Vol.-%, DV, Stahltank, €€ Ⓑ
Helles Gelbgrün, Silberreflexe. Feines Steinobst, ein Hauch von Grapefruit, zart nach Quitte, floraler Touch, Melisse klingt an. Saftig, elegant, feine Säurestruktur, etwas nach Orangenschalen, Apfelfrucht im Nachhall.

89 Grauer Burgunder 2022
13 Vol.-%, DV, Stahltank, €€ Ⓑ

92 Blauer Portugieser Privat 2021
12,5 Vol.-%, NK, Barrique, €€€€€ Ⓑ
Dunkles Rubingranat, violette Reflexe, zarte Randaufhellung. Mit einem Hauch von Nougat unterlegte reife Pflaumenfrucht, dunkle Kirschen, kandierte Orangenzesten. Mittlere Komplexität, rote Kirschen, reife, tragende Tannine, etwas Schokolade im Abgang, ein feinwürziger Speisenbegleiter.

★★

WEINGUT NORBERT BAUER

Tradition und das Wissen von Generationen sind die starken Wurzeln, die Innovationen und nachhaltiges, gesundes Wachstum erst ermöglichen. Im Takt von Sonne und Mond die Böden und Weingärten wie die eigene Westentasche zu kennen, zu hegen und zu pflegen, immer im Bewusstsein, als Regisseur durch präzise Handwerks- und Gaumenkunst mit den Gegebenheiten der Natur das Beste zu erschaffen: Das sind die Zutaten von Weinen für die besonderen Momente im Leben.

Seit 1721 besteht der Familienbetrieb in Jetzelsdorf im Weinviertel und wird bereits in 13. Generation bewirtschaftet. Die Trauben kommen aus mehr als 100 Einzellagen, die auf rund 90 Hektar im Pulkautal bewirtschaftet werden. Norbert und Gisela Bauer führen das Weingut gemeinsam mit ihrem Sohn, dem Jungwinzer Willy. Traditionelles Handwerk und die Liebe zum Detail in Verbindung mit moderner Technik lassen die Ideen von Vater und Sohn reifen und die edlen Tropfen jener außergewöhnlichen

Weinlinie entstehen, die das Weingut ausmacht. Neben Grünem Veltliner, Riesling und Chardonnay vinifiziert man hier auch Zweigelt, Blaufränkisch und Cabernet Franc – gehört doch das Weingut Norbert Bauer zu den Rotweinspezialisten im Pulkautal. Die Weinviertler Rotweininsel Jetzelsdorf-Haugsdorf ist reich an Licht, Wärme und fruchtbarem Löss. Hier gedeihen die außergewöhnlichen Rotweine an den Hängen des Schatzbergs und der Ried Bergsatz. Die Weißweine bevorzugen ausgeprägtes Lehm-Schotter-Terroir und Urgestein. Sie reifen in den Lagen Haidberg, Diermannsee, Altenberg und Holzweg. Jener frische Wind, der vor einigen Jahren mit Willy Bauer in den Betrieb eingezogen ist, wird mit dem Jahrgang 2022 auch im neuen Design nach außen sichtbar umgesetzt.

92 Grüner Veltliner ** Ried Holzweg Retzer Stein 2021

13,5 Vol.-%, DV, großes Holzfass, €€€

Leuchtendes Goldgelb, Bernsteinreflexe. Mit Honig unterlegte reife Marillen, etwas nach kandierten Orangenschalen, floral, Ananas klingt an. Mittlerer Körper, fruchtsüß, gut eingebundene Säurestruktur, mineralisch, gelbe Tropenfrucht, feinmaschig im Abgang, guter Speisenbegleiter.

90 Grüner Veltliner * Mittergrabern Ried Diermannsee Alte Rebe 2022

12,5 Vol.-%, DV, Stahltank, €€€

Mittleres Grüngelb, Silberreflexe. Feine Zitrusnuancen, ein Hauch von Guaven, dezente Apfelfrucht, frisches Bukett. Saftig, fruchtsüß, feine Säurestruktur, mineralisch, weitmaschig, bereits gut antrinkbar.

90 Riesling Ried Altenberg 2022

12 Vol.-%, DV, Stahltank, €€

Helles Grüngelb, silberfarbene Reflexe. Feine Tabakwürze, etwas nach Orangenzesten, ein Hauch von Pfirsich. Saftig, frisch, Zitrusnuancen, ein Hauch von weißem Apfel, leichtfüßig, bereits gut antrinkbar.

88 Mischsatz vom Alten Weingarten 2022

12,5 Vol.-%, DV, Stahltank, €€

92 Schatzberg® Rotweincuvée 2019 CF/ZW/BF/ME

13,5 Vol.-%, NK, Barrique, €€€€

Tiefdunkles Rubingranat, violette Reflexe, zarte Randaufhellung. Zart kräuterwürzig-tabakig unterlegte dunkle Waldbeerenfrucht, reife Zwetschken, ein Hauch von Edelholz. Saftig, reife Pflaumenfrucht, dezente Fruchtsüße, gut integrierte Tannine, Nougat im Abgang, bleibt gut haften, verfügt über Reifepotenzial.

91 Cabernet Franc Ried Hasenecken Reserve 2019

13,5 Vol.-%, NK, Barrique, €€€€€

Tiefdunkles Rubingranat, violette Reflexe, breiterer Ockerrand. Zart floral unterlegte Herzkirschen, tabakige Nuancen, ein Hauch von Orangenzesten. Saftig, elegant, feine Kirschfrucht, frisch strukturiert, etwas Nougat im Abgang, ein ausgewogener Speisenbegleiter.

© Martin Mathes

WEINGUT NORBERT BAUER

2053 Jetzelsdorf
Jetzelsdorf 180
T: +43 (2944) 2565
office@bauer-wein.com
www.bauer-wein.com

Kellermeister: Norbert und Wilfried Bauer, Markus Glanz
Kontakt: Norbert und Gisela Bauer
Produktion: 60 % weiß, 40 % rot, 90 Hektar
Zertifiziert: Nachhaltig Austria
Vereinszugehörigkeit: Premium Weingüter Weinviertel, Weinstraße Weinviertel, Weinviertel DAC
Messen: WEINmesse Berlin

Gisela, Norbert und Willy Bauer vor dem historischen Weinkeller

* Weinviertel DAC   ** Weinviertel DAC Reserve

★

SCHLOSSWEINGUT BOCKFLIESS

Hinter den Toren des Schlossweinguts Bockfliess gibt es einiges zu entdecken: Den Schlosskeller zieren zwei große, 300 Jahre alte barocke Weinpressen, deren Erscheinungsbild spannende Geschichten vom mittelalterlichen Kriegsgeschehen erzählt. Rund um das Anwesen breiten sich die Weingärten der Ried Hochfeld auf mächtigem Lössboden aus. Mit Blick auf das südliche Marchfeld profitieren die Trauben vom pannonischen Klima. Vom Norden her werden die Rebberge durch den mächtigen Hochleithenwald vor kalten Winden geschützt – unglaubliche Voraussetzungen also für die Produktion der hier ansässigen Rebsorten. Frisch-fruchtige Weißweine, aber auch ganz große Rotweine bringen die Weingärten des Schlossweinguts Bockfliess hervor. Vielleicht haben gerade die historische Vergangenheit und die perfekten Gegebenheiten den Winzer Roman Josef Pfaffl dazu inspiriert, hier regionaltypische Weinviertler Weine von höchster Güte zu kreieren. Den »majestätischen« Charakter und den historischen Hintergrund des Schlosses möchten der Winzer und die Familie Pfaffl bewahren, es wird daher viel Wert auf Qualität und unverkennbaren Genuss gelegt. So sind ihre Weine gut behütete Schätze.

SCHLOSSWEINGUT BOCKFLIESS
2100 Stetten
Schulgasse 21
T: +43 (2262) 67 34 23
wine@schlossweingutbockfliess.at
www.schlossweingutbockfliess.at

Kellermeister: Roman Josef Pfaffl
Kontakt: Heidemarie Fischer
Produktion: 115 Hektar

92 Grüner Veltliner ** Barock 2022
14 Vol.-%, DIAM, großes Holzfass, €€€€
Mittleres Grüngelb, Silberreflexe. Frische Nuancen von Mango und Papaya, feiner Blütenhonig, kandierte Orangenzesten, einladendes Bukett. Saftig, rund und opulent, zarte Säurestruktur, cremige Textur, bereits trinkfertig und vielfältig einsetzbar.

90 Grüner Veltliner Vom Löss 2022
12,5 Vol.-%, DV, Stahltank, €€
Helles Gelbgrün, Silberreflexe. Wiesenkräuter, zart nach Golden-Delicious-Apfel, feinwürzig, etwas nach Kardamom, mit Orangenschalen unterlegt. Saftig, elegant, balancierte Säurestruktur, mineralisch, tabakig, weiße Frucht, individuell einsetzbar.

91 Riesling Kies 2022
13,5 Vol.-%, DV, Stahltank, €€
Helles Gelbgrün, Silberreflexe. Feine Wiesenkräuter, Pfirsichnuancen, ein Hauch von Maracuja, Blütenhonig klingt an, frisches Bukett. Saftig, komplex, frisch und elegant, gut integrierter Säurebogen, Steinobst auch im Abgang, salziger Nachhall, guter Speisenbegleiter.

90 Muskateller 2022
13,5 Vol.-%, DV, Stahltank, €€
Helles Gelbgrün, Silberreflexe. Zart nach Muskat, etwas Wiesenkräuter, ein Hauch von Maracuja, frisches Bukett. Mittlerer Körper, leichtfüßig, Zitrus, gut integrierte Säurestruktur, floraler Nachhall, bereits gut antrinkbar.

89 Chardonnay 2022
13,5 Vol.-%, DV, Stahltank, €€

92 St. Laurent Reserve Majestät 2021
14 Vol.-%, DIAM, Barrique, €€€€
Kräftiges Karmingranat, violette Reflexe, breitere Ockerrandaufhellung. Zart tabakig, etwas Nougat, dunkle Kirschen, Vanille im Hintergrund. Saftig, elegant, frische Kirschen, reife, gut integrierte Tannine, ausgewogen und gut entwickelt, ein vielseitiger Speisenbegleiter.

★★

WEINGUT GERALD UND ANDREA DIEM

BIO

Seit 1848 sind die Mitglieder der Familie Diem aus Obermarkersdorf bei Retz als innovative Winzer der Weinkultur verbunden. Im Jahr 2000 haben Gerald und Andrea Diem in fünfter Generation das traditionelle Familienunternehmen übernommen. Die Passion für den Weinbau wurde bei Gerald schon in frühester Jugend geweckt. Nach der Handelsakademie absolvierte er den Weinmanagementlehrgang in Krems, schließlich erweiterte er seine Kenntnisse in Anbau, Pflege und Kellertechnik während eines sechsmonatigen Praxisaufenthalts auf Château Haut-Chatain in Lalande-de-Pomerol in Bordeaux. Die Diems vinifizieren im nördlichsten Weinbaugebiet Österreichs sortentypische würzige Veltliner auf den kalkarmen Urgesteins- und Molasseböden der Böhmischen Masse. Die sehr vielfältige Bodenbeschaffenheit erlaubt es außerdem, ein breites Spektrum anderer Rebsorten wie Chardonnay, Riesling, Gelber Muskateller, Sauvignon Blanc und einige andere Sorten mehr zu kultivieren.

Seit dem Jahrgang 2018 ist das Weingut biozertifiziert. Ein großer Schritt, denn »bio« bedeutet umzudenken, noch mehr auf die Natur zu hören und diese zu antizipieren, um schlussendlich Weine zu ernten, die noch intensiver die Sorte und den Boden ausdrücken.

(92) Grüner Veltliner ** 2021
13,5 Vol.-%, DV, großes Holzfass, €€€€ B V
Leuchtendes Goldgelb, Silberreflexe. Reife Mangonoten, unterlegt mit Zitrusnuancen, ein Hauch von Quitte, frisches Bukett, Ananas klingt an. Saftig, straff, gut eingebundener Säurebogen, ein Hauch von Melisse, Papaya im Abgang, bleibt gut haften, sicheres Potenzial.

91 * Obermarkersdorf 2022
13 Vol.-%, DV, Stahltank, €€ B H V
Helles Gelbgrün, Silberreflexe. Feine Kräuternoten, gelbes Kernobst, Maracuja, ein Hauch von Passionsfrucht. Elegant, feinmaschig, etwas Gewürznuancen, balancierter Säurebogen, Apfelnoten im Abgang, extraktsüßes Finish, bereits gut antrinkbar.

WEINGUT GERALD UND ANDREA DIEM
2073 Obermarkersdorf
Obermarkersdorf 87
T: +43 (2942) 8208
office@diem-weine.at
www.diem-weine.at

Kellermeister: Gerald Diem
Kontakt: Gerald und Andrea Diem
Anbauweise: Zertifiziert Biologisch
Produktion: 80 % weiß, 20 % rot, 30 Hektar
Vereinszugehörigkeit: Weingüter Retzer Land
Messen: Dornbirner Frühjahrs- und Herbstmesse, Vinobile Feldkirch, Vinobile Montfort, DAC-Präsentationen

Verkaufsraum im alten Presshaus

(92) Grüner Veltliner Löwenstein 2021
13,5 Vol.-%, DV, großes Holzfass, €€€€€ B V
Leuchtendes Goldgelb. Feine Tropenfrucht, Blütenhonig, ein Hauch von kandierten Zitrusfrüchten, Ananastouch, lebendiges Bukett. Mittlere Komplexität, saftig, fruchtsüß nach Marille, balancierter Säurebogen, feinwürzig im Nachhall, guter Speisenbegleiter, wird von Flaschenreife profitieren.

92 Chardonnay Ried Triftberg 2022
13,5 Vol.-%, DV, Stahltank, €€ B H V
Helles Gelbgrün, silberfarbene Reflexe. Feine Wiesenkräuter, ein Hauch von Orangenzesten, dezente Apfelfrucht, Drachenfrucht klingt an. Saftig, frisch, gut eingebundene, lebendige Säurestruktur, weißes Steinobst, bleibt gut haften, würziger Nachhall, vielseitiger Speisenbegleiter.

91 Weißer Riesling vom Urgestein 2022
12,5 Vol.-%, DV, Stahltank, €€ B H V
Leuchtendes Grüngelb, Silberreflexe. Etwas nach Kräutern und Melisse, feine Pfirsichnuancen, zart nach Quitte, einladendes Bukett. Saftig, gute Komplexität, gut eingebundene Säurestruktur, mineralisch-salzig, Marillen im Abgang, bleibt gut haften.

(92) Carpe 2019 ZW/RÖ/SL
13,5 Vol.-%, DV, gebrauchte Barriques, €€€€ B V
Dunkles Rubingranat, violette Reflexe, zarte Randaufhellung. Ein Hauch von Cassis und Minze, dunkle Waldbeeren, ein Hauch von Vanille und Mandarinenzesten. Saftig, elegant, feine Beerenfrucht, frisch und mit reifen Tanninen ausgestattet, ein lebendiger Speisenbegleiter.

WEINGUT DOKTOR WUNDERER

Das Weingut Doktor Wunderer bietet einen Blick in unsere Zukunft – und zwar einen schönen, inspirierenden und verantwortungsvollen. In einer der kühlsten Regionen Österreichs gelegen – im nördlichen Weinviertel und im Westen direkt angrenzend an das raue Waldviertel – nützt es die klimatische Veränderung und entwickelt hier Weine, die von jener Frische und mineralischen Straffheit getragen sind, für die Österreich in der Weinwelt berühmt ist.
Dr. Gerald Wunderer, im Hauptberuf Arzt, hat hier einen Traum seiner Familie wahr gemacht und gemeinsam mit seinem Partner Matthias Lobner rund zehn Hektar Weinberge zu einem anspruchsvollen und nachhaltigen Weinprojekt

Dr. Gerald Wunderer und Bernd Klammer

WEINGUT DOKTOR WUNDERER
3722 Straning
Straning 62
T: +43 (2984) 49901
office@doktorwunderer.at
doktorwunderer.at

Kellermeister: Bernd Klammer
Kontakt: Dr. Gerald Wunderer
Anbauweise: Umstellung auf bio
Produktion: 26.667 Flaschen
100 % weiß, 4.2 Hektar

entwickelt. In diesem kühlen Landstrich können nun Sauvignon Blanc und Grüner Veltliner auf den Urgesteins- und Lössböden zu schönster Aromatik ausreifen, ohne je schwer oder mächtig zu geraten. Weinmacher Bernd Karaus kreiert eine duftige Cuvée, die trotz ihrer leichtfüßigen Erscheinung mit beeindruckender Vielschichtigkeit und Ernsthaftigkeit überzeugt und damit den Begriff »Trinkigkeit« auf eine ganz neue Ebene hebt. Faszinierend auch die Lagenweine vom Grünen Veltliner, die gleichzeitig durch Frische und Tiefgang geprägt sind und damit eine selbstbewusste Gelassenheit ausstrahlen, die besonders attraktiv wirkt.
Überhaupt ist Attraktivität ein wichtiges Element auf dem Weingut Doktor Wunderer. Liebevoll wurde für die elegante und doch frische Stilistik der Reserve-Weine eine eigene Flaschenform ausgewählt – und vor allem ein Etikett, das den medizinischen Hintergrund der Familie mit unübersehbarem Augenzwinkern ausspielt: Die Sinne für Genuss und Lust sowie die lebenswichtigen Instinkte und das Zentrum für Erotik werden in einem abgebildeten Torso verortet. Damit wird auf das ewige Zusammenspiel zwischen dem kultivierten Weingenuss und der harmonischen Sinnlichkeit des Menschen hingewiesen. Wer könnte über diese essenziellen Interaktionen besser Bescheid wissen als ein Mediziner? Von diesem gesamtheitlichen Blickwinkel aus betrachtet ist es dem Team des Weinguts Doktor Wunderer auch ganz wichtig, dass die Weine vornehmlich als Begleiter zu Speisen serviert werden, wo wiederum die Wechselwirkung zu einem harmonischen Ganzen führt.
Das Weingut wird übrigens nach biologischen Richtlinien (derzeit in Umstellung) bewirtschaftet. Der Bau einer eigenen Kellerei mit nachhaltigem Konzept ist in Planung.

(91) Grüner Veltliner * Straning 2022
12,5 Vol.-%, DV, Stahltank, €€€ B V
Mittleres Grüngelb, silberfarbene Reflexe. Etwas nach Blütenhonig, ein Hauch von Papaya, Gewürznuancen, tabakiger Touch. Saftig, fruchtsüß, etwas nach Marille, gut eingebundene Säurestruktur, mineralisch, gelbe Tropenfrucht im Nachhall, bereits gut antrinkbar.

(93) Grüner Veltliner Corpus delicati 2020
14 Vol.-%, NK, Stahltank/500-l-Fass, €€€€€€
Mittleres Goldgelb, Silberreflexe. Etwas nach Kardamom und reifem Kernobst, zart nach Wacholderblättern, ein Hauch von Tropenfrucht, würziger Touch, frisches Bukett. Saftig, komplex, Holzwürze, Mango und Ananas im Abgang, würziges Finish, salziger Rückgeschmack, vielfältig einsetzbar.

Grüner Veltliner

(92) Grüner Veltliner Arena 2022
13,5 Vol.-%, DV, Holzfass, €€€€€ B I V
Leuchtendes Goldgelb, Silberreflexe. Feine Tabak-Holz-Würze, etwas nach Karamell, rote Apfelfrucht, zart nach Minze und Nelken. Mittlerer Körper, extraktsüß, feine Würze, gut eingebundener Säurebogen, zart floral, nussiges Finish, wird von Flaschenreife profitieren.

90 Grüner Veltliner Animus 2022
11,5 Vol.-%, DV, Stahltank, €€ B V
Helles Gelbgrün, Silberreflexe. Etwas nach Quitte und Wiesenkräutern, dezente Apfelfrucht, ein Hauch von kandierten Clementinen. Saftig, straff, feine Säurestruktur, mineralisch-salzig, etwas nach Gewürzen, gelbes Kernobst im Abgang.

90 Grüner Veltliner Spiritus vitae II 2021
12 Vol.-%, DV, gebrauchte Barriques, €€€€
Leuchtendes Gelbgrün, feine Trübung. Etwas nach Tabakwürze, ein Hauch von Quitte, floraler Touch, dunkle Mineralik, etwas nach Litschis. Mittlerer Körper, frische Säurestruktur, mineralisch, zitroniger Abgang, feinwürzig, bereits gut antrinkbar.

91 Pride 2022 GV/GM/SB/MT
12 Vol.-%, DV, Stahltank, €€€ B V
Helles Gelbgrün, silberfarbene Reflexe. Etwas nach Kräutern und weißem Kernobst, zart nach Melisse, Bergamotte klingt an, frisches Bukett. Saftig, straffe Säurestruktur, dunkle Würze, lebendige Fruchtnuancen, guter Speisenbegleiter.

★★★★

DÜRNBERG

Sucht man – im schönsten Sinne des Begriffs – nach einem absolut typischen Vertreter des Weinviertels, so wird man zweifellos auf das Weingut Dürnberg stoßen, dessen Weine alle Tugenden verkörpern, die der anspruchsvolle Weinliebhaber in aller Welt mit österreichischem Wein an sich verbindet: glasklare Frucht, mit Fokus auf Frische und Eleganz. Gut die Hälfte der Weinberge ist mit Grünem Veltliner bestockt, der in dieser Region die besten Voraussetzungen vorfindet. Ein weiterer Schwerpunkt sind die Burgundersorten, die auf den besonders kalkreichen, mageren Höhenlagen bis Ende Oktober voll ausreifen können.

Am Anfang stand Christoph Körner mit einem geerbten kleinen Weingarten und der Vision, im traditionsreichen Falkenstein einen Leitbetrieb mit internationalem Charakter aufzubauen. Ausgestattet mit gutem Instinkt für beste Lagen wurden die Flächen stetig erweitert, wobei der Fokus auf die Übernahme gepflegter Altweingärten gelegt wurde. Da die Produktion immer mehr Zeit beanspruchte, wurde schließlich der Aufbau eines professionellen Vertriebs notwendig. Hier kam Matthias Marchesani ins Spiel, der sich mit viel Leidenschaft einbrachte und seit dieser Zeit als unermüdlicher Botschafter der Weine Dürnbergs unterwegs ist. Für den nächsten notwendigen Schritt in Richtung Modernisierung und Qualitätssicherung kam Georg Klein an Bord, der wertvolles Know-how in Sachen Organisation einbrachte und 2017 mittels publikumswirksamen Crowdfundings den notwendigen Ausbau des Weinguts ermöglichte. Michael Preyer bringt seit Anfang 2020 jungen Schwung in das Weingut und ist seit Kurzem als Partner und Kellermeister für Weine und Weingärten verantwortlich. Er steuert das Weingut mit viel Kreativität, unterstützt von Christoph Körners Erfahrung.

Das Quartett Klein/Marchesani/Preyer/Körner ist weltweit sehr dynamisch unterwegs, hat die Zukunft eines der vielversprechendsten österreichischen Weingüter fest in der Hand und managt es ebenso professionell wie mit freundschaftlicher Gelassenheit.

DÜRNBERG
2162 Falkenstein
Neuer Weg 284
T: +43 (2554) 85355
weingut@duernberg.at
www.duernberg.at

Kellermeister: Michael Preyer
Kontakt: Matthias Marchesani
Anbauweise: Umstellung auf bio (Bio Austria)
Produktion: 4 % Schaumwein, 82 % weiß, 8 % rosé, 5 % rot, 1 % süß, 60 Hektar
Zertifiziert: Nachhaltig Austria
Messen: Austrian Tasting London, ProWein Düsseldorf, DAC-Präsentationen

94 Grüner Veltliner * Falkenstein Ried Rabenstein Endlos 2021
13,5 Vol.-%, NK, 500-l-Fass, €€€€€€ Ⓥ
Mittleres Gelbgrün, Goldreflexe. Frisches Bukett nach weißem Apfel, zart nach Guaven, ein Hauch von Mandarinenzesten, Kräuterwürze klingt an. Saftig, elegant, mineralisch, Papaya im Abgang, leichtfüßig wirkend, balancierte Säurestruktur, guter Speisenbegleiter mit Potenzial.

93 Grüner Veltliner * Falkenstein Ried Rabenstein 2021
13,5 Vol.-%, NK, großes Holzfass, €€€€€ Ⓥ
Helles Gelbgrün, silberfarbene Reflexe. Etwas nach Kräutern und Quitte, ein Hauch von reifem Apfel, zart nach Melisse, mineralischer Touch. Saftig, gute Komplexität, salzig, weiße Tropenfrucht, dezente Ananasnoten, frisches Finish, guter Speisenbegleiter.

91 Grüner Veltliner * Alte Reben 2022
12,5 Vol.-%, DV, Stahltank, €€€ Ⓥ
Mittleres Grüngelb, silberfarbene Reflexe. Feine Kräuternoten, pfeffrige Nuancen, ein Hauch von Orangenschalen, Golden-Delicious-Apfel klingt an. Mittlere Komplexität, balancierter Säurebogen mineralisch-salzig, Papaya im Abgang, bereits gut antrinkbar.

91 Grüner Veltliner * Falkenstein Tradition 2022
13 Vol.-%, DV, Teilbarrique, €€€€ Ⓥ
Leuchtendes Gelbgrün, silberfarbene Reflexe. Zart nach Karamell und Quitte, ein Hauch von reifer Tropenfrucht, einladendes Bukett, floraler Touch. Saftig, mittlere Komplexität, feine Gewürznuancen, gelbe Apfelfrucht im Abgang, salziger Nachhall, guter Speisenbegleiter.

90 Grüner Veltliner * Falkenstein 2022
12,5 Vol.-%, DV, Stahltank, €€ Ⓥ
Mittleres Gelbgrün, Silberreflexe. Feine Wiesenkräuter, etwas nach Maracuja, ein Hauch von Orangenschalen, Melisse klingt an. Saftig, elegant, leichtfüßig, mineralisch, feinwürzig, weißes Kernobst, etwas Gerbstoff, bereits gut antrinkbar.

93 Grauburgunder Reserve 2021
14 Vol.-%, NK, 500-l-Fass, €€€€€ Ⓥ
Leuchtendes Goldgelb, Bernsteinreflexe. Dezente Kräuterwürze, etwas nach Maracuja, ein Hauch von Veilchen, dezente Feigennoten, einladendes Bukett. Saftig, straff, gute Komplexität, salzig, engmaschiger Säurebogen, Eibisch und Kräuterwürze im Nachhall, guter Speisenbegleiter.

93 Gemischter Satz Falkenstein Ried Kirchberg Reserve 2021
14 Vol.-%, NK, großes Holzfass, €€€€€ Ⓥ
Mittleres Grüngelb, silberfarbene Reflexe. Weiße Apfelfrucht, ein Hauch von Gewürzen und Kräutern, dezent nach Pfirsich und Ananas. Saftig, gute Komplexität, extraktsüß nach Birnen, balancierte Säurestruktur, mineralisches Finish, würziger Rückgeschmack.

91 Weissburgunder Falkenstein Reserve 2022
13 Vol.-%, DV, Teilbarrique, €€€€ Ⓥ
Mittleres Grüngelb. Feine Kräuternoten, etwas nach Maracuja, ein Hauch von Orangenzesten, weißes Nougat, Melisse. Mittlere Komplexität, frisch und lebendig, gelbe Tropenfrucht im Abgang, etwas weitmaschig, Papaya im Nachhall, bereits gut antrinkbar.

91 Cuvée Ortolan Falkenstein Prestige Reserve 2021 CH/WB/PG
13,5 Vol.-%, NK, 500-l-Fass, €€€€€ Ⓥ
Leuchtendes Goldgelb, Silberreflexe. Feine Tabakwürze, etwas nach Orangenzesten, ein Hauch von Karamell, zart nach Maracuja, Nuancen von Mango. Saftig, feine Säurestruktur, mineralisch, etwas Kräuterwürze, dezenter Gerbstoff, unkomplizierter Speisenbegleiter.

(91) Falkenstein Rosé aus der Provinz 2022 PN/ME/CS
13 Vol.-%, DV, 500-l-Fass, €€€€ Ⓥ
Mittleres Lachsrosa, Messingreflexe. Zart nach Pfirsich und Erdbeerkonfit, ein Hauch von kandierten Orangenzesten, mit Wiesenkräutern unterlegt. Straff, engmaschig, feine Pfirsichfrucht, dezente Süße im Abgang, lebendig, ein fruchtig-eleganter Sommerwein.

★★★★

WEINGUT EBNER-EBENAUER

BIO

Im Jahr 2007 legten Marion Ebner und Manfred Ebenauer den Grundstein für ihr gemeinsames Schaffen. Erst haben sie geheiratet, dann wurden Marions »Negociant«-Weinhaus und Manfreds Weingut zusammengelegt und schlussendlich die Weinmacherkapazitäten der beiden gebündelt. Das Herzstück des Sortiments bilden ausschließlich Einzellagenweine, die aus den Trauben von mindestens 30 Jahre alten Rebstöcken gekeltert werden. Die ältesten (Grüner Veltliner, Weißburgunder, Riesling, St. Laurent) sind zwischen 50 und 72 Jahre alt und werden als solche auch auf dem Etikett betitelt. Bereits seit dem Jahrgang 2016 sind alle Weingärten in biologischer Bewirtschaftung, und nun wird auf Biodynamie umgestellt. Für die beiden war es an der Zeit, die Stilistik erneut zu schärfen, und so präsentiert sich das gesamte Sortiment noch feiner, mineralischer, mit noch tieferer Würze und Spannung am Gaumen – Attribute, die auch auf die international anerkannten Jahrgangssekte ohne Dosage zutreffen. Geerntet wird auf dem 17 Hektar umfassenden Weingut ausschließlich händisch, selektioniert wird direkt im Weingarten in 25-Kilogramm-Kisten. Im Keller wird auf große Technik verzichtet, dem Wein wird die Zeit zugestanden, die er benötigt. Der Großteil der Weine bekommt Maischestandzeit, wird spontan und ohne Temperaturkontrolle im Holzfass oder Stahltank vergoren und anschließend auf der Feinhefe gelagert. So sieht sich Manfred Ebner-Ebenauer nicht als Weinmacher, sondern als

WEINGUT EBNER-EBENAUER

2170 Poysdorf
Laaer Straße 3-5
T: +43 (2552) 2653
office@ebner-ebenauer.at
www.ebner-ebenauer.at

Kellermeister: Manfred Ebner-Ebenauer
Kontakt: Marion Ebner-Ebenauer
Anbauweise: Biodynamisch (Bio Austria, respekt)
Produktion: 80 % weiß, 20 % rot, 17 Hektar
Messen: Millésime Bio, ProWein Düsseldorf, VieVinum

Weinbegleiter: »Unsere Weine sind unbeeinflusst und brauchen Zeit, um sich zu entwickeln, sie sind keine Blender, wirken nachhaltig und sind langlebig. Die Natur schreibt das Drehbuch unserer Weine, wir führen Regie!« Für diese Regieleistung erhielt das Weingut im Vorjahr den österreichischen Oscar für Winzer: Marion und Manfred Ebner-Ebenauer sind Falstaff-Winzer des Jahres 2022!

92 Grüner Veltliner * 2022
12 Vol.-%, DV, Stahltank, €€€ Ⓑ
Helles Gelbgrün, Silberreflexe. Feine Kräuternoten, etwas nach Maracuja, ein Hauch von Melisse, etwas zurückhaltend, würziges Bukett. Saftig, komplex, gut eingebundener Säurebogen, weiße Tropenfrucht, etwas nach Kiwi, frisch und elegant, guter Speisenbegleiter.

(95) Grüner Veltliner Ried Sauberg 2022
13 Vol.-%, DV, Holzfass/Stahltank, €€€€€ Ⓑ Ⓥ
Mittleres Gelbgrün, Silberreflexe. Reife Apfelfrucht, unterlegt mit dunkler Mineralik, etwas nach Gewürzen, Birnentouch, einladendes Bukett. Saftig, komplex, fruchtsüß nach Marille und Honigmelone, facettenreiche Säurestruktur, wirkt leichtfüßig, sicheres Entwicklungspotenzial.

(95) Grüner Veltliner Alte Reben 2022
13 Vol.-%, DV, Stahltank/Holzfass, €€€€€ Ⓑ
Mittleres Grüngelb, Silberreflexe. Dezente gelbe Tropenfrucht, etwas Blütenhonig, ein Hauch von Maracuja, zart nach Wiesenkräutern. Komplex, fruchtsüß, etwas Karamell, gut eingebundene Säurestruktur, reife Apfelfrucht, zart nach Gewürzen, bleibt gut haften, vielfältig einsetzbar, mit Potenzial ausgestattet.

(95) Grüner Veltliner Black Edition 2021
13 Vol.-%, NK, Barrique, €€€€€€ Ⓑ
Mittleres Gelbgrün, silberfarbene Reflexe. Mit dezenter Tabak-Kräuter-Würze unterlegte reife Apfelfrucht, etwas nach Kardamom und Pfeffer, dumpfe Mineralik, zart nach Birne, weißes Karamell. Saftig, gute Komplexität, straff, facettenreiche Säurestruktur, weißes Kernobst, filigran, salziger Rückgeschmack, bleibt sehr gut haften, vielschichtiger Speisenbegleiter.

(94) Grüner Veltliner Ried Bürsting 2022
13 Vol.-%, DV, Holzfass/Stahltank, €€€€€ Ⓑ
Leuchtendes Gelbgrün, Silberreflexe. Reife Apfelfrucht, zart nach Kräutern und Gewürzen, etwas nach Orangenzesten, Quitte klingt an. Komplex, straff, lebendige Säurestruktur, feinwürzig, Nuancen von gelber Frucht im Abgang, extraktsüßes Finish, Mango im Nachhall, sicheres Reifepotenzial.

(93) Grüner Veltliner Ried Hermannschachern 2022
12,5 Vol.-%, DV, Stahltank, €€€€ Ⓑ
Helles Gelbgrün, silberfarbene Reflexe. Feine Kräuterwürze, reife Apfelfrucht, ein Hauch von Clementinen, dunkle Mineralik, etwas nach Safran. Saftig, komplex, engmaschige Säurestruktur, mineralisch-salzig, Pfirsichnoten im Abgang, guter Speisenbegleiter mit Potenzial.

91 Grüner Veltliner Poysdorf 2022
12 Vol.-%, DV, Stahltank, €€€ Ⓑ
Helles Gelbgrün, Silberreflexe. Zarte grüne Apfelfrucht, frische Zitrusnuancen, ein Hauch von Melisse, zart nach Cayennepfeffer, lebendiges Bukett. Saftig, straff, mineralisch-salzig, gut eingebundene Säurestruktur, Granny-Smith-Apfelfrucht im Abgang, gutes Trinkanimo.

(94) Riesling Alte Reben 2022
13 Vol.-%, DV, Stahltank, €€€€€ Ⓑ
Mittleres Grüngelb, silberfarbene Reflexe. Reife Honigmelone, zart nach Wiesenkräutern, ein Hauch von Mango und Grapefruitzesten. Saftig, komplex, feiner Säurebogen, etwas nach Melisse, lebendig, Maracuja im Abgang, frisches Finish, sicheres Entwicklungspotenzial.

92 Riesling 2022
12,5 Vol.-%, DV, Stahltank, €€€€ Ⓑ
Mittleres Gelbgrün, Silberreflexe. Feine Kräuterwürze, etwas weißer Pfirsich, zart nach Melisse, Zitrusnuancen klingen an, frisch und attraktiv. Saftig, straff, lebendige Säurestruktur, mineralisch-salzig, etwas weißes Steinobst im Abgang, fruchtsüßer Rückgeschmack.

94 Chardonnay Black Edition 2021
13 Vol.-%, NK, Barrique, €€€€€€ Ⓑ
Helles Gelbgrün, silberfarbene Reflexe. Dezente Holzwürze, etwas nach Vanille, ein Hauch von Tropenfrucht, mit frischen Zitrusnuancen unterlegt, floraler Touch, einladendes Bukett. Saftig, gute Komplexität, mineralisch-salzig, weiße Tropenfrucht im Abgang, zart nach Litschis, zitroniger Nachhall, sicheres Reifepotenzial.

91 Chardonnay 2022
12 Vol.-%, DV, Stahltank, €€€€ Ⓑ
Helles Gelbgrün, Silberreflexe. Feine Kräuternoten, etwas nach Melisse und Birne, tabakig. Mittlerer Körper, feine Säurestruktur, gelbe Apfelfrucht, zart nach Orangen, lebendig, wirkt leichtfüßig, unkomplizierter Speisenbegleiter.

(93) Weißer Burgunder Alte Reben 2022
13 Vol.-%, DV, Holzfass, €€€€€ Ⓑ
Mittleres Grüngelb, Silberreflexe. Reife Apfelfrucht, ein Hauch von Orangenzesten, zart nach Williamsbirne, Gewürznuancen klingen an. Saftig, straff, engmaschig, balancierte Säurestruktur, mineralisch, etwas Maracuja im Abgang, salziger Rückgeschmack, guter Speisenbegleiter.

94 Pinot Noir Black Edition 2019
13 Vol.-%, NK, Barrique, €€€€€€ Ⓑ
Helles Rubingranat, Ockerreflexe, breitere Randaufhellung. Feines rotes Waldbeerenkonfit, eingelegte Kirschen, attraktives Bukett. Saftig, rotbeerige Nuancen, finessenreiche Säurestruktur, elegant und ausgewogen, dezente, gut integrierte Süße, leichtfüßig und doch druckvoll, frisch, rotbeerig und salzig, ein balancierter, delikater Speisenbegleiter, gutes Entwicklungspotenzial.

★

WEINGUT ECKER

Der Betrieb der Familie Ecker liegt im westlichen Teil des Weinviertels, in der Nähe von Eggenburg und Röschitz. Die Eckers versuchen, die Qualität ihrer Produkte im Weingarten zu optimieren, deshalb werden die Anlagen mit selektioniertem und ausgesuchtem Rebmaterial eng bepflanzt, darüber hinaus setzt man auf eine hohe Laubwand und eine geringe Stockhöhe. Die Rieden Kogeln und Sätzen befinden sich in den besten Lagen auf Lehm- und Lössböden. Im Keller wird eine fruchtige, sortentypische Weinlinie unter kontrollierter Gärung angestrebt. Im Hause Ecker werden drei Linien angeboten: Klassik- und Lagenweine sowie die Reservelinie für Barriqueweine. Die Rotweine werden stets im kleinen Holzfass ausgebaut. Der Betrieb füllt ausschließlich Bouteillenweine ab, für die man bereits zahlreiche Auszeichnungen entgegennehmen konnte. Außerdem steht ein historisches Kellerstüberl für Weinverkostungen gegen telefonische Anmeldung zur Verfügung.

90 * Alte Reben 2022
13 Vol.-%, DV, Stahltank
Helles Gelbgrün, silberfarbene Reflexe. Feine Kräuternoten, etwas weißes Steinobst, dezente Würze, Granny-Smith-Touch. Saftig, straff, gut eingebundene Säurestruktur, Kernobstnoten im Abgang, salziger Nachhall, dezenter Gerbstoff im Rückgeschmack, guter Speisenbegleiter.

89 * Klassik 2022
12,5 Vol.-%, DV, Stahltank, €€

91 Grüner Veltliner Ried Sätzen 2021
14 Vol.-%, DV, gebrauchte Barriques, €€€
Mittleres Goldgelb, Grünreflexe. Dezenter Blütenhonig, etwas nach Karamell, ein Hauch von Tropenfrucht, dezente

WEINGUT ECKER
3730 Grafenberg
Grafenberg 11
T: +43 (699) 12614066
office@weingut-ecker.com
www.weingut-ecker.com

Kellermeister/Kontakt:
Josef Ecker
Produktion: 80 % weiß, 20 % rot, 2 Hektar

Röstaromatik. Saftig, straff, frische Säurestruktur, ein Hauch von Orangenzesten, Vanilletouch im Abgang, florales Finish.

90 Riesling Ried Kogeln 2022
12,5 Vol.-%, DV, Stahltank, €€
Helles Gelbgrün, Silberreflexe. Feine Kräuterwürze, etwas nach Wiesenkräutern, weißes Steinobst, mit Melisse unterlegt, feinmaschiges Bukett. Saftig, straff, engmaschige Säurestruktur, mineralisch, Pfirsich im Abgang, bleibt gut haften.

90 Sauvignon Blanc Ried Kogeln 2022
12,5 Vol.-%, DV, Stahltank, €€
Helles Gelbgrün, Silberreflexe. Etwas nach Cassis und Brennnesseln, ein Hauch von Zitruszesten und Kräutern. Saftig, straff, feine Säurestruktur, mineralisch-salzig, etwas nach Maracuja, zart nach Gewürzen im Abgang, guter Speisenbegleiter.

91 Kogelstein rot 2020 ME/CS
14 Vol.-%, DV, Barrique, €€€€
Tiefdunkles Rubingranat, tiefer Kern, violette Reflexe, zarte Randaufhellung. Nuancen von Cassis, schwarze Waldbeeren, etwas Nougat, kandierte Orangenzesten. Kraftvoll, reife Pflaumen, schokoladiger Touch, feiner Säurebogen, frisch strukturiert, salziges Finish.

★★★

EDLINGER WEIN X RÖSCHITZ

Besonderes offenbart sich wie ein Schatz nicht immer sofort. Auf Granit und Löss, verborgen unter Mineral- und Erdschichten, wirken großartige Wunder – ganz heimlich. Die Schätze, die sie hervorbringen, sind die Essenz der Röschitzer Weine vom Weingut Edlinger Wein x Röschitz. Und weil sich ein Schatz nicht immer sofort offenbart, braucht es auch bei diesen Weinen immer den zweiten Schluck, um all ihre Nuancen und den komplexen Geschmack am Gaumen wahrzunehmen. Man sollte also neugierig sein, um Edles zu entdecken.
Sieben Veltliner-Persönlichkeiten finden sich auf der feinen Weinkarte: vom frech-fruchtigen »Emma« bis zur »Weinviertler Reserve GV extrem«, ein Statement aus Kräuterwürze und Tropenfrüchten. Sie sind in guter Gesellschaft mit dem ausdrucksstarken Riesling »Mathäa«, Riesling Ried Steinleiten und anderen Weißweinen wie Chardonnay und Gemischter Satz »Julius«, allesamt aus Röschit-

Familie Edlinger

EDLINGER WEIN X RÖSCHITZ
3743 Röschitz
Granitzstr. 15
T: +43 (664) 4523124
wein@edlinger-roeschitz.at
www.edlinger-roeschitz.at

Kellermeister/Kontakt: Hannes Edlinger
Produktion: 5 % Schaumwein, 93 % weiß, 2 % rot, 14 Hektar
Messen: VieVinum, DAC-Präsentationen

zer Toplagen. Das Sortiment wird durch zwei verschiedene Frizzante-Weine abgerundet: Frizzante Fips rosé und Frizzante Gelber Muskateller.
Als Besucher spürt man sofort die familiäre Energie. Der Weinviertler Weinhof der Edlingers ist ein Ort, an dem Einzigartiges entsteht, in einem liebevoll gepflegten Ambiente aus Stein, Wasser, Blumen und stilvollen Rosenkugeln aus der Werkstatt von Birgit Edlinger. Das Weingut der Edlingers ist auf alle Fälle eine Reise wert.

93 Grüner Veltliner * Ried Hundspoint 2022
13 Vol.-%, DV, Stahltank, €€
Helles Grüngelb, Silberreflexe. Feine Wiesenkräuter, zart nach Guaven, ein Hauch von Papaya, floraler Touch, Orangenzesten klingen an. Saftig, elegant, mineralisch, salzig, etwas nach Quitte, etwas Kardamom im Nachhall, guter Speisenbegleiter.

92 Grüner Veltliner * Ried Galgenberg 2022
13 Vol.-%, DV, Stahltank, €€
Mittleres Gelbgrün, Silberreflexe. Zart nach Wiesenkräutern und Blütenhonig, gelbe Apfelfrucht, ein Hauch von Guaven, frisches, einladendes Bukett. Saftig, engmaschig, etwas nach Kräutern, weiße Apfelfrucht, etwas nach Papaya, guter Speisenbegleiter mit Potenzial.

(93) Grüner Veltliner Ried Galgenberg plus 2022
14 Vol.-%, DV, Stahltank, €€€
Mittleres Gelbgrün, Silberreflexe. Feine Wiesenkräuter, Blütenhonig, ein Hauch von Orangenzesten, Golden-Delicious-Apfel, florales Bukett. Saftig, engmaschig, extraktsüß nach Maracuja, einladend, vielfältig einsetzbar.

90 Grüner Veltliner granit pur 2022
12,5 Vol.-%, DV, Stahltank, €€
Mittleres Gelbgrün, Silberreflexe. Zart nach Wiesenkräutern, etwas nach Guaven, weißes Kernobst, vegetaler Touch, dunkle Mineralik. Saftig, straff, engmaschig, etwas nach Gewürzen, weiße Apfelfrucht, trinkanimierend, unkomplizierter Speisenbegleiter.

90 Riesling Mathäa 2022
13,5 Vol.-%, DV, Stahltank, €€
Mittleres Gelbgrün, Silberreflexe. Feine Kräuterwürze, etwas nach Maracuja, ein Hauch von Orangenzesten, Pfirsichnoten klingen an, mit Blütenhonig unterlegt. Saftig, elegant, gut eingebundene Säurestruktur, mineralisch-salzig, Nuancen von gelber Frucht, fruchtsüß im Nachhall, bleibt gut haften, vielfältig einsetzbar.

89 Riesling Ried Steinleiten 2022
12 Vol.-%, DV, Stahltank, €€

★

WEINGUT EICHBERGER

Auf dem Weingut Eichberger trifft Tradition auf Moderne, Arbeit auf Spaß und Beruf auf Verantwortung. Das Familienweingut aus Eibesbrunn liegt rund zehn Kilometer nördlich von Wien am Rande des Marchfelds und des Weinviertler Hügellands. Die Weingärten befinden sich neben dem Heimatort zusätzlich in Putzing – beides kleine Orte, wo mehr Reben als Einwohner zu Hause sind.
Mit größtem Respekt gegenüber der Natur werden hier die Weingärten, die sich im Umkreis von fünf Kilometern befinden, nachhaltig und naturnah bewirtschaftet. Die traditionelle Handlese sowie das händische Bearbeiten der Weingärten das ganze Jahr über sind der Familie ein großes Anliegen. Die wichtigste Ressource, die unzählige Generationen verbindet, ist ihr vitaler Boden. In jedem Weingarten wachsen das ganze Jahr über bunt blühende Begrünungen, um den Mikroorganismen und ihren tierischen Mitbewohnern eine richtige Wohlfühloase zu bieten. Die Begrünungen der Familie Eichberger sorgen so für einen aktiven Boden und ein harmonisches Zusammenleben vieler unterschiedlicher Lebewesen. Herbizide und Insektizide finden im Weingut Eichberger keinen Platz. Gebietsbedingt gibt hier der Grüne Veltliner den Ton an, der in seiner unglaublichen Charaktervielfalt in sieben verschiedenen Spielarten – vom angenehm leichten bis hin zum komplexen Lagen-Veltliner – mit gebietstypischen Feinheiten, Charme und Raffinesse vinifiziert wird. Die Leidenschaft der Winzerfamilie und das Engagement für den Wein fließen auch geschmacklich in je-

Familie Eichberger

WEINGUT EICHBERGER
2203 Eibesbrunn
Großebersdorfer Straße 12
T: +43 (2245) 2476
office@weinguteichberger.at
www.weinguteichberger.at

Kellermeister/Kontakt:
Gotthard Eichberger
Produktion: 20 Hektar
Zertifiziert: Nachhaltig Austria
Vereinszugehörigkeit:
Weinstraße Südliches Weinviertel, So schmeckt NÖ
Messen: VieVinum, DAC-Präsentationen, Weintage Südliche Weinstraße

des ihrer Produkte ein und spiegeln die unverwechselbare Handschrift der Familie Eichberger in ihren präzisen Weinen wider. Beständigkeit in der Qualität und die unermüdliche Suche nach Verbesserungen prägen das Handwerk der Winzerfamilie. Zahlreiche Prämierungen der letzten Jahre wie Landessieger und »SALON«-Weine bestätigen ihr Tun und Denken.

90 Grüner Veltliner * Ried Kirchthal 2022
13 Vol.-%, DV, Stahltank, €€
Helles Gelbgrün, Silberreflexe. Feine Wiesenkräuter, weiße Tropenfrucht, ein Hauch von gelbem Apfel, Clementinenzesten. Mittlerer Körper, feine Säurestruktur, gelbes Kernobst, etwas weitmaschig, salzig, zart nach Guaven im Nachhall, bereits gut antrinkbar.

92 Grüner Veltliner Ich bin Ich Große Reserve 2021
14,5 Vol.-%, DIAM, großes Holzfass, €€€€
Helles Gelbgrün, Silberreflexe. Feine Kräuternoten, ein Hauch von Orangenschalen, gelber Apfel, zart nach Mango, floraler Touch. Saftig, straff, extraktsüß nach Marille, feinwürzig, etwas Kardamom im Abgang, salziger Nachhall, guter Speisenbegleiter.

89 Riesling Ried Hoadberg 2021
13 Vol.-%, DV, Stahltank, €€

91 Grande Cuvée Reserve 2019 ZW/BB
14 Vol.-%, DIAM, Barrique, €€€
Dunkles Rubingranat, violette Reflexe, dezente Ockerrandaufhellung. Tabakig, etwas Nougat, reife Zwetschken, zart nach Cassis, kandierte Orangenzesten. Mittlere Komplexität, zart nach Cassis und Erdbeeren, eingelegte Kirschen, mineralisch im Abgang, harmonisch, ein feinwürziger Speisenbegleiter.

95 Welschriesling TBA 2015
10,5 Vol.-%, DIAM, Stahltank, €€€€€
Mittleres Gelbgrün, Silberreflexe. Kandierte Orangenzesten, Nuancen von Kräutern und Honig, reife gelbe Apfelfrucht, tabakige Nuancen. Komplex, saftig, intensive Fruchtsüße, dezenter Säurebogen, reife gelbe Tropenfrucht im Abgang, zeigt Länge und gutes Entwicklungspotenzial, Marillenkonfitüre im Nachhall.

94 Grüner Veltliner Beerenauslese 2021
10,5 Vol.-%, DIAM, Stahltank, €€€€
Helles Gelbgrün, Silberreflexe. Zart floral unterlegte Nuancen von reifem weißem Apfel, etwas Maracuja und Limetten klingen an, zarte Kräuterwürze, ein Hauch von Botrytis. Saftig, präsente Süße, feiner Säurebogen, noch sehr jugendlich, bleibt gut haften, gelbe Tropenfrucht im Nachhall, sicheres Reifepotenzial.

© Astrid Bartl

★★★

WEINGUT RUDOLF FIDESSER

BIO

Der im westlichen Weinviertel gelegene Familienbetrieb bewirtschaftet sein Weingut nach biologisch-dynamischen Anbaumethoden. Gleichzeitig arbeitet Norbert Fidesser – ein ursprünglicher Winzer mit Leib und Seele – mit einer großen Bandbreite an Böden und Lagen, um authentische und regionaltypische, aber dennoch individuelle Weine zu produzieren. Norbert und Gerda Fidesser beschreiben dies mit der »Konzentration auf das Wesentliche«. Die Weine sollen Böden und Klima sprechen lassen, daher ist es für die leidenschaftlichen Winzer wichtig, viel Zeit im Weingarten zu verbringen und »auf die Trauben und die Natur zu hören«. Die »Demeter«-Zertifizierung des Betriebs in der kleinen Weinbaugemeinde Platt südlich von Retz ist da nur die logische Folge. Das Resultat dieser ehrlichen Arbeit der Familie Fidesser ist ein hochwertiges Sortiment von großer Vielfalt.

(93) Weißer Traminer Platt Ried Höhweingarten 2022
14 Vol.-%, NK, Stahltank, €€€€ B V
Leuchtendes Goldgelb, Kupferreflexe. Einladendes Bukett nach weißen Rosen, unterlegt mit Quitte und Blutorange, feiner Blütenhonig klingt an. Saftig, elegant, gut eingebundene Säurestruktur, zart nach Papaya, Karamell im Nachhall, guter Speisenbegleiter.

(93) Grüner Veltliner Obernalb Ried Sonnleiten 2022
13,3 Vol.-%, NK, Stahltank, €€€€ B V
Mittleres Grüngelb, Silberreflexe. Zart nussig, etwas nach Maracuja, ein Hauch von Gewürzen, dezentes Brioche, einladendes Bukett. Saftig, elegant, frische Säurestruktur, dezente Tropenfrucht, salzig, etwas nach Kumquats, guter Speisenbegleiter.

(91) Grüner Veltliner Platt Ried Kapellenberg 2022
13,8 Vol.-%, NK, Stahltank, €€€€ B V
Leuchtendes Goldgelb, Silberreflexe. Etwas nach Blütenhonig und reifem Apfel, zart nach Kardamom, feine kandierte Orangenschalen. Saftig, elegant, feinwürzig, etwas nach Golden-Delicious-Apfel, nussige Noten im Abgang, gut eingebundene Säurestruktur, wird von Flaschenreife profitieren.

(92) Sauvignon Blanc Platt Ried Sandberg 2022
13,3 Vol.-%, NK, Stahltank, €€€€ B V
Mittleres Grüngelb, silberfarbene Reflexe. Floraler Touch, etwas nach Mango, ein Hauch von Blütenhonig, zart nach Melisse, Akazienblüten. Saftig, elegant, feine Säurestruktur, mineralisch-salzig, dezente Gewürznoten im Nachhall, guter Speisenbegleiter.

91 Pinot Noir Platt Ried Kapellenberg 2021
12,5 Vol.-%, NK, großes Holzfass, €€€€ B V
Kräftiges Karmingranat, Ockerreflexe, breitere Randaufhellung. Schwarze Waldbeeren, ein Hauch von Lakritze, mit Kräutern und Nougat unterlegt. Mittlerer Körper, rotbeerig, frische Kirschen, lebendig strukturiert, zitronige Nuancen, mineralisch, ein schwungvoll-leichtfüßiger Speisenbegleiter.

91 Syrah Parapluie 2019
13,2 Vol.-%, NK, großes Holzfass, €€€€€ B V
Dunkles Rubingranat, violette Reflexe, dezente Ockerrandaufhellung. Rauchig-tabakig, Brombeeren und schwarze Kirschen, ein Hauch von Bergamotte. Kraftvoll, dunkle Waldbeeren, frisch strukturiert, seidige Tannine, mineralisch-salzig im Abgang, ein würziger Speisenwein.

WEINGUT RUDOLF FIDESSER
2051 Platt
Platt 39
T: +43 (2945) 2592
weingut@fidesser.at
www.fidesser.at

Kellermeister/Kontakt: Norbert Fidesser
Anbauweise: Biodynamisch (Bio Austria, Demeter)
Produktion: 75 % weiß, 25 % rot, 15 Hektar
Vereinszugehörigkeit: Premium Weingüter Weinviertel, Tu Felix Austria
Messen: VieVinum

WEINBAU FINK & KOTZIAN

NEU

Christian Fink und Petra Kotzian sind ein Winzerpaar, bei dem sich Leidenschaft, Können und Sinn für Ästhetik in sehr positiver Weise bündeln. Auf ihrem kleinen Weingut in Gauderndorf im Weinviertel gedeiht eine erstaunliche Rebsortenvielfalt, und bei jedem einzelnen Wein ist augenscheinlich, mit welcher Bedachtsamkeit und Gespür für Terroir und Tradition er gekeltert wurde. Jeder Jahrgang darf seine individuelle Charakteristik zeigen, was mitunter durch die Bezeichnung »aus einem feinen Jahr« oder auch in Form eines einfachen Pluszeichens auf dem Etikett zu sehen ist. Grüner Veltliner und Riesling zählen mit ihrer bilderbuchartigen Sortentypizität zu den Schaustücken im Weingut. Dass auch die Kunst eine Rolle im Leben des Winzerpaars spielt, offenbart sich durch den Flaggschiffwein »O.T. Reserve«, einen Wein »ohne Titel«, der mit Eleganz und Vielschichtigkeit umso mehr Begehrlichkeit weckt.

93 Chardonnay O.T. Reserve 2019
13,5 Vol.-%, DV, Barrique, €€€€
Leuchtendes Goldgelb, silberfarbene Reflexe. Etwas nach Karamell und reifem Apfel, ein Hauch von Guaven, Melisse klingt an, floraler Touch. Saftig, fruchtsüß, gut eingebundene Säurestruktur, mineralisch-salzig, etwas nach Marille, weiße Schokolade im Nachhall, bleibt gut haften, facettenreiches Finish.

92 Pinot Gris Ried Hintern Dorf 2021
14,5 Vol.-%, DV, gebrauchte Barriques, €€€
Mittleres Goldgelb, Grünreflexe. Etwas nach Mango und Papaya, mit zartem Blütenhonig unterlegte reife Birnenfrucht, würziger Touch. Mittlere Komplexität, saftig, feine Säurestruktur, mineralisch, weißes Steinobst im Abgang, balanciertes Finish, guter Speisenbegleiter.

91 Pinot Blanc z.T. 2020
13 Vol.-%, DV, Stahltank, €€€
Mittleres Grüngelb. Feine Tabakwürze, etwas nach Kräutern, dezente Pfirsichnoten, zart nussig, Toffee klingt an. Mittlerer Körper, feiner Säurebogen, weiße Tropenfrucht, dezente Holzwürze, bereits gut antrinkbar.

90 Grüner Veltliner Ried Königsberg 2021
13,5 Vol.-%, DV, Stahltank, €€€
Helles Gelbgrün, Silberreflexe. Feine Apfelfrucht, dezente Kräuterwürze, ein Hauch von Melisse, Papaya klingt an. Saftig, balanciert, gut eingebundene Säurestruktur, feinwürzig, ein Hauch von Kernobst im Abgang, bereits gut antrinkbar.

90 Riesling Berg und Meer + 2019
13 Vol.-%, DV, Stahltank, €€€
Helles Gelbgrün, Silberreflexe. Zarte Kräuterwürze, etwas nach kandierten Früchten, ein Hauch von Marille, floraler Touch. Mittlerer Körper, restsüß nach Pfirsich, frisch und leichtfüßig, bereits gut antrinkbar.

89 Riesling Berg und Meer 2021
13 Vol.-%, DV, Stahltank, €€

WEINBAU FINK & KOTZIAN
3730 Eggenburg
Gauderndorf 40
T: +43 (664) 3902602
ot@weinfink.at
www.weinfink.at

Kellermeister/Kontakt:
Christian Fink und Petra Kotzian
Produktion: 40.000 Flaschen, 9 Hektar
Vereinszugehörigkeit:
Weinviertel DAC

★★★

WEINGUT FRANK

Das Weingut Frank liegt in Herrnbaumgarten im nordöstlichen Weinviertel und steht für handwerkliche Grüne Veltliner, die trotz Kraft und Tiefgang niemals opulent wirken. Besonders hervorzuheben sind die gereiften Veltliner aus den Löss-Lagen Johannesbergen und Hoher Weg sowie aus der Muschelkalk-Lage Baumgartleiten. Daneben werden auch fruchtige, trinkanimierende Weine wie der Grüne Veltliner Weinviertel DAC vinifiziert. Die Mineralik der kalkreichen Lössböden bringt hervorragende Rieslinge hervor. Der Weißburgunder aus der Nordlage Adamsbergen sowie eine hervorragende Rotwein-Cuvée aus der kargen, sandigen Lage Hannbuch runden das Programm ab. Die Finesse der Weine ist dem kühlen Klima zuzuschreiben. Auf diesem Weingut hat man erkannt, dass die Zukunft den gebietsgeprägten, eleganten Weinen gehört.

91 Grüner Veltliner * 2022
12,5 Vol.-%, DV, Stahltank, €€ V
Mittleres Gelbgrün, silberfarbene Reflexe. Wiesenkräuter, Apfelfrucht, zart nach Kumquats, ein Hauch von Gewürzen. Straff, gut eingebundener Säurebogen, Apfelfrucht im Abgang, salziger Nachhall, guter Speisenbegleiter.

93 Grüner Veltliner Ried Baumgartleiten Reserve 2021
13 Vol.-%, NK, großes Holzfass, €€€€ V
Mittleres Gelbgrün. Feine Holzwürze, ein Hauch von Guaven, Papaya klingt an, mit Blütenhonig unterlegt, reifes Kernobst, attraktives Bukett. Komplex, saftig, weißes Steinobst, würziger Abgang, dunkle Mineralik im Nachhall, guter Speisenbegleiter mit Entwicklungspotenzial.

(93) Riesling Ried Krainholz Reserve Alte Reben 2021
13,5 Vol.-%, DV, Stahltank, €€€€ V
Helles Grüngelb, Silberreflexe. Reife Tropenfrucht, zart nach Marille, ein Hauch von Blütenhonig, etwas Wiesenkräuter, kandierte Orangenzesten. Saftig, gute Komplexität, straff, engmaschig, balanciert, Pfirsichblüten, weißes Steinobst im Abgang, guter Speisenbegleiter mit Potenzial.

91 Riesling Herrnbaumgarten 2022
12,5 Vol.-%, DV, Stahltank, €€€ V
Helles Grüngelb, Silberreflexe. Feine Maracujanoten, zart nach Pfirsich, Zitronentouch, frisches Bukett. Saftig, lebendige Säurestruktur, mineralisch, weiße Obstfrucht, Kräuterwürze im Nachhall, guter Speisenbegleiter.

92 Cuvée Ried Hannbuch 2021 ME/CS
14 Vol.-%, NK, gebrauchte Barriques, €€€€ V
Kräftiges Rubingranat, violette Reflexe, dezente Ockerrandaufhellung. Etwas verhalten, zart nach Herzkirschen, ein Hauch von Cassis, Nougat, mit Orangenzesten unterlegt. Mittlere Komplexität, rotbeerig, frisch strukturiert, feine, tragende Tannine, mineralischer Nachhall, extraktsüßer Abgang.

92 Pinot Noir Ried Krainholz 2021
13,5 Vol.-%, NK, gebrauchte Barriques, €€€€ V
Mittleres Karmingranat, violette Reflexe, breite Ockerrandaufhellung. Frische rote Waldbeeren, eingelegte Kirschen, ein Hauch von kandierten Veilchen, einladendes Bukett. Mittlere Komplexität, feine Holzwürze, rotbeeriges Konfit, frisch und salzig, ein lebendiger, animierender Stil, wirkt leichtfüßig und präzise.

WEINGUT FRANK
2171 Herrnbaumgarten
Kellergasse 5
T: +43 (2555) 2300
frank@weingutfrank.at
www.weingutfrank.at

Kellermeister/Kontakt:
Harald Frank
Produktion: 75 % weiß, 5 % rosé, 20 % rot, 23 Hektar
Vereinszugehörigkeit:
Weinstraße Weinviertel, Weinviertel DAC
Messen: ProWein Düsseldorf, VieVinum, DAC-Präsentationen

★

WEINGUT GILG

Das Weingut Gilg befindet sich in Hagenbrunn vor den Toren Wiens. Bewirtschaftet werden rund zehn Hektar Rebfläche an den Südhängen des Bisambergs. 75 Prozent der Weingärten sind mit Weißweinsorten bepflanzt, wobei das Hauptaugenmerk auf Grünem Veltliner, Riesling sowie Sauvignon Blanc liegt. Neu im Sortiment hat man einen Gelben Traminer, die Lieblingssorte von Jungwinzer Stefan Gilg. Bereits mit der vierten Ernte vom Gelben Traminer konnte man den begehrten Titel des Bundessiegers gewinnen. Die Rotweinflächen teilen sich die Sorten Zweigelt, Merlot und Cabernet Sauvignon. Mit dem Jahrgang 2021 gibt es zum ersten Mal auch einen reinsortigen Merlot und Cabernet Sauvignon. Besonders stolz ist man auf den Welschriesling Eiswein aus der Riede Hofmauer – den ersten jemals in Hagenbrunn gekelterten Eiswein. Im neu gebauten Weinkeller auf der Hagenbrunner Hauptstraße kann Familie Gilg seit der Ernte 2017 auf modernste Kellertechnik vertrauen. Der neue Verkaufsraum ist für Verkostung und Verkauf jeden Freitag von 13 bis 18 Uhr geöffnet. Im Heurigenlokal in der Schlossgasse 33 bieten die Gilgs ein traditionelles, heurigentypisches Buffet, saisonale Schmankerl und vegetarische Speisen sowie hausgemachte Mehlspeisen an. Alle Weine kann man dort auch glasweise bestellen.

WEINGUT GILG
2102 Hagenbrunn
Schlossgasse 33
T: +43 (2262) 672781
weingut@gilg.at
www.weingut-gilg.at

Kellermeister/Kontakt:
Ing. Stefan Gilg
Produktion: 5 % Schaumwein, 70 % weiß, 5 % rosé, 18 % rot, 2 % süß, 10 Hektar
Messen: VieVinum, DAC-Präsentationen

89 Muskateller Frizzante 2022
11,5 Vol.-%, DV, Stahltank, €€

91 Grüner Veltliner ** Ried Tagnern 2021
14,5 Vol.-%, DV, großes Holzfass, €€
Mittleres Gelbgrün, silberfarbene Reflexe. Feine Holzwürze, etwas nach Papaya, zart nach Guaven, kandierte Orangenschalen, tabakiger Touch, florale Nuancen. Saftig, mittlere Komplexität, gelbe Tropenfrucht, bleibt gut haften, unkomplizierter Speisenbegleiter.

91 Riesling Ried Aichleiten 2022
13,5 Vol.-%, DV, Stahltank, €€
Leuchtendes Gelbgrün, Silberreflexe. Weißes Steinobst, feinwürzig, tabakig, floraler Touch, etwas nach Quitte, mit Blütenhonig unterlegt. Saftig, elegant, Mangonoten, Gewürznoten im Abgang, salziger Nachhall, guter Speisenbegleiter.

90 Gelber Traminer 2022
14,5 Vol.-%, DV, Stahltank, €€
Mittleres Gelbgrün, Silberreflexe. Feine Eibischnoten, kandierte Orangenzesten, etwas nach Gewürzen, Noten von Toffee. Saftig, elegant, feine Nuancen von Tabak, reife Tropenfrucht, Ananas im Abgang, fruchtsüßer Nachhall, bereits gut antrinkbar.

88 Gemischter Satz 2022
11,5 Vol.-%, DV, Stahltank, €€

92 Merlot Reserve 2021
14 Vol.-%, DV, Barrique/gebrauchte Barriques, €€€
Dunkles Rubingranat, violette Reflexe, breitere Randaufhellung. Zarte Kräuterwürze, dunkle Waldbeeren, reife Kirschfrucht, ein Hauch von Nougat. Saftig, elegant, runde Tannine, schokoladiger Touch im Abgang, bereits gut entwickelt, mineralisches Finale.

★★★

WEINGUT INGRID GROISS

BIO

Ingrid Groiss definiert sich selbst mit diesen drei Begriffen: Leidenschaft, Gefühl und Zielstrebigkeit. Seit 2010 führt sie den Familienbetrieb ihrer Eltern weiter – mit Bravour, wie man sieht. Angefangen hat die junge Weinviertler Winzerin mit klassischen, sortentypischen Weinen, die ihre Persönlichkeit, den Ausdruck der Region und deren Lagen widerspiegeln. Ihrer Linie ist sie bis heute treu geblieben. Ihr ist es ein besonderes Anliegen, naturnahe und individuelle Weine mit Herkunftsprofil und Sortencharakteristik zu produzieren. Ihre persönliche Handschrift unterstreicht und hebt die biologische Bewirtschaftung der Weingärten hervor. In den letzten Jahren hat sie sich durch ihre Konstanz auch international einen Namen gemacht, und ihre Weine werden von vielen Sommeliers sehr geschätzt. Den bisher größten Erfolg hat sie mit ihrem Gemischten Satz, der sowohl alte Traditionen als auch moderne Weinproduktion verbindet und für jeden Konsumenten ein Genuss ist.
Ein weiteres Augenmerk richtet Ingrid Groiss auf die Rebsorte Grüner Veltliner. Hier zeigen die weingutseigenen Einzellagen ausdrucksstark die markanten bodentypischen Besonderheiten der mineralischen Urgesteins-, Konglomerat- und vom Urmeer geprägten Kalkböden.
Für die junge Winzerin steht die Arbeit im Einklang mit der Natur an erster Stelle. Ihr Markenzeichen, der Feldhase, symbolisiert den behutsamen Umgang mit dem Habitat Weingarten und die Verbundenheit mit dem Weingartenleben. Die besonderen Lagen rund um Breitenwaida und Fahndorf und die alten Rebstöcke kommen ihr und ihrer Philosophie sehr entgegen. 2016 erfolgte die Umstellung auf biologische Bewirtschaftung – ein für sie essenzieller Schritt, um das Profil der Weine noch weiter zu perfektionieren. Neben der händischen Weinlese bilden perfektes Traubenmaterial und den Weinen im Keller Zeit für eine gelungene Entwicklung zu geben die weiteren Eckpfeiler. Deshalb hat sich Ingrid Groiss auch dazu entschlossen, ihre Weine später auf den Markt zu bringen und ab sofort nur noch gefüllte Weine zu zeigen.
An Wochenenden führt die Familie Groiss in Breitenwaida in der Nähe von Hollabrunn einen ausgezeichneten Heurigenbetrieb, wo man auch die Weine der aufstrebenden Kellermeisterin kennenlernen kann. Groiss ist auf alle Fälle ein Name, den man sich für die Zukunft merken sollte.

92 Grüner Veltliner ** Ried In der Schablau 2021
13,5 Vol.-%, DV, großes Holzfass, €€€€ Ⓑ
Helles Goldgelb, Silberreflexe. Nuancen von Blütenhonig, reifer gelber Apfel, etwas Mango, mit zarten Wiesenkräutern unterlegt. Mittlere Komplexität, saftig, gelbe Tropenfrucht, mineralisch, bleibt gut haften, ein ausgewogener, eleganter Speisenbegleiter.

91 Grüner Veltliner * Braitenpuechtorff 2022
12,5 Vol.-%, DV, Stahltank, €€€ Ⓑ
Helles Grüngelb, Silberreflexe. Zarte Wiesenkräuter, frischer Apfel, etwas Mango und Birne, einladendes Bukett. Saftig, frisches weißes Kernobst, lebendiger Säurebogen, bleibt haften, ein stoffiger Speisenbegleiter.

WEINGUT INGRID GROISS
2014 Breitenwaida
Tullnerstraße 472
T: +43 (676) 3927703
info@ingrid-groiss.at
www.ingrid-groiss.at

Kellermeister/Kontakt:
Ingrid Groiss
Anbauweise: Zertifiziert Biologisch
Produktion: 90 % weiß, 10 % rosé, 18 Hektar
Messen: ProWein Düsseldorf, VieVinum, DAC-Präsentationen

* Weinviertel DAC ** Weinviertel DAC Reserve

93 Grüner Veltliner Ried Pankraz Reserve 2021
13,5 Vol.-%, NK, großes Holzfass, €€€€€ Ⓑ
Helles Grüngelb, Silberreflexe. Zart mit Orangenzesten unterlegte Golden-Delicious-Nuancen, ein Hauch von Mango, fruchtig-einladendes Bukett. Mittlere Komplexität, weiße Apfelfrucht, frisch strukturiert, zitronig-salzig im Nachhall, bereits gut antrinkbar, verfügt über Reifepotenzial.

93 Grüner Veltliner Ried Sauberg 2021
13 Vol.-%, NK, großes Holzfass, €€€€€ Ⓑ
Helles Gelbgrün, Silberreflexe. Feine Mangonoten, zart nach Honigmelone, ein Hauch von Wiesenkräutern, einladendes Bukett. Saftig, elegant, weißes Kernobst, frisch strukturiert, mineralisch-salzig im Abgang, Limetten im Rückgeschmack, gutes Reifepotenzial.

93 Riesling Fahndorf Ried Auf der Henne Reserve 2021
13 Vol.-%, NK, großes Holzfass, €€€€€ Ⓑ
Helles Grüngelb, Silberreflexe. Zarte gelbe Tropenfrucht, ein Hauch von Ananas und Maracuja, etwas Blütenhonig, einladendes Bukett. Saftig, elegant, fruchtige Süße, feiner Säurebogen, ausgewogen und frisch, bleibt haften, Steinobst im Nachhall, bereits gut zu trinken.

90 Riesling Braitenpuechtorff 2022
12,5 Vol.-%, DV, Stahltank, €€€ Ⓑ
Helles Gelbgrün, Silberreflexe. Mit Blütenhonig unterlegte weiße Tropenfrucht, zart nach Pfirsich, Orangenzesten klingen an. Mittlere Komplexität, weißer Apfel, frisch strukturiert, zitronig im Nachhall, bietet unkomplizierten Trinkspaß.

90 Gemischter Satz Braitenpuechtorff 2022
12,5 Vol.-%, DV, Stahltank, €€€ Ⓑ
Helles Gelbgrün, Silberreflexe. Floral, zart nach Pfirsich und Limetten, aromatisch und einladend. Mittlerer Körper, zarte Fruchtsüße, Noten von weißem Kernobst, frisch strukturiert, bereits zugänglich, ein lebendiger Speisenbegleiter.

★★★

BIO WEINGUT GRUBER RÖSCHITZ

BIO

Zusammen erreichen wir mehr!« Wir, das sind Maria, Ewald und Christian, die an einem Strang ziehen, sich die Arbeit teilen und ein gemeinsames Ziel verfolgen: authentische Weine in ihrer Heimat Röschitz zu keltern. Schon ihr Großvater wusste, dass am Rande des Weinviertels, in und um Röschitz, die besten Bedingungen für qualitätsbewussten Weinbau gegeben sind: großartige Urgesteins-, Granit- und Lössböden sowie ein kühles kontinentales Klima mit wenig Niederschlag. Die Eigenheiten der Böden versuchen die Geschwister den Weinen mitzugeben, sei es im würzigen Klassiker Grüner Veltliner, beim mineralischen Riesling oder den kühlen, fruchtbetonten Rotweinen wie Sankt Laurent und Pinot Noir. Die Lagencharakteristik liegt ihnen genauso am Herzen wie die Trinkfreude, die die Gruber-Weine vermitteln sollen. Maria, Ewald und Christian Gruber bearbeiten die vielen Parzellen ihres Weinguts seit einigen Jahren biologisch-organisch. Das tun sie aus Überzeugung! Sie lassen der Natur freien Lauf, fördern die Selbstheilungskräfte der Reben und bewahren dabei die wertvollste Ressource – den Boden ihrer Heimat! Dadurch hat sich etwas geändert: Die Trauben werden früher reif, bilden weniger Zucker und Alkohol, benötigen weniger Schwefel und sorgen so für frische, langlebige und geradlinige Weine – Weine, wie die Geschwister sie lieben. Die »Weingeister«, die ihre Etiketten schmücken, sind das Ergebnis einer konsequent verfolgten Strategie, immer am Zahn der Zeit zu agieren und die Sprache des Weines nach außen zu tragen sowie mit und nicht gegen die Natur zu arbeiten. Es sind Mikroorganismen, die natürliche Schädlingsbekämpfung betreiben, Mineralstoffe aufspalten und die Gärung anregen. Die biologische Bearbeitung bietet ihnen beste Bedingungen, dafür helfen sie den Grubers, gesunde Trauben zu ernten und unverwechselbare Weine zu keltern.

92 ⊖ Blanc de Blancs Österreichischer Sekt Reserve Extra Brut 2020
12,5 Vol.-%, NK, Flaschengärung, €€€€€ Ⓑ
Mittleres Goldgelb, Silberreflexe, lebendiges Mousseux. Zart nach gelber Tropenfrucht, ein Hauch von Mango und Ananas, mit Nuancen von Blütenhonig und Biskuit unterlegt. Mittlere Komplexität, weißes Kernobst, frische Säurestruktur, zitroniger Touch, feines Nougat im Nachhall.

BIO WEINGUT GRUBER RÖSCHITZ

3743 Röschitz, Winzerstraße 46
T: +43 (2984) 2765
office@gruber-roeschitz.at
www.gruber-roeschitz.at

Kellermeister: Ewald Gruber
Kontakt: Maria Wegscheider
Anbauweise: Zertifiziert Biologisch (Austria Bio Garantie)
Produktion: 70 % weiß, 30 % rot
Zertifiziert: Nachhaltig Austria
Vereinszugehörigkeit: Nordwein Österreich
Messen: Austrian Tasting London, Forum Vini München, Millésime Bio, Prodexpo Moskau, ProWein Düsseldorf, London Wine Fair, The Shanghai International Wine & Spirits Expo, VieVinum, Vinexpo Bordeaux, Vinitaly, DAC-Präsentationen, Hong Kong International Wine & Spirits Fair

Bioweingut Gruber Röschitz: Neuer Standort ab Jänner 2024

92 Grüner Veltliner * Ried Hundspoint 2022
13 Vol.-%, DV, Stahltank, €€€ B
Mittleres Grüngelb, Goldreflexe. Feine Wiesenkräuter, zart nach Guaven, etwas nach Quitte, Blütenhonig, einladendes Bukett. Saftig, elegant, feine Säurestruktur, mineralisch, etwas kräuterwürzig, weißes Kernobst im Abgang, bereits gut antrinkbar.

92 Grüner Veltliner * Ried Reipersberg 2022
13 Vol.-%, DV, Stahltank/Eichenfass, €€€ B
Mittleres Gelbgrün, silberfarbene Reflexe. Feine Clementinenzesten, Marillentouch, etwas nach Ananas, einladendes Bukett. Saftig, elegant, feine Säurestruktur, mineralisch, gelbes Kernobst im Abgang, bleibt gut haften, vielfältig einsetzbar.

92 Grüner Veltliner ** Ried Mühlberg 2021
13 Vol.-%, DV, großes Holzfass, €€€€€ B
Mittleres Gelbgrün, silberfarbene Reflexe. Feine Kräuterwürze, Holznuancen, etwas nach Guaven, reife Apfelfrucht, Papaya klingt an. Saftig, elegant, feine Struktur, würzig, gut eingebundener Säurebogen, reife Tropenfrucht, guter Speisenbegleiter.

93 Riesling Black Vintage 2020
12 Vol.-%, NK, Stahltank, €€€€€€ B
Mittleres Gelbgrün, Silberreflexe. Engmaschiges Bukett, feine Kräuterwürze, etwas nach Marille, Papayatouch, kandierte Clementinenzesten. Gute Komplexität, salzig, frisch und lebendig, weißes Steinobst, guter Speisenbegleiter, sicheres Potenzial.

92 Riesling Ried Königsberg 2021
12,5 Vol.-%, DV, Stahltank, €€€€ B
Mittleres Gelbgrün, Goldreflexe. Blütenhonig, etwas nach Melone, ein Hauch von Ananas, frische Würze, lebendiges Bukett. Saftig, gute Komplexität, zitroniger Touch, Noten von weißem Pfirsich, mineralisch, engmaschiges Finish, guter Speisenbegleiter.

93 Chardonnay Black Vintage 2021
13 Vol.-%, NK, Stahltank, €€€€€€ B
Leuchtendes Gelbgrün, silberfarbene Reflexe. Dezente Vanillenoten, etwas nach Guaven, Kardamom, Zitruszesten klingen an, mit einem Hauch von Marillen unterlegt. Saftig, gute Komplexität, feinwürzig, etwas nach Maracuja, gelbe Tropenfrucht, tabakig im Nachhall, guter Speisenbegleiter, vielfältig einsetzbar.

91 Sankt Laurent Black Vintage 2021
12,5 Vol.-%, NK, 500-l-Fass, €€€€€€ B
Dunkles Rubingranat, violette Reflexe, dezente Ockerrandaufhellung. Schwarze Kirschen, feine Fruchtsüße, Nuancen von Brombeeren, kandierte Orangenzesten. Mittlerer Körper, schlanke Textur, feiner Säurebogen, balanciert, rotbeerig-zitroniger Nachhall, salzig im Rückgeschmack.

90 Pinot Noir Black Vintage 2020
12 Vol.-%, NK, 500-l-Fass, €€€€€€ B
Mittleres Karmingranat, violette Reflexe, breite Randaufhellung. Nuancen von frischen Zwetschken, Waldbeeren, etwas Kirschen, zarte Kräuterwürze, ein Hauch von Orangenzesten. Schlank, rotbeerig, zarte Tannine, mineralisch-salzig, mittlere Länge, zitroniger Nachhall, Pinot Noir light.

© Robert Herbst

* Weinviertel DAC ** Weinviertel DAC Reserve

★★★★

WEINGUT GSCHWEICHER

Lebendiger Boden, alte Rebstöcke, außergewöhnlicher Wein – dafür steht der Name Gschweicher aus Röschitz. Das Weingut der Familie Gschweicher verfolgt seinen eigenen Stil und eine klare Linie mit Präzision und Sortentypizität. Seit jeher ist das Weingut ein Weißweinbetrieb, spezialisiert auf Grünen Veltliner und verschiedene Aromasorten in unterschiedlichen Ausbaustufen. Der Weinviertler Leitbetrieb erzeugt aber auch Riesling in drei Charakteren. Ohne großen technischen Aufwand werden mit den Gegebenheiten der Lagen und den unterschiedlichen Reifezuständen die verschiedenen Ausbaustufen komponiert. Ein lebendiger Boden ist das wichtigste Fundament für den Stil der Weine. Drei Viertel der Grüner-Veltliner-Rebstöcke sind über 50 Jahre alt. Premiumwein des Hauses ist der kräftige, mineralische »Primary Rocks«, ein Grüner Veltliner aus Trauben von über 90-jährigen Reben, die auf kargem Urgesteinsboden rund um Röschitz heranwachsen.

(94) Grüner Veltliner ** Ried Kellerberg 2022
13 Vol.-%, DV, großes Holzfass, €€€
Leuchtendes Goldgelb, Silberreflexe. Mit Gewürznuancen unterlegter Blütenhonig und Maracuja, zart nach Honigmelone, einladendes Bukett. Saftig, gute Komplexität, salzig, reife Tropenfrucht im Abgang, feinwürziger Nachhall, balancierte Säurestruktur, mineralischer Nachhall, vielschichtiger Speisenbegleiter.

91 Grüner Veltliner * GrooVee 2022
12 Vol.-%, DV, Stahltank, €€
Helles Gelbgrün, Silberreflexe. Etwas nach Gewürzen und weißer Tropenfrucht, etwas rote Apfelfrucht, dezenter Blütenhonig. Saftige Struktur, gut eingebundener Säurebogen, Zitrus und weiße Apfelfrucht im Abgang, bleibt gut haften, bereits antrinkbar.

(95) Grüner Veltliner Primary Rocks 2022
13,5 Vol.-%, DV, großes Holzfass, €€€€€
Mittleres Grüngelb, silberfarbene Reflexe. Etwas Gewürznuancen und Blütenhonig, ein Hauch von Pfirsich und reifem Apfel, Quitte klingt an, tabakige Noten. Gute Komplexität, salzig, gut eingebundener Säurebogen, etwas nach Melisse, reife Tropenfrucht, vielschichtiger Speisenbegleiter mit Potenzial.

92 Grüner Veltliner Ried Königsberg 2022
13 Vol.-%, DV, Stahltank/großes Holzfass, €€€
Leuchtendes Gelbgrün, silberfarbene Reflexe. Feine Tabakwürze, etwas nach Maracuja und Papaya, Melisse, einladendes Bukett, zart nach Orangenschalen. Saftig, straff, feine Säurestruktur, balanciert, zitroniger Touch, weißes Steinobst im Abgang, guter Speisenbegleiter.

91 Grüner Veltliner Ried Galgenberg 2022
13 Vol.-%, DV, Stahltank, €€
Mittleres Gelbgrün, silberfarbene Reflexe. Dunkle Würze, etwas nach Kardamom, ein Hauch von Orangenschalen und Golden-Delicious-Apfel. Saftig, elegant, leichtfüßig, gut eingebundener Säurebogen, gelbes Kernobst im Abgang, extraktsüßes Finish, guter Speisenbegleiter.

90 Grüner Veltliner Urkristall 2022
11,5 Vol.-%, DV, Stahltank, €€
Helles Gelbgrün, silberfarbene Reflexe. Zarte Maracuja, ein Hauch von Orangenzesten, zarte Pfefferwürze, etwas nach Kräutern. Saftig, elegant, reife Apfelfrucht, dezente Extraktsüße, mineralisch, bereits gut antrinkbar.

(94) Riesling Ried Mühlberg Reserve 2022
13 Vol.-%, DV, Stahltank, €€€€
Leuchtendes Goldgelb, Grünreflexe. Etwas nach Maracuja, zart nach kandierten Limettenzesten, Ananastouch, Tabakwürze, frisches Bukett. Saftig, komplex, lebendige Säurestruktur, extraktsüß nach Marillen, bleibt gut haften, sicheres Reifepotenzial.

WEINGUT GSCHWEICHER
3743 Röschitz
Winzerstraße 29
T: +43 (2984) 3800
office@gschweicher.at
www.gschweicher.at

Kellermeister/Kontakt:
Bernhard Gschweicher
Produktion: 100 % weiß, 15 Hektar
Vereinszugehörigkeit:
Weingüter Retzer Land
Messen: ProWein Düsseldorf, VieVinum

92 Riesling Ried Reipersberg Urgestein 2022
12 Vol.-%, DV, Stahltank, €€€ Ⓗ
Helles Gelbgrün, silberfarbene Reflexe. Feine Wiesenkräuter, etwas nach Melisse, ein Hauch von Mango, zarte Noten von Minze, einladendes Bukett. Saftig, straff, feine Säurestruktur, mineralisch, etwas nach Zitrus im Abgang, weißer Pfirsich im Rückgeschmack, gutes Potenzial.

92 Sauvignon Blanc Ried Reipersberg 2022
12 Vol.-%, DV, Stahltank, €€€ Ⓗ
Helles Grüngelb, silberfarbene Reflexe. Zart nach Cassis, Gewürznuancen, ein Hauch von Blütenhonig, Grapefruitnoten, frisches Bukett. Salzig, elegant, balancierter Säurebogen, etwas nach Melisse, ein Hauch von Maracuja, guter Speisenbegleiter mit Potenzial.

91 Grauburgunder Ried Gebirg´ 2022
13 Vol.-%, DV, Stahltank/großes Holzfass, €€€ Ⓗ
Leuchtendes Grüngelb, silberfarbene Reflexe. Etwas Wiesenkräuter und Maracuja, ein Hauch von Toffee und Tabakwürze, einladendes Bukett. Saftig, extraktsüß nach Ananas, gelbe Tropenfrucht, frische Struktur, bleibt gut haften.

★★★

WEINGUT HAGN

Mehr als 300 Jahre Erfahrung hat die Familie Hagn bereits im Weinbau. Frischen Wind bringen die Juniorchefs Leo und Wolfgang ein. Nachhaltigkeit und Zukunftsorientierung sind ihnen ein besonderes Anliegen. Das beweisen die kürzlich erfolgte Zertifizierung für die Verarbeitung von Biotrauben, die hauseigene Fotovoltaikanlage und die E-Tankstelle für Gäste des »Weindomizils«, des Restaurants der Hagns mit Gästezimmern und fantastischem Fernblick über das »Mailberg Valley«. Die Weine gehören zu den besten des Weinviertels. Zahlreiche Auszeichnungen holt das Weingut Hagn jedes Jahr nach Mailberg, und das für Weißweine, Rotweine und ebenso für den Betrieb an sich. »Wir wollen mit unseren Weinen ein unvergleichliches und gleichzeitig rundum nachhaltiges Genusserlebnis bieten. Mit einem wachen Blick nach vorne können wir das kontinuierlich garantieren«, so die beiden Cousins.

90 Blauer Zweigelt »Juwella« Sekt Rosé Brut
13 Vol.-%, NK, Flaschengärung, €€€€ Ⓑ
Kräftiges Lachsrosa, Kupferreflexe, lebendiges Mousseux. Frische rote Waldbeeren, Kirschen, florale Nuancen, ein Hauch von Limetten. Kraftvoll, zarte Kräuterwürze, eingelegte Kirschen, mineralisch, salziger Nachhall.

93 Grüner Veltliner ** Green Hunter 2021
13,5 Vol.-%, DV, großes Holzfass, €€€€ Ⓑ
Leuchtendes Grüngelb, Silberreflexe. Feine Tabakwürze, etwas Golden-Delicious-Apfel, ein Hauch von Ananas und Blütenhonig. Saftig, elegant, mineralisch, extraktsüß nach Marillen, engmaschig, bleibt gut haften, vielfältig einsetzbar.

89 Grüner Veltliner * 2022
12,5 Vol.-%, DV, Stahltank, €€

91 Grüner Veltliner Ried Antlasbergen 2022
13 Vol.-%, DV, Stahltank, €€
Helles Grüngelb, silberfarbene Reflexe. Dezente Apfelfrucht, ein Hauch von Limettenzesten, zartes gelbes Kernobst, mit Kräuternoten unterlegt. Saftig, elegant, balancierte Säurestruktur, mineralisch-salzig, etwas nach Birne, bleibt gut haften, unkomplizierter Speisenbegleiter.

91 Grüner Veltliner Ried Hundschupfen 2022
13 Vol.-%, DV, Stahltank/Holzfass, €€
Mittleres Grüngelb, Silberreflexe. Feine weiße Tropenfrucht,

WEINGUT HAGN
2024 Mailberg
Hauptstraße 154
T: +43 (2943) 2256
info@hagn-weingut.at
www.hagn-weingut.at

Kellermeister: Leo Hagn
Kontakt: Wolfgang Hagn
Produktion: 80 % weiß, 20 % rot, 50 Hektar
Vereinszugehörigkeit: Mailberg Valley
Messen: Alles für den Gast Salzburg, VieVinum, DAC-Präsentationen

etwas nach Blütenhonig, ein Hauch von Wiesenkräutern, zart nach Maracuja. Saftig, gut integrierte Säurestruktur, extraktsüß, Apfelnoten im Abgang, bereits gut antrinkbar.

(92) Riesling Unique 2022
14 Vol.-%, DIAM, großes Holzfass, €€€€€ B
Mittleres Goldgelb, Grünreflexe. Opulente Pfirsichfrucht, unterlegt mit Blütenhonig, ein Hauch von Wiesenkräutern, zart nach Melisse. Saftig, elegant, engmaschig, balancierte Säurestruktur, mineralisch, reifer Pfirsich, Ananas im Nachhall, gutes Potenzial.

90 Riesling classic 2022
13 Vol.-%, DV, Stahltank, €€
Helles Grüngelb, silberfarbene Reflexe. Feine Wiesenkräuter, etwas weißer Pfirsich, zart nach Papaya, Grapefruitzesten klingen an. Saftig, elegant, extraktsüß nach Steinobst, dezente Säurestruktur, bereits gut antrinkbar.

90 Roter Traminer Charmeur 2022
13,5 Vol.-%, DV, Stahltank, €€
Helles Gelbgrün. Feines Rosenöl, etwas nach Melisse, ein Hauch von kandiertem Apfel, etwas Quitte. Restsüß, gut eingebundene Säurestruktur, Papaya im Abgang, bleibt gut haften, feine Frische, bereits gut antrinkbar.

(90) Chardonnay unique 2022
14,5 Vol.-%, DIAM, Barrique, €€€€€ B
Leuchtendes Goldgelb, Bernsteinreflexe. Feine Tropenfrucht, etwas nach Blütenhonig, zart nach Karamell und Marshmallows. Saftig, gut eingebundener Säurebogen, etwas Mango, Babybanane im Nachhall, individuell einsetzbar.

89 Sauvignon Blanc 2022
12,5 Vol.-%, DV, Stahltank, €€

88 Welschriesling 2022
12 Vol.-%, DV, Stahltank, €€

★

WEINGUT FAMILIE HAHN

Wenn der Beruf zugleich Hobby ist, dann ist die Arbeit mit der Natur die schönste Herausforderung. Leidenschaft und Liebe zum Wein können mit jedem Schluck ausgedrückt werden. Davon ist die Familie des traditionsreichen Weinguts Hahn, das seit 1638 im Familienbesitz ist und von Paul Hahn geführt wird, überzeugt. Aus rund 20 Hektar Rebfläche werden die edlen Tropfen national und international erfolgreich vermarktet. Die naturnahe, streng qualitätsorientierte Traubenverarbeitung kombiniert mit moderner Kellertechnologie ergibt duftige, spritzige Weißweine und fruchtige, volle Rotweine. Verschiedenste Auszeichnungen sind der Lohn für Feingefühl und permanente Qualitätsorientierung – unter anderem zehnmal »SALON«, fünfmal »Weinviertel Champion«, »Lecher Festwein« sowie 2019 Bundessieger im »SALON Österreich Wein«.

WEINGUT FAMILIE HAHN
2223 Hohenruppersdorf
Marktplatz 13
T: +43 (2574) 8296
verkauf@weinguthahn.at
www.weinguthahn.at

Kellermeister/Kontakt:
Paul Hahn
Produktion: 5 % Schaumwein, 60 % weiß, 35 % rot, 20 Hektar
Messen: Forum Vini München, ProWein Düsseldorf, VieVinum, Weinmesse Innsbruck, WeinMüchen

(91) Grüner Veltliner ** Ried Rothen Püllen 2022
13 Vol.-%, DV, großes Holzfass, €€€€
Mittleres Gelbgrün, Silberreflexe. Feine Tabakwürze, etwas nach Blütenhonig, gelbe Apfelfrucht, zart nach Maracuja, Kräuternoten. Saftig, elegant, gelbe Tropenfrucht, extraktsüß, Nuancen von Mango im Abgang, extraktsüßer Nachhall, bereits gut antrinkbar.

91 Pinot Blanc Exklusiv 2021
13 Vol.-%, NK, großes Holzfass, €€€€
Helles Grüngelb, Silberreflexe. Feine Holzwürze, etwas nach Maracuja, zart nach Melisse, floraler Touch, Karamell klingt an. Saftig, gut eingebundene Säurestruktur, mineralisch, gelbe Birnenfrucht, guter Speisenbegleiter mit Potenzial, unkompliziertes Trinkvergnügen.

91 Hahn 1 Exklusiv 2019 ME/CS
14,5 Vol.-%, NK, kleines Holzfass, €€€€€
Dunkles Rubingranat, tiefer Kern, violette Reflexe, dezente Ockerrandaufhellung. Zart nach Nougat und Tabak, ein Hauch von Lakritze, kandierte Orangenzesten. Mittlerer Körper, reife Kirschen, schokoladiger Touch, präsente, gut integrierte Tannine, zeigt Länge und Potenzial.

90 Mela Rossa Exklusiv Nr. 22 2019 ZW/CS/ME/SY/PN
13,5 Vol.-%, NK, kleines Holzfass, €€€
Kräftiges Rubingranat, violette Reflexe, dezente Ockerrandaufhellung. Schwarze Waldbeeren, reife Herzkirschen, kandierte Orangenzesten, einladendes Bukett. Mittlere Komplexität, süße rote Beerenfrucht, feine Tannine, balanciert und zugänglich, vielfältig einsetzbarer Speisenbegleiter.

91 Pinot Noir Exklusiv 2018
13,5 Vol.-%, NK, kleines Holzfass, €€€€€
Kräftiges Rubingranat, violette Reflexe, breitere Ockerrandaufhellung. Reife Zwetschkenfrucht, ein Hauch von roten Waldbeeren, kandierte Orangenzesten, einladendes Bukett. Saftig, rund und süß, seidige Textur, gut integrierte reife Tannine, etwas Nougat im Nachhall, trinkfertig und vielfältig einsetzbar.

90 Cabernet Sauvignon Exklusiv 2019
14 Vol.-%, NK, kleines Holzfass, €€€€
Kräftiges Rubingranat, violette Reflexe, zarte Ockerrandaufhellung. Zart nach Oliven und schwarzen Beeren, tabakig, dezente Kräuterwürze, mit etwas Nougat unterlegt. Saftig, schwarze Waldbeeren, gut integrierte Tannine, mineralisch-salzig, bereits gut antrinkbar.

★★★

GRAF HARDEGG

BIO

Das 30 Hektar große Weingut Graf Hardegg ist Teil des namhaften Gut Hardegg im nördlichen Weinviertel an der Pulkau. Für den Eigentümer Dipl.-Ing. Maximilian Hardegg steht die Schaffung eines hochwertigen Ökosystems in einer renaturierten Kulturlandschaft im Mittelpunkt seines Tuns. Dieser ganzheitliche Ansatz unter dem Motto »gelebte Artenvielfalt« und wird auch auf dem gutseigenen Weingut spürbar. Durch Kompost aus der betriebsinternen Kreislaufwirtschaft sind die kargen Sand-Rohgesteins-Böden mit hohem Kalkanteil voller Leben und stärken so die Rebstöcke. In den Weingärten finden sich unzählige Feldvögel, In-

GRAF HARDEGG
2062 Seefeld-Kadolz
Großkadolz 1
T: +43 (2943) 2203
office@guthardegg.at
www.grafhardegg.at

Kellermeister: Andreas Gruber
Kontakt: DI Maximilian Hardegg und Andreas Gruber
Anbauweise: Zertifiziert Biologisch (Bio Austria)
Produktion: 65 % weiß, 33 % rot, 2 % süß, 30 Hektar
Messen: VieVinum

© R. Herbst

DI Maximilian Hardegg

sekten und andere Nützlinge – sogar Wildbienen. Es wachsen Wildkräuter und Leguminosen. Seit 2006 wird kontrolliert organisch-biologisch bewirtschaftet. Die Weinkeller und Rieden liegen in unmittelbarer Umgebung von Schloss Seefeld, dem Wohnsitz der Familie Hardegg. Herzstück ist der barocke Hofkeller aus dem Jahr 1640 mit seinen beeindruckenden Gewölben und verzweigten Kellergängen, die Aufschluss über die jahrhundertelange gräfliche Weinbautradition geben. Aufgrund des perfekten »Kellerklimas« wird der Hofkeller heute für die Reifung von Spitzengewächsen genutzt und beherbergt die hauseigene Sektmanufaktur. Der Pioniergeist und der Einsatz von Maximilian Hardegg und seinem Team haben sich bewährt, zählt doch das Weingut mit seiner exklusiven Produktpalette seit Jahren zu den heimischen Spitzenbetrieben und Vorreitern. Boden, Weingartenarbeit und Klima finden hier zusammen. Speziell das stark kontinental geprägte Klima mit wenig Niederschlag, heißen Tagen, aber kühlen Spätsommernächten ermöglicht es, Weine mit viel Eleganz, Finesse und feinem Säurerückgrat zu keltern.

94 ❺ Viognier V Brut Nature 2019
12 Vol.-%, NK, kleines Holzfass, Flaschengärung, €€€€€ Ⓑ
Helles Goldgelb, Silberreflexe, sehr feines Mousseux. Feine Nuancen von gelber Frucht, ein Hauch von Quittengelee und Mango, zarter Biskuittouch, weiße Blüten, facettenreiches Bukett. Straff, engmaschig, weißer Apfel, gute Frische, salzige Mineralik, Limetten im Abgang, bleibt haften, sehr präziser Stil, auch als Speisenbegleiter gut einsetzbar.

92 ❺ Brut Sekt Austria Große Reserve Niederösterreich g.U. 2019 CH/PN
Deg. 12/2020, 12 Vol.-%, NK, großes Holzfass, Flaschengärung, €€€€€ Ⓑ
Mittleres Goldgelb, Silberreflexe. Mit Limettenzesten unterlegte Nuancen von frischer Ananas und Mango, etwas Blütenhonig, zart nach Mandelbackwerk. Stoffig, frische Birnennote, lebendig strukturiert, zitronig-salzig im Abgang, animierender Stil.

93 ❺ Rosé Brut Große Reserve 2019 PN/ZW
12 Vol.-%, NK, großes Holzfass, Flaschengärung, €€€€€ Ⓑ
Mittleres Lachsrosa, Messingreflexe, sehr feines Mousseux. Einladendes reifes Kernobst, frische Mandarinenzesten, eingelegte Kirschen und zart nach Brioche. Komplex, weiße Birnenfrucht, etwas Pfirsich, feiner Säurebogen, Zwetschken im Abgang, gute Länge, vielfältig einsetzbar.

93 Viognier V 2021
13,5 Vol.-%, DV, kleines Holzfass, €€€€€ Ⓑ
Mittleres Grüngelb, Silberreflexe. Einladende Aromen von gelber Tropenfrucht, zart nach Haselnuss, ein Hauch von kandierten Mandarinenzesten und Honig. Komplex, saftig, weißer Pfirsich, feiner Säurebogen, Nuancen von frischem Apfel im Abgang, ein staubtrockener Sortenvertreter, bereits entwickelt, vielfältig einsetzbar, mit Reifepotenzial ausgestattet.

(92) Grüner Veltliner vom Schloss 2022
13,5 Vol.-%, DV, großes Holzfass, €€€ Ⓑ
Mittleres Grüngelb, silberfarbene Reflexe. Zart nach Karamell und Honigmelone, ein Hauch von Ananas, etwas frisch gebackene Brioche, Mandarinenzesten klingen an. Saftig, engmaschig, extraktsüß nach Marille, zart nach Orangen, bleibt gut haften, kraftvolles Finish, wird von Flaschenreife profitieren.

90 Grüner Veltliner vom Gut 2022
13 Vol.-%, DV, Stahltank, €€ Ⓑ
Helles Gelbgrün, Silberreflexe. Apfelfrucht und Zitruszesten, ein Hauch von Maracuja, floraler Touch. Saftig, mittlere Komplexität, etwas blättrig, weißes Kernobst im Abgang, gut eingebundener Säurebogen, unkompliziert antrinkbar.

89 Grüner Veltliner Edition Girlitz 2022
12,5 Vol.-%, DV, Stahltank, €€ Ⓑ

92 Chardonnay Ried Steinbügel 2021
13,5 Vol.-%, DV, kleines Holzfass, €€€€ Ⓑ
Mittleres Grüngelb, Silberreflexe. Feine Holzwürze, etwas nach Karamell und Vanille, mit einem Marillentouch unterlegt, reife Tropenfrucht klingt an. Saftig, gute Komplexität, frischer Säurebogen, leichtfüßig, extraktsüßer Abgang, Nuancen von gelber Frucht im Finish, guter Speisenbegleiter.

92 Roter Veltliner Ried Steinbügel 2021
13,5 Vol.-%, DV, großes Holzfass, €€€€€ Ⓑ
Mittleres Grüngelb, Silberreflexe. Zart nach Blütenhonig, reife Quitten und gelbe Birnen klingen an, ein Hauch von Wiesenkräutern, zart nussig unterlegt. Saftig, gelbe Tropenfrucht, etwas Mango, frisch strukturiert, mineralisch-salzig im Abgang, balanciert, ein Hauch von Blutorangen im Finale. Eine vielversprechende Premiere.

(91) Riesling vom Schloss 2022
13 Vol.-%, DV, großes Holzfass, €€€ Ⓑ
Mittleres Grüngelb, silberfarbene Reflexe. Frische Zitrusnuancen und weißer Pfirsich, ein Hauch von Wiesenkräutern, zart nach Minze, einladendes Bukett. Saftig, elegant, frisch und lebendig, zitroniger Abgang, Steinobstnoten im Nachhall, bleibt gut haften, vielfältig einsetzbar.

90 Rosé Edition Gimpel 2022 PN/ME
12,5 Vol.-%, DV, Stahltank, €€ B
Helles Lachsrosa, Kupferreflexe. Zart nach Erdbeeren und feinen Kräutern, ein Hauch von Johannisbeerblättern, Zitrusnuancen und pinker Pfirsich klingen an. Saftig, mineralisch, frischer Säurebogen, rotbeeriger Abgang, bereits gut antrinkbar.

91 Pinot Noir vom Schloss 2019
13 Vol.-%, DV, kleines Holzfass, €€€ B
Kräftiges Karmingranat, violette Reflexe, breitere Ockerrandaufhellung. Zart rauchig-reduktiv, feine Kräuterwürze, dunkle Waldbeeren, eingelegte Kirschen. Mittlerer Körper, Himbeeren und Cassis, frisch strukturiert, rotbeerig-salzig im Abgang.

★★

WEINGUT HIRTL

Wenn es in den letzten Jahren um die Spitzenplatzierungen bei nationalen und internationalen Weinevents ging, tauchte der Name des Weinguts Hirtl aus Poysdorf immer wieder ganz vorne auf. Zu verdanken ist das nicht nur dem konsequenten Qualitätsstreben des niederösterreichischen Traditionsbetriebs, sondern vor allem dem natürlichen Zugang zur Weinproduktion, den sich Andrea und Martin Hirtl seit ihrer Betriebsübernahme im Jahr 2001 bewahrt haben. Der persönliche Kontakt und Austausch mit den Kunden steht dabei ebenso im Vordergrund wie der Respekt vor den natürlichen Ressourcen einer einzigartigen Weinregion. Die geologischen und klimatischen Besonderheiten des Weinviertels werden mit Know-how, Erfahrung und viel Gespür kombiniert und eins zu eins in die Flasche gebracht. Die Qualität zieht sich dementsprechend durch den gesamten Sortenspiegel, der zahlreiche prämierte Vertreter aufzuweisen hat. Insgesamt steht das Weingut Hirtl für fruchtig-spritzige Weißweine, legendäre Rotweine und ausgezeichnete Prädikatsweine, von denen man sich gerne ein Glas nachschenkt und – was in Zeiten wie diesen besonders wichtig ist – die nicht nur kostbar, sondern auch leistbar sind.

91 Grüner Veltliner * Ried Kirchberg 2022
12,5 Vol.-%, DV, Stahltank, €€
Mittleres Gelbgrün, Silberreflexe. Feine Kräuternoten, etwas nach Maracuja, zarte Nuancen von Guaven, dezente Wiesennoten. Saftig, elegant, lebendige Säurestruktur, mineralisch, extraktsüß, feine Mangonoten im Abgang, guter Speisenbegleiter.

© MICHAEL REIDINGER

WEINGUT HIRTL
2170 Poysdorf
Brunngasse 72
T: +43 (2552) 2182
office@weingut-hirtl.at
www.weingut-hirtl.at

Kellermeister: Martin Hirtl
Kontakt: Andrea Hirtl
Produktion: 3 % Schaumwein, 70 % weiß, 2 % rosé, 25 % rot, 25 Hektar
Messen: ProWein Düsseldorf, VieVinum, Weinmesse München, DAC-Präsentationen

Martin und Andrea Hirtl

91 Grüner Veltliner ** 2021
13,5 Vol.-%, DV, Stahltank, €€€
Helles Gelbgrün, silberfarbene Reflexe. Feine Tabakwürze, etwas nach Kräutern, mineralisch-salzig, Orangenzesten, Apfelfrucht klingt an. Saftig, straff, balancierte Säurestruktur, feine Maracujanoten, guter Speisenbegleiter.

90 Grüner Veltliner * Ried Waldberg 2022
12,5 Vol.-%, DV, Stahltank, €€
Mittleres Grüngelb, silberfarbene Reflexe. Etwas nach Pfirsich und Blütenhonig, zart nach Quitte, mit Wiesenkräutern unterlegt. Saftig, elegant, feine Struktur, mineralisch, Maracujanoten, bleibt gut haften, bereits antrinkbar.

89 Grüner Veltliner * Franz 2022
12,5 Vol.-%, DV, Stahltank, €€

90 Grüner Veltliner Ried Bürsting 2022
12,5 Vol.-%, DV, Stahltank, €€
Mittleres Grüngelb, silberfarbene Reflexe. Feine Maracujanoten, ein Hauch von Orangenzesten, tabakig, feine Kräuternoten. Saftig, elegant, balancierter Säurebogen, mineralisch, reife Apfelfrucht, bereits gut antrinkbar.

90 Weißburgunder Exklusiv 2022
12,5 Vol.-%, DV, Stahltank, €€
Helles Gelbgrün. Feine Tabakwürze, etwas nach Williamsbirne, ein Hauch von Guaven, mit Blütenhonig unterlegt. Saftig, elegant, balancierte Säurestruktur, gelbe Tropenfrucht im Abgang, guter Speisenbegleiter.

★★★

WEINGUT HOFBAUER-SCHMIDT

Gemeinsam arbeiten, entscheiden, lachen – dafür stehen Petra, Leopold und Johannes. Ihre gemeinsame Leidenschaft gehört dem Weingut in Hohenwarth im »Dreiländereck« von Kamptal, Wagram und Weinviertel. Ein Familienbetrieb, wo die Leidenschaft Wein bereits seit acht Generationen gelebt wird. Alle Entscheidungen in Weingarten und Keller selbst zu treffen gibt der Familie die Möglichkeit, ihre Weine so zu gestalten, wie es ihren Qualitätsansprüchen entspricht. Petra und Leopold prägten das Weingut in den letzten 30 Jahren. Sie erweiterten die Rebfläche, bauten ein neues Presshaus und erarbeiteten sich eine anspruchsvolle, spannende Weinstilistik ganz nach ihrem Geschmack. Seit 2016 sorgt ihr Sohn Johannes Hofbauer-Schmidt – nach abgeschlossener Weinbauausbildung an der Weinbauschule Klosterneuburg und einem Wirtschaftsstudium – für neuen Drive. Die enge Zusammenarbeit der Generationen ist für das Weingut Hofbauer-Schmidt ein großer Vorteil, denn der Mix aus langjähriger Erfahrung und jungen Ideen ist ausgezeichnet. Die Leitsorten sind Grüner Veltliner aus den Einzellagen Hochstrass, Kronberg und Kellerberg sowie die autochthone Sortenrarität Roter Veltliner, der ein besonders hoher Stellenwert zukommt. 2017 wurde das Weingut mit der Rebsorte Sauvignon Blanc als Bundessieger und 2021 als NÖ Landessieger ausgezeichnet. Die Liebe zum Sauvignon brachte Johannes vom Praktikum in Neuseeland mit, das er in Marlborough auf dem Weingut von Welt-Kameramann Michael Seresin absolvierte. 2018 holte er den Titel »VINEUS Newcomer Winzer des Jahres« nach Hause und ist somit einer der erfolgreichsten Jungwinzer Österreichs.

93 Grüner Veltliner ** Ried Kellerberg 2021
13,5 Vol.-%, NK, Teilbarrique, €€€€
Helles Grüngelb, Silberreflexe. Dezente Fruchtnuancen nach Birne und Maracuja, etwas nach Blütenhonig, ein Hauch von Orangenschalen, einladendes Bukett. Saftig, straff, balancierte Säurestruktur, mineralisch, fruchtsüß nach Marillen, extraktsüß, guter Speisenbegleiter.

91 Grüner Veltliner ** Alte Reben 2022
13,5 Vol.-%, DV
Leuchtendes Grüngelb, Silberreflexe. Feine Kräuterwürze, dezente Apfelfrucht, ein Hauch von Maracuja, zarte Zitrusnuancen, einladendes Bukett. Saftig, elegant, feine Säurestruktur, fruchtsüß nach Birnen, Wiesenkräuter im Nachhall, bereits gut antrinkbar.

90 Grüner Veltliner * Ried Hochstrass 2022
13 Vol.-%, DV, Stahltank, €€
Mittleres Grüngelb, Silberreflexe. Etwas nach Kardamom und kandierten Orangenschalen, feinwürzig, weißes Kernobst, zart

© Martin Sommer

WEINGUT HOFBAUER-SCHMIDT
3472 Hohenwarth
Hauptstraße 54
T: +43 (2957) 221
weingut@hofbauer-schmidt.at
www.hofbauer-schmidt.at
Kellermeister: Leopold und Ing. Johannes Hofbauer-Schmidt
Kontakt: Petra, Leopold und Ing. Johannes Hofbauer-Schmidt
Produktion: 95 % weiß, 5 % rot, 15+10 Hektar
Zertifiziert: Nachhaltig Austria
Messen: VieVinum, DAC-Präsentationen

Petra, Leopold und Johannes Hofbauer-Schmidt

nach Papaya. Saftig, straff, feine Säurestruktur, mineralisch, zitroniger Touch, Pfirsich im Abgang, bereits gut antrinkbar.

(92) Roter Veltliner Alte Reben 2022
13,5 Vol.-%, DV, großes Holzfass, €€€
Helles Grüngelb, Silberreflexe. Zart nach Blütenhonig und Marille, unterlegt mit Gewürzen, Orangenblüten klingen an. Saftig, elegant, feine Säurestruktur, fruchtsüß, etwas nach Pfirsich, mineralisch, guter Speisenbegleiter.

89 Roter Veltliner Ried Hochstrass 2022
13 Vol.-%, DV, Stahltank, €€

90 Sauvignon Blanc Ried Mühlweg 2022
12,5 Vol.-%, DV, Stahltank, €€
Helles Gelbgrün, Silberreflexe. Feine Kräuterwürze, etwas nach Stachelbeeren, rote Paprika, frisches Bukett. Mittlerer Körper, frisch, lebendige Säurestruktur, feiner Gerbstoff im Abgang, salziger Nachhall, bereits gut antrinkbar.

WEINGUT HUMMEL WEINVIERTEL

NEU

Schritt für Schritt haben Kurt und Beatrix Hummel ihr kleines Weingut zu einem Top-Betrieb gemacht. Klein und fein – selten passt das Wortpaar so gut wie hier. Die Familie arbeitet vorausschauend, ehrlich und mit persönlichem Einsatz und sorgt vor allem bei Veltliner-Liebhabern für pures Trinkvergnügen, auch mit der neuen Reserve-Linie. Einen Riesenerfolg holte sich das Weingut Hummel im letzten Jahr beim SALON 2022, denn sie brillierten mit dem »Grünen Veltliner Hummlisch 2021« und wurden zum Salonsieger 2022 gekürt! Aus den drei Hektar Rebfläche sind mittlerweile neun geworden – groß genug, um das Weingut zu einem Top-Betrieb zu machen, klein genug, um Tradition und das Erfolgsrezept der Familie konsequent weiterführen zu können. Die humusreichen Lössböden rund um das beschauliche Niederschleinz bieten zusammen mit dem pannonischen Klima dafür perfekte Voraussetzungen. Auf rund 70 Prozent der Anbaufläche – den Rest teilen sich Weißburgunder, Riesling, Chardonnay, Gelber Muskateller und Zweigelt – gedeihen großartige Veltliner, die Kurt Hummel in fünf verschiedenen Ausbau-

Beatrix, Kurt und Laura Hummel

WEINGUT HUMMEL
WEINVIERTEL
3714 Niederschleinz
Am Bach 9
T: +43 (676) 7583931
wein@hummel-kurt.at
www.hummel-kurt.at

Kellermeister: Hummel Kurt
Kontakt: Hummel Kurt und Beatrix
Produktion: 4 % Schaumwein, 74 % weiß, 2 % rosé, 20 % rot, 9 Hektar
Messen: DAC-Präsentationen

stufen in die Flaschen bringT: »Von leicht, würzig und pfeffrig bis gehaltvoll, vollmundig und kräftig – bei uns findet jeder Veltliner-Liebhaber seinen Wein!« Sein Gespür für den Wein hat Kurt Hummel in der Familie wohl weitergegeben. Tochter Laura hat die HBLA für Wein- und Obstbau in Klosterneuburg absolviert und machte im Sommer 2022 ein Auslandspraktikum auf einem Weingut in Sonoma County, Kalifornien. Nun arbeitet sie hauptberuflich im Betrieb mit und lässt all ihre Ideen und Erfahrungen mit einfließen. Erste Spuren hat sie bereits im elterlichen Betrieb hinterlassen, denn die Linie »BIG FLIGHT Reserve« ist ihre Kreation.

91 Grüner Veltliner * Ried Altenberg 2022
12,5 Vol.-%, DV, Stahltank, €€
Helles Gelbgrün, silberfarbene Reflexe. Feine Kräuternoten, etwas nach Mango, ein Hauch von Quitte, frisches Bukett. Saftig, straff, engmaschiger Säurebogen, extraktsüß nach rotem Apfel, bleibt gut haften, unkompliziert antrinkbar.

91 Grüner Veltliner * Ried Sätzen 2022
12,5 Vol.-%, DV, Stahltank, €€
Helles Grüngelb, Silberreflexe. Etwas nach Mango und gelber Tropenfrucht, ein Hauch von Grapefruit, zart nach Gewürzen. Straff, dunkle Mineralik, frisch und elegant, weißes Steinobst, leichtfüßig wirkend, guter Speisenbegleiter.

90 Grüner Veltliner * Große Reserve Big Flight 2019
14,5 Vol.-%, DIAM, Eichenfass, €€€€€
Leuchtendes helles Gelbgrün. Zart nach Kräutern und ätherischen Ölen, etwas nach weißem Nougat, floraler Touch, kandierte Mandarinenzesten. Mittlere Komplexität, feine Tabakwürze, etwas kräutrig, weißes Kernobst, dezent zerfließend im Nachhall, individuell einsetzbar.

92 Weißburgunder Big Flight Reserve 2020
13,5 Vol.-%, DIAM, Eichenfass, €€€€
Mittleres Gelbgrün, Silberreflexe. Zarte Wiesenkräuter, etwas nach Blütenhonig, gelbe Tropenfrucht, Holzwürze, feine BSA-Noten, Karamell klingt an. Mittlerer Körper, lebendige Säurestruktur, mineralisch, salzig, etwas nach Papaya, frisch, feinwürzig im Nachhall, bereits gut antrinkbar.

90 Hummel Privat WB/GV/CH
13 Vol.-%, DV, Teilbarrique/Stahltank, €€€
Helles Gelbgrün, Silberreflexe. Zarte Tabakwürze, etwas nach kandierten Orangenzesten, reife Tropenfrucht, ein Hauch von Maracuja. Saftig, elegant, extraktsüß, gut eingebundene Säurestruktur, mineralisch, weißes Steinobst im Abgang, bereits gut antrinkbar.

89 Chardonnay 2022
12,5 Vol.-%, DV, Stahltank, €€

© Astrid Bartl

WEINGUT IPSMILLER

NEU

Das Weingut Ipsmiller ist bereits in achter Generation mit der Vinifizierung von Rot- und Weißweinen erfolgreich. Von Generation zu Generation wurden das Wissen und das Handwerk, aus gesunden, reifen Beeren vollmundige und harmonische Weine zu keltern, weitergegeben. Noch heute entstehen in Schrattenberg, einem kleinen Weinort ganz im Nordosten des Weinviertels, Weine nach diesem Qualitätsrezept mit eigener Handschrift. Die weiße Cuvée »Ipslosion« hat übrigens auch ein Pendant bei den Rotweinen des Weinguts, die mit 60 Prozent den Schwerpunkt bilden, denn Schrattenberg ist im Weinviertel eine Rotweininsel von exzellentem Ruf.

90 Grüner Veltliner * 2022
12,5 Vol.-%, DV, Stahltank, €€
Helles Gelbgrün, silberfarbene Reflexe. Feine Kräuternoten, weißer Apfel, ein Hauch von Anis, etwas nach Melisse, frisches Bukett. Saftig, straff, mittlerer Körper, feine Extraktsüße nach Kernobst, bereits gut antrinkbar.

92 Cuvée Ipsplosion 2021 GV/CH
13,5 Vol.-%, DIAM, Holzfass, €€€€€
Helles Grüngelb, Silberreflexe. Zarte gelbe Tropenfrucht, Nuancen von Mango, Apfel, etwas Ananas, mit Wiesenkräutern unterlegt. Saftig, kräftig, elegant, weißer Pfirsich, frischer Säurebogen, angenehme Mineralik, saliner Nachhall, ein stoffiger, vielseitiger Speisenbegleiter.

91 Gelber Muskateller 2022
13,5 Vol.-%, DV, Stahltank, €€
Helles Gelbgrün, silberfarbene Reflexe. Holunderblüten und Wiesenkräuter, unterlegt mit Zitronengras, ein Hauch von Litschis, einladendes Bukett. Mittlerer Körper, frisch und elegant, extraktsüß nach Honigmelone, saftig, bleibt gut haften, toller Sommerwein.

89 Welschriesling 2022
12 Vol.-%, DV, Stahltank, €€

88 Chardonnay 2022
13 Vol.-%, DV, Stahltank, €€

WEINGUT IPSMILLER
2172 Schrattenberg
Hauptstraße 9
T: +43 (2555) 24700
office@ipsmiller.at
www.ipsmiller.at

Kellermeister/Kontakt:
DI(FH) Herbert Donner-Ipsmiller, MSc
Produktion: 666.667 Flaschen
40 % weiß, 60 % rot, 25+10 Hektar

Herbert und Petra Ipsmiller

★★

WINZER CHRISTIAN JASSEK

»Wein zu machen ist für mich eine Sache, die in Summe einfach irrsinnig Spaß macht«, so Christian Jassek. »Es ist Beruf und Berufung, immer eine Herausforderung, Arbeit in, mit und für die Natur – mit Spaß, Freude und Erfolg. Für mich ein Lebensgefühl. Es gibt jährlich etwas Neues, nie sind die Abläufe gleich, immer musst du am Drücker sein – wenn möglich, schon einen Schritt voraus, um zwei Wochen später zu merken, dass zwei Schritte weiter hinten besser gewesen wären. Kein Rezept, nur die Idee im Kopf, nach vielen Schweißperlen das Ergebnis im Glas und dann noch der Aha-Effekt beim Verkosten – einfach darum! Regionales als Grundlage, als Basis, um darauf aufzubauen. Internationales als Draufgabe – Weiß als Vorgabe und Rot als Passion. Wenn es das Jahr erlaubt, Süß als Zugabe. Die Natur dient als Grundlage, sie gibt vor. Erhalten, veredeln, umsetzen – Weine erzeugen, die Charakter haben, mit wenig Schnick und noch weniger Schnack. Dem Motto folgend: Guten Wein zu machen ist eine Fertigkeit, feinen Wein zu machen ist eine Kunst.« Dieser Aussage kann man sich nur anschließen.

WINZER CHRISTIAN JASSEK
2053 Ragelsdorf
Ragelsdorf 16
T: +43 (664) 4650798
office@winzer-jassek.at
www.winzer-jassek.at

Kellermeister/Kontakt:
Christian Jassek
Produktion: 40.000 Flaschen
1 % Schaumwein, 50 % weiß,
5 % rosé, 43 % rot, 1 % süß, 9 Hektar

92 Grüner Veltliner ** 2019
13,5 Vol.-%, DV, Stahltank, €€€
Helles Grüngelb, Silberreflexe. Zart tabakig unterlegte gelbe Apfelfrucht, frische Wiesenkräuter, zarte Tropenfrucht, Orangenzesten und etwas Blütenhonig. Saftig, elegant, feine Fruchtsüße, Honigmelone, dezente Süße im Abgang, gute Länge, verfügt über Reifepotenzial.

90 Grüner Veltliner * 2022
12,5 Vol.-%, DV, Stahltank, €€
Helles Gelbgrün, Silberreflexe. Frische Wiesenkräuter, weißer Apfel, ein Hauch von Birne, Nuancen von Limettenzesten. Saftig, lebendig, frisches Steinobst, dezente Fruchtsüße, feine Mineralik im Nachhall.

91 Weißburgunder Ried Haidsatz 2021
13 Vol.-%, DV, Stahltank, €€
Helles Gelbgrün, Silberreflexe. Etwas verhalten, ein Hauch von Birnen, gelber Apfel, Orangenzesten, mit Limetten unterlegt. Mittlere Komplexität, weißes Kernobst, dezente Fruchtsüße, mineralisch-zitronig im Nachhall.

(91) Sauvignon Blanc Ried Schatzberg Reserve 2022
14,5 Vol.-%, KR, Stahltank, €€€
Helles Gelbgrün, Silberreflexe. Verhalten, zarte gelbe Tropenfrucht, ein Hauch von reifen Stachelbeeren, zarte florale Nuancen, mit etwas Honig unterlegt. Saftig, elegant, gut integrierte Süße, fruchtig, gelbe Tropenfrucht im Abgang, salziger Touch im Nachhall, individuelle Stilistik.

93 Cabernet Franc On the Right way to Wrong 2020
14,5 Vol.-%, NK, kleines Holzfass, €€€€€€
Kräftiges Karmingranat, Ockerreflexe, breitere Randaufhellung. Attraktive rote Beerenfrucht, ein Hauch von eingelegten Kirschen, florale Nuancen, mit zarter Holzwürze unterlegt. Saftig, gute Komplexität, feine Fruchtsüße, feine Beerenfrucht, gut integrierte Tannine, bleibt gut haften, ein Hauch von Feigen im Abgang, mineralisch-rotbeeriger Nachhall, bereits gut antrinkbar.

92 Cuvée Schatzberg 2016 ZW/ME/BB
14,5 Vol.-%, NK, kleines Holzfass, €€€€€
Kräftiges Rubingranat, violette Reflexe, breitere Ockerrandaufhellung. Zarte Nuancen von reifen Zwetschken, eingelegte Kirschfrucht, zart nach Vanille, kandierte Orangenzesten, dezente Holzwürze. Mittlere Komplexität, rotbeerig, reife Tannine, feine Fruchtsüße, salzig, mineralischer Nachhall, ein feinwürziger Speisenbegleiter.

★★★

WEINGUT JORDAN

Dort, wo die Böhmische Masse des Waldviertels auf die Molassezone des Weinviertels trifft, an den Ausläufern des Manhartsbergs, liegt die alte Weinbaustadt Pulkau. Nur einen Steinwurf davon entfernt, in der kleinen Ortschaft Groß-Reipersdorf, befindet sich das Weingut Jordan. Seit 1858 wird hier Weinbautradition großgeschrieben, und seit 2010 führt Simone Hiller-Jordan das Weingut – gemeinsam mit ihrem Partner Hannes sowie mit tatkräftiger Unterstützung ihrer Eltern. Winzerin zu sein bedeutet für Simone Hiller-Jordan, die Faszination der Natur einzufangen und die besten Qualitäten, die die Natur zulässt, in den Keller zu bringen. Die vorherrschenden Böden aus Urgestein sowie Lehm und Löss, gepaart mit dem Aufeinandertreffen der rauen Waldviertler Winde und dem pannonischen Klima des Weinviertels, schaffen die besten Voraussetzungen für ihre ausdrucksstarken Weine. Im von Weißwein dominierten Weinviertel bilden die Pulkauer Lagen, insbesondere die Ried Haselparz, eine Rotweininsel. Daraus ergibt sich auch die Rotweinaffinität des Weinguts Jordan. Besonders die alten österreichischen Sorten Zweigelt und St. Laurent haben es Simone Hiller-Jordan angetan. Frei nach dem Motto »Weingüter entstehen nicht von heute auf morgen, sie werden von Generationen zu dem gemacht, was sie heute sind« nutzt die junge Winzerin die Erkenntnisse der vorangegangenen Generationen, kombiniert diese mit ihren eigenen Erfahrungen und lässt sich ganz bewusst auf die Natur ein, um mit viel Liebe und Leidenschaft Weine zu keltern, die Lust auf mehr machen.

92 Grüner Veltliner Brut Reserve 2020
11,5 Vol.-%, NK, Flaschengärung, €€€€

Mittleres Gelbgrün, Silberreflexe. Gelbe Apfelfrucht, etwas nach Orangenzesten, ein Hauch von Quitte, reifes Kernobst, würziger Touch. Saftig, elegant, feine Säurestruktur, mineralisch-salzig, Noten von weißer Frucht im Abgang, Birne im Nachhall, bereits gut antrinkbar.

90 Petillant Naturel 2022
11,5 Vol.-%, KR, Flaschengärung, €€€€

Helles Gelbgrün, Silberreflexe. Feine Kräuterwürze, etwas nach Maracuja, ein Hauch von Zitrus und Grapefruit, mit Melisse unterlegt. Saftig, straff, frische Säurestruktur, Limetten im Abgang, weißes Kernobst im Nachhall, lebendig, leichtfüßiger Abgang, individuell einsetzbar.

93 Grüner Veltliner ** Ried Reipersberg Alte Reben 2021
13,5 Vol.-%, NK, 500-l-Fass, €€€€

Mittleres Gelbgrün, Silberreflexe. Feine Apfelfrucht, zart nach Ananas, etwas nach Blütenhonig, ein Hauch von Wiesenkräutern, einladendes Bukett. Saftig, engmaschig, gut integrierte Säurestruktur, mineralisch, gelbe Tropenfrucht im Abgang, salziger Nachhall, guter Speisenbegleiter.

93 Grüner Veltliner Große Reserve Steinzeit 2021
13,5 Vol.-%, NK, Granitfass, €€€€€

Mittleres Gelbgrün, silberfarbene Reflexe. Feine Kräuterwürze, zart nach Apfel, etwas nach Melisse, Gewürze, Kardamom klingt an. Saftig, straff, gute Komplexität, gelbe Apfelfrucht, dunkle Mineralik, vielschichtig, gut eingebundener Säurebogen, bleibt sehr gut haften, sicheres Potenzial.

90 Grüner Veltliner Simone I. Wine & Queen 2022
12,5 Vol.-%, DV, Stahltank, €€€

Mittleres Gelbgrün, Silberreflexe. Feine Kräuterwürze,

WEINGUT JORDAN
3741 Pulkau
Groß-Reipersdorf 12
T: +43 (2946) 2464
office@weingut-jordan.at
www.weingut-jordan.at

Kellermeister/Kontakt:
Ing. Simone Hiller-Jordan
Produktion: 50 % weiß, 50 % rot, 12 Hektar
Vereinszugehörigkeit:
Weingüter Retzer Land
Messen: ProWein Düsseldorf, VieVinum, Vinobile Feldkirch, DAC-Präsentationen

* Weinviertel DAC ** Weinviertel DAC Reserve

etwas nach Melisse, Apfelnoten, kandierte Zitruszesten, Anis klingt an. Saftig, elegant, reife Tropenfrucht, etwas nach Maracuja, kandierte Mandarinenzesten, bleibt gut haften, trinkanimierender Stil.

90 Crushed Chardonnay 2021
12,5 Vol.-%, NK, Amphore, €€€€€
Trübes Gelbgrün, Silberreflexe. Feine Kräuternoten, etwas nach Kardamom und Zimt, zart nach kandierten Orangenzesten, weißes Kernobst, Maracuja klingt an. Mittlere Komplexität, feinwürzig, etwas nach Apfel, tabakig, Gerbstoff im Nachhall, unkompliziert antrinkbar.

92 Zweigelt Rubin Reserve 2020
13,5 Vol.-%, NK, Barrique, €€€€
Kräftiges Rubingranat, violette Reflexe, zarte Randaufhellung. Zarte Tabak-Kräuter-Noten, ein Hauch von schwarzem Waldbeerenkonfit, etwas Röstaromen, Mandarinenzesten. Mittlere Komplexität, samtiges Tannin, Brombeeren im Abgang, bleibt gut haften, vielseitiger Speisenbegleiter, Holznuancen im Nachhall.

92 Zweigelt 42 | Große Reserve 2018
13,5 Vol.-%, NK, Barrique, €€€€€
Kräftiges Rubingranat, violette Reflexe, zarte Randaufhellung. Feine Kirschfrucht, etwas nach Pflaumen, ein Hauch von Nelken, zart nach Orangenzesten, rotbeeriger Touch. Saftig, elegant, feine Säurestruktur, mineralisch-salzig, feine Tanninstruktur, Herzkirschen klingen an, bleibt gut haften, vielseitiger Speisenbegleiter.

★★★

HOFKELLEREI DES FÜRSTEN VON LIECHTENSTEIN

Seit Jahrhunderten ist der Name der Familie Liechtenstein untrennbar mit dem Weinbau im nördlichen Weinviertel verbunden. Heute engagiert sich Prinzessin Marie gemeinsam mit dem innovativen und erfahrenen Team um Stefan Tscheppe und Josef Stumvoll in der Hofkellerei.
Die Weine der Hofkellerei stehen in enger Beziehung zu den besonderen Rieden, wie Karlsberg und Johannesbergen, und der einmaligen Kultur der Familie. Frische, Präzision, Authentizität und Inspiration prägen die Arbeit von den Rieden bis zu den fertig gereiften Weinen. In den jahrhundertealten Kellergewölben reifen Grüner Veltliner, Riesling, Zweigelt und Merlot in kleinen Chargen geruhsam zu Weinen mit feiner Struktur, ausgeprägter Jahrgangscharakteristik und Ausdruck heran.
Im Herzen der Produktion, in Wilfersdorf, führen die Wege den Besucher durch das neue Presshaus in die Kellergewölbe, wo in der Vinothek Jahrgänge ab 1957 gelagert werden. Im modernen Empfangssaal kann man die Weine gemeinsam mit lokaler Kulinarik genießen. In der neu gestalteten Hofkellerei im Gartenpalais, der Vinothek und Bar in der Fürstengasse im 9. Wiener Bezirk, im prachtvollen Park des Gartenpalais Liechtenstein, werden die Weine gemeinsam mit lokalen Spezialitäten zur Verkostung und zum Verkauf angeboten.

93 Ⓢ F.L. Premier Brut 2021 RR/GV
12,5 Vol.-%, NK, Flaschengärung, €€€€
Helles Grüngelb, Silberreflexe, zartes Mousseux. Zart hefige Biskuitnote, feine gelbe Tropenfrucht, einladendes, floral unterlegtes Bukett. Straff, gelber Apfel, frisch strukturiert, mineralisch-salzig im Abgang, balanciert, bietet leichtfüßiges Trinkvergnügen.

92 Chardonnay Leithaberg DAC 2021
13,5 Vol.-%, NK, Tonneaux Fass, €€€€€
Helles Gelbgrün, silberfarbene Reflexe. Feiner Blütenhonig, etwas nach Maracuja, ein Hauch von Orangenzesten, Quitte, feinwürziger Touch, frisches Bukett. Saftig, gut eingebundener Säurebogen, homogen, dezente Holzwürze, Karamell und gelbe Tropenfrucht im Abgang, guter Speisenbegleiter.

93 Riesling Ried Karlsberg Privat 2021
13 Vol.-%, NK, Tonneaux Fass, €€€€€
Mittleres Gelbgrün, Silberreflexe. Feine Tabakwürze, etwas nach Blütenhonig, ein Hauch von Orangenschalen, Pfirsichnoten, zarte Safrannote, frisches Bukett. Saftig, elegant, fruchtsüß nach Marillen und Papaya, lebendige Säurestruktur, mineralisch, gelbe Tropenfrucht im Nachhall.

© Hofkellerei des Fürsten von Liechtenstein

HOFKELLEREI DES FÜRSTEN VON LIECHTENSTEIN

2193 Wilfersdorf, Brünnerstraße 8
T: +43 (2573) 221927
c.fritz@hofkellerei.at
www.hofkellerei.com

Kellermeister: Josef Stumvoll
Kontakt: Stefan Tscheppe
Anbauweise: Umstellung auf bio (Bio Austria)
Produktion: 160.000 Flaschen
5 % Schaumwein, 60 % weiß, 5 % rosé, 30 % rot, 35 Hektar
Vereinszugehörigkeit:
Leithaberg DAC, Premium Weingüter Weinviertel
Messen: ProWein Düsseldorf, VieVinum, Vinexpo, DAC-Präsentationen

Sommelière Prinzessin Marie und Weingutsleiter Stefan Tscheppe

92 Grüner Veltliner Reserve 2021
12,5 Vol.-%, DV, Tonneaux Fass, €€€€
Mittleres Gelbgrün, Silberreflexe. Zart nach Kräutern und Bergamotte, ein Hauch von reifem Apfel, gelbe Tropenfrucht. Saftig, elegant, extraktsüß nach Maracuja, balancierter Säurebogen, trinkanimierendes Finish.

91 Herrnbaumgarten 2021 RR/GV
12 Vol.-%, DV, Stahltank/Tonneaux Fass, €€€
Helles Gelbgrün, Silberreflexe. Feine Tabakwürze, etwas Kardamom, zart nach Kernobst, zart nussig, Mandarinenzesten klingen an. Saftig, frische, rassige Säurestruktur, Apfelfrucht im Abgang, salziger Rückgeschmack.

92 Blaufränkisch Leithaberg DAC 2020
13 Vol.-%, NK, Tonneaux Fass, €€€€€
Kräftiges Rubingranat, Ockerreflexe, dezente Randaufhellung. Feine Nuancen von reifen Herzkirschen, zart nach Brombeeren und Nougat, mineralisch unterlegt. Mittlerer Körper, rotbeerig und frisch, feine Tannine, salzig und lebendig im Abgang, zitronige Nuancen im Rückgeschmack.

★★★

WEINGUT GERHARD J. LOBNER

»Großer Wein schmeckt nicht einfach nur gut, er erzählt auch eine Geschichte«, sind Benita und ihr Vater Gerhard J. Lobner überzeugt. Er soll geprägt sein von der Landschaft, dem Klima und der Persönlichkeit der Winzer. Der erfolgreiche Weingutsleiter der Wiener Weingüter Mayer am Pfarrplatz und Rotes Haus ist seit 2014 auch für die Geschicke des Familienweinguts in Mannersdorf an der March verantwortlich und führt dieses gemeinsam mit seiner Tochter Benita.

Auf zehn Hektar Rebfläche wird der Fokus auf Grünen Veltliner und Riesling gelegt, wobei Riesling die große Leidenschaft der beiden ist. Die anspruchsvolle Sorte findet an der March auf den terrassierten Weinbergen ideale Bedingungen vor. Vater und Tochter beschäftigen sich auch mit der im Weinviertel typischen, aber unterschätzen Sorte Welschriesling. Er wird vollreif geerntet und als kräftiger und vielschichtiger Wein abgefüllt. »Die Möglichkeit, einerseits ein Weingut

* Weinviertel DAC ** Weinviertel DAC Reserve

Rochuskapelle bei Mannersdorf

WEINGUT
GERHARD J. LOBNER

2261 Mannersdorf an der March
Hauptstraße 62
T: +43 (664) 4635085
gerhard@weingut-lobner.at
www.weingut-lobner.at

Kellermeister: Gerhard J. Lobner
Kontakt: Gerhard J. Lobner, Benita Sophie Lobner
Produktion: 90 % weiß, 10 % rot, 10 Hektar
Zertifiziert: Nachhaltig Austria

wie ›Mayer am Pfarrplatz‹ zu leiten und gestalten zu können sowie andererseits in dem kleinen Familienbetrieb dem Handwerk des Winzers nachzugehen, ist eine große Herausforderung, aber macht mich sehr glücklich«, so Gerhard J. Lobner.

91 Grüner Veltliner * 2022

12,5 Vol.-%, DV, Stahltank, €€€

Mittleres Goldgelb, Silberreflexe. Reife Mango, feiner Blütenhonig, gelber Apfel und kandierte Orangenzesten. Mittlere Komplexität, seidige Textur, feine Kernobstnuancen, gut integrierter Säurebogen, bereits gut entwickelt.

(92) Grüner Veltliner Ried Rochusberg 2022

13 Vol.-%, DV, Stahltank, €€€

Mittleres Grüngelb, Goldreflexe. Feine Kräuterwürze, ein Hauch von Birne, Mango und Papaya, mit zarten tabakigen Nuancen unterlegt. Stoffig, elegant, gelbes Kernobst, feine Fruchtsüße, ausgewogen und gut anhaftend, ein facettenreicher Speisenbegleiter.

(92) Riesling Ried Gelsenberg 2022

13 Vol.-%, DV, Stahltank, €€€

Mittleres Grüngelb, Silberreflexe. Frischer Weingartenpfirsich, zart nach Blütenhonig und Mandarinenzesten, einladendes Bukett. Saftig, elegant und straff strukturiert, feiner Limettentouch, salzig-mineralisch im Abgang, zeigt gute Länge, ein vielseitiger Speisenbegleiter.

92 Riesling Ried Gelsenberg Unterm Kirschbaum 2022

11,5 Vol.-%, DV, Stahltank, €€€€

Helles Gelbgold, Silberreflexe. Zart nach kandierten Mandarinenzesten, feine gelbe Tropenfrucht, mineralische Nuancen, etwas Blütenhonig. Saftig, elegant, weißer Pfirsich, gut integrierte, balancierte Süße, zitronig-salzig im Abgang, ausgewogen und bereits gut antrinkbar.

91 Riesling Mannersdorf an der March 2022

13 Vol.-%, DV, Stahltank, €€

Helles Gelbgrün, Silberreflexe. Zarte gelbe Tropenfrucht, ein Hauch von Ananas und Maracuja, mit feinem Blütenhonig und etwas Pfirsich unterlegt. Mittlere Komplexität, feine Fruchtsüße, zartes Steinobst, lebendig strukturiert, trinkfreudiger Stil, Limetten im Nachhall.

(92) Ried Rochusberg Terra Aurea 2022 GV/RR/WB/WR

13,5 Vol.-%, DV, Stahltank, €€€€

Mittleres Grüngelb, Silberreflexe. Frische Wiesenkräuter, zarter Hefetouch, weißes Kernobst, frische Mandarinenzesten. Stoffig, saftige Apfelfrucht, finessenreich strukturiert, mineralisch und gut anhaftend, zeigt Länge und Reifepotenzial.

★★

SCHLOSSWEINGUT MALTESER-RITTER-ORDEN

Seit nahezu 900 Jahren lautet der Leitsatz des Souveränen Malteser-Ritter-Ordens »Optimus quisque«, was so viel wie »Einfach das Beste« bedeutet. Seit 1969 bewirtschaftet die Weinkellerei Lenz Moser das Schlossweingut. Seither wurde der Rebenbestand in den fast 50 Hektar Weingärten in den besten Lagen Mailbergs erneuert, sodass heute die typischen Österreicher wie Grüner Veltliner und Blauer Zweigelt dominieren. Daneben finden aber auch Chardonnay, Cabernet Sauvignon, Merlot und Blauer Burgunder ideale Bedingungen vor.
Viele Pionierleistungen haben im Mailberger Traditionsweingut ihren Ursprung, wie zum Beispiel der Ausbau von Rotweinen im Barrique, der biologische Säureabbau oder die kontrollierte gekühlte Vergärung. Seit 2012 gibt es mit dem Schlosshotel »Mailberg« ein noch besseres Angebot. Das Hotel und der benachbarte Pfarrhof bieten Platz für neun großzügige Doppelzimmer und zwölf elegante Suiten. Von den Zimmern reicht der Blick hinaus in den Schlossgarten und über die Weinberge von Mailberg bis hin zu den Nachbarorten des Weinviertels.

90 Grüner Veltliner * 2022
12,5 Vol.-%, DV, Stahltank, €€
Helles Gelbgrün, Silberreflexe. Zart nach Wiesenkräutern, ein Hauch von Ananas und Mango, mit feinen Limettenzesten unterlegt. Leichtfüßig, lebendig, weißer Apfel, frisch und mineralisch, ein vielseitiger Speisenbegleiter.

92 Grüner Veltliner Reserve 2019
14 Vol.-%, DV, Stahltank, €€€€€
Helles Goldgelb, Silberreflexe. Feine gelbe Tropenfrucht, florale Aspekte, frischer Apfel, einladendes Bukett, mit zartem Blütenhonig unterlegt. Saftig, elegant, stoffige Textur, feine Fruchtsüße im Kern, hat Volumen und Länge, cremiger Abgang, ein facettenreicher Speisenbegleiter.

91 Grüner Veltliner Ried Hundschupfen 2022
13 Vol.-%, DV, Stahltank, €€
Helles Grüngelb, Silberreflexe. Mandarinenzesten, Golden-Delicious-Apfel, einladende Frucht, mit feiner tabakiger Würze unterlegt. Komplex, saftig, elegant, weißes Kernobst, mineralisch und frisch im Abgang, bereits gut antrinkbar, ein schwungvoller Begleiter bei Tisch.

91 Merlot 2020
14 Vol.-%, NK, Barrique, €€€
Kräftiges Karmingranat, Ockerreflexe, breite Randaufhellung. Zart blumig unterlegte reife Kirschfrucht, Nuancen von Lakritze, ein Hauch von kandierten Veilchen. Saftig, stoffig, rote Waldbeeren, zart nach Zwetschken, feine Fruchtsüße, samtig, gut anhaftend, schokoladiger Nachhall, gut entwickelt.

91 Kommende Mailberg 2019 CS/ME
14 Vol.-%, NK, Barrique, €€€
Kräftiges Karmingranat, Ockerreflexe, breite Randaufhellung. Feiner Edelholztouch, ein Hauch von Röstaromen, schwarze Beeren, ein Hauch von Cassis, attraktives Bukett. Saftig, rund und würzig, tragende Tannine, dunkles Nougat im Abgang, süßer Nachhall, ein kräftiger Speisenbegleiter.

89 Blauer Zweigelt 2020
13 Vol.-%, DV, großes Holzfass, €€

SCHLOSSWEINGUT MALTESER-RITTER-ORDEN
2024 Mailberg
Schaflerhof 199
T: +43 (2732) 85541
office@lenzmoser.at
www.lenzmoser.at

Kellermeister: Ing. Michael Rethaller
Kontakt: Christoph Bierbaum
Produktion: 56 % weiß, 44 % rot, 43 Hektar
Messen: Alles für den Gast Salzburg, Anuga, ProWein Düsseldorf, VieVinum

* Weinviertel DAC ** Weinviertel DAC Reserve

★★

WEINGUT MARTINSHOF

Die Zeit der Kraftlackel ist vorbei. Weniger Alkohol, dafür mehr Charakter: Solche Weine bevorzugt man heute. Für das Weingut Martinshof passt das perfekt. Genau darin liegen nämlich dort die Stärken. Man macht die leichten Weine, die mit vollerem Duft und reiferem Geschmack daherkommen. Ecken und Kanten sind ausdrücklich erwünscht. Es lebe der Eigensinn! Schon der Urgroßvater hat Weißburgunderreben ausgepflanzt. Die Sorte brachte damals leider zu wenig Ertrag und musste wieder verschwinden. Die Familie Martin bringt den Burgunder wieder ins Spiel und setzt auf den »Österreichischen Burgunder«, weil man hier an seine Qualitäten glaubt. Mittlerweile bewirtschaftet das Weingut 16 Hektar in den besten Lagen von St. Ulrich: Hausberg, Sonnberg und Galgenberg. Man möchte dezidiert besondere Kunden ansprechen – Individualisten eben, mit dem typischen Hang zum Burgunder. Natürlich wissen diese Genießer, dass burgundische Weine kompliziert und mitunter auch kapriziös sind. Aber was sich im Kopf oft gar nicht ausgeht, das ergibt einen tieferen Sinn, wenn das Herz mitspricht – und plötzlich passt's. Seit Kurzem gibt es auch einen Wermut in der Steingutflasche.

91 Weißburgunder Ried Hausberg 2022
12 Vol.-%, DV, Stahltank, €€
Helles Grüngelb, Silberreflexe. Dezente Birnenfrucht, etwas nach Quitte, ein Hauch von Blütenhonig und Litschis. Mittlerer Körper, saftig, frische Säurestruktur, Maracuja im Abgang, salziger Nachhall, bereits gut antrinkbar.

90 Grauburgunder Privat 2022
11,5 Vol.-%, DV, Stahltank, €€€
Helles Gelbgrün, Silberreflexe. Zarter Blütenhonig, etwas nach Orangenzesten, ein Hauch von Birne, floraler Touch. Saftig, straff, knackige Säurestruktur, etwas Maracuja im Abgang, salziger Nachhall, bereits gut antrinkbar.

90 Grüner Veltliner Reserve 2018
13 Vol.-%, DV, großes Holzfass, €€€€
Leuchtendes Goldgelb, Bernsteinreflexe. Zarte Kräuterwürze, etwas nach Lindenblütenhonig, ein Hauch von Birne, zart floral, tabakige Nuancen. Mittlerer Körper, restsüß, etwas nach Marille, Honigmelone im Finish, bereits gut antrinkbar.

88 Grauburgunder Reserve 2021
13 Vol.-%, DV, Holzfass, €€€€

90 Pinot Noir Galgenberg 2020
13 Vol.-%, NK, Holzfass, €€€€
Mittleres Karmingranat, Ockerreflexe, breite Randaufhellung. Reife Zwetschken, zart nach Herzkirschen, Nuancen von Bergamotte. Mittlerer Körper, süße Herzkirschen, reife, runde Tannine, etwas Nougat, ausgewogen, ein vielseitiger Speisenbegleiter.

89 Friends 2020 PN/CS/ZW
13,5 Vol.-%, NK, großes Holzfass, €€€€

WEINGUT MARTINSHOF
2183 Neusiedl an der Zaya
Hauptstraße 28
T: +43 (664) 3567360
weingut@martinshof.at
www.martinshof.at

Kellermeister/Kontakt:
Michael Martin
Produktion: 70 % weiß, 30 % rot, 16 Hektar
Messen: ProWein Düsseldorf, DAC-Präsentationen

★★

WEINGUT MAURER

Das Weinviertel ist Heimat, Wein die Berufung. Die Familie Maurer aus Röschitz ist mit Leib und Seele mit dem Weinviertel verwurzelt. Leo Maurer führt das fort, was Vater Alfred sowie Generationen von Winzern zuvor als Vision verfolgt haben: unverkennbare mineralische und authentische Weine mit großem Lagerpotenzial zu keltern. Der Grüne Veltliner bietet dem Weißweinfreund die Möglichkeit, aus dem Vollen zu schöpfen: In vier Kategorien gibt es neben den großen Klassikern Weinviertel DAC, Grüner Veltliner »Urkristall« und Grüner Veltliner Stoitzenberg auch den Grünen Veltliner »MLM«, der national wie international stets Höchstbewertungen erzielt. Die Ried Hiataberg mit ihrem kalkhaltigen Boden ist die Basis für feinfruchtige Chardonnays und Pinot Blancs. Die Ried Stoitzenberg mit ihrem Urgesteinsverwitterungsboden bietet den idealen Standort für elegante Rieslinge. Weiters ergänzen Gelber Muskateller und Zweigelt das Sortiment. Auszeichnungen wie Landessieger oder »Ö1-Wein des Jahres«, Falstaff-Empfehlungen und »SALON«-Nominierungen bestätigen die hohe Qualität der Weine.

88 Grüner Veltliner * 2022
12 Vol.-%, DV, Stahltank, €€

(92) Grüner Veltliner Ried Himmelreich MLM 2021
13,5 Vol.-%, DV, Stahltank, €€€
Mittleres Grüngelb, Silberreflexe. Zarte Mangonote, etwas Tabakwürze, ein Hauch von Karamell und Babybanane. Mittlere Komplexität, saftig, feine Säurestruktur, Marille im Abgang, bleibt gut haften, vielfältig einsetzbar.

91 Grüner Veltliner Ried Stoitzenberg Granitjuwel 2022
12,5 Vol.-%, DV, Stahltank, €€
Helles Gelbgrün, silberfarbene Reflexe. Feine Kräuternoten, ein Hauch von Maracuja, feinwürzig, etwas nach Melisse. Saftig, gut integrierte Säurestruktur, mineralisch, etwas nach Apfelfrucht, bereits gut antrinkbar.

90 Grüner Veltliner Urkristall 2022
12,5 Vol.-%, DV, Stahltank, €€
Helles Gelbgrün, Silberreflexe. Zart nach Apfelfrucht und Orangenschalen, ein Hauch von Quitte, Wiesenkräuter klingen an. Mittlerer Körper, etwas weißes Kernobst, gut eingebundene Säurestruktur, zart zerfließend, unkompliziertes Trinkvergnügen.

91 Riesling Ried Stoitzenberg 2022
13 Vol.-%, DV, Stahltank, €€
Helles Gelbgrün, Silberreflexe. Feine Kräuternoten, dazu etwas weißer Pfirsich und Grapefruit, ein Hauch von Blütenhonig, mit Melisse unterlegt. Saftig, elegant, feine Säurestruktur, weißes Steinobst, frisches Finish, hohes Trinkanimo.

90 Pinot Blanc Ried Hiataberg 2022
12,5 Vol.-%, DV, Stahltank, €€
Helles Gelbgrün, Silberreflexe. Feine Wiesenkräuter, zarte Birnenfrucht, etwas nach Kardamom, verhaltenes Bukett. Saftig, straff, feine Säurestruktur, mineralisch, etwas nach Mango, guter Speisenbegleiter.

WEINGUT MAURER
3743 Röschitz
Winzerstraße 19
T: +43 (676) 3583807
info@maurerwein.at
www.maurerwein.at

Kellermeister/Kontakt:
Leo Maurer
Produktion: 90 % weiß, 10 % rot, 12 Hektar
Messen: ProWein Düsseldorf, DAC-Präsentationen, Vinorell Hamburg

★★★

WEINGUT ROLAND MINKOWITSCH

Seit 1620 ist Familie Minkowitsch in Mannersdorf an der March beheimatet. Das Weingut ist eines der letzten weltweit, das die gesamte Produktion mit einer Baumpresse aus dem Jahr 1820 verarbeitet. Die Trauben werden zu 100 Prozent handverlesen geerntet. Diese nachhaltige Art der Traubenverarbeitung garantiert durch die schonende Pressung und die geringere Ausbeute höchste Weinqualität. Die gekelterten Weine sind dadurch einzigartig. Nachhaltigkeit ist das Fundament aller Tätigkeiten: minimale Eingriffe für maximale Schonung, damit die Zukunft allen eine gesunde Lebensgrundlage bietet. Es werden Technologien genutzt, die mehrere Jahrhunderte alt sind. Altes wird nicht abgelöst, wenn das Neue nicht besser ist. Erkenntnisse aus vielen Generationen werden wie Schätze bewahrt und aufgehoben. Schätze widersetzen sich Trends; sie bleiben zeitlos wertvoll – so wie die Weine des Weinguts Roland Minkowitsch.

WEINGUT ROLAND MINKOWITSCH
2261 Mannersdorf/March
Kirchengasse 64
T: +43 (2283) 3639
weingut@roland-minkowitsch.at
www.roland-minkowitsch.at

Kellermeister: Martin Minkowitsch
Kontakt: Martin und Blandine Minkowitsch
Produktion: 5 % Schaumwein, 92 % weiß, 3 % süß, 13 Hektar
Zertifiziert: Nachhaltig Austria
Vereinszugehörigkeit: Premium Weingüter Weinviertel
Messen: VieVinum

93 Riesling Mannersdorf Ried Lange Lissen 2022
13 Vol.-%, DV, Stahltank, €€€€
Mittleres Gelbgrün, Silberreflexe. Feine Kräuternoten, etwas nach Pfirsich, Limettentouch, Physalis klingt an, frisches Bukett. Saftig, elegant, engmaschige Säurestruktur, salzig-mineralisch, weißes Steinobst im Abgang, lang anhaltender Rückgeschmack.

92 Gelber Muskateller Reserve 2021
12,5 Vol.-%, DV, Barrique/Stahltank, €€€
Helles Gelbgrün, Silberreflexe. Zart nach Blütenhonig, etwas nach kandierten Orangenzesten, floral, Holunderblüten klingen an. Saftig, engmaschig, restsüß nach Marillen, etwas nach türkischem Honig, bleibt gut haften, vielfältig einsetzbar.

(92) Gewürztraminer Premium 2022
13,5 Vol.-%, DV, Stahltank/Teilbarrique/Flaschenreifung, €€€
Mittleres Gelbgrün, Silberreflexe. Feine Wiesenkräuter, zart nach Guaven, kandierte Marillen, etwas Eibisch klingt an, attraktives Bukett. Saftig, elegant, mittlere Komplexität, frisch und elegant, Mango im Nachhall, guter Speisenbegleiter mit Potenzial.

92 Grüner Veltliner Mannersdorf Ried Rochusberg 2021
13 Vol.-%, DV, Stahltank/kleines Holzfass, €€€€
Mittleres Gelbgrün, Silberreflexe. Feine Kräuterwürze, Limettenzesten klingen an, weißes Kernobst, mineralisch, weiße Tropenfrucht. Gute Komplexität, feine Säurestruktur, mineralisch, wirkt leichtfüßig, weißes Steinobst im Abgang, salziger Nachhall, bereits gut antrinkbar.

96 Gelber Muskateller Beerenauslese Ried Rochusberg 2021
12 Vol.-%, DV, Stahltank, €€€€€
Mittleres Goldgelb, Silberreflexe. Feine Nuancen von Holundersirup, reife Ananas, Maracuja und Muskatnuss, mit einem Hauch von Honig unterlegt. Saftig, rassige Struktur, frische weiße Tropenfrucht, lebendig, zitronig und lange anhaftend, kernige Würze im Abgang, zeigt Länge und großes Reifepotenzial.

★

WEINGUT ANDREAS OTT

Im südlichen Weinviertel befindet sich das Weingut Andreas Ott. Die zehn Hektar große Rebfläche wird auf der niederösterreichischen und auf der Wiener Seite des Bisambergs bewirtschaftet. Dem Winzer Andreas Ott ist es ein Anliegen, im Einklang mit der Natur hochwertige Weine mit Substanz und Charakter zu erzeugen. Natürlich liegt das Hauptaugenmerk auf dem Weißwein und hier insbesondere auf dem Grünen Veltliner, schließlich ist man hier im Weinviertel zu Hause. Doch immerhin fast ein Drittel der bewirtschafteten Fläche ist für Rotwein reserviert. Selektive Handlese in mehreren Erntedurchgängen ist ebenso Standard wie der schonende Ausbau in traditionellen großen Holzfässern. Am besten kombiniert man den Weineinkauf mit einem Heurigenbesuch. Hier kann man die Top-Qualitätsweine sowie das umfangreiche Heurigenbuffet perfekt genießen.

93 Grüner Veltliner ** Ried Sätzen 2021
14 Vol.-%, DV, großes Holzfass, €€€
Helles Grüngelb, Silberreflexe. Dezenter Blütenhonig, etwas Orangenzesten, zart nach Feigen, floraler Touch, mit Ananas unterlegt. Saftig, elegant, feine Säurestruktur, mineralisch, extraktsüß, etwas nach Marillen, bleibt gut haften, feiner Speisenbegleiter.

91 Grüner Veltliner * Ried Aichleiten 2022
13 Vol.-%, DV, Stahltank, €€
Leuchtendes helles Gelbgrün. Feine Kräuterwürze, zart nach Maracuja, ein Hauch von Gewürzen, Orangenzesten, Quitte klingt an. Saftig, straff, weißes Steinobst, salzig, balancierte Säurestruktur, extraktsüß im Abgang, bereits gut antrinkbar.

90 Gemischter Satz 2022
12,5 Vol.-%, DV, Stahltank, €€
Helles Gelbgrün, Silberreflexe. Feine Kräuterwürze, vegetal, ein Hauch von Stachelbeeren, frisches Bukett. Saftig, elegant, frische Säurestruktur, mineralisch, weißes Kernobst, bereits gut antrinkbar.

89 Sauvignon Blanc 2022
12,5 Vol.-%, DV, Stahltank, €€

91 Merlot Reserve 2020
14 Vol.-%, DV, gebrauchte Barriques/Barrique, €€€
Kräftiges Rubingranat, violette Reflexe, dezente Ockerrandaufhellung. Nuancen von Velours und schwarzen Kirschen, reife Zwetschken, ein Hauch von Nougat. Saftig, feines Brombeerkonfit, gute Frische, gut eingebaute runde Tannine, zart schokoladig im Abgang, feinwürziger Nachhall, samtiger Stil, hat Reifepotenzial.

91 Cuvée Reserve 2020 ZW/ME/SL
14 Vol.-%, DV, Barrique, €€€€
Dunkles Rubingranat, violette Reflexe, zarte Randaufhellung. Zart nach Brombeeren, ein Hauch von Tabakwürze, feine Cassisnoten, floraler Touch. Saftig, elegant, leichtfüßig, Waldbeerenkonfit und Vanille klingen an, bereits gut antrinkbar.

WEINGUT ANDREAS OTT
2102 Hagenbrunn
Schlossgasse 9
T: +43 (2262) 672120
office@andreasott.at
www.andreasott.at

Kellermeister/Kontakt:
Andreas Ott
Produktion: 70 % weiß, 30 % rot,
10 Hektar

★★

WEINGUT PASS

Gerald Pass führt in vierter Generation das Weingut Pass in Etzmannsdorf im westlichen Weinviertel. Es sind die Begeisterung und die Faszination für das Kulturgut Wein, die tagtäglich sein Schaffen begleiten. Die Einzigartigkeit der Weine liegt im besonderen Zusammenspiel von Natur und Handwerk. Die vom Manhartsberg geprägten Urgesteinsböden aus verwittertem Granit und Gneis verleihen den Weinen Mineralik und Tiefgang. Mit jahrzehntelanger Erfahrung, modernem Wissen und vor allem mit Liebe zur Natur und zum Detail bringt der Winzer den Geschmack der Traube in die Flasche. Die Natur mit all ihren Besonderheiten ist der Taktgeber der Pass-Weine. Qualität liegt im Detail. Nur wer es schafft, den natürlichen Kreislauf der Weinrebe mit Gefühl, Intuition und Verständnis zu begleiten, kann besten Geschmack garantieren. Die Erwartungen, die Zufriedenheit und die Freude der Kunden des Weinguts stehen für die Familie Pass hierbei im Mittelpunkt und motivieren sie Jahr für Jahr aufs Neue.

WEINGUT PASS
3722 Etzmannsdorf
Etzmannsdorf 11
T: +43 (2984) 3381
office@weingut-pass.at
www.weingut-pass.at

Kellermeister/Kontakt: Gerald Pass
Produktion: 1 % Schaumwein, 90 % weiß, 1 % rosé, 8 % rot, 8.5 Hektar
Messen: VieVinum, DAC-Präsentationen

92 Grüner Veltliner ** Ried Hinterberg 2021
13,4 Vol.-%, DV, großes Holzfass/Stahltank, €€€
Mittleres Gelbgrün, Silberreflexe. Zart nach Karamell und Holzwürze, Ananas, ein Hauch von Papaya, einladendes fruchtiges Bukett. Saftig, engmaschig, frischer Säurebogen, zart nach Zitrus, weißes Steinobst im Abgang, salziger Nachhall, guter Speisenbegleiter.

90 Grüner Veltliner * Alte Rebe 2022
12,6 Vol.-%, DV, Stahltank, €€
Helles Gelbgrün, Silberreflexe. Zart nach Blütenhonig und Wiesenkräutern, Golden-Delicious-Apfel klingt an, Papaya, mit Orangenzesten unterlegen. Saftig, elegant, feine Säurestruktur, frisch, weißes Kernobst, bereits gut antrinkbar.

93 Grüner Veltliner Privat Reserve 2019
14,2 Vol.-%, VL, großes Holzfass, €€€€
Mittleres Gelbgrün, Silberreflexe. Einladendes Bukett nach Mango, Mandarinenzesten, etwas Blütenhonig, würziger Touch, weißes Nougat. Saftig, gute Komplexität, feinwürzig, extraktsüß nach Mango, balancierter Säurebogen, bleibt gut haften, guter Speisenbegleiter.

93 Grüner Veltliner Privat Reserve 2021
13,1 Vol.-%, DIAM, großes Holzfass, €€€€
Mittleres Gelbgrün, Silberreflexe. Feine Kräuterwürze, etwas nach Quitte, floraler Touch, Mandarinenzesten, gelbe Apfelfrucht klingt an. Saftig, engmaschig, reife Tropenfrucht, gute Komplexität, leichtfüßig wirkend, extraktsüßer Abgang, zitroniger Nachhall, lange anhaltend, ein vielfältig einsetzbarer Speisenbegleiter.

91 Grüner Veltliner Ried Sätzen 2022
13,1 Vol.-%, DV, Stahltank, €€
Helles Grüngelb. Dezente mineralische Nuancen, gelber Apfel, zart nach Kardamom, feinwürzig, weiße Tropenfrucht. Saftig, straff, extraktsüß, etwas nach Quitte, Melone im Nachhall, bleibt gut haften, trinkanimierender Stil.

90 Grüner Veltliner Ried Steinperz 2022
12,5 Vol.-%, DV, Stahltank, €€
Helles Gelbgrün, silberfarbene Reflexe. Etwas Kräuterwürze, dunkle Mineralik, ein Hauch von Guaven, pfeffriger Touch, frisches Bukett. Mittlerer Körper, frische Apfelfrucht, etwas weitmaschig, würziger Nachhall, unkompliziert antrinkbar.

★★

WEINGUT PESAU

BIO

Die Brüder Andreas und Georg Pesau führen gemeinsam das Weingut mit einer mehr als 300-jährigen Tradition. Vor 400 Jahren wurde der Name Pesau erstmals in Zusammenhang mit Wein und Falkenstein erwähnt. Die Weingärten der Familie liegen auf den Hügeln rund um den historischen Weinort. Dieser bietet beste geologische und naturräumliche Voraussetzungen für den Weinbau: Einzigartige Böden, geprägt von Muschelkalk und entstanden vor rund 17 Millionen Jahren, schaffen seit Jahrhunderten die Grundlage für mineralische Weine. Die bewaldete Hügelkette um Falkenstein bietet den Reben nicht nur Schutz vor rauen Nord- und Westwinden, sondern auch ein ausgewogenes Mikroklima, das dazu beiträgt, die für Falkenstein typischen eleganten Weine reifen zu lassen. Im Weinberg ist man um ein nachhaltiges, stabiles und ökologisches Gleichgewicht bemüht. Um dieses zu erreichen, bedient man sich eines modernen Begrünungsmanagements nach ökologischen Gesichtspunkten und eines ausgewogenen Einsatzes von Nützlingen. Im Keller rücken Gefühl, Erfahrung und Zeit in den Vordergrund. Der Charakter der Weine spiegelt Boden, Jahrgang und Rebsorte wider. Die Handschrift des Winzers ist dabei ausschlaggebend: Sie ist gekennzeichnet durch einen sensiblen Umgang mit der Natur und schonenden Einsatz von Ressourcen.

(93) Grüner Veltliner Falkenstein Unter Brüdern 2020
14 Vol.-%, NK, Barrique, €€€€€ (V)
Mittleres Gelbgrün, Silberreflexe. Feine Nuancen von gelbem Kernobst, ein Hauch von Birne und Marzipan, mit feiner gelber Tropenfrucht unterlegt, facettenreiches Bukett. Komplex, saftig, Noten von gelber Frucht, angenehmer Säurebogen, dezente Extraktsüße im Abgang, ein Hauch von Ananas und Mandelkuchen im Nachhall, gutes Reifepotenzial.

(92) Grüner Veltliner Ried Ekartsberg 2022
13 Vol.-%, VL, großes Holzfass, €€€ (V)
Helles Gelbgrün, Silberreflexe. Mit frischen Wiesenkräutern unterlegte Nuancen von weißem Kernobst, ein Hauch von Zitronengras, mineralischer Touch. Gute Komplexität, zart kreidig-cremige Textur, feine Fruchtsüße, etwas Mango im Abgang, bleibt haften, ein ruhiger, ausgewogener Speisenbegleiter, bereits gut antrinkbar.

WEINGUT PESAU
2162 Falkenstein
Wiagasse 253
T: +43 (2554) 6705
office@pesau.at
www.pesau.at

Kellermeister: Andreas Pesau
Kontakt: Georg Pesau
Anbauweise: Zertifiziert Biologisch (Austria Bio Garantie)
Produktion: 80.000 Flaschen
1 % Schaumwein, 95 % weiß, 4 % rot, 15 Hektar

Ruine Falkenstein

90 Grüner Veltliner Falkenstein 2022
12 Vol.-%, DV, Stahltank, €€ Ⓥ
Helles Gelbgrün, Silberreflexe. Zarte Nuancen von gelbem Apfel und Mango, ein Hauch von Wiesenkräutern und weißen Blüten, einladendes Bukett. Saftig, frischer weißer Apfel, feine Säurestruktur, mineralisch und leichtfüßig, ein seidiger Speisenbegleiter.

(92) Riesling Ried Rosenberg 2022
13 Vol.-%, VL, großes Holzfass, €€€ Ⓥ
Helles Gelbgrün, Silberreflexe. Mit einem Hauch von Mango und Blütenhonig unterlegte Nuancen von Pfirsich, attraktives, feines Bukett. Stoffig, Anklänge von saftiger Tropenfrucht, frische Säurestruktur, mineralisch-salzig im Abgang, gute Balance, bleibt haften, gutes Entwicklungspotenzial.

91 Riesling Falkenstein 2022
12,5 Vol.-%, DV, Stahltank, €€€ Ⓑ Ⓥ
Helles Gelbgrün, Silberreflexe. Zarte Nuancen von Limetten, weißer Pfirsich, ein Hauch von Apfel, zitronige Mineralik. Saftig, elegant, weißes Steinobst, feine Fruchtsüße, finessenreicher Säurebogen, Blütenhonig im Abgang, ein leichtfüßiger, delikater Speisenbegleiter.

(92) Weißburgunder Ried Ebersleithen 2022
13 Vol.-%, VL, großes Holzfass, €€€ Ⓥ
Helles Gelbgrün, Silberreflexe. Zart nussig unterlegte feine Apfelnuancen, zart mit gelber Birnenfrucht unterlegt, ein Hauch von Orangenzesten, noch etwas verhaltenes Bukett. Mittlerer Körper, Nuancen von weißer Frucht, feine Mineralik, ein Hauch von Nougat im Abgang, zeigt Länge, ein vielfältig einsetzbarer Speisenwein mit Reifepotenzial.

★★★★

WEINGUT R. & A. PFAFFL

Als Roman Pfaffl im Jahr 1996 den Titel »Falstaff Winzer des Jahres« verliehen bekam, wurde ein Traum für ihn wahr, den er gar nicht zu träumen gewagt hatte. In knapp 20 Jahren hatte er mithilfe seiner Frau Adelheid aus einem landwirtschaftlichen Betrieb mit 0,75 Hektar Weinbau ein 20 Hektar großes Weingut mit großen Ambitionen geschaffen. Weitere 20 Jahre folgten, in denen auch schon die nächste Generation kräftig mitwirkte – ein Zusammenspiel, das offensichtlich funktioniert: Das US-amerikanische Magazin »Wine Enthusiast« kürte das Weingut zur »European Winery of the Year 2016«. Zum ersten Mal ging dieser begehrte Titel damit nach Österreich.
Seit etwa 45 Jahren stehen die Pfaffls also für hochwertigen Grünen Veltliner, Riesling, Chardonnay, Zweigelt und St. Laurent. Die mittlerweile 150 Hektar Weingärten des Guts sind im südlichen Weinviertel über dreizehn verschiedene Gemeinden verstreut und reichen sogar bis nach Wien. Diese Verteilung bringt eine Vielfalt an Böden und Kleinklimazonen mit sich, die Roman Josef Pfaffl gekonnt zu nutzen weiß. Er versteht es, die Charakteristika der einzelnen Lagen herauszuarbeiten und seine Weine in den unterschiedlichsten Spielarten von leicht und verspielt bis dicht und kräftig zu präsentieren. Selbstverständlich gilt dies besonders für die Paradesorte Grüner Veltliner, die gar in sechs Varianten ausgebaut wird. Aber auch bei den Rotweinen ist das Weingut sehr stark unterwegs. »Einige unserer Weingärten profitieren von den milden pannonischen Einflüssen, die es über das Marchfeld bis zu uns schaffen«, meint Roman Josef Pfaffl dazu nicht ohne Ehrgeiz, denn die Roten sind ihm besonders ans Herz gewachsen.

90 ⊖ Grüner Veltliner Brut
12,5 Vol.-%, NK, Flaschengärung, €€€
Helles Goldgelb, Silberreflexe, sehr zarte Perlage. Intensive weiße Blüten, Limetten, ein Hauch von Tropenfrucht, florales Bukett. Mittlere Komplexität, weiße Frucht, deutliche Süße, lebendiger Säurebogen, mineralisch, gelber Pfirsich und Honig im Nachhall, bietet unkompliziertes Trinkvergnügen.

88 ⊖ Secco blanc RR/GM/GV
12,5 Vol.-%, DV, Stahltank, €€ Ⓥ

88 ⊖ Secco rosé SL/ZW
12,5 Vol.-%, DV, Stahltank, €€ Ⓥ

95 Grüner Veltliner ** Hommage 2022
14,5 Vol.-%, DIAM, großes Holzfass, €€€€€
Leuchtendes mittleres Goldgelb, Silberreflexe. Frische Nuancen von Mango, Marille und Birne, kandierte Mandarinenzesten und Blütenhonig. Kraftvoll, stoffig und mit feiner Fruchtsüße staffiert, cremig-seidige Textur, feiner

WEINGUT R. & A. PFAFFL

2100 Stetten
Schulgasse 21
T: +43 (2262) 673423
wein@pfaffl.at
www.pfaffl.at

Kellermeister: Roman Josef Pfaffl
Kontakt: Familie Pfaffl
Produktion: 65 % weiß, 35 % rot, 150 Hektar
Zertifiziert: Nachhaltig Austria
Vereinszugehörigkeit: Premium Weingüter Weinviertel
Messen: ProWein Düsseldorf, VieVinum

Roman Josef Pfaffl

Säurebogen, zarte Steinobstnuancen im Abgang, besitzt Länge und Potenzial.

93 Grüner Veltliner ** max. 2022
14 Vol.-%, DV, Stahltank/großes Holzfass, €€€€
Mittleres Goldgelb, silberfarbene Reflexe. Zart nach Wiesenkräutern, dazu etwas Mango und Ananas, ein Hauch von Gewürzen, Sternanis, mit Holzwürze unterlegt. Saftig, gute Komplexität, feinwürzig, extraktsüß nach Maracuja, bleibt gut haften, vielseitiger Speisenbegleiter.

93 Grüner Veltliner ** Golden 2022
14 Vol.-%, DIAM, großes Holzfass, €€€€€
Mittleres Grüngelb, Silberreflexe. Feine Wiesenkräuter, ein Hauch von Golden-Delicious-Apfel, etwas Mango und kandierte Orangenzesten, einladendes Bukett. Kraftvoll, komplex, feine Kräuterwürze, reife Birnenfrucht, stoffig im Abgang, weißer Apfel, salziger Nachhall, ein facettenreicher Speisenbegleiter, sicheres Reifepotenzial.

92 Grüner Veltliner ** Hund 2022
14 Vol.-%, DV, großes Holzfass/Stahltank, €€€
Mittleres Gelbgrün, Silberreflexe. Reife Tropenfrucht, ein Hauch von Mango, zart nach Guaven, etwas nach Orangenzesten, tabakiger Touch. Saftig, elegant, balancierter Säurebogen, gelbe Tropenfrucht, zart nach Litschis, guter Speisenbegleiter.

91 Grüner Veltliner * Lössdiamant 2022
13 Vol.-%, DV, Stahltank, €€€
Mittleres Gelbgrün, Silberreflexe. Feine Kräuternoten, zart nach Cayennepfeffer, gelbes Kernobst, frisches Bukett. Saftig, frische Säurestruktur, würzig, Tropenfrucht, tabakiger Nachhall, unkomplizierter Speisenbegleiter.

90 Grüner Veltliner * Selection 2022
13 Vol.-%, DV, Stahltank, €€
Helles Gelbgrün, Silberreflexe. Feine Kräuterwürze, etwas nach Apfel, ein Hauch von Gewürzen, weißes Kernobst. Mittlerer Körper, feine Säurestruktur, Nuancen von gelber Frucht, tabakiger Nachhall, bereits gut antrinkbar.

90 Grüner Veltliner * Zeisen 2022
13 Vol.-%, DV, Stahltank, €€
Helles Gelbgrün, Silberreflexe. Feine Kräuternoten, dezente weiße Frucht, würzig, zart pfeffrig, Birne klingt an. Saftig, balancierte Säurestruktur, etwas Apfelfrucht, Maracuja im Abgang, zitroniger Nachhall.

89 Grüner Veltliner * Haiden 2022
13 Vol.-%, DV, Stahltank, €€

88 Grüner Veltliner vom Haus 2022
12,5 Vol.-%, DV, Stahltank, €€

89 Wiener Gemischter Satz DAC Selection 2022
12,5 Vol.-%, DV, Stahltank, €€

90 Gemischter Satz Harmony 2022
12,5 Vol.-%, DV, Stahltank, €€ V
Helles Gelbgrün, Silberreflexe. Feine Wiesenkräuter, weißer Apfel, ein Hauch von Mandarinenzesten, zart nach Weingartenpfirsich, würziger Touch. Saftig, mittlere Kom-

plexität, zitroniger Touch, Tropenfrucht im Rückgeschmack, unkompliziertes Trinkvergnügen.

93 Riesling Reserve Passion 2022
13,5 Vol.-%, DIAM, großes Holzfass, €€€€€ Ⓥ
Mittleres Goldgelb, Silberreflexe. Feine Nuancen von Tropenfrucht und Safran, mit einem Hauch von Steinobst und Blütenhonig unterlegt, zart nach Marillenmarmelade. Saftig, gute Komplexität, weiße Frucht, frischer Säurebogen, mineralisch, dezente Süße, Limetten im Nachhall, bereits gut entwickelt, weiteres Entwicklungspotenzial.

92 Riesling Sonne 2022
13,5 Vol.-%, DV, Stahltank, €€€ Ⓥ
Mittleres Gelbgrün, Silberreflexe. Feine Kräuterwürze, Maracuja, ein Hauch von Marille, mit Blütenhonig unterlegt, einladendes Bukett. Saftig, straff, leichtfüßig und extraktsüß, balancierte Säurestruktur, mineralisch, Papaya im Nachhall, zitroniger Rückgeschmack, guter Speisenbegleiter.

91 Riesling Selection 2022
13,5 Vol.-%, DV, Stahltank, €€
Helles Gelbgrün, Silberreflexe. Feine Kräuternoten, etwas Blütenhonig, ein Hauch von Weingartenpfirsich, zart nach Kamille. Saftig, elegant, frische Säurestruktur, mineralisch-salzig, etwas nach Maracuja, frisch und lebendig, balanciertes Finish, guter Speisenbegleiter.

93 Chardonnay Reserve Vision 2021
14,5 Vol.-%, DIAM, Barrique, €€€€€ Ⓥ
Mittleres Goldgelb, Silberreflexe. Reife gelbe Tropenfrucht, ein Hauch von Pfirsich, feiner Blütenhonig, einladendes Bukett. Komplex, feine Fruchtsüße, elegant und ausgewogen, mineralische Nuancen im Abgang, ein kraftvoller Speisenbegleiter mit Zukunftspotenzial.

91 Chardonnay Exklusiv 2022
14,5 Vol.-%, DV, Stahltank/Barrique, €€€ Ⓥ
Mittleres Gelbgrün, Silberreflexe. Feine Tabak-Kräuter-Würze, etwas nach Maracuja, zart nach Orangenzesten, Guaven klingen an. Saftig, elegant, balancierte Säurestruktur, mineralisch, gelbes Steinobst im Abgang, würziger Rückgeschmack, bereits gut antrinkbar.

89 Chardonnay Selection 2022
13,5 Vol.-%, DV, Stahltank/Barrique, €€

92 Weissburgunder Nuss 2022
14 Vol.-%, DV, Stahltank/großes Holzfass, €€€ Ⓥ
Helles Gelbgrün, silberfarbene Reflexe. Zarter Duft nach Birnen und Blütenhonig, kandierte Orangenzesten, ein Hauch von Melisse und Melone. Saftig, kraftvoll, balancierte Säurestruktur, extraktsüß nach Quitte, bleibt gut haften, lebendiger Speisenbegleiter.

92 Muskateller Reserve Juwel 2022
13,5 Vol.-%, DIAM, großes Holzfass, €€€€€
Mittleres Goldgelb, Silberreflexe. Zart nach Ananas und Muskatnuss, reife Litschis, traubiger Blütenhonigtouch. Saftig, elegant, weißer Pfirsich, feiner Säurebogen, mineralisch-zitronig im Abgang, salziger Nachhall, ein stoffiger trockener Muskateller-Stil, verfügt über Reifepotenzial.

90 Muskateller Sand 2022
13 Vol.-%, DV, Stahltank, €€
Helles Gelbgrün, Silberreflexe. Feine Litschinote, etwas nach Holunderblüten, ein Hauch von Gewürzen, weißes Steinobst. Saftig, mittlere Komplexität, salzig, feinwürzig, etwas nach Pfirsich, Muskatnuss im Nachhall, bereits gut antrinkbar.

89 Muskateller Selection 2022
13 Vol.-%, DV, Stahltank, €€

91 Grauburgunder La Vita 2022
14 Vol.-%, DV, Stahltank, €€ Ⓥ
Helles Gelbgrün, silberfarbene Reflexe. Feine Wiesenkräuter, zart nach Clementinen, ein Hauch von Birne und reifer Drachenfrucht. Saftig, elegant, feine Säurestruktur, mineralisch, kraftvoll, gelbe Tropenfrucht im Abgang, würziger Nachhall, guter Speisenbegleiter.

90 Sauvignon Blanc Terroir 2022
13,5 Vol.-%, DV, Stahltank, €€€
Helles Gelbgrün, Silberreflexe. Feine Tabakwürze, zart nach Kräutern, ein Hauch von Zitrus, Stachelbeeren klingen an. Saftig, elegant, feinwürzig, kraftvoll, gelbe Tropenfrucht, mineralischer Touch, bereits gut antrinkbar.

88 Ganz Zart 2022 GV/SB/GM
9,5 Vol.-%, DV, Stahltank, €€

88 Junior 2022 MT/GV
12,5 Vol.-%, DV, Stahltank, €€

88 Wien.1 2022 RR/GV/WB
12,5 Vol.-%, DV, Stahltank, €€

92 Rosé La Grande 2022 SL/ZW
13,5 Vol.-%, DIAM, großes Holzfass, €€€
Helles Lachsrosa, Messingreflexe. Zart nach Orangenzesten, feine gelbe Tropenfrucht, ein Hauch von Mango, eingelegte Kirschen, dezentes Bukett. Saftig, kraftvoll, gelber Apfel, dezente Fruchtsüße, feine Mineralik im Abgang, Blütenhonig im Rückgeschmack, ein ausgewogener, kompakter Speisenbegleiter.

90 Rosé Hasen 2022 ZW/SL
13 Vol.-%, DV, Stahltank, €€
Helles Lachsrosa, Silberreflexe. Zart mit Limettenzesten

unterlegtes rotes Waldbeerenkonfit, ein Hauch von Kirschen, floraler Touch. Mittlerer Körper, zart nach Erdbeeren, feiner Säurebogen, mineralisch-zitroniger Nachhall, ein unkomplizierter Sommerwein.

89 Rosé Selection 2022 ZW/SL
13 Vol.-%, DV, Stahltank, €€

88 Rosé Ganz Zart 2022 ZW/SL/RÖ
9,5 Vol.-%, DV, Stahltank, €€

93 St. Laurent Reserve Alten 2021
14 Vol.-%, DIAM, Barrique, €€€€€
Dunkles Rubingranat, violette Reflexe, zarte Randaufhellung. Zarte Edelholznuancen, dunkle Waldbeeren, reife Pflaumen, ein Hauch von Gewürzen, mit dunklem Nougat und schwarzen Kirschen unterlegt. Komplex, stoffig, elegant, feine Holzwürze, dezente Extraktsüße im Abgang, mineralisch, etwas Bitterschokolade, wird von Flaschenreife profitieren.

89 St. Laurent Wald 2022
13,5 Vol.-%, DV, Stahltank/Barrique, €€

88 St. Laurent Selection 2022
13,5 Vol.-%, DV, Barrique, €€

92 Zweigelt Reserve Burg 2021
13,5 Vol.-%, DIAM, Barrique, €€€€€
Kräftiges Karmingranat, violette Reflexe, breitere Ockerrandaufhellung. Nuancen von Edelholz, rote Waldbeeren, ein Hauch von Kirschen und Lakritze, mit kandierten Orangenzesten unterlegt. Saftig, frische Kirschen, gut integrierte Tannine, zarte Süße im Abgang, gut entwickelt, salziger Nachhall.

90 Zweigelt Sandstein 2022
13,5 Vol.-%, DV, Barrique/Stahltank, €€
Kräftiges Rubingranat, violette Reflexe, breitere Randaufhellung. Zarte Nuancen von Zwetschken und roten Kirschen, dezente Kräuterwürze, ein Hauch von Orangenzesten. Mittlere Komplexität, rotbeerige Textur, feine Tannine, frisch strukturiert, mineralisch, würziger Nachhall, bereits gut antrinkbar.

89 Zweigelt Selection 2022
13,5 Vol.-%, DV, Barrique, €€

88 Zweigelt vom Haus 2022
13,5 Vol.-%, DV, Stahltank/Barrique, €€

91 Cuvée Privat 2021 ME/SL
13,5 Vol.-%, DIAM, Barrique, €€€
Kräftiges Karmingranat, violette Reflexe, breitere Ockerrandaufhellung. Feine Nougatnote, schwarze Beerenfrucht, Lakritze und Brombeeren klingen an. Straff, engmaschig, rote Kirschen, gut integrierte Tannine, zarte Mineralik, salziger Abgang.

St. Laurent

91 Excellent Reserve 2021 ZW/ME/CS
14 Vol.-%, DIAM, Barrique, €€€€€
Kräftiges Rubingranat, violette Reflexe, breitere Ockerrandaufhellung. Nuancen von Edelholz, reife Herzkirschen, mit frischen Zwetschken unterlegt, ein Hauch von Nougat. Mittlere Komplexität, rote Kirschen, präsente, gut integrierte Tannine, etwas Nougat und Vanille im Nachhall, ein würziger Speisenbegleiter.

91 Heidrom Grand Reserve 2020 ME/CS
14,5 Vol.-%, DIAM, Barrique, €€€€€
Kräftiges Rubingranat, violette Reflexe, breitere Randaufhellung. Nuancen von reifen Erdbeeren, Cassis und Herzkirschen, zart mit Nougat und Vanille unterlegt. Kraftvoll, schokoladig, feiner Gerbstoff, Holzwürze im Abgang, zart nach Bitterschoko, vegetaler Touch im Finale, adstringierender Nachhall.

89 Wien.2 2022 ZW/PN
13,5 Vol.-%, DV, Stahltank/Barrique, €€

90 Pinot Noir Reserve 2021
14 Vol.-%, DIAM, Barrique, €€€€€
Mittleres Karmingranat, breite Ockerrandaufhellung. Frische rote Herzkirschen, ein Hauch von Zwetschken und kandierten Orangenzesten. Präsente Holzwürze, Vanille, Nougat, zart nach Erdbeerkonfit, kraftvoller Abgang, schokoladiger Touch im würzigen Rückgeschmack.

Blütenmuskateller

WEINGUT PLEIL
2120 Wolkersdorf
Adlergasse 32
T: +43 (2245) 2407
weingut@pleil.at
www.pleil.at

Kellermeister/Kontakt:
Ing. Christian Pleil
Produktion: 133.333 Flaschen
75 % weiß, 25 % rot, 18 Hektar
Zertifiziert: Nachhaltig Austria
Vereinszugehörigkeit:
Premium Weingüter Weinviertel
Messen: VieVinum

★

WEINGUT PLEIL

In der Familie Pleil wird seit Generationen Weinbau betrieben. So absolvierte auch Christian Pleil die Weinbauschule in Klosterneuburg. Dass der Wein seine Berufung sein würde, war für ihn immer klar. Er sammelte bei Praktika in Deutschland, Kalifornien, Südafrika und Australien Erfahrung und Wissen, bevor er das elterliche Weingut in Wolkersdorf übernahm. Der Grüne Veltliner genießt den Status der Lieblingssorte: Rund 40 Prozent der Rebfläche sind damit bepflanzt. Ebenfalls wichtige Weißweinsorten sind Chardonnay und Riesling, bei den Rotweinen dominiert der Zweigelt. In letzter Zeit werden auch PIWI-Sorten forciert. Aktuell sind bereits 4 Prozent der Fläche damit bepflanzt.

Die Weißweine werden in Tanks mit gekühlter Gärung ausgebaut, um die Fruchtigkeit und den Sortencharakter zu erhalten. Die Rotweine werden mit biologischem Säureabbau im Holzfass zur Reife herangezogen und teilweise auch in Barriques gelagert. Christian Pleil forciert einen glockenklaren und erfrischenden Weinstil – vom leichten Einstiegswein bis zur komplexen Reserve. Wichtig ist ihm, ein Maximum an authentischer Sorten- und Herkunftscharakteristik in die Flasche zu füllen. Wie das gelingt? »Alles zum richtigen Zeitpunkt machen«, meint der Winzer in seiner unkonventionellen Art.

90 Grüner Veltliner * Ried Sonnleiten 2022
13 Vol.-%, DV, Stahltank, €€
Mittleres Gelbgrün, silberfarbene Reflexe. Mit Tabak-Kräuter-Würze unterlegtes weißes Kernobst, Apfelnoten und Limettenzesten, etwas Kardamom. Saftig, elegant, feine Säurestruktur, mineralisch, würzig im Abgang, unkomplizierter Speisenbegleiter.

89 Grüner Veltliner * Klassik 2022
12 Vol.-%, DV, Stahltank, €€

91 Gemischter Satz Ried Wienerfeld 2022
12,5 Vol.-%, DV, Stahltank, €€
Mittleres Gelbgrün, silberfarbene Reflexe. Feine Kräuternoten, ein Hauch von Orangenzesten, dezente Apfelfrucht, Feigentouch. Saftig, elegant, balanciert und rund, zart nach Maracuja im Abgang, würziger Nachhall, bereits gut antrinkbar.

90 Blütenmuskateller 2022
13 Vol.-%, DV, Stahltank, €€
Helles Gelbgrün. Zarte Litschinoten, unterlegt mit Blütenhonig, ein Hauch von Quitte, Limettenzesten und Kräuternoten klingen an. Mittlerer Körper, lebendiger Säurebogen, mineralisch, etwas weißes Steinobst im Abgang, bereits gut antrinkbar.

89 Chardonnay Ried Wienerfeld 2022
13 Vol.-%, DV, Stahltank, €€

88 Sauvignon Blanc 2022
12,5 Vol.-%, DV, Stahltank, €€

★★★

WEINGUT PRECHTL

Das Weingut Prechtl liegt in Zellerndorf im Retzer Land und hat sich vor allem auf die Rebsorte Grüner Veltliner spezialisiert. Die Hälfte davon wird mittlerweile in zehn Länder exportiert. Der Winzer Dipl.-Ing. Franz Prechtl legt größten Wert auf naturnahen Weinbau. Zur Düngung wird Stiermist verwendet, und auf Herbizide wird gänzlich verzichtet. Kühle Nächte und heiße Tage sorgen für das Aroma, die Kraft und die Eleganz im Wein. Blattarbeit von Mai bis August, konsequente Traubenreduktion, händische Weintraubenernte mit zehn Helfern und Weinverarbeitung im freien Gefälle in der neuen Kellerei sind nur ein paar Punkte, die hier erwähnt werden müssen.
Die Weinakademikerin Petra Prechtl verwöhnt im alten Bauernhaus mit wunderbarem Innenhof sowie im gemütlichen Stadl mit Gartenblick ihre Gäste mit Schmankerln der Region und Selbstgebackenem. Außerdem kann man einzigartige Accessoires und Deko im Shabby-Chic-Style erwerben. Die neue Kellerei mit Vinothek und Barriquekeller kann ebenso besichtigt werden. Weinkauf und Verkostungen sind von Montag bis Freitag gegen Voranmeldung möglich. Im neu umgebauten Sommerladen & Café direkt auf dem Weingut werden von März bis Weihnachten jeden Samstag von 10 bis 19 Uhr ein herrliches Frühstück, handgerührte Eiscreme und allerlei Pikantes serviert.

93 Grüner Veltliner * Zellerndorf Leitstall 2021
14,5 Vol.-%, DV, großes Holzfass, €€€€
Mittleres Grüngelb. Zart nach Guaven und Orangenschalen, ein Hauch von Pfirsich, mineralisch, Blütenhonig, etwas Kardamom. Saftig, extraktsüß, etwas nach Honig und reifem Apfel, bleibt gut haften, vielfältig einsetzbar.

92 Grüner Veltliner ** Ried Äußere Bergen 2021
13 Vol.-%, DV, Stahltank, €€€
Mittleres Gelbgrün, silberfarbene Reflexe. Zart nach Blütenhonig, etwas nach Quitte und Melone, ein Hauch von Mandarinenzesten. Saftig, gute Komplexität, salzig, extraktsüß, reife Tropenfrucht, Orangenschalen, guter Speisenbegleiter.

91 Grüner Veltliner * Ried Längen 2022
13 Vol.-%, DV, Stahltank, €€
Mittleres Gelbgrün, Silberreflexe. Zart nach Blütenhonig und reifem Apfel, Melonentouch, Kräuternoten, attraktives Bukett. Einladend, salzig, gut eingebundene Säurestruktur, gelbe Tropenfrucht, dunkle Mineralik, vielfältig einsetzbar.

90 Grüner Veltliner * Alte Reben 2022
13 Vol.-%, DV, Stahltank, €€
Helles Gelbgrün, Silberreflexe. Feine Apfelfrucht, zart nach Guaven, Kräuternoten, Zitruszesten, klassisches Bu-

WEINGUT PRECHTL
2051 Zellerndorf, Zellerndorf 12
T: +43 (2945) 2297
weingut@prechtl.at
www.prechtl.at
Kellermeister: Franz Prechtl
Kontakt: Franz und Petra Prechtl
Produktion: 1 % Schaumwein, 90 % weiß, 2 % rosé, 6 % rot, 1 % süß, 17+5 Hektar
Vereinszugehörigkeit: Premium Weingüter Weinviertel, Weinstraße Weinviertel, Weingüter Retzer Land, Nordwein Österreich
Messen: Austrian Tasting London, Merano WineFestival, ProWein Düsseldorf, VieVinum, DAC-Präsentationen, MondoVino

kett. Saftig, straff, feine Säurestruktur, mineralisch, weißes Kernobst, salzig, guter Speisenbegleiter.

90 Grüner Veltliner * Ried Altenberg 2022
13 Vol.-%, DV, Stahltank, €€
Mittleres Gelbgrün, silberfarbene Reflexe. Noten von reifer Maracuja, Kräuterwürze, etwas nach Guaven, mit Blütenhonig unterlegt. Saftig, elegant, feine Würze, weißes Steinobst, mineralisch, bleibt gut haften, vielfältig einsetzbar.

90 Sauvignon Blanc Ried Altenfeld 2022
12,5 Vol.-%, DV, Stahltank, €€
Helles Gelbgrün, Silberreflexe. Zart nach Cassis und Grapefruit, ein Hauch von Kräutern, etwas Melisse. Saftig, mittlerer Körper, leichtfüßig, weißes Kernobst, Limetten, bereits gut antrinkbar.

89 Riesling Ried Wartberg 2021
DV, Stahltank, €€

93 Grüner Veltliner Beeenauslese 2021
12 Vol.-%, DV, Stahltank, €€€€
Mittleres Goldgelb, Silberreflexe. Zart nach Haselnuss und Marillenkonfitüre, kandierte Orangenzesten und Honig klingen an. Saftig, elegant, etwas weißes Nougat, gut eingebundene Fruchtsüße, mineralisch, zart nussig auch im Abgang, bleibt haften, gut balanciert und mit Entwicklungspotenzial ausgestattet.

★★

BIOWEINGUT PRÖGLHÖF

BIO

Begonnen hat die Geschichte des Bioweinguts Pröglhöf im Jahr 1771 in Obernalb bei Retz. 250 Jahre später werden hier rund 50.000 Reben mit viel Liebe und Respekt gegenüber der Natur familiär bewirtschaftet. Das Handwerk des Winzers Markus wird mit Bedacht und Feingefühl ausgeführt. Kontinuierliche Weiterbildung und Förderung der Vielfalt in der Natur sind ihm dabei sehr wichtig. So sollen fruchtbare Böden und vitale Rebstöcke für die nächste Generation erhalten bleiben. Der Stolz, in Österreich Wein anzubauen, schlägt sich auch in der Sortenwahl nieder: Man setzt auf autochthone Rebsorten wie Grünen Veltliner und Blauen Zweigelt. Arbeit im Einklang mit der Natur spielt eine zentrale Rolle, wie z. B. minimaler Einsatz von Pflanzenschutzmitteln, genügend Raum für die Reben sowie Bodenverbesserung über Begrünungsvarianten. Durch gezielte Laubarbeit und Ertragsreduktion wird es den Rebstöcken ermöglicht, optimale Ergebnisse zu liefern. Die schonend gelesenen und gepressten Trauben werden im Keller schließlich temperaturgeführt vergoren. Das Ziel sind gut »begleitete« Weine mit viel Charakter und großem Potenzial. Seit der Ernte 2019 werden die Weingärten offiziell biologisch bewirtschaftet.

BIOWEINGUT PRÖGLHÖF
2070 Obernalb/Retz
Brunnwinkl 11
T: +43 (2942) 2174
office@proeglhoef-weine.at
www.proeglhoef-weine.at
Kellermeister: Markus Pröglhöf
Kontakt: Marianne und Markus Pröglhöf
Anbauweise: Zertifiziert Biologisch (Austria Bio Garantie)
Produktion: 70 % weiß, 2 % rosé, 28 % rot, 12 Hektar
Vereinszugehörigkeit: Weingüter Retzer Land, Nordwein Österreich
Messen: ProWein Düsseldorf, VieVinum, DAC-Präsentationen, WeinMüchen, WeinBerlin

(93) Grüner Veltliner * Große Reserve 2020
13 Vol.-%, NK, 500-l-Fass, €€€€ B V
Mittleres Gelbgrün, silberfarbene Reflexe. Feine Holzwürze, etwas nach Kamille, ein Hauch von Orangenschalen, Blütenhonig, reife Tropenfrucht, floraler Touch. Saftig, extraktsüß, Tabakwürze, Vanilletouch, reife Tropenfrucht, Ananas im Nachhall, bereits gut antrinkbar.

89 Grüner Veltliner * vom Quarzsand 2022
12,5 Vol.-%, DV, Stahltank, €€ B V

91 Grüner Veltliner Obermarkersdorf Ried Hangenstein 2021
13,5 Vol.-%, DV, Stahltank, €€ B V
Mittleres Gelbgrün, Silberreflexe. Feine Tabakwürze, etwas nach weißem Apfel und zart nach Kräutern, ein Hauch von Melisse. Saftig, straff, feine Maracujanoten, feinwürzig, etwas nach Kardamom, guter Speisenbegleiter.

91 Tegel & Mergel 2021 CH/WB/GV
13 Vol.-%, DV, Stahltank/500-l-Fass, €€ B V
Mittleres Gelbgrün, Silberreflexe. Feiner Blütenhonig, Mango und Ananas, ein Hauch von Kräutern, floraler Touch. Saftig, straff, feine Säurestruktur, mineralisch-salzig, feinwürzig, guter Speisenbegleiter, kraftvolles Finish.

90 Gelber Muskateller 2022
12,5 Vol.-%, DV, Stahltank, €€ B V
Helles Gelbgrün, Silberreflexe. Einladendes Bukett nach Maracuja und Blütenhonig, zart nach kandierten Limetten, etwas Holunderblüten. Saftig, elegant, feine Säurestruktur, mineralisch, salzig, weißer Pfirsich, bleibt gut haften, vielfältig einsetzbar.

88 Rosé vom Zweigelt 2022
11 Vol.-%, DV, Stahltank, €€ B V

PUHWEIN

NEU

Egon Puhwein ist begeisterter Winzer, dem die traditionellen österreichischen Rebsorten wie Grüner Veltliner und Zweigelt, aber auch Riesling und Gewürztraminer besonders am Herzen liegen. Zudem baut er auch die internationalen Sorten Merlot, Cabernet Sauvignon und Chardonnay aus. Qualitätsorientiertes Arbeiten im Weingarten sieht er als Basis für hochwertiges Lesegut. Naturnahe Bewirtschaftung, strikte Ertragsbeschränkung und sorgfältige Laubarbeit sind die Eckpfeiler dafür. Er arbeitet beständig an der Weiterentwicklung von Vinifikationsmethoden und der konsequenten Umsetzung innovativer Ideen. Die Weißweine werden in Edelstahlbehältern temperaturgekühlt vergoren, die Rotweine wiederum kommen in Barriques oder ins große Holzfass.

89 Grüner Veltliner * Ried Antlasbergen 2022
13 Vol.-%, DV, Stahltank, €€

88 Grüner Veltliner * 2022
12,5 Vol.-%, DV, Stahltank, €€

88 Grüner Veltliner Ried Antlasbergen 2022
12,5 Vol.-%, DV, Stahltank, €€

90 Riesling 2022
13 Vol.-%, DV, Stahltank, €€
Helles Gelbgrün, Silberreflexe. Etwas nach Kräutern und weißem Steinobst, zart nach Blütenhonig. Mittlerer Körper, frische Säurestruktur, mineralisch, etwas nach Pfirsich im Abgang, individuell einsetzbar.

89 Gewürztraminer 2022
13,5 Vol.-%, DV, Stahltank, €€

90 Cabernet Sauvignon 2015
14,5 Vol.-%, NK, Stahltank/kleines Holzfass/Flaschenreifung, €€€
Kräftiges Rubingranat, violette Reflexe, dezente Ockerrandaufhellung. Nuancen von Brombeerkonfit, schwarze Kirschen, mit etwas Dörrobst unterlegt. Kraftvoll, reife Zwetschken, präsente, gut integrierte Tannine, dunkles Nougat, ein stoffiger Begleiter bei Tisch.

PUHWEIN
2024 Mailberg
Holzgasse 78
T: +43 (676) 5696051
info@puhwein.at
www.puhwein.at

Kellermeister/Kontakt:
Egon Puhwein
Produktion: 40.000 Flaschen
8 Hektar
Messen: DAC-Präsentationen

WEINGUT RECKENDORFER

Der Ollersdorfer Matthias Reckendorfer ist begeisterter Jungwinzer und auf einem sehr guten Weg, sich mit seinen Weinen in der österreichischen Weinszene zu etablieren. Dies konnte er bereits beim großen Falstaff-Voting zum beliebtesten Nachwuchswinzer anklingen lassen, bei dem er den ersten Platz in Niederösterreich belegen konnte. Nach dem Abschluss der Wein- und Obstbauschule Klosterneuburg und Absolvierung wertvoller Praktika im In- und Ausland, wie zum Beispiel in Neuseeland und Deutschland, übernahm er mit erst 20 Jahren den aufstrebenden Betrieb.
Die Philosophie von Matthias Reckendorfer folgt dem Thema »Musik am Gaumen«, was man sofort an den Etiketten mit den bunten Tonspuren erkennen kann. Dabei wird der Kaiserwalzer von Johann Strauß Sohn verbildlicht. Seine ersten eigenständigen Kompositionen entstanden im Jahr 2018 und tragen die Namen »Spargelphilharmonie« (Pinot Blanc) und »Papagena« (Muskateller). Hinzu kommt das große Projekt »Sekt Maestoso«, das Matthias Reckendorfer im Jahr 2018 gestartet hat. Dieses umfasst einen vielschichtigen Blanc de Blancs, der über 25 Monate auf der Hefe reifen darf und handgerüttelt nach traditioneller Flaschengärung hergestellt wird.
Eine besonders große Rolle spielt für den Jungwinzer die Arbeit in und mit der Natur. Aus diesem Grund befindet sich sein Betrieb seit August 2021 in Umstellung auf biologische Landwirtschaft. Das Weingut Reckendorfer liegt übrigens dort, wo die Felder des Marchfelds, die weltweit für den Spargel berühmt sind, enden und die weitläufigen Hügel des Weinviertels beginnen: in Ollersdorf im Weinviertel.

WEINGUT RECKENDORFER
2252 Ollersdorf
Wintergasse 3
T: +43 (676) 4239149
office@weingut-reckendorfer.at
www.weingut-reckendorfer.at

Kellermeister/Kontakt:
Matthias Reckendorfer
Anbauweise: Umstellung auf bio
Produktion: 7 % Schaumwein, 90 % weiß, 3 % rosé, 12 Hektar
Zertifiziert: Nachhaltig Austria
Messen: VieVinum, DAC-Präsentationen

90 Blanc de Blancs Sekt Austria g.U. Reserve Brut Niederösterreich Maestoso 2020
11,5 Vol.-%, NK, Flaschengärung, €€€€
Helles Goldgelb, Silberreflexe, feines, anhaltendes Mousseux. Zart nach Biskuit, Nuancen von gelber Frucht, etwas Blütenhonig. Schlank, weißer Apfel, karamelliger Touch, mineralisch-zitronig, mittlere Länge.

90 Grüner Veltliner * 2022
12,5 Vol.-%, DV, Stahltank, €€
Mittleres Gelbgrün, Silberreflexe. Feine Orangenzesten, zart nach Guaven, würzige Nuancen, zart nach Apfelfrucht. Saftig, elegant, balancierter Säurebogen, salzig, weißes Steinobst, bereits gut antrinkbar.

90 Grüner Veltliner Selektion 2022
12,5 Vol.-%, DV, Stahltank, €€
Helles Gelbgrün, Silberreflexe. Feine Kräuternoten, etwas nach Maracuja, ein Hauch von weißem Apfel und Ananas. Saftig, elegant, gut eingebundene Säurestruktur, leichtfüßig, weißes Kernobst im Abgang, bereits gut antrinkbar.

91 Riesling Drei Mäderlhaus 2022
12,5 Vol.-%, DV, Stahltank, €€
Helles Gelbgrün, Silberreflexe. Feine Tabakwürze, ein Hauch von weißer Pfirsichfrucht, zart nach Limettenzesten, balanciert und frisch. Saftig, elegant, balancierter Säurebogen, dunkle Mineralik, weißes Steinobst im Nachhall, bereits gut antrinkbar.

88 Weißburgunder Spargelphilharmonie 2022
12,5 Vol.-%, DV, Stahltank, €€

87 Muskateller Papagena 2022
11,5 Vol.-%, DV, Stahltank, €€

WEINGUT SCHNEIDER

Gerald Schneider legt bei der Vinifikation größten Wert auf elegante, feingliedrige Weine mit klarer Frucht und Finessenreichtum. Die Trinkfreude soll dabei aber nie verloren gehen. Der Weinort Röschitz, im westlichen Weinviertel an den Ausläufern des Manhartsberges gelegen, bietet mit einer Mischung aus Löss und Urgestein beste Böden für außergewöhnliche Weißweine. Besonders der Grüne Veltliner erreicht bei kühlen Nächten und heißen Sommertagen in den renommierten Lagen von Röschitz wie Galgenberg und Königsberg höchste Qualität und unverkennbaren Geschmack, weshalb er für das Weingut die mit Abstand wichtigste Sorte darstellt und in sechs verschiedenen Ausbaustufen angeboten wird. In den vergangenen drei Jahren hat man mit verschiedenen Grüner-Veltliner-Weinen sowohl in der kräftigen als auch in der leichten Kategorie einen Landessieg bei der NÖ Weinprämierung errungen. Aber auch Riesling, Chardonnay und Weißburgunder reifen hier beständig zu Top-Qualitäten heran. Ein sensibler Umgang der Familie Schneider mit den natürlichen Gegebenheiten der einzelnen Rieden bringt von Jahr zu Jahr das jeweils typische Terroir vom Rebstock bis ins Glas.

89 Grüner Veltliner * Classic 2022
12,5 Vol.-%, DV, Stahltank, €€

92 Grüner Veltliner Ried Königsberg 2022
13 Vol.-%, DV, Stahltank, €€
Mittleres Gelbgrün, Silberreflexe. Etwas Blütenhonig und Karamell, ein Hauch von Orangenschalen, Apfelfrucht, mit einem Mangotouch unterlegt. Saftig, elegant, feine Säurestruktur, mineralisch, reife Pfirsichnoten im Abgang, guter Speisenbegleiter.

91 Grüner Veltliner Alte Reben 2022
13,5 Vol.-%, DV, großes Holzfass, €€
Leuchtendes Gelbgrün, Silberreflexe. Feine Tabakwürze, zart nach Papaya und Ananas, etwas Limettenzesten, mit reifer Apfelfrucht unterlegt. Saftig, elegant, gut eingebundene Säurestruktur, feinwürzig, Tropenfrucht klingt an, unkomplizierter Speisenbegleiter.

90 Grüner Veltliner Ried Galgenberg 2022
13 Vol.-%, DV, Stahltank, €€
Mittleres Gelbgrün, Silberreflexe. Etwas Blütenhonig, etwas nach Orangenzesten, reife Tropenfrucht, feinwürzig, ein Hauch von Kardamom. Saftig, elegant, feine Säurestruktur, mineralisch, Apfelfrucht im Abgang, extraktsüßer Nachhall, bereits gut antrinkbar.

91 Weißer Burgunder Marie Reserve 2021
13,5 Vol.-%, DV, 500-l-Fass, €€€€
Leuchtendes Gelbgrün, Silberreflexe. Feine Vanillenoten, gelbe Tropenfrucht, Ananas klingt an, mit Mandarinenzesten unterlegen. Saftig, fruchtsüß, zart nach Marille im Abgang, Holzwürze im Nachhall, unkomplizierter Speisenbegleiter.

90 Riesling 2022
13 Vol.-%, DV, Stahltank, €€
Helles Gelbgrün, Silberreflexe. Mit einem floralen Touch unterlegte Mandarinenzesten, etwas nach Kräutern, Pfirsich klingt an. Saftig, straff, engmaschig, feine Maracujanoten, salzig, bleibt gut haften, unkompliziert antrinkbar.

WEINGUT SCHNEIDER
3743 Röschitz
Granitz 9
T: +43 (664) 1701974
weingutschneider@aon.at
www.weingutschneider.at

Kellermeister/Kontakt:
Gerald Schneider
Produktion: 100 % weiß, 9 Hektar
Messen: Vinobile Feldkirch, Weinmesse Innsbruck, DAC-Präsentationen

* Weinviertel DAC ** Weinviertel DAC Reserve

★★

BIO-WEINGUT SCHWARZ

BIO

Wo einst der Eiserne Vorhang Europa teilte, herrscht heute grenzüberschreitender Tourismus. Hier in Schrattenberg – der bedeutendsten Rotweinanbaugemeinde im östlichen Weinviertel – wird von Familie Schwarz seit Generationen Wein gemacht. Im Mittelpunkt des Handelns stehen die organisch-biologische Bewirtschaftung der Weingärten sowie die behutsame Begleitung der Gewächse im Keller. So entstehen Jahr für Jahr sehr eigenständige Kostbarkeiten in allen Kategorien: Rot, Weiß, Rosé, Süß, Prickelnd und Alkoholfrei. Bei einem persönlichen Besuch auf dem Weingut der Familie Schwarz erfährt man alle Details zur Weinphilosophie des Hauses. Tipp: Man sollte genügend Zeit für einen Weingutsbesuch einplanen, denn das Portfolio ist umfangreich und die Region kulturell sowie historisch spannend.

91 Traminer Premium 2021
13,5 Vol.-%, VL, Teilbarrique, €€€€€ B V
Helles Grüngelb, Silberreflexe. Feine Kräuternoten, etwas nach Blütenhonig, dezente Eibischnoten, florale Nuancen. Saftig, elegant, feine Säurestruktur, mineralisch-salzig, etwas nach Orangenzesten, guter Speisenbegleiter.

92 Syrah Premium 2018
13,5 Vol.-%, VL, Teilbarrique, €€€€€ B V
Kräftiges Rubingranat, violette Reflexe, breitere Ockerrandaufhellung. Kräuterwürzig unterlegte rote Beerenfrucht, Vanille, kandierte Mandarinenzesten, mit etwas Nougat unterlegt. Stoffig, feine Fruchtsüße, frisch und elegant, helle Schokolade im Abgang, bleibt haften, vielfältig einsetzbar, bereits gut antrinkbar.

91 Blaufränkisch Premium 2019
13 Vol.-%, VL, Teilbarrique, €€€€€ B V
Dunkles Rubingranat, violette Reflexe, dezente Ockerrandaufhellung. Einladendes dunkles Waldbeerenkonfit, ein Hauch von Lakritze, Brombeeren und kandierte Orangenzesten. Saftig, elegant, süße rote Kirschen, feine Tannine, lebendig strukturiert, frisch und anhaftend, vielfältig einsetzbar.

91 Grande Reserve 2018 CS/ZW/BF/ME
13,5 Vol.-%, VL, Barrique, €€€€€€ B V
Dunkles Rubingranat, tiefer Kern, violette Reflexe, zarte Ockerrandaufhellung. Feine Nuancen von Edelholz und Cassis, ein Hauch von Brombeeren, zartes Nougat. Saftig, straff, zart nach Vanille, reife Kirschen, präsente Tannine, mineralisch, Zwetschken im Abgang, ein komplexer Speisenbegleiter, schwarzer Tee im Nachhall.

90 Zweigelt Premium 2019
13 Vol.-%, VL, Teilbarrique, €€€€€ B V
Kräftiges Rubingranat, violette Reflexe, breitere Randaufhellung. Dunkles Waldbeerenkonfit, ein Hauch von Vanille und Lakritze, fruchtiges Bukett. Mittlere Komplexität, rote Herzkirschen, schwungvoll strukturiert, reife Tannine, mineralischer Nachhall.

90 Riesling Auslese 2022
7,5 Vol.-%, DV, Stahltank, €€€ B V
Helles Goldgelb, Silberreflexe. Zarte gelbe Pfirsichfrucht, ein Hauch von Maracuja und Mandarinenzesten. Schlank, feine Fruchtsüße, ein Hauch von Pfirsich, mineralisch unterlegt, feiner Säurebogen, ein balancierter, fruchtbetonter Speisenbegleiter.

BIO-WEINGUT SCHWARZ
2172 Schrattenberg
Kleine Zeile 8
T: +43 (2555) 2544
office@schwarzwines.com
www.schwarzwines.com
Kellermeister/Kontakt: Familie Schwarz
Anbauweise: Zertifiziert Biologisch
Produktion: 1 % Schaumwein, 23 % weiß, 3 % rosé, 72 % rot, 1 % süß
Vereinszugehörigkeit: Weinstraße Weinviertel, Weinviertel DAC
Messen: Alles für den Gast Salzburg, Igeho Basel, ÖGW Zürich, ProWein Düsseldorf, VieVinum, Weinmesse München

WEINGUT SCHWARZBÖCK
2102 Hagenbrunn, Hauptstr. 56–58
T: +43 (2262) 672740
weingut@schwarzboeck.at
www.schwarzboeck.at
Kellermeister: Rudolf Schwarzböck
Kontakt: Anita Schwarzböck
Anbauweise: Zertifiziert Biologisch (Austria Bio Garantie)
Produktion: 2 % Schaumwein, 80 % weiß, 2 % rosé, 15 % rot, 1 % süß, 23 Hektar
Zertifiziert: Nachhaltig Austria
Vereinszugehörigkeit: Premium Weingüter Weinviertel
Messen: ProWein Düsseldorf, VieVinum, Vinobile Feldkirch, DAC-Präsentationen

Bisamberg vor Wien

★★★

WEINGUT SCHWARZBÖCK

BIO

Leidenschaft für Wein und für den Weinbau, dafür sind Rudi und Anita Schwarzböck ständig in Bewegung. Die beiden erzeugen präzise wie auch authentische Weine, die das Terroir des südlichen Weinviertels perfekt widerspiegeln. Ihre Weiß-, Rot- und Süßweine sowie der nach der traditionellen Methode erzeugte Sekt präsentieren sich elegant, ausdrucksstark und trinkfreudig. Das Logo, der springende Bock, visualisiert nicht nur den Familiennamen, sondern steht für die Agilität und Zukunftsorientiertheit des Betriebs. Auf den Hängen des Bisambergs werden Grüner Veltliner, Riesling und Zweigelt kultiviert. Beachtlich ist dabei die Sortenvielfalt des Weinguts. Die Böden sind sehr unterschiedlich: Flyschgestein (Schichten von Sandstein und tonigem Mergel), Löss, Schotter und Sand wechseln sich ab. Der pannonische Klimaeinfluss sorgt für eine gute Ausreifung der Trauben und für harmonische Säure in den Weine. Den Lagenweinen wird dabei Zeit gegeben. Die Weißweine werden im Stahltank oder im großen Holzfass ausgebaut, die Rotweine reifen in großen Holzfässern und in Barriques. Es sind langlebige Weine, die nach einigen Jahren Flaschenreife zur Hochform auflaufen.

92 Ⓑ Chardonnay Brut Nature
12,5 Vol.-%, NK, Stahltank/Flaschengärung, €€€€
Helles Grüngelb, Silberreflexe, zartes Mousseux. Reife gelbe Apfelfrucht, ein Hauch von Quitten und Blütenhonig, zart nach Mandarinenzesten. Mittlere Komplexität, etwas Nougat, feiner Säurebogen, feine gelbe Tropenfrucht im Nachhall, salzig im Rückgeschmack. (Deg. L4722)

94 Grüner Veltliner * Große Reserve Privat 2021
14 Vol.-%, DV, großes Holzfass, €€€€€ Ⓑ
Mittleres Grüngelb, Silberreflexe. Kandierte Orangenzesten, ein Hauch von Blütenhonig, Anklänge von gelber Tropenfrucht, feine Kräuterwürze. Kraftvoll, stoffig, elegant, feine Extraktsüße, etwas Nougat im Abgang, bleibt gut haften, mineralisch-salziger Nachhall, wird von weiterer Flaschenreife profitieren.

93 Grüner Veltliner ** Ried Aichleiten 2021
13,5 Vol.-%, DV, großes Holzfass, €€€€ Ⓑ
Helles Grüngelb, Silberreflexe. Einladende Nuancen von Golden-Delicious-Apfel, feinfruchtiges Bukett, zart nach Orangenzesten. Stoffig, elegant, reife Marillen und weißes

Nougat, feine Säurestruktur, mineralischer Touch, sehr gute Länge, sicheres Reifepotenzial.

91 Grüner Veltliner Ried Sätzen Premium 2022
13,5 Vol.-%, DV, Stahltank, €€€ Ⓑ
Mittleres Grüngelb, Silberreflexe. Frischer weißer Apfel, etwas Mango, frische Orangenzesten, einladendes fruchtiges Bukett. Mittlere Komplexität, feine Kernobstnuancen, frischer Säurebogen, mineralisch-zitroniger Nachhall, ein eleganter Speisenbegleiter.

93 Grauburgunder Ried Aichleiten Reserve 2021
13,5 Vol.-%, DV, Barrique, €€€€ Ⓑ
Mittleres Goldgelb, Silberreflexe. Zart nach Nougat, ein Hauch von Karamell und reifer gelber Birne, etwas Vanille, einladendes Bukett. Kraftvoll, stoffig und opulent, feine Fruchtsüße, Nuancen von reifem Kernobst, bleibt gut haften, ein facettenreicher Speisenwein, bereits antrinkbar, verfügt über Reifepotenzial.

92 Weißburgunder Hohe Ried 2022
12,5 Vol.-%, DV, Stahltank, €€€ Ⓑ
Mittleres Grüngelb, Silberreflexe. Zarte Kräuterwürze, ein Hauch von Birne, zarter Touch von Orangenzesten. Saftig, weiße Apfelfrucht, frischer Säurebogen, ein Hauch von Limettenzesten, salzig und gut anhaftend, ein frischer Speisenbegleiter mit Entwicklungspotenzial.

92 Gemischter Satz Ried Aichleiten Premium 2022
13 Vol.-%, DV, Holzfass, €€€€ Ⓑ
Helles Grüngelb, Silberreflexe. Feine Nuancen von weißem Kernobst, zart nach Mango, Orangenzesten, ein Hauch von Ananas. Saftig, elegant, zarte Fruchtsüße, feiner Säurebogen, gute Komplexität, ein Hauch von Blütenhonig im Abgang, mineralischer Nachhall, bereits gut antrinkbar.

90 Zweigelt Ried Braschen Reserve 2019
13,5 Vol.-%, DV, kleines Holzfass, €€€
Dunkles Rubingranat, violette Reflexe, breitere Ockerrandaufhellung. Zart floral unterlegte dunkle Waldbeerenfrucht, Brombeeren, kandierte Orangenzesten, feine Kräuterwürze. Mittlere Komplexität, rote Kirschen, feine Tannine, frisch strukturiert, mineralischer Nachhall, ein lebendiger Speisenbegleiter.

89 Capreal Cuvée Reserve 2021 ME/BF
13,5 Vol.-%, DV, kleines Holzfass, €€€ Ⓑ

★★★

WEINGUT WOLFGANG SEHER

Das Weingut Seher wird seit 2001 von Wolfgang Seher geleitet. Die Anbaufläche von 18 Hektar ist mit den Weißweinsorten Grüner Veltliner, Riesling, Sauvignon Blanc, Weißburgunder und Gelber Muskateller sowie mit den Rotweinsorten Zweigelt, Pinot Noir, Barbera, Merlot und Cabernet Sauvignon bestockt. Trotz dieser Vielfalt liegt der Schwerpunkt naturgemäß auf dem Grünen Veltliner. Etwa zwei Drittel der Weingärten liegen in Platt. Hier befinden sich auch die wichtigsten Lagen: Kapellenberg, Sandberg, Faustberg und Kirchleithen. Sieben weitere Top-Lagen des Weinguts befinden sich in Obermarkersdorf und heißen Feuerberg, Nussberg, Rosenhügel, Geyern, Triftberg, Hochberg und Hangenstein.

93 Grüner Veltliner ** Ried Kapellenberg 2021
13,5 Vol.-%, NK, 500-l-Fass, €€€€
Mittleres Grüngelb, silberfarbene Reflexe. Frische Apfelfrucht, zart nach Papaya, kandierte Orangenschalen, mit Blütenhonig unterlegt. Saftig, straff, balancierte Säurestruktur, engmaschig, gelbe Tropenfrucht, dunkle Mineralik im Nachhall, vielseitiger Speisenbegleiter.

92 Grüner Veltliner ** Ried Feuerberg 2021
13,5 Vol.-%, NK, 500-l-Fass, €€€€
Mittleres Grüngelb, silberfarbene Reflexe. Zarte Tropenfrucht, etwas nach Marille, mit Blütenhonig und floralen Nuancen unterlegt, Noten von kandierter Zitrusfrucht. Saftig, gute Komplexität, extraktsüß nach weißem Pfirsich, zarte Kräuternoten, frische Säurestruktur, balanciert und rund.

91 Grüner Veltliner * Ried Nussberg 2022
12,5 Vol.-%, DV, Stahltank, €€
Leuchtendes Grüngelb. Dezente Kräuternoten, zart nach Clementinen, ein Hauch von Gewürzen und gelber Apfelfrucht, dezent nach Guaven. Saftig, elegant, frisch und lebendig, gut eingebundene Säurestruktur, salzig, bleibt gut haften, Kernobstnoten auch im Abgang, bereits gut antrinkbar.

91 Grüner Veltliner * Ried Sandberg 2022
12,5 Vol.-%, DV, Stahltank, €€
Mittleres Grüngelb, Silberreflexe. Mit Wiesenkräutern un-

WEINGUT WOLFGANG SEHER
2051 Platt, Platt 28
T: +43 (2945) 27138
office@weingutseher.at
www.weingutseher.at
Kellermeister/Kontakt:
Wolfgang Seher
Anbauweise: Umstellung auf bio (Austria Bio Garantie)
Produktion: 133.333 Flaschen
9 % Schaumwein, 70 % weiß, 20 % rot, 1 % süß, 18 Hektar
Vereinszugehörigkeit:
Nordwein Österreich
Messen: ProWein Düsseldorf, VieVinum

Pfarrkirche Platt

terlegte Birnen- und Maracujafrucht, zart pfeffrig, frisches Bukett. Saftig, elegant, balancierte Säurestruktur, leichtfüßig, mineralisch, Apfelnoten im Abgang, zitroniger Nachhall, guter Speisenbegleiter.

90 Grüner Veltliner * 2022
12 Vol.-%, DV, Stahltank, €€
Helles Gelbgrün, silberfarbene Reflexe. Feine Kräuternuancen, etwas nach Golden-Delicious-Apfel, zart nach Papaya, frisches Bukett. Saftig, elegant, feine Säurestruktur, mineralisch, leichtfüßig, weißes Kernobst im Abgang, salziger Nachhall.

95 Grüner Veltliner Neue Zeit Nr.6 Reserve 2019
14,5 Vol.-%, NK, 500-l-Fass, €€€€€
Leuchtendes Goldgelb. Dezent nach Akazienhonig, etwas nach Ananas, reife Tropenfrucht, zart nach Datteln, kandierte Zitrusnuancen klingen an. Saftig, gute Komplexität, feinwürzig, Holznuancen klingen an, extraktsüß nach Marille, bleibt gut haften, vielschichtiger Speisenbegleiter.

93 Weißer Burgunder Ried Kirchleithen 2021
13,5 Vol.-%, NK, 500-l-Fass, €€€€
Leuchtendes Grüngelb, Goldreflexe. Dezente Holzwürze, etwas Karamell und Biskuit, ein Hauch von Mango, zart nach Ananas, Clementinenzesten klingen an. Saftig, fruchtsüß, elegant, lebendiger Säurebogen, mineralisch, bleibt gut haften, Mango im Rückgeschmack, guter Speisenbegleiter.

92 Sauvignon Blanc Silt 2022
13 Vol.-%, DV, Stahltank, €€
Helles Gelbgrün, silberfarbene Reflexe. Feine Kräuterwürze, zart nach Orangenzesten, Stachelbeeren, Honigmelone klingt an, floraler Touch. Saftig, elegant, balanciert und frisch, weißes Kernobst im Abgang, salziger Nachhall, guter Speisenbegleiter.

92 Sauvignon Blanc Ried Faustberg 2021
13,5 Vol.-%, NK, 500-l-Fass, €€€€
Helles Gelbgrün, silberfarbene Reflexe. Dezente Kräuterwürze, etwas nach Tabak, feine Nuancen von Karamell, Noten von Melisse, floraler Touch. Saftig, elegant, feine Säurestruktur, mineralisch, Noten von reifen Stachelbeeren im Abgang, salzig, frisches Finish, vielschichtiger Speisenbegleiter.

92 Riesling Ried Rosenau 2021
12,5 Vol.-%, DV, Stahltank, €€€€
Helles Gelbgrün, Silberreflexe. Dezente Kräuternoten, weißes Steinobst, ein Hauch von Guaven, frisches, einladendes Bukett. Gute Komplexität, straffer Säurebogen, feine Noten von Weingartenpfirsich, zitroniger Nachhall, bereits gut antrinkbar.

91 Pinot Noir Ried Ausserm Holz 2018
13,5 Vol.-%, DV, Barrique, €€€€
Mittleres Karmingranat, Ockerreflexe, breite Randaufhellung. Floral, kandierte Veilchen, rote Waldbeeren, einladendes Bukett mit einem Touch Lakritze. Mittlerer Körper, zart nach Beeren, feine Tannine, frischer Säurebogen, elegant und ausgewogen, feine Süße im Nachhall.

90 Merlot Tonmergel 2019
14 Vol.-%, DV, Barrique, €€
Kräftiges Rubingranat, Ockerreflexe, breitere Randaufhellung. Frische Herzkirschen, ein Hauch von Waldbeeren, mit Orangenzesten unterlegt. Saftig, rotbeerig und frisch, feine Tannine, ein Hauch von Karamell im Abgang, bietet unkompliziertes Trinkvergnügen.

★★★★

WEINGUT SETZER

Seit 1705 ist das Weingut im Familienbesitz und wird mit Stolz und großem Verantwortungsgefühl von Generation zu Generation weitergegeben. Waren es bis vor Kurzem Hans und Ulrike Setzer, die die Geschicke des Weinguts leiteten, so werden sie heute bereits von ihren Kindern Marie-Theres und Eugen unterstützt. Beide sind bereits im Weinbau ausgebildet und ebenso mit Leidenschaft dabei. Hohenwarth am Manhartsberg, am Rande des westlichen Weinviertels, ist aufgrund seiner Lage besonders für Grünen und Roten Veltliner prädestiniert. Diese beiden Rebsorten bilden das Herzstück des Weinguts und werden sowohl im leichten Segment wie auch als gehaltvolle Lagenweine ausgebaut. Die Flaggschiffe des Hauses sind Weinviertel DAC Reserve »8000« und Roter Veltliner Ried Kreimelberg. Aufgrund der Höhenlage des Ortes Hohenwarth auf fast 400 Metern bilden die Temperaturunterschiede zwischen Tag und Nacht ein ausgeprägtes Fruchtaroma der Trauben. Die alten Rebstöcke wiederum versorgen die Trauben mit Mineralik aus den Tiefen der Braunerdeböden (mit Schotter im Untergrund) und gewährleisten auch in Trockenperioden eine perfekte Wasserversorgung. Rebstöcke mit mehr als 60 Jahren sind in den Weingärten der Setzers keine Seltenheit. Der Setzer in Pink verströmt als fruchtig-leichter Rosé Nizza-Flair, angelehnt an die Roséweine der Provence, nur etwas leichter im Alkohol – ideal zu Meeresfrüchten oder Nudelgerichten. Setzer-Weine sind seit vielen Jahren weltweit erfolgreich. Zu finden sind sie in der Topgastronomie von San Francisco im Westen bis Shanghai im Osten. Auch in Australien oder auf Urlaubsinseln wie den Malediven schätzt man Setzer-Weine. Edle Tropfen heranreifen zu lassen, das liebt das Weingut Setzer, eine »Insel der Seligen« mitten im bedeutendsten Weinbaugebiet Österreichs. Hier vereint sich die niederösterreichische Lebensfreude mit der Leidenschaft für Genuss und dem Streben nach Perfektion – eine Mischung, die nur das Feinste hervorbringt.

WEINGUT SETZER
3472 Hohenwarth
Hauptstrasse 64
T: +43 (2957) 228
setzer@weingut-setzer.at
www.weingut-setzer.at

Kellermeister/Kontakt:
Hans Setzer
Produktion: 85 % weiß, 15 % rot, 30+15 Hektar
Zertifiziert: Nachhaltig Austria
Vereinszugehörigkeit:
Premium Weingüter Weinviertel
Messen: ProWein Düsseldorf, VieVinum, Vinexpo, DAC-Präsentationen, MondoVino

(96) Grüner Veltliner * Große Reserve 2021
14 Vol.-%, DIAM, Barrique, €€€€€ V
Mittleres Grüngelb, silberfarbene Reflexe. Cox-Orange-Apfel, ein Hauch von Birnen, zart nach Blütenhonig, Grapefruitzesten klingen an, floraler Touch, einladendes Bukett. Gute Komplexität, straff, facettenreiche Säurestruktur, Maracuja im Abgang, leichtfüßig wirkend, weißer Pfirsich im Nachhall, sicheres Entwicklungspotenzial.

(95) Grüner Veltliner ** Ried Laa 8000 2022
13,5 Vol.-%, DIAM, Stahltank, €€€€€ V
Mittleres Grüngelb, Silberreflexe. Einladendes Bukett nach Maracuja und Ringlotten, kandierte Clementinen, mit Wiesenkräutern unterlegt. Saftig, straff, facettenreicher Säurebogen, extraktsüß nach Golden-Delicious-Apfel, mineralischer Nachhall, komplexer Speisenbegleiter mit Potenzial.

(93) Grüner Veltliner ** Ried Kirchengarten 2022
13,5 Vol.-%, DIAM, Stahltank, €€€€€ V
Mittleres Gelbgrün, Silberreflexe. Feine Kräuternoten, zart nach Papaya, Orangenschalen, ein Hauch von Quitte. Saftig, gut eingebundene Säurestruktur, feinwürzig, Mangonoten klingen an, mineralischer Rückgeschmack, vielseitiger Speisenbegleiter.

(92) Grüner Veltliner ** Ried Kronberg 2022
13,5 Vol.-%, DIAM, Stahltank, €€€ V
Mittleres Grüngelb, Silberreflexe. Mit dunkler Mineralik unterlegte gelbe Tropenfrucht, zart nach Maracuja, etwas nach Ringlotten. Saftig, elegant, feinwürzig, stoffig, Kernobstnoten im Abgang, lang anhaltend, kraftvoller Speisenbegleiter.

91 Grüner Veltliner * Ausstich 2022
12 Vol.-%, DV, Stahltank, €€ Ⓥ
Mittleres Grüngelb, Silberreflexe. Zarte Kräuternoten, etwas vegetal, Apfeltouch, mit Melisse unterlegt, engmaschiges Bukett. Straff, elegant, mittlere Komplexität, gut eingebundene Säurestruktur, Kernobst im Abgang, zitroniger Nachhall, bereits gut antrinkbar.

(92) Roter Veltliner Ried Kreimelberg 2022
13,5 Vol.-%, DIAM, Stahltank, €€€€ Ⓥ
Mittleres Gelbgrün, Silberreflexe. Mit zarter Kräuterwürze unterlegter Blütenhonig, feine Nashi-Birne, ein Hauch von Ananas, einladendes Bukett. Saftig, elegant, feinwürzig, Tropenfruchtanklänge, mineralischer Nachhall, bleibt gut haften, guter Speisenbegleiter.

★★★

WINZERHOF STIFT

Der Winzerhof von Franz und Regina Stift liegt im bekannten Weinort Röschitz und ist mit seinen typischen Arkaden ein richtiges Weinrefugium, dessen heitere und gemütliche Atmosphäre regelmäßig für Veranstaltungen rund um die Themen Wein und Kultur genutzt wird. Großer Beliebtheit erfreuen sich die Jazzabende.
Im Weinbau nutzt man die unterschiedlichen Böden und besonderen Lagen rund um Röschitz. Urgesteinsinseln wechseln sich mit Lössböden ab, wobei Erstere markante Mineralik und Letztere cremige Vollmundigkeit und Würze in die Weine bringen. Für jede Sorte finden sich entlang des Manhartsberges ideale Bedingungen. Im Einklang mit der Natur, durch behutsame Pflege der Rebstöcke und einfühlsame Arbeit im Keller entstehen daher finessenreiche, ausdrucksvolle und sortentypische Weine. Neben der Leitsorte Grüner Veltliner, den es in verschiedensten Ausbaustufen gibt, werden auch sehr erfolgreich Riesling, Sauvignon Blanc, Gelber Muskateller, Chardonnay und ein Rosé vom Cabernet Sauvignon vinifiziert. Diese Weine zeigen Klarheit, Brillanz und Ausdrucksstärke und spiegeln das Weinviertel auf das Schönste wider. Bestätigt wird dies immer wieder durch zahlreiche Auszeichnungen. Neben den bekannten Weinen »Tante Mitzi«, »Methusalem« und natürlich dem Riesling vom Urgestein beinhaltet das Sortiment auch fruchtige Frizzante-Weine. Eine Degustation auf dem Hof der Familie Stift, der fast

© Martin Lifka

WINZERHOF STIFT
3743 Röschitz
Lange Zeile 6
T: +43 (2984) 31 44
office@winzerhof-stift.at
www.winzerhof-stift.at

Kellermeister: Franz Stift
Kontakt: Franz und Regina Stift
Produktion: 90 % weiß, 5 % rosé, 5 % rot
Zertifiziert: Nachhaltig Austria
Vereinszugehörigkeit: Weingüter Retzer Land
Messen: DAC-Präsentationen, MondoVino

Franz-Joseph, Franz und Regina Stift

schon mediterranes Flair ausstrahlt, wird zu einem wahren Erlebnis.

93 Grüner Veltliner * Maximos 2021
13,5 Vol.-%, DV, großes Holzfass, €€€
Mittleres Gelbgrün, Silberreflexe. Feine Kräuterwürze, zart nach Blütenhonig, ein Hauch von Mango und Ananas, Kumquatzesten klingen an. Saftig, elegant, gute Komplexität, lebendige, gut eingebundene Säurestruktur, zitroniger Touch, weiße Tropenfrucht im Nachhall, sicheres Potenzial.

91 Grüner Veltliner * vom Urgestein 2022
12,5 Vol.-%, DV, Stahltank, €€
Helles Grüngelb, silberfarbene Reflexe. Feine Apfelfrucht, zart nach Wiesenkräutern, ein Hauch von Zitruszesten, mit weißer Tropenfrucht unterlegt. Saftig, straff, gut integrierter Säurebogen, weißes Kernobst, wirkt leichtfüßig, mineralisch-zitroniger Nachhall, trinkanimierender Stil.

93 Grüner Veltliner Ried Galgenberg 2022
13,5 Vol.-%, DV, Stahltank, €€
Mittleres Gelbgrün, Silberreflexe. Mit feiner Tabakwürze unterlegte Noten von Maracuja, zart nach Blütenhonig, etwas nach Bergamotte, einladendes Bukett. Saftig, engmaschig, Mango im Abgang, extraktsüßer Nachhall, bleibt sehr gut haften, vielfältig einsetzbar.

92 Grüner Veltliner Ried Reipersberg 2022
13 Vol.-%, DV, Stahltank, €€
Mittleres Gelbgrün, Silberreflexe. Gelbes Kernobst, zart nach Wiesenkräutern, ein Hauch von Papaya, floraler Touch, balanciertes Bukett. Saftig, engmaschig, gelbe Frucht, zart nach Apfel, mineralischer Nachhall, vielfältig einsetzbarer Speisenbegleiter.

91 Grüner Veltliner Tante Mitzi 2022
12,5 Vol.-%, DV, Stahltank, €€
Mittleres Gelbgrün, Silberreflexe. Feiner Blütenhonig, etwas nach Guaven, zart nach Papaya, Wiesenkräuter, Orangenschalen. Saftig, elegant, frisch und leichtfüßig, zitroniger Touch, weiße Apfelfrucht, bleibt gut haften, vielfältig einsetzbar.

94 Riesling Röschitz vom Urgestein 2022
13 Vol.-%, DV, Stahltank, €€
Helles Grüngelb. Feine Zitrusnuancen, etwas nach Mango, Ananastouch, ein Hauch von Wiesenkräutern, frisches Bukett. Engmaschig, fruchtsüß, gut integrierte Säurestruktur, mineralisch, Honigtouch im Nachhall, Marille im Rückgeschmack, vielfältig einsetzbar.

★★

WEINGUT STUDENY

Als Familienbetrieb in dritter Generation bewirtschaftet Herbert Studeny 16 Hektar Weingärten im traditionsreichen Weinbauort Obermarkersdorf. Das Retzer Land im Weinviertel mit seiner Weinstadt Retz ist das nördlichste Weinbaugebiet Österreichs und bekannt für seine charaktervollen, würzigen Grünen Veltliner. Der wohl wichtigste Charaktergeber der Region ist der Manhartsberg, der aus dem Muttergestein Granit besteht und den Weißweinen eine mineralische Note verleiht. Diesem Bergrücken verdanken die Winzer in dieser Gegend auch die hohen Temperaturunterschiede zwischen Tag und Nacht sowie die Waldviertler Fallwinde – eine Besonderheit, die lebendige und aromatische Weine hervorbringt.
Als eines der ersten Weingüter in dieser Region hat das Weingut Studeny den Sauvignon Blanc etabliert, der sich durch eine ganz be-

WEINGUT STUDENY

2073 Obermarkersdorf
Obermarkersdorf 174
T: +43 (2942) 8252
office@studeny.at
www.studeny.at

Kellermeister/Kontakt: Herbert Studeny
Produktion: 75 % weiß, 5 % rosé, 15 % rot, 5 % süß, 16 Hektar
Vereinszugehörigkeit: Weinstraße Weinviertel, Weingüter Retzer Land, Weinviertel DAC, Nordwein Österreich
Messen: VieVinum, Vinobile Feldkirch, DAC-Präsentationen, Vinorell Hamburg

Gertrud und Herbert Studeny

sondere Feingliedrigkeit und Finesse auszeichnet. Mittels behutsam eingesetzter Kellertechnik und langer Reifung auf der Feinhefe zaubert er feingliedrige, komplexe Spitzenweine mit hoher Lagerfähigkeit. Seit dem Jahrgang 2020 werden die meisten weißen Lagenweine spontan vergoren. 2011 wurde ein attraktiver Degustationsraum angebaut, der für den Ab-Hof-Verkauf und für Verkostungen ganz besonders gerne besucht wird.

91 Grüner Veltliner * Obermarkersdorf 2022
12 Vol.-%, DV, Stahltank, €€
Helles Grüngelb, Silberreflexe. Zarte gelbe Apfelfrucht, ein Hauch von Wiesenkräutern, ein Hauch von Anis, einladendes, feinwürziges Bukett. Saftig, feine Kernobstnuancen, frischer Säurebogen, zitronig-mineralisch im Abgang, ein vielseitiger, zugänglicher Speisenwein.

92 Grüner Veltliner Ried Atschbach 2022
14 Vol.-%, DV, Teilbarrique, €€
Mittleres Grüngelb, Silberreflexe. Feinwürzig unterlegte Nuancen von gelbem Kernobst, frischer Apfel, zart nach Mango, ein Hauch von Blütenhonig. Komplex, saftig, feine weiße Tropenfrucht, dezente Fruchtsüße, mineralisch und gut anhaftend, feiner nussiger Touch im Abgang, zeigt Länge und Reifepotenzial.

(92) Riesling Ried Triftberg Urgestein 2022
13,5 Vol.-%, DV, Stahltank, €€
Mittleres Grüngelb, Silberreflexe. Feine gelbe Tropenfrucht, zart nach Pfirsich und Ananas, mit einem Hauch von Limettenzesten unterlegt. Saftig, elegant, weißer Pfirsich, kraftvoller Körper, weiße Frucht, frischer Säurebogen, präsente Fruchtsüße im Abgang, gute Länge, verfügt über Reifepotenzial.

91 Gelber Muskateller Obermarkersdorf 2022
11 Vol.-%, DV, Stahltank, €€
Helles Gelbgrün, Silberreflexe. Feine gelbe Tropenfrucht, ein Hauch von Maracuja und Muskatnuss, zarter Blütenhonig, Holunderblüten klingen an. Saftig, weiße Apfelfrucht, frische Säurestruktur, mineralisch-zitronig, salzig im Nachhall, ein lebendiger Speisenbegleiter.

91 Sauvignon Blanc Ried Sündlasberg 2022
13 Vol.-%, DV, Stahltank, €€
Helles Goldgelb, Silberreflexe. Etwas scheu, zarte Nuancen von Stachelbeeren und Cassis, ein Hauch von Grapefruitzesten, floraler Touch. Saftig, elegant, weiße Tropenfrucht, feine Fruchtsüße, ausgewogen und bereits gut antrinkbar, salzig-zitroniger Touch im Nachhall.

90 Rosé Obernalb 2022 ME/CS
12 Vol.-%, DV, Stahltank, €€
Helles Lachsrosa, Silberreflexe. Feines rotes Waldbeerenkonfit, eingelegte Kirschen, ein Hauch von Orangenzesten. Saftige gelbe Apfelfrucht, dezente Fruchtsüße, Erdbeeren im Abgang, ein stoffiger und doch leichtfüßiger Sommerwein.

★★★

WEINGUT SUTTER

Doris und Leopold Sutter führen ihr traditionsreiches Weingut in Hohenwarth im südwestlichen Weinviertel, wo das Kamptal an den Wagram grenzt, bereits in zehnter Generation. Die Weine des Großvaters August standen früher auf den besten Weinkarten des Landes. Nun gibt es neuen Schwung im Betrieb, und es wird sicher nicht lange dauern, bis man das Weingut Sutter wieder in den besten Restaurants findet. So stark wie die Mauern des Weinguts, das 1671 errichtet und liebevoll restauriert wurde, präsentiert sich auch das Sortiment der Sutters. Der Fokus liegt ganz klar auf dem Grünen Veltliner, den es in sechs Spielarten gibt: Der Weinviertel DAC ist ein klassischer Gebietswein, dazu gesellen sich Lagenweine und ein Grüner Veltliner Alte Reben. Auf Kies, Sand, Ton und kalkreichem Schotter der Ur-Donau wurzeln ihre Rebstöcke und sorgen für mineralische, eigenständige Weine, die ihre Herkunft zeigen. Drei Rote Veltliner, eine rare Sorte, die nur von wenigen Winzern gepflegt wird, und ein Frühroter Veltliner sorgen ebenfalls für die vielen Gesichter, die ein Veltliner haben kann.

WEINGUT SUTTER
3472 Hohenwarth
Weinviertler Straße 6
T: +43 (2957) 200
office@weingut-sutter.at
www.weingut-sutter.at

Kellermeister: Leopold Sutter
Kontakt: Doris Sutter
Produktion: 20 Hektar
Zertifiziert: Nachhaltig Austria
Messen: ProWein Düsseldorf, VieVinum, Vinexpo, DAC-Präsentationen

93 Grüner Veltliner * Privat 2019
13 Vol.-%, DV, großes Holzfass, €€€€€
Mittleres Gelbgrün, Silberreflexe. Einladendes Bukett nach Ananas und Honigmelone, etwas nach Blütenhonig, kandierte Orangenzesten klingen an. Saftig, elegant, feine Säurestruktur, mineralisch, gelbe Steinobstfrucht im Abgang, Holzwürze im Nachhall, bereits gut antrinkbar.

(92) Grüner Veltliner ** Ried Kellerberg 2022
13 Vol.-%, DV, großes Holzfass, €€€€
Mittleres Gelbgrün, silberfarbene Reflexe. Zart nach Kräutern und gelber Apfelfrucht, tabakig, feine Zitrusnuancen, Maracujatouch. Saftig, frisch und elegant, feine Säurestruktur, mineralisch, weißes Kernobst im Abgang, bleibt gut haften, ein leichtfüßiger Speisenbegleiter.

(91) Grüner Veltliner * Alte Reben 2022
13 Vol.-%, DV, großes Holzfass, €€
Helles Gelbgrün, Silberreflexe. Feine Wiesenkräuter, Guaven, zart nach Melisse, dazu etwas Kamille, zurückhaltendes Bukett. Saftig, frisch und lebendig, zitroniger Abgang, feine Würze im Nachhall, Apfeltouch im Rückgeschmack.

90 Grüner Veltliner * Klassik 2022
12,5 Vol.-%, DV, Stahltank, €€
Helles Gelbgrün, Silberreflexe. Feine Kräuterwürze, etwas nach Apfel, ein Hauch von Orangenzesten, mit Blütenhonig unterlegt, frisches Bukett. Saftig, gut integrierte Säurestruktur, gelbes Kernobst im Abgang, bereits gut antrinkbar.

92 Roter Veltliner Privat 2019
13 Vol.-%, DV, großes Holzfass, €€€€€
Mittleres Gelbgrün, Silberreflexe. Feine Wiesenkräuter, gelbes Kernobst, zart nach Williamsbirne, ein Hauch von Holzwürze, Blütenhonig klingt an. Saftig, elegant, feinwürzig, weißes Kernobst, frisch, guter Gerbstoff im Abgang, vielfältig einsetzbar.

(90) Roter Veltliner Alte Reben 2022
13 Vol.-%, DV, großes Holzfass, €€€
Mittleres Gelbgrün, Silberreflexe. Feine Kräuternoten, etwas nach Maracuja, Birnentouch, tabakige Nuancen. Saftig, straff, mittlere Komplexität, saftig, gut eingebundene Säurestruktur, mineralisch, weißes Steinobst, Zitrus im Nachhall, bereits gut antrinkbar.

89 Pinot Noir Ried Mühlweg 2021
13 Vol.-%, DV, Stahltank, €€

WEINGUT TAUBENSCHUSS
2170 Poysdorf
Körnergasse 2
T: +43 (676) 3566901
www.taubenschuss.at

Kellermeister: Helmut und Markus Taubenschuss
Kontakt: Monika und Thomas Taubenschuss
Anbauweise: Umstellung auf bio (Austria Bio Garantie)
Produktion: 100 % weiß, 22 Hektar
Vereinszugehörigkeit: Premium Weingüter Weinviertel
Messen: VieVinum, Vinexpo, Vinitaly, DAC-Präsentationen

Weingartenbeweidung mit Schafen in Poysdorf

★★★

WEINGUT TAUBENSCHUSS

Das Weingut Taubenschuss ist ein Monolith in der Weinviertler Weinlandschaft und besteht bereits seit 1670. Heute wird der Betrieb von Markus und Thomas Taubenschuss geführt – unter tatkräftiger Mithilfe der Eltern Monika und Helmut, die immer noch aktiv in den Bereichen Produktion und Marketing mitwirken. Die Vorfahren haben sich die besten Lagen rund um die Weinstadt Poysdorf gesichert, der Fokus liegt auf den gebietstypischen Sorten Grüner Veltliner und Weißburgunder. Bereits 1941 wurde mit der Abfüllung in Bouteillen begonnen, aber dies ist nur ein Grund für die Pionierstellung dieser Weinviertler Winzerdynastie. Damals wie heute findet die Ernte traditionell ausschließlich per Hand statt. Oberstes Credo ist naturnaher, nachhaltiger Weinbau, wobei man bewusst auf den Einsatz von Pestiziden, Herbiziden, Insektiziden und Handelsdüngern verzichtet und stattdessen auf eigene Kompostproduktion zur organischen Düngung der Weingärten setzt. Auch nachhaltige Weingartenbeweidung mithilfe von speziellen Schafen wird seit einigen Jahren erfolgreich betrieben und sorgt so langfristig für weniger maschinellen Einsatz im Weinberg. Momentan befindet sich das Weingut in der Umstellungsphase zur Bio-Zertifizierung.

© Weingut Taubenschuss

(91) Grüner Veltliner * Ried Weißer Berg 2022
12 Vol.-%, DV, Stahltank, €€€
Mittleres Gelbgrün, Silberreflexe. Mit Blütenhonig unterlegte Noten von reifem Apfel, ein Hauch von Papaya, zart nach Melisse, einladendes Bukett. Saftig, mittlere Komplexität, saftig, gut eingebundener Säurebogen, Kernobst im Abgang, salziger Nachhall.

90 Grüner Veltliner * Poysdorf 2022
12 Vol.-%, DV, Stahltank, €€
Leuchtendes Gelbgrün. Feine Kräuternoten, Apfelfrucht, zart nach Guaven, etwas Kardamom, dunkle Mineralik. Straff, gut eingebundene Säurestruktur, weißes Kernobst, würziger Nachhall, guter Speisenbegleiter.

93 Grüner Veltliner Große Reserve MX Alte Reben 2019
13,5 Vol.-%, NK, großes Holzfass, €€€€€
Leuchtendes Goldgelb, Grünreflexe. Zarte Holzwürze, etwas kandierte Orangenzesten, etwas nach Ananas und Feigen, Blütenhonig klingt an. Komplex, straff, balancierte Säurestruktur, etwas nach Kräutern, salziger Abgang, mineralischer Nachhall, guter Speisenbegleiter, kraftvolles Finish.

(92) Grüner Veltliner Ried Hermannschachern 2022
13 Vol.-%, DV, Stahltank, €€€
Leuchtendes Goldgelb, Grünreflexe. Dezente Kräuternoten, etwas reife Apfelfrucht, mit Ananas und kandierten Orangenzesten unterlegt. Elegant, engmaschig, extraktsüß nach Tropenfrucht, mineralischer Rückgeschmack, frisches Finish, vielseitiger Speisenbegleiter.

92 Grüner Veltliner Ried Neidharden 2021
13 Vol.-%, DV, Stahltank, €€€
Leuchtendes Gelbgrün, silberfarbene Reflexe. Attraktives Bukett nach Mango und Passionsfrucht, mit Blütenhonig unterlegt, kandierte Limettenzesten. Saftig, gute Komplexität, restsüß, Weingartenpfirsich im Abgang, salzig-zitroniges Finish, sicheres Potenzial.

94 Weißburgunder Ried Weißer Berg Selection 2019
13,5 Vol.-%, NK, großes Holzfass, €€€€€
Leuchtendes Goldgelb, silberfarbene Reflexe. Mit Honig und Orangenblüten unterlegte reife Birne und Papaya, floraler Touch, einladendes Bukett, Karamell klingt an. Gute Komplexität, straff, extraktsüß, feine Holzwürze, Marillentouch, bleibt sehr gut haften, vielschichtiger Speisenbegleiter mit Potenzial.

★★

WEINGUT URBAN

Als Andreas Urban im Jahr 2002 den elterlichen Betrieb übernahm, hatte er eine klare Vorstellung, wie seine Weine schmecken sollten, nämlich auf alle Fälle auf der höchsten Qualitätsstufe, die ein Jahrgang zulässt. Jede Sorte soll unverfälscht (sortentypisch) in die Flasche gelangen. Auf 22 Hektar Rebfläche werden die Sorten Grüner Veltliner, Riesling, Gelber Muskateller, Sauvignon Blanc, Roter Traminer, Rivaner, Roesler, Pinot Noir, Zweigelt und Merlot gekeltert. Die Reben gedeihen auf fruchtbaren Braunerde-Lehm-Böden in Schalladorf, Immendorf und Oberstinkenbrunn, Katastralgemeinden in der Großlage Retzer Weinberge, zehn Kilometer nördlich von Hollabrunn. Die Qualität der Weine hängt nicht nur vom Terroir, sondern auch von der Pflanzengesundheit, der händischen Arbeit und nicht zuletzt vom Gefühl des Winzers ab. Daher gilt: »Jeder Wein spiegelt den Winzer wider.« Bei der Arbeit in den Weingärten und im Keller hält sich Andreas Urban streng an das Motto »Nicht zu viel und nicht zu wenig«. Bei der Verarbeitung der Trauben verbindet er neueste Erkenntnisse mit modernster Technologie und altem Know-how. Die Weißweine werden zum Großteil reduktiv in Edelstahltanks ausgebaut und stehen je nach Sorte und Ausbauart zwischen November nach der Lese und spätestens bis Mai des darauffolgenden Jahres für die Kunden zum Kauf bereit. Die Rotweine werden teilweise in Barriques und in großen Holzfässern vinifiziert. Dass Andreas Urban auf dem richtigen Weg ist, bestätigen ihm seine Erfolge.

WEINGUT URBAN
2041 Wullersdorf
Parkgasse 34a
T: +43 (2951) 8354
office@weingut-urban.at
www.weingut-urban.at

Kellermeister/Kontakt:
Andreas Urban
Produktion: 80 % weiß, 20 % rot, 22 Hektar

89 Grüner Veltliner * 2022
12 Vol.-%, DV, Stahltank, €€

91 Grüner Veltliner Alte Reben 2022
12 Vol.-%, DV, Stahltank, €€€
Helles Grüngelb, Silberreflexe. Zart nach Wiesenkräutern, Orangenzesten, mit gelber Apfelfrucht unterlegt. Komplex, weiße Tropenfrucht, etwas Melone, feiner Säurebogen, zitroniger Touch, leichtfüßiger, trinkanimierender Stil.

90 Grüner Veltliner Ried Zeiselbergen 2022
13 Vol.-%, DV, Stahltank, €€
Helles Grüngelb, Silberreflexe. Zart nach Mango und Mandarinen, mit einem Hauch von Kernobst und Blütenhonig unterlegt. Saftig, dezente Fruchtsüße, Golden-Delicious-Apfel im Kern, zart salzig im Abgang, bleibt haften, zarte Würze im Nachhall.

92 Sauvignon Blanc Ried Leitenberg 2022
13,5 Vol.-%, DV, Stahltank, €€€
Mittleres Grüngelb, Silberreflexe. Zart nach Eukalyptus und Guaven, zarte gelbe Tropenfrucht, etwas Blütenhonig und Grapefruitzesten. Saftig, elegant, mineralischer Kern, feiner Säurebogen, salziger Nachhall, besitzt Länge und Potenzial.

90 Sauvignon Blanc 2022
12,5 Vol.-%, DV, Stahltank, €€
Helles Grüngelb, Silberreflexe. Ein Hauch von Limonenöl, frische Minze, weiße Ribiseln und Stachelbeeren klingen an. Saftig, feinwürzig, weiße Tropenfrucht, frischer Säurebogen, anhaltend, ein anregend duftiger Speisenbegleiter.

90 Gelber Muskateller 2022
11,5 Vol.-%, DV, Stahltank, €€
Helles Goldgelb, Silberreflexe. Traubig-rauchige Nuancen, zart nach Muskatnuss und Holunderblüten. Saftig, etwas Banane und Pfirsich, frischer Säurebogen, zitronig-mineralisch, ein lebendiger, animierender Sommerwein.

★★

WEINGUT WANNEMACHER

Nur einen Katzensprung von der Wiener Innenstadt entfernt liegt das Weingut Wannemacher im idyllischen Ort Hagenbrunn. Dort betreiben Elisabeth und Josef Wannemacher sehr engagiert und dynamisch ein Weingut und einen Heurigen. Josef Wannemacher versteht es, Weine mit absoluter Klarheit und Sortentypizität zu vinifizieren. Auch in schwierigen Jahren schafft er es, mit Feingefühl und Kompetenz eine beeindruckende Weinpalette zu präsentieren. Besonderes Augenmerk – wie könnte es im Weinviertel auch anders sein – wird auf den Grünen Veltliner und den Riesling gelegt. Beide Sorten werden in mehreren Spielarten ausgebaut. Natürlich darf auch ein Gemischter Satz nicht fehlen. Der Gemischte Satz ist besonders fruchtig und herrlich trinkfreudig. Sehr sortentypisch sind auch der Gelbe Muskateller, der Chardonnay und der Sauvignon Blanc. Sicherlich ein Highlight ist der Traminer – diese alte Rebsorte wird von den Wannemachers seit jeher gepflegt. Der Blaue Zweigelt wird ebenso wie der St. Laurent ganz klassisch in gebrauchten Barriquefässern ausgebaut, die »Erfüllung« (Cabernet Sauvignon, St. Laurent, Merlot und Zweigelt) hingegen wird in neuen Barriquefässern gelagert. Zu verkosten gibt es die Weine natürlich alle auch beim Heurigen der Familie Wannemacher, der mit einem umfangreichen Buffet mit saisonalen und traditionellen Gerichten und hausgemachten Mehlspeisen überzeugt. Im Sommer bietet der wunderschöne, große Innenhof den idealen Rahmen für gemütliche und genussreiche Stunden.

91 Grüner Veltliner ** 2022
135 Vol.-%, DV, großes Holzfass, €€€
Mittleres Grüngelb, Silberreflexe. Feine Kräuterwürze, etwas nach Maracuja und Papaya, zart pfeffrig, floraler Touch. Saftig, gut eingebundene Säurestruktur, feine Gewürznuancen, extraktsüß nach Tropenfrucht im Abgang.

WEINGUT WANNEMACHER
2102 Hagenbrunn
Hauptstraße 41
T: +43 (2262) 672795
wein@weingut-wannemacher.at
weingut-wannemacher.at

Kellermeister/Kontakt:
Josef Wannemacher
Produktion: 75 % weiß, 25 % rot, 10 Hektar

91 Grüner Veltliner Ried Hofmauer 2022
13 Vol.-%, DV, Stahltank, €€
Mittleres Gelbgrün, silberfarbene Reflexe. Feine Wiesenblüten, etwas nach gelbem Apfel, zarte Orangenzesten, ein Hauch von Papaya. Saftig, elegant, feine Säurestruktur, mineralisch, etwas nach Pfirsich im Abgang, salziger Nachhall.

92 Traminer 2022
14,5 Vol.-%, DV, Stahltank, €€
Leuchtendes Grüngelb, silberfarbene Reflexe. Feine Wiesenkräuter, zarte Eibischnoten, etwas nach Birnen und Honig, ein Hauch von Grapefruit. Saftig, restsüß, elegant, zart nach Karamell, Ananastouch im Abgang, frisches Finish, bereits gut antrinkbar.

91 Riesling Exclusive 2022
12,5 Vol.-%, DV, Stahltank, €€€
Helles Gelbgrün, Silberreflexe. Mit feinem Blütenhonig unterlegte Noten von Marille, ein Hauch von Ananas, zart nach Mandarinenzesten. Saftig, etwas nach Pfirsich, gut eingebundene Säurestruktur, mit Restsüße ausgestattet, bereits gut antrinkbar.

90 Riesling Ried Hölle 2022
13 Vol.-%, DV, Stahltank, €€
Leuchtendes Gelbgrün, Silberreflexe. Feine reduktive Nuancen, ein Hauch von Melisse, zart nach Orangenzesten, würziges Bukett, rote Apfelfrucht. Saftig, elegant, fruchtsüß nach Weingartenpfirsich, frische Säurestruktur, guter Speisenbegleiter.

90 Gemischter Satz 2022
13 Vol.-%, DV, Stahltank, €€
Helles Grüngelb, Silberreflexe. Etwas Tabak-Kräuter-Würze, gelbe Tropenfrucht, etwas Gewürznuancen, ein Hauch von Mandarinenzesten. Saftig, elegant, gut integrierte Säurestruktur, feine Tabakwürze, etwas nach reifem Apfel, bleibt gut haften.

★★★

WEINGUT WEINRIEDER

»Genialität ist oft nur einen Millimeter von der Katastrophe entfernt.« Ein Ausspruch, der auf dem Weingut Weinrieder eine deutliche Richtung vorgibt. Ob Weingartenarbeit, Ausbau der Weine oder Vermarktung: Der Winzer sucht konsequent den Weg abseits des Üblichen. Allein seine Vorstellung vom fertigen Produkt ist zu individuell, um in irgendwelche Schablonen zu passen. Als Königsklasse erachtet er Wein in seiner Eigenschaft als Speisenbegleiter. Als solcher muss er Finesse, Kraft und Charakter in sich bündeln – und extrem langlebig sein. Und es sind auch eben diese Eigenschaften, die Weinrieders Weine auf die Weinkarten internationaler Spitzenrestaurants rund um den Globus bringen.
Die Basis dafür sieht Lukas Rieder im Weingarten. Der »Weinrieder« konzentriert sich dabei auf die Zyklen der Natur und hat eigene Parameter, um die Weingartenarbeit darauf abzustimmen. Dazu gehören die Schonung der Nützlinge, Begrünung sowie rigorose Ertragsbeschränkung durch kurzen Rebschnitt und konsequentes Ausdünnen. Späte Ernte und lange Reife auf der Feinhefe machen die Weine zu den gewünschten Langstreckenläufern – Weine, die noch nach Jahren mit ihrer einzigartigen Vitalität bezaubern.

94 Riesling Ried Kugler 2021
13,5 Vol.-%, DIAM, Stahltank, €€€€
Mittleres Gelbgrün. Reife Marillen, unterlegt mit Honig, etwas nach Mango, kandierte Orangenschalen, fruchtiges Bukett. Komplex, elegant, gut eingebundene Säurestruktur, mineralisch, zart kräutrig, reife Tropenfrucht im Abgang, sicheres Potenzial, fruchtsüßer Speisenbegleiter.

92 Grüner Veltliner Ried Schneiderberg 2021
13 Vol.-%, DV, Stahltank, €€
Helles Gelbgrün, silberfarbene Reflexe. Feine Kräuterwürze, weiße Apfelfrucht, zart nach Kardamom, etwas Ringlotten. Saftig, straff, balanciert und elegant, gut eingebundene Säurestruktur, weißes Steinobst im Abgang, guter Speisenbegleiter.

92 Weißburgunder Ried Schneiderberg 2021
14,5 Vol.-%, DIAM, Stahltank, €€€€
Helles Gelbgrün, silberfarbene Reflexe. Reife Birnenfrucht, zart nach Zitrus, ein Hauch von Guaven, dezente Tropenfrucht. Saftig, elegant, kraftvoll, gut eingebundene Säurestruktur, weißes Steinobst, guter Speisenbegleiter.

91 Chardonnay Ried Hohenleiten 2021
13 Vol.-%, DV,DIAM, Stahltank, €€€€
Helles Gelbgrün, Silberreflexe. Zarte Würze, etwas Golden-Delicious-Apfel, ein Hauch von Blütenhonig, weiße Tropenfrucht. Saftig, elegant, gut eingebundene Säurestruktur,

WEINGUT WEINRIEDER
2170 Kleinhadersdorf-Poysdorf
Untere Ortsstraße 44
T: +43 (2552) 2241
office@weinrieder.at
www.weinrieder.at

Kellermeister/Kontakt:
Lukas Rieder
Produktion: 95 % weiß, 5 % süß, 20 Hektar
Vereinszugehörigkeit:
Premium Weingüter Weinviertel
Messen: Austrian Tasting London, Hofex Hongkong, ProWein Düsseldorf, VieVinum, Vinexpo Bordeaux, Vinexpo Shanghai, DAC-Präsentationen, ProWine China, ProWine Asia

reife Frucht, mineralisch, extraktsüßes Finish, Birnenfrucht im Nachhall, bereits gut antrinkbar.

96 Riesling Ried Dornleiten TBA 2018
13 Vol.-%, DIAM, Stahltank, €€€€€
Leuchtendes helles Goldgelb, Silberreflexe. Feine Botrytiswürze, ein Hauch von Lanolin, getrocknete Marillen, feiner Honigtouch, fast rotbeerige Nuancen. Kraftvoll, saftig, weißes Steinobst, feine, gut integrierte Süße, elegant und mineralisch, bereits entwickelt und zugänglich, verfügt über Länge und sicheres Reifepotenzial.

94 Grüner Veltliner Ried Dornleiten Eiswein 2020
13 Vol.-%, DV,DIAM, Stahltank, €€€€€
Mittleres Goldgelb, Messingreflexe. Feine Nuancen von Dörrfeigen, getrocknete Marillen, mit frischem Steinobst unterlegt, kandierte Orangenzesten, etwas Honig. Saftig, fruchtig, gut integrierte Süße, Nuancen von weißer Frucht, frisch strukturiert, harmonische Süße im Abgang, mineralischer Nachhall.

★★★

WEINGUT NIKI WINDISCH

Weinbauer aus Leidenschaft, Qualitätsfanatiker, Querdenker, Arbeitstier: Besser kann man Niki Windisch, zu Hause im südlichen Weinviertel, nicht beschreiben. Er sieht Weinbau als »Handwerk wie jedes andere«. Den Unterschied, der dazu führt, dass er unverwechselbare eigenständige Weine mit viel Charakter, Tiefgang und Gebietstypizität erzeugt, machen seine Liebe zum Beruf, sein Engagement und das nötige Gespür für seine Weingärten und Trauben. Neben unkomplizierten Weißweinen wie etwa Weinviertel DAC, Gelber Muskateller oder Gemischter Satz werden sehr charaktervolle Lagenweißweine (Hofweingärten, Satzen, Holzberg und Sonnleithen) und vor allem für das Weinviertel außerordentliche Rotweine gekeltert. Mit dem Merlot Sandwühler war Niki Windisch schon zweimal Zweiter und einmal Sortensieger bei der Falstaff-Rotweinprämierung, mit dem Blaufränkisch Leiten 2015 Zweitbester in der Kategorie Blaufränkisch und zugleich »3. Falstaff-Sieger«. Auch zahlreiche Top-Platzierungen bei anderen heimischen Medien mit weiteren Weinen unterstreichen die hohe

Niki Windisch

WEINGUT NIKI WINDISCH
2212 Groß-Engersdorf
Kurze Zeile 66
T: +43 (699) 12867471
niki@weingut-windisch.at
www.weingut-windisch.at

Kellermeister/Kontakt:
Niki Windisch
Produktion: 60.000 Flaschen
5 % Schaumwein, 58 % weiß,
5 % rosé, 30 % rot, 2 % süß,
11.5 Hektar
Vereinszugehörigkeit:
TOP-Heurige, Weinstraße Südliches Weinviertel

Qualität seines Sortiments. Sechs- bis siebenmal im Jahr ist im »TOP-Heurigen« ausgesteckt: Gemeinsam mit seinem Team konzipiert der Winzer regionale Speisen, abgestimmt auf die eigenen Weine, die es natürlich alle zum Verkosten und auch glasweise zum Genießen gibt.

(93) Grüner Veltliner ** Ried Holzberg 2022
13,5 Vol.-%, DV, gebrauchte Barriques, €€€€
Mittleres Goldgelb, Silberreflexe. Etwas nach Papaya und Mango, ein Hauch von kandierten Orangenschalen, feinwürzig, mit Blütenhonig unterlegt. Feinwürzig, leichtfüßig, saftig, elegant, zarte Noten von Marillen, bleibt gut haften, wird von Flaschenreife profitieren.

(92) Grüner Veltliner Ried Hofweingärten 2022
13,5 Vol.-%, DV, Stahltank, €€
Helles Grüngelb, silberfarbene Reflexe. Etwas nach Kräutern und reifem Apfel, dezent nach Melisse und dunkler Mineralik. Saftig, extraktsüß nach Quitten, gut eingebundene Säurestruktur, bleibt gut haften, lebendiges Finish.

(92) Gelber Muskateller Ried Satzen Privat 2022
13 Vol.-%, DV, gebrauchte Barriques, €€€
Helles Grüngelb, silberfarbene Reflexe. Etwas nach eingelegtem Pfirsich und weißen Rosen, zart nach Litschis, einladendes Bukett, frische und süße Nuancen klingen an. Saftig, straff, lebendige Säurestruktur, mineralisch, etwas nach Papaya, bleibt gut haften, vielschichtig und gut einsetzbar.

(92) Anaconda 2021 ZW/BF/ME
13,5 Vol.-%, DV, Barrique/gebrauchte Barriques, €€€€
Dunkles Rubingranat, violette Reflexe, zarte Randaufhellung. Zart floral unterlegte dunkle Waldbeeren, ein Hauch von Brombeeren und Kirschen, dezente Holzwürze, kandierte Orangenzesten. Saftig, schwarze Kirschen, frisch, seidige Tannine, mineralisch, feine Fruchtsüße im Nachhall.

92 Blaufränkisch Ried Leiten 2021
13,5 Vol.-%, DV, 500-l-Fass/Barrique, €€€€
Dunkles Rubingranat, violette Reflexe, dezente Randaufhellung. Nuancen von Brombeeren und Cassis, ein Hauch von Vanille, zart nach Orangenzesten. Straff, engmaschig, rotbeeriger Touch, feiner Säurebogen, mineralisch-salzig im Abgang, ein lebendiger Speisenbegleiter.

(92) Merlot Sandwühler 2021
14,5 Vol.-%, DV, Barrique, €€€€€
Tiefdunkles Rubingranat, violette Reflexe, zarte Randaufhellung. Nuancen von frischen Pflaumen, dunkle Kirschen, ein Hauch von Orangenzesten. Saftig, rote Kirschen, feine Fruchtsüße, mineralisch, reife Tannine, frische Waldbeeren, lebendig strukturiert, salzig im Abgang, rotbeeriger Nachhall, ein animierender Speisenwein.

© Alexander Seidl

★

WEINGUT LEO UND DAGMAR WUNDERER

Das Weingut von Leo und Dagmar Wunderer befindet sich in Oberfellabrunn im Herzen des westlichen Weinviertels, 30 Minuten nordwestlich von Wien und vier Kilometer von Hollabrunn entfernt. Die Erfahrungen des Weinanbaus reichen hier bis ins 18. Jahrhundert zurück. Moderne Erkenntnisse werden getreu dem Motto »Tradition verbindet Moderne« mit altem Wissen verknüpft. Wenn sich die Berechtigung des »Neuen« mit dem »Alten« im Einklang befindet, dann sprechen die Wunderers von Harmonie. Die Weißweine werden kontrolliert gekühlt in Stahltanks vergoren. Der Erntezeitpunkt wird nach der physiologischen Reife bestimmt. So entstehen harmonische, fruchtbetonte, lagerfähige Weine. Die Rotweine werden nach altbewährter Methode vergoren. Vor Jahren wurden die »Woman«-Weine ins Leben gerufen – mit der Idee, eine Weinlinie für die Frau umzusetzen. In dieser Linie gibt es drei Weine, die als patentrechtliche Wortmarken geschützt wurden: »White Woman«, »Pink Woman« und »Red Woman«. 2020 wurde das Weingut mit Zweigelt Limited Grande Reserve 2015 zum Bundessieger gekürt, 2021 waren die Wunderers SALON-Winzer, man ist inzwischen dreifacher Preis-Leistungs-Sieger (2020 und 2021 mit zwei Weinen), und international erreichte man »Gold« bei der Frankfurter Weintrophy 2022.

91 Grüner Veltliner ** vom Sandstein 2021
13,5 Vol.-%, DV, Stahltank/großes Holzfass, €€€€
Helles Gelbgrün. Feine Kräuternoten, etwas nach Mandarinenzesten und gelbem Apfel, feine Würze klingt an. Saftig, elegant, mittlere Komplexität, extraktsüß nach Tropenfrüchten, frisches Finish, bereits gut antrinkbar.

90 Grüner Veltliner * Ried Greuberg 2022
12,5 Vol.-%, DV, Stahltank, €€
Helles Grüngelb. Feine Kräuternoten, etwas nach Quitten, ein Hauch von Zitrusnuancen, Granny-Smith-Touch, frisches Bukett. Mittlerer Körper, balancierte Säurestruktur, mineralisch, weißes Kernobst im Abgang, individuell einsetzbar.

90 Grüner Veltliner * Ried Altenberg 2022
12,5 Vol.-%, DV, Stahltank, €€
Helles Gelbgrün, silberfarbene Reflexe. Feine Kräuternoten, zart nach weißem Kernobst, frisch, etwas nach Tabak. Mittlerer Körper, balancierte Säurestruktur, Maracuja im Nachhall.

(90) Grüner Veltliner Alte Rebe 2022
12,5 Vol.-%, DV, Stahltank, €€
Mittleres Gelbgrün, Silberreflexe. Feine Würze, etwas nach Birnen, Papaya, ein Hauch von Melisse. Saftig, frische Säurestruktur, weißes Kernobst, etwas weitmaschig.

92 Der Schotte 2019 ZW/BB/CS
15 Vol.-%, DV, Barrique/gebrauchte Barriques, €€€€€
Kräftiges Rubingranat, violette Reflexe, breitere Randaufhellung. Würzige Holznuancen, etwas Bergamotte und Vanille, rauchig, schwarze Kirschen, etwas Cassis, ätherische Noten. Kraftvoll, saftig und komplex, süße Fruchtnuancen, reife Tannine, schokoladig im Abgang, bleibt haften, verfügt über weiteres Reifepotenzial.

(91) Zweigelt Limited Grande Reserve 2019
14 Vol.-%, DV, Barrique, €€€€
Kräftiges Rubingranat, violette Reflexe, breitere Randaufhellung. Feine Edelholzwürze, reife Pflaumen, mit Kirschen unterlegt, Nuancen von Vanille und Gewürzen im Hintergrund. Saftig, rotbeerige Frucht, frisch strukturiert, etwas Nougat, mineralisch im Abgang, bereits gut entwickelt.

WEINGUT LEO UND DAGMAR WUNDERER
2020 Oberfellabrunn
Oberfellabrunn 7
T: +43 (676) 7074467
leo.wunderer@aon.at
www.wein-leo-dagmar-wunderer.at

Kellermeister/Kontakt:
Leo Wunderer
Produktion: 2 % Schaumwein, 78 % weiß, 2 % rosé, 18 % rot
Messen: Gast Klagenfurt

★★

WEINGUT ZENS

Josef Zens hat entscheidend dazu beigetragen, dass der kleine Weinbauort Mailberg etwas besser bekannt ist als der Großteil der Weinviertler Weinorte. Als Obmann hat er die Gründung der Qualitätsvereinigung »Mailberg Valley« vorangetrieben, die sich zum Ziel gesetzt hat, das gute Potenzial des Mailberger Kessels mit seinem speziellen Mikroklima einem breiteren Publikum vorzustellen. Die Bewirtschaftung erfolgt nach ökologischen Grundsätzen. Die Mailberger Böden sind sehr kalkhaltig, mit lehmigen Sanden und Löss bedeckt und tragen zur Individualität der Weine in Form von Frische, Würze und kräftiger, gehaltvoller Struktur bei. Auch in der Kellerwirtschaft wird streng auf Qualität geachtet. Vergärung im Tank und sortenspezifischer Ausbau im Stahltank oder großen Holzfass sind Tradition im Betrieb. Josef Zens erzeugt vielschichtige Weißweine, unter denen der trockene Traminer immer eine interessante Stellung einnimmt. Seine kräftigen, als langlebig bekannten Produkte entwickeln sich sehr gut mit zunehmender Flaschenreife. Der Eigenständigkeit jedes Jahrganges wird hohe Bedeutung beigemessen. Mit den besonderen Jahrgängen 2015, 2017 und 2018 wurden neben den traditionellen Reserveweinen auch mächtige »Große Reserven« ausgebaut. Bei den Jahrgängen 2019, 2020, 2021 und 2022 liegt der Fokus auf fruchtigen und konzentrierten DAC- und Reserveweinen. Eine einladende Ferienwohnung mit der Bezeichnung »Hundschupfen 314« steht Weinfreunden und Gästen jederzeit zur Verfügung.

(90) Grüner Veltliner * Mailberger Bündnis 2022
13 Vol.-%, DV, Stahltank, €€
Helles Gelbgrün, Silberreflexe. Etwas nach Kräutern und gelbem Apfel, zart nach Clementinen, feinwürziger Touch. Mittlere Komplexität, balancierte Säurestruktur, weißes Kernobst im Abgang, bereits gut antrinkbar.

(91) Grüner Veltliner Mailberg Ried Hundschupfen Reserve 2022
14 Vol.-%, DV, Stahltank/500-l-Fass, €€
Helles Gelbgrün, Silberreflexe. Feine Tabak-Kräuter-Würze, etwas nach Maracuja, ein Hauch von Orangenzesten, mit Honigmelone unterlegt. Saftig, elegant, feine Säurestruktur, mineralisch-salzig, gelbe Apfelfrucht im Abgang, bereits gut antrinkbar.

WEINGUT ZENS
2024 Mailberg
Holzgasse 66
T: +43 (660) 5322843
office@weingutzens.at
www.weingutzens.at

Kellermeister: Josef Zens
Kontakt: Josef und Michael Zens
Produktion: 100 % weiß, 6 Hektar
Vereinszugehörigkeit: Mailberg Valley
Messen: Weintage im Museumsquartier

(92) Weißburgunder Mailberg Ried Antlasbergen Reserve 2022
13 Vol.-%, DV, Stahltank, €€
Helles Gelbgrün, Silberreflexe. Feine Kräuterwürze, etwas nach Zitrus, Birnenfrucht klingt an, etwas nach Quitte. Saftig, feine Säurestruktur, mineralisch-salzig, etwas nach Guaven im Abgang, bereits gut antrinkbar, straffer Speisenbegleiter.

(91) Riesling Mailberg Ried Hundschupfen Reserve 2022
13 Vol.-%, DV, Stahltank, €€
Helles Gelbgrün, Silberreflexe. Zart nach Blütenhonig, ein Hauch von Orangenschalen, Marillentouch, Zitrusnuancen, einladendes Bukett. Saftig, frisch und lebendig, weißes Steinobst, rassige Säurestruktur, feinwürzig, zitroniger Nachhall.

(91) Chardonnay Mailberg Ried Antlasbergen Reserve 2022
13,5 Vol.-%, DV, großes Holzfass, €€
Mittleres Gelbgrün, Silberreflexe. Etwas nach Kräutern, feine Tabakwürze, zart nach Melisse und gelber Tropenfrucht, Orangenschalen. Saftig, elegant, feine Tabakwürze, Golden-Delicious-Apfel im Abgang, bereits gut antrinkbar.

(88) Gelber Muskateller Mailberg Ried Antlasbergen 2022
12,5 Vol.-%, DV, Stahltank, €€

★

WINZERHOF PAUL ZIMMERMANN

Der Winzerhof Zimmermann ist ein familiengeführtes Weingut in sechster Generation. Der Weinbaubetrieb befindet sich in Radlbrunn im westlichen Weinviertel und steht für höchste Qualität und nachhaltigen Anbau. Die Reben gedeihen größtenteils auf Löss-Lehm-Böden auf sonnigen Südhängen rund um den Ort Radlbrunn. Familie Zimmermann bewirtschaftet eine Fläche von rund elf Hektar und ist spezialisiert auf den Ausbau frisch-fruchtiger und klar strukturierter Weine. Das Credo des Jungwinzers: ein respektvoller Umgang mit der Natur, individuelle Anpassung an die unterschiedlichen Lagen, penible Handarbeit im Weingarten und eine schonende und moderne Verarbeitung. Nur so ist es möglich, das ganze Potenzial der Traube in die Flasche zu bekommen. Leidenschaft, Wissen, Engagement, Tradition und Moderne – all das kombinieren die beiden Winzer Paul und Gerhard Zimmermann. Gemeinsam brennen sie dafür, das Weingut weiter auszubauen, die Qualität stetig zu steigern und sich jedes Jahr neue Ziele zu setzen. Motivation bekommen die beiden Winzer von ihren treuen Kunden und Partnern, die diese Leidenschaft für frische, fruchtige und klar strukturierte Weine teilen.

92 Sauvignon Blanc PetNat-Ogrosl 2022
12,5 Vol.-%, NK, Flaschengärung, €€€€
Getrübtes helles Grüngelb, zarte Perlage. Frische weiße Tropenfrucht, ein Hauch von Stachelbeeren, gelbe Ringlotten, einladende Frucht. Saftig, frisch und leichtfüßig, grüner Apfel, zitroniger Nachhall, ein lebendiger Sommerspaß.

92 Grüner Veltliner ** Ried Lehlen 2020
13,5 Vol.-%, DIAM, Teilbarrique, €€€
Helles Grüngelb. Feiner Vanilletouch, etwas nach Quitte, reife Tropenfrucht, ein Hauch von gekochtem Rhabarber, floraler Touch. Saftig, gute Komplexität, feine Tabakwürze,

WINZERHOF PAUL ZIMMERMANN
3710 Ziersdorf, Radlbrunn 18
T: +43 (664) 9284803
wein.zimmermann@gmail.com
www.winzerhof-zimmermann.com
Kellermeister: Paul Zimmermann
Kontakt: Paul & Gerhard Zimmermann
Produktion: 66.667 Flaschen
3 % Schaumwein, 82 % weiß, 5 % rosé, 10 % rot, 11 Hektar
Vereinszugehörigkeit: Weinstraße Weinviertel
Messen: VieVinum, Vinobile Feldkirch, Vinobile Montfort, Weinmesse Innsbruck, DAC-Präsentationen

dezente Süße, weißes Nougat, Tropenfrucht auch im Abgang, guter Speisenbegleiter.

91 Grüner Veltliner * Ried Galgenberg 2022
13 Vol.-%, DV, Stahltank/großes Holzfass, €€
Mittleres Gelbgrün, Silberreflexe. Mit etwas Kräuterwürze unterlegtes weißes Kernobst, zart nach Apfel, ein Hauch von Maracuja. Saftig, elegant, feine Fruchtsüße, etwas nach Birnen, bleibt gut haften, vielfältig einsetzbar.

93 Grüner Veltliner Ried Lehlen 2021
14 Vol.-%, NK, großes Holzfass, €€€
Mittleres Grüngelb, silberfarbene Reflexe. Frische Kräuterwürze, etwas nach gelbem Apfel, zart nach Melisse, Bergamotte klingt an. Saftig, elegant, feine Säurestruktur, mineralisch, feinwürzig, etwas nach Kernobst, bleibt gut haften, vielfältig einsetzbar.

93 Sauvignon Blanc Ried Fellingen 2021
13,5 Vol.-%, NK, großes Holzfass, €€€€
Helles Gelbgrün, Silberreflexe. Feine Wiesenkräuter, zart nach Gräsern, Guaven und Limettenzesten klingen an, etwas nach Stachelbeeren. Saftig, straff, frische, balancierte Säurestruktur, mineralisch, Limetten im Abgang, salziger Nachhall, guter Speisenbegleiter.

90 Sauvignon Blanc Ried Galgenberg 2022
12,5 Vol.-%, DV, Stahltank, €€
Helles Gelbgrün, Silberreflexe. Feine Tabakwürze, etwas nach Cassis und weißem Apfel, ein Hauch von Zitrusnuancen. Saftig, elegant, extraktsüß nach Stachelbeeren, feine Kräuternoten im Abgang, bereits gut antrinkbar.

BIOWEINGUT ZIRNSACK

NEU - BIO

Ein eigenes Weingut war für Werner Zirnsack und seine Frau Katja, die Kunsthistorikerin ist, die Verwirklichung eines Traums, geboren aus der gemeinsamen Leidenschaft für Wein. Das Bioweingut liegt deshalb vielleicht nicht ganz zufällig in Sierndorf an der March, gleich neben der historischen Gemeinde Jedenspeigen, wo die Ritterschlacht zwischen Rudolf von Habsburg und Ottokar von Böhmen stattfand. Die wildromantischen Marchauen mit ihrer natürlichen Dynamik haben wesentlichen Einfluss auf das Klima und somit auf den Reifungsprozess der Trauben. Biodiversität in den Weingärten ist für den Quereinsteiger Werner Zirnsack Voraussetzung für terroirgeprägte Weine. Durch möglichst wenig Eingriff in der Vinifikation zeigt jede einzelne Lage ihren individuellen Charakter. Neben der Hauptsorte Grüner Veltliner und anderen Weißweinsorten können auch gehaltvolle Rotweine sowie Süßweine und Prickelndes auf dem Weingut nach Voranmeldung verkostet werden.

BIOWEINGUT ZIRNSACK
2264 Sierndorf an der March
Schulgasse 14
T: +43 (680) 1302627
office@zirnsack.com
www.zirnsack.com

Kellermeister/Kontakt:
Werner Zirnsack
Anbauweise: Zertifiziert Biologisch

91 Grüner Veltliner * Ried Kirchenried 2022
12 Vol.-%, DV, Stahltank, €€ B V
Mittleres Grüngelb, Silberreflexe. Etwas nach gelber Apfelfrucht, ein Hauch von Orangenzesten, zart nach Melisse, zarte Gewürznuancen. Saftig, elegant, feine Säurestruktur, Granny-Smith-Apfel, zarter Gerbstoff, etwas vegetal im Finish.

89 Grüner Veltliner * Alte Ried 2022
12,5 Vol.-%, DV, Stahltank, €€ B V

91 Grüner Veltliner Amphore 2021
13,5 Vol.-%, DV, Stahltank, €€€€€ B
Leuchtendes Goldgelb, Silberreflexe. Zart nach Mandari-

nen und Quitte, ein Hauch von Blütenhonig, etwas nach Melisse. Saftig, straff, feine Säurestruktur, weiße Fruchtsüße, Kräuternoten im Nachhall, bereits gut antrinkbar.

90 Grüner Veltliner nur so 2021
13,5 Vol.-%, DV, Stahltank, €€€ B
Leuchtendes Grüngelb, Silberreflexe. Maracuja, unterlegt mit Noten von Kardamom, etwas nach kandierten Orangenzesten, zart nussig. Mittlerer Körper, feine Säurestruktur, mineralisch-salzig, Apfelfrucht im Abgang, Birnentouch im Rückgeschmack, unkompliziert antrinkbar.

90 Gemischter Satz 2022
12,5 Vol.-%, DV, Stahltank, €€ B
Mittleres Gelbgrün, Silberreflexe. Feine Kräuterwürze, etwas Zitrusnuancen, ein Hauch von weißem Apfel, frisches Bukett. Mittlerer Körper, feine Säurestruktur, weißes Kernobst, zart floral, bereits gut antrinkbar.

94 Riesling TBA 2021
10 Vol.-%, DV, Stahltank, €€€€€ B
Leuchtendes Goldgelb, Silberreflexe. Feine Dörrobstnuancen, angenehme Botrytiswürze, nach Feigen und reifer Tropenfrucht. Saftig, sauber, gelbe Frucht, reife Maracuja und Honig, finessenreich strukturiert und anhaftend, sicheres Entwicklungspotenzial.

★★★★

WEINGUT ZULL

Egal, wohin man schaut: Überall sind malerische Weinberge, die sich kilometerweit aneinanderschmiegen – das ist das Weinviertel. Mitten in dieser Idylle und unweit der tschechischen Grenze liegt Schrattenthal, die kleinste Weinstadt Österreichs. Und dort findet man das Weingut Zull, das mit 19 Hektar Lagen zwar nicht wirklich groß ist, aber große Weine erzeugt. Alles an diesem Weingut ist Familie. Anfang der 1980er-Jahre, Werner Zull wollte gerade sein Studium beginnen, verunglückte sein Bruder tödlich. Die Familie hielt in dieser schweren Zeit zusammen, und Werner Zull tauschte das Studium gegen die Arbeit im Weinberg. Seit damals wird auf dem Weingut Zull Qualitätswein erzeugt und – das war neu – in Flaschen abgefüllt. Mittlerweile ist das kleine Weingut längst bekannt und für seine Weine berühmt. Das liegt zum einen am besonderen Mikroklima der Gegend: Hitze und Sonne verhelfen den Trauben zu einer optimalen Reifung, der nahe gelegene Manhartsberg hält kalte Winde aus dem benachbarten Waldviertel ab. Zum anderen holen die tief verankerten Wurzeln der Weinstöcke das Beste aus dem Boden heraus. Und nicht zuletzt trägt die naturnahe Arbeitsweise der Zulls ein Übriges zu den unverkennbaren eleganten und gleichzeitig vielschichtigen Weinen bei: Statt großer Gesten und übertriebenem Technologieeinsatz besinnt man sich auf Fingerspitzengefühl, Ausdauer und viel Geduld mit Mut zum Experiment. Sohn Phillip führt das fort, was Vater Werner schon immer als Vision verfolgt hat: charaktervolle Weine mit Brillanz und großem Lagerpotenzial zu produzieren – wie etwa den Grünen Veltliner »Äußere Bergen«, den Riesling »Innere Bergen« oder den gesuchten Pinot Noir.

90 Rosé Ancestrale 2022 PN/ZW
11 Vol.-%, DV, €€€
Sehr helles Altrosa, Pinkreflexe, lebendige Perlage. Nuan-

WEINGUT ZULL
2073 Schrattenthal
Schrattenthal 9
T: +43 (2946) 8217
office@zull.at
www.zull.at

Kellermeister/Kontakt:
Phillip Zull
Produktion: 5 % Schaumwein, 69 % weiß, 10 % rosé, 15 % rot, 1 % süß, 19 Hektar
Zertifiziert: Nachhaltig Austria
Vereinszugehörigkeit:
Premium Weingüter Weinviertel
Messen: Austrian Tasting London, ProWein Düsseldorf, VieVinum, DAC-Präsentationen

cen von Himbeersaft, floral, ein Hauch von Jasmin, intensives Bukett. Mittlerer Körper, fruchtige Süße, rotbeerig und blumig, ein Hauch von Honig im Abgang, gut gekühlt zu genießender Sommerspaß.

91 Grüner Veltliner * 2022
13 Vol.-%, DV, Stahltank, €€
Helles Gelbgrün, Silberreflexe. Zart nach Wiesenkräutern, ein Hauch von Orangenzesten, etwas nach Papaya, würziger Touch. Mittlere Komplexität, saftig, straff, fruchtsüß nach Apfel im Abgang, bereits gut antrinkbar.

89 Grüner Veltliner Lust & Laune 2022
12 Vol.-%, DV, Stahltank, €€

94 Riesling Ried Innere Bergen 2022
13,5 Vol.-%, DV, Stahltank/großes Holzfass, €€€
Mittleres Grüngelb, Silberreflexe. Feine Kräuternoten, zart nach Maracuja, Kardamom, etwas nach Blutorange, floraler Touch. Saftig, straff, facettenreiche Säurestruktur, mineralisch-salzig, Pfirsichtouch im Abgang, zitroniger Nachhall, vielschichtiger Speisenbegleiter mit Entwicklungspotenzial.

91 Weites Land 2022 VI/RR/CH
13 Vol.-%, DV, Stahltank/großes Holzfass, €€€
Helles Gelbgrün, Silberreflexe. Zart nach Kräutern, etwas nach Maracuja, frische Papayanoten, mit einem Zitrustouch unterlegt. Saftig, elegant, mittlere Komplexität, salzig, weißes Steinobst im Abgang, unkompliziertes Trinkvergnügen.

91 Chardonnay Ried Kalvarienberg 2021
13,5 Vol.-%, DV, Barrique/Amphore, €€€
Mittleres Gelbgrün, Silberreflexe. Floraler Touch, unterlegt mit etwas Vanille, ein Hauch von Marille, Honigmelone klingt an. Saftig, elegant, feine Fruchtsüße, Tropenfruchtanklänge, Kräuterwürze im Nachhall, bereits gut antrinkbar.

88 Rosé Lust & Laune 2022 ZW/PN/ME/CS
12 Vol.-%, DV, Stahltank, €€

90 Pinot Noir Zull 2021
13 Vol.-%, DV, Barrique, €€€€€
Kräftiges Rubingranat, violette Reflexe, breitere Ockerrandaufhellung. Floral, ein Hauch von Hibiskus und roten Beeren, frische Kirschen, Mandarinenzesten. Blumig-rotbeerig auch am Gaumen, frisch strukturiert, salzig-zitronig, animierender Stil.

★★★

WEINGUT ZUSCHMANN-SCHÖFMANN

BIO

Else Zuschmann und Peter Schöfmann führen seit dem Jahr 2000 mit viel Engagement ein Weingut mit Genießer-Appartements sowie eine Greißlerei mit regionalen Produkten in Martinsdorf im Weinviertel, nur 20 Minuten nördlich der Wiener Stadtgrenze. Das Paar bewirtschaftet 17 Hektar Weingärten biologisch, die Weine sind ab dem Jahrgang 2015 auch biozertifiziert. Wie in dieser Gegend üblich, steht der Grüne Veltliner mit rund 60 Prozent der Gesamtproduktion im Zentrum ihres Schaffens. Die beiden beweisen aber auch kein minder gutes Händchen bei der Vinifizierung ihrer Rotweine und haben neben dem Zweigelt auch eher weiter südlich verortete Konsorten wie St. Laurent und Pinot Noir im Programm.

Mit dem Jahrgang 2012 schufen Else und Peter eine neue Gliederung ihrer Weine. Gemäß ihrem Geschmacksbild werden die Weine als Paar in drei Lebensphasen eingeteilt, und die Etiketten stellen das Paar im jeweiligen Alter bildlich dar. So zählen zur frisch-fröhlichen Kollektion der »Ersten Freude« zwei unkomplizierte reinsortige Weißweine sowie ein Rosé. Fünf mittelgewichtige Weißweine und zwei milde Rotweine sind unter »Mitten im Leben« zusammengefasst. Die kräftigsten Weine des Hauses nennen sich »Lauf der Zeit«. Sie bestehen aus zwei gehaltvollen Weißweinen sowie zwei vollmundigen Rotweinen.

Ein immer wichtiger werdenden Standbein ist die Sekterzeugung. Man vinifiziert flaschenvergorene Sekte nach traditioneller Art – Flaschenlagerung auf der Feinhefe für mindestens 18 Monate ist die Vorgabe. Diese Methode wird auch »sur lie« (französisch für »auf der Hefe«) genannt.

WEINGUT ZUSCHMANN-SCHÖFMANN

2223 Martinsdorf
Winzerstraße 52
T: +43 (2574) 8428
office@zuschmann.at
www.zuschmann.at

Kellermeister: Peter Schöfmann
Kontakt: Else Zuschmann-Schöfmann
Anbauweise: Zertifiziert Biologisch (Austria Bio Garantie)
Produktion: 45 % Schaumwein, 45 % weiß, 10 % rot, 17 Hektar
Messen: ProWein Düsseldorf, VieVinum

Rieden bei Martinsdorf

93 Rosé Reserve g.U. brut 2020 PN/ZW/SY
11,5 Vol.-%, NK, Flaschengärung, €€€€€ Ⓑ
Helles Lachsrosa, Kupferreflexe, sehr feines Mousseux. Feine rote Beerenfrucht, eingelegte Kirschen, ein Hauch von Mandarinenzesten. Saftig, gelber Apfel, feine Fruchtsüße, elegant und balanciert, vielfältig einsetzbar.

93 Grüner Veltliner Große Reserve g.U. Brut Nature 2019
12,5 Vol.-%, NK, Flaschengärung, €€€€€ Ⓑ
Mittleres Goldgelb, Silberreflexe, lebendiges, anhaltendes Mousseux. Frischer gelber Pfirsich, Golden-Delicious-Apfel, ein Hauch von Orangenkonfit und Backwerk. Komplex, straff, weißes Kernobst, mineralisch, trockener Stil, etwas Kletzen im Nachhall, feiner Speisenbegleiter.

91 Grüner Veltliner Klassik Brut g.U. 2020
12,5 Vol.-%, NK, Flaschengärung, €€€€ Ⓑ
Helles Gelbgold, Silberreflexe. Feine gelbe Tropenfrucht, ein Hauch von Biskuit und Limettenzesten, floraler Touch. Saftig, gelbe Birnenfrucht, frische Säurestruktur, nussiger Abgang, vielfältig einsetzbar.

92 Chardonnay Reserve g.U. Extra Brut 2020
12 Vol.-%, NK, Flaschengärung, €€€€€ Ⓑ
Helles Goldgelb, Silberreflexe. Feine Kräuterwürze, weiße Tropenfrucht, kandierte Orangenzesten, etwas Blütenhonig. Frisch, lebendig, weißes Kernobst, zart nach Biskuit im Abgang, rassiger Stil.

90 Grüner Veltliner Muschelkalk 2020
13 Vol.-%, DV, Holzfass, €€€ Ⓑ
Leuchtendes helles Gelbgrün. Feine Kräuternoten, etwas Apfel, zart nach Blütenhonig, tabakig, leicht reduktiv, Karamelltouch. Saftig, straff, feine Säurestruktur, mineralisch, weißes Steinobst, bleibt gut haften, unkomplizierter Speisenbegleiter.

92 Pinot Noir Muschelkalk Selektion 2019
13 Vol.-%, NK, Holzfass, €€€€€ Ⓑ
Mittleres Rubingranat, violette Reflexe, breitere Randaufhellung. Reifes rotes Waldbeerenkonfit, feine Holzwürze, etwas Vanille und Nougat, mit Orangenzesten unterlegt. Mittlerer Körper, rote Kirschen, feine Säurestruktur, salzige Mineralik, zarte Fruchtsüße im Abgang, bereits gut entwickelt.

Jungenberg und Hackelsberg bei Jois
in der Weinbauregion Leithaberg

© WSNA

BURGENLAND

BESTE VORAUSSETZUNGEN FÜR GROSSE WEISS-, ROT- UND SÜSSWEINE

WEINTRILOGIE AUS DEM LAND DER SONNE

Unter dem Einfluss des pannonischen Klimas wachsen auf insgesamt 11.772 Hektar Rebfläche im östlichsten Bundesland elegante Weißweine, die körperreichsten Rotweine Österreichs und Süßweine von Weltruf. Dabei gibt es bei den natürlichen Voraussetzungen nicht zu unterschätzende Unterschiede.

Ganz im Süden des Burgenlandes beispielsweise bietet der Eisenberg mit seinem speziellen Boden und einem etwas kühleren Klima optimale Voraussetzungen für elegante, feingliedrige und charaktervolle Blaufränkische, die von feinster Mineralik getragen werden. Auf den schwereren Lehmböden des Mittelburgenlands, aber auch nördlich des Rosaliagebirges wachsen ebenfalls Blaufränkisch-Trauben, die Weine mit besonderer Fruchttiefe und Länge hervorbringen. Am Leithaberg, westlich des Neusiedler Sees, kann dazu eine ausgeprägte Mineralnote kommen. In den letzten Jahren erreichten auch Weine aus internationalen Rebsorten und Cuvées höchste Anerkennung. Das Leithagebirge mit seinen Kalk- und Schieferböden ist außerdem ein einzigartiges Terroir für komplexe Weißweine, vor allem Weißburgunder und Chardonnay, aber auch Grünen Veltliner. Feine Prädikatsweine wie der legendäre »Ruster Ausbruch« komplettieren die Dreifaltigkeit der burgenländischen Weinkompetenz. Östlich des Neusiedler Sees dominiert der Blaue Zweigelt mit kraftvollen, saftigen Rotweinen, auch wenn Blaufränkisch und St. Laurent ebenfalls hervorragende Ergebnisse liefern.

Der Seewinkel im südlichen Teil mit seinem speziellen Mikroklima zählt zu den wenigen

© WSNA

großen Süßweinhochburgen der Welt. Hier begünstigt die hohe Luftfeuchtigkeit aufgrund der zahlreichen »Zicklacken« im Herbst die Bildung der Edelfäule (Botrytis cinerea). Somit können hier regelmäßig große Beeren- und Trockenbeerenauslesen gewonnen werden. Die große Bodendiversität lässt eine ebenso vielfältige Rebsortenpalette gedeihen. Neben einigen anderen Sorten wie Chardonnay, Scheurebe, Muskat Ottonel oder Traminer erreicht in dieser Form besonders der Welschriesling höchstes Qualitätsniveau, ob mit oder ohne Einsatz von Holz.
Mit Ruster Ausbruch DAC und der Eingliederung der Stadt mit den trockenen Weinen bei Leithaberg DAC sowie mit Neusiedlersee DAC auch für Prädikatsweine werden nun im gesamten Burgenland DAC-Weine vinifiziert.

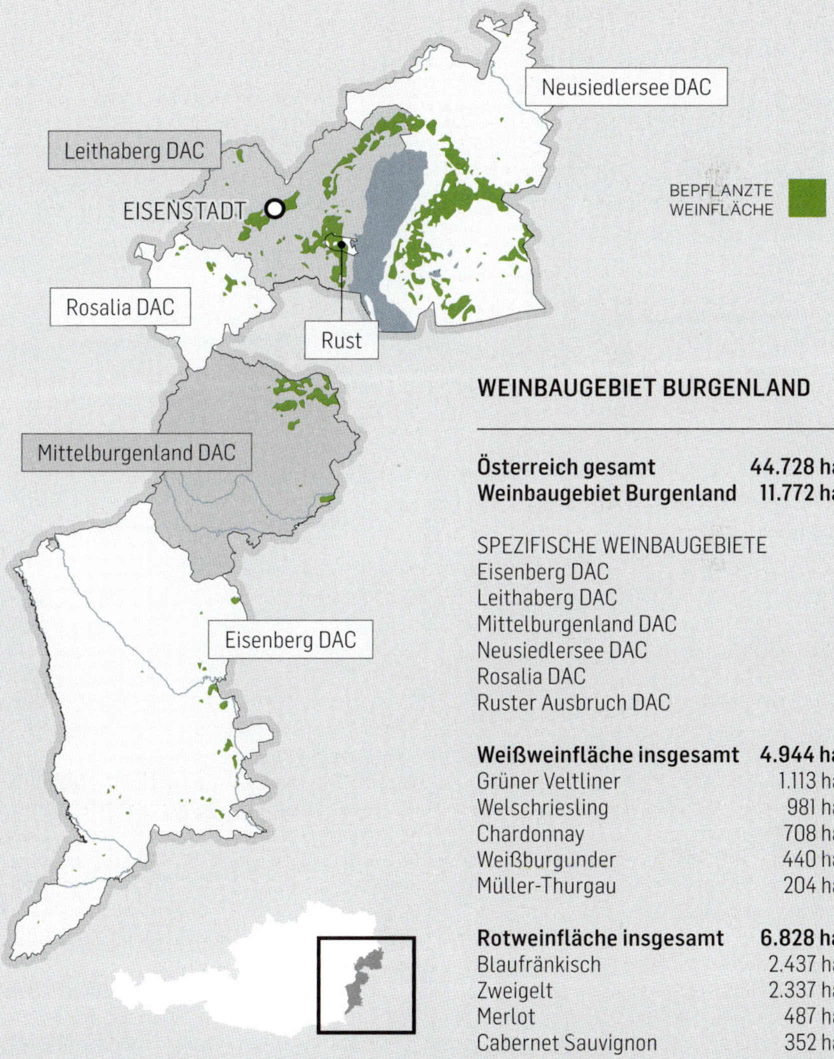

WEINBAUGEBIET BURGENLAND

Österreich gesamt	**44.728 ha**	
Weinbaugebiet Burgenland	**11.772 ha**	**(26,3 %)**
SPEZIFISCHE WEINBAUGEBIETE		
Eisenberg DAC	511 ha	
Leithaberg DAC	2.875 ha	
Mittelburgenland DAC	2.035 ha	
Neusiedlersee DAC	6.110 ha	
Rosalia DAC	241 ha	
Ruster Ausbruch DAC	412 ha	
Weißweinfläche insgesamt	**4.944 ha**	**(42 %)**
Grüner Veltliner	1.113 ha	(9,5 %)
Welschriesling	981 ha	(8,3 %)
Chardonnay	708 ha	(6 %)
Weißburgunder	440 ha	(3,7 %)
Müller-Thurgau	204 ha	(1,7 %)
Rotweinfläche insgesamt	**6.828 ha**	**(58 %)**
Blaufränkisch	2.437 ha	(20,7 %)
Zweigelt	2.337 ha	(19,9 %)
Merlot	487 ha	(4,1 %)
Cabernet Sauvignon	352 ha	(3 %)
Sankt Laurent	290 ha	(2,5 %)

Der Kleincsaterberg zwischen Kohfidisch und Eisenberg an der Pinka

© WSNA

BURGENLAND

EISENBERG

DAC

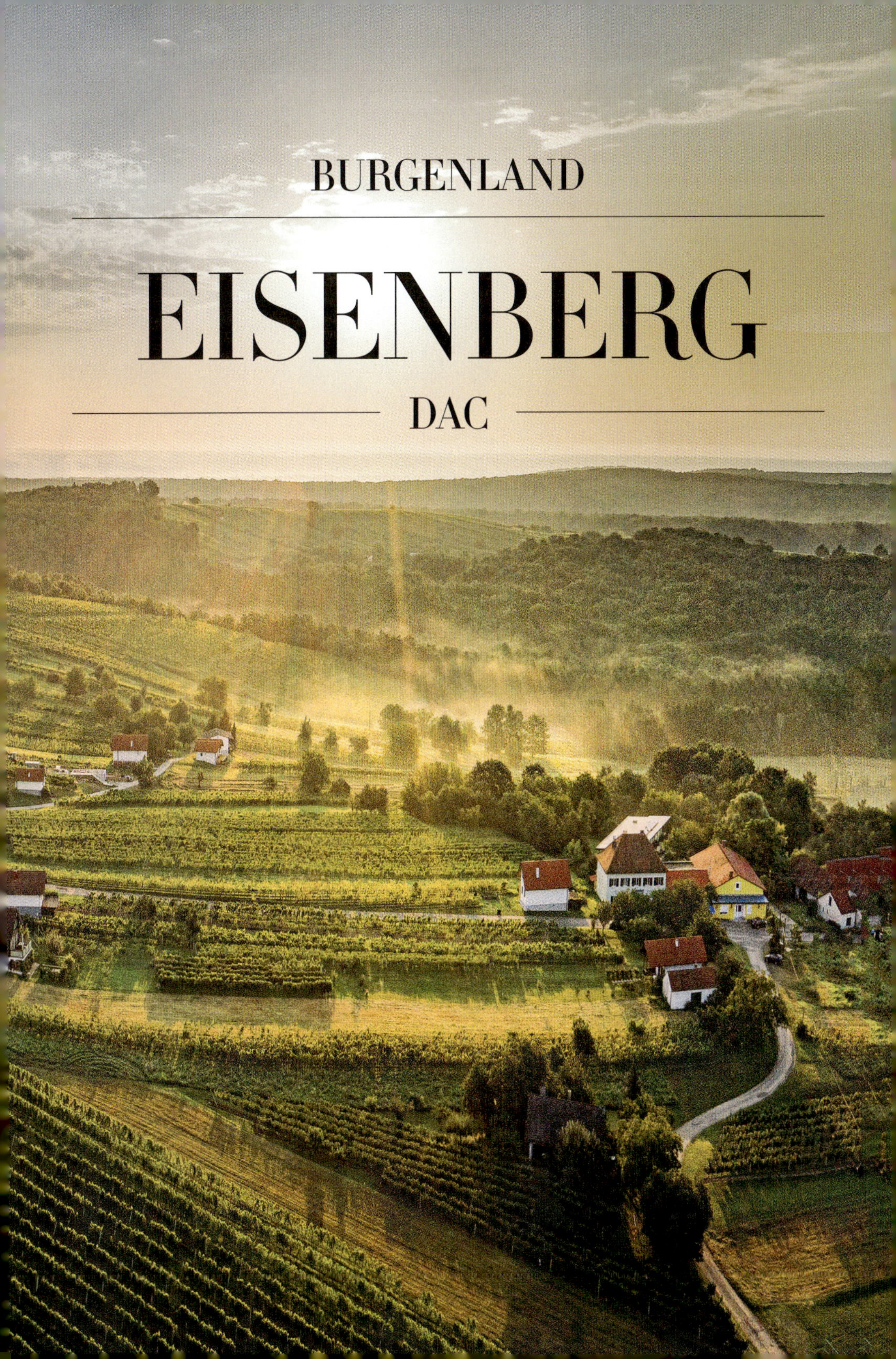

Die berühmte Ried Saybritz

IDYLLISCHE LANDSCHAFT, FEURIGE BLAUFRÄNKISCHE

Das idyllische Südburgenland ist die ursprünglichste Weinlandschaft des Burgenlands und erstreckt sich von Rechnitz im Norden bis nahe Güssing im Süden. Im Norden herrschen Urgesteinsböden vor, weiter südlich überwiegen mittelschwere Lehmböden, die zum Teil einen hohen Eisengehalt aufweisen. Die Rebfläche beträgt insgesamt etwa 511 Hektar.

Vor allem der Eisenberg hat große historische Bedeutung und fungiert zusammen mit dem Deutsch-Schützener Weinberg als weinbaulicher Mittelpunkt des Gebiets. Die klassischen Rotweine des Südburgenlands sind von der Sorte Blaufränkisch und werden seit dem Jahrgang 2009 unter der Bezeichnung »Eisenberg DAC« (»Eisenberg DAC Reserve« seit dem Produktionsjahrgang 2008) vermarktet.

Neben den klassisch-fruchtigen Sortenvertretern zählen die dichten Reserven zu Österreichs großen gebietstypischen Rotweinen. Sie sind von einer ganz besonderen mineralischen Würze geprägt. Rund um Rechnitz im Norden und Moschendorf im Süden entstehen außerdem besonders fruchtige und spritzige Welschrieslinge und Weißburgunder. Auch am Csaterberg nahe Kohfidisch und entlang der Pinkataler Weinstraße vom Wintener über den Kulmer und Gaaser Weinberg werden in schöner idyllischer Umgebung mit vielen Kellerstöckln sehr elegante Weine gekeltert.

© WSNA

Die schöne Umgebung lädt überdies zu erholsamen Spaziergängen und Radtouren ein. Um Heiligenbrunn und Moschendorf im äußersten Süden begegnet man dem »Uhudler«, einer besonderen Weinspezialität, die aus Direktträger-Hybriden gekeltert wird und mit ihrem Duft nach wilden Erdbeeren viele Liebhaber gefunden hat.

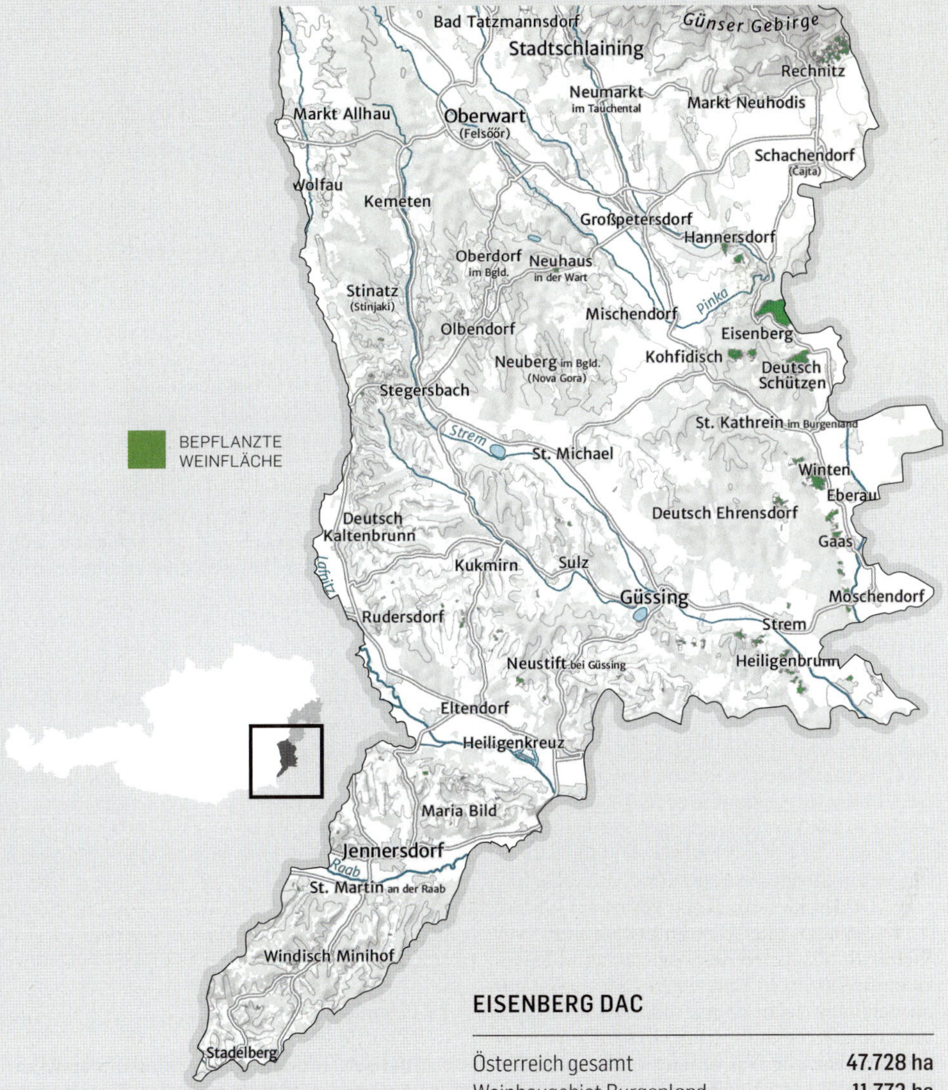

Grundkarte: © Universität Wien, BEV, OSM, SRTM | Österreich Wein Marketing GmbH, 1040 Wien, © ÖWM 2022

EISENBERG DAC

Österreich gesamt	**47.728 ha**
Weinbaugebiet Burgenland	**11.772 ha**
Eisenberg DAC	**511 ha**

AUSGEWÄHLTE WEINGÜTER

★★★★★
Weingut Krutzler, Deutsch Schützen

★★★★
Weingut Jalits, Badersdorf
Weingut Kopfensteiner, Deutsch Schützen
weingut schiefer.pur, Welgersdorf

★★★
Groszer Wein, Burg
StephanO Das-Wein-Gut, Deutsch Schützen

★
Weingut Batthyány, Rechnitz

★

WEINGUT BATTHYÁNY

Die 400 Jahre alte Familientradition von Graf Ivan Batthyány und seiner Frau, Gräfin Carolin Batthyány, wurde im Jahr 2015 wiederbelebt. Ihr kleines Boutique-Weingut zeichnet sich heute durch eine aufwendige, selektive Produktion von Weinen auf kleinem Terrain und durch stark reduzierten Mengenertrag aus. Unter der Ägide von Rudolf Krizan wurden Reben auf Streuobstwiesen ausgesetzt, die 30 Jahre lang nicht bearbeitet wurden und deren Böden vor Kraft strotzten. Das Mikroklima und die mineralischen Böden ergeben einen eigenen Weintyp. Die Lage »Rindler« wurde bereits um 1700 von den Vorfahren des heutigen Besitzers bebaut und geschätzt. Davon zeugt die noch heute in situ vorzufindende »Weinbergkapelle«, die damals von Àdám II. Graf Batthyány erbaut wurde. In dieser Zeit scheint es zahllose Unwetter gegeben zu haben, die oftmals die Ernte zerstörten. Um seine Lieblingsweine zu schützen, baute der Graf diese Kapelle, die den Wetterheiligen gewidmet wurde. Derzeit verfügt das Weingut über dreieinhalb Hektar Rebfläche, wovon zweieinhalb Hektar mit Chardonnay und Sauvignon Blanc sowie ein Hektar hauptsächlich mit Blaufränkisch und Merlot bepflanzt sind. Heuer wird auch erstmals Furmint abgefüllt. Das südburgenländische Klima ist geprägt durch seine einzigartige geografische Lage – Österreich liegt auf demselben Breitengrad wie das Burgund. Die Weinberge rund um Rechnitz bestehen aus tiefgründigen Urgesteins-Verwitterungsböden mit einer Lehm-Humus-Schicht. Die Weingärten sind von kleiner Fläche, dazwischen findet man zahlreiche alte Obst- und Maronenbäume. Diese sehr alte Anbaustruktur beherbergt stark gefährdete Insekten wie zum Beispiel die Holzbiene, die größte heimische Bienenart. Sie findet in den Weinbergen den perfekten Lebensraum. Daher hat sich die Familie ein großes Ziel gesetzt und bewirtschaftet ihre Weingärten ökologisch, um moderne Spitzenweine im Einklang mit der Natur zu erzeugen.

92 Weiße Cuvée Ried Rosengarten 2021 SB/CH
13,5 Vol.-%, DV, großes Holzfass, €€€
Helles Gelbgrün, Silberreflexe. Zarte weiße Tropenfrucht, ein Hauch von Birne, Nuancen von Ringlotten, mineralischer Touch, mit kandierten Orangenzesten unterlegt. Saftig, kompakt, engmaschiger Stil, weißer Apfel, frischer Säurebogen, mineralisch-salzig im Abgang, ein anregender Speisenbegleiter.

89 Bellalou 2022 SB/CH
12,5 Vol.-%, DV, Stahltank, €€€

92 Chardonnay 2020
13,5 Vol.-%, NK, Barrique, €€€€
Mittleres Goldgelb, Silberreflexe. Zart kräuterwürzig unterlegte Nuancen von Vanille und Edelholz, Noten von Guaven, ein Hauch von Nougat. Kräftig, gelbe Tropenfrucht, Anklänge von Pfirsich und Kokos, ausgewogen und gut anhaftend, ein facettenreicher Begleiter bei Tisch.

WEINGUT BATTHYÁNY

7471 Rechnitz
Waldgebiet 636
T: +43 (664) 4443928
wein@weingut-batthyany.at
www.weingut-batthyany.at

Kellermeister: Ing. Rudolf Krizan
Kontakt: DI Zitterer Petra
Anbauweise: Umstellung auf bio
Produktion: 3.5 Hektar
Messen: VieVinum, Weintage Südliche Weinstraße

Weingärten bei Rechnitz

90 Sauvignon Blanc Ried Rindler 2022
12,5 Vol.-%, DV, Stahltank, €€€
Helles Gelbgrün, Silberreflexe. Dezente Kräuterwürze, ein Hauch von Cassis und Stachelbeeren. Zart nach Grapefruit, weißes Kernobst, rassiger Säurebogen, mineralisch-zitronig im Nachhall, bietet leichtfüßiges Trinkvergnügen.

91 Blaufränkisch * 2021
14,5 Vol.-%, NK, kleines Holzfass, €€€
Kräftiges Rubingranat, violette Reflexe, breitere Ockerrandaufhellung. Eingelegte rote Kirschen, ein Hauch von Waldbeeren, etwas Kräuterwürze, kandierte Orangenzesten. Saftig, zarte Fruchtsüße, feine Tannine, rotbeeriger Abgang, mineralisch und anhaftend, ein ausgewogener Begleiter bei Tisch.

92 Rote Cuvée 2020 CS/BF/ME
14,5 Vol.-%, NK, Holzfass, €€€€
Kräftiges Rubingranat, violette Reflexe, breitere Randaufhellung. Feiner Nougat, Lakritze, schwarze Kirschen, ein Hauch von Brombeeren und Edelholz, einladendes Bukett. Saftig, elegant, rotbeerige Nuancen, gut integrierte Tannine, frisch und anhaftend, bereits gut entwickelt.

★★★

GROSZER WEIN

»Groszer Wein« hat es sich zum Ziel gesetzt, den Eisenberg im Südburgenland mit seinem einmaligen Terroir in Flaschen zu füllen und somit Weine zu vinifizieren, die das Aroma ihrer Herkunft in sich tragen – Weine für moderne, aufgeschlossene Weinliebhaber. Die Lagen Saybritz, Szapary, Hummergraben, Königsberg, Kroatische Ried, also Weinberge, in denen »Groszer Wein« reift, lesen sich wie das »Who's who« der besten Rebhänge am Eisenberg. Es sind besondere Lagen mit einem speziellen Mikroklima und einer genialen Bodenstruktur, die unter einer dünnen Humusschicht Schiefer mit Eiseneinschlüssen und Lehm enthält. Auf diesen Filetstücken des Eisenbergs wachsen alte Rebstöcke, die ihre Wurzeln tief in den Boden graben. 2015 sind auch einige Top-Lagen vom benachbarten Csaterberg hinzugekommen. Der Csaterberg steht für Weißweine mit einzigartigem Terroir, das von Schiefer und Süßwasser-Opalen geprägt ist. Seit 2019 kreieren Markus Bach und der Önologe Edgar Brutler die Weine. Zusätzlich zum klassischen Sortiment gibt es mit dem Jahrgang 2020 eine zweite Linie: Natural Wine –

Weingutsleiter Markus Bach und Kellermeister Edgar Brutler

GROSZER WEIN

7473 Burg
Burg 95
T: +43 (664) 3863777
bach@groszerwein.at
www.groszerwein.at

Kellermeister: Edgar Brutler
Kontakt: Markus Bach
Anbauweise: Umstellung auf bio
Produktion: 100.000 Flaschen
20 % weiß, 80 % rot, 21 Hektar
Vereinszugehörigkeit:
Eisenberg DAC
Messen: ProWein Düsseldorf

eine finessenreiche Neuinterpretation des Eisenbergs. Die Lagen sind das größte Kapital und liefern die Grundlage für wahrhaft unverwechselbare Herkunftsweine, die das »Groszer Wein«-Duo mit unverkrampfter Lässigkeit in die Flasche bringt.

91 Gemischter Satz 2022
12,5 Vol.-%, DV, Stahltank/großes Holzfass, €€ B
Helles Gelbgrün, Silberreflexe. Weiße Tropenfrucht, ein Hauch von Limetten, frisches Kernobst, zarte Kräuterwürze, einladendes Bukett. Saftig, elegant, feine Fruchtsüße, ein Hauch von Birne und Mango, frischer Säurebogen, macht Lust auf zweites Glas.

91 Rosé 2022 BF/ZW/ME
12,5 Vol.-%, DV, Stahltank, €€ B
Helles Lachsrosa mit Gelbgoldtouch. Feine Nuancen von Waldbeeren, rote Kirschen, floraler Touch. Frisch, weißer Apfel, feines Säurespiel, mineralisch-zitronig im Abgang, ein lebendiger, salziger Sommerwein für viele Anlässe.

95 Blaufränkisch ** Ried Szapary 2021
13,5 Vol.-%, NK, 500-l-Fass, €€€€€
Kräftiges Rubingranat, violette Reflexe, dezente Ockerrandaufhellung. Zart nach dunklen Herzkirschen, Brombeeren und Zwetschken, feine Kräuterwürze, mit feuchten Steinen unterlegt. Saftig, elegant, finessenreiche Säurestruktur, reife Tannine, mineralisch und gut anhaftend, Rote Johannisbeeren im Rückgeschmack, ein facettenreicher Speisenbegleiter mit Reifepotenzial.

94 Blaufränkisch ** Ried Saybritz 2021
13,5 Vol.-%, NK, 500-l-Fass, €€€€€
Kräftiges Rubingranat, violette Reflexe, breitere Ockerrandaufhellung. Schwarze Herzkirschen, Zwetschken, feines Nougat, ein Hauch von Schiefer, mineralischer Touch. Saftig, elegant, rote Frucht, feine, tragende Tannine, straff und anhaltend im Abgang, zeigt gute Länge, salzige Nuancen im Rückgeschmack, sicheres Potenzial.

93 Blaufränkisch ** 2021
13,5 Vol.-%, NK, großes Holzfass/500-l-Fass, €€€€
Kräftiges Rubingranat, violette Reflexe, dezente Randaufhellung. Feines Nougat, zarte Kräuterwürze, süße Kirschen, ein Hauch von Zwetschken, einladendes Bukett. Saftig, feine rotbeerige Nuancen, ein Hauch von Johannisbeeren, reife Tannine, mineralisch-zitronig im Abgang, ein finessenreicher Speisenwein mit gutem Reifepotenzial.

91 Blaufränkisch * 2020
13 Vol.-%, DV, großes Holzfass, €€€
Kräftiges Rubingranat, violette Reflexe, dezente Randaufhellung. Zart kräuterwürzig unterlegte Nuancen von Zwetschken und Brombeeren, kandierte Orangenzesten. Saftig, feine animalische Nuancen, rote Kirschen, feine Tannine, frisch und dunkelmineralisch, Bergamotte im Nachhall, anregender Speisenbegleiter.

92 Rotburger 2020
13 Vol.-%, NK, 500-l-Fass/großes Holzfass, €€€€
Kräftiges Rubingranat, violette Reflexe, breitere Randaufhellung. Reife Zwetschken, dunkle Waldbeeren, ein Hauch von Kumquatzesten. Saftig, elegant, frisch strukturiert, ein

© Edgar Brutler

Hauch von Minze, mineralisch-salzig im Abgang, ein feiner Speisenbegleiter mit Entwicklungspotenzial.

90 Rote Küvee 2020 ZW/BF
13 Vol.-%, DV, großes Holzfass, €€€
Dunkles Rubingranat, violette Reflexe, dezente Randaufhellung. Ein Hauch von getrocknetem Johanniskraut, dunkle Waldbeeren, etwas Wacholder, zart nach Schiefer. Leichtfüßig, rotbeerig, mineralisch-salzig im Abgang, bietet unkompliziertes Trinkvergnügen.

★★★★

WEINGUT JALITS

Der Eisenberg ist für Mathias Jalits etwas Besonderes, ein Gebiet mit unvergleichlichen Vorzügen und Eigenschaften. Und genau so sollen seine Weine schmecken. »Man soll den Eisenberg am Gaumen haben, wenn man unsere Weine trinkt«, lautet das Credo des Südburgenländers. Sandiger, toniger, schwerer Lehm und der nach Südosten offene Kessel, der eisige Nordwinde abhält, sorgen für ideale Bedingungen und für das Gedeihen eines kraftvollen, mineralischen Blaufränkisch, der Hauptsorte des Weinguts. Auch Cabernet Sauvignon, Pinot Noir, Merlot und Zweigelt sowie eine geringe Menge an Welschriesling wachsen auf den Hängen des Eisenbergs. In fünfter Generation widmet sich die Familie nun schon dem Weinbau. 2001 hat Mathias Jalits die Betriebsführung übernommen, und seither vergrößert er stetig die Anbaufläche mit Fokus auf Qualität und Regionalität. Auf gewagte Experimente lässt er sich dabei nicht ein, weder im Weingarten noch im Keller: »Die Bodenständigkeit der Region soll sich in meinen Weinen widerspiegeln. So bin ich, so ist das Südburgenland, so sollen unsere Weine sein.« Dass Mathias Jalits mit seiner Philosophie richtig liegt, zeigen die ausgezeichneten Falstaff-Bewertungen. Man darf gespannt sein, welche edlen Tropfen in den kommenden Jahren noch zu verkosten sein werden.

92 Weißburgunder Kalk und Schiefer 2021
14 Vol.-%, NK, gebrauchte Barriques, €€€€
Helles Gelbgrün, Silberreflexe. Zart nach Birne und Blütenhonig, Holzwürze, reifer Apfel, ein Hauch von Bergamotte, mit Kräuternoten unterlegt. Saftig, komplex, straff, feinwürzig, gut integrierte Säurestruktur, mineralisch, gelbe Frucht im Abgang, stoffiger Speisenbegleiter, wird von Flaschenreife profitieren.

(96) Blaufränkisch ** Ried Reihburg 2021
14 Vol.-%, NK, großes Holzfass, €€€€€
Dunkles Rubingranat, tiefer Kern, violette Reflexe, dezente Ockerrandaufhellung. Frische Brombeeren und schwarze Herzkirschen, dunkle Mineralik, kandierte Orangenzesten, etwas Lakritze im Hintergrund. Engmaschig, rote Beerenfrucht, samtige Tannine, gute Länge, feine Salzigkeit im Abgang, straff, ein vielschichtiger Speisenwein mit sicherem Reifepotenzial.

(95) Blaufränkisch ** Ried Saybritz 2021
14 Vol.-%, NK, großes Holzfass, €€€€€
Dunkles Rubingranat, tiefer Kern, violette Reflexe, dezente Ockerrandaufhellung. Zart nach Mandarinen, Brombeerkonfitüre, schwarze Kirschen, einladendes Bukett. Komplex, frisch strukturiert, rote Herzkirschen, feine, tragende Tannine, mineralisch im Nachhall, bereits antrinkbar, mit gutem Reifepotenzial ausgestattet.

WEINGUT JALITS
7512 Badersdorf
Untere Dorfstraße 16
T: +43 (664) 3303827
office@jalits.at
www.jalits.at

Kellermeister/Kontakt:
Mathias Jalits
Anbauweise: Umstellung auf bio
Produktion: 20 % weiß, 80 % rot, 16 Hektar
Vereinszugehörigkeit:
Eisenberg DAC
Messen: VieVinum, Weinmesse Innsbruck, Weinmesse München, Wein Burgenland Präsentationen

(94) Blaufränkisch ** Diabas 2021
14 Vol.-%, NK, gebrauchte Barriques, €€€€€
Dunkles Rubingranat, tiefer Kern, violette Reflexe, dezente Ockerrandaufhellung. Zarte Kräuterwürze, reife Zwetschken, dunkle Kirschen, frische Orangenschalen, mineralischer Touch. Straff, knackig, rote Kirschen, betont mineralisch, feine Tannine, salziger Abgang, animierend und gut anhaftend, sicheres Entwicklungspotenzial.

(93) Blaufränkisch ** Ried Fasching 2021
14 Vol.-%, NK, gebrauchte Barriques, €€€€€
Dunkles Rubingranat, tiefer Kern, violette Reflexe, dezente Ockerrandaufhellung. Reife schwarze Herzkirschen, feine Waldbeeren, einladende Frucht, mit frischen Orangenzesten unterlegt. Saftig, straff, Nuancen von roter Frucht, präsente, gut eingebundene Tannine, kräuterwürzig-salziger Nachhall, lebendiger Speisenbegleiter, gutes Reifepotenzial.

(92) Blaufränkisch ** Ried Szapary 2021
14 Vol.-%, NK, gebrauchte Barriques, €€€
Dunkles Rubingranat, violette Reflexe, dezente Ockerrandaufhellung. Floral unterlegtes Waldbeerenkonfit, rote Herzkirschen, kandierte Orangenzesten. Saftig, frisches Brombeerkonfit, gut integrierte Tannine, rotbeerige Nuancen im Abgang, mineralischer Nachhall, vielfältig einsetzbar.

(92) Cuvée Kontur 2021 BF/CS/ME
14 Vol.-%, NK, Holzfass, €€€€
Dunkles Rubingranat, violette Reflexe, dezente Ockerrandaufhellung. Zarte Holzwürze, reife Zwetschken, dunkle Kirschen, ein Hauch von Lakritze, kandierte Orangenzesten. Straff, rotbeerig, präsente Tannine, lebendiger Säurebogen, mineralisch-salzig im Abgang, ein animierender Speisenbegleiter.

★★★★

WEINGUT KOPFENSTEINER

Das Weingut der Familie Kopfensteiner liegt im Weinbaugebiet »Weinidylle Südburgenland« nahe der ungarischen Grenze, wird von Astrid und Thomas Kopfensteiner in dritter Generation geführt und wurde bis vor einigen Jahren noch im Nebenerwerb betrieben. In den 1990er-Jahren wurde die Weinanbaufläche stetig vergrößert, zurzeit werden etwa 16 Hektar Weingärten in Deutsch Schützen und am Eisenberg bearbeitet. Der Sortenspiegel reicht von Welschriesling über Weißburgunder, Zweigelt und Blaufränkisch bis hin zu Cabernet Sauvignon und Merlot. Das Hauptaugen-

Kellerstöckl Kopfensteiner

WEINGUT KOPFENSTEINER
7474 Deutsch Schützen
Untere Hauptstraße 31
T: +43 (3365) 2236
weingut@kopfensteiner.at
www.kopfensteiner.at

Kellermeister: Thomas Kopfensteiner
Kontakt: Astrid Kopfensteiner
Produktion: 5 % Schaumwein, 10 % weiß, 5 % rosé, 80 % rot, 16 Hektar
Messen: Wein Burgenland Präsentationen

merk gilt dabei dem Blaufränkisch, der auch die Leitsorte im Südburgenland ist und in diesem Gebiet am besten gedeiht. Dabei haben die Kopfensteiners kompromissloses Qualitätsdenken und gewissenhaftes Arbeiten für ein gebietstypisches Endprodukt zur obersten Prämisse erkoren.
Aushängeschilder des Betriebs sind die Blaufränkisch-Weine von den Lagen am Eisenberg und sicher auch die Cuvée »Border«, ein Wein, der in seiner Jugend schon beeindruckt, sein großes Format aber mit ein paar Jahren Reife noch besser zeigt. Die Weingärten werden mit höchster Sorgsamkeit und großer Liebe gepflegt. Exaktes Ausdünnen und Entblättern sind neben Klima und Boden die Garanten für reifes und perfektes Traubenmaterial. »Nur Trauben, die physiologisch reif und frei von grünen Tanninen sind, werden zu Qualitätsweinen verarbeitet – nicht durch übermotivierten Arbeitseinsatz und schon gar nicht durch die sogenannten ›neuen Kellertechnologien‹«, so die Kopfensteiners einstimmig.

Blaufränkisch

92 Saybritz weiss 2021
13 Vol.-%, DIAM, Holzfass, €€€€
Helles Gelbgrün, Silberreflexe. Frische weiße Apfelfrucht, ein Hauch von Limettenzesten, mit Nuancen von Ananas unterlegt. Saftig, gelbe Tropenfrucht, frischer Säurebogen, zarter Blütenhonig im Abgang, mineralisch im Nachhall, ein vielseitiger Speisenbegleiter.

(95) Blaufränkisch ** Ried Reihburg 2021
13,5 Vol.-%, NK, Teilbarrique, €€€€€
Kräftiges Rubingranat, tiefer Kern, violette Reflexe, breitere Ockerrandaufhellung. Feine rote Waldbeeren, Kirschen, zart nach Lakritze und Tabak, ein Hauch von Edelholz und kandierten Orangenzesten. Saftig, elegant, mineralisch-frische Textur, zarte Süße, feine, tragende Tannine, gute Länge, finessenreicher, frischer Speisenbegleiter, wird von weiterer Flaschenreife profitieren.

(95) Blaufränkisch ** Ried Saybritz 2021
13,5 Vol.-%, NK, Holzfass, €€€€€
Kräftiges Rubingranat, tiefer Kern, violette Reflexe, breitere Ockerrandaufhellung. Zart nach roten Waldbeeren, ein Hauch von Lakritze, Nuancen von Cassis und Mandarinenzesten, floraler Touch. Saftig, elegant, reife Kirschen, feine, tragende Tannine, mineralisch und präzise, zarte Extraktsüße im Abgang, zeigt gute Länge, sicheres Reifepotenzial.

(94) Blaufränkisch ** Ried Szapary 2021
13,5 Vol.-%, NK, Holzfass, €€€€€
Kräftiges Rubingranat, violette Reflexe, breitere Ockerrandaufhellung. Feine Kräuterwürze, dunkle Mineralik, mit schwarzen Kirschen und Zwetschken unterlegt, kandierte Orangenzesten. Saftig, elegant, feine Fruchtsüße, zarte, gut integrierte Tannine, etwas Schokolade im Abgang, geschliffen, harmonisch und bereits zugänglich.

(92) Blaufränkisch ** Deutsch Schützen 2021
13,5 Vol.-%, DIAM, Holzfass, €€€ Ⓗ
Dunkles Rubingranat, violette Reflexe, zarte Ockerrandaufhellung. Zart kräuterwürzig unterlegte reife Zwetschkenfrucht, schwarze Kirschen, ein Hauch von Orangenzesten. Saftig, elegant, süße Fruchtnuancen, feine Tannine, etwas Nougat, bereits entwickelt und zugänglich.

(93) Border 2021 BF/ME/CS
13,5 Vol.-%, NK, kleines Holzfass, €€€€€
Dunkles Rubingranat, violette Reflexe, zarte Ockerrandaufhellung. Zart nach Tabak und Johannisbeeren, dezente Edelholznuancen, mineralisch unterlegt. Saftig, schokoladiger Touch, etwas Gewürznelken, präsente, tragende Tannine, mineralisch und anhaftend, gutes Entwicklungspotenzial.

★★★★★

WEINGUT KRUTZLER

Das Weingut Krutzler wird mittlerweile in fünfter Generation geführt. Bereits 1966 hat man die ersten Qualitätsweine abgefüllt, und bis heute sieht man sich nur dem Besten verpflichtet. So arbeitet der Familienbetrieb auf etwa 13 Hektar Rebflächen rund um Deutsch Schützen und den Eisenberg traditionell fast ausschließlich mit Rotweinen. Hier steht vor allem einer im Mittelpunkt: der Blaufränkisch. Nicht Modeweine ohne Ecken und Kanten, sondern die Stilistik der Sorte, die klimatischen Besonderheiten und das prägende Terroir stehen in der Krutzler'schen Weinmacherphilosophie an erster Stelle. Die Rebflächen befinden sich alle in einer nach Südsüdosten ausgerichteten Kessellage, die von Wald umgeben ist. In diesem Kleinklima finden sich mineralische, eisenhaltige Lehm- und Schieferböden. Das Terroir, niedrige Erträge und eine lange Vegetationsperiode bringen Weine mit Eigenständigkeit und Charakter. Allerbeste Rieden in Deutsch Schützen und am nahen Eisenberg sind die Grundlage für den Eisenberg DAC Reserve; mindestens 25 Jahre alte Reben und extralange Fasslagerung sind die Basis für diesen kräftig-würzigen, mineralischen Charakterwein. Aus sorgfältiger Selektion der jeweils besten Blaufränkischtrauben des Jahrgangs wird der Blaufränkisch »Perwolff«, das renommierte Flaggschiff des Hauses, in Eichenfässern ausgebaut. Dieser sehr aufwendig verarbeitete, extrem lagerfähige Spitzenwein von Weltruf hat seinen Namen nach einer alten Bezeichnung für Deutsch Schützen. Mit zunehmender Flaschenreife erfreut er den Gaumen mit Geschmeidigkeit und Eleganz.

WEINGUT KRUTZLER
7474 Deutsch Schützen
Winzerstraße 68
T: +43 (664) 1431983
weingut@krutzler.at
www.krutzler.at

Kellermeister/Kontakt: Reinhold Krutzler
Produktion: 5 % weiß, 95 % rot, 13 Hektar
Zertifiziert: Nachhaltig Austria
Vereinszugehörigkeit: Renommierte Weingüter Burgenland
Messen: ProWein Düsseldorf, VieVinum

92 Welschriesling Ried Ratschen 2021
13,5 Vol.-%, NK, Teilbarrique, €€€€€
Helles Goldgelb, Silberreflexe. Feine Wiesenkräuter, ein Hauch von Mandeln, Nuancen von gelber Tropenfrucht, dunkle Mineralik. Saftig, elegant, feine Süße, etwas Pfirsich, frisch und anhaftend, Nougat im Abgang, ein ausdrucksvoller Speisenbegleiter.

(93) Blaufränkisch ** 2021
13,5 Vol.-%, NK, 500-l-Fass, €€€€€ H
Dunkles Rubingranat, tiefer Kern, violette Reflexe, zarte Randaufhellung. Feine Zwetschkenfrucht, schwarze Kirschen, kandierte Orangenzesten, mineralischer Touch. Komplex, saftig, feine Brombeernuancen, gut integrierte Tannine, nussiger Rancio-Touch, saliner Nachhall, ein stoffiger Speisenbegleiter.

92 Blaufränkisch * Spätfüllung 2018
13,5 Vol.-%, DIAM, großes Holzfass, €€€€ H
Kräftiges Rubingranat, violette Reflexe, zarte Ockerrandaufhellung. Zarte Kräuterwürze, dunkle Kirschfrucht, ein Hauch von Zwetschken, etwas Nougat und kandierte Orangenzesten. Saftig, rotbeerige Textur, zart nach Ribiseln, frischer Säurebogen, zarte Tannine, salziger Nachhall, ein vielseitiger, ausgereifter Speisenbegleiter.

(96) Blaufränkisch Perwolff 2021
13,5 Vol.-%, NK, 500-l-Fass, €€€€€€ H
Dunkles Rubingranat, tiefer Kern, violette Reflexe, zarte Ockerrandaufhellung. Feine Herzkirschen, zart nach Zwetschken, ein Hauch von Orangenzesten, mit zarten Edelholznuancen unterlegt, mineralisch und facettenreich. Saftig, elegant, süße Kirschen, feine Säurestruktur, mineralisch und straff, reife Tannine, rote Herzkirschen und Ribisel auch im Abgang, ein vitaler, anregender Stil, sicheres Reifepotenzial.

(95) Merlot 2021
14 Vol.-%, NK, Barrique, €€€€€€ Ⓗ
Dunkles Rubingranat, violette Reflexe, zarte Ockerrandaufhellung. Feine Edelholznuancen, frische rote Kirschen, ein Hauch von Johannisbeeren, floraler Touch, mit etwas Nougat unterlegt. Komplex, saftig, süße rote Waldbeeren, gute Frische, reife, tragende Tannine, zeigt gute Länge, sicheres Reifepotenzial.

(94) Alter Weingarten 2021 BF/ZW
13,5 Vol.-%, NK, 500-l-Fass, €€€€€ Ⓗ
Dunkles Rubingranat, violette Reflexe, zarte Ockerrandaufhellung. Mit Orangenzesten unterlegte frische schwarze Kirschfrucht, ein Hauch von Lakritze, feine Nuancen von Kräutern und Nougat. Mittlere Komplexität, rotbeerige Textur, frischer Säurebogen, feine Tannine, bereits harmonisch, bleibt gut haften, ein Hauch von Schokolade im Nachhall, delikater Stil.

★★★★

WEINGUT SCHIEFER.PUR

»Less is more« ist die Philosophie, der sich Uwe Schiefer von Anfang an verschrieben hat. Im Weingarten und bei der Vinifizierung wird so gut wie keine Technik eingesetzt, um den Charakter des Terroirs und der Sorte herauszustreichen. »Der Wein definiert sich ausnahmslos im Weingarten selbst«, so Uwe Schiefer, der damit zu den absoluten Vorreitern einer feingliedrigen und puren Blaufränkisch-Stilistik zählt. Schiefer rekultiviert uralte Steillagen am Eisenberg, aber auch gebietstypische Weißweinlagen am Tschaterberg und in Markt Neuhodis, wo er besonders mit dem Welschriesling neue Geschmacksqualitäten erschließt. Flaggschiff ist der extrem lagerfähige »Blaufränkisch Ried Reihburg«, der aus bis zu 80-jährigen Reben selektioniert und in großen Holzfässern ausgebaut wird. René Gabriel hat im Juni 2020 den Jahrgang 2011 mit 20 von 20 Punkten bewertet und somit die Höchstpunktezahl vergeben, und im Herbst 2022 gewann Uwe Schiefer ex aequo die Falstaff Reserve Trophy mit dem Blaufränkisch Ried Reihburg 2018. Weitere Topweine sind unter anderem »Blaufränkisch Ried Szapary«, »Blaufränkisch vom blauen Schiefer« oder der Pinot Noir und der Merlot.

(94) weisser schiefer »s« 2020 WR/WB
13 Vol.-%, NK, großes Holzfass, €€€€€
Mittleres Gelbgrün, Silberreflexe. Feine Kräuternoten, etwas Tabakwürze, ein Hauch von Reduktion, frische Gewürznuancen, weißes Kernobst. Komplex, saftig, gut integrierter Säurebogen, extraktsüß, engmaschiger Abgang, Melonentouch im Nachhall, würziger Rückgeschmack, guter Speisenbegleiter.

(93) weisser schiefer 2021 WR/WB
12,5 Vol.-%, DV, großes Holzfass, €€€
Mittleres Gelbgrün, Silberreflexe. Feine Kräuternoten, zart nach weißem Toffee, ein Hauch von Mango, Blütenhonig klingt an, einladendes Bukett. Saftig, straff, frische Säurestruktur, zart reduktiv, ein Hauch von Räuchernoten, gelbes Steinobst, würzig, spannender Speisenbegleiter.

(96) Blaufränkisch Ried Reihburg 2020
13,5 Vol.-%, NK, großes Holzfass, €€€€€€
Dunkles Rubingranat, violette Reflexe, zarte Ockerrandaufhellung. Feine Kirschen, ein Hauch von Waldbeeren, etwas Lakritze und Bergamotte, dunkle Mineralik, mit dezenten Edelholznuancen unterlegt. Saftig, feine Extraktsüße, ein Hauch von Herzkirschen und Erdbeeren, seidige Tanni-

WEINGUT SCHIEFER.PUR
7503 Welgersdorf
Welgersdorf 3
T: +43 (664) 5219047
office@weinbau-schiefer.at
www.weinbau-schiefer.at

Kellermeister: Uwe Schiefer
Kontakt: Uwe Schiefer, Thomas Fassl
Anbauweise: Umstellung auf bio
Produktion: 20 % weiß, 80 % rot, 15 Hektar
Vereinszugehörigkeit: Eisenberg DAC, Leithaberg DAC
Messen: FHA Singapore

ne, die lange tragen, reif und bereits zugänglich, ein stoffiger Speisenbegleiter mit gutem Reifepotenzial.

(94) Blaufränkisch Ried Szapary 2020
12,5 Vol.-%, NK, großes Holzfass, €€€€€
Dunkles Rubingranat, tiefer Kern, violette Reflexe, zarte Ockerrandaufhellung. Zart tabakig-kräuterwürzig unterlegte Waldbeerenfrucht, feine Nuancen von Cassis und Lakritze, feuchte Steine, attraktives Bukett. Saftig, elegant, sehr leichtfüßig, rotbeerige Textur, feine Tannine, mineralisch und frisch, würziger Nachhall, ein anregender Speisenbegleiter.

(93) Blaufränkisch vom blauen schiefer 2019
13,5 Vol.-%, NK, großes Holzfass, €€€€
Dunkles Rubingranat, violette Reflexe, zarte Ockerrandaufhellung. Dunkle Mineralik, ein Hauch von schwarzen Kirschen und Lakritze, feine Edelholznuancen, Mandarinenzesten. Saftig, elegant, Herzkirschen, zarte Fruchtsüße, lebendig strukturiert, feine Tannine, salzig im Abgang, wirkt leichtfüßig, bleibt haften, pfeffriger Nachhall.

(92) Blaufränkisch Burgenland 2020
13 Vol.-%, DV, großes Holzfass, €€€
Dunkles Rubingranat, violette Reflexe, zarte Ockerrandaufhellung. Zart nach Nougat und reifen Kirschen, feines Brombeerkonfit, mit kandierten Orangenzesten unterlegt, floraler Touch. Saftig, reife Kirschen, wirkt leichtfüßig, elegant, frischer Säurekern, feine Tannine, bereits zugänglich, vielfältig einsetzbar.

(94) Merlot 2020
13,5 Vol.-%, NK, Barrique, €€€€€
Dunkles Rubingranat, tiefer Kern, violette Reflexe, sehr zarte Ockerrandaufhellung. Feiner Hauch von Nougat und Edelholz, reife schwarze Kirschen, etwas Zwetschken, mit Vanille unterlegt. Komplex, kraftvoll, rotbeerige Textur, zart nach Ribiseln, präsente, gut integrierte Tannine, mineralisch und gut anhaftend, ein Hauch von Schokolade im Abgang, bereits zugänglich, gutes Reifepotenzial.

(93) Pinot Noir 2021
13 Vol.-%, NK, Barrique, €€€€€
Mittleres Karmingranat, violette Reflexe, breitere Ockerrandaufhellung. Zarte rote Waldbeeren, etwas Vanille, rote Herzkirschen, frische Mandarinenzesten. Saftig, zart nach Roten Johannisbeeren, dezente Fruchtsüße, feine Tannine, Nougat im Abgang, ein lebendiger Speisenbegleiter.

★★★

STEPHANO DAS-WEIN-GUT

In den sieben Hektar Weingärten im Südburgenland setzt Stephan Oberpfalzer sorgfältig und behutsam einen gezielten Schnitt nach dem anderen: Stock für Stock, ohne den sofortigen Ertrag im Kopf zu haben, hat er das Ziel im Blick, die Gesundheit und die ausgewogene und langsame Entwicklung seiner Weingärten zu sichern. Moderne Weingartenbewirtschaftung, die es ermöglicht, gesunde, selektionierte Rebstöcke zu schaffen, ist nicht nur Ehrensache, sondern die Grundlage für naturnahen Weinbau und eine möglichst schonende Verarbeitung der besten Trauben. Die alte Philosophie der Weingartenarbeit, die den alten Reben hohen Wert zuschreibt und so die Qualität des Ertrags erhöht, vertritt er bis ins kleinste Detail. Die konsequente Fortführung dieser Arbeitsweise auch bei der Vinifizierung führt dazu, dass die Weine des Weinguts StephanO die Sortentypizität und das Terroir des Südburgenlands auf sehr hohem Niveau widerspiegeln. Entsprechend dem hohen Qualitätsanspruch bei der Weinbereitung werden ausschließlich Weine von Rebsorten produziert, die am besten mit den klimatischen Bedingungen und Bodenformationen des Südburgenlands zurechtkommen, allen voran natürlich Blaufränkisch. »trinculo«, »gonzalo« und »prospero«, benannt nach Figuren aus dem Stück »Der Sturm« von William Shakespeare, sind hier die Flaggschiffe, sie werden flankiert von »StephanO rot«, dem Herzstück des Winzers, einer Cuvée aus den typischen Rebsorten des Bordeaux-Gebiets. Seit 2017 wird auch eine eigenständige »Orangewine-Linie« produziert. Diese Weine werden – wie alle anderen Weine auch – spontan im offenen Holzbottich vergoren und dann mit besonderer Sorgfalt unfiltriert abgefüllt. Seit dem Jahrgang 2017 ist der Betrieb nun auch offiziell mit dem »Nachhaltig Austria«-Gütesiegel ausgezeichnet.

STEPHANO DAS-WEIN-GUT

7474 Deutsch Schützen
Unterer Weinweg 11
T: +43 (664) 2636939
office@stephano.at
www.stephano.at

Kellermeister/Kontakt:
Dr. Stephan Oberpfalzer
Produktion: 24.000 Flaschen
30 % weiß, 10 % rosé, 60 % rot,
7+1 Hektar
Zertifiziert: Nachhaltig Austria
Vereinszugehörigkeit:
Eisenberg DAC, Leithaberg DAC
Messen: ProWein Düsseldorf, VieVinum, Vinobile Feldkirch, DAC-Präsentationen, Wein Burgenland Präsentationen

Ried Saybritz

93 Grüner Veltliner Leithaberg DAC 2020
13,5 Vol.-%, DV, Beton, €€€€ H
Mittleres Goldgelb, Silberreflexe. Frische Kräuter, tabakig unterlegte gelbe Tropenfrucht, ein Hauch von Blütenhonig, zart nussiger Touch, facettenreiches Bukett. Straff, engmaschig, weißes Nougat, reife Birne, mineralisch-zitronig im Abgang, salziger Nachhall, ein stoffiger Speisenbegleiter.

93 Welschriesling ceres 2020
13 Vol.-%, DV, Beton, €€€€
Helles Gelbgrün, Silberreflexe. Zart nussig unterlegte Kräuterwürze, gelber Apfel, etwas Birne und Mango, mineralischer Touch. Komplex, straff, engmaschig, feine Fruchtsüße, ein Hauch von Pfirsich, frisch strukturiert, bleibt haften, zarte Süße im Nachhall, vielfältig einsetzbar.

92 stephano weiss 2020 GV/RR
12,5 Vol.-%, NK, Tonneaux Fass, €€€€
Mittleres Grüngelb, Silberreflexe. Zart nach Haselnuss und Feuerstein, reduktive Würze, mit weißer Apfelfrucht unterlegt, feine Kräuternuancen. Mittlerer Körper, weiße Frucht, frisch strukturiert, Limetten im Abgang, ausgewogen, ein leichtfüßiger Speisenbegleiter mit zart süßem Nachhall und mittlerer Länge.

(94) Blaufränkisch ** Ried Saybritz 2019
14,5 Vol.-%, NK, Tonneaux Fass, €€€€€ H
Dunkles Rubingranat, violette Reflexe, zarte Ockerrandaufhellung. Zart nach Lakritze und Mandarinenzesten, ein Hauch von Cassis, dunkle Mineralik, einladendes Bukett. Saftig, elegant, Schwarze Johannisbeeren, reife, tragende Tannine, feine Extraktsüße im Abgang, zeigt Länge und weiteres Reifepotenzial.

(93) Blaufränkisch ** Ried Weinberg 2019
14,5 Vol.-%, NK, Tonneaux Fass, €€€€€ H
Dunkles Rubingranat, violette Reflexe, zarte Ockerrandaufhellung. Nuancen von schwarzen Waldbeeren, Johannisbeeren, frische Orangenzesten, mineralisch unterlegt. Stoffig, elegant, feine Kirschfrucht, lebendig strukturiert, reife Tannine, mineralisch-salzig im Abgang, bleibt haften, zitroniger Touch im Rückgeschmack.

92 Blaufränkisch * trinculo 2019
14,5 Vol.-%, DV, Tonneaux Fass, €€ H
Dunkles Rubingranat, violette Reflexe, zarte Ockerrandaufhellung. Zarte Kräuterwürze, Nuancen von Brombeeren, schwarze Kirschen, mineralischer Touch. Saftig, elegant, feine Fruchtsüße, reife Tannine, nussiger Touch, salziger Nachhall, ein vielschichtiger Speisenbegleiter.

Ried Himmelreich am Leithagebirge bei Donnerskirchen

© WSNA

BURGENLAND

LEITHABERG

DAC

Joiser Yachthafen mit Blick auf den Jungenberg

FULMINANTE QUALITÄT BEI WEISS, ROT UND SÜSS

Am Leithagebirge sind die Allrounder zu Hause. Kaum ein anderes Weinbaugebiet erlaubt eine solche Vielfalt an Weintypen wie die rund 2.900 Hektar am Westufer des Neusiedler Sees. Hier entstehen auch die weißen und roten Weine mit der Herkunft Leithaberg DAC.

Die trockenen Weine sind geprägt von den mineralischen Böden am Leithagebirge, wo zwischen kalkreichen Schichten immer wieder auch Urgesteinsinseln durchbrechen. Die besonders gebietstypischen Weine werden unter der Bezeichnung »Leithaberg DAC« vermarktet. Das gesetzlich definierte Produktionsgebiet für den Leithaberg DAC umfasst den politischen Bezirk Eisenstadt Umgebung, die Freistadt Eisenstadt und die politischen Gemeinden Jois und Winden. Weißwein mit der Herkunftsangabe Leithaberg DAC darf aus den Sorten Weißburgunder, Chardonnay, Neuburger oder Grüner Veltliner erzeugt werden. Zugelassen sind auch Cuvées aus diesen Sorten. Der rote Leithaberg DAC besteht aus der in der Region dominierenden Sorte Blaufränkisch, wobei ein Verschnitt mit insgesamt maximal 15 Prozent Zweigelt, St. Laurent oder Pinot Noir möglich ist. Die Leithaberg DACs sind immer mineralisch und nicht übertrieben kräftig.

Daneben wird im Gebiet westlich des Neusiedler Sees eine große Vielfalt anderer Rebsorten und Stile gepflegt, die meist unter der

© WSNA

Bezeichnung »Burgenland« vermarktet werden. Das Gebiet mit vielen leistungsfähigen Weingütern ist auch ein weintouristisches Mekka. (Wein-)Kultur als Rahmenprogramm bieten unter anderen die Landeshauptstadt Eisenstadt mit dem Schloss Esterházy, Mörbisch mit den Seefestspielen, Sankt Margarethen mit den Musikfestspielen im Römersteinbruch, die Weinakademie in Rust oder die Genussakademie in Donnerskirchen.

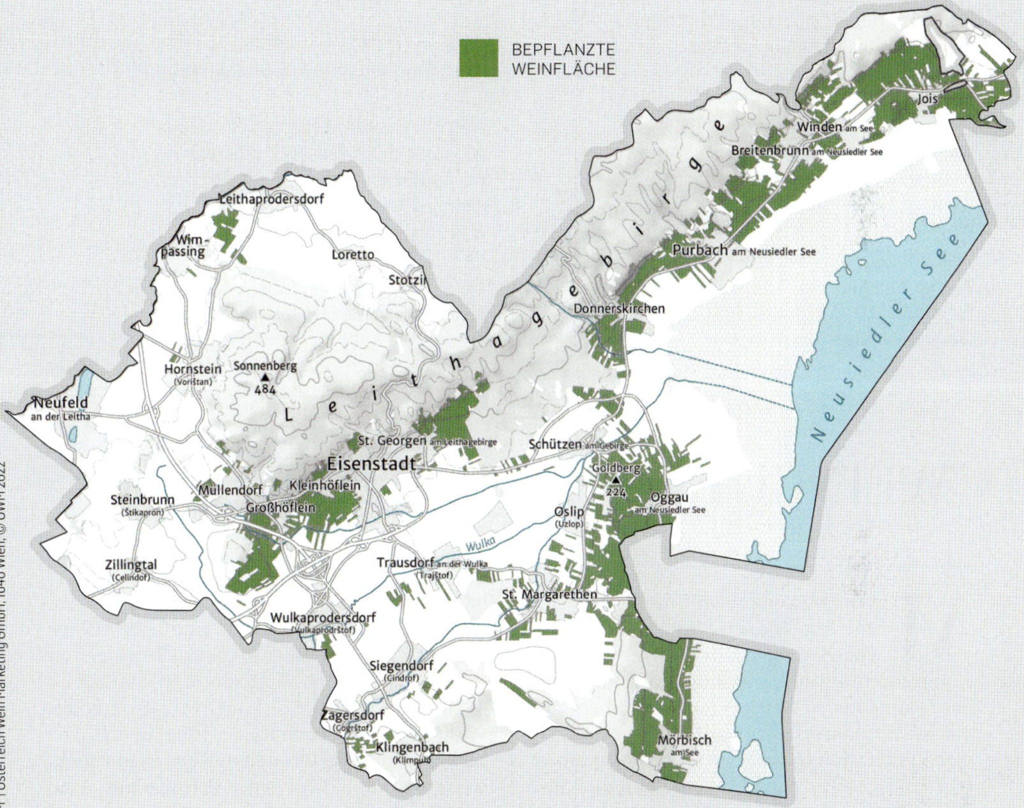

LEITHABERG DAC

Österreich gesamt	**44.728 ha**
Weinbaugebiet Burgenland	**11.772 ha**
Leithaberg DAC	**2.875 ha**

Grundkarte: © Universität Wien, BEV, OSM, SRTM | Österreich Wein Marketing GmbH, 1040 Wien, © ÖWM 2022

AUSGEWÄHLTE WEINGÜTER

★★★★★
Weingut Kollwentz, Großhöflein
Weingut Moric, Großhöflein

★★★★
Weingut Markus Altenburger, Jois
Weingut Toni Hartl, Reisenberg
Weingut Prieler, Schützen am Gebirge
Weingut Franz Schindler, Mörbisch
Weingut Tinhof, Trausdorf

★★★
Weingut Bayer – Erbhof, Donnerskirchen
Weingut Esterházy, Trausdorf an der Wulka
Weingut Leo Hillinger, Jois
Winzerhof Kiss Ronald, Jois
Weingut Leberl, Großhöflein
Weingut Liegenfeld, Donnerskirchen
Weingut MAD, Oggau
Weingut Nehrer, Eisenstadt

★★★
Thomas Schwarz, Purbach
Weingut Sommer, Donnerskirchen
Weingut HST – Hannes Steurer, Jois
Weingut Wagentristl, Großhöflein
Weingut Stefan Zehetbauer, Schützen am Gebirge

★★
Klosterkeller der Barmherzigen Brüder, Eisenstadt
Weingut Grenzhof-Fiedler, Mörbisch
Winzerschlössl Kaiser, Eisenstadt
Weingut Hans Moser, Eisenstadt
Weingut Pasler, Jois
Weingut Sattler, Jois

★
Weingut Lentsch, Donnerskirchen

★★★★

WEINGUT MARKUS ALTENBURGER

BIO

Mit viel persönlichem Einsatz und Gefühl hat Markus Altenburger das Weingut innerhalb weniger Jahre zu einem international anerkannten und einem der spannendsten Betriebe am Leithaberg gemacht. Ein klarer Fokus auf interventionsarmer Vinifikation in Kombination mit Trauben von den typischen Schiefer- und Leithakalkböden in Jois macht seinen Stil unverwechselbar. Die Paraderotweine des Weinguts bestehen aus Blaufränkisch: Die puristischen Lagenweine von alten Reben in den Rieden Jungenberg und Gritschenberg werden nur in den besten Jahrgängen und in geringen Mengen erzeugt. Für den perfekten Einstieg sorgt der trinkfreudige Blaufränkisch vom Kalk, und die Riedencuvée »Markus Altenburger rot« zeigt den Stil der kommenden Jahre. In Sachen Weißwein befassen sich die Altenburgers in erster Linie mit Chardonnay, Grünem Veltliner und Neuburger. Ausgebaut werden eine leichtfüßige Variante von Kalkböden – bezeichnenderweise mit dem Namen »Chardonnay vom Kalk« – und eine komplexe Lagenversion aus der schieferdominierten Riede Jungenberg. Die Liebe zu selten gewordenen Rebsorten drückt sich etwa im »Neuburger betont« aus – ein Wortspiel, da der Ausbau des Weines betont zurückhaltend und in eiförmigen Betontanks erfolgt. Seit einigen Jahren werden auch ein lagenreiner Grüner Veltliner von der kalkreichen Riede Ladisberg und eine naturbelassene Cuvée aus heimischen Rebsorten – »Markus Altenburger weiß« – erfolgreich vinifiziert.

96 ❶ 121 Brut Nature 2012
12 Vol.-%, NK, Flaschengärung, €€€€€€
Leuchtendes kräftiges Goldorange, Silberreflexe, sehr feines

WEINGUT MARKUS ALTENBURGER

7093 Jois
Untere Hauptstraße 62
T: +43 (2160) 71089
halloservusgriasdi@
markusaltenburger.com
www.markusaltenburger.com

Kellermeister/Kontakt: Markus Altenburger
Anbauweise: Zertifiziert Biologisch
Produktion: 5 % Schaumwein, 30 % weiß, 65 % rot, 17 Hektar
Vereinszugehörigkeit: Club Batonnage, Leithaberg DAC
Messen: Karakterre

Jungenberg bei Jois

Mousseux. Zarte Kräuterwürze, etwas Nougat, weißer Apfel, Anklänge von Pfirsich, reifes Kernobst, Orangenzesten, mineralischer Anklang. Saftig, elegant, feine Fruchtsüße, ein Hauch von Marille und weißem Pfirsich, frischer Säurebogen, mineralisch-salzig im Abgang, bleibt sehr gut haften, zarte Extraktsüße im Nachhall, sicheres weiteres Entwicklungspotenzial. (121 Monate auf der Hefe, 400 Magnums erzeugt.)

94 Chardonnay * Ried Jungenberg 2021

13 Vol.-%, NK, Beton/großes Holzfass, €€€€€ B

Mittleres Goldgelb, Silberreflexe. Feine Wiesenkräuter, zarte gelbe Tropenfrucht, ein Hauch von Mango, mit Limettenzesten unterlegt, weiße Blüten, vielschichtige Aromatik. Straff, weißer Apfel, frisch strukturiert, feine Extraktsüße, wirkt leichtfüßig und präzise, mineralisch-salziger Nachhall, bereits antrinkbar, ein feiner Speisenbegleiter, verfügt über Entwicklungspotenzial.

92 Chardonnay vom Kalk 2022

12 Vol.-%, DIAM, Beton/gr. Holzfass/500-l-Fass, €€€

Zart getrübtes Goldgelb, Messingreflexe. Zart kräuterwürzig unterlegte reife Apfelfrucht, kandierte Orangenzesten, etwas Melisse. Straff, weiße Apfelfrucht, nussiger Touch, salziger Abgang, gut anhaftend, zeigt angenehme Frische im Nachhall.

93 Markus Altenburger Weiß Skin and Stones 2022

12,5 Vol.-%, DIAM, Beton/500-l-Fass/großes Holzfass, €€€€ B

Leuchtendes, zart getrübtes Orangegelb, Silberreflexe. Nuancen von reifen Marillen und Kumquatzesten, mit reifem weißem Pfirsich unterlegt, ein Hauch von Blütenhonig. Engmaschig, weißer Apfel, frischer Säurebogen, mineralisch-salziger Abgang, anregender Limettentouch im Nachhall, bereits antrinkbar.

92 Neuburger betont. 2022

11 Vol.-%, DIAM, Beton, €€€€ B

Zart getrübtes mittleres Goldgelb, Silberreflexe. Nuancen von kandierter Grapefruit, ein Hauch von Maracuja, etwas Blütenhonig und Ananasfrucht, mineralische Nuancen. Mittlerer Körper, grüner Apfel, frischer Säurebogen, nussig-salziger Abgang, zitronig, ein vielseitiger Speisenbegleiter.

95 Blaufränkisch * Ried Jungenberg Late Release 2013

13 Vol.-%, NK, 500-l-Fass, €€€€€€

Dunkles Rubingranat, violette Reflexe, zarte Ockerrandaufhellung. Zart nach Dörrobst und Brombeeren, ein Hauch von Nougat und Holzwürze, mit Karamell und Kumquats unterlegt, floraler Touch. Saftig, komplex, facettenreiche Säurestruktur, gut integrierte Tannine, feinwürzig, etwas Holznuancen im Abgang, schwarze Beeren im Finish, vielschichtig und trinkanimierend.

94 Blaufränkisch * Helden Late Release 2017

12,5 Vol.-%, DIAM, großes Holzfass/500-l-Fass, €€€€ B

Dunkles Rubingranat, violette Reflexe, zarte Randaufhellung. Einladendes Bukett nach Gewürzen und Herzkirschen, etwas nach Clementinen, zart tabakig. Saftig, komplex, frische Struktur, gut integriertes Tannin, dunkle Beerenfrucht, fruchtsüß im Abgang, mineralischer Nachhall, ein vielseitiger Speisenbegleiter mit Potenzial.

93 Blaufränkisch * Rot Helden 2021
12,5 Vol.-%, DIAM, gr. Holzfass/500-l-Fass, €€€€
Dunkles Rubingranat, violette Reflexe, zarte Randaufhellung. Frische Kräuterwürze, etwas balsamisch, Cassis klingt an, Kardamom, frisches Bukett. Saftig, präsente Tanninstruktur, feinwürzig, schwarze Kirschen, vegetaler Touch, frisch und lebendig, guter Speisenbegleiter, wird von Flaschenreife profitieren.

91 Blaufränkisch * vom Kalk 2022
13 Vol.-%, DIAM, 500-l-Fass/großes Holzfass, €€€
Tiefdunkles Rubingranat, violette Reflexe, zarte Randaufhellung. Feine Kräuterwürze, einladendes rotbeeriges Bukett, Herzkirschen und Heidelbeeren klingen an. Saftig, kraftvoll, feinwürzig, etwas tabakig, Cassis im Abgang, mineralischer Nachhall, bereits gut antrinkbar.

★★

KLOSTERKELLER DER BARMHERZIGEN BRÜDER

Die Geschichte des Klosterkellers der Barmherzigen Brüder in Eisenstadt begann vor über 260 Jahren, als Fürst Paul II. Anton Esterházy den Barmherzigen Brüdern ein Hospital, eine Kirche und eine Apotheke stiftete. Dazu gehörten auch landwirtschaftliche Flächen zur Versorgung des Krankenhauses inklusive einiger Flächen, die mit Reben bepflanzt waren. Hier begannen die Brüder, Wein zu keltern – eine Tradition, die bis heute fortgeführt wird. Damit ist der Eisenstädter Konvent der einzige des weltweit vertretenen Ordens, der Weinbau betreibt.

KLOSTERKELLER DER BARMHERZIGEN BRÜDER
7000 Eisenstadt
Esterházystraße 26
T: +43 (2682) 6011675
klosterkeller@bbeisen.at
www.klosterkeller.at

Kellermeister/Kontakt:
Ing. Rudolf Krizan
Produktion: 41.333 Flaschen
40 % weiß, 5 % rosé, 55 % rot,
8.54 Hektar
Vereinszugehörigkeit:
Haydnwein
Messen: 501 Bio-Dyn

Trotz mehrmaliger Standortüberlegungen blieb der Weinkeller bis heute in seinem ursprünglichen Bereich als echter Klosterkeller erhalten – befindet er sich doch im Klosterkonvent, im sogenannten Spitzerhaus in der Esterházystraße in Eisenstadt. An den südwestlichen Ausläufern des Leithagebirges und am Föllig in der Gemeinde Großhöflein finden die Reben vorwiegend warme, kalkhaltige Böden vor. Traditionell werden im Klosterkeller der Barmherzigen Brüder Eisenstadt die Sorten Blaufränkisch, Zweigelt, Cabernet Sauvignon, Welschriesling und Sauvignon Blanc abgefüllt. Die Premiumline – die Brüder-Weine – erweitert das Sortiment um Chardonnay, Merlot und Blauburgunder. Seit mehr als 30 Jahren tragen Weine, die den Eisenstädter Klosterkeller verlassen, die geschmackliche Handschrift von Ing. Rudolf Krizan. Mit viel Handwerk und geringstmöglichem Technikeinsatz holt der erfahrene Kellermeister das Beste aus jeder Traube unter Berücksichtigung der jeweiligen Lage und des jeweiligen Jahrgangs. Eine unschlagbare Kombination aus Erfahrung, besonderen Lagen, Kontinuität der Qualität, ausgewogenem Preis-Leistungs-Verhältnis und dem besonderen Service im Ab-Hof-Verkauf zeichnen den Klosterkeller der Barmherzigen Brüder in Eisenstadt aus.

92 Chardonnay 2022
14 Vol.-%, DV, großes Holzfass, €€€
Helles Grüngelb, Silberreflexe. Zarte Kräuterwürze, gelbe Tropenfrucht, ein Hauch von Apfel und Orangenzesten. Komplex, feine Extraktsüße, zart nach Pfirsich, mineralisch und frisch, dezenter Blütenhonig, bleibt haften, ein facettenreicher Speisenbegleiter.

91 Sauvignon Blanc 2022
13 Vol.-%, DV, Stahltank, €€
Helles Grüngelb, Silberreflexe. Feine weiße Tropenfrucht, zarte Kräuterwürze, Nuancen von Stachelbeeren und Limetten, einladendes Bukett. Saftig, elegant, feine Fruchtsüße, weißer Pfirsich und Zitronen im Abgang, ein schwungvoller Sommerwein.

94 Merlot Ried Langsatz 2021
14,5 Vol.-%, NK, Barrique, €€€€€
Kräftiges Rubingranat, violette Reflexe, breitere Ockerrandaufhellung. Zarte Edelholznuancen, ein Hauch von Herzkirschen, zart nach Feigen und kandierten Orangenzesten. Saftig, stoffig und komplex, süße Frucht, seidige Tannine, finessenreich strukturiert, ein Wein mit Charme und Länge.

94 Cabernet Sauvignon Ried Langsatz 2021
14 Vol.-%, NK, Barrique, €€€€€
Kräftiges Rubingranat, violette Reflexe, breitere Ockerrandaufhellung. Zarte rotbeerige Nuancen, ein Hauch von Cassis, etwas Lakritze, Mandarinenzesten, dezente Holzwürze, einladendes Bukett. Komplex, saftig, frisch strukturiert, seidige Tannine, mineralisch-salzig im Abgang, ein leichtfüßig wirkender Speisenbegleiter mit Reifepotenzial.

92 Pinot Noir Ried Tatschler 2020
14 Vol.-%, NK, großes Holzfass, €€€
Kräftiges Karmingranat, violette Reflexe, breitere Ockerrandaufhellung. Dunkle Kirschen, florale Nuancen, zart nach Limetten, mineralischer Touch. Mittlerer Körper, rotbeerig, frisch strukturiert, feine Tannine, Ribisel im Nachhall, bereits gut antrinkbar.

91 Blaufränkisch Ried Föllig 2021
14,5 Vol.-%, DV, Stahltank, €€
Kräftiges Rubingranat, violette Reflexe, breitere Ockerrandaufhellung. Zarte Kräuterwürze, schwarze Beeren, etwas Cassis und Brombeeren, einladendes Bukett. Mittlere Komplexität, zart nach Ribiseln, feine Fruchtsüße, runde Tannine, mineralisch und gut antrinkbar.

★★★

WEINGUT BAYER – ERBHOF

»Weintradition am Leithaberg« ist das Motto der Familie Bayer, die den »Erbhof«, eines der ältesten Weingüter in Donnerskirchen, bewirtschaftet. Seine faszinierende Geschichte reicht bis ins Jahr 1741 zurück. Das Weingut ist einer der ersten Betriebe Österreichs, die als »nachhaltig« zertifiziert wurden, und das kommt nicht von ungefähr, denn die Familie Bayer produziert sehr naturbewusst und geht mit den Ressourcen im Weinbau sehr verantwortungsvoll um. Die Lagen an den südlichen Ausläufern des Leithagebirges waren schon immer Garant für würzige Weiß- und Rotweine. Die Bayers nutzen diesen Standortvorteil und vinifizieren auf insgesamt 22 Hektar eine erstaunliche Weinvielfalt, entsprechend den Unterschieden, die die einzelnen Lagen ermöglichen. Muschelkalk und Schiefer, diese Böden sind der größte Schatz, den die Region Leithaberg ihren Winzern bietet. Die Winzerfamilie, die sehr puristisch an den Ausbau der autochthonen Sorten herangeht, produziert Weine mit Charakter und Wiedererkennungswert.
Welschriesling und Grüner Veltliner, die Burgundersorten Pinot Blanc und Chardonnay sowie die Aromasorten Sauvignon Blanc, Gelber Muskateller und Muskat Ottonel sind feste Bestandteile des Sortiments. Diese aromatischen Weißweine mit ihrer prägnanten Frucht

WEINGUT BAYER – ERBHOF
7082 Donnerskirchen
Hauptstraße 50
T: +43 (2683) 8550
weingut@bayer-erbhof.at
www.bayer-erbhof.at

Kellermeister: Josef Bayer
Kontakt: Josef & Michael Bayer
Produktion: 85 % weiß, 2 % rosé, 11 % rot, 2 % süß, 22 Hektar
Zertifiziert: Nachhaltig Austria
Vereinszugehörigkeit: Leithaberg DAC, Weinquartett Donnerskirchen
Messen: Austrian Tasting London, ProWein Düsseldorf, VieVinum, DAC-Präsentationen, Wein Burgenland Präsentationen

und Textur gehören schon länger zu den besten im Lande und erzielen regelmäßig Höchstbewertungen. Der Erbhof Bayer hat sich aber in den vergangenen Jahren mit dichten und würzigen Rotweinen auch als erstklassiger Rotweinproduzent einen Namen gemacht. »Unser Ziel ist es, ein einzigartiges Trinkerlebnis zu bieten, für das es sich lohnt, das ganze Jahr hart zu arbeiten!«

94 Chardonnay * Ried Martinsberg 2021
13 Vol.-%, NK, gebrauchte Barriques, €€€€€
Helles Gelbgold, Silberreflexe. Feine Nuancen von gelber Frucht, nach Ananas und Mango, zarte weiße Blütenaromen, mit kandierten Orangenzesten unterlegt, etwas Honig. Saftig, Nuancen von weißem Kernobst, frisch strukturiert, mineralisch-salzig im Abgang, frischer Apfel im Nachhall, ein animierender Speisenbegleiter, verfügt über Zukunftspotenzial.

92 Chardonnay * 2022
13 Vol.-%, DV, gebrauchte Barriques/großes Holzfass/Stahltank, €€€
Mittleres Grüngelb, Silberreflexe. Zart floral unterlegte feine Kernobstnuancen, ein Hauch von Apfel, zarter Blütenhonig, Limettenzesten. Straff, weißer Apfel, feine cremige Textur, mineralisch und balanciert, zarte Tropenfrucht im Nachhall, bleibt haften, ein eleganter Speisenbegleiter mit Reifepotenzial.

90 Chardonnay Kalk & Lehm 2022
13 Vol.-%, DV, Stahltank, €€
Helles Goldgelb, Silberreflexe. Zarte frische Wiesenkräuter, ein Hauch von Ananas, Mango, etwas Blütenhonig, Nuancen von Limettenzesten. Mittlerer Körper, weißer Apfel, frischer Säurebogen, mineralischer Touch, ein lebendiger Speisenbegleiter.

93 Weißburgunder * Ried Kapellenjoch 2021
13 Vol.-%, NK, gebr. Barriques/Stahltank, €€€€€
Mittleres Goldgelb, Silberreflexe. Feine Nuancen von gelber Tropenfrucht, zart nach Mango, Ananas und Blütenhonig, feine Noten von kandierten Orangenzesten. Mittlerer Körper, feine Nuancen von weißem Kernobst, frisch strukturiert, mineralisch und gut anhaftend, ein vielseitiger Speisenbegleiter, gutes Reifepotenzial.

91 Weißburgunder * 2022
13 Vol.-%, DV, großes Holzfass, €€€
Mittleres Goldgelb, Silberreflexe. Zart nach Akazienblüten, feine Nuancen von gelbem Kernobst, etwas Birne, mit Orangenzesten unterlegt. Mittlerer Körper, feine Fruchtsüße im Kern, dezenter Säurebogen, mineralisch, balanciert, bietet unkompliziertes Trinkvergnügen.

90 Pinot Blanc Kalk & Schiefer 2022
12,5 Vol.-%, DV, Stahltank, €€
Helles Goldgelb, Silberreflexe. Zart Nuancen von weißer Frucht, ein Hauch von Blüten und Limetten, dezentes Bukett. Leichtfüßig, mineralische Textur, feine Fruchtsüße, ein Hauch von Apfel, zitronig-frisch, bietet unkompliziertes Trinkvergnügen.

93 Grüner Veltliner * Ried Himmelreich 2021
13,5 Vol.-%, NK, 500-l-Fass/Stahltank, €€€€€
Mittleres Gelbgold, Silberreflexe. Zarte Nuancen von Karamell, Noten von gelber Tropenfrucht, reifer Pfirsich, ein Hauch von Blütenhonig. Saftig, elegant, Anklänge von Nougat, opulenter Stil, bleibt haften, ein stoffiger Speisenbegleiter mit gutem Entwicklungspotenzial.

(91) Grüner Veltliner * 2022
13 Vol.-%, DV, gebrauchte Barriques/Stahltank, €€€
Mittleres Grüngelb, Silberreflexe. Zart tabakig unterlegte Kernobstnuancen, ein Hauch von Kräutern und Mango. Mittlerer Körper, feine weiße Apfelfrucht, dezenter Säurebogen, mineralisch-salzig im Abgang, bereits entwickelt, ein vielseitiger Speisenbegleiter.

90 Sauvignon Blanc Kreuz 2022
12,5 Vol.-%, DV, Stahltank, €€
Helles Grüngelb, Silberreflexe. Frische Nuancen von Grapefruit und Stachelbeeren, zart mit Holunderblüten unterlegt. Straff, Weiße Johannisbeeren, knackige Textur, zitronig und frisch, salziger Abgang, ein animierender Sommerwein.

89 Gelber Muskateller Wolf 2022
12,5 Vol.-%, DV, Stahltank, €€

92 Blaufränkisch * Donnerskirchen 2021
13,5 Vol.-%, DV, gebrauchte Barriques, €€€
Dunkles Karmingranat, Ockerreflexe, breitere Randaufhellung. Einladendes Brombeerkonfit, schwarze Kirschen, feine Kräuterwürze, ein Hauch von Nougat, einladendes Bukett. Saftig, elegant, rote Kirschen, feine Extraktsüße, rund und zugänglich, ein vielseitiger Speisenbegleiter.

93 Carabus Rot Reserve 2019 BF/ME/CS
14,5 Vol.-%, NK, Barrique, €€€€€
Kräftiges Karmingranat, tiefer Kern, Ockerreflexe, breitere Randaufhellung. Attraktive Edelholznote, schwarze Beeren, Herzkirschen, Nougat, dezente Kräuterwürze. Komplex, saftig, gute Frische, reife Tannine, schokoladig, mineralisch, bleibt gut haften, salziger Nachhall, verfügt über Länge, gutes Reifepotenzial.

WEINGUT ESTERHÁZY
7061 Trausdorf an der Wulka
Trausdorf 1
T: +43 (2682) 63348
weingut@esterhazywein.at
www.esterhazywein.at
Kellermeister: Robert Krammer
Kontakt: Frank Schindler
Anbauweise: Zertifiziert Biologisch (Bio Austria)
Produktion: 400.000 Flaschen
55 % weiß, 45 % rot, 65 Hektar
Vereinszugehörigkeit: Leithaberg DAC
Messen: Alles für den Gast Salzburg, Dornbirner Frühjahrs- und Herbstmesse, ProWein Düsseldorf, VieVinum, DAC-Präsentationen

Produktionsleiter Robert Krammer, Geschäftsführer Frank Schindler, Vertriebsleiter Wolfgang Hewarth

★★★

WEINGUT ESTERHÁZY

BIO

Wein gehörte bei Esterházy immer schon dazu: Erste Belege stammen aus dem Jahr 1652, die Aufzeichnungen aus dem Keller reichen bis 1758 zurück – daher ziert diese Zahl auch das Logo. In den letzten Jahren wurde an vielen Schrauben gedreht, um die Vorstellung von authentischen Leithaberg-Weinen zu verwirklichen. So werden die Weingärten seit einiger Zeit biologisch bewirtschaftet, seit 2019 ist das Weingut offiziell in Bio-Umstellung, und mit dem Jahrgang 2023 wird diese vollendet sein. Hier kommt der sogenannte sanfte Rebschnitt zur Anwendung, um den bestmöglichen Saftfluss in den Reben zu erhalten. Gearbeitet wird auch mit wertvollem Kompost, der gemeinsam mit Pannatura verwirklicht wird.
»Im Keller kommt vermehrt Holz aus den eigenen Wäldern zum Einsatz, und wir probieren mit Freude alternative Gebinde und Ausbaumethoden aus. Verarbeitet werden nur Trauben aus eigenen Weingärten. All das tun wir, damit unsere Weine an Ausdruck gewinnen. Sie sollen frisch und fruchtbetont schmecken, druckvoll, aber nicht schwerfällig sein und als Begleiter bei Tisch oder solo Spannung mit Trinkfreude verbinden. Und obwohl wir nicht alle hier geboren sind, so ist die Region, in der wir leben und arbeiten, das verbindende Element. Diese Herkunft, unsere Leithaberg-DAC-DNA, ist dabei genauso dynamisch wie wir selbst«, erklärt der Geschäftsführer Frank Schindler. Ihm zur Seite stehen der aus Südafrika stammende Kellermeister Robert Krammer sowie Vertriebsleiter Wolfgang Hewarth, und gemeinsam ziehen sie mit ihren Teams alle an einem Strang.
Die Geschichte lebt, und sie haben noch viel vor! Mit jeder Flasche kann man den eingeschlagenen Weg der Mannschaft ein Stück weit begleiten.

93 Chardonnay * Ried Lamer 2020
14 Vol.-%, NK, 500-l-Fass/Barrique, €€€€€
Helles Goldgelb, Silberreflexe. Zart nach Nougat und Karamell, Nuancen von reifer gelber Tropenfrucht, etwas Mango, floraler Touch. Saftig, seidig und elegant, feine Kernobstnoten, dezente Süße im Abgang, ein facettenreicher Begleiter bei Tisch.

© Weingut Esterházy

92 Chardonnay * Sankt Margarethen 2021
13,5 Vol.-%, DV, 500-l-Fass, €€€€
Mittleres Gelbgrün, Silberreflexe. Feine Nuancen von reifer Tropenfrucht, etwas Mango und gelber Apfel, mit etwas Blütenhonig unterlegt. Mittlere Komplexität, feiner Karamelltouch, cremige Textur, mineralischer Touch, salziger Abgang, zarte Nougatnote im Rückgeschmack.

90 Chardonnay * Estoras 2022
12 Vol.-%, DV, Stahltank/500-l-Fass, €€€
Helles Gelbgrün, Silberreflexe. Zarte gelbe Tropenfrucht, Nuancen von Ananas und Mango, ein Hauch von Blütenhonig. Mittlerer Körper, grüner Apfel, frischer Säurebogen, mineralisch-salzig im Abgang, zitroniger Nachhall, ein leichtfüßiger Speisenwein.

92 Pinot Blanc * Rust 2022
12,5 Vol.-%, DV, 500-l-Fass, €€€€ B
Helles Gelbgrün, Silberreflexe. Zart nach Ananas und Birne, ein Hauch von Wiesenkräutern, feiner Anklang von Blütenhonig, einladendes Bukett. Saftig, weißes Kernobst, zarte Fruchtsüße, angenehmer Säurebogen, zitroniger Touch im Abgang, gutes Reifepotenzial.

91 Grüner Veltliner * Grosshöflein 2022
12,5 Vol.-%, DV, Stahltank/500-l-Fass, €€€€
Mittleres Gelbgrün, Silberreflexe. Zarte Kräuterwürze, ein Hauch von frischem Apfel, etwas Marille, zarte mineralische Nuancen, etwas zurückhaltendes Bukett. Mittlerer Körper, weißer Apfel, frischer Säurebogen, schwungvoll und leichtfüßig, bereits gut antrinkbar.

92 Furmint Nr. 21 2022
11 Vol.-%, DIAM, Amphore, €€€
Helles Goldgelb, Silberreflexe. Frische Kräuterwürze, ein Hauch von weißer Birnenfrucht, zart tabakig, mineralischer Touch. Engmaschig, grüner Apfel, rassiger Säurebogen, Limetten im Abgang, leichtfüßig und tänzelnd, animierender Stil mit salinem Finale.

91 Chenin Blanc Nr. 20 - CHE 2022
11 Vol.-%, DIAM, 500-l-Fass, €€€
Helles Goldgelb, Silberreflexe. Zart nach Walnuss und Lindenblüten, mit einem Hauch von gelber Birne und Akazienhonig unterlegt. Straff, engmaschig, feine Nuancen von gelbem Kernobst, etwas Biskuit, zitronig-salziger Abgang, ein lebendiger Begleiter bei Tisch.

89 Sauvignon Blanc Estoras 2022
12 Vol.-%, DV, Stahltank/500-l-Fass, €€€ B

92 Blaufränkisch * Sankt Georgen 2020
13 Vol.-%, DV, 500-l-Fass, €€€€
Dunkles Rubingranat, violette Reflexe, dezente Randaufhellung. Feine Aromen von dunklen Waldbeeren, mit einem Hauch von Lakritze und Orangenzesten unterlegt, Nuancen von Edelholz im Hintergrund. Saftig, rote Kirschen, lebendige Struktur, feine Tannine, zart nach Roten Johannisbeeren im Abgang, seidig und gut anhaftend.

92 Blaufränkisch * Ried Schildten 2020
14 Vol.-%, NK, 500-l-Fass/Barrique, €€€€€
Dunkles Rubingranat, violette Reflexe, dezente Ockerrandaufhellung. Reife Kirschen, Nuancen von Brombeerkonfitüre, feines Edelholz, mit kandierten Orangenzesten unterlegt. Saftig, rotbeerig, frisch strukturiert, gut integrierte Tannine, lebendiger mineralischer Stil, zitronig-salziger Nachhall.

91 Blaufränkisch * Großhöflein 2020
13,5 Vol.-%, DV, 500-l-Fass, €€€€
Dunkles Rubingranat, violette Reflexe, dezente Randaufhellung. Zarte Kräuterwürze, schwarze Herzkirschen, mineralischer Touch, zart nach Brombeeren und Tabak. Mittlerer Körper, rote Frucht, frischer Säurebogen, gut integrierte Tannine, mineralisch im Nachhall, bereits gut antrinkbar, ein lebendiger Speisenbegleiter.

89 Blaufränkisch * Estoras 2020
13 Vol.-%, DV, großes Holzfass/500-l-Fass, €€€ B

93 Tesoro 2020 BF/ME
14 Vol.-%, NK, Barrique, €€€€€€ B
Kräftiges Rubingranat, violette Reflexe, breiterer Wasserrand. Zart nach Nougat und Amarenakirschen, zarte tabakige Würze, mit reifen Zwetschken unterlegt. Kraftvoll, mittlere Komplexität, rotes Waldbeerenkonfit, feine fruchtige Süße, tragende Tannine, mineralischer Nachhall. Rote Johannisbeeren im Rückgeschmack, wird von Flaschenreife profitieren.

89 Estoras Rot 2020 BF/ME/ZW
13 Vol.-%, DV, großes Holzfass/500-l-Fass, €€€ B

92 Merlot Sankt Georgen 2021
14,5 Vol.-%, DV, 500-l-Fass, €€€€ B
Kräftiges Rubingranat, violette Reflexe, dezente Randaufhellung. Schwarze Kirschen, Nuancen von Brombeeren, feine Kräuternuancen, einladendes Bukett. Komplex, saftig, rote Herzkirschen, frisch, gut integrierte reife Tannine, mineralisch und gut anhaftend, ein eleganter Speisenwein, bereits gut zugänglich.

★★

WEINGUT GRENZHOF-FIEDLER

Bernhard Fiedler vom Weingut Grenzhof ist Weinbauer mit Leib und Seele. Wie seine Reben ist er tief in der Region verwurzelt, und seine Weine sind wie er keine oberflächlichen Blender, sondern eigenständige Charakterköpfe mit Tiefgang und Eleganz. Der Weinakademiker, der auch als Vortragender an der Weinakademie tätig ist, versucht, auf die Besonderheiten der Region einzugehen und Tradition und Moderne miteinander zu verbinden. Von zehn Hektar Rebfläche an den nach Osten ausgerichteten Hängen rund um Mörbisch keltert er elegante Weißweine und ausdrucksstarke Rotweine. Edle Süßweine aus besonderen Jahren ergänzen sein Sortiment. Pinot Blanc, Chardonnay und Muskat-Ottonel sind die Schwerpunkte beim Weißwein, Blaufränkisch, Zweigelt und Cabernet Sauvignon beim Rotwein. Bernhard Fiedler pflegt einen eleganten, ausgewogenen Stil, allzu markanter Barrique-Einsatz ist seine Sache nicht. Der Winzer ist Mitglied der Gruppe »Leithaberg DAC« und stellt mit seinen Leithaberg-Weinen aus Blaufränkisch und Weißburgunder das Potenzial der Mörbischer Rieden unter Beweis. Bernhard Fiedler gilt als einer der aktivsten Blogger unter den österreichischen Winzern. Auf www.bernhard-fiedler.at gibt es laufend Neues und Wissenswertes aus der Welt des Weines im Allgemeinen und vom eigenen Weingut im Speziellen zu lesen.

91 Weißburgunder * Mörbisch Ried Wieser 2021
13,5 Vol.-%, DV, Holzfass, €€
Helles Grüngelb, Silberreflexe. Mit feiner Kräuterwürze unterlegte Birnenfrucht, ein Hauch von Papaya, kandierte Orangenzesten. Saftig, mineralisch, kraftvoll, gelbes Kernobst, bleibt gut haften, vielfältig einsetzbar.

90 Chardonnay Duett 2022
13,5 Vol.-%, DV, Teilbarrique, €€
Helles Gelbgrün, Silberreflexe. Feine Kräuternoten, etwas nach Kardamom, ein Hauch von weißem Apfel. Saftig, feine Säurestruktur, mineralisch, kraftvoll, wieder weißes Kernobst, bereits gut antrinkbar.

89 Pinot Blanc 2022
12,5 Vol.-%, DV, Stahltank/großes Holzfass, €€

91 Rote Trilogie 2020 ZW/BF/CS
13,5 Vol.-%, DV, gebrauchte Barriques, €€€
Dunkles Rubingranat, violette Reflexe, zarte Randaufhellung. Feine Kräuterwürze, etwas Holznuancen, ein Hauch von Kirschen, schwarze Beerenfrucht, frisches Bukett. Saftig, elegant, frische Säurestruktur, mineralisch, rote Beerenfrucht auch im Abgang, salziger Nachhall, bereits gut antrinkbar.

90 Blaufränkisch Reserve 2020
13 Vol.-%, DV, Holzfass, €€
Dunkles Rubingranat, violette Reflexe, zarte Randaufhellung. Frische Frucht, Kirschen und gekochter Rhabarber, etwas nach Kräutern, einladendes Bukett. Saftig, straff, frische Säurestruktur, mineralisch, rote Kirschfrucht, unkompliziertes fruchtsüßes Trinkvergnügen.

90 Süße Auslese 2021 TR/CH
11,5 Vol.-%, DV, Stahltank, €€
Helles Gelbgrün, Silberreflexe. Reife Tropenfrucht, etwas nach Honigmelone, dezente Botrytisnoten, kandierte Orangenschalen. Saftig, feine Süße nach Honig und Kletzen, bleibt gut haften, frischer Nachhall.

WEINGUT GRENZHOF-FIEDLER
7072 Mörbisch
Weinzeile 2
T: +43 (2685) 8276
weingut@grenzhof-fiedler.at
www.grenzhof-fiedler.at

Kellermeister/Kontakt:
Bernhard Fiedler
Produktion: 50 % weiß, 47 % rot, 3 % süß, 11 Hektar
Zertifiziert: Nachhaltig Austria
Vereinszugehörigkeit:
Leithaberg DAC
Messen: VieVinum, DAC-Präsentationen, Wein Burgenland Präsentationen

* Leithaberg DAC

★★★★

WEINGUT TONI HARTL

BIO

Das Weingut Toni Hartl bewirtschaftet rund 25 Hektar Rebfläche in zwei Weinbaugebieten: in der Thermenregion und am Leithaberg. Diese Flächen setzen sich aus 50 Prozent Rotwein-, 38 Prozent Weißwein- (davon zehn Prozent Schaumwein-), 10 Prozent Rosé- und zwei Prozent Süßweinanteil zusammen.
Das Wissen über die unterschiedlichen Klimaverhältnisse auf beiden Seiten des Leithagebirges und die Vielfalt der Weingartenböden in Reisenberg und Purbach ermöglichen es, jeder Weinsorte den optimalen Platz zum Gedeihen zukommen zu lassen. Den jeweiligen Gebietstypus und die Eigenständigkeit herauszuarbeiten ist ein wesentliches Ziel der Vinifikation. Neu im Sortiment sind die Natural Wines: Amphore Ena, Dyo, Furmint und Petnat (Perlwein-Flaschengärung). Ein weiterer Schaumwein aus dem Sortiment »Brut Klassik« wird nach klassischer Gärung etwa zwei Jahre auf der Hefe gelagert und anschließend per Hand gerüttelt und degorgiert. Neben den Lagenweinen werden inzwischen im Reservebereich Pinot Noir aus der Einzellage Reysenperg in Reisenberg sowie Chardonnay aus der Lage Thenau in Purbach, die sich beide durch ihren hohen Kalkgehalt auszeichnen, ausgebaut. Die Weine kommen erst nach dreijähriger Lagerung und nur in außergewöhnlich guten Jahren auf den Markt. Zum Reservebereich zählt auch der Blaufränkisch Eisner, der, wie sein Name verrät, von Reben einer eisenhaltigen Top-Lage am Leithaberg stammt. Die Böden im optimalen Zusammenspiel mit dem jeweiligen Mikroklima bilden die Grundlage, um gebietstypische, physiologisch vollreife, klare und ausdrucksstarke Weine zu keltern.
Unter dem Leitspruch »Es ist alles nur geliehen« wird nach neuesten ökologischen Erkenntnissen gearbeitet. Um das biologisch-organische Gleichgewicht zu erhalten, wird auf schonende Bodenpflege und gezielte Erhaltung der Nützlinge geachtet. Das Weingut ist seit 2010 biozertifiziert und Gründungsmitglied der Vereinigung »Leithaberg DAC«. Seit 2021 ist das Weingut »Demeter«-zertifiziert.

WEINGUT TONI HARTL
2440 Reisenberg, Florianigasse 7
T: +43 (2234) 80636
wine@toni-hartl.at
www.toni-hartl.at
Kellermeister: Toni Hartl
Kontakt: Toni Hartl, Moni Eder
Anbauweise: Biodynamisch (Demeter)
Produktion: 10 % Schaumwein, 28 % weiß, 10 % rosé, 50 % rot, 2 % süß, 25 Hektar
Vereinszugehörigkeit: Leithaberg DAC
Messen: Millésime Bio, ProWein Düsseldorf, VieVinum, DAC-Präsentationen, Wein Burgenland Präsentationen

(94) Chardonnay * 2020
13,5 Vol.-%, NK, großes Holzfass, €€€€ B
Leuchtendes mittleres Gelbgrün, Silberreflexe. Zart nach Feuerstein und Haselnuss, ein Hauch von Biskuit, reduktive Fruchtnuancen, gelbes Kernobst. Saftig, elegant, frischer Apfel, feine Säurestruktur, dezente Süße im Nachhall, stoffige burgundischer Stil, ein ausgewogener, zugänglicher Speisenbegleiter.

(95) Chardonnay Purbach Ried Thenau 2019
13,5 Vol.-%, NK, großes Holzfass, €€€€€€ B
Helles Goldgelb, Silberreflexe. Zarte Nuancen von weißer Frucht, Anklänge von Pfirsich und Melone, kandierte Limettenzesten und florale Noten. Saftig, zarte Apfelfrucht, finessenreich strukturiert, mineralisch-salzig, ein Hauch von Feuerstein, wirkt leichtfüßig, noch sehr jugendlich, ein facettenreicher Speisenbegleiter mit sicherem Reifepotenzial.

92 Chardonnay 2021
13,5 Vol.-%, DV, großes Holzfass, €€ B
Helles Gelbgrün, Silberreflexe. Zarte weiße Tropenfrucht, Nuancen von Steinobst, ein Hauch von Limettenzesten, einladendes Bukett. Mittlerer Körper, feine Fruchtsüße, cremige Textur, mineralisch, ein Hauch von Karamell im Abgang, zart nach Ananas im Nachhall, vielfältig einsetzbar.

93 Furmint 2020
13,5 Vol.-%, NK, Amphore, €€€€€ B I V
Leuchtendes Goldgelb, Silberreflexe. Nuancen von frischer Quitte, gelbe Birne, etwas Walnuss und Kletzen, kandierte Orangenzesten. Stoffig, weißer Apfel, feine Säurestruktur, dezente Süße, wieder Kernobstnuancen, elegant und ausgewogen, mineralisch, zitronig, bleibt haften, ein feiner Speisenwein.

93 Blaufränkisch * Purbach Ried Rosenberg 2020
13,5 Vol.-%, NK, 500-l-Fass, €€€€€ B
Dunkles Rubingranat, violette Reflexe, dezente Randaufhellung. Attraktive reife Herzkirschfrucht, ein Hauch von frischen Orangenzesten, zartes Nougat. Saftig, rotbeerige Nuancen, mittlerer Körper, frisch strukturiert, mineralisch-zitronig im Abgang, ausgewogen und zugänglich, ein facettenreicher Speisenbegleiter.

97 Blaufränkisch Ried Eisner 2019
14 Vol.-%, NK, Holzfass, €€€€€€ B
Kräftiges Rubingranat, violette Reflexe, breitere Ockerrandaufhellung. Feine Frucht, nach Herzkirschen, Heidelbeeren und kandierten Orangenzesten, mit zarter Kräuterwürze unterlegt, facettenreiches Bukett. Komplex, saftig, reife Kirschen, feine reife Tannine, gute Frische, mineralisch und lange anhaftend, ein vielschichtiger, anregender Speisenbegleiter, großes Reifepotenzial.

94 Inkognito 2020 BF/CS/SY
14 Vol.-%, NK, kleines Holzfass, €€€€€ B
Dunkles Rubingranat, violette Reflexe, breitere Randaufhellung. Zarte Kräuterwürze, Nuancen von Cassis und Lakritze, mit Brombeerkonfit unterlegt, einladendes Bukett. Saftig, elegant, reife Herzkirschen, runde Tannine, gute Frische und Länge, ein vielseitiger Speisenbegleiter mit Reifepotenzial.

(94) Pinot Noir Ried Reysenperg 2020
13,5 Vol.-%, NK, 500-l-Fass, €€€€€€ B
Kräftiges Rubingranat, violette Reflexe, dezente Ockerrandaufhellung. Feine Herzkirschen, rote Waldbeeren, ein Hauch von Orangenzesten und Hibiskus, mit dezenter Edelholzwürze unterlegt. Saftig, elegant, Nuancen von roter Frucht, gut integrierte reife Tannine, mineralisch, feine Süße im Nachhall, zeigt Länge und Reifepotenzial, bereits antrinkbar.

(93) Syrah Purbach Ried Thenau 2020
14 Vol.-%, NK, kleines Holzfass, €€€€€ B
Dunkles Rubingranat, violette Reflexe, dezente Randaufhellung. Zart floral unterlegtes Brombeerkonfit, nach Hagebutten, schwarze Kirschen, ein Hauch von Hibiskus, einladendes Bukett. Saftig, rotbeerig, mineralisch, feine Tannine, frisch strukturiert, bleibt haften, ein delikater Speisenbegleiter, bereits antrinkbar.

★★★

WEINGUT LEO HILLINGER

BIO

Seit Leo Hillinger den kleinen Weinhandel seiner Eltern übernahm, entwickelte er sein Weingut durch den Zukauf bester Lagen rund um die Gemeinden Jois, Rust und Oggau zu einem österreichischen Musterbetrieb. Naturnähe lautete die Philosophie. Die hohe Qualität der Weine basiert auf der seit 2010 vollständig biologischen Bewirtschaftung und modernster Kellertechnik. Rebflächen in den besten Lagen in der Region Leithaberg im Nordburgenland und die für das Leithagebirge typischen Bodenformationen lassen Weine entstehen, die ihre Herkunft stolz vor sich hertragen. Leo Hillinger unterteilt sein Weinsortiment in fünf Kategorien: »prickelnd«, »frisch und fruchtig«, »trendy«, »erdverbunden« und »Premium«. Geprägt durch seine Herkunft und gereift unter sorgfältiger Pflege, trägt jeder Wein seinen persönlichen Charakter in sich. Im Einklang mit der Natur entstehen so unverwechselbare Weine, die sich als ideale Begleiter für alle Lebenslagen präsentieren und die Vielfalt des Nordburgenlands widerspiegeln. Leo Hillinger – more than wine!

92 Pinot Blanc * 2019
13,5 Vol.-%, NK, großes Holzfass, €€€€ B
Helles Goldgelb, Silberreflexe. Zartes Nougatkaramell, feine Noten von gelbem Kernobst, etwas Honigmelone, einladendes Bukett. Mittlerer Körper, cremige Textur, weißes Nougat, feiner mineralischer Nachhall, ein ausgewogener Speisenbegleiter.

92 Grüner Veltliner * 2018
13,5 Vol.-%, NK, großes Holzfass, €€€€ B
Leuchtendes Grüngelb, Silberreflexe. Intensive gelbe Tropenfrucht, ein Hauch von Vanille, etwas Kokos, mit feiner

* Leithaberg DAC

Leo Hillinger

WEINGUT LEO HILLINGER
7093 Jois
Hill 1
T: +43 (2160) 8317
office@leo-hillinger.com
www.leo-hillinger.com

Kellermeister/Kontakt:
Paul Rittsteuer
Anbauweise: Zertifiziert Biologisch (Austria Bio Garantie)
Produktion: 1.333.333 Flaschen
40 % weiß, 10 % rosé, 45 % rot, 5 % süß, 100 Hektar
Vereinszugehörigkeit:
Leithaberg DAC
Messen: ProWein Düsseldorf

Kräuterwürze unterlegt. Mittlere Komplexität, weiße Frucht, feines Säurespiel, zart nussiger Touch im Abgang, ein ausgereifter Speisenbegleiter.

92 Sauvignon Blanc Ried Ladisberg 2020
12 Vol.-%, NK, großes Holzfass, €€€€€ Ⓑ
Helles Goldgelb, Silberreflexe. Nuancen von Litschis, Weißen Johannisbeeren und Holunderblüten, zart mit Blütenhonig unterlegt, ein Hauch von Orangenblüten. Leichtfüßig, weißer Pfirsich, feine Fruchtsüße, zitroniger Touch, mineralischer Nachhall, ein schlanker Begleiter bei Tisch.

92 Hill2 2018 CH/SB
15 Vol.-%, NK, gebr. Barriques/Barrique, €€€€€ Ⓑ
Mittleres Grüngelb, Silberreflexe. Zart nach Vanille, gelbe Tropenfrucht, etwas Maracuja, Mandarinenzesten, etwas Blütenhonig, attraktives Bukett. Saftig, elegant, reife Mango, etwas geröstete Ananas, zartes Nougatkaramell im Abgang, ein entwickelter Speisenbegleiter mit Reifepotenzial.

89 HILLSide White 2021 PG/CH/GM
13 Vol.-%, NK, Stahltank, €€€ Ⓑ

91 Grauburgunder 2022
12,5 Vol.-%, DV, Stahltank, €€€ Ⓑ
Mittleres Goldgelb, zarte Kupferreflexe. Nuancen von Blütenhonig, gelbe Birne, kandierte Orangenzesten, einladendes Bukett. Saftig, mittlerer Körper, weißes Kernobst, feines Säurespiel, ein vielseitiger Speisenbegleiter.

93 Blaufränkisch * 2019
13 Vol.-%, NK, großes Holzfass, €€€€€ Ⓑ
Kräftiges Rubingranat, violette Reflexe, dezente Ockerrandaufhellung. Feine Edelholznuancen, dunkle Beerenfrucht, reife Brombeeren, Nuancen von Cassis, kandierte Orangenzesten und Kräuterwürze. Saftig, elegant, reife Herzkirschen, frische Struktur, runde Tannine, mineralischer Nachhall, bereits gut antrinkbar, verfügt über Reifepotenzial.

93 Blaufränkisch * Ried Umriss 2019
13 Vol.-%, NK, großes Holzfass, €€€€€ Ⓑ
Kräftiges Rubingranat, violette Reflexe, breitere Randaufhellung. Zart kräuterwürzig unterlegte Brombeernote, frische schwarze Herzkirschen, ein Hauch von kandierten Orangenzesten, einladendes Bukett. Saftig, rotbeeriger Touch, lebendig strukturiert, feine, gut eingebundene Tannine, Kirschen im Nachhall, gut entwickelt und bereits antrinkbar.

94 Hill1 2016 ME/BF/ZW
13 Vol.-%, NK, Holzfass, €€€€€ Ⓑ
Dunkles Rubingranat, opaker Kern, violette Reflexe, dezente Randaufhellung. Zart nach reifen Pflaumen, Heidelbeerfrucht, Nuancen von Edelholz, kandierte Orangenzesten, etwas Nougat klingt an. Stoffig, feine Fruchtsüße, reife Kirschen, feine, animierende Säurestruktur, reife, tragende Tannine, ein facettenreicher Speisenwein mit gutem Entwicklungspotenzial.

92 HILLSide Red 2019 SY/ZW/ME
13,5 Vol.-%, NK, Holzfass/Flaschenreifung, €€€€ Ⓑ
Kräftiges Rubingranat, violette Reflexe, breitere Randaufhellung. Zarte Kräuterwürze, etwas Nougat, rote Waldbeeren, frische Kirschen, mit Orangenzesten unterlegt. Komplex, saftig, Brombeernuancen, frisch strukturiert, gut integrierte Tannine, mineralisch-zitronig im Abgang, bereits gut antrinkbar.

★★

WINZERSCHLÖSSL KAISER

BIO

Genuss-Tipp – Terroir – Tiefgang am Leithaberg: Das umschreibt das Winzerschlössl Kaiser. Bereits in vierter Generation werden hier hochwertige Weine vinifiziert. Direkt am Leithagebirge, einer genialen Lage, liegt das liebevoll restaurierte Gebäude aus dem Jahr 1492 und spiegelt die lange Tradition der Familie wider. Ihre Leidenschaft liegt darin, elegante, ausdrucksstarke und finessenreiche Weine nach biologischen Richtlinien zu produzieren, denn: »Nur wenn ich mit der Rebe lebe, weiß ich, was sie braucht.« Besonderen Wert legt Familie Kaiser auf bodenständige Sorten wie Blaufränkisch und Zweigelt, aber auch den Burgundersorten gilt ihr großes Interesse. Top-Wein ist »Tenno«, eine Cuvée aus Cabernet Sauvignon, Blaufränkisch und Syrah, den es auch nur in den besten Jahren gibt. Hierfür werden nur die besten Trauben und die besten Fässer verwendet. Dieser Wein ist eine Hommage an Kurt Kaisers Großvater, der 1938 in Japan Wein kelterte und sogar an das japanische Kaiserhaus lieferte. Mit dem Jahrgang 2017 feiert das Winzerschlössl Kaiser den 20. Geburtstag dieser Top-Cuvée! »Ried Katterstein« hingegen ist eine Cuvée aus Weißburgunder und Chardonnay und zugleich eine Selektion aus den besten Trauben der Riede Katterstein in Kleinhöflein.
Unter dem Motto »Wein & Wild« genießt man die kalten Spezialitäten vom Wild und Ausgewähltes aus der Region gemeinsam mit den hochwertigen Qualitätsweinen. Bei Schönwetter kann man bereits im April gemütlich auf der überdachten und windgeschützten Terrasse sitzen und sich am Panoramablick vom Neusiedler See über die Wulkatalebene bis hin zum Schneeberg erfreuen. Im Mai 2021 wurde das »WeinApart im Winzerschlössl« neu eröffnet und lädt zum gemütlichen Urlaub direkt auf dem Weingut ein. Tradition, Qualität, Eleganz, Finesse, Leidenschaft – Attribute, die vereint in den Weinen, im Heurigen und in der Ferienwohnung zu finden sind.

90 Grauburgunder Ried Kräutergarten 2022
12,5 Vol.-%, DV, Stahltank, €€ Ⓑ
Leuchtendes Gold, Messingreflexe. Dezenter Blütenhonig, etwas nach Kardamom, reife Ananas, ein Hauch von Marille, floraler Touch. Saftig, elegant, feine Säurestruktur, kraftvoll, Birnentouch im Abgang, würziger Nachhall, bleibt gut haften, vielfältig einsetzbar.

90 Sauvignon Blanc Sonnenberg 2022
11 Vol.-%, DV, Stahltank, €€€ Ⓑ
Helles Gelbgrün, Silberreflexe. Feine Kräuternoten, etwas nach Grapefruit und weißem Apfel, ein Hauch von Guaven, mit Paprika unterlegt. Saftig, frisch, feinwürzig, weißes Kernobst, tabakig im Abgang, bereits gut antrinkbar.

92 Tenno 2019 CS/BF/ZW
13,5 Vol.-%, NK, Barrique, €€€€€ Ⓑ
Tiefdunkles Rubingranat, violette Reflexe, opaker Kern, zarte Randaufhellung. Einladender Duft nach Brombeeren und kandierten Orangenschalen, zart nach Nougat, mit feiner Tabak-Holz-Würze unterlegt. Komplex, saftig, feinwürzig, dunkle Kirschfrucht, gut integrierte Tanninstruktur, Nougat im Nachhall, guter Speisenbegleiter.

91 Zweigelt Syrah Reserve 2021 ZW/SY
13 Vol.-%, DV, Teilbarrique, €€€ Ⓑ
Dunkles Rubingranat, violette Reflexe, zarte Randaufhellung. Etwas nach Kräutern, mit Tabakwürze unterlegte

WINZERSCHLÖSSL KAISER
7000 Eisenstadt
Satzriedgasse 1
T: +43 (2682) 67100
wein@winzerschloessl.at
www.winzerschloessl.at

Kellermeister/Kontakt:
Kurt Kaiser
Anbauweise: Zertifiziert Biologisch
Produktion: 20 % weiß, 80 % rot, 24 Hektar
Vereinszugehörigkeit:
Leithaberg DAC

reife Zwetschken, dunkles Waldbeerenkonfit. Saftig, mittlere Komplexität, feinwürzig, schwarze Beerenfrucht, präsente, gut integrierte Tanninstruktur, bleibt gut haften, wird von Flaschenreife profitieren.

91 Blaufränkisch Perfektion 2021
13,5 Vol.-%, DV, Teilbarrique, €€€ B
Dunkles Rubingranat, violette Reflexe, zarte Randaufhellung. Dunkles Waldbeerenkonfit, etwas nach Orangenschalen, mit Kräuter-Tabak-Würze unterlegt, einladendes Bukett. Saftig, elegant, frisch, präsente Tanninstruktur, feinwürzig, schwarze Kirschen im Abgang, guter Speisenbegleiter.

89 Pinot Noir Hohe Brücke 2019
13,5 Vol.-%, NK, Teilbarrique, €€€ B

★★★

WINZERHOF KISS RONALD

Der Winzerhof Ronny Kiss hat sich in den vergangenen Jahren zu einer Top-Adresse für Weinliebhaber entwickelt. Ronny Kiss weiß sich das Terroir in Jois zunutze zu machen, denn hier entstehen verführerisch fruchtbetonte, muskulöse Rotweine und herrlich frisch-fruchtige Weißweine. Im Mittelpunkt des Sortiments stehen die Sorten Blaufränkisch und Cabernet Sauvignon. Mit seinem Cabernet Sauvignon Ried Neuberg konnte sich der engagierte Winzer schon sechsmal den Titel »Falstaff-Sortensieger« holen. Aber auch der Blaufränkisch Jungenberg erzielt jedes Jahr Top-Bewertungen und wurde im Herbst 2022 wieder »Falstaff-Sortensieger«. Mit diesem Wein wurde Ronny Kiss außerdem zum zweiten Mal »3. Falstaff-Sieger«. Mit dem Blaufränkisch Ried Jungenberg konnte man in der Vergangenheit zudem eine ganz besondere Auszeichnung erlangen, nämlich die »Goldene Traube« und aktuell das Double Falstaff-Sieger und SALON-Sieger »Bester Riedenwein«. Durch die Auszeichnung »Bundessieger« in der Kategorie Chardonnay stellte Ronny Kiss außerdem unter Beweis, dass er nicht nur mit seinen Rotweinen reüssieren kann, sondern auch in der Weißwein-Liga mitspielt.
Besonders erfreulich für den Winzerbetrieb ist, dass auch Sohn Michael schon als Kellermeister auf dem Weingut tätig ist. Sein Talent hat er bereits unter Beweis gestellt, denn schon zweimal konnte er die Auszeichnung »Newcomer Award« für sich erlangen. Schließlich seien hier auch noch die liebevoll eingerichteten Gästezimmer erwähnt, die mit viel Herzlichkeit von Ehefrau Gerda Kiss geführt werden. Gemäß ihrem Leitspruch »Nur das Beste für unsere Gäste« wurden sie renoviert und sehr geschmackvoll neu gestaltet. Durchatmen, entspannen und sich mit herrlichen Weinen verwöhnen lassen: All das bietet der Winzerhof Ronny Kiss.

WINZERHOF KISS RONALD
7093 Jois
Joseph-Haydn-Gasse 1
T: +43 (2160) 8256
kiss@winzerhof-kiss.at
www.winzerhof-kiss.at

Kellermeister: Michael Kiss
Kontakt: Ronald Kiss
Produktion: 40 % weiß, 55 % rot, 5 % süß, 16 Hektar
Vereinszugehörigkeit:
Joiser Renommee, Leithaberg DAC

93 Chardonnay Ried Gritschenberg 2021
14,5 Vol.-%, NK, Teilbarrique, €€€€
Helles Goldgelb, Silberreflexe. Feine Holzwürze, zarte Vanille, helles Karamell, mit gelber Tropenfrucht unterlegt, ein Hauch von Ananas und Mango. Saftig, cremig und elegant, zart nach Butterscotch, ausgewogen und anhaftend, ein saftiger Speisenbegleiter mit Zukunftspotenzial.

92 Grauburgunder by Michael 2022
13,5 Vol.-%, DV, gebrauchte Barriques, €€€
Mittleres Gelbgrün, Silberreflexe. Zarte Nuancen von Blütenhonig und Orangenzesten, mit frischer Birne unterlegt,

mineralischer Touch. Saftig, elegant, fruchtige Süße im Kern, gut anhaftend, Kletzentouch im Nachhall, ein balancierter Speisenbegleiter.

(94) Blaufränkisch Ried Jungenberg 2021
14,5 Vol.-%, NK, Barrique, €€€€€
Kräftiges Rubingranat, violette Reflexe, breitere Ockerrandaufhellung. Zarte Kräuterwürze, ein Hauch von Brombeeren und schwarzen Kirschen, dezente Edelholznuancen, kandierte Orangenzesten. Komplex, saftig, rote Herzkirschen, reife Tannine, mineralisch im Abgang, bleibt gut haften, zeigt Frische und Länge, gutes Reifepotenzial.

92 Blaufränkisch Ried Auflange 2021
14 Vol.-%, NK, 500-l-Fass, €€€
Kräftiges Rubingranat, violette Reflexe, breitere Ockerrandaufhellung. Zart nach Gewürznelken und Vanille, rote Herzkirschen, einladende Nuancen von Waldbeeren. Saftig, elegant, feine Fruchtsüße, reife Tannine, mineralisch und frisch, zart nach Ribiseln im Abgang, ein schwungvoller Speisenbegleiter.

(94) Cabernet Sauvignon Ried Neuberg 2021
14,5 Vol.-%, NK, Barrique, €€€€€
Dunkles Rubingranat, violette Reflexe, zarte Randaufhellung. Nuancen von Edelholz und süßem Tabak, dunkle Waldbeeren, etwas Cassis und Lakritze, mit kandierten Orangenzesten unterlegt. Kraftvoll, reife dunkle Beerenfrucht, präsente, tragende Tannine, mineralisch, feiner Säurebogen, Cassis und feine Röstaromen im Nachhall, gutes Reifepotenzial.

92 Falke Ried Fruschau 2021 BF/CS/ME
14,5 Vol.-%, NK, Teilbarrique, €€€€€
Kräftiges Rubingranat, violette Reflexe, dezente Ockerrandaufhellung. Zart tabakig, feine Holzwürze, Nuancen von Brombeeren und Cassis, mit einem Hauch von Vanille und Nougat unterlegt. Kraftvoll, saftig, reife Herzkirschen, zart nach Zwetschken, gut integrierte Tannine, salziger Nachhall, ein stoffiger Speisenbegleiter.

★★★★★

WEINGUT KOLLWENTZ

Das macht die wirklich Großen unter den Winzern aus: Ob kleiner oder grandioser Jahrgang, auf sie ist immer Verlass. Und mit der Familie Kollwentz ist bereits seit Jahren bei jeder Verkostung zu rechnen – egal, welche Ausbauart oder welche Sorte gerade Thema ist. Bei der jährlich im Sommer vom Falstaff-Magazin durchgeführten Bewertung von weißen Burgundern sind sich die Verkoster bei diesem Weingut immer ganz einig. Nicht nur der klassisch ausgebaute Chardonnay Leithakalk zählt Jahr für Jahr zu den Sortenbesten, auch die beiden Chardonnays aus den Rieden Tatschler und Neusatz waren schon des Öfteren Sieger der Burgunder-Barrique-Trophy. Und der Chardonnay Gloria hat die Reserve-Trophy quasi gepachtet. Besondere Beachtung verdient der Sauvignon Blanc von der Ried Steinmühle, deren Feuersteinboden optimale Voraussetzungen für diese würzige Sorte bietet. Nicht anders als bei den Weißweinen sind die Bewertungen bei den Rotweinen: Holte mit dem Jahrgang 2009 und 2011 der Cabernet Sauvignon den Sortensieg in seiner Kategorie, so wählten die Juroren die Cuvée Steinzeiler 2008 zum Sieger. Der Blaufränkisch Point 2015 erhielt großartige 98 Punkte und der Cabernet Sauvignon 2018 die Bestnote von 100 Punkten. Anton Kollwentz, der Senior, ist der Pionier des Cabernet Sauvignon in Österreich und hat durch seine Falstaff-Siege 1984 und 1985 einen regelrechten Cabernet-Boom ausgelöst. Junior Andi Kollwentz ist der Zehnkämpfer unter Österreichs Winzern, denn er versteht sich auf die unterschiedlichsten Disziplinen und ist in jeder Kategorie im Spitzenfeld zu finden. Unterstützt wird er von seiner Frau Heidi und den beiden Töchtern Barbara und Christina sowie einem eingespielten Team, dessen Mitglieder schon über 25 Jahre auf dem Weingut mitarbeiten.

Neben der peniblen weinbaulichen Arbeit liegen die Erfolge der Familie Kollwentz in deren Weinbergsbesitz (25 Hektar) begründet. Die Lagen am Südhang des Leithagebirges tragen klingende Namen wie Steinzeiler, Point, Setz, Dürr, Steinmühle, Neusatz, Tatschler, Katterstein sowie Gloria und zählen zu den ältesten und besten des Landes. Die Weingärten befinden sich auf 170 bis 325 Metern Seehöhe. In den wärmsten Lagen dominiert der Blaufränkisch. Die Rieden Point und Setz bilden das Filetstück der Großhöfleiner Rotwein-

* **Leithaberg DAC**

Chardonnay

gärten, aus ihnen stammen die Blaufränkisch-Trauben für den »Steinzeiler«, den Top-Wein des Weinguts. Auf über 200 Metern Seehöhe beginnt das Reich des Chardonnays. Die Höhenlage und der Einfluss der Wälder, welche die höchsten Erhebungen des Leithagebirges bedecken, bedingen ein kühles Kleinklima, das sich in der Finesse der Aromen und der Intensität des Geschmacks widerspiegelt. Die Chardonnay-Crus »Gloria«, »Tatschler«, »Katterstein« und »Neusatz« gedeihen hier ebenso auf Kalkböden wie der Pinot Noir in der Riede Dürr.

98 Chardonnay Gloria 2021
14 Vol.-%, NK, kleines Holzfass, €€€€€€
Helles Gelbgold, Silberreflexe. Feine Kräuterwürze, zart nussig unterlegte feine gelbe Tropenfrucht, mineralisch, ein Hauch von Vanille und Orangenzesten, facettenreiches Bukett. Kraftvoll, stoffig, reife gelbe Frucht, mineralisch-salzig und druckvoll, zeigt Tiefgang und große Länge, eine Art Austro-Montrachet, eindrucksvoll und facettenreich, enormes Entwicklungspotenzial.

97 Chardonnay Ried Tatschler 2021
14 Vol.-%, NK, kleines Holzfass, €€€€€€
Helles Gelbgold, Silberreflexe. Mineralisch, zarte gelbe Tropenfrucht, wirkt noch etwas verhalten, ein Hauch von Apfel und Kräutern, feine Holzwürze. Stoffig, elegant, gelber Pfirsich, finessenreiche Säurestruktur, salzig und anhaftend, ein balancierter Speisenbegleiter mit Kraft und Länge, sicheres Entwicklungspotenzial.

96 Chardonnay Ried Katterstein 2021
14,5 Vol.-%, NK, kleines Holzfass, €€€€€€
Helles Gelbgrün, Silberreflexe. Zarte Nuancen von gelber Frucht, gewürzig unterlegte Noten von Mango und Ananas, zart mit Mandarinenzesten unterlegt, mineralischer Touch. Komplex, straff, engmaschig, weißer Pfirsich, dezenter Säurebogen, feine Fruchtsüße, mineralisch, saliner Nachhall, ein vielseitiger Speisenwein mit Entwicklungspotenzial.

94 Chardonnay Ried Neusatz 2021
13,5 Vol.-%, NK, kleines Holzfass, €€€€€€
Helles Gelbgrün, Silberreflexe. Zart nach Orangenzesten, feine gelbe Tropenfrucht, zarte rauchige Aromen, mit Nuancen von Feuerstein unterlegt. Straff, engmaschig und salzig, weißes Kernobst, dezenter Karamelltouch, mineralisch-salzig im Abgang, feine Fruchtsüße im Nachhall, wird von Flaschenreife profitieren.

93 Chardonnay Leithakalk 2022
13,5 Vol.-%, NK, großes Holzfass, €€€€€
Helles Grüngelb, Silberreflexe. Zarte gelbe Frucht, nach Apfel und Pfirsich, ein Hauch von Wiesenkräutern, mineralisch, mit Limetten unterlegt. Saftig, gute Komplexität, frisch und salzig, weißer Apfel im Finale, bereits gut entwickelt, ein lebendiger Speisenbegleiter.

96 Sauvignon blanc Ried Steinmühle Methusalemreben 2021
13,5 Vol.-%, NK, gebrauchte Barriques, €€€€€€
Helles Goldgelb, Silberreflexe. Feine weiße Tropenfrucht, Anklänge von Passionsfrucht und Guaven, zart nach Blüten und Kapstachelbeeren, facettenreiches Bukett. Saftig, kraftvoll und komplex, feine Fruchtsüße, intensiv, deutlicher Vieilles-Vignes-Charakter, sehr gute Länge, ein Hauch von Nougat im Nachhall, bereits antrinkbar, sicheres Reifepotenzial.

94 Sauvignon blanc Ried Steinmühle 2022
13 Vol.-%, NK, großes Holzfass, €€€€€ B
Helles Gelbgrün, Silberreflexe. Weiße Blüten, frische Kräuterwürze, Nuancen von Stachelbeeren und Cassis, ein Hauch von Grapefruit. Straff, engmaschig, weiße Tropenfrucht, rassige Struktur, mineralisch-zitronig im Abgang, vibrierend-animierender Stil, ein lebendiger Speisenbegleiter mit salzigem Finale.

96 Blaufränkisch Ried Point 2020
14 Vol.-%, NK, Barrique, €€€€€€
Dunkles Rubingranat, violette Reflexe, dezente Randaufhellung. Feine Nuancen von Lakritze, schwarze Waldbeeren, floraler Hauch, zart nach Mandarinen und Kräutern, attraktives Bukett. Saftig, rassig und frisch, rote Kirschen, zarte Süße, präzise Tannine, mineralisch und lange anhaftend, gutes Entwicklungspotenzial, braucht noch einige Jahre zur Perfektion.

© Bernhard Angerer / Wien

WEINGUT KOLLWENTZ

7051 Großhöflein
Hauptstraße 120
T: +43 (2682) 65158
kollwentz@kollwentz.at
www.kollwentz.at

Kellermeister: Andi Kollwentz
Kontakt: Heidi Kollwentz
Anbauweise: Umstellung auf bio
Produktion: 54 % weiß, 5 % rosé, 40 % rot, 1 % süß, 25 Hektar
Zertifiziert: Nachhaltig Austria
Vereinszugehörigkeit: Renommierte Weingüter Burgenland
Messen: ProWein Düsseldorf, VieVinum, véritable St.Martin

Familie Kollwentz

95 Blaufränkisch Ried Setz 2020
14 Vol.-%, NK, Barrique, €€€€€€

Tiefdunkles Rubingranat, opaker Kern, violette Reflexe, dezente Randaufhellung. Schwarze Kirschen, Brombeerfrucht, zarte Kräuterwürze, Lakritze und kandierte Orangenzesten im Hintergrund. Komplex, straff, dunkle Waldbeeren, gut integrierte Tannine, mineralisch-salzig im Abgang, finessenreich strukturiert, bleibt haften, verfügt über gutes Potenzial.

93 Blaufränkisch Leithakalk 2020
14 Vol.-%, NK, Barrique, €€€€€

Dunkles Rubingranat, violette Reflexe, dezente Ockerrandaufhellung. Schwarze Waldbeeren, ein Hauch von Edelholz und Tabak, Brombeerkonfit, einladendes Bukett. Saftig, frische Beeren und Kirschen, lebendig strukturiert, samtige Tannine, Rote Johannisbeeren, mineralisch-salziger Nachhall, gutes Reifepotenzial.

96 Steinzeiler 2020 BF/CS/ZW
14 Vol.-%, NK, Barrique, €€€€€€

Dunkles Rubingranat, violette Reflexe, dezente Randaufhellung. Zartes Nougat, feine Edelholznote, reife Kirschen, zart mit Cassis unterlegt, facettenreiches, attraktives Bukett. Komplex, saftig und rund, rote Kirschen, samtige, tragende Tannine, finessenreich strukturiert, mineralisch und bereits gut antrinkbar, zeigt gute Länge, sicheres Reifepotenzial.

94 Eichkogel 2020 BF/ZW
14 Vol.-%, NK, Barrique, €€€€€

Dunkles Rubingranat, violette Reflexe, dezente Randaufhellung. Zart nach Orangenzesten, ein Hauch von Nougat und schwarzen Herzkirschen, attraktives Bukett. Komplex, stoffig und frisch strukturiert, reife Tannine, Herzkirschen im Abgang, feine Extraktsüße im Nachhall, elegant und ausgewogen, bereits gut antrinkbar.

95 Cabernet Sauvignon 2020
14 Vol.-%, NK, Barrique, €€€€€€

Dunkles Rubingranat, tiefer Kern, violette Reflexe, dezente Randaufhellung. Kräuterwürzig unterlegte Edelholznuancen, etwas nach Cassis und Lakritze, ein Hauch von Nougat, noch etwas verhalten. Kraftvoll, saftig, zarte rotbeerige Nuancen, reife, tragende Tannine, mineralisch, dezente Extraktsüße, verfügt über Länge, wird von weiterer Flaschenreife profitieren.

94 Pinot Noir Ried Dürr 2021
13 Vol.-%, NK, Barrique, €€€€€

Mittleres Karmingranat, breite Ockerrandaufhellung. Attraktives rotes Waldbeerenkonfit, floral, kandierte Veilchen, eingelegte Kirschen, zart süße Holzwürze. Mittlere Komplexität, rotbeerig, finessenreicher Säurebogen, samtige Tannine, Limetten im Abgang, salziger Nachhall, gutes Reifepotenzial.

92 Zweigelt Leithakalk 2021
13,5 Vol.-%, NK, großes Holzfass, €€€

Kräftiges Rubingranat, violette Reflexe, dezente Randaufhellung. Frische Zwetschken, dunkle Kirschen, etwas Kräuterwürze, Lakritze und Orangenzesten. Saftig, mittlerer Körper, rote Kirschen, feine Tannine, mineralisch und frisch, vielfältig einsetzbar.

★★★

WEINGUT LEBERL

Das Weingut Leberl, ein seit Generationen bestehender Familienbetrieb, bewirtschaftet rund um die Weinbaugemeinde Großhöflein 23 Hektar Weingärten. Der Senior des Hauses, Josef Leberl, machte bereits in den frühen 1980er-Jahren mit seinen eleganten und langlebigen Blaufränkischen auf sich aufmerksam. Etwas später folgten seine mächtigen Cabernet Sauvignons und 1996 die Cuvée »Peccatum«. Seit 2012 führt Alexander Leberl den Betrieb. Er legt größten Wert auf Herkunftstypizität und kann in diesem Punkt aus dem Vollen schöpfen, denn an den sonnenreichen Hängen des Leithagebirges und des Föllikbergs findet man viele unterschiedliche Böden aus Schwarzerde, Lehm und Ton, leichter Braunerde, Muschelkalk, Glimmerschiefer oder Kalkfels. Aufgrund dieser Vielfalt gibt es auch eine große Auswahl an Sorten: Welschriesling, Sauvignon Blanc, Weißburgunder, Chardonnay und Sämling bei den Weißweinen und Blaufränkisch, Zweigelt, Merlot und Cabernet Sauvignon bei den Rotweinen. Den Leberl'schen Lagen gemeinsam ist ein hoher Kalkanteil, der den Weinen eine herkunftstypische Würze und eine elegante Struktur verleiht. Der prominenteste Rotwein aus dem Hause Leberl trägt den Namen »Peccatum« (lat. Sünde). Wirklich große Rotweine erzielt man laut Leberl-Philosophie nur bei rigoroser Ertragsreduktion. »Eine Sünde ist das!«, mahnten noch die Vorfahren, als Josef Leberl im Jahr 1996 seinen ersten »Peccatum« kelterte. Der Erfolg gab ihm aber später recht. Das restliche Rotweinsortiment steht der Qualität des Vorzeigeweines kaum nach: Der Blaufränkisch Glorienstein von der höchsten Riede am Leithagebirge beeindruckt durch seine intensive Terroirnote. Der Cabernet Sauvignon und der Merlot bestechen durch ihre Bordelaiser Aromatik – bei Blindverkostungen mit namhaften Bordeaux-Weinen wird nicht selten gestaunt, wenn sich ein Leberl-Wein unter den Besten befindet. Ein Detail am Rande: Die Leberls garantieren für ihre besten Rotweine 20 Jahre Trinkvergnügen.

WEINGUT LEBERL
7051 Großhöflein
Hauptstraße 91
T: +43 (2682) 67800
weingut@leberl.at
www.leberl.at

Kellermeister/Kontakt:
Alexander Leberl
Produktion: 26 % weiß, 2 % rosé, 70 % rot, 2 % süß, 23 Hektar
Vereinszugehörigkeit:
Renommierte Weingüter Burgenland
Messen: VieVinum

93 Chardonnay Ried Reisbühel 2021
14,5 Vol.-%, NK, Barrique, €€€€
Mittleres Gelbgrün, Silberreflexe. Feine Kräuternoten, etwas nach Mango, kandierte Orangenschalen, Blütenhonig und weißes Karamell klingen an. Saftig, kraftvoll, feiner Vanilletouch, Honig, gelbe Tropenfrucht, gut eingebundene Säurestruktur, mineralisch, bleibt gut haften, spannender Speisenbegleiter.

91 Sauvignon Blanc Ried Tatschler 2022
13 Vol.-%, DV, Stahltank, €€€
Helles Gelbgrün, Silberreflexe. Dezente weiße Apfelfrucht, zart nach Limetten, ein Hauch von Kapstachelbeeren, etwas pfeffrig-würzig. Saftig, elegant, extraktsüß nach Apfel, feine Kräuternoten im Abgang, mineralischer Nachhall, bleibt gut haften, vielfältig einsetzbar.

90 Chardonnay & Weissburgunder 2022 CH/WB
12,5 Vol.-%, DV, Stahltank, €€
Helles Gelbgrün, Silberreflexe. Feine Kräuterwürze, zart nach weißem Nougat, ein Hauch von Birnen, kandierte Zitruszesten. Saftig, elegant, gelbe Tropenfrucht, zart laktisch, lang anhaltend, bereits gut antrinkbar.

94 Blaufränkisch Calx 2020
14 Vol.-%, NK, Barrique, €€€€€€
Dunkles Rubingranat, violette Reflexe, dezente Randaufhellung. Feine Röstaromen, ein Hauch von Brombeeren, schwarzes Beerenkonfit mit Nuancen von Nougat unterlegt. Saftig, straff, elegant, frische Beerenfrucht, gut integriertes reifes Tannin, zarte Fruchtsüße im Abgang, mineralisch, bereits sehr gut antrinkbar.

92 Blaufränkisch Ried Reisbühel 2020
14 Vol.-%, NK,DV, Barrique, €€€
Kräftiges Rubingranat, violette Reflexe, dezente Ockerrandaufhellung. Einladendes Bukett, floraler Touch, zarte Kräuterwürze, kandierte Orangenzesten, Brombeeren. Saftig, elegant, frische Fruchtnuancen, Herzkirschen, reifes Tannin, ausgewogen und bereits gut antrinkbar.

93 Peccatum 2020 BF/CS/ME
14 Vol.-%, NK, Barrique, €€€€€
Dunkles Rubingranat, violette Reflexe, dezente Ockerrandaufhellung. Feine Tabakwürze, etwas Walnussnoten, dunkle Waldbeerenfrucht, ein Hauch Edelholz, etwas Vanille und Orangenzesten. Saftig, gute Komplexität, leitfüßig wirkend, Kirschfrucht, zeigt Frische, feine Tannine, mineralisch und gut anhaftend, zart salziger Nachhall, gutes Reifepotenzial.

92 Cabernet Sauvignon Merlot 2020 CS/ME
15 Vol.-%, DV, gebrauchte Barriques, €€€
Dunkles Rubingranat, violette Reflexe, dezente Ockerrandaufhellung. Dezente Holzwürze, feine Kräuternuancen, schwarze Beerenfrucht, etwas nach Lakritze und Orangenzesten. Straff, engmaschig, balancierte Fruchtsüße, gut integrierte Tanninstruktur, mineralisch unterlegt, facettenreicher Speisenbegleiter.

90 Kleine Sünde 2020 BF/ME/CS
13,5 Vol.-%, DV, gebrauchte Barriques, €€€
Dunkles Rubingranat, violette Reflexe, zarte Randaufhellung. Feine Wiesenkräuter, zart nach Zwetschken und rotbeerigem Waldbeerenkonfit, ein Hauch von Orangenschalen. Saftig, straff, gut integrierte Tannine, Ribiseltouch im Abgang, Karamell im Nachhall, extraktsüßer Rückgeschmack, unkompliziertes Trinkvergnügen.

92 Cabernet Sauvignon 2020
14,5 Vol.-%, NK, Barrique, €€€€€
Tiefdunkles Rubingranat, violette Reflexe, zarte Randaufhellung. Feine Gewürznoten, etwas Edelholz, ein Hauch von Cassis und Lakritze, einladendes Bukett. Saftig, komplex, feine Tabakwürze, gute Frische, reife Tannine, schwarze Beeren im Abgang, gutes Entwicklungspotenzial.

96 Sämling TBA 2021
12 Vol.-%, NK, gebrauchte Barriques, €€€€€
Mittleres Gelbgrün, silberfarbene Reflexe. Dezente Honignoten, unterlegt mit Orangenschalen, floraler Touch, Maracuja, ein Hauch von Litschis, einladendes Bukett. Komplex, straff, engmaschige Süße, Honigmelone im Abgang, mineralisch, lang anhaltende Frische, bleibt sehr gut haften, sicheres Reifepotenzial.

★

WEINGUT LENTSCH

Die von Muschelkalk und Glimmerschiefer geprägten Böden am Leithagebirge bestimmen die Hänge um Donnerskirchen und spiegeln die Einzigartigkeit dieser Region wider. Diese von Menschenhand nicht beeinflussbaren geologischen und klimatischen Gegebenheiten stellen den großen Schatz dieser Region dar, den es zu bewahren und zu pflegen gilt. Im Einklang mit den natürlichen Voraussetzungen und mit einer gewissen Demut gegenüber den Launen der Natur hat es sich die Familie Lentsch zum Ziel gesetzt, die seit jeher am Leithaberg beheimateten Sorten der Burgunderfamilie zu kultivieren. Die einzigartigen Bedingungen ermöglichen es, Pinots mit eleganter Frucht, Finesse und tiefgründiger Mineralik zu keltern. Der Fokus der Lentschs liegt klar auf den Sorten Pinot Noir, Grauburgunder und Pinot Blanc. Neben diesen Leitsorten wird das Angebot im Weißweinbereich durch Grünen Veltliner, Neuburger und Sauvignon Blanc abgerundet. Im Rotweinbereich werden, neben der Hauptsorte Pinot Noir auch Zweigelt und Blaufränkisch kultiviert. Gerade diese beiden autochthonen Weine können durch den Ausbau im großen Holzfass ihr Potenzial voll zur Geltung bringen und das einzigartige Terroir des Leithabergs widerspiegeln. Komplettiert wird das Sortiment durch Cabernet Sauvi-

Donnerskirchen

WEINGUT LENTSCH
7082 Donnerskirchen
Hauptstraße 68b
T: +43 (2683) 8108
info@weingut-lentsch.at
www.weingut-lentsch.at

Kellermeister/Kontakt:
Berthold und Dominik Lentsch
Produktion: 10 % Schaumwein, 40 % weiß, 50 % rot, 8.5 Hektar

gnon. Unter der Marke »Pinozzante – Die Perle vom Leithaberg« werden Schaumweine ausschließlich aus Trauben von Pinot Noir, Pinot Gris und Pinot Blanc gekeltert.

90 Grauburgunder Muschelkalk 2021
13 Vol.-%, DV, 500-l-Fass, €€€
Helles Gelbgrün, Silberreflexe. Zart nach frischer Birne, feine tabakig unterlegte Kräuterwürze, ein Hauch von Blütenhonig. Mittlere Komplexität, weißer Apfel, frisch und mineralisch, ein Hauch von Limetten, ein animierender Speisenbegleiter.

92 Pinot Noir Ried Vogelsang 2020
13,5 Vol.-%, DV, Teilbarrique, €€€
Kräftiges Rubingranat, violette Reflexe, zarte Randaufhellung. Zarte Kräuternoten, schwarze Kirsche, ein Hauch von Pflaumen, mit Holzwürze unterlegt. Saftig, feine Tanninstruktur, fruchtsüß, Herzkirschen im Abgang, bereits gut antrinkbar.

91 Pinot Noir Leithakalk 2020
13,5 Vol.-%, DV, 500-l-Fass, €€€€
Mittleres Karmingranat, violette Reflexe, breiterer Wasserrand. Feine Tabakwürze, etwas nach Brombeeren, ein Hauch von Zwetschken, frisches, fruchtiges Bukett. Saftig, fruchtsüß, Mandarinenzesten, etwas nach Karamell, rotbeeriger Touch, unkomplizierter Speisenbegleiter.

92 Blaufränkisch Ried Goldberg 2020
13,5 Vol.-%, DV, 500-l-Fass, €€€€
Tiefdunkles Rubingranat, violette Reflexe, zarte Randaufhellung. Feine Kräuternoten, etwas nach Brombeeren und Kardamom, ein Hauch von Zwetschken, Nougat klingt an. Saftig, straff, balancierte Tanninstruktur, Brombeernoten im Abgang, vanilliger Nachhall, guter Speisenbegleiter.

91 Blaufränkisch Ried Thenau 2021
13,5 Vol.-%, DV, Barrique, €€€
Tiefdunkles Rubingranat, violette Reflexe, zarte Randaufhellung. Feine Kräuterwürze, zart nach Orangenzesten, etwas Cassis, frische dunkle Beerenfrucht, balanciertes Bukett. Saftig, straff, gut integrierte Tanninstruktur, etwas weitmaschig, rotbeeriger Abgang, bereits gut antrinkbar.

90 Cabernet Sauvignon 2020
14 Vol.-%, DV, Barrique, €€€
Tiefdunkles Rubingranat, violette Reflexe, zarte Randaufhellung. Etwas nach Balsamico und Gewürzen, schwarze Beerenfrucht, Dörrobst klingt an. Mittlerer Körper, präsentes, zart grünes Tannin, etwas Tabakwürze, schwarze Beerenfrucht, individuell einsetzbar.

★★★

WEINGUT LIEGENFELD

Die Liegenfelds sind heimatverbunden. Seit Generationen wird ausschließlich in Donnerskirchen Wein angebaut. Gerda und Andi Liegenfeld sind stolze Donnerskirchner und engagieren sich auch im öffentlichen Leben. Egal, ob im Weingarten oder Keller: Ständig sind sie getrieben von ihrer Neugier auf Grenzen, auf Verbesserung und Perfektion. Die beiden wollen ihren Kindern eine Zukunft bieten, und Sohn Michael ist schon fest am Werken. Sie nehmen deshalb auch nicht mehr, als die Natur hergibt. Das ist nachhaltig, und der Betrieb ist einer der ersten, die in Österreich zertifiziert wurden. Mit 90 Prozent Weißweinanteil ist das Weingut Liegenfeld einer der größten und wichtigsten Weißweinbetriebe des Burgenlands. Tipp: Die Veltliner-Spezialisten keltern am Leithaberg von der Top-Lage Himmelreich Veltliner von internationalem Format und Junior Michael hat im Vorjahr seine erste eigene Weinserie mit neuer Ausstattung kreiert.

94 Grüner Veltliner * Ried Himmelreich 2021
13 Vol.-%, NK, großes Holzfass, €€€€€
Helles Gelbgrün, Silberreflexe. Zarte Nuancen von Golden-Delicious-Apfel, ein Hauch von Blütenhonig und Orangenzesten. Saftig, seidige Textur, gelbes Steinobst, extraktsüß und gut anhaftend, ein harmonischer Speisenbegleiter, mineralischer Nachhall, elegant, gutes Entwicklungspotenzial.

93 Grüner Veltliner * Ried Goldberg 2020
13 Vol.-%, DV, 500-l-Fass/Flaschenreifung, €€€€€ B
Leuchtendes Gelbgrün, Silberreflexe. Zart nach Mandarinen und Limetten, ein Hauch von weißem Apfel, mit feinen Wiesenkräutern unterlegt. Saftig, gute Komplexität, zart nach Tropenfrucht und Kernobst, feines Säurespiel, zitronig-mineralisch im Abgang, fruchtige Süße im Nachhall, bereits antrinkbar, verfügt über Reifepotenzial.

(91) Grüner Veltliner * Donnerskirchen 2022
13 Vol.-%, DV, Stahltank, €€€
Helles Gelbgrün, Silberreflexe. Zart nach Wiesenkräutern, tabakige Nuancen, zart nach Apfel und Orangenschalen. Mittlere Komplexität, weißer Apfel, feiner Säurebogen, mineralisch-salziger Abgang, zitroniger Nachhall, bereits antrinkbar.

93 Weißburgunder * Ried Hopferberg 2020
13 Vol.-%, NK, 500-l-Fass/Flaschenreifung, €€€€€ B
Helles Gelbgrün, Silberreflexe. Mit Orangenzesten unterlegte Nuancen von reifem gelbem Kernobst, etwas Blütenhonig, ein Hauch von Limetten, mineralischer Touch. Stoffig, elegant, saftige weiße Apfelfrucht, frisch strukturiert, bleibt gut haften, ein eleganter Speisenwein mit Länge und Reifepotenzial.

(91) Weißburgunder * Donnerskirchen 2022
13 Vol.-%, DV, Stahltank, €€€
Helles Gelbgrün, Silberreflexe. Zarte Nuancen von weißem Kernobst, ein Hauch von Blüten, Noten von Anis und Kümmel, zarte Kräuterwürze im Hintergrund. Mittlerer Körper, zart nach reifer Birne, elegant, fruchtsüßer Abgang, gut entwickelt, vielfältig einsetzbar.

(91) Blaufränkisch * Donnerskirchen 2021
13,5 Vol.-%, NK, 500-l-Fass, €€€€
Dunkles Rubingranat, opaker Kern, violette Reflexe, zarte Randaufhellung. Zart nach Minze und Gewürzen, schwarze Kirschfrucht, floraler Touch. Saftig, straff, frische Struktur, mineralisch, rote Beerenfrucht im Abgang, präsente Tanninstruktur im Nachhall, bereits gut antrinkbar.

WEINGUT LIEGENFELD
7082 Donnerskirchen
Johannesstraße 25
T: +43 (2683) 8307
weingut@liegenfeld.at
www.liegenfeld.at

Kellermeister: Andi Liegenfeld, Manuel Kreiler
Kontakt: Andi Liegenfeld
Produktion: 200.000 Flaschen
85 % weiß, 15 % rot, 35 Hektar
Zertifiziert: Nachhaltig Austria
Vereinszugehörigkeit:
Leithaberg DAC, Weinquartett Donnerskirchen
Messen: ProWein Düsseldorf, VieVinum, Vinobile Feldkirch

★★★

WEINGUT MAD

Stark verwurzelt – und frei nach dem Namen des Betriebes auch ein wenig verrückt – lebt man seit 235 Jahren auf dem Weingut Mad und betreibt Weinbau in bereits achter Generation. Ein wenig verrückt anmutende Visionen und ihre Umsetzung prägen seit jeher die Arbeit der Großfamilie, verwurzelt in einer der schönsten Weinbauregionen der Welt zwischen Leithaberg und Neusiedler See. Man ist zukunftsorientiert, ohne auf Tradition und altes Handwerk zu vergessen. Stets steht der Qualitätsgedanke im Fokus. Sebastian und Tobias Siess haben das Weingut mit rund 34 Hektar 2018 übernommen und arbeiten mit großem Engagement und der Unterstützung der gesamten Familie an ihrem Ziel, Weine mit Charakter und Tiefgang zu keltern, Weine, die vom Klima, den Böden und von den Menschen, die sie produzieren, erzählen. Die Brüder sind davon überzeugt, dass ein großer Wein lebendig ist, sich verändert und reifen muss.

(92) * Hochenperg 2021 CH/NB/WB
13,5 Vol.-%, NK, Barrique/gebr. Barriques, €€€€€ Ⓥ
Helles Gelbgrün, Silberreflexe. Feine Tabakwürze, etwas nach Blütenhonig, Birnenfrucht und Mango, Gewürze, Melisse klingt an, einladendes Bukett. Saftig, elegant, frische Säurestruktur, mineralisch, etwas nach Kardamom, Holzwürze im Nachhall, weißes Kernobst im Rückgeschmack.

95 Blaufränkisch * Oggau Ried Marienthal M 56 2018
14,5 Vol.-%, NK, kleines Holzfass, €€€€€€ Ⓥ
Tiefdunkles Rubingranat, violette Reflexe, zarte Randaufhellung. Intensive Holzwürze, Vanille, Gewürznelken, Brombeeren, zart nach Pflaumen, mit Nougat unterlegt. Saftig, gute Komplexität, engmaschig, reife dunkle Beerenfrucht, seidige Tannine, finessenreich strukturiert, ein Hauch von Nougatkaramell im Abgang, gute Balance und angenehme Länge, sicheres Reifepotenzial.

94 Blaufränkisch * Oggau Ried Marienthal 2019
14 Vol.-%, NK, gebr. Barriques/Barrique, €€€€€ Ⓥ
Dunkles Rubingranat, violette Reflexe, dezente Randaufhellung. Zart floral, Zwetschken, reifes Waldbeerenkonfit, Toffee, floraler Touch, vielschichtiges Bukett. Saftig, elegant, wirkt frisch und lebendig, seidige Tannine, rote Frucht im Abgang, delikater Stil, bereits antrinkbar, gutes Reifepotenzial.

92 Furioso 2019 BF/CS/ME/SY/CF
14 Vol.-%, NK, Barrique/gebr. Barriques, €€€€€ Ⓥ
Dunkles Rubingranat, opaker Kern, violette Reflexe, zarte Randaufhellung. Reife Zwetschken, Kräuterwürze, ein Hauch von Feigen, gut eingebundene Edelholzwürze. Saftig, frisch strukturiert, reife Kirschen, gut integrierte Tannine, leichtfüßig im Abgang, mineralischer Nachhall, balancierter Speisenbegleiter.

92 Cabernet Franc Ried Neugebirge 2019
14 Vol.-%, NK, Barrique, €€€€€ Ⓥ
Dunkles Rubingranat, violette Reflexe, dezente Randaufhellung. Dunkles Waldbeerenkonfit, reife Zwetschken, Gewürznoten, Lakritze, kandierte Orangenzesten. Saftig, elegant, rotbeerig, frisch strukturiert, präsente Tannine, mineralisch, Kirschen im Nachhall, Nougat im Rückgeschmack, ein lebendiger Begleiter bei Tisch.

91 Merlot Ried Loisland 2021
14 Vol.-%, DV, gebr. Barriques/Barrique, €€€ Ⓥ
Dunkles Rubingranat, violette Reflexe, zarte Randaufhellung. Zarte Wiesenkräuter, dunkles Beerenkonfit, etwas nach Zwetschken, etwas floral, Mandarinenzesten klingen an, einladendes Bukett. Saftig, straff, frische Struktur, balancierte Tannine, feinwürzig, rotbeeriges Finish, guter Speisenbegleiter.

WEINGUT MAD
7063 Oggau, Antonigasse 1
T: +43 (2685) 7207
office@weingut-mad.at
www.weingut-mad.at
Kellermeister: Tobias Siess
Kontakt: Sebastian Siess
Produktion: 1 % Schaumwein, 34 % weiß, 4 % rosé, 60 % rot, 1 % süß, 34 Hektar
Zertifiziert: Nachhaltig Austria
Vereinszugehörigkeit: Leithaberg DAC
Messen: Forum Vini München, ÖGW Zürich, ProWein Düsseldorf, VieVinum, DAC-Präsentationen, Wein Burgenland Präsentationen

WEINGUT MORIC
7051 Großhöflein
Kirchengasse 3
T: +43 (664) 4003231
office@moric.at
www.moric.at

Kellermeister/Kontakt:
Roland Velich
Produktion: 5 % weiß, 95 % rot

Kleinhöflein bei Eisenstadt

★★★★★

WEINGUT MORIC

Nur wenige andere Winzer haben in den letzten Jahren für so viel Gesprächsstoff gesorgt wie Roland Velich. Er hat sich zum erklärten Ziel gesetzt, der Sorte Blaufränkisch ein neues, eigenständiges Profil zu verleihen, das es möglich macht, diese typisch österreichische Rebsorte in eine Reihe mit den großen Rotweinen der Welt zu stellen. Velich sieht im Burgenland ähnlich hervorragende Bedingungen, um großartige Rotweine zu machen, wie im Burgund oder nördlichen Rhônetal. Dabei strebt er keine stilistischen Kopien an, sondern es ist der »cool climate«-Charakter, den er in seinen Weinen darstellen will. Velich geht es also um Originale und nicht um Kopien, er vertraut ganz auf die Stärken des Burgenlandes und versucht, das ganze Potenzial der Sorte Blaufränkisch und der unterschiedlichen Böden zu nutzen. Roland Velich fand die entsprechenden Parzellen für sein Konzept im Mittelburgenland. In Neckenmarkt und Lutzmannsburg entdeckte er uralte Weingärten, manche Stöcke haben über hundert Jahre auf dem Buckel und stehen in großer Pflanzdichte von bis zu 8.000 Reben pro Hektar. Hier wachsen in idealer Exposition und auf bestens geeignetem Terroir jene kleinbeerigen Trauben, welche die Basis für die Moric-Linie bilden. So entsteht der feine, von floralen Nuancen geprägte mineralische Wein aus Lutzmannsburg; aus der Nachbargemeinde Neckenmarkt kommt ein würziger, vom Schieferboden dunkel gefärbter Blaufränkisch der Extraklasse. Kleine Erträge im Weingarten und extrem zurückhaltende Verarbeitung sowie ein langer Ausbau in gebrauchten 500- und 1.000-Liter-Holzfässern lassen den speziellen Sorten- und Bodencharakter der einzelnen Terroirs besonders in den Vordergrund treten. Aus St. Georgen bei Eisenstadt kommt auch in kleiner Menge ein finessenreicher Grünen Veltliner.
Im Laufe der letzten Jahre rückten die alten Blaufränkisch-Parzellen in Lutzmannsburg immer mehr in den Fokus, wo Roland Velich sich beginnend mit dem Jahrgang 2019 einen lange gehegten Wunsch erfüllt hat. Er hat mehrere unterschiedliche Terroirs einzeln abgefüllt, dank deren er nun die Diversität und Nuancen des Blaufränkisch noch präziser zum Ausdruck bringen kann. An der Spitze des Sortiments thronen die »Alten Reben« aus Lutzmannsburg als Synthese der besten Trauben, die dem

Ausnahmewinzer ein Jahrgang zu bieten hat. Mehr Blaufränkisch geht nicht. Der internationale Sekundärmarkt hat dem bereits Rechnung getragen: Kein anderer österreichischer Rotweinwinzer erfreut sich einer größeren Nachfrage, wie die jüngsten Charts der Londoner Weinbörse Liv-ex zeigen.

96 Grüner Veltliner Sankt Georgen Ried Krainer 2021

13 Vol.-%

Leuchtendes Gelbgrün, Silberreflexe. Zart floral und tabakig, feine Nuancen von gelbem Kernobst, ein Hauch von Kräuterwürze, mineralischer Touch, etwas Nougat im Hintergrund, facettenreiches Bukett. Stoffig, elegant, finessenreich strukturiert, feine Extraktsüße, mineralisch und lange anhaftend, weißer Apfel, etwas Limetten, verfügt über sicheres Reifepotenzial.

94 Grüner Veltliner Sankt Georgen 2021

13 Vol.-%

Helles Grüngelb, Silberreflexe. Feine Kräuterwürze, Nuancen von gelber Frucht, ein Hauch von Honigmelone, kandierte Orangenzesten, etwas Walnuss und Blütenhonig, attraktives Bukett. Straff, engmaschig, mineralisch-salzige Textur, zart nach Apfel, saliner Touch, feine Fruchtsüße im Rückgeschmack.

92 Hausmarke weiß 2021

13,5 Vol.-%

Helles Gelbgrün, Silberreflexe. Zarte Kräuterwürze, ein Hauch von weißem Nougat, Anklänge von Pfirsich, etwas Walnuss, mit kandierten Limettenzesten unterlegt. Saftig, elegante Textur, dezente Fruchtsüße, mineralisch-salzig im Abgang, ein balancierter Speisenbegleiter.

(100) Blaufränkisch Lutzmannsburg Alte Reben 2021

13,5 Vol.-%

Dunkles Rubingranat, tiefer Kern, violette Reflexe, dezente Randaufhellung. Zarte Kräuterwürze, feine tabakige Nuancen, schwarze Beeren und Kirschen, Waldbeeren, kandierte Veilchen, ungemein facettenreiches Bukett. Komplex, engmaschig, rotbeerige Textur, feine, straffe Tannine, mineralisch und vielschichtig, kühler Stil, balanciert, stoffig, bleibt minutenlang haften, zarte Kirschfrucht im Rückgeschmack, ein charismatischer Wein, der einen neuen Maßstab für die Rebsorte setzt.

98 Blaufränkisch Lutzmannsburg Ried Maissner 2021

13,5 Vol.-%

Dunkles Rubingranat, violette Reflexe, dezente Randaufhellung. Zart nach Lakritze und kandierten Veilchen, schwarze Kirschen, feine, tabakig unterlegte Kräuterwürze, ein Hauch von Orangenzesten. Saftig, elegant, rote Waldbeeren, mineralisch und frisch, subtile Fruchtsüße im Abgang, balanciert, besitzt Länge und Frische, sicheres Entwicklungspotenzial.

97 Blaufränkisch Lutzmannsburg Ried Kirchberg 2021

13,5 Vol.-%

Dunkles Rubingranat, violette Reflexe, dezente Randaufhellung. Zart nach frischen Orangenzesten, reife Herzkirschen, feines Brombeerkonfit und Lakritze, feine florale Aspekte. Komplex, engmaschig, rote Waldbeeren, frisch strukturiert, reife, tragende Tannine, salziger Touch im Abgang, wirkt kühl, finessenreicher Stil, kalkige Nuancen im Nachhall, sicheres Reifepotenzial.

97 Blaufränkisch Lutzmannsburg Ried Schwemmer 2021

13,5 Vol.-%

Dunkles Rubingranat, violette Reflexe, dezente Randaufhellung. Schwarze Herzkirschen, Brombeeren, ein Hauch von Lakritze, zart nach Kräutern und Limetten, dunkler Touch. Komplex, engmaschig, rotbeerige Nuancen, reife, tragende Tannine, feiner Säurebogen, mineralisch und anhaftend, feine Fruchtsüße im Abgang, Ribisel im Nachhall, wird von Flaschenreife profitieren.

(95) Blaufränkisch Moric Reserve 2021

13,5 Vol.-%

Dunkles Rubingranat, violette Reflexe, dezente Randaufhellung. Frische schwarze Herzkirschen, zart nach Lakritze, floraler Touch, mineralisch unterlegt. Stoffig, elegant, rote Waldbeeren, finessenreicher Säurebogen, feine, tragende Tannine, salzig und anhaftend, sicheres Entwicklungspotenzial.

94 Blaufränkisch Burgenland 2021

12,5 Vol.-%

Dunkles Rubingranat, violette Reflexe, dezente Randaufhellung. Schwarze Waldbeeren, dunkle Kirschen, zarte Kräuterwürze, attraktives Bukett. Engmaschig, feinwürzig und geradlinig, rote Kirschen, mineralisch und gut anhaftend, sehr gute Frische, kalkig-straffer Stil, feiner Limettentouch im Nachhall, ein anregender Begleiter bei Tisch.

93 Hausmarke rot S21

12,5 Vol.-%

Kräftiges Rubingranat, violette Reflexe, dezente Randaufhellung. Zarte Kräuterwürze, reife Zwetschken, Nuancen von Cassis, etwas Nougat, kandierte Orangenzesten. Straff, rote Beerenfrucht, feine Tannine, frisch strukturiert, mineralisch, zitronig, bleibt haften, ein animierender Speisenbegleiter.

★★

WEINGUT HANS MOSER

Hans Moser vereint in seinen Weinen Sortencharakter und Lagenausdruck. Welschriesling, Gemischter Satz, Sauvignon Blanc und Chardonnay machen insgesamt 60 Prozent seiner Weinproduktion aus. Neben den heimischen Rebsorten Blaufränkisch und Zweigelt werden Cabernet, Syrah und Merlot angebaut. Die Basis sind »Classic«-Weine. Die »Mittelklasse« wird durch die »Leithakalk-Linie« (Sauvignon Blanc, Chardonnay, Blaufränkisch und Cabernet-Merlot) hervorgehoben. Die Top-Lagenweine sind: Leithaberg DAC Scheibenberg Chardonnay, Leithaberg DAC Hummelbühel Blaufränkisch, St. Georgener Blaufränkisch Reserve sowie Merlot Joachimstal. Eine fruchtsüße Spätlese und ein hochwertiger Ausbruch runden das Programm ab. Die beiden Leithaberg-DAC-Lagenweine Scheibenberg Chardonnay und Hummelbühel Blaufränkisch werden seit dem Jahrgang 2015 in großen Fässern (2.000, 1.200 und 600 Liter) aus Leithagebirgseiche von den eigenen Wäldern in St. Georgen ausgebaut.

91 Chardonnay Leithakalk 2019
13,5 Vol.-%, DV, Stahltank, €€
Helles Grüngelb, Silberreflexe. Zart nach Honigmelone, feine gelbe Apfelfrucht, florale Nuancen, ein Hauch von Blütenhonig. Mineralisch, weiße Tropenfrucht, frischer Säurebogen, salzig-zitronig unterlegt, ein lebendiger Begleiter bei Tisch.

90 Sauvignon Blanc Leithakalk 2021
13 Vol.-%, DV, Stahltank, €€€
Helles Gelbgrün, Silberreflexe. Zarte florale Nuancen, feine gelbe Tropenfrucht, ein Hauch von reifen Stachelbeeren, Limettentouch. Mittlere Komplexität, Nuancen von weißer Frucht, feiner Säurebogen, zitronig-salziger Touch, ein leichtfüßiger, animierender Speisenbegleiter.

89 Gemischter Satz 2022
13 Vol.-%, DV, Stahltank, €€

90 Blaufränkisch Rosé 2022
13,5 Vol.-%, DV, Stahltank, €€
Zartes Lachsrosa, Silberreflexe. Zarte rote Waldbeerenfrucht, ein Hauch von Erdbeeren und eingelegten Kirschen, Limettenzesten im Hintergrund. Mittlerer Körper, weißer Apfel, mineralisch, frisch strukturiert, kräftiger Stil, ein vielfältig einsetzbarer Speisenbegleiter.

92 V.T.S. - Vintage Top Select 2018 CS/CF/SY/ME/BF
13,5 Vol.-%, NK, Eichenfass, €€€€
Kräftiges Rubingranat, violette Reflexe, zarte Randaufhellung. Feine Kräuterwürze, etwas nach Kirschen, Kardamom klingt an. Saftig, straff, lebendig, gut integrierte Tanninstruktur, rote Kirschfrucht, bleibt gut haften, samtiger Nachhall, guter Speisenbegleiter.

92 Merlot Ried Joachimstal 2018
14,8 Vol.-%, NK, Eichenfass, €€€€€
Dunkles Rubingranat, violette Reflexe, zarte Randaufhellung. Feine tabakige Röstaromatik, etwas nach Gewürzen, schwarze Kirschfrucht, Zwetschken, schokoladiger Touch. Saftig, gut eingebundene Tannine, etwas Brombeeren im Abgang, würziger Rückgeschmack, guter Speisenbegleiter.

WEINGUT HANS MOSER
7000 Eisenstadt
St. Georgener Hauptstraße 13
T: +43 (2682) 66607
weingut@hans-moser.at
www.hans-moser.at

Kellermeister: Hans Moser
Kontakt: Sabine und Hans Moser
Produktion: 80.000 Flaschen
60 % weiß, 38 % rot, 2 % süß,
16 Hektar
Vereinszugehörigkeit:
Leithaberg DAC
Messen: ProWein Düsseldorf, DAC-Präsentationen

★★★

WEINGUT NEHRER

BIO

Das Weingut Nehrer befindet sich in St. Georgen, einem Ortsteil von Eisenstadt, am Leithaberg und wird in dritter Generation geführt. Johannes Nehrer hat 2020 die Verantwortung für das im Jahr 1962 gegründete Familienweingut übernommen und frischen Wind in das Unternehmen gebracht. Die Entscheidungen orientieren sich am aktuellen Zeitgeist: natürliche Ressourcen bewahren, die Vitalität der Böden und Pflanzen stärken und die Herkunft der Weine kompromisslos widerspiegeln. Vor allem alte Reben aus den traditionellen Sorten Blaufränkisch, Chardonnay und Welschriesling werden nachhaltig und biologisch zertifiziert bewirtschaftet.

94 Chardonnay * Ried Hummelbühel 2021
13,5 Vol.-%, NK, kleines Holzfass, €€€€€ V
Mittleres Grüngelb, Silberreflexe. Zarte Nuancen von Kräutern und Feuerstein, nussige Aromatik, mit feiner gelber Tropenfrucht unterlegt, kandierte Orangenzesten. Saftig, feines Nougat, weißer Pfirsich, mineralisch, zeigt gute Frische und Länge, ein stoffiger Speisenbegleiter mit sicherem Reifepotenzial.

WEINGUT NEHRER
7000 Eisenstadt
St. Georgener Hauptstraße 16
T: +43 (2682) 64380
weingut@nehrer.at
www.nehrer.at

Kellermeister/Kontakt:
Johannes Nehrer
Anbauweise: Zertifiziert Biologisch
Produktion: 40 % weiß, 5 % rosé, 55 % rot, 24 Hektar
Zertifiziert: Nachhaltig Austria
Vereinszugehörigkeit:
Leithaberg DAC
Messen: ProWein Düsseldorf, VieVinum, DAC-Präsentationen, Wein Burgenland Präsentationen

93 Chardonnay * Ried Krainer 2021
13,5 Vol.-%, NK, 500-l-Fass, €€€€€ V
Helles Goldgelb, Messingreflexe. Feine Nuancen von gelbem Kernobst, dazu etwas gelber Apfel, zart nach Melone und kandierten Orangenzesten, mineralischer Touch, noch etwas scheu. Mittlere Komplexität, feines Kernobst auch am Gaumen, dezenter Säurebogen, salzig und anhaftend, ein stimmiger Speisenbegleiter mit Potenzial.

92 Chardonnay * 2022
13 Vol.-%, DV, 500-l-Fass/Stahltank, €€€ B V
Mittleres Grüngelb, Silberreflexe. Feine frische Kernobstnuancen, ein Hauch von Mango und Golden-Delicious-Apfel, mit zartem Blütenhonig unterlegt. Saftig, elegant, weißer Apfel, etwas Birne, frische Säurestruktur, extraktsüßer Abgang, zart nussiger Nachhall.

(92) Grüner Veltliner * St. Georgen 2022
13 Vol.-%, DV, 500-l-Fass, €€€€ B V
Mittleres Gelbgrün, Silberreflexe. Zartes Nougat, feine Kräuterwürze, Nuancen von reifer gelber Frucht, Anklänge an Ananas und Mango, mit etwas Karamell unterlegt. Saftig, weißer Apfel, gute Frische, zitronige Nuancen, feine Fruchtsüße im Nachhall, ein lebendiger Speisenwein.

93 Blaufränkisch * St. Georgen 2020
13 Vol.-%, NK, großes Holzfass, €€€€ V
Kräftiges Rubingranat, violette Reflexe, breitere Randaufhellung. Dezente Kräuternoten, etwas nach Heidelbeeren, Mandarinenzesten, dezente Schokonoten. Saftig, frisch, elegant, feine Noten von Herzkirschen, gut eingebundenes Tannin, Nougat im Nachhall, guter Speisenbegleiter.

93 Blaufränkisch * Ried Poschen 2020
13,5 Vol.-%, NK, 500-l-Fass/Flaschenreifung, €€€€€ V
Dunkles Rubingranat, opaker Kern, violette Reflexe, zarte Randaufhellung. Dezente Edelholzwürze, zart nach Kräutern, ein Hauch von Cassis, Brombeertouch, Orangenzesten klingen an. Saftig, straff, rote Kirschfrucht, frisch und lebendig, dezente Fruchtsüße, zitroniger Nachhall, wird von Flaschenreife profitieren.

93 Blaufränkisch * Ried Feurer 2020
13,5 Vol.-%, NK, 500-l-Fass/Flaschenreifung, €€€€€€ V
Dunkles Rubingranat, violette Reflexe, zarte Randaufhellung. Feine Tabak-Holz-Würze, etwas nach Karamell, schwarze Herzkirschen, Cassis klingt an, mit dunkler Mine-

ralik unterlegt. Saftig, komplex, engmaschig, dunkle Kirschfrucht, gut integrierte Tanninstruktur, mineralisch, guter Speisenbegleiter mit Potenzial.

(92) Blaufränkisch * 2021
13 Vol.-%, DV, 500-l-Fass/großes Holzfass, €€€ (V)
Dunkles Rubingranat, violette Reflexe, zarte Randaufhellung. Zart nach Nelken und dunklem Waldbeerenkonfit, ein Hauch von kandierter Blutorange, floraler Touch. Saftig, straff, frische Struktur, feinwürzig, mineralisch, Brombeernoten im Abgang, trinkanimierendes Finish, guter Speisenbegleiter.

93 Sonnenschein 2020 ME/CS/SY
13,5 Vol.-%, NK, Barrique, €€€€€ (V)
Dunkles Rubingranat, violette Reflexe, zarte Ockerrandaufhellung. Feine Tabakwürze, zart nach Brombeeren und Cassis, dezent nach Kräutern. Saftig, gute Komplexität, straff, gut eingebundene Tannine, Nougattouch, etwas nach Hagebutten, einladendes Finish, vielfältig einsetzbar.

92 Hummelpiel 2020 ME/ZW/PN
13,5 Vol.-%, NK, 500-l-Fass/Barrique, €€€€ (V)
Dunkles Rubingranat, opaker Kern, violette Reflexe, zarte Randaufhellung. Dunkles Waldbeerenkonfit, etwas nach Kardamom, feine Edelholzwürze und reife Kirschen. Saftig, straff, dezenter Gerbstoff, Brombeeren im Abgang, Milchschokolade im Nachhall, guter Speisenbegleiter.

★★

WEINGUT PASLER

BIO

Im Einklang mit der Natur setzt Familie Pasler auf eine nachhaltige Wirtschaftsweise in ihren Weingärten. Diese sind eingebettet zwischen dem nördlich liegenden Leithagebirge mit seinen Muschelkalk- und Glimmerschiefer-Böden und dem südlich liegenden Neusiedler See mit Einflüssen der Pannonischen Tiefebene. Es ist der Familie, allen voran den Brüdern Michael und Johannes Pasler, ein Anliegen, schonend mit der Natur und ihren Gegebenheiten umzugehen, denn was an Sorgfalt und liebevoller Handarbeit in die Natur investiert wird, gibt diese mit hochwertigen Weinen wieder zurück, davon sind die beiden überzeugt. Die Ausbringung von natürlichem Kompost und wechselnde Begrünung garantieren eine optimale Versorgung der Rebstöcke. Gezielte Laubarbeit und wiederholtes Ausdünnen gewährleisten für den letzten Reifeabschnitt beste Bedingungen für die Trauben. Nach der Ernte folgen lange Maischestandzeiten und spontane Vergärung, die Lagerung findet in Eichenfässern auf der Hefe statt. In der Reife überlässt man die Weine sich selbst und gibt ihnen jede Freiheit. Das Resultat sind authentische, finessenreiche Weine, die mehr als nur Spannung bieten.

92 Chardonnay * Ried Lindauer 2021
13 Vol.-%, DIAM, großes Holzfass, €€€€ (B) (V)
Helles Goldgelb, Silberreflexe. Zarte Kräuterwürze, feine Nuancen von gelbem Steinobst, etwas Mango und Blütenhonig, mit Mandarinenzesten unterlegt. Elegant, weißes Steinobst, feiner Säurebogen, zart nussig im Abgang, ausgewogen, ein finessenreicher Speisenbegleiter, bereits antrinkbar.

92 Gemischter Satz Evolution 2021
12 Vol.-%, NK, Amphore, €€€€ (B) (I) (V)
Zart getrübtes helles Gelbgrün, Silberreflexe. Zarte Nuan-

WEINGUT PASLER
7093 Jois
Untere Hauptstraße 29
T: +43 (2160) 7385
office@franzpasler.at
www.paslerwein.com

Kellermeister: Michael & Johannes Pasler
Kontakt: Michael Pasler
Anbauweise: Zertifiziert Biologisch (Bio Austria)
Produktion: 43 % weiß, 5 % rosé, 52 % rot
Vereinszugehörigkeit: Leithaberg DAC
Messen: VieVinum, DAC-Präsentationen

* Leithaberg DAC

cen von Holunderblüten, weiße Tropenfrucht, etwas nach Litschis, Limettenzesten. Mittlere Komplexität, salzige Textur, feine Nuancen von weißem Kernobst, leichtfüßig, elegant, zitronige Anklänge, ein ausgewogener Speisenbegleiter.

91 Grauburgunder Graue Gans 2021
13 Vol.-%, DIAM, großes Holzfass, €€€ B V
Helles Kupfergold, Silberreflexe. Rauchig-tabakig unterlegte Karamellnuancen, intensive Kräuternoten, ein Hauch von Kletzen. Saftig, mittlere Komplexität, cremig, zart nach Nougat, weißes Kernobst, salziger Nachhall, individuelle Stilistik.

92 Traminer Textura 2021
13 Vol.-%, NK, gebrauchte Barriques, €€€€€ B O V
Zart getrübtes Orangegold, Silberreflexe. Rauchig-kräuterwürzig, Nuancen von Kumquats, mit einem Hauch von Marillen unterlegt, feine Mineralik. Straff, mineralisch, weißes Kernobst, salzig-zitronig im Abgang, ein leichtfüßiger Natural Wine, vielfältig einsetzbar.

93 Blaufränkisch * Jois Ried Gritschenberg 2020
12,5 Vol.-%, NK, 500-l-Fass, €€€€€ V
Kräftiges Rubingranat, violette Reflexe, zarte Randaufhellung. Feine Tabak-Gewürz-Nuancen, rotbeeriger Touch, ein Hauch von Karamell und Orangenzesten. Saftig, frisch, balancierte Tanninstruktur, etwas Pfefferminze, Kirschen im Abgang, guter Speisenbegleiter.

91 Blaufränkisch Jois Ried Hoflagen 2021
12 Vol.-%, DIAM, gebrauchte Barriques, €€€ B V
Dunkles Rubingranat, violette Reflexe, zarte Randaufhellung. Etwas nach reifen Kirschen und kandierten Mandarinen, ein Hauch von Gewürzen, feine Holzwürze, frisches Bukett. Saftig, straff, frische Struktur, tabakig, dunkle Beerenfrucht, dezenter Gerbstoff im Abgang, zart nach Karamell im Rückgeschmack, Cassis im Nachhall.

★★★★

WEINGUT PRIELER

BIO

»Wein ist Poesie in Flaschen.« Treffender könnte man die Weine des kleinen, aber feinen Familienweinguts nicht beschreiben. Der Hauptteil davon liegt in Schützen am Gebirge, wobei sich auch ein beträchtlicher Teil der Rebflächen in der Nachbarortschaft Oggau befindet. In jeder Himmelsrichtung gibt es eine andere Bodenzusammensetzung, und so ist es einfach zu erklären, dass für die einzelnen Sorten die besten Lagen gewählt werden konnten. Um allerdings schon seit vielen Jahren feinste Weiß- und Rotweine zu erzeugen, benötigt man einiges an Fingerspitzengefühl.

Georg Prieler, der junge Önologe mit Auslandserfahrung, verfügt über diese Gabe. Er trifft seine Entscheidungen stets intuitiv, und das ist gut so, denn hier werden Weine erzeugt, die im Gedächtnis bleiben. Boden und Terroir sind für die Prielers jedenfalls kein leeres Gerede: Kalkböden findet man in den Rieden Seeberg und Sinner, die Richtung Neusiedler See liegen und die Trauben für die großen Weißweine liefern. Ungerbergen steht für sandigen Lehm mit Kieselsteinen und ist ein idealer Standort für spät reifende Sorten wie Cabernet Sauvignon. Goldberg, die unbestritten beste Lage des Hauses, bietet kargen Glimmerschiefer und ist prädestiniert für Blaufränkisch, die traditionsreichste und wichtigste Sorte. Die Familie Prieler orientiert sich beim Ausbau der Weine immer an der Charakteristik der jeweiligen Lage. Dementsprechend vergärt der Pinot Blanc Seeberg nach ausgiebiger Maischestandzeit ausschließlich im Edelstahltank, damit Feinheit und Frische erhalten bleiben. Der Blaufränkisch Johanneshöhe wird hingegen im großen Holzfass »geschult«. Und der sehr bekannte Blaufränkisch Goldberg erhält seine unglaubliche Geschmeidigkeit während seines bis zu 26 Monate langen Aufenthalts in 500-Liter-Fässern. Letztgenannter Blaufränkisch Goldberg ist ein Wein der Superlative, der bereits zweimal – 2005 und 2008 – die »Falstaff Reserve Trophy« für sich entscheiden konnte. Aber auch mit den Weißweinen konnten die Prielers bei der »Falstaff Burgunder Trophy« bereits kräftig zugeschlagen: Zwei Trophys wurden mit dem Pinot Blanc Seeberg 2004 und dem außergewöhnlich gereiften Chardonnay Seeberg 2001 geholt. Kein Wunder also, dass die Familie 2009 als »Winzer des Jahres« ausgezeichnet wurde.

(95) Pinot Blanc * Ried Steinweingarten 2021
13,5 Vol.-%, NK, Holzfass, €€€€€€ B
Mittleres Goldgelb, Silberreflexe. Nuancen von Mandarinenzesten, ein Hauch von Haselnüssen, feine gelbe Tropenfrucht, Anklänge von Mango, etwas Ananas, dezenter Hauch von Blütenhonig. Saftig, elegant, weißes Kernobst, finessenreicher Säurebogen, ausgewogen und gut anhaftend, mineralischer Abgang, bereits antrinkbar, mit Länge und gutem Potenzial ausgestattet.

(94) Pinot Blanc * Ried Haidsatz 2021
13,5 Vol.-%, NK, Eichenfass, €€€€€ B
Mittleres Grüngelb, Silberreflexe. Zarte Kräuterwürze, helles Karamell, reife Tropenfrucht, nach Mango und Ananas, etwas Blütenhonig, attraktives Bukett. Kräftig, feine Röstaromen, unterlegt mit frischer weißer Apfelfrucht, lebendiger Säurebogen, mineralisch-zitroniger Nachhall, salzig im Rückgeschmack, sicheres Entwicklungspotenzial.

(93) Pinot Blanc * Alte Reben 2021
13,5 Vol.-%, NK, Holzfass, €€€€€ B
Helles Gelbgrün, Silberreflexe. Zarte Kräuterwürze, Nuancen von weißem Steinobst, ein Hauch von Birne, rauchige Reduktionsnuancen im Bukett. Komplex, engmaschig, frisch und lebendig, saftige Fruchtnuancen, mineralisch-salzig im Abgang, bleibt gut haften, ein finessenreicher Speisenwein mit sicherem Reifepotenzial.

92 Pinot Blanc Ried Seeberg 2022
13 Vol.-%, DV, Stahltank, €€€ B
Helles Goldgelb, Silberreflexe. Zart nach gelber Birne und Tropenfrucht, ein Hauch von Mango, zarte Wiesenkräuter, einladendes Bukett. Straff, engmaschig, weiße Birne, frischer Säurebogen, Limetten im Abgang, animierend, macht Lust auf ein zweites Glas.

92 Chardonnay Schützen am Gebirge Sinner® 2022
13,5 Vol.-%, DV, Stahltank, €€€ B
Helles Goldgelb, Silberreflexe. Mineralisch, zarte gelbe Tropenfrucht, Nuancen von Ananas und Papaya, attraktives Bukett, ein Hauch von Zitronenmelisse. Mittlere Komplexität, weißes Kernobst, etwas Pfirsich, frisch strukturiert, zitronig-salziger Nachhall.

91 Rosé vom Stein 2022
12,5 Vol.-%, DV, Stahltank, €€€ B
Helles Altrosa, Silberreflexe. Zart nach frischen roten Kirschen, Waldbeerenkonfitüre, ein Hauch von Kräutern und Limettenzesten. Mittlerer Körper, weißer Apfel, rote Beeren, frischer Säurebogen, mineralisch und lebendig, animierender Sommerwein.

WEINGUT PRIELER
7081 Schützen am Gebirge
Hauptstraße 181
T: +43 (2684) 2229
weingut@prieler.at
www.prieler.at
Kellermeister/Kontakt: Georg Prieler
Anbauweise: Zertifiziert Biologisch (Bio Austria)
Produktion: 40 % weiß, 60 % rot, 23 Hektar
Vereinszugehörigkeit: Leithaberg DAC
Messen: Austrian Tasting London, ProWein Düsseldorf, VieVinum, DAC-Präsentationen, MondoVino, véritable St.Martin, Wein Burgenland Präsentationen

95 Blaufränkisch * Ried Marienthal 2020
13,5 Vol.-%, NK, Holzfass, €€€€€€ B
Dunkles Rubingranat, violette Reflexe, dezente Randaufhellung. Feine Kräuterwürze, schwarze Waldbeeren, reife Kirschen, ein Hauch von Pflaumen, kandierte Orangenzesten, mineralisches Bukett. Saftig, elegant, reife Herzkirschen, rotbeeriger Touch, sehr feine Tannine, extraktsüß und mineralisch, bereits zugänglich, ein facettenreicher Speisenbegleiter, gutes Entwicklungspotenzial.

(94) Blaufränkisch * Ried Pratschweingarten 2020
13,5 Vol.-%, NK, Holzfass, €€€€€ B
Dunkles Rubingranat, violette Reflexe, zarte Randaufhellung. Einladende Amarenakirschen, ein Hauch von Nougat, floraler Touch, reife Brombeeren, attraktives Bukett. Saftig, rotbeeriger Touch, finessenreiche Struktur, feine, tragende Tannine, mineralisch-zitronig im Nachhall, zeigt Länge, besitzt Entwicklungspotenzial.

94 Merlot Schützner Stein® 2020
14,5 Vol.-%, NK, Barrique, €€€€€ B
Tiefdunkles Rubingranat, violette Reflexe, zarte Randaufhellung. Feine Noten von schwarzer Kirsche, zartes Nougat, mit dunklen Waldbeeren unterlegt, zarte Edelholznoten im Hintergrund. Komplex, saftig, rotbeeriger Touch, frisch strukturiert, reife Tannine, mineralisch und anhaftend, salziger Nachhall, bereits antrinkbar, gutes Reifepotenzial.

* Leithaberg DAC

★★

WEINGUT SATTLER

Die Joiser Winzer verfügen über hervorragende Rieden direkt vor der Haustür, so auch das Weingut Sattler, das stolz darauf ist, in den allerbesten Lagen von Jois seine Weingärten zu besitzen. Jede Lage mit ihrer besonderen Struktur in diesem Gebiet gibt den Weinen einen typischen Geschmack und sorgt für unvergessliche Momente bei Weinliebhabern. Rund um das Leithagebirge, wo die Böden sehr kalkhaltig und die Nächte durch den Wald sehr kühl sind, gedeihen die Sorten Merlot, Welschriesling und Chardonnay besonders gut. Die Lage am Jungenberg ist geprägt von mineralischem Urgestein. Speziell am Südhang finden die Sorten Blaufränkisch, Cabernet Sauvignon, Syrah und Sauvignon Blanc optimale Bedingungen vor. Die Rieden am Ladisberg und Wurmtristel beeindrucken durch ihre tiefgründige Bodenbeschaffenheit, geprägt von Ton- und Schwarzerde. Die Weine der Linie »Classic« zeichnen sich durch eine elegante Note aus, sie sind sehr fruchtbetont und wirken animierend auf die Geschmacksnerven. Bei der Linie »Exklusiv« vereinen sich Frucht und Holz in einer harmonischen Komposition. Das Ergebnis sind Weine mit vollem Körper, einer kräftigen Struktur und Zukunftspotenzial. Die Linie »Jungenberg« besticht mit einer feinen Mineralik, die sich am Gaumen vielschichtig ausbreitet und eine außergewöhnlich elegante Note verbreitet. Doris und Karl Sattler haben 2012 neben dem Weinbau auch die Pension »Zum Seeblick« übernommen.

WEINGUT SATTLER
7093 Jois
Klausenberg 3
T: +43 (2160) 8206
info@sattler-seeblick.at
www.sattler-seeblick.at

Kellermeister/Kontakt:
Sattler Karl
Produktion: 40 % weiß, 60 % rot,
17.5+2.5 Hektar
Vereinszugehörigkeit:
Joiser Renommee

(93) Blaufränkisch * 2021
14 Vol.-%, NK, 500-l-Fass, €€€€
Kräftiges Rubingranat, violette Reflexe, breitere Randaufhellung. Feine Zwetschkenfrucht, dunkle Kirschen, kandierte Orangenzesten, mit etwas Nougat unterlegt. Saftig, elegant, feine rote Beerenfrucht, frischer Säurebogen, reife Tannine, dezente Süße im Nachhall, ein facettenreicher Speisenbegleiter.

(93) DS Limited Edition 2021 ME/SY
14 Vol.-%, NK, Barrique, €€€€
Tiefdunkles Rubingranat, opaker Kern, violette Reflexe, zarte Randaufhellung. Zart nach Nougatkaramell, schwarze Waldbeerenfrucht, etwas Cassis, mit dezenten Edelholznuancen unterlegt. Kräftig, feinwürzig, zartes Nougat, runde Tannine, gute Frische, etwas Karamell im Nachhall, bereits gut antrinkbar.

(93) N°1 2021 CS/ME
14,5 Vol.-%, NK, Barrique, €€€€€
Kräftiges Rubingranat, violette Reflexe, dezente Ockerrandaufhellung. Feine Edelholz-Nougat-Noten, reife Zwetschken, dunkle Kirschen, einladendes Bukett. Komplex, Nuancen von roter Frucht, frische Kirschen, feine Tannine, mineralisch und gut anhaftend, ein facettenreicher Speisenbegleiter mit gutem Entwicklungspotenzial.

92 Renommee Exclusiv 2021 ZW/CS/ME
14 Vol.-%, NK, Barrique, €€€€
Dunkles Rubingranat, violette Reflexe, dezente Randaufhellung. Feine Edelholznuancen, ein Hauch von Nougat, Anklänge von Cassis, Noten von Vanille. Mittlerer Körper, rotbeeriger Touch, frisch strukturiert, zart nach Ribiseln im Abgang, lebendig, ein vielseitiger Speisenbegleiter.

91 Waasensteffl Exclusiv 2021 ZW/BF/ME
13,5 Vol.-%, DV, gebrauchte Barriques, €€
Kräftiges Rubingranat, violette Reflexe, breitere Randaufhellung. Schwarze Kirschen, Brombeeren, mit dezenter Kräuterwürze und Mandarinenzesten unterlegt. Mittlere

Komplexität, rotbeerige Frucht, frischer Säurebogen, feine Tannine, reife Waldbeeren, mineralischer Nachhall.

91 Cabernet Sauvignon Ried Jungenberg 2021
14 Vol.-%, NK, gebrauchte Barriques, €€€
Dunkles Rubingranat, tiefer Kern, violette Reflexe, zarte Randaufhellung. Feine Edelholznuancen, Cassis und Lakritze, schwarze Waldbeeren, ein Hauch von Nougat, mit Orangenzesten unterlegt. Mittlere Komplexität, rotbeeriger Touch, etwas Ribisel, feine Tannine, salziger Nachhall, ein frischer Speisenbegleiter.

★★★★

WEINGUT FRANZ SCHINDLER

Mit der Kreation seiner »Cuvée d'Or« hat Franz Schindler aus Mörbisch bereits vor über 30 Jahren Pionierarbeit in Sachen österreichischer Rotwein geleistet. Von Beginn an hat sich dieser edle Tropfen in der Weinszene einen Namen gemacht und zählt seit vielen Jahren zu den besten Weinen in Österreich. 1985 wurde die Idee umgesetzt, den heimischen Blaufränkisch nach internationalem Vorbild zu vinifizieren. Der Grundstein für die heutige »Cuvée d'Or« war damit gelegt. In zwei Etappen wurde dieser Wein dann mit zwei Cuvéepartnern ergänzt: im Jahr 1989 mit der Sorte Cabernet Sauvignon, die damals im Burgenland noch sehr selten war, und im Jahr 2000 schließlich zusätzlich noch mit Merlot. Mit dem Jahrgang 1999 wurde dann erstmals eine Luxusausführung dieses Weins als »Grande Cuvée d'Or« vorgestellt, ein Prestigewein, der nur in den besten Rotweinjahrgängen aufgelegt wird. Für immer mehr Furore sorgt im Hause Schindler aber auch ein reinsortiger Merlot, der sich durch Kraft und Potenzial auszeichnet. Auch Cabernet Sauvignon und naturgemäß Blaufränkisch gibt es von Franz Schindler in reinsortiger und bestechender Form. Die Süßweine glänzen durch Harmonie, Kraft, Fruchttiefe und eine feine Säure. Die Philosophie des Hauses, den großen Gewächsen mehr Fassreife zu gönnen und sie erst später in Flaschen zu füllen und in den Verkauf zu geben, wird durch Spitzenplätze bei Verkostungen immer wieder bestätigt.

WEINGUT FRANZ SCHINDLER
7072 Mörbisch
Neustiftgasse 6
T: +43 (2685) 8326
office@weingut-schindler.at
www.weingut-schindler.at

Kellermeister/Kontakt:
Franz Schindler
Produktion: 70.000 Flaschen
35 % weiß, 60 % rot, 5 % süß,
15 Hektar
Vereinszugehörigkeit:
Mörbischer Wein
Messen: Dornbirner Frühjahrs- und Herbstmesse, Wein Burgenland Präsentationen

Weingut Franz Schindler

91 Sauvignon Blanc 2022
13 Vol.-%, DV, Stahltank, €€
Mittleres Gelbgrün, silberfarbene Reflexe. Feine Wiesenkräuter, zart nach Stachelbeeren, Granny-Smith klingt an, mit Grapefruitzesten unterlegt. Saftig, straff, frisch, gut strukturiert, etwas nach Gewürzen, Apfeltouch im Abgang, mineralischer Nachhall, bereits gut antrinkbar.

97 Grande Cuvée d'Or 2018 ME/CS
14 Vol.-%, NK, Barrique, €€€€€€
Tiefdunkles Rubingranat, violette Reflexe, zarte Randaufhellung. Nuancen von Kochschokolade und Zimt, schwarzes Waldbeerenkonfit, Cassis und Herzkirschen, zart nussig, angenehmer Edelholztouch. Engmaschig, saftig, feine Extraktsüße, tragende reife Tannine, schokoladiger Touch, mineralischer Nachhall, Nougat im Rückgeschmack, zeigt Länge, sicheres Reifepotenzial.

94 Cuvée d'Or 2020 BF/ME/CS
13,5 Vol.-%, NK, Barrique, €€€€€
Dunkles Rubingranat, violette Reflexe, zarte Randaufhellung. Feine Holzwürze, Brombeernoten, schwarze Kirschfrucht, kandierte Orangenzesten, zart nach Lakritze, einladendes Bukett. Saftig, komplex, feine Holznuancen, Karamell, Cassis im Nachhall, bleibt gut haften, vielschichtiger Speisenbegleiter mit Potenzial.

95 Blaufränkisch Ried Lehmgrube 2020
13,5 Vol.-%, NK, Barrique, €€€€€
Dunkles Rubingranat, violette Reflexe, zarte Randaufhellung. Feine Tabak-Holz-Würze, etwas nach Brombeeren, kandierte Orangenzesten, florale Nuancen, einladendes Bukett. Saftig, gute Komplexität, mineralisch, rote Beerenfrucht, tragende Tannine, bleibt gut haften, vielfältig einsetzbar, sicheres Entwicklungspotenzial.

(93) Cabernet Sauvignon Ried Seeäcker 2020
14 Vol.-%, NK, Barrique, €€€€€
Dunkles Rubingranat, violette Reflexe, zarte Ockerrandaufhellung. Feine Zwetschkennoten, etwas nach Cassis, frische Orangenzesten, etwas Kardamom, Tabakwürze, vielschichtiges Bukett. Saftig, würzig, gute Komplexität, straff, gut eingebundene Tanninstruktur, dunkle Beerenfrucht, pfeffriger Touch, sicheres Potenzial.

(93) Merlot Ried Wieser 2020
14 Vol.-%, NK, Barrique, €€€€€
Tiefdunkles Rubingranat, violette Reflexe, zarte Randaufhellung. Feine Brombeernoten, etwas nach Veilchen, ein Hauch von Dörrpflaumen, Holzwürze, zart nach Räucherwürze. Saftig, straff, gut eingebundene Tanninstruktur, fruchtsüß nach Brombeeren, Karamell im Abgang, salziger Nachhall, bleibt gut haften, komplexer Speisenbegleiter.

★★★

THOMAS SCHWARZ

BIO

Thomas Schwarz ist 1972 geboren und in Purbach aufgewachsen. Um das Weinmachen zu lernen, hat er nach der Matura in Eisenstadt noch eineinhalb Jahre in Krems verbracht, am liebsten erkundet er aber immer noch den Leithaberg. Warum an einen anderen Ort fahren, solange es hier noch so viel gibt, was er nicht kennt? Und während sein Wein sich mehr und mehr selbst macht, kann Thomas Schwarz andere schöne Dinge tun: Zeit mit seiner Tochter verbringen zum Beispiel. Endurofahren, Downhillen mit dem Mountainbike, Stand-up-Paddeln oder einfach Heavy Metal hören. Wenn er noch besser wird im »Den-Wein-sich-selbst-machen-Lassen«, dann kann er eines Tages vielleicht seinen Traum verwirklichen und eigenes, gutes Bier brauen. Das, fürchtet er nämlich, braut sich selbst wohl viel schwieriger, als guter Wein sich selbst macht. Das Ziel von Thomas Schwarz ist es, sich selbst möglichst überflüssig zu machen – im Weingarten und im Keller. Seine Reben und der Boden, auf dem sie wachsen, sollen so gesund sein, dass sie kaum Hilfe von Menschen benötigen, die Weine sollen spontan vergären und sich ohne Intervention entwickeln und reifen, in großen Fässern, die ihren Geschmack möglichst wenig verändern. Am liebsten wäre es ihm, wenn sich sein Wein auch selbst in Flaschen füllen würde. Entsprechend definiert er sich mehr über das, was er nicht hat und macht: kein Barrique, keine Zuchthefen, keine synthetischen Pestizide und Insektizide, kein Kunstdünger. Bei einem Sekt, dem Rosé Brut »ZZ«, verzichtet er sogar auf Dosage und Schwefel.

© Flora P.

THOMAS SCHWARZ
7083 Purbach
Waldsiedlung 2b
T: +43 (676) 9608875
weingut@klosteramspitz.at
thomasschwarz.at

Kellermeister/Kontakt:
Thomas Schwarz
Anbauweise: Zertifiziert Biologisch (Austria Bio Garantie)
Produktion: 40 % Schaumwein, 30 % weiß, 30 % rot, 6 Hektar

Thomas Schwarz

Seit 2016 verzichtet Thomas Schwarz auf die Bezeichnung Qualitätswein und verkauft seine Weine als Landwein beziehungsweise Wein – auch und gerade jene aus den besten Lagen. Seiner Meinung nach ist der beste Qualitätsbeweis, wenn er versehentlich am Abend allein eine Flasche austrinkt. Vor allem mit seinem »Rosé Brut« passiert ihm das immer wieder.

92 Rosé Brut BF/SL/CS
12,5 Vol.-%, NK, Stahltank/Flaschengärung, €€€€ Ⓑ
Leuchtendes Altrosa, Silberreflexe, feines, anhaltendes Mousseux. Blumig unterlegte rote Waldbeerenfrucht, ein Hauch von weißem Steinobst, zitronige Nuancen. Mittlerer Körper, zarte Fruchtsüße, nach roten Kirschen, frisch und mineralisch, bleibt gut haften, sowohl als Aperitif wie als Speisenbegleiter einsetzbar.

93 Muschelkalk 2019 CH/PG/WB
13,5 Vol.-%, DV, großes Holzfass, €€€€ Ⓑ
Helles Goldgelb, Silberreflexe. Zarte Nuancen von gelbem Kernobst, frischer Apfel, etwas Mango, Noten von Orangenblüten, einladendes Bukett. Saftig, weißer Pfirsich, frische Säurestruktur, mineralisch, zart nussiger Touch, salziger Abgang, gute Länge, bereits entwickelt.

92 Pinot Noir 2021
13 Vol.-%, DV, großes Holzfass, €€€ Ⓑ
Mittleres Rubingranat, violette Reflexe, breite Randaufhellung. Feine Nuancen von Erdbeerkonfit, ein Hauch von eingelegten Kirschen, zarte Holzwürze. Mittlerer Körper, zart nussige Textur, rote Beerenfrucht, mineralisch, ein Hauch von Nougat und Rancio, ausgewogen, gute Länge.

92 Blaufränkisch Muschelkalk 2017
13,5 Vol.-%, DV, großes Holzfass, €€€€ Ⓑ
Kräftiges Karmingranat, violette Reflexe, dezente Ockerrandaufhellung. Feine Zwetschkenfrucht, zarte Kräuterwürze, ein Hauch von schwarzen Oliven, nussiger Touch. Saftig, rotbeerig, frische Kirschen, mineralisch, salziger Nachhall, Ribiseltouch im Abgang, Limetten im Nachhall, ein anregender Begleiter bei Tisch.

93 Rosenmuskateller 2021
13,5 Vol.-%, DV, Stahltank, €€€€ Ⓑ
Helles Lachsrosa, Kupferreflexe. Floral, feine Nuancen von Rosolio, Jasmin, ein Hauch von Erdbeerkonfitüre und eingelegten Kirschen. Saftig, gute Komplexität, angenehme Fruchtsüße, Honignuancen im Abgang, ein kraftvoll-stoffiger Stil, gutes Entwicklungspotenzial.

92 Syss 3.0 NB/SÄ/RMT
13,5 Vol.-%, DV, Stahltank, €€€
Helles Bernstein, Messingreflexe. Zarte Botrytisnuancen, ein Hauch von Dörrfeigen und Nougat, getrocknete Marillen, einladendes Bukett. Kräftig, zart nussig, mittlere Komplexität, feine Süße, Dörrzwetschken im Abgang, bereits gut entwickelt, gut als Aperitif geeignet.

★★★

WEINGUT SOMMER

Die neue Generation mit Leo Sommer jr. und seiner Frau Kathrin übernimmt 2023 nun auch offiziell das traditionsreiche Weingut. Stilistisch verantwortet Leo jr. die Weine schon seit einigen Jahren. Aber gut Ding braucht eben Weile, und so erfolgten viele Weiterentwicklungen behutsam und dringen erst nach und nach an die Oberfläche. Überlieferte Wege verschieben, viel Gutes aus der Vergangenheit mitnehmen, den Lauf der Natur reflektieren, neue Verbindungen mit ihr eingehen: Das alles nährt das Mindset der neuen Generation – frei gedacht, aber mit Haltung. Das Handwerk des Weins ist ein kontinuierlicher Prozess, nie fertig. So entstehen mitten im Spannungsfeld zwischen Kalk und Schiefer herkunftsgeprägte Weine, die ein ausdrucksstarkes Beispiel für Identität und Individualität darstellen. Im Vertrauen auf das breite Wissen im Umgang mit Lagen, Böden und Reben werden Weine entwickelt, die Leithaberg nicht nur im Namen tragen, sondern diese Eigenständigkeit in besonderer Form verkörpern. Charakterstark zeigen sich auch die »Handwerk«-Weine, die in puristischer Interpretation ungeschönt und unfiltriert auf die Flasche kommen.

WEINGUT SOMMER
7082 Donnerskirchen, Johannesstr. 26
T: +43 (2683) 8504
info@weingut-sommer.at
www.weingut-sommer.at
Kellermeister: Leo Sommer
Kontakt: Kathrin & Leo Sommer
Anbauweise: Umstellung auf bio (Bio Austria)
Produktion: 150.000 Flaschen
80 % weiß, 18 % rot, 2 % süß, 30 Ha.
Zertifiziert: Nachhaltig Austria
Vereinszugehörigkeit:
Leithaberg DAC, Weinquartett Donnerskirchen
Messen: ProWein Düsseldorf, VieVinum, Vinobile Montfort, DAC-Präsentationen, Wein Burgenland Präsentationen, Vinexpo New York

(94) Grüner Veltliner * Ried Halser 2021
13,5 Vol.-%, NK, großes Holzfass, €€€€€
Leuchtendes Grüngelb, Silberreflexe. Kandierte Orangenzesten, gelbe Frucht, nach Apfel und Mango, etwas Blütenhonig, mit tabakigen Nuancen unterlegt. Stoffig, elegant, weißes Kernobst, feiner Säurebogen, mineralisch und gut anhaftend, ein stoffiger Speisenwein mit Länge und Potenzial.

(93) Grüner Veltliner * Ried Himmelreich 2021
13,5 Vol.-%, NK, großes Holzfass, €€€€€
Mittleres Gelbgrün, Silberreflexe. Zart nach Orangenzesten und Honigmelone, etwas Mango, feine Wiesenkräuter, einladendes Bukett. Saftig, engmaschig, weißer Apfel, frisch strukturiert, mineralisch-zitronig, saliner Nachhall, wirkt noch sehr jugendlich, besitzt Länge und Reifepotenzial.

92 Grüner Veltliner * Alte Reben 2021
14 Vol.-%, DV, Holzfass, €€€
Mittleres Grüngelb, Silberreflexe. Zart nach frischer Marille, Vanille, mit einem Hauch von Pfirsich und Wiesenkräutern unterlegt, einladendes Bukett. Saftig, weißer Apfel, feiner Säurebogen, salzig-mineralisch im Abgang, elegant und bereits gut antrinkbar.

93 Grüner Veltliner Salz und Rauch 2021
13,5 Vol.-%, NK, großes Holzfass, €€€€€
Mittleres Gelbgrün, Silberreflexe. Feine florale Nuancen, zarte gelbe Tropenfrucht, ein Hauch von Pfirsich, etwas Blütenhonig, einladendes Bukett. Straff, engmaschig, weißer Apfel, frischer Säurebogen, salzig und ausgewogen, bereits zugänglich, ein vielseitiger Speisenbegleiter mit Entwicklungspotenzial.

90 Chardonnay * Kalkschicht 2022
13,5 Vol.-%, DV, großes Holzfass/Stahltank, €€
Helles Goldgelb, Silberreflexe. Zart nach frischer Honigmelone und etwas Birne, mit kandierten Orangenzesten unterlegt. Mittlerer Körper, weißer Apfel, feine Säurestruktur, frisch, zitroniger Abgang, ein leichtfüßig wirkender Speisenbegleiter.

93 Riesling Handwerk 2021
13,5 Vol.-%, NK, großes Holzfass/Beton, €€€€€
Mittleres Gelbgrün, Silberreflexe. Kandierte Grapefruitzesten, weißer Pfirsich, zart nach Wiesenkräutern, mineralischer Touch, mit einem Hauch von Orangen unterlegt. Straff, elegant, feine Steinobstnuancen, ein Hauch von Honig im Abgang, mineralisch und anhaftend, ein eleganter Speisenbegleiter.

(92) Sauvignon Blanc Handwerk 2021
13,5 Vol.-%, NK, 500-l-Fass, €€€€€
Mittleres Gelbgrün, Silberreflexe. Zarte Kräuterwürze, feine gelbe Tropenfrucht, ein Hauch von Blütenhonig, kandierte Orangenzesten. Saftig, elegant, weißer Pfirsich, feine Säurestruktur, mineralisch-zitronige Nuancen im Abgang, dezente Extraktsüße im Nachhall, gutes Entwicklungspotenzial.

91 Sauvignon Blanc Sandstein 2022
13 Vol.-%, DV, Stahltank, €€
Helles Goldgelb, Silberreflexe. Zart floral, frische Stachelbeeren, etwas Cassis, Limetten, einladendes Bukett. Saftig, feine Nuancen von gelber Frucht, dezente Süße, feiner Säurebogen, ein appetitlicher Speisenwein mit Reifepotenzial.

(91) Welschriesling Handwerk 2021
13,5 Vol.-%, NK, 500-l-Fass/Beton, €€€€
Mittleres Goldgelb, Silberreflexe. Zart nach Wiesenkräutern, dazu etwas Walnuss und weiße Blüten, zarte oxidative Nuancen. Frisch, straff, grüner Apfel, weiße Birne, lebendiger Säurebogen, zart nussig im Abgang, Kernobst im Nachhall, saliner Rückgeschmack, individueller Stil.

94 Blaufränkisch * Ried Halser 2020
13,5 Vol.-%, NK, großes Holzfass, €€€€€
Tiefdunkles Rubingranat, violette Reflexe, zarte Randaufhellung. Schwarze Beerenfrucht, Kirschfrucht, Orangenzesten, Lakritze klingt an, mit Karamell unterlegt. Saftig, elegant, komplex, mineralisch, gut integrierte Tanninstruktur, mineralisch, dunkles Waldbeerenkonfit im Abgang, gutes Reifepotenzial.

92 Blaufränkisch * 2020
13,5 Vol.-%, NK, Holzfass, €€€€
Dunkles Rubingranat, violette Reflexe, zarte Randaufhellung. Schwarze Beerenfrucht, einladendes Bukett, kandierte Orangenzesten, frische Kirschfrucht, floral, mineralischer Touch. Saftig, komplex, leichtfüßig, rote Kirschfrucht auch am Gaumen, trinkanimierender Stil, fruchtsüßes Finish, guter Speisenbegleiter.

92 Camer Reserve 2020 ME/CS
14,5 Vol.-%, NK, Barrique, €€€€€
Tiefdunkles Rubingranat, violette Reflexe, zarte Randaufhellung. Feine Tabak-Kräuter-Würze, Cassis, schwarze Beerenfrucht, Orangenzesten, dunkle Mineralik. Saftig, gute Komplexität, kraftvoll, balancierte Tanninstruktur, rote Kirschfrucht, würzig im Nachhall, bleibt gut haften, vielfältig einsetzbar.

★★★

WEINGUT HST – HANNES STEURER

Das Weingut Steurer liegt in Jois und wird als Familienbetrieb engagiert geführt. Während Hannes Steurer von der Rebpflege bis zur Vinifizierung für alle Arbeiten rund um den Wein verantwortlich zeichnet, unterstützt ihn seine Frau Emma in der Verwaltung und beim Verkauf. Auch Sohn Michael ist schon tatkräftig dabei und hat bereits vier eigene Weine, einen Pet Nat (Grüner Veltliner mit Pinot Blanc), einen im Holz vergorenen Chardonnay, einen Rosé von der Ried Gritschenberg sowie den neuen Cabernet Sauvignon Marthal vinifiziert. Aber er sammelt zurzeit auch noch bei anderen Betrieben Erfahrung.
Das Weingut besitzt 14 Hektar Weingärten, wovon 75 Prozent mit Rotwein- (Zweigelt, Blaufränkisch, Shiraz und Cabernet Sauvignon) und 25 Prozent mit Weißweinsorten (Welschriesling, Grüner Veltliner, Traminer, Sauvignon Blanc und Pinot Blanc) bepflanzt sind. Zusätzlich werden auch einige Hektar Trauben von Vertragswinzern vinifiziert. In bester Lage zwischen Hügeln des Leithagebirges und dem Neusiedler See belohnen die Reben den Winzer mit optimalem Traubenmaterial für kräftige Rot- und fruchtige Weißweine.
Der Grundphilosophie des Betriebs, keine Berührungsängste gegenüber Modernem zu haben, jedoch dabei die Tradition nicht aus den Augen zu verlieren, vertraut Steurer auch bei der Vinifizierung. Die Weißweine vergären in elektronisch gesteuerten Kühltanks und lagern danach im Edelstahl – dadurch kann die Traubenfrucht optimal bis in die Flasche transportiert werden. Aber es gibt auch verschiedene Versuche im Orange-Bereich: Hier werden die Weine ein Jahr auf der Feinhefe ohne Schwefelzugabe gelagert. Bei den Rotweinen vergären die Trauben aus Top-Lagen in Holzgärständen, damit sie noch eleganter werden. Ein Gutteil der Roten reift aber in französischen 225-Liter- und 500-Liter-Fässern heran, wodurch sie fei-

* Leithaberg DAC

Cabernet Sauvignon

WEINGUT HST – HANNES STEURER
7093 Jois
Bahnstraße 28
T: +43 (664) 5511780
hst@hannessteurer.at
www.hannessteurer.at

Kellermeister/Kontakt: Hannes Steurer
Produktion: 100.000 Flaschen
3 % Schaumwein, 27 % weiß, 2 % rosé, 65 % rot, 3 % süß, 14+5 Hektar
Vereinszugehörigkeit: Joiser Renommee, Leithaberg DAC

ne Röst-, Vanille- und Schokoaromen aufweisen. Besonders wichtig ist es dem Winzer, dass seine Weine Spaß machen und das Gebiet im Wein erkennbar wird.
Zahlreiche Auszeichnungen untermauern die Qualität der Weine, drei ganz besondere Erfolge bedeuteten der ausgezeichnete »3. Falstaff-Sieger« 2012, der »AWC Trophy-Sieger« 2018 sowie der »3. Falstaff-Sortensieger« 2018 mit dem »M1«. Zudem wurde der Familienbetrieb bei der Burgenländischen Weinprämierung als Weingut des Jahres 2020 ausgezeichnet, und 2021 wurde die Cuvée »Fam Steurer« zum Bundessieger gewählt. Neben dem Weingut besitzt die Familie auch den Heurigen »Genusslaube« in Jois. Wer etwas länger verweilen möchte, kann im neuen »Schlafgut« vis-à-vis dem Weingut, ausgestattet mit einem eigenen Pool und Sauna und mit fünf Sonnen bewertet, das Burgenland genießen.

90 Chardonnay Buschenberg 2022
13,5 Vol.-%, DV, Holzfass, €€
Mittleres Gelbgrün, Silberreflexe. Etwas Blütenhonig und Ananas, unterlegt mit Limettenzesten, ein Hauch von Gewürzen, fruchtiges Bukett. Frisch und elegant, weißes Steinobst, etwas zitronig im Abgang, gut eingebundene Säurestruktur, würziger Rückgeschmack, bereits gut antrinkbar.

95 Fam Steurer 2021 BF/CS/ZW/SY
14 Vol.-%, NK, Holzfass, €€€€€
Dunkles Rubingranat, violette Reflexe, zarte Randaufhellung. Einladendes Bukett nach Brombeeren, zart nach Vanille, kandierte Veilchen, etwas schokoladig, mit Kräuterwürze unterlegt. Saftig, elegant, feine Tanninstruktur, mineralisch, salzig, etwas nach Brombeeren, Karamell im Nachhall, sicheres Potenzial.

92 Joiser Renommee 2021 ZW/CS/BF
14 Vol.-%, NK, Barrique, €€€€
Dunkles Rubingranat, violette Reflexe, zarte Randaufhellung. Dezente Vanillenoten, etwas nach Kardamom, ein Hauch von Brombeeren, kandierte Veilchen, moderner Stil. Saftig, elegant, schwarzes Waldbeerenkonfit, dezente Holzsüße, bleibt gut haften, vielfältig einsetzbar.

93 Cabernet Sauvignon Marthal 2021
14 Vol.-%, NK, Barrique, €€€€€
Dunkles Rubingranat, violette Reflexe, zarte Randaufhellung. Feine Holzwürze, etwas nach Orangenzesten, dazu Heidelbeeren und rotes Waldbeerenkonfit, zart nach Cassis, einladendes Bukett. Saftig, elegant, leichtfüßig, feinwürzig, ein Hauch von Kirschen, guter Speisenbegleiter mit Potenzial.

92 Blaufränkisch Bakobel 2021
14 Vol.-%, NK, Holzfass, €€€€
Dunkles Rubingranat, violette Reflexe, zarte Randaufhellung. Feine Tabakwürze, etwas Brombeeren, kandierte Mandarinenzesten, Röstaromatik, Nuancen von schwarzer Frucht. Saftig, komplex, frische Struktur, reifes Tannin, Zwetschken im Abgang, Holzwürze, schokoladiger Nachhall, guter Speisenbegleiter.

89 Zweigelt 2022
13,5 Vol.-%, DV, Stahltank, €€

★★★★

WEINGUT TINHOF

BIO

In Eisenstadt, an den Hängen des Leithagebirges, liegen die Weingärten von Erwin Tinhof, der aus Überzeugung fast ausschließlich österreichische Rebsorten anpflanzt. Bereits seit elf Generationen fühlt man sich dem Weinbau verpflichtet. Die Weingärten liegen alle auf Seehöhen von 150 bis 280 Metern und sind geprägt vom Mikroklima der einzelnen Lagen. Manche Weingärten liegen am Waldrand, manche in ganz offenen Rieden. Diese Kleinstrukturiertheit des Leithagebirges findet sich in der Vielfalt der Weine wieder. Bepflanzt sind diese Weingärten mit bis zu 7.000 Rebstöcken pro Hektar, die durch die biologisch-organische Bewirtschaftung nachhaltig vital sind. Sie sind bis zu 55 Jahre alt und bestehen aus Sorten wie Neuburger und Weißburgunder sowie Blaufränkisch und Sankt Laurent. Handlese und Vergärung nur mit natürlichen Hefen sind Standard. Das Resultat sind feine, elegante, strukturierte und aussagekräftige Weine mit unverwechselbarem Charakter. Voraussetzung dafür sind widerstandsfähige Reben und gesunde Trauben. Das Weingut Tinhof ist nach jahrelanger Vorarbeit seit 2012 biologisch-organisch zertifiziert. Die Leithaberg-DAC-Weine und die Einzellagenweine werden in Holzfässern ausgebaut, bekommen viel Zeit zur Reifung und sind besonders präzise und facettenreiche Vertreter der Leithaberg-Terroirs.

94 Neuburger * Eisenstadt Ried Oberberg 2021
13 Vol.-%, NK, gebrauchte Barriques, €€€€€€ Ⓑ
Helles Gelbgold, Silberreflexe. Feine Kräuterwürze, nussiger Touch, ein Hauch von gelber Tropenfrucht, feiner Blütenhonig, mit kandierten Orangenzesten unterlegt. Saftig, weißer Apfel, frischer Säurebogen, wirkt leichtfüßig und filigran, mineralisch-salzig im Abgang, ein zarter Speisenbegleiter mit Reifepotenzial.

93 Neuburger * Eisenstadt Ried Golden Erd 2021
13,5 Vol.-%, NK, gebrauchte Barriques, €€€€€€ Ⓑ
Helles Goldgelb, Silberreflexe. Feine gelbe Tropenfrucht, ein Hauch von Ananas, Mango und Blütenhonig, mit Mandarinenzesten unterlegt. Mittlerer Körper, weißer Apfel, frischer Säurebogen, zitroniger Touch, feine salzige Nuancen im Nachhall, wird von Flaschenreife profitieren.

93 Weißburgunder * Großhöflein Ried Tatschler 2021
14 Vol.-%, NK, gebrauchte Barriques, €€€€€€ Ⓑ
Helles Goldgelb, Silberreflexe. Frische Wiesenkräuter, mit Orangenzesten unterlegte gelbe Apfelfrucht, ein Hauch von Nougat und Tabak. Mittlerer Körper, feine Anklänge von weißem Kernobst, mineralisch im Abgang, zarte Fruchtsüße, zitronig im Nachhall, bereits zugänglich und vielfältig einsetzbar.

93 Weißburgunder * Eisenstadt Ried Golden Erd 2021
14 Vol.-%, NK, gebrauchte Barriques, €€€€€€ Ⓑ
Helles Goldgelb, Silberreflexe. Zart nach weißem Nougatkaramell, ein Hauch von frischer Birne, zart nach Marzipan, kandierte Orangenzesten. Saftig, elegant, feine Nuancen von Blütenhonig und Karamell, Honigmelone im Abgang, bereits gut antrinkbar.

92 Neuburger & Weißburgunder * Eisenstadt 2021 WB/NB
13,5 Vol.-%, NK, großes Holzfass, €€€€ Ⓑ
Sehr helles Goldgelb, Silberreflexe. Frische Wiesenkräuter,

WEINGUT TINHOF
7061 Trausdorf
Eisenstädter Straße 10
T: +43 (2682) 62648
wein@tinhof.at
www.tinhof.at

Kellermeister/Kontakt:
Erwin Tinhof
Anbauweise: Zertifiziert Biologisch
Produktion: 90.000 Flaschen
45 % weiß, 50 % rot, 5 % süß,
18 Hektar
Vereinszugehörigkeit:
Leithaberg DAC
Messen: Millésime Bio, ProWein Düsseldorf, VieVinum, DAC-Präsentationen, Summa Margreid

zart nussig unterlegte Birnenfrucht, frische Orangenschalen, einladendes Bukett. Mittlerer Körper, feine Apfelnote, zarte Fruchtsüße, dezente Säurestruktur, ein balancierter, zugänglicher Speisenbegleiter.

94 Blaufränkisch * Kleinhöflein Ried Kirchberg Gloriette® 2020
13,5 Vol.-%, NK, kleines Holzfass, €€€€€€ B
Kräftiges Karmingranat, Ockerreflexe, breitere Randaufhellung. Zart floral unterlegte rote Herzkirschen, ein Hauch von roten Beeren, etwas Minze und Limette. Saftig, rote Herzkirschen, frische Säurestruktur, dezente Tannine, mineralisch-zitronig, wirkt leichtfüßig, rotbeerig-zitronig im Nachhall, bereits gut antrinkbar.

93 Blaufränkisch * Kleinhöflein Ried Setz 2020
13,5 Vol.-%, NK, gebrauchte Barriques, €€€€€€ B
Kräftiges Karmingranat, Ockerreflexe, breitere Randaufhellung. Schwarze Waldbeeren, ein Hauch von Cassis, floraler Touch, feine tabakige Würze. Saftig, dunkle Kirschen, reife Tannine, frisch strukturiert, mineralisch-salzig im Abgang, ein feinwürziger Speisenbegleiter.

92 Blaufränkisch * Eisenstadt 2020
13,5 Vol.-%, NK, großes Holzfass, €€€€ B
Kräftiges Karmingranat, Ockerreflexe, breitere Randaufhellung. Feine rote Beerenfrucht, frische Kirschen, dezente Kräuterwürze. Saftig, zart nach Ribiseln, dezente Tannine, mineralisch-salzige Nuancen, ein vielseitiger Speisenbegleiter.

93 St. Laurent Eisenstadt Ried Feiersteig 2020
13 Vol.-%, NK, kleines Holzfass, €€€€€€ B
Kräftiges Rubingranat, dezente Ockerreflexe, breitere Randaufhellung. Schwarze Kirschen, Nuancen von Waldbeeren, ein Hauch von kandierten Orangenzesten, mit frischen Zwetschken unterlegt. Saftig, lebendig, rote Herzkirschen, frische Säurestruktur, feine Tannine, mineralisch-zitronig, rotbeerige Nuancen, bereits gut antrinkbar, ein eleganter Speisenbegleiter.

★★★

WEINGUT WAGENTRISTL

Den Grundstein für das heutige Weingut legten die Ururgroßeltern Johann und Julianna Wagentristl im Jahr 1888. Sie übernahmen mit ihrer Hochzeit den damaligen »Hof Nr. 135« in Großhöflein. Dazu gehörten neben landwirtschaftlichen Flächen auch Weingärten. In den folgenden Jahrzehnten widmete sich die Familie verstärkt dem Weinbau. Nach und nach verschwanden Viehwirtschaft und Feldbau, der Weinbau hingegen rückte immer mehr in den Mittelpunkt. So wurde im Laufe der Zeit aus dem »Hof Nr. 135« das heutige Weingut in der Rosengasse mit Weingärten an den sanften Hängen des Leithagebirges und dessen Ausläufern. Die besondere Zusammensetzung der Böden sorgt gemeinsam mit dem speziellen Kleinklima der Region für ein einzigartiges Terroir, das in dieser Beschaffenheit nirgendwo sonst zu finden ist. »Ich bin ein Freund klarer Linien, und diese verfolge ich auch bei der Kelterung meiner Weine. So entstehen Weine mit unverwechselbarem Charakter – Weine mit Kraft und Finesse. Mit diesen Weinen will ich andere, aber auch mich selbst glücklich machen!«, so Winzer Rudi Wagentristl.

94 Weißburgunder * Ried Tatschler 2021
13 Vol.-%, NK, 500-l-Fass, €€€€€ V
Helles Goldgelb, Silberreflexe. Helles Karamell, reifer Pfirsich, frische Birnenfrucht, ein Hauch von Kletzen. Saftig, elegant, feine Fruchtsüße, seidig-cremige Textur, frisch strukturiert, mineralisch-salzig im Abgang, zitroniger Touch im Nachhall, bereits entwickelt, ein Speisenbegleiter mit Charme und Länge.

93 Weißburgunder * Ried Kreidestein 2021
13,5 Vol.-%, NK, 500-l-Fass, €€€€€ V
Helles Gelbgold, Silberreflexe. Zarte Röstaromen, etwas Haselnuss, feine gelbe Tropenfrucht, zart nach Maracuja, floraler Touch, ein Hauch von Karamell. Saftig, weißes Steinobst, Nuancen von Lindenblüten, dezente Fruchtsüße im Abgang, ein balancierter Speisenbegleiter, gutes Reifepotenzial.

91 Weißburgunder * 2022
13 Vol.-%, DV, Stahltank, €€ V
Helles Goldgelb, Silberreflexe. Zarte Nuancen von Ananas und Mango, ein Hauch von Blütenhonig, einladend, zarte Mandarinenzesten. Saftig, weißes Kernobst, frischer Säurebogen, mineralisch-salzig im Abgang, ein anregender Speisenbegleiter.

92 Chardonnay * 2022
13,5 Vol.-%, DV, großes Holzfass, €€€ Ⓥ
Helles Goldgelb, Silberreflexe. Frische Wiesenkräuter, ein Hauch von Golden-Delicious-Apfel, zart rauchig unterlegte Orangenzesten. Mittlerer Körper, weißer Pfirsich, mit zartem Karamell unterlegt, feine Fruchtsüße, mineralisch-zitronig im Nachhall, zitroniger Rückgeschmack.

93 Blaufränkisch * Ried Kreidestein 2019
14 Vol.-%, NK, 500-l-Fass, €€€€€ Ⓥ
Dunkles Rubingranat, tiefer Kern, violette Reflexe, zarte Ockerrandaufhellung. Feine Holzwürze, Lakritze, schwarze Waldbeeren, mineralisch, mit kandierten Orangenzesten unterlegt. Komplex, saftig, reife Brombeeren, frisch strukturiert, reife Tannine, mineralisch und anhaftend, rotbeeriger Touch im Nachhall.

(92) Blaufränkisch * 2021
13,5 Vol.-%, DV, großes Holzfass/500-l-Fass, €€ Ⓥ
Dunkles Rubingranat, opaker Kern, violette Reflexe, zarte Randaufhellung. Dunkle Beerenfrucht, reife Herzkirschen, ein Hauch von Nougat, einladendes Bukett. Saftig, rotbeerig, feine Tannine, mineralisch, zarte Fruchtsüße im Abgang, ein balancierter Speisenwein.

93 Heulichin 2020 BF/ZW/CS
13 Vol.-%, NK, 500-l-Fass, €€€€ Ⓥ
Kräftiges Rubingranat, violette Reflexe, breite Ockerrandaufhellung. Zart nach Nougat und Cassis, rote Waldbeeren, ein Hauch von Karamell, kandierte Orangenzesten. Saftig, mineralisch, rote Kirschen, feine Tannine, salziger Touch, zitronig-frisch im Abgang, ausgewogen und gut antrinkbar, verfügt über gutes Reifepotenzial.

WEINGUT WAGENTRISTL
7051 Großhöflein
Rosengasse 2
T: +43 (2682) 61415
weingut@wagentristl.com
www.wagentristl.com

Kellermeister: Rudolf Wagentristl
Kontakt: Familie Wagentristl
Produktion: 60.000 Flaschen
33 % weiß, 65 % rot, 2 % süß,
14 Hektar
Vereinszugehörigkeit:
Leithaberg DAC
Messen: VieVinum

91 Cuvée Ried Föllikberg vom Lehm 2021 BF/ZW
13,5 Vol.-%, DV, 500-l-Fass, €€€ Ⓥ
Dunkles Rubingranat, violette Reflexe, dezente Ockerrandaufhellung. Reife Brombeeren, ein Hauch von Zwetschken, dezente Kräuterwürze, tabakige Nuancen. Mittlerer Körper, rote Kirschen, feine Tannine, mineralisch und gut entwickelt, ein salziger Speisenbegleiter.

★★★

WEINGUT STEFAN ZEHETBAUER

Das Weingut Stefan Zehetbauer befindet sich in Schützen am Gebirge, mitten im Gebiet Leithaberg, und wird von Stefan Zehetbauer in zehnter Generation geführt. Die Rieden stehen am und rund um den Schützner Stein und sind von den schiefer- und kalkreichen Böden der Region geprägt. Stefan Zehetbauers Anliegen ist es, Weine mit Tiefe, einer markanten Mineralik und Entwicklungspotenzial zu keltern. Die Weingärten haben dabei für den Winzer oberste Priorität, denn dort wird der Grundstein für die Qualität gelegt. Die Eingriffe im Keller werden dagegen auf ein notwendiges Minimum reduziert. Auf Reinzuchthefen und Enzyme wird verzichtet, die Vergärung erfolgt spontan, die Weine bleiben lange auf der Hefe. Die weißen Reserven und sämtliche Rotweine kommen zudem ohne Schönung aus; an erster Stelle steht stets der Terroirgedanke.
Die Leithaberg-Sorten Blaufränkisch, Pinot Blanc und Chardonnay machen den Großteil des Sortiments aus. Die Top-Weine kommen aus der Riede Steinberg, die mit ihrem kargen Glimmerschiefer zu den besten Lagen dieser Region zählt. Die Familie hat aber auch im-

* Leithaberg DAC

Ried Steinberg in Oslip

WEINGUT STEFAN ZEHETBAUER
7081 Schützen am Gebirge
Hauptstraße 3
T: +43 (2684) 2523
office@zehetbauerwein.at
www.zehetbauerwein.at

Kellermeister/Kontakt: Stefan Zehetbauer
Produktion: 30 % weiß, 70 % rot, 14 Hektar
Vereinszugehörigkeit: Leithaberg DAC
Messen: ProWein Düsseldorf, VieVinum, Wein Burgenland Präsentationen

mer über den Tellerrand hinausgeblickt. Mit ihrem einzigartigen Cabernet Franc vom Steinberg – mit dem die Zehetbauers Ende der 1980er-Jahre in Österreich Pionierarbeit leisteten – haben sie sich mittlerweile einen sehr guten Namen gemacht.

94 Pinot Blanc * Ried Satz 2020
13,5 Vol.-%, DIAM, 500-l-Fass/Flaschenreifung, €€€€
Mittleres Grüngelb, silberfarbene Reflexe. Feine Holznuancen, ein Hauch von Limetten und Marzipan, Garriquetouch, Anklänge von gelber Tropenfrucht, facettenreiches Bukett. Saftig, elegant, finessenreich strukturiert, Lindenblüten, an Chablis erinnernde Mineralik, harmonisch und mit guter Länge ausgestattet, sicheres Reifepotenzial.

92 Chardonnay * Ried Steinberg 2020
13,5 Vol.-%, DIAM, 500-l-Fass/Flaschenreifung, €€€€
Leuchtendes Goldgelb, silberfarbene Reflexe. Zart nach Vanille und Orangenzesten, gelbe Tropenfrucht, ein Hauch von Blütenhonig, einladendes Bukett. Kraftvoll, saftig, feine Fruchtsüße, weißer Pfirsich, mineralisch-straff, bleibt gut haften, Akazienhonig im Abgang, ein facettenreicher Speisenbegleiter, sicheres Reifepotenzial.

94 Blaufränkisch * Ried Steinberg 2020
13,5 Vol.-%, DIAM, 500-l-Fass/Flaschenreifung, €€€€€
Dunkles Rubingranat, violette Reflexe, zarte Ockerrandaufhellung. Feine Gewürznuancen, reife rote Herzkirschen, Noten von Waldbeeren, kandierte Orangenzesten. Saftig, reife Kirschen auch am Gaumen, frisch strukturiert, rotbeerige Nuancen, gut integrierte Tannine, mineralisch und anhaltend, zeigt gute Länge, sicheres Entwicklungspotenzial.

92 Blaufränkisch * Ried Reckenschink 2020
13,5 Vol.-%, DIAM, 500-l-Fass/Flaschenreifung, €€€€€
Kräftiges Rubingranat, violette Reflexe, breitere Ockerrandaufhellung. Feine Kräuterwürze, dunkle Waldbeeren, etwas Dörrpflaumen, tabakige Nuancen. Mittlere Komplexität, rote Kirschfrucht, feine, gut integrierte Tannine, dezente Süße im Abgang, zugänglich, reife Kirschen im Nachhall, bereits gut antrinkbar.

90 Blaufränkisch Ried Steinberg Reserve 2013
13,5 Vol.-%, DIAM, Barrique/Flaschenreifung, €€€€€
Kräftiges Karmingranat, Ockerreflexe, breitere Randaufhellung. Süßer Tabak, kräuterwürzig unterlegte reife Zwetschkenfrucht, mit Brombeerkonfit unterlegt, kandierte Orangenzesten. Mittlerer Körper, reife Frucht, seidige Tannine, mineralisch, Nuancen von Dörrobst und Nougat im Abgang, mittlere Länge, bietet unkompliziertes Trinkvergnügen.

93 Cabernet Franc Ried Steinberg 2020
13,5 Vol.-%, DIAM, Barrique/Flaschenreifung, €€€€€
Kräftiges Rubingranat, violette Reflexe, breitere Ockerrandaufhellung. Kräuterwürzig unterlegte Zwetschkenfrucht, Brombeeren, kandierte Orangenzesten. Straff, rote Kirschen, Ribisel, feine Tannine, salziger Touch im Abgang, frisch und anhaftend, gutes Entwicklungspotenzial.

WinEcycle Tours,
das kleine Abenteuer
für zwischendurch.

slow genießen. easy radeln.

Raus aus dem Alltag, rauf aufs E-Bike. Um kleine Abenteuer zu erleben, die eigenen Akkus wieder aufzuladen und die Natur, ein gutes Achterl Wein oder einfach nur den Fahrtwind in den Haaren zu genießen. Ganz einfach, um eine gute Zeit mit Freunden und Familie zu haben. WinEcycle Tours bietet geführte E-Bike Genuss Touren rund um Langenlois. In 4-5h zeigen wir dir auf coolen MyEsel Holz E-Bikes unsere Heimat Langenlois von ihrer authentischsten Seite – Versteckte Lieblingsplatzerl, großartige Menschen und eine vielfältige Auswahl an regionalen Schmankerln, immer gemütlich und genussvoll in der Kleingruppe.

Über uns

Wir sind die Guides für

regionale Kulinarik- & Weinabenteuer

regional | unkompliziert | hochwertig leiwand

www.winecycletours.com

Der Neckenmarkter Hochberg zählt zu den hochwertigsten Rotweinlagen Österreichs

© WSNA

BURGENLAND

MITTEL-BURGENLAND

DAC

BLAUFRÄNKISCH MIT VIEL CHARAKTER

Eine Rotweinsorte spielt auf den rund 2.035 Hektar Rebfläche des Weinbaugebiets Mittelburgenland die Hauptrolle: der Blaufränkisch, der in Form von DAC-Weinen seine Herkunft idealtypisch repräsentiert. Vier Gemeinden geben den Ton an: Deutschkreutz, Horitschon, Lutzmannsburg sowie Neckenmarkt. Und zwei moderne Genossenschaften beweisen, dass Größe sehr wohl mit höchster Qualität konform gehen kann.

Die topografischen und klimatischen Voraussetzungen sind günstig: Die Weingärten werden von der Buckligen Welt im Westen, dem Ödenburger Gebirge im Norden und dem Günser Gebirge im Süden geschützt. Aus der Pannonischen Tiefebene im Osten kann der warme, trockene Wind ungehindert einströmen. Die Böden sind ziemlich einheitlich, meist schwere, tiefgründige Lehmböden mit großer Wasserspeicherfähigkeit, was sich vor allem in trockenen Jahren positiv auswirkt. So können Blaufränkisch, aber auch Zweigelt, Cabernet Sauvignon und Merlot Kraft und Struktur gewinnen. In einzelnen Abschnitten findet man auch Gneis, Schiefer und vereinzelt Kalk und sandigen Lehm.

Ob reinsortige Weine oder Cuvées das bessere Ergebnis liefern, darüber lässt sich streiten. Unbestritten ist aber mit Sicherheit, dass der Blaufränkisch auf dem Weg in die Weinzukunft weiterhin eine führende Rolle spielen wird. Qualitätsgarant dafür ist eine aufstrebende Winzerschaft. Aber auch

© WSNA

zwei moderne Winzergenossenschaften, eine in Horitschon, die andere in Neckenmarkt, verstärken die Erfolgsstrategie. Sie haben frühzeitig erkannt, dass beim Rotwein zeitgemäße Investitionen unerlässlich für Markterfolg und Exportchancen sind. Touristisch ist das Mittelburgenland ebenfalls zum attraktiven Ziel geworden, nicht zuletzt durch die zahlreichen Thermen, die hier in den letzten Jahren aus dem Boden geschossen sind. Ein buntes Freizeitangebot für alle Altersgruppen, manch uriger Heuriger und auch kulturelle Sehenswürdigkeiten sind weitere Pluspunkte.

Grundkarte: © Universität Wien, BEV, OSM, SRTM | Österreich Wein Marketing GmbH, 1040 Wien, © ÖWM 2022

MITTELBURGENLAND DAC

Österreich gesamt	**44.728 ha**
Weinbaugebiet Burgenland	**11.772 ha**
Mittelburgenland DAC	**2.035 ha**

AUSGEWÄHLTE WEINGÜTER

★★★★★

Weingut Gesellmann, Deutschkreutz

★★★★

Heribert Bayer Kellerei In Signo Leonis, Neckenmarkt
Weingut Gager, Deutschkreutz
Weingut Silvia Heinrich, Deutschkreutz
IBY Rotweingut Bio, Horitschon
Weingut Hans Igler, Deutschkreutz
Weingut Kerschbaum, Horitschon
Weingut Josef Tesch, Neckenmarkt
Weingut Wellanschitz, Neckenmarkt

★★★

Weinhof Bauer-Pöltl, Horitschon-Unterpetersdorf
Weingut Ernst, Deutschkreutz
Weingut Hundsdorfer, Neckenmarkt
Weingut Pfneisl, Deutschkreutz
Rotweingut Prickler, Lutzmannsburg
Weingut Strehn, Deutschkreutz
Weingut Juliana Wieder, Neckenmarkt

★★

Neckenmarkt die Winzer, Neckenmarkt

★★★

WEINHOF BAUER-PÖLTL

BIO

Die Weine vom Weinhof Bauer-Pöltl sind typisch und doch einzigartig. In Horitschon im Mittelburgenland gelegen, wird hier Wein von schweren Lehmböden gemacht. Kathi und Daniel setzen seit einigen Jahren schnörkellos ihre Ideen zum Thema Rotweingenuss um. Daniel absolvierte eine klassische Weinbauausbildung mit Auslandspraktika in Italien, den USA und Südafrika. Kathi kommt ursprünglich aus Tirol und ist Mikrobiologin und Genetikerin. Sie bringt mit vielen Ideen Schwung in den Betrieb.
Handwerk, Nachhaltigkeit und biologische Arbeitsweise sind die Grundwerkzeuge zur Erreichung der hohen Qualität der Weine. Leitsorte ist der Blaufränkisch, der 60 Prozent der gesamten Rebfläche von 16 Hektar einnimmt. Die bekanntesten Weine sind »Domus Petri«, Blaufränkisch Hochäcker, Blaufränkisch Vom Lehm, »Christania« und »Altes Weingebirge«.

91 ❸ Blaufränkisch Brut Nature 2020
13 Vol.-%, NK, Flaschengärung, €€€€ Ⓑ Ⓥ
Helles Lachsrosa, Kupferreflexe, anhaltendes zartes Mousseux. Ein Hauch von gelber Birne und Ringlotten, Nuancen von roten Waldbeeren, kandierte Orangenzesten, etwas Blütenhonig. Mittlere Komplexität, etwas gelber Pfirsich, feine Säurestruktur, mineralisch im Abgang, trockener, vielseitiger Stil.

90 Blaufränkisch Natur Rosé 2022
12,5 Vol.-%, NK, 500-l-Fass, €€ Ⓑ ⓘ
Leuchtendes Zwiebelrot, Orangereflexe. Waldbeeren, ein Hauch von Herzkirschen, zarte gelbe Tropenfrucht, etwas Blütenhonig. Saftig, rotbeerig, eingelegte Kirschen, feine nussige Note, dezente Fruchtsüße, mineralisch-salziger Nachhall.

93 Blaufränkisch ** Altes Weingebirge 2020
13,5 Vol.-%, NK, 500-l-Fass, €€€€€ Ⓑ Ⓥ
Kräftiges Rubingranat, violette Reflexe, breitere Ockerrandaufhellung. Feine Edelholznuancen, ein Hauch von frischen Herzkirschen, zart tabakig, dunkle Mineralik, facettenreiches Bukett. Stoffig, elegant, reife süße Kirschen, feine, tragende Tannine, lebendiger Säurebogen, rotbeerige Nuancen, bereits entwickelt, gutes Zukunftspotenzial.

91 Blaufränkisch ** Vom Lehm 2020
13 Vol.-%, NK, kleines Holzfass, €€€€ Ⓑ Ⓥ
Kräftiges Karmingranat, violette Reflexe, breitere Ocker-

© Weinhof Bauer-Pöltl

WEINHOF BAUER-PÖLTL
7312 Horitschon-Unterpetersdorf
Brunnenweg 1
T: +43 (2610) 43226
weinhof@bauerpoeltl.at
www.bauerpoeltl.at

Kellermeister: Daniel Bauer-Lang
Kontakt: Daniel und Kathrin Bauer-Lang
Anbauweise: Zertifiziert Biologisch
Produktion: 10 % weiß, 90 % rot, 16 Hektar
Vereinszugehörigkeit: Verband Blaufränkisch Mittelburgenland
Messen: VieVinum, Vinobile Feldkirch, Weinmesse Innsbruck

Kathrin und Daniel Bauer-Lang

randaufhellung. Frische rote Waldbeeren, florale Nuancen, zart mit Himbeeren und Lakritze unterlegt. Saftig, seidige Textur, rote Kirschen, dezente Tannine, nahtloser Stil, zitroniger Touch, bereits gut entwickelt und zugänglich.

90 Blaufränkisch Ried Hochäcker 2020
13 Vol.-%, DV, 500-l-Fass, €€
Kräftiges Rubingranat, violette Reflexe, zarte Ockerrandaufhellung. Feine Kräuterwürze, ein Hauch von Zwetschken, zarte Lakritze und Nougat, einladendes Bukett. Mittlerer Körper, rotbeerige Textur, feine Tannine, salziger Nachhall, bereits gut antrinkbar.

91 Domus Petri 2020 ZW/ME
13 Vol.-%, DV, gebrauchte Barriques, €€
Kräftiges Rubingranat, violette Reflexe, zarte Ockerrandaufhellung. Frische Waldbeeren, dunkle Kirschen, Orangenzesten, mineralische Nuancen. Mittlerer Körper, zartes Erdbeerkonfit, frisch strukturiert, reife Tannine, balanciert und anhaftend, ein leichtfüßiger Begleiter bei Tisch.

★★★★

HERIBERT BAYER KELLEREI IN SIGNO LEONIS

Patrick Bayer teilt mit seinem Vater Heribert Bayer die gleiche Leidenschaft: das Schaffen hervorragender Weine, die Sorte, Herkunft und Jahrgang, aber auch die persönliche Handschrift kompromisslos verkörpern. Als einer der wenigen Négociants Österreichs geht Patrick Bayer bereits seit über 15 Jahren den eingeschlagenen Weg seines Vaters Heribert weiter und produziert dort seine Weine, wo er die Ausdruckskraft und Typizität der Rebsorten für beispielhaft erachtet.

Neben dem großartigen Lagerpotenzial der Weine ist das Haus vor allem für seine beeindruckende Jahrgangstiefe und seine gereiften Rotweine bekannt. Denn Heribert und Patrick Bayer geben ihren Weinen besonders viel Zeit und Fürsorge. Bis heute nimmt das Haus diesbezüglich eine Vorreiterrolle im deutschsprachigen Raum ein. Bei ihren vielfach prämierten Weinen der »In Signo«-Serie kann aus bis zu zehn verschiedenen Jahrgängen gewählt werden. Die Weine sind dabei nach den Sternzeichen der Familie – Löwe, Schütze, Wassermann und Stier

HERIBERT BAYER KELLEREI IN SIGNO LEONIS

7311 Neckenmarkt
Wirtschaftspark 5
T: +43 (2610) 42644
bayer@weinfreund.at
www.weinfreund.at

Kellermeister/Kontakt:
Patrick Bayer
Produktion: 100.000 Flaschen
3 % Schaumwein, 12 % weiß,
85 % rot, 20 Hektar
Vereinszugehörigkeit:
Verband Blaufränkisch
Mittelburgenland
Messen: VieVinum

– benannt und präsentieren sich vielschichtig, fruchtkonzentriert und mit samtig eingebundenen Tanninen. Zu den Aushängeschildern des Hauses zählt neben der Cuvée »In Signo Leonis«, die bereits seit 1997 regelmäßig in den Bestenlisten aufscheint, auch der reinsortige Parade-Blaufränkisch »In Signo Sagittarii«, dessen Trauben aus über 70 Jahre alten Rebanlagen der Top-Lage Hochberg in Neckenmarkt stammen. Seit einigen Jahren reiht sich auch die Weißwein-Rarität »Albatros« unter die besten Chardonnays des Landes ein und lässt dabei die Herzen von Burgunder-Fans höherschlagen. Mit dem Jahrgang 2017 setzte sich Patrick Bayer intensiver mit der Kreation von Schaumwein auseinander und eroberte auf Anhieb mit seinem reinsortigen Pinot Noir Rosé-Sekt »In Signo Aquarii« die Bestenliste des Landes.
Seit März 2020 lädt das Weingut auch regelmäßig zu Online-Themenverkostungen via Facebook und Instagram. Dabei können sich Weinfreunde aus aller Welt die Weine vorab zusenden lassen und sie dann direkt von zu Hause aus live mitverkosten. Mit dabei sind viele Gäste, darunter Winzerkollegen, Sommeliers und auch Musiker. Auch private und virtuelle Weinverkostungen für Gruppen und Teams werden laufend veranstaltet.

93 Chardonnay 2020
14 Vol.-%, DV, gebrauchte Barriques/Barrique, €€€€
Mittleres Grüngelb, Silberreflexe. Zart nach Vanille und Nougat, reife gelbe Tropenfrucht, gelber Apfel, zart nach Mandarinenzesten. Saftig, elegant, mineralische Textur, cremiger Körper, angenehme Extraktsüße, bereits gut entwickelt und mit Länge ausgestattet.

92 Weißburgunder Ex·qui·sit 2021
14 Vol.-%, DV, gebrauchte Barriques/Barrique, €€€€
Helles Goldgelb, Silberreflexe. Feine Nuancen von gelbem Kernobst, ein Hauch von Nuss und Honigmelone, kandierte Orangenzesten. Saftig, elegant, ein Hauch von weißer Frucht, etwas Birne, frische Struktur, bleibt gut haften, ein eleganter Speisenbegleiter.

(97) Herzblut 2017 BF/ZW/CS/ME
14,5 Vol.-%, NK, Barrique/Flaschenreifung, €€€€€€
Kräftiges Rubingranat, violette Reflexe, breitere Randaufhellung. Sehr feine Holzwürze, zart nach Vanille und Lakritze, reife Herzkirschen, kandierte Orangenzesten, einladendes Bukett. Kraftvoll, saftig, feine Extraktsüße, reife, gut integrierte Tannine, zartes Nougat, rotbeerige Nuancen im Abgang, sehr gute Länge, sicheres Reifepotenzial für viele Jahre.

(95) In Signo Leonis 2020 BF/CS/ZW
13,5 Vol.-%, NK, Barrique, €€€€€
Kräftiges Rubingranat, violette Reflexe, breitere Randaufhellung. Schwarze Beeren, ein Hauch von Bergamotte und Tabak, dunkle Kirschen und Lakritze, kräuterwürzige Nuancen. Komplex, feine Extraktsüße, frisch strukturiert, reife, tragende Tannine, schokoladiger Touch, sehr gute Frische, zeigt Länge und sicheres Reifepotenzial.

(93) Blaufränkisch In Signo Sagittarii 2020
13,5 Vol.-%, NK, Barrique, €€€€€
Kräftiges Rubingranat, violette Reflexe, breitere Randaufhellung. Feine Kräuterwürze, reife Pflaumen, schwarze Kirschen, dezente Holznuancen, Mandarinenzesten. Saftig, elegant, rote Herzkirschen, feine Tannine, mineralisch, zitroniger Touch, rotbeerige Nuancen im Abgang, ein frischer Speisenbegleiter.

92 Zweigelt Ex·qui·sit 2020
14 Vol.-%, NK, gebrauchte Barriques/Barrique, €€€€
Kräftiges Rubingranat, violette Reflexe, breitere Randaufhellung. Zart tabakig-kräuterwürzig unterlegte Kirschnote, reife Zwetschken, ein Hauch von Nougat. Saftig, elegant, frische süße Kirschen, reife Tannine, feiner Säurebogen, mineralisch im Abgang, vielfältig einsetzbar.

92 Cabernet Sauvignon 2020
14,5 Vol.-%, NK, gebrauchte Barriques/Barrique, €€€€
Kräftiges Rubingranat, violette Reflexe, breitere Ockerrandaufhellung. Nuancen von Johannisbeeren, feine Holzwürze, etwas Vanille, ein Hauch von Nougat. Saftig, wirkt relativ leichtfüßig, präsente Tannine, mineralisch-salzig, zitroniger Touch, gut entwickelt.

★★★

WEINGUT ERNST

Ernsthaft« ist ein Adjektiv, das Bernhard Ernst seit seinem Start 2005 stets begleitet hat. Ernsthafte Weine zu keltern war bereits damals sein Ziel. Das Rundherum allerdings war mehr improvisiert, ein Experiment in der Garage der Eltern – jung und wild eben, wie er war.
Am Ziel, ernsthafte Weine zu produzieren, hat sich bis heute nichts geändert. Sehr wohl geändert haben sich allerdings die Rahmenbedingungen: Ein geschmackvolles neues Weingut und eine Frau, die »seinen Traum nun mitträumt«, kamen dazu. Struktur, Ordnung und ein Hauch weiblicher Eleganz hielten Einzug. Mit Sylvia Ernst entschloss sich eine Vorarlbergerin, fortan nicht ganz im Westen, sondern im Osten Österreichs zu leben und ihr ganzes Herzblut dieser neuen Aufgabe zu widmen.
Gemeinsam leben die beiden nun den Winzeralltag mit einem Ziel: ihre Heimat bestmöglich in den Weinen abzubilden. »Herkunft zählt« ist Motto und Botschaft zugleich. In ihren Flaggschiffen, den drei Lagen-Blaufränkischen Fabian, Goldberg und Hochberg, aber auch in den beiden Cuvées »ZION« und »La Mission«, lässt sich eben diese Herkunft des Winzerpaares – Deutschkreutz im Mittelburgenland – und ihre damit verbundene Botschaft ganz deutlich herausschmecken.

93 Blaufränkisch ** Ried Hochberg 2020
14,5 Vol.-%, NK, 500-l-Fass, €€€€
Kräftiges Rubingranat, violette Reflexe, dezente Ockerrandaufhellung. Florale Nuancen von Hibiskus, zart nach Lakritze und Schwarzen Johannisbeeren, tabakige Nuancen, mit Kräutern unterlegt. Mittlere Komplexität, rotbeerig, frisch strukturiert, fruchtige Süße, zarte Tannine, rote Waldbeeren im Abgang, mineralischer Nachhall, bereits gut entwickelt.

93 Blaufränkisch Ried Goldberg Reserve 2020
14,5 Vol.-%, NK, 500-l-Fass, €€€€
Kräftiges Rubingranat, tiefer Kern, violette Reflexe, breitere Ockerrandaufhellung. Zarte Nuancen von Edelholz, ein Hauch von Vanille, etwas Nougat, mit roten Kirschen unterlegt. Saftig, elegant, ein Hauch von Zwetschken und Schokolade, reife Tannine, frisch strukturiert, bereits gut antrinkbar, zeigt Reifepotenzial.

92 Blaufränkisch Ried Fabian Reserve 2020
14,5 Vol.-%, NK, 500-l-Fass, €€€€
Dunkles Rubingranat, tiefer Kern, violette Reflexe, zarte

WEINGUT ERNST
7301 Deutschkreutz
Neubaugasse 21
T: +43 (664) 3860220
info@weinguternst.at
www.weinguternst.at

Kellermeister/Kontakt: Bernhard Ernst
Anbauweise: Umstellung auf bio (Bio Austria)
Zertifiziert: Nachhaltig Austria
Vereinszugehörigkeit: Verband Blaufränkisch Mittelburgenland, Junge Wilde Winzer
Messen: VieVinum, Vinobile Feldkirch, Weinmesse Innsbruck

Altes Weingebirge, Deutschkreutz

* Mittelburgenland DAC   ** Mittelburgenland DAC Reserve

Ockerrandaufhellung. Zart nach Orangenzesten, reife Kirschfrucht, ein Hauch von Zwetschken, dezente Kräuterwürze, etwas Nougat. Mittlere Komplexität, rotbeerig und frisch, süße Kirschen, feine Tannine, schwungvoller, animierender Stil.

91 Blaufränkisch Deutschkreutz 2021
14 Vol.-%, DV, großes Holzfass, €€
Dunkles Rubingranat, tiefer Kern, violette Reflexe, zarte Ockerrandaufhellung. Schwarze Waldbeeren, zart nach Lakritze, floraler Touch. Mittlere Komplexität, saftig, süße Kirschen, reife Tannine, mineralisch im Abgang, zugänglich und charmant, vielfältig einsetzbar.

94 La Mission 2020 ME/CS
15 Vol.-%, NK, Barrique, €€€€€
Kräftiges Rubingranat, violette Reflexe, breitere Ockerrandaufhellung. Kandierte Orangenzesten, reife rote Früchte, zart nach Lakritze, reife Kirschen, mit dezenter Kräuterwürze unterlegt. Stoffig, elegant, rote Kirschen, frische Waldbeeren, zartes Nougat, reife Tannine, elegant und gut anhaftend, ein komplexer Speisenbegleiter, mineralisch und bereits gut antrinkbar.

92 Zion 2020 BF/ZW/ME/CS
14,5 Vol.-%, NK, Barrique, €€€€
Kräftiges Rubingranat, violette Reflexe, breitere Ockerrandaufhellung. Zart rauchig unterlegte rote Waldbeeren, ein Hauch von Kirschen, Nuancen von Orangenzesten. Saftig, elegant, ausgewogene Textur, süße Kirschfrucht, dezente Tannine, mineralischer Nachhall, bietet unkomplizierten Trinkspaß.

★★★★

WEINGUT GAGER

Die Quadratur des Weines ist das Ziel des Weinguts Gager im burgenländischen Deutschkreutz. Genau dieses Quadrat in unterschiedlichen Farbzusammensetzungen ziert auch die Etiketten der Gager-Weine, die schon seit Beginn verwendet werden. Hier setzt man alles daran, ganz genau diese Quadratur zu erreichen: Perfektion im Wein. Was in den 1980er-Jahren für seine Eltern als Hobby begann, führt Horst Gager in zweiter Generation fort, und auch die Zukunft scheint gesichert, denn Sohn Jonas packt als Schüler der Weinbauschule Klosterneuburg im Familienbetrieb bereits kräftig mit an.
Mit der Kelterung von ausschließlich Rotwein hat sich das Weingut Gager bereits weit über

Blaufränkisch

WEINGUT GAGER
7301 Deutschkreutz, Karrnerg. 2 u. 8
T: +43 (2613) 80385
info@weingut-gager.at
www.weingut-gager.at
Kellermeister: Josef Gager, Horst Gager, Manuel Wieder
Kontakt: Josef und Paula Gager, Ing. Horst Gager, Daniela Dostal
Produktion: 100 % rot, 38 Hektar
Zertifiziert: Nachhaltig Austria
Vereinszugehörigkeit: Verband Blaufränkisch Mittelburgenland
Messen: ÖGW Zürich, ProWein Düsseldorf, VieVinum, Vinobile Feldkirch, WEINmesse Berlin, Weinmesse Innsbruck/München/Salzburg, Weintage im MQ, Wein Burgenland Präsentationen

die Landesgrenzen hinaus als Spezialist für ebensolchen positioniert. Wenn es um den Bezug von Rohstoffen geht, muss der Weg aber kein weiter sein, denn diese finden sich in Form perfekter Trauben direkt vor der Tür. Und weil das Unternehmen viel Wert auf Regionalität und einen ressourcenschonenden Umgang mit der Natur legt, wurde es bereits als »nachhaltig« zertifiziert.
Aktuell werden 38 Hektar Weingärten bewirtschaftet. Insgesamt umfasst das Sortiment acht Rebsorten, darunter auch die regionale Hauptrebsorte und zugleich das Steckenpferd der Gagers: den Blaufränkisch. Aushängeschilder sind neben der Leitsorte der Region auch Zweigelt, Cabernet Sauvignon und Merlot. Charakteristisch für die Gager-Weine sind neben der tiefdunklen Farbe vor allem der kompakte Körper und das enorme Lagerpotenzial – Qualitäten, die gemeinsam schon für eine lange Liste an Erfolgen gesorgt haben.

Schloss Deutschkreutz

(94) Blaufränkisch ** Ried Mitterberg 2021
14,5 Vol.-%, NK, Barrique, €€€€€
Dunkles Rubingranat, tiefer Kern, violette Reflexe, dezente Randaufhellung. Schwarze Kirschen, etwas Lakritze, ein Hauch von Edelholz, zart nach Vanille. Saftig, elegant, reife Herzkirschen, feine Tannine, mineralisch, frisch strukturiert, wirkt relativ leichtfüßig, salziger Nachhall, gutes Entwicklungspotenzial.

(96) Blaufränkisch BFG 2020
14,5 Vol.-%, NK, Barrique, €€€€€€
Tiefdunkles Rubingranat, tiefer Kern, violette Reflexe, zarte Ockerrandaufhellung. Mit einem Hauch von Kokos und Vanille unterlegte dunkle Kirschfrucht, zart nach Brombeerkonfitüre, kandierte Mandarinenzesten, etwas Nougat, facettenreiches Bukett. Saftig, elegant, reife Kirschen auch am Gaumen, feine Tannine, mineralisch-salzig im Abgang, sehr gute Länge, sicheres Reifepotenzial.

(92) Blaufränkisch Ried Fabian 2021
14 Vol.-%, DV, gebrauchte Barriques, €€€
Dunkles Rubingranat, violette Reflexe, dezente Randaufhellung. Ein Hauch von Nougat und reifen Zwetschken, Brombeertouch, dezente Kräuterwürze. Mittlerer Körper, saftige Kirschen, gut integrierte Tannine, mineralisch, ein Hauch von Schokolade im Abgang, bleibt gut haften, bereits antrinkbar.

(95) Cablot 2021 CS/ME/CF
14,5 Vol.-%, NK, Barrique, €€€€€
Tiefdunkles Rubingranat, tiefer Kern, violette Reflexe, zarte Ockerrandaufhellung. Feine Edelholzwürze, Nougat und Vanille, dunkle Waldbeeren, ein Hauch von Cassis, einladendes Bukett. Komplex, kraftvoll, reife Kirschen und Ribisel, tragende Tannine, etwas Schokolade im Abgang, zeigt Länge und Reifepotenzial.

(94) Tycoon 2020 BF/TA/CS
14,5 Vol.-%, NK, Barrique, €€€€€€
Tiefdunkles Rubingranat, tiefer Kern, violette Reflexe, zarte Ockerrandaufhellung. Nuancen von Heidelbeeren, reifen Kirschen und Zwetschken, ein Hauch von Nougat und kandierten Orangenzesten. Saftig, reife Zwetschken, frischer Säurebogen, angenehme Fruchtsüße, gut integrierte Tannine, elegant und gut anhaftend, wird von weiterer Flaschenreife profitieren, sicheres Zukunftspotenzial.

(93) Quattro 2021 BF/CS/ZW/ME
14,5 Vol.-%, NK,DV, gebrauchte Barriques, €€€€€
Dunkles Rubingranat, violette Reflexe, dezente Randaufhellung. Zart nach Kräutern und Edelholz, schwarze Waldbeeren, ein Hauch von Cassis und Lakritze, tabakige Nuancen, kandierte Orangenzesten. Saftig, gute Komplexität, ein Hauch von Gewürznelken, feine Tannine, zartes Nougat und süße Herzkirschen im Abgang, ein eleganter Speisenbegleiter mit Reifepotenzial.

(92) Q2 2021 BF/CS/SY
14,5 Vol.-%, DV, gebrauchte Barriques, €€€
Dunkles Rubingranat, violette Reflexe, dezente Randaufhellung. Zart tabakig, dunkle Waldbeeren, ein Hauch von Wacholder, dezente Kräuterwürze. Saftig, elegant, reife Kirschen, feine Tannine, zarte Extraktsüße im Abgang, rotbeeriger Touch, ein facettenreicher Speisenbegleiter.

Albert Gesellmann

WEINGUT GESELLMANN
7301 Deutschkreutz, Langegasse 65
T: +43 (2613) 80360
weingut@gesellmann.at
www.gesellmann.at
Kellermeister: Albert Gesellmann
Kontakt: Albert u. Silvia Gesellmann
Anbauweise: Zertifiziert Biologisch (Bio Austria)
Produktion: 9 % weiß, 90 % rot, 1 % süß, 50 Hektar
Zertifiziert: Nachhaltig Austria
Vereinszugehörigkeit: Renommierte Weingüter Burgenland
Messen: VieVinum, Vinexpo, DAC-Präsentationen, MondoVino, Wein Burgenland Präsentationen

★★★★★

WEINGUT GESELLMANN

BIO

»Im Einklang mit der Natur wollen wir jedes Jahr charakterreiche, gebietstypische Weine kreieren.« Dieser Leitsatz begleitet Albert Gesellmann seit Jahren. Mit dem Jahrgang 2015 war die Umstellung abgeschlossen und die ersten Bio-zertifizierten Weine kamen in den Verkauf. 50 Hektar sind eine exklusive Größe, die gezielt darauf ausgerichtet ist, nicht den Weltmarkt, sondern Weinfreunde in aller Welt limitiert zu beliefern.

Auf dem Weingut Gesellmann stehen vor allem die heimischen Rotweinsorten im Vordergrund. Der »Opus Eximium«, der die autochthonen Sorten Blaufränkisch, Zweigelt und St. Laurent zu einem idealen Speisenbegleiter vereint, ist die Benchmark des Weinguts. Eine weitere tragende Rolle spielt die Cuvée »G«: Aus den Sorten Blaufränkisch und St. Laurent gekeltert, begeistert sie mit präziser Klarheit, die durch neunzigjährige Rebstöcke eine tiefgründige Veredelung erfährt. Seit 2005 wird der »hochberc« vinifiziert, ein reinsortiger Blaufränkisch, der mit großer Finesse Winzer, Sorte und Gebiet in sich verdichtet. Eine weitere Spitzencuvée ist der »Bela Rex«, eine Zusammensetzung aus Merlot und Cabernet Sauvignon, bei welcher der Winzer sein Können mit den internationalen Rebsorten unter Beweis stellt.

Auch für die Genese der weißen Kostbarkeiten bieten die Lagen der Gesellmanns beste Voraussetzungen: Der Chardonnay Steinriegel besticht durch eine spannende Aromenvielfalt mit feinen mineralischen Tönen, und auch der klassisch ausgebaute Chardonnay lässt die Leidenschaft des Winzers am Gaumen aufblitzen.

95 Chardonnay Ried Steinriegel 2021
14 Vol.-%, DV, kleines Holzfass, €€€€€ B
Mittleres Gelbgrün, Silberreflexe. Dezente Honigmelone und Mangonoten, ein Hauch von Wiesenkräutern, zart nach Melisse, kandierte Grapefruitzesten, facettenreiches Bukett. Komplex, straff, vielschichtig, gelbe Tropenfrucht im Abgang, lebendiger Säurebogen, bleibt gut haften, vielseitiger Speisenbegleiter mit Reifepotenzial.

91 Chardonnay 2022
13 Vol.-%, DV, gebrauchte Barriques, €€€ B
Mittleres Gelbgrün, Silberreflexe. Feiner Blütenhonig, reife Tropenfrucht, ein Hauch von Quitte, etwas Karamell, zart

© Fotocredits liegen beim Weingut Gesellmann

nach Orangenschalen. Saftig, komplex, Pfirsichnoten im Abgang, salziger Nachhall, frisch und engmaschig, guter Speisenbegleiter.

93 Gemischter Satz hochberc weiss 2021
14 Vol.-%, DV, gebrauchte Barriques, €€€€ B
Mittleres Grüngelb, Silberreflexe. Feine Holzwürze, etwas nach Maracuja, ein Hauch von Honig, dezente Kräuternuancen, einladendes Bukett. Saftig, straff, engmaschig, Passionsfrucht im Abgang, würziger Nachhall, gut integrierte Säurestruktur, mineralischer Rückgeschmack, sicherer Speisenbegleiter.

94 Blaufränkisch ** Creitzer 2021
14 Vol.-%, DV, gebrauchte Barriques, €€€€ B
Dunkles Rubingranat, opaker Kern, violette Reflexe, zarte Randaufhellung. Zarte Kräuterwürze, etwas Edelholz, rote Herzkirschen, frische Waldbeeren, kandierte Orangenzesten, Heidelbeeren im Hintergrund. Saftig, elegant, finessenreich strukturiert, feine, tragende Tannine, mineralisch und frisch, ein facettenreicher, zugänglicher Speisenbegleiter.

(98) Blaufränkisch hochberc 2020
14,5 Vol.-%, NK,DV, 500-l-Fass, €€€€€€ B
Tiefdunkles Rubingranat, opaker Kern, violette Reflexe, zarte Randaufhellung. Feine Edelholzwürze, einladende dunkle Beerenfrucht, frische Herzkirschen, Orangenzesten, mineralischer Touch, sehr einladendes Bukett. Saftig, elegant, reife Herzkirschen, seidige Tannine, finessenreich strukturiert, mineralisch-salzig im Abgang, bereits harmonisch und verführerisch, exzellente Länge, extraktsüßer Abgang, feine Beerenfrucht im Nachhall.

93 Blaufränkisch vom Lehm 2021
14 Vol.-%, DV, großes Holzfass, €€€ B
Dunkles Rubingranat, violette Reflexe, breitere Ockerrandaufhellung. Zart nach Nougat und reifen schwarzen Herzkirschen, Brombeerkonfit, mit kandierten Orangenzesten unterlegt. Saftig, feine Nuancen von roter Frucht, frischer, animierender Säurebogen, feine, gut integrierte Tannine, salzig-mineralischer Touch, bleibt haften, bereits gut antrinkbar, zeigt Präzision und Entwicklungspotenzial.

(100) G 2019 BF/SL
14,5 Vol.-%, NK,DV, kleines Holzfass, €€€€€€ B
Tiefdunkles Rubingranat, opaker Kern, violette Reflexe, zarte Randaufhellung. Feine Kräuterwürze, Nougat, zarte Edelholznote, schwarze Beerenfrucht, ein Hauch von Lakritze und Cassis, feinfruchtiges Bukett, attraktive Aromatik. Kraftvoll, saftig, reife Zwetschken, Brombeerkonfit, extraktsüßer Kern, feine, tragende Tannine, hochelegant, engmaschig und anhaftend, zeigt große Länge, enormes Reifepotenzial, großes Gaumenkino.

Pinot Noir

(95) Bela Rex 2020 CS/ME
14,5 Vol.-%, NK,DV, kleines Holzfass, €€€€€ B
Dunkles Rubingranat, violette Reflexe, dezente Ockerrandaufhellung. Zart nach reifen Herzkirschen, ein Hauch von Vanille und Marzipan, dunkle Waldbeeren, mit Mandarinenzesten unterlegt. Saftig, elegant, frische Kirschen, lebendig strukturiert, reife Tannine, etwas Nougat im Abgang, bleibt haften, bereits gut entwickelt, ein facettenreicher Speisenbegleiter.

93 Opus Eximium No 33 2020 BF/SL/ZW
14,5 Vol.-%, NK,DV, Eichenfass, €€€€€ B
Dunkles Rubingranat, violette Reflexe, dezente Randaufhellung. Zarte Edelholznuancen, etwas Lakritze und Cassis, zart floral, ein Hauch von kandierten Orangenzesten, einladendes Bukett. Saftig, dunkle Beeren, frisch strukturiert, gut integrierte Tannine, mineralisch im Abgang, bereits antrinkbar, verfügt über Reifepotenzial.

92 Pinot Noir Ried Siglos 2020
14 Vol.-%, NK,DV, 500-l-Fass, €€€€€ B
Kräftiges Karmingranat, Ockerreflexe, breite Randaufhellung. Frische schwarze Kirschen, ein Hauch von Lakritze, zart floral, Noten von Veilchen, einladendes Bukett. Mittlerer Körper, Nuancen von süßer rotbeeriger Frucht, zarte Tannine, frisch, salzig-zitronig, rote Kirschen im Nachhall, bereits gut entwickelt und antrinkbar.

★★★★

WEINGUT SILVIA HEINRICH

»Weingärten sind für mich wie Kinder. Und wie Kinder möchte ich sie begleiten, unterstützen und mein Bestmögliches für sie tun. Nur so können sie sich entfalten, ihre Persönlichkeit entwickeln und ihr ganzes Potenzial zeigen«, so sieht Silvia Heinrich ihre Arbeit. Der Weinbau wurde ihr schon in die Wiege gelegt und bedeutet für die leidenschaftliche Winzerin keinen Achtstundentag, sondern ihr Leben. Fast 80 Prozent der Rebflächen sind mit Blaufränkisch bepflanzt, einer Sorte, die für die Region steht, mit Eigenständigkeit besticht und vom renommierten »Wine and Spirits Magazine« als »Österreichs noble Rotweinsorte« bezeichnet wurde. Familie Heinrich vinifiziert den typischen Mittelburgenländer in sieben Ausbaustufen und aus verschiedenen Lagen. Die Spielarten reichen von elegant und mineralisch bis hin zu intensiv und kräftig. Das Herzstück der insgesamt 38 Hektar Rebfläche bildet der Goldberg mit acht Hektar Blaufränkisch, drei davon stehen seit 1947, dem Hochzeitsjahr der Großeltern, im Ertrag. Die unverwechselbar authentischen und sortentypischen Blaufränkischweine dieser Top-Lage zählen regelmäßig zu den besten des Landes. Silvia Heinrichs Motto lautet: »Weniger ist mehr.« Wenige ausgewählte Rebsorten, naturnaher Anbau, händische Lese, spontane Vergärung: Das sind die Zutaten, aus denen kompromisslose Qualität in der Flasche entsteht – Qualität, die anerkannt wird, denn mit »terra o.«, »elegy« oder »Cupido« hat das Weingut schon mehrfach nationale und internationale Auszeichnungen erhalten. Die außerordentliche Qualität der Weine belegen auch immer neue Erfolge im In- und Ausland: Neben den gewohnt guten Falstaff-Bewertungen erklärte das »Wine and Spirits Magazine« den Mittelburgenland DAC 2009 in einer Verkostung von mehr als 200 österreichischen Weinen im April 2013 mit 94 Punkten zum Sieger. Beim »Wine Enthusiast« schaffte es der Blaufränkisch vom Weingebirge als einziger Blaufränkisch Österreichs unter die »100 Best Buys«! Und seit der chinesische Staatspräsident bei seinem Österreichbesuch den »Goldberg Reserve« für sich entdeckte, florieren die Exporte ins Reich der Mitte.

Mit der neuen Fotovoltaikanlage setzt man neben einer Solaranlage und Hackschnitzelheizung einen weiteren Schritt in Richtung erneuerbare Energie und leistet zugleich einen Beitrag zum Klimaschutz. In den Weingärten geht das Weingut Heinrich einen weiteren Schritt in Richtung nachhaltiger Landwirtschaft, verzichtet seit Jahren auf Insektizide und Herbizide und setzt Pheromone ein. Der sensible Umgang mit den Ressourcen der Natur und die Stärkung der rebstockeigenen Abwehrkräfte stehen an oberster Stelle.

WEINGUT SILVIA HEINRICH
7301 Deutschkreutz
Karrnergasse 59
T: +43 (2613) 89615
office@weingut-heinrich.at
www.weingut-heinrich.at

Kellermeister/Kontakt:
Silvia Heinrich
Produktion: 100 % rot, 38 Hektar
Vereinszugehörigkeit:
Verband Blaufränkisch Mittelburgenland, Vitikult
Messen: ProWein Düsseldorf, VieVinum, Hong Kong International Wine & Spirits Fair, Interwine China Guangzhou

(96) Cupido l'amour tournant 2019
14,5 Vol.-%, NK, kleines Holzfass, €€€€€€
Tiefdunkles Rubingranat, opaker Kern, violette Reflexe, zarte Randaufhellung. Feines Edelholz, unterlegt mit reifen Zwetschken, Brombeeren und Kirschen, Nuancen von exotischen Gewürzen, etwas Bergamotte im Hintergrund. Komplex und kraftvoll, schwarze Herzkirschen, feine reife Tannine, etwas Nougat, mineralisch-salzig im Abgang, große Länge, sicheres Reifepotenzial für Jahrzehnte.

(94) Blaufränkisch Ried Goldberg Reserve 2020
14,5 Vol.-%, NK, Eichenfass, €€€€€
Dunkles Rubingranat, violette Reflexe, zarte Randaufhellung. Nuancen von Gewürznelken und Vanille, schwarze Waldbeeren, dunkle Herzkirschen, mit etwas Schokolade unterlegt.

Kraftvoll, komplex, feinwürzig und frisch, dezente Fruchtsüße im Abgang, salziger Nachhall, gute Länge, sicheres Reifepotenzial. Stilistisch mehr Napa Valley als Deutschkreutz.

(91) Blaufränkisch Vitikult 2022
13,5 Vol.-%, DV, kleines Holzfass, €€€
Dunkles Rubingranat, violette Reflexe, dezente Randaufhellung. Zarte Holzwürze nach Vanille und Bergamotte, Brombeeren und Cassis klingen an, einladendes Bukett. Saftig, gute Komplexität und Würze, präsentes Holz, dunkle Schokolade, salziger Touch im Abgang.

(90) Blaufränkisch Burgenland 2022
11,5 Vol.-%, DV, Stahltank, €€
Kräftiges Rubingranat, violette Reflexe, breitere Randaufhellung. Frische Herzkirschen, mit roter Beerenfrucht und Wiesenkräutern würzig unterlegt. Mittlerer Körper, wieder Kirschen, ein Hauch von Nougat, frisch strukturiert, leichtfüßig, mineralischer Nachhall, ein unkomplizierter Alltagswein.

(94) terra o. 2020 BF/CS/ME/SY
14,5 Vol.-%, NK, Eichenfass, €€€€€
Tiefdunkles Rubingranat, opaker Kern, violette Reflexe, zarte Ockerrandaufhellung. Zart nach Karamell und schwarzer Beerenfrucht, ein Hauch von Edelholz, rauchige Würze. Elegant, frische Kirschen, gut integrierte Tannine, mineralisch, gut anhaftend, rotbeeriger Nachhall, ein stoffiger, animierender Speisenbegleiter mit Potenzial.

92 Ried Siglos 2021 ZW/BF
12,5 Vol.-%, DV, Eichenfass, €€€
Dunkles Rubingranat, opaker Kern, violette Reflexe, zarte Randaufhellung. Feiner Edelholztouch, schwarze Waldbeeren, tabakig unterlegt, kandierte Orangenzesten. Mittlere Komplexität, frische Struktur, rote Kirschen, mineralisch und anhaftend, feine salzige Mineralik, ein leichtfüßiger Speisenbegleiter.

(92) Pinot Noir 2019
13,5 Vol.-%, NK, Eichenfass, €€€€€
Kräftiges Rubingranat, violette Reflexe, breitere Ockerrandaufhellung. Zart nach Lakritze und Karamell, schwarze Herzkirschen, dezente Edelholznuancen. Stoffig, frische Beerenfrucht, frisch strukturiert, Kirschen auch im Abgang, eigenständige Stilistik, salziger Nachhall, braucht Zeit.

★★★

WEINGUT HUNDSDORFER

Auf einer Rebfläche von 20 Hektar in den Neckenmarkter Rieden wird eine breite Palette von Rotweinsorten gekeltert. Besonderes Augenmerk legt Familie Hundsdorfer auf die riedenreine Verarbeitung der Trauben, um so ein optimales Ausgangsmaterial zu erzielen. Das Terroir optimal auszudrücken sowie die feinen Nuancen der unterschiedlichen Rieden »kostbar« zu machen ist das Ziel im Hause Hundsdorfer. Den Kunden hochwertige Qualitätsweine zu fairen Preisen anzubieten ist ebenfalls ein großes Anliegen.
In einem großzügigen, gemütlichen Degustationsraum kann man sich von den Weinen der Hundsdorfers persönlich überzeugen. Zwei Linien werden bei den Rotweinen zum Verkauf angeboten: einerseits die traditionell klassisch ausgebauten Weine aus großen Eichenfässern und Tanks, andererseits die Top-Schiene der Weine, die im Barrique reifen. Erfolge bei diversen Verkostungen unterstreichen das Qualitätsbewusstsein, das im Hause Hundsdorfer herrscht.

93 Blaufränkisch ** 2020
14,5 Vol.-%, DIAM, Barrique, €€€€
Dunkles Rubingranat, violette Reflexe, zarte Ockerrandaufhellung. Feine Kräuterwürze, süße Herzkirschen, zart nach Zwetschken, mit kandierten Orangenzesten unterlegt. Saftig, rotbeerige Nuancen, gute Frische, reife Tannine, mineralisch-salzig im Abgang, gute Länge, ein balancierter, fast leichtfüßiger Speisenbegleiter.

93 Syrah Reserve 2020
14,5 Vol.-%, DIAM, Barrique, €€€€
Dunkles Rubingranat, violette Reflexe, dezente Randaufhellung. Nuancen von Lakritze, schwarze Kirschen, feine Kräuterwürze, mit Orangenzesten unterlegt. Saftig, elegant, rotbeerige Nuancen, präsente, gut integrierte Tannine, mineralisch-salzig im Abgang, bereits gut entwickelt und antrinkbar.

93 Cabernet Sauvignon Reserve 2020
14,5 Vol.-%, DIAM, Barrique, €€€€
Dunkles Rubingranat, violette Reflexe, dezente Ockerrandaufhellung. Zarte Edelholznuancen, rote Beerenfrucht, ein Hauch von Kirschen und Cassis, mit tabakigen Noten unterlegt. Saftig, rotbeeriger Touch auch am Gaumen, reife,

Donatuskapelle Neckenmarkt

WEINGUT HUNDSDORFER
7311 Neckenmarkt, Lange Zeile 10
T: +43 (2610) 42034
info@hundsdorfer.at
www.hundsdorfer.at

Kellermeister: Lukas Hundsdorfer
Kontakt: Lukas und Elisabeth Hundsdorfer
Produktion: 2 % weiß, 98 % rot, 20 Hektar
Vereinszugehörigkeit: Verband Blaufränkisch Mittelburgenland
Messen: Dornbirner Frühjahrs- und Herbstmesse, ProWein Düsseldorf, VieVinum, Vinobile Feldkirch

gut integrierte Tannine, Ribiselfrucht im Nachhall, mineralisch und gut anhaftend, ein straffer Speisenwein.

93 Merlot Reserve 2020
15 Vol.-%, DIAM, Barrique, €€€€
Dunkles Rubingranat, violette Reflexe, dezente Randaufhellung. Zart schokoladig unterlegte schwarze Herzkirschfrucht, florale Noten, angenehmer Edelholztouch. Kraftvoll, gute Komplexität, reife Zwetschken, reife, tragende Tannine, würziger Abgang, gutes Reifepotenzial.

92 St. Laurent Reserve 2020
14 Vol.-%, DIAM, Barrique, €€€€
Dunkles Rubingranat, violette Reflexe, zarte Randaufhellung. Zart nach Vanille, reife Kirschen, süße Waldbeeren, einladendes Bukett. Stoffig, elegant, frisch strukturiert, zartes Nougat, runde Tannine, ausgewogen und gut antrinkbar.

91 Zweigelt Reserve 2020
14,5 Vol.-%, DIAM, Barrique, €€€€
Dunkles Rubingranat, violette Reflexe, zarte Randaufhellung. Attraktive Herzkirschfrucht, zart nach Brombeeren, etwas Vanille, florale Nuancen. Saftig, elegant, ein Hauch von Nougat, präsente Tannine, mineralisch und gut anhaftend, zart blättrige Würze im Abgang.

★★★★

IBY ROTWEINGUT BIO

BIO

Die Familie Iby aus Horitschon betreibt seit 1884 Weinbau, vor mehr als zehn Jahren wurde auf biologische Bewirtschaftung umgestellt. Wichtigstes Ziel ist für die Ibys immer höchste Qualität: »Diese können wir nur mit biologischer Bewirtschaftung erreichen. Für mich schließt Qualität das Thema Nachhaltigkeit ein«, so Anton M. Iby. »Wir sind eine ganz normale Familie, mit lebhaften Kindern, sich sorgenden Müttern und Großmüttern und selbstbewussten Vätern und Großvätern, die natürlich das tun, was ihre Frauen sagen.« Zwei Dinge gibt es allerdings im Hause Iby, die hier – im Vergleich zu anderen Familien – eine herausragende Rolle spielen: den Blaufränkisch und den Namen Anton. Vor über 100 Jahren begründete Anton Iby I. die Weindynastie in Horitschon. Und es war immer ein Anton, der die Liebe zum Wein, das Handwerk sowie die Erfahrung in Weingarten und Keller von einer Generation in die nächste trug. Anton Iby IV. war es, der dem Blaufränkisch zum Durchbruch verhalf. Mittlerweile ist Anton M. Iby V. am Werk. »Das Schöne daran, wenn ich mir den Rebstock anschaue, ist ja, wenn man mit all seinen Sinnen und Möglichkeiten versucht, das zu erfassen, was stattfindet – jedes Jahr, jeden Moment«, meint er.

Stolz sind die Ibys auf ihre Lagen Dürrau, Hochäcker, Gfanger und Rager, die in ihrer Beschaffenheit unterschiedlicher nicht sein könnten. Und so, wie eine Mutter ein jedes ihrer Kinder gleich lieb hat, so schätzen sie jede ihrer Lagen. Sie haben eine sehr klare Vorstellung davon, was sie dem Rebstock abverlangen und was nicht. Da kommt ihnen zugute, dass sie ihre Böden sehr gut kennen und daher wissen, welche Betreuung die Reben im Weingarten und später ein jeder ihrer Weine brauchen. »Wir gehen dem Blaufränkisch auf den Grund, im wahrsten Sinne des Wortes, denn wir leben Blaufränkisch!«, so Eva M. Iby. Das Resultat sind fruchtige, geschmeidig-elegante und äußerst finessenreiche Rotweine, die von Beginn an begeistern.

95 Blaufränkisch ** Ried Dürrau 2018
14 Vol.-%, VL, Barrique/gr. Holzfass, €€€€€€ B F H S V
Dunkles Rubingranat, tiefer Kern, violette Reflexe, zarte Ockerrandaufhellung. Frische Orangenzesten, dunkle Herzkirschen, ein Hauch von Brombeerkonfit, floraler Touch, kandierte Veilchen. Stoffig, elegant, seidige Textur, feine Extraktsüße, extrafeine Tannine, bleibt lange haften, bereits sehr gut entwickelt und vielfältig einsetzbar, sicheres Reifepotenzial.

(93) Blaufränkisch ** Chevalier 2021
13,5 Vol.-%, VL, Barrique, €€€€ B F H S V
Dunkles Rubingranat, tiefer Kern, violette Reflexe, zarte Ockerrandaufhellung. Zart nach Schwarzen Johannisbeeren, dunkle Kirschen, florale Nuancen, ein Hauch von Mandarinen, einladendes Bukett. Saftig, feine Fruchtsüße, rotbeeriger Touch, mineralisch-zitronig, feine, gut integrierte Tannine, lebendig und bereits gut antrinkbar, verfügt über Reifepotenzial.

92 Blaufränkisch ** Ried Hochäcker 2021
13 Vol.-%, VL, gebrauchte Barriques, €€€ B F H
Dunkles Rubingranat, violette Reflexe, zarte Ockerrandaufhellung. Zart rauchig-kräuterwürzig, dunkle Waldbeeren, reife Zwetschken, kandierte Orangenzesten. Saftig, rotbeerige Frucht, finessenreiche Säurestruktur, feine Tannine, mineralisch-salzig im Abgang, ein lebendiger Speisenbegleiter.

IBY ROTWEINGUT BIO
7312 Horitschon
Am Blaufränkischweg 3
T: +43 (2610) 42292
weingut@iby.at
www.iby.at

Kellermeister: Ing. Anton M. Iby
Kontakt: Ing. Eva M. Iby
Anbauweise: Zertifiziert Biologisch
Produktion: 180.000 Flaschen
100 % rot, 40 Hektar
Messen: ProWein Düsseldorf, VieVinum, Wein Burgenland Präsentationen

(94) Vin Anton 2021 BF/ME
14 Vol.-%, VL, Teilbarrique, €€€€€ F H S V
Dunkles Rubingranat, tiefer Kern, violette Reflexe, zarte Randaufhellung. Nach feinem Cassis, mit reifer Zwetschkenfrucht unterlegt, ein Hauch von Edelholz und Nougat, facettenreiches Bukett. Saftig, rote Kirschen, Waldbeeren, frischer Säurebogen, feine Tannine, mineralisch und straff, zart salzig im Nachhall, zeigt gute Länge, sicheres Reifepotenzial.

91 Big Blend 2021 ZW/ME
13,5 Vol.-%, VL, gebrauchte Barriques, €€€ B F H
Dunkles Rubingranat, violette Reflexe, zarte Ockerrandaufhellung. Frische Zwetschken, dunkle Kirschen, angenehme Kräuterwürze, ein Hauch von Orangenzesten. Saftig, elegant, reife rote Kirschen, ein Hauch von Nelken, frisch strukturiert, harmonisch, bietet unkomplizierten Trinkgenuss.

(93) Merlot 2021
14,5 Vol.-%, VL, Barrique, €€€€ B F H S V
Dunkles Rubingranat, tiefer Kern, violette Reflexe, zarte Ockerrandaufhellung. Schwarze Waldbeeren, ein Hauch von Kirschen, etwas Cassis und Lakritze, einladendes Bukett. Saftig, elegant, reife Kirschen, frische Zwetschken, reife Tannine, bleibt haften, mineralischer Nachhall, bereits gut antrinkbar, gutes Potenzial.

★★★★

WEINGUT HANS IGLER

Das Weingut Hans Igler ist seit über 50 Jahren ein österreichischer Familienbetrieb. Als Schnittstelle zwischen Tradition und Moderne wird es seit Anfang 2021 bereits in dritter Generation von Clemens und seiner Frau Anna geführt. Gemeinsam bewirtschaften sie rund 36 Hektar Rebfläche in einem der sonnigsten Teile Österreichs: dem Weinbaugebiet Mittelburgenland.
Das Zusammenspiel von Boden, klimatischen Bedingungen, naturnahem Anbau und sorgfältiger Bearbeitung der Weingärten ist die Grundlage für die erstklassige Qualität der Weine. Es gilt, neue Geschmackswelten zu erschaffen – mit generationenübergreifendem Wissen und steter Pionierarbeit. Eine zentrale Rolle im Sortiment des Weinguts Hans Igler spielt der Blaufränkisch. Das pannonische Subkontinentalklima kombiniert mit sandigen Lehm- und Schotterböden unterstützt die charakteristischen Eigenschaften der Sorte und das Gedeihen der Weinreben. In der Dependance des Weinguts, im Schaflerhof, werden alle Weine zur Verkostung angeboten. Der ehemalige Gutshof des Schlosses Deutschkreutz wurde aufwendig restauriert und beherbergt nun rund 600 Barriquefässer und die »Vulcano-Vinothek«. Als beliebtes Ausflugsziel bietet er eine traumhafte Location für Hochzeiten und Veranstaltungen. Mit dem Jahrgang 2018 treten die Weinflaschen in einem neuen Look in Erscheinung. Die Neugestaltung der Etiketten schafft eine Verbindung zwischen Vergangenheit, Gegenwart und Zukunft des Weinguts, wobei der Bezug zu den ikonischen Kunstwerken Anton Lehmdens erhalten geblieben ist. Weiterhin sind die Liebe zum Detail und die Qualität des Weins mit jeder Flasche greifbar.

WEINGUT HANS IGLER
7301 Deutschkreutz
Schaflerhof 1
T: +43 (2613) 80365
info@hans-igler.com
www.hans-igler.com

Kellermeister/Kontakt:
Clemens Reisner
Produktion: 200.000 Flaschen
2 % weiß, 98 % rot, 36 Hektar
Vereinszugehörigkeit:
Verband Blaufränkisch Mittelburgenland, Renommierte Weingüter Burgenland
Messen: VieVinum

92 Chardonnay Ried Goldberg 2020
13,5 Vol.-%, NK, Barrique, €€€€€
Mittleres Gelbgrün, Silberreflexe. Zarte Holzwürze, Nuancen von Karamell und weißem Apfel, mit einer dezenten Kräuternote unterlegt. Mittlere Komplexität, reifes Kernobst, cremige Textur, etwas Nougat im Abgang, mit weißer Birne unterlegt, ein stoffiger Speisenbegleiter.

94 Blaufränkisch ** Biiri 2020
14 Vol.-%, NK, Barrique, €€€€€
Kräftiges Rubingranat, violette Reflexe, breitere Ockerrandaufhellung. Schwarze Waldbeeren, Nuancen von dunklen Kirschen und Brombeeren, zart nach Nougat und Holzwürze. Saftig, elegant, kirschig, feine Textur, reife Tannine, mineralisch im Abgang, Herzkirschen im Rückgeschmack, ein facettenreicher Speisenbegleiter mit Reifpotenzial.

92 Blaufränkisch * Ried Hochberg 2020
13,5 Vol.-%, DV, gebrauchte Barriques, €€€
Dunkles Rubingranat, violette Reflexe, dezente Randaufhellung. Zarte Kirschfrucht, ein Hauch von Cassis, etwas scheues Bukett, frische Orangenzesten. Saftig, rote Kirschen, zart nach Ribiseln, feine, reife Tannine, mineralisch, lebendig und bereits gut antrinkbar.

(91) Blaufränkisch Classic 2021
13 Vol.-%, DV, großes Holzfass, €€
Kräftiges Rubingranat, violette Reflexe, dezente Randaufhellung. Frische Herzkirschen, zartes Erdbeerkonfit, kandierte Orangenzesten, einladendes Bukett. Saftig, rotbeerige Frucht, gut integrierte Tannine, mineralisch-salzig, zitroniger Touch im Nachhall.

(93) Vulcano 2020 BF/ZW/CS/ME
13,5 Vol.-%, NK, Barrique, €€€€€
Kräftiges Rubingranat, violette Reflexe, dezente Ocker-

randaufhellung. Zarte Edelholzwürze, frische Kirschen, ein Hauch von Zwetschken, unterlegt mit Vanille, Nougat und Orangenzesten. Saftig, rotbeerig und frisch strukturiert, feine Tannine, mineralisch-salzig, ein animierender Speisenbegleiter mit Entwicklungspotenzial.

(92) Pinot Noir Ried Fabian 2020
13,5 Vol.-%, NK, gebrauchte Barriques, €€€€
Kräftiges Karmingranat, violette Reflexe, breitere Ockerrandaufhellung. Zarte Kräuterwürze, Nuancen von Brombeerkonfitüre, ein Hauch von roten Kirschen, tabakige Würze. Mittlere Komplexität, ein Hauch von Ribiseln, feine Tannine, frisch strukturiert, mineralischer Nachhall, zitronig-salziger Touch im Rückgeschmack.

(91) St. Laurent 2020
13 Vol.-%, DV, Holzfass, €€
Dunkles Rubingranat, violette Reflexe, dezente Randaufhellung. Zarte Kräuterwürze, dunkle Waldbeeren, ein Hauch von Nougat, frische Kirschen, Mandarinenzesten. Mittlerer Körper, rotbeerige Textur, zarte Tannine, frisch strukturiert, Ribiseltouch im Abgang, ein schwungvoller Speisenbegleiter.

★★★★

WEINGUT KERSCHBAUM

Das Weingut Kerschbaum erzeugt Weine mit Perfektion und Verantwortung. Als Pioniere in Sachen Blaufränkisch in Österreich und als Botschafter für das Mittelburgenland produziert Familie Kerschbaum terroirtypische Top-Weine. Kompromissloses Qualitätsstreben und die Leidenschaft für den Blaufränkisch zeichnen das Weingut aus. Das milde Klima, viel Sonne und der besondere Boden in Horitschon beeinflussen den Geschmack der Weine, die zu den besten Rotweinen Österreichs gehören. Mit größtem Respekt und im Einklang mit der Natur werden die Weingärten bearbeitet. In den Top-Lagen im Mittelburgenland fühlen sich Rebsorten wie Blaufränkisch und Zweigelt besonders wohl. Perfektion in allen Bereichen sorgt für Weine mit Reife und Charakter. Im November 2018 holte sich das Weingut Kerschbaum den Sieg bei der Falstaff-Rotweinprämierung in der Kategorie »Reserve Trophy«.

(92) Chardonnay Reserve 2021
14 Vol.-%, DIAM, kleines Holzfass, €€€€€
Helles Grüngelb, Silberreflexe. Frische Pfirsichfrucht, ein Hauch von reifer Birne, etwas Honigmelone, einladendes fruchtiges Bukett. Saftig, elegant, cremige Textur, stoffig, kraftvoll im Abgang, weißer Apfel im Finish, zarte Mineralik, bereits gut antrinkbar.

(96) Cuvée Impresario 2021 BF/ZW/ME/CS
13,5 Vol.-%, NK, Barrique/500-l-Fass, €€€€€
Tiefdunkles Rubingranat, opaker Kern, violette Reflexe, zarte Randaufhellung. Zart nach Lakritze und Cassis, feine Holznuancen, dunkle Beeren, kandierte Orangenzesten, einladendes Bukett. Komplex, saftig und frisch strukturiert, zart nach Gewürznelken, feste Tannine, mineralisch-zitronig, rotbeerige Nuancen im Abgang, gute Länge, sicheres Reifepotenzial.

(93) Opera 2021 BF/ME
13,5 Vol.-%, NK, 500-l-Fass, €€€
Dunkles Rubingranat, violette Reflexe, zarte Randaufhellung. Feiner Edelholztouch, schwarze Herzkirschen, Brombeeren, etwas Nougat, mit kandierten Orangenzesten unterlegt. Saftig, elegant, süße Kirschen, reife, gut integrierte Tannine, gute Frische, bereits sehr gut entwickelt und vielfältig einsetzbar.

WEINGUT KERSCHBAUM
7312 Horitschon
Hauptstraße 111
T: +43 (2610) 42392
weingut@kerschbaum.at
www.kerschbaum.at

Kellermeister/Kontakt:
Paul und Michael Kerschbaum
Produktion: 5 % weiß, 95 % rot, 35 Hektar
Vereinszugehörigkeit:
Verband Blaufränkisch Mittelburgenland, Renommierte Weingüter Burgenland
Messen: VieVinum

(95) Blaufränkisch Ried Dürrau 2021
13,5 Vol.-%, NK, 500-l-Fass, €€€€€
Dunkles Rubingranat, violette Reflexe, zarte Randaufhellung. Mineralisch unterlegte schwarze Waldbeerenfrucht, Brombeeren, Zwetschken, ein Hauch von Veloursleder, etwas Nougat. Komplex, extraktsüß, reife Kirschen, feine, tragende Tannine, mineralisch-salzig im Abgang, gute Frische und Länge, sicheres Reifepotenzial.

92 Blaufränkisch Ried Hochäcker 2021
13,5 Vol.-%, DV, 500-l-Fass, €€€
Kräftiges Rubingranat, violette Reflexe, zarte Randaufhellung. Nuancen von Brombeeren, frische Kirschen, zart tabakig unterlegte Kräuterwürze, dazu kandierte Orangenzesten. Saftig, feine rotbeerige Nuancen, präsente, würzige Tannine, frisch strukturiert, Ribiseltouch im Nachhall.

(92) Zweigelt 2021
13,5 Vol.-%, DV, großes Holzfass, €€
Dunkles Rubingranat, violette Reflexe, zarte Randaufhellung. Zart nach Nougat und Kräuterwürze, mit reifen Herzkirschen unterlegt, einladendes Bukett. Saftig, elegant, frisch strukturiert, feine Tannine, Kirschen im Abgang, ein lebendiger Speisenbegleiter.

★★

NECKENMARKT DIE WINZER

Die Winzer Neckenmarkt produzieren Weine von höchster Qualität. Als eines der modernsten Weingüter des Landes bewirtschaftet die Genossenschaft mit rund 100 Mitgliedern insgesamt 280 Hektar Weingärten. Die ausgezeichneten Spitzenweine »Potio Magica« und »Via Romana« zählen zu den bekanntesten Weinen des Unternehmens.
Die Winzer Neckenmarkt machen aus vielen das Beste! Die durch gewissenhafte Handarbeit von höchster Qualität produzierten Trauben bilden die Grundlage für hervorragende, gebietstypische Rotweine. Ein strenges und ehrgeiziges Qualitätsprogramm garantiert, dass naturnaher Weinbau, modernste Produktion und alte Traditionen im alltäglichen Tun ihren Platz finden. Ganz bewusst mit der Natur und nicht alleine von ihr zu leben, ist eines der Erfolgsrezepte. Der sorgfältige Umgang mit den Ressourcen, die schonende Bearbeitung der Weingärten und höchste Qualitätsansprüche sichern die Zukunft und den Erfolg des Unternehmens. Handlese und modernste Produktionsverfahren sorgen für die hohe Qualität, Innovation und Zusammenhalt für die nachhaltige Entwicklung des Weinguts. Wein aus gutem Grund und Boden – das ist es, wofür die Winzer Neckenmarkt stehen.

NECKENMARKT DIE WINZER
7311 Neckenmarkt
Harkauerweg 2
T: +43 (2610) 42388
diewinzer@neckenmarkt.at
www.neckenmarkt.at

Kellermeister: Gerald Wieder
Kontakt: Margit Wieder
Produktion: 500.000 Flaschen
100 % rot, 280 Hektar
Vereinszugehörigkeit:
Verband Blaufränkisch
Mittelburgenland
Messen: ProWein Düsseldorf, VieVinum

92 Blaufränkisch ** Ried Himmelsthron 2020
14,5 Vol.-%, NK, Barrique, €€€ Ⓗ
Dunkles Rubingranat, tiefer Kern, violette Reflexe, zarte Ockerrandaufhellung. Zart nach Edelholz, dunkle Waldbeeren, schwarze Kirschen, schokoladiger Touch. Saftig, elegant, feine Fruchtsüße, reife Tannine, bleibt gut haften, Nougat im Abgang, zeigt Länge und Potenzial.

90 Blaufränkisch * Sonnenfürst 2021
13,5 Vol.-%, DV, großes Holzfass, €€ Ⓗ
Kräftiges Rubingranat, violette Reflexe, breitere Ockerrandaufhellung. Reife Zwetschken, süße Kirschen, feine Kräuterwürze. Saftig, reife Beerenfrucht, präsente, würzige Tannine, schokoladige Nuancen im Abgang, bietet unkompliziertes Trinkvergnügen.

89 Blaufränkisch Fahnenschwung 2022
13,5 Vol.-%, DV, Stahltank, €€ Ⓢ

93 Trinitas Reserve 2019 BF/ZW/ME
14 Vol.-%, NK, Barrique, €€€ (H)
Dunkles Rubingranat, tiefer Kern, violette Reflexe, zarte Ockerrandaufhellung. Feinwürzig, dunkle Beerenfrucht, Nuancen von Kirschen und Lakritze, braucht etwas Luft. Saftig, elegant, nach süßem Cassis, feine Tannine, gute Länge, mineralisch, gute Frische, verfügt über Reifepotenzial.

91 Terra Cognita Cuvée Reserve 2019 BF/ME/SY
13,5 Vol.-%, DV, Teilbarrique, €€ (H)
Dunkles Rubingranat, tiefer Kern, violette Reflexe, zarte Ockerrandaufhellung. Zart nach Lakritze, ein Hauch von schwarzen Kirschen und Nougat, mit etwas Holzwürze unterlegt. Saftig, elegant, schokoladiger Touch, reife Tannine, frische Struktur, mineralisch-zitronig im Nachhall, verfügt über Reifepotenzial.

93 Zweigelt Terrania Reserve 2019
13,5 Vol.-%, NK, Barrique, €€€€ (H)
Dunkles Karmingranat, tiefer Kern, violette Reflexe, zarte Ockerrandaufhellung. Feiner Edelholztouch, dunkle Beeren, zart nach Lakritze, frische Mandarinenzesten, florale Aspekte. Saftig, rund, mit einem Hauch von Feigen unterlegte rote Beerenfrucht, reife Tannine, zart nussig im Abgang, gute Länge, bereits entwickelt.

★★★

WEINGUT PFNEISL

Das Erfolgsrezept des Weinguts Pfneisl lautet »Tradition, Innovation, Liebe zum Wein und Verbundenheit mit der Natur« – oder vereinfacht gesagt: »Born 2 make wine.« Mit jahrhundertelanger Tradition im Rücken ist hier auch schon die neue Generation, Tochter Lisa, mit Herzblut dem Weinbau verpflichtet. Sie gründete im Jahr 2015 ihre eigene Weinlinie »Offspring by Pfneisl«. Diese Serie steht für vegan, nachhaltig und nach strengsten ökologischen Richtlinien hergestellt – ungeschönte Weine von höchster Qualität also, dazu ein auffälliges und stylishes Outfit.
Mit größtem Qualitätsbewusstsein werden von den Pfneisls in den besten und bekanntesten Lagen im Mittelburgenland nationale und internationale Sorten handverlesen, von Gerhard und Tochter Lisa vinifiziert und klassisch im Stahltank oder im kleinen oder großen Eichenfass ausgebaut. Der Großteil der insgesamt 23 Hektar Weingärten wird in der Heimatgemeinde Deutschkreutz bewirtschaftet. Im Jahr 1999

© Weingut Pfneisl

WEINGUT PFNEISL
7301 Deutschkreutz
Karrnergasse 30-32
T: +43 (2613) 80048
wein@weingut-pfneisl.at
www.weingutpfneisl.at

Kellermeister: Lisa und Gerhard Pfneisl
Kontakt: Lisa Kölly-Pfneisl
Produktion: 5 % Schaumwein, 10 % weiß, 5 % rosé, 80 % rot, 23 Hektar
Zertifiziert: Nachhaltig Austria
Vereinszugehörigkeit: Verband Blaufränkisch Mittelburgenland
Messen: VieVinum

Lisa, Angelika & Gerhard Pfneisl

schuf die Familie zudem ihre eigene Cru im 18 Kilometer entfernten Kleinmutschen – dem geografischen Mittelpunkt des Burgenlands.
In den Top-Lagen wachsen neben den österreichischen Paradesorten Blaufränkisch und Zweigelt vor allem auch die internationalen Sorten Shiraz, Merlot, Pinot Noir, Cabernet Sauvignon und Cabernet Franc sowie die Weißweinsorten Viognier, Grüner Veltliner und Gelber Muskateller. Die Top-Cuvées »Platinum«, »Pentagon«, »Hexenberg« und »Ego« runden das Angebot ab, und die junge Weinlinie »Offspring by Pfneisl« stellt eine wunderbare Ergänzung zum etablierten Sortiment dar.
Gäste heißt die Familie Pfneisl seit dem Sommer 2018 im aufwendig renovierten Stammhaus direkt im Zentrum der Blaufränkisch-Gemeinde Deutschkreutz willkommen.

93 Cabernet Franc – Offspring Black 2019
14,5 Vol.-%, NK, Barrique, €€€€€
Kräftiges Karmingranat, violette Reflexe, breitere Ockerrandaufhellung. Feine Kirschfrucht, ein Hauch von Zwetschken, Nuancen von Erdbeerkonfit, mit kandierten Orangenzesten unterlegt. Saftig, rotbeerige Nuancen, gut integrierte Tannine, mineralisch-salziger Abgang, feine Kräuterwürze im Nachhall, ein ausgewogener Speisenbegleiter.

(92) Pentagon 2021 BF/SY/CS/ME
14,5 Vol.-%, NK, Barrique, €€€€€
Dunkles Rubingranat, violette Reflexe, dezente Randaufhellung. Zart nach Edelholz, etwas Nougat und dunkle Beeren, ein Hauch von Cassis und Lakritze, zarte florale Nuancen. Kraftvoll, saftig, rote Kirschen, etwas Ribisel, präsente, noch etwas fordernde Tannine, salziges Finish, wird von Flaschenreife profitieren.

(91) Platinum 2021 BF/ME/SY
14,5 Vol.-%, DIAM, gebrauchte Barriques, €€€
Kräftiges Rubingranat, violette Reflexe, breitere Randaufhellung. Zart nach Lakritze, Nuancen von Cassis, zarte Kräuterwürze klingt an, kandierte Orangenzesten. Mittlere Komplexität, Ribisel, rote Waldbeeren, dezente Fruchtsüße, zarte Tannine, ausgewogen, bereits gut zugänglich.

(92) Shiraz Maria´s Vineyard 2021
14,5 Vol.-%, NK, Barrique, €€€€€
Kräftiges Rubingranat, violette Reflexe, breitere Randaufhellung. Zart tabakig-kräuterwürzig unterlegte schwarze Beerenfrucht, ein Hauch von Pfeffer, typisches Sortenbukett. Straff, feine Fruchtsüße, würzige Tannine, straffer Abgang, rotbeerige Nuancen und Cassistouch im Nachhall.

(91) Cabernet Sauvignon 2021
14 Vol.-%, DIAM, gebrauchte Barriques, €€€
Kräftiges Rubingranat, violette Reflexe, breitere Randaufhellung. Tabakig unterlegte Waldbeerenfrucht, eingelegte Kirschen klingen an, Kräuterwürze im Hintergrund. Mittlere Komplexität, rotbeerige Frucht, präsente Tannine, mineralisch im Abgang, ein lebendig strukturierter Speisenwein.

(91) Merlot Joe´s Playground 2021
14 Vol.-%, DIAM, gebrauchte Barriques, €€€
Kräftiges Rubingranat, violette Reflexe, breitere Randaufhellung. Zart nach Erdbeerkonfit, ein Hauch von frischen Kirschen, tabakige Würze. Saftig, feine Fruchtsüße, geschliffene Tannine, zitronig-salzig im Nachhall, bereits gut antrinkbar.

★★★

ROTWEINGUT PRICKLER

Das Rotweingut liegt in der ältesten urkundlich erwähnten Weinbaugemeinde des Burgenlandes, und sieht sich als Hüter des Lutzmannsburger Terroirs. Wein ist die große Leidenschaft der Familie. Jeder Rebstock wird liebevoll umsorgt, die Qualität im Weingarten und bei der Kellerarbeit wird großgeschrieben und die Aufmerksamkeit jedem Detail gewidmet. Mildes pannonisches Klima mit den meisten Sonnenstunden des Burgenlandes verwöhnen die Weingärten auf dem Lutzmannsburger Hochplateau, wo ein besonderes Mikroklima, abseits von Durchzugsstraßen, herrscht. 50 Meter Höhenunterschied zur Ebene bzw. zum Ort selbst weist dieses beeindruckende Bodenmassiv aus Lehm, Tonmergel, Tegel und Quarzsanden auf. Die schweren Böden bieten optimale Bodenverhältnisse für hochqualitative Trauben mit viel Frucht und Tannin. Ein idealer Standort für große Weine mit eigenständiger Stilistik und Eleganz. Praktisch aus dem Nichts haben Elfi und Herbert Prickler begonnen, Wein zu produzieren. Heute gilt ihr Weingut als Leuchtfeuer der Blaufränkisch-Hochburg Lutzmannsburg. Unübersehbar

© Rotweingut Prickler, Simone Kantz

ROTWEINGUT PRICKLER

7361 Lutzmannsburg, Birkenhain 1
T: +43 (2615) 87742
rotweingut@prickler.at
www.prickler.at

Kellermeister: Christian Prickler
Kontakt: Herbert Prickler, Christian Prickler, Christina Prickler
Produktion: 1 % Schaumwein, 3 % weiß, 1 % rosé, 95 % rot, 25 Hektar
Zertifiziert: Nachhaltig Austria
Vereinszugehörigkeit: Verband Blaufränkisch Mittelburgenland, Vitikult
Messen: ProWein Düsseldorf, VieVinum, Weinmesse Innsbruck, DAC-Präsentationen, Wein Burgenland Präsentationen

Familie Prickler

sind hier einige Weingärten besonders schön gepflegt. Sie sind das Werk von Elfi Prickler, die sich ganz der Pflege der Reben verschrieben hat. »Ein Rebstock muss sich wohlfühlen, ein gesundes Umfeld haben«, lautet ihr Rezept für die hohe Qualität der Trauben. Die akribische Arbeit in den Weingärten kommt Sohn Christian zugute, der seit einigen Jahren die Vinifikation verantwortet. Gemeinsam mit Herbert Pricklers langjähriger Erfahrung prägt er die Handschrift der Prickler-Weine. Bei Verkostungen und im Büro versorgt Schwiegertochter Christina liebevoll ihre Gäste. Unzählige Prämierungen bezeugen die qualitätsorientierte Arbeit der Familie. Gesundes Traubengut, limitierter Ertrag, schonende und moderne Verarbeitung ergeben fruchtige und gehaltvolle Rotweine von hoher Qualität und außergewöhnlichem Trinkvergnügen!

(93) Blaufränkisch ** 2020
14 Vol.-%, NK, Barrique, €€€€ V
Kräftiges Karmingranat, violette Reflexe, breitere Ockerrandaufhellung. Zart nach reifen Zwetschken, ein Hauch von Erdbeerkonfit und Kirschen, feine Kräuterwürze im Hintergrund. Mittlere Komplexität, rote Herzkirschen, feine Tannine, elegant und ausgewogen, gut entwickelt.

(91) Blaufränkisch * Ried Sonnberg 2022
13,5 Vol.-%, NK,DV, Barrique, €€€ V
Kräftiges Karmingranat, violette Reflexe, zarte Ockerrandaufhellung. Zart nach Lakritze und Kirschen, ein Hauch von Kräuterwürze und Orangenzesten. Mittlerer Körper, rote Kirschen, dezente Tannine, mineralisch im Abgang, gute Frische, ein lebendiger Speisenbegleiter.

(89) Blaufränkisch * Classic 2022
13 Vol.-%, DV, Stahltank, €€ V

(94) Blaufränkisch Grande Reserve V-MAX 2020
14,5 Vol.-%, NK, Barrique, €€€€€ V
Kräftiges Karmingranat, violette Reflexe, breitere Ockerrandaufhellung. Nuancen von Edelholz, tabakiger Anklang, etwas Nougat, feine Kräuterwürze. Komplex und kraftvoll, saftig, reife Kirschen, gut integrierte Tannine, mineralisch-salzig im Abgang, zeigt Länge und gutes Reifepotenzial.

(91) Blaufränkisch Vitikult 2022
13,5 Vol.-%, NK,DV, gebrauchte Barriques, €€€ V
Kräftiges Karmingranat, violette Reflexe, breitere Ockerrandaufhellung. Tabakige Würze, reife Kirschen, rote Waldbeeren, mit einem Hauch von Karamell unterlegt. Mittlerer Körper, fruchtige Süße, runde Tannine, angenehmes Säurespiel, etwas Nougat, zugänglicher Stil, vielfältig einsetzbar.

89 Blaufränkisch Ried Alt Satz 2022
13 Vol.-%, DV, Stahltank, €€ V

93 Grand Pri' 2021 BF/ZW/ME/CS
14 Vol.-%, NK, Barrique, €€€€ V
Dunkles Rubingranat, violette Reflexe, zarte Randaufhellung. Zart nach Lakritze, rote Kirschen, ein Hauch von Schokolade und Edelholz. Saftig, frische Zwetschken, reife Tannine, lebendiger Säurebogen, mineralisch-salzig im Abgang, bleibt haften, verfügt über Entwicklungspotenzial.

90 Ried Altes Weingebirge 2022 BF/ZW/ME/CS
13,5 Vol.-%, DV, gebrauchte Barriques, €€ V
Dunkles Rubingranat, violette Reflexe, zarte Randaufhellung. Zart kräuterwürzig unterlegte Brombeernote, reife Zwetschken, ein Hauch von Nougat. Mittlerer Körper, reife Kirschfrucht, zarte Süße, dezente Tannine, frisch und zugänglich, ein unkomplizierter Speisenbegleiter.

89 Cuvée Prickler 2022 BF/ZW/ME
13,5 Vol.-%, DV, gebrauchte Barriques, €€ V

93 Cabernet Sauvignon 2020
14 Vol.-%, NK, Barrique, €€€ V
Kräftiges Rubingranat, violette Reflexe, dezente Ockerrandaufhellung. Zart nach Nougat und Cassis, mit einem Hauch von Brombeeren und Lakritze unterlegt, kandierte Orangenzesten. Saftig, frische Herzkirschen, dezente Extraktsüße, feine Tannine, frischer Säurebogen, mineralisch, etwas Schokolade im Abgang, ein eleganter Begleiter bei Tisch.

93 Merlot 2021
14 Vol.-%, NK, Barrique, €€€ V
Kräftiges Karmingranat, violette Reflexe, dezente Ockerrandaufhellung. Zart nach Edelholz und Nougat, frische schwarze Herzkirschen, etwas Vanille. Saftig, feine rotbeerige Nuancen, frische Kirschen, gut integrierte, runde Tannine, mineralisch-salziger Nachhall, gutes Reifepotenzial.

92 Zweigelt Select 2021
14 Vol.-%, NK, Barrique, €€ V
Kräftiges Karmingranat, violette Reflexe, breitere Ockerrandaufhellung. Reife Herzkirschen, ein Hauch von Zwetschken und Feigen. Saftig, elegant, feine Fruchtsüße, frisch strukturiert, dunkle Beeren im Abgang, ein stoffiger Speisenwein mit Potenzial.

88 Zweigelt Classic 2022
13 Vol.-%, DV, Stahltank, €€ V

89 Pinot Noir 2021
14,5 Vol.-%, DV, Barrique, €€€ V

★★★

WEINGUT STREHN

Im traditionellen Rotweingut Strehn weht seit einigen Jahren ein neuer Wind – ein rosaroter. Und er weht immer stärker: Rund 60 Prozent der Ernte werden mittlerweile zu Rosé verarbeitet.
Am Beginn stand der Versuch, einen Gegenentwurf zu Rosé-Weinen mit mäßigen Popularitätswerten zu schaffen. Vorbild waren dabei große, französische Rosé-Ikonen, die schon lange den Weinhimmel erklommen hatten. 2017 war es dann schließlich so weit: Der mittlerweile berühmte »Elefant im Porzellanladen« stellte als Senkrechtstarter die österreichische Rosé-Welt auf den Kopf. Mittlerweile umfasst die Strehn'sche Rosé-Palette sechs Weine: vom leichten Sprudel bis zum Statement-Rosé, der im Fass vergoren wird.
Die Basis für den Erfolg des Weinguts sind aber immer die biologisch und nachhaltig bewirtschafteten Rotweine aus Deutschkreutz. Und da steht natürlich der Blaufränkisch im Mittelpunkt, der als Lagenwein oder auch in der Spitzencuvée »Pandur« angeboten wird.

94 Blaufränkisch Love Story 2021
13,5 Vol.-%, NK, Barrique, €€€€€€
Kräftiges Lachsrosa, Goldreflexe. Zarte Holzwürze, Nuancen von reifer gelber Mangofrucht, weiße Blüten, eingelegte Kirschen, mit gelben Zwetschken unterlegt. Komplex, saftig, elegant, feine Fruchtsüße, gut integrierte Säurestruktur, ein Hauch von Fruchtsüße, Pfirsich im Abgang, balanciert und lange anhaftend.

93 Blaufränkisch Der Elefant im Porzellanladen 2022
13 Vol.-%, NK, Holzfass, €€€€€ B
Mittleres Lachsrosa, Goldreflexe. Frische Wiesenkräuter, ein Hauch von Marille, mit roten Waldbeeren unterlegt, facettenreiches Bukett. Komplex, stoffig und elegant, ein Hauch von Karamell, feiner Säurebogen, mineralisch-salzig im Abgang, zeigt gute Länge, ein facettenreicher Speisenbegleiter.

91 Blaufränkisch Rosé 2022
12,5 Vol.-%, DV, Stahltank, €€€
Helles Lachsrosa, silberfarbene Reflexe. Feine Nuancen von gelbem Steinobst, kandierte Mandarinenzesten, einladendes Bukett. Saftig, seidig und elegant, finessenreicher Säurebogen, weißes Steinobst, etwas Blütenhonig im Nachhall, bereits gut entwickelt.

WEINGUT STREHN
7301 Deutschkreutz
Weinbergweg 1
T: +43 (664) 1636570
office@strehn.at
www.strehn.at

Kellermeister: Patrick & Andy Pfneisl-Strehn
Kontakt: Pia Strehn
Anbauweise: Umstellung auf bio
Produktion: 15 % weiß, 85 % rot
Zertifiziert: Nachhaltig Austria
Vereinszugehörigkeit: Verband Blaufränkisch Mittelburgenland
Messen: ProWein Düsseldorf

Weißes Kreuz, Deutschkreutz

91 Seerosé 2022 BF/SL/ME
13 Vol.-%, NK, großes Holzfass, €€€
Mittleres Lachsrosa, Silberreflexe. Zart floral unterlegte feine Kernobstnuancen, etwas Pfirsich und Blütenhonig, kandierte Orangenzesten. Saftig, elegant, feine Fruchtsüße, mineralisch im Abgang, ausgewogenes Säurespiel, Nuancen von Marille im Nachhall.

91 Sushi 2022 CF/CS
11,5 Vol.-%, NK, Beton, €€€€ Ⓑ
Kräftiges Lachsrosa, Kupfergoldreflexe. Zart nach gelber Birne, weiße Blüten, ein Hauch von eingelegten Kirschen, vielseitiges Bukett. Stoffig, frisch strukturiert, präsente, gut integrierte Säurestruktur, rotbeeriger Touch im Abgang, salziger Nachhall.

92 Blaufränkisch Roter Schotter 2020
13,5 Vol.-%, NK, 500-l-Fass, €€€€€
Dunkles Rubingranat, violette Reflexe, dezente Randaufhellung. Zarte Kräuterwürze, ein Hauch von Herzkirschen und Zwetschken, mit dezenter Edelholzwürze unterlegt. Saftig, rote Kirschen, feine Tannine, mineralisch, frisch strukturiert, zitronig-salziger Abgang, ein lebendiger Speisenbegleiter.

★★★★

WEINGUT JOSEF TESCH

Die Familie Tesch hat es sich zum Beruf und zur Berufung gemacht, exzellente Weine zu vinifizieren. In der Gemeinde Neckenmarkt im Mittelburgenland mit ihren tiefgründigen, lehmhaltigen Böden findet sie dafür die besten natürlichen Voraussetzungen. Und dennoch bestimmen nicht nur Terroir und Klima die Qualität eines Weines. Es braucht darüber hinaus ein harmonisches Zusammenspiel von handwerklichem Wissen, Erfahrung und intensiver Arbeit, um Weine höchster Güte zu erzeugen. Diese »Winzerkunst« ist für Familie Tesch mehr als »nur« Arbeit. Für sie ist es Ausdruck von Lebensfreude und Lebenskultur, und das schmeckt man auch – in exzellenten Weinen, in denen der Charakter von Region und Traube »verflüssigt« wurde.
Die Weingärten der Familie Tesch umfassen insgesamt rund 26 Hektar an den Ausläufern des Ödenburger Gebirges. Bis zu 70 Jahre alte Rebstöcke mit regionaltypischen Sorten gedeihen in den Weingärten am Hochberg, am Weissen Weg und in weiteren Top-Lagen. Die

Josef und Carmen Tesch

WEINGUT JOSEF TESCH

7311 Neckenmarkt, Herrengasse 26
T: +43 (2610) 43610
titan@tesch-wein.at
www.tesch-wein.at

Kellermeister: Josef Christian Tesch
Kontakt: Josef, Carmen und Helene Tesch
Produktion: 3 % weiß, 97 % rot, 26 Hektar
Zertifiziert: Nachhaltig Austria
Vereinszugehörigkeit: Verband Blaufränkisch Mittelburgenland, WBV Neckenmarkt
Messen: ProWein Düsseldorf, VieVinum, DAC-Präsentationen, Wein Burgenland Präsentationen

Bodenbeschaffenheit ist vielschichtig, und jeder Weingarten hat sein eigenes Mikroklima und seine Besonderheiten. Durch sortentypischen und klaren Ausbau werden gerade diese Unterschiede und Typizitäten in den Weinen von Tesch hervorgebracht. Mit rund 60 Prozent spielt die Sorte Blaufränkisch anteilsmäßig die Hauptrolle in den Weingärten der Teschs. Die naturnahe Pflege, die Ertragslimitierung für qualitativ beste Trauben und die behutsame Handlese bilden die Basis für die erstklassigen Weine. Seit einigen Jahren sind der Name Tesch und insbesondere die Weine des Hauses in aller Munde. Beim Ausbau der Weine sieht man sich dem Mittelburgenland verpflichtet und setzt auf Authentizität. So entstehen Weine, in denen man die enge Verbundenheit mit der Region schmecken kann.

(97) Blaufränkisch Patriot 2019

14 Vol.-%, NK, Barrique, €€€€€€ V

Dunkles Rubingranat, tiefer Kern, violette Reflexe, dezente Ockerrandaufhellung. Feines Edelholz, ein Hauch von Zeder, Vanille, schwarze Herzkirschen und Waldbeeren, einladendes Bukett. Komplex, süße Frucht, gute Frische, feine, tragende Tannine, mineralisch-salzig, reife Kirschen im Nachhall, sehr gute Länge, sicheres Reifepotenzial.

(93) Blaufränkisch Ried Bergleiten 2021

14 Vol.-%, NK, 500-l-Fass, €€€€€ V

Kräftiges Rubingranat, violette Reflexe, dezente Ockerrandaufhellung. Zarte schwarze Kirschfrucht, ein Hauch von Zwetschken, mineralischer Touch, mit kandierten Orangenzesten unterlegt. Saftig, elegant, feine Fruchtsüße, reife, gut integrierte Tannine, mineralisch und anhaftend, Herzkirschen im Nachhall.

(95) Titan 2021 BF/CS/ME

14 Vol.-%, NK, Barrique, €€€€€ V

Dunkles Rubingranat, violette Reflexe, zarte Ockerrandaufhellung. Noch etwas verhalten, dunkle Beerenfrucht, zart nach Cassis und Lakritze, mit Brombeerkonfit unterlegt, frische Mandarinenzesten. Stoffig, elegant, frische Herzkirschen, lebendig strukturiert, gut integrierte, tragende Tannine, mineralisch und gut anhaftend, sicheres Reifepotenzial.

(94) Jana Paulina 2021 ME/CS

14 Vol.-%, NK, 500-l-Fass, €€€€€

Dunkles Rubingranat, violette Reflexe, zarte Ockerrandaufhellung. Dezente Edelholznuancen, dunkle Waldbeeren, zart nach Zwetschken, ein Hauch von Orangenzesten, einladendes Bukett. Saftig, gute Komplexität, reife süße Herzkirschen, feine, tragende Tannine, mineralisch, saliner Touch im Abgang, zeigt gute Länge, sicheres Reifepotenzial.

(90) Joe Nr.5 2020 BF/ZW/ME

13,5 Vol.-%, DV, 500-l-Fass, €€ V

Dunkles Rubingranat, violette Reflexe, zarte Ockerrandaufhellung. Reife Zwetschkenfrucht, Nuancen von Brombeeren, rotbeeriger Touch, mit feiner Kräuterwürze unterlegt. Mittlere Komplexität, rote Kirschen, zarte Tannine, salzig-zitronig im Abgang.

© RODICA ZITA WURTH

(94) Merlot Enya Valea 2021
14 Vol.-%, NK, 500-l-Fass, €€€€€ V
Kräftiges Rubingranat, violette Reflexe, dezente Ockerrandaufhellung. Süße Zwetschkenfrucht, reife Kirschen, zart nach Edelholz, etwas Nougat, ein Hauch von Vanille. Saftig, elegant, süße Fruchtnuancen, reife Tannine, mineralisch, gute Frische im Abgang, ein facettenreicher Begleiter bei Tisch, gutes Entwicklungspotenzial.

(91) Zweigelt Ried Hochberg 2021
13,5 Vol.-%, DV, 500-l-Fass, €€€ V
Dunkles Rubingranat, violette Reflexe, zarte Randaufhellung. Feine Brombeernuancen, dunkle Kirschen, ein Hauch von Mandarinenzesten. Saftig, feine Fruchtsüße, rote Kirschen auch am Gaumen, mineralische Nuancen, lebendig und vielfältig einsetzbar.

(91) Pinot Noir Ried Hochäcker 2021
13 Vol.-%, NK, gebrauchte Barriques, €€€€ V
Kräftiges Karmingranat, violette Reflexe, breitere Randaufhellung. Frische Orangenzesten, reife Zwetschken, ein Hauch von Kräutern, rotbeerig unterlegt. Mittlerer Körper, Himbeerkonfit, frische Säurestruktur, Limetten im Abgang, ein animierender Speisenbegleiter.

★★★★

WEINGUT WELLANSCHITZ

BIO

Wie man ein kleines Familienweingut erfolgreich in die Moderne führt, ohne dabei Tradition und Ehrfurcht vor dem kostbaren Land, das man bearbeitet, über Bord zu werfen, zeigen wenige Winzerfamilien so eindrucksvoll wie die »Wells«, die damit Neckenmarkter Grundwerte erfüllen. Seit der Übernahme von den Eltern und Großeltern haben sie das Weingut mit Bedacht erweitert und sich gleichzeitig einer Philosophie verschrieben, die darauf beruht, dem wertvollen Glimmerschiefer, dem Granitgneis, den kargen Kalkböden und dem Lehm die Aufgabe zu überlassen, den Wein zu gestalten. Die biologische Bewirtschaftung (Zertifizierung abgeschlossen) und das klare Bekenntnis zur Zurückhaltung im Keller sind ein tragendes Element der Wellanschitz-Weine. Die Weingärten liegen an den letzten Ausläufern der Alpen, im Ödenburger Gebirge, direkt an der Grenze zu Ungarn. Die hoch gelegenen Weinberge (bis 480 Meter Seehöhe) sind die Besonderheit im Mittelburgenland und ermöglichen den Ausbau komplexer Weine.
Mit ihrem umfangreichen Blaufränkisch-Sortiment, das bei Familie Wellanschitz eine zentrale Rolle spielt, zeigt man die Unterschiede der einzelnen Lagen des Mittelburgenlands auf und leistet damit einen wertvollen Beitrag zur Erhaltung der Blaufränkisch-Tradition in der Region. Das Weingut Wellanschitz ist bekannt für seine Einzellagen-Blaufränkischen vom Hochberg, vom Sonnensteig, vom Hussi und vom Alten Weingebirge sowie für den Blaufränkisch Well Alte Reben vom ältesten Weingarten der Familie. Die Lage Rüsselgrund garantiert hochreifen Cabernet Sauvignon, und mit der Cuvée Fraternitas wird die Zusammenarbeit der beiden Wellanschitz-Brüder Stefan Paul und Georg gefeiert.

99 Blaufränkisch Ried Sonnensteig 2019
13,5 Vol.-%, NK, 500-l-Fass, €€€€€€ B
Dunkles Rubingranat, opaker Kern, violette Reflexe, zarte

WEINGUT WELLANSCHITZ
7311 Neckenmarkt
Lange Zeile 28
T: +43 (2610) 42302
info@wellanschitz.at
www.wellanschitz.at

Kellermeister: Stefan Wellanschitz, Georg Wellanschitz
Kontakt: Familie Wellanschitz
Anbauweise: Zertifiziert Biologisch (Bio Austria)
Produktion: 1 % Schaumwein, 10 % weiß, 90 % rot, 35 Hektar
Messen: VieVinum

Ockerrandaufhellung. Einladende Edelholznuancen, schwarze Kirschen, ein Hauch von Weichseln, reife Zwetschken, zartes Nougat, feines Bukett. Saftig, komplex, elegante Textur, reife Herzkirschen, extraktsüßer Kern, finessenreich strukturiert, reife, tragende Tannine, mineralisch-salzig, mit großer Länge ausgestattet, sicheres Reifepotenzial.

96 Blaufränkisch Well Alte Reben 2019
13,5 Vol.-%, NK, 500-l-Fass, €€€€€ Ⓑ
Dunkles Rubingranat, violette Reflexe, zarte Randaufhellung. Zart nach Kräutern, tabakig, ein Hauch von Kirschen, Zwetschken, kandierte Orangenzesten klingen an. Saftig, elegant, Pflaumenfrucht, rote Kirschen, frische Struktur, gut integrierte Tannine, mineralisch, zart salzig im Abgang, elegant und gut anhaftend, vielschichtiger Speisenbegleiter mit Potenzial.

94 Blaufränkisch Ried Burgstall 2021
13 Vol.-%, NK, 500-l-Fass, €€€€ Ⓑ
Dunkles Rubingranat, violette Reflexe, dezente Randaufhellung. Zart rauchige Mineralik, reife Kirschfrucht, Rote Johannisbeeren, feine Kräuterwürze. Saftig, elegant, rote Waldbeerenfrucht, reife, gut integrierte Tannine, zarte Süße im Abgang, bereits sehr gut entwickelt.

93 Blaufränkisch Neckenmarkter Fahnenschwinger 2021
13,5 Vol.-%, NK, großes Holzfass, €€€€ Ⓑ Ⓥ
Kräftiges Rubingranat, violette Reflexe, breitere Randaufhellung. Kandierte Mandarinenzesten, rote Kirschen, dezente Kräuterwürze, floraler Touch, einladendes Bukett. Saftig, lebendig, wirkt leichtfüßig und trinkfreudig, reife Tannine, mineralisch im Abgang, ein animierender Speisenbegleiter.

(92) Blaufränkisch Central Schiefer&Lehm 2021
13,5 Vol.-%, DV, Holzfass, €€€ Ⓑ Ⓥ
Dunkles Rubingranat, violette Reflexe, dezente Randaufhellung. Frische rotbeerige Nuancen, ein Hauch von schwarzen Kirschen und Zwetschken, tabakig und würzig. Saftig, rotbeeriger Touch, ein Hauch von Ribiseln, feste Tannine, mineralisch und straff, wird von weiterer Flaschenreife profitieren.

91 Cuvée vom Hotter 2021 BF/ZW/ME/SY/CS
13,5 Vol.-%, DV, Holzfass, €€€ Ⓑ Ⓥ
Dunkles Rubingranat, violette Reflexe, zarte Randaufhellung. Frische Brombeeren, ein Hauch von Kirschen, floraler Touch, mit Orangenzesten unterlegt. Mittlere Komplexität, rote Beeren, feine Tannine, frisch strukturiert, bereits zugänglich und gut antrinkbar.

91 HA5NG 2021 BF/ZW/ME/CS
13,5 Vol.-%, DV, Teilbarrique, €€€ Ⓑ
Dunkles Rubingranat, violette Reflexe, dezente Randaufhellung. Zart nach Vanille, frische Zwetschken, ein Hauch von Erdbeeren, kandierte Mandarinenzesten. Saftig, wirkt leichtfüßig und frisch, dezente Fruchtsüße, zarte Tannine, etwas Nougat, bereits gut antrinkbar.

★★★

WEINGUT JULIANA WIEDER

Die Wieders sind Weinbauern im wahrsten Sinn des Wortes. Viele Generationen waren sie Landwirte, seit den 1980er-Jahren wird auf Wein gesetzt. So wurden Äcker gegen Weingärten, Rinderhalle gegen Abfüllraum, Schweinestall gegen Barriquekeller und Heulager gegen Buschenschank getauscht. Inzwischen haben sich die Weine an der österreichischen Rotweinspitze etabliert. Georg Wieder stellt seit seiner Jugend mit großer Leidenschaft die gebietstypischen Weine her, unterstützt wird er dabei von seiner Schwester Burgi. Zusammen mit Betriebsgründerin und Mutter Juliana Wieder erkannten sie früh das Potenzial der einzelnen Rieden. In dem Bewusstsein, dass charakteristischer Wein nicht erst im Keller gemacht wird, sondern im Weingarten entsteht, sicherten sie sich die besten Lagen der Region: Spiegelberg, Bodigraben, Sonnensteig, Hochberg, Pollesgraben, Kronberg, Hussy, Kohlenberg, Hochäcker und Gfanger. Mittlerweile werden rund 44 Hektar Weingärten bearbeitet, die überwiegend 50 Jahre und älter sind. Der Blaufränkisch steht im Betrieb natürlich im Mittelpunkt und wird je nach Lage und Alter der Rebstöcke in verschiedenen Varianten ausgebaut. Aber auch andere Reben werden kultiviert: Welschriesling und Chardonnay sowie Zweigelt, St. Laurent, Merlot, Syrah, Pinot Noir und Cabernet Sauvignon stellen eine spannende Herausforderung dar. Die internationalen Rotweinsorten werden

WEINGUT JULIANA WIEDER

7311 Neckenmarkt, Lange Zeile 76
T: +43 (2610) 42438
info@weingut-juliana-wieder.at
www.weingut-juliana-wieder.at

Kellermeister/Kontakt: Georg Wieder
Produktion: 1 % Schaumwein, 4 % weiß, 1 % rosé, 94 % rot, 44 Hektar
Zertifiziert: Nachhaltig Austria
Vereinszugehörigkeit: Verband Blaufränkisch Mittelburgenland, WBV Neckenmarkt
Messen: VieVinum, DAC-Präsentationen, Wein Burgenland Präsentationen

Kronberg, Neckenmarkt

nur in ausgezeichneten Jahrgängen sortenrein abgefüllt, ansonsten runden sie die Cuvées »Georg«, »Morandus« und »Sempre« ab. Die Wieders legen nicht nur viel Wert auf Qualität, sondern stecken auch viel Herz in die Produktion. Die Bewahrung von Tradition und Natur schließen die Offenheit für Neues nicht aus. So schafft es Georg immer wieder, das Beste aus den Trauben herauszuholen.

(95) Blaufränkisch ** 2019
14,5 Vol.-%, NK, Barrique, €€€€€
Kräftiges Rubingranat, violette Reflexe, zarte Randaufhellung. Dunkle Herzkirschen, reife Zwetschken, kandierte Orangenzesten, feine Kräuterwürze, mit einem Hauch von Edelholz unterlegt, einladendes Bukett. Komplex, saftig, extraktsüß, reife Herzkirschen, feine, gut integrierte Tannine, zeigt Frische und Länge, bereits antrinkbar, ein stoffiger Speisenbegleiter, mit sicherem Reifepotenzial ausgestattet.

(93) Blaufränkisch ** Glimmerschiefer 2019
14 Vol.-%, DV, 500-l-Fass/gebrauchte Barriques, €€€€
Dunkles Rubingranat, violette Reflexe, zarte Randaufhellung. Zart rauchig-kräuterwürzig, Nuancen von Brombeeren, dunkle Mineralik. Komplex, angenehme Fruchtsüße, feine Tannine, seidige Textur, angenehme Würze im Nachhall, ein balancierter Speisenbegleiter.

93 Blaufränkisch ** Ried Bodigraben 2020
14 Vol.-%, NK, kleines Holzfass/Holzfass, €€€€
Kräftiges Rubingranat, violette Reflexe, dezente Ockerrandaufhellung. Frische Herzkirschen, ein Hauch von Zwetschken, feine Kräuterwürze, kandierte Orangenzesten, einladendes Bukett. Saftig, seidig und elegant, frisch strukturiert, wirkt leichtfüßig, feine Tannine, salziger Nachhall, bereits zugänglich, ein balancierter Speisenbegleiter.

92 Blaufränkisch ** Ried Kohlenberg 2020
14,5 Vol.-%, NK, 500-l-Fass, €€€
Kräftiges Rubingranat, violette Reflexe, breitere Ockerrandaufhellung. Zarte rote Waldbeeren, eingelegte Kirschen, ein Hauch von Mandarinenzesten, mineralischer Touch. Mittlere Komplexität, rotbeerig, frisch strukturiert, zarte Tannine, salzig im Abgang, ein vielseitiger Begleiter bei Tisch.

(90) Blaufränkisch * Ried Hochberg 2020
13,5 Vol.-%, DV, großes Holzfass, €€
Kräftiges Rubingranat, violette Reflexe, zarte Randaufhellung. Tabakig, frische Zwetschken, schwarze Beeren, mit etwas Vanille und kandierten Orangenzesten unterlegt. Mittlerer Körper, rote Kirschen, dezente Tannine, fruchtsüß, gute Frische, zitronig, bereits gut antrinkbar.

(94) Cabernet Sauvignon Reserve 2021
14,5 Vol.-%, NK, Barrique, €€€€€
Dunkles Rubingranat, violette Reflexe, dezente Randaufhellung. Feine Edelholznuancen, dunkle Beeren, schwarze Kirschen, ein Hauch von Cassis, mit Orangenzesten unterlegt. Saftig, schokoladig, feine Tannine, reife Herzkirschen, bleibt gut haften, ein stoffiger, balancierter Speisenbegleiter mit gutem Potenzial.

Nördlich und östlich des Neusiedler Sees befindet sich die Region, die dem zweitgrößten Steppensee Europas ihren Namen verdankt und für Rot- und Süßweine prädestiniert ist

© WSNA

BURGENLAND

NEUSIEDLERSEE

DAC

Ried Salzgründe, Lange Lacke bei Apetlon

VIELFALT DES ZWEIGELTS UND GROSSE SÜSSWEINE

Auf 6.110 Hektar Rebfläche reift an den Ufern des flachen Steppensees eine Sortenvielfalt in Weiß, Rot und Süß heran – von frischen Weinen über Gehaltvolles und Aromatisches bis zu den weltberühmten Süßweinen, die seit dem Jahrgang 2020 die Bezeichnung Neusiedlersee DAC tragen dürfen. Dabei ist in den letzten Jahren insbesondere die Vielfalt des Zweigelts immer mehr in den Vordergrund getreten, der schon seit 2012 als Neusiedlersee DAC bezeichnet werden darf.

Mit 1.460 Hektar stellt der Zweigelt hier die Hauptsorte dar. Für den klassischen Neusiedlersee DAC kommt er wenige Monate nach der Ernte auf den Markt, bei der Reserve-Kategorie erfolgt der Ausbau im Holz, und der Wein wird zumindest ein Jahr später gefüllt. Sonne pur können die Reben in den weitläufigen geschlossenen Weingärten speichern. Das voll wirksame pannonische Klima mit seinen heißen, trockenen Sommern und kalten Wintern sorgt gemeinsam mit dem Neusiedler See als Temperaturregler für eine lange Vegetationsperiode. Hohe Luftfeuchtigkeit und herbstliche Nebeleinfälle begünstigen die hier regelmäßig auftretende Edelfäule (Botrytis cinerea) als Basis für höchste Prädikatsweine wie Beerenauslesen und Trockenbeerenauslesen. Diese Spezialitäten haben wesentlich dazu beigetragen, dass der im Vergleich zu traditionsreicheren österreichischen Weinbaugebieten noch relativ junge Seewinkel in der ganzen Welt bekannt wurde. Seit dem Jahrgang 2020 wird diesem Ruf mit der Einführung in die DAC-Pyramide Rechnung getragen. Die sehr differenzierte Bodenstruktur – von Löss und Schwarzerde bis zu Schotter und Sand – lässt eine ebenso vielfältige Rebsortenpalette gedeihen. Sind es beim Weißwein neben der Leitsorte Welschriesling vor allem Weißburgunder und Chardonnay sowie aromatische Sorten, so steht im roten Segment der Blaue Zweigelt an

© WSNA

der Spitze, begleitet von Blaufränkisch, St. Laurent und Blauburgunder sowie internationalen Zuwanderern. Ob fruchtcharmant ausgebaut, im Holzfass oder Barrique gereift, ob reinsortig oder als Cuvée: Die Rotweine vom Neusiedler See sind eindeutig auf Erfolgskurs. Einen wahren Genussfeldzug hat auch die regionale Gastronomie gestartet, die mit einer spannenden Kombination aus kreativer, moderner Küche und bodenständigen Produkten punktet. Gemüsespezialitäten, Fisch oder alte Rinderrassen bereichern die Speisekarten, kongenial begleitet von passenden Weinen für jeden Geschmack.

Als Ausgleich zum weinkulinarischen Verwöhnprogramm bieten sich Radtouren, Reiten oder Wassersport an, auch die Auswahl an Gästezimmern in jeder Kategorie lässt keine Wünsche offen – von Neusiedl am See, Gols und Mönchhof am Nordufer über Podersdorf, Illmitz, Apetlon und Pamhagen im Süden bis nach Wallern, Tadten, St. Andrä, Andau oder Frauenkirchen im Osten des Gebiets.

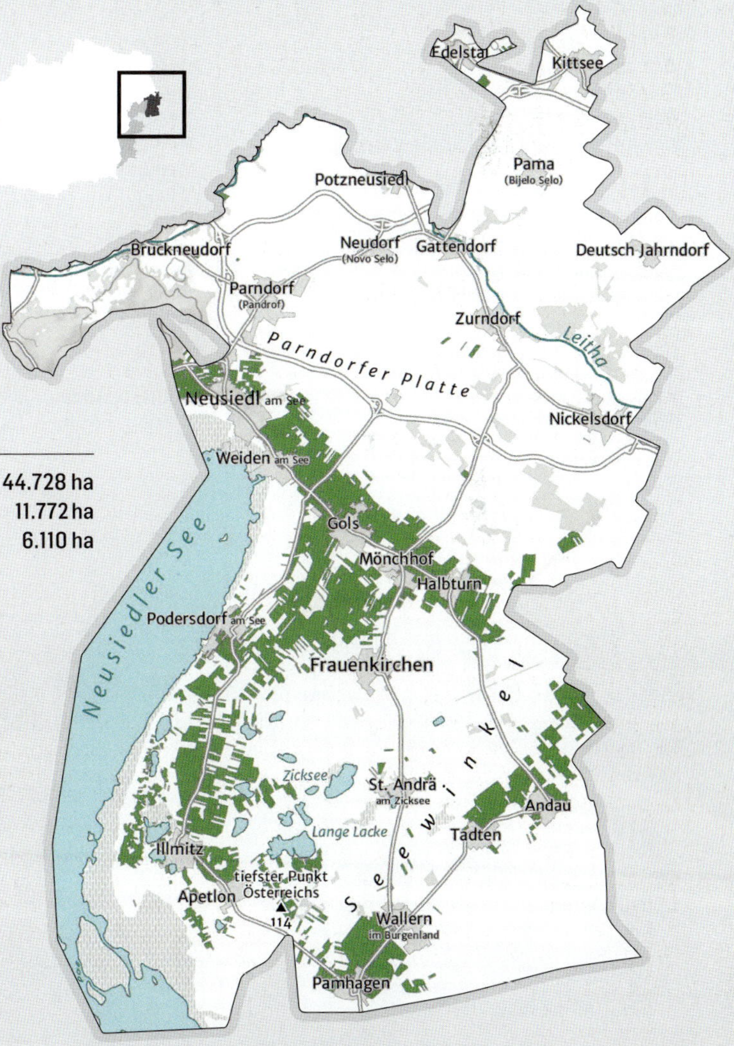

NEUSIEDLERSEE DAC

Österreich gesamt	**44.728 ha**
Weinbaugebiet Burgenland	**11.772 ha**
Neusiedlersee DAC	**6.110 ha**

BEPFLANZTE WEINFLÄCHE

Grundkarte: © Universität Wien, BEV, OSM, SRTM | Österreich Wein Marketing GmbH, 1040 Wien, © ÖWM 2022

AUSGEWÄHLTE WEINGÜTER

★★★★★

Weingut Paul Achs, Gols
Weingut Gernot und Heike Heinrich, Gols
Weinlaubenhof Kracher, Illmitz
Weingut Anita und Hans Nittnaus, Gols
Weingut Pöckl, Mönchhof
Hans Tschida – Angerhof, Illmitz
Weingut Velich, Apetlon

★★★★

Weingut Werner Achs, Gols
Weingut Pittnauer, Gols
Weingut Scheiblhofer, Andau
Weingut Schwarz, Andau
Weingut Christian Tschida, Illmitz

★★★

A-Nobis Sektkellerei Norbert Szigeti, Zurndorf
Allacher Vinum Pannonia, Gols
Weingut Zur Dankbarkeit, Podersdorf am See
Weingut Robert Goldenits, Tadten
Weingut Haider, Illmitz
Weingut Horvath, Gols
Weingut Jacqueline Klein, Andau
Weingut Markus Iro, Gols
Weingut Keringer, Mönchhof

★★★

Weingut Leitner, Gols
Weingut Münzenrieder, Apetlon
Weingut PMC Münzenrieder, Apetlon
Weingut Gebrüder Nittnaus, Gols
Weingut Helmut Preisinger, Gols
Weingut Hannes Reeh, Andau
Weingut Salzl – Seewinkelhof, Illmitz
Zantho Weingut, Andau

★★

Weingut AMSEE, Gols
Weingut Alexander Egermann, Illmitz
Nestor, Halbturn
Weingut Erich Sattler, Tadten
Weingut Gernot Schuhmann, Gols
Weingut Wurzinger Pia, Tadten

★

Achs-Wendelin Weine, Gols
Bio-Weingut Bernthaler + Bernthaler, Gols
Schaller vom See, Podersdorf am See

—

Domaine Andau, Andau
Weingut Göschl & Töchter, Gols

Weinbau bei Illmitz

A-NOBIS SEKTKELLEREI NORBERT SZIGETI
2424 Zurndorf
Am Eichenwald 3
T: +43 (2173) 20899
sekt@a-nobis.at
würd
Kellermeister: Norbert Szigeti
Kontakt: Dipl. Ing. Birgit Szigeti
Messen: Wein Burgenland
Präsentationen

Pinot Noir

★★★

A-NOBIS SEKTKELLEREI NORBERT SZIGETI

A-NOBIS – dahinter stehen Norbert und Birgit Szigeti mit ihrem hochmotivierten Team aus Mitarbeitern und Partnern. Die mehr als drei Jahrzehnte lange Erfahrung von Norbert Szigeti rund um höchstwertige Versektung bildet das Fundament – die tragenden Säulen sind die hoch geschätzten Mitarbeiter, Partner und Gastronomen. Sekte mit originärem Geschmacksprofil und klarer Herkunft sind die mit großer Freude gelebte Berufung. Das Unternehmerehepaar eröffnete im September 2020 im burgenländischen Zurndorf eine der modernsten und innovativsten Sektkellereien Österreichs.

94 ❺ A-Nobis Grand Cuvée Extra Brut 2013 CH/PN
Deg. 7/2021, 12,5 Vol.-%, NK, kleines Holzfass/Flaschengärung, €€€€€€ Ⓗ
Helles Goldgelb, Messingreflexe, feines, lebhaftes Mousseux. Frische gelbe Tropenfrucht, zarte Wiesenkräuter, nussige Aromen, mit frischen Orangenzesten unterlegt. Komplex, stoffig, weißer Apfel, frische Säurestruktur, mineralisch-zitronig im Abgang, Limetten im Nachhall, ein rassiger Aperitif.

92 ❺ A-Nobis Cuvée 1217 Blanc de Blanc Extra Brut Sekt 2018 CH/WR
Deg. 5/2022,12,5 Vol.-%, NK, Eichenfass/Stahltank/Flaschengärung, €€€€€ Ⓗ
Helles Gelbgrün, Silberreflexe, feines, lebendiges Mousseux. Zart nach Wiesenkräutern, weißes Kernobst, zart nach Limettenzesten, frisches Bukett. Mittlerer Körper, weißer Apfel, rassige Säurestruktur, mineralisch-zitronig im Nachhall, ein lebendiger Speisenbegleiter oder Aperitif.

92 ❺ A-Nobis Cuvée 1217 Blanc de Noir Extra Brut Sekt 2018 PN/BF/ZW/SL
Deg. 5/2022, 12,6 Vol.-%, NK, Stahltank/Eichenfass/Flaschengärung, €€€€€ Ⓗ
Zartes Kupfergold, Silberreflexe, lebendiges Mousseux. Zart nach Biskuit und frischen Zwetschken, ein Hauch von gelber Ringlottenfrucht, dezenter Blütenhonig, Kirschen klingen an. Straff, weißes Kernobst, zitronige Textur, schlanker Körper, salziger Abgang, mittlere Länge.

91 **A-Nobis Cuvée 1217 Cuvée Extra Brut Sekt 2018 CH/SL/PN/BF**
Deg. 5/2022, 12,9 Vol.-%, NK, Eichenfass/Stahltank/Flaschengärung, €€€€€
Helles Goldgelb, Silberreflexe, feines Mousseux. Ein Hauch von gelbem Apfel, etwas Honigmelone, zart floral, dezentes Bukett. Weißes Kernobst, mineralisch, frischer Säurebogen, stahlige Textur, Limetten im Abgang, grüner Apfel im Finale.

93 **A-Nobis Grand Cuvée Rosé Extra Brut Sekt 2013 PN/CH**
Deg. 7/2021, 12,5 Vol.-%, NK, kleines Holzfass/Flaschengärung, €€€€€€
Kräftiges Lachsrosa, Kupferreflexe, feines Mousseux. Zart nach Erdbeeren und frischen Kirschen, dezenter Blütenhonig, einladendes Bukett. Straff, engmaschig, rote Waldbeeren, mineralisch-salzig im Finale, zitroniger Touch, ein Hauch von Ribiseln im Rückgeschmack, sehr jugendlich.

91 **A-Nobis Cuvée 1217 Rosé Extra Brut Sekt 2018 PN/BF/SL/ZW**
Deg. 11/2022, 12,8 Vol.-%, NK, Eichenfass/Stahltank/Flaschengärung, €€€€€
Mittleres Lachsrosa, Silberreflexe, feines Mousseux. Frischer Apfel, zart nach roten Waldbeeren, zarter Zitrustouch, verhaltenes Bukett. Straff, weißes Kernobst, rassiger Säurebogen, Ribisel im Abgang, Limetten im Nachhall, klassischer Aperitif.

★★★★★

WEINGUT PAUL ACHS

BIO

Der Golser »Pannobile«-Winzer Paul Achs ist mit der Ernte 1991 voll in den elterlichen Betrieb eingestiegen: Schon vier Jahre später wurde er als »Falstaff Winzer des Jahres« ausgezeichnet. Seither ist aus dem einst dem Weißwein verschriebenen Betrieb, der seit jeher Tradition mit moderner Kellertechnologie verbindet, ein Produzent ausgezeichneter Rotweine geworden. Mittlerweile hat der Rotweinanteil bereits 90 Prozent erreicht.
Paul Achs produziert keine Show-Weine, er setzt auf Eleganz und Finessenreichtum. Der größte Teil der Weine wird in Barriques ausgebaut. Das gilt sowohl für Chardonnay und Sauvignon Blanc als auch für die Rotweinspezialitäten – von Pinot Noir über Blaufränkisch »Ungerberg« bis hin zur Cuvée »Pannobile«. Als Voraussetzung für höchste Qualität wird eine extreme Erntebeschränkung auf maximal 3.000 Kilogramm Trauben pro Hektar angesehen – Bemühungen, die sich längst ausgezahlt haben, denn heute zählen die Weine von Paul Achs zu den besten in der österreichischen Rotweinszene, was auch die jährlichen Falstaff-Rotweinprämierungen belegen: Die Weine von Paul Achs sind immer im absoluten Spitzenfeld zu finden.

97 **Chardonnay Alte Reben 2021**
14 Vol.-%, NK, 500-l-Fass, €€€€€
Helles Grüngelb, Silberreflexe. Feine Kräuterwürze, rauchig unterlegte weiße Apfelfrucht, zart nussige Aromen, frische Orangenzesten. Saftig, elegant, feine Extraktsüße, komplex, cremig und kraftvoll, salzig im Abgang, lange anhaftend, ein Hauch von Marzipan im Rückgeschmack, sicheres Reifepotenzial.

92 **Chardonnay 2022**
13 Vol.-%, DV, Stahltank/Holzfass, €€€
Helles Gelbgrün, Silberreflexe. Frischer weißer Apfel, zart nach Wiesenkräutern, ein Hauch von Birne, einladende Frucht. Mittlerer Körper, feine Nuancen von Honigmelone, angenehmer Säurebogen, zarte Fruchtsüße im Abgang, bleibt hängen, ein jugendlicher Speisenbegleiter.

97 **Blaufränkisch Ried Altenberg 2020**
14 Vol.-%, NK, gebrauchte Barriques, €€€€€€
Kräftiges Rubingranat, violette Reflexe, breitere Ockerrandaufhellung. Zart nach Bergamotte, schwarze Kirschen, Brombeeren, frische Orangenzesten, dezente Kräuterwürze. Saftig, elegant, reife süße Herzkirschen, finessenreicher Säurebogen, feine, tragende Tannine, sehr gute Länge, frisch und anhaftend, zarte Fruchtsüße im Nachhall, sicheres Reifepotenzial.

95 **Blaufränkisch Reserve 2017**
13 Vol.-%, NK, großes Holzfass, €€€€€
Kräftiges Karmingranat, violette Reflexe, breitere Ocker-

randaufhellung. Nuancen von Brombeeren und schwarzen Herzkirschen, zart tabakig unterlegt, ein Hauch von frischen Orangenzesten. Saftig, rotbeerige Textur, frisch strukturiert, seidige, gut integrierte Tannine, Limetten und Johannisbeeren im Abgang, sehr lebendig, trinkanimierender Stil, mineralischer Nachhall.

95 Blaufränkisch Ried Ungerberg 2021
13,5 Vol.-%, NK, gebrauchte Barriques, €€€€€€ B H
Kräftiges Karmingranat, violette Reflexe, breitere Ockerrandaufhellung. Pfeffrig-tabakig unterlegte Kräuterwürze, rote Herzkirschen, mit frischen Brombeeren und Zwetschken unterlegt. Saftig, frische Kirschen, feiner Säurebogen, zarte Fruchtsüße im Abgang, elegant und animierend, wirkt leichtfüßig, bleibt haften, sicheres Reifepotenzial.

94 Blaufränkisch Ried Spiegel 2021
13,5 Vol.-%, NK, gebr. Barriques, €€€€€€ B H
Kräftiges Rubingranat, violette Reflexe, breitere Ockerrandaufhellung. Kräuterwürzig-tabakig unterlegte rote Waldbeeren, ein Hauch von Hibiskus, frische Kirschen, ein Hauch von Mandarinenzesten. Straff, engmaschig, rote Herzkirschen, feine, tragende Tannine, salzige Mineralik, gutes Reifepotenzial.

(92) Blaufränkisch Edelgrund 2022
13 Vol.-%, DV, gebrauchte Barriques, €€€€ B H
Kräftiges Rubingranat, violette Reflexe, zarte Ockerrandaufhellung. Feines Brombeerkonfit, dunkle Kirschen, ein Hauch von Orangenzesten, mit etwas Kräuterwürze unterlegt. Saftig, lebendig strukturiert, rotbeerig, wirkt leichtfüßig, feine, gut integrierte Tannine, mineralischer Abgang, bereits gut entwickelt und vielfältig einsetzbar.

95 Pinot Noir Reserve Selektion P 2021
13,5 Vol.-%, NK, gebr. Barriques, €€€€€€ B
Mittleres Karmingranat, violette Reflexe, breite Ockerrandaufhellung. Feine Edelholznuancen, zart nach Nougat, reife rote Herzkirschen, ein Hauch von Erdbeerkonfitüre, kandierte Orangenzesten. Saftig, elegant, rote Waldbeeren, frischer Säurebogen, seidige Tannine, mineralisch-salzig, gut anhaftend, bereits antrinkbar, mit gutem Reifepotenzial ausgestattet.

(94) Pannobile Reserve 2021 BF/ZW
13 Vol.-%, NK, gebrauchte Barriques, €€€€€ B H
Kräftiges Rubingranat, violette Reflexe, zarte Ockerrandaufhellung. Zarte Kräuterwürze, ein Hauch von Edelholz, etwas Grafit, schwarze Waldbeeren, Orangenzesten. Saftig, rotbeerig, ein Hauch von Weißen Johannisbeeren, frischer Säurebogen, feine Tannine, Limettentouch im Abgang, lebendig-animierendes Finish, salziger Nachhall, ein delikater Speisenbegleiter.

WEINGUT PAUL ACHS
7122 Gols, Neubaugasse 13
T: +43 (2173) 2367
office@paul-achs.at
www.paul-achs.at

Kellermeister/Kontakt:
Paul Achs
Anbauweise: Biodynamisch (respekt)
Produktion: 100.000 Flaschen
20 % weiß, 80 % rot, 27 Hektar
Vereinszugehörigkeit:
Pannobile, Tu Felix Austria, Renommierte Weingüter Burgenland, respekt-BIODYN
Messen: ProWein Düsseldorf, VieVinum

(93) Zweigelt Alte Reben 2022
13 Vol.-%, DV, gebrauchte Barriques, €€€ B H
Dunkles Rubingranat, violette Reflexe, zarte Ockerrandaufhellung. Zarte Kräuterwürze, Brombeeren, ein Hauch von Lakritze, kandierte Mandarinenzesten, einladendes Bukett. Stoffig, elegant, reife Kirschfrucht, feine Nuancen von Erdbeeren, feine Tannine, lebendige Struktur, bleibt gut haften, zarte Fruchtsüße im Abgang, ein vielseitiger Speisenbegleiter.

(92) Zweigelt 2022
13 Vol.-%, DV, großes Holzfass, €€€ B H
Dunkles Rubingranat, violette Reflexe, zarte Ockerrandaufhellung. Nuancen von frischen Zwetschken und Brombeeren, ein Hauch von Schokolade, frische Orangenzesten. Saftig, ausgewogen, lebendig strukturiert, frische Herzkirschen, bleibt gut haften, bereits gut zugänglich.

(93) Syrah 2021
13 Vol.-%, NK, gebrauchte Barriques, €€€€€ B H
Kräftiges Rubingranat, violette Reflexe, zarte Ockerrandaufhellung. Feine Kräuterwürze, reife Zwetschken, dunkle Beeren, frische schwarze Kirschen, tabakige Nuancen. Straff, rotbeerig, schwarzer Pfeffer, tragende Tannine, mineralisch, zart nach Lakritze im Abgang, Rote Johannisbeeren im Nachhall.

★★★★

WEINGUT WERNER ACHS

Den Weg zum Wein fand Werner Achs über Alois Kracher, den er während seiner Schulzeit zu internationalen Messeveranstaltungen begleitete. Die dort entstandenen Kontakte nützte er, um einige Zeit in Frankreich und Italien zu verbringen. Ab diesem Zeitpunkt war eines für ihn klar: Er wollte Wein machen – und an diesem Ziel sollte er festhalten. Das Weingut wurde im Jahr 2000 mit 1,27 Hektar gegründet, seit 2011 stehen Weinparzellen mit etwas mehr als 14 Hektar im Ertrag. Werner Achs' Weinsortiment ist sehr gestrafft und setzt sich aus dem klassischen Zweigelt vom Goldberg und der Cuvée »XUR«, die nur aus autochthonen Sorten besteht, zusammen. Die Beschränkung auf nur zwei Weine – bzw. in besonders guten Weinjahren auf drei, denn in solchen kommt die Top-Cuvée »Werner Achs Reserve« hinzu – drückt jene Klarheit aus, die fasziniert: Weniger ist mehr. Am besten zum Ausdruck kommt das mit den 100 Falstaff-Punkten, die Werner Achs im Herbst 2020 für seinen Reservewein erzielte, aber auch durch seine mehrfachen Falstaff-Siege und Top-Platzierungen mit »XUR« und seinem klassischen Zweigelt Goldberg. Die Reduktion auf wenige Weine ermöglicht ihm ganz klar eine Fokussierung auf das Wesentliche.

(97) Werner Achs Reserve 2020 BF/ME
14 Vol.-%, NK, Barrique, €€€€€€
Kräftiges Rubingranat, tiefer Kern, violette Reflexe, breitere Ockerrandaufhellung. Feine Holzwürze, zart nach Trockenkräutern, schwarze Waldbeeren, mit etwas Lakritze und Cassis unterlegt, einladende Beerenfrucht, facettenreiches Bukett. Komplex, saftig, reife Herzkirschen, frisch und elegant, seidige Tannine, ein Hauch von Nougat, große Länge, bereits sehr gut entwickelt, sicheres weiteres Reifepotenzial.

(95) XUR 2021 BF/ZW/SL
14 Vol.-%, NK, Barrique, €€€€€
Kräftiges Rubingranat, violette Reflexe, dezente Randaufhellung. Feiner Edelholztouch, Nuancen von Kräutern, reife schwarze Kirschen, ein Hauch von Zwetschken, zart nach Nougat und Orangenzesten. Stoffig, elegant, finessenreicher Säurebogen, süße Kirschen, seidige Tannine, schokoladiger Touch im Abgang, mineralisch im Nachhall, sehr gute Länge, geschliffen und zugänglich, sicheres Reifepotenzial.

(93) Blauer Zweigelt Goldberg 2022
13,5 Vol.-%, DV, gebrauchte Barriques, €€
Dunkles Rubingranat, opaker Kern, violette Reflexe, zarte Ockerrandaufhellung. Florale Nuancen, ein Hauch von Preiselbeeren, mit roten Herzkirschen und Mandarinenzesten unterlegt, einladendes Bukett. Saftig, zart nach Gewürznelken, süße Frucht, elegant und ausgewogen, zarter Karamelltouch im Abgang, bereits gut entwickelt.

Blauer Zweigelt

WEINGUT WERNER ACHS
7122 Gols
Goldberg 5
T: +43 (2173) 23900
kontakt@wernerachs.at
www.wernerachs.at

Kellermeister/Kontakt:
Werner Achs
Produktion: 100 % rot, 14.5 Hektar

ACHS-WENDELIN WEINE
7122 Gols
Neustiftgasse 77
T: +43 (699) 19924284
office@achs-wendelin.at
www.achs-wendelin.at
Kellermeister/Kontakt:
Paul-Otto Achs
Produktion: 3 % Schaumwein, 40 % weiß, 5 % rosé, 55 % rot, 5 % süß, 17 Hektar
Vereinszugehörigkeit:
Neusiedlersee DAC
Messen: Vinobile Feldkirch, Vinobile Montfort, DAC-Präsentationen, Wein Burgenland Präsentationen

Maria Achs-Wendelin und Paul-Otto Achs

★

ACHS-WENDELIN WEINE

»Wines made with all our heart and soul« – nicht nur auf der Visitenkarte des Weinguts Achs-Wendelin ist dieser Satz zu finden. Die Leidenschaft sowie die Liebe zur Natur und zum Wein wurden Maria Achs-Wendelin und Paul Achs bereits in die Wiege gelegt, und das sieht und spürt man. Beide wuchsen in einem familiär geführten Weinbaubetrieb im Osten Österreichs in Gols auf. Da ging immer alles Hand in Hand. »Wir sind aufeinander angewiesen, jeder macht das, was er am besten kann.« Die Jungwinzer teilen ihre Passion für die Natur und die Traube, greifen auf den großen, jahrelangen Erfahrungsschatz ihrer Familien zurück und fügen junge Leichtigkeit, neue Visionen und modernes Wissen hinzu.

Neben erfrischenden, fruchtigen Weißweinen umfasst das Sortiment gehaltvolle, dichte Rotweine, Rosé, Frizzante und Traubensaft. Die Trauben für ihre Qualitätsprodukte reifen in Top-Lagen wie Ungerberg, Goldberg und Gabarinza. Seit Jahrzehnten im Familienbesitz, werden sie mit viel Liebe gehegt und gepflegt. »Vitale und lebendige Böden sind die Grundlage für gesunde Trauben und somit auch die Basis für hochwertigen Wein« – das ist ein wichtiger Leitsatz der beiden. Die Weingärten werden mit Bedacht und Hingabe im Einklang mit der Natur gepflegt und bearbeitet – und das, soweit es geht, händisch. Von der Ernte der Trauben über die Vinifizierung im 200 Jahre alten Gewölbekeller bis hin zum Abfüllen: Keine Flasche verlässt den Familienbetrieb, ohne die eigenen hoch angesetzten Qualitätskontrollen bestanden zu haben. Davon können sich auch Besucher selbst überzeugen: In einer kleinen angeschlossenen Frühstückspension können Weinliebhaber übernachten und das Leben auf dem Weingut miterleben. Auch bei Verpackung und Design wird auf eine möglichst ressourcenschonende Herstellung geachtet. Recyclingmaterialien, wieder befüllbare Flaschen und Kartons, die zurückgegeben werden können, sind Beispiele für ihr Handeln. Trotz Fusion und Expansion wollen die beiden einen Familienbetrieb führen, in dem man sich von Herzen über Gäste freut – Gäste, die es zu schätzen wissen, ein so sorgfältig hergestelltes Produkt zu kaufen, und die genau wissen wollen, woher die Weine kommen.

92 Chardonnay Reserve Ried Hofweingarten barrique 2021
13,5 Vol.-%, DV, Barrique, €€€
Helles Goldgelb, Silberreflexe. Zartes Karamell, gelber Pfirsich, feiner Vanilletouch, mit Blütenhonig unterlegt.

© Stiefkind Fotografie

Saftig, weiße Tropenfrucht, feine Holzwürze, mineralisch-salzig im Abgang, Nougat im Nachhall, ein eleganter Speisenwein, gutes Entwicklungspotenzial.

91 Pinot Gris Ried Edelgrund 2022
13 Vol.-%, DV, Stahltank, €€
Helles Goldgelb, zarte Messingreflexe. Zarte Kräuterwürze, etwas Vanille, frische Birnenfrucht, kandierte Orangenzesten, einladendes Bukett. Saftig, elegant, weißes Kernobst, gute Frische, zeigt Länge, zitroniger Touch im Nachhall, gutes Reifepotenzial.

(91) Rosé 2022 ZW/ME/BF
12 Vol.-%, DV, Stahltank, €€
Zartes Altrosa, Silberreflexe. Feines Erdbeerkonfit, eingelegte Kirschen, ein Hauch von Fruchtsüße, attraktives Bukett. Saftig, gelbe Tropenfrucht, süße Nuancen, feines Säurespiel, zitronig, anhaltend, elegante, fruchtbetonte Stilistik.

92 Merlot Barrique 2019
14 Vol.-%, DV, Barrique/gebrauchte Barriques, €€€
Kräftiges Karmingranat, breite Ockerrandaufhellung. Zartes rotes Waldbeerenkonfit, ein Hauch von Kirschen und Zwetschken, mit Orangenzesten unterlegt. Saftig, kräftig, süße Textur, reife Herzkirschen, runde Tannine, bleibt haften, ein harmonischer, zugänglicher Speisenbegleiter.

91 Cabernet Sauvignon Ried Hofweingarten 2020
13,5 Vol.-%, DV, Barrique/gebrauchte Barriques, €€€
Kräftiges Rubingranat, violette Reflexe, dezente Ockerrandaufhellung. Zart nach Nougat und Tabak, schwarze Kirschen, ein Hauch von Cassis, etwas Karamell. Saftig, elegant, süße Zwetschkenfrucht, runde, seidige Tannine, schokoladiger Touch im Abgang, gut entwickelt, vielfältig einsetzbar.

92 Weißburgunder Spätlese 2022
10,5 Vol.-%, DV, Stahltank, €€
Helles Gelbgrün, Silberreflexe. Zarter Blütenhonig, weiße Tropenfrucht, frische Birne, einladendes Bukett. Saftig, reife Honigmelone, feiner Säurebogen, gut integrierte Fruchtsüße, feiner Honig im Abgang, balanciert, mit Reifepotenzial ausgestattet.

★★★

ALLACHER VINUM PANNONIA

Der Rebstock steht am Anfang – die Liebe davor. Seit jeher arbeitet die Familie Allacher im Einklang mit der Natur und versucht, die Elemente nicht zu bändigen, sondern mit ihnen zu leben und sie zu ihrem Vorteil zu nutzen. Um Wein erzeugen zu können, muss man die Natur und ihre Launen lieben. Die Jahreszeiten kennzeichnen den Fortlauf des Lebens und erinnern an die Vergänglichkeit des Seins. Die Freude am Wein, etwas mit den eigenen Händen zu schaffen, das so wunderbar und einzigartig ist, motiviert die Allachers jeden Tag dazu, in die Rieden zu gehen und die Rebstöcke zu pflegen. Die Weinlese verstehen sie als den Dank der Natur an den Menschen: Er erntet, was er ein Jahr lang gezogen und gepflegt hat. Es ist die Traube, die zu neuen, speziellen Kreationen anregt und immer wieder neue Lust fördert. Mannigfaltige Prämierungen bestärken das Weingut in seiner Arbeit und seinem Wirken. Die Allachers erzeugen eine breite Palette an Weinen – von trockenen Weißweinen über Rotweine bis hin zu edelsüßen Dessertweinen. Speziell mit den Rotweinen hat sich der Golser Betrieb einen sehr guten Ruf erworben, der Zweigelt aus der Spitzenlage Salzberg ist etwa immer unter den besten Sortenvertretern zu finden.

(92) Chardonnay Ried Altenberg 2022
13,5 Vol.-%, VL, Barrique, €€€
Helles Gelbgrün, Silberreflexe. Zart nach Limetten, frischer Apfel, florale Nuancen, weiße Blüten, ein Hauch von Maracuja. Saftig, elegant, feine Fruchtsüße, mineralisch und frisch strukturiert, ein facettenreicher Speisenbegleiter, gutes Entwicklungspotenzial.

90 Chardonnay 2022
13 Vol.-%, DV, Stahltank, €€
Helles Grüngelb, Silberreflexe. Intensive Tropenfrucht, floraler Touch, mit vollreifem gelbem Apfel unterlegt, etwas Blütenhonig. Mittlerer Körper, weißes Kernobst, frisch strukturiert, feine Süße im Abgang, unkomplizierter Stil.

90 Sauvignon Blanc 2022
12,5 Vol.-%, DV, Stahltank, €€
Helles Gelbgrün, Silberreflexe. Frisch nach Limetten, ein Hauch von Brennnesseln, zart nach Cassis. Intensiv nach Weißen Johannisbeeren, frische Stachelbeeren, frischer

Säurebogen, feine Fruchtsüße im Abgang, Grapefruit im Nachhall, ein lebendiger Sommerwein.

89 Weissburgunder 2022
13 Vol.-%, DV, Stahltank, €€

(93) Blauer Zweigelt ** Ried Salzberg 2021
14,5 Vol.-%, VL, Barrique, €€€€€
Dunkles Rubingranat, violette Reflexe, dezente Ockerrandaufhellung. Feine Würze, ein Hauch von Lakritze, reife dunkle Herzkirschen, zart nach Kräutern, schokoladiger Touch. Komplex, elegant, feine süße Zwetschkenfrucht, schokoladig, reife Tannine, mineralisch-salzig, zeigt gute Länge und Reifepotenzial.

(94) Imperium 2020 ME/CS
14,5 Vol.-%, VL, Barrique, €€€€€
Dunkles Rubingranat, opaker Kern, violette Reflexe, dezente Ockerrandaufhellung. Cassis und Lakritze, dunkle Waldbeeren, kräuterwürzige Nuancen, dezente Edelholznoten, einladendes Bukett. Kraftvoll, reife Zwetschken und Herzkirschen, feines Nougat, reife, tragende Tannine, gute Länge, bereits zugänglich, ein stoffiger Speisenbegleiter.

(93) Ried Altenberg 2021 SL/ME/CS
14,5 Vol.-%, VL, Barrique, €€€€€
Dunkles Rubingranat, violette Reflexe, breitere Ockerrandaufhellung. Rauchige Kräuterwürze, schwarze Beerenfrucht, Vanille und Tabak, reife Zwetschkenfrucht. Komplex, saftig, feine Fruchtsüße, runde Tannine, mineralisch, süß, reife Tannine, elegant und gut anhaftend, ausgewogener Speisenbegleiter mit sicherem Reifepotenzial.

(92) Cuvée Gérard 2021 ZW/BF/CS
14,5 Vol.-%, VL, Barrique, €€€
Dunkles Rubingranat, violette Reflexe, dezente Ockerrandaufhellung. Feine Edelholzwürze, rauchig-tabakige Nuancen, schwarze Waldbeerenfrucht, dunkle Kirschen. Komplex, zart nach Kokos und Nougat, feine Tannine, gute Frische, bereits rund und harmonisch, ein facettenreicher Speisenbegleiter.

93 Blaufränkisch Ried Salzberg 2020
14 Vol.-%, VL, Barrique, €€€€
Dunkles Rubingranat, violette Reflexe, dezente Ockerrandaufhellung. Feine Edelholzwürze, dunkle Kirschen, zart nach Cassis, zart rauchige Nuancen. Komplex, feine Fruchtsüße, elegant, seidige Tannine, schokoladiger Touch im Abgang, gute Länge, bereits gut antrinkbar.

(92) St. Laurent Ried Apfelgrund 2021
14,5 Vol.-%, VL, Barrique, €€€
Dunkles Rubingranat, violette Reflexe, dezente Ockerrandaufhellung. Tabakig-kräuterwürzig unterlegte Zwetschkenfrucht, etwas Nougat, Edelholzwürze klingt an. Kraftvoll, saftig, schokoladig, runde Tannine, ein würziger, gut entwickelter Speisenbegleiter.

(91) Merlot 2021
14,5 Vol.-%, VL, Barrique, €€€
Kräftiges Rubingranat, violette Reflexe, breitere Ockerrandaufhellung. Zart nach Marzipan, rote Herzkirschen, ein Hauch von Zwetschken und Vanille, tabakiger Anklang. Saftig, rund und süß, reife Tannine, schokoladiger Touch, ein herzhafter Speisenbegleiter.

ALLACHER VINUM PANNONIA
7122 Gols, Salzbergweg 4
T: +43 (2173) 3380
wein@allacher.com
www.allacher.com
Kellermeister/Kontakt: Michael Allacher
Produktion: 40 % weiß, 60 % rot, 37 Hektar
Vereinszugehörigkeit: Neusiedlersee DAC
Messen: Dornbirner Frühjahrs- und Herbstmesse, fafga Innsbruck, ProWein Düsseldorf, VieVinum, Vinobile Feldkirch, Weinmesse Innsbruck, Wein Burgenland Präsentationen

Familie Allacher

★★

WEINGUT AMSEE

Franz Pirker, Neowinzer und ehemaliger Manager im Bereich der Elektromobilität, ist ein langjähriger Freund von Winzer Helmut Preisinger aus Gols. Schon lange schlummerte in ihm der Traum vom eigenen Wein, den er 2012 gemeinsam mit Helmut Preisinger verwirklichte. Mittlerweile hat das Weingut mit vielen Auszeichnungen auf sich aufmerksam gemacht und ist ein Geheimtipp für Weinliebhaber. Nach dem Motto »Freude am Wein und Genuss« werden nur sortenreine Weine von höchster Qualität mit charakteristischer Frucht erzeugt. Dafür wurden nur ausgesuchte Lagen mit den passenden Rebsorten gewählt, denn Lage und Rebe müssen harmonieren, damit die gewünschte Charakteristik erreicht werden kann. Alle Trauben werden selektioniert, von Hand gelesen und schonend verarbeitet. Aufwendige Produktionsmethoden tragen wesentlich zum unverkennbaren fruchtigen Geschmack der Weine bei: Kirsche, Brombeere, Banane, Vanille, Schokolade und vieles mehr lassen sich in den Weinen finden.

90 Chardonnay 2022
12,5 Vol.-%, VL, Stahltank, €€€
Helles Gelbgrün, Silberreflexe. Zart nach frischen Wiesenkräutern, weißer Pfirsich, ein Hauch von Limettenzesten. Leichtfüßig, Nuancen von frischem Kernobst, lebendig strukturiert, mineralisch-salzig im Abgang, bereits gut entwickelt und antrinkbar.

(94) Cabernet Sauvignon Alter Satz 2020
14 Vol.-%, VL, Barrique, €€€€€
Kräftiges Rubingranat, violette Reflexe, breitere Randaufhellung. Reife Brombeeren, etwas Lakritze und Cassis, feine Kräuterwürze, tabakige Nuancen. Saftig, gute Komplexität, reife Beerenfrucht, mineralisch, frisch strukturiert, gut integrierte Tannine, salziger Nachhall, gute Länge, ein facettenreicher Speisenbegleiter.

(93) Blaufränkisch V36 2020
14 Vol.-%, VL, Teilbarrique, €€€€€
Kräftiges Rubingranat, violette Reflexe, breitere Randaufhellung. Zarte Edelholznuancen, ein Hauch von Roten Johannisbeeren, florale Noten von Hibiskus, etwas Kokos und Limettenzesten. Saftig, engmaschig, Nuancen von Cassis, feine Tannine, frisch strukturiert, zart nussig im Abgang, ein eleganter Speisenbegleiter mit Reifepotenzial.

(89) Zweigelt 2022
13,5 Vol.-%, VL, gebrauchte Barriques, €€€

Blick auf den Neusiedler See bei Gols

WEINGUT AMSEE
7122 Gols
Neubaugasse 19
T: +43 (664) 75038676
office@wein-amsee.at
www.wein-amsee.at

Kellermeister: Helmut Preisinger
Kontakt: Franz Pirker und Helmut Preisinger
Produktion: 5 % weiß, 95 % rot

DOMAINE ANDAU

Die Domaine Andau ist mit ihrer Gründung im Jahr 1959 der älteste Betrieb von Andau und mit knapp 630 Hektar Rebfläche der größte Betrieb des Burgenlandes. Knapp 80 Familien bewirtschaften die Weingärten, die sich vornehmlich in und um Andau befinden und eine große Vielfalt an verschiedenen Bodenformationen bieten. Die Weine der Domaine werden exklusiv in Andauer Rieden selektioniert. Dorfweine der heimischen Sorten Zweigelt, Blaufränkisch, Sankt Laurent sowie Grüner Veltliner und Sauvignon Blanc bilden die Basis des Sortiments. Die Weine werden schonend im Stahltank und in gebrauchten Holzfässern ausgebaut und sind charaktervolle Sortenvertreter in Rot, Weiß, Rosé und Süß. Die Spitze des Sortiments bilden ab 2021 Lagenweine von Zweigelt und Sankt Laurent, die in neuen und gebrauchten Holzfässern geschult wurden und für hochwertige und charaktervolle Vertreter ihrer Art mit Lagerpotenzial stehen. Streng begrenzte Hektarerträge, nachhaltige Bewirtschaftung und rigorose Selektion des Traubenguts garantieren eine hohe Qualität der Weine. Bei der Vinifikation wird auf schonendste Verarbeitung Wert gelegt. Das Ziel ist die Produktion von eleganten, sortentypischen Weinen, die ihre Herkunft zeigen und ausgezeichnete Speisenbegleiter sind. Die Domaine Andau ist seit vielen Jahren IFS-zertifiziert und gerade in Umstellung auf »Nachhaltig Austria«.

89 Grüner Veltliner 2022
12 Vol.-%, DV, Stahltank, €€

88 Sauvignon Blanc 2022
12 Vol.-%, DV, Stahltank, €€

(92) Blauer Zweigelt Ried Entensee 2021
14 Vol.-%, DIAM, Barrique, €€€€
Kräftiges Rubingranat, violette Reflexe, breitere Ockerrandaufhellung. Zarte Edelholznuancen, rote Kirschen, floraler Touch, ein Hauch von Marille, einladendes Bukett. Saftig, rotbeerig, finessenreicher Säurebogen, zarte Tannine, mineralisch, ein delikater Speisenbegleiter.

91 Cuvée Exklusiv 2021 ME/CS/RÖ
14 Vol.-%, DIAM, Barrique, €€€€
Kräftiges Rubingranat, violette Reflexe, breitere Ockerrandaufhellung. Zarte Nuancen von reifen Zwetschken, frische Herzkirschen, kandierte Orangenzesten, einladendes Bukett. Saftig, rund, rote Kirschen, dezente Tannine, mineralisch-zitronige Nuancen, bereits zugänglich.

90 Sankt Laurent 2021
13 Vol.-%, DV, Stahltank, €€
Kräftiges Rubingranat, violette Reflexe, breitere Ockerrandaufhellung. Eingelegte Kirschen, ein Hauch von Zwetschken, zartes Nougat, kandierte Orangenzesten. Saftig, rote Kirschen, frisch strukturiert, feine Tannine, zitronig-animierender Nachhall.

92 Scheurebe Beerenauslese 2019
9,5 Vol.-%, VL, Stahltank, €€€
Helles Bernstein, Goldreflexe. Frischer Honig, zarte Botrytiswürze, gelbe Tropenfrucht, reife Pfirsich-Ananas-Nuancen, floraler Touch, einladendes Bukett. Saftig, elegant, reife Marille, gut integrierte Süße, finessenreiches Säurespiel, bereits voll entwickelt.

DOMAINE ANDAU
7163 Andau
Dammweg 1
T: +43 (2176) 2181
office@domaine-andau.at
www.domaine-andau.at

Kellermeister: Christopher Eisinger
Kontakt: Johannes Pelzer
Produktion: 40 % weiß, 3 % rosé, 55 % rot, 2 % süß, 630 Hektar
Zertifiziert: Nachhaltig Austria
Messen: ProWein Düsseldorf, VieVinum, ProWine China, ProWine Asia

★

BIO-WEINGUT BERNTHALER + BERNTHALER

BIO

Das Bioweingut Bernthaler + Bernthaler der Brüder Helmut und Herbert Bernthaler erntet regelmäßig neben Prämierungen in Österreich auch internationale Auszeichnungen, etwa in Deutschland. Der Umstieg auf zertifizierte organisch-biologische Arbeitsweise erfolgte bereits 2007 und soll die Herkunft der Weine weiter unterstreichen. Dabei setzen die Brüder Bernthaler das spezielle Potenzial alter Weingärten ein, um elegante Weine nach dem Vorbild des Burgunds zu erzeugen, die sich hervorragend als Speisenbegleiter eignen.

Der Anteil an Altanlagen (über 46 Jahre) ist für die Region ungewöhnlich hoch; dazu gehören die Golser Top-Lagen Unger- und Altenberg. Der älteste Weißweingarten wurde in den 1930er-Jahren als Gemischter Satz ausgepflanzt, und bei den Rotweinen kann man auf Rebbestände aus der Zeit von 1955 bis 1976 zurückgreifen. Diese Rotweinlagen bilden die Basis für die Weine: St. Laurent »Alte Reben«, Zweigelt »Alte Reben Bonum« und »Rother« sind eine Hommage an die klassische Weinbereitung: »von der Beere zum Wein ohne Konzentration«. Die puristische Weinbereitung führte auch zu einem Chardonnay namens »Chastanie«, der in kleinen Fässern aus Kastanienholz für ein Jahr auf der Hefe ausgebaut wird. Die dritte Weinfarbe »Rosé« wird verstärkt mit »Rosé von alten Reben« und einem Frizzante, der in Normal- und Kleinflaschen ausgebaut wird. Der stete Innovationsgeist auf dem Weingut beschert dem Weinliebhaber eine weitere Weinfarbe: »Gülden«. Der »Gülden« ist ein goldfarbener Wein aus Weißweintrauben, der sich geschmacklich wie ein Rotwein präsentiert und sich hervorragend als Einstieg in die Welt der »Orange Wines« eignet. Für »histamingeplagte« Weinfreunde gibt es ein großes Angebot an Weinen mit einem Histamingehalt von unter 0,1 mg pro Liter (Weiß- und Rotweine).

Das Weingut leistet einen großen Beitrag zum Klimaschutz: Die alten Weingärten werden und wurden nicht bewässert und dadurch die Grundwasserreserven am Neusiedler See geschont. Die Gärkühlung erfolgt mit Brunnenwasser, das wieder auf dem Kellereigrundstück versickert. Das

Helmut und Herbert Bernthaler

BIO-WEINGUT
BERNTHALER + BERNTHALER
7122 Gols, Untere Hauptstraße 116
T: +43 (664) 9208660
bernthaler@gmx.at
www.bio-wein-bernthaler.at

Kellermeister/Kontakt:
Mag. Helmut Bernthaler
Anbauweise: Zertifiziert Biologisch (Bio Austria)
Produktion: 50.000 Flaschen
5 % Schaumwein, 45 % weiß,
5 % rosé, 40 % rot, 5 % süß,
10 Hektar
Vereinszugehörigkeit:
Austria Bio Garantie
Messen: Wein Burgenland
Präsentationen

© Christian Teske

Kellereigebäude ist bestens isoliert und benötigt keinerlei Kühlung. Die Weinsteinstabilisierung passiert durch natürliche Kälte. Auch Wiederverwendung wird großgeschrieben. Das Motto lautet: »Wir nehmen alles zurück, bis auf den Inhalt der Flasche« (Stichwort: abwaschbare Etiketten, Flascheneinsatz, Kartonrücknahme).

(92) Gemischter Satz Gols Ried Ungerberg Alte Reben 2022
13,5 Vol.-%, DV, gebrauchte Barriques, €€€ B H V
Mittleres Gelbgrün, Silberreflexe. Feine gelbe Tropenfrucht, zart nach Mango und Papaya, ein Hauch von Wiesenkräutern, nussiger Anklang, einladendes Bukett. Mittlerer Körper, weißer Apfel, etwas Pfirsich, frisch strukturiert, mineralisch-zitroniger Touch, ausgewogen, ein lebendiger Speisenwein, bereits gut entwickelt.

(91) Gülden Alte Reben 2021
13,5 Vol.-%, DV, gebrauchte Barriques, €€€ B V
Zart getrübtes mittleres Goldgelb, Silberreflexe. Zart nussig, frische Birnenfrucht, ein Hauch von Marillen, dezente Wiesenkräuter, mit feinem Nougat unterlegt. Kräuterwürzig, kraftvoll, gelbe Birne, mineralisch und frisch, salziger Touch, ein stoffiger Natural Wine.

91 Chardonnay Chastanie 2022
13,5 Vol.-%, DV, Teilbarrique, €€€ B H V
Helles Gelbgrün, Silberreflexe. Zart nach Wiesenkräutern, feine weiße Pfirsichfrucht, ein Hauch von Anis und Fenchel, mineralischer Touch. Mittlere Komplexität, weißes Steinobst, finessenreich strukturiert, ein Hauch von Fruchtsüße im Nachhall, zitroniger Rückgeschmack.

(89) Zweigelt Alte Reben 2021
13 Vol.-%, DV, gebrauchte Barriques, €€€ B V

89 St. Laurent Alte Reben 2021
13 Vol.-%, DV, gebrauchte Barriques, €€€ B V

(88) Blaufränkisch Heideboden 2022
12,5 Vol.-%, DV, Stahltank, €€ B H V

★★★

WEINGUT ZUR DANKBARKEIT

Josef Lentsch III. übergab 2019 das Weingut in die Hände von Tochter Christine Glück. Gemeinsam mit ihrem Mann Andreas bringt sie frischen Wind in das klassische Dankbarkeits-Repertoire und führt den traditionsreichen Betrieb nun in vierter Generation weiter. Die beiden überzeugen mit ihrer fachlichen Qualifikation, die sich ganz besonders im Ausbau und der Pflege der Weine zeigt. Das Weingut bewirtschaftet eine Rebfläche von zehn Hektar. Interessant sind vor allem der Pinot Gris und der Pinot Noir, die in guten Jahren beide auch als Prädikatsweine ausgebaut werden. Die Ried Karmarzik, unter Einheimischen »Schrammel« genannt, ist ihre Lieblingsriede. Sie liegt direkt am See Richtung »Hölle« (der tiefste Punkt Österreichs) und besteht aus reinem hellem Schwemmsand, der die klare Frucht zum Ausdruck bringt. Trotz moderater Säure sind die Weine sehr gut haltbar und harmonisch. Die Lage befindet sich mitten im Nationalpark, besonders gut gedeihen hier auch Welschriesling und Weißburgunder. 1989 wurden diese Weingärten ausgepflanzt, und seit 1998 werden aus dem dort gewachsenen Traubenmaterial jedes Jahr Prädikatsweine erzeugt.

93 Chardonnay Barrique 2021
13,5 Vol.-%, DV, Barrique, €€€€
Mittleres Gelbgrün, silberfarbene Reflexe. Zart nach Ananas und Wiesenkräutern, ein Hauch von Maracuja, Holznuancen, mit Blütenhonig unterlegt. Saftig, komplex, fruchtsüß, nach Passionsfrucht, Honig im Nachhall, bleibt sehr gut haften, vielfältig einsetzbar, wird von Flaschenreife profitieren.

93 Wiedehopf 2021 CH/PG/GM
14,5 Vol.-%, DV, 500-l-Fass, €€€€
Mittleres Gelbgrün, Silberreflexe. Feine Holzwürze, etwas nach Quitte und Ananas, zart reduktiv, kandierte Bergamotte, einladendes Bukett. Saftig, engmaschig, fruchtsüß, zart nach Melone im Abgang, gut integrierter Säurebogen, kraftvolles Finish, bleibt sehr gut haften, vielfältig einsetzbar.

90 Dankbarkeit Weiß 2021 CH/WB/NB
13 Vol.-%, DV, Stahltank, €€
Helles Gelbgrün, Silberreflexe. Feine Kräuternoten, etwas nach Blütenhonig, Maracuja und Mango, kandierte Orangenzesten klingen an. Saftig, mittlere Komplexität, wirkt leichtfüßig, weißes Kernobst, würziger Nachhall, guter Speisenbegleiter.

Andreas und Christine Glück

WEINGUT ZUR DANKBARKEIT

7141 Podersdorf am See
P. A. Winklergasse 30
T: +43 (2177) 2829
weingut@dankbarkeit.at
www.weingutzurdankbarkeit.at

Kellermeister/Kontakt: Christine & Andreas Glück
Produktion: 40 % weiß, 30 % rot, 30 % süß, 10+2 Hektar
Messen: MondoVino, Wein Burgenland Präsentationen

92 Grüner Veltliner Franziska 2021
14,5 Vol.-%, DV, großes Holzfass, €€€
Helles Grüngelb, silberfarbene Reflexe. Feine Wiesenkräuter, zart nach Maracuja, ein Hauch von Orangenschalen, frisches Bukett. Saftig, elegant, feine Extraktsüße, gut integrierter Säurebogen, Maracuja im Abgang, salziger Nachhall, guter Speisenbegleiter.

90 Grüner Veltliner 2022
12 Vol.-%, DV, Stahltank, €€
Helles Grüngelb, Silberreflexe. Feine Kräuter-Tabak-Würze, weißes Kernobst, ein Hauch von Kardamom, dezente Noten von Melisse. Saftig, mittlere Komplexität, engmaschig, weiße Frucht, mineralisch, bereits gut antrinkbar.

92 Pinot Gris 2021
13,5 Vol.-%, DV, 500-l-Fass, €€€€
Mittleres Grüngelb. Zarte Tabak-Kräuter-Würze, etwas nach Apfel, ein Hauch von Kardamom, Melisse, floraler Touch. Saftig, engmaschig, lebendige Säurestruktur, zart nussiger Abgang, Melone im Nachhall, bleibt gut haften, ein vielseitiger Speisenbegleiter mit Potenzial.

91 Sauvignon Blanc 2022
13 Vol.-%, DV, Stahltank, €€
Helles Gelbgrün, Silberreflexe. Zart nach reifen Kapstachelbeeren, etwas floral, ein Hauch von Gewürzen, Litschinoten klingen an, einladendes Bukett. Saftig, kraftvoll, feinwürzig, etwas nach Pfirsich, Kräuter im Nachhall, guter Speisenbegleiter mit Potenzial.

89 Welschriesling 2022
11,5 Vol.-%, DV, Stahltank, €€

93 Pinot Noir 2020
14,5 Vol.-%, DV, 500-l-Fass, €€€€
Mittleres Karmingranat, violette Reflexe, breite Randaufhellung. Zart tabakig, ein Hauch von Edelholz und Vanille, rote Waldbeeren, florale Nuancen, einladendes Bukett. Saftig, rotbeerig und frisch, feine Tannine, dezente Extraktsüße im Abgang, mineralisch und anhaftend, zeigt gutes Reifepotenzial.

91 Blaufränkisch 2017
13 Vol.-%, DV, 500-l-Fass, €€
Mittleres Karmingranat, violette Reflexe, breitere Randaufhellung. Zart nach Hibiskus, rote Waldbeeren, ein Hauch von Lakritze, mit kandierten Orangenzesten unterlegt. Mittlere Komplexität, rote Kirschen, frisch strukturiert, zarte Tannine, mineralisch-salziger Nachhall, bereits entwickelt und zugänglich.

90 Cuvée Dankbarkeit Rot 2021 PN/ZW
12 Vol.-%, DV, 500-l-Fass, €€
Kräftiges Rubingranat, violette Reflexe, breitere Randaufhellung. Zart nach Preiselbeeren und roten Kirschen, ein Hauch von Mandarinenzesten, florale Nuancen. Mittlerer Körper, rotbeerig und frisch strukturiert, feine Tannine, ein lebendiger Speisenbegleiter.

94 Welschriesling Beerenauslese * 2020
14 Vol.-%, DV, 500-l-Fass, €€€
Helles Bernstein, leuchtende Goldreflexe. Feine Botrytis,

© Steve Haider

kandierte Orangenzesten, getrocknete Marillen, reife gelbe Tropenfrucht, ein Hauch von Nougat, attraktives Bukett. Komplex, sehr kraftvoll, dezente Süße, frischer Säurebogen, weißes Nougat im Nachhall, mineralischer Rückgeschmack, wirkt im Finish fast trocken.

94 Welschriesling Trockenbeerenauslese * 2020
9 Vol.-%, DV, 500-l-Fass, €€€€
Mittleres Bernstein, Goldreflexe. Reife Marille, Nuancen von Dörrzwetschken, süße Tropenfrucht, feine Kräuterwürze, kandierte Orangenzesten, etwas Nougat. Saftig, reifes Steinobst, feine Fruchtsüße, schokoladige Basis, feiner Säurebogen, bleibt haften, wird von Flaschenreife profitieren.

★★

WEINGUT ALEXANDER EGERMANN

Jungwinzer Alexander Egermann zählt zu den vielversprechenden Nachwuchstalenten im Weinbaugebiet Neusiedlersee. Die Region und auch sich selbst möglichst originell in die Flasche zu bringen, ist das erklärte Ziel für jeden Wein. Kompromisslose Arbeit im Weingarten ist eines der Leitelemente seiner Weine. Saubere Laubarbeit, entsprechende Traubenreduktion, warme Böden mit geringem Wasserspeicher sowie das pannonische Klima, geprägt durch den Neusiedler See, lassen Trauben von höchster Güte heranreifen. Diese mit Feingefühl weiterzuverarbeiten und ihnen anschließend Zeit zum Reifen zu geben macht dem jungen Winzer einfach großen Spaß.

92 Chardonnay Reserve 2021
14 Vol.-%, NK, 500-l-Fass/Stahltank, €€€
Mittleres Gelbgrün, Silberreflexe. Feiner Blütenhonig, ein Hauch von Ananas und Mango, weißes Karamell, reife Tropenfrucht, einladendes Bukett. Saftig, elegant, Nuancen von weißer Frucht, frisch strukturiert, mineralisch, zarte Süße im Abgang, ein vielfältig einsetzbarer Speisenbegleiter.

91 Blauer Zweigelt ** Ried Römerstein 2020
13,5 Vol.-%, NK, Barrique, €€€€€
Dunkles Rubingranat, violette Reflexe, zarte Randaufhellung. Dunkles Waldbeerenkonfit, etwas Orangenschalen, zarte Holzwürze, etwas nach Pfefferminze, ein Hauch von Lakritze. Saftig, elegant, frische Struktur, tabakig, Röstaromatik im Abgang, rotbeeriger Nachhall, vielfältig einsetzbar.

91 Merlot Reserve 2021
14 Vol.-%, NK, gebrauchte Barriques/Barrique, €€€€
Tiefdunkles Rubingranat, opaker Kern, violette Reflexe, zarte Randaufhellung. Kräuterwürze, Nougat, Kardamom, Nuancen von Brombeeren und Feigen klingen an. Saftig, elegant, fruchtsüß, Noten von roter Frucht, bleibt haften, gut integrierte Tannine, facettenreicher Speisenbegleiter.

90 Cabernet Sauvignon Reserve 2021
13,5 Vol.-%, NK, gebrauchte Barriques/Barrique, €€€€
Dunkles Rubingranat, violette Reflexe, zarte Randaufhellung. Feine Tabakwürze, etwas Cassis, dunkle Beerenfrucht, Herzkirschen klingen an. Saftig, tabakige Nuancen, präsente Tannine, dunkle Pflaumen, Gewürznoten im Nachhall, Holznuancen im Rückgeschmack, wird von Flaschenreife profitieren.

96 Mosaik Trockenbeerenauslese 2021 SÄ/WR
6,5 Vol.-%, DV, Stahltank, €€€
Helles Goldgelb, Silberreflexe. Mit Limettenzesten unterlegte weiße Tropenfrucht, ein Hauch von Litschis und Maracuja, attraktives frisches Bukett. Saftig, elegant, weißer Pfirsich, gut eingebettete deutliche Fruchtsüße, feiner Säurebogen, balanciert und delikat, ein wunderbar präziser, fruchtiger Süßwein.

WEINGUT ALEXANDER EGERMANN
7142 Illmitz
Apetlonerstraße 28
T: +43 (2175) 3293
wein@alexander-egermann.at
www.alexander-egermann.at

Kellermeister/Kontakt:
Alexander Egermann
Produktion: 20 Hektar
Vereinszugehörigkeit:
Neusiedlersee DAC
Messen: VieVinum, DAC-Präsentationen, Wein Burgenland Präsentationen

★★★

WEINGUT ROBERT GOLDENITS

Tadten im Seewinkel ist eine kleine Weinbaugemeinde am südlichen Rand der Großlage Heideboden, östlich des Neusiedler Sees. Klassische, fruchtige Weißweine und gehaltvolle, kräftige, dabei aber elegante Rotweine stehen im Fokus der Winzerfamilie. Die Serie »Tetuna« ist nach dem historischen Namen für Tadten – erste urkundliche Erwähnung im Jahr 1230 – benannt und umfasst Weine in Weiß, Rosé und Rot. Diese Cuvées zeigen vor allem die Bandbreite an Möglichkeiten, die der Heideboden hergibt, wobei die Herkunft immer spürbar bleibt. Unter der geschützten Bezeichnung »Mephisto®« gibt es eine Cuvée aus Syrah, Merlot und Cabernet Sauvignon, die sich mit einem ungewöhnlichen Etikett präsentiert und nur in guten Jahrgängen auf die Flasche gefüllt wird, ebenso wie der Zweigelt Neusiedlersee DAC Reserve »65«. Nur dann, wenn die Tannine hochreif und die Trauben gesund sind, werden diese beiden Aushängeschilder des Weinguts produziert. Der Betrieb legt sehr viel Wert auf nachhaltiges Arbeiten in den Reben, im Keller und im gesamten Betrieb. Robert und Birgits Leitsatz lautet: »Die Qualität wächst immer noch im Weingarten.«

WEINGUT ROBERT GOLDENITS
7162 Tadten
Untere Hauptstraße 8
T: +43 (2176) 2294
robert@goldenits.at
www.goldenits.at

Kellermeister: Robert Goldenits
Kontakt: Robert und Birgit Goldenits
Produktion: 25 % weiß, 15 % rosé, 60 % rot, 35 Hektar
Zertifiziert: Nachhaltig Austria
Vereinszugehörigkeit: Neusiedlersee DAC
Messen: ProWein Düsseldorf, VieVinum

91 Tetuna weiß 2020 PG/CH
14,5 Vol.-%, DIAM, 500-l-Fass, €€€
Helles Weißgold, Silberreflexe. Zart nach Vanille und Tropenfrucht, ein Hauch von Kräutern, reife Marille, etwas Honig, floraler Touch. Saftig, elegant, feine Säurestruktur, mineralisch-salzig, etwas Karamell, gut eingebundene Holzwürze, feine Extraktsüße, lang anhaltend, guter Speisenbegleiter.

90 Sauvignon Blanc 2022
13 Vol.-%, DV, Stahltank, €€
Helles Gelbgrün, Silberreflexe. Feine Tabak-Kräuter-Würze, etwas nach Maracuja, ein Hauch von frischen Gräsern und Cassis. Saftig, elegant, feine Säurestruktur, mineralisch, extraktsüß nach Pfirsich, unkompliziert antrinkbar.

(93) Mephisto Reserve 2020 SY/CS/ME
14 Vol.-%, DIAM, Barrique, €€€€€
Tiefdunkles Rubingranat, violette Reflexe, zarte Randaufhellung. Einladendes Bukett nach Herzkirschen und dunklen Waldbeeren, feine Zwetschkennoten, frisch und einladend, mit Gewürznuancen unterlegt. Saftig, tabakig, wirkt leichtfüßig, präsente Tanninstruktur, schwarze Kirsche im Abgang, Holzwürze im Nachhall, sicheres Reifepotenzial.

(92) Tetuna Reserve 2020 BF/ZW/CS
13,5 Vol.-%, DIAM, Barrique, €€€€
Tiefdunkles Rubingranat, violette Reflexe, zarte Randaufhellung. Feine Kräuter-Holz-Würze, etwas nach Cassis, zart vegetal, reife Kirschfrucht, jugendliches Bukett. Saftig, balanciert, gut integrierte, feine Tannine, mineralisch, dunkle Waldbeerenfrucht, würziger Nachhall, vielfältig einsetzbarer Speisenbegleiter.

92 Cabernet Franc 2020
14 Vol.-%, DIAM, Barrique, €€€€€
Tiefdunkles Rubingranat, violette Reflexe, zarte Randaufhellung. Holzwürze, zart nach Tabak, Brombeernoten, frische Kirschfrucht, Nougat klingt an. Komplex, würzig, präsente Tannine, etwas nach Orangen, schwarze Beerenfrucht, Vanille im Nachhall, tabakiger Rückgeschmack, vielfältig einsetzbar.

89 Zweigelt Heideboden 2020
13 Vol.-%, DV, gebrauchte Barriques/großes Holzfass, €€€

WEINGUT GÖSCHL & TÖCHTER

NEU

Der Familienbetrieb Weingut Göschl & Töchter bewirtschaftet stets im Einklang mit der Natur knapp 13 Hektar Weingartenfläche rund um Gols. Nun bereits in dritter Generation von den beiden Töchtern Kathrin und Daniela geführt, wollen die beiden mit neuen Ideen überzeugen. Mit viel Liebe, Leidenschaft und Engagement werden die Trauben zu hochwertigen Weinen verarbeitet. Das Sortiment reicht von fruchtbetonten, frischen Weißweinen wie Welschriesling oder Gelber Muskateller bis hin zu kräftigen, facettenreichen Rotweinen wie Zweigelt, Blaufränkisch oder Merlot. Für ein Extraprickeln sorgen die Frizzante.
Daniela bietet auf dem Weingut auch Yogakurse, Yoga & Weinverkostungen sowie Yoga & Wein Retreats an. Passend dazu wurde das Weinsortiment auch um drei Naturweine erweitert. In diesem Sinne: Namasté und prost!

90 Chardonnay 2022
14 Vol.-%, DV, Stahltank, €€
Helles Grüngelb, Silberreflexe. Zart floral unterlegte gelbe Apfelfrucht, frische Orangenzesten, dezentes Sortenbukett. Saftig, elegant, feine Fruchtsüße, weiße Tropenfrucht, bleibt gut haften, mineralisch im Abgang, bereits gut antrinkbar.

89 Gelber Muskateller 2022
12 Vol.-%, DV, Stahltank, €€

92 Zweigelt Ried Goldberg 2020
14 Vol.-%, DV, Stahltank/Barrique, €€€
Dunkles Rubingranat, violette Reflexe, zarte Randaufhellung. Zarte Gewürznuancen, etwas nach Brombeeren, zart nach kandierten Orangenzesten, nussiger Touch, einladendes Bukett. Saftig, mittlere Komplexität, feinwürzig, gut eingebundene Tannine, frische Säurestruktur, mineralisch, schwarze Beerenfrucht im Abgang, guter Speisenbegleiter.

91 Zweigelt Heideboden 2021
13,5 Vol.-%, DV, Stahltank/gebrauchte Barriques, €€
Kräftiges Rubingranat, violette Reflexe, breitere Randaufhellung. Etwas zurückhaltendes Bukett, zart nach Kirschen, dezente Kräuterwürze. Mittlere Komplexität, reife Zwetschken feine Tannine, stoffig im Abgang, gut entwickelt, bereits antrinkbar.

92 Merlot Ried Ungerberg 2020
14 Vol.-%, DV, Stahltank/Barrique, €€€
Kräftiges Rubingranat, violette Reflexe, breitere Randaufhellung. Frische Zwetschken, süße Herzkirschen, dezente Edelholznuancen, einladendes Bukett. Saftig, elegant, rotbeerige Nuancen, gut integrierte Tannine, zartes Nougat im Abgang, ein ausgewogener Speisenbegleiter.

91 Blaufränkisch Ried Prädium 2020
13,5 Vol.-%, DV, Stahltank/Barrique, €€€
Kräftiges Rubingranat, violette Reflexe, breitere Randaufhellung. Zart nach Vanille und Nougat, mit roter Herzkirschfrucht unterlegt, feine tabakige Nuancen. Komplex, feine rote Kirschfrucht, zart nach Erdbeerkonfit, reife Tannine, mineralisch und gut anhaftend, zitroniger Touch im Abgang, bereits gut antrinkbar.

WEINGUT GÖSCHL & TÖCHTER
7122 Gols
Am Kanal 4
T: +43 (664) 4530988
office@weingut-goeschl.at
www.weingut-goeschl.at

Kellermeister: Reinhard und Daniela Göschl
Kontakt: Reinhard, Edith, Kathrin und Daniela Göschl
Produktion: 5 % Schaumwein, 35 % weiß, 4 % rosé, 55 % rot, 1 % süß, 14 Hektar
Messen: Dornbirner Frühjahrs- und Herbstmesse, Vinobile Feldkirch, Weinmesse Innsbruck, Wein Burgenland Präsentationen

★★★

WEINGUT HAIDER

BIO

»Für uns ist Weinmachen Lebenskunst, die sich auf den Freund und Genießer unserer Weine übertragen soll. Unsere Weine sollen dabei vor allem eines sein: ehrlich und unverfälscht. Die Zielsetzung sind puristische, geradlinige Weine, die ihre Herkunft sowie unsere Energie und Lebensfreude widerspiegeln«, so Gerhard Haider und Ehefrau Theresa, die den Familienbetrieb in vierter Generation führen. Von der Spätlese über Eiswein bis hin zur Trockenbeerenauslese: Das Weingut Haider ist national wie auch international ein Begriff für Spitzenprädikatsweine vom Seewinkel. Dreizehn verschiedene Rebsorten sind auf Sand-, Schotter- und Schwarzerdeböden ausgepflanzt. Die Böden und auch das einzigartige Klima sind das große Kapital für die Produktion ebensolcher Weine. Die gesamte Linie des Weinguts Haider glänzt durch besondere Feinheit, Eleganz, Frucht und Sortentypizität. Botrytis- und Honignoten akzentuieren die Einmaligkeit des Weinbaugebiets. Was einige aber vielleicht noch nicht wussten: Auch Rotweine und Weißweine von höchster Qualität werden auf dem Weingut Haider bereits seit jeher vinifiziert.

WEINGUT HAIDER
7142 Illmitz
Seegasse 16
T: +43 (664) 5007906
office@weinguthaider.at
www.weinguthaider.at

Kellermeister: Gerhard Haider
Kontakt: Theresa Haider
Anbauweise: Zertifiziert Biologisch
Produktion: 10 % weiß, 35 % rot, 55 % süß
Messen: ProWein Düsseldorf, VieVinum

89 Traminer Ried Domkapitel 2022
14 Vol.-%, NK, Stahltank, €€€ B

95 Grüner Veltliner TBA 2019
12 Vol.-%, NK, Stahltank, €€€€€
Mittleres Bernstein, Goldreflexe. Nougat und Honig, feine Kräuterwürze, Dörrzwetschken, getrocknete Marillen, facettenreiches Bukett. Saftig, deutliche Süße, cremig, etwas Dörrfeigen, weiße Schokolade, bleibt haften, würzig, Honig im Nachhall, gute Länge.

93 Grüner Veltliner Beerenauslese 2019
12 Vol.-%, NK, Stahltank, €€€
Mittleres Goldgelb, Silberreflexe. Zart nach Nougat und Biskuit, reife Marillenfrucht, mit etwas Marzipan und Honig unterlegt. Kraftvoll, dunkle Feigenfrucht, gut eingebettete Süße, feinwürzig, Dörrzwetschken im Abgang, kräuterwürziger Nachhall, salziger Touch im Rückgeschmack.

95 Chardonnay TBA 2019
10 Vol.-%, DV, Stahltank, €€€€€
Mittleres Bernstein, Goldreflexe. Feine Botrytiswürze, helles Nougat, gelbe Tropenfrucht, Dörrzwetschken, kandierte Orangen, vielschichtiges Bukett. Saftig, komplex und süß, nussiger Touch, Honig, etwas Rancio im Abgang, zeigt große Länge, etwas flüchtige Säure im Finale, dunkles Nougat im Rückgeschmack, sehr individueller Stil.

92 Riesling Spätlese 2022
11,5 Vol.-%, DV, Stahltank, €€
Mittleres Goldgelb, Silberreflexe. Zart nach weißem Pfirsich, florale Nuancen, ein Hauch von Litschis und Zitronen, Blütenhonig klingt an. Saftig, elegant, feines Steinobst, gut eingebundene Süße, anhaftend und ausgewogen, reife Tropenfrucht im Nachhall, vielfältig einsetzbar.

91 Muskat Ottonel Spätlese 2021
11,5 Vol.-%, DV, Stahltank, €€
Helles Goldgelb, Silberreflexe. Intensive florale Nuancen, ein Hauch von Holunder, Jasmin und Muskatnuss. Saftig, feinwürzig, gut integrierte Süße, etwas Maracuja, mineralisch, gute Frische, bereits gut antrinkbar.

★★★★★

WEINGUT GERNOT UND HEIKE HEINRICH

BIO

Einfühlsame Naturbeobachtung, biodynamische Bewirtschaftung, ungezügelte Biodiversität über und unter der Erde: Gernot und Heike Heinrichs Idee terroirgeprägter Weine baut auf einem tiefen Verständnis der vielfältigen Lebenswelten innerhalb ihrer Weingärten. Ziel ist es, ein natürliches Gleichgewicht zu schaffen, in dem Reben, Menschen und Tiere in Symbiose miteinander agieren und die entscheidenden Elemente ein großes Ganzes bilden. Die natürlichen Voraussetzungen dafür sind kühle Kalksteilhänge am Leithaberg, eine modulierte Topografie mit wärmerem Klima rund um das Weingut in Gols und eine Handvoll autochthoner Rebsorten mit dem Blaufränkisch als Speerspitze. Undogmatische handwerkliche Vinifikationen geben den Weinen die Freiheit, unverfälscht und klar von ihrer Herkunft zu erzählen. Sie legen die Basis für eine fortwährende Evolution. Der Austausch mit den Freunden von Pannobile, Demeter und respekt eröffnet zusätzliche Perspektiven. Das Resultat sind pulsierende und vitale Weine, die puristisch und charakterstark die Essenz ihres Entstehungsortes offenlegen. Undogmatische handwerkliche Vinifikationen geben den Weinen die Freiheit, unverfälscht und klar von ihrer Herkunft zu erzählen. Sie legen die Basis für eine fortwährende Evolution. Der Austausch mit den Freunden von Pannobile, Demeter und respekt eröffnet zusätzliche Perspektiven. Das Resultat sind pulsierende und vitale Weine, die puristisch und charakterstark die Essenz ihres Entstehungsortes offenlegen, ob am Leithaberg oder rund um Gols.

91 Graue Freyheit 2021 WB/PG/CH/NB
12,5 Vol.-%, NK, gr. Holzfass/Amphore, €€€€€ B D V
Getrübtes mittleres Kupferrot, Orangereflexe. Nuancen von getrockneten Marillen, Heublumen, mit zarter Birnenfrucht unterlegt, eher scheues Bukett. Mittlere Komplexität, zart nach weißem Pfirsich, dezente Süße, mineralischer Nachhall, etwas Salz und Kordit im Finale, zitroniger Rückgeschmack, mittlere Länge.

WEINGUT
GERNOT UND HEIKE HEINRICH
7122 Gols; Baumgarten 60
T: +43 (2173) 3176
weingut@heinrich.at
www.heinrich.at

Kellermeister: Gernot Heinrich und Harald Lehner
Kontakt: Heike Heinrich
Anbauweise: Biodynamisch (Demeter, respekt)
Produktion: 15 % weiß, 85 % rot, 100 Hektar
Vereinszugehörigkeit: Leithaberg DAC, Pannobile, respekt-BIODYN
Messen: Austrian Tasting London, Millésime Bio, ProWein Düsseldorf, London Wine Fair, VieVinum, DAC-Präsentationen, Summa Margreid, Karakterre, 501 Bio-Dyn

Rieden bei Gols

(97) Blaufränkisch Leithaberg DAC Ried Alter Berg 2019
13,5 Vol.-%, VL, 500-l-Fass/Amphore, €€€€€€ B V
Dunkles Karmingranat, violette Reflexe, zarte Ockerrandaufhellung. Nuancen von Brombeeren und frischen Zwetschken, dunkle Herzkirschen, ein Hauch von Orangenzesten, feine tabakige Nuancen, feinwürziges Aroma. Saftig, rotbeerig, rassige Struktur, feine Tannine, sehr salzige Mineralik, finessenreich und lange anhaftend, ein animierender Speisenbegleiter mit sicherem Reifepotenzial.

(95) Blaufränkisch Leithaberg DAC Breitenbrunn Ried Edelgraben 2019
13,5 Vol.-%, VL, 500-l-Fass/Amphore, €€€€€€ B V
Dunkles Rubingranat, violette Reflexe, zarte Ockerrandaufhellung. Nuancen von frischen Kräutern, reife Kirschen, ein Hauch von Brombeeren und Orangenzesten, würziges Bukett. Stoffig, elegant, reife rote Waldbeerenfrucht, feine Tannine, mineralisch-salzig im Abgang, bleibt lange haften, sicheres Reifepotenzial.

(93) Blaufränkisch Leithaberg DAC 2019
13 Vol.-%, VL, 500-l-Fass/Amphore, €€€€€ B V
Dunkles Rubingranat, violette Reflexe, dezente Randaufhellung. Frische Kräuterwürze, tabakige Nuancen, ein Hauch von Zwetschken, schwarze Kirschen, frische Orangenzesten. Saftig, feine Extraktsüße, reife Herzkirschen, etwas Nougatkaramell, feiner Säurebogen, Nougat auch im Abgang, bereits gut antrinkbar.

94 Pannobile 2019 ZW/BF
13 Vol.-%, VL, 500-l-Fass/Amphore, €€€€€ B V
Kräftiges Karmingranat, violette Reflexe, dezente Ockerrandaufhellung. Zart rauchig-kräuterwürzig unterlegte Nuancen von dunklen Waldbeeren, ein Hauch von Lakritze, Johannisbeeren, florale Nuancen, etwas Hibiskus, facettenreiches Bukett. Mittlerer Körper, rotbeerige Frucht, feine Tannine, frischer Säurebogen, zarte Süße im Nachhall, mineralisch-salziger Rückgeschmack.

★★★

WEINGUT HORVATH

Das Weingut Horvath ist seit Generationen in Gols beheimatet. Auf unterschiedlichsten Grundlagen wie Löss-, Schwarzerde- und Sandböden in unmittelbarer Nähe zum Neusiedler See und dessen Nationalpark entstehen hier besonders vielschichtige Weine. Günter Horvath übernahm 1992 den elterlichen Betrieb und führte die Ausrichtung komplett in die Qualitätsweinerzeugung über. Respekt vor der Natur, schonender Umgang mit dem Traubenmaterial, Genauigkeit und Wissen sowie Erfahrung über Generationen sind die Garanten für die gleichbleibend hohe Qualität der charaktervollen, vom Terroir geprägten und mit persönlicher Note gekelterten Weine. Auch optisch zeigt man an der Produktausstattung die Verbundenheit mit der Region: eine vereinfachte, modernisierte Turmdarstellung des Wappensymbols von Gols – Tradition und Moderne sozusagen. Die Hauptsorte des Weinguts ist der Zweigelt, gefolgt von Blaufränkisch und Chardonnay. Das Traubenmaterial für den klassischen Zweigelt und den Blaufränkisch Heideboden, der teilweise im Barrique ausgebaut wird, stammt von jenen Weingärten, deren Rebstöcke unter 15 Jahre alt sind. Die Trauben der älteren Rebstöcke und Top-Lagen stellen das Grundmaterial für den Blaufränkisch vom Gabarinza, den Zweigelt vom Goldberg, für »Gols« sowie den Merlot vom Altenberg. Beim Weißwein konzentriert sich das Weingut auf den Chardonnay, der klassisch vergoren die Be-

WEINGUT HORVATH
7122 Gols
Untere Hauptstraße 165
T: +43 (676) 923 66 52
info@weingut-horvath.at
www.weingut-horvath.at

Kellermeister/Kontakt: Günter Horvath
Produktion: 93.333 Flaschen
45 % weiß, 5 % rosé, 50 % rot, 15.2+2.5 Hektar
Vereinszugehörigkeit: Select Gols
Messen: VieVinum, DAC-Präsentationen

Günter Horvath

zeichnung Chardonnay Heideboden trägt und in der Premiumvariante Chardonnay Gabarinza heißt. Relativ neu im Weißweinsortiment ist der Weißburgunder vom Apfelgrund.

(92) Chardonnay Ried Gabarinza Reserve 2022
14,5 Vol.-%, VL, 500-l-Fass, €€€€
Mittleres Gelbgrün, Silberreflexe. Zart nach hellem Karamell und Kokos, mit einladender Tropenfrucht unterlegt, ein Hauch von Quitten, attraktives Bukett. Kraftvoll, saftig, cremige Textur, weiße Schokolade im Abgang, bleibt haften, wird von Flaschenreife profitieren.

91 Chardonnay Heideboden 2022
13 Vol.-%, DV, Stahltank, €€
Helles Goldgelb, Silberreflexe. Frische gelbe Apfelfrucht, zart nach Ringlotten, ein Hauch von Limette, mineralisch unterlegt. Saftig, elegant, feine Fruchtsüße, zart nach Ananas, Pfirsich und Blütenhonig, bleibt haften, ein fruchtbetonter Begleiter bei Tisch.

90 Weissburgunder Ried Apfelgrund 2022
12,5 Vol.-%, DV, Stahltank, €€
Helles Goldgelb, Silberreflexe. Zarte weiße Tropenfrucht, ein Hauch von Birne, zarte Wiesenkräuter, mit Orangenzesten unterlegt. Mittlerer Körper, frisches Steinobst, feine Fruchtsüße, zitroniger, Touch, elegant und balanciert, ein zugänglicher Speisenbegleiter.

(92) Blauer Zweigelt ** Gols Ried Goldberg 2021
14 Vol.-%, VL, Barrique, €€€€€
Tiefdunkles Rubingranat, violette Reflexe, zarte Randaufhellung. Feine Tabakwürze, etwas nach Orangenzesten, dunkles Waldbeerenkonfit, feine Röstaromatik. Saftig, mittlere Komplexität, frisch, gut integrierte Tannine, rote Kirschfrucht im Abgang, mineralischer Nachhall, Holzwürze im Rückgeschmack, vielfältig einsetzbar.

90 Blauer Zweigelt * 2021
13 Vol.-%, DV, Holzfass, €€
Dunkles Rubingranat, opaker Kern, violette Reflexe, zarte Randaufhellung. Zarte Röstaromen, etwas nach Brombeeren, Mandarinenzesten, Nougattouch klingt an. Saftig, elegant, tabakig, schwarze Frucht im Abgang, feine Tannine, würziger Nachhall, ein vielseitiger Speisenbegleiter.

(94) Merlot Ried Altenberg Reserve 2021
15 Vol.-%, VL, Barrique, €€€€€
Tiefdunkles Rubingranat, violette Reflexe, zarte Randaufhellung. Schwarze Kirschfrucht, feiner Zwetschkentouch, Mandarinenzesten, Gewürznuancen, zart tabakig. Gute Komplexität, fruchtsüß, gut integrierte Tanninstruktur, schokoladiger Touch, dunkles Waldbeerenkonfit, vielschichtig und einladend.

(93) Blaufränkisch Ried Gabarinza Reserve 2021
14,5 Vol.-%, VL, Barrique, €€€€€
Tiefdunkles Rubingranat, opaker Kern, violette Reflexe, zarte Randaufhellung. Zart nach Cassis und Brombeeren, etwas Kräuterwürze, Zitrusnuancen, getrocknete Früchte. Saftig, mittlere Komplexität, straff, etwas nach Gewürzen, schwarze Kirschen, balancierte Tanninstruktur, vielseitiger Speisenbegleiter.

(89) Heideboden 2021 BF/ME
13,5 Vol.-%, DV, gebrauchte Barriques, €€

* Neusiedlersee DAC ** Neusiedlersee DAC Reserve

WEINGUT MARKUS IRO
7122 Gols
Neubaugasse 55
T: +43 (2173) 2139
wein@markusiro.at
www.markusiro.at

Kellermeister/Kontakt:
Markus Iro
Produktion: 30 % weiß, 70 % rot, 22 Hektar
Messen: Austrian Tasting London

★★★

WEINGUT MARKUS IRO

In Österreich hat Markus Iro aus Gols bereits einen Fixplatz unter den besten Winzern der Region. Im Neusiedlersee-DAC-Gebiet baut der dynamische Winzer, der 2011 das elterliche Weingut in Eigenregie übernommen hat, auf rund 22 Hektar nationale und internationale Traubensorten an. Aufhorchen lässt er mit seinem präzisen Gespür für die einzelnen Rebsorten. Nicht nur Konsumenten, auch die Fachpresse weiß seine Intuition und sein Gefühl für den Wein zu schätzen und bezeugt ihm regelmäßig die Qualität seines täglichen Schaffens: Unter anderem ist Markus Iro bereits Sieger des Falstaff Rotwein Grand Prix in der Kategorie Cuvée, Sortensieger in der Kategorie St. Laurent und mehrfach in den Top drei der Falstaff-Rotweinprämierung. Markus Iro versteht es mit einer verspielten Herangehensweise, den jeweils typischen Charakter der Traubensorten herauszuarbeiten und reintönige und unverwechselbare Weine zu keltern. Dass er seine Leidenschaft und Neugierde für das Arbeiten mit dem Wein zum Beruf machen würde, war ihm schon immer klar. Nach dem erfolgreichen Besuch der Weinbauschule sammelte er Praxiserfahrung in Deutschland und Neuseeland, um schließlich 2006 seine erste eigene Weinkollektion vorzustellen und nur fünf Jahre später das Familienweingut eigenhändig zu führen.

91 Neuburger Splitterfasernackt 2022
12,5 Vol.-%, NK, Stahltank, €€€
Helles Goldgelb, Silberreflexe, zart getrübt, sehr feine Kohlensäure. Zart nach hellem Karamell, gelbe Tropenfrucht, reife Mango, etwas Babybanane, einladendes Bukett. Mittlerer Körper, cremige Textur, zart nach Erdbeeren, dezenter Honig, eine innovative Hybridform aus Schaumwein und Natural Wine, bietet unkompliziertes Trinkvergnügen.

95 Meisterwerk 2021 ZW/CF/ME
14 Vol.-%, NK, Barrique, €€€€€
Tiefdunkles Rubingranat, schwarzer Kern, violette Reflexe, zarter Wasserrand. Holzwürze und Brombeeren, etwas nach Karamell, Dörrobst, Zartbitterschoko klingt an. Saftig, komplex, engmaschig, frisch, gut integrierte Tanninstruktur, feinwürzig, Cassis im Abgang, mineralischer Nachhall, guter Speisenbegleiter.

94 Pinot Noir Ried Hochreit 2021
13,5 Vol.-%, NK, Teilbarrique, €€€€
Kräftiges Rubingranat, violette Reflexe, breitere Randaufhellung. Einladendes Bukett nach roten Kirschen, floraler Touch, kandierte Orangenschalen, Kräutertouch. Saftig, elegant, feine Tanninstruktur, mineralisch, fruchtsüß, Kir-

© Matthias Heisler

schen im Abgang, bleibt sehr gut haften, vielschichtiger Speisenbegleiter.

93 St. Laurent Ried Herrschaftswald 2021
13,5 Vol.-%, NK, Barrique, €€€€
Tiefdunkles Rubingranat, opaker Kern, violette Reflexe, zarte Randaufhellung. Feine Holzwürze, zart nach Schokolade und Karamell, schwarzes Beerenkonfit, mit Cassis unterlegt. Saftig, elegant, floral, dunkles Waldbeerenkonfit, Orangentouch, würziger Rückgeschmack, guter Speisenbegleiter.

92 Zweigelt Ried Ungerberg 2021
14 Vol.-%, NK, Barrique, €€€€
Dunkles Rubingranat, opaker Kern, violette Reflexe, zarte Randaufhellung. Feine Kräuter-Tabak-Würze, etwas nach Zwetschken, Nougat, mit Brombeernuancen unterlegt. Saftig, straff, komplex, feine Fruchtsüße nach Heidelbeeren, präsente Tanninstruktur, guter Speisenbegleiter.

92 Cabernet Franc Reserve 2021
14 Vol.-%, NK, Teilbarrique, €€€€€
Tiefdunkles Rubingranat, opaker Kern, violette Reflexe, zarte Randaufhellung. Schokoladig, etwas nach Pflaumen, schwarze Herzkirschen, tabakig, Holznuancen klingen an. Komplex, frisch, zart nach Minze, Cassis im Abgang, Nougat, gut eingebundene Tanninstruktur, facettenreicher Speisenbegleiter.

★★★

WEINGUT KERINGER

Außergewöhnliche Kreationen mit klingenden Namen wie »Aviator«, »Commander«, »100 Days« und »Massiv« sind einige der zahlreichen Erfolgsweine von Robert und Marietta Keringer, einem jungen und aufstrebenden Winzerpaar aus Mönchhof. Nach seiner Tätigkeit bei einem renommierten Spirituosenhersteller kam Robert über Umwege und seine einige Jahre andauernde Tätigkeit als Weinbauberater schließlich zurück zum elterlichen Betrieb. Innerhalb kurzer Zeit schaffte er es, diesen zunächst im Nebenerwerb zu einem mehrfach ausgezeichneten Weinbaubetrieb auszubauen. Mit dem Jahrgang 2011 rief Robert Keringer eine neue, innovative Weinserie ins Leben: die »100 Days«-Weine. Diese entstehen durch eine spezielle Vinifikationsart: Die besten Trauben der jeweiligen Sorten verbleiben dabei für etwa 100 Tage zusammen mit den Kernen und Schalen im Gärtank. Das ist einzigartig. Die so gewonnenen Weine sind besonders vielschichtig. Doch nicht nur bei den Rotweinen überzeugt der dynamische Winzer mit konstanter Qualität.

93 Massiv White 2020 CH/TR
14 Vol.-%, NK, Barrique, €€€€€
Leuchtendes mittleres Goldgelb, Silberreflexe. Feine Holzwürze, zart nach Vanille, reife gelbe Tropenfrucht, Mango und Papaya, feiner Blütenhonig, zart nach Marzipan, attraktives Bukett. Kraftvoll, stoffig, feine Würze, ein Hauch von Pfirsich und Nelken, süße Frucht im Abgang, gute Länge, sicheres Reifepotenzial.

91 Chardonnay 100 Days 2021
13,5 Vol.-%, DV, Barrique, €€€
Mittleres Goldgelb, Silberreflexe. Zarte Holzwürze, frische gelbe Tropenfrucht, Ananas und Mango, zarte Nuancen von Orangenzesten. Saftig, gewürzig, gelbe Tropenfrucht, ein Hauch von Honig, Marillen im Abgang, mineralischer Touch im Nachhall, ausgewogen und bereits gut antrinkbar.

89 Chardonnay Heideboden 2022
13 Vol.-%, DV, Stahltank, €€

Ráthay

Robert und Marietta Keringer

WEINGUT KERINGER

7123 Mönchhof
Wiener Straße 22a
T: +43 (2173) 80380
weingut@keringer.at
www.keringer.at

Kellermeister/Kontakt: Ing. Robert Keringer
Produktion: 5 % Schaumwein, 10 % weiß, 5 % rosé, 75 % rot, 5 % süß, 40+80 Hektar
Zertifiziert: Nachhaltig Austria
Messen: VieVinum, Vinobile Feldkirch, WEINmesse Berlin, Weinmesse München, Weinmesse Salzburg, Wein Burgenland Präsentationen

92 Blauer Zweigelt ** 100 Days 2020
15 Vol.-%, NK, Barrique, €€€€ Ⓗ

Kräftiges Rubingranat, violette Reflexe, breitere Randaufhellung. Zart nach Karamell und Bourbon-Vanille, tabakige Nuancen, dunkle Beeren und schwarze Kirschen. Kraftvoll, komplex, reife Zwetschken, präsente Tannine, etwas feuriger Abgang, zeigt Länge, wird von Flaschenreife profitieren.

94 Massiv Top-Rotweincuvée 2019 ZW/RA/BF/CS/ME
14,5 Vol.-%, NK, Barrique, €€€€€ Ⓗ

Dunkles Rubingranat, opaker Kern, violette Reflexe, dezente Ockerrandaufhellung. Zart nach Nougat und Vanille, Gewürznelken, reife schwarze Beerenfrucht, reife Zwetschken, feine Kräuterwürze, tabakige Noten. Kraftvoll, komplex, süße Kirschen, Zimt, reife Tannine, gute Frische, schokoladiger Abgang, ausgewogen und lange anhaftend, verfügt über sicheres Reifepotenzial.

90 Heideboden Rot 2021 ZW/SL/BF
14 Vol.-%, DV, gebrauchte Barriques, €€€ Ⓗ

Kräftiges Karmingranat, Ockerreflexe, breitere Randaufhellung. Floraler Touch, kandierte Veilchen, eingelegte rote Kirschen, einladendes Bukett. Saftig, dunkle Waldbeeren, feine Tannine, dezente Nougatnote, bleibt haften, ein balancierter Speisenbegleiter.

93 Merlot 100 Days 2020
14,5 Vol.-%, NK, Barrique, €€€€ Ⓗ

Kräftiges Rubingranat, violette Reflexe, breitere Randaufhellung. Tabakig-kräuterwürzig, dunkle Zwetschken, reife Kirschen, etwas Nougat, Vanillenuancen. Saftig, elegant, frisch strukturiert, süße Kirschen, reife, gut integrierte Tannine, mineralisch, komplex und anhaftend, gute Länge, sicheres Potenzial.

92 Cabernet Sauvignon 100 Days 2020
16 Vol.-%, NK, Barrique, €€€€ Ⓗ

Kräftiges Rubingranat, violette Reflexe, breitere Randaufhellung. Zart nach Lakritze, Cassis und Nougat, ein Hauch von Vanille, kandierte Orangenzesten. Mittlerer Körper, zart nach Karamell, dezente Fruchtsüße, würzige Tannine, frischer Säurebogen im Abgang, Nougat im Nachhall, ein würziger Speisenbegleiter.

91 Shiraz 100 Days 2020
15 Vol.-%, NK, Barrique, €€€€

Kräftiges Rubingranat, violette Reflexe, breitere Randaufhellung. Deutliche Edelholznuancen, Zeder, Gewürznelken, dunkle Beerenfrucht, etwas Feigen, schokoladiger Touch. Saftig, rote Kirschen, kraftvoll, reife Zwetschken, präsente Tannine, zart nach Vanille, noch etwas unruhig, braucht noch seine Zeit.

90 St. Laurent Commander 2021
14 Vol.-%, DV, gebrauchte Barriques, €€€ Ⓗ

Kräftiges Rubingranat, violette Reflexe, dezente Ockerrandaufhellung. Feine Edelholzwürze, Noten von Nougat, Nelken und Vanille, kandierte Orangenzesten, mit reifen Herzkirschen unterlegt. Dezente Fruchtsüße, ein Hauch von Zwetschken, gut integrierte Tannine, mineralisch und ausgewogen, bereits zugänglich, ein vielseitiger Speisenbegleiter.

© Weingut Keringer

★★★

WEINGUT JACQUELINE KLEIN

Die geballte Kraft der Sonne in jeder Traube, die holt Jacqueline Klein in ihre Weine. Im Nordburgenland, umgeben von Windrädern, Gemüsefeldern und unendlicher Weite rund um den heißesten Ort Österreichs, um Andau, befinden sich die nachhaltig bewirtschafteten Weingärten der Winzerin, in denen der Grundstoff für erlesene, gehaltvolle Weine mit außergewöhnlicher Stilistik heranwächst. Dieses Terroir ist wie geschaffen für Rotwein!
Die Leitsorte ist die autochthone Rebsorte Zweigelt, der sowohl reinsortig als auch als Cuvée-Partner zum Einsatz kommt. Aufgrund des aktuellen klimatischen Wandels geht der Trend zu internationalen Rebsorten wie Cabernet Sauvignon, Merlot, Syrah und Cabernet Franc. Dieser spiegelt sich auch in der Umstrukturierung des Weingartens wider, wo in den letzten Jahren vermehrt Cabernet-Sorten ausgepflanzt wurden, welche aufgrund ihrer klein- und lockerbeerigen Trauben und ihrer robusten Schale mit längeren Trockenperioden besser zurechtkommen.
Die Rotweine reifen größtenteils in französischen Eichenfässern, wo je nach Jahrgang und Reife die unterschiedlichsten Toastingvarianten sorgfältig ausgewählt werden. So macht Klein Wein.

(91) Chardonnay 2022
14,5 Vol.-%, DV, Barrique, €€
Helles Goldgelb, Silberreflexe. Frische Kräuterwürze, zart nach Vanille, Mango und Birne, mit kandierten Orangenzesten unterlegt. Saftig, kraftvoll, reife gelbe Tropenfrucht, feiner Blütenhonig, opulent, kraftvoll, feinwürzig im Abgang, mineralisch und gut anhaftend, dezente Süße auch im Finale.

94 Alius 2020 ME/SY
15 Vol.-%, NK, Barrique, €€€€
Tiefdunkles Rubingranat, opaker Kern, violette Reflexe, zarte Randaufhellung. Zart floral, schwarze Kirschen, kandierte Orangenzesten, etwas Nougat, einladendes Bukett. Kraftvoll, feine Extraktsüße, reife Beerenfrucht, runde, tragende Tannine, etwas Vanille und Nougat im Abgang, ein stoffiger Speisenbegleiter mit Reifepotenzial.

94 Cabernet Franc Reserve 2020
15 Vol.-%, NK, Barrique, €€€€€
Kräftiges Rubingranat, violette Reflexe, breitere Ockerrandaufhellung. Nuancen von Zwetschken, Herzkirschen und Kräutern, zarter Edelholztouch, attraktives Bukett. Kraftvoll, saftig und süß, reife Kirschen, Vanille, tragende reife Tannine, zeigt gute Länge, harmonisch und anhaftend, bereits gut antrinkbar.

92 Zweigelt Exklusiv 2021
14 Vol.-%, NK, Barrique, €€€
Tiefdunkles Rubingranat, opaker Kern, violette Reflexe, zarte Randaufhellung. Zart floral unterlegte Brombeernote, schwarze Herzkirschen, feine Kräuterwürze, attraktives Bukett. Komplex, saftig, reife Frucht, dezente Süße, gut integrierte Tannine, bleibt gut haften, ein vielseitiger Speisenbegleiter.

WEINGUT JACQUELINE KLEIN
7163 Andau
Baumhöhäcker 10
T: +43 (664) 75124505
info@klein-wein.at
www.klein-wein.at

Kellermeister/Kontakt:
Jacqueline Klein
Produktion: 15 % weiß, 85 % rot, 42 Hektar
Zertifiziert: Nachhaltig Austria
Vereinszugehörigkeit:
Neusiedlersee DAC
Messen: VieVinum, Vinobile Feldkirch, DAC-Präsentationen, Wein Burgenland Präsentationen

★★★★★

WEINLAUBENHOF KRACHER

Im Jahr 1981, als Alois Kracher gerade die Vinifizierung von seinem Vater übernommen hatte, wurde mit Gerhard Kracher bereits die nächste vielversprechende Generation der burgenländischen Winzerfamilie geboren. Nach einer betriebswirtschaftlichen Ausbildung begann Gerhard aktiv im Weingut mitzuarbeiten, Kontakte zu knüpfen und seine Ideen und Vorstellungen einzubringen und umzusetzen. Gemeinsam mit seinem Vater hat er den Umbau des Weinguts geplant und durchgeführt, Schritt für Schritt übernahm er die Verantwortung in einzelnen Märkten, repräsentierte das Weingut bei diversen Veranstaltungen weltweit und sammelte wichtige Erfahrungen beim Distributionspartner in den USA. Die guten Kontakte seines Vaters Alois haben wesentlich dazu beigetragen, dass Gerhard Kracher in der Weinszene rasch die richtigen Ansprechpartner fand. So konnte er sich sehr schnell ein fundiertes Weinwissen aneignen und fand Gelegenheit, seinen Gaumen zu schulen und unterschiedlichste Weine und Weinstile zu degustieren und unterscheiden zu lernen. Heute leitet er das Weingut mit Unterstützung seiner Frau Yvonne. Der Name Kracher steht nicht mehr nur für Süßwein allein. Zusammen mit befreundeten Herstellern hat Alois Kracher eine ganze Reihe von Produkten des gehobenen Genusses geschaffen. Gerhard Kracher führt diese erfolgreichen Kooperationen fort. Es ist ein spannendes Erbe, das der 42-Jährige weiterträgt. Dazu zählen nicht nur ein weltberühmtes Weingut, gesuchte Weine mit Top-Ratings und die Verantwortung, dies weiterzuführen, sondern auch Charaktereigenschaften wie der Spirit, die Stärke und der unbeugsame Wille, die Gerhard von seinem berühmten Vater übernommen hat.

93 Grüner Veltliner St. Georg Sohm & Kracher 2018
13 Vol.-%, NK
Helles Goldgelb, Silberreflexe. Rauchige Würze, kandierte Grapefruitzesten, nussiger Touch, mit weißem Kernobst unterlegt. Stoffig, elegant, etwas Marzipan, Nuancen von gelber Frucht, feiner Säurekern, Blutorangen und Mandelkuchen im Nachhall, zeigt Länge, ein individueller, fast elsässisch wirkender Stil.

92 Grüner Veltliner Alte Reben Sohm & Kracher 2022
13 Vol.-%, NK
Helles Gelbgrün, Silberreflexe. Zarte Nuancen von Wiesenkräutern, weißes Kernobst, Limettenzesten, mit Noten von Orangenzesten unterlegt. Saftig, elegant, zarte fruchtige Süße, lebendig strukturiert, mineralischer Touch im Abgang, zart nach Birne und weißem Nougat, bleibt haften, ein facettenreicher Speisenbegleiter.

92 Grüner Veltliner Single Vineyard Sohm & Kracher 2018
13,5 Vol.-%, NK
Mittleres Grüngelb, Goldreflexe. Tabakig, zart nussig unterlegte Nuancen von getrockneter Marille, gelbe Apfelfrucht, etwas Honigmelone, dezente Wiesenkräuter. Kraftvoll, saftige Tropenfrucht, feiner Blütenhonig, kandierte Orangenzesten, würziger Nachhall, bereits entwickelt.

91 Grüner Veltliner Lion Sohm & Kracher 2022
13 Vol.-%, DV
Helles Gelbgrün, Silberreflexe. Zarte Wiesenkräuter, weißer Apfel, tabakige Nuancen, mineralisch unterlegt, salzig-zitronige Note. Mittlerer Körper, dezent nach Birne, frisch strukturiert, Limettentouch, salziger Nachhall, ein vielseitiger Speisenbegleiter.

98 TBA No. 5 Grande Cuvée Nouvelle Vague 2019 WR/CH
10 Vol.-%, NK, Barrique, €€€€€€
Kräftiges Goldgelb, silberfarbene Reflexe. Feine Holznuancen, nach Kardamom und Vanille, mit reifer gelber Tropenfrucht unterlegt, feine Dörrobstnuancen, würziger Botrytistouch, kandierte Orangenzesten. Saftig, reife gelbe Tropenfrucht, nach Mango und Papaya, elegant und bereits sehr gut entwickelt, ein besonders stimmiger und gut antrinkbarer Wein mit sicherem Reifepotenzial.

97 TBA No 4. Grande Cuvée Nouvelle Vague 2020 WR/CH
10 Vol.-%, NK, Holzfass/Barrique, €€€€€€
Kräftiges Goldgelb, Messingreflexe. Zart nach Nougat und Karamell, feine Noten von gelber Tropenfrucht, reifer gelber Apfel, ein Hauch von Vanille, facettenreiches Bukett. Stoffig, Nuancen von reifer süßer Frucht, feine Holznoten, mineralisch, ausgewogen, zeigt sehr gute Länge, bereits zugänglich und vielfältig einsetzbar, sicheres Entwicklungspotenzial.

WEINLAUBENHOF KRACHER

7142 Illmitz
Apetloner Straße 37
T: +43 (2175) 3377
office@kracher.at
www.kracher.at

Kellermeister/Kontakt:
Gerhard Kracher
Produktion: 15 % weiß, 15 % rot, 70 % süß, 33 Hektar
Messen: ProWein Düsseldorf, Vinexpo

Illmitz

94 Cuvée Auslese 2022 WR/CH
10 Vol.-%, DV, Stahltank, €€€
Mittleres Goldgelb, Silberreflexe. Frische gelbe Tropenfrucht, reife Ananas, zart nach Grapefruit, gelber Pfirsich, einladende Fruchtnuancen, feiner Blütenhonig. Stoffig, weiße Tropenfrucht, gut integrierte Süße, feiner Säurebogen, zarter Honigtouch im Abgang, zitronige Nuancen im Nachhall.

94 Cuvée Beerenauslese 2020 WR/CH
11 Vol.-%, NK, Stahltank/Barrique, €€€€
Kräftiges Goldgelb, Silberreflexe. Zarte Botrytisnoten, feine Aromen von weißen Blüten, weißes Nougat, kandierte Mandarinenzesten, mit feiner gelbe Tropenfrucht unterlegt. Mittlere Komplexität, zart nach weißem Apfel, frisch und salzig, wirkt schlank und lebendig, bereits gut antrinkbar.

93 Cuvée Spätlese 2022 CH/WB/WR
8 Vol.-%, DV, Stahltank, €€€
Mittleres Goldgelb, Silberreflexe. Einladende gelbe Tropenfrucht, etwas Ananas und Pfirsich, feiner Honig, ein Hauch von Mandarinenzesten. Saftig, elegant, Nuancen von weißem Steinobst, frische Struktur, feiner Zitrustouch im Abgang, balanciert und bereits antrinkbar.

98 Welschriesling TBA No. 6 Zwischen den Seen 2019
9,5 Vol.-%, NK, Stahltank, €€€€€€
Kräftiges Goldgelb, silberfarbene Reflexe. Zarte Kräuterwürze, feine Steinobstnuancen, ein Hauch von Dörrobst, dezentes Nougat, kandierte Orangenzesten, facettenreiches Bukett. Komplex, engmaschig, feine Fruchtsüße, mit einer angenehmen Säurestruktur unterlegt, mineralisch und lange anhaftend, bereits sehr gut entwickelt, noch etwas Babyspeck, eleganter Wein, sicheres Reifepotenzial.

98 Welschriesling TBA No. 6 Zwischen den Seen 2020
8,5 Vol.-%, NK, Stahltank
Kräftiges Gelbgold, Silberreflexe. Zarte Kräuterwürze, feine gelbe Tropenfrucht, zarte Dörrobstnoten, kandierte Orangenzesten, feine Nuancen von Schokolade, facettenreiches Bukett. Saftig, elegant, feine Nuancen von weißem Kernobst, seidige Textur, gut integrierte Süße, nahtloser, leichtfüßiger Stil, sehr verführerisch, sicheres Reifepotenzial.

97 Rosenmuskateller TBA No. 5 Zwischen den Seen 2020
9 Vol.-%, NK, Barrique
Kräftiges Zwiebelrot, Ockerreflexe, breite Randaufhellung. Feine Nuancen von Erdbeerkonfit, Rosenblätter, mit etwas Dosenpfirsich unterlegt, sehr attraktives Bukett mit floralen Nuancen. Saftig, elegant, seidige Textur, feine Würze, rotbeerige Noten, angenehme Süße, mineralisch-salzig im Abgang, ein Hauch von Nougat im Nachhall, gelber Pfirsich im Rückgeschmack.

96 Rosenmuskateller TBA No. 7 Zwischen den Seen 2019
10,5 Vol.-%, NK, Barrique, €€€€€€
Helles Rubingranat, Kupfertouch, breite Randaufhellung. Intensive blumige Nuancen, ein Hauch von kandierten Veilchen, zart nach Rosenöl. Elegant, stoffig, rotbeerige Textur, zart nach Eibischteig, gut integrierte Säurestruktur, elegant, zarte Kräuterwürze im Abgang, sehr gute Länge, bereits sehr gut entwickelt.

94 Rosenmuskateller Beerenauslese Red Roses 2020

11 Vol.-%, NK, Barrique, €€€€€

Helles Kirschrot, Orangereflexe. Zart nach Rosolio, ein Hauch von Nougat, gelbes Kernobst, feiner Blütenhonig, rotbeerige Nuancen, ein facettenreiches, floral geprägtes Bukett. Saftig, frisch strukturiert, ein Hauch von Dosenpfirsich, finessenreicher Säurebogen, delikat und gut anhaftend, bereits entwickelt.

96 Muskat Ottonel TBA No. 2 Zwischen den Seen 2019

10 Vol.-%, NK, Stahltank, €€€€€€

Kräftiges Goldgelb, silberfarbene Reflexe. Weiße Tropenfrucht, etwas Muskatnuss, dezente Kräuterwürze, ein Hauch von Blütenhonig. Mittlerer Körper, ausgewogen, Pfirsich, feiner Säurebogen, mineralisch und straff, delikate Steinobstnuancen im Nachhall, voll Spannung, Frische und Frucht, wie aus dem Bilderbuch.

96 Scheurebe TBA No. 3 Zwischen den Seen 2020

9 Vol.-%, NK, Stahltank, €€€€€€

Kräftiges Goldgelb, Silberreflexe. Zarte florale Nuancen, ein Hauch von gelber Tropenfrucht, etwas Blütenhonig, kandierte Limettenzesten, mit reifer Mango unterlegt, einladendes Bukett. Straff, engmaschig, Nuancen von weißer Frucht, feine Säurestruktur, mineralisch und elegant, salziger Touch im Abgang, gut eingebundene Süße, zeigt Länge und Reifepotenzial.

95 Scheurebe TBA No. 3 Zwischen den Seen 2019

10 Vol.-%, NK, Stahltank, €€€€€€

Kräftiges Goldgelb, silberfarbene Reflexe. Reife gelbe Frucht, feine florale Nuancen, zarte Kräuterwürze, ein Hauch von Feigen, kandierte Orangenzesten. Saftig, elegant, Noten von Ananas, frisch strukturiert, weißer Pfirsich, elegant, feine Fruchtsüße, ausgewogen und lange anhaftend, zarte Tropenfrucht im Rückgeschmack.

95 Traminer TBA No. 2 Nouvelle Vague 2020

11 Vol.-%, NK, Barrique, €€€€€€

Kräftiges Goldgelb, Silberreflexe. Zart rauchig-kernig, dezenter Blütenhonig, Nuancen von gelber Frucht, nach Mango, feine brotige Botrytiswürze, braucht Luft. Stoffig, elegant, feines Steinobst, gute Frische, Nuancen von weißer Frucht, zartes Nougat im Abgang, balanciert, gut antrinkbar.

94 Traminer TBA No. 1 Nouvelle Vague 2019

10 Vol.-%, NK, Barrique, €€€€€€

Kräftiges Goldgelb, silberfarbene Reflexe. Feine Nuancen von Marillenkonfitüre, etwas Feigen, ein Hauch von Kräuterwürze, intensives Bukett, etwas Nougat. Stoffig, reife Tropenfrucht, feiner Säurebogen, Nuancen von Pfirsich im Abgang, wird mit Flaschenreife noch an Sortencharakter zulegen.

94 Zweigelt TBA No. 4 Nouvelle Vague 2019

9 Vol.-%, NK, Barrique, €€€€€€

Mittleres Rubingranat, kupferfarbene Reflexe, breiter Ockerrand. Rauchig unterlegte Nuancen von Dörrzwetschken, kandierte Orangenzesten, feine Holznote. Stoffig, etwas Karamell, eingelegte Kirschen, Noten von reifen Zwetschken, präsente Süße, rote Frucht im Nachhall, gute Säure, zitroniger Touch, sehr gute Länge, bereits gut antrinkbar.

94 Zweigelt TBA No. 1 Nouvelle Vague 2020

10,5 Vol.-%, NK, Barrique, €€€€€€

Helles Kirschrot, Ockerreflexe, breite Randaufhellung. Frische Kirschfrucht, zart nach Dörrzwetschken, ein Hauch von Nougat, zart nach Orangenzesten. Saftig, elegant, feine Textur, rotbeerige Nuancen, sehr gut balanciert, zeigt gute Länge, bereits zugänglich und antrinkbar.

94 Zweigelt Beerenauslese 2021

11 Vol.-%, NK, Barrique, €€€€

Mittleres Kirschrot, violette Reflexe, breitere Randaufhellung. Zart kräuterwürzig, rauchig unterlegtes rotes Waldbeerenkonfit, zart nach Dörrzwetschken und Nougat, ein Hauch von eingelegten Kirschen. Saftig, elegant, reife Kirschfrucht, ausgewogen, mineralischer Touch im Abgang, rotbeerige Nuancen im Nachhall, angenehme Süße, sehr balanciert und trinkanimierend.

93 Zweigelt Auslese 2022

10,5 Vol.-%, NK, Barrique, €€€

Helles Kirschrot, Kupferreflexe, breite Randaufhellung. Ein Hauch von Dörrpflaumen, Erdbeerkonfitüre, kandierte Orangen, zart nach Nougat. Saftig, engmaschig, rote Waldbeeren, feine Kräuterwürze, frischer Säurebogen, ein Hauch von Gerbstoff, zarte Honignuancen, mineralisch und anhaftend, sicheres Reifepotenzial.

93 Muskat Ottonel Auslese 2021

10 Vol.-%, DV, Stahltank, €€€

Helles Gelbgold, Silberreflexe. Zarte Nuancen von Muskatnuss, feine gelbe Tropenfrucht, floral, ein Hauch von Jasmin, Nuancen von Pfirsich, kandierte Ananas. Saftiges Steinobst, feine Fruchtsüße, Limetten, weiße Frucht im Nachhall, bereits gut entwickelt, vielfältig einsetzbar.

92 Merlot Spätlese Rosé 2022

9 Vol.-%, DV, Stahltank, €€€

Helles Altrosa, zarte Kupferreflexe. Zart nach frischen Erdbeeren, eingelegte Kirschen, Nuancen von gelbem Steinobst, mit Zitruszesten unterlegt. Saftig, elegant, feine Fruchtsüße, sehr ausgewogen, ein Hauch von roten Herzkirschen und Limetten, feiner Honigtouch im Nachhall.

★★★

WEINGUT LEITNER

BIO

Das Weingut Leitner ist seit Generationen im Familienbesitz. 1975 übernahmen Melitta und Matthias Leitner den Betrieb, der bis 1990 noch im Nebenerwerb geführt wurde. Die entscheidende Neuorientierung begann bereits Anfang der Achtzigerjahre. Erste nationale und internationale Bestätigungen ab dem Jahr 1985 zeigten, dass die eingeschlagene Qualitätsstrategie erfolgreich war. Die nächste große Wende fand 1991 statt, als Matthias Leitner seinen Beruf als Handelsreisender aufgab, um sich ausschließlich dem Weinbau zu widmen. In diesen Jahren wuchs auch die bewirtschaftete Fläche des Weinguts an. Seit 1. Jänner 2003 arbeitet Gernot Leitner hauptberuflich im elterlichen Betrieb, im Jahr 2010 hat er die Verantwortung im Weingut übernommen. Der Kern der Betriebsphilosophie ist das Streben, charaktervolle, vom Terroir geprägte Weine höchster Qualität zu vinifizieren. Um dies zu erreichen, werden die Weingärten naturnah bewirtschaftet. Was die Natur dem Winzer schenkt, wird im Keller bei schonendstem Umgang mit Traube und Wein bis in die Flasche gebracht. Die Rieden Altenberg, Ungerberg, Salzberg sowie Schafleiten zählen zu den besten Lagen in Gols, und genau dort befinden sich auch die Weingärten der Familie. Das Weingut Leitner ist Gründungsmitglied der »Pannobile«-Gruppe.

WEINGUT LEITNER
7122 Gols, Quellengasse 33
T: +43 (2173) 259314
weingut@leitner-gols.at
www.leitner-gols.at
Kellermeister/Kontakt:
Gernot Leitner
Anbauweise: Zertifiziert Biologisch (Bioveritas)
Produktion: 5 % Schaumwein, 20 % weiß, 5 % rosé, 65 % rot, 5 % süß, 11 Hektar
Vereinszugehörigkeit:
Pannobile, Neusiedlersee DAC
Messen: Austrian Tasting London, ÖGW Zürich, ProWein Düsseldorf, VieVinum

(93) Pinot Blanc Ried Salzberg Pannobile 2021
13 Vol.-%, NK, Barrique, €€€€€
Helles Gelbgrün, Silberreflexe. Frischer Golden-Delicious-Apfel, ein Hauch von Mango, frische Wiesenkräuter, weiße Blüten, attraktives jugendliches Bukett. Komplex, engmaschig, saftige Birnenfrucht, dezente Süße, straffe Textur, salziger Abgang, zeigt gute Länge, sicheres Reifepotenzial.

91 Pinot Blanc Ried Salzberg 2022
13 Vol.-%, DV, Stahltank, €€
Helles Gelbgrün, Silberreflexe. Zart nach Limettenzesten und Wiesenkräutern, weißer Apfel, dezent nussig unterlegtes Bukett. Mittlerer Körper, saftig, feine Birnenfrucht, frisch strukturiert, mineralisch-zitronig im Abgang, dezente Extraktsüße, salziger Nachhall, ein vielseitiger Speisenbegleiter.

92 Gemischter Satz Ried Obere Breite 2022
12,5 Vol.-%, DV, Stahltank, €€
Helles Goldgelb, Silberreflexe. Floraler Touch, weißes Kernobst, ein Hauch von Honigmelone, mit Orangenzesten unterlegt. Saftig, elegant, feine Fruchtsüße, zart nach Birne, straff und anhaftend, feiner Apfeltouch im Abgang, gutes Reifepotenzial.

90 Gemischter Satz Shake Me! 2022
11,5 Vol.-%, NK, Holzfass, €€€
Getrübtes helles Gelbgrün, Silberreflexe. Zarte gelbe Tropenfrucht, Nuancen von Kumquatzesten, frischer Apfel, etwas Mango, einladendes Bukett. Straff, engmaschig, feiner Hefetouch, leichtfüßig, zart kräuterwürzig, salzig-mineralisch im Abgang.

90 Riesling Shake Me! 2022
12 Vol.-%, NK, Holzfass, €€€
Getrübtes helles Gelbgrün, Silberreflexe. Feine oxidative Nuancen, gelber Apfel, hefig, weiße Tropenfrucht im Hintergrund. Schlank, mineralisch, weißer Pfirsich, salzig im Abgang, zitroniger Nachhall, ein zarter Speisenbegleiter.

89 Sauvignon Blanc 2022
12,5 Vol.-%, DV, Stahltank, €€

(94) Pannobile 2020 ZW/BF/SL
13 Vol.-%, NK, gebrauchte Barriques, €€€€€
Kräftiges Karmingranat, violette Reflexe, breitere Randaufhellung. Dunkle Waldbeeren, zart nach Cassis und Brombeeren, dezente Kräuterwürze, floraler Touch. Saftig, rote Herzkirschen, frisch strukturiert, feine Tannine, mineralisch, ein animierender, leichtfüßiger Speisenbegleiter.

95 Riesling TBA 2021
12 Vol.-%, NK, Holzfass, €€€€€
Helles Bernstein, Silberreflexe. Feine gelbe und weiße Tropenfrucht, Limettenzesten, Anklänge von Maracuja, feiner Honigtouch, junges Bukett. Saftig, elegant, Pfirsich, frischer Säurebogen, gut eingebettete Süße, reife Fruchtnoten im Abgang, finessenreicher Stil, gutes Reifepotenzial.

★★★

WEINGUT MÜNZENRIEDER

Das Weingut Münzenrieder liegt in Apetlon, in unmittelbarer Nähe zahlreicher Salzlacken, die für diese Gegend äußerst typisch sind. Heute ist dieser Betrieb alles andere als unbekannt – vor allem, was seine Prädikatsweine anbelangt, deren Ausgewogenheit eines der wichtigsten Anliegen des Winzers ist. Der typische Terroircharakter spiegelt sich in den Weinen der engagierten Weinbaufamilie wider. Johannes Münzenrieder, der den Betrieb im Jahr 2005 übernahm, konnte mit seiner Rotweincuvée »Mavie« ebenso neue Impulse setzen wie mit dem Umbau des Kellers und dem neuen Verkaufsraum. Die Rebsorten Sämling, Welschriesling und Grüner Veltliner sind aufgrund ihrer Fruchtigkeit und Konzentration am besten dafür geeignet, gebietstypische Beerenauslesen, Trockenbeerenauslesen und Eisweine hervorzubringen, die vor allem eine harmonische Verbindung von Süße und Säure mit den Fruchtkomponenten des Weines zum Ausdruck bringen. Genauso überzeugen kann das Weingut inzwischen mit Zweigelt, Blaufränkisch und den Cuvées aus Zweigelt, Cabernet Franc und Merlot. Immer mehr widmet sich die Familie Münzenrieder aber auch den trockenen Weißweinen, die sowohl in Stahltanks als auch in kleinen Holzfässern ausgebaut werden. Internationale Auszeichnungen und die oftmalige Aufnahme in den »Salon Österreich Wein« bezeugen die Qualität ebenso wie die Exporterfolge in Übersee.

WEINGUT MÜNZENRIEDER
7143 Apetlon
Wallerner Straße 27
T: +43 (2175) 2259
info@muenzenrieder.at
www.muenzenrieder.at

Kellermeister/Kontakt:
Johannes Münzenrieder
Produktion: 30 % weiß, 5 % rosé, 60 % rot, 5 % süß, 33+15 Hektar
Zertifiziert: Nachhaltig Austria
Messen: VieVinum

93 Chardonnay Ried Salzgründe Reserve 2020
13,5 Vol.-%, NK, 500-l-Fass, €€€
Helles Goldgelb, Silberreflexe. Feine Holzwürze, ein Hauch von Nougat, gelbe Tropenfrucht, zart nach Minze und Limette, einladendes Bukett. Saftig, elegant, sehr ausgewogen, angenehmes Spiel von Frucht und Säure, harmonisch und lange anhaftend, ein facettenreicher Speisenbegleiter.

91 Chardonnay Heideboden 2022
13,5 Vol.-%, DV, Teilbarrique, €€
Helles Gelbgrün, Silberreflexe. Frischer Pfirsich, florale Nuancen, ein Hauch von Wiesenkräutern, Orangenzesten, einladendes Bukett. Stoffig, elegant, balanciertes Säurespiel, zarte Fruchtsüße im Abgang, ein vielseitiger Speisenbegleiter.

92 Blauer Zweigelt ** Ried Römerstein 2020
14 Vol.-%, NK, Barrique, €€€
Dunkles Rubingranat, tiefer Kern, violette Reflexe, dezente Ockerrandaufhellung. Reife Zwetschken, kandierte Orangenzesten, Brombeerkonfitüre, einladendes Bukett. Mittlerer Körper, zart nach Feigen, dezente Extraktsüße, reife Tannine, etwas Nougat und Vanille im Abgang.

(93) Zweiglas 2020 ME/CF/ZW
14,5 Vol.-%, NK, Barrique, €€€€€
Dunkles Rubingranat, tiefer Kern, violette Reflexe, dezente Ockerrandaufhellung. Zart nach Vanille, schwarze Kirschen, ein Hauch von Pflaumen, dezentes Nougat. Komplex, saftig, rote Kirschen, reife Tannine, frisch strukturiert, mineralisch-salzig im Abgang, ein lebendiger Speisenbegleiter mit Reifepotenzial.

92 Mavie 2020 ME/ZW/CF
14,5 Vol.-%, NK, Barrique, €€€€
Dunkles Rubingranat, tiefer Kern, violette Reflexe, dezente Ockerrandaufhellung. Schwarze Waldbeeren, dezente Edelholznuancen, tabakige Noten, feine Kräuterwürze. Mittlerer Körper, rotbeerige Nuancen, feine Tannine, schokoladiger Nachhall, ein ausgewogener Speisenbegleiter.

91 Merlot Reserve 2020
14,5 Vol.-%, DV, Barrique, €€€
Kräftiges Rubingranat, tiefer Kern, violette Reflexe, dezente Ockerrandaufhellung. Etwas zurückhaltend, dunkle Waldbeeren, frische Herzkirschen, tabakig, mineralischer Touch. Mittlerer Körper, rotes Beerenkonfit, kraftvoll, runde Tannine, mineralisch-zitronig im Abgang, salziger Nachhall.

91 Cabernet Franc Reserve 2020
14,5 Vol.-%, DV, Barrique, €€€
Dunkles Rubingranat, tiefer Kern, violette Reflexe, dezente Ockerrandaufhellung. Feine Nuancen von Brombeeren und Zwetschken, kandierte Orangenzesten, feine Kräuterwürze, etwas Nougat. Kraftvoll, Vanille, reife Kirschen, frisch strukturiert, tragende Tannine, Karamell im Nachhall.

94 Sämling TBA 2020
9 Vol.-%, NK, Stahltank, €€€
Mittleres Goldgelb, Silberreflexe. Mit feinem Honig unterlegte gelbe Tropenfrucht, kandierte Mandarinenzesten, ein Hauch von Maracuja, floraler Touch. Saftig, frisch und lebendig, Nuancen von weißer Frucht, Weinbergpfirsich, weißes Nougat im Abgang, lebendiger Stil, bereits gut antrinkbar.

★★★

WEINGUT PMC MÜNZENRIEDER

Unmittelbar neben der Langen Lacke in Apetlon, dem Herzstück des Nationalparks Neusiedler See – Seewinkel, findet man das Weingut der Brüder Peter und Christoph Münzenrieder. Steht man davor, lässt sich eine architektonische Interpretation des einprägsamen Etiketts nicht leugnen. Die Verkostungsräume bieten einen Einblick in den imponierenden Barriquekeller, in dem die Lagenweine bei optimaler Temperatur heranreifen können. Mit ihrer Lagenphilosophie und ihrem Terroirfeeling liegen die Brüder richtig. Von den Einzellagen sind vier Weine besonders zu erwähnen: Pinot Noir, Chardonnay, Sauvignon Blanc und Zweigelt vom Neubruch, einer der besten Burgunderlagen in Apetlon. Die Hauptsorte ist der Zweigelt. In der Region Neusiedler See fühlt er sich besonders wohl und dankt es mit hervorragenden Qualitäten. Nach sortenreiner und lagenseparater Ernte und Vinifikation werden die Top-Cuvées des Weinguts – »Diabolus«, der rote Teufel, und »Auratum TBA«, das flüssige Gold – erst nach ausreichender Reifezeit in französischen Barriques verschnitten und in die Flasche gefüllt. Einige der besten Süßweinproduzenten der Welt stammen aus dem Seewinkel. Mit ihren unzähligen internationalen Goldmedaillen und anderen hohen Auszeichnungen für ihre weißen und roten Prädikatsweine gehören die beiden Brüder dazu. PMC-Weine findet man auf zahlreichen Weinkarten der Spitzengastronomie rund um den Globus.

(93) Chardonnay Apetlon Ried Neubruch 2021
14 Vol.-%, DIAM, 500-l-Fass, €€€€€
Mittleres Goldgelb, Silberreflexe. Feines weißes Nougat, gelbe Tropenfrucht, frische Mango und Blütenhonig, kandierte Orangenzesten, etwas Karamell. Saftig, elegant, weißer Apfel, finessenreiche Säurestruktur, mineralisch-zitroniger Touch im Abgang, frisches Kernobst im Nachhall, gute Länge und sicheres Reifepotenzial.

(92) Sauvignon Blanc Apetlon Ried Neubruch 2021
13,5 Vol.-%, DIAM, 500-l-Fass, €€€€€
Helles Goldgelb, Silberreflexe. Zarter Blütenhonig, feine Kräuterwürze, reife Stachelbeeren, etwas Mango, einladendes Bukett. Saftig, elegant, weiße Tropenfrucht, frisch und mineralisch, zitroniger Touch im Abgang, ein stoffiger Speisenbegleiter, bereits antrinkbar.

(93) Blaufränkisch Glimmerschiefer und Kalk 2021
14 Vol.-%, DIAM, 500-l-Fass, €€€€€
Dunkles Rubingranat, tiefer Kern, violette Reflexe, dezente

Christoph und Peter Münzenrieder

WEINGUT PMC MÜNZENRIEDER

7143 Apetlon
Triftgasse 31
T: +43 (2175) 26700
office@weingut-pmc.at
www.weingut-pmc.at

Kellermeister: Christoph Münzenrieder
Kontakt: Peter Münzenrieder
Produktion: 30 % weiß, 50 % rot, 20 % süß, 26 Hektar
Zertifiziert: Nachhaltig Austria
Vereinszugehörigkeit: Neusiedlersee DAC
Messen: VieVinum

Ockerrandaufhellung. Nuancen von schwarzer Frucht, Brombeeren, kandierte Orangenzesten, ein Hauch von Nougat. Saftig, rote Herzkirschen, frisch und lebendig, reife Tannine, straff und mineralisch im Abgang, gute Länge, wird von Flaschenreife profitieren.

(92) Apetlon ME-CF 2021 ME/CF

14 Vol.-%, DIAM, 500-l-Fass, €€€€€
Kräftiges Rubingranat, tiefer Kern, violette Reflexe, breitere Ockerrandaufhellung. Reife Zwetschken, Herzkirschen, feine Kräuterwürze, ein Hauch von Limettenzesten, nach Weichseln. Komplex, saftig, feine Beerenfrucht, dezente Tannine, mineralisch, frisch strukturiert, zart blättrig im Abgang, rotbeerig im Nachhall.

91 Diabolus 2021 ME/ZW/CF

14 Vol.-%, DIAM, 500-l-Fass, €€€
Dunkles Rubingranat, tiefer Kern, violette Reflexe, dezente Ockerrandaufhellung. Dezente Zwetschkenfrucht, Brombeeren, ein Hauch dunkle Kirschen, zart nach Nougat und Orangenzesten. Saftig, rotbeerige Nuancen, zarte Fruchtsüße, feine Tannine, schokoladiger Abgang, gereifter Speisenbegleiter.

(91) Pinot Noir Ried Neubruch 2021

14 Vol.-%, NK, 500-l-Fass, €€€€€
Kräftiges Rubingranat, violette Reflexe, breitere Ockerrandaufhellung. Tabakig-kräuterwürzig unterlegte rote Kirschen, ein Hauch von Zwetschken, dunkles Nougat. Saftig, rote Waldbeerenfrucht, frische Säurestruktur, feinwürzige Tannine, mineralisch-zitroniger Nachhall, zart nach Ribiseln im Rückgeschmack.

94 Scheurebe ** TBA 2021

8,5 Vol.-%, DIAM, Stahltank, €€€€
Helles Goldgelb, Silberreflexe. Frischer Orangentouch, reife Mango, florale Nuancen, feiner Honigtouch, einladendes fruchtiges Bukett. Saftig, elegant, weißer Pfirsich, angenehmer Säurebogen, zitronig, süßer Nachhall, bereits sehr ausgewogen, fruchtig und delikat.

(96) Chardonnay TBA 2021

8,5 Vol.-%, DIAM, Eichenfass, €€€€
Helles Goldgelb, Silberreflexe. Zart floral-kräuterwürzig unterlegte gelbe Tropenfrucht, reife Ananas, etwas Mango, feiner Blütenhonig, einladendes Bukett. Saftig, elegant, frischer Säurebogen, reifer gelber Pfirsich, feines Nougat, gute Länge, sicheres Reifepotenzial.

(95) Muskat Ottonel TBA 2020

9,5 Vol.-%, DIAM, Stahltank, €€€€
Helles Goldgelb, Silberreflexe. Intensive süße Tropenfrucht, nach Maracuja, feiner Honigtouch, Kumquats, kandierte Orangenzesten, floraler Touch. Saftig, elegant, weiße Frucht, Pfirsich, seidige Textur, feine Süße, angenehmer Säurebogen, bleibt haften, ein delikater, leichtfüßiger Stil, bereits sehr gut entwickelt.

★★

NESTOR

Günther Neukamp und Thomas Stadler bringen seit der Ernte 2019 unter den Markennamen »NESTOR« und »NEUKAMP & STADLER« burgundisch ausgebaute reinsortige Chardonnay-, Cabernet-Franc- und Pinot-Gris-Weine in die Flasche, deren einzigartige Charakter den Kenner begeistern. Die 39 Hektar Weingärten liefern seit mehr als 40 Jahren exzellentes Traubenmaterial. Die besten Lagenweine finden unter der Marke »NESTOR« den Weg zu Weinliebhabern. Bewusste Mengenreduktion in den nachhaltig bewirtschafteten Lagenweingärten, konsequente Selektion während der Weinernte sowie aufwendige und handwerklich anspruchsvolle Vinifizierungsprozesse schaffen außergewöhnliche und lagerfähige Weine mit besonderem Charakter. Fast alle Premiumweine werden in limitierter Menge von 3.000 bis 4.000 Flaschen pro Sorte in französischen Barriques und 500-Liter-Eichenfässern renommierter Fassbindereien auf der Feinhefe ausgebaut. Batonnage und 12 (weiß) bzw. 18 (rot) Monate Fasslagerung schaffen elegante Weinraritäten, die bereits zwei Jahre nach der Ernte ihr Trinkfenster öffnen. Jahrgangs- und Sortentypizität bestimmen die Charakteristik der »NESTOR«-Weine. Insbesondere die Rebfläche der Sorten Cabernet Franc und Pinot Gris wird seit 2019 wegen der sehr guten Nachfrage weiter vergrößert.

94 Pinot Gris Ried Lehendorf Reserve Nestor 2021
13,5 Vol.-%, NK, 500-l-Fass/Flaschenreifung, €€€€€
Helles Goldgelb, Silberreflexe. Zarte Kräuterwürze, ein Hauch von Nougat, zart nach Ananas und Mango, feiner Blütenhonig, Orangenzesten, facettenreiches Bukett. Nuancen von reifem Apfel, Quitten, dezente Säure, zarte Fruchtsüße, etwas Karamell im Abgang, bereits entwickelt, etwas Lindenblüten im Nachhall, gut entwickelt.

93 Chardonnay Ried Lehendorf Nestor 2020
13,5 Vol.-%, NK, 500-l-Fass, €€€€€
Mittleres Gelbgold, Silberreflexe. Zart gewürzig unterlegte gelbe Apfelfrucht, zart nach Honigmelone, etwas Vanille und Nelken, facettenreiches Bukett. Komplex, saftig, gelbe Tropenfrucht, Nuancen von Pfirsich, angenehmer Säurebogen, verfügt über Länge, zarte Fruchtsüße im Nachhall, ein stoffiger Speisenbegleiter.

93 Gelber Muskateller Orangewein Nestor 2021
12,5 Vol.-%, NK, gebrauchte Barriques, €€€€
Zart getrübtes helles Grüngelb, Silberreflexe. Nuancen von Jasmin und Kumquatzesten, Nuancen von weißer Frucht,

NESTOR
7131 Halbturn
Frauenkirchner Straße 8
T: +43 (1) 9418333
mail@nestor.wine, www.nestor.wine
Kellermeister: Thomas Stadler (Weingut Stadler)
Kontakt: Günther Neukamp (NESTOR Weine)
Produktion: 38 % weiß, 60 % rot, 2 % süß, 39 Hektar
Zertifiziert: Nachhaltig Austria
Vereinszugehörigkeit: Neusiedlersee DAC, Winzerwerk Weinverein Halbturn
Messen: Austrian Tasting London, ÖGW Zürich, ProWein Düsseldorf, VieVinum, DAC-Präsentationen, Wein Burgenland Präsentationen, WeinMüchen

Thomas Stadler und seine Frau Victoria, Evangeline Adler und ihr Mann Günther Neukamp

ein Hauch von Maracuja, einladendes Bukett. Straff, elegant, mineralisch, frisch strukturiert, salziger Touch, Limetten im Abgang, leichtfüßig und animierend, delikater Stil.

93 Cabernet Franc Ried Kaiserberg Reserve 2019
14 Vol.-%, NK, Barrique, €€€€€
Dunkles Rubingranat, violette Reflexe, zarte Ockerrandaufhellung. Frische Herzkirschen, dunkle Waldbeeren, tabakig-schokoladig unterlegt, einladendes Bukett. Saftig, elegant, feine Fruchtsüße, runde Tannine, feiner Säurebogen, mineralisch-salzig, bereits sehr gut antrinkbar.

92 Cuvée Nestor 01 Reserve Neukamp & Stadler 2019 ME/CF/ZW
14 Vol.-%, NK, Barrique, €€€€€
Dunkles Rubingranat, violette Reflexe, zarte Randaufhellung. Feiner Vanilletouch, etwas nach reifen Kirschen und Feigen, ein Hauch von roter Beerenfrucht, zart nach Wiesenkräutern, frisches Bukett. Saftig, elegant, kraftvoll, fruchtsüß nach Brombeeren, engmaschig, bleibt sehr gut haften, ein vielschichtiger Speisenbegleiter.

★★★★★

WEINGUT ANITA UND HANS NITTNAUS

BIO

Das Weingut Nittnaus liegt in Gols an der Ostseite des Neusiedler Sees zwischen der höher gelegenen Platte im Norden und dem flachen Heideboden im Süden und ist seit jeher dem Weinbau eng verbunden. Das 1927 errichtete Anwesen wurde von Anita und Hans »John« Nittnaus im Jahr 1985 übernommen und modernisiert. Die 30 Hektar umfassende Rebfläche teilt sich auf den Nordrand des Sees von Mönchhof bis Purbach auf, mit Schwerpunkt Gols und Jois. 90 Prozent der Fläche sind mit Rotwein- (Blaufränkisch, Zweigelt, Merlot, St. Laurent) und knapp 10 Prozent mit Weißweinsorten (Weißburgunder, Chardonnay, Grüner Veltliner, Furmint) bepflanzt. Ein wichtiger Grundsatz im Betrieb lautet: »Wir ›machen‹ den Wein nicht, sondern wir versuchen, ihn in seiner Entwicklung zu unterstützen.« Aus diesem Grund wurde 2006 auch auf biodynamische Wirtschaftsweise umgestellt. An der Spitze des Sortiments stehen zwei Cuvées: der mächtige »Comondor« (Merlot/Blaufränkisch) und der elegante »Pannobile« (Zweigelt/Blaufränkisch). Seit einigen Jahren sind auch die Top-Blaufränkisch vom Leithaberg – der »Jungenberg« (ehemals »Tannenberg«) und der »Gritschenberg« – wichtige Flaggschiffe. Große Erfolge und erste Plätze wurden anlässlich der Falstaff-Rotweinprämierung mit »Comondor« 2006, »Pannobile« 2010 sowie Leithaberg DAC Ried Joiser Gritschenberg 2015, 2016 und 2017 und Leithaberg DAC Ried Joiser Jungenberg 2017 eingefahren. Das immer bedeutender werdende Blaufränkisch-Sortiment wird durch einen etwas leichteren Blaufränkisch »Kalk & Schiefer« ergänzt. Besonders wichtig im Portfolio ist auch die mittelpreisige weiche und fruchtige Rotweincuvée »Heideboden«. Das Weißweinangebot wird durch Chardonnay von den Joiser Leithaberg-Lagen Freudshofer und Bergschmallister komplettiert.

WEINGUT ANITA UND HANS NITTNAUS
7122 Gols, Untere Hauptstraße 49
T: +43 (2173) 2248
office@nittnaus.at, www.nittnaus.at
Kellermeister: Hans und Andreas Nittnaus
Kontakt: Anita und Hans Nittnaus
Anbauweise: Biodynamisch (respekt)
Produktion: 9 % weiß, 1 % rosé, 90 % rot, 30 Hektar
Vereinszugehörigkeit: Leithaberg DAC, Pannobile, respekt-BIODYN
Messen: VieVinum, DAC-Präsentationen, Summa Margreid, Wein Burgenland Präsentationen, Karakterre, 501 Bio-Dyn

94 Chardonnay Leithaberg DAC Jois Ried Freudshofer 2021
14 Vol.-%, NK, großes Holzfass, €€€€€ B
Mittleres Goldgelb, Silberreflexe. Kandierte Orangen- und Grapefruitzesten, gelber Apfel, feine Trockenkräuter, dunkle

Mineralik. Straff, engmaschig, feine weiße Apfelfrucht, finessenreich strukturiert, salzig-mineralisch am Gaumen, bleibt haften, pikanter Stil, wird von Flaschenreife profitieren.

93 Chardonnay Leithaberg DAC Jois Ried Bergschmallister 2021
14 Vol.-%, NK, großes Holzfass, €€€€€€ Ⓑ
Helles Goldgelb, Silberreflexe. Frische Wiesenkräuter, ein Hauch von weißem Weinbergpfirsich, zart rauchige Mineralik, feine Limettenzesten. Straff, engmaschig, kraftvoll, frische Birnenfrucht, salzig-zitronig im Abgang, wirkt relativ leichtfüßig, tabakige Nuancen im Finale.

(95) Blaufränkisch Leithaberg DAC Jois Ried Altenberg 2021
13,5 Vol.-%, NK, 500-l-Fass, €€€€€ Ⓑ
Dunkles Rubingranat, violette Reflexe, dezente Randaufhellung. Zart nach frischen Zwetschken, Brombeerkonfit, mit einem Hauch von Lakritze unterlegt. Saftig, gute Komplexität, reife Kirschen, frischer Säurebogen, reife Tannine, mineralisch-zitronig im Nachhall, bleibt gut hängen, ein anregender Speisenwein mit Länge und Zukunft.

(95) Blaufränkisch Leithaberg DAC Neusiedl am See Ried Lange Ohn (2021
13,5 Vol.-%, NK, 500-l-Fass, €€€€€ Ⓑ
Dunkles Rubingranat, violette Reflexe, breitere Ockerrandaufhellung. Kandierte Orangenzesten, frische Pflaumen, Brombeerkonfit und dunkle Kirschen, mit dezenter Kräuterwürze unterlegt. Reife süße Frucht, angenehmer Herzkirschtouch, zarte Süße, seidige Tannine, verfügt über Länge und Charme, ein vielseitiger Speisenbegleiter.

93 Blaufränkisch Kalk & Schiefer 2021
13 Vol.-%, NK, 500-l-Fass, €€€ Ⓑ
Kräftiges Rubingranat, violette Reflexe, breitere Randaufhellung. Zarte rote Waldbeeren, feine Kräuterwürze, mineralische Aspekte. Mittlere Komplexität, eingelegte rote Kirschen, samtige Tannine, feiner Ribiseltouch, salzig im Nachhall, ein schwungvoll-animierender Speisenbegleiter.

(94) Pannobile 2021 BF/ZW
13 Vol.-%, NK, 500-l-Fass, €€€€€ Ⓑ
Dunkles Rubingranat, violette Reflexe, dezente Ockerrandaufhellung. Zart nach kandierten Veilchen, ein Hauch von Kirschen, Mandarinenzesten, mineralischer Anklang. Saftig, feine Beerenfrucht, angenehme Extraktsüße, frischer Säurebogen, samtige Tannine, mineralischer Nachhall, gute Länge, ein balancierter Speisenbegleiter, gutes Reifepotenzial.

★★★

WEINGUT GEBRÜDER NITTNAUS

Das Weingut Gebrüder Nittnaus aus Gols am Neusiedler See steht für exzellente Weinqualitäten, nachhaltiges Engagement und Handschlagqualität. Das Familienweingut fokussiert sich seit Jahrzehnten auf das Potenzial und die Vielfalt der Rieden der Region Neusiedlersee. Diese kalkreichen, fruchtbaren Lagen mit ihrem besonderen Klima lassen Weine entstehen, welche die berühmte Fruchtigkeit burgenländischer Weine besonders eindrucksvoll repräsentieren. Somit stehen die Gebrüder Nittnaus für ausgezeichnete burgenländische Weinpersönlichkeiten in Rot, Weiß und Süß.

90 Chardonnay Reserve 2022
13,5 Vol.-%, DIAM, Teilbarrique, €€€
Helles Gelbgrün, Silberreflexe. Reife Tropenfrucht, zart nach Holzwürze, ein Hauch von Blütenhonig, kandierte Orangenzesten, Papaya klingt an. Saftig, kraftvoll, gelbe Apfelfrucht, gut eingebundene Säurestruktur, Vanilletouch im Abgang, etwas weitmaschig im Nachhall, bereits gut antrinkbar.

88 Chardonnay Exquisit 2022
13,5 Vol.-%, DV, Stahltank, €€

(93) Blauer Zweigelt ** Luckenwald 2021
13,5 Vol.-%, DIAM, Barrique, €€€€
Tiefdunkles Rubingranat, opaker Kern, violette Reflexe, zarte Randaufhellung. Dezente Kräuter-Holz-Würze, etwas nach Brombeeren, ein Hauch von Vanille, Pflaumen klingen an. Saftig, komplex, präsente Tanninstruktur, Krischfrucht im Abgang, Karamelltouch im Rückgeschmack, wird von Flaschenreife profitieren.

90 Blauer Zweigelt * 2021
13 Vol.-%, DV, Stahltank, €€
Kräftiges Rubingranat, violette Reflexe, zarte Randaufhellung. Feine Kräuter-Tabak-Würze, etwas nach Zwetschken und rotbeerigem Konfit, ein Hauch von Kochschokolade. Saftig, frisch, lebendiger Stil, Kirschen im Abgang, bleibt gut haften, bietet unkompliziertes Trinkvergnügen.

* Neusiedlersee DAC ** Neusiedlersee DAC Reserve

Blauer Zweigelt

WEINGUT GEBRÜDER NITTNAUS

7122 Gols
Untere Hauptstraße 105
T: +43 (2173) 2186
weingut@nittnaus.net
www.nittnaus.net

Kellermeister: Hans Michael Nittnaus
Kontakt: Andreas und Hans Michael Nittnaus
Produktion: 30 % weiß, 60 % rot, 10 % süß, 50 Hektar
Zertifiziert: Nachhaltig Austria
Messen: ProWein Düsseldorf, VieVinum, DAC-Präsentationen

(90) Blauer Zweigelt * 2022
13 Vol.-%, DV, Stahltank, €€
Kräftiges Rubingranat, violette Reflexe, zarte Randaufhellung. Frisches Bukett nach Kirschen und Ribiseln, ein Hauch von kandierten Clementinenzesten, feinwürzig, einladend. Saftig, ebenfalls rotbeerig im Abgang, salziger Nachhall, gut integrierte Tannine, feinwürziger Nachhall, bereits gut antrinkbar.

90 Zweigelt Exquisit 2021
13 Vol.-%, DV, Stahltank, €€
Dunkles Rubingranat, violette Reflexe, zarte Randaufhellung. Feine Tabak-Holz-Würze, dunkle Beerenfrucht, ein Hauch von Gewürzen, zart nach Schokolade, floraler Touch. Saftig, elegant, feine Würze, dezente Tanninstruktur, dunkle Beerenfrucht im Abgang, bereits gut antrinkbar.

(88) Zweigelt Exquisit 2022
13 Vol.-%, DV, Stahltank, €€

92 Blaufränkisch Ried Altenberg Reserve 2020
14 Vol.-%, DIAM, Barrique, €€€€
Dunkles Rubingranat, violette Reflexe, zarte Randaufhellung. Etwas nach Brombeeren und kandierten Orangenzesten, Gewürznuancen, zart nach Nelken, mit Cassis unterlegt. Saftig, elegant, feine Tanninstruktur, schokoladig, Brombeerkonfit im Abgang, bleibt gut haften, vielfältig einsetzbar.

(91) Blaufränkisch Ried Altenberg Reserve 2021
13,5 Vol.-%, DIAM, Barrique, €€€€
Dunkles Rubingranat, violette Reflexe, zarte Randaufhellung. Mit feiner Tabakwürze unterlegte Ribisel und dunkles Waldbeerenkonfit, ein Hauch von Kräutern, zart nach Orangenzesten, bleibt gut haften. Saftig, elegant, feine Holzwürze im Abgang, salziger Nachhall, frische Kirschfrucht, mineralischer Rückgeschmack, guter Speisenbegleiter.

(90) Blaufränkisch Exquisit 2022
13 Vol.-%, DV, Stahltank, €€
Kräftiges Rubingranat, violette Reflexe, zarte Randaufhellung. Reife Kirschfrucht, ein Hauch von Orangenschalen, Feigentouch, Kräuternoten, lebendiges Bukett. Saftig, straff, frische Säurestruktur, rotbeeriger Abgang, salzig, unkomplizierter Speisenbegleiter.

89 Blaufränkisch Exquisit 2021
13 Vol.-%, DV, Stahltank, €€

92 Pinot Noir Reserve 2021
13 Vol.-%, DIAM, Teilbarrique, €€€
Kräftiges Karminrot, violette Reflexe, breitere Ockerrandaufhellung. Feine Kräuternoten, etwas Kirschen, zart nach Clementinen, floraler Touch, Holzwürze, einladendes Bukett. Saftig, elegant, facettenreiche Tanninstruktur, schokoladig, rotbeeriges Finish, bleibt gut haften, vielfältig einsetzbar.

(89) Heideboden Prestige 2021 ZW/ME/BF/CS
13,5 Vol.-%, DV, Teilbarrique, €€

(92) Beerenauslese Exquisit 2021 GV/WR/SÄ
9 Vol.-%, DV, Stahltank, €€
Helles Goldgelb, Silberreflexe. Zart nussig-kräuterwürzig unterlegte gelbe Tropenfrucht, ein Hauch von Dörrzwetschken, etwas Honig. Mittlere Komplexität, weißer Pfirsich, süße Textur, frischer Säurebogen, harmonisch, bereits gut entwickelt.

91 Spätlese Exquisit 2022 SÄ/CH/MO
9,5 Vol.-%, DV, Stahltank, €€
Helles Gelbgrün, Silberreflexe. Reife Ananas und Mango, Orangenschalen, ein Hauch von Wiesenkräutern, frisch und einladend. Saftig, süß, etwas Holunderblüten, Maracuja im Abgang, salzig im Nachhall, bleibt gut haften.

(90) Eiswein Exquisit Rosé 2021 ZW/CS
10 Vol.-%, DIAM, Stahltank, €€€€
Helles Lachsrosa, Silberreflexe. Ein Hauch von Erdbeerkonfitüre, dezente Honignuancen, eingelegte rote Kirschen. Mittlerer Körper, weiße Tropenfrucht, dezente Säurestruktur, süßer Nachhall, bietet unkompliziertes Trinkvergnügen.

91 Trockenbeerenauslese Exquisit 2021
8,5 Vol.-%, DIAM, Stahltank, €€€
Helles Goldgelb, Silberreflexe. Zartes Bukett, feine Tropenfrucht, ein Hauch von Honig und Blüten, noch sehr zurückhaltend. Dezente Aromatik, etwas Tropenfrucht, präsente Süße, sauber, weißer Pfirsich, feiner Zitrustouch, mittlere Länge, unkomplizierter Stil.

91 Eiswein Exquisit 2021
9 Vol.-%, DIAM, Stahltank, €€€€
Helles Grüngelb, Silberreflexe. Zarte Kräuterwürze, gelbe Tropenfrucht, etwas Mango und Honig, kandierte Orangenzesten. Mittlerer Körper, weißer Pfirsich, gut integrierte Säurestruktur, mineralisch im Abgang, seidiger Nachhall, bereits gut antrinkbar.

★★★★

WEINGUT PITTNAUER

BIO

Handwerklich top, mit viel Erfahrung und einer Menge Leidenschaft loten Brigitte und Gerhard Pittnauer Gols und seine Rebenwelt aus. Mittels einer beeindruckenden Anzahl an mutigen und abwechslungsreichen Weinen erzählen sie vom nahen Neusiedler See, dem milden pannonischen Klima, von ihren erstaunlich heterogenen Böden und der weichen, leicht hügeligen Topografie des nördlichen Burgenlands. Schon früh war den beiden klar, dass diese Geschichte einzig und allein im Zusammenspiel mit der sie umgebenden Natur funktionieren würde. Also stellten sie vor gut 15 Jahren auf biologische und wenig später auf biodynamische Bewirtschaftung um und verwandelten ihre Rebflächen in üppige und vitale Biotope. Die sprechen – je nach Exposition, Rebsorte und Untergrund – ihre ganz eigene Sprache, weshalb jedes für sich gedacht und individuell interpretiert wird.
Um die subtilen und leisen Stimmen ihres Terroirs auch punktgenau einzufangen, tun die beiden im Keller genau das, was gute Winzer tun – und das ist viel und wenig zugleich: Zum einen fügen sie den Weinen außer ein wenig SO_2 – und auch das nicht immer – nichts hinzu und nehmen ihnen auch nichts weg. Sie vergären spontan, aber schönen, klären und filtern nicht. Andererseits treffen sie jedes Jahr aufs Neue eine Vielzahl an Entscheidungen: über den richtigen Lesezeitpunkt und die Länge des Schalenkontakts, die Gär- und Ausbaugebinde, die Zeit auf der Hefe, die endgültige Assemblage oder die Ausbauzeit, um nur ein paar wenige zu nennen. So entstehen Weine, die – nie identisch – ganz bewusst auf Unterschiede setzen, die Tiefe und Finesse vereinen,

WEINGUT PITTNAUER
7122 Gols
Neubaugasse 90
T: +43 (2173) 3407
weingut@pittnauer.com
www.pittnauer.wine

Kellermeister: Gerhard Pittnauer
Kontakt: Brigitte Pittnauer
Anbauweise: Biodynamisch (respekt)
Produktion: 200.000 Flaschen
20 % weiß, 20 % rosé, 60 % rot, 18+18 Hektar
Vereinszugehörigkeit: Pannobile, respekt-BIODYN
Messen: Interwine China Guangzhou

leichtfüßig sind und erfreulich niedrig im Alkohol liegen und doch vor Energie, Substanz und Lebendigkeit strotzen.

92 ❶ Pitt Nat Blanc 2022 WB/GM/GV/CH/WR/MO/RR/SB
11 Vol.-%, KR, Flaschengärung, €€€€ Ⓑ Ⓘ Ⓥ
Zart getrübtes Grüngelb, Silberreflexe. Frischer gelber Apfel, etwas Ananas, ein Hauch von Maracuja, florale Aspekte. Mittlere Komplexität, weißer Pfirsich, frisch strukturiert, angenehme Tropenfrucht im Abgang, bietet unkompliziertes Trinkvergnügen.

92 ❶ Himmelhoch Sparkling Rosé 2015
13 Vol.-%, NK, Flaschengärung, €€€€€ Ⓑ
Helles Kupfergold, zartes Mousseux. Ein Hauch von Dörrfeigen und eingelegten Kirschen, etwas Marillenmarmelade und Orangenzesten. Saftig, ein Hauch von Zwetschken und Ringlotten, feiner Säurebogen, dezent Fruchtsüße im Nachhall, ein balancierter Speisenbegleiter.

(92) Blonde by nature 2022 GV/CH/SB/WR/WB
12,5 Vol.-%, NK, Holzfass, €€€ Ⓑ Ⓕ Ⓘ Ⓥ
Naturtrübes Goldgelb. Animierender Duft nach Muskat und Maracuja, frische Birne, ein Hauch von Jasmin. Saftig, lebendig, ein Hauch von Ananas, frischer Säurebogen, dezente Fruchtsüße, mineralisch und gut anhaftend, bietet sommerliches Trinkvergnügen.

(92) Perfect Day 2022 MO/TR/SB/GM
11,5 Vol.-%, DIAM, Amphore/Holzfass, €€€€ Ⓑ Ⓘ Ⓥ
Zart getrübtes helles Gelbgrün, Silberreflexe. Frische gelbe Tropenfrucht, ein Hauch von Kumquatzesten, mineralischer Touch, feinfruchtiges Aroma. Leichtfüßig, frisch strukturiert, ein Hauch von Muskatnuss, gut anhaltend, florale Nuancen, macht Lust auf ein weiteres Glas.

(92) Rosé Dogma 2022
13 Vol.-%, NK, Amphore, €€€ Ⓑ Ⓕ Ⓘ Ⓥ
Mittleres Zwiebelrosa, zart getrübte Orangereflexe. Feine Wiesenkräuter, Cassis und rote Kirschen, reife Pflaumen, etwas Grapefruitzesten, einladendes Bukett. Komplex, zart nach Dörrobst, mineralisch, anhaftend, stoffiger, trockener Speisenbegleiter mit Kirschen im Nachhall.

(95) Merlot Ried Altenberg Reserve 2019
13,5 Vol.-%, NK, Holzfass, €€€€€ Ⓑ
Dunkles Karmingranat, violette Reflexe, zarte Ockerrandaufhellung. Schwarze Herzkirschen, Brombeerkonfit, ein Hauch von Zwetschken, kandierte Orangenzesten. Saftig, süße Kirschfrucht, stoffig, feine Tannine, mineralisch, etwas Nougat im Abgang, zeigt Länge, verfügt über weiteres Reifepotenzial.

(93) Pannobile 2021 ZW/BF
13 Vol.-%, NK, Holzfass, €€€€€ Ⓑ
Kräftiges Karmingranat, violette Reflexe, dezente Ockerrandaufhellung. Frische rote Waldbeeren, ein Hauch von Hibiskus und Malven, einladendes Bukett. Saftig, rotbeerig, eingelegte Kirschen, zarte Fruchtsüße, lebendige Struktur, mineralisch und animierend, ein frischer, fruchtbetonter Speisenbegleiter mit mineralischem Abgang.

★★★★★

WEINGUT PÖCKL

Rotwein ist die Leidenschaft von René und Eva Pöckl. Ihr Ziel ist es, die Qualität immer weiter zu steigern und den bestmöglichen Pöckl-Wein zu produzieren. Im Weingarten wird sehr naturnah gearbeitet, die Böden sind dauerbegrünt, und das Doppelstocksystem generiert kleinbeerige, konzentrierte Trauben. Diese bilden die perfekte Grundlage für die einzigartigen, langlebigen Pöckl-Weine. Die Geschichte des Weinguts Pöckl beginnt bereits 1910, als Albert Pöckl aus den USA nach Österreich zurückkehrte und den Grundstein für den landwirtschaftlichen Betrieb legte. Über die Jahre spezialisierte sich die Familie Pöckl zuerst auf Weinbau im Allgemeinen und dann insbesondere auf Rotwein. Und der Erfolg gibt ihnen recht, denn die Gegend in und um Mönchhof bietet den idealen Nährboden für Zweigelt und St. Laurent, aber auch für internationale Sorten wie zum Beispiel Merlot, Cabernet Sauvignon und Syrah. Zwei Zitate des viel zu früh verstorbenen Josef und seines Sohns René Pöckl bringen die Philosophie des Weinguts auf den Punkt: »Ein Winzer, der seinen Boden, seine Reben und seine Klimaverhältnisse nicht ganz genau kennt, kann nie einen großen Wein machen.« Und: »Was man versäumt, im Weingarten zu erarbeiten, kann man im Keller nicht mehr nachholen.« Das schme-

© Hayder Steve

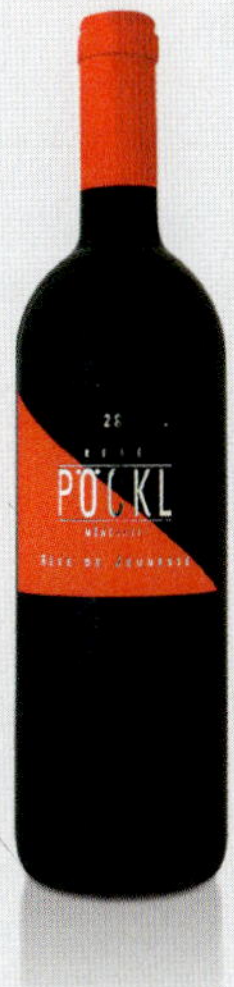

WEINGUT PÖCKL

7123 Mönchhof
Zwergäcker 1
T: +43 (2173) 80258
info@poeckl.com
www.poeckl.com

Kellermeister: René Pöckl
Kontakt: Eva Pöckl
Produktion: 1 % weiß, 99 % rot, 42 Hektar
Messen: ProWein Düsseldorf, VieVinum, DAC-Präsentationen, Wein Burgenland Präsentationen

René Pöckl im Weingarten

cken auch die Konsumenten, denn Pöckl-Weine lassen die regionale Typizität, das Klima, die Lage sowie die Sorgfalt der Weingartenarbeit und der Vinifizierung schön erkennen. René Pöckl konnte sich schon als junger Mann mit seinem »Rêve de Jeunesse« in Szene setzen und mehrmals bei der Falstaff-Rotweinprämierung erfolgreich auftreten. Neben dem vielfach ausgezeichneten »Admiral« stellt er einen der Top-Weine des Weinguts dar. Ein weiterer qualitativ hochwertiger Teil des Sortiments ist der Pinot Noir, der bei den Falstaff-Prämierungen immer wieder einen Podestplatz erreicht. Er wird in geringen Mengen vinifiziert und zählt wegen seiner vitikulturellen Herausforderungen zu den Liebkindern der Pöckls. Außerdem überrascht das Weingut immer wieder mit neuen Weinkonzepten, die oft die gute Kooperation mit seinen Partnern unter Beweis stellen. Der bekannteste Nischenwein ist der »Mystique«, er kann es durchaus mit den ganz Großen der Weinwelt aufnehmen. Der »Mystique« ist eigentlich ein Forschungswein, mit dem das Weingut die Möglichkeiten im Weingarten und bei der Vinifizierung auslotet. Die daraus gewonnenen Erkenntnisse fließen dann in die Produktion des gesamten Sortiments ein. Das ist mit ein Grund, warum das Potenzial der großen Weine aus dem Hause Pöckl kaum zu übertreffen ist und sie mit einiger Flaschenreife für höchsten Trinkgenuss stehen. Für das tägliche Trinkvergnügen wird im Hause Pöckl ebenfalls gesorgt, und zwar mit dem »Solo Rosso«, dem Zweigelt Classique oder – für gehobenere Ansprüche – mit der Cuvée »Rosso e Nero«. In geeigneten Jahren werden auch hervorragende Prädikatsweine erzeugt. Aufgrund der kontinuierlich herausragenden Leistungen über viele Jahre und des rastlosen Tüftelns an noch elaborierteren Weinen ist das Weingut stolzer Träger von fünf Sternen und somit Teil der obersten Winzerelite.

(96) Blauer Zweigelt ** 2021
15,5 Vol.-%, NK, Barrique, €€€€€
Tiefdunkles Rubingranat, opaker Kern, violette Reflexe, zarte Randaufhellung. Feine Kräuter, zartes Edelholz, frische reife Zwetschkenfrucht, dunkle Waldbeeren, kandierte Orangenzesten. Komplex, saftig, süße Kirschen, feiner Säurebogen, reife Tannine, mineralisch und sehr lange anhaftend, rotbeeriger Touch im Finish, ein attraktiver Speisenbegleiter, sicheres Reifepotenzial.

93 Zweigelt Classique 2021
12,5 Vol.-%, NK, Barrique, €€€
Dunkles Rubingranat, violette Reflexe, dezente Randaufhellung. Dezente Kräuterwürze, schwarze Kirschen, mit Zwetschken und Brombeeren unterlegt, tabakige Nuancen. Saftig, komplex, engmaschig, feine Tannine, frischer Abgang, trinkfreudiger Stil, Leichtfüßigkeit mit guter Länge kombiniert.

(97) Rêve de Jeunesse 2021 CS/ME/SY/ZW
15 Vol.-%, NK, Barrique, €€€€€ Ⓥ
Tiefdunkles Rubingranat, opaker Kern, violette Reflexe, zarte Randaufhellung. Nuancen von Brombeeren, Lakritze,

reife Zwetschken, kandierte Orangenzesten, florale Noten, mit etwas Nougat unterlegt. Kraftvoll, schwarze Beerenfrucht, dunkle Kirschen, frisch strukturiert, gut integrierte feste Tannine, mineralisch und anhaltend, delikate rotbeerige Nuancen im Nachhall, ein kraftvoller Speisenbegleiter, sicheres Reifepotenzial.

(96) Admiral 2021 ZW/ME/CS
14,5 Vol.-%, NK, Barrique, €€€€€€
Tiefdunkles Rubingranat, opaker Kern, violette Reflexe, zarte Randaufhellung. Feine Edelholznuancen, unterlegt mit Noten von Sanddorn, reife Pflaumen, ein Hauch von Feigen, einladendes Bukett. Komplex, straff, engmaschig, Brombeerfrucht, kraftvolle reife Tannine, mineralisch im Abgang, feiner Säurebogen, bleibt haften, noch etwas unterentwickelt, wird von Flaschenreife profitieren.

(94) Rosso e Nero 2021 ZW/CS/ME/BF
13,5 Vol.-%, NK, Barrique, €€€€€
Tiefdunkles Rubingranat, opaker Kern, violette Reflexe, zarte Randaufhellung. Zart nach Vanille und kandierten Orangenzesten, reife Zwetschken, dunkle Kirschen, ein Hauch von Nougat. Komplex, kraftvoll, reife Herzkirschen, präsente, tragende Tannine, schokoladige Textur im Abgang, bleibt gut haften, ein würziger Speisenbegleiter.

92 Blaufränkisch Classique 2021
13 Vol.-%, NK, Barrique, €€€
Dunkles Rubingranat, violette Reflexe, dezente Randaufhellung. Feinwürzig unterlegte schwarze Beerenfrucht, zart nach Velours und Lakritze, einladendes Bukett. Saftig, rotbeerig und frisch, zarte Tannine, rote Kirschen, ein lebendiger Speisenbegleiter, bereits zugänglich.

★★★

WEINGUT HELMUT PREISINGER

Helmut Preisinger besitzt kreatives Potenzial. Er agiert bodenständig und gleichzeitig international, er ist innovativ und ständig in Bewegung und von neuen Ideen beseelt. Vielleicht sind es gerade die Unwägbarkeiten der Natur, das stetige Arbeiten in den Weingärten und letztlich die Freude über das edle Resultat, die die Leidenschaft in ihm wecken. Eigentlich ist es für Familie Preisinger nie nur Arbeit, sondern viel Spaß und Freude und gleichzeitig Lebensinhalt, Liebhaberei, Passion und Ausgleich.

Wenn der Boden zu sprechen beginnt, erzählt der Wein die Geschichte zu Ende: Die Kapitel einer natürlichen Geschichte berichten von behutsamer Bodenpflege, Schonung der Nützlinge und Erhaltung der Artenvielfalt. Lehmige Schluff- und Schotterböden geben den Reben die nötige Kraft und Ausdauer, um beste Trauben für großartige Weine reifen zu lassen. Neben ausdrucksstarken Rotweinen produziert Helmut Preisinger auch sortentypische Weißweine wie Welschriesling, Muskat Ottonel, Sauvignon Blanc und »S.EX« (steht für sehr extrem), also eine Palette von spritzig-frischen bis hin zu kräftigen und fruchtbetonten Weinen mit langem Lagerpotenzial. Ob rot oder weiß: Hier werden Weine von hoher Qualität erzeugt, die auch jedes Essen bestens begleiten.

WEINGUT HELMUT PREISINGER
7122 Gols
Neubaugasse 19
T: +43 (2173) 2362
office@weingut-preisinger.at
www.weingut-preisinger.at

Kellermeister: Helmut Preisinger
Kontakt: Helmut und Gabriele Preisinger
Produktion: 30 % weiß, 70 % rot
Vereinszugehörigkeit: Select Gols

(94) Grauburgunder S.EX 2021
15,5 Vol.-%, VL, Barrique, €€€€€
Kräftiges Kupfergold, Orangereflexe. Feine Dörrobstnuancen, ein Hauch von Honig, etwas Nougat, mit kandierten Orangenzesten unterlegt. Kraftvoll, komplex, reife gelbe Frucht, zart nach Feigen, süße Textur, weißes Nougat und etwas Kokos im Abgang, stoffig und lange anhaftend, Marillen im Nachhall, sicheres weiteres Reifepotenzial.

91 Grauburgunder 2022
12,5 Vol.-%, DV, Stahltank, €€€
Helles Gelbgold, Messingreflexe. Frische gelbe Birnenfrucht, zarte Kräuterwürze, ein Hauch von Blütenhonig und Kletzen. Mittlere Komplexität, fruchtige Süße, reifes Kernobst, Honigmelone im Abgang, wirkt stoffig und bereits gut entwickelt.

90 Rosé vom Syrah 2022
11,5 Vol.-%, DV, Stahltank, €€
Helles Lachsrosa, Silberreflexe. Frische rote Kirschen, zartes Beerenkonfit, Nuancen von Blütenhonig, feine Kräuterwürze. Straff, weiße Tropenfrucht, frischer Säurebogen, elegant, süße Kirschen im Nachhall, ein leichtfüßiger Sommerwein.

90 Zweigelt * Dorflagen 2022
DV, großes Holzfass, €€
Kräftiges Karmingranat, violette Reflexe, breite Randaufhellung. Intensive Kräuterwürze, nussig unterlegtes rotes Waldbeerenkonfit, kandierte Orangenzesten. Rotbeerig, schlank, frisch strukturiert, Nuancen von Kirschen, mineralisch-salziger Nachhall, ein lebendiger Speisenwein.

(94) Merlot Ried Salzberg 2021
14,5 Vol.-%, VL, Barrique/gebr. Barriques, €€€€€
Kräftiges Karmingranat, Ockerreflexe, breite Randaufhellung. Reife Zwetschken, Brombeeren, frische Orangenzesten, zart tabakig unterlegt. Komplex, rote Herzkirschen, feine Fruchtsüße, tragende reife Tannine, mineralisch und mit Länge ausgestattet, gutes Entwicklungspotenzial.

(93) Mithras 2021 ME/CS
14,5 Vol.-%, VL, Barrique, €€€€€
Dunkles Rubingranat, violette Reflexe, breitere Ockerrandaufhellung. Dunkle Kirschen, frische Waldbeeren, mit feiner Edelholzwürze unterlegt, ein Hauch von Kräutern und Preiselbeeren im Hintergrund. Saftig, komplex, feine Fruchtsüße, reife, tragende Tannine, mineralisch und gut anhaftend, zeigt gutes Entwicklungspotenzial.

★★★

WEINGUT HANNES REEH

»Es muss eine Leidenschaft sein, keine Wissenschaft«, sagt Hannes Reeh immer gerne, wenn er übers Weintrinken spricht. Der Winzer kombiniert langjährige Familientradition und die Authentizität eines echten Burgenländers mit der Weinerfahrung aus der Neuen Welt. Das Resultat seines Schaffens: zugängliche Weine, die sowohl Laien als auch eingefleischte Kenner überzeugen. Unter der Sonne Andaus lässt es sich gut leben – als Mensch und als Rebe. Mit rund 2.400 Sonnenstunden pro Jahr ist Andau der sonnenreichste Ort Österreichs – weniger als 500 Millimeter jährlicher Niederschlag machen ihn gleichzeitig zu einem der regenärmsten Plätze des Landes. Das pannonische Klima ist wie gemacht für guten Wein, denn unter diesen Umständen wachsen außerordentlich reife Trauben heran, die Weine von eleganter Kraft und Fülle hervorbringen. Wie man es sich bei der pannonischen Steppe erwarten würde, sind die Böden unter Hannes Reehs Weingärten zum Großteil karg und schottrig. Einige Dinge treffen auf alle Hannes-Reeh-Weine zu: Sie weisen keinen unnötigen Ballast auf, sind stark im Charakter und bringen den Geschmack des Heidebodens in die Flasche. Und trotzdem hat jede Sorte ihre Besonderheiten. Die Weine des Andauer Winzers sind in vier Gruppen eingeteilt: Die »Haus und Hof«-Weine sind reinsortig und bieten völlig unkomplizierten Trinkgenuss, sie sind einfach die Klassiker des Weinguts. Die Weine unter dem Titel »Heideboden« vereinen Aromatik und dichten Körper mit feiner Frische. Die »Unplugged«-Weine kommen hingegen ohne jeglichen Schnickschnack aus, also ohne Schönung und Kosmetik. Und die neue Linie »In Bloom« kommt intensiv und komplex daher – eben »in voller Blüte«, wie der Nirvana-Song.

92 Chardonnay Unplugged 2020
14 Vol.-%, DV, Barrique, €€€€
Leuchtendes Gelbgrün, Silberreflexe. Zart mit Vanille und hellem Karamell unterlegte frische Tropenfrucht, ein Hauch von Butterscotch, etwas Guaven, einladendes Bukett. Saftig, gut integrierte Holzwürze, weiße Melonenfrucht, ausgewogen und anhaftend, bereits gut entwickelt.

91 Heideboden Cuvée weiss 2022 SB/WB/CH
13,5 Vol.-%, DV, Stahltank, €€€
Helles Gelbgrün, Silberreflexe. Frische Wiesenkräuter, Anklänge von weißer Tropenfrucht, zart floral, mit Blütenhonig unterlegt. Mittlere Komplexität, saftig, weißer Pfirsich,

Hannes Reeh

WEINGUT HANNES REEH

7163 Andau
Augasse 11a
T: +43 (2176) 27011
wein@hannesreeh.at
www.hannesreeh.at

Kellermeister: Hannes Reeh, Herbert Götzinger, Daniel Tschida
Kontakt: Marina Würz
Produktion: 18 % weiß, 2 % rosé, 80 % rot, 80+40 Hektar
Zertifiziert: Nachhaltig Austria
Vereinszugehörigkeit: Neusiedlersee DAC
Messen: ProWein Düsseldorf, VieVinum, Weinmesse Innsbruck, Weinmesse München, Weinmesse Salzburg

frisch strukturiert, mineralisch-zitronig im Abgang, ein vielseitiger, zugänglicher Speisenbegleiter.

94 Merlot Unplugged 2020
14,5 Vol.-%, NK, Barrique, €€€€€
Tiefdunkles Rubingranat, opaker Kern, violette Reflexe, zarte Randaufhellung. Zart nach Zwetschken und Schokolade, etwas Röstaromatik, einladendes Bukett nach dunklem Waldbeerenkonfit, kandierte Orangenzesten. Gute Komplexität, kraftvoll, feiner Nougattouch, schwarze Beerenfrucht, gut integrierte Tanninstruktur, Lakritze im Rückgeschmack, sicheres Potenzial.

(94) Unplugged X Cuvée rot 2020 ME/CS/CF
14 Vol.-%, NK, Barrique, €€€€€€
Tiefdunkles Rubingranat, violette Reflexe, schwarzer Kern, zarte Randaufhellung. Zarte Röstaromen, etwas nach Kardamom, reife Zwetschken, dunkle Beerenfrucht, etwas Nougat, kandierte Orangen. Saftig, straff, gute Komplexität, schokoladig, Holzwürze im Abgang, Brombeertouch im Nachhall, sicheres Entwicklungspotenzial.

90 Heideboden Cuvée rot 2020 ZW/CS/ME/SL
13,5 Vol.-%, DV, gebrauchte Barriques, €€€
Dunkles Rubingranat, violette Reflexe, zarte Randaufhellung. Feine Tabakwürze, zart nach Zwetschken, ein Hauch von kandierten Orangenschalen, Nougattouch klingt an. Saftig, engmaschig, reife Brombeernoten, fruchtsüß, gut integrierte Tannine, bereits gut antrinkbar.

93 Zweigelt Unplugged 2021
14 Vol.-%, NK, Barrique, €€€€€
Tiefdunkles Rubingranat, violette Reflexe, zarte Randaufhellung. Einladendes Bukett nach reifen Kirschen, zart nach Edelholz, ein Hauch von reifen Pflaumen, Gewürznuancen klingen an. Gute Komplexität, feine Würze, dunkles Waldbeerenkonfit im Abgang, mineralisch, schokoladiger Touch, guter Speisenbegleiter.

93 Cabernet Franc Unplugged 2019
14,5 Vol.-%, NK, Barrique, €€€€€
Dunkles Rubingranat, opaker Kern, violette Reflexe, zarte Ockerrandaufhellung. Reife Zwetschkenfrucht, etwas Feigen und Nougat, Velours und Kräuterwürze, einladendes Bukett. Komplex und kraftvoll, schwarze Herzkirschen, präsente Tannine, angenehme Fruchtsüße, mineralisch im Abgang, dunkle Beeren im Nachhall, ein würziger Speisenbegleiter mit Reifepotenzial.

92 Cabernet Sauvignon Unplugged 2020
14,5 Vol.-%, NK, Barrique, €€€€€
Tiefdunkles Rubingranat, schwarzer Kern, violette Reflexe, zarte Randaufhellung. Cassis, schwarze Beerenfrucht, etwas nach Edelholzwürze, frisch, Kräuternuancen klingen an. Saftig, elegant, kraftvoll, gut integrierte, präsente Tannine, feinwürzig, schwarze Kirschen, tabakiger Nachhall, vielfältig einsetzbar.

★★★

WEINGUT SALZL – SEEWINKELHOF

Genuss, das ist für Familie Salzl ein gutes Glas Wein, das die Wärme, die Lebensfreude und die Einzigartigkeit des Seewinkels widerspiegelt. Das burgenländische Illmitz ist nicht nur Heimat der Salzls, auch ihre Reben wachsen hier am Nationalpark Neusiedler See, in einer Welterbe-Region. Für Christoph Salzl ist dies Verpflichtung, Auftrag und Ehre zugleich, denn Heimat bedeutet für die Salzls nicht nur, hier zu leben, sondern dieses Privileg aus vollem Herzen zu schätzen und zu schützen. Drei Generationen arbeiten mit viel Erfahrung und noch mehr Herzblut daran, guten Wein voll Leidenschaft zu keltern. Aushängeschild ist der Regionalmatador Zweigelt, weitere nationale und internationale Sorten in Weiß, Rot und Süß ergänzen das Portfolio.
Ein Besuch vor Ort offenbart erstklassige Weine, eine beindruckende Architektur und herzliche Menschen, denn Genuss heißt für die Salzls auch, Gastgeber zu sein und Erlebnisse für Gaumen und Seele zu schaffen. Die angeschlossene 4-Sterne-Pension ermöglicht dabei Urlaube der besonderen Art.

92 Chardonnay Premium 2020
14 Vol.-%, DIAM, Barrique, €€€€ Ⓗ
Helles Goldgelb, silberfarbene Reflexe. Zart nach Vanille und Karamell, feine gelbe Tropenfrucht, Mango und Papaya klingen an, zart nach Blütenhonig. Stoffig, saftige Birnenfrucht, etwas Marille, feiner Säurebogen, integrierter Säurebogen, mineralisch und gut anhaftend, ein Hauch von salzigen Röstaromen im Nachhall.

92 Blauer Zweigelt ** Ried Lüss Sacris 2019
14 Vol.-%, DIAM, Barrique, €€€€€ Ⓗ
Tiefdunkles Rubingranat, opaker Kern, violette Reflexe, zarte Randaufhellung. Intensive dunkle Waldbeerenfrucht, Nuancen von Brombeeren und Lakritze, frische Orangenzesten, etwas Vanille und Nougat. Saftig, komplex, schwarze Kirschen, reife Zwetschken, tragende Tannine, schokoladiger Nachhall.

93 Pannoterra 2019 ZW/ME/CS
14 Vol.-%, DIAM, Barrique, €€€€€ Ⓗ
Tiefdunkles Rubingranat, violette Reflexe, opaker Kern, feine Randaufhellung. Zart nach Lakritze und schwarzen Waldbeeren, ein Hauch von Holzwürze, Herzkirschfrucht klingt an. Saftig, komplex, schwarze Kirschen, feinwürzig, gut integrierte Tannine, frisch, bleibt gut haften, vielfältig einsetzbar.

93 3-5-8 Premium 2019 CS/ME
14 Vol.-%, DIAM, Barrique, €€€€€ Ⓗ
Tiefdunkles Rubingranat, opaker Kern, violette Reflexe, zarte Randaufhellung. Feine Edelholznuancen, Brombeeren, dunkle Kirschen, schokoladiger Touch, mit tabakigen Noten unterlegt. Komplex, kraftvoll, frisch strukturiert, präsente, feinwürzige Tannine, schokoladig unterlegte Kirschfrucht im Abgang.

92 Cabernet Franc Premium 2019
14 Vol.-%, DIAM, Barrique, €€€€€ Ⓗ
Tiefdunkles Rubingranat, opaker Kern, violette Reflexe, zarte Randaufhellung. Mit rotbeerigen Aspekten unterlegtes Bukett, Vanille, Nougat, schwarze Kirschen klingen an, ein Hauch von Kardamom. Saftig, Herzkirschen, frischer Säurebogen, gut integrierte, tragende Tannine, bleibt haften, ein lebendiger Speisenbegleiter.

WEINGUT SALZL – SEEWINKELHOF
7142 Illmitz
Zwischen den Reben 1
T: +43 (2175) 24342
weingut@salzl.at
www.salzl.at
Kellermeister/Kontakt:
Christoph Salzl
Produktion: 1 % Schaumwein, 25 % weiß, 2 % rosé, 70 % rot, 2 % süß, 30+70 Hektar
Zertifiziert: Nachhaltig Austria
Vereinszugehörigkeit:
Neusiedlersee DAC
Messen: Austrian Tasting London, ProWein Düsseldorf, VieVinum, DAC-Präsentationen, Wein Burgenland Präsentationen

* Neusiedlersee DAC ** Neusiedlersee DAC Reserve

★★

WEINGUT ERICH SATTLER

BIO

Der Familienbetrieb wird seit dem Jahr 2000 von Erich Sattler geleitet und bewirtschaftet. Er hat an der Universität für Bodenkultur in Wien studiert und Erfahrung in Kalifornien gesammelt. Auf einer Fläche von zwölf Hektar rund um Tadten produziert das Weingut vorwiegend St. Laurent und Zweigelt. Die vielschichtigen Böden bestehen vor allem aus Schotter und einer dünnen Auflage Braunerde, dazwischen gibt es auch Sand- und Lehmeinschlüsse. Die Weingärten gehören zu den sonnenreichsten in Österreich. Strenge Ertragsbeschränkung, Laubarbeit und eine gewissenhafte Auslese sind die Grundlage für die hohe Qualität der Weine. Beim Großteil der Reben wird die Anzahl der Trauben auf fünf bis sieben Stück pro Stock reduziert, und die Ernte erfolgt ausschließlich händisch sowie möglichst schonend. Der Betrieb widmet sich der Produktion von regionalen Rotweinen auf höchstem internationalem Niveau. St. Laurent und Zweigelt werden als klassische Weine in großen Fässern und Stahltanks ausgebaut oder bleiben als Reserve für 12 bis 18 Monate in kleinen Eichenfässern. Die Weine zeichnen sich durch hohe Dichte, elegante Frucht, samtige Tannine, Sortentypizität und sehr gutes Lagerpotenzial aus. Der Großteil der Produktion geht in den Export, der Rest wird in Österreich vertrieben.

Die Weine werden in Restaurants wie dem »Wallsé« (New York), dem »Four Seasons« (Amsterdam) oder dem »La Maison Blanche« (Paris) angeboten und erhielten schon sowohl lokale als auch internationale Auszeichnungen. Im Herbst 2020 belegte Erich Sattler mit seinem St. Laurent Reserve den 3. Platz in der Kategorie der St. Laurents bei der Falstaff-Rotweinprämierung.

WEINGUT ERICH SATTLER
7162 Tadten
Obere Hauptstraße 10
T: +43 (699) 11658571
erich@erichsattler.at
www.erichsattler.at

Kellermeister/Kontakt: Erich Sattler
Anbauweise: Zertifiziert Biologisch (Austria Bio Garantie)
Produktion: 10 % weiß, 15 % rosé, 75 % rot, 12 Hektar
Vereinszugehörigkeit: Austria Bio Garantie, Neusiedlersee DAC
Messen: ProWein Düsseldorf, VieVinum

88 Zweigelt Rosé 2022
12,5 Vol.-%, DV, Stahltank

(92) Blauer Zweigelt ** 2020
14 Vol.-%, DIAM, Barrique
Tiefdunkles Rubingranat, opaker Kern, violette Reflexe, zarte Randaufhellung. Dunkle Waldbeerenfrucht, etwas Orangenschalen, Brombeeren, frische Würze, Lakritze klingt an. Saftig, tabakig, röstaromatisch, Zwetschken, Nougat im Nachhall, bereits gut antrinkbar.

88 Zweigelt 2021
13 Vol.-%, DV, Stahltank

(93) St. Laurent Reserve 2020
14 Vol.-%, DIAM, Barrique
Tiefdunkles Rubingranat, opaker Kern, violette Reflexe, zarte Randaufhellung. Dezent nach Holzwürze und Brombeeren, ein Hauch von kandierten Orangenschalen, floraler Touch, Haselnussnuancen. Saftig, Röstaromen, etwas Vanille, dunkles Beerenkonfit, fruchtsüß, bleibt gut haften, vielfältig einsetzbar.

91 St. Laurent 2021
13 Vol.-%, DV, Stahltank
Dunkles Rubingranat, violette Reflexe, zarte Randaufhellung. Frisch nach Kirschen und Cassis, ein Hauch von Clementinen, frisches Bukett, Kräuternoten klingen an. Mittlerer Körper, frisch, elegant, feine Tabakwürze, schwarze Beerenfrucht, mineralisch, leichtfüßig, gut integrierte Tannine, nussiger Rückgeschmack.

(90) Heideboden 2020 ZW/SL/SY/CS
13,5 Vol.-%, DV, gebrauchte Barriques B
Dunkles Rubingranat, violette Reflexe, zarte Randaufhellung. Zarte Dörrpflaumen, etwas schokoladig, ein Hauch von kandierten Orangenschalen, tabakig. Mittlerer Körper, Gewürze, kraftvoll, etwas Röstaromatik, schwarze Frucht, Holznuancen im Nachhall, bereits gut antrinkbar.

★

SCHALLER VOM SEE

In Podersdorf am See muss man nicht nur einen Abstecher zu den glitzernden Wellen des Neusiedler Sees machen, sondern auch ein Besuch auf dem Weingut Schaller vom See ist ein Muss. Inmitten der perfekten Urlaubsidylle machen Gerhard und Brigitte Schaller Weine, die Leichtigkeit und scheinbare Uferlosigkeit für sich gepachtet haben. Das pannonische Klima sorgt mit seinen heißen, trockenen Sommern und milden Wintern gemeinsam mit dem Neusiedler See als Temperaturregler für lange Vegetationsperioden.
Die Natur nutzen, aber nicht ausnutzen – so ihr Leitsatz. »Am besten, man lässt Boden, Wind und Wetter sowie Jahreszeiten walten und bringt sich mit viel Hingabe und Sorgfalt da ein, wo es nötig ist. Wir arbeiten naturnah und schonend und legen größtes Augenmerk auf vitale, gesunde Weingärten und Weine, die begeistern. Die Rebstöcke werden versorgt, aber nicht verwöhnt, man schützt und schätzt das Erbe der Natur auf nachhaltige Weise, um es behütet an Generationen übergeben zu können. So können Weine heranwachsen, wie man sie liebt und gerne genießt«, ist Gerhard Schaller überzeugt.
Auf zehn Hektar Weingartenfläche mit sandigen, leichten Böden gedeihen frisch-fruchtige Weine, aber auch komplexe, kräftigere Vertreter. Mit Gespür, Erfahrung und Wissen bei der Vinifizierung gelingt es, fröhliche Unbeschwertheit wie in den Weinen Swingin' White, Swingin' Rosé & Red Fred einzufangen.
Die Premium-Line heißt hier »Uferlos«, und Grüner Veltliner, Chardonnay, Zweigelt, Cabernet Sauvignon und Sankt Laurent zeigen darin, wie vielschichtig, elegant und ausdrucksstark die Weinvielfalt vom See sein kann.
Unbedingt probieren sollte man bei Verkostungen zudem den Zweigelt Heideboden sowie die Cuvée »Patfalu« aus Zweigelt und Cabernet Sauvignon, die ihre Bezeichnung dem altungarischen Namen des Ortes Podersdorf verdankt.
Die »Schaller vom See«-Weine sind perfekte Speisenbegleiter, aber auch ganz einfach für den Genuss mit Freunden an einem entspannten Abend gemacht.

92 Chardonnay Uferlos 2022
13,5 Vol.-%, DV, Stahltank, €€
Helles Goldgelb, Silberreflexe. Zarte weiße Tropenfrucht, Nuancen von Maracuja, weißer Pfirsich, florale Nuancen, mit dezenten Wiesenkräutern unterlegt. Straff, stoffig, zarte Fruchtsüße, mineralisch, zitronig, dezenter Blütenhonig im Abgang, ein eleganter Begleiter bei Tisch.

90 Chardonnay Ried Prädium 2022
12,5 Vol.-%, DV, Stahltank, €€
Helles Gelbgrün, silberfarbene Reflexe. Zart floral, feine Nuancen von weißem Kernobst, frischer Apfel, ein Hauch

SCHALLER VOM SEE
7141 Podersdorf am See
Frauenkirchner Straße 20
T: +43 (650) 2177225
wein@schallervomsee.at
www.schallervomsee.at

Kellermeister/Kontakt:
Gerhard Schaller
Produktion: 40 % weiß, 60 % rot, 10 Hektar
Vereinszugehörigkeit:
Neusiedlersee DAC
Messen: ProWein Düsseldorf, Vinobile Feldkirch, DAC-Präsentationen, Wein Burgenland Präsentationen

von Kräutern und Limetten. Mittlere Komplexität, frisch strukturiert, mineralisch-zitronig im Abgang, ein zugänglicher, lebendiger Speisenbegleiter.

91 Blauer Zweigelt ** Uferlos 2020
14 Vol.-%, DV, Barrique, €€€€
Kräftiges Rubingranat, violette Reflexe, breitere Randaufhellung. Schwarze Kirschen, reife Zwetschken, dezenter Vanilletouch, kandierte Mandarinenzesten. Mittlere Komplexität, kraftvoll, rote Frucht, gut integrierte, präsente Tannine, salziger Nachhall, bietet unkompliziertes Trinkvergnügen.

92 Sankt Laurent Uferlos 2020
14 Vol.-%, DV, Barrique, €€€€
Kräftiges Rubingranat, violette Reflexe, breitere Randaufhellung. Zart floral, etwas Hibiskus, rote Kirschen, Waldbeeren, zart nach Ribiseln, Minze und Limetten. Saftig, elegant, rotbeerig, feine Fruchtsüße, feine Tannine, mineralisch und gut anhaftend, gewürzige Nuancen im Nachhall, vielfältig einsetzbar.

90 Patfalu 2021 CS/ZW/SL
14 Vol.-%, DV, gebrauchte Barriques, €€
Mittleres Rubingranat, violette Reflexe, breitere Ockerrandaufhellung. Zart nach Vanille und schwarzen Kirschen, ein Hauch von Cassis und Lakritze, deutliche Holzwürze. Komplex, saftig, feines Nougat, Bourbon-Vanille, dezente Süße im Nachhall, bereits antrinkbar.

89 Cabernet Sauvignon 2021
14 Vol.-%, DV, Stahltank, €€

★★★★

WEINGUT SCHEIBLHOFER

Das Weingut Scheiblhofer befindet sich in Andau im Bezirk Neusiedl am See und zählt mit seinen 85 Hektar Eigenfläche zu den größten Weingütern im Burgenland. Der für den edlen Rotwein »Big John« bekannte Betrieb wurde von Johann Scheiblhofer aufgebaut und im Jahr 2000 von Sohn Erich übernommen. Neben der Produktion von hochwertigen Weinen zeichnet sich der Familienbetrieb durch Modernität, Innovation, Nachhaltigkeit und soziale Kompetenz aus. Als erstem Winzer in Österreich wurde Scheiblhofer im Jahr 2017 daher das »Leitbetriebe Austria«-Zertifikat verliehen. Doch damit nicht genug: Im Mai 2017 wurde das Weingut von der Tageszeitung »Die Presse« gemeinsam mit dem Bankhaus Spängler, der BDO Austria und der Österreichischen Notariatskammer zum besten Familienunternehmen des Burgenlandes sowie im Rahmen der Weinprämierung 2019 »Best of Burgenland« der Landwirtschaftskammer Burgenland zum »Weingut des Jahres« gekürt. Vor zwei Jahren wurde Erich Scheiblhofer dann auch von Falstaff zum »Winzer des Jahres 2021« gekürt.
Scheiblhofer zählt zu den Pionieren im Bereich Nachhaltigkeit und zeichnet sich bereits seit Jahren durch seine energieautarke Weinproduktion aus. Möglich macht dies die eigene Fotovoltaikanlage, die größte privat betriebene des Burgenlandes. Im Frühjahr 2020 erfolgte ein weiterer Ausbau auf insgesamt 668 kWp. Auch die mobile Fortbewegung der Mitarbeiterinnen und Mitarbeiter soll künftig energieeffizient erfolgen. Aus diesem Grund wurden bereits Elektrofahrzeuge angeschafft, und es wurde eine entsprechende Ladestation errichtet. Gelegen an einem der idealsten Weinstandorte Österreichs und im Besitz der meisten Barriquefässer des Landes, gilt Scheiblhofer als wichtiger Arbeitgeber der Region sowie als Unterstützer und Förderer von sozialen Projekten.
Das Weingut ist als Wohlfühlort weit über die heimischen Grenzen hinweg bekannt, und mit dem im Vorjahr eröffneten »The Resort«, einem Spa-Hotel der Superlative, ist nun auch endlich mehr Platz für die zahlreichen Besucher des Weinguts. Der Erfolg des Weinguts kommt natürlich nicht von ungefähr: Nur durch den unermüdlichen Einsatz aller Mitarbeiterinnen und Mitarbeiter und durch den enormen Zusammenhalt der Familienmitglieder ist das alles möglich.

92 Big John White 2022 CH/SB
13,5 Vol.-%, DV, Teilbarrique, €€ Ⓗ
Helles Gelbgrün, Silberreflexe. Zart tabakig unterlegte Nuancen von Kräuterwürze, weiße Tropenfrucht, etwas nach Pfirsich, ein Hauch von Gewürznelken, frische Orangenzesten. Mittlerer Körper, kraftvoll, feine gelbe Frucht, nach Ananas und Mango, Blütenhonig im Abgang, ein stoffiger Speisenbegleiter.

WEINGUT SCHEIBLHOFER

7163 Andau
Halbturner Straße 1a
T: +43 (2176) 2610
office@scheiblhofer.at
www.scheiblhofer.at

Kellermeister/Kontakt:
Erich Scheiblhofer
Produktion: 25 % weiß, 75 % rot, 85 Hektar
Zertifiziert: Nachhaltig Austria
Vereinszugehörigkeit:
Club Batonnage
Messen: ProWein Düsseldorf, VieVinum, DAC-Präsentationen, ProWine China, Wein Burgenland Präsentationen

Erich Scheiblhofer

92 The Chardonnay 2021
13 Vol.-%, DIAM, Barrique, €€€ H
Helles Gelbgrün, Silberreflexe. Zarte Holzwürze, Nuancen von weißer Tropenfrucht, mit einem Hauch von Vanille und Mango unterlegt. Saftig, elegant, frischer Pfirsich, feine Säurestruktur, ein Hauch von weißem Nougat, mineralisch und gut anhaftend, ein ausgewogener, zugänglicher Speisenbegleiter.

90 Chardonnay Classic 2022
12,5 Vol.-%, DV, Stahltank, €€ H
Helles Grüngelb, Silberreflexe. Zarte weiße Apfelfrucht, ein Hauch von Blüten, mit feinen Wiesenkräutern und Limetten unterlegt. Mittlerer Körper, feine Kernobstnuancen, frisch strukturiert, dezente Fruchtsüße im Abgang, ein balancierter Speisenbegleiter.

89 Gelber Muskateller 2022
12 Vol.-%, DV, Stahltank, €€ H

89 Sauvignon Blanc 2022
12 Vol.-%, DV, Stahltank, €€ H

90 Zweigelt * 2022
13,5 Vol.-%, DV, gebrauchte Barriques, €€ H
Dunkles Rubingranat, violette Reflexe, breitere Randaufhellung. Frische Zwetschken, dunkle Waldbeeren, ein Hauch von Orangenzesten. Mittlerer Körper, rote Kirschen, feine Tannine, würziger Nachhall, vielfältig einsetzbar.

93 The Zweigelt Ried Prädium 2021
14,5 Vol.-%, DIAM, Barrique, €€€€ H
Kräftiges Rubingranat, violette Reflexe, breitere Randaufhellung. Feine dunkle Waldbeerenfrucht, mit schwarzen Kirschen und Zwetschken unterlegt, dezente Kräuterwürze. Saftig, elegant, schokoladige Textur, zart nach Karamell, rund, süße Frucht im Abgang, ein balancierter Speisenbegleiter, zeigt Länge und Potenzial.

91 Zweigelt Heideboden Selection 2022
13,5 Vol.-%, DV, gebrauchte Barriques, €€ H
Dunkles Rubingranat, violette Reflexe, breitere Randaufhellung. Frische Herzkirschen, Nuancen von Zwetschken, einladendes Bukett, mit einem Hauch von Kräutern unterlegt. Mittlerer Körper, rotbeeriger Touch, gut eingebundene Tannine, gute Frische, ein vielseitiger Speisenbegleiter.

(95) Praittenbrunn 2019 CS/ME
15 Vol.-%, DIAM, Barrique, €€€€€€ H
Tiefdunkles Rubingranat, opaker Kern, violette Reflexe, zarte Randaufhellung. Zart floral nach kandierten Veilchen, schwarze Waldbeeren, zart nach Nougat und Kakao, einladendes Bukett. Kraftvoll, stoffig, Nuancen von Heidelbeeren und Kirschen, reife, tragende Tannine, frisch und mineralisch, sehr gute Länge, sicheres weiteres Reifepotenzial.

94 The Great Bustard 2021 ME/CS/ZW
14,5 Vol.-%, DIAM, Barrique, €€€€€ H V
Tiefdunkles Rubingranat, opaker Kern, violette Reflexe, zarte Randaufhellung. Intensive schwarze Beerenfrucht, ein Hauch von Cassis und Lakritze, Heidelbeeren und Nougat, facettenreiches Bukett. Kräftig, dunkle Beeren, schokoladig, präsente würzige Tannine, mineralisch, frisch strukturiert, braucht noch seine Zeit.

93 Mordor 2021 BF/CS/ME/SY
14 Vol.-%, DIAM, Barrique, €€€€ H
Kräftiges Rubingranat, violette Reflexe, breitere Ockerrandaufhellung. Zartes Nougat, reife Zwetschken, dunkle Herzkirschen, kandierte Orangenzesten, einladendes Bukett. Komplex, reife Kirschen, tragende reife Tannine, mineralisch und anhaftend, ein eleganter Begleiter bei Tisch.

(93) The Peak of Glory 2021 ZW/ME/CS
14 Vol.-%, DIAM, Barrique, €€€€ H
Dunkles Rubingranat, opaker Kern, violette Reflexe, dezente Randaufhellung. Rauchig unterlegte schwarze Waldbeerenfrucht, zart nach Lakritze, reife Zwetschkenfrucht, kandierte Orangenzesten. Saftig, kraftvoll, reife Kirschen, straffe, gut integrierte Tannine, mineralisch, schokoladig, wird von weiterer Flaschenreife profitieren.

92 Big John 2021 ZW/CS/PN
14 Vol.-%, DIAM, Barrique, €€€ H
Dunkles Rubingranat, opaker Kern, violette Reflexe, dezente Randaufhellung. Feiner Edelholztouch, ein Hauch von Feigen und Pflaumen, zartes Nougat, mit Vanille unterlegt, einladendes Bukett. Kraftvoll Nuancen von Heidelbeeren und Kirschen, reife, kräftige Tannine, schokoladig, vielfältig einsetzbar.

92 The Legends 2021 CS/ME
14 Vol.-%, DIAM, Barrique, €€€ H
Dunkles Rubingranat, violette Reflexe, dezente Randaufhellung. Zart schokoladig unterlegter Feigentouch, reife Zwetschken, ein Hauch von Orangenzesten. Saftig, mittlere Komplexität, eingelegte Kirschen, feine Tannine, zugänglich und vielfältig einsetzbar.

91 Premium Cuvée 2022 ZW/CS/ME
13,5 Vol.-%, DV, gebrauchte Barriques, €€ H
Dunkles Rubingranat, violette Reflexe, breitere Randaufhellung. Zart nach dunklen Waldbeeren, ein Hauch von Vanille und Nougat, feine Kräuterwürze, mit Orangenzesten unterlegt. Kräftig, saftig, Zwetschken und Kirschen, feine Tannine, etwas Süße im Abgang, zugänglich, vielfältig einsetzbar.

(94) The Cabernet Franc 2021
14,5 Vol.-%, DIAM, Barrique, €€€€€ H
Tiefdunkles Rubingranat, opaker Kern, violette Reflexe, zarte Randaufhellung. Feine Kräuterwürze, Vanille und Edelholz, Nuancen von reifen Feigen, schwarze Kirschen und Cassis, facettenreiches Bukett. Kraftvoll, straff, engmaschig, dunkle Kirschen, feste, engmaschige Tannine, gute Frische und Länge, mineralisch-schokoladig im Abgang, ein würziger Speisenbegleiter, sicheres Potenzial.

94 The Shiraz 2021
14,5 Vol.-%, DIAM, Barrique, €€€€€ H V
Tiefdunkles Rubingranat, opaker Kern, violette Reflexe, zarte Randaufhellung. Süße Gewürze, Vanille und Nougat, ein Hauch von Oliven, mit reifen Zwetschken und Brombeeren unterlegt. Kraftvoll, stoffig, schwarze Frucht, reife, tragende Tannine, mineralisch, etwas Nougat im Abgang, zeigt Länge, wird von Flaschenreife profitieren.

92 Syrah Selection 2021
14 Vol.-%, DIAM, Teilbarrique, €€€ H
Tiefdunkles Rubingranat, opaker Kern, violette Reflexe, zarte Randaufhellung. Schwarze Krischen, ein Hauch von Gewürzen, Vanille, Nougat, einladendes Bukett. Saftig, nach frischem Cassis, feine Fruchtsüße, runde Tannine, mineralisch-salzig im Abgang, ausgewogen und gut antrinkbar.

(93) The Merlot 2021
14,5 Vol.-%, DIAM, Barrique, €€€€€ H
Tiefdunkles Rubingranat, opaker Kern, violette Reflexe, zarte Randaufhellung. Feine Edelholznote, Gewürze, Vanille, schwarze Kirschfrucht, reife Zwetschken, ein Hauch von Nougat, kandierte Orangenzesten. Kraftvoll, saftig, reife Kirschen, dunkles Nougat, reife Tannine, mineralisch und anhaftend, ein würziger Speisenbegleiter.

92 Merlot Selection 2021
14 Vol.-%, DIAM, Teilbarrique, €€€ H
Dunkles Rubingranat, violette Reflexe, breitere Randaufhellung. Einladende reife Herzkirschfrucht, zart nach Nougat, ein Hauch von Zwetschken, Orangenzesten. Saftig, elegant, saftige Kirschfrucht, reife Tannine, gut anhaftend, mineralischer Nachhall, vielfältig einsetzbar.

93 The Cabernet Sauvignon 2021
14,5 Vol.-%, DIAM, Barrique, €€€€€ H
Tiefdunkles Rubingranat, opaker Kern, violette Reflexe, zarte Randaufhellung. Zarte Edelholznote, Cassis und Lakritze, schwarze Kirschen, kandierte Orangenzesten, florale Aspekte, einladendes Bukett. Saftig, engmaschig, reife Kirschen, dunkle Schokolade, gut integrierte Tannine, bleibt haften, verfügt über Reifepotenzial.

91 Cabernet Sauvignon Selection 2022
14 Vol.-%, DV, gebrauchte Barriques, €€ H
Dunkles Rubingranat, violette Reflexe, dezente Randaufhellung. Nuancen von reifem Cassis, zart nach Lakritze, schwarze Waldbeeren, etwas Nougat und Vanille. Saftig, elegant, reife Zwetschken, feine Tannine, mineralisch, gute Frische, ein vielseitiger Speisenbegleiter.

92 Blaufränkisch Jois 2020
14,5 Vol.-%, DIAM, Barrique, €€€€€ H
Tiefdunkles Rubingranat, opaker Kern, violette Reflexe,

zarte Randaufhellung. Kräuterwürzig, feine Holznuancen, schwarze Kirschen, Lakritze und Brombeeren, mit einem Hauch von Feigen unterlegt. Kraftvoll, saftig, reife Zwetschken, reife Tannine, Nougat im Abgang, bleibt gut haften, bereits antrinkbar.

91 Blaufränkisch Classic 2022
13,5 Vol.-%, DV, gebrauchte Barriques, €€ H
Dunkles Rubingranat, violette Reflexe, dezente Randaufhellung. Feine Kräuterwürze, Brombeeren, schwarze Kirschen, ein Hauch von Nougat und Tabak. Saftig, elegant, feine Fruchtsüße, reife Tannine, schokoladig, Gewürznelken im Nachhall, bereits gut entwickelt.

89 Pinot Noir 2022
14 Vol.-%, DV, gebrauchte Barriques, €€ H

★★

WEINGUT GERNOT SCHUHMANN

Das seit 1974 als Familienbetrieb geführte Weingut liegt im Herzen der größten Weinbaugemeinde Österreichs: in Gols im Nordburgenland. Das einzigartige Mikroklima um den Neusiedler See und die vielfältigen fruchtbaren Böden schaffen perfekte Voraussetzungen für die Produktion hervorragender Rot- und Weißweine. Nach seiner Ausbildung zum Weinbau- und Kellermeister übernahm Gernot Schuhmann 1997 die Verantwortung für die Kellerwirtschaft und die Vermarktung der Weine und setzte damit einen Prozess der Umstrukturierung und Qualitätssteigerung in Gang. Die Rebfläche wurde kontinuierlich aufgestockt und umfasst heute etwa 15 Hektar, wobei die Anteile von Weiß- und Rotwein in etwa ausgeglichen sind. Das Weingut setzt auf jahrzehntelange Erfahrung in der Kellerwirtschaft, kombiniert mit modernsten Technologien und naturnaher Bewirtschaftung. Es wird penibel darauf geachtet, dass nur heimische Rebsorten ausgepflanzt werden. Kontrolliert integrierter Pflanzenschutz, intensive Laubarbeit und Traubenausdünnung sind weitere wichtige Maßnahmen. Weißweine werden temperaturgesteuert vergoren und in Edelstahltanks ausgebaut. Rotweine werden offen auf der Maische vergoren und reifen nach erfolgtem biologischem Säureabbau klassisch im Edelstahltank oder im kleinen Eichenfass (rund 14 Monate). Engagement und Perfektionsdrang des Winzers Gernot Schuhmann haben eines zum Ziel: eine große Palette an hochwertigen Weinen mit unterschiedlichen Charakteren und Ausbaustilen zu vinifizieren.

90 Pinot Blanc Barrique 2021
13,5 Vol.-%, DV, gebrauchte Barriques, €€
Mittleres Gelbgrün, Silberreflexe. Vanilletouch, zart nussig, mit Holzwürze unterlegte reife Ananas und Babybanane. Saftig, straff, frische Säurestruktur, Mango, Holznuancen im Nachhall, wird von Flaschenreife profitieren.

93 Syrah Ried Altenberg 2021
14 Vol.-%, DV, Barrique, €€€
Dunkles Rubingranat, violette Reflexe, zarte Randaufhellung. Mit feinem Vanille-Tabak-Touch unterlegte dunkle Waldbeeren, ein Hauch von Brombeeren, schokoladiger Touch. Komplex, würzig, gut integrierte Tannine, schwarze Oliventapenade im Abgang, Pflaumen im Nachhall, dezente Holzwürze im Rückgeschmack, bleibt gut haften, sicheres Potenzial.

WEINGUT GERNOT SCHUHMANN
7122 Gols
Marktgasse 2–6
T: +43 (2173) 2612
info@weingut-schuhmann.at
www.weingut-schuhmann.at

Kellermeister/Kontakt:
Gernot Schuhmann
Produktion: 40 % weiß, 40 % rot, 20 % süß, 14.5 Hektar
Messen: Vinobile Montfort

(93) Sankt Laurent Ried Herrschaftswald 2021
13,5 Vol.-%, DV, Barrique, €€€
Kräftiges Rubingranat, violette Reflexe, zarte Randaufhellung. Frische rotbeerige Nuancen, etwas nach Clementinen, zart nussig, mit Wiesenkräutern unterlegt, Zwetschken klingen an. Saftig, komplex, feine Säurestruktur, balancierte Tannine, frisch, etwas nach Herzkirschen im Abgang, Nougat im Rückgeschmack, guter Speisenbegleiter.

(92) Zweigelt Ried Goldberg 2021
13,5 Vol.-%, DV, Barrique, €€€€
Dunkles Rubingranat, violette Reflexe, zarte Randaufhellung. Dunkle Beerenfrucht, etwas nach Pflaumen und kandierten Orangenzesten, zart nach Nelken, einladendes Bukett. Saftig, elegant, feine Tabakwürze, etwas Brombeeren, fruchtsüßes Finish, schokoladiger Rückgeschmack, lang anhaltend, vielfältig einsetzbar.

(91) Cos No21 2021 ZW/BF
13,5 Vol.-%, DV, gebrauchte Barriques, €€€
Kräftiges Karminrot, violette Reflexe, breiter Wasserrand. Präsente Holzwürze, zart nach Vanille und kandierten Orangenzesten, rotbeerige Nuancen, tabakiger Nachhall. Saftig, elegant, fruchtsüß nach Kirschen, Gewürze im Abgang, mineralischer Nachhall, guter Speisenbegleiter.

88 Pinot Blanc Flic-Floc 2022
9,5 Vol.-%, DV, Stahltank, €€

★★★★

WEINGUT SCHWARZ

Vor rund zwanzig Jahren wagte der gelernte Fleischhauer Hans Schwarz aus Andau etwas Ungewöhnliches: Er machte die Fleischerei zum Hobby und das bisherige Hobby, den Weinbau, zum Beruf. Doch das war die richtige Entscheidung. Andau bietet als wärmster Ort Österreichs die besten Voraussetzungen, um große Weine zu keltern. Nicht zuletzt wegen Hans' oft unorthodoxer Methoden wurden die Schwarz-Weine schnell Kult. Hans Schwarz setzte auf den autochthonen Zweigelt, der bis heute als »Schwarz-Rot« von Weinliebhabern, Weinjournalisten, Weinkennern und Weingastronomen gerühmt wird. Die Linie »The Butcher« ist eine Hommage an die Anfänge. Doch darf dabei keinesfalls die Zukunft vergessen werden, und so erweitert Michael Schwarz, der seit 2018 das Tagesgeschäft führt, den »Butcher« nun um internationale Rebsorten.
Michael kehrte nach vielen Praktika im Ausland zurück, um das Werk seines Vaters fortzuführen. Für das kommende Jahr plant er zwei neue Linien im Premium- und Basisbereich. Das Weingut selbst wird um einen gemütlichen Verkostungsraum erweitert, wo man nicht nur die Kultweine selbst probieren kann, sondern auch burgenländische Schmankerl wie hausgemachten Speck oder Hans' berühmte Chili-Käsekrainer. Denn Essen und Trinken gehören bei Schwarz seit eh und je zusammen. Michael versucht so zu erreichen, was man von allen jungen Winzern verlangt: alles genauso wie der Vater zu machen – und dabei ganz anders.

WEINGUT SCHWARZ
7163 Andau
Hauptgasse 21
T: +43 (2176) 3231
office@schwarz-weine.at
www.schwarz-weine.at

Kellermeister/Kontakt:
Michael Schwarz
Produktion: 29 Hektar
Zertifiziert: Nachhaltig Austria
Messen: ProWein Düsseldorf, VieVinum

(93) Schwarz Weiss 2021 CH/GV
14 Vol.-%, DIAM, Barrique/gebr. Barriques, €€€€€
Mittleres Grüngelb, Silberreflexe. Helles Karamell, zart nach Bourbon-Vanille und gelben Tropenfrüchten, reife Mango, zart nach Blütenhonig. Kraftvoll, Nuancen von reifem Kernobst, feine Holzwürze, weiße Apfelfrucht im Abgang, zart nach Nougat im Nachhall, zeigt Länge, wird von Flaschenreife profitieren.

(92) Kumarod Cuvée Weiss 2022 SÄ/WR
12 Vol.-%, DV, Stahltank, €€
Mittleres Grüngelb, Silberreflexe. Tabakig-kräuterwürzig unterlegte Tropenfrucht, nach Ananas und Mango, kandierte Orangenzesten. Saftig, frisches Kernobst, feine Fruchtsüße, lebendige Struktur, mineralisch und anhaftend, salzig im Nachhall, gutes Entwicklungspotenzial.

91 The Butcher Cuvée Weiss 2022 GV/WR/SB
12,5 Vol.-%, DV, Stahltank, €€ Ⓥ
Helles Gelbgrün, Silberreflexe. Nuancen von Wiesenkräutern, Golden-Delicious-Apfel, Mandarinenzesten, etwas Honigmelone. Straff, elegant, Apfel auch am Gaumen, frisches Säuregerüst, weiße Tropenfrucht im Nachhall, animierender Begleiter bei Tisch.

(91) Chardonnay The Butcher 2022
13 Vol.-%, DV, Stahltank/kleines Holzfass, €€ Ⓥ
Helles Gelbgrün, Silberreflexe. Frischer weißer Apfel, ein Hauch von Mango und Nuancen von Wiesenkräutern. Mittlerer Körper, frisches Kernobst, feiner Säurebogen, mineralisch-zitronig, unkomplizierter, vielfältig einsetzbarer Speisenbegleiter.

90 Zweigelt * 2020
13 Vol.-%, DV, Teilbarrique, €€
Kräftiges Rubingranat, violette Reflexe, breitere Ockerrandaufhellung. Mit zart rauchiger Würze unterlegte Röstaromen und Brombeeren, ein Hauch von schwarzen Waldbeeren, einladendes Bukett. Saftig, elegant, feine tabakige Nuancen, Kirschfrucht im Abgang, würziger Nachhall, bereits gut antrinkbar.

(96) Zweigelt Schwarz Rot 2021
13,5 Vol.-%, DIAM, Barrique/gebrauchte Barriques, €€€€€€
Dunkles Rubingranat, opaker Kern, violette Reflexe, dezente Ockerrandaufhellung. Reife schwarze Kirschen und Zwetschken, unterlegt mit kandierten Veilchen und Mandarinenzesten, einladendes Bukett. Saftig, elegant, ein Hauch von Karamell, seidige Tannine, gute Länge und Frische, bereits gut entwickelt und zugänglich, mit sicherem Reifepotenzial ausgestattet.

90 Zweigelt The Butcher 2020
12,5 Vol.-%, DV, gebrauchte Barriques, €€ Ⓥ
Dunkles Rubingranat, violette Reflexe, zarte Ockerrandaufhellung. Zarte Tabakwürze, etwas nach schwarzen Beeren, ein Hauch von Kardamom, mit Kakao unterlegter Hibiskus. Saftig, feine Säurestruktur, mittlere Komplexität, frisch, rote Beerenfrucht im Abgang, salziger Nachhall, ein leichtfüßiger Speisenbegleiter.

93 The Butcher Cuvée 2020 ZW/BF/ME
13,5 Vol.-%, DIAM, Barrique/gebrauchte Barriques, €€€€€
Kräftiges Rubingranat, violette Reflexe, breitere Ockerrandaufhellung. Feine Kräuterwürze, zart nach Vanille und Nougat, reife Kirschfrucht, einladendes Bukett. Saftig, rotbeerig, feine Nuancen von Preiselbeeren, zarte Fruchtsüße, samtige Tannine, frisch im Abgang, bereits gut entwickelt und antrinkbar.

92 Edelschwarz Cuvée 2020 ZW/ME/CF
13,5 Vol.-%, DV, Barrique/gebrauchte Barriques, €€€
Tiefdunkles Rubingranat, violette Reflexe, zarte Randaufhellung. Feine Orangenzesten, ein Hauch von Brombeeren, etwas nach Nougat, Waldbeerenkonfit klingt an. Saftig, elegant, samtige Tannine, Zwetschkentouch, bleibt gut haften, frisch und fruchtsüß, leichtfüßig, guter Speisenbegleiter.

92 Cuvée Tiefschwarz 2020 ZW/BF
13,5 Vol.-%, DIAM, gebrauchte Barriques, €€€€€
Dunkles Rubingranat, violette Reflexe, zarte Randaufhellung. Zarte Edelholznuancen, schwarze Waldbeeren, reife Zwetschken, ein Hauch von Nougat und Orangenzesten. Saftig, reife Feigen, gute Frische, lebendiger Säurebogen, schokoladig-würziger Nachhall, bleibt haften, bereits gut antrinkbar.

90 Kumarod Rot 2020 ZW/CS/ME
13,5 Vol.-%, DV, gebrauchte Barriques, €€€
Dunkles Karmingranat, violette Reflexe, dezente Ockerrandaufhellung. Reife Zwetschken, dunkle Beeren, feine Holzwürze, etwas Nougat, einladendes Bukett. Saftig, reife Kirschen, ein Hauch von Feigen, reife Tannine, zarte Süße im Abgang, vielfältig einsetzbar, bereits zugänglich.

92 Blaufränkisch The Butcher 2020
13,5 Vol.-%, DIAM, großes Holzfass, €€€
Kräftiges Rubingranat, violette Reflexe, breitere Randaufhellung. Feinwürzig unterlegte schwarze Kirschfrucht, Vanille, etwas Brombeeren und Lakritze, tabakig, kandierte Orangenzesten. Saftig, elegant und frisch, gut integrierte Tannine, bleibt haften, schwarze Beeren im Nachhall, ein stoffiger Begleiter bei Tisch, bereits gut antrinkbar.

(91) Pinot Noir The Butcher 2021
13 Vol.-%, DIAM, großes Holzfass, €€€ Ⓥ
Kräftiges Rubingranat, violette Reflexe, breitere Randaufhellung. Zart floral unterlegte reife Pflaumenfrucht, ein Hauch von Brombeeren, Noten von Hibiskus, kandierte Mandarinenzesten. Mittlerer Körper, rotbeerig, feine Fruchtsüße, gut integrierte Tannine, mineralischer Nachhall, bereits gut antrinkbar.

97 Muskat Ottonel Schwarz Gold 2020
10 Vol.-%, DIAM, Barrique, €€€€€€
Mittleres Gelbgold, Silberreflexe. Zart rauchige Kräuterwürze, Nuancen von Maracuja und Muskatnuss, etwas weißer Pfeffer und Mandarinenzesten, Anklänge von Honig. Komplex, zartwürzig, weiße Tropenfrucht, etwas Litschis und Mango, feiner Säurebogen, mineralische Nuancen, gute Länge, bereits zugänglich, individueller Stil.

96 Zweigelt Schwarz Schwarz 2020
12 Vol.-%, DIAM, Barrique, €€€€€€
Kräftiges Rubingranat, violette Reflexe, breitere Ockerrandaufhellung. Nougat und Dörrpflaumen, feine Kräuterwürze, Brombeerfrucht, tabakige Nuancen. Komplex, saftig, reife schwarze Kirschen, frischer Säurebogen, dezente Röstaromen und Holzwürze, schokoladiger Touch, bleibt sehr lange haften, Kardamom im Rückgeschmack, der Süßwein zu Zigarre oder dunkler Schokolade.

★★★★

WEINGUT CHRISTIAN TSCHIDA

NEU - BIO

Christian Tschidas Traum war groß: emotionale Weine mit Charakter, die ihresgleichen suchen, das Herz berühren – Inhalt wie Flasche. Dafür musste er nur seinen Verstand von vorgegebenen Konzepten des Weinmachens befreien. »Hast du Vertrauen in dein Produkt, kannst du extrem und kompromisslos sein. Ich muss schon primär davon ausgehen können, dass etwas Gutes, Positives entsteht, wenn ich die Zügel loslasse«, erklärt er.
Und dennoch, der Geschmack ist klar definiert vom Weingarten. Das ist von großer Wichtigkeit für ihn, denn Christian Tschida hat das Glück, mit fantastischen Weingärten auf den steilsten Hängen des Burgenlands, hoch über Purbach, zu arbeiten – für ihn auf der besseren Seite des Neusiedler Sees. »Ich glaube dabei sehr stark an eine gesunde, vielleicht sogar romantisierte Beziehung zwischen Weingarten, Natur und Mensch«, führt er aus. Die so entstehenden Trauben sind unglaublich intensiv und raffiniert im Geschmack, voll gepackt mit Energie, ganz und gar frei von Esoterik. In jedem Jahrgang ist dann doch immer noch eine neue Nuance, ein neues verführerisches Spiel dabei.
Über die Jahre hat er seinen Stil gefunden und präzisiert. Das Profil seiner Weine ist derart geschärft und terroirgetrieben, dass kaum jemand zufällig eine Flasche von ihm bestellt. Grundsätzlich macht er aber Wein für jeden netten Menschen auf diesem Planeten – nur mengenmäßig geht sich das einfach nicht ganz aus.

97 Weißburgunder All the love of the Universe 2022 (Magnum)
12 Vol.-%, NK, 600-l-Fass, €€€€€€
Helles Gelbgrün, Silberreflexe. Kalk pur in der Nase, zart nach Kräutern, gelbe Ringlotten, feine tabakige Würze, ein Hauch von Mandarinenzesten im Hintergrund. Saftig, weißes Kernobst, straffe Mineralik, frisch und elegant, ein lebendiger Säurebogen sorgt für Spannung und Länge, zitroniger Touch, finessenreich und lange anhaftend, kreidig, ein sehr junger Speisenbegleiter, sehr vielfältig einsetzbar.

97 Chardonnay A.E.I.O.U 2022
12 Vol.-%, NK, großes Holzfass, €€€€€€
Zart getrübtes mittleres Grüngelb. Frische Wiesenkräuter, Nuancen von weißer Frucht, mineralische Aspekte, ein Hauch von Mandarinenzesten, facettenreiches, einladendes Bukett. Straff, feingliedrig, ein Hauch von weißem Steinobst, feine nussige Nuancen, saliner Abgang, ein Hauch von Rancio und Marzipan im Nachhall, zitronige Noten im Finale, besitzt Länge, bereits zugänglich, ein finessenreicher Speisenbegleiter.

95 Grüner Veltliner Non-Tradition 2022
12 Vol.-%, NK, großes Holzfass, €€€€€€
Helles Grüngelb, Silberreflexe. Zart nach Orangenzesten, weißer Apfel, ein Hauch von gelber Frucht, mineralischer Touch. Mittlerer Körper, feine Melonenfrucht, dezente Süße, feines Säurespiel, saftig, elegant und lange anhaftend, zart nussiger Anklang, mineralisch-zitronig, zart salzig im Finale, bietet leichtfüßiges Trinkvergnügen.

WEINGUT
CHRISTIAN TSCHIDA
7142 Illmitz
Seegasse 36
cosmos@christiantschida.at
www.christiantschida.at

Kellermeister: Christian Tschida
Anbauweise: Zertifiziert Biologisch

Christian Tschida

95 Riesling Laissez-Faire 2022

12 Vol.-%, NK, großes Holzfass, €€€€€€

Zart getrübtes helles Gelbgrün, Silberreflexe. Zart rauchig-mineralisch unterlegte Nuancen von weißem Steinobst, ein Hauch von Limetten, dunkle Mineralik. Mittlerer Körper, engmaschig, vom Kalk geprägte Frische, zitronig im Abgang, salzig und straff, bleibt lange haften, ein finessenreicher Speisenbegleiter, zeigt sehr gute Länge, delikates Sortenbild.

95 Himmel auf Erden Grande Cuvée 2022 GV/SB

11,5 Vol.-%, NK, großes Holzfass, €€€€€

Zart getrübtes mittleres Grüngelb, Silberreflexe. Feine gelbe Tropenfrucht, ein Hauch von Kräuterwürze, zart nussig unterlegte kandierte Orangenzesten. Saftig, mittlerer Körper, weiße Pfirsichfrucht, mineralisch-zitronig im Abgang, Kumquatzesten im Nachhall, salzig, ein lebendiger, leichtfüßiger Speisenbegleiter.

94 Birdscape Pink Maceration 2022

11,5 Vol.-%, NK, großes Holzfass, €€€€€

Mittleres Kirschrot, violette Reflexe. Frische rote Kirschen, Ribisel, zart nach Walnuss und Kumquats, mit etwas getrocknetem Johanniskraut unterlegt. Straff, weißer Apfel, feine rotbeerige Nuancen, leichtfüßig, mineralisch, ein Hauch von Limetten, salzig und animierend, feiner Gerbstoff gibt Halt und Länge, ein facettenreicher Speisenbegleiter.

94 Blaufränkisch Rosé Himmel auf Erden 2022

12 Vol.-%, NK, großes Holzfass, €€€€€

Helles Kirschrot, Erdbeertouch, Silberreflexe. Zarte Nuancen von Kräutern, mit einer feinen Erdbeernote unterlegt, ein Hauch von Mandarinenzesten. Feine Textur, rotbeerig, salzig, angenehmes Säurerückgrat, leichtfüßig, zitronig im Abgang, ein Hauch von Herzkirschen im Nachhall, ein schwungvoller Speisenbegleiter.

98 Shiraz Felsen II 2021

12,5 Vol.-%, NK, großes Holzfass, €€€€€€

Tiefdunkles Rubingranat, opaker Kern, violette Reflexe, dezente Randaufhellung. Ungemein einladendes Bukett, ein Hauch von schwarzen Oliven, kandierte Veilchen, etwas Garrique, schwarze Kirschen, vielschichtig, sehr sortentypisch. Straff, engmaschig und würzig, Brombeeren und Lakritze, feine, tragende Gerbstoffe, mineralisch und frisch, lange anhaftend, feine Fruchtsüße im Nachhall, schwarzer Pfeffer im Abgang, große Klasse bei dezentem Alkohol.

★★★★★

HANS TSCHIDA – ANGERHOF

Einige der weltbesten Süßweinwinzer stammen aus dem Burgenland und einer davon ist Hans Tschida aus Illmitz. Sein Qualitätsstreben bei der Traubenproduktion und sein feinsinniges Gespür im Keller bestimmen seine vielfach ausgezeichneten Weine. 70 Prozent seiner Weinproduktion sind im Prädikatsweinbereich angesiedelt. Das Klima am Neusiedler See hilft ihm dabei, denn es könnte für die Erzeugung von Botrytisweinen kaum besser sein. Wenn im Herbst die Trauben schon eine ausreichend hohe Zuckergradation haben und die Frühnebel einsetzen, werden die Beeren fast über Nacht von dem gewünschten Edelschimmel befallen – ein Albtraum für die Rotweinwinzer im nördlichen Burgenland, ein Geschenk der Natur an die Süßweinproduzenten.
Stilistisch bestechen die Weine vom Angerhof durch ihre Sortentypizität und Eleganz. Sie sind eher reduktiv angelegt, und bei den Zuckergraden bevorzugt Hans Tschida meist den unteren Bereich – dickflüssige, sirupartige Essenzen sind nicht seine Sache. Enorm wichtig ist ihm der Trinkfluss seiner Produkte. Seine Weine sind niemals klebrig, und er ist ein Fan der Lage Lüss, weil die Weine von dort meist einen um ein Promille höheren Säuregehalt aufweisen. Der Sämling ist die Sorte, mit der sich das Weingut einen exzellenten Ruf erarbeitet hat. Angetan haben es ihm aber auch ganz speziell seine Spät- und Auslesen. Sie sind die Einstiegsweine, wenn man sich dem Thema Süßwein nähern will. Und wer dies einmal probiert, der kann ohnehin die Finger nicht mehr davon lassen.

96 Sämling 88 ** TBA Ried Lüss 2020
8,5 Vol.-%, VL, Stahltank, €€€€€
Leuchtendes mittleres Gelbgold, Silberreflexe. Kandierte Limettenzesten, weißer Pfirsich, florale Nuancen nach Jasmin, ein Hauch von Orangenblüten, einladendes Bukett. Saftig, elegant, gut integrierte Süße, reife Tropenfrucht, anhaftend und mit guter Länge ausgestattet, feiner Säuretouch im Finish, gutes Reifepotenzial.

94 Sämling 88 Beerenauslese 2019
8,5 Vol.-%, VL, Stahltank, €€€
Mittleres Goldgelb, Silberreflexe. Kandierte Orangenzesten, ein Hauch von Muskatnuss, gelbe Tropenfrucht, reife Papaya, feiner Blütenhonig, einladendes, fruchtiges Bukett. Saftig, frisch strukturiert, weißer Pfirsich, finessenreich und gut anhaftend, lebendige, saubere Stilistik.

Hans Tschida

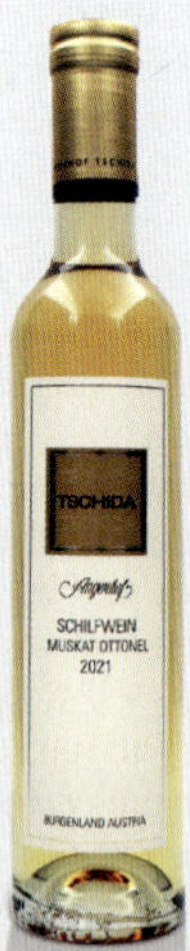

HANS TSCHIDA – ANGERHOF
7142 Illmitz
Angergasse 5
T: +43 (2175) 3150
weingut@angerhof-tschida.at
www.angerhof-tschida.at

Kellermeister: Hans Tschida
Kontakt: Hans und Lisa Tschida
Produktion: 20 % rot, 80 % süß, 35 Hektar
Messen: ProWein Düsseldorf, VieVinum

© Herbst

92 Sämling 88 Illmitz Spätlese 2022
8 Vol.-%, DV, Stahltank, €€
Sehr helles Goldgelb, Silberreflexe. Zart nach Blütenhonig, weiße Tropenfrucht, frischer Apfel, zitronige Aspekte. Saftig, frische reife Ananas, gut integrierte Süße, feiner Säurebogen, mineralisch, Limetten und Honig im Nachhall, gut balanciert und antrinkbar.

96 Welschriesling ** TBA Ried Domkapitel 2021
8 Vol.-%, VL, Stahltank, €€€€€
Leuchtendes mittleres Gelbgold, Silberreflexe. Zart nach hellem Nougat, kandierte Orangenzesten, Blütenhonig, ein Hauch von gelber Tropenfrucht. Zart kräuterwürzig unterlegte süße Mango und Papaya, cremige Textur, feiner Säurebogen, elegant und lange anhaftend, noch etwas unterentwickelt, wird von Flaschenreife profitieren.

97 Muskat Ottonel Schilfwein 2021
8 Vol.-%, VL, Stahltank, €€€€€
Mittleres Goldgelb, Silberreflexe. Intensive florale Muskatnote, feines Maracuja-Aroma, Frangipan und Limettenöl, facettenreiches Bukett, sehr attraktiv. Saftig, fruchtsüß, cremige Textur, bleibt lange haften, gute Komplexität und Frische, seidig und mineralisch, feine salzige Komponenten im Abgang, ein besonderes Trinkerlebnis.

95 Muskat Ottonel Beerenauslese 2021
8 Vol.-%, VL, Stahltank, €€€
Mittleres Goldgelb, Silberreflexe. Traubig-würzig unterlegte weiße Tropenfrucht, feine Nuancen von Muskatnuss, mit etwas Maracuja und Honig unterlegt, intensives Bukett. Saftig, elegant, reife Marille, cremige Textur, feiner Säurebogen, floraler Touch im Abgang, zeigt Länge und Balance.

94 Muskat Ottonel Auslese 2022
8 Vol.-%, DV, Stahltank, €€€
Helles Goldgelb, Silberreflexe. Feines traubiges Bukett, zart nach Maracuja, weiße Blüten, ein Hauch von Honig und Muskatnuss. Saftig, elegant, reifer gelber Pfirsich, süße Tropenfrucht, feiner Säurebogen, gut anhaftend, bereits antrinkbar, mit Reifepotenzial ausgestattet.

93 Auslese 2022 SB/BO/WR/CH
8 Vol.-%, DV, Stahltank, €€
Mittleres Gelbgrün, Goldreflexe. Frische Nuancen von Mango und Ananas, etwas Blütenhonig, mit Orangenzesten unterlegt. Saftig, komplex, süße Textur, frisch strukturiert, etwas türkischer Honig im Abgang, stoffig und gut anhaftend, verfügt über Reifepotenzial.

89 Spätlese 2022 CH/WR/MO
8 Vol.-%, DV, Stahltank, €€

93 Chardonnay Beerenauslese 2021
8,5 Vol.-%, VL, Stahltank, €€€
Helles Goldgelb, Silberreflexe. Zarter Honigtouch, reife gelbe Tropenfrucht, kandierte Mandarinenzesten, weiße Schokolade. Leichtfüßig, reife weiße Pfisichfrucht, finessenreicher Säurebogen, zitronig im Abgang, bereits gut antrinkbar, saftiger Stil.

★★★★★

WEINGUT VELICH

Das Weingut der Familie Velich liegt im Herzen des Naturschutzgebiets Neusiedler See – Seewinkel in Apetlon. Der Ort ist umgeben von zahlreichen Seen – hier Lacken genannt. Durch diese entsteht ein spezielles Kleinklima, das sich für den Weinbau als besonders förderlich erwiesen hat. Heinz Velich bewirtschaftet zurzeit zwölf Hektar Rebfläche, die ausschließlich mit Weißweinsorten bepflanzt sind. 45 Prozent davon nimmt der Chardonnay ein, etwa ein Viertel der Fläche ist mit Welschriesling bestockt, den Rest teilen sich Muskat-Ottonel und Bouvier. Die leichten, fruchtigen Weine wie Welschriesling und Muskat Ottonel werden im Stahltank vinifiziert. Chardonnay als Vertreter der extrakt-, aber finessenreichen Weine wird bevorzugt im gebrauchten Barrique vergoren und ausgebaut. Der Chardonnay mit dem Namen »Tiglat« gilt seit Jahren als einer der besten Sortenvertreter des Landes. Ihm zur Seite stehen der zweite trockene Chardonnay des Hauses, der »Darscho«, und eine Cuvée aus Chardonnay, Welschriesling und Sauvignon Blanc mit der Bezeichnung »TO« (was auf Ungarisch »See« bedeutet). Süßweine werden nur in geeigneten Jahren gekeltert und zum größten Teil im Barrique vinifiziert.
Der Betrieb legt besonderen Wert auf eine hohe Reife und regionaltypischen Charakter

Muskat Ottonel

WEINGUT VELICH
7143 Apetlon
Seeufergasse 12
T: +43 (2175) 3187
weingut@velich.at
www.velich.at

Kellermeister/Kontakt:
Heinz Velich
Produktion: 50.000 Flaschen
80 % weiß, 20 % süß, 12+6 Hektar
Messen: ProWein Düsseldorf, Summa Margreid

der Weine. Das Falstaff-Magazin zeichnete Heinz Velich als »Winzer des Jahres 2012« aus.

97 Chardonnay Tiglat 2020
13,5 Vol.-%, DIAM, Holzfass, €€€€€€
Helles Grüngelb, Silberreflexe. Ein Hauch von Zitronenmelisse und Pfirsich, kandierte Orangenzesten, mineralischer Touch, facettenreiches Bukett. Stoffig, elegante Textur, weißes Steinobst, cremig, feine Fruchtsüße, gute Länge, feinziseliert und lange anhaftend, zitroniger Nachhall, sicheres Entwicklungspotenzial.

95 Chardonnay Darscho 2020
13,5 Vol.-%, DIAM, Holzfass, €€€€€
Helles Grüngelb, Silberreflexe. Zart rauchig-würzig unterlegte Kräuternoten, feine gelbe Apfelfrucht, Mango und kandierte Mandarinenzesten, einladendes, mineralisches Bukett. Komplex, saftig, feine Fruchtsüße, gut integrierte feine Säurestruktur, ein Hauch von Limetten im Abgang, balanciert und gut anhaftend, ein ausgewogener, eleganter Begleiter bei Tisch.

93 Muskat Ottonel 2021
13 Vol.-%, DIAM, Stahltank, €€
Helles Goldgelb, Silberreflexe. Zarte Nuancen von Holunderblüten, etwas Maracuja, feine Limetten, zarter Honigtouch, ein Hauch von Lindenblüten, feiner Muskattouch. Saftig, frischer Säurebogen, grüner Apfel, ein trinkanimierender Stil, zitroniger Nachhall, mineralisch, ein lebendiger Sommerwein.

93 TO 2020 CH/WR/SB
13 Vol.-%, DIAM, Holzfass, €€€€
Helles Grüngelb, Silberreflexe. Reife gelbe Tropenfrucht, ein Hauch von Blütenhonig, gebratene Ananas, reifer Pfirsich. Saftig, elegant, Nuancen von weißer Frucht, feiner Säurebogen, mineralisch-zitronig im Abgang, seidig und gut anhaftend, ein facettenreicher Speisenbegleiter.

93 Welschriesling Alte Reben 2021
12,5 Vol.-%, DIAM, Holzfass, €€€€
Helles Gelbgrün, Silberreflexe. Zarte Kräuterwürze, etwas Marille, ein Hauch von Birne. Dezente Fruchtsüße, feine Textur, ausgewogen, ein stoffiger Speisenbegleiter.

97 SW Beerenauslese 2017 WR/SÄ/MO
13,5 Vol.-%, NK, Holzfass, €€€€
Leuchtendes Kupfergold, Silberreflexe. Intensive Nuancen von Feigen, Datteln und Honig, kandierte Orangenzesten. Saftig, elegant, zartes weißes Nougat, stoffig, feiner Säurebogen, zart nach Marzipan, vielschichtig, getrocknete Marillen, sehr gute Länge und Balance, gut gereift, sicheres weiteres Potenzial.

★★

WEINGUT WURZINGER PIA

BIO

Josef Wurzinger ist als der Weißweinwinzer des Seewinkels im Burgenland bekannt. Fruchtigkeit, Finesse und Frische seiner Weißweine überraschen viele Weinfreunde, die solche Kreszenzen eher der Steiermark zuordnen würden. Aber auch seine Rotweine stehen ganz hoch im Kurs, allen voran der Zweigelt Heideboden, mit dem Josef Wurzinger schon einmal den zweiten Platz beim »Falstaff Zweigelt Grand Prix« belegte, und die Cuvée vom Kreuzjoch aus Zweigelt, Blaufränkisch, Cabernet Sauvignon und Merlot, die besonders durch eine saftige Frucht, reife und weiche Tannine sowie eine besondere Trinkanimation besticht. Bei den reinsortig ausgebauten Rotweinen zeigt der engagierte Winzer ebenfalls ein gutes Gefühl für die Vinifikation und den richtigen Holzeinsatz. Josef Wurzinger legt besonders viel Wert auf den richtigen Lesezeitpunkt und die Sortierung des gesunden Traubenmaterials, das die Basis für gute Weine darstellt. Besonders viel Zeit und Leidenschaft investiert er in die Vinifikation und den Ausbau seiner Weine. Das kommt auch den Freunden der Wurzinger-Weine zugute, die sich über beständige Qualität und deshalb über jede Menge Trinkspaß freuen können.

92 Chardonnay Granit 2021
13 Vol.-%, DIAM, Granitfass, €€€€

Leuchtendes Goldgelb, Silberreflexe. Zart tabakig-kräuterwürzig unterlegte reife gelbe Apfelfrucht, ein Hauch von feuchten Steinen. Saftig, frisches Kernobst, weißer Apfel, frisch und mineralisch, salziger Nachhall, Limetten im Rückgeschmack.

90 Chardonnay Queen Lizz I 2021
13,5 Vol.-%, DIAM, Stahltank, €€

Helles Gelbgrün, Silberreflexe. Feine gelbe Pfirsichfrucht, Nuancen von Blütenhonig, zart nach kandierten Orangenzesten. Mittlere Komplexität, frische weiße Birnenfrucht, feine Säurestruktur, dezente Fruchtsüße im Abgang, ein charmanter Speisenbegleiter.

92 Sauvignon Blanc M+ 2020
14 Vol.-%, DV, Stahltank, €€€€

Kräftiges Goldgelb, Silberreflexe. Zart nach gelben Stachelbeeren, ein Hauch von Litschis, kandierte Mandarinenzesten, mit etwas Vanille unterlegt. Komplex, saftig, Nuancen von Passionsfrucht, feiner Säurebogen, helles Nougat im Abgang, ein stoffiger Speisenbegleiter.

91 King Lui I Reserve 2020 ME/BF/ZW
13,5 Vol.-%, DIAM, Barrique

Tiefdunkles Rubingranat, opaker Kern, violette Reflexe, zarte Randaufhellung. Rauchig-kräuterwürzig, Nuancen von schwarzer Frucht, mit reifen Zwetschken unterlegt, tabakige Noten. Saftig, elegant, schokoladig, frischer Säurebogen, feine Tannine, mineralisch-salzig im Abgang, ein würziger Speisenbegleiter.

90 Ried Kreuzjoch Reserve 2021 ZW/BF/CS/ME
13,5 Vol.-%, DIAM, Barrique, €€€

Dunkles Rubingranat, violette Reflexe, dezente Ockerrandaufhellung. Zart floral, rotbeerig unterlegte Kräuterwürze, Brombeeren, Lakritze, einladendes Bukett. Straff, engmaschig, rotbeerig, präsente, etwas blättrige Tannine, zarte Süße im Abgang, mineralischer Nachhall.

91 Merlot Reserve M+ 2021
14 Vol.-%, DIAM, Barrique, €€€€

Dunkles Rubingranat, violette Reflexe, dezente Ockerrandaufhellung. Verhalten, ein Hauch von schwarzen Beeren, etwas Feigen und Nougat, kandierte Orangenzesten. Stoffig, kraftvoll, reife Brombeernoten, reife, tragende Tannine, schokoladiger Abgang, reife Kirschen im Nachhall, braucht noch Zeit.

WEINGUT WURZINGER PIA
7162 Tadten
Obere Hauptstraße 11
T: +43 (676) 4868757
office@weingut-wurzinger.at
www.weingut-wurzinger.at

Kellermeister: Josef Wurzinger
Kontakt: Pia Lisa Wurzinger
Anbauweise: Zertifiziert Biologisch (Bio Austria)
Produktion: 240.000 Flaschen
45 % weiß, 3 % rosé, 52 % rot,
25 Hektar
Messen: fafga Innsbruck, VieVinum, Wein Burgenland Präsentationen

★★★

ZANTHO WEINGUT

Mit »Zantho« beschreiten Spitzenwinzer Josef Umathum und Wolfgang Peck neue Wege im burgenländischen Qualitätsweinbau. Der Betrieb kann auch als perfekte Symbiose von langjähriger Erfahrung, bester technischer Ausstattung und optimalen natürlichen Bedingungen bezeichnet werden. Produziert wird in der Domaine Andau, einem der modernsten Weinkellereien Österreichs. Das Traubengut liefert eine kleine Gruppe ausgewählter Mitglieder, die – von Josef Umathum speziell geschult und kontrolliert – die Weingärten bearbeiten. »Zantho«, der Name des kleinen burgenländischen Ortes Andau in dessen erster urkundlicher Erwähnung, ist zugleich Bezeichnung der Weinlinie, die pannonische Waldeidechse dient als einprägsames Symbol. Erzeugt werden vornehmlich Rotweine aus den heimischen Sorten Zweigelt, Sankt Laurent und Blaufränkisch. Daneben runden Muskat, Sauvignon Blanc, Welschriesling und Grüner Veltliner in Weiß, Zweigelt in Pink sowie Brut Rosé, ein hochwertiger Schaumwein nach traditioneller Methode, das Sortiment ab. Die Spitze bilden die Reserve-Weine aus Zweigelt, Sankt Laurent, Pinot Noir, Cabernet und Merlot, die nur in herausragenden Jahren aus den besten Trauben selektioniert und schonend im kleinen Holzfass ausgebaut werden. Neu im Portfolio ist die Cuvée »1487«, deren Name eine Referenz an die erste urkundliche Erwähnung von Andau im Jahre 1487 darstellt. Diese hochwertige Cuvée aus Cabernet Sauvignon, Zweigelt und Merlot vereint burgenländische Tradition mit internationalem Flair auf höchstem Niveau. Alle Weine von Zantho sind mit dem exklusiven Vino-Lok-Glasverschluss ausgestattet, um höchste Qualität zu garantieren. Die »Eidechsen-Weine« werden in über 40 Länder exportiert und sind im gut sortierten Fachhandel sowie ab Hof und im Onlineshop erhältlich.

91 Grüner Veltliner Reserve 2021
13 Vol.-%, VL, Stahltank/kleines Holzfass, €€€€
Helles Grüngelb, Silberreflexe. Feine Kräuterwürze, Anklänge von gelber Tropenfrucht, ein Hauch von Mango und Honigmelone, einladendes Bukett. Saftig, zart nach Vanille und Akazienhonig, feines weißes Nougat, mineralisch und anhaftend, bereits zugänglich, ein vielfältig einsetzbarer Speisenbegleiter.

89 Grüner Veltliner 2022
12 Vol.-%, VL, Stahltank, €€

90 Muskat Ottonel 2022
12 Vol.-%, VL, Stahltank, €€
Helles Goldgelb, Silberreflexe. Feine Nuancen von Maracuja und Muskatnuss, ein Hauch von Jasmin, einladendes Bukett. Saftig, weißer Pfirsich, etwas Litschis, Rosenblüten, mineralisch und frisch, bietet leichtfüßiges, sommerliches Trinkvergnügen.

89 Sauvignon Blanc 2022
12 Vol.-%, VL, Stahltank, €€

88 Welschriesling 2022
12 Vol.-%, VL, Stahltank, €€ V

89 Pink 2022
12 Vol.-%, VL, Stahltank, €€

92 Zweigelt Reserve 2021
13,5 Vol.-%, VL, kleines Holzfass, €€€€ V
Kräftiges Rubingranat, violette Reflexe, breitere Ockerrandaufhellung. Dezente Nuancen von Herzkirschen, ein Hauch von roten Waldbeeren, etwas Nougat, mit kandierten Orangenzesten unterlegt. Saftig, elegant, reife Zwetschken, runde Tannine, ausgewogen, mit guter Länge ausgestattet.

90 Zweigelt 2021
13,5 Vol.-%, VL, Stahltank/großes Holzfass, €€ V
Kräftiges Rubingranat, violette Reflexe, breitere Ockerrandaufhellung. Reife Zwetschken, florale Nuancen, zart nach Hibiskus, mit Mandarinenzesten unterlegt. Saftig, rotbeerige Textur, runde Tannine, harmonisch und zugänglich.

92 Merlot Reserve 2021
14 Vol.-%, VL, Stahltank/kleines Holzfass, €€€€ V
Kräftiges Karmingranat, violette Reflexe, breitere Ockerrandaufhellung. Zarte rote Kirschfrucht, Nuancen von Waldbeeren, mit dezenter Kräuterwürze und etwas Nougat unterlegt. Stoffig, gute Komplexität, reife Zwetschken, feine Tannine, mineralisch und frisch im Abgang, bereits gut entwickelt.

ZANTHO WEINGUT

7163 Andau, Dammweg 1a
T: +43 (2176) 27077
office@zantho.com, www.zantho.com
Kellermeister: Wolfgang Peck und Christopher Eisinger
Kontakt: Thomas Gratzer
Produktion: 2 % Schaumwein, 30 % weiß, 3 % rosé, 60 % rot, 5 % süß, 80 Hektar
Zertifiziert: Nachhaltig Austria
Messen: Austrian Tasting London, FHA Singapore, Foodex Japan, Hofex Hongkong, ProWein Düsseldorf, VieVinum, Vinexpo, Vinexpo Bordeaux/Shanghai/Explorer, DAC-Präsentationen, ProWine China/Asia, Hong Kong International Wine & Spirits Fair, Wein Burgenland Präsentationen

Rieden bei Andau

92 Cuvée 1487 Reserve 2020 CS/ZW/ME
14 Vol.-%, VL, kleines Holzfass, €€€€ V
Kräftiges Karmingranat, violette Reflexe, breitere Ockerrandaufhellung. Zart nach Zwetschken, rote Herzkirschen, feines Beerenkonfit, ein Hauch von Kräuterwürze. Saftig, feine Fruchtsüße, würzige Tannine, mineralisch-salzig im Abgang, ein vielseitiger, balancierter Speisenbegleiter.

91 Sankt Laurent Reserve 2019
13 Vol.-%, VL, kleines Holzfass, €€€ V
Kräftiges Karmingranat, violette Reflexe, breite Ockerrandaufhellung. Zart nach Nougat und Brombeeren, frische Herzkirschen, kandierte Orangenzesten. Saftig, rotbeerig, frisch strukturiert, ein Hauch von Dörrzwetschken im Abgang.

90 Sankt Laurent 2021
13 Vol.-%, VL, Stahltank/gebrauchte Barriques, €€ V
Kräftiges Rubingranat, violette Reflexe, breitere Ockerrandaufhellung. Rote Waldbeeren, zart nach Herzkirschen, Orangenzesten klingen an. Mittlerer Körper, frisch strukturiert, ein Hauch von Ribiseln, dezente Tannine, mineralischer Abgang, bietet unkompliziertes Trinkvergnügen.

89 Pinot Noir Reserve 2021
13,5 Vol.-%, VL, Stahltank/Eichenfass, €€€€ V

88 Blaufränkisch 2021
13,5 Vol.-%, VL, Stahltank/großes Holzfass, €€ V

92 Scheurebe Beerenauslese 2020
9,5 Vol.-%, VL, Stahltank, €€€
Mittleres Goldgelb, Silberreflexe. Blumig unterlegte reife gelbe Tropenfrucht, ein Hauch von Maracuja, Jasmin und Limetten, mit Honig unterlegt. Saftig, süße Frucht, deutliche Honignuancen, dezenter Säurebogen, opulenter, fruchtbetonter Stil.

© Robert Herbst

Pöttelsdorf – hier die Ried Buchgraben – ist einer der bekanntesten Orte der vom kühlen Klima der nahen Voralpen geprägten Region Rosalia DAC

© WSNA

BURGENLAND

ROSALIA

DAC

SANFTE HÜGELLANDSCHAFT, EXTRAKTREICHE WEINE

Südlich an das Gebiet Leithaberg schließt das DAC-Gebiet Rosalia mit dem Hauptort Pöttelsdorf an, dessen schwerere Böden einen kräftigen Blaufränkisch-Typ ähnlich dem des Mittelburgenlands hervorbringen.

Die sanfte Hügellandschaft der Region Rosalia eignet sich vorzüglich für den Weinbau. Die Gründe dafür sind das pannonische Klima und die fruchtbaren Braunerdeböden mit Lössuntergrund. Das Rosaliengebirge ist ein Ausläufer der Alpen an der niederösterreichisch-burgenländischen Landesgrenze. Im Norden grenzt die Region an das Weinbaugebiet Leithaberg DAC und im Süden an das Weinbaugebiet Mittelburgenland DAC. Zwischen den sanften Hügeln fließt die Wulka in den Neusiedler See. Das DAC-Gebiet Rosalia liegt am Osthang des Rosaliengebirges, umfasst den politischen Bezirk Mattersburg und ist bekannt für die Burg Forchtenstein, die Festivals in Wiesen oder den Kurort Bad Sauerbrunn. Auch die Nähe zu Eisenstadt und zum Neusiedler See macht die Gegend zu einem beliebten Ausflugsziel. Durch große landwirtschaftlich genutzte Flächen hat sie sich viel von ihrer Beschaulichkeit und Natürlichkeit bewahrt, weite Teile sind daher auch als Naturpark ausgewiesen.

Die Erdbeere, der Wein, die Edelkastanie und verschiedene andere köstliche Produkte haben diesem Landstrich den Beinamen »süße Region« eingebracht. Schon die Kelten erkannten vor mehr als 2.500 Jahren, dass sich dieses Terroir vorzüglich für den Weinbau eignet. Heute stehen in der Region Rosalia 241 Hektar Weinberge im Ertrag, die Hauptsorte ist mit 60 Prozent der Blaufränkisch, gefolgt vom Zweigelt. Merlot, Cabernet Sauvignon, Pinot Noir und weitere Sorten ergänzen die Liste der angebauten Rotweine.

© WSNA

An Weißweinen findet man vor allem Grünen Veltliner und Weißburgunder. Bereits Mitte des 19. Jahrhunderts hatten die Rotweine der Region einen grenzüberschreitenden Ruf. Die ehemalige Großlage »Rosalia« südlich des Leithagebirges wurde 2018 zu Österreichs nächstem DAC-Weinbaugebiet. Die gebietstypischen Rebsorten Blaufränkisch und Zweigelt dürfen auf Basis der nun unterzeichneten DAC-Verordnung rückwirkend ab dem Jahrgang 2017 reinsortig zu Rosalia DAC vinifiziert werden, sofern die Weine einen Alkoholgehalt von mindestens 12 Vol.-% sowie einen Restzuckergehalt von höchstens 4 Gramm pro Liter aufweisen. Der Ausbau muss im Stahltank oder Holzfass erfolgen, die Weine sollen ein vielschichtiges und regionaltypisches Bukett sowie einen finessenreichen, fruchtigen und würzigen Geschmack aufweisen.

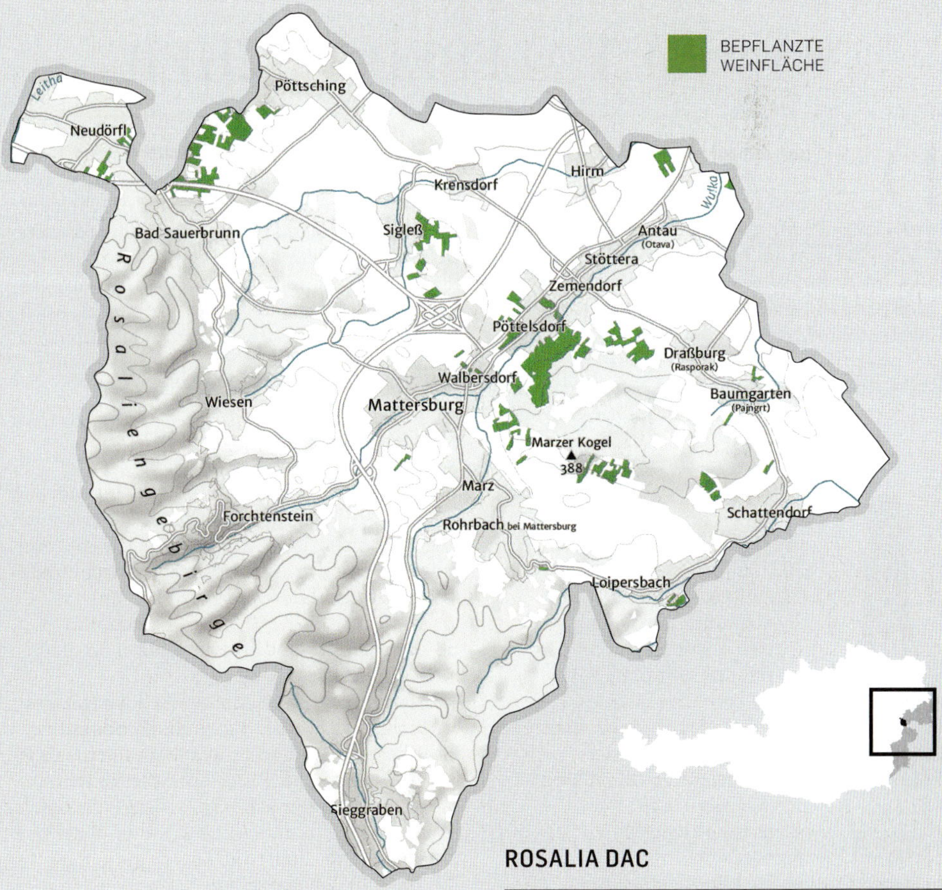

Grundkarte: © Universität Wien, BEV, OSM, SRTM | Österreich Wein Marketing GmbH, 1040 Wien, © ÖWM 2022

ROSALIA DAC

Österreich gesamt	**44.728 ha**
Weinbaugebiet Burgenland	**11.772 ha**
Rosalia DAC	**241 ha**

AUSGEWÄHLTE WEINGÜTER

★★★
Weingut Migsich, Antau

★★
Weingut Alfred Fischer, Stöttera
Weingut Piribauer, Neudörfl

★★
Domaine Pöttelsdorf, Pöttelsdorf

★
Weingut Lassl, Sigleß

★★

WEINGUT ALFRED FISCHER

Das Weingut Alfred Fischer wird seit 1931 als Familienbetrieb geführt. Bewirtschaftet werden zwölf Hektar in den besten Lagen in Pöttelsdorf, einem seit jeher bekannten Weinort im Herzen der Großlage Rosalia. Im Ertrag stehen die roten Sorten Blaufränkisch, Blauer Zweigelt, Merlot und Cabernet Sauvignon. Für die Weißweine werden die Trauben von ausgesuchten Produzenten vom Leithaberg zugekauft, der Fokus liegt hierbei auf den Sorten Grüner Veltliner, Welschriesling und Pinot Blanc. Qualität ist oberstes Gebot. Dass diese Betriebsphilosophie eingehalten wird, zeigen die vielen Auszeichnungen, die das Weingut im In- und Ausland erhält. Seit 2002 engagiert sich die Familie Fischer auch in Ungarn: Am Plattensee wurde ein neues Weingut gebaut, circa 80 Hektar wurden dort neu bepflanzt. Auch hier bestätigen die zahlreichen internationalen Auszeichnungen die konsequente Qualitätsphilosophie der Familie Fischer.

WEINGUT ALFRED FISCHER
7023 Stöttera
Rosenthalgasse 2–6
T: +43 (2626) 5238
alex@alfredfischer.at
www.alfredfischer.com

Kellermeister: Thomas Fischer
Kontakt: Mag. Alex Fischer
Produktion: 40 % weiß, 55 % rot, 5 % süß, 12 Hektar
Vereinszugehörigkeit: Rosalia DAC
Messen: ProWein Düsseldorf, VieVinum

(92) Sauvignon Blanc Barrique 2021
14 Vol.-%, NK, Barrique, €€€
Leuchtendes Goldgelb, Silberreflexe. Gelbe Tropenfrucht, ein Hauch von Cassis und Litschis, zarter Blütenhonig, floraler Touch. Stoffig, feine Holzwürze, ein Hauch von Vanille und weißem Pfirsich, finessenreich strukturiert, mineralisch, ein facettenreicher Speisenbegleiter.

90 Sauvignon Blanc Premium 2021
14 Vol.-%, DV, Stahltank, €€
Leuchtendes Goldgelb, Silberreflexe. Reife gelbe Stachelbeerfrucht, zart nach Cassis, kandierte Grapefruitzesten, etwas Blütenhonig. Saftig, Nuancen von Passionsfrucht, etwas Guaven, finessenreicher Säurebogen, mineralisch-zitronig im Abgang, verfügt über gute Länge, vielfältig einsetzbar.

(90) Pinot Blanc limited 2022
12,9 Vol.-%, DV, Stahltank, €€
Helles Goldgelb, Silberreflexe. Frische Birnenfrucht, ein Hauch von Pfirsich, zart nach Wiesenkräutern. Mittlere Komplexität, feine Fruchtsüße, angenehme Steinobstnuancen, elegant und zugänglich, bereits gut entwickelt.

91 * The Origin of Rosé 2022**
13 Vol.-%, DV, Stahltank, €€€
Helles Lachsrosa, Goldreflexe. Zart nach roten Waldbeeren, ein Hauch von gelbem Pfirsich, einladende Frucht, mit Orangenzesten und Blütenhonig unterlegt. Saftig, ausgewogen, frisches Kernobst, feiner Säurebogen, mineralisch und anhaftend, rotbeeriger Nachhall, ein vielseitiger Speisenwein.

(90) Zweigelt * 2020
14 Vol.-%, DV, Teilbarrique, €€
Dunkles Rubingranat, violette Reflexe, breitere Ockerrandaufhellung. Zart tabakig unterlegte dunkle Beerenfrucht, reife Zwetschken, mit feinem Brombeerkonfit unterlegt, etwas Nougat. Stoffig, kraftvoll, präsente Tannine, würziger Abgang, mineralisch, dezente Fruchtsüße im Nachhall.

(90) Syrah 2020
13,5 Vol.-%, DV, Stahltank, €€
Dunkles Rubingranat, violette Reflexe, zarte Ockerrandaufhellung. Reife Zwetschkenfrucht, ein Hauch von Feigen, kandierte Orangenzesten und Nougat. Komplex, kraftvoll, mineralisch, gut integrierte Tannine, feinwürzig, feine Fruchtsüße im Abgang, feiner Gerbstoff im Nachhall, bereits gut antrinkbar.

WEINGUT LASSL

Auf dem Weingut Lassl fügen sich nicht nur die verschiedenen Charaktere einer Winzerfamilie stimmig zusammen, sondern auch die jeweilige Typizität zweier Weinbaugebiete: Rosalia DAC und Leithaberg DAC. Der Betrieb und der Großteil der Weingärten liegen in Sigleß im Weinbaugebiet Rosalia DAC, aber man bewirtschaftet auch einige Rieden in Klingenbach im Leithaberg-DAC-Gebiet. Die schweren Böden des Rosalia-DAC-Gebiets begünstigen kräftige Rotweine sowie klassisch-frische Weiß- und Roséweine, während mit der Leithaberg-DAC-Linie puristische, strukturierte und mineralische Weine gekeltert werden.
Das bewusste Bekenntnis zu Qualität, die Freude, in und mit der Natur zu arbeiten, Genuss und Regionalität zu leben sowie Tradition mit Moderne zu verbinden, begeistern die Familie nun schon seit Generationen.
Ganz neu ist der Genussheurige namens »Weinwirtschaft« im ehemaligen Dorfgasthaus Krenn, das von der Familie Lassl mit viel Herzblut behutsam aus seinem Dornröschenschlaf geholt wurde. Dort bietet man eine zeitgemäße

© Maria Hollunder

WEINGUT LASSL
7032 Sigleß, Wiener Neustädter Straße 60
T: +43 (2626) 71381
office@weingut-lassl.at
www.weingut-lassl.at
Kellermeister: Herbert und Stefan Lassl
Kontakt: Herbert Lassl
Produktion: 10 % Schaumwein, 30 % weiß, 30 % rosé, 30 % rot, 9 Hektar
Vereinszugehörigkeit: Leithaberg DAC, Rosalia DAC
Messen: Dornbirner Frühjahrs- und Herbstmesse, Vinobile Feldkirch, Weinmesse Innsbruck, Weintage im Museumsquartier, DAC-Präsentationen, Wein Burgenland Präsentationen

Familie Lassl

Version des klassischen Heurigen mit kalten Speisen – selbst gemacht bzw. von ausgesuchten regionalen Produzenten, liebevoll angerichtet, saisonal wechselnd und von den eigenen Weinen und guten Gesprächen begleitet.

91 Leithaberg DAC Cuvée weiß 2022 CH/WB
13,5 Vol.-%, DV, 500-l-Fass, €€€
Helles Goldgelb, Silberreflexe. Zarte Kräuterwürze, gelbe Birnenfrucht, ein Hauch von Orangenzesten. Kraftvoll, frischer gelber Apfel, dezente Fruchtsüße, frischer Säurebogen, dezente Mineralik, zitroniger Touch im Abgang, ein stoffiger Speisenbegleiter.

90 * The Origin of Rosé 2022 BF**
13 Vol.-%, DV, Stahltank, €€€
Helles Lachsrosa, Silberreflexe. Ein Hauch von frischen roten Kirschen, weiße Beeren, floraler Touch. Leichtfüßig, feine Noten von roten Waldbeeren, frischer Säurebogen, mineralisch und balanciert, vielfältig einsetzbar.

89 Rosalia DAC Rosé 2022 PN
13 Vol.-%, DV, Stahltank, €€

91 Blaufränkisch * 2020
13 Vol.-%, DV, großes Holzfass, €€
Dunkles Rubingranat, violette Reflexe, dezente Ockerrandaufhellung. Schwarze Kirschen, etwas Cassis, dezente Kräuterwürze, kandierte Orangenzesten. Mittlerer Körper, rotbeerige Frucht, feine Tannine, frisch strukturiert, salziger Nachhall, zitroniger Rückgeschmack.

91 Blaufränkisch Leithaberg DAC Klingenbach 2020
13,5 Vol.-%, DIAM, 500-l-Fass, €€€
Dunkles Rubingranat, violette Reflexe, dezente Ockerrandaufhellung. Zart tabakig-kräuterwürzig unterlegte Brombeerfrucht, schwarze Kirschen, Nuancen von Orangenzesten. Saftig, rotbeerige Frucht, ein Hauch von Kirschen, frisch strukturiert, zitronig-salziger Touch im Nachhall, ein lebendiger Speisenbegleiter.

90 Zweigelt * 2020
13 Vol.-%, DV, großes Holzfass, €€
Dunkles Rubingranat, violette Reflexe, dezente Randaufhellung. Reife schwarze Waldbeeren, ein Hauch von Cassis, kandierte Orangenzesten, mineralischer Touch. Saftig, elegant und mit feiner Fruchtsüße unterlegt, dezente Tannine, mineralisch, bereits gut antrinkbar.

★★★

WEINGUT MIGSICH

Größer, breiter, länger: Besser kann man die neue Feinweinlinie der Familie Migsich unter dem Motto »Slow Winemaking« nicht beschreiben. Erich Migsich zählt zu den aufstrebenden Winzern im Burgenland und hat mit seinen Weinen Persönlichkeiten geschaffen, von denen man noch in vielen Jahren sprechen wird. Auf 20 Hektar Rebfläche schafft er es unter enormer Ertragsreduktion, Unikate mit bleibendem Eindruck zu kreieren. Ohne technischen Schnickschnack konzentriert man sich auf dem Weingut Migsich auf das Wesen des Sortentypus in Kombination mit dem Terroir – ganz im Trend der Zeit. Mit dem Flaggschiff »Fat Boy« landete man bereits mit dem ersten Jahrgang im In- und Ausland unter den höchstbewerteten Weinen in der Kategorie Blaufränkisch. Das liegt vor allem daran, dass eine Kombination aus schweren Lehmböden, bis zu 50-jährigen Rebstöcken mit kleinbeerigen Trauben und der selbst auferlegten Beschränkung, diesen

WEINGUT MIGSICH

7042 Antau
Kleine Zeile 66
T: +43 (2687) 62253
office@migsich.at
www.migsich.at

Kellermeister/Kontakt:
Erich Migsich
Produktion: 40 % weiß, 5 % rosé, 50 % rot, 5 % süß, 20 Hektar
Zertifiziert: Nachhaltig Austria
Vereinszugehörigkeit:
Rosalia DAC
Messen: Alles für den Gast Salzburg, fafga Innsbruck, ProWein Düsseldorf, VieVinum, Wein Burgenland Präsentationen

Blaufränkisch

Wein nur in den besten Jahrgängen zu vinifizieren, extrem »wenig hergibt«. Dafür ist dieses bisschen, das der Kellermeister Erich Migsich – nahezu ohne Technik, Zusätze, Filtration oder anderen Firlefanz – entstehen lässt, die Quintessenz dessen, was einen ganz besonderen Wein ausmacht.

93 Primadonna Chardonnay 2019

14 Vol.-%, DIAM, Barrique, €€€€€
Leuchtendes mittleres Gelbgold, Silberreflexe. Noten von Kokos und weißem Nougat, mit gelber Tropenfrucht unterlegt, Nuancen von Ananas und Mango, zart nach Mandarinenzesten, intensives Bukett. Saftig, etwas Vanille und gelber Apfel, gute Frische, ein Hauch von Karamell im Abgang, zart salzig, zitroniger Touch, weißes Nougat, gute Länge.

93 *** Rosénator Réserve 2021 BF/ME/CS

12,5 Vol.-%, DIAM, Eichenfass, €€€€
Mittleres Lachsrosa, Messingreflexe. Feine Holznuancen, etwas Vanille, rote Beeren und weißes Nougat, facettenreiches Bukett. Saftig, rotbeerig, weißer Apfel, frisch strukturiert, Ribiseln im Abgang, zitronig und schwungvoll im Nachhall.

94 Blaufränkisch Fat Boy 2018

14,5 Vol.-%, DIAM, Barrique, €€€€€€
Dunkles Rubingranat, opaker Kern, violette Reflexe, dezente Randaufhellung. Tabakig unterlegte Holzwürze, Heidelbeeren, reife Zwetschken, ein Hauch von Nougat, kandierte Orangenzesten. Saftig, reife schwarze Kirschen, feiner Säurebogen, runde Tannine, elegant und ausgewogen, Gewürznelken, bereits gut antrinkbar, ein facettenreicher Speisenbegleiter mit Entwicklungspotenzial.

93 Strangers 2021 BF/ME

14,5 Vol.-%, DIAM, Barrique, €€€€€€
Dunkles Rubingranat, violette Reflexe, breitere Ockerrandaufhellung. Zart nach Veloursleder und Nougat, reife Herzkirschen, ein Hauch von Zwetschken, kandierte Orangenzesten, einladendes Bukett, Nuancen von Edelholz. Komplex, rotbeerige Nuancen, reife Kirschen, präsente, reife Tannine, mineralisch-salzig im Nachhall, ein feinwürziger Speisenbegleiter.

93 Cabernet Sauvignon & Merlot Private Cuvée 2019 CS/ME

15 Vol.-%, DIAM, Barrique, €€€€€€
Dunkles Rubingranat, violette Reflexe, breitere Ockerrandaufhellung. Feine Tabakwürze, etwas nach Brombeeren, ein Hauch von Karamell, zart nach Waldbeerenkonfit, nussige Nuancen. Saftig, fruchtsüß, schwarze Kirschfrucht, samtiges Tannin, schokoladig, Holzwürze im Nachhall, gutes Potenzial.

92 Blauer Zweigelt Mister Zweigelt 2019

14,5 Vol.-%, DIAM, Barrique, €€€€€
Dunkles Rubingranat, violette Reflexe, zarte Randaufhellung. Mit feiner Tabakwürze unterlegte dunkle Beerenfrucht, etwas nach Zwetschken, ein Hauch von Nougat. Saftig, straff, feine Tanninstruktur, samtig, schokoladig, Holzwürze klingt an, vielseitiger Speisenbegleiter.

Weinberge bei Pöttsching

WEINGUT PIRIBAUER
7201 Neudörfl, Hauptstraße 71
T: +43 (2622) 77291
office@piribauer.net
www.piribauer.net
Kellermeister: Anton Piribauer jun.
Kontakt: Anton Piribauer jun. und Klemens Piribauer
Produktion: 106.667 Flaschen
50 % weiß, 30 % rosé, 20 % rot,
18 Hektar
Vereinszugehörigkeit:
Rosalia DAC
Messen: VieVinum, DAC-Präsentationen

★★

WEINGUT PIRIBAUER

Die Wurzeln des Weinguts Piribauer liegen im Jahr 1859. Zu dieser Zeit kam die Familie Piribauer als Freibauern nach Neudörfl. Anfangs standen Landwirtschaft und der Weinbau im Mittelpunkt, in den 1930er-Jahren wurde der Heurige erstmals von Anton und Anna Piribauer eröffnet. 1985 übergaben die beiden den Betrieb ihrem Sohn Anton und dessen Frau Annamaria, die den Heurigen und das Traditionsweingut neu aufbauten und vor einigen Jahren an ihre vier Söhne Anton jun., Michael, Klemens und Lukas weitergaben. Die vier Brüder setzen nun die lange Tradition mit jungem und frischem Elan fort und finden gerade für den Weinbau beste Voraussetzungen.
An den Ausläufern des Rosaliengebirges und rund um das Wetterkreuz gedeihen die Reben der Piribauers. Die Nähe zu den Alpen beschert der Region kühle Nächte. Im Zusammenspiel mit der pannonischen Tageswärme gibt diese klimatische Besonderheit – auch »Cool Climate« genannt – den Trauben die Möglichkeit, komplexer zu reifen, und sorgt für einen der spätesten Erntezeitpunkte des Burgenlandes. Die vorwiegend von Muschelkalk und Löss geprägten tiefgründigen Sand- und Lehmböden bieten beste Bedingungen für charaktervolle Weine. Das Weingut punktet nicht nur mit seinen hervorragenden Rot- und Weißweinen. In den letzten Jahren wurde der Fokus vermehrt auf die hochwertige Herstellung von Rosés gelegt. Im Frühjahr 2018 erhielt die ehemalige »Großlage Rosalia« den Status eines DAC-Gebietes. »Districtus Austriae Controllatus«, kurz DAC, wird von regionalen Weinkomitees an jene Weine vergeben, die ihre Herkunftsregion in unverkennbarer Weise repräsentieren. In der Region ist das neben Blaufränkisch und Zweigelt eben auch der Rosé.
Die vier Brüder sind mit vollem Herzen dabei, jeder Rebsorte das Beste zu entlocken. Leidenschaft macht eben gute Weine – auf dieses Prinzip legt man besonderes Augenmerk. Jedem Wein seinen vollen Charakter zu entlocken und auch die sortenspezifischen Eigenschaften der Trauben zu erhalten, ist das Ziel. Die Weine sind für die Piri-Bros Bodenschätze, die Handwerk und Kultur, Historie und Gegenwart vereinen. Denn wie einst die Römer und Kelten, deren kulturelles und histori-

sches Erbe noch immer tief in diesem Boden konserviert ist, kultivieren sie auf diesen Hügeln den Wein, in dem alle Schätze des Bodens vereint zutage befördert und trinkbar gemacht werden. Sie gehen für ihren Wein gerne in die Tiefe, denn nur so wird er zu einem besonders genussvollen Bodenschatz.

91 Chardonnay Pöttsching Ried Hohen Gieser Unfiltriert 2021
15 Vol.-%, DIAM, Barrique, €€€
Zart getrübtes mittleres Gelbgrün, Silberreflexe. Reife Quitten, ein Hauch von gekochtem Rhabarber, mit weißer Tropenfrucht unterlegt. Saftig, Nuancen von weißem Kernobst, gute Frische, dezente Extraktsüße im Abgang, mineralisch, gut anhaftend, ein vielseitiger Speisenbegleiter.

90 Sauvignon Blanc Pöttsching Ried Wetterkreuz 2022
13 Vol.-%, DV, Flaschenreifung, €€
Helles Gelbgrün, Silberreflexe. Frische Stachelbeeren, Weiße Johannisbeeren, ein Hauch von Blüten und Limettenzesten. Straff, weißer Apfel, frische Struktur, zitronig-mineralisch, wirkt leichtfüßig und schwungvoll, bietet unkompliziertes Trinkvergnügen.

89 * The Origin of Rosé 2022 BF**
13 Vol.-%, DV, Stahltank, €€€

91 Blaufränkisch * Ried Kogelhuth 2021
14 Vol.-%, DIAM, Barrique, €€€€€
Kräftiges Rubingranat, violette Reflexe, breiterer Ockerrand. Feine Edelholznuancen, zart nach Vanille, rote Herzkirschen, mit einem Hauch von Lakritze unterlegt. Saftig, rotbeerig, präsente, noch etwas fordernde Tannine, frischer Säurebogen, salzig im Abgang, wird von Flaschenreife profitieren.

(91) Blaufränkisch Breitenbrunn Ried Rosenberg 2021
14 Vol.-%, DIAM, Barrique, €€€€€
Dunkles Rubingranat, opaker Kern, violette Reflexe, zarte Randaufhellung. Schwarze Kirschen, etwas Cassis und Brombeeren, feine Edelholznuancen, mineralischer Touch. Saftig, elegant, etwas Lakritze, reife Tannine, frischer Säurebogen, mineralischer Touch im Abgang, ein feinwürziger Speisenbegleiter.

(92) Pöttsching Ried Hohen Gießer 2021 ZW/ME/CF
14 Vol.-%, DIAM, Barrique, €€€
Dunkles Rubingranat, violette Reflexe, breitere Ockerrandaufhellung. Feine Cassisnoten, reife Kirschen, zart nach Lakritze, floraler Touch, mit einem Hauch von Nougat unterlegt. Saftig, reife Kirschen, runde, tragende Tannine, schokoladiger Touch im Abgang, mineralisch-salziger Nachhall.

★★

DOMAINE PÖTTELSDORF

Das Familienweingut »Domaine Pöttelsdorf Familymade« ist auf Rot- und Roséweine spezialisiert, die Trinkfreude vermitteln und Spaß machen. Verantwortlich für die Vinifizierung der »Familymade«-Weine ist Markus Kurz, ein Verfechter fruchtiger, sortentypischer Weine mit Herkunftscharakter. An den Hängen des Rosaliengebirges, am Rande des Einflussbereichs des pannonischen Kontinentalklimas, fühlen sich Zweigelt und vor allem die Leitsorte Blaufränkisch auf den Braunerdeböden mit Lössuntergrund und hohem Kalkanteil besonders wohl.
Das Wissen rund um diese autochthonen Rebsorten wurde von Generation zu Generation weitergegeben und wird noch heute mit jeder Flasche perfektioniert. Das Ergebnis sind unverwechselbare, charaktervolle Rotweine, die auf der ganzen Welt geschätzt werden. »Familymade« beinhaltet nicht nur einen verantwortungsbewussten und nachhaltigen Umgang mit der Natur, sondern auch die Garantie, dass in jeder Flasche genau das drinnen ist, was außen draufsteht: Wein mit Freude gemacht.

92 Chardonnay Edel Weiss fassgereift 2021
14 Vol.-%, NK, Barrique, €€€€
Leuchtendes mittleres Gelbgrün, Silberreflexe. Zarte Röstaromen, gelbe Tropenfrucht, etwas Pfirsich und Blütenhonig. Saftig, elegant, weißes Kernobst, gute Frische, mineralisch und anhaftend, ein Hauch von Gewürznelken im Abgang, ein vielseitiger Speisenbegleiter.

91 * fassgereift 2021 BF**
13,5 Vol.-%, NK, Barrique, €€€€
Helles Lachsrosa, Goldreflexe. Zarte Kräuterwürze, ein

Almweingärten, Pöttelsdorf

DOMAINE PÖTTELSDORF
7025 Pöttelsdorf, Kellerweg 15
T: +43 (2626) 5200
office@familymade.at
www.domaine-pöttelsdorf.at
Kellermeister: Markus Kurz
Kontakt: Sabine Schandl
Produktion: 1 % weiß, 2 % rosé, 97 % rot, 85 Hektar
Zertifiziert: Nachhaltig Austria
Vereinszugehörigkeit: Rosalia DAC
Messen: Alles für den Gast Salzburg, ProWein Düsseldorf, VieVinum, Weintage im Museumsquartier, DAC-Präsentationen, Wein Burgenland Präsentationen

Hauch von Himbeeren, Nuancen von Kirschen, etwas verhaltenes Bukett. Mittlere Komplexität, Nuancen von weißem Kernobst, feiner Säurebogen, balanciert, wirkt leichtfüßig, ein eleganter Begleiter bei Tisch.

90 * The Origin of Rosé 2022 BF**
13,5 Vol.-%, DV, Stahltank, €€€
Helles Lachsrosa, silberfarbene Reflexe. Zartes rotes Waldbeerenkonfit, eingelegte Kirschen, ein Hauch von Orangenzesten, florale Nuancen. Mittlerer Körper, weißes Kernobst, Limetten und Minze, zarte Fruchtsüße von reifen Kirschen, mineralischer Nachhall, bereits gut antrinkbar und vielseitig verwendbar.

90 Love Bird Rosé 2022
12,5 Vol.-%, DV, Stahltank, €€
Zartes Lachsrosa, Silberreflexe. Eingelegte Kirschen, Nuancen von Erdbeerkonfit, ein Hauch von Pfirsich und Limettenzesten. Saftig, deutliche Fruchtsüße, Erdbeerkonfit, gute Frische, zarter Blütenhonig, fruchtige Stilistik.

93 Blaufränkisch * Exzellent 2019
14 Vol.-%, NK, Barrique, €€€€€
Dunkles Rubingranat, violette Reflexe, zarte Ockerrandaufhellung. Reife schwarze Kirschen, zart nach Edelholz, Vanille und Schokolade, mit Brombeerkonfit unterlegt, kandierte Orangenzesten. Stoffig, kraftvoll, dunkle Beeren, reife Zwetschken, frisch strukturiert, präsente Tannine, mineralisch und gut anhaftend, ein stoffiger Speisenwein mit Reifepotenzial.

90 Blaufränkisch * Abendrot 2021
13,5 Vol.-%, DV, großes Holzfass, €€
Kräftiges Rubingranat, violette Reflexe, dezente Ockerrandaufhellung. Feine rote Herzkirschfrucht, ein Hauch von Waldbeerenkonfitüre, zart nach Orangenzesten. Kraftvoll, reife Zwetschkenfrucht, gut integrierte Tannine, etwas Nougat im Abgang, ein mineralischer Speisenbegleiter.

PLATZ FÜR IHRE
WEINNOTIZEN

© WSNA

BURGENLAND

RUST

Aus den Trauben, die rund um Rust reifen, entstehen Weiß-, Rot- und mit dem Ruster Ausbruch DAC Süßweine, die auf der ganzen Welt geschätzt werden

Weinstadt Rust am Neusiedler See

ERSTKLASSIGE SÜSSWEINE

Die wunderschöne Freistadt Rust am Westufer des Neusiedler Sees ist eine viel besuchte Touristenattraktion. In den Kellern der Winzer reift eine spezielle Rarität, der »Ruster Ausbruch«. Dieser edle Süßwein hat die Stadt reich und weit über ihre Grenzen hinaus bekannt gemacht.

Die sanften Hänge des Ruster Hügellandes umschließen die Stadt wie ein natürliches Amphitheater und verfügen über ein für den Weinbau optimales Kleinklima. Es wachsen hier sowohl erstklassige Weiß- als auch Rotweine, und das traditionell in einer enormen Sortenvielfalt. Diese Weine unterliegen nun auch den Leithaberg-DAC-Richtlinien.

Der bekannteste Wein wird allerdings aus Trauben erzeugt, die im Herbst vom Edelschimmel Botrytis cinerea befallen werden und dadurch einschrumpfen, was zu einer natürlichen Konzentration von Säure, Extrakt, Aromen und Zucker führt. Dieser Wein wurde schon im Mittelalter als »Ruster Ausbruch« bezeichnet und wird nun als Ruster Ausbruch DAC vermarktet. Er geht auf das Vorbild der edelsüßen Weine aus Tokaj zurück, in jener Zeit wahrscheinlich die teuersten Weine der Welt.

Auch die Ruster Winzerfamilien machte der Ausbruch reich, und so konnten sie sich zahlreiche Privilegien erkaufen, um ihre gesuchte Spezialität auch über die ungarischen Landesgrenzen hinaus verkaufen zu können. 1524 erteilte Königin Maria von Ungarn die Erlaubnis, die Ruster Ausfuhrfässer mit einem eingebrannten »R« zu kennzeichnen. Ein wichtiger Schritt für die Stadt, denn seit

© WSNA

jeher ist Ruster Wein ein Garant für höchste Qualität. Auch heute noch findet man das »R« auf den Korken und Etiketten der Ruster Winzer. Die Stadt erkaufte sich im Jahr 1681 bei Kaiser Leopold I. das Stadtrecht, das sie mit »60.000 Gulden sowie 500 Eimern Ruster Ausbruch«, also mit umgerechnet 30.000 Litern des hochwertigen Weins bezahlte.

Seit 1991 steht in Rust die Weinakademie Österreich als Tochtergesellschaft der Österreich Wein Marketing mit eigenen Seminar- und Fortbildungsprogrammen Interessierten aus aller Welt offen.

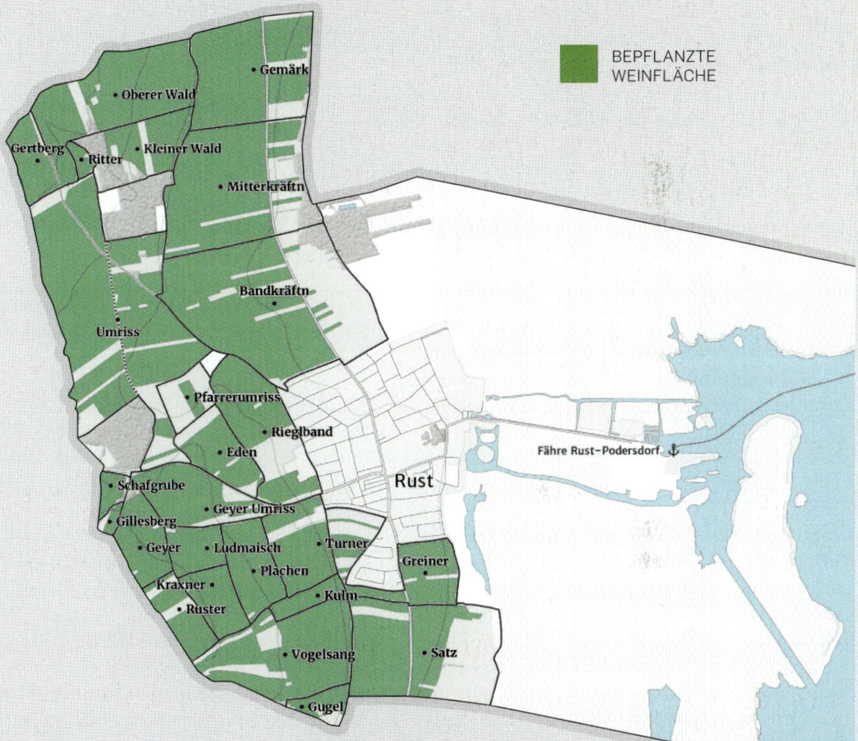

RUST

Österreich gesamt	**44.728 ha**
Weinbaugebiet Burgenland	**11.772 ha**
Ruster Ausbruch DAC	**412 ha**

Grundkarte: © Universität Wien, BEV, OSM, SRTM | Österreich Wein Marketing GmbH, 1040 Wien, © ÖWM 2022

AUSGEWÄHLTE WEINGÜTER

★★★★★

Weingut Ernst Triebaumer, Rust

★★★★

Weingut Feiler-Artinger, Rust
Günter + Regina Triebaumer, Rust

★★★

Weingut Ceel, Rust

★★★

Weingut Giefing, Rust
Hammer Wein Rust, Rust
Kraft aus Rust, Rust

★★

Weingut Georg Seiler, Rust
Weinbau Tremmel, Rust

★★★

WEINGUT CEEL

Ceel (ungar. Szil) – so hieß der Ort Rust in der ersten urkundlichen Erwähnung im Jahr 1317. Ceel ist auch der Name eines der aufstrebendsten Weingüter der letzten Jahre. Ausgangspunkt ist ein traditionsreiches Gebäude im Stadtkern von Rust, gepaart mit einer Vision und Innovationsgeist von Markus Fischl, Franz Raith und Martin Kern. Perfekte geologische und klimatische Rahmenbedingungen in Kombination mit echtem Handwerk bei der Vinifikation lassen hier Weine auf Weltniveau entstehen. Herz und Kern des Weinguts sind Blaufränkisch auf Lehm, Syrah auf Schiefer-Verwitterungsböden und Chardonnay auf Kalk. Aus diesen handgeernteten Trauben werden durch puristische Vinifikation Weine mit einem Anspruch an höchste Qualität – dabei aber immer finessenreich, elegant und mit Trinkfreude ausgestattet. Diese Handschrift und Herkunft spiegelt sich in jeder Flasche von Ceel wider. Durch den Verzicht auf alle Kompromisse kann das Weingut bereits auf viele nationale und internationale Erfolge, wie den Sortensieg bei der Falstaff Rotweinprämierung mit ihrem Syrah Alte Reben 2015, zurückblicken und man findet die Weine auf den Karten der besten Restaurants in Österreich und der Welt. Tradition gepaart mit Innovation – das Weingut Ceel ist ein großes Zukunftsversprechen.

93 Chardonnay Alte Reben 2021
13,5 Vol.-%, NK, Teilbarrique, €€€€€
Mittleres Gelbgrün, Silberreflexe. Einladender Duft nach reifem Apfel, mit Blütenhonig unterlegtes gelbes Kernobst, ein Hauch von Wiesenkräutern, facettenreiches Bukett. Saftig, elegant, gelbe Tropenfrucht, tabakig, kraftvoll, gut integrierte Säurestruktur, mineralisch-salzig, wird von Flaschenreife profitieren.

91 Chardonnay Reserve 2021
13,5 Vol.-%, DV, 500-l-Fass, €€€
Leuchtendes Goldgelb, Grünreflexe. Feine Tabakwürze, zart nach Wiesenkräutern, Mango klingt an, zart nach Kardamom. Saftig, straff, feine Säurestruktur, feinwürzig, etwas nach Papaya, tabakig, bleibt gut haften, kraftvolles Finish, vielseitiger Speisenbegleiter.

91 Weißburgunder 2022
12,5 Vol.-%, DV, Stahltank, €€
Helles Gelbgrün, Silberreflexe. Feine Birnenfrucht, unterlegt mit Blütenhonig, etwas nach Clementinen, zart nach Brennnesseln. Saftig, elegant, extraktsüß, Zitrus im Abgang, weiße Frucht im Rückgeschmack, würziges Finish, bereits gut antrinkbar.

WEINGUT CEEL
7071 Rust
Hauptstraße 2
T: +43 (699) 10069331
office@weingut-ceel.at
www.weingut-ceel.at

Kellermeister/Kontakt:
Markus Fischl
Produktion: 80.000 Flaschen
30 % weiß, 65 % rot, 5 % süß
Messen: ProWein Düsseldorf

Fischerkirche und
Katholische Pfarrkirche Rust am See

(95) Syrah Alte Reben 2021
14 Vol.-%, NK, Teilbarrique, €€€€€ Ⓥ
Tiefdunkles Rubingranat, violette Reflexe, zarte Randaufhellung. Einladendes Bukett nach kandierten Clementinen und rotem Waldbeerenkonfit, ein Hauch von Nelken, zart nach Gewürzen, strukturiertes Bukett. Komplex, saftig, engmaschig, gut eingebundene Tanninstruktur, fruchtsüß, Johannisbeeren im Abgang, salziger Nachhall, sicheres Potenzial.

91 Syrah Reserve 2021
13,5 Vol.-%, DV, 500-l-Fass, €€€
Dunkles Rubingranat, violette Reflexe, zarte Randaufhellung. Feine Holzwürze, etwas nach Kardamom, ein Hauch von Orangenschalen, reifes Waldbeerenkonfit. Mittlerer Körper, würzig, zart nach Oliven, gut integriertes Tannin, bleibt gut haften, dunkle Beeren im Nachhall.

(94) Blaufränkisch Alte Reben 2021
14 Vol.-%, NK, Teilbarrique, €€€€€ Ⓥ
Dunkles Rubingranat, violette Reflexe, zarte Randaufhellung. Mit einem Hauch von Kräutern und Lakritze unterlegtes dunkles Waldbeerenkonfit, frische Feigen, schokoladiger Touch. Saftig, elegant, gut integrierte Tanninstruktur, Amarenakirschen, bleibt gut haften, vielschichtig, Holzwürze im Nachhall, sicheres Potenzial.

92 Blaufränkisch Reserve 2021
13,5 Vol.-%, DV, 500-l-Fass, €€€
Kräftiges Rubingranat, violette Reflexe, zarte Randaufhellung. Zart nach Kirschen und etwas Holzwürze, ein Hauch von Kumquats, rotbeeriger Touch. Saftig, balanciert, gut eingebundene Tanninstruktur, wirkt leichtfüßig, dezenter Gerbstoff, Waldbeerenkonfit im Abgang, guter Speisenbegleiter.

91 Cuvée 2021 ZW/BF
13 Vol.-%, DV, großes Holzfass, €€ Ⓥ
Tiefdunkles Rubingranat, violette Reflexe, zarte Randaufhellung. Intensiver Duft nach dunklen Beeren, Kochschokolade, etwas Lakritze, ein Hauch von Kardamom. Saftig, engmaschig, fruchtsüß nach Brombeeren, gut integrierte Tannine, Röstaromatik, trinkanimierender Stil, würziges Finish.

90 Zweigelt 2021
13 Vol.-%, DV, großes Holzfass, €€ Ⓥ
Dunkles Rubingranat, violette Reflexe, zarte Randaufhellung. Dezente Kräuter-Tabak-Würze, dunkles Waldbeerenkonfit, schwarze Kirschfrucht, ein Hauch von Orangenzesten. Saftig, engmaschig, dunkle Beerenfrucht, kraftvoll, feine Würze, präsente Tannine, wird von Flaschenreife profitieren.

95 Ruster Ausbruch DAC 2021 WR/SB/GM
8 Vol.-%, NK, Stahltank, €€€€€€
Mittleres Goldgelb, Silberreflexe. Kandierte Mandarinenzesten, reife gelbe Pfirsichfrucht, etwas Ananas und Maracuja, feiner Honig, fruchtig-florales Bukett. Saftig, elegant, weiße Tropenfrucht, frischer Säurebogen, präziser Süßwein, gute Frische, mineralisch-salziger Nachhall.

* Ruster Ausbruch DAC

★★★★

WEINGUT FEILER-ARTINGER

BIO

Das Weingut Feiler-Artinger ist ein tief in der Region und der Freistadt Rust verwurzelter Familienbetrieb. 1936 legten Gustav und Karoline Feiler den Grundstein mit dem Kauf des barocken Bürgerhauses in der Hauptstraße 3. Mit viel Fleiß und Geschick wurde aus fast nichts ein wachsender und florierender Betrieb, der in den 1980er-Jahren schon 18 Hektar Rebfläche umfasste. In zweiter Generation führte Hans Feiler den Betrieb mit seiner Gattin Inge und seiner Schwester Gertrude Artinger, daher auch ab 1985 der Doppelname. Seit 1994 arbeitet auch Sohn Kurt Feiler im Betrieb mit. Gemeinsam mit seiner Frau Katrin ist er seit 2013 für das Weingut hauptverantwortlich.
Die Liebe zur Natur und deren Bewahrung und Erhaltung prägen seit jeher Denken und Handeln der Feilers. Eine naturnahe Bewirtschaftung der Weingärten ohne Herbizide und Pestizide war immer Standard. 2008 wurde dann mit der Umstellung auf biodynamische Bewirtschaftung (respekt-BIODYN) ein weiterer Schritt hin zu noch mehr Nachhaltigkeit und Naturverbundenheit gesetzt. Einzigartig ist auch die Mutterkuhhaltung im Weingarten. Die Kühe beweiden im Winter die Weingärten. Sie düngen und liefern auch Mist für eigenen Kompost sowie das biodynamische Präparat »Horn-Mist«.
Weltberühmt ist das Weingut Feiler-Artinger mit seinen herrlichen edelsüßen Kreszenzen, allen voran dem Ruster Ausbruch, geworden. Aber in Rust fühlt man sich der ganzen Weintrilogie Weiß-, Rot- und Süßwein verpflichtet, denn die klimatischen Voraussetzungen erlauben beste Ergebnisse auch bei trockenen Weiß- und Rotweinen. Die Spitze im Sortiment stellt der Ruster Ausbruch DAC dar. In einem großen Botrytis-Jahr wird es stets eine Trilogie der Süße geben: Vom exzellenten fruchtbetonten Ruster Ausbruch spannt sich der Bogen über den finessenreichen, eleganten Ruster Ausbruch »Pinot Cuvée« bis hin zum Ruster Ausbruch »Essenz«.

WEINGUT FEILER-ARTINGER
7071 Rust, Hauptstraße 3
T: +43 (2685) 237
office@feiler-artinger.at
www.feiler-artinger.at
Kellermeister: Kurt Feiler
Kontakt: Katrin und Inge Feiler, Brigitte Conrad
Anbauweise: Biodynamisch (respekt)
Produktion: 120.000 Flaschen
7 % Schaumwein, 25 % weiß, 3 % rosé, 50 % rot, 15 % süß, 26 Hektar
Vereinszugehörigkeit:
Cercle Ruster Ausbruch, Leithaberg DAC, Renommierte Weingüter Burgenland, respekt-BIODYN
Messen: Millésime Bio, VieVinum, DAC-Präsentationen, Summa Margreid, Wein Burgenland Präsentationen

92 Neuburger Leithaberg DAC Ried Umriss 2021

13,5 Vol.-%, DV, gebrauchte Barriques, €€€€ B V

Mittleres Gelbgrün, Silberreflexe. Feine Nuancen von gelbem Kernobst, nach Mango und Birne, mit kandierten Limettenzesten unterlegt, attraktives Bukett. Saftig, cremige Textur, feine gelbe Frucht, etwas Karamell im Abgang, ein ruhiger, balancierter Speisenbegleiter, gut antrinkbar.

93 Welschriesling O.S. OLÉ BIO 2021

12,5 Vol.-%, NK, gebrauchte Barriques/Amphore, €€€€ B V

Zart getrübtes mittleres Goldgelb, Silberreflexe. Kandierte Kumquatzesten, Orangensirup, reife gelbe Tropenfrucht, zart nach Walnuss und Honig, einladendes Bukett. Saftig, nussig unterlegte Apfelfrucht, frischer Säurebogen, mineralisch, Nougat im Finale, feinwürziger Speisenbegleiter.

93 Gustav 2021 NB/CH

14 Vol.-%, DV, Barrique, €€€€€ B V

Leuchtendes mittleres Goldgelb, Silberreflexe. Feine Edelholznuancen, zart nach Vanille, feine gelbe Tropenfrucht, ein Hauch von Blütenhonig und Mandarinenzesten. Saftig, elegant, feine Extraktsüße, reifer gelber Pfirsich, ein Hauch von Karamell im Nachhall, ein ausgewogener Speisenbegleiter.

94 Solitaire 2019 BF/ME
13,5 Vol.-%, NK,DV, Barrique, €€€€€ B V
Dunkles Rubingranat, violette Reflexe, zarte Randaufhellung. Zart nach Lakritze, schwarze Beerenfrucht, feine Edelholzwürze, ein Hauch von Nougat, kandierte Orangenzesten. Saftig, elegant, rote Herzkirschen, frisch strukturiert, reife Tannine, feines Nougat im Abgang, ein eleganter Speisenbegleiter mit Reifepotenzial.

96 Gelber Muskateller * 2020
11,5 Vol.-%, DV, gebrauchte Barriques/Stahltank, €€€€€ B V
Mittleres Goldgelb, Silberreflexe. Zarte Botrytiswürze, kandierte Orangenzesten, Muskatnuss, reife gelbe Tropenfrucht, einladende Honignuancen, attraktives Bukett. Komplex, saftig, reife Marillen, feine, gut integrierte Honigsüße, mineralisch und lange anhaftend, sicheres Potenzial für viele Jahre.

94 Gelber Muskateller Eiswein 2021
11 Vol.-%, DV, Stahltank, €€€€€ B V
Helles Goldgelb, Silberreflexe. Nuancen von frischer Ananas und Muskatnuss, mit feinem Blütenhonig unterlegt, ein Hauch von kandierten Limettenzesten. Saftig, exotische Frucht, zart nach Litschis und Maracuja, feiner Säurebogen, lebendig und animierend, finessenreicher Sortenausdruck.

★★★

WEINGUT GIEFING

Erich und Claudia Giefing bewohnen ein prächtiges »Weinbürgerhaus« im Zentrum von Rust. Das überaus dynamische Weingut wurde in den letzten Jahren aufgrund seiner Top-Qualität schnell an die Rotweinspitze Österreichs herangeführt. Besonders lagerfähige und ausdrucksstarke Reserveweine unterstreichen die Qualität des Angebots. Mit seinen Weinen von bis zu 60 Jahre alten Rebstöcken hat das Weingut bereits etliche nationale und internationale Preise gewonnen. Die Weinberge verfügen über exzellente, besonders lockere Böden, die großteils mit Kalksandstein und dem Ruster Schotter unterzogen sind. Die Trauben sind kleiner, die Schalen dicker, der Extrakt an Farbe und Geschmack ist dadurch höher. Die Top-Linie wird nur in besonders guten Jahren produziert. Hier werden keine Billigweine erzeugt, hier entsteht eine individuelle, charaktervolle

WEINGUT GIEFING
7071 Rust, Hauptstraße 13
T: +43 (2685) 379
giefing@wein-rust.at
www.wein-rust.at

Kellermeister/Kontakt: Claudia Giefing
Produktion: 20 % weiß, 2 % rosé, 73 % rot, 5 % süß, 16 Hektar
Zertifiziert: Nachhaltig Austria
Vereinszugehörigkeit: Cercle Ruster Ausbruch, Renommierte Weingüter Burgenland
Messen: ProWein Düsseldorf, VieVinum

Furmint

* Ruster Ausbruch DAC

Stilistik abseits jeglichen Mainstreams. Die Giefings bieten eine Idee, eine Vorstellung und den Geschmack ihrer Region.

93 Chardonnay Contessa 2021
14,5 Vol.-%, DV, Barrique, €€€€€
Mittleres Goldgelb, Silberreflexe. Frische Bourbon-Vanille, weiße Pfirsichfrucht, nussig unterlegter Touch von Mango, einladendes Bukett. Saftig, kraftvoll, frischer Säurebogen, feiner Holztouch, Limetten, salzig-mineralisch im Abgang, zeigt Länge, ein finessenreicher Speisenbegleiter mit Reifepotenzial.

90 Chardonnay vom Muschelkalk 2022
14,5 Vol.-%, DV, Stahltank, €€€ ⓗ
Helles Goldgelb, Silberreflexe. Zart nach gelbem Kernobst, ein Hauch von Mango, frische Orangenzesten, etwas Blütenhonig. Mittlere Komplexität, frische Birnenfrucht, süße Textur, etwas zerfließend im Abgang, bereits reif, bietet unkompliziertes Trinkvergnügen.

92 Neuburger vom Ruster Kalk 2022
13 Vol.-%, DV, Stahltank, €€€ ⓗ
Helles Grüngelb, Silberreflexe. Zart nach weißem Kernost, ein Hauch von Honigmelone, kandierte Orangenzesten, feine Kräuterwürze. Saftig, feine Birnenfrucht, dezente Süße, runder Säurebogen, etwas Blütenhonig im Abgang, ein balancierter Speisenbegleiter.

91 Furmint Ried Rieglband 2022
13 Vol.-%, DV, Stahltank, €€€€ ⓗ
Helles Gelbgrün, Silberreflexe. Verhalten, ein Hauch von Wiesenkräutern, weiße Blüten, zart nach frischen Orangenzesten, zurückhaltendes Bukett. Mittlerer Körper, weiße Tropenfrucht, frischer Säurebogen, zitroniger Touch, feine Fruchtsüße im Abgang, bleibt haften, verfügt über Reifepotenzial.

89 Traminer 2022
13,5 Vol.-%, DV, Stahltank, €€€ ⓗ

93 Syrah Reserve 2020
13,5 Vol.-%, DV, Barrique, €€€€
Tiefdunkles Rubingranat, violette Reflexe, breiter Wasserrand. Feine Kräuternoten, etwas nach Brombeeren, ein Hauch von Kardamom, würziges Bukett. Saftig, elegant, feine Säurestruktur, frisch und mineralisch, rotbeeriger Nachhall, schwarze Oliven im Abgang, guter Speisenbegleiter.

92 Rusterberg Rot 2020 ME/CS/BF
13,5 Vol.-%, DV, Barrique, €€€€
Tiefdunkles Rubingranat, violette Reflexe, zarte Randaufhellung. Feine Tabakwürze, schokoladig, kandierte Orangenzesten, mit dunklem Waldbeerenkonfit unterlegt. Saftig, elegant, kraftvoll, feinwürzig, rote Kirschfrucht, Lakritze im Finish, guter Speisenbegleiter.

92 Pinot Noir Cavallo 2018
13,5 Vol.-%, NK, Barrique, €€€€€
Kräftiges Rubingranat, Ockerreflexe, breiter Wasserrand. Mit zarten vegetalen Nuancen unterlegte rote Kirschfrucht, ein Hauch von Holzwürze, Blutorangenzesten, gut entwickeltes Bukett. Saftig, straff, feine Säurestruktur, gut integrierte Tannine, tabakig, Dörrobstnoten, etwas Kardamom im Finish, guter Speisenbegleiter.

90 Pinot Noir Ried Umriss 2018
14,5 Vol.-%, DV, Holzfass, €€€
Mittleres Rubingranat, Ockerreflexe, breitere Randaufhellung. Feine Holz-Kräuter-Würze, rotbeerige Fruchtnuancen, zart nach Sauerkirschen, ein Hauch von Clementinen und Vanille. Saftig, elegant, feine Tanninstruktur, feinwürzig, mineralisch, rotbeeriges Finish, stoffiger Rückgeschmack.

91 Zweigelt Ried Umriss 2019
13 Vol.-%, DV, Holzfass, €€
Tiefdunkles Rubingranat, violette Reflexe, zarte Randaufhellung. Mit etwas Tabakwürze unterlegte reife Zwetschken, schwarze Kirschfrucht, Kardamom klingt an. Saftig, gut eingebundene Tanninstruktur, feinwürzig, zart nach Lakritze, dunkle Beerenfrucht, kraftvolles Finish, guter Speisenbegleiter.

91 Zweigelt Reserve Alte Reben 2018
13 Vol.-%, DV, Barrique, €€€€
Tiefdunkles Rubingranat, violette Reflexe, zarte Randaufhellung. Zarte Röstaromatik, etwas nach Karamell, ein Hauch von Brombeeren und Cassis, feine Holzwürze, einladendes Bukett. Saftig, straff, feine Säurestruktur, gut eingebundene Tannine, mineralisch, Johannisbeere im Abgang, frisches Finish.

92 Neuburger Auslese 2021
10 Vol.-%, DV, Stahltank, €€€€
Helles Goldgelb, Silberreflexe. Reife Tropenfrucht, ein Hauch von Quittengelee, zarter Honigtouch, weißes Nougat, einladendes Bukett. Saftig, elegant, gut eingebundene Süße, wieder reife Quitten, feine mineralische Noten, süßer Nachhall, bereits gut entwickelt.

HAMMER WEIN RUST
7071 Rust
Hauptstraße 9
T: +43 (2685) 231
info@hammerwein.at
www.hammerwein.at

Kellermeister/Kontakt:
Mag. Markus Hammer
Anbauweise: Zertifiziert Biologisch
Produktion: 18.000 Flaschen
70 % weiß, 20 % rot, 10 % süß,
5 Hektar
Vereinszugehörigkeit:
Cercle Ruster Ausbruch, Ruster Ausbruch DAC

Markus Hammer

★★★

HAMMER WEIN RUST

BIO

Ursprung der Hammer Weine sind fünf Hektar Rebfläche rund um Rust, wo die eigene Handarbeit im Weingarten der Weg der Familie Hammer ist, den Weinen einen präzisen terroirspezifischen Ausdruck zu verleihen. Biologisch zertifiziert seit 2014, hat sich die Familie auf einprägsame, balancierte Weißweine mit hohem Entwicklungspotenzial spezialisiert. Welschriesling und Muskateller bilden die Basis des Sortiments, die Lagen Vogelsang, Ludmaisch und Umriss die solide Mitte, und an der Spitze rangieren Geyer und Chardonnay Selection sowie eine Cuvée aus 40-jährigen Reben von Weiß- und Grauburgunder. Insgesamt drei verschiedene Sauvignon Blancs (vier mit dem Ausbruch) vinifiziert Markus Hammer, jeder mit einer präzisen Stilistik. Der oberste Gedanke ist die Reduktion aufs Wesentliche, optimale Weingartenarbeit, der richtige Erntezeitpunkt und alte Techniken wie Göransätze, um den Ausdruck der Weingärten herauszuarbeiten. Bei den Rotweinen spiegeln drei alte Blaufränkisch-Lagen, vereint als Rusterberg, die Eleganz der kühlen Waldlagen des Ruster Hügellandes wider. Aus der Lage Kleiner Wald wird mit hoher Sorgfalt ein einzigartiger Merlot gewonnen. Hier wird Wein mit herausragender individueller Herkunft auf höchst beachtlichem Niveau gemacht.

93 Chroma 2021 SB/CH
13,5 Vol.-%, NK,DV, 500-l-Fass, €€€€€ Ⓑ
Mittleres Gelbgrün, Silberreflexe. Feine Nuancen von Mandarinenzesten, weiße Tropenfrucht, ein Hauch von Limetten, facettenreiches Bukett. Saftig, weißer Apfel, finessenreicher Säurebogen, mineralisch-zitronig im Nachhall, etwas Kokos, bleibt gut haften, ein lebendiger Speisenbegleiter.

92 Welschriesling Ried Vogelsang 2020
12,5 Vol.-%, DV, 500-l-Fass, €€€ Ⓑ
Helles Grüngelb, Silberreflexe. Zarte gelbe Tropenfrucht, ein Hauch von Ringlotten, mit einem feinen Birnentouch unterlegt, etwas Wiesenkräuter. Saftig, ein Hauch von Karamell und Grapefruit, seidige Textur, zarte Tropenfrucht, weißes Nougat, balanciert und anhaftend, ein eleganter Speisenbegleiter.

94 Merlot 2018
14,5 Vol.-%, NK, Barrique/Flaschenreifung, €€€€€€
Dunkles Rubingranat, violette Reflexe, dezente Ockerrandaufhellung. Zart nach Nougat und Vanille, reife Herzkir-

schen, dunkles Waldbeerenkonfit, zarte tabakige Würze. Saftig, elegant, süße Kirschen, reife Tannine, mineralisch und gut anhaftend, feiner Schokotouch im Abgang, bleibt gut haften, ein ausgereifter Speisenbegleiter.

93 TIO 2018 BF/ME
14 Vol.-%, NK, Barrique/Flaschenreifung, €€€€€ Ⓑ
Kräftiges Rubingranat, violette Reflexe, dezente Ockerrandaufhellung. Frische rote Herzkirschen, zart nach Lakritze, feine Holzwürze, floraler Touch, einladendes Bukett. Mittlere Komplexität, frisch strukturiert, rotbeerig, feine Tannine, Waldbeeren im Abgang, salziger Nachhall, ein straffer Begleiter bei Tisch.

(93) Blaufränkisch Rusterberg Reserve 2019
13,5 Vol.-%, NK, 500-l-Fass, €€€€€ Ⓑ
Dunkles Rubingranat, violette Reflexe, zarte Randaufhellung. Reife dunkle Beerenfrucht, Nuancen von Cassis und Brombeeren, feiner Edelholztouch, mit Orangenzesten und Nougat unterlegt. Saftig, rotbeerige Frucht, feine, seidige Tannine, frischer Abgang, mineralisch-salziger Nachhall, ein animierender Speisenbegleiter mit gutem weiterem Reifepotenzial.

★★★

KRAFT AUS RUST

Jedem Jahrgang seine Eigenheiten – jeder Sorte ihre Besonderheiten.« Unter diesem Motto produzieren die Mitglieder der Familie Kraft seit 1749 in ihrem Familienweingut im Herzen von Rust Weine, die sie als Produkt der Natur, nicht als Design des Kellermeisters sehen. Sie lassen der Natur freie Hand, verzichten auf künstliche Bewässerung, Herbizide und Kunstdünger, stattdessen setzen sie auf intensive Handarbeit – vom Rebschnitt über das Traubenteilen bis zur Handlese. In den Keller selbst kommen ihnen ausschließlich eigene Trauben aus eigenen Weingärten, sie arbeiten puristisch und halten sich zurück – es gibt keinen Vakuumverdampfer und keine Umkehrosmose. Die Weine reifen bis zu drei Jahre lang ausschließlich im Edelstahltank oder in Fässern aus zentraleuropäischer Eiche. Ihre Liebe zur Abwechslung lässt sie jährlich ein breites Repertoire abfüllen. In einigen der besten Lagen mit Seeblick am Hügelland, wie Geyer, Mariental, Bandkräften und Vogelsang, reifen traditionsreiche Sorten wie Furmint, Blaufränkisch, Chardonnay und Grauburgunder, aber auch Exoten, denen eine Vorreiterrolle zukommt, etwa Malbec und Rosenmuskateller, zu außergewöhnlichen Trauben mit ehrlichem Charakter heran. Am besten lassen sich die Weine bei einem Ausflug nach Rust im neuen Shop am Conradplatz probieren. Man kann aber auch das Weingut besuchen und in aller Ruhe ein informatives Gespräch mit den Familienmitgliedern führen, während man die Störche bei ihrem Flug über die Dächer von Rust bewundern kann.

KRAFT AUS RUST
7071 Rust
Conradplatz 11
T: +43 (664) 1206630
info@kraftausrust.at
www.kraftausrust.at

Kellermeister: Christoph Kraft
Kontakt: Christoph Kraft, Christine Kraft, Harald Kraft
Produktion: 45 % weiß, 45 % rot, 10 % süß, 10 Hektar
Zertifiziert: Nachhaltig Austria
Messen: VieVinum

92 Sauvignon Blanc Mana 2022
13 Vol.-%, DV, gebrauchte Barriques, €€€€
Mittleres Gelbgrün, Silberreflexe. Feine weiße Blüten, ein Hauch von Limettenzesten, Nuancen von Stachelbeeren, mineralischer Touch. Saftig, elegant, ein Hauch von Pfirsich, feine Fruchtsüße, lebendig und gut anhaftend, ein facettenreicher Speisenbegleiter, Blütenhonig im Nachhall.

(93) Plateau Gertberg 2019 BF/CF/SY
14 Vol.-%, DV, 500-l-Fass, €€€€€
Tiefdunkles Rubingranat, opaker Kern, violette Randaufhellung. Feine Kräuter-Tabak-Würze, Noten von schwarzer Frucht, etwas nach Pflaumen, zart nach Nougat, Cassis klingt an. Kraftvoll, elegant, Holzwürze und Vanille im Ab-

gang, dunkles Waldbeerenkonfit im Nachhall, präsente Tannine, bereits gut antrinkbar.

(93) Merlot 2020
14 Vol.-%, DV, 500-l-Fass, €€€€
Kräftiges Karminrot, violette Reflexe, zarte Randaufhellung. Feine Tabakwürze, dunkle Waldbeeren, etwas nach Gewürzen, ein Hauch von Kirschen, kandierte Zitruszesten. Saftig, kraftvoll, Brombeeren, gut eingebundene, präsente Tannine, feinwürzig im Abgang, guter Speisenbegleiter.

(93) Cabernet Sauvignon 2020
14 Vol.-%, DV, 500-l-Fass, €€€€
Tiefdunkles Rubingranat, violette Reflexe, zarte Randaufhellung. Mit feiner Tabak-Holz-Würze unterlegtes dunkles Waldbeerenkonfit, etwas nach Cassis, Orangenschalen klingen an. Saftig, elegant, feine Tanninstruktur, mineralisch, Cassis auch im Abgang, wird von Flaschenreife profitieren.

92 Malbec 2019
14 Vol.-%, DV, 500-l-Fass, €€€€
Tiefdunkles Rubingranat, violette Reflexe, zarte Randaufhellung. Reife Brombeerfrucht, zart nach Orangenschalen, ein Hauch von Zwetschken, mit dunkler Würze unterlegt. Saftig, elegant, gut eingebundene, präsente Tanninstruktur, feinwürzig, mineralisch, dunkles Waldbeerenkonfit, Kakaonoten im Nachhall, guter Speisenbegleiter.

91 Tannat Mons.ta 2021
14 Vol.-%, DV, 500-l-Fass, €€€€
Tiefdunkles Rubingranat, violette Reflexe, zarte Randaufhellung. Feine Röstaromatik, etwas Holzwürze, dunkle Brombeeren und reife Kirschen, Zartbitterschokolade klingt an. Saftig, straff, frische Säurestruktur, feinwürzig, gut integrierte Tannine, lebendig, bereits gut antrinkbar.

★★

WEINGUT GEORG SEILER

BIO

Die Familie Seiler ist seit über 400 Jahren in Rust ansässig und war mit dem Weinbau immer eng verbunden. Es steht eine breite Palette von Sorten im Anbau. Bei den Weißweinen sind insbesondere die für Rust seit jeher typischen Sorten Furmint und Gelber Muskateller hervorzuheben, denen sich die Familie Seiler besonders verpflichtet fühlt. Aber auch mit dem Chardonnay Rieglband konnte man schon tolle Erfolge verbuchen. Im Rotweinbereich liegt der Schwerpunkt auf den typisch österreichischen Sorten Zweigelt und Blaufränkisch. St. Laurent, Pinot Noir, Cabernet Sauvignon und Cabernet Franc sowie neuerdings auch ein reinsortiger Merlot gehören ebenfalls zum Programm. Natürlich gibt es auch edelsüße Weine, allen voran den Ruster Ausbruch. Im Weingarten wird möglichst schonend gearbeitet, um optimales Lesegut für die Weinbereitung zu ernten. Da das Weingut in der Setzgasse schon aus allen Nähten platzte, wurde 2004 ein nun vollständig im Familienbesitz befindliches Bürgerhaus in der Altstadt von Rust mustergültig restauriert und für weinbauliche Zwecke adaptiert. Neben der neu errichteten Buschenschank beheimatet es jetzt die Räumlichkeiten für die Traubenverarbeitung und den Weinausbau. Die lange Liste der nationalen und internationalen Erfolge des Weinguts Georg Seiler würde hier den Rahmen sprengen.

WEINGUT GEORG SEILER
7071 Rust
Conradplatz 10
T: +43 (699) 12293228
office@weingut-seiler.at
www.weingut-seiler.at

Kellermeister/Kontakt: Georg Seiler
Anbauweise: Zertifiziert Biologisch (Austria Bio Garantie)
Produktion: 40 % weiß, 5 % rosé, 45 % rot, 10 % süß, 10.5 Hektar
Vereinszugehörigkeit: Cercle Ruster Ausbruch, Ruster Ausbruch DAC
Messen: VieVinum

*** Ruster Ausbruch DAC**

92 Chardonnay Ried Rieglband 2022
13,5 Vol.-%, DV, großes Holzfass, €€ B
Helles Gelbgrün, Silberreflexe. Feine gelbe Tropenfrucht, zart nach Ananas und Apfel, etwas Blütenhonig, einladendes Bukett. Saftig, elegant, fruchtige Süße im Kern, weißer Pfirsich im Abgang, bleibt gut haften, zitroniger Nachhall, ein stoffiger Speisenwein.

91 Merlot 2021
15 Vol.-%, DV, gebrauchte Barriques, €€€ B
Dunkles Rubingranat, violette Reflexe, zarte Randaufhellung. Einladender Duft nach dunklem Waldbeerenkonfit und Cassis, kandierte Orangenzesten, Gewürznelken klingen an. Saftig, fruchtsüß, gut eingebundene Tanninstruktur, reife Johannisbeeren, kraftvoller Speisenbegleiter.

91 Pinot Noir 2021
15 Vol.-%, DV, gebrauchte Barriques, €€€ B
Kräftiges Rubingranat, violette Reflexe, zarte Randaufhellung. Feine Kräuterwürze, zart nach dunklem Kirschkonfit, ein Hauch von Orangen, florales Bukett. Saftig, dunkle Beerenfrucht, zarter Schokotouch im Abgang, bleibt gut haften, bereits antrinkbar.

93 Ruster Ausbruch DAC 2021 FU/WB/SÄ
11,5 Vol.-%, DV, Stahltank, €€€€€ B
Helles Goldgelb, Silberreflexe. Feiner Blütenhonig, kandierte Orangenzesten, mit weißer Tropenfrucht unterlegt. Stoffig, intensive fruchtige Süße, mineralisch-zitroniger Touch im Abgang, Honig im Nachhall, wird von Flaschenreife profitieren.

92 Beerenauslese 2021 TR/FU
12 Vol.-%, DV, Stahltank, €€€ B
Helles Goldgelb, Silberreflexe. Zart nach Wiesenkräutern, weißer Pfirsich, zarte Tropenfrucht, etwas Mango, Blütenhonig, einladendes Bukett. Mittlere Komplexität, gut integrierte Süße, mineralisch, dezentes Säurespiel, reife Ananas im Nachhall.

91 Traminer Spätlese 2022
10,5 Vol.-%, DV, Stahltank, €€ B
Helles Grüngelb, Silberreflexe. Zarte Nuancen von Marshmallows, reifer Pfirsich, ein Hauch von Maracuja, einladendes Bukett. Leichtfüßig, cremige Textur, deutliche Fruchtsüße, Honig im Abgang, salzig unterlegter Nachhall, bereits gut entwickelt und antrinkbar.

★★

WEINBAU TREMMEL

Wer nach Rust kommt, merkt: Dieser Ort ist etwas Besonderes. Vorgängergenerationen haben hier ein kleines Juwel geschaffen. Von der Familie Tremmel werden hier zurzeit zehn Hektar Rebfläche in den verschiedensten Ruster Rieden bewirtschaftet. Das Mosaik an unterschiedlichen Böden ist Grundlage der Vielfalt. Seit jeher wird auf den Einsatz von Herbiziden verzichtet. Durch die Anwendung der Verwirrungsmethode bei der Bekämpfung des Traubenwicklers kann auch auf die Verwendung von Insektiziden verzichtet werden (»no sex for butterflies«). Einige Sorten sind die besonderen Lieblinge des Betriebs und typisch für Rust: Furmint, Muskateller, Grauburgunder, Pinot Noir, Blaufränkisch (speziell aus den Rieden Bandkreftn und Mitterkreftn) sowie die edlen Ruster-Ausbruch-Weine. Eine Laune der Natur begünstigt die Entwicklung der Edelfäule in den Ruster Weingärten in einer einzigartigen Weise. Der geschichtsträchtige Süßwein hat den Bürgern schon viel Ansehen, Freiheit und Reichtum gebracht und ist dazu prädestiniert, den Ruster Weinen auch weiterhin Weltgeltung zu verleihen. Durch die ausgezeichnete Lagerfähigkeit baut er Brücken zwischen der Vergangenheit und der Zukunft. Die Familie Tremmel zeigt aber auch immer wieder ihr Können bei der Bereitung ihrer trockenen Weiß- und Rotweine.

(92) Furmint 2022
14 Vol.-%, DV, Stahltank, €€
Helles Grüngelb, Silberreflexe. Zarte Wiesenkräuter, ein Hauch von gelber Birne, etwas Honigmelone, mit frischen Orangenzesten unterlegt. Saftig, elegant, gelbes Kernobst, kraftvoll im Abgang, etwas Blütenhonig, ein kerniger, mineralischer Speisenbegleiter.

91 Grauburgunder 2022
14 Vol.-%, DV, Teilbarrique, €€
Helles Goldgelb, Silberreflexe. Zart tabakige Nuancen, ein Hauch von kandierten Orangen und Vanille, gelbe Tropenfrucht im Hintergrund. Kraftvoll, straff, würzige Textur, mineralisch im Abgang, zarte Süße im Nachhall, wird von Flaschenreife profitieren.

© Harald Tremmel

WEINBAU TREMMEL

7071 Rust, Weinberggasse 19
T: +43 (2685) 368
tremmel@weinbau-tremmel.at
www.weinbau-tremmel.at
Kellermeister/Kontakt:
Harald Tremmel
Produktion: 40.000 Flaschen
45 % weiß, 45 % rot, 10 % süß, 10 Hektar
Zertifiziert: Nachhaltig Austria
Vereinszugehörigkeit:
Ruster Ausbruch DAC
Messen: Dornbirner Frühjahrs- und Herbstmesse, Forum Vini München, VieVinum, Vinobile Montfort, Weinmesse München, DAC-Präsentationen, Vinessio Weinmesse Starnberg, Wein Burgenland Präsentationen

Rust im Sonnenuntergang

89 Sauvignon Blanc 2022
13 Vol.-%, DV, Stahltank, €€

(92) Blaufränkisch Ried Bandkräftn 2019
14 Vol.-%, DV, Barrique, €€€
Kräftiges Rubingranat, violette Reflexe, breitere Randaufhellung. Zart nach Kräutern und Bergamotte, ein Hauch von Holzwürze, zart nach Waldbeeren, Lakritze klingt an. Saftig, kraftvoll, feinwürzig, präsente Tanninstruktur, rote Kirschfrucht, stoffiges Finish, bleibt gut haften, wird von Flaschenreife profitieren.

94 Ruster Ausbruch DAC 2020 MT
10 Vol.-%, DV, Stahltank, €€€€€
Helles Goldgelb, Silberreflexe. Zarte Botrytiswürze, gelbe Tropenfrucht, Blütenhonig, zarte brotige Nuancen. Komplex, saftig, deutliche Fruchtsüße, feiner Säurebogen, mineralisch-zitronig im Nachhall, noch sehr jugendlich, Honig im Abgang, mineralische Nuancen, gute Länge, wird von Flaschenreife profitieren.

93 Beerenauslese 2021 CH/WB/RR
13 Vol.-%, DV, Stahltank, €€
Helles Gelbgrün, Silberreflexe. Feine Nuancen von reifer Ananas und Blütenhonig, Blüten und Limetten, mit zarter süßer Tropenfrucht unterlegt. Saftig, süße Mango, frischer Säurebogen, Honigtouch im Abgang, wirkt leichtfüßig und elegant, bereits gut entwickelt, zitronig-salziger Nachhall.

★★★★★

WEINGUT ERNST TRIEBAUMER

Die Familie Triebaumer hat mit dem Blaufränkisch Mariental aus dem Jahr 1986 vor über 30 Jahren eine neue Ära des österreichischen Rotweins eingeläutet. Heute steht ihnen das Wissen zur Verfügung, die Landwirtschaft als einen tragenden Teil einer enkeltauglichen Wirtschaftsweise zu entwickeln. Großzügige Steigerung der Artenvielfalt und die dadurch angekurbelte Biomasseproduktion auf der Fläche beruhigen das monokulturelle »Bauchweh« auf allen Ebenen. Durch ihr Zulassen kommt der natürliche Kreislauf von sich aus wieder in Schwung. Der ganzjährige Arbeitseinsatz ihrer Schafherde hebt den Energiepegel in den Anlagen auf ein ganz neues Niveau. Vielfalt bedingt eine Stabilität, von der die Reben und die darauf reifenden Trauben voll erfasst wer-

Die Schafe im Weingarten der Familie Triebaumer sorgen ganzjährig für einen gesunden Boden

WEINGUT ERNST TRIEBAUMER
7071 Rust, Raiffeisenstraße 9
T: +43 (2685) 528
office@ernst.triebaumer.com
www.triebaumer.com

Kellermeister: Herbert und Gerhard Triebaumer
Kontakt: Claudia und Stephanie Triebaumer
Produktion: 133.333 Flaschen
20 % weiß, 75 % rot, 5 % süß, 18 Hektar
Vereinszugehörigkeit:
Cercle Ruster Ausbruch, Renommierte Weingüter Burgenland
Messen: Wein Burgenland Präsentationen

den. Diese Wachstumsbedingungen für die Trauben, das Herausfinden des perfekten Erntezeitpunkts, selektive Handlese mit höchstem Anspruch und Naturhefen sind die Grundlage für eine Vinifikation, die auf Handwerk, Zeit und Urvertrauen beruht und vor Lebensfreude und Eigenständigkeit strotzende Weine für Jahrzehnte hervorbringt. Um die innere Schönheit der Jungweine ohne jegliches Eingreifen zu entwickeln und zu erhalten, nutzt Familie Triebaumer in ihren traditionellen Kellern größtenteils Holzfässer. Diese haben ein Fassungsvolumen von 300 bis 5.000 Litern und ermöglichen es den Weinen, aus eigenem Antrieb ihre Entwicklungsprozesse zu durchschreiten, um zu ihrer Mitte zu finden. Nach der jeweiligen Ausbauzeit werden sie schonend zusammengezogen. Alle Rotweine und die »Urwerk«-Linie können unfiltriert gefüllt werden, da sie ausreichend Zeit zur Sedimentation hatten. Mit der Gesamtheit ihrer Arbeit legen die Triebaumers das Fundament für Weine, mit denen das volle Spektrum der Ruster Böden und ihrer Rebsorten – allen voran des Blaufränkisch – ungeschönt mit der vollen inneren Spannung, Struktur und Tiefgründigkeit Schluck für Schluck erlebbar wird.

94 Chardonnay Ried Bandkräftn 2020
13 Vol.-%, NK, 500-l-Fass, €€€€€ B
Mittleres Gelbgrün, Silberreflexe. Zart rauchig-reduktiv, Nuancen von Haselnuss, Feuerstein und Limettenzesten, mit weißem Pfirsich unterlegt, mineralischer Touch. Saftig, elegant, frischer Apfel, lebendig strukturiert, salzig und engmaschig im Abgang, noch sehr jugendlich, ein lebendiger Speisenbegleiter mit Zukunftspotenzial.

97 Blaufränkisch Ried Mariental 2020
13,5 Vol.-%, NK, kleines Holzfass, €€€€€€ B
Tiefdunkles Rubingranat, violette Reflexe, zarte Randaufhellung. Einladendes Bukett nach Brombeeren und kandierten Mandarinenzesten, ein Hauch von Röstaromatik, zart nach schwarzen Kirschen. Saftig, engmaschig, feine Struktur, rotes Waldbeerenkonfit, nach frischem Cassis, feine Holzwürze, lang anhaltend, puristisches Finish, sicheres Entwicklungspotenzial.

95 Blaufränkisch Ried Oberer Wald 2020
13 Vol.-%, NK, kleines Holzfass, €€€€€ B
Dunkles Rubingranat, violette Reflexe, zarte Randaufhellung. Zarte Kirschnote, etwas nach Grapefruit, ein Hauch von Kräutern, frische Feigen, einladendes Bukett. Saftig, engmaschig, dunkle Mineralik, nasser Stein, reife Herzkirschfrucht, lang anhaltend, finessenreich, gut integrierte Tannine, wird von Flaschenreife profitieren.

92 Blaufränkisch Ried Gemärk 2020
13 Vol.-%, NK, 500-l-Fass, €€€ B
Kräftiges Rubingranat, violette Reflexe, zarte Randaufhellung. Feine Kräuternoten, frische Beerenfrucht, balsamische Nuancen, ein Hauch von Gewürzen. Saftig, straff, feine Säurestruktur, feinwürzig, mineralisch, dunkles Waldbeerenkonfit, würziger Nachhall, feiner Gerbstoff im Finish, guter Speisenbegleiter.

© Mang Stefan

91 Blaufränkisch Rusterberg 2020
13 Vol.-%, NK, großes Holzfass, €€ B
Dunkles Rubingranat, violette Reflexe, zarte Randaufhellung. Zarte Röstaromatik, etwas nach Brombeeren, kandierte Orangenzesten, ein Hauch von Tabak. Saftig, straff, frische Struktur, balancierte Tannine, rotbeeriges Finish, bereits gut antrinkbar.

92 Tridendron 2020 ME/CS/BF
13,5 Vol.-%, NK, kleines Holzfass, €€€€ B
Dunkles Rubingranat, violette Reflexe, zarte Randaufhellung. Feine Tabaknoten, etwas nach Zwetschken, ein Hauch von Waldboden, feinwürzig. Saftig, komplex, feine Fruchtsüße nach Kirschen, Holznuancen, balancierte Tanninstruktur, trinkanimierendes Finish, guter Speisenbegleiter.

★★★★

GÜNTER + REGINA TRIEBAUMER

Low tech – high effort«, so lautet die Devise von Günter und Regina Triebaumer. Aufbauend auf der Ruster Kernkompetenz – Blaufränkisch, Furmint und Gelber Muskateller sowie Ruster Ausbruch – wird hier in der altehrwürdigen Freistadt Rust Weinbau mit Vernunft, Herzblut und Bodenhaftung betrieben. Die Triebaumers produzieren Weine, die dem Burgenland stets eindeutig zuordenbar sind und auch bleiben. Dabei setzen sie Erfahrungen aus vielen Jahren im internationalen Wein- und Gastronomie-Fachhandel, in Import und Export, in der Weinakademie Österreich sowie von ausgedehnten Weinreisen um. Die »burgundischen« Strukturen – 24 Hektar auf 45 Parzellen – sind historisch bedingt. Der Blaufränkisch ist mit acht Hektar der souveräne »Chef«: sowohl klassisch, fein-kirschfruchtig als auch vielschichtig-gewürzig in Form der Blaufränkisch-Reserve. Mit dem ersten Ertrag der kalkigen Spitzenriede Oberer Wald stand gleich einmal der Gewinn der »Falstaff Reserve Trophy« für den Jahrgang 2009 ins Haus. Und mit der kalkfreien Silikatlage Plachen haben die Triebaumers auch noch einen zweiten großen Blaufränkisch im Sortiment. Ohne Zweifel ist der Ruster Ausbruch die älteste, ohne Unterbrechung gepflegte Herkunftsbezeichnung für Wein in Österreich. Im Hause Triebaumer wird dieser konzentrierte Charaktersüßwein stets aus dem verlässlichen Welschriesling angestrebt. Aber auch der »Muscato« – ein leichter, beschwingter Perlwein aus Gelbem Muskateller nach der Asti-Methode – verdient gewiss besondere Erwähnung.

90 Muscato
7 Vol.-%, VL, Stahltank, €€€€ V
Sehr helles Gelbgrün, Silberreflexe. Zart nach Holunderblüten, frische Birne, ein Hauch von Honig, einladendes Bukett. Saftig, frischer Säurebogen, unterlegt mit bemerkbarem Restzucker, sehr fruchtig, reife Maracuja im Nachhall, ein süßer Sommerspaß.

94 Le Petit Man Sang 2022
14 Vol.-%, DV, Stahltank, €€€€€ V
Leuchtendes Goldgelb, Silberreflexe. Zarter Blütenhonig, ein Hauch von Tropenfrucht, feine Kräuterwürze, mit getrockneten Marillen unterlegt. Saftig, komplex, feine Würze, weiße Frucht, grüne Oliven, zart nussig, kraftvoll, salzig und lange anhaftend, ein stoffiger Speisenwein mit gutem Potenzial.

93 Furmint Ried Geyerumriss 2022
13 Vol.-%, DV, Stahltank/Barrique, €€€€€ V
Mittleres Goldgelb, Silberreflexe. Zart tabakig-kräuterwür-

GÜNTER + REGINA TRIEBAUMER
7071 Rust, Neuegasse 18
T: +43 (676) 4728288
weingut@triebaumer.at
www.triebaumer.at

Kellermeister: Günter Triebaumer
Kontakt: Günter und Regina Triebaumer
Produktion: 130.000 Flaschen
30 % weiß, 60 % rot, 10 % süß,
24 Hektar
Zertifiziert: Nachhaltig Austria
Messen: ProWein Düsseldorf, VieVinum

* Ruster Ausbruch DAC

Ried Plachen vor Rust

zig unterlegte gelbe Tropenfrucht, etwas Pfirsich und Mango, etwas Blütenhonig, kandierte Mandarinenzesten. Komplex, straff, weiße Apfelfrucht, frische Säurestruktur, mineralisch-zitroniger Touch im Abgang, zeigt gute Länge und sicheres Reifepotenzial.

91 Furmint Rust 2022
13 Vol.-%, DV, Stahltank, €€€ Ⓥ
Helles Goldgelb, Silberreflexe. Frische Birnenfrucht, ein Hauch von Ringlotten, feine Kräuterwürze, mit kandierten Orangenzesten unterlegt. Saftig, engmaschig, frisch strukturiert, weiße Tropenfrucht, lebendiger, trinkanimierender Stil, bereits zugänglich.

96 Blaufränkisch Ried Oberer Wald 2019
14,5 Vol.-%, DV, Stahltank/Barrique, €€€€€€ Ⓥ
Dunkles Rubingranat, opaker Kern, violette Reflexe, zarte Randaufhellung. Feine Kräuterwürze, etwas tabakig, ein Hauch von Orangenblüten, dunkles Waldbeerenkonfit, Herzkirschen klingen an, frisches Bukett. Saftig, elegant, feine Kräuterwürze, etwas Walderdbeeren, etwas Holzwürze im Abgang, mineralisch, bleibt sehr gut haften, vielschichtiger Speisenbegleiter.

95 Blaufränkisch Ried Plachen 2020
13,5 Vol.-%, DV, Stahltank/Barrique, €€€€€€ Ⓥ
Tiefdunkles Rubingranat, violette Reflexe, zarte Randaufhellung. Einladendes Bukett nach Brombeeren, rotbeeriger Touch, viel Tiefe, etwas weißes Nougat, ein Hauch von Edelholz. Gute Komplexität, kraftvoll, straff, frische und elegant, balancierte Säurestruktur, reife Zwetschken im Abgang, salziger Nachhall, sicheres Potenzial.

92 Blaufränkisch Reserve 2020
13,5 Vol.-%, DV, Stahltank/Barrique/großes Holzfass, €€€€€ Ⓥ
Dunkles Rubingranat, violette Reflexe, zarte Randaufhellung. Zarte Edelholzwürze, feine Kirschfrucht, zart nach Heidelbeeren, Kräuterwürze, frisches Bukett. Engmaschig, elegant, rote Beerenfrucht, gut integrierte Tannine, mineralisch, salziger Nachhall, bleibt sehr gut haften.

93 Weite Welt 2020 CF/CS/SY/ME
14 Vol.-%, DV, Barrique, €€€€€ Ⓥ
Tiefdunkles Rubingranat, violette Reflexe, zarte Randaufhellung. Reife Kräuternoten, zart nach Nougat, dunkles Waldbeerenkonfit, ein Hauch von Gewürzen. Saftig, elegant, dezente Tanninstruktur, feinwürzig, mineralisch, Cassis im Abgang, Röstaromatik im Nachhall, guter Speisenbegleiter.

92 Cabernet Franc Ried Gillesberg 2020
14 Vol.-%, DV, Barrique, €€€€€ Ⓥ
Dunkles Rubingranat, violette Reflexe, zarte Randaufhellung. Feine Tabak-Holz-Würze, etwas Brombeeren und Lakritze, ein Hauch von Kirschen, ledrige Nuancen. Saftig, straff, tragende Tannine, mineralisch, Herzkirschen im Abgang, bleibt gut haften, vielfältig einsetzbar.

96 Welschriesling * 2021
7,5 Vol.-%, DV, Stahltank, €€€€€ Ⓥ
Mittleres Gelbgold, Silberreflexe. Feine Nuancen von Botrytis, kandierte Orangenzesten, Blütenhonig und Dörrobst, reife Marille, etwas Maracuja, attraktives Bukett. Komplex, saftig, intensive weiße Tropenfrucht, süßer Kern, finessenreiche Säurestruktur, präzise und mineralisch, sehr gute Länge, bereits gut entwickelt und zugänglich.

97 Gelber Muskateller Beerenauslese 2021
8,5 Vol.-%, DV, Stahltank, €€€€ Ⓥ
Helles Goldgelb, Silberreflexe. Feine traubig unterlegte Tropenfrucht, nach Litschis und Muskat, ein Hauch von Maracuja, sehr attraktive Noten von Holunderblüten. Saftig, elegant, feine weiße Frucht, gut eingebundene Süße, finessenreicher Säurebogen, sehr gute Länge, ein delikater Süßwein, perfekte Balance, Limetten im Nachhall, sehr verführerisch.

92 Traminer Spätlese Rust 2022
11 Vol.-%, DV, Stahltank, €€€ Ⓥ
Leuchtendes helles Goldgelb, Silberreflexe. Feine gelbe Tropenfrucht, zart nach weißem Nougat, floraler Touch, etwas Jasmin, Limettenzesten. Saftig, reife Marillen, etwas Honig, mittlere Länge, süßer Nachhall, fruchtiger Stil, wird von Flaschenreife profitieren.

PLATZ FÜR IHRE
WEINNOTIZEN

Eckberg bei Glanz an der Weinstraße in der Südsteiermark

© WSNA

STEIERMARK

STEILE HÜGEL UND KÜHLES KLIMA

Klöchberg im Vulkanland Steiermark

DAS MEKKA DER FRISCHEN WEISSEN

Es gibt sicherlich Weinbaugebiete, in denen wuchtigere und vor allem alkoholischere Weine reifen. Aber es gibt auf der ganzen Welt keine frischeren, brillanteren und daher auf elegante Weise herkunftstypischeren Gewächse als im Süden der Steiermark. Damit sind übrigens alle drei steirischen Weinbaugebiete mit ihren unvergleichlichen Spezialitäten auf 5.086 Hektar gemeint, die mehr oder weniger im Süden des Bundeslandes liegen.

Im Westen dieses auch landschaftlich einzigartigen Hügellands dominiert der Schilcher, jener pikante Rosé, der mit seiner typischen Schiefernote einer der ausgeprägten Terroirweine des Landes ist. Im Sausal und an der Südsteirischen Weinstraße geben Sauvignon Blanc und Muskateller den Ton an, während im südöstlichen Vulkanland neben den Burgundern und dem Sauvignon Blanc der Traminer als echtes Juwel für den Kenner funkelt. Der am weitesten verbreitete steirische Wein, der Welschriesling, hat mit seinem an grüne Äpfel erinnernden Bukett viel mehr Anhänger, als sich so mancher Weinkritiker träumen lässt. Wer etwas mehr Körper will, ist mit der Pinotfamilie gut beraten. Hier überzeugt der Weißburgunder von kalkreichen Böden mit raffinierter Mineralik. Der Chardonnay, in der Steiermark auch Morillon genannt, kann bei aller Frische mitunter schon kräftig ausfallen und wie die besten Grauburgunder (Ruländer, Pinot Gris) auch durch längere Lagerung zulegen.

Beginnend mit dem Weinjahrgang 2018 verfügt die Steiermark nun über ein neues Herkunftssystem. Dieses gliedert sich nun entsprechend den drei steirischen Weinbaugebieten in Südsteiermark DAC, Vulkanland Steiermark DAC und Weststeiermark DAC. Innerhalb der jeweiligen

© WSNA

DAC-Gebiete sind die Weine in einer Pyramide – gebildet von Gebietsweinen, Ortsweinen und Riedenweinen – gegliedert, denen wiederum sowohl entsprechende Rebsorten und Erstausgabetermine zugeordnet sind. Für alle DAC-Weine ist Handlese verpflichtend!
Von Haubenrestaurants bis hin zu urigen Buschenschanken in bezaubernder Landschaft hat die Steiermark auch einiges zu bieten, und in den letzten Jahren kommen auch immer mehr Hotels und Gästezimmer dazu, die auf sehr hohem Niveau einen wunderbaren Urlaub garantieren. Die bezaubernde Landschaft lädt zu schönen Wanderungen und Radtouren ein, aber auch kulturell gibt es einige Attraktionen, die man sich nicht entgehen lassen sollte. Auf www.gutfinden.at entdeckt man viele Adressen, die die Steiermark zu einem sehr attraktiven Ziel für Genussfreunde macht.

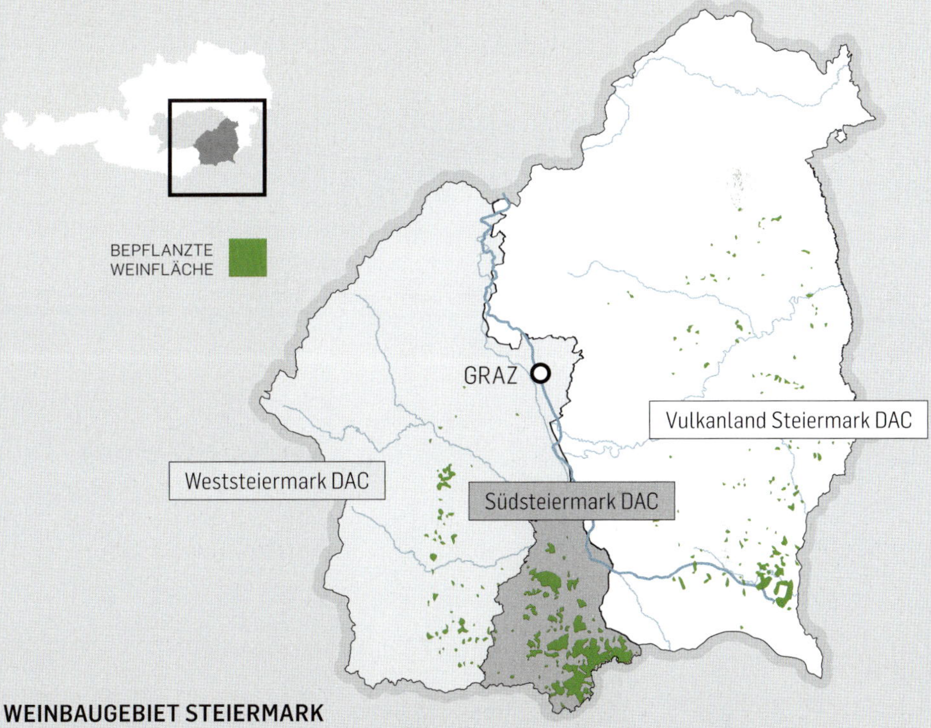

WEINBAUGEBIET STEIERMARK

Österreich gesamt	**44.728 ha**
Weinbaugebiet Steiermark	**5.086 ha (11,4%)**

SPEZIFISCHE WEINBAUGEBIETE	
Südsteiermark DAC	2.788 ha
Vulkanland Steiermark DAC	1.657 ha
Weststeiermark DAC	641 ha

Weißweinfläche insgesamt	**4.069 ha**	**(80 %)**
Sauvignon Blanc	929 ha	(18,3 %)
Welschriesling	773 ha	(15,2 %)
Weißburgunder	690 ha	(13,6 %)
Muskateller	549 ha	(10,8 %)
Chardonnay	385 ha	(7,6 %)

Rotweinfläche insgesamt	**1.017 ha**	**(20 %)**
Blauer Wildbacher	518 ha	(10,2 %)
Zweigelt	296 ha	(5,3 %)
Merlot	21 ha	(0,4 %)
Pinot Noir	20 ha	(0,4 %)
Blaufränkisch	9 ha	(0,2 %)

Grundkarte: © Universität Wien, BEV, OSM, SRTM | Österreich Wein Marketing GmbH, 1040 Wien, © ÖWM 2022

© WSNA

STEIERMARK

SÜD-STEIERMARK

DAC

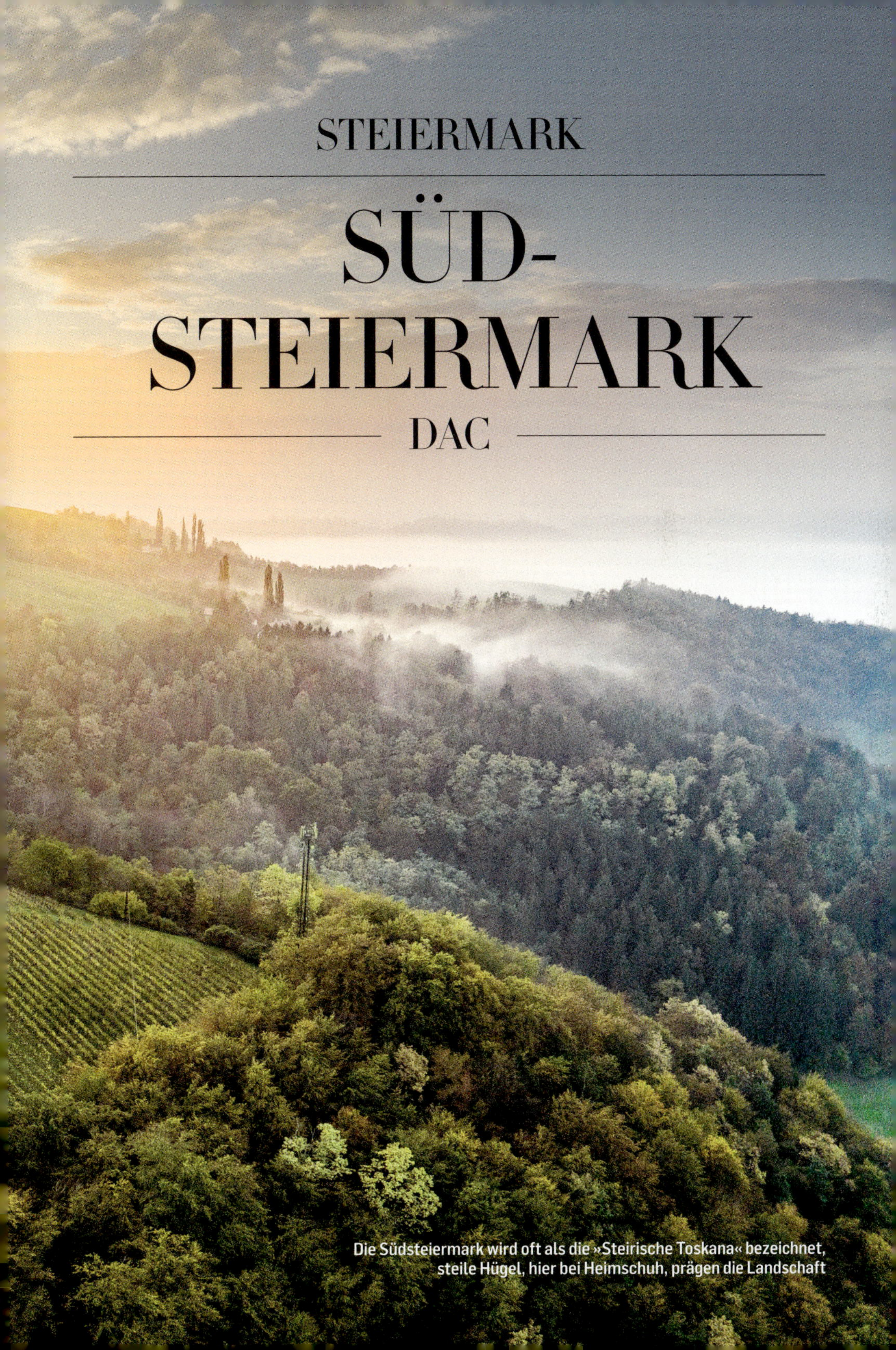

Die Südsteiermark wird oft als die »Steirische Toskana« bezeichnet, steile Hügel, hier bei Heimschuh, prägen die Landschaft

SAUVIGNON BLANC & CO AUS DEM SÜDLICHEN HÜGELLAND

Die Südsteiermark steht für duftige, frische Weine, vor allem aus der Leitsorte Sauvignon Blanc. Doch auf den 2.788 Hektar Rebfläche ist genügend Platz für ein breites Sortenspektrum vom Welschriesling über Morillon und Muskateller bis zum Traminer. Hier ist Weinbau allerdings Schwerarbeit, sind doch die meisten Weingärten extreme Steilhänge. So vielschichtig wie die Rebsorten sind auch die Böden, die im Weinbaugebiet Südsteiermark zur Verfügung stehen, von Sand und Schiefer bis zu Mergel und Muschelkalk.

Feuchtwarmes mediterranes Klima bestimmt den langen Vegetationsverlauf, kühle Nächte fördern die Entwicklung einer reichhaltigen Aromatik, die den Weißweinsorten zu Nuancenreichtum und Noblesse verhilft. Vom schlanken, fruchtbetonten Jungwein – als »Junker« einer der Vorboten des neuen Jahrgangs – über die elegante Klassiklinie bis zu hochreifen, extraktreichen Lagenweinen spielen die Winzer ihre Stärken aus. Speziell die Rebsorte Sauvignon Blanc konnte sich im Zuge der kontinuierlichen Weiterentwicklung an die Spitze emporarbeiten, und heute gehören Sortenvertreter aus der Südsteiermark zur Weltklasse. Dass dies auch in Zukunft so bleibt, garantiert eine äußerst aufgeschlossene Winzerschaft, die auf Reisen und bei Praxisaufenthalten in der Weinwelt Erfahrungen gesammelt hat. Doch auch die Weinbauschule in Silberberg trägt in Theorie und Praxis dazu bei, Nachwuchswinzer mit besten Qualifikationen auszustatten.

Das Gebiet ist nun ebenfalls in den erlauchten Kreis der DAC-Herkünfte aufgenommen worden und verfügt mit Sauvignon Blanc, Morillon, Weißburgunder, Grauburgunder, Welschriesling, Gelbem Muskateller, Riesling

© WSNA

und Traminer über eine tolle Sortenvielfalt. Als Ortsweine dürfen solche aus Ehrenhausen, Gamlitz, Leutschach, Eichberg oder Kitzeck-Sausal vermarktet werden. Klingende Namen von Lagen wie Czamillonberg, Pössnitzberg, Kranachberg, Hochgrassnitzberg, Steinriegel, Kittenberg, Nussberg, Obegg oder Zieregg wecken Assoziationen zu den entsprechenden Top-Weinen. Diese haben mittlerweile längst auf den Weinkarten der regionalen Gastronomie Einzug gehalten und sorgen auch international für Aufsehen. Erzherzog Johann, ein Enkel der Kaiserin Maria Theresia und Weinbaupionier mit für seine Zeit »europäischem« Weitblick in Sachen Weinkultur, dessen Spuren bis heute im Gebiet nachvollziehbar sind, wäre stolz auf seine südsteirischen Winzer.

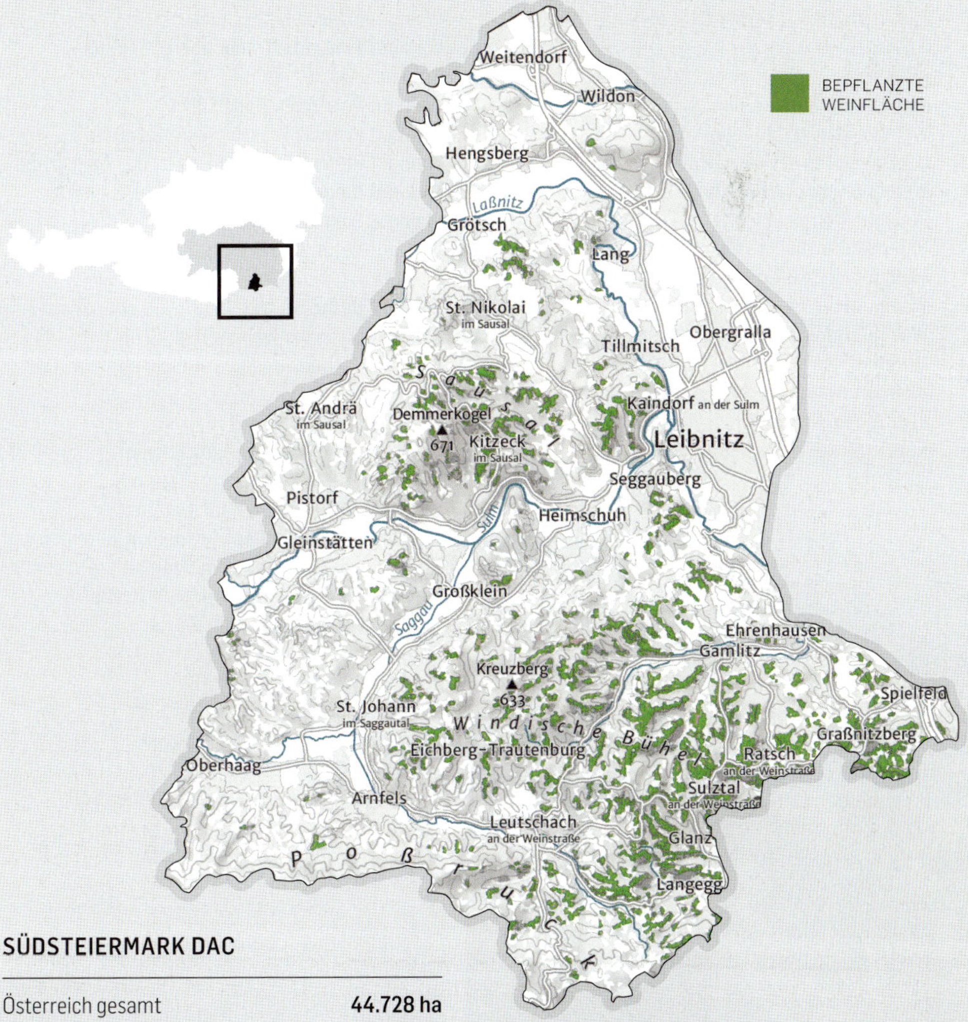

Grundkarte: © Universität Wien, BEV, OSM, SRTM | Österreich Wein Marketing GmbH, 1040 Wien, © ÖWM 2022

SÜDSTEIERMARK DAC

Österreich gesamt	**44.728 ha**
Weinbaugebiet Steiermark	**5.086 ha**
Südsteiermark DAC	**2.788 ha**

AUSGEWÄHLTE WEINGÜTER

★★★★★

Weingut Gross, Ehrenhausen
Weingut Lackner-Tinnacher, Gamlitz
Weingut Erwin Sabathi, Leutschach an der Weinstraße
Familienweingut Sattlerhof, Gamlitz
Familienweingut Tement, Ehrenhausen

★★★★

Weingut Harkamp, Leibnitz
Weingut Daniel Jaunegg, Leutschach an der Weinstraße
Weingut Kodolitsch, Leibnitz
Weingut Wolfgang Maitz, Ehrenhausen an der Weinstraße
Weingut MUSTER.gamlitz, Gamlitz
Weingut Polz, Strass in der Steiermark
Weingut Hannes Sabathi, Gamlitz
Weingut Skoff Original – Walter Skoff, Gamlitz
Weingut Wohlmuth, Kitzeck im Sausal
Ewald Zweytick Wein, Ratsch an der Weinstraße

★★★

Dreisiebner Stammhaus, Sulztal an der Weinstraße
Weingut Felberjörgl, Kitzeck
Weingut R & R Gerngross, Sausal
Domaines Kilger, Gamlitz
Weingut Masser, Leutschach
Weingut Pongratz Kranachberg, Gamlitz - Kranachberg
Weingut Potzinger, Gabersdorf
Weingut Primus, Grassnitzberg-Spielfeld
Weingut Regele, Ehrenhausen an der Weinstraße
Weingut Riegelnegg – Olwitschhof, Gamlitz
Weingut Schauer, Kitzeck
Weingut Peter Skoff – Domäne Kranachberg, Gamlitz
Weingut Bernd Stelzl, Leutschach an der Weinstraße
Weingut Tschermonegg, Leutschach

★★

Weingut Adam – Lieleg, Leutschach
Weingut Branigg, Kitzeck im Sausal
Weingut Brolli-Arkadenhof, Gamlitz
Weingut Buschenschank Firmenich, Ehrenhausen
Hirschmugl – Domaene am Seggauberg, Leibnitz
Weingut Kögl, Ratsch an der Weinstraße
Weingut Noemi, Kitzeck im Sausal
Weingut Familie Repolusk, Leutschach an der Weinstraße
Landesweingut Silberberg, Leibnitz
Weingut J. und A. Skringer, Leutschach an der Weinstraße
Sanfter Weinbau Maria und Johannes Söll, Gamlitz
Weingut Strauss Gamlitz, Gamlitz

★

Familienweingut Oberer Germuth, Leutschach
Weingut Johann Schneeberger, Heimschuh
Weingut Wruss, Gamlitz

WEINGUT ADAM – LIELEG
8463 Leutschach
Kranach 78
T: +43 (3454) 6115
weingut@adam-lieleg.com
www.adam-lieleg.at

Kellermeister/Kontakt:
Florian Lieleg
Produktion: 5 % Schaumwein, 85 % weiß, 1 % rosé, 9 % rot, 15 Hektar
Vereinszugehörigkeit:
SIEME Weingüter
Messen: VieVinum, Weintage im Museumsquartier, DAC-Präsentationen

Weingut Adam – Lieleg

★★

WEINGUT ADAM – LIELEG

Das Weingut Adam-Lieleg wird seit 1893 als Familienbetrieb geführt und liegt im Herzen der Südsteiermark am Eichberg. Mittlerweile ist mit Florian und Mathias die fünfte Generation auf dem Hof aktiv. Zurzeit arbeiten drei Generationen an einer gemeinsamen Mission, nämlich Weine mit einem klaren Herkunftsprofil zu produzieren. Harmonisches, nachhaltiges Arbeiten im Einklang mit der Natur sind Grundpfeiler, um charakterstarke Weine mit höchstem Trinkgenuss herzustellen. Das geht in den Steillagen des Familienweinguts natürlich nur mit aufwendiger Handarbeit.
Der Hauptteil der Reben wächst am Eichberg und in Leutschach, wo die Böden vor allem von Opok und Schotter geprägt sind. Von diesen beiden Ortswein-Regionen kommt somit der Großteil der Trauben für die Gebietsweine, die mit ihrer Frucht und Trinkfreude bestechen. Im Ortswein-Segment setzt die Familie Adam-Lieleg auf die Reben am Eichberg. Die Nähe zu den Alpen und der Schotterboden sind wichtige Faktoren, die den Ortswein Eichberg strahlen lassen. Weine vom Eichberg überzeugen mit Eleganz, Frische und Mineralik. Die wichtigsten Einzellagen des Weinguts sind die Ried Oberer Kranachberg, Gottscheber, Czamillonberg und Wurzenberg, die durch ihre Individualität glänzen.

© pixelmaker.at/Robert Sommerauer

94 Sauvignon Blanc * Ried Gottscheber 2020
13,5 Vol.-%, NK, 500-l-Fass, €€€€€ Ⓥ
Helles Goldgelb, Silberreflexe. Zarte Holzwürze, weiße Tropenfrucht, florale Nuancen, mit etwas Vanille und Cassis unterlegt, sehr einladendes Bukett. Stoffig, feiner Pfirsich, Limette und Minze, frischer Säurebogen, salziger Abgang, bleibt gut haften, verfügt über Reifepotenzial, ein harmonischer Speisenbegleiter.

93 Sauvignon Blanc * Ried Oberer Kranachberg 2021
13 Vol.-%, DV, Stahltank, €€€€ Ⓥ
Helles Grüngelb, Silberreflexe. Ein Hauch von Guaven, gelbe Tropenfrucht, zart nach Stachelbeeren, mit feiner Kräuterwürze unterlegt. Saftig, elegant, weiße Tropenfrucht, Johannisbeeren, feiner Säurebogen, mineralisch-zitronig im Abgang, ein lebendiger Speisenbegleiter mit Reifepotenzial.

94 Morillon * Ried Wurzenberg Kapelle 2020
13,5 Vol.-%, NK, gebrauchte Barriques, €€€€€ Ⓥ
Mittleres Grüngelb, Silberreflexe. Kandierte Orangenzes-

ten, zarte Holzwürze, Wiesenkräuter und gelbe Tropenfrucht, einladendes Bukett. Saftig, elegant, weißes Kernobst, feiner Säurebogen, mineralisch und mit Länge ausgestattet, burgundische Finesse, zeigt einiges Potenzial, bereits gut antrinkbar.

93 Welschriesling * Ried Gottscheber 2020
13 Vol.-%, NK, 500-l-Fass, €€€€
Helles Grüngelb, Silberreflexe. Zarte Apfelfrucht, ein Hauch von Wiesenkräutern, Nuancen von Limettenzesten. Mittlerer Körper, etwas nach weißem Steinobst, elegant und anhaftend, ein Hauch von Fruchtsüße im Abgang, zeigt gute Länge, ein animierender Speisenwein.

92 Gelber Muskateller * Ried Oberer Kranachberg 2021
12,5 Vol.-%, DV, Stahltank, €€€€
Helles Grüngelb, Silberreflexe. Zart nach Muskatnuss und gelber Tropenfrucht, mit einem Hauch von Limetten unterlegt. Mittlerer Körper, frischer Säurebogen, weißer Pfirsich, zitronig-mineralischer Nachhall, animierender Stil.

91 Gelber Muskateller * Ried Czamillonberg 2021
12,5 Vol.-%, DV, großes Holzfass, €€€€
Helles Grüngelb, Silberreflexe. Etwas scheues Bukett, zarte weiße Tropenfrucht, ein Hauch von kandierten Orangenzesten. Saftig, gute Komplexität, weiße Birnenfrucht, gut integrierter Säurebogen, insgesamt verhaltene Aromatik.

★★

WEINGUT BRANIGG

Das Weingut Branigg wurde im Stiftsregister der Herrschaft Grottenhofen von 1674 erstmals erwähnt und ist somit einer der ältesten Weinbaubetriebe des Sausals. Es wechselte in seiner Geschichte sechsmal den Besitzer und war bereits zwischen den Jahren 1874 und 1920 im Besitz der Familie Wohlmuth. Durch Erbschaften kam es leider abhanden und konnte erst Ende des 20. Jahrhunderts durch Gerhard Wohlmuth wieder erworben werden. Aufgrund des besonderen Mikroklimas und der langen Geschichte des Weinbaubetriebs Branigg hat sich Gerhard Wohlmuth dazu entschlossen, die Marke Branigg auf den Markt zu bringen.

Gerhard Wohlmuth ist sowohl im Weinbau als auch in der Vinifikation ein Perfektionist. Eine möglichst naturnahe Pflege der Reben und selektive Lese sind für ihn die Basis großer Weinerlebnisse. Die händisch durchgeführte Lese, die oft in mehreren Durchgängen vollzogen wird, garantiert physiologisch reife Trauben. Im Keller versucht der Winzer, möglichst wenig einzugreifen, und legt großes Augenmerk auf eine langsame und schonende Gärung. Durch das Fingerspitzengefühl von Gerhard Wohlmuth entstehen fruchtintensive, finessenreiche und komplexe Weine. Eines ist ihm besonders wichtig: »Das Terroir muss sich auch in den Branigg-Weinen widerspiegeln.«

WEINGUT BRANIGG
8441 Kitzeck im Sausal
Fresing 24
T: +43 (3456) 2303
office@branigg.com
www.branigg.com

Kellermeister/Kontakt:
Gerhard Wohlmuth
Produktion: 80 % weiß, 20 % rot, 25 Hektar
Messen: ProWein Düsseldorf, VieVinum

92 Sauvignon Blanc Steiermark 2022
12,5 Vol.-%, DV, Stahltank, €€€
Helles Gelbgrün, Silberreflexe. Frische Stachelbeeren, ein Hauch von Paprikaschoten und Guaven, würziges Bukett. Saftig, elegant, weißer Pfirsich, frisch strukturiert, aromatisch und anhaftend, ein balancierter Speisenbegleiter.

91 Weißburgunder Steiermark 2022
12,5 Vol.-%, DV, Stahltank, €€
Helles Gelbgrün, Silberreflexe. Zarte gelbe Birnenfrucht, ein Hauch von Mango, Limetten, dezente Kräuterwürze.

Straff, weiße Frucht, frischer Säurebogen, mineralisch-salzig im Nachhall, ein vielseitiger Speisenbegleiter.

91 Morillon Steiermark 2022
12 Vol.-%, DV, Stahltank, €€€
Helles Gelbgrün, Silberreflexe. Frische Wiesenkräuter, gelber Apfel, tabakige Noten. Mittlerer Körper, Nuancen von weißer Frucht, lebendiger Säurebogen, zitroniger Touch im Abgang, salziger Nachhall, bereits gut antrinkbar.

90 Welschriesling Steiermark 2022
11,5 Vol.-%, DV, Stahltank, €€
Sehr helles Gelbgrün, Silberreflexe. Frische, intensive Birnenfrucht, ein Hauch von Honigmelone, Limettenzesten. Frisches Kernobst, gelber Apfel, frische Säurestruktur, mineralisch-zitroniger Touch, anregender Speisenbegleiter.

90 Gelber Muskateller Steiermark 2022
11,5 Vol.-%, DV, Stahltank, €€
Helles Gelbgrün, Silberreflexe. Nuancen von Holunder, weißer Pfirsich, traubige Aromen. Straff, kräuterwürzig, weißes Kernobst, frisch strukturiert, mineralisch-zitronig im Abgang, ein knackiger Sommerwein.

90 Blaufränkisch Red Nek 2021
13 Vol.-%, DV, gebrauchte Barriques, €€ V
Kräftiges Rubingranat, violette Reflexe, breitere Randaufhellung. Mit Gewürznelken unterlegte Zwetschkenfrucht, eingelegte Kirschen, etwas Nougat. Straff, engmaschig, rotbeerige Textur, gut integrierte Tannine, mineralischer Nachhall.

★★

WEINGUT BROLLI-ARKADENHOF

Mehr als 125 Jahre Tradition, Leidenschaft, Liebe zum Wein und ein bisschen mehr beschreiben das renommierte Weingut Brolli-Arkadenhof sehr gut. Das Weingut zählt ohne Zweifel zu Österreichs schönsten Weingütern. Inmitten von Weingärten liegt es mit den drei mächtigen Mammutbäumen und einem herrlichen Garten nahe der bekannten Marktgemeinde Gamlitz im südlichsten Weinbaugebiet Österreichs, der Südsteiermark. Das Familienwappen mit den zwei goldenen Löwen zeugt von langer Tradition und höchster Winzerkunst. Heute führen die Geschwister Reinhard Brolli, Weinbau- und Kellermeister, sowie Ing. Bettina Maria Brolli, Dipl.-Touristikkauffrau, gemeinsam das Wein-

WEINGUT BROLLI-ARKADENHOF
8462 Gamlitz
Eckberg 43
T: +43 (3453) 2341
weingut@brolli.at
www.brolli.at

Kellermeister: Reinhard Brolli
Kontakt: Geschwister Reinhard Brolli und Ing. Bettina Maria Brolli
Produktion: 93 % weiß, 5 % rot, 2 % süß, 17 Hektar
Vereinszugehörigkeit: Wein Steiermark, Steirischer Junker, GutFinden – Südsteiermark

Das Geschwisterpaar Bettina Maria und Reinhard Brolli

Weinbau bei Gamlitz

gut und vinifizieren fruchtige DAC-Weine und mehrfach prämierte Riedenweine. Die beiden haben mit dem modernen Neubau der sehenswerten Weinkellerei architektonische Akzente in der Südsteiermark gesetzt. Mit den bekannten Rieden Oberer Kapaun und Hoch Pössnitzberg bewirtschaftet die Familie Brolli große zusammenhängende Weingärten in den besten Lagen im Naturpark Südsteirisches Weinland auf sonnenverwöhnten steilen Hanglagen, die auf 400 bis 500 Metern Seehöhe liegen.
Der Sortenspiegel reicht von Welschriesling, Weißburgunder und Morillon über fruchtigen Gelben Muskateller, Sauvignon Blanc und Traminer bis hin zum Blauen Zweigelt. Die Weine tragen die persönliche Handschrift von Kellermeister Reinhard Brolli. Sie sind fein strukturiert, von tiefer Frucht geprägt und mit Finesse und zugleich südsteirischer Typizität ausgestattet. Die großen Riedenweine zeigen mineralische Eleganz und Einzigartigkeit. Mehrfach ausgezeichnete Weine mit internationaler Beachtung machen das Weingut Brolli-Arkadenhof zu einer der besten Adressen der Südsteiermark. Der Weineinkauf wird hier zum Erlebnis. Den Gästen werden ganzjährig ein vielfältiges Weinerlebnisprogramm sowie ausgezeichnete Verkostungsmöglichkeiten geboten. Ing. Bettina Maria Brolli ergänzt: »Unser Ziel ist es, ein einzigartiges Trinkerlebnis zu bieten, für das es sich lohnt, uns in der Südsteiermark zu besuchen!« Einfach pure Lebensfreude an einem der eindrucksvollsten Plätze der Südsteirischen Weinstraße sowie ein Ausblick, den man selten findet, erwarten hier die Besucher.

93 Sauvignon Blanc * Ried Pössnitzberg 2021
13,5 Vol.-%, DV, Stahltank, €€€€€
Helles Gelbgrün, Silberreflexe. Nuancen von Guaven, etwas Passionsfrucht, reife gelbe Stachelbeeren, mit Brombeerblättern unterlegt, einladendes Bukett. Saftig, weißer Pfirsich, lebendige, feste Säurestruktur, mineralisch-salzig im Abgang, würzig im Nachhall, zeigt Länge, gutes Entwicklungspotenzial.

91 Sauvignon Blanc * 2022
12,5 Vol.-%, DV, Stahltank, €€€
Helles Gelbgrün, Silberreflexe. Verhalten, zart nach Stachelbeeren, Wiesenkräuter, rosa Grapefruit. Aromatisch, reife Birnenfrucht, feiner Säurebogen, mineralisch-zitronig unterlegt, dezente Fruchtsüße im Abgang, hat Charme, vielfältig einsetzbar.

91 Morillon * Meisterstück 2021
13,5 Vol.-%, DV, Holzfass, €€€€€
Helles Goldgelb, Silberreflexe. Mit feinem Nougat unterlegte Quittenfrucht, weiße Tropenfrucht, zart nach Karamell. Saftig, weiche Textur, dezente Fruchtsüße, helles Karamell wieder im Abgang, etwas zerfließend, ein entwickelter Begleiter bei Tisch.

90 Weißburgunder * 2022
12 Vol.-%, DV, Stahltank, €€€
Helles Gelbgrün, Silberreflexe. Zart nach Birne und Wiesenkräutern, mit einem Hauch von Walnuss unterlegt. Mittlerer Körper, gelbe Birnenfrucht, feiner Säurebogen, dezente Süße im Abgang, ein harmonischer, vielseitiger Speisenwein.

90 Gelber Muskateller * Ried Pössnitzberg 2021
12 Vol.-%, DV, Stahltank, €€€€€
Helles Gelbgrün, Silberreflexe. Feine gelbe Tropenfrucht, etwas Marshmallows, Holundersirup und Limetten, mit Muskatnuss unterlegt, facettenreiches Bukett. Leichtfüßig, feinwürzig, zarte Süße, Ananas im Abgang, Blütenhonig im Nachhall.

90 Grauer Burgunder * Ried Oberer Kapaun 2021
13 Vol.-%, DV, großes Holzfass, €€€€€
Helles Goldgelb, Messingreflexe. Nuancen von Kamille und Apfelschalen, kräuterwürziges Bukett, zart nach Karamell und Margeriten. Mittlerer Körper, ein Hauch von Strohblumen, weiche Textur, reifer Apfel im Nachhall, bereits gut antrinkbar, recht individueller Sortenausdruck.

© Andreas Tischler

★★★

DREISIEBNER STAMMHAUS

Nur wenige Weingüter in der Südsteiermark bieten eine so große Vielfalt wie das Dreisiebner Stammhaus. Seit dem Jahr 2000 baut Kellermeister Hannes Dreisiebner drei Weinlinien aus, die sich jetzt im aktuellen Herkunftssystem widerspiegeln. Die Gebietsweine brillieren durch ihre glockenklare, sortengerechte Ausbauweise. Speziell der Gelbe Muskateller ist über die Jahre durch seine elegante Frucht das Highlight der leichten Linie geworden.
Die Orts- und Riedenweine, die auch in kühleren Jahren eine hervorragende Reife erreichen, profitieren durch die konsequente Arbeit von Weinbaumeister Rudolf Dreisiebner. Das Flaggschiff der Lage Hochsulz ist der Sauvignon Blanc: Kalkhaltige Mergelböden sorgen für viel Würze und Charakter. Die größte Auszeichnung gab es im Jahr 2019 für die Ried Hochsulz mit »Best Sauvignon of the World« bei der größten internationalen Verkostung »Concours Mondial du Sauvignon«. Neu ist die Bezeichnung der Spitzengewächse aus der Ried Hochsulz. Aus dem Begriff »Reserve«, der bis zum Jahrgang 2017 verwendet wurde, wird ab sofort »Alte Reben« bei den Sorten Sauvignon Blanc und Chardonnay.
Das Gut, mitten im Zentrum der Südsteirischen Weinstraße gelegen, wurde im letzten Winter komplett ausgebaut. Die Familie sieht eine große Zukunft als Tourismusweingut. »Klein, aber fein«, so lautet dafür das Motto. 30 Gästebetten mit fantastischer Aussicht und großzügigen Weinlandterrassen laden zum mehrtägigen Aufenthalt ein. Die beste Möglichkeit zum Verkosten und Genießen gibt es in der ausgezeichneten Buschenschank vor Ort. Gastgeberin Michaela Dreisiebner bietet in diesem traditionsreichen Lokal südsteirische Kulinarik pur.

94 Sauvignon Blanc * Ried Hochsulz Alte Reben 2020
13,5 Vol.-%, NK,DV, kleines Holzfass, €€€€€
Mittleres Gelbgrün, Silberreflexe. Feine Holznuancen, reife gelbe Stachelbeeren, zart nach Vanille, mit feiner Tropenfrucht unterlegt, attraktives Bukett. Komplex, saftig, feine Extraktsüße, gelbe Tropenfrucht im Abgang, mineralisch, zarte Röstaromen im Nachhall, sehr gute Länge, sicheres Reifepotenzial.

94 Sauvignon Blanc * M 2019
13,5 Vol.-%, DV, kleines Holzfass, €€€€€
Mittleres Grüngelb, Silberreflexe. Mit etwas Bourbon-Vanille unterlegte gelbe Tropenfrucht, ein Hauch von Passionsfrucht und Guaven, mit kandierten Grapefruitzesten unterlegt. Saftig, kraftvoll, feinwürzig unterlegte Ananasnoten, feiner Säurebogen, mineralisch, gut anhaftend, bereits entwickelt, ein komplexer Speisenwein mit weiterem Reifepotenzial.

93 Sauvignon Blanc * Ried Hochsulz 2021
13,5 Vol.-%, DV, Stahltank, €€€€
Helles Gelbgrün, Silberreflexe. Nuancen von Holunderblüten, ein Hauch von Grapefruitzesten, etwas Cassis, angenehme Kräuterwürze. Saftig, elegant, reife Stachelbeeren, feine Säurestruktur, mineralisch-salzig im Abgang, zeigt gute Länge, ein stoffiger Speisenbegleiter mit Reifepotenzial.

91 Sauvignon Blanc * Ried Zoppelberg 2021
13 Vol.-%, DV, Stahltank, €€€
Helles Gelbgrün, Silberreflexe. Zart rauchig unterlegte Kräuterwürze, zart nach Cassis und Grapefruitzesten, mit weißer Tropenfrucht unterlegt, ein Hauch von Stachelbeeren. Saftig, elegant, gelbe Tropenfrucht, frisch und mineralisch, salzig im Abgang, gut entwickelt, vielfältig einsetzbar.

DREISIEBNER STAMMHAUS
8461 Sulztal an der Weinstraße
Sulztal 35
T: +43 (3453) 2590
stammhaus@dreisiebner.com
www.dreisiebner.com

Kellermeister/Kontakt:
Hannes Dreisiebner
Produktion: 100.000 Flaschen
90 % weiß, 8 % rot, 2 % süß,
17 Hektar
Vereinszugehörigkeit:
Marktgemeinschaft Steirischer Wein, Wein Steiermark
Messen: VieVinum, DAC-Präsentationen

* Südsteiermark DAC

(93) Chardonnay * Ried Hochsulz Alte Reben 2020
13,5 Vol.-%, NK,DV, kleines Holzfass, €€€€€
Mittleres Gelbgrün, Silberreflexe. Feine Holznuancen, ein Hauch von hellem Karamell, gelber Pfirsich, ein Hauch von Vanille. Saftig, Noten von reifer gelber Frucht, feiner Säurebogen, ein Hauch von Nougat, elegant und mit guter Länge ausgestattet, ein samtiger Speisenwein.

92 Gelber Muskateller * Ried Hochsulz 2021
13 Vol.-%, DV, Stahltank, €€€
Helles Gelbgrün, Silberreflexe. Zarte Muskatnuancen, mit einem Hauch von Ananas und Maracuja unterlegt, traubiger Touch, etwas Blütenhonig. Saftig, gute Komplexität, weißer Pfirsich, frischer Säurebogen, mineralisch-zitronig im Abgang, bleibt haften, gutes Reifepotenzial.

★

FAMILIENWEINGUT OBERER GERMUTH

NEU

Am steilsten Stück der Glanzer Kellerstraße haben vor knapp 20 Jahren Herbert und Heidi Germuth das Weingut und Gästehaus Oberer Germuth entstehen lassen. Dort stehen sie heute voller Stolz und Zuversicht und blicken in die weitere Zukunft. Das Weingut umfasst rund sechseinhalb Hektar Weingartenfläche in als nachhaltig zertifiziertem Anbau. Diese naturnahe Methode für die Hervorbringung qualitativ hochwertiger Trauben liegt den beiden sehr am Herzen, denn nur ein schonender Umgang mit der Natur und bewusst zurückhaltende Einflussnahmen auf die Umwelt sind für sie essenziell und ein ebenso wichtiges Anliegen wie das Qualitätsbewusstsein in der Weinerzeugung. Auch im Keller halten sie sich bewusst zurück und greifen möglichst wenig in den Herkunftscharakter ein. Durch die notwendige Zeit im Keller und das Vergären mit Naturhefen im Orts- und Riedenwein-Segment sind ausdrucksstarke Weine garantiert.

FAMILIENWEINGUT OBERER GERMUTH
8463 Leutschach
Glanzer Kellerstraße 34
T: +43 (3454) 67340
wein@oberergermuth.com
www.weingut-germuth.com

Kellermeister/Kontakt:
Stefan Germuth
Produktion: 60.000 Flaschen
3 % Schaumwein, 85 % weiß,
2 % rosé, 10 % rot, 6.5+3.5 Hektar
Zertifiziert: Nachhaltig Austria
Vereinszugehörigkeit:
SIEME Weingüter

94 Gelber Muskateller * Ried Oberglanz 2021
13 Vol.-%, NK, 500-l-Fass, €€€€€
Helles Goldgelb, Silberreflexe. Feines, attraktives Aroma, Holundersirup, zart nach Marshmallows, traminerhafte Züge, ein Hauch von Muskatnuss. Saftig, reife Marille, feiner Säurebogen, trockener, mineralischer Abgang, ernsthafter Stil, feiner Speisenbegleiter, enormes Reifepotenzial.

93 Morillon * Ried Kaltenegg 2020
13 Vol.-%, NK, 500-l-Fass, €€€€€
Helles Goldgelb, Silberreflexe. Feiner Hauch von Bourbon-Vanille, weißer Pfirsich, zart nach hellem Nougat, einladendes Bukett. Feine weißfruchtige Textur, mittlere Komplexität, salzig-zitronig im Abgang, ein finessenreicher Speisenbegleiter, bereits gut entwickelt.

92 Morillon * Leutschach 2022
13 Vol.-%, DV, gebrauchte Barriques/Stahltank, €€€
Helles Goldgelb, Silberreflexe. Zart nach Wiesenkräutern, Golden-Delicious-Apfel, ein Hauch von Birne, Orangenzesten. Stoffig, kernig, feine Mineralik, gut eingebundener Säurebogen, salzig im Abgang, vielfältig einsetzbar, hat Potenzial.

93 Sauvignon Blanc * Ried Kaltenegg 2020
13 Vol.-%, NK, 500-l-Fass, €€€€€
Helles Goldgelb, Silberreflexe. Zart rauchige Kräuterwür-

ze, reife Johannisbeeren, gelbe Stachelbeeren, zart nach Passionsfrucht, attraktives Bukett. Saftig, elegant, feine weiße Tropenfrucht, finessenreich, salzig, ein geschmeidiger Jahrgangsvertreter, vielfältig einsetzbar, mit einigem Reifepotenzial ausgestattet.

92 Sauvignon Blanc * Leutschach Sieme 2022
13 Vol.-%, DV, großes Holzfass, €€€
Helles Gelbgrün, Silberreflexe. Zart nach gelber Tropenfrucht, Paprikaschoten, dezente Kräuterwürze. Saftig, elegant, weißer Pfirsich, frisch strukturiert, lebendig, macht Lust auf ein zweites Glas.

92 Grauburgunder * Leutschach 2022
13 Vol.-%, DV, gebrauchte Barriques/Stahltank, €€€
Helles Gelbgold, Silberreflexe. Frische Gute-Luise-Birne, einladende gelbe Tropenfrucht, etwas Ananas und Blütenhonig. Elegant, feiner Säurebogen, weißes Kernobst, präzise, gute Länge, ein zartwürziger Begleiter bei Tisch.

★★★

WEINGUT FELBERJÖRGL

Das Weingut Felberjörgl befindet sich mitten im Sausal in Höch am Demmerkogl. Zurzeit werden rund 13 Hektar Rebfläche auf Seehöhen von 550 bis 650 Metern bewirtschaftet. Die Weine unterscheiden sich deutlich von jenen aus anderen Weinbaugebieten und sind sehr stark vom phyllitischen Schiefer geprägt. Diese einzigartige Mineralik verleiht den Weinen eine vielschichtige Aromatik, eine gewisse Kühle und elegante Straffheit, verbunden mit einer salzig-nervigen Säurestruktur.

Alle für die Region wichtigen Rebsorten werden hier angebaut, dabei liegt das größte Augenmerk auf der Ausprägung der einzelnen Sorten und Lagen: Vom klassisch-leichten Bereich über die kräftigen Riedenweine bis hin zum Prädikatswein-Segment werden die Stärken der einzelnen Sorten hervorgehoben.

Die wichtigsten Rieden des Weinguts sind Höchleit'n und Kreuzegg. Erstere zählt mit bis zu 650 Metern Seehöhe zu den höchsten Lagen Österreichs und bietet Sauvignon Blanc, Morillon, Riesling sowie Welschriesling sehr gute Bedingungen. Kreuzegg befindet sich auf Höhe des Weinguts. Hier sind Sauvignon Blanc und Weißburgunder die herausragenden Sorten. Der Boden hat mehr Humusauflage als die Ried Höchleit'n, wodurch die Weine etwas dichter und

WEINGUT FELBERJÖRGL
8442 Kitzeck
Höch 47
T: +43 (3456) 3189
info@felberjoergl.at
www.felberjoergl.at

Kellermeister/Kontakt:
Hans-Peter Temmel
Produktion: 5 % Schaumwein, 90 % weiß, 3 % rot, 2 % süß, 13 Hektar
Vereinszugehörigkeit:
WBV Sausal

Weinbau bei Kitzeck

komplexer werden. Weitere Rieden sind Zwickl, Mosergut und Schrotter. Ein sehr wichtiger Bereich des Weinguts ist die Vinifikation von Süßwein, wobei das meiste Traubengut dafür ebenso von der Ried Höchleit'n stammt. Von der leichten Auslese über Eiswein und Trockenbeerenauslese bis zu den sehr konzentrierten Strohweinen gibt es eine reiche Auswahl.
Verkosten und genießen kann man die Weine in der familienbetriebenen Buschenschank, wo neben den Weinen auch hausgemachte steirische Köstlichkeiten, Fruchtsäfte und Edelbrände angeboten werden.

94 Sauvignon Blanc * Ried Höchleit`n 2021
14,5 Vol.-%, DV, Stahltank, €€€€
Helles Grüngelb, Silberreflexe. Mit Wiesenkräutern unterlegte Nuancen von gelber Tropenfrucht, etwas Mango, Papaya und gelbe Stachelbeeren, floraler Touch. Komplex, saftig, weiße Pfirsichfrucht, mineralischer Kern, feine Säurestruktur, zitronig-salziger Nachhall, zeigt Länge, verfügt über sehr gutes Entwicklungspotenzial.

94 Sauvignon Blanc * Ried Höchleit`n Reserve 2020
13 Vol.-%, DV, 500-l-Fass, €€€€
Helles Grüngelb, Silberreflexe. Zart nach Vanille und gelber Tropenfrucht, reife Stachelbeeren, nach feinem Cassis, ein Hauch von Honig, facettenreiches, einladendes Bukett. Straff, engmaschig, Anklänge von weißer Frucht, dezenter Säurebogen, feine Holzwürze im Abgang, bereits zugänglich.

93 Riesling * Ried Höchleit`n 2021
13 Vol.-%, DV, Stahltank, €€€
Helles Goldgelb, Silberreflexe. Zart nach Safran und Schiefer, weißer Pfirsich und Limettenzesten klingen an. Straff, engmaschig, feine weiße Tropenfrucht, dezente Süße, von einer rassigen Säure gut gekontert, mineralischer Abgang, gute Länge, verfügt über Reifepotenzial.

92 Morillon * Ried Höchleit`n 2021
14,5 Vol.-%, DV, Stahltank, €€€
Helles Grüngelb, Silberreflexe. Nuancen von rotem Rhabarber, feiner Blütenhonig, mit gelbem Kernobst unterlegt, intensives fruchtiges Bukett. Saftig, kraftvoll und elegant, reife Pfirsichfrucht, ein Hauch von Karamell, ausgewogen und gut anhaftend, vielfältig einsetzbar.

91 Gelber Muskateller * Kitzeck-Sausal 2022
12,5 Vol.-%, DV, Stahltank, €€€
Helles Gelbgrün, Silberreflexe. Zart nach Holunderblüten, weißer Pfirsich, ein Hauch von Muskatnuss, attraktives Bukett. Mittlerer Körper, weiße Tropenfrucht, finessenreicher Säurebogen, Limetten im Nachhall, ein lebendiger Sommerwein.

94 Trockenbeerenauslese 2017 PG/WB
7,5 Vol.-%, NK,DV, kleines Holzfass, €€€€€
Leuchtendes Kupfergold, Orangereflexe. Intensive Botrytiswürze, Orangenkonfitüre, Honig und gelbe Tropenfrucht, intensives Bukett. Saftig, ölige Textur, zart brotige Aromen, gut eingebundene Süße dank einer rassigen Säure, ausgewogen und lange anhaftend, Nougat im Rückgeschmack, angenehme Dörrobstnuancen im Nachhall.

★★

WEINGUT BUSCHENSCHANK FIRMENICH

Das familiengeführte Weingut Firmenich mit Buschenschank, auch Steinberghof genannt und direkt an der Südsteirischen Weinstraße gelegen, besticht durch seine ruhige Lage am Steinberg. Die Zufahrt ist durch einen eindrucksvollen Buchenwald gesäumt. Vom Weingut aus genießt man einen Panoramablick auf die umliegenden Weingärten und die hügelige Landschaft der Oststeiermark bis hin zum Wechselgebiet.
Nachhaltige Bewirtschaftung, Handarbeit, niedrige Erträge und ein kompromissloser Qualitätsanspruch sind der Grundstein für elegante, herkunftsgeprägte Weine. Die Trauben stammen ausschließlich aus den gutseigenen Weingärten und werden behutsam gepflegt. Die Weingärten befinden sich auf einer Seehöhe von 400 bis 500 Metern und sind von Korallenkalk und Opok geprägt, woraus lebendige und mineralische Weine hervorgehen. Zu den wichtigsten Rebsorten des Betriebes gehören neben dem anbaustärksten Sauvignon Blanc auch der Gelbe Muskateller, Welschriesling und Morillon. Auf die Weißweinsorten entfallen über 90 Prozent der Anbaufläche. Die südsteirischen Gebietsweine bilden die Basis

WEINGUT BUSCHENSCHANK FIRMENICH
8461 Ehrenhausen
Wielitsch 57
T: +43 (3453) 2435
weingut@firmenich.at
www.firmenich.at

Kellermeister/Kontakt:
Johannes Firmenich
Produktion: 10 % Schaumwein, 80 % weiß, 5 % rosé, 5 % rot, 5.5 Hektar

Johannes Firmenich

des Sortiments und sind Ausdruck des südsteirischen Lebensgefühls: frisch und fruchtig, leichtfüßig, aber dennoch mit einem Hauch Mineralik. Beim Ortswein liegt der Fokus auf dem Boden und dessen Beschaffenheit. Die Riedenweine werden nur aus Trauben höchster Reife der Rieden Steinberg und Grassnitzberg gewonnen. Diese charakterstarken und kräftigen Weine haben ein hohes Lagerpotenzial. Sie sind der Inbegriff von Herkunft, Handwerk und Selektion.
In der liebevoll eingerichteten Buschenschank wird am Steinberghof in gemütlicher Atmosphäre eine feine Buschenschank-Küche serviert. Neben typisch steirischen Schmankerln werden auch zahlreiche außergewöhnliche Gerichte sowie vegetarische und vegane Köstlichkeiten angeboten. Ein perfekter Ort um sich kulinarisch verwöhnen zu lassen. Insider-Tipp: Der Steinberghof ist auch die Heimat des »STIN – Styrian Gin«.

94 Sauvignon Blanc Ried Zieregg Reserve 2017
13,5 Vol.-%, VL, gebrauchte Barriques, €€€€€€
Helles Goldgelb, Silberreflexe. Weiße Blüten, ein Hauch von Kapstachelbeeren und Guaven, Noten von Passionsfrucht, mit kandierten Grapefruitzesten unterlegt. Komplex, feine Fruchtsüße, ein Hauch von Karamell, weißer Pfirsich und Limetten im Abgang, zeigt Länge, ein kraftvoller, gut gereifter Speisenbegleiter.

93 Sauvignon Blanc Ried Zieregg 2019
13,5 Vol.-%, VL, gebrauchte Barriques, €€€€€€
Leuchtendes Gelbgrün, Silberreflexe. Nuancen von Cassis, ein Hauch von gelben Stachelbeeren, zart nach Paprikaschoten, mit feinem Blütenhonig unterlegt. Komplex, stoffig, weiße Apfelfrucht, feine Säurestruktur, zarte Fruchtsüße im Abgang, zeigt Länge und Reifepotenzial.

92 Sauvignon Blanc Ried Steinberg 2019
13,5 Vol.-%, VL, Stahltank, €€€€€
Helles Grüngelb, Silberreflexe. Feine weiße Tropenfrucht, zart nach Eukalyptus, floraler Touch. Saftig, elegant, weiße Apfelfrucht, feiner Säurebogen, zarte Süße im Abgang, mineralisch-salzig, bleibt haften, ein stoffiger Begleiter bei Tisch.

93 Morillon Ried Steinberg 2020
13,5 Vol.-%, VL, gebrauchte Barriques, €€€€€
Helles Gelbgrün, Silberreflexe. Ein Hauch von Blutorangen, weißer Pfirsich, feine Noten von gelbem Kernobst, mit dezenter Kräuterwürze unterlegt. Kraftvoll, saftig, cremige Textur, feine Süße im Abgang, zartes Nougat, Marzipan im Rückgeschmack, ein stoffiger Speisenbegleiter.

91 Gelber Muskateller 2022
11,5 Vol.-%, DV, Stahltank, €€€
Helles Grüngelb, Silberreflexe. Zart nach Muskatnuss und gelber Pfirsichfrucht, etwas Maracuja, einladendes Bukett. Straff, engmaschig, weißes Steinobst, zitronig-salziger Nachhall, ein leichtfüßiger Sommerwein.

★★★

WEINGUT R & R GERNGROSS

BIO

Hoch oben im Sausal, umringt von den steilsten Weingärten, befindet sich das Traditionsweingut Gerngross. Die Seehöhe von 600 Metern, karge Schieferböden und ein einzigartiges Kleinklima prägen diesen wunderbaren Landstrich. Die Familie Gerngross versteht es seit Generationen, die einmalige Beschaffenheit dieser Region für den Ausbau herkunftstypischer Qualitätsweine zu nutzen. Die Mineralik steht bei ihren Weinen im Vordergrund. Die von rotem und blauem Schiefer geprägten Weingärten sind die Grundlage einer straffen und salzig-mineralischen Typizität.
Ein respektvoller Umgang mit der Natur ist seit jeher Sinnbild für das Handwerk des Winzers. Um die Ursprünglichkeit der Böden zu bewahren, hat sich die Familie Gerngross dazu entschlossen die Weingärten biologisch zu bewirtschaften. Damit sollen vor allem die Fruchtbarkeit und die biologische Vielfalt erhalten werden. Die Rebstöcke bedanken sich für den behutsamen Umgang mit einer besonderen Komplexität und Eigenständigkeit der Weine.

WEINGUT R & R GERNGROSS
8441 Sausal
Rettenberg 11
T: +43 (3456) 2922
info@weingut-gerngross.at
www.weingut-gerngross.at

Kellermeister: Michael Gerngross
Kontakt: Michael und Reinhold Gerngross
Anbauweise: Zertifiziert Biologisch
Produktion: 90 % weiß, 8 % rot, 2 % süß, 8 Hektar

94 Sauvignon Blanc * Ried Hochbrudersegg 2021
13,5 Vol.-%, NK, Stahltank, €€€€ B
Mittleres Goldgelb, Silberreflexe. Nuancen von reifen Stachelbeeren, zart nach Passionsfrucht und Mandarinenzesten, facettenreiches, attraktives Bukett. Stoffig, saftig, elegante Textur, feiner Säurebogen, zart nach Cassis und gelbem Pfirsich, bleibt gut haften, bereits gut antrinkbar, hat sich gut entwickelt, weiteres Reifepotenzial.

93 Sauvignon Blanc * Kitzeck-Sausal 2022
13 Vol.-%, DV, Stahltank, €€€ B
Mittleres Gelbgrün, Silberreflexe. Zarte Wiesenkräuter, gelbe Tropenfrucht, ein Hauch von Litschis und Cassis, mit Limettenzesten unterlegt, frisches Bukett. Komplex, mineralisch, finessenreiche Säurestruktur, feine Fruchtsüße nach Pfirsich im Abgang, salzig und mit Länge ausgestattet, ein facettenreicher Speisenbegleiter.

92 Sauvignon Blanc * 2022
12,5 Vol.-%, DV, Stahltank, €€€ B
Helles Gelbgrün, Silberreflexe. Frische gelbe Tropenfrucht, zart floral unterlegte Stachelbeernuancen, ein Hauch von Limetten. Mittlerer Körper, engmaschig, Noten von weißer Frucht, lebendiger Säurebogen, Holundertouch im Abgang, salzig-zitroniger Nachhall, bietet leichtfüßiges Trinkvergnügen.

94 Grauer Burgunder * 2021
13,5 Vol.-%, DV, Stahltank, €€€€ B
Mittleres Gelbgold, Messingreflexe. Frische gelbe Birnenfrucht, etwas Mango, ein Hauch von Blütenhonig, etwas verhaltenes Bukett. Straff, weißes Kernobst, feine Fruchtsüße, elegant und balanciert, sehr in sich ruhend, angenehmer Säurebogen, pikantes Finale, ein sehr vielseitiger Speisenbegleiter mit weiterem Reifepotenzial.

93 Morillon Kapellenstück 2019
13 Vol.-%, NK, 500-l-Fass, €€€€ B
Leuchtendes Goldgelb, Silberreflexe. Zart nach gelbem Kernobst, weißes Nougat, ein Hauch von Apfel und kandierten Orangenzesten. Saftig, seidig, elegante Textur, ein Hauch von Marzipan, finessenreicher Säurebogen, mineralisch, ein fein gereifter Speisenbegleiter, vielfältig einsetzbar.

93 Welschriesling Kapellenstück 2021
13 Vol.-%, NK, 500-l-Fass, €€€€ Ⓑ
Leuchtendes helles Gelbgold, Silberreflexe. Zart nach Mandarinen und Blütenhonig, ein Hauch von Birne, florale Nuancen, attraktives Bukett. Mittlere Komplexität, reife weiße Apfelfrucht, balanciert, dezente Fruchtsüße im Kern, bleibt haften, seidiger, anhaltender Abgang.

★★★★★

WEINGUT GROSS

»Fokussieren!«, so lautet die Devise von Martina und Johannes Gross – nämlich auf richtig gute Weine im Einstiegssegment sowie auf Riedenweine, die lange bei ihnen im Keller verweilen dürfen. Das gewisse Etwas verdanken ihre südsteirischen Gebietsweine wie Sauvignon Blanc oder Gelber Muskateller der eigenhändigen Pflege. So sind alle Weine des Hauses aus familieneigenen Weingärten, die eine hingebungsvolle Bewirtschaftung genießen.
Der Welschriesling vom Weingut Gross präsentiert sich in einem ganz neuen, progressiven Stil. Das Winzerpaar nennt ihn »Welschriesling Pro.« und demonstriert, was die Sorte alles kann. Der reduzierte Traubenertrag und die höhere Reife machen ihn zu einem grandiosen Speisenbegleiter. Im Bereich der Riedenweine hat das Weingut Gross als erstes Weißweinweingut Österreichs einen mutigen Schritt gewagt: Alle Riedenweine dürfen in eigenem Tempo »groß werden«. Für Ausbau und Reife sind ihnen mindestens vier Jahre Zeit gegönnt, ehe sie in der ersten Phase ihrer Trinkreife präsentiert werden. Wie gut den Weinen die unforcierte Entwicklung und die Reifung unter besten Bedingungen tun, lässt sich schmecken.

(96) Sauvignon Blanc * Ried Sulz 1STK 2019
13,5 Vol.-%, NK, großes Holzfass, €€€€€ Ⓑ
Leuchtendes Goldgelb, Silberreflexe. Zurückhaltend, weiße Beerenfrucht, etwas Cassis, Kaki, zart rauchige Kräuterwürze. Saftig, weißer Apfel, gelbe Tomate, finessenreich strukturiert, salziger Nachhall, gewürzig im Abgang, Kernobst auch im Rückgeschmack, zeigt sehr gute Länge und Reife, sicheres weiteres Potenzial.

(96) Sauvignon Blanc * Ried Nussberg GSTK 2019
13,5 Vol.-%, NK, großes Holzfass, €€€€€€ Ⓑ
Mittleres Gelbgold, Silberreflexe. Mit zarter Melisse unterlegte reife Stachelbeeren, Mangonoten, tabakig, Orangen-

© LUPI SPUMA Fine Photography

WEINGUT GROSS
8461 Ehrenhausen
Ratsch an der Weinstraße 26
T: +43 (3453) 2527
weingut@gross.at
www.gross.at

Kellermeister: Johannes Gross
Kontakt: Martina u. Johannes Gross
Anbauweise: Umstellung auf bio (Bio Austria)
Produktion: 131.600 Flaschen
99 % weiß, 1 % süß, 37 Hektar
Zertifiziert: Nachhaltig Austria
Vereinszugehörigkeit: GutFinden – Südsteiermark, Steirische Terroir- und Klassikweingüter, Tu Felix Austria
Messen: VieVinum

Martina und Johannes Gross

schalen klingen an, mit weißem Nougat unterlegt. Gute Komplexität, straff und frisch, saftig, engmaschig, zart nach Birnenfrucht, mineralisches Finish, Lakritze, Limetten im Nachhall, sicheres Potenzial, wird von weiterer Flaschenreife profitieren.

94 Sauvignon Blanc * Ehrenhausen 2021
13 Vol.-%, DIAM, großes Holzfass, €€€€ B
Helles Grüngelb, Silberreflexe. Zart nach Orangenzesten, feine gelbe Pfirsichfrucht, etwas Mango, zart nach Kräutern und etwas Cassis. Straff, wieder Johannisbeeren, frisch und lebendig, zitronig-mineralisch im Abgang, sehr gute Länge, animierend, ein facettenreicher Speisenbegleiter.

92 Sauvignon Blanc * 2022
12,5 Vol.-%, DV, Stahltank, €€€ B
Helles Goldgelb, Silberreflexe. Feine Kräuterwürze, ein Hauch von gelber Tropenfrucht, weißer Pfirsich, etwas Blütenhonig. Straff, elegant, weißer Apfel, pikanter Säurebogen, mineralisch-zitronig im Nachhall, animierender Speisenbegleiter.

97 Sauvignon Blanc Wi.He.Be. Historischer Doppelbesitz 2019
13,5 Vol.-%, NK, großes Holzfass, €€€€€€ B
Helles Goldgelb, Silberreflexe. Zart nach gelben Ringlotten, floraler Touch, etwas Jasmin, Weiße Johannisbeeren, Nuancen von Blütenhonig. Straff, elegant, weiße Frucht, grüner Apfel, finessenreicher Säurebogen, lebendig, zitronig-salziger Nachhall, ein animierender Speisenbegleiter.

(95) Weißburgunder * Ried Nussberg Stauder GSTK 2019
12,5 Vol.-%, NK, großes Holzfass/Flaschengärung, €€€€€€ B
Mittleres Gelbgold, Silberreflexe. Zarte Wiesenkräuter, etwas Mandarinenzesten, weiße Pfirsichfrucht, ein Hauch von Melisse, feines Nougat, einladendes Bukett. Gute Komplexität, saftig, straff, finessenreicher Kern, Blütenhonig, mineralisch, etwas weiße Birne im Abgang, gutes Entwicklungspotenzial, kühler Speisenbegleiter.

(94) Weißburgunder * Ried Kittenberg 1STK 2019
12,5 Vol.-%, NK, großes Holzfass/Flaschenreifung, €€€€€ B
Helles Goldgelb, Silberreflexe. Ein Hauch von Blütenhonig, feine gelbe Tropenfrucht, zart nach Karamell, Nuancen von Quittengelee. Straff, weiße Apfelfrucht, feines Säuregerüst, seidig, elegant, pikanter Speisenbegleiter.

(92) Weißburgunder * Ehrenhausen 2021
12,5 Vol.-%, DIAM, großes Holzfass, €€€€ B
Helles Grüngelb, Silberreflexe. Zart nach Grapefruitzesten, Nuancen von frischer Birne, nussiger Touch, ein Hauch von Quitten. Engmaschig, sehr rassige Struktur, salzig-zitronig, lebendig, ein frischer Begleiter bei Tisch.

(94) Morillon * Ried Nussberg Preschnigg GSTK 2019
13,5 Vol.-%, NK, großes Holzfass, €€€€€€ B
Mittleres Goldgelb, Silberreflexe. Zarte gelbe Apfelfrucht, etwas Birne, kandierte Orangenzesten, Nuancen von Blütenhonig. Saftig, weißer Apfel, frischer Säurebogen, finessenreich und salzig, zitronig, feine Fruchtsüße im Nachhall.

(92) Morillon * Ehrenhausen Startin 2021
13 Vol.-%, DIAM, großes Holzfass, €€€€ B
Helles Goldgelb, Silberreflexe. Feine Nuancen von gelbem Kernobst, etwas Mango, frischer Apfel, etwas Blütenhonig. Straff, weißer Apfel, frischer Säurebogen, saliner Nachhall, ein animierender Speisenbegleiter.

92 Gelber Muskateller * Ried Perz 1STK 2020
11,5 Vol.-%, NK, großes Holzfass, €€€€€ B
Helles Goldgelb, Silberreflexe. Floral, reife Birnenfrucht, Mango, zart nach Blütenhonig, facettenreiches Bukett. Frisch, grüne Apfelaromen, rassiger Touch, mineralisch, karg-salzig im Abgang, fast minzig im Nachhall, vielfältig einsetzbar.

91 Gelber Muskateller * 2022
11 Vol.-%, DV, Stahltank, €€€ B
Helles Grüngelb, Silberreflexe. Feine traubige Würze, ein Hauch von Ringlotten, etwas Zitronenmelisse, ein Hauch von Mandarinenzesten. Feine weiße Apfelfrucht, frischer Säurebogen, zitronig-salzig im Abgang, lebendiger Stil.

92 * Bergwein 2021 SB/WR
13,5 Vol.-%, DIAM, großes Holzfass/Stahltank, €€€ B
Helles Goldgelb, Silberreflexe. Zarte Nuancen von gelbem Kernobst, ein Hauch von Birne, kandierte Orangenzesten, etwas Blütenhonig. Saftig, elegant, frische Apfelfrucht im Kern, lebendig, zitroniger Nachhall, ein facettenreicher Speisenbegleiter.

92 Welschriesling Pro. 2021
12,5 Vol.-%, DIAM, großes Holzfass, €€€ B
Helles Goldgelb, Silberreflexe. Zart rauchig-kräuterwürzig, Nuancen von gelber Birne, ein Hauch von Kletzen, kandierte Orangenzesten. Saftig, elegant, feine Fruchtsüße, finessenreiche Struktur, salzig, leichtfüßig, etwas Limetten im Nachhall.

WEINGUT HARKAMP
8430 Leibnitz, Hollerbrandweg 6
T: +43 (3452) 76420
weingut@harkamp.at
www.harkamp.at

Kellermeister: Hannes Harkamp
Kontakt: Petra u. Hannes Harkamp
Anbauweise: Biodynamisch (Demeter)
Produktion: 90 % weiß, 10 % rot, 20 Hektar
Vereinszugehörigkeit: GutFinden – Südsteiermark, Meisterstraße Steiermark, Demeter Österreich, WBV Sausal, Wein Steiermark
Messen: Bio Österreich

Hannes und Petra Harkamp

★★★★

WEINGUT HARKAMP

BIO

»Respektvoll, schlicht – ergreifend«, so lautet das Motto von Hannes und Petra Harkamp. Auf vielschichtigen Schiefer- und Kalksandsteinböden bewirtschaften die beiden 20 Hektar Weingärten nach biodynamischen Richtlinien. Ab dem Jahrgang 2019 ist das gesamte Sortiment an Sekten und Stillweinen Demeter-zertifiziert. Aufmerksam wurden die Weingärten natürlich schon davor bearbeitet. Biodynamische Bewirtschaftung ist im Sausal aufgrund von oft mehr als 1.000 Millimetern Niederschlag pro Jahr und extremen Steillagen eine echte Herausforderung. Petra und Hannes Harkamp stellen sich der Challenge, nachdem sie sich alle dafür nötigen Prozesse während der vergangenen Jahre intensiv angeschaut haben. Seit einigen Jahren tummeln sich Schaf Petzi und Hühner in den Weingärten. Dass sowohl die Reben als auch die Menschen und Tiere zufrieden und tief mit dem Sausal verwurzelt sind, schmeckt man in den Weinen immer klarer. Durch die Kreisläufe einer natürlichen, biodynamisch geführten Landwirtschaft entwickeln sich die Weine und Sekte in eine noch kompromisslosere und präzisere Richtung und drücken so das gesamte Potenzial ihrer Herkunft aus.
Aus den ausdrucksstarken Sausaler Top-Rieden Oberburgstall und Kogelberg entstehen straffe, mineralische Weine aus den steirischen Leitsorten Sauvignon Blanc, Morillon, Grauburgunder und Weißburgunder. Besonderes Talent besitzt Hannes Harkamp auch für das Produzieren eleganter Schaumweine. Das bezeugen zahlreiche konstant hohe Bewertungen und Prämierungen seiner Sekte nach der traditionellen Flaschengärmethode. Alle Weine und Sekte stehen in der Villa Hollerbrand in Leibnitz zum Verkosten und Mitnehmen bereit. Wer mag, kann aber auch bei Bruder Heinz Harkamp im zauberhaft gelegenen Weingartenhotel samt Restaurant am Flamberg einkehren.

96 **14/84 Große Reserve 2014 PN/CH**
Deg. 03/2023, 12 Vol.-%, NK,DIAM, Flaschengärung, €€€€€€
Helles Gelbgrün, Silberreflexe, sehr feines Mousseux. Feine Hefewürze, nach hellem Nougat, dazu etwas Biskuit und reife gelbe Tropenfrucht, mit kandierten Orangenzesten

© ee_photograph

und Blütenhonig unterlegt, facettenreiches Bukett. Straff, engmaschig, zart nussig-salzig unterlegte Nuancen von weißem Kernobst, finessenreich strukturiert, Limetten, saliner Touch im langen Abgang, sicheres weiteres Entwicklungspotenzial.

95 Solera IV Reserve ZW/WB
Deg. 10/2022, 12 Vol.-%, NK,DIAM, Flaschengärung, €€€€€ B V
Helles Gelbgold, Silberreflexe, feines Mousseux. Zart nach kandierten Grapefruitzesten, feine gelbe Tropenfrucht, ein Hauch von weißem Nougat, dazu Kräuter und frische Mango. Komplex, frischer weißer Apfel, feine Textur, mineralisch-salzig im Abgang, sehr gute Länge, tolle Frische, sicheres Reifepotenzial.

94 Brut Reserve CH/PN/WB
Deg. 07/2022, 12 Vol.-%, NK, Flaschengärung, €€€€€ B V
Mittleres Goldgelb, Silberreflexe, sehr feines, intensives Mousseux. Ein Hauch von Biskuit, gelber Pfirsich, frischer Apfel, Mandarinenzesten, etwas Blütenhonig, vielschichtiges Bukett. Saftig, elegant, ein Hauch von Fruchtsüße und Backwerk, frisch und mineralisch, bleibt gut haften, längst ein Klassiker in der Kategorie Sekt Austria Brut, vielfältig einsetzbar.

93 Zero Dosage PN/CH/WB
Deg. 07/2022, 12 Vol.-%, NK,DIAM, Flaschengärung, €€€€€ B V
Helles Gelbgrün, Silberreflexe, sehr feines Mousseux. Zart nach Biskuit und gelber Birne, mit weißem Kernobst unterlegt. Stoffig, ein Hauch von Kletzen, zarter Mangotouch, mineralisch und straff, salziger Abgang, ein facettenreicher Speisenbegleiter.

92 Muskateller Brut
Deg. 03/2023, 12 Vol.-%, NK,DIAM, Flaschengärung, €€€€ B V
Sehr helles Gelbgrün, Silberreflexe, feines Mousseux. Zarte weißer Tropenfrucht, ein Hauch von Holundersirup und Limetten, florale Nuancen, eher scheues Bukett. Lebendig, weiße Apfelfrucht, feiner Muskattouch, frisch strukturiert, mineralisch, lebendiger, aromatischer Stil.

92 Brut Rosé PN/WB
Deg. 02/2023, 12 Vol.-%, NK,DIAM, Flaschengärung, €€€€€ B V
Helles Lachsrosa, Silberreflexe, feines Mousseux. Zart nussig, eingelegte Kirschen, ein Hauch von Pfirsich und Ringlotten, einladende Frucht, floral unterlegt. Stoffig, elegant, weißer Pfirsich, zarte Fruchtsüße, mineralisch, ein Hauch von roten Beeren im Finish, lebendiger Stil.

★★

HIRSCHMUGL DOMAENE AM SEGGAUBERG

BIO

Vor mehr als 15 Jahren auf einem traditionellen Obstbauernhof aufgebaut, wird auf dem Weingut Hirschmugl mit Selbstverständlichkeit und Konsequenz von Beginn an biologisch bewirtschaftet. »Wein entsteht im Weingarten und nicht im Keller«, davon ist Kellermeister Alexander Scherübl überzeugt und keltert Weine mit Eleganz, Spannung und filigraner Mineralik, die Trinkfluss und Lagerfähigkeit versprechen.
Astrid und Toni Hirschmugl gelten zudem in der Steiermark als Pioniere, was PiWi-Rebsorten wie Muscaris, Cabernet Blanc oder Cabertin betrifft. Da die Weingärten nun bereits über 15 Jahre alt sind, verfügen die Hirschmugls über eine einzigartige Jahrgangstiefe bei diesen neuen Rebsorten, die nicht nur Trinkfluss, sondern auch ein beachtliches Lagerpotenzial versprechen.
Weiters runden Welschriesling, Weißburgunder, Sauvignon Blanc, Chardonnay, Traminer, Zweigelt und St. Laurent das Sortiment ab. Die 18 Hektar Weingärten verteilen sich über die verschiedensten Weinbauregionen wie den Seggauberg, das Sausal, die Lage Obegg in Spielfeld oder den Kreuzberg in Eichberg-Trautenburg und versprechen so charaktervolle Weine, geprägt von den verschiedenen Böden und dem einzigartigen Mikroklima, das jede Region mit sich bringt.
Rund um den Seggauberg finden sich verschiedene Arten von Nattern. Diese ungiftigen Schlangen gelten als Anzeiger einer intakten Umwelt, die nur bei einer naturnahen Arbeits-

© HerzblutFotografie

HIRSCHMUGL DOMAENE AM SEGGAUBERG
8430 Leibnitz, Am Plöckelberg 6
T: +43 (3452) 86300
info@hirschmugl-domaene.at
www.hirschmugl-domaene.at
Kellermeister: Alexander Scherübl
Kontakt: Victoria Sturm
Anbauweise: Zertifiziert Biologisch (Bio Austria)
Produktion: 53.333 Flaschen 20 % Schaumwein, 75 % weiß, 5 % rot, 18 Hektar
Vereinszugehörigkeit: WBV Sausal, Südherz, Wein Steiermark
Messen: VieVinum, Weinmesse Innsbruck

Weingut Hirschmugl – Domaene am Seggauberg

weise gewährleistet ist. Um dieses Naturverständnis zu dokumentieren, wird die Natter als Symbol verwendet.
Lagenhonige aus der hauseigenen Bioimkerei, Gin, Wermut, verschiedene Essige, Traubenkernöl und Traubenkernmehl runden das Angebot auf der Domaene am Seggauberg ab. Zudem lässt das herrliche Anwesen keine Wünsche für eine schöne Feier im exklusiven privaten Rahmen offen, und vier geschmackvoll eingerichtete Appartements laden zu einem entspannten Urlaub inmitten der Natur ein.

92 Cabernet Blanc Brut 2019
Deg. 10/2022, 12,5 Vol.-%, NK, Flaschengärung, €€€€€ B V
Helles Gelbgrün, Silberreflexe, feines Mousseux. Feine weiße Tropenfrucht, ein Hauch von Orangenzesten, Babybanane, dezenter Blütenhonig, einladendes Bukett. Saftig, weißer Apfel, finessenreiche Säurestruktur, dezente Fruchtsüße nach Birne, mineralisch und gut anhaftend, ein facettenreicher Speisenbegleiter.

92 Decto Rosso Brut Rosé Sekt Austria g.U. Steiermark Reserve 2019 ZW/SL
Deg. 12/2022, 12 Vol.-%, NK, Flaschengärung, €€€€€ B V
Helles Lachsrosa, zarte Kupferreflexe. Ein Hauch von Erdbeeren und eingelegten Kirschen, etwas Blütenhonig, ein Hauch von Pfirsich, einladendes Bukett. Saftig, gelbes Kernobst, feiner Honig, ein Hauch von Zwetschken, zart karamellig, ein stoffiger Speisenbegleiter.

93 Sauvignon Blanc * Ried Wiesberg 2022
13 Vol.-%, VL, großes Holzfass, €€€€€ B V
Mittleres Grüngelb, Silberreflexe. Frische Stachelbeeren, weißer Pfirsich, etwas Blütenhonig, zart nach Mandarinenzesten und Cassis. Mittlerer Körper, weiße Tropenfrucht, finessenreiche Säurestruktur, mineralisch-zitroniger Touch, ausgewogen, ein lebendiger Speisenbegleiter, gutes Reifepotenzial.

92 Sauvignon Blanc * Terroir³ 2022
13 Vol.-%, DV, Stahltank, €€€€ B V
Helles Grüngelb, Silberreflexe. Zart floral unterlegte frische Stachelbeeren, ein Hauch von Grapefruitzesten, dezente weiße Tropenfrucht. Mittlere Komplexität, feine Fruchtsüße, elegant, gut integrierte Säurestruktur, mineralisch, etwas Blütenhonig und Limetten im Nachhall.

92 Chardonnay * Ried Rettenberg Nobilis 2020
12,5 Vol.-%, VL, gebrauchte Barriques, €€€€€ B V
Helles Gelbgold, Silberreflexe. Angenehme Röstaromen, ein Hauch von Nougat, etwas Feuerstein, mit weißem Apfel unterlegt, attraktives Bukett. Mittlerer Körper, Nuancen von weißem Steinobst, feiner Säurebogen, zart nach Limetten, ein Hauch von Karamell im Kern, seidig und gut entwickelt, ein feiner Speisenbegleiter.

92 Traminer * Ried Rettenberg Nobilis 2020
13 Vol.-%, VL, Barrique, €€€€€ B V
Mittleres Goldgelb, Silberreflexe. Floral unterlegte Noten von gelbem Steinobst, ein Hauch von frischer Marille, Maracuja und Blütenhonig, attraktives Bukett. Saftig, elegant, weiße Tropenfrucht, feiner Säurebogen, mineralisch und anhaftend, salziger Nachhall, ein balancierter Speisenbegleiter.

* Südsteiermark DAC

★★★★

WEINGUT DANIEL JAUNEGG

BIO

Das Weingut Daniel Jaunegg befindet sich in wunderschöner Lage auf rund 550 Metern Seehöhe, wo sich dem Besucher eine herrliche Aussicht bietet. Durch den Einfluss der in der Ferne sichtbaren Koralpe liegt ein kühles Kleinklima vor, das auch in den Weinen spürbar ist. Diese haben eine feine, kühle Aromatik, sind facettenreich und komplex. Die vorliegenden Bodenbeschaffenheiten – leichte Schotter- und Sandböden aus Flussablagerungen bzw. Sandstein – verleihen den Weinen Würze und Finesse.

Die Weine der »Sand und Schotter«-Serie sind die Botschafter der Ortswein-Region Eichberg und lassen durch ihren Charakter ihre Herkunft wunderbar nachvollziehen. Die Weine der Lage Knily, einer steilen Einzellage, zeigen sich meist schlank, mit engmaschiger Struktur und feiner Mineralik, die vom schottrigen Untergrund geprägt ist. Weine der Lage Muri, einer reinen Südlage, stehen für die höchste Traubenqualität bei Sauvignon Blanc und Chardonnay.

Nach der Spontangärung – was bei allen Weinen des Sortiments der Fall ist – lagern die Ortsweine mindestens ein Jahr lang auf der Vollhefe, die Lagenweine »Muri« dürfen für zwei volle Jahre auf der Hefe reifen. Zum Einsatz kommen große neutrale Holzfässer (1.500 Liter), gebrauchte 500-Liter-Holzfässer sowie Stahltanks. Die lange Lagerung auf der Hefe und die »Low-Intervention-Philosophie« (geringer bzw. kein Eingriff bei der Weinwerdung, keine Schönung, keine Filtration und eine nur geringe Dosis an Schwefel kurz vor der Füllung) verleihen den Weinen Komplexität und Strahlkraft mit viel Potenzial und Zukunft.

Einmal hingefunden, kann man sich persönlich von der Qualität der Weine überzeugen, die mittlerweile seit Jahren einen hohen Standard erfüllen und das Weingut zu einer der Top-Adressen in der Steiermark machen.

94 Chardonnay Muri 2020
12,5 Vol.-%, NK, 500-l-Fass, €€€€€ B
Leuchtendes mittleres Gelbgrün, Silberreflexe. Feine Nuancen von gelbem Kernobst, etwas Papaya und kandierte Mandarinenzesten, dezenter Blütenhonig. Saftig, elegant, mineralisch, weißer Apfel, frischer Säurebogen, zitronig-salziger Nachhall, feiner Pfirsich im Abgang, dezente Süße im Rückgeschmack.

Jasmin Edelsbrunner und Daniel Jaunegg

WEINGUT DANIEL JAUNEGG
8463 Leutschach an der Weinstraße
Eichberg-Trautenburg 160
T: +43 (3455) 6754
weingut@jaunegg.at
www.jaunegg.at

Kellermeister/Kontakt:
Daniel Jaunegg
Anbauweise: Zertifiziert Biologisch (Bio Austria)
Produktion: 100 % weiß, 7.5 Hektar
Vereinszugehörigkeit:
Wein Steiermark
Messen: VieVinum

© Stiefkind_Fotografie

94 Sauvignon Blanc Muri 2020
13 Vol.-%, NK, Stahltank, €€€€€
Helles Goldgelb, Silberreflexe. Zart nussig unterlegte reife Tropenfrucht, feinhefige Würze, mit Mango und Birne unterlegt, facettenreiches Bukett. Stoffig, elegant, weiße Frucht, finessenreicher Säurebogen, leichtfüßig und mit Energie ausgestattet, zarte Fruchtsüße im Abgang, ein filigraner Speisenbegleiter mit salinem Finale.

94 Sauvignon Blanc Muri Spiesz 2019
13 Vol.-%, NK, Stahltank/großes Holzfass, €€€€€€
Helles Grüngelb, Silberreflexe. Reife gelbe Stachelbeeren, zart nach Passionsfrucht, feine Kräuterwürze, ein Hauch von Bergamotte und Blütenhonig. Straff, elegant, mineralische Textur, feines Säuregerüst, weißer Apfel im Abgang, ein ruhiger, balancierter Speisenbegleiter, feine Limettennote im Abgang, ein Hauch von Blütenhonig im Rückgeschmack, bereits gut gereift.

92 Sauvignon Blanc Sand & Schotter 2021
12,5 Vol.-%, NK, 500-l-Fass, €€€€
Helles Goldgelb, Silberreflexe. Kräuterwürze, reife gelbe Apfelfrucht, kandierte Orangenzesten, etwas Blütenhonig. Straff, weißer Apfel, mineralisch und engmaschig, feine zitronige Nuancen, Johannisbeeren im Nachhall, ein lebendiger, leichtfüßiger Speisenbegleiter.

92 Welschriesling Sand & Schotter 2021
11,5 Vol.-%, NK, großes Holzfass, €€€€
Helles Grüngelb, Silberreflexe. Feine Kräuterwürze, feine gelbe Birne, ein Hauch von Walnuss, Orangenzesten. Leichtfüßig, straff, weißer Apfel, mineralisch-salzig, zitroniger Touch, delikater, leichtfüßiger Stil.

92 Gelber Muskateller Jardin d'herbes 2021
11 Vol.-%, NK, kleines Holzfass, €€€€€
Zart getrübtes helles Goldgelb, Silberreflexe. Floral, zarter Muskattouch, Orangenblüten, Macis, reife Mango. Mittlerer Körper, ein Hauch von grünem Apfel, Nuancen von reifem Kernobst, mineralisch-zitroniger Nachhall, animierender, finessenreicher Speisenbegleiter.

★★★

DOMAINES KILGER

Domaines Kilger ist ein Weingut, das feine Weinspezialitäten aus drei österreichischen Weinbaugebieten vinifiziert: Aus der Weststeiermark stammen die Blauer-Wildbacher-Trauben für die charakterstarken Rosé- und Schaumweine. In der Südsteiermark bringen die Riede Sonneck mit Sauvignon-Blanc-Rebstöcken aus dem Jahre 1842 und die Riede Kranachberg mit 25 Jahre alten Reben faszinierende elegante Sauvignon Blancs hervor, und am Eisenberg im Südburgenland wachsen die Blaufränkisch- und Merlot-Trauben für grandiose Rotweine. Allen Weinen gemein ist, dass sie unverwechselbar ihre Herkunft und das Terroir ausspielen und dabei von höchster Eleganz geprägt sind. Produkte pur und unverfälscht zu verarbeiten, um den besten Geschmack herauszuholen, ist die Philosophie.

(95) Sauvignon Blanc * Ried Sonneck Alte Reben 2021
14 Vol.-%, NK, kleines Holzfass, €€€€€€
Leuchtendes Goldgelb, Messingreflexe. Zart nach reifen Stachelbeeren, mit feinen Wiesenkräutern unterlegt, weißer Pfirsich, attraktives Bukett. Straff, engmaschig, mineralisch, kraftvoll, etwas Nougat, salzig und lange anhaftend, Orangenzesten im Nachhall, sehr gute Länge, sicheres Reifepotenzial.

(95) Sauvignon Blanc * Ried Kranachberg Obere Kapelle Reserve 2021
13 Vol.-%, NK, kleines Holzfass, €€€€€
Mittleres Gelbgrün, Silberreflexe. Feine gelbe Tropenfrucht, zart nach Ananas, etwas Mango, feine Kräuterwürze, ein Hauch von Limette. Komplex, stoffig, Nuancen von weißem Kernobst, straff und engmaschig, Limetten im Abgang, salzig und lange anhaftend.

(94) Sauvignon Blanc * Ried Kranachberg 2021
13,5 Vol.-%, NK, großes Holzfass, €€€€€
Helles Goldgelb, Silberreflexe. Einladende gelbe Tropenfrucht, Nuancen von Mango, reifer Pfirsich, ein Hauch von Orangenzesten. Stoffig, elegant, saftig, gelbes Steinobst, frisch strukturiert, mineralisch, Limetten im Nachhall, ein Hauch von Paprikaschoten im Abgang, gute Länge, sicheres Entwicklungspotenzial.

94 Sauvignon Blanc * Ried Sonneck 2021
13,5 Vol.-%, NK, großes Holzfass, €€€€
Helles Goldgelb, Silberreflexe. Zarte Kräuterwürze, gelbe

* Südsteiermark DAC

Kranachberg

DOMAINES KILGER

8462 Gamlitz
Eckberger Weinstraße 32
T: +43 (3453) 2363-11
wein@domaines-kilger.com
www.domaines-kilger.com

Kellermeister: Walter Polz
Kontakt: Alexandra Herrmann
Produktion: 533.333 Flaschen
15 % Schaumwein, 63 % weiß,
2 % rosé, 20 % rot, 60+30 Hektar
Zertifiziert: Nachhaltig Austria
Messen: ProWein Düsseldorf, VieVinum

Tropenfrucht, ein Hauch von Guaven, Nuancen von Mandarinenzesten. Saftig, weißer Pfirsich, frisch und würzig, zarte Fruchtsüße, kühle Stilistik, wirkt leichtfüßig, Weiße Johannisbeeren, sehr animierender, zugänglicher Stil.

93 Sauvignon Blanc * Ehrenhausen 2021
13 Vol.-%, DV, großes Holzfass, €€€€
Helles Gelbgrün, Silberreflexe. Zart nach Grapefruit, ein Hauch von Pfirsich und Stachelbeeren, angenehme Kräuterwürze, mit etwas Cassis unterlegt. Frisch, nach Ananas, lebendiger Säurebogen, feine Fruchtsüße, pikant und anhaftend, ein facettenreicher Speisenbegleiter.

93 Sauvignon Blanc * Gamlitz 2021
13,5 Vol.-%, DV, großes Holzfass, €€€€
Helles Gelbgrün, Silberreflexe. Feine Pfirsichnuancen, weiße Tropenfrucht, ein Hauch von Litschis, etwas Guaven, feine Aromatik. Saftig, elegant, cremige Textur, seidig und mit feiner Fruchtsüße im Abgang, ein Hauch von Blütenhonig im Nachhall.

92 Sauvignon Blanc * »Hans & Walter« 2022
13 Vol.-%, DV, Stahltank, €€
Helles Gelbgrün, Silberreflexe. Zarte Nuancen von frischen Stachelbeeren, ein Hauch von Grapefruit, etwas Cassis, mineralischer Touch. Feine weiße Apfelfrucht, etwas Guaven, finessenreiche Säurestruktur, angenehme Kernobstnuancen, dezente Fruchtsüße im Abgang, elegant und vielfältig einsetzbar.

(94) Chardonnay * Ried Kranachberg 2021
13,5 Vol.-%, NK, kleines Holzfass, €€€€€
Helles Gelbgrün, Silberreflexe. Zarte gelbe Apfelfrucht, etwas Mango, Limetten, noch etwas scheues Bukett. Kraftvoll, weißes Kernobst, frischer Säurebogen, dezente Extraktsüße im Abgang, besitzt gute Länge, ein Hauch von Grapefruit im Nachhall, gutes Entwicklungspotenzial.

93 Chardonnay * Gamlitz 2021
13,5 Vol.-%, DV, kleines Holzfass, €€€€
Helles Goldgelb, Silberreflexe. Frische Orangen, gelber Apfel, Anklänge von weißer Tropenfrucht, zart nach Wiesenkräutern. Kraftvoll, zart nach Gewürznelken, reifes Kernobst, mineralisch und mit Länge ausgestattet, etwas Nougat im Abgang, dunkle Mineralik im Nachhall.

93 Chardonnay * Leutschach 2021
14 Vol.-% DV, großes Holzfass, €€€€
Helles Goldgelb, Silberreflexe. Zarte gelbe Steinobstfrucht, Orangenzesten, Limetten, mineralischer Touch. Feine Fruchtsüße, reifer Apfel, frischer Säurebogen, zitronige Nuancen, salziger Touch, frisch und trinkanimierend.

92 Welschriesling * Alte Reben 2021
12,5 Vol.-%, NK, kleines Holzfass, €€€€
Helles Goldgelb, Silberreflexe. Zart nach Birne und Mandarinenzesten, feine Kräuterwürze, ein Hauch von Walnuss. Mittlerer Körper, dezente gelbe Apfelfrucht, zarter Holztouch, salzig und gut anhaftend, ein balancierter, frischer Speisenbegleiter mit Charakter.

91 Weißburgunder * 2022
12,5 Vol.-%, DV, Stahltank, €€€
Helles Gelbgrün, Silberreflexe. Frische Apfelfrucht, ein Hauch von Mango, Nuancen von Wiesenkräutern. Straff, feine Fruchtsüße, lebendig strukturiert, feine Kernobstnuancen im Abgang, zitroniger Nachhall, ein würziger Speisenbegleiter.

★★★★

WEINGUT KODOLITSCH

Der Name Kodolitsch reicht Jahrhunderte zurück, und das Weingut befindet sich seit mehr als 300 Jahren im Familienbesitz. Die heutigen Besitzer, Christa und Nikolaus Kodolitsch, haben das Weingut 1993 übernommen und mit Liebe und hohem Qualitätsanspruch zu einem Vorzeigeunternehmen ausgebaut.
Heute ist Mario Weber für den Weinausbau verantwortlich. Mit Fingerspitzengefühl und durch den perfekten Einklang mit der Natur schafft es Mario Weber, die Charakteristik des Terroirs von den Rieden Rosengarten und Kogelberg in unendlichen Facetten herauszuarbeiten. Die geernteten Trauben werden ausschließlich handverlesen und in weiterer Folge sorgfältig mit viel Gefühl und Know-how verarbeitet.
Das Streben nach Perfektion und die Leidenschaft für den Wein sind das Fundament für die zahlreichen Auszeichnungen der letzten Jahre.

95 Sauvignon Blanc * Ried Rosengarten T.M.S. 2020
13,5 Vol.-%, NK, Holzfass, €€€€€€
Helles Grüngelb, Silberreflexe. Zart nach Wiesenkräutern, Nuancen von weißer Frucht, etwas Mango und Grapefruit, mineralischer Touch, florale Anklänge. Komplex, saftig, feine Fruchtsüße, elegant und ausgewogen, balanciertes Säurespiel, druckvoll im Abgang, dezente Honignuancen, bleibt sehr gut haften, spielt den Charme dieses Jahrgangs voll aus, bereits gut antrinkbar und mit weiterem Reifepotenzial ausgestattet.

94 Sauvignon Blanc * Ried Kogelberg Alte Reben 2020
13,5 Vol.-%, NK, Holzfass, €€€€€€
Helles Grüngelb, Silberreflexe. Nuancen von Grapefruit, Litschis und Passionsfrucht, zart nach Blütenhonig, facettenreiches Bukett. Saftig, elegant, ein Hauch von Mango, aber auch weiße Früchte, finessenreicher Säurebogen, salzig-mineralisch im Abgang, ein Hauch von Pfirsich im Nachhall, zeigt Länge und Balance, ein eleganter Begleiter bei Tisch.

93 Sauvignon Blanc * Gamlitz 2022
13,5 Vol.-%, DV, Stahltank, €€€€
Mittleres Gelbgrün, Silberreflexe. Mit einem Hauch von Grapefruitzesten unterlegte gelbe Tropenfrucht, zarte Kräuterwürze, gelbe Stachelbeeren, etwas Mango, feines Bukett. Saftig, elegant, dezente Fruchtsüße, zart nach Marille, frischer Säurebogen, Blütenhonig und Limetten im Nachhall.

93 Sauvignon Blanc * Ried Rosengarten 2021
13,5 Vol.-%, NK, großes Holzfass, €€€€€
Helles Grüngelb, Silberreflexe. Zarte Nuancen von gelbem Kernobst, dezente Kräuterwürze, ein Hauch von Guaven, etwas zurückhaltendes Bukett. Mittlerer Körper, weißer Apfel, frischer Säurebogen, zitronig-mineralisch, wirkt leichtfüßig, ein vielseitiger Speisenbegleiter, der sich noch in Zurückhaltung übt.

92 Sauvignon Blanc * 2022
12,5 Vol.-%, DV, Stahltank, €€€
Helles Grüngelb, Silberreflexe. Zart nach Wiesenkräutern, weißer Apfel, etwas Stachelbeeren, ein Hauch von Grapefruit. Straff, knackig, Nuancen von Litschis und Limetten, zart minzig im Abgang, mineralisch-salziger Nachhall, ein lebendiger Speisenbegleiter.

94 Chardonnay * Ried Rosengarten Alte Reben 2020
13,5 Vol.-%, NK, kleines Holzfass, €€€€€€
Helles Goldgelb, Silberreflexe. Feine Holzwürze, Anklänge von gelbem Kernobst, ein Hauch von Pfirsich und Vanille,

WEINGUT KODOLITSCH
8430 Leibnitz
Kodolitschweg 9
T: +43 (664) 4225919
weingut@kodolitsch.at
www.kodolitsch.at

Kellermeister/Kontakt:
Mario Weber
Produktion: 100 % weiß,
16+2.5 Hektar
Zertifiziert: Nachhaltig Austria
Vereinszugehörigkeit:
WBV Sausal, Wein Steiermark
Messen: VieVinum

Limettenzesten und weiße Blüten. Saftig, elegant und fein, zarte Extraktsüße, gut integrierter Säurebogen, mineralisch und balanciert, burgundischer Stil, salziger Nachhall, ein finessenreicher Speisenbegleiter.

93 Riesling * Ried Kogelberg 2021
12,5 Vol.-%, NK, 500-l-Fass, €€€€€
Helles Grüngelb, Silberreflexe. Zarte Schieferwürze, gelbes Steinobst, ein Hauch von kandierten Orangen und Blütenhonig. Saftig, straffe Textur, weiße Frucht, rassiger Säurebogen, salzig-zitronig im Abgang, bleibt gut haften, ein finessenreicher Sortenvertreter, leichtfüßig und mit Reifepotenzial ausgestattet.

92 Riesling * Kitzeck-Sausal 2021
12,5 Vol.-%, NK, 500-l-Fass, €€€€
Helles Gelbgrün, Silberreflexe. Zart nach Linden, ein Hauch von Safran, feine Nuancen von gelbem Steinobst, kandierte Mandarinenzesten, einladendes Bukett. Mittlerer Körper, süße weiße Frucht, etwas Pfirsich, lebendig strukturiert, mineralisch im Abgang, Blütenhonig im Nachhall, ein eleganter Speisenbegleiter, bereits gut antrinkbar.

93 Weißburgunder * Ried Rosengarten 2021
13,5 Vol.-%, NK, Holzfass, €€€€€
Helles Gelbgrün, Silberreflexe. Zart nussig unterlegte frische Apfelnote, Wiesenkräuter, ein Hauch von Orangenzesten, braucht etwas Luft. Mittlere Komplexität, frisches Kernobst, engmaschiger, kompakter Stil, feiner Säurebogen, ein Hauch von Extraktsüße im Abgang, sehr jugendlich, wird von Flaschenreife profitieren.

91 Weißburgunder * 2022
12,5 Vol.-%, DV, Stahltank, €€
Helles Grüngelb, Silberreflexe. Frische Birnenfrucht, zart nach Zitrus, mit etwas Walnuss unterlegt. Saftig, jung und frisch, weißer Apfel, lebendiges Säurespiel, bleibt gut haften, ein facettenreicher, unkomplizierter Speisenbegleiter.

93 Gelber Muskateller * Ried Rosengarten 2021
12,5 Vol.-%, NK, großes Holzfass, €€€€€
Helles Grüngelb, Silberreflexe. Attraktives Bukett, feine Nuancen von Holunderblüten, zart nach Pfirsich, Ananas und Muskatnuss. Mittlerer Körper, feine weiße Tropenfrucht, finessenreicher Säurebogen, mineralisch und elegant, bereits gut gereift, sicheres weiteres Entwicklungspotenzial.

92 Welschriesling * Ried Rosengarten Alte Reben 2020
13,5 Vol.-%, NK, 500-l-Fass, €€€€€
Helles Grüngelb, Silberreflexe. Mit Orangenzesten unterlegte frische gelbe Apfelfrucht, ein Hauch von Akazienblüten, einladendes Bukett. Mittlerer Körper, zart nussig, weißes Kernobst, Noten von Blütenhonig im Abgang, harmonisch, ruhiger, gereifter Stil, verfügt über mittlere Länge.

★★

WEINGUT KÖGL

BIO

Tamara und Robert Kögl-Rettenbacher stehen für Weine mit Charakter und Persönlichkeit, die ihre Herkunft aus der Südsteiermark unzweifelhaft im Herzen tragen. Mit ihrem biodynamischen Ansatz leben die beiden ihre Vision eines konsequent nachhaltigen Weinanbaus, der von Respekt und Verständnis gegenüber der Natur und der Suche nach Balance geprägt ist.
»Die Rebe gibt uns alles, was wir für unseren Wein brauchen. Wir verschaffen ihr ein gutes Umfeld und schützen sie. So trägt die Traube die Energie für unseren Wein in den Keller. Mit Argusaugen beobachtet, mit viel Zeit und mit so wenig Lenkungen wie möglich entwickelt sich so der Wein zur dynamischen Persönlichkeit«, ist das sympathische Paar überzeugt.

92 ❸ Pet Nat »Under Pressure« 2022 WB/WR
12,5 Vol.-%, KR, Stahltank/Flaschengärung, €€€€ Ⓑ
Helles Gelbgrün, Silberreflexe, lebendige Perlage. Frische weiße Birnenfrucht, florale Nuancen, ein Hauch von Limetten. Mittlerer Körper, weißes Kernobst, frisch und lebendig, zitronig-salzig im Abgang, animierende Alternative zu klassischem Sekt.

92 Morillon * Ehrenhausen 2020
12 Vol.-%, DV, Stahltank, €€€€ Ⓑ Ⓥ
Mittleres Goldgelb, Silberreflexe. Zart nussig unterlegte feine gelbe Apfelfrucht, einladendes Bukett. Saftig, weiße Frucht, schlank und filigran, finessenreicher Säurebogen, reifes Kernobst im Abgang, bereits gut entwickelt.

93 Sauvignon Blanc Meierei NV
14,5 Vol.-%, NK, 500-l-Fass, €€€€€ Ⓑ Ⓥ
Leuchtendes Goldgelb, Silberreflexe. Mineralisch-kernig,

WEINGUT KÖGL
8461 Ratsch an der Weinstraße
Ratsch an der Weinstraße 59
T: +43 (3453) 4314
info@weingut-koegl.com
www.weingut-koegl.com

Kellermeister/Kontakt: Tamara Kögl
Anbauweise: Biodynamisch (Demeter)
Produktion: 33.333 Flaschen 10 % Schaumwein, 85 % weiß, 5 % rot, 10 Hektar
Messen: VieVinum, Vinobile Feldkirch, DAC-Präsentationen, Bio Österreich

Gelber Muskateller

zart nussiger Reduktionstouch, etwas Feuerstein, kandierte Limetten. Straff, frische Stachelbeeren, elegante Textur, feiner Säurebogen, angenehme Rancio-Nuancen im Abgang, ein facettenreicher Speisenbegleiter.

92 Sauvignon Blanc Kalkmergel 2021
14 Vol.-%, NK,DV, Stahltank, €€€€ B V
Mittleres Gelbgrün, Silberreflexe. Frische Stachelbeernuancen, floraler Touch, ein Hauch von Passionsfrucht, einladendes Bukett. Kraftvoll, straff, weiße Pfirsichfrucht, lebendiger Säurebogen, zitronig-salzig im Abgang, ein anregender frischer Speisenbegleiter.

90 Muskateller Herrschaft NV
13 Vol.-%, NK, Stahltank, €€€€€ B V
Helles Goldgelb, Silberreflexe. Zart mit Wiesenkräutern unterlegte Nuancen von Holunderblüten und weißer Tropenfrucht, zart mit Muskatnuss unterlegt. Mittlere Komplexität, feine Pfirsichfrucht, mineralisch, dezent nussig-kalkig im Abgang, guter Speisenbegleiter.

★★★★★

WEINGUT LACKNER-TINNACHER

BIO

Das Weingut Lackner-Tinnacher liegt inmitten von Weingärten auf einer Hügelkette in Steinbach bei Gamlitz. Seit Jahrhunderten wird auf dem Anwesen Weinbau betrieben, bereits 1787 wurden im Josephinischen Kataster ausführlich vier Weingartenstücke beschrieben. Heute wird das Weingut von Katharina Tinnacher bewirtschaftet. Rund 28 Hektar Weingärten befinden sich auf klimatisch idealen Seehöhen von 400 bis 500 Metern in besten Steillagen in den Weinbauorten Gamlitz und Kitzeck-Sausal. Die Weingärten stehen im Mittelpunkt von Katharina Tinnachers Aufmerksamkeit. Sie werden sorgsam biologisch gepflegt. Drei- bis viermal wird der Rebstock ausgedünnt, und die Triebe werden behutsam händisch formiert, um eine hohe Reife der Trauben zu erreichen. Die Ernte erfolgt zumeist spät, auf präzise Handlese zum besten Reifezeitpunkt wird besonders geachtet. Ebenso ist es Standard, dass die Trauben rasch und unversehrt zur Presse gelangen und schonend gekeltert werden. Die traditionelle und behutsame Vinifikation bestimmt seit vielen Jahren die zeitlose elegante Linie des Weinguts.

Weinbau bei Gamlitz

WEINGUT LACKNER-TINNACHER

8462 Gamlitz, Steinbach 12
T: +43 (3453) 2142
weingut@tinnacher.at
www.tinnacher.at
Kellermeister/Kontakt: Katharina Tinnacher
Anbauweise: Zertifiziert Biologisch
Produktion: 97 % weiß, 1 % rot, 2 % süß, 28 Hektar
Zertifiziert: Nachhaltig Austria
Vereinszugehörigkeit: Steirische Terroir- und Klassikweingüter, GutFinden – Südsteiermark
Messen: ProWein Düsseldorf, VieVinum

Die Weine sind stets fein strukturiert, durchzogen von tiefer Frucht und geprägt von Boden, Klima und Jahrgang. Konsequent stammen alle Weine des Guts aus den eigenen Weingärten. Die einzelnen Lagen und Rieden verfügen über unterschiedliche Bodengegebenheiten, und Katharina Tinnacher ist es ein besonderes Anliegen, diese feinen strukturellen Unterschiede im Wein aufzuzeigen. Die Hauptsorte ist der Sauvignon Blanc, wobei die Trauben für den Ortswein Gamlitz Sauvignon Blanc auf überwiegend sandig-schottrigen Böden wachsen. Der Sauvignon Blanc Ried Welles hat ein steiniges, mineralhaltiges Schotterkonglomerat als Untergrund, und der Oberboden besteht aus roten und grauen Sanden. Ebenso im Fokus sind auf dem Weingut die Burgundersorten: Weißburgunder Ried Eckberg und Morillon Ried Eckberg stehen auf Kalkmergelböden, Weißburgunder Ried Steinbach und Grauburgunder Ried Steinbach gedeihen auf sandigen und schottrigen Böden. Weiters werden Welschriesling, Gamlitz Gelber Muskateller und Gelber Muskateller Ried Gamitz aus über fünfzig Jahre alten Rebstöcken gekeltert.

Mit Anfang 2008 wurde das Weingut um Weingärten in der Ried Flamberg in der Gemeinde St. Nikolai im Sausal erweitert. Die fünf Hektar umfassenden kesselförmigen Süd- bis Südwesthänge bieten ein spezielles, vom Korallenkalkboden geprägtes Terroir und sind ein spannender Kontrast zu den Lagen in Steinbach. So verwundert es nicht, dass nun vor allem Flamberg besonders im Fokus von Katharina Tinnacher steht, die sich bereits während ihres Studiums an der Universität für Bodenkultur mit der Interaktion von Rebe, Boden und Klima beschäftigte. Neben der Erhaltung der wertvollen alten Rebstöcke setzt sie bei Flamberg auf die Kultivierung von Sauvignon Blanc und Burgundersorten. Ab dem Jahrgang 2016 sind alle Weine biozertifiziert.

97 Sauvignon Blanc * Ried Welles GSTK 2020

13 Vol.-%, VL, großes Holzfass, €€€€€€

Mittleres Grüngelb, Silberreflexe. Nuancen von Zitronenmelisse, etwas Rosmarin, ein Hauch von Cassis, mit gelber Tropenfrucht unterlegt. Komplex, stoffig, feine Mangofrucht, gut integrierte Säurestruktur, zarte Fruchtsüße, etwas Pfirsich im Abgang, salziges Finish.

95 Sauvignon Blanc * Ried Flamberg GSTK 2020

12,5 Vol.-%, VL, großes Holzfass, €€€€€

Leuchtendes Goldgelb, Silberreflexe. Reife gelbe Tropenfrucht, zarte Kräuterwürze, ein Hauch von Orangenzesten. Saftig, weiße Frucht, feine Säurestruktur, leichtfüßig und finessenreich, ein Hauch von Limetten im Abgang, delikat und gut antrinkbar, ein charmanter Speisenbegleiter.

94 Sauvignon Blanc * Ried Steinbach 1STK 2021

13 Vol.-%, VL, großes Holzfass, €€€€€

Helles Grüngelb, Silberreflexe. Frische Kräuterwürze, ein

Hauch von Paprikaschoten, rauchige Nuancen, mit weißer Tropenfrucht unterlegt. Saftig, elegant, feine Pfirsichfrucht, gut integrierter Säurebogen, ein Hauch von Fruchtsüße, ein ausgewogener Speisenbegleiter mit gutem Reifepotenzial.

92 Sauvignon Blanc * Kitzeck-Sausal 2021
12,5 Vol.-%, VL, Stahltank, €€€€ B V
Helles Goldgelb, Silberreflexe. Feine Kräuterwürze, zarte tabakige Nuancen, reife Stachelbeeren, gelbe Tropenfrucht, ein Hauch von Cassis. Kühle Textur, straffe Säurestruktur, zitronig-kalkiger Touch, ein lebendiger Speisenbegleiter.

95 Morillon * Ried Welles GSTK 2020
13 Vol.-%, VL, 500-l-Fass, €€€€€€ B V
Mittleres Grüngelb, Silberreflexe. Reife gelbe Tropenfrucht, frische Wiesenkräuter, kandierte Orangenzesten, weißes Nougat. Stoffig, Nuancen von Honigmelone, gut eingebettete Säurestruktur, mineralisch, ein Hauch von Limetten, leichtfüßig und am Gaumen tänzelnd, bereits sehr gut entwickelt und gut antrinkbar, verfügt über sicheres Reifepotenzial.

94 Morillon * Ried Eckberg 2021
12,5 Vol.-%, VL, großes Holzfass, €€€€ B V
Helles Grüngelb, Silberreflexe. Feine Nuancen von weißer Frucht, kandierte Orangenzesten, zarte Kräuterwürze, mit Golden-Delicious-Apfel unterlegt. Straff, weißes Kernobst, finessenreich und lebendig, sehr gut strukturiert, zitronig-salzig im Abgang, delikater Stil, bereits gut antrinkbar, bietet leichtfüßigen Genuss.

94 Morillon * Ried Steinbach 1STK 2021
13 Vol.-%, VL, großes Holzfass, €€€€€ B V
Helles Goldgelb, Silberreflexe. Ein Hauch von Mandarinenzesten, gelber Apfel, etwas Zitronenmelisse, mineralischer Touch. Saftig, gelbfruchtig, Nuancen von Honigmelone, feine, gut integrierte Säurestruktur, gute Komplexität, mineralisch-zitronig im Finish, saliner Touch, ein facettenreicher Speisenbegleiter, sehr trinkfreudig.

94 Weißburgunder * Ried Steinbach 1STK Kogel 2021
13 Vol.-%, VL, großes Holzfass, €€€€€ B V
Helles Gelbgrün, Silberreflexe. Feine Kräuterwürze, zart nach Walnuss und weißer Birne, einladendes Bukett. Komplex, seidig, feine reife Säure, dezente Fruchtsüße im Abgang, straff und anhaftend, ein Hauch von Honigmelone im Nachhall.

92 Weißburgunder * Ried Eckberg 2021
12,5 Vol.-%, VL, Stahltank, €€€€ B V
Helles Grüngelb, Silberreflexe. Zarte Mandarinenzesten, feine Nuancen von gelbem Kernobst, ein Hauch von Wiesenkräutern. Saftig, elegant, feine Fruchtsüße, frisch strukturiert, mineralisch, etwas Blütenhonig im Nachhall.

94 Grauburgunder * Ried Steinbach 1STK 2021
13 Vol.-%, VL, großes Holzfass, €€€€€ B V
Helles Grüngelb, Silberreflexe, Zarte Kräuterwürze, ein Hauch von Mandarinen, mit feiner Birnenfrucht unterlegt, rauchige Mineralik. Straff, engmaschig, elegant, weißes Kernobst, finessenreiche Säurestruktur, feine Zitrusnuancen, salzig und anhaftend, sicheres Reifepotenzial.

93 Welschriesling * Franz Lackner 2020
12,5 Vol.-%, VL, großes Holzfass, €€€€€ B V
Helles Gelbgrün, Silberreflexe. Zart nach frischen Orangenzesten, ein Hauch von Mango, weißes Kernobst, mineralischer Touch, frische Wiesenkräuter und Limettenzesten. Straff, engmaschig, feine Apfelnote, frische Säurestruktur, feine salzige Nuancen im Abgang, zitronig im Nachhall, bereits sehr ausgewogen, vielfältig einsetzbar.

(92) Gelber Muskateller * Gamlitz 2022
11,5 Vol.-%, NK, Stahltank, €€€€ B V
Helles Grüngelb, Silberreflexe. Intensive Rosennote, etwas Jasmin, zarte Kräuterwürze. Straff, knackig, grüner Apfel, mineralisch-salzig, frischer, trinkanimierender Stil.

95 Welschriesling TBA 2017
11,5 Vol.-%, VL, Stahltank, €€€€€ B V
Leuchtendes Gelbgrün, Silberreflexe. Feine Botrytiswürze, ein Hauch von Honig, weiße Tropenfrucht, kandierte Grapefruitzesten. Stoffig, etwas Nougat, Dörrfeigen, feiner Säurebogen, mineralisch-salzig, Zwetschkentouch im Abgang, seidig und ausgewogen, sicheres Reifepotenzial.

* Südsteiermark DAC

★★★★

WEINGUT WOLFGANG MAITZ

»Herkunft ist bodenständig«, so lautet das Motto des Winzeres Wolfgang Maitz. Auf seinem Weingut mit rund zehn Hektar Rebfläche vinifiziert er ausschließlich Weine mit einem klaren Herkunftscharakter. Hier gilt: 100 Prozent Südsteiermark und 100 Prozent Handlese. Es entstehen Weine mit der Herkunft Weinbaugebiet Südsteiermark DAC, die Ortsweine »Ehrenhausen« und Lagenweine der Einzelrieden Sulz, Krois 1STK, Schusterberg 1STK und der Topriede des Weinguts Hochstermetzberg GSTK. Behutsame Arbeit mit der Natur und Gelassenheit im Keller sind Garanten für ausdrucksstarke Herkunftsweine mit handwerklicher Prägung. Das Weingut ist Mitglied im Verein der Steirischen Terroir- und Klassikweingüter. Dem Weingut angeschlossen ist ein Wirtshaus mit Weinhotel als ideale Plattform für weinreisende Genießer.

95 Sauvignon Blanc * Ried Hochstermetzberg GSTK 2020
13 Vol.-%, DV, Holzfass, €€€€€€
Helles Goldgelb, Silberreflexe. Zarte gelbe Tropenfrucht, Nuancen von frischen Orangenzesten. Engmaschig, weiße Frucht, frischer Apfel, zart nach Honigmelone, finessenreich, Limetten im Abgang, sehr gut anhaftend, ein animierender Speisenbegleiter, sicheres Reifepotenzial.

(94) Sauvignon Blanc * Ried Schusterberg 1STK 2021
13,5 Vol.-%, DV, großes Holzfass, €€€€€
Helles Grüngelb, Silberreflexe. Zarte gelbe Tropenfrucht, ein Hauch von Paprikaschoten, Nuancen von Mango und Papaya, einladendes Bukett. Straff, engmaschig, weiße Tropenfrucht, rassiges Säuregerüst, salzig-zitronig im Abgang, wird von Flaschenreife profitieren.

(93) Sauvignon Blanc * Ehrenhausen 2021
13 Vol.-%, DV, großes Holzfass, €€€€
Helles Gelbgrün, Silberreflexe. Feine weiße Tropenfrucht, zart nach Stachelbeeren, Nuancen von Johannisbeeren, dezente Limettenfrucht. Saftig, seidig, elegant, Nuancen von weißem Steinobst, zitronig-salzig im Abgang, rassig und animierend, verfügt über gutes Reifepotenzial.

92 Sauvignon Blanc * 2022
12 Vol.-%, DV, Stahltank, €€€
Helles Gelbgrün, Silberreflexe. Zarter Blütenhonig, ein Hauch von gelber Tropenfrucht und Orangenzesten. Saftig, elegant, feine Fruchtsüße, ein Hauch von frischem Pfirsich, bleibt haften, ein stoffiger Speisenbegleiter.

93 Gelber Muskateller * Ried Krois 1STK 2020
11 Vol.-%, DV, großes Holzfass, €€€€€
Helles Goldgelb, Silberreflexe. Nuancen von Rosenöl, floral unterlegte frische Steinobstnuancen, weiße Tropenfrucht, Limettenzesten. Saftig, elegant, cremige Textur, etwas Litschis, mineralisch-frischer Abgang, bleibt haften, verfügt über Länge und weiteres Reifepotenzial.

(92) Welschriesling * Ried Sulz 2021
12,5 Vol.-%, DV, großes Holzfass, €€€€€
Helles Gelbgrün, Silberreflexe. Zart nach Mango und Papaya, ein Hauch von Blütenhonig, Orangenzesten klingen an. Saftig, mittlere Komplexität, dezente Fruchtsüße, zart salzig im Hintergrund, Limetten im Abgang, ein seidiger Speisenbegleiter, sehr jugendlich, vielfältig einsetzbar.

WEINGUT WOLFGANG MAITZ
8461 Ehrenhausen an der Weinstraße
Ratsch 45
T: +43 (3453) 2153
weingut@maitz.co.at
www.maitz.co.at
Kellermeister/Kontakt:
Wolfgang Maitz
Produktion: 2 % Schaumwein, 94 % weiß, 2 % rot, 2 % süß, 10+1 Hektar
Zertifiziert: Nachhaltig Austria
Vereinszugehörigkeit:
GutFinden – Südsteiermark, Steirische Terroir- und Klassikweingüter, Wein Steiermark
Messen: ProWein Düsseldorf, VieVinum

★★★

WEINGUT MASSER

Das Weingut von Peter Masser liegt in Fötschach unweit von Leutschach und ist bei Gourmets nicht nur für seine Weine, sondern auch für das zweite Standbein, die Zucht von schottischen Hochlandrindern, bekannt. Nahe der Südsteirischen Weinstraße finden die Massers ideale Bedingungen für die Erzeugung von Qualitätswein vor. In den Lagen Sernauberg, Oberglanz und der Monopollage Schlingelberg, wo die Hangneigung bis zu 50 Grad erreicht, sind die Bedingungen für die Reben ideal.
Die Palette deckt die typisch südsteirischen Rebsorten ab: knackiger Welschriesling, Morillon, diverse Burgunder, aber auch Sauvignon Blanc sowie Muskateller, und in geeigneten Jahren entstehen auch Süßweine (Eiswein, Ausbruch, Trockenbeerenauslese). »Stock« steht für einen frischen, fruchtig-leichten Wein mit animierendem Trinkfluss und prägnanter Sortentypizität des Rebstocks. »Bod'n« ist das klassische Spiegelbild von Herkunft und Typizität der Weinberge, die sich mit viel Charakter und eleganter Fülle in diesen Weinen wiederfinden. Und »Zeit+Ruh« bezeichnet ganz besondere Weine: Sie reifen sehr langsam zu ihrer wahren Größe heran und entwickeln ihr volles Potenzial in kleinen Holzfässern.
Seit 2016 arbeiten Florian und Peter Masser als Vorreiter im Bereich der PIWI-Rebsorten und bewirtschaften die größte biologische PIWI-Rebfläche in Österreich. Die Experimentierfreude des Vater-Sohn-Duos hört dort jedoch noch lange nicht auf: Auch vier Steinfässer sind im Besitz der Massers und stehen für spannende Weine mit großem Potenzial.

94 Weißburgunder * Ried Sernauberg Privat 2020
13 Vol.-%, NK, gebrauchte Barriques, €€€€€
Mittleres Goldgelb, Silberreflexe. Rauchige Kräuterwürze, ein Hauch von gelber Birne, etwas Blütenhonig, zart nach Grapefruitzesten. Kraftvoll, feine Holzaromen, gelbe Frucht, sehr gute Frische, elegant und balanciert, entspricht voll und ganz dem seidigen Jahrgangscharakter, bleibt gut hängen, ein vielseitiger Speisenbegleiter mit weiterem Reifepotenzial.

94 Sauvignon Blanc * Ried Schlingelberg IC® Zeit&Ruh 2020
13 Vol.-%, NK, gebrauchte Barriques/Flaschenreifung, €€€€€
Kräftiges Goldgelb, Messingreflexe. Zart kräuterwürzig unterlegte gelbe Tropenfrucht, Nuancen von reifen Stachelbeeren, etwas Papaya, ein Hauch von Kumquats. Kräftig, Nuancen von weißem Steinobst, feiner Säurebogen, weißer Apfel, Limetten, salzige Mineralik, sehr in sich ruhend, gut anhaftend, bereits zugänglich, mit weiterem Reifepotenzial ausgestattet.

94 Sauvignon Blanc * Ried Schlingelberg Dachstein 2019
13 Vol.-%, NK, gebrauchte Barriques, €€€€€€
Helles Goldgelb, Silberreflexe. Feine Wiesenkräuter, gelber Pfirsich, Orangenzesten, etwas Blütenhonig. Komplex, gelber Pfirsich, frischer Säurebogen, mineralisch-zitronig im Abgang, seidige Stilistik, dezente Fruchtsüße im Nachhall, vielfältig einsetzbarer Speisenbegleiter.

94 Sauvignon Blanc * Ried Schlingelberg Fuhreg 2020
13,5 Vol.-%, NK, Barrique/Flaschenreifung, €€€€€€
Mittleres Goldgelb, Silberreflexe, mineralisch unterlegte Nuancen von Mandarinen und Safran, ein Hauch von Maril-

WEINGUT MASSER
8463 Leutschach, Fötschach 41
T: +43 (3454) 467
weingut@masser.cc
www.masser.cc
Kellermeister: Peter & Florian Masser
Kontakt: Peter Masser
Anbauweise: Umstellung auf bio (Bio Austria)
Produktion: 160.000 Flaschen
83 % weiß, 15 % rot, 2 % süß,
25 Hektar
Vereinszugehörigkeit:
Wein Steiermark
Messen: VieVinum, DAC-Präsentationen

lenkonfitüre, Limettenzesten. Straff, engmaschig, seidig, weißer Pfirsich, feine, gut integrierte Säure, dezente Extraktsüße im Abgang, etwas Blütenhonig und Nougat im Nachhall, saliner Rückgeschmack, gute Länge, verfügt über gutes Entwicklungspotenzial.

93 Grauburgunder * Ried Schlingelberg Alte Reben 2020
13,5 Vol.-%, NK, gebrauchte Barriques, €€€€€
Mittleres Goldgelb, Silberreflexe. Zart nach Mandarinenzesten, gelbe Stachelbeeren, etwas Cassis und Kräuterwürze, attraktive rauchige Nuancen. Straff, engmaschig, feine Fruchtsüße, mineralisch und kraftvoll, zart nach Kernobst im Nachhall, gute Länge, sicheres Reifepotenzial.

92 Grauburgunder * Leutschach 2021
13 Vol.-%, DV, Stahltank, €€€€
Helles Messinggelb, Silberreflexe. Ein Hauch von gelbem Apfel, zarte Kräuterwürze, Nuancen von Birnen, einladendes Bukett. Mittlerer Körper, weißes Kernobst, frischer Säurebogen, saliner Touch, ein lebendiger, vielseitiger Speisenbegleiter.

93 Riesling * Ried Oberglanz 2020
12,5 Vol.-%, NK, gebrauchte Barriques, €€€€€
Mittleres Grüngelb, Silberreflexe. Zart nach Ananas und Mango, weiße Blüten, ein Hauch von Verveine, weiße Tropenfrucht im Hintergrund. Mittlere Komplexität, feine weiße Pfirsichfrucht, finessenreiche Säurestruktur, salzig-zitronig im Abgang, ein leichtfüßiger Speisenwein.

(93) Gelber Muskateller * Ried Oberglanz Zeit & Ruh 2021
13 Vol.-%, NK, gebrauchte Barriques, €€€€€
Mittleres Goldgelb, Silberreflexe. Feine Aromen von gelber Tropenfrucht, reife Maracuja, ein Hauch von Holundersirup im Hintergrund, attraktives Bukett. Saftig, komplex und würzig, Noten von weißem Pfirsich, mineralisch-salzig, Muskatnuss im Abgang, klassisch trockene Stilistik, lang anhaftend, sicheres Reifepotenzial.

(93) Welschriesling * Ried Sernauberg Wetterschütz® IC® Zeit & Ruh 2021
13 Vol.-%, NK, gebrauchte Barriques, €€€€€
Leuchtendes Gelbgold, Messingreflexe. Zarte Wiesenkräuter, feine Anklänge von gelbem Kernobst, feine nussige Aromen, ein Hauch von Orangenzesten. Mittlerer Körper, feine weiße Frucht, seidige Textur, sehr elegant und ausgewogen, ein Hauch von Karamell im Abgang, ein balancierter Speisenbegleiter.

(93) Kompromisslos 2021 SC/MS/SOG
13 Vol.-%, DV, Stahltank, €€€€ B I
Zart getrübtes leuchtendes Orangegold, Messingreflexe. Mit kandierten Orangenzesten unterlegte reife Marillennote, etwas weißer Pfirsich, auch florale Nuancen. Saftig, elegant und komplex, mineralisch, gute Frische, reifes Steinobst im Abgang, bereits gut entwickelt, ein energischer Speisenbegleiter.

★★★★

WEINGUT MUSTER.GAMLITZ

Reinhard Muster und seine Familie meinen, dass guter Wein vor allem mit Liebe gemacht wird. Dieser Rezeptur folgen sie seit Jahren. Sie sind dem Handwerk verbunden, aus ehrlicher Überzeugung. Die Weine sind stets ausgewogen im Geschmack und dabei klassisch im Sinne von altbewährt. In der Südsteiermark ist im Windschatten der Alpen das illyrische Klima wetterbestimmend. Hierbei sind gegensätzliche Witterungen mit mediterranen Sonnenstunden, großen Temperaturschwankungen und ergiebigem Regen keine Seltenheit, sondern die Regel. Familie Muster ist sich dieser einzigartigen Vorzüge bewusst und kreiert mit Ruhe und Gelassenheit vertraut-natürlich guten Wein.

Soll das erste oder das letzte Glas einer Flasche Wein die größte Freude machen? Diese Grundsatzfrage prägt das Tun im Keller maßgeblich. »Wir haben uns ganz entschieden dem letzten Glas verschrieben«, meint Reinhard Muster. Seit den 1990er-Jahren haben die heimischen Weinbauern die Herstellung ihrer Weine verändert. Früher stand die Kellerarbeit im Mittelpunkt und hatte großen Einfluss auf den Wein. Gewissermaßen wurde der Wein damals eher »gemacht«, mittlerweile lässt man die Weine vielmehr »entstehen«. Von der Traube bis zur Flasche Wein bildet die Arbeit im Keller die nötige Basis. Der Wein entwickelt sich, dafür hält man sich auf dem Weingut Muster gerne so weit wie möglich im Hintergrund. Beim Wein-

© Anna Stöcher

WEINGUT MUSTER.GAMLITZ

8462 Gamlitz
Grubtal 14
T: +43 (3453) 2300
weingut@muster-gamlitz.at
www.muster-gamlitz.at

Kellermeister: Reinhard Muster
Kontakt: Familie Muster
Produktion: 100 % weiß, 58 Hektar
Messen: ProWein Düsseldorf

Reinhard Muster

bauer bleibt natürlich nach wie vor ein markanter Einfluss auf Charakteristika und Qualität, aber in gezielter, bewusster und vernünftiger Weise. Das letzte Glas jeder Flasche Wein ist dafür sehr dankbar. Bodenständig, erdig, offenherzig führt Reinhard Muster den Betrieb. Er ist der kreative Kopf des Weinguts. Mit Entschlossenheit im Alltag begleitet er jeden noch so kleinen Schritt. Miriam und Laurenzia sind die Wirbelwinde auf dem Weingut, mit immer guter Laune im Gepäck. Hier werkt ein buntes Team, das über eigene Kompetenzen hinaus Arbeit anpackt und tagtäglich kleinere Wunder vollbringt – mit Fleiß und mit Persönlichkeit.
Die Klassik-Weine präsentieren die Vielzahl der südsteirischen Rebsorten und deren ganz besondere geschmackliche Ausprägungen. Sie werden überwiegend in Edelstahltanks vinifiziert, um den typischen Charakter der Rebsorten präzise zu erhalten. Die Weine zeigen sich fruchtig und zugänglich und werden meist jugendlich getrunken.
Seit jeher bringt das temperamentvolle illyrische Wetter die jeweilige Rebsorten-Charakteristik strahlend in die Flasche. Dem Wetter wird nun auch auf dem Etikett gehuldigt, und die Serie »Reverenz« heißt nun »Illyr«. Die reifsten Trauben, von der Witterung im Jahresverlauf am meisten geprägt, werden in verschiedenen Holzfässern und Edelstahltanks bis zu ihrer beginnenden Flaschenreife ausgebaut und im Folgejahr der Ernte abgefüllt.

Europa – Österreich – Südsteiermark – Gamlitz – Grubthal: Je spezieller die Herkunft, umso höher ist der Anspruch an die Qualität. An der Spitze der Qualitätspyramide stehen die großen Gewächse der Ried Grubthal. Dementsprechend hoch sind die Ambitionen, weshalb diese Weine nur in sehr guten Jahrgängen gekeltert werden. Für diese Weine ist die Kellerwirtschaft lediglich Mittel zum Zweck – es wachsen nun mal keine Weinflaschen auf den Rebstöcken. Vergoren und gereift werden die Trauben zwischen 20 und 30 Monate lang in neuen und alten Holzfässern. Komplexität, Struktur und salzige Mineralik prägen diese Weine. Beste Trinkreife erlangen sie nach drei bis vier Jahren und weisen ein Lagerpotenzial von mindestens 10 bis 15 Jahren auf.

94 Sauvignon Blanc * Ried Grubthal 2020

13,5 Vol.-%, VL, Barrique, €€€€€

Helles Goldgelb, Silberreflexe. Feine Holzwürze, gelbe Stachelbeeren, ein Hauch von Cassis, Nuancen von Grapefruitzesten und Wiesenkräutern, einladendes Bukett. Saftig, elegant, weiße Tropenfrucht, feine Mineralik, mit lebendiger Säure unterlegt, salziger Nachhall, bereits antrinkbar, wird von Flaschenreife profitieren.

93 Sauvignon Blanc Grubthal Privatarchiv 2016

13 Vol.-%, VL, Barrique, €€€€€

Mittleres Goldgelb, Silberreflexe. Zart nach reifem gelbem Pfirsich, etwas Blütenhonig, kandierte Kumquats, feinwür-

* Südsteiermark DAC

zig unterlegt. Feine reife Aromen, gelbe Tropenfrucht, weißes Steinobst im Abgang, mittlere Komplexität, ein gut entwickelter Speisenbegleiter.

92 Sauvignon Blanc Illyr 2021
13,5 Vol.-%, VL, Barrique, €€€€
Helles Goldgelb, Silberreflexe. Nuancen von Weißen Johannisbeeren, Stachelbeeren, ein Hauch von Grapefruitzesten. Saftig, weiße Tropenfrucht, frischer Säurebogen, Limetten im Nachhall, ausgewogen, bereits gut antrinkbar.

91 Sauvignon Blanc Klassik 2022
12,5 Vol.-%, DV, Stahltank, €€€
Helles Gelbgrün, Silberreflexe. Zarte Wiesenkräuter, ein Hauch von Cassis, Weiße Johannisbeeren, Nuancen von Limettenzesten. Mittlerer Körper, weißes Kernobst, Stachelbeeren, feine Fruchtsüße im Abgang, bietet unkomplizierten Trinkspaß.

94 Chardonnay * Ried Grubthal 2020
13,5 Vol.-%, VL, Barrique, €€€€€
Leuchtendes Goldgelb, Silberreflexe. Mit einem Hauch von Nougat unterlegte gelbe Apfelfrucht, etwas Mango, kandierte Orangenzesten. Stoffig, weißes Kernobst, feiner Säurebogen, zitroniger Touch, balanciert und gut anhaftend, wirkt leichtfüßig und frisch im Abgang, vielfältig einsetzbar.

93 Chardonnay Grubthal Privatarchiv 2013
13 Vol.-%, VL, Barrique, €€€€€€
Leuchtendes kräftiges Goldgelb, Silberreflexe. Reifes, kräutrig unterlegtes Bukett, Marillenfrucht, kandierte Orangenzesten, etwas Honig. Saftig, nussig unterlegte weiße Pfirsichfrucht, feine Säurestruktur, salzig und anhaftend, reife Aromatik, etwas austrocknend im Finale.

91 Chardonnay Illyr 2021
13 Vol.-%, DV, Barrique, €€€
Helles Goldgelb, Silberreflexe. Zart nussig unterlegte reife gelbe Apfelfrucht, ein Hauch von Orangenzesten, einladendes Bukett. Saftig, weißes Kernobst, feiner Säurebogen, ein vielseitiger, unkomplizierter Speisenbegleiter.

92 Weissburgunder Illyr 2021
13,5 Vol.-%, VL, Barrique, €€€€
Mittleres Goldgelb, Silberreflexe. Feine gelbe Tropenfrucht, ein Hauch von Ananas, zart nach Birne, dezente Wiesenkräuter im Hintergrund. Mittlere Komplexität, weiße Apfelfrucht, zart salzig im Abgang, entwickelt, vielfältig einsetzbar.

92 Grauburgunder Illyr 2021
13 Vol.-%, VL, Barrique, €€€€
Helles Kupferrot mit Goldreflexen. Zart nach Nougat und Karamell, mit reifer Birnenfrucht unterlegt, kandierte Orangenzesten im Hintergrund. Komplex, weißes Kernobst, dezente Säurestruktur, salziger Nachhall, balanciert am Gaumen, ein vielseitiger Speisenbegleiter.

90 Gelber Muskateller Illyr 2021
12,5 Vol.-%, VL, Barrique, €€€€
Helles Grüngelb, Silberreflexe. Feine florale Nuancen, ein Hauch von Jasmin und gelber Tropenfrucht, etwas Blütenhonig im Hintergrund. Saftig, reife gelbe Mango, deutliche Fruchtsüße, zarte Säure, opulenter Stil mit Honigfinale.

91 Rosé Illyr 2021 BW/ZW
13 Vol.-%, VL, Barrique, €€€€
Mittleres Lachsrosa, Silberreflexe. Nuancen von eingelegten roten Kirschen, zart nach Erdbeeren, ein Hauch von Minze. Saftig, rotbeerig, lebendig und frisch, mineralisch, wirkt leichtfüßig, ein vielfältig einsetzbarer Sommerwein.

★★

WEINGUT NOEMI

Der Hofname Noemi bedeutet »die Liebliche« und bezieht sich auf die sanften Rebhügel dieser einzigartigen Region. Der Betrieb wird seit Generationen als Weinbaubetrieb geführt und verfügt über eine typisch steirische Sortenpalette. Das besondere Mikroklima und die kalkhaltigen Mergelböden bringen komplexe, würzige Weine hervor. Im Einflussbereich der mediterranen Klimazone entstehen hier durch das Zusammenspiel der milden südlichen Witterung mit den kühlen Lüften aus den Alpen nach Sonnenuntergang sehr große Temperaturunterschiede zwischen Tag und Nacht, die für eine intensive Aromenausprägung sorgen. Die Familie Wohlmuth versucht seit der Übernahme im Jahr 2012, die Typizität der einzelnen Lagen herauszuarbeiten. In atemberaubenden Steillagen gedeihen auf den sonnenverwöhnten und vom kalkhaltigen Mergelboden geprägten Lagen fruchtintensive, finessenreiche und komplexe Weine.

92 Sauvignon Blanc Steiermark 2022
12,5 Vol.-%, DV, Stahltank, €€€
Helles Gelbgrün, Silberreflexe. Würzige Cassisnote, gelbe Frucht, ein Hauch von Stachelbeeren. Stoffig, leichtfüßig, weißer Pfirsich, frisch strukturiert, mineralisch, bereits gut antrinkbar, ein vielseitiger Speisenbegleiter.

91 Morillon Steiermark 2022
12,5 Vol.-%, DV, Stahltank, €€€
Helles Gelbgrün, Silberreflexe. Frisches Kernobst, ein Hauch von gelbem Apfel, angenehme Kräuterwürze. Straff, zart nussig, lebendig strukturiert, mineralisch, Limetten im Nachhall, frischer Speisenbegleiter.

90 Welschriesling Steiermark 2022
11,5 Vol.-%, DV, Stahltank, €€
Helles Gelbgrün, Silberreflexe. Feine Apfelnuancen, zarter Blütenhonig, kandierte Orangenzesten. Saftig, elegant, frischer Säurebogen, salzig-zitroniger Touch im Abgang, grüner Apfel im Rückgeschmack.

90 Gelber Muskateller Steiermark 2022
12 Vol.-%, DV, Stahltank, €€€
Helles Gelbgrün, Silberreflexe. Traubig, florale Nuancen, nach Holunder, ein Hauch von Grapefruitzesten. Schlank, frisch strukturiert, zitronig-salzig im Abgang, anregender Stil.

90 Weißburgunder Steiermark 2022
12,5 Vol.-%, DV, Stahltank, €€
Helles Gelbgrün, Silberreflexe. Zart nach gelber Tropenfrucht, nach Ananas und Mango, Kräuterwürze. Mittlerer Körper, weißer Apfel, frischer Säurebogen, zitroniger Touch, salziger Abgang.

WEINGUT NOEMI
8441 Kitzeck im Sausal
Fresing 24
T: +43 (3456) 2303
wein@wohlmuth.at
www.noemi.st

Kellermeister/Kontakt:
Gerhard Wohlmuth
Produktion: 100 % weiß, 12 Hektar
Messen: ProWein Düsseldorf

Kitzeck im Sausal

WEINGUT RIEGELNEGG OLWITSCHHOF
8462 Gamlitz
Steinbach 62
T: +43 (3454) 6263
weingut@riegelnegg.at
www.riegelnegg.at

Kellermeister/Kontakt:
Roland Riegelnegg
Produktion: 69.333 Flaschen
7 % Schaumwein, 83 % weiß,
4 % rosé, 6 % rot, 14+3 Hektar
Zertifiziert: Nachhaltig Austria

★★★

WEINGUT RIEGELNEGG OLWITSCHHOF

NEU

Das Weingut Riegelnegg Olwitschhof liegt inmitten der Weinbauregion Südsteiermark, ca. vier Kilometer südwestlich von Gamlitz am Sernauberg und etwa drei Kilometer von der Südsteirischen Weinstraße entfernt. Die 14 Hektar großen Weingärten erstrecken sich über zwei Kilometer entlang des Sernaubergs. Die treibende Kraft hinter dem Familienbetrieb ist Roland Riegelnegg. Seit erfolgreicher Absolvierung der Weinbauschule in Silberberg und der Meisterausbildung für Weinbau und Kellerwirtschaft kümmert er sich mit voller Hingabe um die Vinifizierung der Weine. Die exzellente Weinserie spricht für sich.

97 Sauvignon Blanc * Ried Sernauberg Exzellenz 2020
14 Vol.-%, NK, kleines Holzfass, €€€€€€
Mittleres Grüngelb, Silberreflexe. Feine Holzwürze, zart nach Vanille und Mango, Blütenhonig, helles Nougat, sehr einladendes Bukett. Saftig, seidig und elegant, weiße Tropenfrucht, finessenreicher Säurebogen, mineralisch und lange anhaftend, ein hocheleganter Speisenbegleiter, ein balancierter Sortenvertreter, der bei aller Kraft noch eine tänzerische Leichtfüßigkeit an den Tag legt.

95 Sauvignon Blanc * Ried Welles 2021
14 Vol.-%, NK, großes Holzfass/Flaschenreifung, €€€€€
Mittleres Grüngelb, Goldreflexe. Feine Nuancen von gelber Frucht, ein Hauch von Vanille, eingelegte reife Paprikaschoten, etwas Pfirsich, facettenreiches Bukett. Saftig, feine Fruchtsüße, frischer Säurebogen, Pfirsich, mineralisch im Abgang, ausgewogen und bereits zugänglich, ein harmonischer Speisenbegleiter, ausgestattet mit Charme und Länge.

94 Sauvignon Blanc * Gamlitz 2021
13,5 Vol.-%, DV, Stahltank, €€€€
Helles Grüngelb, Silberreflexe. Zart nach Grapefruit, gelbe Tropenfrucht, Mango, Guaven, etwas Stachelbeeren und Blütenhonig, einladendes Bukett. Komplex, saftig und kraftvoll, feine Fruchtsüße, gelber Pfirsich, eleganter Säurebogen, mineralisch, fruchtsüß und gut anhaftend, ein stoffiger Speisenbegleiter, toller Ortswein.

© Werner KRUG, www.derkrug.at, 2020

94 Sauvignon Blanc * Ried Sernauberg 2021
13,5 Vol.-%, NK, Stahltank, €€€€€
Helles Grüngelb, Silberreflexe. Etwas scheues Bukett, ein Hauch von weißer Tropenfrucht, Nuancen von Litschis, etwas nach Kiwi, weißer Pfirsich, mit Grapefruitzesten unterlegt. Straff, engmaschig, feinwürzig, weißer Apfel, frisch und mineralisch, ein facettenreicher Speisenbegleiter mit Länge und Potenzial.

92 Sauvignon Blanc * Tradition 2022
12,5 Vol.-%, DV, Stahltank, €€€
Mittleres Grüngelb, Silberreflexe. Zarte Kräuterwürze, Nuancen von Johannisbeeren, Anklänge von Stachelbeeren, zart nach Grapefruitzesten. Straff, mittlerer Körper, weißer Pfirsich, etwas Apfel, feiner Säurebogen, zarte Fruchtsüße im Abgang, harmonisch, bereits gut antrinkbar.

95 Chardonnay * Ried Sernauberg Exzellenz 2020
14 Vol.-%, NK, kleines Holzfass, €€€€€€
Helles Goldgelb, Silberreflexe. Zarte gelbe Tropenfrucht, Mango und Papaya, mit dezenter Holzwürze unterlegt, ein Hauch von Nougat, Vanille im Hintergrund. Saftig, elegant, gelber Apfel, dezente Extraktsüße, feiner Säurebogen, bleibt haften, ein eleganter Speisenbegleiter mit Entwicklungspotenzial.

★★★★

WEINGUT POLZ

Das Weingut Polz definiert sich gerade wieder neu und kehrt zurück zu den Ursprüngen im Jahr 1912. Bereits in vierter Generation arbeitet die Familie heute tagtäglich daran, ihre Idee von Exzellenz ins Glas zu bringen.
Erich Polz jun. führt seit 2020 den Betrieb mit der Vision, das fabelhafte Potenzial und wertvolle Know-how, das in der langen Weinbautradition seiner Familie steckt, in eine fruchtbare, gesunde Zukunft zu geleiten. Erich jun. und sein Bruder Christoph Polz zeichnen für Keller und Vinifikation verantwortlich – mit großem Vertrauen in jede Traube. Denn die Leidenschaft der Brüder heißt Handwerk, und dieses erwächst direkt aus der Herkunft Südsteiermark, einem einzigartigen Terroir. Dabei wird Nachhaltigkeit gelebt – sei es nun durch sanften Rebschnitt, Verzicht auf Insektizide und Glyphosate oder die sich bereits in Umsetzung befindliche Umstellung der Weingärten auf »Bio«.
In den Worten von Erich Polz jun. klingt das so: »Wir lernen seit 111 Jahren täglich dazu. Wir arbeiten mit vitalen Reben auf gesunden Böden. Wir streben nach Balance und Exzellenz in unseren Weinen. Und wir gehen nun vermehrt Wege, die unbeschritten sind. Schließlich ist nichts riskanter, als nichts zu riskieren.«

(96) Sauvignon Blanc * Ried Hochgrassnitzberg GSTK 2021
NK, großes Holzfass, €€€€€€
Helles Gelbgrün, Silberreflexe. Zarte Kräuterwürze, feine Stachelbeernuancen, Grapefruit und Litschis klingen an, kühles Bukett. Straff, engmaschig, weißer Apfel, feines Säuregerüst, betont mineralisch im Abgang, Blutorangentouch im Finale, salzig und anhaftend, großes Reifepotenzial.

95 Sauvignon Blanc * Reserve Ried Theresienhöhe 1STK 2020
12,5 Vol.-%, NK, großes Holzfass, €€€€€
Leuchtendes Grüngelb, Silberreflexe. Zarte Nuancen von weißem Steinobst, ein Hauch von Zitronenmelisse, feine Kräuterwürze, mineralischer Touch. Komplex, elegant, feine Mango-Pfirsich-Frucht, lebendige Struktur, zarte Fruchtsüße im Abgang, zeigt Länge und Finesse, ein ruhiger Speisenbegleiter mit klarem Herkunftsprofil.

(95) Sauvignon Blanc * Ried Grassnitzberg 1STK Licht 2021
NK, großes Holzfass, €€€€€
Helles Grüngelb, Silberreflexe. Zart nach Stachelbeeren, etwas nach Litschis, frische Wiesenkräuter, ein Hauch von Grapefruitzesten. Engmaschig, feine Fruchtsüße, zart nach weißem Pfirsich, mineralisch-salzig, gut anhaftend, ein Hauch von Orangen im Nachhall, sehr gute Länge, sicheres Reifepotenzial.

94 Sauvignon Blanc * Ried Theresienhöhe 1STK Therese 2021
13 Vol.-%, DV, Stahltank, €€€€€
Helles Grüngelb, Silberreflexe. Feinwürzig, dunkle Beerenfrucht, Stachelbeeren, ein Hauch von Schiefer, frische Kräuter. Stoffig, elegant, feine gelbe Ringlottenfrucht, zarter Blütenhonig im Abgang, balanciert, mineralisch und bereits sehr gut antrinkbar.

* Südsteiermark DAC

Erich Polz jun.

WEINGUT POLZ

8472 Strass in der Steiermark
Am Grassnitzberg 39
T: +43 (3453) 2301
weingut@weingutpolz.at
www.weingutpolz.at

Kellermeister: Christoph Polz
Kontakt: Erich Polz jun.
Produktion: 95 % weiß, 5 % rot, 75 Hektar
Zertifiziert: Nachhaltig Austria
Vereinszugehörigkeit: GutFinden – Südsteiermark, Steirische Terroir- und Klassikweingüter, Wein Steiermark
Messen: ProWein Düsseldorf, VieVinum

93 Sauvignon Blanc * Ehrenhausen 2021
13 Vol.-%, DV, großes Holzfass, €€€€
Mittleres Grüngelb, Silberreflexe. Zarte Kräuterwürze, frische Stachelbeeren, Nuancen von Grapefruitzesten. Saftig, weißes Kernobst, straff und mit feiner Zitrone unterlegt, mineralisch, kernig im Abgang, zarte Fruchtsüße, bleibt gut haften, weiße Tropenfrucht im Nachhall, salzig, Limetten und Litschis im Rückgeschmack.

(93) Sauvignon Blanc * Kitzeck-Sausal 2022
13 Vol.-%, DV, Stahltank, €€€€
Helles Grüngelb, Silberreflexe. Ein Hauch von Marillen, reife Stachelbeeren, zart rauchige Mineralik, etwas Blütenhonig. Saftig, weißer Pfirsich, straffer Säurebogen, Limetten im Abgang, salziger Touch, feine Süße im Nachhall, gutes Entwicklungspotenzial.

93 Sauvignon Blanc * Ried Witscheiner Herrenberg 2020
13 Vol.-%, DV, großes Holzfass, €€€€
Helles Grüngelb, Silberreflexe. Zarte Nuancen von gelber Frucht, etwas nach Mandarinen, mit weißem Pfirsich unterlegt. Komplex, stoffig, feine Tropenfrucht, lebendig strukturiert, salzige Mineralik, ein Hauch von Marille im Finale.

92 Sauvignon Blanc * 2022
12 Vol.-%, DV, Stahltank, €€€
Helles Gelbgrün, Silberreflexe. Florale Nuancen nach Holunder, zart nach Stachelbeeren, Limettenzesten. Straff, engmaschig, weißer Pfirsich, etwas Ananas, frisch strukturiert, mineralisch-salzig, zitronig im Nachhall, ein animierender Speisenbegleiter.

95 Morillon * Ried Obegg GSTK Aeon 2021
NK, großes Holzfass, €€€€€€
Helles Grüngelb, Silberreflexe. Zart nach Vanille und Ananas, Nuancen von Gewürznelken, mit Weingartenpfirsich und weißem Apfel unterlegt. Elegant, feine mineralische Nuancen, etwas Birne, finessenreicher Säurebogen, lebendiger Stil, feine Frucht im Kern, salzig im Abgang, sehr gute Länge, sicheres Entwicklungspotenzial für viele Jahre.

(94) Morillon * Ried Grassnitzberg 1STK Licht 2021
13,5 Vol.-%, NK, großes Holzfass, €€€€€
Helles Grüngelb, Silberreflexe. Ein Hauch von weißen Blüten, zart nach Akazien, zart rauchig, dunkle Nuancen, mit gelbem Apfel unterlegt. Komplex, straffe Textur, feine Fruchtsüße, mineralisch und gut anhaftend, verfügt über Frische, kühler, animierender Stil, sicheres Entwicklungspotenzial.

93 Welschriesling * Ried Grassnitzberg Licht 2021
13 Vol.-%, NK, großes Holzfass, €€€€€
Mittleres Grüngelb, Silberreflexe. Frische gelbe Birne, ein Hauch von Wiesenkräutern, Orangenzesten. Mittlere Komplexität, Nuancen von weißem Kernobst, frisch strukturiert, mineralisch und gut anhaftend, kalkiger Touch im Finish, ein facettenreicher Speisenbegleiter mit nussiger Würze im Nachhall.

(93) Riesling * Ried Hochgrassnitzberg 2021
13 Vol.-%, NK, großes Holzfass, €€€€€
Mittleres Grüngelb, Silberreflexe. Zart rauchig-würzig unterlegt, feine gelbe Frucht, nach Ringlotte, etwas Blutorange und Safran, noch introvertiert. Weißer Apfel, rassige Struktur, kalkig-mineralisch, engmaschig, feine Zitrusnuancen im Abgang, finessenreicher Speisenbegleiter.

★★★

WEINGUT PONGRATZ KRANACHBERG

Markus Pongratz überzeugt die Weinkenner und -kritiker im In- und Ausland mit seiner beständigen fruchtigen Linie schon seit einigen Jahren. Die Erfolge sind kein Zufall, sondern auf das gute Zusammenspiel vieler Faktoren zurückzuführen: Auf der einen Seite liefern die Top-Lagen am Kranachberg und am Hochberg mit den sandigen Böden den Grundstein für die gute Qualität der Weine aus dem Hause Pongratz. Ein weiterer wichtiger Punkt ist die hohe Reife der Trauben, die durch mehrmaliges händisches Lesen vorselektiert werden. Ebenso ein Kriterium dafür, dass jedes Jahr aufs Neue so hervorragende Weine entstehen, ist der neueste Stand der Kellertechnik, kombiniert mit dem Wissen von Kellermeister Markus Pongratz.
2008 haben Markus und Sabine Pongratz das Weingut von den Eltern übernommen. In der gemütlichen Buschenschank werden Hochzeiten gefeiert und Events aller Art veranstaltet. Im Mittelpunkt der Familie Pongratz steht die Rauchschwalbe. Jedes Jahr, wenn die Schwalben nach dem Winter zurückkehren, gibt es ein traditionelles Schwalbenfest mit der Jahrgangsverkostung auf dem Weingut. Ein sehr anerkannter Maler der Südsteiermark, nämlich Gerald Brettschuh, hat für das Weingut einige Schwalbenmotive entworfen und zwei Exemplare davon vorgestellt, die auf den Etiketten Verwendung finden. Das Beste aus dem Hause Pongratz heißt übrigens »Schwalbenhimmel«.

95 Chardonnay * Ried Hochberg Schwalbenhimmel 2020
13,5 Vol.-%, NK, Barrique, €€€€€ V
Mittleres Grüngelb, Silberreflexe. Zart nach Bourbon-Vanille und hellem Nougatkaramell, mit gelber Tropenfrucht unterlegt, etwas Butterscotch. Kraftvoll, weißer Pfirsich, mineralisch, salziges Finale, ein eleganter Stil mit burgundischer Anmutung, sehr gutes Reifepotenzial, eine Art steirischer Puligny-Montrachet.

93 Chardonnay * Ried Kranachberg Sonnleit´n 2021
13 Vol.-%, DV, großes Holzfass, €€€€ V
Mittleres Gelbgrün, Silberreflexe. Zarte Holzwürze, weißer Apfel, ein Hauch von Birne und Mango, frische Wiesenkräu-

WEINGUT PONGRATZ KRANACHBERG
8462 Gamlitz - Kranachberg
Sonnleitenweg 73
T: +43 (676) 3379652
info@weingut-pongratz.at
www.weingut-pongratz.at

Kellermeister: Markus Pongratz
Kontakt: Familie Pongratz
Produktion: 1 % Schaumwein, 92 % weiß, 1 % rosé, 5 % rot, 1 % süß, 10 Hektar
Zertifiziert: Nachhaltig Austria
Vereinszugehörigkeit: Wein Steiermark
Messen: ÖGW Zürich, VieVinum, Weintage im Museumsquartier

Markus und Sabine Pongratz

* Südsteiermark DAC

ter klingen an. Saftig, elegant und frisch, feine Fruchtsüße, zart nach Babybanane, bleibt haften, ein stoffiger Sortenvertreter, verfügt über Entwicklungspotenzial, ein vielseitiger Speisenbegleiter.

94 Sauvignon Blanc * Ried Hochberg Schwalbenhimmel 2020
13,5 Vol.-%, NK, Barrique, €€€€€ Ⓥ
Helles Gelbgrün, Silberreflexe. Feine gelbe Tropenfrucht, Nuancen von Mango und Passionsfrucht, kandierte Orangenzesten, florale Aspekte, ein Hauch von Blütenhonig. Komplex, feine weiße Tropenfrucht, finessenreiche Struktur, elegant und gut anhaftend, Noten von Stachelbeeren im Nachhall, bereits entwickelt und antrinkbar, ein vielseitiger Speisenbegleiter.

(93) Sauvignon Blanc * Ried Kranachberg Sonnleit´n 2021
13 Vol.-%, DV, großes Holzfass, €€€€ Ⓥ
Helles Gelbgrün, Silberreflexe. Nuancen von frischer Passionsfrucht, zart nach Guaven und gelben Paprikaschoten, mit frischer Kräuterwürze unterlegt, attraktives Bukett. Komplex, saftig, Weiße Johannisbeeren, frischer Säurebogen, mineralisch-salzig im Abgang, Limetten im Nachhall, bereits gut antrinkbar, zeigt Länge und Potenzial.

93 Sauvignon Blanc * Ried Hochberg 2021
13 Vol.-%, DV, Holzfass, €€€€ Ⓥ
Helles Gelbgrün, Silberreflexe. Zart nach frischen Stachelbeeren, ein Hauch von Limetten, floraler Touch, animierendes Bukett. Engmaschig, mineralisch und komplex, salzig unterlegte Nuancen von weißem Kernobst, frischer Säurebogen, salzig im Abgang, straff, wird von weiterer Flaschenreife profitieren.

(92) Sauvignon Blanc * 2022
12,5 Vol.-%, DV, Stahltank, €€€ Ⓥ
Helles Gelbgrün, Silberreflexe. Zarte Nuancen von frischen Paprikaschoten, ein Hauch von Stachelbeeren, mit etwas Litschis unterlegt. Mittlerer Körper, weißer Apfel, frischer Säurebogen, feine Fruchtsüße im Abgang, mineralisch-zitroniger Nachhall, vielfältig einsetzbar.

93 Grauburgunder * Ried Hochberg Schwalbenhimmel 2020
13,5 Vol.-%, NK, Barrique, €€€€€ Ⓥ
Helles Goldgelb, Silberreflexe. Kandierte Orangenzesten, feines Karamell, zart nach Kletzen, Feigen und Vanille. Elegant, weiße Birnenfrucht, feiner Säurebogen, gut integrierte Holzwürze, noch sehr jugendlich, etwas verhalten im Abgang, gutes Reifepotenzial.

92 Grauburgunder * Ried Hochberg 2021
13,5 Vol.-%, DV, Holzfass, €€€€ Ⓥ
Helles Goldgelb, Messingreflexe. Etwas scheu, ein Hauch von gelber Birnenfrucht, dazu etwas Pfirsich und Orangenzesten. Kraftvoll, saftige Nuancen von Golden-Delicious-Apfel, dezenter Säurebogen, feine Fruchtsüße im Abgang, zarte Kräuterwürze im Nachhall.

(92) Gelber Muskateller * Ried Kranachberg Sonnleit´n 2022
12,5 Vol.-%, DV, Holzfass, €€€€ Ⓥ
Helles Gelbgrün, Silberreflexe. Zart nach gelber Tropenfrucht, Mango, Blütenhonig und Muskatnuss, einladendes Bukett. Saftig, mineralisch, weißer Apfel, etwas Pfirsich, rassig strukturiert, Limetten im Abgang, verfügt über Reifepotenzial.

(90) Gelber Muskateller * 2022
12,5 Vol.-%, DV, Stahltank, €€€
Helles Gelbgrün, Silberreflexe. Zart nach Holunderblüten, Limettenzesten, ein Hauch von Ananas. Saftig, elegant und ausgewogen, frischer Säurebogen, zitronig-salziger Nachhall.

★★★

WEINGUT POTZINGER

Seit 1860 ist die Familie Potzinger Weingutsbesitzer in der Südsteiermark. Ihr großer Trumpf sind die über die gesamte Südsteiermark verteilten Weingärten in einigen der besten Rieden dieser Region. Dazu zählen unter anderem die Ried Sulz, Steinriegel, Kittenberg, Czamillonberg, Oberburgstall, Wilitsch Kapelle und viele mehr.
Diese Vielfalt an großartigem Terroir, Erfahrung im Weinhandwerk seit mehr als 160 Jahren, die nachhaltige Bewirtschaftung, eine höchst sorgsame Weinbereitung und ein eingespieltes Team sind die Bausteine, die den Erfolgslauf der letzten Dekaden erklären. Potzinger-Weine sind als vegan zertifiziert, bekannt als hervorragende Speisebegleiter und zeichnen sich durch sehr gutes Reifepotenzial aus.
»Auf all unseren Reisen in die großen Weinbauländer dieser Erde wurde uns bewusst, welches Potenzial in den südsteirischen Weinen steckt: Mineralik, Frische und Eleganz. Dieses Potenzial voll auszuschöpfen und zutiefst südsteirische, naturbelassene Weine in höchster Qualität zu keltern ist die höchst erfolgreiche Mission unseres seit 1860 bestehenden Weinguts«, bringt es Stefan Potzinger auf den Punkt.

95 Sauvignon Blanc * Ried Sulz Joseph 2021
13 Vol.-%, DV, Barrique, €€€€€
Mittleres Grüngelb, Silberreflexe. Feinwürzig unterlegte Weiße Johannisbeeren, Vanille, Grapefruitzesten, zart nach Nougat, facettenreiches, einladendes Bukett. Komplex, stoffig, feine Fruchtsüße, ein Hauch von Pfirsich, lebendig strukturiert, besitzt sehr gute Länge, fruchtiger Nachhall, sicheres Reifepotenzial, ein harmonischer Speisenbegleiter.

94 Sauvignon Blanc * Ried Czamillonberg 2022
13,5 Vol.-%, DV, gebrauchte Barriques, €€€€ V
Mittleres Grüngelb, Silberreflexe. Zart nach Cassis, gelbe Stachelbeeren, Nuancen von Grapefruitzesten, etwas Nougat. Komplex, saftig, elegant, mineralische Textur, feine Fruchtsüße, nach Mango und Pfirsich, frisch und anhaftend, gut entwickelt, verfügt über Reifepotenzial.

93 Sauvignon Blanc * Ried Steinriegel 2022
13 Vol.-%, DV, Stahltank, €€€€ V
Helles Grüngelb, Silberreflexe. Nuancen von weißer Frucht, Limetten, Blüten, zarte Mineralik, ein Hauch von Litschis, einladendes Bukett. Mittlere Komplexität, salzig und lebendig strukturiert, harmonisch, ein animierender Speisenbegleiter.

91 Sauvignon Blanc * Tradition 2022
12,5 Vol.-%, DV, Stahltank, €€€ V
Helles Grüngelb, Silberreflexe. Zart nach Grapefruit, gelbe Stachelbeeren, ein Hauch von Mango, florale Nuancen im Hintergrund. Saftig, weißer Apfel, feiner Säurebogen, fruchtiger Stil, bereits gut antrinkbar.

93 Weißburgunder * Ried Kittenberg 2022
13 Vol.-%, DV, Stahltank, €€€€ V
Helles Grüngelb, Silberreflexe. Wiesenkräuter, frische Birne, ein Hauch von Walnuss, mineralischer Touch. Saftig, elegant, frischer Apfel, salzige Nuancen, gut integrierter Säurebogen, bleibt haften, verfügt über Entwicklungspotenzial.

91 Weißburgunder * Tradition 2022
12,5 Vol.-%, DV, Stahltank, €€€ V
Helles Grüngelb, Silberreflexe. Zart kräuterwürzig-nussig unterlegte Birnenfrucht, tabakiger Anklang. Mittlerer Körper, Noten von weißem Kernobst, feines Säurespiel, fruchtige Süße im Abgang, harmonisch und vielfältig einsetzbar.

WEINGUT POTZINGER
8424 Gabersdorf, Gabersdorf 12
T: +43 (664) 5216444
potzinger@potzinger.at
www.potzinger.at
Kellermeister: Hans-Peter Wippel
Kontakt: Heidi und Stefan Potzinger, Hans-Peter Wippel, Tim Maak
Produktion: 7 % Schaumwein, 90 % weiß, 1 % rosé, 1 % rot, 1 % süß, 20 Hektar
Zertifiziert: Nachhaltig Austria
Vereinszugehörigkeit: Wein Steiermark
Messen: ProWein Düsseldorf, VieVinum

93 Morillon * Ried Wielitsch Kapelle 2022
13 Vol.-%, DV, Teilbarrique, €€€€ V
Helles Grüngelb, Silberreflexe. Feine Holzwürze, gelbe Tropenfrucht, Nuancen von Mango und gelbem Apfel, zarter Vanilletouch, einladendes Bukett. Saftig, weiße Frucht, elegant, finessenreich strukturiert, zitronig-mineralisch im Abgang, ein seidiger Speisenbegleiter, gutes Reifepotenzial.

92 Gelber Muskateller * Tradition 2022
12 Vol.-%, DV, Stahltank, €€€ V
Helles Gelbgrün, Silberreflexe. Frischer Pfirsich, feine Nuancen von Holunderblüten, Limettenzesten, einladende Aromatik. Saftig, elegant, feine Tropenfrucht, ein Hauch von Litschis, frischer Säurebogen, mineralisch-zitronig, herzhafter Stil.

92 Riesling * Ried Steinriegel 2022
12 Vol.-%, DV, Stahltank, €€€ V
Helles Grüngelb, Silberreflexe. Zart nach Mandarinenzesten, feiner Schiefertouch, gelber Pfirsich, ein Hauch von Blütenhonig. Mittlerer Körper, Nuancen von weißem Steinobst, frischer Säurebogen, harmonisch, Limetten im Nachhall.

93 Grauburgunder Grace 2022
13 Vol.-%, DV, Teilbarrique, €€€€ V
Zart getrübtes Goldgelb, Messingtouch. Zart hefig unterlegte Tropenfrucht, kandierte Orangenzesten, ein Hauch von Blütenhonig. Komplex, saftig, feine Fruchtsüße, zart nach Pfirsich, mineralisch und mit Länge ausgestattet, ein Hauch von Dörrfeigen im Rückgeschmack, ein harmonischer Natural Wine.

92 Altsteirischer Mischsatz Alte Reben 2022 WB/PG/GS/WR
13 Vol.-%, DV, Stahltank, €€€ V
Helles Goldgelb, Silberreflexe. Zart nach frischer Birne, gelber Apfel, etwas Blütenhonig, mit Orangenzesten unterlegt. Stoffig, kernige Textur, feine Fruchtsüße, lebendig und gut anhaftend, ein facettenreicher Speisenwein mit Reifepotenzial.

★★★

WEINGUT PRIMUS

Das Weingut Primus am Grassnitzberg gehört zu den Top-Adressen in der Südsteiermark. Christian und Thomas Polz arbeiten kompromisslos in Weingarten und Keller, sodass auch in vegetativ schwierigen Jahrgängen lagerfähige Kreszenzen mit enormem Potenzial gekeltert werden. So können die Brüder seit Jahren mit Bewertungen im Spitzenfeld überzeugen.
Die Winzer verfügen über einige der besten Lagen in der Südsteiermark in den Rieden Grassnitzberg und Zieregg sowie in den entsprechenden Lagen in Slowenien. Ihr Sortiment ist von Terroir-Weinen geprägt. Neben Sauvignon Blanc in unterschiedlichen Ausprägungen produzieren sie auch beeindruckende Chardonnays. Das Weingut Primus ist für eine sortentypische, klare Weinlinie bekannt. Neu im Sortiment finden sich seit heuer vier unfiltrierte Weine unter dem Label »Terra«. Die Weine kann man vor Ort verkosten oder im Onlineshop bestellen. Seit heuer ist das Weingut »Nachhaltig Austria«-zertifiziert.
Aus den Trauben der slowenischen Weinanbaufläche vinifiziert man einen frischen Sommer- oder Terrassenwein namens »Apollo«, den sehr ausdrucksstarken mineralischen Sauvignon Blanc »Muschelkalk« mit Lagenweincharakter und den eleganten Chardonnay »vom Opok«.
Zum Weingut gehört eine entzückende Buschenschank in einem alten Steinhaus (geöffnet auf Anfrage) mit einigen komfortablen Gästezimmern mit herrlicher Aussicht über die südsteirische Hügellandschaft – eine Idylle für Genießer.

94 Sauvignon Blanc * Ried Zieregg 2020
13,5 Vol.-%, DV, großes Holzfass, €€€€€
Mittleres Grüngelb, Silberreflexe. Einladende Nuancen von reifer Tropenfrucht, ein Hauch von Stachelbeeren und Litschis, zarter Grapefruittouch, mineralisch unterlegt. Saftig, elegant, gelber Pfirsich, feiner Säurebogen, kräuterwürziger Nachhall, salzig und anhaftend, gutes Reifepotenzial.

93 Sauvignon Blanc * Ried Grassnitzberg Stein 2021
13,5 Vol.-%, DV, Stahltank, €€€€
Helles Grüngelb, Silberreflexe. Dunkle Johannisbeeren, Brombeerblätter, ein Hauch von Stachelbeeren, Nuancen von Grapefruitzesten. Straff, saftig, elegant, feine Frucht-

süße, weißer Pfirsich, feines Säurespiel, saliner Nachhall, zeigt Länge und Potenzial.

90 Sauvignon Blanc Terra Z 2020
13,5 Vol.-%, NK, kleines Holzfass, €€€€€
Mittleres Grüngelb, Goldreflexe. Anklänge von reifem gelbem Kernobst, zart vegetal unterlegt, etwas Walnuss, ein Hauch von Apfelschalen. Straff, trocken, dezenter Säurebogen, dunkle Mineralik, feine Süße im Abgang, ein Naturwein, der uns im Ausdruck sowohl Sorte wie auch Herkunft verschweigt.

93 Chardonnay * Ried Zieregg 2020
13,5 Vol.-%, DV, kleines Holzfass, €€€€€
Leuchtendes mittleres Goldgelb, Silberreflexe. Zart blättrig unterlegte würzige Holzanklänge, etwas Karamell, Nuancen von gelber Frucht, kandierte Orangenzesten. Mittlerer Körper, zart nach Haselnuss und weißem Pfirsich, feiner Säurebogen, elegant und ausgewogen, mineralischer Touch im Abgang, ein balancierter Speisenbegleiter.

92 Chardonnay * Ried Grassnitzberg 2021
13,5 Vol.-%, DV, großes Holzfass, €€€€
Mittleres Gelbgrün, Silberreflexe. Feine gelbe Tropenfrucht, zart nach Guaven, Ananas, etwas Blütenhonig, einladendes Bukett. Saftig, kernig, reife Mangofrucht, feiner Säurebogen, dezenter Honigtouch im Abgang, zart karamellig, bleibt haften, ein stoffiger Speisenbegleiter.

WEINGUT PRIMUS
8472 Grassnitzberg-Spielfeld
Am Grassnitzberg 15
T: +43 (3453) 3911
weingut@primus.cc
www.primus.cc

Kellermeister/Kontakt:
Christian und Thomas Polz
Produktion: 98 % weiß, 1 % rot, 1 % süß, 18 Hektar
Zertifiziert: Nachhaltig Austria
Vereinszugehörigkeit:
Wein Steiermark
Messen: VieVinum

92 Gelber Muskateller Alte Reben 2022
13,5 Vol.-%, DV, Stahltank, €€€
Helles Gelbgrün, Silberreflexe. Zart nach Blütenhonig, Marshmallows, gelber Pfirsich, einladende Aromatik. Elegant, saftig, einem Traminer nahe Aromatik, feiner Säurebogen, mineralisch, seidig, feine Fruchtsüße im Abgang.

★★★

WEINGUT REGELE

Die Familie Regele führt eines der traditionsreichsten Weingüter in der Südsteiermark. 1830 gegründet, verantworten heute Georg und Ingrid Regele mit Sohn Franz den renommierten Weinbaubetrieb. Georg Regele vergleicht die eindrucksvolle Erfolgsgeschichte gerne mit seinen Reben, denn nur starke Wurzeln sind Garanten für eine gesunde Entwicklung und stetige Qualitätssteigerung.
Kultiviert werden rund 25 Hektar Rebflächen, die ausnahmslos händisch gelesen werden. Herausragende Rieden sind Oberglanzberg, Sulz und die große Ried Zoppelberg, die bereits im 13. Jahrhundert urkundlich erwähnt wurde. Die daraus entstehenden DAC-Riedenweine genießen höchste Anerkennung und begeistern durch ihre terroirgeprägte Mineralik und trinkanimierende Balance. Mit der Produktion von finessenreichen Schaumweinen ist man dem Mythos der prickelnden Perlen auf der Spur. Klassifiziert in der anspruchsvollen österreichischen Sekt-Pyramide mit geschützter Ursprungsbezeichnung gibt es bei nationalen und internationalen Bewerben kontinuierlich Höchstbewertungen.
Der Weinbau ist nicht nur ein traditionsreiches, sondern auch ein extrem innovatives Fachgebiet. Es hat sich in seiner Vielfalt, Breite, Zuständigkeit, Orientierung und Bedeutung in den vergangenen Jahren dramatisch verändert. Junior Franz Regele bringt hier die nötige Qualifikation mit. Dem Absolventen der HBLA und BA Klosterneuburg gelingen sowohl ein verantwortungsvoller Umgang mit Neuerungen als auch das Festigen von Bewährtem. »Je präg-

Franz Regele

WEINGUT REGELE

8461 Ehrenhausen an der Weinstraße
Ewitsch 34
T: +43 (3453) 2426
office@regele.com
www.regele.com

Kellermeister/Kontakt: Ing. Georg Regele
Produktion: 10 % Schaumwein, 79 % weiß, 10 % rot, 1 % süß, 25 Hektar
Zertifiziert: Nachhaltig Austria
Vereinszugehörigkeit: SIEME-Weingüter, Wein Steiermark
Messen: VieVinum, DAC-Präsentationen

nanter heute der technische Fortschritt ist, desto mehr spielt das Umfeld, in dem dies alles passiert, eine Rolle«, so Franz Regele. Spannende Innovationsfelder sind für ihn auch der Ausbau seiner Weine in Amphoren oder im Beton-Ei sowie die Kultivierung von (pilzwiderstandsfähigen) PIWI-Rebsorten wie dem Souvignier Gris. Voraussetzung für innovatives Arbeiten im Weinbau ist und bleibt aber die konsequente nachhaltige Kultivierung der Rebflächen – und das immer im Einklang mit der Natur. »Im Reigen der Jahreszeiten ist das für mich nicht nur eine Herausforderung, sondern eine ständige Motivation.«

93 Blanc de Blancs Chardonnay Sulztaler Sulz Steiermark g.U. Große Reserve 2017
12,5 Vol.-%, NK, Flaschengärung, €€€€€
Leuchtendes Goldgelb, Silberreflexe, zartes Mousseux. Kandierte Limettenzesten, weißer Apfel, etwas Mango, feiner Hefetouch. Komplex, saftig, gelbe Tropenfrucht, feiner Blütenhonig, süße Frucht, reife Ananas, zart nach Haselnuss, bleibt gut haften, mineralisch-salzig im Abgang.

92 Brut Rosé Reserve Sekt g.U. Steiermark
12,5 Vol.-%, NK, Flaschengärung, €€€€
Leuchtendes helles Lachsrosa, zarter Kupfertouch, feines, lebendiges Mousseux. Frische rote Waldbeeren, ein Hauch von Himbeeren, Limettenzesten, mineralischer Touch. Leichtfüßig, elegant, weiße Kirschen, Birnen, frisch strukturiert, seidige Textur, gute Frische, mineralischer Touch, zitroniger Nachhall, Ribiseln im Rückgeschmack. (Deg. 10/22)

(93) Sauvignon Blanc * Ried Sulztaler Sulz Unfiltriert 2021
13 Vol.-%, NK, Stahltank, €€€
Helles Goldgelb, Silberreflexe. Frischer Pfirsich, Grapefruitzesten, etwas Blütenhonig und Litschis. Saftig, elegant, weißer Apfel, straffe Textur, finessenreiche Säurestruktur, salziger Touch im Abgang, feine Kräuterwürze im Nachhall.

(93) Sauvignon Blanc * Ried Sulztaler Zoppelberg Unfiltriert 2021
13 Vol.-%, NK, großes Holzfass/Stahltank, €€€€
Helles Goldgelb, Silberreflexe. Feine Stachelbeerfrucht, ein Hauch von weißen Ribiseln, etwas Blütenhonig, mineralischer Touch. Saftig, komplex, Nuancen von Passionsfrucht und Guaven, feiner Säurebogen, mineralisch-salzig im Abgang, gute Länge, sicheres Reifepotenzial.

92 Sauvignon Blanc * Ehrenhausen 2021
13 Vol.-%, DV, Stahltank, €€€
Helles Gelbgrün, Silberreflexe. Zart nach Cassis, floraler Touch, feine Nuancen von Stachelbeeren, ein Hauch von Pfirsich, mineralischer Touch. Saftig, engmaschig, weiße Tropenfrucht, finessenreiche Struktur, zarte Fruchtsüße im Abgang, ein eleganter Speisenbegleiter.

91 Sauvignon Blanc * 2022
12,5 Vol.-%, DV, Stahltank, €€
Helles Grüngelb, Silberreflexe. Zarte Kräuterwürze, Cassis, ein Hauch von Pfirsich, mit etwas Grapefruit unterlegt. Saftig, elegant, feine Fruchtsüße nach Steinobst im Kern, mineralisch-salzig im Abgang, Blütenhonig im Rückgeschmack.

93 Weißburgunder * Ried Oberewitsch Unfiltriert 2021
13 Vol.-%, NK, gebrauchte Barriques/Stahltank, €€€€€
Helles Grüngelb, Silberreflexe. Zarte Noten von gelbem Kernobst, etwas Mango, ein Hauch von Orangenzesten, etwas Blütenhonig im Hintergrund. Mittlere Komplexität, engmaschig, feine Apfelfrucht, gut integrierte Säurestruktur, balanciert, ein leichtfüßiger, feiner Speisenbegleiter.

92 Grauburgunder * Ried Sulztaler Zoppelberg Unfiltriert 2021
13 Vol.-%, NK, gebrauchte Barriques/Stahltank, €€€€€
Zartes Messinggold, Silberreflexe. Zart nach frischer Birne, ein Hauch von Orangenzesten und Dörrobst. Straff, engmaschig, weiße Apfelfrucht, lebendiger Säurebogen, zarter Blütenhonig im Nachhall, Limetten im Rückgeschmack.

90 Gelber Muskateller * 2022
12 Vol.-%, DV, Stahltank, €€
Helles Gelbgrün, Silberreflexe. Weiße Tropenfrucht, ein Hauch von Litschis, Limettenzesten, florale Nuancen. Zart nach Muskatnuss, weiße Apfelfrucht, zitronig-salzig, leichtfüßiger Stil.

★★

WEINGUT FAMILIE REPOLUSK

Roland und Karl-Philipp Repolusk haben beide das Winzerhandwerk von der Pike auf gelernt. Bei der Entstehung ihrer Weine ist das kleinste Detail von Bedeutung. Jeder ist von Anfang an eine Idee, die durch die schöpferische Auseinandersetzung mit den Rebstöcken entsteht. Sowohl Roland als auch Karl-Philipp arbeiten Tag für Tag mit viel Leidenschaft in ihren Weingärten. Handarbeit am Rebstock ist für sie ein wichtiger Faktor für die Qualität der Trauben, und so ist es selbstverständlich, dass die Trauben von Hand gelesen werden.

Als Weinbauern wollen die Repolusks natürlich Jahr für Jahr Volltreffer landen – die Weine sollen so authentisch wie möglich sein. Aromasorten wie Gelber Muskateller, die Hauptsorte des Weinguts, Sauvignon Blanc und Roter Traminer liegen den beiden besonders am Herzen und werden riedenrein ausgebaut. Auf dem wunderbaren Kalksandsteinboden der Riede Oberglanz entstehen diese tieffruchtigen, eleganten und zugleich sehr

WEINGUT FAMILIE REPOLUSK
8463 Leutschach an der Weinstraße
Glanz 41
T: +43 (3454) 313
weingut@repolusk.at
www.repolusk.at

Kellermeister/Kontakt:
Roland und Karl-Philipp Repolusk
Produktion: 4 % Schaumwein, 91 % weiß, 1 % rosé, 2 % rot, 2 % süß, 11 Hektar
Zertifiziert: Nachhaltig Austria
Vereinszugehörigkeit:
Wein Steiermark
Messen: DAC-Präsentationen

Roland und Karl-Philipp Repolusk

komplexen Weine. Die Riede Kaltenegg mit lehmigem Sandboden lässt sehr feinfruchtige, lebendige und vielschichtige Weine heranreifen.
Mit viel Leidenschaft betreibt die Familie auch eine ausgezeichnete Buschenschank. »Was gibt es Schöneres, als unsere Gäste mit hausgemachten Köstlichkeiten und einem guten Glas Wein zu erfreuen?«, so Gudrun Hernach und Ramona Repolusk, die die Buschenschank mit viel Herzblut und Engagement führen. Jeder, der durch die Südsteiermark tourt, sollte unbedingt beim Weingut und der Buschenschank der Familie Repolusk vorbeischauen.

93 Gelber Muskateller * Ried Oberglanz 2021
13 Vol.-%, DV, großes Holzfass, €€€
Helles Gelbgrün, Silberreflexe. Zart nach Jasmin, dazu ein Hauch von Marshmallows, Nuancen von Himmelschlüsseln, zart mit Steinobst unterlegt. Saftig, engmaschig, feine weiße Tropenfrucht, etwas nach Litschis, gut eingebundene Säure, salziger Nachhall, gutes Entwicklungspotenzial.

90 Gelber Muskateller * 2022
12 Vol.-%, DV, Stahltank, €€€
Sehr helles Gelbgrün, Silberreflexe. Feine Nuancen von Holunderblüten, zart nach Muskatnuss, weißer Pfirsich, Limetten, einladendes Bukett. Frisch, traubig, lebendig strukturiert, mineralisch-salzig im Abgang, mittlere Länge, feiner Sommerwein.

93 Chardonnay * Ried Kaltenegg Lignum Große Reserve 2020
13,5 Vol.-%, NK, kleines Holzfass, €€€€
Mittleres Grüngelb, Silberreflexe. Gelbe Fruchtnoten, ein Hauch von Mango und Pfirsich, Blütenhonig, kandierte Orangenzesten. Kraftvoll, etwas Kokos und Vanille, seidige Struktur, weiße Birnenfrucht im Abgang, helles Nougat, bleibt haften, ein saftiger Speisenbegleiter.

89 Morillon * Leutschach 2022
12,5 Vol.-%, DV, großes Holzfass, €€

(92) Grauburgunder * Leutschach 2022
13,3 Vol.-%, DV, großes Holzfass, €€€
Helles Goldgelb mit kupferroten Reflexen. Zart nach Wiesenkräutern, gelbe Birnenfrucht, ein Hauch von kandierten Grapefruitzesten. Saftig, weißes Kernobst, frischer Säurebogen, feine Fruchtsüße im Abgang, zarter Honigtouch im Nachhall, ein lebendiger, stoffiger Speisenwein mit Entwicklungspotenzial.

90 Sauvignon Blanc * 2022
12,5 Vol.-%, DV, Stahltank, €€€
Sehr helles Gelbgrün, Silberreflexe. Zart rauchige Kräuterwürze, Johannisbeeren und Stachelbeeren, mit Limettenzesten unterlegt. Knackig, würzig, rassiger Säurebogen, zitronig-salzig im Abgang, lebendig-animierender Stil.

★★★★★

WEINGUT ERWIN SABATHI

BIO

Seit 1650 gibt es in der Familie Sabathi eine Tradition für Weinbau. Der große Aufschwung begann 1992 mit dem Einstieg von Erwin Sabathi jr. in den elterlichen Betrieb. Heute liegt das Familienweingut in den Händen von Erwin und seiner Frau Patrizia. Das Weingut ist ein biologisch zertifizierter Betrieb. Patrizia und Erwin Sabathi setzen in ihrer Philosophie auf die Herkunft des Weines und auf das Wirken der Natur: Alle Trauben werden handverlesen – allein aufgrund der Gegebenheit der Rebflächen (extrem steile Rieden) ist nur eine traditionelle manuelle Lese möglich. Ein weiteres und viel wichtigeres Argument ist für das Winzerpaar jedoch die Qualität: Man setzt hier ganz bewusst auf die Lese per Hand.

Die wichtigsten Rebsorten bei Erwin Sabathi sind Sauvignon Blanc und Chardonnay, diese genießen international den höchsten Stellenwert. Seine Sauvignon Blancs und Chardonnays der Ried Pössnitzberg (Große STK Ried) stehen gemeinsam mit den ganz großen Weißweinen der Welt auf einer Stufe – und damit ganz oben. Dabei gelten der Sauvignon Blanc Ried Pössnitzberg Alte Reben und der Chardonnay Ried Pössnitzberg Alte Reben als absolute Rarität: Die hierfür penibel selektierten Trauben stammen von den ältesten Rebstöcken am Pössnitzberg. Als äußerst präzise Weltklasseweine gelten der Chardonnay Ried Pössnitzberger Kapelle und der Sauvignon Blanc Ried Pössnitzberger Kapelle.

© Regina Hügli

WEINGUT ERWIN SABATHI

8463 Leutschach an der Weinstraße
Pössnitz 48
T: +43 (3454) 265
weingut@sabathi.com
www.sabathi.com

Kellermeister: Erwin Sabathi
Kontakt: Familie Erwin Sabathi
Anbauweise: Zertifiziert Biologisch (Austria Bio Garantie)
Produktion: 97 % weiß, 3 % rot, 54 Hektar
Zertifiziert: Nachhaltig Austria
Vereinszugehörigkeit: GutFinden – Südsteiermark, Steirische Terroir- und Klassikweingüter
Messen: ProWein Düsseldorf, VieVinum, MondoVino

Patrizia und Erwin Sabathi

Im Jahr 2016 wählte Falstaff Erwin Sabathi zum »Winzer des Jahres«. Einer der Gründe dafür war sein Händchen für die Rebsorte Chardonnay. Der Chardonnay Ried Pössnitzberg Alte Reben GSTK wird Jahr für Jahr mit hohen Punkten ausgezeichnet. Wer zu diesem Wein noch eine potenzielle Steigerung sucht, hält nach dem grandiosen Chardonnay Ried Pössnitzberger Kapelle, dem rarsten Wein in Sabathis Angebot, Ausschau. Die Suche lohnt sich: Noch »mehr« Chardonnay hat die Alpenrepublik aktuell kaum zu bieten.

98 Sauvignon Blanc * Ried Pössnitzberger Kapelle GSTK 2020
13 Vol.-%, NK, großes Holzfass, €€€€€€ B
Helles Grüngelb, Silberreflexe. Zarte gelbe Frucht, Nuancen von Ringlotte und Pfirsich, feine rauchige Note, mineralisch und facettenreich, einladendes Bukett. Seidig, leichtfüßig, sehr finessenreich strukturiert, zarte Nuancen von weißer Frucht, ein Wein, der tief ins Terroir blicken lässt, feingliedrig, harmonisch und lange anhaftend, Nuancen von weißem Apfel im Nachhall, bereits perfekt zu trinken.

(97) Sauvignon Blanc * Ried Pössnitzberg GSTK Alte Reben 2021
13 Vol.-%, NK, großes Holzfass, €€€€€€ B
Helles Grüngelb, Silberreflexe. Feine weiße Tropenfrucht, dazu ein Hauch von Ananas, zart floral unterlegt, ein facettenreiches, einladendes Bukett. Stoffig, seidig, ein Hauch von reifen Stachelbeeren und Pfirsich, gut integrierte Säurestruktur, feine Textur, mineralisch-salzig im Nachhall, sicheres Reifepotenzial.

(95) Sauvignon Blanc * Ried Pössnitzberg GSTK 2021
13 Vol.-%, NK, großes Holzfass, €€€€€ B
Helles Gelbgrün, Silberreflexe. Zart floral unterlegte gelbe Tropenfrucht, nach Ananas und Mango, ein Hauch von Mandarinenzesten, Nuancen von Blütenhonig. Saftig, elegant, finessenreiche Struktur, balanciert und lange anhaftend, Limetten im Abgang, salzig und animierend, bereits perfekt antrinkbar, sicheres Reifepotenzial.

(94) Sauvignon Blanc * Ried Poharnig 1STK 2022
13 Vol.-%, DV, großes Holzfass, €€€€€ B
Mittleres Gelbgrün, Silberreflexe. Feine Nuancen von gelbem Steinobst, ein Hauch von Mandarinen, zarter Blütenhonig, einladendes Bukett. Komplex, saftig, feine weiße Frucht, feine Säurestruktur, die gut integriert ist, ganz zarte fruchtige Süße im Nachhall, mineralisch und lange anhaftend, Limetten im Rückgeschmack, ein facettenreicher Speisenbegleiter.

(93) Sauvignon Blanc * Leutschach 2022
13 Vol.-%, DV, großes Holzfass, €€€€ B
Mittleres Gelbgrün, Silberreflexe. Feine gelbe Tropenfrucht, ein Hauch von Mango, zart nach Pfirsich, Cassis und Kräutern. Saftig, elegant, feine Fruchtsüße, gut integrierte Säurestruktur, mineralisch, gut anhaftend, ein Hauch von Limette im Abgang.

91 Sauvignon Blanc * 2022
12,5 Vol.-%, DV, Stahltank, €€€€ B
Helles Gelbgrün, Silberreflexe. Zart rauchig, Nuancen von Grapefruitzesten und Stachelbeeren, frische Johannisbeeren, würziges Bukett. Saftig, elegant, feine Fruchtsüße, Nuancen von gelber Tropenfrucht, finessenreiche Säure-

* Südsteiermark DAC

struktur, die gut eingebunden ist, mineralisch-zitronig im Nachhall, bereits entwickelt.

(98) Chardonnay * Ried Pössnitzberg GSTK Alte Reben 2021
13,5 Vol.-%, NK, 500-l-Fass, €€€€€€ B
Helles Grüngelb, Silberreflexe. Feine Aromen von Haselnuss, zarte gelbe Tropenfrucht, ein Hauch von weißem Nougat, facettenreich und verführerisch. Komplex, saftig, feine Fruchtsüße, lebendiger Säurekern, balanciert und lange, ein Wein voll Anmut und Finesse, tolle Länge, bereits jetzt sehr verführerisch.

98 Chardonnay * Ried Pössnitzberger Kapelle GSTK 2020
13 Vol.-%, NK, 500-l-Fass, €€€€€€ B
Helles Goldgelb, Silberreflexe. Zartes Nougat, gelbe Tropenfrucht, aber auch Nuancen von weißer Frucht, ein Hauch von Limette und Jasmin, ein breiter Aromenfächer. Seidig, sehr finessenreich und druckvoll, kalkige Textur, feine Süße im Abgang, gelbe Tropenfrucht im Rückgeschmack, perfekt entwickelt, feine saline Nuancen im Rückgeschmack, sicheres Entwicklungspotenzial.

(96) Chardonnay * Ried Pössnitzberg GSTK 2021
13,5 Vol.-%, NK, 500-l-Fass, €€€€€ B
Mittleres Gelbgold, Silberreflexe. Feiner Hauch von Vanille, gelber Apfel, etwas Banane, zart nach Mandarinenzesten, feine Kräuterwürze. Straff, energisch, feine Nuancen von weißer Frucht, angenehmer Säurebogen, finessenreich, salzig, mineralischer Nachhall, sehr balanciert, großes Entwicklungspotenzial.

94 Chardonnay * Ried Saffran 2021
13,5 Vol.-%, NK, 500-l-Fass, €€€€€ B
Helles Grüngelb, Silberreflexe. Zartes Vanille-Karamell, gelber Pfirsich, weißes Nougat, einladendes Bukett. Saftig, elegant, feine Nuancen von weißem Kernobst, lebendige Frische, mineralisch, pikanter, trinkfreudiger Stil, feine Limette im Abgang.

(94) Chardonnay * Ried Oberpössnitz 2021
13,5 Vol.-%, DV, kleines Holzfass, €€€€€ B
Helles Grüngelb, Silberreflexe. Zart kräuterwürzig, gelbe Tropenfrucht, etwas Blütenhonig, feine florale Aspekte. Mineralisch, straffe Säurestruktur, weißer Apfel, wirkt relativ filigran, ein trinkanimierender Stil, bereits gut entwickelt.

(93) Chardonnay * Leutschach 2022
12,5 Vol.-%, DV, großes Holzfass, €€€€ B
Helles Goldgelb, Silberreflexe. Reife gelbe Tropenfrucht, rauchige Kräuterwürze, kandierte Orangenzesten. Saftig, elegant, feine Fruchtsüße, gut integrierte Säurestruktur, ein Hauch von Blütenhonig, bereits gut anzutrinken.

(94) Gelber Muskateller * Ried Krepskogel 1STK 2022
12,5 Vol.-%, DV, großes Holzfass, €€€€€ B
Helles Gelbgrün, Silberreflexe. Florale Aspekte, reife gelbe Tropenfrucht, ein Hauch von frischen Kräutern, Orangenblüte, facettenreiches Bukett. Stoffig, engmaschig, mineralisch geprägt im Abgang, feine Fruchtsüße, zeigt Länge und Entwicklungspotenzial.

92 Gelber Muskateller * 2022
11,5 Vol.-%, DV, Stahltank, €€€ B
Helles Gelbgrün, Silberreflexe. Zart nach Rosenöl und Marshmallows, Nuancen von weißer Frucht, ein Hauch von Litschis, einladendes Bukett. Elegant, feine traubige Frucht, mineralisch, frischer Säurebogen, salzig im Nachhall, ein animierender, leichtfüßiger Speisenbegleiter.

(93) Weißburgunder * Ried Jägerberg 1STK 2022
13 Vol.-%, DV, großes Holzfass, €€€€€ B
Sehr helles Goldgelb, Silberreflexe. Nuancen von frischer gelber Birne, weißes Nougat, etwas Blütenhonig. Saftig, rund, dezente Fruchtsüße, feiner Säurekern, harmonisch, zitroniger Touch im Abgang, ein vielseitiger Speisenbegleiter.

91 Weißburgunder * 2022
12 Vol.-%, DV, Stahltank, €€€ B
Helles Gelbgrün, Silberreflexe. Zarte Nuancen von weißem Kernobst, ein Hauch von Honigmelone und Orangenzesten. Stoffig, zart nussig, weiße Birnenfrucht, feines Säurespiel, mineralischer Nachhall, gut antrinkbar.

(93) Grauburgunder * Ried Jägerberg 1STK 2022
13 Vol.-%, DV, großes Holzfass, €€€€€ B
Mittleres Goldgelb, Silberreflexe. Ganz zarte reduktive Nuancen, feine Note von gelbem Kernobst, rauchig, kandierte Orangenzesten, Birnenfrucht. Saftig, elegant, weißer Apfel, dezentes Säurespiel, harmonisch, zart nach Kamille, seidige Mineralik, bleibt gut haften, sicheres Reifepotenzial.

90 * Sabathini 2022 WR/SB
11,5 Vol.-%, DV, Stahltank, €€ B
Helles Gelbgrün, Silberreflexe. Nuancen von frischem weißem Steinobst, zart nach Orangen, floraler Touch. Schlank, weißer Apfel, frisch strukturiert, mineralisch-zitronig im Abgang, ein lebendiger Sommerwein.

89 Welschriesling * 2022
11,5 Vol.-%, DV, Stahltank, €€ B

90 Sabathini Rosé 2022 ZW/CS/ME
11,5 Vol.-%, DV, Stahltank, €€ B
Helles Lachsrosa, Silberreflexe. Zart nach Waldbeeren, eingelegten Kirschen und Erdbeeren, einladendes Bukett. Saftig, zarte Fruchtsüße, feine Säurestruktur, Apfelfrucht im Nachhall, ein lebendiger Sommerwein, zitroniger Rückgeschmack.

★★★★

WEINGUT HANNES SABATHI

Hannes Sabathi brennt für den Boden, denn von ihm bekommt der Wein seinen unverwechselbaren Charakter. »Das fasziniert mich, und hier liegt für mich auch die Wahrheit im Wein«, so der Winzer. Oder in anderen Worten: »Geiler Boden, geiler Wein«, wie es Sabathi auch gerne auf den Punkt bringt. Seine Weine zeigen stets Klarheit und Tiefe, eine präzise Bodencharakteristik sowie die Individualität des Jahrgangs. Man merkt, dass hier ein Winzer am Werk ist, der nicht nur bravourös sein Handwerk versteht, sondern sich auch zurücknehmen kann. Mit viel Gespür für das von Jahr zu Jahr unterschiedliche Zusammenspiel von Boden, Rebsorte und Wetter lässt Sabathi seine Weine entstehen: »Ich sehe mich nicht als Weinmacher, denn ich mache keine Weine. Der Boden und der Jahrgang machen den Wein«, erklärt er seinen Zugang als Winzer.
Wer wie Hannes Sabathi nach dem Prinzip »Weniger ist mehr« agiert, braucht viel Erfahrung und Vertrauen in die Natur – und vor allem Geduld. Schon immer war es sein Traum, Weine von unterschiedlichen Böden zu vinifizieren, denn jede Lage hat eine sehr spezifische geologische und mineralische Geschichte, die es zu verstehen gilt. Diesen individuellen Charakter will Sabathi in den Weinen weiterleben lassen. Dazu greift er möglichst wenig ein und lässt der Natur ihren Lauf. Ob es nun Weine mit der salzigen Eleganz vom Kranachberg, der dichten Mineralik vom Jägerberg, der tiefen Substanz der Ried Loren oder der kühlen Würze des Kehlbergs sind: Allen gemeinsam ist ihnen Jahr für Jahr ihre deutliche Lagencharakteristik. Das kann nur ein Bodenversteher wie Hannes Sabathi.

95 Sauvignon Blanc * Alte Reben 2019
14,5 Vol.-%, VL, Holzfass, €€€€€€
Helles Grüngelb, Silberreflexe. Zart nussig unterlegte gelbe Stachelbeerfrucht, etwas Guaven und zarte Röstaromen, unterlegt mit Mango und Grapefruitzesten. Kraftvoll, weiße Tropenfrucht, ein Hauch von Karamell, mineralisch, salzig im Abgang, kräuterwürziger Nachhall, zeigt gute Länge, sicheres Reifepotenzial.

93 Sauvignon Blanc * Leutschach 2021
13,5 Vol.-%, VL, Stahltank, €€€€
Helles Gelbgrün, Silberreflexe. Feine gelbe Tropenfrucht, ein Hauch von Guaven, zart nach weißem Nougat, attraktives Bukett. Straff, komplex, gute Würze, finessenreiche Struktur, mineralisch-zitronig im Abgang, gute Länge, tolles Preis-Leistungs-Verhältnis.

(93) Sauvignon Blanc * Ried Dirnbeck 2021
13 Vol.-%, VL, Stahltank, €€€€
Helles Gelbgrün, Silberreflexe. Feine Nuancen von weißen Stachelbeeren, etwas Cassis, dunkle Mineralik, kühles Bukett. Straff, weißer Apfel, frische Rasse, wirkt leichtfüßig, zitronige Nuancen im Abgang, salziger Nachhall.

91 Sauvignon Blanc * 2022
12,5 Vol.-%, DV, Stahltank, €€€
Sehr helles Gelbgrün, Silberreflexe. Frische Grapefruitzesten, weißer Pfirsich, ein Hauch von Stachelbeeren, mineralischer Touch. Straff, leichtfüßig und feinwürzig, zitronig im Nachhall, macht Lust auf ein zweites Glas.

(93) Sauvignon Blanc Weststeiermark DAC Ried Kehlberg Falter Ego 2021
13,5 Vol.-%, VL, großes Holzfass, €€€€€
Helles Gelbgrün, Silberreflexe. Zart rauchig, weiße Sta-

WEINGUT HANNES SABATHI
8462 Gamlitz, Sernau 48
T: +43 (3453) 2900
office@hannessabathi.at
www.hannessabathi.at
Kellermeister/Kontakt:
Hannes Sabathi
Produktion: 2 % Schaumwein, 96 % weiß, 1 % rosé, 1 % süß, 65 Hektar
Zertifiziert: Nachhaltig Austria
Vereinszugehörigkeit:
GutFinden – Südsteiermark, Marktgemeinschaft Steirischer Wein, Steirische Terroir- und Klassikweingüter
Messen: Austrian Tasting London, ÖGW Zürich, ProWein Düsseldorf, VieVinum, DAC-Präsentationen, Hong Kong International Wine & Spirits Fair

chelbeeren, etwas Blütenhonig. Straff, weiße Pfirsichfrucht, zart karamelliger Touch im Kern, cremig, elegant, frische Tropenfrucht im Nachhall, ein jugendlicher Speisenbegleiter mit gutem Entwicklungspotenzial.

(94) Chardonnay * Ried Jägerberg 1STK 2021
13 Vol.-%, VL, großes Holzfass, €€€€€
Helles Gelbgrün, Silberreflexe. Zart reduktiv, ein Hauch von Haselnuss, Grapefruitzesten, feine Kräuterwürze. Straff, engmaschig, weiße Frucht, zart nussig auch im Abgang, salzig-frisch, ein vielseitiger Speisenbegleiter mit Entwicklungspotenzial.

92 Chardonnay * Gamlitz 2020
13 Vol.-%, VL, großes Holzfass, €€€
Helles Gelbgrün, Silberreflexe. Nuancen von Golden-Delicious-Apfel, zart nach weißer Frucht, ein Hauch von Blütenhonig, mit Limettenzesten unterlegt. Mittlerer Körper, weißes Kernobst, frisch und lebendig strukturiert, zitronig, ein leichtfüßiger Speisenbegleiter, animierender Stil.

(93) Grauburgunder * Ried Jägerberg 1STK 2021
13,5 Vol.-%, VL, großes Holzfass, €€€€€
Helles Grüngelb, Silberreflexe. Feine rauchige Aromatik, frische Birnenfrucht, Grapefruit und Kräuter klingen an. Straff, weißes Kernobst, wirkt relativ leichtfüßig, straffes Säuregerüst, zitroniger Touch im Abgang, saliner Nachhall, sicheres Entwicklungspotenzial.

(94) Grauburgunder Weststeiermark DAC Ried Kehlberg Falter Ego 2021
13,5 Vol.-%, VL, großes Holzfass, €€€€€
Helles Goldgelb, Silberreflexe. Feines weißes Nougat, gelbe Tropenfrucht, ein Hauch von kandierten Orangenzesten, mit dezenter Kräuterwürze unterlegt, Blütenhonig klingt an. Saftig, Nuancen von weißem Steinobst, frischer Säurebogen, dezente Süße, mineralisch, ein vielseitiger Speisenbegleiter mit Potenzial.

93 Gelber Muskateller * Ried Graf Woracziczky 2021
13 Vol.-%, VL, Stahltank, €€€€€
Sehr helles Gelbgrün, Silberreflexe. Feine gelbe Tropenfrucht, etwas Ananas, zarter Blütenhonig, gewürzig unterlegt, sehr facettenreiches Bukett. Komplex, weißer Apfel, feiner Säurebogen, mineralisch-salzig im Abgang, zeigt Länge, sicheres Reifepotenzial.

91 Gelber Muskateller * 2022
12 Vol.-%, DV, Stahltank, €€€
Helles Gelbgrün, Silberreflexe. Zart traubig, ein Hauch von Ananas, zart nach Litschis, floraler Touch. Leichtfüßig, straff, weißer Apfel, zitroniger Touch, Limetten im Rückgeschmack, leichtfüßiger Stil.

(93) Welschriesling * Ried Czamillonberg 2021
13 Vol.-%, VL, großes Holzfass, €€€€
Helles Grüngelb, Silberreflexe. Frische weiße Tropenfrucht, ein Hauch von Blütenhonig, kandierte Mandarinenzesten, mit einem Limettentouch unterlegt. Komplex, straff, zarte Birnenfrucht, frisch strukturiert, feiner Zitrustouch, dunkle Mineralik im Abgang.

90 Welschriesling * 2022
11,5 Vol.-%, DV, Stahltank, €€
Helles Gelbgrün, Silberreflexe. Feine gelbe Apfelfrucht, ein Hauch von Birne, mit Limettenzesten unterlegt. Grüner Apfel, zitroniger Touch, salzig, ein lebendiger, animierender Sommerwein.

92 Weißburgunder * Gamlitz 2021
12,5 Vol.-%, VL, großes Holzfass, €€€€
Helles Gelbgrün, Silberreflexe. Zarte Note von gelbem Kernobst, ein Hauch von Orangenzesten, mit Wiesenkräutern unterlegt. Straff, engmaschig, rassiger Säurebogen, zitronig-salzig, anregender Speisenwein, gutes Reifepotenzial.

91 Weißburgunder * 2022
12 Vol.-%, DV, Stahltank, €€
Sehr helles Gelbgrün, Silberreflexe. Frische weiße Birnenfrucht, zart nach Mandarinenzesten, einladendes Bukett. Mittlerer Körper, zarte Fruchtsüße, gut integrierte Säurestruktur, ausgewogen, zart nussiger Nachhall.

89 OZ magic Rosé 2022 ZW/CS
11 Vol.-%, DV, Stahltank, €€

92 Riesling Spätlese 2021
9,5 Vol.-%, VL, Stahltank, €€€€
Helles Gelbgrün, Silberreflexe. Süße Pfirsichnase, feine gelbe Tropenfrucht, einladende Steinobstnoten. Saftig, gut integrierte Süße, feiner Säurebogen, präzise und frisch, Pfirsich im Abgang, mineralisch, gutes Entwicklungspotenzial.

★★★★★

FAMILIENWEINGUT SATTLERHOF

BIO

Umgeben von steilen Hängen sitzt das Familienweingut seit 1887 auf einem kargen Hügel bei Gamlitz. Seit dem Jahr 2020 zählt der 35 Hektar bewirtschaftende Hof laut dem US-Weinmagazin »Wine & Spirits« zu den 100 besten Weingütern der Welt. Diese Auszeichnung ist nicht nur auf die biodynamische Arbeitsweise in blühenden Weingärten zurückzuführen, die von Andreas und Alexander Sattler eingeführt wurde, sondern auch auf die langjährigen Erfahrungen ihrer Eltern Maria und Willi Sattler.
Perfekte physiologische Reife der Trauben, selektive Handlese und ein puristischer Ausbau mit texturgebendem Maischekontakt sind einige der handwerklichen Schritte, mit denen die Familie die Qualität der Weine seit Jahrzehnten hoch hält. Ziel der präzisen Arbeitsweise ist es, dem Charakter der ausgezeichneten Rieden Kranachberg, Pfarrweingarten, Sernauberg und Kapellenweingarten Raum zu geben, um sich zu entfalten. Mit bis zu 55-jährigen Rebstöcken auf extrem steilen Hängen sind die Weingärten von Quarz, Kalk und Kiesel geprägt. Es liegt wohl auch am Zusammenspiel der schonenden Wirtschaftsweise der jungen Generation und der Erfahrung der Eltern, dass die Top-Weine vom Sattlerhof jedes Jahr noch eigenständiger, langlebiger und authentischer werden.

(98) Sauvignon Blanc * Ried Alter Kranachberg GSTK 2021
13,5 Vol.-%, VL, Stahltank, €€€€€€ B V
Helles Gelbgrün, Silberreflexe. Dunkle Kräuterwürze, Grapefruitzesten, feine weiße Tropenfrucht, Nuancen von Pfirsich und Mango, mineralisch unterlegt. Komplex, stoffig, feine weiße Apfelfrucht, finessenreiche Säurestruktur, Johannisbeeren im Abgang, salzig und anhaftend, sicheres Reifepotenzial, Limetten im Nachhall, ein ungemein facettenreicher Begleiter bei Tisch.

97 Sauvignon Blanc * Privat 2019
13,5 Vol.-%, VL, Holzfass, €€€€€€ B
Mittleres Grüngelb, Silberreflexe. Feine gelbe Tropenfrucht, kandierte Orangenzesten, zart nach frischen Ringlotten, zart floral unterlegt. Saftig, elegant, etwas Mango und Pfirsich, ausgewogen, finessenreicher Säurebogen, wirkt sehr leichtfüßig, gut anhaftend, großes Zukunftspotenzial.

95 Sauvignon Blanc * Ried Pfarrweingarten GSTK 2021
13,5 Vol.-%, VL, Stahltank, €€€€€€ B
Helles Grüngelb, Silberreflexe. Ein Hauch von Melisse, Grapefruitzesten und frischen Stachelbeeren, mit etwas Cassis unterlegt. Saftig, elegant, feine Fruchtsüße, angenehmer Säurebogen, stoffig und gut anhaftend, dezent nach Blütenhonig im Nachhall, sicheres Reifepotenzial.

95 Sauvignon Blanc * Ried Grassnitzburg 2020
13,5 Vol.-%, VL, Stahltank, €€€€€€ B
Helles Grüngelb, Silberreflexe. Nuancen von Honigmelone, reife Stachelbeeren, ein Hauch von Wiesenkräutern, Blütenhonig, einladendes Bukett. Komplex, stoffig, weiße Apfelfrucht, gut integrierter Säurebogen, mineralisch im Nachhall, sehr gute Länge, Limetten im Rückgeschmack.

(94) Sauvignon Blanc * Gamlitz 2022
13 Vol.-%, VL, Stahltank, €€€€ B V
Helles Gelbgrün, Silberreflexe. Feine gelbe Tropenfrucht, zart nach Mango, weißer Apfel, ein Hauch von Guaven, et-

FAMILIENWEINGUT SATTLERHOF
8462 Gamlitz, Sernau 2
T: +43 (3453) 2556
weingut@sattlerhof.at
www.sattlerhof.at
Kellermeister: Willi, Alex und Andreas Sattler
Kontakt: Alex und Andreas Sattler
Anbauweise: Biodynamisch (respekt)
Produktion: 95 % weiß, 3 % rot, 2 % süß, 35 Hektar
Zertifiziert: Nachhaltig Austria
Vereinszugehörigkeit: Steirische Terroir- und Klassikweingüter, respekt-BIODYN
Messen: ProWein Düsseldorf, VieVinum, DAC-Präsentationen

was Blütenhonig. Saftig, elegant, feine Fruchtsüße, finessenreiche Säurestruktur, feine Aromatik, dezenter Blütenhonig im Abgang, stoffig und animierend.

(94) Sauvignon Blanc * Ried Sernauberg 1STK 2021
13 Vol.-%, VL, Stahltank, €€€€€ B V
Helles Grüngelb, Silberreflexe. Frische weiße Tropenfrucht, dezente Kräuterwürze, ein Hauch von Grapefruitzesten, rauchige Nuancen, Johannisbeeren im Hintergrund. Straff, engmaschig, feine Fruchtsüße, seidige Textur, gut integrierte Säurestruktur, weiße Frucht im Nachhall, zeigt Länge und Charme, ein facettenreicher Speisenbegleiter.

(94) Sauvignon Blanc * Ried Kapellenweingarten 2021
12,5 Vol.-%, VL, großes Holzfass, €€€€€ B V
Helles Gelbgrün, Silberreflexe. Zart nach gelben Paprikaschoten, weißer Pfirsich, ein Hauch von Cassis, angenehm kühles Bukett. Saftig, elegant, leichtfüßig, finessenreiche Säurestruktur, sehr balanciert und zugänglich, feinfruchtiger Nachhall, ein animierender Speisenbegleiter.

92 Sauvignon Blanc * 2022
13 Vol.-%, DV, Stahltank, €€€ B
Helles Gelbgrün, Silberreflexe. Feine Kräuterwürze, weiße Apfelfrucht, ein Hauch von Pfirsich und Grapefruitzesten. Saftig, elegant, feine gelbe Tropenfrucht, gut integrierte Säurestruktur, feine Salzigkeit, Weiße Johannisbeeren im Nachhall.

96 Morillon * Ried Pfarrweingarten GSTK 2021
13,5 Vol.-%, VL, Stahltank, €€€€€€ B V
Helles Grüngelb, Silberreflexe. Einladende Navel-Orangen, ein Hauch von gelben Ringlotten und Kräutern, dunkle Mineralik. Stoffig, feine Fruchtsüße, Nuancen von Pfirsich, saftiger Kern, feiner Säurebogen, salziger Nachhall, Limetten im Rückgeschmack, delikater Stil, sicheres Entwicklungspotenzial.

(94) Morillon * Ried Kapellenweingarten 2021
12,5 Vol.-%, VL, großes Holzfass, €€€€€ B V
Helles Grüngelb, Silberreflexe. Zart nach Mandarinenzesten und Marillen, ein Hauch von Wiesenkräutern, mineralisch unterlegt. Komplex, saftig, feine cremige Textur, feiner salziger Touch, zart nach Blutorangen im Nachhall, ein balancierter Speisenbegleiter.

(93) Morillon * Gamlitz 2022
13 Vol.-%, VL, großes Holzfass, €€€€ B V
Helles Gelbgrün, Silberreflexe. Frische Wiesenkräuter, ein Hauch von gelbem Apfel, Nuancen von Orangenzesten. Saftig, elegant, feine cremige Textur, dezente Fruchtsüße, mineralisch, Nuancen von Honigmelone im Nachhall, ein eleganter Speisenbegleiter.

94 Gelber Muskateller * Ried Marein 2021
12 Vol.-%, VL, Stahltank, €€€€€ B V
Helles Grüngelb, Silberreflexe. Feinwürzig, Nuancen von Maracuja und Pfirsich, ein Hauch von Rosen, Kräutertouch. Straff, feine Noten von weißem Pfirsich, frische Struktur, elegant, dezente Fruchtsüße im Abgang, traubiger Nachhall, mineralisch-salziges Finale.

93 Welschriesling * Alte Reben 2021
12,5 Vol.-%, DV, Holzfass, €€€€ B
Helles Gelbgrün, Silberreflexe. Zart nach Kräutern, dazu ein Hauch von Birne, Nuancen von Grapefruitzesten, mineralischer Touch. Stoffig, elegant, feine Apfelfrucht, gut integrierte Säurestruktur, ein puristischer, filigraner Weißwein-Stil, mineralisch und anhaftend.

96 Gemischter Satz Fassreserve Pfarrweingarten 2017
13 Vol.-%, VL, kleines Holzfass, €€€€€€ B
Helles Grüngelb, Silberreflexe. Ein Hauch von weißem Nougat, weißer Pfirsich, ein Hauch von Orangenzesten, mit etwas Mango unterlegt. Kraftvoll, saftig, feine Steinobstnuancen, elegant und stoffig, feine Fruchtsüße, ausgewogen und mit großer Länge ausgestattet, sehr gute Frische, ein vielseitiger Speisenbegleiter, sehr gutes Entwicklungspotenzial.

94 Blauburgunder Alte Reben 2020
12,5 Vol.-%, DV, Holzfass, €€€€€ B
Mittleres Rubingranat, sehr breite Randaufhellung. Nuancen von Waldbeeren, eingelegte Kirschen, ein Hauch von Bergamotte und Kokos, einladendes Bukett. Mittlerer Körper, rotbeerig, ein Hauch von weißem Nougat, seidige Tannine, mineralisch, feinfruchtiger Abgang, ausgewogen, bietet delikates, leichtfüßiges Trinkvergnügen.

94 Sauvignon Blanc Beerenauslese 2021
11,5 Vol.-%, VL, Stahltank, €€€€€ B V
Helles Goldgelb, Silberreflexe. Reife Quittenfrucht, feiner Honigtouch, gelbe Ringlotten, einladendes Bukett. Saftig, feine Fruchtsüße, lebendige Säurestruktur, Honigtouch im Nachhall, leichtfüßig, bereits gut entwickelt und antrinkbar.

★★★

WEINGUT SCHAUER

Schieferböden, Steillagen und Handarbeit: In Kitzeck, einem Ort auf 564 Metern Seehöhe im südsteirischen Sausal, liegt das Weingut Schauer, ein traditionsreicher Familienbetrieb – seine Wurzeln reichen bis ins Jahr 1757 zurück – mit herausragenden Rieden, nachhaltiger Philosophie und Weinen voller Eleganz und Finesse. Die Zügel in der Hand haben heute die Brüder Stefan und Bernhard Schauer. Beide sind Weinbauern aus Leidenschaft und führen den Betrieb Seite an Seite.

Im Besitz des Weinguts befinden sich traditionsreiche und besonders begünstigte Rebflächen, die aufgrund ihrer beeindruckenden Hangneigung nur sehr arbeitsintensiv zu bewirtschaften sind. Handarbeit ist das Um und Auf, garantiert aber eine penible Selektion und allerbeste Qualität der geernteten Trauben.

Das Sausal unterscheidet sich vor allem geologisch vom großen Rest der Südsteiermark. Hier gibt der Schiefer den Ton an. Die Steillagen mit teils schwindelerregendem Gefälle sind vor 300 Millionen Jahren im Paläozoikum entstanden, ihre Böden bestehen aus phyllitischem Schiefer. Die das Sausal umgebende Südsteiermark lag zu jener Zeit unter einem Urmeer, aus dem das Sausal wie eine Insel herausragte. Deshalb gibt es hier keine kalkhaltigen Meeresablagerungen, sondern Tonschiefer, Serizitquarzite, Grünschiefer, roten und blauschwarzen Schiefer sowie Einsprengsel von Kalifeldspat. Nur vereinzelt finden sich Kalkablagerungen in tieferen Lagen. Den Schiefer schmeckt man in den Weinen der Schauers: Es sind die rauchigen, mineralischen und würzigen Noten, die auf diese Art von Böden hinweisen.

(95) Sauvignon Blanc * Ried Gaisriegl 2021
13 Vol.-%, VL, 500-l-Fass, €€€€€
Mittleres Goldgelb, Silberreflexe. Frische Kräuterwürze, feine gelbe Tropenfrucht, Pfirsich, Mango, mineralischer Touch, kandierte Limettenzesten. Komplex, saftig, reife Tropenfrucht, finessenreicher Säurebogen, salzig-zitronig, gut anhaftend, sehr gute Länge, sicheres Reifepotenzial.

(93) Sauvignon Blanc * Ried Theresienhöhe 2022
12,5 Vol.-%, VL, großes Holzfass/Stahltank, €€€€€
Mittleres Goldgelb, Silberreflexe. Feine Nuancen von gelber Tropenfrucht, reife Stachelbeeren, mit Mandarinen und frischem Apfel unterlegt, weiße Beeren, florale Aspekte. Saftig, elegant, dunkle Mineralik, weißes Kernobst, salziger Touch im Abgang, sehr in sich ruhend, ein feiner Speisenbegleiter mit Reifepotenzial.

(92) Sauvignon Blanc * Kitzeck-Sausal 2022
12,5 Vol.-%, DV, großes Holzfass, €€€€
Mittleres Grüngelb, Silberreflexe. Mineralisch-schiefrig unterlegte helle Tropenfrucht, zart nach Grapefruitzesten, etwas Cassis. Saftig, feine gelbe Frucht, etwas Pfirsich und Ananas, lebendiger Säurebogen, leichtfüßig und doch druckvoll, ein eleganter Begleiter bei Tisch.

91 Sauvignon Blanc * Quarz & Schiefer 2022
13 Vol.-%, DV, Stahltank/großes Holzfass, €€€
Helles Grüngelb, Silberreflexe. Zart nach Stachelbeeren, Weiße Johannisbeeren, feine Kräuterwürze. Saftig, elegant, weiße Tropenfrucht, etwas nach Litschis, Grapefruit, frischer Säurebogen, salziger Abgang, bereits gut entwickelt.

WEINGUT SCHAUER
8442 Kitzeck
Greith 21
T: +43 (3456) 3521
office@weingut-schauer.at
www.weingut-schauer.at

Kellermeister: Stefan Schauer
Kontakt: Bernhard Schauer
Produktion: 98 % weiß, 2 % rot
Zertifiziert: Nachhaltig Austria
Vereinszugehörigkeit:
GutFinden – Südsteiermark, WBV Sausal, Wein Steiermark
Messen: ProWein Düsseldorf, VieVinum

* Südsteiermark DAC

(91) Sauvignon Blanc * Ehrenhausen 2022
13 Vol.-%, DV, Holzfass/Stahltank, €€€€
Mittleres Grüngelb, Silberreflexe. Zart rauchig-würzig, Cassis und gelbe Stachelbeeren, ein Hauch von Paprikaschoten. Mittlere Komplexität, weiße Tropenfrucht, feiner Säurebogen, mineralisch, zitroniger Nachhall, bietet unkompliziertes Trinkvergnügen.

94 Riesling * Ried Gaisriegl 2021
13 Vol.-%, VL, 500-l-Fass, €€€€€
Helles Goldgelb, Silberreflexe. Zart nach Limettenzesten, weiße Blüten, ein Hauch von Melisse und Steinobst, etwas Safran im Hintergrund, facettenreiches Bukett. Komplex, straff und engmaschig, weiße Frucht, feine Mineralik, eleganter Stil, seidig und lange anhaftend, sicheres Reifepotenzial, bietet schon jung großes Trinkvergnügen.

93 Riesling * Alte Reben 2022
12,5 Vol.-%, VL, großes Holzfass/Stahltank, €€€€€
Mittleres Grüngelb, Silberreflexe. Weiße Blüten, Weingartenpfirsich, Zitruszesten, ein Hauch von Schiefer. Straff, zart nach Marille, feine Fruchtsüße, vibrierende Säurestruktur, Limetten im Abgang, gute Länge, finessenreich und mit Potenzial ausgestattet.

92 Riesling * Kitzeck-Sausal 2022
12 Vol.-%, DV, Stahltank, €€€€
Mittleres Gelbgrün, Silberreflexe. Zart nach Mandarinenzesten, gelbe Tropenfrucht, ein Hauch von Pfirsich, einladendes Bukett. Stoffig, kühle Steinobstnuancen, frischer Säurebogen, mineralisch-zitronig, sehr gut entwickelt, Limetten im Nachhall, animierender Begleiter bei Tisch.

92 Grauburgunder * Kitzeck-Sausal 2022
12,5 Vol.-%, DV, großes Holzfass, €€€€
Helles Goldgelb, Silberreflexe. Zart nach Dörrfeigen und Kletzen, reife Birne, ein Hauch von Wiesenkräuter. Mittlerer Körper, feine Mineralik, weißes Kernobst, harmonisch, salzige Nuancen, eher leichtfüßiger Stil, ein vielseitiger Speisenwein.

92 Morillon * Kitzeck-Sausal Schiefergestein 2021
13 Vol.-%, VL, 500-l-Fass, €€€€
Helles Goldgelb, Silberreflexe. Zart nach frischem Pfirsich, Mango und ein Hauch von Limettenzesten. Saftig, elegant, cremige Textur, feine Fruchtsüße, reife Papaya im Abgang, balanciert, ein stoffiger Speisenbegleiter.

★

WEINGUT JOHANN SCHNEEBERGER

Die Steiermark ist für Familie Schneeberger der ideale Ort, um einzigartige Wein entstehen zu lassen. Seit 1870 bauen die Schneebergers in der Südsteiermark Wein an. Das Wissen über Böden, Trauben, Wind und Wetter wurde von Generation zu Generation weitergegeben. Jeder in der Familie hat seine Funktion. Die gemeinsame Arbeit ist durch Respekt und Vertrauen geprägt. Die Familie hat durch viel Fleiß in den vergangenen Jahrzehnten neue Dimensionen im steirischen Weinbau erreicht.
In den vergangenen zehn bis zwanzig Jahren wurde der internationale Stellenwert gefestigt und die Qualität weiter gesteigert. Ein besonderes Kennzeichen eines erfolgreichen Weinguts ist die Zusammenarbeit von mehreren Generationen. Das garantiert die Weitergabe von Erfahrung ebenso wie die stetige Suche nach Verbesserungsmöglichkeiten.
Familie Schneeberger hat für sich den richtigen Weg gefunden: Entspanntes und doch konzentriertes Arbeiten, Wertschätzung für die Natur und die Liebe zum Genuss. Denn nur wer die Stärken der Südsteiermark zu schätzen weiß, ist auch ein guter Weinbauer und beliebter Gastgeber.
Im Sausal, dem ältesten urkundlich erwähnten Weinbaugebiet der Steiermark, wird von den Schneebergers unter anderem ein wunderbarer Sauvignon, eine Lagen-Cuvée aus den Weingärten in Kitzeck-Sausal, ausgebaut. Die Böden sind meist karg und steil, der Wein braucht mehr Zeit als anderswo. Die Rieden Hochbrudersegg und Flamberg sind durch sehr unterschiedliche Bodenbeschaffenheiten, Höhenlagen und Wetterverhältnisse charakterisiert – von dominierendem Schieferboden bis zu Sand und Muschelkalk reicht die Palette. Ein starker Faktor im Sausal sind die Temperaturunterschiede im Spätsommer und Herbst, die sich günstig auf die Aromenbildung auswirken. Alle Weine tragen die Handschrift von Johann Schneeberger junior. Mit viel Liebe,

WEINGUT JOHANN SCHNEEBERGER

8451 Heimschuh
Pernitschstraße 31
T: +43 (3452) 83934
office@weingut-schneeberger.at
www.weingut-schneeberger.at
Kellermeister: Johann Schneeberger jun.
Kontakt: Sarina Schneeberger
Produktion: 5 % Schaumwein, 75 % weiß, 10 % rosé, 10 % rot, 120 Hektar
Zertifiziert: Nachhaltig Austria
Messen: Alles für den Gast Salzburg, ProWein Düsseldorf, Tag des Steirischen Weines im Museumsquartier, Vinobile Montfort, DAC-Präsentationen

Kittenberg, Heimschuh

Einsatz und Leidenschaft vinifiziert er typische, klare steirische Weine. »Mir geht es darum, in meinen Weinen die Herkunft zu schmecken: den Boden, das Klima und auch meine eigenen Wurzeln!«
Für Genießer und Weinkenner hat die Schneeberger-Buschenschank in Heimschuh fast das gesamte Jahr über geöffnet. Der eine greift zur hausgebeizten Lachsforelle mit Oberskren, der andere ist vernarrt in den Wacholderrohschinken, und am Nebentisch bestellt jemand feinste Mehlspeisen: Nach einem Besuch bei den Schneebergers fährt bestimmt niemand hungrig heim.

92 Sauvignon Blanc * Ried Kittenberg 2021
13 Vol.-%, DV, Barrique, €€€€
Helles Grüngelb, Silberreflexe. Feine Nuancen von gelben Stachelbeeren, ein Hauch von Cassis, dezenter Blütenhonig, einladendes Bukett. Saftig, Weiße Johannisbeeren, feine Mineralik, frisch, salziger Nachhall, ein schwungvoller Begleiter bei Tisch.

91 Sauvignon Blanc * Kitzeck-Sausal 2021
12,5 Vol.-%, DV, Stahltank, €€€
Mittleres Grüngelb, Silberreflexe. Nuancen von Passionsfrucht und Guaven, zarter Blütenhonig klingt an, einladendes Bukett. Straff, engmaschig, weißes Steinobst, frischer Säurebogen, mineralisch im Abgang, ein lebendiger, feinwürziger Sortenvertreter.

90 Sauvignon Blanc * 2022
12,5 Vol.-%, DV, Stahltank, €€
Helles Goldgelb, Silberreflexe. Nuancen von Wiesenkräutern und Cassis, mit reifen Stachelbeeren unterlegt, würziges Bukett. Saftig, feine Fruchtsüße nach weißem Apfel, lebendig strukturiert, zitroniger Nachhall, Grapefruit im Rückgeschmack.

92 Weißburgunder * St. Andrä-Höch Ried Kreuzegg 2021
13,5 Vol.-%, DV, großes Holzfass, €€€€
Mittleres Grüngelb, Silberreflexe. Mit einem Hauch von Blütenhonig unterlegte feine Birnenfrucht, zart nussige Aromen, einladendes Bukett. Saftig, stoffig, Nuancen von reifem weißem Kernobst, dezenter Säurebogen, fruchtige Süße im Abgang, bereits entwickelt, ein ausgewogener Speisenbegleiter.

91 Riesling * Kitzeck-Sausal 2022
13 Vol.-%, DV, Stahltank, €€€
Helles Grüngelb, Silberreflexe. Mit zarter Schieferwürze unterlegte weiße Pfirsichfrucht, ein Hauch von Maracuja und Mandarinenzesten. Saftig, elegant, gut integrierte Fruchtsüße, frisches Steinobst im Abgang, bleibt haften, ein ausgewogener Speisenbegleiter.

* Südsteiermark DAC

★★

LANDESWEINGUT SILBERBERG

Seit 120 Jahren am Puls der Zeit, innovativ und mit Begeisterung für den steirischen Winzernachwuchs aktiv: Dafür ist die Weinbaukaderschmiede Silberberg bekannt. Hier verbindet man Ausbildung im Bildungszentrum für Obst- und Weinbau mit solidem Handwerk im angeschlossenen Landesweingut. Seit 2014 trägt mit Klaus Fischer ein junger, dynamischer und weltoffener junger Kellermeister die Verantwortung für die Weine. Die Rebfläche, verteilt auf mehrere Standorte in der Südsteiermark, managt seit 2019 Weinbaumeister Gernot Lorenz. Seit dem Jahr 2020 hat der ehemalige Oenologe Ing. Reinhold Holler die Position des Direktors übernommen und Karl Menhart sorgt als sein Nachfolger für frischen Wind. Gemeinsam arbeitet man unermüdlich an neuen Impulsen und lässt keine kreative Idee unversucht.
In den Weingärten hat man sich von den Herbiziden verabschiedet, der Standort Schlossberg/Leutschach ist zur Gänze organisch-biologisch zertifiziert, und mehr als drei Viertel der Flächen werden durch Hagelnetze geschützt. Im Weinkeller wurde die Traubenverarbeitung mit moderner Technik ausgestattet, zunehmend setzt man auf Spontanvergärung.

Bereits vor der Einführung des Gütesiegels Südsteiermark DAC waren die Silberberger Weine in ihrer Herkunftsbezeichnung klar strukturiert. Eine perfekte Serie an Gebietsweinen wird um Ortsweine aus Leutschach und Kitzeck erweitert. Von den Schieferböden des Sausals stammen die Weine der Rieden Trebien, Steinbruch und Annaberg. Mit Liebe pflegt man das Kleinod Riesling in Kitzeck. Im Gegensatz dazu stehen die Weine von den Opokböden in der Gemeinde Leutschach an der Weinstraße: Sämtliche Weingärten sind dort biozertifiziert. Im Keller werden diese Weine bewusst spontan vergoren und möglichst in Holzfässern ausgebaut. Dadurch unterscheiden sich diese Weine noch deutlicher von den Sausaler Weinen.

94 Sauvignon Blanc * Ried Meletin 2020
13,5 Vol.-%, NK, kleines Holzfass/Flaschenreifung, €€€€€ B V
Helles Grüngelb, Silberreflexe. Feine gelbe Tropenfrucht, ein Hauch von Blütenhonig, Mango und Grapefruitzesten, zart mit Stachelbeeren unterlegt. Saftig, engmaschig, feine Fruchtsüße, dezenter Säurebogen, elegant und gut anhaftend, ein feinwürziger Speisenbegleiter, sicheres Reifepotenzial.

Silberberg bei Leibnitz

LANDESWEINGUT SILBERBERG
8430 Leibnitz, Silberberg 1
T: +43 (3452) 82339 45
weinkeller.lfssilberberg@stmk.gv.at
www.silberberg.at
Kellermeister: Klaus Fischer
Kontakt: Klaus Fischer und Menhart Karl
Produktion: 1 % Schaumwein, 92 % weiß, 6 % rot, 1 % süß, 35 Hektar
Zertifiziert: Nachhaltig Austria
Vereinszugehörigkeit: Austria Bio Garantie, Steirischer Junker, Sausal- Terroirweine Südsteiermark, Wein Steiermark
Messen: VieVinum, DAC-Präsentationen

93 Sauvignon Blanc * Ried Steinbruch 2021
14 Vol.-%, VL, großes Holzfass, €€€€€ Ⓥ
Leuchtendes Grüngelb, Silberreflexe. Kräuterwürzig unterlegte Nuancen von frischen Stachelbeeren, Cassis, ein Hauch von Paprikaschoten, intensives Bukett. Saftig, kraftvoll, weiße Tropenfrucht, feiner Säurebogen, mineralisch-salzig im Abgang, ein komplexer Begleiter bei Tisch.

93 Weißburgunder * Ried Annaberg 2021
13,5 Vol.-%, DV, großes Holzfass, €€€ Ⓥ
Helles Gelbgrün, Silberreflexe. Feine gelbe Birnenfrucht, zart nach Mango, ein Hauch von Blütenhonig, einladendes Bukett. Saftig, gute Komplexität, weiße Frucht, ein Hauch von hellem Nougat, mineralisch, mit Länge ausgestattet, sicheres Reifepotenzial.

92 Riesling * Kitzeck-Sausal 2021
12 Vol.-%, DV, großes Holzfass, €€€ Ⓥ
Helles Grüngelb, Silberreflexe. Feine Nuancen nach Ananas und Maracuja, ein Hauch von weißen Blüten, Schiefer und Safran. Straff, rassig, weißer Pfirsich, zitronig-salzig im Abgang, ein leichtfüßiger Sortenvertreter, gutes Reifepotenzial.

92 Chardonnay * Ried Trebien 2020
13 Vol.-%, NK, kleines Holzfass, €€€€€ Ⓥ
Helles Goldgelb, Silberreflexe. Feiner Holztouch, Vanille, helles Nougat, frische Tropenfruchtaromen, attraktives Bukett. Saftig, weißer Apfel, zart nach Marzipan, frisch strukturiert, bleibt haften, ein lebendiger Speisenbegleiter.

92 Welschriesling Schiefer-Terrassen 2021
13 Vol.-%, NK, 500-l-Fass, €€€€€ Ⓥ
Zart getrübtes helles Gelbgrün, Silberreflexe. Zarte weiße Birnenfrucht, ein Hauch von Melone, Nuancen von kandierten Zitruszesten. Straff, engmaschig, feine Schiefermineralik, frisch und salzig, bleibt gut haften, noch sehr jugendlich, Limetten im Nachhall, ein facettenreicher Begleiter bei Tisch.

★★★★

WEINGUT SKOFF ORIGINAL WALTER SKOFF

Walter Skoff führt das Familienweingut SKOFF ORIGINAL, das eine Anbaufläche von rund 60 Hektar umfasst, in vierter Generation. Das besondere Klima und die fruchtbaren Böden der Südsteiermark schaffen perfekte Rahmenbedingungen für Spitzenweine, die in internationalen Fachkreisen regelmäßig für Furore sorgen. Die Vielfalt an unterschiedlichen Rieden mit verschiedensten Terroirs, über die das Weingut verfügt, ist in dieser Form besonders in der Steiermark. So entstehen am Gamlitzer Eckberg Weine mit Persönlichkeit und von internationalem Rang. Die Meisterstücke des Hauses wurden in den vergangenen 35 Jahren vielfach ausgezeichnet. Einen vorläufigen Höhepunkt des Medaillen-Reigens bildete im Jahr 2017 der Concours Mondial du Sauvignon Blanc, einer der wichtigsten Weißweinwettbewerbe der Welt. Unter 867 eingereichten internationalen Weinen wurde der Sauvignon Blanc Kranachberg (Jahrgang 2015) mit der »Denis-Dubourdieu-Trophäe« ausgezeichnet. Diese wird an den Wein mit dem reinsten und raffiniertesten Sauvignon-Charakter vergeben und gilt als Weltmeistertitel der Szene.
Der Grandseigneur des Weins versteht sein Handwerk, die Leidenschaft zum Weinbau ist es, die ihn Tag für Tag aufs Neue antreibt – sei es, wenn eine neue Lage mit viel Akribie und Liebe angelegt werden soll oder wenn es darum geht, die Arbeiten im Weingarten im Jahreskreis exakt am Pulsschlag der Natur auszurichten. Genauso wie sein Gespür für den Boden und das Klima sowie sein enormes Fachwissen steht ihm dabei auch sein Team zur Seite: langjährige Mitarbeiter, die den Wein mindestens genauso im Blut haben, wie der Chef persönlich. Nicht nur traditionelle und bewährte Wege werden da beschritten, auch innovative Zugänge – vom Ausbau im Granitsteinfass bis zur Bio-Vinifikation – haben ihren Platz.

94 Sauvignon Blanc * Ried Kranachberg 2021
13,5 Vol.-%, DV, Stahltank/großes Holzfass, €€€€€
Helles Goldgelb, Silberreflexe. Zart nach Grapefruitzesten, gelbe Tropenfrucht, ein Hauch von Maracuja, weißer Apfel, etwas Limette. Saftig, elegant, gelbe Frucht nach Mango,

Orangen, frischer Säurebogen, bleibt haften, salziger Abgang, sicheres Reifepotenzial.

94 Sauvignon Blanc * Ried Oberkranachberg 2020
13,5 Vol.-%, DIAM, großes Holzfass, €€€€€
Helles Grüngelb, Silberreflexe. Ein Hauch von gelber Tropenfrucht, gekochter Rhabarber, gelbe Stachelbeeren, florale Nuancen, mineralischer Touch. Saftig, elegant, weiße Tropenfrucht, feine Fruchtsüße, balanciert und feinfruchtig, zeigt gute Länge, bereits antrinkbar, sicheres Reifepotenzial.

94 Sauvignon Blanc * Ried Obegg 2020
13,5 Vol.-%, DV, großes Holzfass/Barrique, €€€€€
Mittleres Gelbgrün, Silberreflexe. Intensive weiße Tropenfrucht, ein Hauch von Quitten, Rhabarber, weiße Blüten, facettenreiches Bukett. Kraftvoll, saftig und seidig, feine Fruchtsüße im Kern, mineralisch-salzig im Abgang, ausgewogen und gut entwickelt, ein stoffiger Speisenbegleiter, gutes Entwicklungspotenzial.

93 Sauvignon Blanc * Ried Sulz 2021
13,5 Vol.-%, DV, großes Holzfass, €€€€
Helles Gelbgrün, Silberreflexe. Zart nach Stachelbeeren, weißer Pfirsich, ein Hauch von Weißen Johannisbeeren, floral, Limettenzesten. Straff, engmaschig, weiße Frucht, lebendig und balanciert, ein Hauch von Süße, mineralisch im Abgang, ein feiner Speisenbegleiter.

93 Sauvignon Blanc * Ried Grassnitzberg 2021
13,5 Vol.-%, DV, Stahltank, €€€€
Helles Gelbgrün, Silberreflexe. Zart nach weißen Blüten, Zitruszesten, ein Hauch von Weißen Johannisbeeren, frische Stachelbeeren, feine Kräuterwürze. Saftig, weißer Apfel, etwas Litschis, straffe Textur, salzige Mineralik, Limetten im Abgang, ein finessenreicher Speisenbegleiter.

93 Sauvignon Blanc * Ried Hochsulz 2021
13,5 Vol.-%, DV, großes Holzfass, €€€€€
Helles Grüngelb, Silberreflexe. Zarter Blütenhonig, gelbe Paprikaschoten, reife Stachelbeeren, Mandarinenzesten. Straff, engmaschig, weißes Kernobst, feiner Säurebogen, mineralisch-salzig im Abgang, zitroniger Rückgeschmack, besitzt Länge und Reifepotenzial.

93 Sauvignon Blanc * Ried Obegg-Stani 2021
13,5 Vol.-%, DIAM, großes Holzfass, €€€€€ Ⓑ
Helles Grüngelb, Silberreflexe. Feine Nuancen von gelbem Kernobst, ein Hauch von Pfirsich und Mango, etwas Blütenhonig, blumiges, einladendes Bukett. Saftig, elegant, feine Fruchtsüße, zart nach reifen Stachelbeeren, mineralisch, ausgewogen, bereits gut antrinkbar, ein facettenreicher Speisenbegleiter.

(92) Sauvignon Blanc * Privat Selektion 2022
13,5 Vol.-%, DV, großes Holzfass, €€€€
Helles Gelbgrün, Silberreflexe. Frische reife Stachelbeeren, zarte weiße Tropenfrucht, ein Hauch von frischem Apfel, etwas Passionsfrucht, einladendes Bukett. Saftig, elegant, engmaschig, weiße Frucht, feiner Säurebogen, zitroniger Touch, gute Länge, ein frischer Speisenbegleiter.

92 Sauvignon Blanc * Gamlitz 2022
13 Vol.-%, DV, Stahltank, €€€€
Helles Gelbgrün, Silberreflexe. Zart nach gelben Paprikaschoten, florale Nuancen, ein Hauch von Mango und Cassis. Saftig, komplex, weiße Frucht, frischer Säurebogen, Limetten, animierender Speisenbegleiter mit Reifepotenzial.

91 Sauvignon Blanc * 2022
13 Vol.-%, DV, Stahltank, €€€ Ⓑ
Helles Grüngelb, Silberreflexe. Zarte gelbe Tropenfrucht, reife Stachelbeeren, ein Hauch von Passionsfrucht, Mandarinenzesten, einladendes Bukett. Saftig, weißer Apfel, frischer Säurebogen, zitronig-mineralisch im Abgang, bereits gut antrinkbar.

90 Sauvignon Blanc * 2022
12,5 Vol.-%, DV, Stahltank, €€€
Helles Gelbgrün, Silberreflexe. Zart rauchig unterlegte Nuancen von Cassis, Anklänge von Stachelbeeren, etwas Grapefruitzesten. Mittlerer Körper, frische Litschis, Limetten, frischer Säurebogen, zitronig-salzig, ein unkompliziertes Trinkvergnügen.

95 Sauvignon Blanc Royal 2020
14 Vol.-%, DIAM, Barrique, €€€€€
Helles Grüngelb, Silberreflexe. Feine Nuancen von Cassis und reifen Stachelbeeren, ein Hauch von Grapefruitzesten, mit zarter Kräuterwürze unterlegt. Saftig, elegant, seidige Textur, feine, gut integrierte Fruchtsüße, bleibt haften, bereits gut entwickelt, ein vielseitiger Speisenbegleiter.

95 Sauvignon Blanc Stoan 2020
13,5 Vol.-%, DIAM, Granitfass, €€€€€€
Helles Grüngelb, Silberreflexe. Kühle Nuancen von weißer Frucht, ein Hauch von frischem Apfel, etwas Grapefruit und Cassis, öffnet sich langsam mit Luft, Limetten im Hintergrund. Straff, engmaschig, Noten von süßem weißem Pfirsich, lebendiger Säurebogen, delikat und lange anhaftend, mineralisch-salzig im Nachhall, sicheres Reifepotenzial.

93 Gelber Muskateller * Ried Hohenegg 2021
12,5 Vol.-%, DV, Stahltank, €€€€
Helles Gelbgrün, Silberreflexe. Feiner Touch von Muskatnuss, weißer Pfirsich, ein Hauch von Holunderblüten, einladendes Bukett. Saftig, etwas Maracuja, elegant, feinwürzig und frisch, ein ausgewogener Sortenvertreter, zeigt Länge und Reifepotenzial, Blütenhonig im Nachhall.

WEINGUT SKOFF ORIGINAL
WALTER SKOFF
8462 Gamlitz
Eckberg 16
T: +43 (3453) 4243
office@skofforiginal.com
www.skofforiginal.com

Kellermeister/Kontakt: Walter Skoff
Produktion: 90 % weiß, 8 % rot, 2 % süß
Zertifiziert: Nachhaltig Austria
Messen: ProWein Düsseldorf, VieVinum

Eva Skoff-Liebau und Walter Skoff

92 Gelber Muskateller * 2022
12,5 Vol.-%, DV, Stahltank, €€€
Helles Gelbgrün, Silberreflexe. Einladender tropischer Duft, ein Hauch von Holunderblüten, zart nach Ananas und Maracuja. Saftig, elegant, feine Fruchtsüße, frisch strukturiert, gute Balance, zart nach Akazienhonig im Abgang, bleibt haften.

94 Gelber Muskateller Reserve 2021
13 Vol.-%, DIAM, großes Holzfass, €€€€€
Helles Grüngelb, Silberreflexe. Intensive weiße Tropenfrucht, frische Litschis, ein Hauch von Muskatnuss, feine Pfirsichnuancen, einladendes Bukett. Komplex, saftig, elegant, feine Säurestruktur, angenehme Süße, Holundersirup im Nachhall, zeigt Länge und Reifepotenzial.

93 Grauburgunder * Ried Kranach 2022
13,5 Vol.-%, DV, großes Holzfass, €€€€
Helles Goldgelb, Silberreflexe. Feine Nuancen von Honigmelone und Birne, kandierte Orangenzesten, ein Hauch von Blütenhonig. Komplex, rund und saftig, ein Hauch von Kletzen, zarte Süße im Abgang, ausgewogen und elegant, ein vielseitiger Speisenbegleiter.

92 Morillon * Ried Grassnitzberg 2020
13,5 Vol.-%, DV, großes Holzfass/Barrique, €€€€
Helles Grüngelb, Silberreflexe. Feine gelbe Tropenfrucht, ein Hauch von Papaya und Blütenhonig, mit kandierten Orangenzesten unterlegt. Kräftig, feine Fruchtsüße, dezente Holzwürze, gelber Apfel im Abgang, bereits gut gereift.

90 Morillon * 2022
13 Vol.-%, DV, Stahltank, €€€
Helles Gelbgrün, Silberreflexe. Zarte weiße Apfelfrucht, ein Hauch von Mango, Nuancen von Limettenzesten. Saftig, frisches Kernobst, gut integrierte Säurestruktur, tabakig-kräuterwürzig, mineralischer Nachhall, vielfältig einsetzbar.

90 Weißburgunder * 2022
12,5 Vol.-%, DV, Stahltank, €€€
Helles Gelbgrün, Silberreflexe. Zarte Nuancen von gelbem Kernobst, Birne, dezente Kräuterwürze. Mittlerer Körper, weißer Apfel, zarte Fruchtsüße, harmonisch, bietet unkompliziertes Trinkvergnügen.

94 Chardonnay Royal 2021
14 Vol.-%, DIAM, Barrique, €€€€€
Helles Grüngelb, Goldreflexe. Feine Nuancen von Bourbon-Vanille, feine gelbe Tropenfrucht, Nuancen von Mango und Ananas, etwas Blütenhonig, einladendes Bukett. Saftig, elegant, gelber Pfirsich, feiner, gut integrierter Säurebogen, ein Hauch von Fruchtsüße im Abgang, seidig und gut anhaftend, ein finessenreicher Speisenbegleiter.

92 Souvignier Gris 2022
13,5 Vol.-%, DV, großes Holzfass, €€€ B
Helles Gelbgrün, Silberreflexe. Feine Wiesenkräuter, zart nach frischer Birne, mit etwas Mango und kandierten Orangenzesten unterlegt. Komplex, stoffig, weiße Tropenfrucht, dezente Süße, lebendig und gut anhaftend, feine Mineralik im Nachhall, zeigt gute Länge.

* Südsteiermark DAC

★★★

WEINGUT PETER SKOFF DOMÄNE KRANACHBERG

Das Weingut der Familie Peter Skoff gehört zu den Top-Adressen in der südsteirischen Winzerszene. Beim Sauvignon Blanc, dem Steckenpferd des Betriebs, stehen gleich mehrere aktuelle Verkostungssiege zu Buche, unter anderem »Austria's Best Sauvignon 2021« (Concours Mondial). Zufriedene Weinkunden und zahlreiche weitere Auszeichnungen bestätigen das kompromisslose Qualitätsstreben.

Das Weingut liegt inmitten der sehr hoch gelegenen Weingärten am Kranachberg mit wunderbarem Panoramablick über den Naturpark Südsteiermark. Peter Skoff und seine beiden Söhne Markus und Peter junior bewirtschaften etwa 30 Hektar Rebfläche in einer der besten Weinlagen des Landes. Die mineralisch geprägten Weine punkten vor allem mit harmonischem Trinkvergnügen und als perfekte Speisenbegleiter. Genießer lassen sich den Wein in der beliebten Buschenschank schmecken und können es sich dann in einem der fünf Gästezimmer gemütlich machen. Seit dem Jahrgang 2014 werden auch zertifizierte Bioweine unter »Peter Skoff – Gut Kaspar« angeboten.

95 Sauvignon Blanc * Ried Kranachberg Rottriegl 2019

14 Vol.-%, DV, kleines Holzfass, €€€€€

Leuchtendes Goldgelb, Silberreflexe. Zart nach Vanille und Kokos, reife gelbe Tropenfrucht, Nuancen von Litschis, Maracuja, intensives Bukett. Saftig und kraftvoll, cremige Textur, zart nach Karamell, gelbe Tropenfrucht im Abgang, gute Länge, gut ausgereift, ein opulenterer Speisenbegleiter mit Blütenhonig im Nachhall.

94 Sauvignon Blanc * Ried Jägerberg 2021

13 Vol.-%, DV, Stahltank, €€€€

Mittleres Goldgelb, Silberreflexe. Mit Blütenhonig unterlegte gelbe Tropenfrucht, etwas gelber Pfirsich, Guaven, zart mit kandierten Orangenzesten unterlegt. Saftig, elegant, weißes Steinobst, finessenreicher Säurebogen, zitronig-salzig im Abgang, ein balancierter Speisenbegleiter mit Reifepotenzial.

94 Sauvignon Blanc * Ried Kranachkogl Finum 2021

14 Vol.-%, DV, Stahltank, €€€€

Mittleres Grüngelb, Silberreflexe. Zart nach Cassis und Stachelbeeren, gelbe Paprikaschoten, ein Hauch von Mandarinenzesten, feinwürziges Bukett. Saftig, weiße Tropenfrucht, kraftvolle Textur, dezente Säurestruktur, reife Litschis, mineralisch, ein Hauch von Nougat im Abgang, zeigt Länge und Potenzial.

94 Sauvignon Blanc * Ried Hoch Kranachberg 2021

13,5 Vol.-%, DV, großes Holzfass, €€€€€

Mittleres Goldgelb, Silberreflexe. Zart nach Grapefruitzesten, feine Cassisnote, weiße Blüten, mineralischer Touch. Saftig, elegant, straff, feine gelbe Tropenfrucht, frisch strukturiert, mineralisch und gut anhaftend, fruchtiger Nachhall, zeigt Länge, verfügt über Reifepotenzial.

(93) Sauvignon Blanc * Gamlitz 2022

13 Vol.-%, DV, Stahltank, €€€ Ⓗ

Helles Goldgelb, Silberreflexe. Zarte Kräuterwürze, ein Hauch von Cassis, Nuancen von Grapefruit, Anklänge von weißer Tropenfrucht. Mittlerer Körper, frischer Pfirsich, feine Fruchtsüße, mineralisch, elegant und gut anhaftend, ein lebendiger Sortenvertreter, zeigt sehr gute Anlagen.

93 Sauvignon Blanc * Gamlitz »Gut Kaspar« 2022

13 Vol.-%, DV, Stahltank, €€€ Ⓑ

Helles Goldgelb, Silberreflexe. Zart mit Holunderblüten unterlegte Weiße Johannisbeeren, frische Stachelbeeren klingen an, einladendes Bukett. Straff, weiße Tropenfrucht, etwas nach Litschis, frische Säurestruktur, zitronig-salziger Nachhall, ein saftiger, junger Speisenbegleiter.

93 Sauvignon Blanc * Ried Kranachberg 2019

12,5 Vol.-%, DV, großes Holzfass, €€€€€ Ⓑ

Leuchtendes mittleres Goldgelb, Silberreflexe. Zart nach Grapefruit, ein Hauch von Physalis, weiße Tropenfrucht, rotbeerige Nuancen. Mittlerer Körper, weißer Apfel, frischer Säurebogen, mineralisch, zitronig im Nachhall, ein knackig-trockener Speisenbegleiter, Stachelbeeren im Rückgeschmack.

© Gregor Schiefer

WEINGUT PETER SKOFF – DOMÄNE KRANACHBERG

8462 Gamlitz
Kranachberg - Sauvignonweg 50
T: +43 (3454) 6104
weingut@peter-skoff.at
www.peter-skoff.at

Kellermeister/Kontakt: Peter und Markus Skoff
Produktion: 1 % Schaumwein, 95 % weiß, 2 % rot, 1 % süß, 30 Hektar
Vereinszugehörigkeit: GutFinden – Südsteiermark, Wein Steiermark
Messen: Gast Klagenfurt, ÖGW Zürich, VieVinum, Weintage im Museumsquartier

Peter und Markus Skoff

92 Sauvignon Blanc * Klassik 2022
12 Vol.-%, DV, Stahltank, €€€
Helles Grüngelb, Silberreflexe. Frische Wiesenkräuter, zart tabakig unterlegte Noten von Cassis, gelbe Stachelbeeren, zart nach Grapefruit. Saftig, mittlerer Körper, feine gelbe Tropenfrucht, etwas Mango, frisch und salzig, ein leichtfüßiger Speisenbegleiter.

(92) Sauvignon Blanc * Ried Jungfernhang 2022
13 Vol.-%, DV, Stahltank, €€€
Helles Goldgelb, Silberreflexe. Frische Wiesenkräuter, zart nach Cassis, dunkle Mineralik, Nuancen von Grapefruitzesten. Saftig, rund und mit gelber Tropenfrucht unterlegt, dezenter Säurebogen, zugänglich, vielfältig einsetzbar.

92 Bio Natural 2021
13 Vol.-%, NK, Holzfass, €€€€€
Leuchtendes mittleres Grüngelb, Silberreflexe. Zart nach Wiesenkräutern, ein Hauch von gelben Fruchtelementen, etwas Gelee und Rhabarber, mit Marillen und Blütenhonig unterlegt. Mittlerer Körper, weiße Frucht, dezenter Säurebogen, ein fruchtiger Abgang, bereits gut antrinkbar.

94 Morillon * Ried Kranachberg Rottriegl Reserve 2019
14 Vol.-%, DV, kleines Holzfass, €€€€€
Helles Goldgelb, Silberreflexe. Zart nach Biskuit und hellem Nougat, Nuancen von gelbem Kernobst, etwas Mango, Anklänge von Blütenhonig. Saftig, kräftig, elegant, Noten von weißem Steinobst, cremige Textur, dezente Süße im Abgang, zeigt gute Länge und Reife, mineralisch, ein vielseitiger Speisenwein mit weiterer Zukunft.

(91) Morillon * Klassik 2022
12 Vol.-%, DV, Holzfass, €€
Helles Gelbgold, Silberreflexe. Zart nach gelbem Apfel, dazu ein Hauch von Marillen, zart nach Honigmelone, einladendes Bukett. Mittlerer Körper, feine weiße Apfelfrucht, zarte Säurestruktur, ausgewogen, ein leichtfüßiger Speisenwein.

93 Weißburgunder * Klassik 2022
12 Vol.-%, DV, Stahltank, €€
Mittleres Grüngelb, Silberreflexe. Zarte Nuancen von Grapefruitzesten, gelbe Tropenfrucht, reife Stachelbeeren, etwas Cassis und Kräuterwürze. Straff, engmaschig, zart nach Litschis, Limetten, mineralisch im Abgang, salziger Nachhall, ein lebendiger Speisenbegleiter.

92 Gelber Muskateller * Ried Kranachberg 2021
13 Vol.-%, DV, großes Holzfass, €€€€
Mittleres Grüngelb, Silberreflexe. Weiße Blüten, Limettenzesten, ein Hauch von Muskatnuss. Stoffig, weißer Pfirsich, frischer Säurebogen, kräuterwürzig im Abgang, mineralisch-salziger Nachhall, zitroniger Rückgeschmack.

91 Gelber Muskateller * Gamlitz 2022
12,5 Vol.-%, DV, Stahltank, €€€
Helles Grüngelb, Silberreflexe. Feine gelbe Tropenfrucht, Nuancen von Kapstachelbeeren und Holunderblüten, einladendes Bukett. Mittlere Komplexität, weißer Apfel, frischer Säurebogen, zitroniger Touch, salziger Nachhall.

91 Welschriesling * Klassik 2022
11,5 Vol.-%, DV, Stahltank, €€
Helles Gelbgrün, Silberreflexe. Zart nach gelbem Apfel und frischer Ananas, ein Hauch von Wiesenkräutern, floraler Touch. Saftig, feiner weißer Pfirsich, rassige Struktur, seidige Mineralik, Limetten im Nachhall.

92 devilORANGEL 2019
12,5 Vol.-%, DV, großes Holzfass, €€€€
Leuchtendes kräftiges Orange mit Goldreflexen. Mineralisch unterlegte Kräuterwürze, Bergamottenzesten, Kumquats, etwas Dörrmarille, facettenreiches Bukett. Mittlerer Körper, schlanke Textur, weißer Apfel, Orangenkonfit im Abgang, mineralisch-trocken im Nachhall, sauber und unkompliziert.

91 Souvignier Gris Gut Kaspar BIO 2022
12,5 Vol.-%, DV, großes Holzfass, €€
Mittleres Goldgelb, Silberreflexe. Nuancen von gelber Tropenfrucht, ein Hauch von Pfirsich, etwas Blütenhonig, zartes Bukett. Mittlerer Körper, Nuancen von weißer Frucht, dezenter Säurebogen, feinwürzig im Nachhall.

★★

WEINGUT J. UND A. SKRINGER

Das Weingut Skringer verdankt seine besondere Qualität der außergewöhnlichen Lage auf der Sonnenterrasse des Eichbergs. Herausragende Flächen des insgesamt rund 13 Hektar großen Weinguts sind dabei die Rieden Trautenburg und Karsabathi, die das Weingut zur Gänze umschließen. Das Weinsortiment beginnt mit den fruchtbetonten Gebietsweinen Südsteiermark DAC der Sorten Welschriesling, Weißer Burgunder sowie Gelber Muskateller und Sauvignon Blanc. Mit den Ortsweinen Eichberg bringt man mit den Sorten Gelber Muskateller, Morillon/Chardonnay und Sauvignon Blanc sehr reife, kräftige Klassiker in die Flasche. Komplettiert wird die Weinpalette von charaktervollen, klar strukturierten Lagenweinen: Von der Ried Trautenburg kommen Gelber Muskateller, Grauer Burgunder und Sauvignon Blanc, und in der Ried Karsabathi gedeihen Klevner, Grauer Burgunder und ebenfalls ein feiner Sauvignon Blanc. Der Absatz der Weine erfolgt zum Großteil per Ab-Hof-Verkauf und über Zwischenhändler. Das Weingut Skringer ist ein echter steirischer Geheimtipp, den zu entdecken sich lohnt.

WEINGUT J. UND A. SKRINGER
8453 Leutschach an der Weinstraße
Eichberg-Trautenburg 28
T: +43 (3456) 2666
weingut@skringer.at
www.skringer.at

Kellermeister: Johann Skringer
Kontakt: Johann und Anneliese Skringer
Produktion: 100 % weiß, 13 Hektar
Messen: VieVinum

(94) Sauvignon Blanc * Ried Karsabathi 2022
13 Vol.-%, DV, großes Holzfass, €€€€€
Helles Goldgelb, Silberreflexe. Zarte Holznuancen, etwas Vanille und Nougat, reife gelbe Frucht nach Mango und Stachelbeeren, zart nach Ringlotten, einladendes Bukett. Stoffig, gute Komplexität, balancierte Textur, feine Nuancen von Passionsfrucht, bleibt haften, zeigt Länge und Reifepotenzial.

92 Sauvignon Blanc * Eichberg 2022
13 Vol.-%, DV, Stahltank, €€€€
Helles Grüngelb, Silberreflexe. Feine weiße Tropenfrucht, ein Hauch von gelben Stachelbeeren, florale Nuancen, mit Grapefruitzesten unterlegt. Saftig, elegant, feine Fruchtsüße, lebendiger Säurebogen, mineralisch-zitronig, bereits gut antrinkbar.

91 Sauvignon Blanc * Lena 2022
12,5 Vol.-%, DV, Stahltank, €€€
Helles Grüngelb, Silberreflexe. Zart nach Stachelbeeren und Grapefruit, ein Hauch von Kräuterwürze. Mittlerer Körper, weiße Tropenfrucht, feiner Säurebogen, etwas Passionsfrucht im Abgang, mineralischer Nachhall.

(93) Weißer Burgunder * Ried Karsabathi 2022
13,5 Vol.-%, NK, großes Holzfass, €€€€€
Helles Grüngelb, Silberreflexe. Zart mit Vanille unterlegte gelbe Tropenfrucht, ein Hauch von Litschis und hellem Nougat, einladendes Bukett. Saftig, gute Frische, weißer Apfel, Gewürznelken klingen an, elegant und gut anhaftend, ein mineralischer Speisenbegleiter mit Potenzial.

(93) Grauer Burgunder * Ried Karsabathi 2022
13,5 Vol.-%, NK, großes Holzfass, €€€€€
Helles Goldgelb, Messingreflexe. Zart mit Nougat unterlegte gelbe Tropenfrucht, reife Birne, ein Hauch von Mandarinenzesten, Nuancen von Nelken. Saftig, reife Birnenfrucht, feine Fruchtsüße, finessenreich strukturiert, balanciert, mineralisch und anhaftend, gutes Zukunftspotenzial.

91 Gelber Muskateller * Eichberg 2022
12,5 Vol.-%, DV, Stahltank, €€€
Helles Goldgelb, Silberreflexe. Floral unterlegte Nuancen von weißem Pfirsich, ein Hauch von Limetten und Muskatnuss. Saftig, elegant, feine Fruchtsüße, reifer Pfirsich, mineralisch und elegant, salziger Nachhall, zitroniger Touch im Rückgeschmack.

★★

SANFTER WEINBAU MARIA UND JOHANNES SÖLL

Gamlitz im Süden des steirischen Hügellands an der Grenze zu Slowenien ist die Heimat der Familie Söll. Hier betreibt sie seit anno 1806 ein wenig außerhalb der 3.000-Seelen-Marktgemeinde ihr gleichnamiges Weingut. 1997 wurde das idyllisch gelegene Anwesen von Hannes Söll und seiner Frau Maria übernommen. Bereits ein Jahr später stellte der Winzer auf das um, was er »sanften Weinbau« nennt. »Biologischer Anbau war mir nicht genug. Ich möchte so wenig wie möglich in den Weinberg eingreifen, verzichte zum Beispiel auf jeglichen Dünger. Die Folge: Die Reben wachsen langsamer und sind widerstandsfähiger gegen Krankheiten. Das wirkt sich auf das gesamte System aus. Es gedeihen wieder Gräser, Kräuter und Insekten in den Weinbergen. Statt 25 gibt es bei mir maximal vier bis sechs Traktor-Durchfahrten, das spart nicht nur jede Menge Treibstoff, sondern schont die

SANFTER WEINBAU MARIA UND JOHANNES SÖLL
8462 Gamlitz; Steinbach 63 A
T: +43 (3454) 6667
familie@weingut-soell.at
www.weingut-soell.at

Kellermeister/Kontakt: Johannes Söll
Anbauweise: Umstellung auf bio (Austria Bio Garantie)
Produktion: 3 % Schaumwein, 82 % weiß, 12 % rot, 3 % süß
Vereinszugehörigkeit: GutFinden – Südsteiermark, Marktgemeinschaft Steirischer Wein
Messen: VieVinum

Johannes Söll

Grassnitzberg, Ehrenhausen

Böden. Sie sind der Darm des Rebstocks. Wenn der Boden gesund ist, dann ist auch der Wein gesund. Jeder Rebstock ist unterschiedlich wie ein Kind und benötigt Zuneigung und liebevolle Pflege. Deshalb werden bei uns Rebstöcke, Blätter und Triebe händisch bearbeitet. Unsere Ernte- und Kellerarbeiten richten sich nach den Mondphasen. Der Verzicht von Chemie und Traktoren hat einen ökonomischen und menschlichen Wert. Manche vergleichen unsere Weingärten mit einem Urwald, aber das ist genau so gewollt«, erklärt Hannes Söll ein wenig seine Philosophie.
Wein-Klassiker wie Gelber Muskateller und Sauvignon Blanc sind ebenso im Portfolio des Weinguts wie hochwertige rote Weinlagen. Diese Kleinode werden nicht nur in Stahl und Holz, sondern zum Teil auch im Betonei vergoren. Zahlreiche Auszeichnungen belegen, dass Hannes Söll auf dem richtigen Weg ist, und doch hat der 55-Jährige ein neues Lebenskapitel aufgeschlagen: »Wir haben auf 2,5 Hektar reduziert, unser Sohn Christian führt unser Weingut in die nächste Generation.« Hannes Söll wird künftig sein Wissen sowie seine Ideologie vom sanften Weinbau an interessierte Winzer weitergeben. Was er auf jeden Fall weiterführt, das sind seine weit über die Grenzen von Gamlitz hinaus bekannten Erlebnis-Weingartenführungen inklusive Wein-Verkostung und kleinem Imbiss. Für Interessierte stellt das Weingut Söll ein preisreduziertes Probierpaket zur Verfügung: zwölf Flaschen, vier Sorten, und das für 120 Euro inklusive Versand!

93 Riesling Gamlitz Ried Steinbach Selektion 2016

14 Vol.-%, DV, großes Holzfass, €€€€€

Zart getrübtes leuchtendes Gelbgrün, Silberreflexe. Feine Nuancen von gelber Tropenfrucht und Safran, reife Maracuja, facettenreiches, gereiftes Bukett. Komplex, feinwürzig, süße Pfirsichfrucht, kräutrig im Abgang, dazu dezenter türkischer Honig, etwas Nougat im Nachhall, individuell.

92 Weissburgunder NexGen 2017

14 Vol.-%, DV, großes Holzfass, €€€€

Helles Grüngelb, Messingreflexe. Zart nach Wiesenkräutern, gelbe Tropenfrucht, ein Hauch von Birne, einladendes Bukett. Stoffig, mittlere Komplexität, reifes Kernobst, zart nach Marzipan, feine Süße im Abgang, nussiger Nachhall.

92 Welschriesling Gamlitz Ried Sernauberg Sanfter Weinbau 2017

13 Vol.-%, DV, großes Holzfass, €€€€€

Zart getrübtes Gelbgrün, Silberreflexe. Florale Nuancen, feine Kräuterwürze, zart nach Melisse und Walnuss. Stoffig, weiße Apfelfrucht, frischer Säurebogen, etwas Zitronenmelisse, weiße Birne, mineralisch-salzig im Nachhall.

93 Gelber Muskateller Reserve Söll la Vie - Sanfter Weinbau 2013

14,5 Vol.-%, DV, 500-l-Fass, €€€€€€

Zart getrübtes leuchtendes Orangegelb, Silberreflexe. Frisch geriebene Limettenzesten, weiße Tropenfrucht, ein Hauch von Marillenkonfitüre und Orangenmarmelade. Kraftvoll, trocken, engmaschig, feine Holznuancen, straff und mineralisch, Marillen auch im Rückgeschmack, eine recht spezielle Muskat-Interpretation, alles andere als konventionell.

89 Gamlitz Ried Steinbach Machrima - Sanfter Weinbau 2017

13,5 Vol.-%, DV, großes Holzfass, €€€€€

92 Unicus Redividus Söll la Vie Süss - Sanfter Weinbau 2020/2022

14,5 Vol.-%, DV, großes Holzfass, €€€€€€

Leuchtendes Kupfergold, Messingreflexe. Dörrobst, ein Hauch von Feigen, etwas Nuss, kräuterwürzig unterlegt. Zart nach Karamell und getrockneten Marillen, seidige Textur, etwas Nougat, eine oxidativ ausgebaute Trockenbeerenauslese mit zarten Sherry-Anklängen, salzig, mittlere Länge, sauber gemacht.

★★★

WEINGUT BERND STELZL

Das Weingut von Bernd Stelzl befindet sich in Leutschach an der Weinstraße, dem südlichsten Teil der Südsteiermark. Bereits als 20-Jähriger hat er dort begonnen, die Qualitätsschraube nach oben zu drehen, und in den letzten Jahren dadurch einiges erreicht. Bernd Stelzl konzentriert sich vor allem auf herkunftsbetonte, individuelle Weine der Rieden Schlossberg, Hirritschberg und Hirritsch Hube, aber auch auf gebietstypische Qualitätsweine im klassischen Ausbaustil. Der wichtigste Weingarten des Betriebes liegt in der Lage Hirritschberg, perfekt nach Südosten ausgerichtet und von kalkhaltigen Opok-Böden geprägt. Auf den derzeit dort liegenden Rebflächen, die ausschließlich von Bernd Stelzl bewirtschaftet werden, wachsen die besten Sauvignon Blancs und Burgundersorten des Betriebes, die ihre Herkunft nie verleugnen und immer mit Vielschichtigkeit, Tiefgründigkeit sowie mit sehr gutem Reifepotenzial ausgestattet sind. Als weitere Steigerung dieses speziellen Weinberges gibt es die Ried Hirritsch Hube, eine nach Süden ausgerichtete Kessellage, geprägt von kalkigem Mergel-Schiefer und Sandstein – prädestiniert und reserviert für Chardonnay, der bereits seit einigen Jahren eine unverwechselbare und einzigartige Charakteristik aufweist. Mit den letzten Jahrgängen sind sowohl mit Sauvignon Blanc als auch mit Chardonnay außergewöhnliche Weine gelungen, die schon in früher Phase überzeugen konnten und eine daraus resultierende vielversprechende Zukunft mit sich bringen. Verkosten und genießen kann man die eigenständigen Weine am besten in der hauseigenen Buschenschank.

(95) Chardonnay * Ried Hirritsch Hube 2021
13,5 Vol.-%, DIAM, Holzfass, €€€€€ F H
Kräftiges Gelbgrün, Silberreflexe. Zarte Kräuterwürze, nussiger Touch, etwas Feuerstein, feine gelbe Tropenfruchtanklänge, Mandarinenzesten, attraktives Bukett. Saftig, elegant, feine Mineralik, gelbe Tropenfrucht, zarte Extraktsüße, weißer Pfirsich im Nachhall, finessenreich und lange anhaftend, ein toller Speisenbegleiter mit weiterem Reifepotenzial.

(94) Sauvignon Blanc * Ried Hirritschberg 2021
13,5 Vol.-%, DIAM, Holzfass, €€€€€ F H
Leuchtendes mittleres Gelbgrün, Silberreflexe. Dunkle Mineralik, intensive Kräuterwürze, Brennnessel, feiner Cassistouch, Paprikaschoten, zart nach Grapefruitzesten. Saftig, elegant, feine gelbe Stachelbeerfrucht, etwas Guaven, zarter Blütenhonig, stoffig, Limetten im Nachhall, zeigt Länge und Reifepotenzial.

© Michaela Lorber

WEINGUT BERND STELZL
8463 Leutschach an der Weinstraße
Schlossberg 119
T: +43 (3454) 340
weingut@berndstelzl.at
www.berndstelzl.at

Kellermeister/Kontakt: Bernd Stelzl
Produktion: 5 % Schaumwein, 90 % weiß, 5 % rot, 10 Hektar
Vereinszugehörigkeit: GutFinden – Südsteiermark, Marktgemeinschaft Steirischer Wein, Wein Steiermark
Messen: VieVinum

Bernd Stelzl

★★

WEINGUT STRAUSS GAMLITZ

In den Weinen der Brüder Karl und Gustav Strauss aus Gamlitz spiegelt sich eindrucksvoll die Südsteiermark: einmal elegant und harmonisch, ein anderes Mal ein bisschen wild, intensiv und voller Gegensätze. Eines haben alle Gewächse gemeinsam: Sie vereinen Kraft mit Frucht, Frische mit viel Eleganz, und sie alle glänzen mit großem Trinkfluss. Jede Weinbauregion der Welt hat ihren eigenen Reiz – die Südsteiermark einen ganz besonderen. Hier keltert Gustav Strauss eine breite Sortenpalette an Qualitätsweinen: von den fruchtig-frischen Gebietsweinen Südsteiermark DAC (Welschriesling, Weißburgunder, Morillon, Sauvignon Blanc und Gelber Muskateller) über die fruchtig-fülligen Ortsweine »Gamlitz« (vor allem aus den Sorten Sauvignon Blanc und Muskateller) bis hin zu den Riedenweinen der Lagen Gamlitzberg und Hundsberg, die in großen neutralen Eichenfässern und im »Betonei« ausgebaut werden. In besonders guten Jahren keltert man die »Strauss Reserve Linie« von der Ried Gamlitzberg. Diese Trauben reifen bis zu 24 Monate in Barriquefässern ihrer Vollendung entgegen. Mit großem Potenzial kommen vor allem Sauvignon Blanc, Gelber Muskateller, Grauburgunder und Chardonnay in die Flasche. Das Weingut ist bereits seit 1810 im Familienbesitz und bietet Besuchern Kellerführungen und Verkostungen mit einem tollen Ausblick auf den Gamlitzberg. Neben dem Stammhaus wurde 2019 auch ein zweites Standbein eröffnet: »schlafen | essen | trinken« in der Weinschmiede 18. Familie Strauss freut sich über jeden Besuch.

94 Sauvignon Blanc * Ried Gamlitzberg Grande Reserve 2019

13,5 Vol.-%, DV, Barrique, €€€€€ Ⓥ

Mittleres Grüngelb, Silberreflexe. Dunkle Johannisbeerfrucht, reife Stachelbeeren und Guaven, ein Hauch von Passionsfrucht, einladendes Bukett, würzig unterlegt. Komplex, saftig, weiße Tropenfrucht, finessenreicher Säurebogen, zart nach Lakritze, Minze und Limetten im Abgang, bleibt gut haften, zeigt gutes Reifepotenzial.

92 Sauvignon Blanc * Ried Gamlitzberg 2022

13 Vol.-%, DV, Holzfass, €€€ Ⓥ

Mittleres Grüngelb, Silberreflexe. Zart nach Cassis und gelber Stachelbeerfrucht, zart würzig unterlegte Nuancen von weißen Ribiseln. Saftig, weiße Tropenfrucht, etwas Litschis, kernige Textur, mineralisch im Abgang, Limetten im Rückgeschmack.

Familie Strauss:
Karl mit Sabine und Gustav mit Bettina

WEINGUT STRAUSS GAMLITZ
8462 Gamlitz
Steinbach 16
T: +43 (664) 4424128
office@weingut-strauss.at
www.weingut-strauss.at

Kellermeister: Gustav Strauss
Kontakt: Karl und Gustav Strauss
Produktion: 5 % Schaumwein, 80 % weiß, 5 % rosé, 9 % rot, 1 % süß, 30 Hektar
Zertifiziert: Nachhaltig Austria
Vereinszugehörigkeit: Wein Steiermark
Messen: Tag des Steirischen Weines im Museumsquartier, VieVinum

© Weingut Strauss

93 Chardonnay * Ried Gamlitzberg Grande Reserve 2019
13 Vol.-%, DV, Barrique, €€€€€ Ⓥ
Mittleres Grüngelb, Silberreflexe. Nuancen von Vanille und Bratapfel, ein Hauch von Butterscotch und Blütenhonig, einladendes Bukett. Saftig, dezente Fruchtsüße nach reifer Mango, karamelliger Touch, balanciert und bereits gut entwickelt, ein stoffiger Speisenbegleiter.

91 Chardonnay * Ried Gamlitzberg 2022
13 Vol.-%, DV, Holzfass, €€€ Ⓥ
Mittleres Gelbgrün, Silberreflexe. Mit frischen Orangenzesten unterlegte gelbe Apfelfrucht, tabakig, zarte Kräuterwürze. Mittlere Komplexität, weißer Apfel, frisch strukturiert, mineralisch-zitronig im Abgang, vielfältig einsetzbar.

91 Weißburgunder * Gamlitz 2022
12,5 Vol.-%, DV, Stahltank, €€ Ⓗ Ⓥ
Helles Grüngelb, Silberreflexe. Frische gelbe Birnenfrucht, etwas Mango und Honigmelone, mit Wiesenkräutern unterlegt. Mittlerer Körper, weißer Apfel, feine Säure, ausgewogen und leichtfüßig, zitroniger Nachhall.

90 Gelber Muskateller * Ried Gamlitzberg 2022
12,5 Vol.-%, DV, Holzfass, €€€ Ⓗ Ⓥ
Sehr helles Goldgelb, Silberreflexe. Ein Hauch von Marshmallows und Holunderblüten, weißer Pfirsich. Mittlere Komplexität, Nuancen von Steinobst, gut integrierte Säure, zart salzig, feiner Blütenhonig im Nachhall.

★★★★★

FAMILIENWEINGUT TEMENT

BIO

Eingebettet in den Zieregg gibt das Weingut Tement eine beeindruckende Aussicht auf die Weingärten der Südsteiermark sowie auf die Reben im benachbarten Slowenien frei. Manfred Tement übernahm hier 1976 den Weinbaubetrieb seines Vaters, machte das Weingut zu einem der renommiertesten Weingüter Österreichs und die Weinregion international bekannt. Er setzte für Weine aus der Steiermark neue Maßstäbe, vor allem für den Sauvignon Blanc, den die Familie seit 1959 auf den mittlerweile ikonischen Lagen Zieregg und Grassnitzberg Riff bewirtschaftet. Im Jahr 2004 hat das Familienweingut begonnen, seine Idee vom Wein auch auf die slowenische Seite ihrer bekanntesten Lage Zieregg auszuweiten. Seither gehört auch die Domaine Ciringa zur Familie. Mittlerweile arbeitet mit den Söhnen Armin und Stefan sowie Schwiegertochter Monika die dritte Generation Hand in Hand mit den Eltern.

Die Geschichte der Familie schreibt sich zwar mit jeder Lese fort, gleich bleiben aber die Liebe zum Wein und das gemeinsame Bekenntnis zur bedingungslosen Qualität. Die Trauben werden zum perfekten Zeitpunkt von Hand gelesen, spontan vergoren und in lagenspezifischen Fässern und Tanks schonend ausgebaut und individuell vinifiziert, bevor sie kleinteilig und sortenspezifisch im Keller gelagert werden. Das Weingut setzt auf biodynamische Bewirtschaftung, gehört seit 2022 dem Demeter-Verband an und ist Mitglied der respekt-BIODYN-Gruppe.

Das Bekenntnis zur Qualität beschränkt sich bei der Familie Tement allerdings nicht nur auf den Weinbau. Die Familie bereichert die südsteirische Region außerdem mit zwei gastronomischen Betrieben und der »Winzarei«, in der Heidi Tement die Türen entzückender Winzerstöckl zu den Weinbergen der Familie öffnet, um die Vielfalt und Schönheit des eigenen Zuhauses in ihrer Verbundenheit mit der Südsteiermark zu teilen. Ein Urlaub der Sonderklasse ist hier garantiert.

95 ⓢ Morillon Brut Nature Blanc de Blancs Große Reserve Zero Dosage 2014
12 Vol.-%, NK, gebrauchte Barriques/Flaschengärung, €€€€€€ Ⓗ Ⓢ Ⓥ
Helles Grüngelb, Silberreflexe, feines Mousseux. Floral unterlegte weiße Apfelfrucht, ein Hauch von Limette, mineralischer Touch. Straff, mineralisch, lebendiger salziger Stil, angenehme Melonenfrucht im Nachhall, sehr gute Länge, enorm jugendlich, vielfältig einsetzbar.

99 Sauvignon Blanc * Ried Zieregg GSTK 2020
13,5 Vol.-%, VL, großes Holzfass, €€€€€€ Ⓑ Ⓥ
Helles Grüngelb, Silberreflexe. Zarte Kräuterwürze, feine

Zieregg, Ehrenhausen

FAMILIENWEINGUT TEMENT

8461 Ehrenhausen, Zieregg 13
T: +43 (3453) 4101
weingut@tement.at
www.tement.at

Kellermeister: Manfred, Armin und Stefan Tement
Kontakt: Monika Tement, MA
Anbauweise: Biodynamisch (Demeter, respekt)
Produktion: 97 % weiß, 2 % rot, 1 % süß, 85 Hektar
Vereinszugehörigkeit: Steirische Terroir- und Klassikweingüter, Demeter Österreich, respekt-BIODYN
Messen: Austrian Tasting London, ProWein Düsseldorf, VieVinum, Summa Margreid

weiße Tropenfrucht, etwas Mango, ein Hauch von Blütenhonig, sehr einladendes, facettenreiches Bukett. Straff, engmaschig, feine Frucht, finessenreich und elegant am Gaumen, salzige Mineralik, Limetten im Abgang, große Länge, sicheres Reifepotenzial für viele Jahre.

99 Sauvignon Blanc * Ried Zieregg GSTK IZ 2018

13,5 Vol.-%, VL, Holzfass, €€€€€€ B V
Helles Grüngelb, Silberreflexe. Reife gelbe Tropenfrucht, exotischer Touch, ein Hauch von Guaven, facettenreiches, zugängliches Bukett. Saftig, elegant, feine Fruchtsüße, mit angenehmer Würze unterlegt, gut integrierter Säurebogen, bleibt lange haften, feine weiße Tropenfrucht, ein Hauch von Zimt und Blutorangen, die »dunkle Seite« des Ziereggs.

98 Sauvignon Blanc * Ried Zieregg GSTK Vinothek Reserve 2019

13,5 Vol.-%, VL, Holzfass, €€€€€€ B V
Helles Grüngelb, Silberreflexe. Reifte dreieinhalb Jahre auf der Hefe. Feine Aromen von gelber Tropenfrucht, dazu etwas Orange und Mango, ein Hauch von Blütenhonig. Stoffig, elegant, feines Fruchtvolumen, ein Hauch von Pfirsich, frischer Säurebogen, zitronig-salzig im Abgang, mineralisch im Nachhall, etwas Süße im Rückgeschmack, sicheres Reifepotenzial.

97 Sauvignon Blanc * Ried Zieregg GSTK Kår 2020

13,5 Vol.-%, VL, großes Holzfass, €€€€€€ B V
Helles Grüngelb, Silberreflexe. Intensive Kräuterwürze, weiße Tropenfrucht, rauchige Nuancen, etwas Blütenhonig und kandierte Grapefruitzesten klingen an. Saftig, sehr gute Struktur, weißer Pfirsich, feine, gut eingebundene Säure, mineralisch-zitroniger Touch, sehr gute Länge, ein finessenreicher Speisenbegleiter, kühle, anregende Stilistik.

96 Sauvignon Blanc * Ried Zieregg GSTK Kapelle 2020

13 Vol.-%, VL, großes Holzfass, €€€€€€ B V
Helles Grüngelb, Silberreflexe. Feine Wiesenkräuter, gelbe Frucht, zart nach Holunderblüten, etwas Macis, öffnet sich mit Luft. Komplex, saftig, feine Nuancen von Weißen Johannisbeeren, elegant, fein verwobene Säurestruktur, zarter Blütenhonig im Abgang, ein stoffiger Speisenbegleiter.

95 Sauvignon Blanc * Ried Grassnitzberg 1STK Riff 2020

13 Vol.-%, VL, großes Holzfass, €€€€€ B V
Helles Grüngelb, Silberreflexe. Nuancen von frischer weißer Frucht, ein Hauch von Guaven und Grapefruit, mit angenehmer Kräuterwürze unterlegt, braucht etwas Luft. Straff, engmaschig, rassiger Säurekern, weiße Apfelfrucht, Limetten im Abgang, ein finessenreicher Speisenbegleiter mit sicherem Reifepotenzial.

95 Sauvignon Blanc * Ried Sernau GSTK König 2020

13 Vol.-%, VL, großes Holzfass, €€€€€€ B V
Helles Grüngelb, Silberreflexe. Nuancen von gelber Tropenfrucht, zart nach reifen Guaven, feine Kräuterwürze, ein Hauch von Grapefruitzesten. Stoffig, gute Komplexität, feine Pfirsichfrucht, gut integrierter Säurekern, ein Wein

mit Charme und Länge, fruchtige Süße im Nachhall, ein facettenreicher Speisenbegleiter.

94 Sauvignon Blanc * Kalk & Kreide 2022
13 Vol.-%, VL, Stahltank/großes Holzfass, €€€€ B H V
Helles Gelbgrün, Silberreflexe. Zarte Nuancen von frischen Stachelbeeren, Guaven, angenehme Kräuterwürze, weißer Apfel. Saftig, feine Fruchtsüße, finessenreich strukturiert, weißes Kernobst im Abgang, ein Hauch von Limetten im Nachhall, bereits gut antrinkbar.

(94) Sauvignon Blanc * Ehrenhausen Korallenkalk 2021
13 Vol.-%, VL, großes Holzfass/Stahltank, €€€€€ B V
Helles Grüngelb, Silberreflexe. Feine Nuancen von Honigmelone, gelbe Apfelfrucht, etwas Mango, ein Hauch von Orangenblüten. Straff, engmaschig, rassiger Säurebogen, Limetten im Abgang, salzig im Nachhall, bereits gut antrinkbar.

96 Weißer Burgunder * Ried Zieregg GSTK 2018
13 Vol.-%, VL, Holzfass, €€€€€€ B V
Helles Grüngelb, Silberreflexe. Zart nach Gewürznelken, Ananas, ein Hauch von Orangenzesten, mit einem floralen Touch unterlegt. Saftig, weiße Apfelfrucht, feine, gut integrierte Säurestruktur, zarte Melonenfrucht im Abgang, finessenreich, besitzt eine gute Länge und die angenehme Fülle des wärmeren Jahrgangs.

93 Weißer Burgunder * Ried Sulz 1STK 2020
12,5 Vol.-%, VL, großes Holzfass, €€€€€ B V
Helles Gelbgrün, Silberreflexe. Zart nussig unterlegte frische Birnenfrucht, ein Hauch von Honigmelone, zarte Kräuterwürze. Saftig, engmaschig und komplex, feine weiße Frucht, frisch strukturiert, Limetten im Abgang, ein vielfältig einsetzbarer Speisenbegleiter.

96 Morillon * Ried Zieregg GSTK Steilriegel 2020
13 Vol.-%, VL, gebrauchte Barriques, €€€€€€ B V
Helles Gelbgrün, Silberreflexe. Frischer Apfel, angenehme Wiesenkräuter, ein Hauch von Limetten, weiße Blüten, mineralischer Touch. Engmaschig, straff, weißes Kernobst, finessenreich, ein Hauch von Pfirsich und Melone im Abgang, saftiger, animierender Stil, sehr gute Länge, ein facettenreicher Speisenbegleiter mit Entwicklungspotenzial.

95 Morillon * Ried Sulz 1STK Kriewetz 2018
13,5 Vol.-%, VL, 500-l-Fass, €€€€€€ B V
Mittleres Grüngelb, Silberreflexe. Zart rauchig-kräuterwürzig unterlegte Apfelfrucht, Nuancen von Walnuss, Orangenblüten, mineralischer Touch. Komplex, straff und saftig, weiße Apfelfrucht, salzig und lange anhaftend, zarte Kernobstnuancen auch im Finish, sicheres Reifepotenzial.

94 Morillon * Ried Rossberg 2020
13 Vol.-%, VL, gebrauchte Barriques, €€€€€ B V
Helles Grüngelb, Silberreflexe. Etwas scheues Bukett, zart nach Kräutern und frischem Äpfel, zart nussiger Touch. Komplex, saftig, seidige Textur, frischer Strukturbogen, zitronig-salzig im Abgang, etwas Blütenhonig im Nachhall, gutes Entwicklungspotenzial.

94 Morillon * Ried Sulz 1STK 2020
12,5 Vol.-%, VL, kleines Holzfass, €€€€€ B V
Helles Grüngelb. Feine Nuancen von Orangenzesten, ein Hauch von gelbem Apfel, dezente Kräuterwürze. Saftig, weißer Apfel, frischer Säurebogen, mineralisch-salzig, zitronig im Nachhall, gutes Reifepotenzial.

94 Morillon * Ried Grassnitzberg 2019
12,5 Vol.-%, VL, kleines Holzfass, €€€€€€ B V
Helles Grüngelb, Silberreflexe. Feine gelbe Apfelfrucht, zarte Kräuterwürze, Orangenzesten, feine Tropenfrucht. Straff, elegant, feine Fruchtsüße, mineralisch, salzig, finessenreich im Nachhall, zitroniger Touch, ein facettenreicher Speisenbegleiter.

93 Morillon * Muschelkalk 2021
13 Vol.-%, VL, großes Holzfass/Stahltank, €€€€ B V
Helles Grüngelb, Silberreflexe. Zart nach Wiesenkräutern, zarte gelbe Apfelfrucht, frische Orangenzesten, ein Hauch von Walnuss. Saftig, ein Hauch von Fruchtsüße, feines Säurespiel, Birnentouch im Abgang, bereits gut entwickelt.

95 Gelber Muskateller * Ried Steinbach 1STK Fürst 2020
12 Vol.-%, VL, Stahltank, €€€€€ B H V
Helles Gelbgrün, Silberreflexe. Zart mit Blütenhonig unterlegte Pfirsichnuancen, ein Hauch von Orangenblüten, facettenreiches Bukett. Saftig, gute Komplexität, weißer Apfel, ein Hauch von Nelken, frisch strukturiert, Limetten im Nachhall, salzig und anhaftend, sicheres Reifepotenzial.

93 Gelber Muskateller * Sand & Schiefer 2022
11,5 Vol.-%, VL, Stahltank, €€€€ B H V
Helles Gelbgrün, Silberreflexe. Zarte Holunderblüten, ein Hauch von Pfirsich, feine Würze. Straff, lebendig, weißer Apfel, dezent kräutriger Touch, lebendiger Säurebogen, feine Fruchtsüße nach Ananas im Nachhall.

92 Welschriesling * Opok 2022
11,5 Vol.-%, DV, Stahltank, €€€ B H V
Helles Gelbgrün, Silberreflexe. Zarte Kräuterwürze, feine Apfelfrucht, ein Hauch von Orangenzesten. Saftig, feine Birnenfrucht, lebendig strukturiert, zitronig-salziges Finish, ein steirischer Klassiker wie aus dem Lehrbuch.

Welschriesling

92 Welschriesling * Ried Ottenberg Veitlhansl 2020
12 Vol.-%, VL, 500-l-Fass, €€€€€ B V
Helles Gelbgrün, Silberreflexe. Zart nach gelber Tropenfrucht, ein Hauch von Orangenkonzentrat und Zesten, feine Kräuterwürze. Stoffig, weißer Apfel, zart nussig, schlank und präzise, frischer Säurebogen, zitronig-salzig im Nachhall, individueller Speisenbegleiter.

94 Welschriesling Weinstock Alte Reben 2020
12,5 Vol.-%, VL, kleines Holzfass, €€€€€€ B V
Helles Gelbgrün, Silberreflexe. Zarte Kräuterwürze, nussiger Touch, ein Hauch von Limetten, mineralisch-rauchiger Anklang. Straff, karg, engmaschige Textur, feine weiße Apfelfrucht, zarte zitronige Nuancen, dezente Fruchtsüße im Finish, balanciert und gut antrinkbar, zeigt gute Länge, hat Reifepotenzial.

94 Gewürztraminer * Ried Wielitschberg 1STK 2020
13,5 Vol.-%, VL, 500-l-Fass, €€€€€ B V
Helles Gelbgrün, Silberreflexe. Zart nach Marshmallows, feines Rosenbukett, etwas Jasmin, mit Noten von gelber Frucht unterlegt. Straff, elegant, Nuancen von weißem Steinobst, finessenreich und würzig, mineralisch und anhaftend, sehr lebendiger Stil, bereits gut entwickelt und antrinkbar.

92 Weißburgunder * Ton & Mergel 2022
12,5 Vol.-%, VL, Stahltank, €€€ B H V
Helles Gelbgrün, Silberreflexe. Zarte Nuancen von gelbem Kernobst, ein Hauch von Honigmelone, Nuancen von Orangenzesten. Straff, weißes Kernobst, finessenreich strukturiert, mineralisch, salzig im Abgang, ein vielseitiger Speisenbegleiter.

★★★

WEINGUT TSCHERMONEGG

Das höchstgelegene Weingut an der Südsteirischen Weinstraße besticht nicht nur durch ein traumhaftes Panorama, sondern vor allem durch seine aromatischen, ausdruckstarken sowie sauber vinifizierten Weine.
Seit fünf Generationen schlägt das Herz der Familie Tschermonegg für den Wein. Seit 2018 ist auch Franz-Josef, der ältere der beiden Söhne im Team und maßgeblich für den zukünftigen Erfolg des Weinguts mitverantwortlich.
Gearbeitet wird an den steilen und sonnenverwöhnten Rebhängen wie auch im Keller ressourcensparend und mit vielen Verzichten, damit der ökologische Fußabdruck so klein wie möglich gehalten wird. Tschermonegg ist auch eines der ersten Weingüter in der Steiermark, die das Nachhaltigkeits-Zertifikat erlangt haben.
Die Böden und klimatischen Bedingungen sind sehr vielseitig. Unterschieden werden nach der Herkunftspyramide Regions-, Gebiets-, Orts- und Riedenweine, die auch stets von diversen nationalen und internationalen Challenges und Weinjournalisten hoch bewertet und hervorgehoben werden. Eine modern ausgestatte Presshaus- und Kelleranlage ermöglicht es, traditionelles Gedankengut und langjährige Erfahrung mit technischem Know-how optimal zu verbinden. Im Weingut selbst kann man die erlesenen Weine auch unter dem Begriff »Wohnen beim Wein« in Verbindung mit ausgezeichneten re-

WEINGUT TSCHERMONEGG

8463 Leutschach
Glanz an der Weinstraße 50
T: +43 (3454) 3260
weingut@tschermonegg.at
www.tschermonegg.at

Kellermeister: Erwin und Franz-Josef Tschermonegg
Kontakt: Sonja und Erwin Tschermonegg
Produktion: 213.333 Flaschen
1 % Schaumwein, 97 % weiß, 1 % rot,
1 % süß, 33+7 Hektar
Zertifiziert: Nachhaltig Austria
Vereinszugehörigkeit:
GutFinden – Südsteiermark, SIEME-Weingüter, Wein Steiermark
Messen: VieVinum, DAC-Präsentationen

Franz-Josef und Erwin Tschermonegg

gionalen Schmankerln im angeschlossenen Buschenschank und den Genießerzimmern mit Panoramapool mitten in den Weinbergen genießen.

94 Sauvignon Blanc * Ried Oberglanzberg 2020
13,5 Vol.-%, NK, großes Holzfass, €€€€€
Helles Gelbgrün, Silberreflexe. Zart rauchige Kräuterwürze, Anklänge von gelber Tropenfrucht, nach Mango, reife Stachelbeerfrucht, etwas Blütenhonig, einladendes Bukett. Saftig, elegant, feine Fruchtsüße, gut integrierter Säurebogen, zeigt Balance und Länge, ein gut gereifter Speisenbegleiter mit weiterem Reifepotenzial.

93 Sauvignon Blanc * Ried Lubekogel 2021
13,5 Vol.-%, NK, großes Holzfass, €€€€€
Helles Gelbgrün, Silberreflexe. Nuancen von weißen Blüten, ein Hauch von Pfirsich, Limettenzesten, mineralischer Touch. Komplex, stoffig, weißes Kernobst, rassiger Säurebogen, feine Extraktsüße im Abgang, salziger Nachhall, etwas Anis im Rückgeschmack, verfügt über Frische und Reifepotenzial.

92 Sauvignon Blanc * Gamlitz 2022
13,5 Vol.-%, DV, kleines Holzfass, €€€€ H
Helles Gelbgrün, Silberreflexe. Zart nach Litschis und weißer Tropenfrucht, Nuancen von Guaven, frische Wiesenkräuter und Grapefruitzesten. Stoffig, weißer Pfirsich, lebendiger Säurebogen, mineralisch-salzig im Abgang, zitronig im Nachhall, ein facettenreicher Speisenbegleiter.

91 Sauvignon Blanc * 2022
12,5 Vol.-%, DV, Stahltank, €€€ H
Helles Gelbgrün, Silberreflexe. Zart nach Stachelbeeren, gelbe Paprikaschoten, feine Kräuterwürze, weiße Frucht, etwas Fenchel und Kümmel. Saftig, weiße Tropenfrucht, lebendiger Säurebogen, grüner Apfel, salziger Nachhall, animierender Stil.

93 Morillon * Ried Oberglanzberg 2021
13 Vol.-%, NK, Holzfass, €€€€€
Mittleres Grüngelb, Silberreflexe. Feine Nuancen von reifem Kernobst, nach Golden-Delicious-Apfel, kandierte Orangenzesten, feiner Blütenhonig. Komplex, saftig, reife gelbe Frucht, feiner Säurebogen, Nuancen von Mango und Birne im Abgang, ein eleganter Speisenbegleiter mit Reifepotenzial.

92 Roter Muskateller 2022
12 Vol.-%, DV, Stahltank, €€€ H
Helles Altrosa, Silberreflexe. Zarte Nuancen von Ananaserdbeeren, eingelegte Kirschen, Limettenzesten und Blütenhonig. Straff, weißer Pfirsich, etwas Muskatnuss, lebendiger Säurebogen, mineralisch, feine Süße im Abgang, bleibt gut haften, zitroniger Touch, spannender Sommerwein.

* Südsteiermark DAC

★★★★

WEINGUT WOHLMUTH

Seit 1803 keltert die Familie Wohlmuth im südsteirischen Kitzeck im Sausal, dem höchstgelegenen Weinbauort Österreichs, ihre Weine. Sehr viel hat sich seither an ihrer Arbeit im Weingarten nicht geändert: Nach wie vor müssen die massiven Schiefersteine der Bodenoberfläche mit Hämmern klein geschlagen werden, und jeder einzelne Rebstock muss mühselig in den kargen Boden gearbeitet werden. Aufwendigste Handarbeit – vom Rebschnitt über die gesamte Laubarbeit bis hin zur selektiven Handlese – ist die Basis der Qualität der Weine. Der Umgang mit natürlichen Ressourcen ist von Respekt geprägt, was einen Verzicht auf Herbizide und Insektizide selbstverständlich macht. Bewässerung gibt es hier keine, und die steilsten Einzellagen werden nach wie vor mit der Sense gemäht.

Die Weingärten liegen auf einer Seehöhe von 400 bis 600 Metern und zählen mit einer Steigung von bis zu 90 Prozent zu den steilsten Rebbergen Europas. Bis zu 1.200 Arbeitsstunden fließen jährlich in jeden Hektar dieser extremen Lagen, bis der fertige Wein in den Fässern liegt. Die prägnante Schiefermineralik findet sich in allen Weinen des Weinguts wieder und zeigt, wie fest der Rebstock mit dem vorherrschenden Boden in der Ortsappellation Kitzeck-Sausal verwurzelt ist.

Seit Generationen befinden sich einige der am frühesten erwähnten Einzellagen Österreichs im Besitz der Familie Wohlmuth, wie etwa die bereits 1322 urkundlich erwähnte Ried Edelschuh. Mit hohem Aufwand werden diese historisch bedeutsamen Einzellagen gepflegt und erhalten sowie teilweise mühselig rekultiviert. Diese Rieden sind letztendlich der Grundstock einer einzigartigen Qualität. Sie lassen Herkunftsweine entstehen, die durch das Spannungsverhältnis aus Wärme und Kühle geprägt sind. Die Wärme stammt vom sogenannten illyrischen Klima, das für reife Trauben erster Güte sorgt. Der kühle Einfluss stammt von den Alpen, aber auch die kargen Schieferböden und die extreme Höhenlage tragen zu dem unverwechselbaren Charme der Weine aus dem Hause Wohlmuth bei.

98 Sauvignon Blanc * Ried Edelschuh GSTK 2021

13 Vol.-%, NK, Holzfass/großes Holzfass, €€€€€€ Ⓥ

Helles Grüngelb, Silberreflexe. Zunächst noch etwas scheu, feine Steinobstanklänge, ein Hauch von Ringlotte, reife Stachelbeeren, zart rauchige Nuancen, öffnet sich mit Luft. Saftig, elegant, feine Fruchtsüße, ein Hauch von Mango, lebendig strukturiert, salzig-zitronig, tänzelt auf der Zuge, ein finessenreicher Speisenbegleiter mit enormem Reifepotenzial.

96 Sauvignon Blanc * Ried Hochsteinriegl GSTK 2021

13 Vol.-%, NK, großes Holzfass/Holzfass, €€€€€ Ⓥ

Helles Grüngelb, Silberreflexe. Feiner Blütenhonig, Mango, ein Hauch von gelbem Pfirsich, zart nach Grapefruitzesten, würziger Schiefertouch. Saftig, elegant, straffe Textur, finessenreicher Säurebogen, ein Hauch von Limetten, bleibt sehr gut haften, weißer Pfirsich im Abgang, sicheres Entwicklungspotenzial.

95 Sauvignon Blanc * Ried Steinriegl 1STK 2022

13 Vol.-%, NK, gebrauchte Barriques, €€€€

Helles Gelbgrün, Silberreflexe. Zart nach Grapefruit, frische Ananas, gelber Pfirsich, feine Schiefernuancen, facettenreiches Bukett. Straff, engmaschig, Nuancen von weißer Frucht, finessenreich strukturiert, Limettentouch im Abgang, bereits gut entwickelt, ein delikater Speisenbegleiter mit sicherem Potenzial.

94 Sauvignon Blanc * Kitzeck-Sausal 2022

12,5 Vol.-%, DV, gebrauchte Barriques, €€€€ Ⓥ

Helles Gelbgrün, Silberreflexe. Feine gelbe Tropenfrucht, zart nach Guaven, kandierte Grapefruitzesten, ein Hauch von Cassis, angenehme Kräuterwürze. Straff, engmaschig, weißer Apfel, salzig-schiefrige Mineralik im Abgang, sehr gute Länge und Frische, trinkanimierend und mit tollem Reifepotenzial ausgestattet.

94 Sauvignon Blanc * Ried Urlkogl 2021

13 Vol.-%, NK, €€€€€

Helles Gelbgrün, Silberreflexe. Feine gelbe Tropenfrucht, zart nach Rhabarber und Kamille, zarter Blütenhonig. Stoffig, elegant, zarte Fruchtsüße, finessenreiche Säurestruktur, ein Hauch von Fruchtsüße im Abgang, salzig im Nachhall, bereits gut entwickelt.

WEINGUT WOHLMUTH

8441 Kitzeck im Sausal
Fresing 24
T: +43 (3456) 2303
wein@wohlmuth.at
www.wohlmuth.at

Kellermeister/Kontakt: Gerhard Wohlmuth
Produktion: 2 % Schaumwein, 90 % weiß, 7 % rot, 1 % süß, 57 Hektar
Zertifiziert: Nachhaltig Austria
Vereinszugehörigkeit: Steirische Terroir- und Klassikweingüter, WBV Sausal
Messen: ProWein Düsseldorf, VieVinum

Ried Steinriegl

93 Sauvignon Blanc * Schiefer 2022

12,5 Vol.-%, DV, Stahltank, €€€

Helles Grüngelb, Silberreflexe. Rauchig-würzig, feiner Schiefertouch, mit weißer Frucht unterlegt, zarte Grapefruit. Saftig, grüne Apfelfrucht, zart nach Cassis, frischer Säurebogen, feine Zitrusnuancen im Abgang.

93 Sauvignon Blanc * 2022

12,5 Vol.-%, DV, Stahltank, €€€

Helles Gelbgrün, Silberreflexe. Feine gelbe Frucht, zart nach Papaya, Mango, etwas Blütenhonig. Straff, weißer Apfel, frischer Säurebogen, dunkle Mineralik, Limetten, rassig und anhaftend, feinwürzig, Cassis im Nachhall, ein knackiger Speisenbegleiter.

92 Sauvignon Blanc * Ried Urlkogl Meinhardt Hube 2021

13 Vol.-%, NK, großes Holzfass, €€€€

Helles Gelbgrün, Silberreflexe. Feine Nuancen von reifen Stachelbeeren, kandierte Grapefruitzesten, mit weißem Pfirsich unterlegt. Saftig, weiße Apfelfrucht, frischer Säurebogen, salzig-mineralisch im Nachhall, Limetten im Rückgeschmack.

97 Riesling * Ried Edelschuh GSTK 2021

13 Vol.-%, NK, gebrauchte Barriques, €€€€€€

Helles Grüngelb, Silberreflexe. Feine Nuancen von gelber Tropenfrucht, ein Hauch von Pfirsich, etwas Safran, angenehme Schieferwürze, ein Hauch von Kamille. Komplex, straff, engmaschig, staubtrockener Stil, sehr lange anhaftend, weiße Pfirsichfrucht im Abgang, zitroniger Nachhall, großes Reifepotenzial.

95 Riesling * Ried Steinriegl Strohbart 2021

12,5 Vol.-%, NK, großes Holzfass, €€€€€

Helles Grüngelb, Silberreflexe. Zart nach Feigen, weiße Tropenfrucht, Nuancen von Dörrmarillen, dunkle Mineralik. Komplex, stoffig und engmaschig, finessenreiche Säurestruktur, lebendig, anhaftend, Limettentouch im Abgang, salzig und enorm jugendlich, großes Reifepotenzial.

(95) Riesling * Ried Dr. Wunsch 2022

12,5 Vol.-%, NK, großes Holzfass, €€€€€

Noch zart getrübtes Gelbgrün, Silberreflexe. Feine weiße Tropenfrucht, ein Hauch von Pfirsich, Limette und Schiefer, mit Grapefruitzesten unterlegt. Straff, elegant, Nuancen von weißer Frucht, finessenreiche Säurestruktur, zitronig-salzig im Abgang, große Länge, enormes Reifepotenzial.

93 Riesling * Kitzeck-Sausal 2022

12,5 Vol.-%, DV, gebrauchte Barriques, €€€

Helles Grüngelb, Silberreflexe. Feine gelbe Tropenfrucht, zart nach Mango und Papaya, ein Hauch von Mandarinenzesten, einladendes Bukett. Saftig, weißer Pfirsich, frisch strukturiert, zitroniger Touch im Abgang, ein lebendiger Speisenbegleiter.

95 Morillon * Ried Sausaler Schlössl 2020

13 Vol.-%, NK, 500-l-Fass, €€€€€

Helles Gelbgold, Silberreflexe. Frische gelbe Apfelfrucht, Nuancen von Golden-Delicious-Apfel, ein Hauch von Orangenzesten. Saftig, dezente Fruchtsüße, elegant, feine, gut eingebundene Säurestruktur, mineralisch-salzig im Abgang, gelbe Frucht nach Mango im Nachhall, bereits gut entwickelt, ein facettenreicher Speisenbegleiter.

© Robert Herbst

94 Morillon * Ried Gola 1STK 2021
13 Vol.-%, NK, gebrauchte Barriques, €€€€ V
Helles Grüngelb, Silberreflexe. Zart mit Blütenhonig unterlegte Nuancen von gelbem Kernobst, kandierte Orangenzesten, frischer Apfel. Saftig, elegant, reife Frucht, dezente Nuancen von gelben Ringlotten, salzig und frisch, zitroniger Touch, bereits gut antrinkbar, gutes Entwicklungspotenzial.

(94) Gelber Muskateller * Ried Steinriegl 1STK 2022
12,5 Vol.-%, NK, gebrauchte Barriques, €€€€ V
Helles Gelbgrün, Silberreflexe. Mit Limetten unterlegte weiße Pfirsichfrucht, tabakige Nuancen, Ananas, Grapefruitzesten. Straff, engmaschig, weißer Apfel, lebendige Säurestruktur, mineralisch-salzig im Abgang, gute Länge, animierender Stil, sicheres Reifepotenzial.

92 Gelber Muskateller * Schiefer 2022
12 Vol.-%, DV, Stahltank, €€€ V
Sehr helles Gelbgrün, Silberreflexe. Zart nach Holunderblüten und Babybanane, weißer Pfirsich, feine Mineralik. Schlank, weiße Tropenfrucht, finessenreicher Säurebogen, zitroniger Touch, Limetten im Nachhall, macht Lust auf ein zweites Glas.

92 Gelber Muskateller * Kitzeck-Sausal 2022
12 Vol.-%, DV, großes Holzfass/Stahltank, €€€ V
Helles Gelbgrün, Silberreflexe. Zart nach rotem Rhabarber, ein Hauch von gelben Ringlotten, zart rauchige Mineralik. Straff, Nuancen von weißem Steinobst, frisch strukturiert, zitroniger Touch im Abgang, saliner Nachhall.

90 Gelber Muskateller * 2022
12 Vol.-%, DV, Stahltank, €€€ V
Helles Gelbgrün, Silberreflexe. Zarte Holundernote, Litschis, Weiße Johannisbeeren, feine Kräuterwürze. Straff, grüner Apfel, frischer Säurebogen, zitroniger Nachhall, bietet leichtfüßiges Trinkvergnügen.

94 Grauburgunder * Ried Gola 1STK 2021
12,5 Vol.-%, NK, großes Holzfass, €€€€ V
Helles Gelbgold, Silberreflexe. Feine Ringlottenfrucht, ein Hauch von Birne und Blütenhonig, kandierte Orangenzesten, einladendes Bukett. Komplex, zart nussig, weißer Apfel, etwas Birne, frischer Säurebogen, lebendig und anhaftend, ein straffer Begleiter bei Tisch.

93 Grauburgunder * Kitzeck-Sausal 2022
13 Vol.-%, DV, großes Holzfass, €€€ V
Helles Grüngelb, Silberreflexe. Zart nach Kletzen, reife Birnenfrucht, kandierte Orangenzesten, etwas Honig. Feine Steinobstnuancen, reifer Pfirsich, feine, gut eingebundene Säurestruktur, Limetten im Nachhall, ein lebendiger Speisenbegleiter.

93 Gewürztraminer * 2021
13,5 Vol.-%, DV, Stahltank, €€€ V
Mittleres Goldgelb, Silberreflexe. Intensiver Duft nach Rosolio, ein Hauch von Marshmellows, rauchige Nuancen von Selchspeck. Straff, kraftvoll, feine gelbe Frucht, zart nach Honig im Abgang, balanciert, zeigt Länge, wird von Flaschenreife profitieren.

91 Welschriesling * 2022
11,5 Vol.-%, DV, Stahltank, €€ V
Helles Gelbgrün, Silberreflexe. Zart nach Golden-Delicious-Apfel, feine Kräuterwürze, mit etwas Birne unterlegt. Straff, elegant, feine Fruchtsüße, lebendige Säurestruktur, zitronig-salzig im Abgang, anregender Speisenwein.

91 * Steirischer Panther 2022 SB/CH/GM/PG/RR
12,5 Vol.-%, DV, Stahltank, €€ V
Helles Grüngelb, Silberreflexe. Frisches gelbes Kernobst, angenehme Kräuterwürze, zart nach Orangenblüten. Saftig, weiße Apfelfrucht, frisch und mit angenehmer Würze unterlegt, salziger Nachhall.

92 Blaufränkisch Ried Rabenkropf 2018
13,5 Vol.-%, €€€€€
Dunkles Rubingranat, violette Reflexe, breitere Randaufhellung. Zart nach Velours, dunkle Waldbeeren, etwas Nougat, kandierte Orangenzesten. Saftig, rotbeeriger Touch, Nuancen von Kirschen, gut integrierte Tannine, mineralisch, salzig, ein balancierter, ausgereifter Speisenbegleiter.

90 Blaufränkisch Neckenmarkt 2021
13 Vol.-%, €€
Dunkles Rubingranat, violette Reflexe, dezente Ockerrandaufhellung. Brombeeren, schwarze Kirschen, feine Röstaromen, einladendes Bukett. Mittlerer Körper, rotbeerig, frischer, zugänglicher Stil, zart nach Vanille, ein lebendiger Speisenbegleiter.

92 Pinot Noir Phyllit 2019
13 Vol.-%, NK, €€€€€
Mittleres Karmingranat, breite Ockerrandaufhellung. Zart nach Kirschen, dunkle Mineralik, feine Kräuterwürze, Orangenzesten. Rotbeerig, seidig, gut integrierte Tannine, frisch strukturiert, salziger, trinkfreudiger Stil, zitronige Nuancen im Nachhall.

WEINGUT WRUSS
8462 Gamlitz
Kranach 74
T: +43 (664) 2029078
post@weingut-wruss.at
www.weingut-wruss.at

Kellermeister/Kontakt:
Johannes Wruss
Produktion: 46.667 Flaschen
90 % weiß, 10 % rosé, 7 Hektar
Zertifiziert: Nachhaltig Austria
Messen: VieVinum, DAC-Präsentationen

Katharina und Johannes Wruss

★

WEINGUT WRUSS

Das Weingut Wruss liegt in idyllischer Lage auf einem kleinen Bergplateau am Kranachberg, wo sich die Familie Wruss bereits in dritter Generation dem Weinbau widmet. Die sieben Hektar Weingärten liegen ausschließlich auf den kalkhaltigen Sandböden des Kranachbergs. Sein günstiges Mikroklima und das besondere Terroir verleihen den Weinen ihre typische Mineralik. Die steilen Hänge werden von der Familie das ganze Jahr in liebevoller Handarbeit bewirtschaftet und die Trauben im Herbst mit der Hand gelesen. Im Keller entstehen elegante und feingliedrige Weine, die ihre einzigartige Kranachberger Herkunft widerspiegeln. Das Sortiment umfasst die typisch steirischen Sorten Sauvignon Blanc, Gelber Muskateller, Weißburgunder, Welschriesling und Grauburgunder. »Bodenständigkeit, Weitblick und die nachhaltige Arbeit im Einklang mit der Natur sind die besten Voraussetzungen, um authentische und elegante Weine von höchster Qualität zu erzeugen«, so der Winzer Johannes Wruss.

93 Sauvignon Blanc * Gamlitz 2021
13,5 Vol.-%, DV, Stahltank, €€€€
Helles Grüngelb, Silberreflexe. Reife gelbe Tropenfrucht nach Passionsfrucht und Guaven, Blütenhonig und kandierte Orangen. Saftig, elegant, zarte Fruchtsüße, angenehmer Säurebogen, gelber Pfirsich und Ananas im Nachhall, ein facettenreicher Begleiter bei Tisch.

93 Sauvignon Blanc * Ried Kranachberg 2020
13 Vol.-%, DV, Eichenfass, €€€€€
Mittleres Goldgelb, Silberreflexe. Zarter Blütenhonig, reife gelbe Tropenfrucht, Mango und Stachelbeeren, einladendes Bukett. Komplex, weiße Tropenfrucht, fruchtig und elegant, feine Säurestruktur, dezente Süße im Abgang, ein eleganter Wein mit etwas opulenterem Jahrgangscharakter und weiterem Entwicklungspotenzial.

91 Sauvignon Blanc * 2022
13 Vol.-%, DV, Stahltank, €€€
Helles Grüngelb, Silberreflexe. Rauchig, zart nach Grapefruitzesten, Guaven, weiße Tropenfrucht, Stachelbeeren. Straff, engmaschig, weißer Apfel, frischer Säurebogen, zitronig-mineralisch im Abgang, dezente Süße im Nachhall.

92 Gelber Muskateller * 2022
12 Vol.-%, DV, Stahltank, €€€
Mittleres Grüngelb, Silberreflexe. Zart nach Ananas und Holunderblüten, zarte Muskatnuss, einladendes Bukett. Stoffig, elegant, weißer Pfirsich, feiner Säurebogen, mineralisch, Limetten im Nachhall, ein balancierter Speisenwein, ausgestattet mit guter Länge.

92 Grauburgunder * Ried Kranachberg 2020
13,5 Vol.-%, DV, großes Holzfass, €€€€€
Helles Goldgelb, Silberreflexe. Zart nach Karamell und Biskuit, Nuancen von reifer Mango, etwas Papaya und Blütenhonig, einladendes Bukett. Kräftig, etwas Nougat, reife Birnenfrucht, dezente Säure, mineralisch unterlegt, ein vielseitiger Begleiter bei Tisch.

90 Weißburgunder * 2022
12 Vol.-%, DV, Stahltank, €€
Helles Grüngelb, Silberreflexe. Nuancen von Quitte und Walnuss, mit einem Hauch von Orangenzesten unterlegt, frische Wiesenkräuter klingen an. Saftig, weißer Apfel, feine Säurestruktur, zitronig-salzig im Abgang, ein animierender Speisenwein.

★★★★

EWALD ZWEYTICK WEIN

Ewald Zweytick ist Winzer aus Ratsch in der Südsteiermark und bewirtschaftet insgesamt elf Hektar Weingärten, die sich auf die Lagen Ried Stermetzberg, Sulz, Ried Höllriegl am Alten Pfarrweingarten in Gamlitz und den Witscheiner Herrenberg aufteilen. Seine Hauptsorten sind Sauvignon Blanc, Gelber Muskateller und Weißburgunder. Weiters baut er Welschriesling, Chardonnay und Grauburgunder an. Seit 2021 führt er auch einen Zweigelt Rosé im Repertoire. Mit großer Passion widmet er sich seinen Lagenweinen »Don't Cry« (Sauvignon Blanc), »November Rain« (Chardonnay) und »Tosca« (Grauburgunder). Seit 2008 beschäftigt er sich auch mit intrazellulärer Vergärung – Resultat ist sein »Heaven's Door«.
Genauso geradlinig wie der Mensch Ewald Zweytick ist auch seine Arbeit, vor allem, wenn es um seinen Lieblingswein geht: »Dass mein Herz generell für den Sauvignon Blanc schlägt, weiß jeder, der mich kennt. Obwohl diese Weine generell jung getrunken werden, ist es mir ein Anliegen, langlebige, volle Weine zu produzieren.«

96 Sauvignon Blanc * Ried Stermetzberg Heaven's Door 2020
13,5 Vol.-%, NK, Barrique, €€€€€€
Mittleres Goldgelb, Silberreflexe. Zarte Holzwürze, ein Hauch von Vanille und Stachelbeeren, mit feiner Tropenfrucht unterlegt, ein Hauch von gelbem Pfirsich, facettenreiches Bukett. Saftig, komplex und harmonisch, angenehme weiße Pfirsichfrucht, finessenreiche Säurestruktur, mineralisch, zart salzig, ein vielschichtiger Speisenbegleiter.

95 Sauvignon Blanc * Ried Stermetzberg Don't Cry 2020
14 Vol.-%, NK, Barrique, €€€€€€
Mittleres Gelbgold, Silberreflexe. Feine Kräuterwürze, ein Hauch von Passionsfrucht, zart nach Guaven und frischen Feigen, mit kandierten Orangenzesten unterlegt. Komplex, kraftvoll, weiße Tropenfrucht, feine Säurestruktur, mineralisch-salzig im Abgang, zart nach Limetten im Nachhall, bereits gut entwickelt, zeigt Länge, verfügt über weiteres Reifepotenzial.

94 Sauvignon Blanc * Gamlitz Ried Höllriegl am Alten Pfarrweingarten 2021
13,5 Vol.-%, DV, großes Holzfass, €€€€€
Mittleres Grüngelb, Silberreflexe. Frische weiße Tropenfrucht, ein Hauch von Litschis, Weiße Johannisbeeren, reife Stachelbeeren, attraktives Bukett. Stoffig, saftig, elegant, seidig-cremige Textur, feine Fruchtsüße im Kern, Nuancen von gelber Frucht und Blütenhonig im Abgang, gut entwickelt, leichtfüßig und facettenreich.

94 Sauvignon Blanc * Ried Sulz 2021
14,5 Vol.-%, NK, Eichenfass, €€€€€€
Helles Grüngelb, Silberreflexe. Zart nach Mango und gelben Paprikaschoten, ein Hauch von Vanille und weißem Steinobst, feinwürziges Bukett. Kraftvoll, gelber Pfirsich, etwas Babybanane, feine, gut integrierte Säurestruktur, elegant, Ringlotten und reife Stachelbeeren im Abgang, mineralischer Nachhall.

93 Sauvignon Blanc * Ehrenhausen 2021
13,5 Vol.-%, DV, Stahltank, €€€€€
Mittleres Grüngelb, Silberreflexe. Zart nach Kumquats, gelbe Tropenfrucht, mit einem Hauch von Cassis unterlegt, feine Kräuterwürze, nussiger Touch. Komplex, saftige Nuancen von Mango und Ananas, Blütenhonig im Abgang, ausgewogen und bereits gut antrinkbar.

92 Sauvignon Blanc * 2022
13 Vol.-%, DV, Stahltank, €€€
Helles Grüngelb, Silberreflexe. Zarte gelbe Tropenfrucht, ein Hauch von Stachelbeeren, mit Limettenzesten unterlegt, etwas scheues Bukett. Saftig, ein Hauch von Orangen, Nuancen von Pfirsich, mineralisch, zarte Fruchtsüße im Abgang, ein eleganter Speisenbegleiter.

94 Sauvignon Blanc Ried Witscheiner Herrenberg M Provocateur 2017
13,5 Vol.-%, NK, 500-l-Fass, €€€€€€
Mittleres Gelbgold, Silberreflexe. Nuancen von Orangenmarmelade, reife gelbe Tropenfrucht, Guaven, Stachelbeeren, Noten von Limettenzesten, zart nach Mandelkuchen. Mittlere Komplexität, Nuancen von weißer Frucht, feiner Säurebogen, zart nussig im Abgang, ein feiner Natural Wine, der Sorte und Terroir respektiert.

95 Chardonnay * Ried Stermetzberg November Rain 2020
13 Vol.-%, NK, Barrique, €€€€€€
Leuchtendes mittleres Grüngelb, Silberreflexe. Feine Holzwürze, zart nach Vanille und Limette, feine weiße Tropenfrucht, ein Hauch von weißem Pfirsich, Nuancen von Blütenhonig. Komplex, elegant, weißer Apfel, feine Textur, salzig-mineralisch im Abgang, lange anhaftend, ein ausgewogener Speisenbegleiter mit weiterem Reifepotenzial.

92 Chardonnay * Ehrenhausen 2021
13 Vol.-%, DV, großes Holzfass, €€€€€
Mittleres Grüngelb, Silberreflexe. Feine Aromen von gelber Tropenfrucht, ein Hauch von Papaya und Mango, etwas Blütenhonig, Limettentouch. Stoffig, Nuancen von weißer Frucht, dezente Süße, elegant und seidig, bleibt gut haften, ein gut entwickelter Speisenbegleiter.

94 Grauburgunder * Ried Stermetzberg Tosca 2020
13 Vol.-%, NK, Barrique, €€€€€€
Leuchtendes Goldgelb, Silberreflexe. Zart kräuterwürzig unterlegte feine Birnenfrucht, ein Hauch von Orangenzesten und Walnüssen, feine Mineralik. Mittelkräftig, weißes Kernobst, zarte Extraktsüße, balanciert und fein gewoben, ein Hauch von weißem Pfirsich im Abgang, vielfältig einsetzbar, ein elegant gereifter Speisenbegleiter.

93 Weißburgunder * Ried Sulz Witscheiner Herrenberg Stermetzberg K3 2020
13 Vol.-%, DV, gebrauchte Barriques, €€€€€
Helles Goldgelb, Silberreflexe. Feine Nuancen von gelber Honigmelone, dazu Pfirsichnoten, ein Hauch von Mandarinenzesten, etwas Blütenhonig. Saftig, elegant, seidige Textur, weißes Kernobst, finessenreiche Säurestruktur, zitroniger Touch im Abgang, ein balancierter Speisenbegleiter.

91 Weißburgunder * 2022
12,5 Vol.-%, DV, Stahltank, €€€
Mittleres Grüngelb, Silberreflexe. Zart tabakig unterlegter Hauch von Kernobst, feine nussige Aromen, noch zurückhaltend. Mittlerer Körper, weiße Birne, dezenter Säurebogen, mineralisch und ausgewogen, ein Hauch von Limette im Abgang.

EWALD ZWEYTICK WEIN

8461 Ratsch an der Weinstraße
Ratsch an der Weinstraße 102
T: +43 (664) 2109189
office@ewaldzweytick.at
www.ewaldzweytick.at

Kellermeister/Kontakt:
Ewald Zweytick
Produktion: 95 % weiß, 5 % rosé, 18 Hektar
Messen: VieVinum

93 Gelber Muskateller * Gamlitz Ried Höllriegl am Alten Pfarrweingarten 2021
13 Vol.-%, DV, großes Holzfass, €€€€€
Mittleres Grüngelb, Silberreflexe. Kandierte Limetten, feine Nuancen von weißer Frucht, florale Aspekte, geröstete Ananas, attraktives Bukett. Mittlere Komplexität, ein Hauch von Litschis und Zitronen, salzig-mineralisch, gut anhaftend, delikater Stil, verfügt über Entwicklungspotenzial.

91 Gelber Muskateller * 2022
12 Vol.-%, DV, Stahltank, €€€
Mittleres Grüngelb, Silberreflexe. Einladendes, intensives Bukett nach Holunderblüten, Pfirsich und Muskatnuss. Mittlerer Körper, weißes Kernobst, feiner Säurebogen, traubige Nuancen im Abgang, ein schlanker, feiner Sommerwein.

91 Welschriesling * 2022
11 Vol.-%, DV, Stahltank, €€
Mittleres Gelbgrün, Silberreflexe. Feine frische Birnenfrucht, zart nach Wiesenkräutern, mit Mandarinenzesten unterlegt. Straff, weißer Apfel, lebendig strukturiert, mineralisch-zitronig, ein lebendiger, leichtfüßiger Speisenbegleiter.

Der Klöchberg am Traminerweg

© WSNA

STEIERMARK

VULKANLAND STEIERMARK

DAC

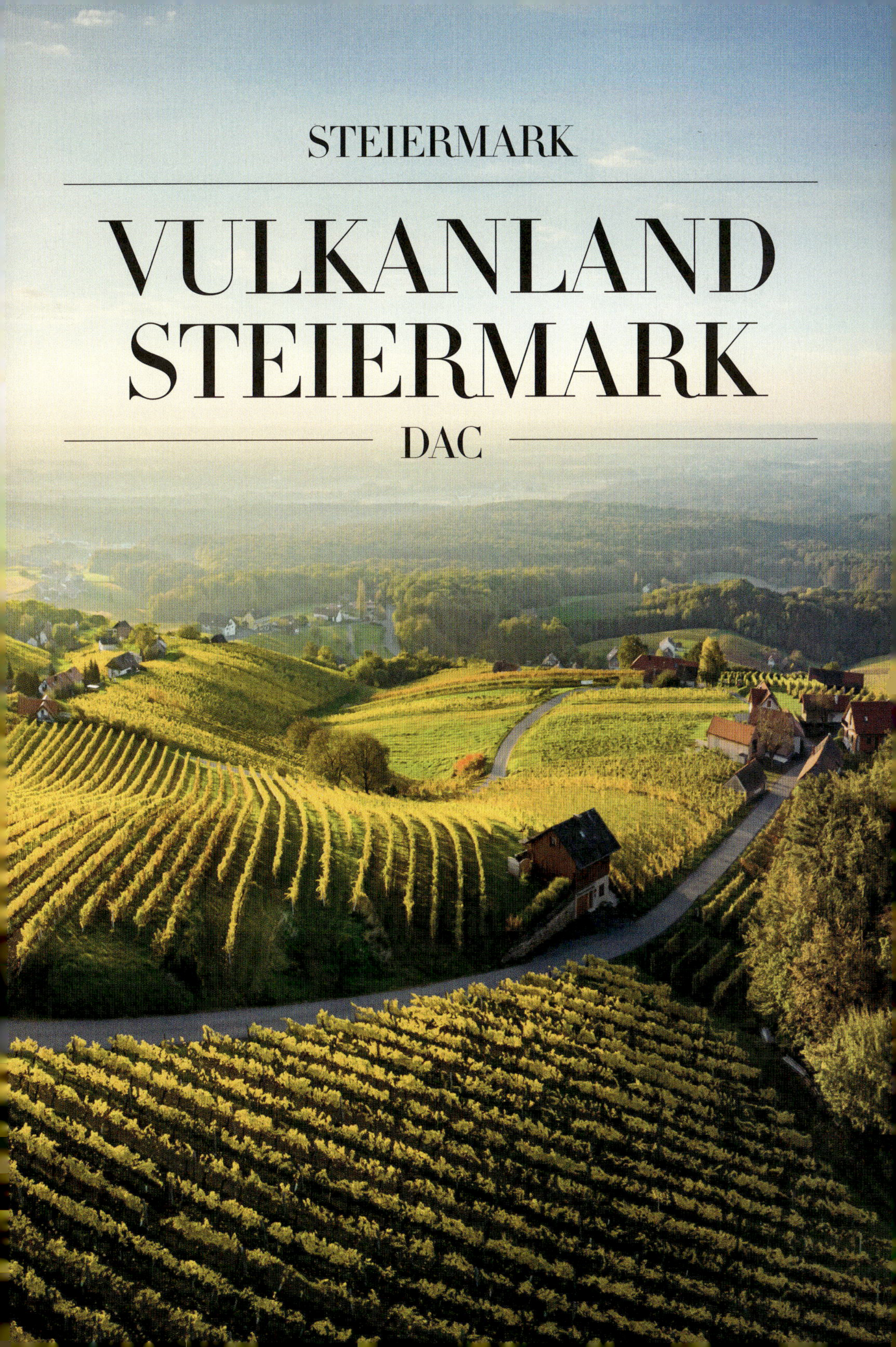

Straden im Süden der Region

VULKANISCHE KLIPPEN, UNVERWECHSELBARE WEINE

Viele kleine Weininseln prägen das Weinbaugebiet Vulkanland Steiermark, vor allem an den Hängen erloschener Vulkane, die dem Landschaftsbild seine Eigenart verleihen. Es werden 1.657 Hektar Rebfläche bewirtschaftet, in konzentrierter Form rund um die Orte Klöch, St. Anna am Aigen und Straden.

Eine Rebsorte hat im Vulkanland Steiermark DAC besonderes Flair: der hocharomatische Traminer, in allen Spielarten. Bevorzugte Vermarktungsform ist dabei die Buschenschank. Die Region war über Jahrhunderte hinweg immer wieder heiß umstrittenes Grenzland, davon zeugen befestigte Burgen und Schlösser auf hoch aufragenden Basaltklippen. Heute sind die Grenzen offen, die Riegersburg, Schloss Kapfenstein und andere herrschaftliche Ansitze werden zu Schauplätzen friedlicher kultureller oder vielfach auch weinkulinarischer Ereignisse. Für solche bietet das Weinbaugebiet auch genügend Auswahl, denn eine Sortenvielfalt wie hier ist nur in wenigen anderen Weinbaugebieten anzutreffen: Welschriesling, Chardonnay beziehungsweise Morillon, Weiß- und Grauburgunder, Gelber Muskateller, Traminer, Sauvignon Blanc und sogar Riesling auf der weißen Seite, ergänzt von interessanten Rotweinen, vorzugsweise aus Blauem Zweigelt, aber auch anderen Rebsorten wie St. Laurent, Merlot oder Blauburgunder. Verbindendes Element ist eine feine, mineralische Würze, die auf die besonderen geologischen Bedingungen zurückzuführen ist.

Vier Weinstraßen führen durch die reizvolle Hügellandschaft, einen guten Überblick über die Produktion bietet die Gesamtsteirische Vinothek in St. Anna am Aigen, belieb-

© Robert Herbst

te touristische Ziele sind die Thermenorte entlang der vulkanischen Bruchlinie. Die Zahl engagierter junger Winzer wächst, der Großteil des Weins wird in den Hunderten Buschenschanken verkauft. Die Ortsweine im neuen DAC-System kommen aus Oststeiermark, Riegersburg, Kapfenstein, St. Anna, Straden, Tieschen, Klöch und St. Peter. Eine Besonderheit innerhalb des neuen DAC-Regulativs ist wiederum der Traminer, der im Gegensatz zu den anderen Sorten auch etwas mehr Restzucker haben darf und als Ortswein in Klöch auch halbtrocken oder als Prädikatswein als DAC-Wein gefüllt werden darf. Klimatisch macht sich in der Region der Übergang vom heißen, trockenen pannonischen zum feuchtwarmen Mittelmeerklima stark bemerkbar. Die Reben wachsen vielfach auf warmen Böden aus Vulkanerde, Basalt, Sand, Lehm und Verwitterungsgestein.

BEPFLANZTE WEINFLÄCHE

VULKANLAND STEIERMARK DAC

Österreich gesamt	**44.728 ha**
Weinbaugebiet Steiermark	**5.086 ha**
Vulkanland Steiermark DAC	**1.657 ha**

Grundkarte: © Universität Wien, BEV, OSM, SRTM | Österreich Wein Marketing GmbH, 1040 Wien, © ÖWM 2022

AUSGEWÄHLTE WEINGÜTER

★★★★★

Weingut Neumeister, Straden

★★★★

Weingut Frauwallner Straden, Straden
Weingut Krispel, Hof bei Straden
Josef Scharl – Charakterweine, Sankt Anna am Aigen

★★★

Weingut Engel, Tieschen
Weingut Frühwirth, Klöch
Weingut Gollenz, Tieschen

★★★

Müller Klöch, Klöch
Weingut Pfeifer, Sankt Anna am Aigen
Weingut Winkler-Hermaden, Kapfenstein

★★

Weinhof Platzer, Tieschen
Weingut Matthias Trummer, St. Veit in der Südsteiermark

—

Wein.Gölles Weinbau | Buschenschank, Fehring

★★★

WEINGUT ENGEL

Was macht man nicht alles aus Liebe? Man sucht nach Worten, schreibt Gedichte, komponiert Lieder, reist an entlegene Orte – oder macht einfach Wein. Die Liebe ist die Triebfeder für die Familie Engel – die Liebe zu den Rebstöcken und die Liebe zum Handwerk.
Der Engelhof hatte im Weinmachen keine große Tradition. Und am Anfang war es nicht mehr und nicht weniger als eine von Simon Engels verrückten Ideen, zu stark, um sie wieder loszuwerden. Über die Jahre hat die Idee Gestalt angenommen und wurzelt nun tief in den vulkanischen Verwitterungsböden rund um den Königsberg. Die Weine des Hauses sind für die Engels Momentaufnahmen, in Flaschen gefüllt. Sie sind ihre Idee von Freiheit und Entwicklung. Der Boden, auf dem das geschieht, ist der Rahmen, der Wein ist sein Bild.

94 Traminer * Ried Klöchberg 2021
13,5 Vol.-%, DIAM, gebrauchte Barriques, €€€€
Mittleres Goldgelb, Silberreflexe. Feiner Anklang von Rosenöl, frische gelbe Tropenfrucht, ein Hauch von Orangenblüten, facettenreiches Bukett. Komplex, stoffig und elegant, finessenreich strukturiert, zart nussig im Abgang, feine Mineralik und Länge, ein vielseitiger Begleiter bei Tisch.

93 Sauvignon Blanc * Ried Seindl 2021
13 Vol.-%, DIAM, gebrauchte Barriques, €€€€
Helles Goldgelb, Silberreflexe. Zart nach Bourbon-Vanille, zart nach Mango und Pfirsich, ein Hauch von Nougat. Komplex, feine Kräuterwürze, weißer Apfel, gut integrierte Säurestruktur, mineralisch-salzig im Abgang, bleibt gut haften, verfügt über Reifepotenzial.

93 Chardonnay * Ried Klöchberg 2021
13 Vol.-%, DIAM, gebrauchte Barriques, €€€€
Helles Gelbgrün, Silberreflexe. Feine nussige Aromen, ein Hauch von Kumquatzesten, mit gelber Tropenfrucht unterlegt. Mittlerer Körper, feine Fruchtsüße, zart nach Mango und Papaya, feiner Säurebogen, elegant und gut anhaftend, ein ausgewogener Speisenbegleiter mit mineralischem Finale.

92 Sauvignac 2021
13 Vol.-%, DIAM, gebrauchte Barriques, €€€€
Helles Gelbgrün, Silberreflexe. Zarte Nuancen von gelber Tropenfrucht, ein Hauch von weißem Nougat, mit kandierten Orangenzesten unterlegt. Saftig, Noten von frischen Marillen, feiner Säurebogen, balanciert und gut anhaftend, gelbe Frucht auch im Abgang, ein eleganter Speisenwein.

WEINGUT ENGEL
8355 Tieschen
Pichla 20
T: +43 (3475) 2533
engel@engelweine.at
www.weingut-engel.at

Kellermeister/Kontakt:
Simon Engel
Anbauweise: Umstellung auf bio
Produktion: 100 % weiß
Vereinszugehörigkeit:
TAU-Winzer, Winzer Vulkanland Steiermark DAC

Simon Engel

92 Muscaris Schale 2021
13 Vol.-%, DIAM, Amphore/gebr. Barriques, €€€€
Zart getrübtes helles Goldgelb, Silberreflexe. Blumiges Bukett nach Jasmin und Rosen, ein Hauch von gelbem Pfirsich, Nuancen von Marshmallows, attraktives Aroma. Saftig, elegant, feine weiße Tropenfrucht, zartes Säurespiel, mineralisch-salzig im Abgang, ein feiner Speisenbegleiter.

93 Riesling Spätlese 2021
9,5 Vol.-%, DV, Stahltank, €€€€
Helles Gelbgrün, Silberreflexe. Feine weiße Tropenfrucht, ein Hauch von Litschis und Safran, zarter Honigtouch, einladendes Bukett. Saftig, elegant, weißer Pfirsich, frischer Säurebogen, balanciert, bleibt haften, feine Fruchtsüße im Nachhall, ein attraktiver Wein mit gutem Reifepotenzial.

★★★★

WEINGUT FRAUWALLNER STRADEN

Auf dem Weingut Frauwallner sprechen Winzer und Wein eine klare Sprache: Die Trauben stammen zu 100 Prozent aus dem Vulkanland Steiermark, die Weingartenpflege erfolgt mit viel Handarbeit, und jede einzelne Rebsorte wird auf ihre ganz individuelle Art vinifiziert. Ausschließlich Herkunftsweine werden hier produziert, und die Erfahrung sowie die Konsequenz von Walter Frauwallner führen zu einem Potpourri eigenständiger Charaktere, die gleichzeitig durch eine deutliche Handschrift und einen hohen regionalen Wiedererkennungswert gekennzeichnet sind. »Viel Wein im Glas, das Terroir klar erkennbar und immer mit Freude zu trinken«, so bringt der zweifache Familienvater seine Philosophie auf den Punkt und setzt diese auf beeindruckende Weise in drei Linien um.

Unter »Vulkanland Steiermark DAC« firmieren die klassisch im Stahltank vinifizierten Weine – einfach zu konsumieren, aber gleichzeitig elegant und facettenreich. Neu im Sortiment sind die »Stradener Ortsweine« – ausdrucksstarke Weine zwischen Gebietswein und Riedenwein. Und dann gibt es da noch die Weine der kalkigen 1STK Ried Stradener Rosenberg, der Ried Steintal und der basaltgeprägten Ried Altes Steinkreuz sowie die Weine aus dem Herzstück des Weinguts: der Große STK-Lage Ried Buch. Diese Tropfen zeigen sich tiefgründig und groß. Wer das Vulkanland Steiermark vinophil erleben will, kommt an diesen regionalen Botschaftern nicht vorbei. Insbesondere Weiß- und

Grauburgunder

Grauburgunder, Morillon, Sauvignon Blanc und Traminer haben das nationale und internationale Standing des familiengeführten Weinguts gefestigt. 100 Falstaff-Punkte im WeinGuide 2021/2022 für die Trockenbeerenauslese Gelber Muskateller Ried Stradener Rosenberg 2017 bestätigen diesen Weg.
Seit 2018 ist das Weingut Mitglied der »Steirischen Terroir und Klassikweingüter – STK«. Händisches Arbeiten, sensible Laubarbeit, Mengenreduzierung und selektive Traubenlese sind obligat. Den Ausbau bestimmen Geduld und Zeit. So entstehen in einem praktisch orientierten Keller fixe Weingrößen, deren unterschiedliche Zugänge eine spannende Gesamtpalette formen. Der Karbacher Hofladen des Weinguts steht für Verkostungen bereit.

97 Sauvignon Blanc * Privat 2019
13 Vol.-%, NK,DV, Holzfass, €€€€€€
Helles Goldgelb, Silberreflexe. Feine Würze von rotem Pfeffer und Kräutern, dezentes Holz und reife gelbe Tropenfrucht, Nuancen von Paprikaschoten, mit Cassis unterlegt. Saftig, weiße Frucht, zarte Pfirsichnuancen, frisch strukturiert, mineralisch, dezente Extraktsüße im Abgang, noch enorm jugendlich, balanciert, etwas Feuerstein im Nachhall, vielfältig einsetzbar, großes Reifepotenzial.

(96) Sauvignon Blanc * Ried Buch GSTK 2021
13,5 Vol.-%, NK,DV, gr. Holzfass/kl. Holzfass, €€€€€
Helles Grüngelb, Silberreflexe. Feine, einladende gelbe Tropenfrucht, ein Hauch von Zitronenmelisse und Minze, reife Mango, facettenreiches Bukett. Straff, feinwürzig, weiße Frucht, zarte Gewürznelken, mineralisch-zitronig, balanciert, finessenreich und salzig im Abgang, sicheres Reifepotenzial.

94 Sauvignon Blanc * Straden Ried Rosenberg 1STK 2021
13 Vol.-%, DV, Stahltank, €€€€
Helles Grüngelb, Silberreflexe. Zart nach gelben Paprikaschoten, gelber Apfel, reife Stachelbeeren. Elegant, feine Nuancen von weißem Steinobst, feine, gut integrierte Säure im Kern, salzig-mineralisch, gut anhaftend, ein Hauch von Limetten im Abgang, ein facettenreicher Speisenbegleiter.

(93) Sauvignon Blanc * Straden 2022
13 Vol.-%, DV, Stahltank/großes Holzfass, €€€€
Helles Grüngelb, Silberreflexe. Zarte gelbe Tropenfrucht, Papaya und Mango, frische Orangenzesten. Straff, elegant, weißes Kernobst, frischer Säurebogen, Apfel im Abgang, feine Zitrusnuancen, mineralisch-salzig im Abgang, pikanter Speisenbegleiter.

91 Sauvignon Blanc * 2022
12,5 Vol.-%, DV, Stahltank, €€€
Helles Grüngelb, Silberreflexe. Feine Nuancen von Stachelbeeren, einladender fruchtiger Duft nach Cassis, mit kräutriger Würze unterlegt. Mittlerer Körper, grüner Apfel, frisch, zitronig-salzig im Abgang, bereits gut antrinkbar.

(95) Morillon * Ried Buch GSTK 2021
13,5 Vol.-%, NK,DV, großes Holzfass/kleines Holzfass, €€€€€
Mittleres Goldgelb, Silberreflexe. Nuancen von reifer gelber Tropenfrucht, zart nach Gewürznelken, ein Hauch von Mango und Blütenhonig. Komplex, weiße Frucht, dezente Süße, feiner, lebendiger Säurebogen, elegant und ausgewogen, weißer Apfel im Nachhall, ein balancierter, frischer Speisenbegleiter mit gutem Entwicklungspotenzial.

(92) Morillon * Straden 2022
13,5 Vol.-%, DV, Stahltank/großes Holzfass, €€€€
Helles Grüngelb, Silberreflexe. Nuancen von gelbem Pfirsich, ein Hauch von Blütenhonig, etwas Gewürznelken, Mandarinenzesten. Stoffig, gute Komplexität, weiße Tropenfrucht, feiner Säurebogen, salziger Touch im Nachhall, zeigt Reifepotenzial.

91 Morillon * 2022
13 Vol.-%, DV, Stahltank, €€€
Helles Gelbgrün, Silberreflexe. Einladende gelbe Apfelfrucht, ein Hauch von Mango, zart nach Orangenzesten, mineralischer Touch. Engmaschig, weißes Kernobst, frischer Säurebogen, würzig im Nachhall, zart nach Birne im Rückgeschmack, straffer Speisenbegleiter.

WEINGUT FRAUWALLNER STRADEN

8345 Straden, Karbach 7
T: +43 (3473) 7137
weingut@frauwallner.com
www.frauwallner.com

Kellermeister/Kontakt: Walter Frauwallner
Produktion: 90 % weiß, 4 % rosé, 4 % rot, 2 % süß, 30 Hektar
Zertifiziert: Nachhaltig Austria
Vereinszugehörigkeit: Steirische Terroir- und Klassikweingüter, Winzer Vulkanland Steiermark DAC
Messen: Austrian Tasting London, ÖGW Zürich, ProWein Düsseldorf, VieVinum, DAC-Präsentationen

Walter und Petra Frauwallner

(94) Weißburgunder * Ried Buch GSTK 2021
13,5 Vol.-%, NK,DV, großes Holzfass/kleines Holzfass, €€€€€
Mittleres Goldgelb, Silberreflexe. Zarte Nuancen von weißem Nougat und ein Hauch von Karamell, reife gelbe Tropenfrucht, etwas Papaya und Mango, einladendes Bukett. Kraftvoll, weißes Kernobst, feiner Säurebogen, süßer Pfirsich, etwas Ananas im Abgang, ein eleganter Speisenbegleiter.

91 Weißburgunder * 2022
12,5 Vol.-%, DV, Stahltank, €€
Helles Gelbgrün, Silberreflexe. Weiße Birnenfrucht, Wiesenkräuter, ein Hauch von Grapefruitzesten, mineralischer Touch. Straff, engmaschig, balanciert und mit frischer Säure ausgestattet, feine Fruchtsüße im Abgang.

(94) Traminer * Straden Ried Rosenberg 1STK 2022
14 Vol.-%, DV, Stahltank/großes Holzfass, €€€€
Mittleres Goldgelb, Silberreflexe. Feiner Duft nach Rosenöl und Marshmallows, dazu Litschis und weißer Pfirsich. Straff, saftig, gelbe Tropenfrucht, etwas Mango und Marille, zarter Säurebogen, dezente Süße im Abgang, elegant und mit aromatischer Tiefe ausgestattet, sicheres Entwicklungspotenzial.

94 Grauburgunder * Straden Ried Rosenberg 1STK 2021
13,5 Vol.-%, DV, großes Holzfass, €€€€€
Helles Goldgelb, zarter Messingtouch. Feine frische Birnenfrucht, zart nach Orangen, ein Hauch von Wiesenkräutern, dunkle Mineralik. Mittlerer Körper, weiße Apfelfrucht, ein Hauch von Pfeffer, straff, engmaschig, balanciert, bleibt sehr gut haften, in sich ruhend, wird von weiterer Flaschenreife profitieren.

(92) Grauer Burgunder * Straden 2022
13,5 Vol.-%, DV, großes Holzfass, €€€€
Mittleres Rotgold, Silberreflexe. Zarte Nuancen von frischen Orangenzesten, ein Hauch von gelber Birne, etwas Pfirsich, einladendes Bukett. Kraftvoll, weißes Kernobst, feiner Säurebogen, salzig-mineralisch im Abgang, ein ruhiger Stil, ein eleganter, feinwürziger Begleiter bei Tisch.

90 Welschriesling * 2022
11,5 Vol.-%, DV, Stahltank, €€
Helles Gelbgrün, Silberreflexe. Frische gelbe Apfelfrucht, Golden-Delicious-Noten, ein Hauch von Babybanane, einladendes Bukett. Straff, knackig, Nuancen von weißem Kernobst, frisch und trinkfreudig.

98 Sauvignon Blanc Straden Ried Rosenberg TBA Essenz 2017
5 Vol.-%, DV, Stahltank, €€€€€
Leuchtendes Orangegold, Silberreflexe. Feine Botrytiswürze, fast rotbeerige Nuancen, ein Pfauenrad an Aromen. Straff, ein Hauch von Dörrmarillen und weißem Pfirsich, feines Säuregerüst, harmonisch und jugendlich, sehr große Länge und Straffheit, ein kompakter Süßwein, präzise und zeitlos, vermittelt große Trinkfreude.

★★★

WEINGUT FRÜHWIRTH

Die Familie Frühwirth in Klöch sieht sich als Betrieb zwischen Tradition und Moderne, zwischen profundem Handwerk und zeitgemäßer Technologie. Authentische, unverwechselbare Weine, die ihre Herkunft zeigen, sind das wichtigste Anliegen der Winzerfamilie Frühwirth. Am besten kann man sich diesen in der gemütlichen Buschenschank annähern.
Die Bezeichnung »Koasasteffl«, der Vulgoname der Familie, tragen Premiumweine mit kräftiger und fülliger Statur, deren Trauben einer strengen Auslese unterzogen werden und teilweise auch in Barriques vergären und reifen. Der Top-Rotwein wird als »Roter Koasasteffl« bezeichnet und in einem speziellen Sandsteinkeller ausgebaut. Neben den bestehenden Paradesorten von Klöch, dem Traminer bzw. Gewürztraminer, wird die schon in Vergessenheit geratene Spielart des Traminers, der Gelbe Traminer, wieder vermehrt ausgepflanzt.
Die Böden am Hochwarth sind vulkanisch. Diese kräftige rote Erde und der dunkle Basalt sorgen dafür, dass die vielen Sonnentage auch in der Nacht wirken, indem sie die gespeicherte Tageswärme an die Stöcke abgeben. Dieses perfekte Terroir liebt der Traminer.
Besonders in Szene gesetzt werden die Weine im neuen »Weintheater« der Frühwirths. Als Bühne für den Wein fungiert der Weinberg selbst, wo nicht nur verkostet werden kann, sondern wo zudem der vulkanische Boden sichtbar und greifbar ist. Bewunderung finden auch die alte Baumpresse und der Gewölbekeller mit seinen gläsernen Weinregalen im neu renovierten Kellerstöckl. Seit 2021 ist das Weingut Mitglied bei den »Eruption«-Winzern, die nicht nur großartige »Eruption«-Weine hervorbringen, sondern ihre besten Lagen auch entsprechend klassifizieren und kontrolliert vermarkten.

95 Gelber Traminer * Ried Hochwarth 2021
13,5 Vol.-%, NK, Teilbarrique, €€€€€
Helles Goldgelb, Silberreflexe. Feine gelbe Tropenfrucht, ein Hauch von Blütenhonig, zarte florale Aspekte, einladende Frucht. Kräftig, elegant, gelbes Kernobst, feiner Rosentouch, mineralisch und gut balanciert, delikater, trockener Stil mit salzigem Abgang, sehr gute Länge, großes Reifepotenzial.

Lisa und Fritz Frühwirth

WEINGUT FRÜHWIRTH
8493 Klöch
Deutsch Haseldorf 46
T: +43 (3475) 2338
weingut@fruehwirth.at
www.fruehwirth.at

Kellermeister: Fritz Frühwirth jun.
Kontakt: Familie Frühwirth
Produktion: 80 % weiß, 3 % rosé, 15 % rot, 2 % süß, 14 Hektar
Zertifiziert: Nachhaltig Austria
Vereinszugehörigkeit: Eruption, Klöcher Traminer, Winzer Vulkanland Steiermark DAC, Wein Steiermark
Messen: VieVinum, DAC-Präsentationen

© Weingut Frühwirth

94 Gelber Traminer * Klöch 2022
13,5 Vol.-%, DV, Stahltank, €€€
Leuchtendes helles Goldgelb, Silberreflexe. Zart nach Jasmin und Rosen, frische gelbe Tropenfrucht, ein Hauch von Blütenhonig. Saftig, elegant, etwas Ananas und gelber Pfirsich, feine salzige Mineralik, bleibt haften, zeigt Länge und Potenzial.

94 Gewürztraminer * Klöch Extrem 2022
13 Vol.-%, DV, Stahltank, €€€€
Mittleres Goldgelb, Silberreflexe. Feiner Blütenhonig, Anklänge von Rosenöl, ein Hauch von Marshmallows, attraktives Bukett. Saftig, fruchtig, elegante, feine Textur, gut integrierte Süße, mineralisch unterlegt, zeigt eine angenehme Länge, bereits zugänglich, wird mit Flaschenreife noch zulegen.

93 Sauvignon Blanc * Ried Kratzer 1-Eruption Vinothekfüllung 2020
13 Vol.-%, DV, Teilbarrique, €€€€
Helles Grüngelb, Silberreflexe. Zarte Kräuterwürze, Cassis, reife Stachelbeeren, Nuancen von Mandarinenzesten. Engmaschig, feine weiße Tropenfrucht, finessenreicher Säurebogen, seidige Textur, ausgewogen und zugänglich, ein facettenreicher Speisenbegleiter.

92 Sauvignon Blanc * Ried Kratzer 2022
13,5 Vol.-%, DV, Stahltank, €€€
Helles Grüngelb, Silberreflexe. Zarte gelbe Tropenfrucht, Nuancen von Kapstachelbeeren, etwas Mango und Cassis. Komplex, saftige weiße Frucht, mineralisch, feiner Säurebogen, ein Hauch von Röstaromen im Abgang, bleibt haften, ein würziger Begleiter bei Tisch.

90 Sauvignon Blanc * 2022
12,5 Vol.-%, DV, Stahltank, €€
Helles Grüngelb, Silberreflexe. Frische Wiesenkräuter, rauchig unterlegte weiße Tropenfrucht und Stachelbeeren. Mittlerer Körper, weißer Apfel, knackige Säure, Limetten im Finale, frischer Sommerwein.

93 Morillon * Ried Rosenberg 1-Eruption Koasasteffl 2020
13,5 Vol.-%, DV, Teilbarrique, €€€€
Mittleres Goldgelb, Silberreflexe. Zart nach Blütenhonig und reifen gelben Tropenfrüchten, mit einem Hauch von Honig und Kumquats unterlegt. Saftig, weißes Kernobst, zarte Holznuancen, mineralisch, angenehm trocken im Abgang, ein vielseitiger Speisenbegleiter mit Reifepotenzial.

Ried Rosenberg

92 Morillon * Klöch 2022
13,5 Vol.-%, DV, Eichenfass, €€€
Mittleres Grüngelb, Silberreflexe. Zart nach Orangenzesten, ein Hauch von Blütenhonig, kandierte Orangenzesten. Engmaschig, weißes Kernobst, feine Säurestruktur, zitronig-mineralisch, saliner Nachhall, wirkt relativ leichtfüßig, ein balancierter Speisenbegleiter.

92 Traminer * Klöch Hoch 3 2022
13,5 Vol.-%, DV, Stahltank, €€€
Helles Goldgelb, Silberreflexe. Zart nach Rosenblüten und weißem Pfirsich, mit einem Hauch von Litschis unterlegt. Mittlerer Körper, frisches Kernobst, zart nach Apfel, mineralisch, salziger Touch im Abgang, trockener Stil, vielseitiger Speisenbegleiter.

91 Weißburgunder * 2022
13 Vol.-%, DV, Stahltank, €€
Helles Grüngelb, Silberreflexe. Zart nach frischer Birne, ein Hauch von Wiesenkräutern, etwas Walnuss. Mittlerer Körper, feine Fruchtsüße, dezente Säurestruktur, elegant und ausgewogen, bereits gut entwickelt, ein vielseitiger Speisenbegleiter.

* Vulkanland Steiermark DAC

Alois Gollenz

WEINGUT GOLLENZ
8355 Tieschen
Laasen 2
T: +43 (3475) 2519
info@dergollenz.at
www.dergollenz.at

Kellermeister/Kontakt:
Alois Gollenz jun.
Produktion: 90 % weiß, 10 % rot, 10 Hektar
Zertifiziert: Nachhaltig Austria
Vereinszugehörigkeit:
Eruption
Messen: VieVinum

★★★

WEINGUT GOLLENZ

Viele Weingüter definieren sich über eine lange Tradition und reiche Geschichte, auf dem Weingut Gollenz allerdings gibt man sich mit nichts Kürzerem als der Unendlichkeit zufrieden. Generationen von Winzern sind nur ein Augenblick im Vergleich zur Geschichte des steirischen Vulkanlands, die bis ins Unermessliche zurückreicht. So fließen die Erdzeitalter, die in jedem Quadratmeter der Region stecken, in die Trauben ein, die dort wachsen, wo früher heiße Lava die Hänge bedeckte. Die Unendlichkeit wird damit zur zentralen Eigenschaft von Land und Wein.
Mit dem Ziel, dieser Unendlichkeit ein Gesicht zu geben, startete Alois Gollenz in die komplette Neugestaltung des Familienbetriebs. Auch wenn die Namensgeber des steirischen Vulkanlands schon lange erloschen sind, befeuern die mineralischen Böden bis heute den einzigartigen Geschmack der hier reifenden Trauben. Die Bodenschichten, die hier vor Millionen Jahren durch Erschütterungen, flüssigen Stein und Feuer entstanden sind, prägen die Weine, lange bevor die Trauben gepresst sind. Zeitalter um Zeitalter fließen in jede Flasche mit ein und machen aus jedem Schluck ein Stück Unendlichkeit.

93 Chardonnay * Ried Königsberg 2021
13 Vol.-%, DIAM, Barrique, €€€€€ S
Mittleres Grüngelb, Silberreflexe. Frische Orangenzesten, gelbes Kernobst, florale Nuancen, ein Hauch von Limettenzesten. Komplex, lebendig, weißer Apfel, rassige Struktur, dezente Fruchtsüße im Abgang, saliner Nachhall, zeigt Länge und Entwicklungspotenzial.

93 Sauvignon Blanc * Ried Preguckenberg 2020
13 Vol.-%, DIAM, Barrique, €€€€€
Leuchtendes Grüngelb, Silberreflexe. Feine reife Stachelbeeren, gelbe Tropenfrucht, etwas Cassis und Blütenhonig. Saftig, Nuancen von weißem Pfirsich, feiner Säurebogen, kompakt, fruchtige Süße im Abgang, ein eleganter Speisenwein mit Reifepotenzial.

93 Grauburgunder * Ried Klöchberg 1-Eruption 2021
13 Vol.-%, DIAM, großes Holzfass, €€€€€
Kräftiges Messing, Goldreflexe. Feine gelbe Birnenfrucht, reife Mango, etwas Blütenhonig, floraler Touch, einladendes Bukett. Kraftvoll, weiße Frucht, frisch strukturiert, mineralisch-salzig im Abgang, ausgewogen, ein stoffiger Speisenbegleiter.

© Die Abbilderei

92 Burgundercuvée * Tieschen Der Gollenz 2021 WB/CH
13 Vol.-%, DIAM, Barrique/Holzfass, €€€€
Mittleres Goldgelb, Silberreflexe. Zart nach Verveine und Kamille, florale Nuancen, etwas Karamell und kandierte Orangenzesten. Komplex, saftig, weiße Birnenfrucht, dezente Süße im Abgang, bereits gut antrinkbar.

91 Weißburgunder * Tieschen 2021
12,5 Vol.-%, DV, großes Holzfass, €€€
Helles Gelbgrün, Silberreflexe. Feine weiße Tropenfrucht, ein Hauch von Birne, floraler Touch, zart nach Limetten. Mittlerer Körper, mineralisch und frisch, weißer Apfel, zitroniger Touch im Rückgeschmack.

91 Riesling * Ried Klöchberg 1-Eruption 2021
12 Vol.-%, DIAM, Stahltank, €€€€€
Mittleres Goldgelb, Silberreflexe. Feine Nuancen von gelber Tropenfrucht, Anklänge von Pfirsich und Blütenhonig. Mittlerer Körper, weißer Apfel, frisch strukturiert, mineralisch, seidig, ein feiner Speisenbegleiter.

WEIN.GÖLLES WEINBAU | BUSCHENSCHANK

NEU

Das Weingut Gölles liegt in Hatzendorf im Vulkanland Steiermark, einem kleinen beschaulichen Ort, und wird als Familienbetrieb geführt. Zusätzlich betreibt man auch eine Buschenschank, in der man den Gästen zu den Weinen hausgemachte Jausenspezialitäten serviert.
Bei allem, was die Gölles tun, steht die Qualität an oberster Stelle, denn nur aus besten Trauben kann man gute Weine keltern. Nach diesem Grundsatz bewirtschaften sie ihre Weingärten. Durch sorgfältige Arbeit im Weingarten erreichen sie die Voraussetzungen für qualitätsvolle Weine. Die Rebflächen liegen in unmittelbarer Nähe zum Betrieb und stehen auf sonnenverwöhnten Südhängen. Bei der Pflege ihrer Reben legen sie sehr großen Wert auf Handarbeit und können sich so jedem Weinstock individuell widmen. Im Keller verarbeitet man ausschließlich handgelesene Trauben mit einem Mix aus verspielter Liebe zum Detail, schonender Kellertechnik, Erfahrung und Geduld. Das Ergebnis reicht von klassisch-fruchtig bis hin zu kräftig, vielschichtig und lagerfähig.
In der Buschenschank ist es besonders gemütlich. Und da passt es sehr gut, die Weine mit hausgemachten und regionalen Spezialitäten zu servieren, und auch hier hat Qualität die oberste Priorität. Bei einer überschaubaren Anzahl von Sitzplätzen kann sich Familie Gölles, wie um ihre Rebstöcke, individuell um den Gast kümmern. Auf der Terrasse mit Blick über den Weingarten kann man die Seele baumeln lassen. Bei einem guten Glas Wein, einer herzhaften Jause und freundlichem Service kann man dabei auch schon mal die Zeit vergessen.

92 Weißburgunder * Riegersburg 2021
12,5 Vol.-%, DV, gebrauchte Barriques/Stahltank, €€
Mittleres Grüngelb, Silberreflexe. Mit Limetten und Minze

WEIN.GÖLLES
WEINBAU | BUSCHENSCHANK
8361 Fehring
Hatzendorf 44a
T: +43 (3155) 3823
office@weinbau-goelles.at
www.weinbau-goelles.at

Kellermeister/Kontakt:
Franz Gölles
Produktion: 46.667 Flaschen
5 % Schaumwein, 64 % weiß,
2 % rosé, 29 % rot, 7+0.5 Hektar
Zertifiziert: Nachhaltig Austria
Vereinszugehörigkeit:
Winzer Vulkanland Steiermark DAC,
Wein Steiermark

unterlegte weiße Birnenfrucht, einladendes Bukett. Saftig, feine Fruchtsüße, gut integrierter Säurebogen, elegant und gut anhaftend, vielfältig einsetzbar.

89 Weißburgunder * 2022
13 Vol.-%, DV, Stahltank, €€

92 Sauvignon Blanc * Ried Kirchenegg 2019
13 Vol.-%, DV, gebrauchte Barriques/Stahltank/Flaschenreifung, €€€
Mittleres Grüngelb, Silberreflexe. Zart nach Orangen und Grapefruit, gelbe Tropenfruchtanklänge, etwas Guaven, zarter Blütenhonig. Saftig, weißes Kernobst, Nuancen von Passionsfrucht, frisch strukturiert, etwas Nougat, Blütenhonig im Abgang, ein stoffiger Speisenbegleiter.

90 Sauvignon Blanc * Riegersburg 2021
12,5 Vol.-%, DV, gebrauchte Barriques/Stahltank, €€
Mittleres Grüngelb, Silberreflexe. Zart mit Limetten unterlegte Nuancen von weißem Steinobst, ein Hauch von Stachelbeeren, feine Wiesenkräuter, etwas Cassis. Mittlerer Körper, weißer Apfel, dezente Säurestruktur, bietet unkompliziertes Trinkvergnügen.

89 Sauvignon Blanc * 2022
12,5 Vol.-%, DV, Stahltank, €€

91 Chardonnay * Ried Kirchenegg 2019
13,5 Vol.-%, DV, Barrique/Stahltank/Flaschenreifung, €€€
Leuchtendes mittleres Grüngelb, Silberreflexe. Zarte Holzwürze, etwas Nougat, reife gelbe Apfelfrucht, Mango klingt an. Stoffig, komplex, zart karamelliger Kern, feines Säurespiel, mittlere Länge, dezente Süße im Nachhall.

★★★★

WEINGUT KRISPEL

Verlässt man die Südautobahn in Richtung Vulkanland, verwandelt sich die Landschaft. Die Straßen werden enger, und die Natur bekommt spürbar mehr Raum. Südlich von Bad Gleichenberg öffnet sich dann ein Paradies: das Weingut Krispel in Neusetz bei Straden. Die Verlockungen sind vielfältig: von großartigen Wollschweinprodukten bis hin zu Süßem aus der hauseigenen Patisserie. Absolut verführerisch ist vor allem aber der Krispel-Wein in allen Ausprägungen, typisch für das Vulkanland.
Das neue DAC-System für die Steiermark stärkt die Charakteristik der einzelnen Regionen. Die Gebietsweine von Stefan Krispel mit der Herkunft Vulkanland sind klassische, fruchtbetonte Weine voll Leichtigkeit und ausgeprägter Sortentypizität. Die zweite Stufe der Herkunftspyramide sind die Ortsweinen. Der Ausdruck der Charakteristik der Ortschaft ist der ganze Stolz von Stefan Krispel, der hier die Quintessenz der Gemeinde auszudrücken vermag. Die Weine werden im großen Holzfass bis zu zwölf Monate lang ausgebaut, sind spürbar strukturierter und durch ihre feine Würze lebendiger. Die dritte Stufe ist die Königsklasse: die Riedenweine. Sie sind Ausdruck des Bodens und des Mesoklimas eines Weingartens. Allen Lagen der Krispels gemeinsam ist das Vorherrschen von Basalt im oberen und von Basaltverwitterungsböden im unteren Bereich. Der Rosenberg hat den höchsten Kalkanteil in der Hangmitte, der Neusetzberg die höchste Rotlehmauflage auf kalkigem Untergrund, am Hochstrandl ist die Rotlehmauflage geringer und der Tonanteil höher.
Die unterschiedlichen Hangneigungen, Ausrichtungen und Böden eignen sich für unterschiedliche Rebsorten: Der Muskateller Rosenberg vibriert vor Mineralik, der Sauvignon Blanc vom Neusetzberg ist der Elegante, der Grauburgunder vom Hochstrandl der Mineralische mit Tiefgang. Der Weißburgunder vom Neusetzberg fühlt sich im Mund so wohlig weich an, dass man an einen Sonnenuntergang denkt. Und wo kann man all das genießen? Auf dem Genussgut, in vielen Restaurants oder per Webshop im trauten Heim.

95 Grauburgunder * Ried Hochstrandl Große Lage Alte Reben 2020
13,5 Vol.-%, DIAM, kleines Holzfass/großes Holzfass, €€€€€
Leuchtendes mittleres Goldgelb, Messingreflexe. Feine Nuancen von gelbem Kernobst, Mandarinenzesten, Oran-

WEINGUT KRISPEL

8345 Hof bei Straden, Neusetz 29
T: +43 (3473) 7862
office@krispel.at, www.krispel.at

Kellermeister: Stefan Krispel
Kontakt: Familie Krispel
Anbauweise: Umstellung auf bio (Bio Austria)
Produktion: 2 % Schaumwein, 96 % weiß, 2 % rot, 34 Hektar
Zertifiziert: Nachhaltig Austria
Vereinszugehörigkeit: Eruption, Steirischer Junker, Winzer Vulkanland Steiermark DAC, Wein Steiermark
Messen: Alles für den Gast Salzburg, ProWein Düsseldorf, DAC-Präsentationen, ProWine China

Stefan Krispel

gen, mit Blütenhonig unterlegt. Kraftvoll, saftig, weiße Apfelfrucht, finessenreich strukturiert, mineralisch-zitronig im Abgang, wirkt leichtfüßig, ungemein frischer Stil, ein vielseitiger Speisenbegleiter.

94 Grauburgunder * Ried Neusetzberg 2020
13,5 Vol.-%, DIAM, kleines Holzfass/großes Holzfass, €€€€€
Mittleres Goldgelb, Messingreflexe. Zarte Kräuterwürze, ein Hauch von gelber Birne, zart nach Orangenzesten, etwas scheues Bukett. Stoffig, komplex, weiße Frucht, feiner Süßetouch, elegant und anhaftend, zitronige Nuancen im Nachhall, ein Hauch von Nougat im Rückgeschmack, ein saftiger Speisenbegleiter mit mineralischem Finale.

92 Grauburgunder * 2022
13 Vol.-%, DV, großes Holzfass, €€€
Helles Goldgelb, Messingreflexe. Zarte Kräuterwürze, reife Birnenfrucht, tabakiger Anklang. Saftig, elegant, weißer Apfel, frisch strukturiert, dezente Süße im Abgang, harmonisch, vielfältig einsetzbar, typischer Sortenvertreter.

94 Weißburgunder * Ried Neusetzberg Erste Lage 2020
13,5 Vol.-%, DIAM, kleines Holzfass/großes Holzfass, €€€€€
Helles Grüngelb, Silberreflexe. Reife gelbe Tropenfrucht, Mango klingt an, ein Hauch von Orangenzesten, mit frischen Wiesenkräutern unterlegt. Straff, engmaschig, weiße Apfelfrucht, feine Säurestruktur, salzig und gut anhaftend, mineralischer Nachhall, delikater Stil, zeigt Länge und Finesse, sicheres Reifepotenzial.

94 Weißburgunder * Ried Neusetzberg Erste Lage Alte Reben 2020
13,5 Vol.-%, DIAM, kleines Holzfass/großes Holzfass, €€€€€
Helles Goldgelb, Silberreflexe. Zart nussige Holzwürze, feine weiße Tropenfrucht, ein Hauch von Limettenzesten und Blüten, einladendes Bukett. Saftig, elegant, weiße Birne, frischer Säurebogen, mineralisch-zitronig im Abgang, salzig und gut anhaftend, ein finessenreicher Begleiter für viele Gerichte.

93 Weißburgunder * Ried Kaargebirge Erste Lage 2021
13,5 Vol.-%, DIAM, kleines Holzfass/großes Holzfass, €€€€€
Mittleres Grüngelb, Silberreflexe. Zart nach Vanille und Blutorange, mit frischer Birne unterlegt, dezente Holzwürze. Mittlerer Körper, weißer Apfel, frische Säurestruktur, zart nach hellem Nougat im Abgang, bleibt haften, ein facettenreicher Speisenbegleiter mit Reifepotenzial.

93 Weißburgunder * Straden Ried Rosenberg 2020
13 Vol.-%, DIAM, kleines Holzfass/großes Holzfass, €€€€€
Mittleres Gelbgold, Silberreflexe. Feine Holzwürze, zart nach Vanille und gelber Tropenfrucht, florale Nuancen, einladendes Bukett. Saftig, weißer Pfirsich, finessenreicher Säurebogen, zarte Fruchtsüße im Abgang, ein lebendiger, gut balancierter Speisenwein.

© BROBOTERS

* Vulkanland Steiermark DAC

92 Weißburgunder * Straden 2021
13 Vol.-%, DV, großes Holzfass, €€€€
Mittleres Grüngelb, Silberreflexe. Feine Nuancen von gelbem Kernobst, Orangenzesten, ein Hauch von Marille, einladendes Bukett. Komplex, saftig, ein Hauch von Holz, mineralisch und gut anhaftend, dezente Fruchtsüße im Nachhall, ein facettenreicher Speisenbegleiter.

91 Weißburgunder * 2022
12 Vol.-%, DV, Stahltank, €€
Helles Grüngelb, Silberreflexe. Frische weiße Birnenfrucht, ein Hauch von Wiesenkräutern, zart nach Limetten. Mittlerer Körper, weißes Kernobst, frisch strukturiert, salziger Touch im Abgang, vielfältig einsetzbar.

94 Sauvignon Blanc * Ried Hochstrandl Große Lage Alte Reben 2020
13,5 Vol.-%, DIAM, großes Holzfass, €€€€€
Mittleres Goldgelb, Silberreflexe. Reife gelbe Stachelbeeren, gelber Pfirsich, zart nach Grapefruitzesten und Ananas, intensives Bukett. Saftig, weiße Tropenfrucht, frischer Säurebogen, mineralisch-zitronig, gut anhaftend, salziger Nachhall, bereits gut entwickelt, ein facettenreicher Speisenbegleiter.

93 Sauvignon Blanc * Ried Neusetzberg Erste Lage 2021
13,5 Vol.-%, DIAM, großes Holzfass, €€€€€
Helles Gelbgrün, Silberreflexe. Frische Wiesenkräuter, ein Hauch von Pfirsich und Stachelbeeren, Nuancen von Guaven und Grapefruitzesten. Saftig, lebendig, weiße Tropenfrucht, frischer Säurebogen, mineralisch-zitronig im Abgang, ein angenehmer, animierender Speisenwein mit salzigem Finale.

93 Sauvignon Blanc * Ried Neusetzberg Erste Lage Alte Reben 2021
13,5 Vol.-%, DIAM, großes Holzfass, €€€€€
Helles Gelbgrün, Silberreflexe. Etwas verhalten, zart nach Cassis und Litschis, mit Mandarinenzesten unterlegt, etwas scheues Bukett. Straff, weißer Pfirsich, feiner Säurebogen, zitronig-mineralisch im Abgang, saliner Nachhall, etwas Grapefruit im Finale.

92 Sauvignon Blanc * Straden 2022
13 Vol.-%, DV, Stahltank, €€€€
Mittleres Grüngelb, Silberreflexe. Verhalten, zart nach Guaven und Mango, mit Nuancen von Stachelbeeren und Cassis unterlegt. Saftig, elegant, weiße Tropenfrucht, dezente Fruchtsüße, ausgewogen und bereits gut antrinkbar.

90 Sauvignon Blanc * 2022
12,5 Vol.-%, DV, Stahltank, €€€
Helles Grüngelb, Silberreflexe. Feine weiße Tropenfrucht, zart nach Litschis, Grapefruitzesten, zarte Kräuterwürze. Straff, weißer Apfel, frisch strukturiert, mineralisch und balanciert, ein unkomplizierter Speisenbegleiter.

94 Chardonnay * Ried Kaargebirge Erste Lage 2020
13,5 Vol.-%, DIAM, kleines Holzfass/großes Holzfass, €€€€€
Helles Goldgelb, Silberreflexe. Feine Aromen von gelber Tropenfrucht, zart nach Blütenhonig und Rhabarber, mit kandierten Orangenzesten unterlegt. Kraftvoll, saftig, gelbe Frucht nach Mango, feiner Säurebogen, zarte Fruchtsüße, elegant und lange anhaftend, ein stoffiger Speisenwein, sicheres Reifepotenzial.

92 Chardonnay * Straden 2021
13 Vol.-%, DV, großes Holzfass, €€€€
Helles Grüngelb, Silberreflexe. Mit einem Hauch von Mandarinenzesten unterlegte gelbe Apfelfrucht, dazu etwas Nougat. Mittlerer Körper, weißes Kernobst, frischer Säurebogen, fruchtige Süße im Nachhall, ein eleganter Speisenwein.

93 Welschriesling * Straden Ried Rosenberg 2020
12 Vol.-%, DIAM, großes Holzfass, €€€€
Mittleres Goldgelb, Silberreflexe. Zart nach Orangenzesten, weißer Apfel, tabakig, mit gelber Birnenfrucht und Mango unterlegt. Saftig, elegant, finessenreicher Säurebogen, zarte Fruchtsüße, lebendig und balanciert, zitroniger Nachhall, ein leichtfüßiger Speisenwein von beachtlicher Länge.

92 Bohème Rosé 2022 ZW/BW
12 Vol.-%, VL, Stahltank, €€€
Sehr helles Orangerosa, Silberreflexe. Zarte Kräuterwürze, etwas Verveine, feine Nuancen von gelbem Kernobst, zart nach Erdbeeren, dezentes Bukett. Komplex, weißer Pfirsich, mineralisch und frisch, leichtfüßiger Stil, macht Lust auf ein zweites Glas, so sollte Austro-Rosé sein.

(92) Pinot Noir 2019
13,5 Vol.-%, DIAM, großes Holzfass, €€€
Mittleres Karmingranat, Silberreflexe. Zarte Holzwürze, rotes Waldbeerenkonfit, ein Hauch von Herzkirschen und Lakritze. Mittlere Komplexität, delikate rote Frucht, feiner Säurebogen, reife Tannine, etwas Nougat im Abgang, ein balancierter, leichtfüßiger Speisenbegleiter.

★★★

MÜLLER KLÖCH

Seit 1973 fühlt sich die Winzerfamilie Müller in Klöch dem Weinbau verpflichtet. Auf den steilen Hängen erloschener Vulkane wurzeln die Reben in reichhaltigen Böden aus roter Erde und Basaltgestein. Hochwertige Trauben aus den besten Rieden, sorgfältiges Handwerk und respektvoller Umgang mit dem Kulturgut bilden die Grundlage für authentische Weine. Sie zeigen Charakter und Herkunft, tragen eine klare Handschrift und vermitteln Weingenuss mit Stil. Aus den Klöcher Top-Rieden Hochwarth und Seindl werden elegante Weißweine, tiefgründige Traminer und Gewürztraminer sowie würzig-delikate Rotweine gekeltert.

Am 1. Juni 2019 wurde auf dem Weingut die neue Vinothek eröffnet. Den Weinliebhaber erwartet dort eine wunderbare Mischung aus stilvoller Architektur und Bodenständigkeit. Das Bauwerk in seinen warmen, erdigen Rottönen fügt sich harmonisch in die umliegende Landschaft ein. Ein großzügiger Verkostungs- und Verkaufsraum, wo alle Weine ausgestellt sind, lädt zum Degustieren und Verweilen ein. Der Innenhof mit südländischer Atmosphäre ist ein besonderer Platz zum Genießen. Auf dem Aussichtsturm mit Loungebereich genießt man bei einem guten Glas Wein den herrlichen Blick über die Weinberge. Ein Besuch des Weinguts ist somit nicht nur für den Gaumen, sondern auch für das Auge ein Erlebnis.

Unweit vom Weingut betreibt die Familie Müller-Koschar das idyllisch-schön auf einem Hügel gelegene Hotel-Garni »Schöne Aussichten«. Zwölf stilvoll eingerichtete Zimmer mit Viersternekomfort, eine großzügige Gartenanlage und ein hauseigener Pool stehen den Gästen zur Verfügung. Wie schon der Name verrät, lädt die Aussicht zum Träumen und die Atmosphäre zum Verweilen ein. Umgeben von Weinbergen kann man die Ruhe und Natur genießen und das Vulkanland von seiner schönsten Seite kennenlernen.

93 Sauvignon Blanc * Ried Seindl 1-Eruption 2021

13,5 Vol.-%, DIAM, 500-l-Fass, €€€€€

Helles Grüngelb, Silberreflexe. Zart rauchig-würzig, Stachelbeeren und Brombeerblätter, mit einem Hauch von Grapefruitzesten unterlegt. Komplex, saftig, elegant, feine weiße Pfirsichfrucht, frisch und anhaftend, salzig-mineralisch, gutes Reifepotenzial.

MÜLLER KLÖCH
8493 Klöch
Klöch 51
T: +43 (3475) 7160
mail@weingut-mueller.at
www.weingut-mueller.at

Kellermeister: Stefan Müller
Kontakt: Familie Müller
Produktion: 80.000 Flaschen
85 % weiß, 10 % rot, 5 % süß,
17 Hektar
Zertifiziert: Nachhaltig Austria
Vereinszugehörigkeit:
Eruption, Klöcher Traminer, Winzer Vulkanland Steiermark DAC
Messen: VieVinum

© Müller Klöch

Stefan Müller

93 Weißburgunder * Ried Seindl 1-Eruption 2021
13,5 Vol.-%, DIAM, 500-l-Fass, €€€€€
Helles Gelbgrün, Silberreflexe. Zart nach hellem Nougat, weiße Birnenfrucht, nussiger Touch. Kraftvoll, komplex, feine Kernobstnuancen, zitroniger Touch, frisch strukturiert, dezente Fruchtsüße im Abgang, balancierter Speisenbegleiter.

93 Gewürztraminer * Ried Hochwarth G-Eruption 2021
14,5 Vol.-%, DIAM, 500-l-Fass, €€€€€
Mittleres Goldgelb, Silberreflexe. Rauchig-kräuterwürzig unterlegte gelbe Tropenfrucht, dunkle Mineralik, zart nach Marshmallows. Straff, kraftvoll und engmaschig, weißer Apfel, strammer, trockener Stil, wird von Flaschenreife profitieren.

92 Chardonnay * Ried Seindl 1-Eruption 2021
13,5 Vol.-%, DIAM, 500-l-Fass, €€€€€
Helles Grüngelb, Silberreflexe. Zart nach gelber Tropenfrucht, ein Hauch von Maracuja und Apfel, mit Limettenzesten unterlegt. Saftig, elegant, weißer Pfirsich, frisch strukturiert, mineralisch-salzig im Abgang, ein vielseitiger Speisenbegleiter.

92 Gelber Traminer * Ried Seindl 1-Eruption 2021
14,5 Vol.-%, DIAM, großes Holzfass, €€€€€
Helles Goldgelb, Silberreflexe. Feiner Rosenduft, zart nach Anis, mit gelbem Pfirsich unterlegt. Kraftvoller, trockener Stil, zart nach Apfel und etwas Blütenhonig im Abgang, dunkle Mineralik im Finale.

91 Riesling * Ried Seindl 1-Eruption 2021
13 Vol.-%, DIAM, Stahltank, €€€€€
Helles Goldgelb, Silberreflexe. Floraler Touch, zitronig unterlegte Steinobstnuancen, kandierte Mandarinenzesten. Saftig, weißer Apfel, rassige Struktur, salziger Touch im Abgang, lebendig und animierend.

★★★★★

WEINGUT NEUMEISTER

BIO

Christoph Neumeister führt in Straden das Weingut Neumeister in dritter Generation. Sein Zugang zum Weinbau und zur Weinbereitung sowie der Anspruch an die Weinqualität sind sehr nuanciert. In einer Zeit, in der sich sehr oft das Lauteste, Größte oder Schrillste in den Vordergrund drängt, verfolgt er bewusst eine langfristige, gesamtheitliche und aufwendige Arbeitsweise, um elegante, durch innere Ruhe und Komplexität geprägte und trotzdem animierende und befriedigend tiefgründige Weine zu keltern.
Straden liegt im Vulkanland Steiermark im Südosten von Österreich und ist geprägt von einem illyrisch-pannonischen Mischklima. Dieses bringt warme Tage und kühle Nächte sowie ausreichend Niederschläge von durchschnittlich 900 Millimetern pro Jahr, was wiederum eine lange Vegetationsperiode bewirkt und eine späte Lese erlaubt. In dieser herausfordernden klimatischen Umgebung werden 31 Hektar bewirtschaftet, verteilt auf unzählige kleine Weingärten in Steillagen. Die Geologie dieser Weingärten ist geprägt von kalkreichen Sedimentböden aus zwei unterschiedlichen Herkünften: Sandstein und Muschelkalk, entstanden aus einem Wattmeer, sowie Sarmatschotter, der im Tertiär aus den Alpen kommend hier abgelagert wurde.
Viele dieser Weingärten haben ein Alter von 40 Jahren und mehr erreicht und sind zum Teil noch Stockkulturen, was aufwendige Handarbeit bedeutet. Darüber hinaus werden alle Weingärten seit 2013 organisch-biologisch bewirtschaftet. Das Resultat von sorgsamer Handlese, ausgedehnten Maischestandzeiten, einem schonenden und langsamen Ausbau im Keller, spontaner Vergärung, langen Hefekontaktzeiten und einer späten Flaschenfüllung sind gut strukturierte und elegante Weine mit einem hohen Maß an Komplexität und klarer Herkunft.
Die Premium-Rieden des Weinguts sind »Saziani« und »Moarfeitl« (GSTK) sowie »Klausen« und »Steintal« (1STK). Die Familie betreibt in unmittelbarer Nähe zum Weingut das Restaurant »Saziani Stub'n« und das Boutiquehotel »Schlafgut Saziani«. Christoph Neumeister wurde im Juni 2019 in der Wiener Hofburg der Titel »Falstaff-Winzer des Jahres« verliehen.

98 Sauvignon Blanc * Alte Reben 2020
13,5 Vol.-%, NK, großes Holzfass, €€€€€€ B V
Leuchtendes mittleres Grüngelb, Silberreflexe. Zarte

WEINGUT NEUMEISTER

8345 Straden
Kronnersdorf 147
T: +43 (3473) 8308
weingut@neumeister.cc
www.neumeister.cc

Kellermeister/Kontakt: Christoph Neumeister
Anbauweise: Zertifiziert Biologisch
Produktion: 92 % weiß, 7 % rot, 1 % süß, 31+4 Hektar
Vereinszugehörigkeit: Steirische Terroir- und Klassikweingüter, Winzer Vulkanland Steiermark DAC
Messen: ProWein Düsseldorf, VieVinum, MondoVino

Straden

Kräuterwürze, etwas Minze und Cassis, darunter Nuancen von reifem gelbem Steinobst, ein Hauch von Mandarinen. Straff, engmaschig, seidige gelbe Frucht, salzig im Kern, noch ungemein jugendlich, zitronig und mundwässernd, ein großartiger Speisenbegleiter, Potenzial für viele Jahre.

97 Sauvignon Blanc * Ried Moarfeitl GSTK 2021

13 Vol.-%, NK, großes Holzfass, €€€€€€ B V
Mittleres Grüngelb, Silberreflexe. Intensive Kräuterwürze, Rosmarin, feine Nuancen von gelber Frucht, ein Hauch von Stachelbeeren, vielschichtig und kompakt im Bukett. Stoffig, eine völlig nahtlose Textur, dezente Süße von Pfirsich, seidig, finessenreich und sehr gut anhaftend, tänzelnd am Gaumen, enorme Länge, großes Potenzial.

95 Sauvignon Blanc * Ried Klausen 1STK 2021

13 Vol.-%, NK, großes Holzfass, €€€€€ B V
Mittleres Grüngelb, Silberreflexe. Dunkle Kräuterwürze, gelbe Tropenfrucht, reife Stachelbeeren und Mango, Orangenzesten, rauchige Nuancen. Saftig, elegant, Nuancen von weißer Frucht, finessenreicher Säurebogen, ein Wein voll Lebendigkeit und Balance, seidige Mineralik im Abgang, bereits gut antrinkbar, sicheres Entwicklungspotenzial.

(93) Sauvignon Blanc * Straden 2022

12,5 Vol.-%, DV, großes Holzfass/Stahltank, €€€€ B V
Helles Grüngelb, Silberreflexe. Frische Stachelbeeren, Kräuterwürze, feine gelbe Tropenfrucht, zart nach Limetten und Grapefruitzesten. Stoffig, elegant, zarte Nuancen von weißem Steinobst, mineralisch-salziger Nachhall, bleibt haften, sicheres Entwicklungspotenzial.

97 Morillon * Ried Moarfeitl GSTK 2021

13,5 Vol.-%, NK, Holzfass, €€€€€€ B V
Helles Goldgelb, Silberreflexe. Mit zartem weißem Nougat unterlegte feine Nuancen von gelbem Kernobst, ein Touch von Honigmelone, sehr einladendes Bukett. Komplex, stoffig, Nuancen von weißem Kernobst, balanciert, mineralisch, feine Süße im Abgang, zitroniger Touch, bereits zugänglich, sicheres Potenzial, sollte noch einige Jahre reifen dürfen.

95 Grauburgunder * Ried Saziani GSTK 2021

13,5 Vol.-%, NK, großes Holzfass, €€€€€ B V
Mittleres Grüngelb, Silberreflexe. Frische Limettenzesten, weiße Birnenfrucht, ein Hauch von Melisse, kandierte Orangenzesten. Saftig, feine Kernobstnuancen, angenehme Mineralik, salziger Touch, kompakt und sehr stimmig, bleibt haften, ein zukünftiger Klassiker.

(93) Grauburgunder * Straden 2022

13 Vol.-%, DV, großes Holzfass/Stahltank, €€€ B V
Helles Grüngelb, Silberreflexe. Reife Gute-Luise-Birne, kandierte Orangenzesten, ein Hauch von Kletzen, mit etwas Nougat unterlegt. Stoffig, elegant, feine Kernobstnuancen, zarte Mineralik, salziger Touch, feine Fruchtsüße im Nachhall, toller Speisenbegleiter.

95 Traminer * Ried Steintal 1STK 2021

13 Vol.-%, NK, großes Holzfass, €€€€€ B V
Mittleres Grüngelb, Silberreflexe. Feine Nuancen von Rosenduft, dezent Blütenhonig, ein Hauch von reifen Früchten, einladendes Bukett. Seidige Textur, elegant, mit feiner Fruchtsüße staffiert, zart nach Mango im Abgang, bereits sehr gut entwickelt, zeigt Länge, Balance, sicheres Potenzial.

* Vulkanland Steiermark DAC

94 Weißburgunder * Ried Klausen 1STK 2021
13 Vol.-%, NK, großes Holzfass, €€€€€ B V
Mittleres Grüngelb, Silberreflexe. Zarte Kräuterwürze, gelbe Tropenfrucht, ein Hauch von Pfirsich, zart nach Blütenhonig, facettenreiches Bukett. Elegant, zarte gelbe Pfirsichfrucht, Mango, seidig, feine, gut integrierte Säurestruktur, mineralisch-zitroniger Touch im Abgang, ein ausgewogener Speisenbegleiter mit Reifepotenzial.

93 Weißburgunder * Straden 2022
12,5 Vol.-%, DV, großes Holzfass/Stahltank, €€€ B V
Helles Gelbgrün, Silberreflexe. Zarte Birnenfrucht, etwas Papaya, ein Hauch von Grapefruit und Kräutern, weiße Tropenfrucht im Hintergrund. Elegant, seidige Textur, feine Fruchtsüße, komplex und saftig, Nuancen von gelbem Kernobst im Abgang, bleibt gut haften, sicheres Reifepotenzial.

92 Gelber Muskateller * Straden 2022
12 Vol.-%, DV, Stahltank, €€€ B V
Helles Gelbgrün, Silberreflexe. Feine weiße Tropenfrucht, Nuancen von Wiesenkräutern, etwas nach Litschis, traubiger Touch. Saftig, zart nach Ananas und Maracuja, mineralisch, zitronig im Abgang, finessenreich und gut anhaftend.

92 Gemischter Satz Sarmat 2022
12 Vol.-%, DV, großes Holzfass/Stahltank, €€€ B V
Helles Goldgelb, Silberreflexe. Kandierte Orangenzesten, etwas Blutorange, dazu gelbe Tropenfrucht, nussig unterlegte Kräuterwürze, einladendes Bukett. Saftig, elegant, zart nach Mango, Birne, mineralischer Touch, dezentes Nougat und Zitrone im Nachhall.

★★★

WEINGUT PFEIFER

Mitten im Herzen des steirischen Vulkanlandes liegt das Weingut Pfeifer im malerischen St. Anna am Aigen. Hier – direkt am Weinweg der Sinne – kann man als Urlauber im Gästehaus der Familie Pfeifer dem alltäglichen Trubel entfliehen und beim herrlichen Ausblick über das Vulkanland die schönen Momente des Lebens bei einem Glas Wein genießen. Daniel Pfeifer hat die Führung des Familienbetriebes von seinen Eltern übernommen. Tief verwurzelt im Vulkanland sind Leidenschaft und Inspiration seine alltäglichen Begleiter bei der Arbeit im Weingarten oder im Keller. Sein Motto: »Richtige Entfaltung gelingt, wenn man Dinge auch mal sein lässt. Deshalb produziere ich unsere Wei-

Daniel Pfeifer

WEINGUT PFEIFER
8354 Sankt Anna am Aigen
Plesch 43a
T: +43 (3158) 29018
office@pfeifer-weingut.at
www.pfeifer-weingut.at

Kellermeister/Kontakt:
Daniel Pfeifer
Produktion: 66.667 Flaschen
85 % weiß, 15 % rot, 10+2 Hektar
Zertifiziert: Nachhaltig Austria
Vereinszugehörigkeit:
Eruption, Steirischer Junker, Winzer Vulkanland Steiermark DAC, Wein Steiermark
Messen: Vinobile Feldkirch

ne so naturnah wie möglich: ohne Herbizide, handverlesen und mit besonderem Fokus auf das Terroir und auf Nachhaltigkeit.«
Die geologischen und klimatischen Bedingungen in St. Anna sind einzigartig für das Vulkanland. Wie eine Kalksteininsel aus dem Vulkanmeer erhebt sich die Ried Schemming, die Top-Lage des Weinguts. Die Böden sind geprägt von Lehm, Muschelkalk und dem vulkanischen Basalt. Die Trauben genießen im pannonisch-illyrischen Klima viele Sonnenstunden, abends jedoch kühlt es an den Hängen des Stradner Kogels früher ab. Dadurch entsteht das so typische ausgeprägte Frucht-Säure-Spiel, das diesen engmaschigen, mineralischen Gewächsen ihren ganz besonderen Charakter verleiht.
Vom verspielten Gebietswein über lokale und charaktervolle Ortsweine bis hin zu den tiefgründigen, mineralischen Weinen der Ried Schemming tragen alle die einzigartige Handschrift von Daniel Pfeifer und spiegeln das Terroir von St. Anna wider.

94 Chardonnay * Ried Schemming G-Eruption 2020
12,8 Vol.-%, DIAM, kleines Holzfass, €€€€€
Mittleres Grüngelb, Silberreflexe. Zart nach Nougat, Vanille, Anklänge von gelbem Kernobst, etwas Mango, feiner Blütenhonig, einladendes Bukett. Saftig, zarte Röstaromen, gelbe Frucht, feiner Honigtouch, karamellige Nuancen im Nachhall, mit guter Länge ausgestattet, ein balancierter, bereits antrinkbarer Speisenwein.

(93) Chardonnay * Ried Schemming G-Eruption 2021
13,5 Vol.-%, DIAM, kleines Holzfass, €€€€€
Mittleres Grüngelb, Silberreflexe. Zart nach Blütenhonig, etwas Holzwürze, mit feiner gelber Tropenfrucht unterlegt. Saftig, seidige Textur, fruchtige Süße im Kern, feines Säurespiel, elegant und gut anhaftend, ein vielseitiger Speisenbegleiter.

92 Chardonnay * St. Anna 2021
13,5 Vol.-%, DV, großes Holzfass, €€€
Mittleres Grüngelb, Silberreflexe. Nuancen von gelbem Pfirsich und frischen Orangenzesten, mit feinen Wiesenkräutern unterlegt. Saftig, elegant, feine Fruchtsüße, zarter Säurebogen, Honigmelone im Abgang, bereits gut antrinkbar, zeigt Reifepotenzial.

91 Chardonnay * St. Anna Sand & Muschelkalk 2020
12,7 Vol.-%, DIAM, großes Holzfass, €€€€
Helles Goldgelb, Silberreflexe. Etwas verhalten, zart nach gelbem Kernobst, ein Hauch von Kräuterwürze. Mittlere Komplexität, weißer Apfel, frisch strukturiert, zitronig im Abgang, recht scheue Aromatik, wird von Flaschenreife profitieren.

93 Weißburgunder * St. Anna 2021
13 Vol.-%, DV, großes Holzfass, €€€
Mittleres Grüngelb, Silberreflexe. Feine weiße Apfelfrucht, mit etwas Mango und Birne unterlegt, angenehme Kräuterwürze, zart nach kandierten Orangenzesten. Saftig, elegant, seidige Textur, feine Fruchtsüße, mineralisch, ein Hauch von Blütenhonig im Abgang, gute Länge, ein facettenreicher Speisenbegleiter.

93 Weißburgunder * Ried Schemming G-Eruption 2021
12,5 Vol.-%, DIAM, kleines Holzfass, €€€€€
Mittleres Grüngelb, Silberreflexe. Zarte Wiesenkräuter, mit einem Hauch von frischer Birne unterlegt, Nuancen von Orangenzesten im Hintergrund. Schlank, weiße Apfelfrucht, frisch, mineralisch-zitronig im Abgang, gut anhaftend, ein feiner Speisenbegleiter.

93 Sauvignon Blanc * Ried Schemming G-Eruption 2021
13,5 Vol.-%, DIAM, großes Holzfass, €€€€€
Mittleres Grüngelb, Silberreflexe. Intensive frische Kräuterwürze, ein Hauch von Brennnesseln, Cassis und Grapefruitzesten. Saftig, weißer Apfel, frischer Säurebogen, mineralisch-salziger Abgang, Litschis und Limetten im Nachhall, ein Hauch von Fruchtsüße im Rückgeschmack, ein würziger Speisenbegleiter.

92 Sauvignon Blanc * St. Anna 2021
13 Vol.-%, DV, großes Holzfass, €€€
Mittleres Grüngelb, Silberreflexe. Rauchig-kräuterwürzig unterlegte Cassisnote, zart nach Grapefruitzesten. Saftig, weiße Tropenfrucht, etwas Pfirsich, frisch strukturiert, mineralisch, gute Länge, ein saftiger Speisenwein.

92 Gelber Muskateller * Ried Schemming 2022
13 Vol.-%, DV, Stahltank, €€€
Mittleres Grüngelb, Silberreflexe. Zart floral unterlegte gelbe Tropenfrucht, zart nach Muskat und Limetten. Saftig, elegant, kraftvoll und mit zarter Fruchtsüße im Kern ausgestattet, bleibt haften, mineralischer Nachhall, gutes Entwicklungspotenzial.

★★

WEINHOF PLATZER

Idyllisch eingebettet zwischen den Hügeln des südoststeirischen Vulkanlandes befindet sich der Weinhof der Familie Platzer. Schon seit mehreren Generationen wird hier Weinbau betrieben. Die Weingärten liegen allesamt in der näheren Umgebung des Weinhofs. Die wichtigsten Rieden sind Aunberg, Königsberg, Klöchberg und Stadner Rosenberg. In diesen Top-Rieden bildet sich die hohe Qualität der Trauben, die behutsam bis in die Flasche transportiert wird. Die Rebstöcke werden während der Vegetationsperiode fortlaufend begleitet, um ein Maximum an Qualität und regionaler Stilistik zu erreichen. Von der Ernte bis zur Füllreife ist es den Platzers ein Anliegen, sehr schonend zu arbeiten, um das Bukett der Trauben bis ins Weinglas zu bringen. Selektive Handlese ist dabei eine Selbstverständlichkeit. Damit sich der Wein unbelastet bis zur Füllreife entwickeln kann, ist der Weinkeller sehr durchdacht angelegt.
Diese ganze Hingabe an den Wein wurde vielfach prämiert: Zahlreiche Auszeichnungen in den vergangenen Jahren wie Siege bei der »Steirischen Landesweinbewertung«, im »SALON Österreich Wein« und bei der »Austrian Wine Challenge« belegen die hohe Qualität der Platzer-Weine.

WEINHOF PLATZER
8355 Tieschen
Pichla 25
T: +43 (3475) 2331
platzer@weinhof-platzer.at
www.weinhof-platzer.at

Kellermeister: Robert Platzer
Kontakt: Familie Platzer
Produktion: 80 % weiß, 20 % rot, 35 Hektar
Vereinszugehörigkeit:
Steirischer Junker, TAU-Winzer, Winzer Vulkanland Steiermark DAC

93 Sauvignon Blanc * Ried Aunberg Privat 2021
13,5 Vol.-%, DV, kleines Holzfass, €€€€
Mittleres Grüngelb, Silberreflexe. Zarte Röstaromen, Aromen von reifer gelber Tropenfrucht, Passionsfrucht, ein Hauch von Blütenhonig. Komplex, saftig, elegant, süße Mangofrucht, Passionsfrucht, mineralisch und anhaftend, gute Länge, sicheres Reifepotenzial.

(92) Sauvignon Blanc * Ried Aunberg 2022
13,5 Vol.-%, DV, Stahltank, €€€
Helles Gelbgrün, Silberreflexe. Frische Stachelbeeren, etwas Cassis, feine Kräuterwürze, floraler Touch. Kraftvoll, weißer Pfirsich, feine Zitruszesten, frische Säurestruktur, mineralisch-salzig, feine Fruchtsüße im Abgang, elegant und gut anhaftend.

93 Grauburgunder * Ried Klöchberg Privat 2021
13,5 Vol.-%, DV, kleines Holzfass, €€€€
Mittleres Goldgelb, Silberreflexe. Feine Kräuterwürze, Orangenzesten, reife Birne, ein Hauch von Blütenhonig. Saftig, Noten von weißem Kernobst, gute Frische, kraftvoll, mineralisch im Abgang, ein eleganter Speisenbegleiter mit Länge und Potenzial.

91 Weißburgunder Klassik * 2022
12,5 Vol.-%, DV, Stahltank, €€
Helles Gelbgrün, Silberreflexe. Frische weiße Birnenfrucht, ein Hauch von Mango und Orangenzesten. Straff, engmaschig, weißes Kernobst, lebendig strukturiert, mineralisch-salzig, ein vielseitiger Speisenbegleiter.

(91) Chardonnay * Tieschen TAU 2022
13,5 Vol.-%, DV, großes Holzfass, €€€
Helles Goldgelb, Silberreflexe. Zart nach Wiesenkräutern und gelbem Apfel, Orangenzesten, verhaltenes Bukett. Mittlerer Körper, weißes Kernobst, feiner Säurebogen, mineralisch-zitronig im Nachhall, ein vielseitiger Speisenbegleiter.

90 Gewürztraminer * 2022
13,5 Vol.-%, DV, Stahltank, €€
Helles Gelbgrün, Silberreflexe. Zarte Nuancen von Rosen, mit Blütenhonig und Maracuja unterlegt. Kraftvoll, straff und mineralisch, Nuancen von gelber Frucht, Blutorangen, ein trockener, aromatischer Speisenbegleiter.

JOSEF SCHARL – CHARAKTERWEINE
8354 Sankt Anna am Aigen
Plesch 1
T: +43 (3158) 2314
josef@weinhof-scharl.at
www.weinhof-scharl.at

Kellermeister: Josef Scharl jun.
Kontakt: Josef Scharl jun.
Produktion: 80 % weiß, 19 % rot, 1 % süß, 20+5 Hektar
Zertifiziert: Nachhaltig Austria
Vereinszugehörigkeit: Eruption, Wein Steiermark
Messen: VieVinum

Josef Scharl und Sophie Kirchner

★★★★

JOSEF SCHARL – CHARAKTERWEINE

Wein zu machen hat etwas mit Eigensinn zu tun, und das im schönsten aller Sinne: zu tun, was man selbst für richtig hält, ohne Attitüden, sondern mit großer Freiheit. Josef Scharl nennt das Charakter. Eigen oder in seinem Fall Aigen zu sein ist das Gegenteil von Gleichheit. Das macht hier den Unterschied. Nicht biegen, nicht allzu sehr anpassen und dennoch nicht alles abzählen. Großzügig sein, das beschreibt ihn vielleicht am besten. In seinen Weinen lebt er selbst, seine Art, die Dinge zu tun, mit seinem ganz eigenen Kopf. Sie sind Ausdruck dessen, wofür er steht. Sie sind wie er: echte Charakterdarsteller.

Fliegen lernen, Feuerwehrmann werden – oder einfach Wein machen: Josef Scharl wusste immer schon, was er wollte. Charaktere erkennt man eben daran, dass sie für ihr Ideal leben. Er lebt für diesen Ort, seine Familie, für Sprudel und für Pinot Noir. Natürlich mag er auch alle anderen Rebsorten in seinem Keller, aber Pinot ist seine Referenz, die Königsdisziplin beim Weinmachen.

Wer Wein machen will, sagt Josef Scharl, muss zuhören, fühlen, sehen und herausfinden, was in einem steckt – und dann einfach tun, mit aller Leidenschaft. Die Art, wie er das macht, ist eng mit der Region verbunden. Gut, man war schon in Frankreich, hat den Idolen beim Arbeiten zugesehen, ihre Weine getrunken und ist dann wieder heimgekehrt, an diesen Ort und zu seinem Wein. Am besten versteht man Josef Scharl wahrscheinlich, wenn man ihn auf dem Hof trifft. Mit großen Gesten beschreibt er den Ausblick über St. Anna, einen besonderen Flecken Land. Die zerfetzen Wolken ziehen schnell, die Luft ist feucht, in den Nächten ist es kühl, dazu der karge vulkanische Boden. Man schmeckt es, und man liebt es. Da gibt es Lieblingslagen und Lieblingsweine. »Weine sind komplexe Wesen, das haben sie mit uns Menschen gemeinsam. Sie vereinen unterschiedliche, manchmal sogar widersprüchliche Eigenschaften. Da kämpft das Angepasste gegen den Freiheitsdrang und das Helle gegen das Dunkle. Die Vielfalt ist wichtig, sie prägt den Charakter und damit die

© SOPHIE KIRCHNER

Welschriesling

Einzigartigkeit«, bringt er es auf den Punkt. Weil das Leben eben Entwicklung ist.
Und die Kappe? Es gibt einen Ort, der liegt außerhalb von St. Anna am Aigen, irgendwo im Baskenland. Im Küstenstädtchen Saint-Jean-de-Luz in einer kleinen Gasse namens Rue Loquin wurde der »béret basque«, die Baskenmütze erfunden. Für Josef Scharl ist das quasi der Geburtsort seiner Leidenschaft für Kappen. Mittlerweile hat er unzählige davon, so viele, dass er längst aufgehört hat zu zählen. Tellergroß und in allen Farben und Mustern sind sie zu Josefs Markenzeichen geworden. Kein Wunder, dass sie auch die Flaschen zieren. Charakter erkennt man eben schon von Weitem.

94 Chardonnay * Ried Schemming G-Eruption 2020
13 Vol.-%, DIAM, großes Holzfass, €€€€€
Mittleres Grüngelb, Silberreflexe. Feine gelbe Tropenfrucht, Nuancen von Mango und Papaya, mit Limettenzesten unterlegt, mineralischer Touch. Straff, elegant, feine Holznuancen, weißes Kernobst, lebendig strukturiert, in sich ruhend, balancierter Stil, ein feiner Speisenwein mit gutem weiterem Entwicklungspotenzial.

93 Chardonnay * Ried Annaberg 1-Eruption 2020
13 Vol.-%, DIAM, großes Holzfass, €€€€€
Mittleres Grüngelb, Silberreflexe. Zartes Bukett, etwas scheue Nuancen von frischen Quitten, ein Hauch von weißem Pfirsich, Limettenzesten. Elegant, feine Tropenfrucht, dezente Fruchtsüße, cremige Textur, mineralisch, ein seidiger Speisenbegleiter, mit guter Länge ausgestattet.

91 Chardonnay * St. Anna am Aigen 2021
12,5 Vol.-%, DV, großes Holzfass, €€€€
Helles Goldgelb, Silberreflexe. Weiße Blüten, gelber Apfel, feine Orangenzesten, mineralischer Touch. Mittlerer Körper, weißes Kernobst, feine salzige Nuance, balanciert, ein zurückhaltender Speisenbegleiter, harmonisch und vielseitig.

94 Sauvignon Blanc * Ried Schemming G-Eruption Auron 2020
13 Vol.-%, DIAM, großes Holzfass, €€€€€
Helles Goldgelb, Silberreflexe. Frische Stachelbeeren, etwas Cassis und Kräuter, mit feiner gelber Tropenfrucht unterlegt, facettenreiches Bukett. Saftig, elegant, weiße Frucht nach Pfirsich, feine Süße, gut eingebetteter Säurebogen, mineralisch im Abgang, ausgewogen und gut entwickelt, vielseitiger Speisenbegleiter.

93 Weißburgunder * Ried Annaberg 1-Eruption 2019
13 Vol.-%, DIAM, großes Holzfass, €€€€€
Helles Grüngelb, Silberreflexe. Mit zarten Wiesenkräutern unterlegte Note von weißem Kernobst, frische Walnuss, ein Hauch von Orangenblüten. Saftig, elegant, zarter Säurebogen, weißer Apfel, mineralisch-salzig im Abgang, sehr jugendlich, gutes weiteres Reifepotenzial.

92 Gelber Muskateller * Ried Annaberg 2021
12 Vol.-%, DV, Stahltank, €€€
Helles Gelbgrün, Silberreflexe. Florale Nuancen, ein Hauch von Rosen und Holunder, mit weißem Pfirsich unterlegt, Nuancen von Limettenzesten. Saftig, leichtfüßig und kernig zugleich, feine Fruchtsüße, salzig-zitronig, ein animierender, gut anhaftender Wein.

92 Eruption Rot 2019 ZW/BW/ME
13 Vol.-%, DIAM, kleines Holzfass, €€€€
Dunkles Rubingranat, violette Reflexe, zarte Randaufhellung. Mit feiner Holzwürze unterlegte dunkle Waldbeeren, reife Herzkirschen, tabakige Nuancen. Mittlere Komplexität, rote Kirschen, zart nach Himbeeren, feiner Gerbstoff, salziger Nachhall, bleibt haften, ein lebendiger Speisenbegleiter.

93 Welschriesling Eiswein Early Bird 2020
8 Vol.-%, DIAM, kleines Holzfass, €€€€€€
Sehr helles Gelbgrün, Silberreflexe. Zart nach Dörrobst, weiße Tropenfrucht, ein Hauch von Litschis und Maracuja, einladendes Bukett. Saftig, fruchtig, gut integrierte Süße, feiner Säurebogen, blitzsauber, ein echtes Trinkdessert.

★★

WEINGUT MATTHIAS TRUMMER

Seit dem Jahrgang 2018 macht Matthias Trummer das, was er schon bisher gemacht hat – jedoch ganz anders, nämlich noch deutlicher, noch konsequenter, noch vielfältiger und noch lustvoller. Der Winzer hat seine Liebe zu den Sorten ganz offiziell zu seinem Motto gemacht. Das lautet nun: »Sorten. Typisch.« Und er lädt Jahrgang für Jahrgang auf eine Reise in die Faszination der Sorten ein, in die einzelnen, ganz präzise ausgedrückten Typizitäten mit ihren Merkmalen und Charakteren. Matthias Trummer ist davon überzeugt, dass Wein seinen wahren Charakter in der Sorte zeigt, aus der Entfaltung des typischen Geschmacks und der typischen Aromen. Sein Credo: »Der beste Wein ist seiner Sorte verpflichtet, nicht seiner Lage.« Die Lage ist ein wichtiges Hilfsmittel, aber eben für ihn nicht mehr! Das allerbeste Traubenmaterial baut er gemäß seiner Philosophie zur Top-Linie »Reine Seele« aus: Das bedeutet absolute Reife, absolute Konzentration, absolute Verdichtung, noch später gelesen, noch stärker im Ertrag reduziert, die besten Trauben des Jahrgangs als Essenz der Sorte. Am stimmungsvollsten verkosten lassen sich die Weine in der prachtvoll gelegenen Buschenschank. An schönen Sommer- oder Herbsttagen genießt man hier unter Weinreben sitzend einen traumhaften Panorama-Fernblick über die Südsteiermark bis zur Koralpe sowie Trummers außergewöhnliche Weine und Herzhaftes von den hauseigenen Turopolje- und Schwäbisch-Hällischen Schweinen aus Freilandhaltung.

93 Gelber Traminer Reine Seele 2022
12,5 Vol.-%, DV, Stahltank, €€€ Ⓗ
Helles Goldgelb, Silberreflexe. Nuancen von Rosenöl und Marshmallows, gelber Pfirsich, etwas Ananas und Blütenhonig, einladendes Bukett. Saftig, frisch und balanciert, feine Süße, von der lebendigen Säurestruktur gut gekontert, mineralisch und anhaftend, vielfältig einsetzbar.

92 Sauvignon Blanc Reine Seele 2022
12 Vol.-%, DV, Stahltank, €€€ Ⓗ
Leuchtendes Goldgelb, Silberreflexe. Zarte Kräuterwürze, reife gelbe Stachelbeeren, ein Hauch von Cassis und Guaven. Saftig, gelbe Tropenfrucht, frisch strukturiert, feine Fruchtsüße, lebendig und gut anhaftend, mineralisch, Grapefruittouch auch im Nachhall.

91 Gelber Muskateller Reine Seele 2022
12 Vol.-%, DV, Stahltank, €€€ Ⓗ
Helles Grüngelb, Silberreflexe. Zarte Aromatik, ein Hauch von Blüten und gelber Frucht, Nuancen von Limetten, eher scheues Bukett. Mittlerer Körper, zitronig-salzig, frischer Säurebogen, lebendig im Abgang, bietet unkompliziertes Trinkvergnügen.

92 Weißburgunder Reine Seele 2022
13 Vol.-%, DV, Stahltank, €€€ Ⓗ
Mittleres Grüngelb, Silberreflexe. Zart tabakig-nussig unterlegte Apfelfrucht, Nuancen von Wiesenkräutern, mit frischen Orangenzesten unterlegt. Kräftig, dezente Birnennote, gut integrierter Säurebogen, feine Fruchtsüße im Abgang, ein stoffiger Speisenbegleiter.

92 Grauburgunder Reine Seele 2022
12,5 Vol.-%, DV, Stahltank, €€€€€ Ⓗ
Mittleres Grüngelb, Silberreflexe. Mit dezenter Kräuterwürze unterlegte reife Birnenfrucht, feine tabakige Noten. Mittlere Komplexität, gelbes Kernobst, dezente Süße, mineralisch, Blütenhonig im Nachhall, gutes Reifepotenzial.

91 Morillon Reine Seele 2022
12,5 Vol.-%, DV, Stahltank, €€€ Ⓗ
Helles Grüngelb, Silberreflexe. Frische Orangenzesten, gelber Apfel, etwas Mango, Nuancen von Blütenhonig. Straff, zarte Fruchtsüße, feiner Säurebogen, mineralisch, saliner Nachhall, bleibt haften, zarte Kräuterwürze im Nachhall.

WEINGUT MATTHIAS TRUMMER
8422 St. Veit in der Südsteiermark
Pessaberg 26
T: +43 (3184) 2426
willkommen@weingut-trummer.at
www.weingut-trummer.at

Kellermeister/Kontakt:
Matthias Trummer
Produktion: 10 % Schaumwein, 90 % weiß, 7 Hektar
Vereinszugehörigkeit:
Winzer Vulkanland Steiermark DAC

★★★

WEINGUT WINKLER-HERMADEN

BIO

Das Weingut Winkler-Hermaden liegt im Südosten der Steiermark, mitten im Vulkanland Steiermark, nur wenige Kilometer von der slowenischen und ungarischen Grenze entfernt. Seit 1918 wird die Landwirtschaft als Familienbetrieb geführt. Dabei stehen auf dem Weingut, im Hotel und im Restaurant Regionalität, Nachhaltigkeit und Gastfreundschaft im Mittelpunkt.
Von den 37 Hektar biologisch-organisch bewirtschafteter Weingärten (Ried Kirchleiten, Ried Schlosskogel, Ried Rosenleiten, Ried Winzerkogel) befinden sich rund 25 Hektar rund um den Kapfensteiner Kogel und 12 Hektar im 15 Kilometer südlich gelegenen Klöch (Ried Ölberg, Ried Hochwarth, Ried Grafenstückl). Im Fokus des Weinmachens stehen terroirbetonte, vielschichtige und salzige Weine mit langer Reifezeit. Die Devise: selektive Handlese, schonende Traubenverarbeitung und möglichst wenig Eingriffe beim darauffolgenden Ausbau der Weine. Ziel ist es, den typischen Charakter der Böden und der jeweiligen Sorten in den Weinen spürbar zu machen.
Das Gut wird seit 2009 biologisch-organisch bewirtschaftet, 2012 konnte die erste zertifizierte biologische Ernte eingefahren werden. Seit dem Jahr 2022 hat sich das Weingut der biologisch regenerativen Landwirtschaft verschrieben. Dabei geht es darum, Nährstoffungleichgewichte auszugleichen sowie Humus und das Bodenleben aufzubauen. Die Weingärten sind dauerbegrünt, man fördert die natürlichen Gegenspieler der Schädlinge und düngt mit selbst hergestelltem Kompost. Das Holz, aus dem die kleinen Eichenfässer gemacht werden, stammt aus dem eigenen Wald der Familie auf dem Kapfensteiner Kogel.
Das Schloss selbst und auch die alten Weinkeller haben eine lange Geschichte, die bis ins 11. Jahrhundert zurückreicht. In den Jahren 1996 bis 1998 wurde ein weiterer Keller, der »Lange Keller«, renoviert. In dem 60 Meter langen und 350 Jahre alten Kreuzgewölbe lagert nun Rotwein in kleinen Eichenfässern.

90 ❺ Pinot brut blanc de noir 2017 PN/SL
12,5 Vol.-%, NK, Flaschengärung/Stahltank, €€€€
Ⓑ Ⓥ
Helles Goldgelb, Silberreflexe, feines Mousseux. Frische Kirschen, ein Hauch von Ringlotte, zarter Blütenhonig. Saftig, kräftig, zarte Nuancen von gelber Frucht, dezente Kräuterwürze, mineralisch und anhaftend, ein facettenreicher Speisenbegleiter.

(93) Sauvignon Blanc * Kapfenstein Ried Kirchleiten GSTK 2020
13,5 Vol.-%, VL, großes Holzfass, €€€€€ Ⓑ Ⓥ
Helles Goldgelb, Silberreflexe. Zart nussig unterlegte gelbe Birnenfrucht, ein Hauch von Mandeln, zart nach Wiesenkräutern. Mittlere Komplexität, straff, engmaschig, salziger Touch, zitronige Nuancen, finessenreicher Speisenbegleiter.

90 Sauvignon Blanc * 2020
12,5 Vol.-%, DV, Stahltank, €€€ Ⓑ Ⓥ
Helles Gelbgrün, Silberreflexe. Zarte gelbe Tropenfruchtanklänge, reife Ringlotte, zart nach Mandarinen und Bergamotte. Straff, zart karamellig in der Textur, ein Hauch von Orangen, feine Mineralik im Abgang, dezente Süße im Nachhall.

93 Grauburgunder * Kapfenstein Ried Schlosskogel 1STK 2020
13 Vol.-%, VL, Barrique, €€€€€ Ⓑ Ⓥ
Helles Goldgelb, Silberreflexe. Zart nach Orangenzesten, zarte Noten von gelbem Kernobst, etwas Birne und Blütenhonig, Anklänge von Marille. Am Gaumen straff, mineralisch-kalkig, dezente, gut integrierte Säurestruktur, zarte Fruchtsüße im Nachhall, feinwürzig, ein leichtfüßig wirkender Speisenbegleiter.

93 Traminer * Kapfenstein Ried Kirchleiten GSTK 2020
13 Vol.-%, VL, Barrique, €€€€ Ⓑ Ⓥ
Helles Goldgelb, Silberreflexe. Zart nach Marillenkonfitüre, kandierte Orangenzesten, Nuancen von Rosenöl, eher dezentes Bukett. Straff, engmaschig, Nuancen von weißem Kernobst, frisch, zarte Kräuterwürze, zitronig, salzig im Nachhall, ein balancierter Speisenbegleiter.

WEINGUT WINKLER-HERMADEN

8353 Kapfenstein, Kapfenstein 106
T: +43 (3157) 2322
weingut@winkler-hermaden.at
www.winkler-hermaden.at
Kellermeister: Thomas Winkler-Hermaden
Kontakt: Georg und Christof Winkler-Hermaden
Anbauweise: Zertifiziert Biologisch (Bio Austria)
Produktion: 200.000 Flaschen
54 % weiß, 45 % rot, 1 % süß, 37 Hektar
Zertifiziert: Nachhaltig Austria
Vereinszugehörigkeit:
Steirische Terroir- und Klassikweingüter
Messen: VieVinum

Schloss Kapfenstein

92 Morillon * Kapfenstein Ried Rosenleiten 1STK 2020

13 Vol.-%, VL, 500-l-Fass, €€€€€ B V
Mittleres Gelbgrün, Silberreflexe. Zart nussig unterlegte reife gelbe Tropenfrucht, Nuancen von Mango, Verveine, zarter Blütenhonig, Orangenzesten. Komplex, engmaschig, feine Säurestruktur, gelber Apfel im Abgang, bleibt haften, zart nach Zitronenmelisse im Finish.

90 Gewürztraminer Orange 2018

13,5 Vol.-%, VL, Stahltank/500-l-Fass, €€€€€ B O V
Leuchtendes Orangegold. Zart tabakig-würzige Noten, ein Hauch von Dörrobst, zart nach Hagebutten, rauchiger Touch. Mittlere Komplexität, gut eingebundener Gerbstoff, würziger Nachhall, mineralischer Rückgeschmack, wirkt relativ leichtfüßig.

93 Blauer Zweigelt Olivin Reserve 2017

13,5 Vol.-%, VL, Barrique, €€€€€ B V
Dunkles Rubingranat, violette Reflexe, dezente Randaufhellung. Zart rauchig-würzig, ein Hauch von Lakritze und Preiselbeeren, zartes Goudron, etwas Vanille und Nougat. Komplex, straff, schwarze Kirschen, feinwürzige Tannine, mineralisch im Abgang, noch sehr jugendlich, wurde 60 Monate in 300-Liter-Fässern aus eigener Eiche gereift, rotbeerig unterlegte Nougatnote, die dem Wein das besondere, unverwechselbare Etwas verleiht.

90 Blauer Zweigelt Olivin 2020

14 Vol.-%, VL, kleines Holzfass, €€€€€ B V
Tiefdunkles Rubingranat, opaker Kern, violette Reflexe, zarte Randaufhellung. Frische schwarze Beerenfrucht, tabakig, dezente Kräuterwürze. Mittlerer Körper, schwarze Kirschen, dezentes Nougatkaramell, mineralisch im Abgang, Brombeeren im Nachhall, gute Frische, rotbeeriger Rückgeschmack.

93 Riesling Grafenschatz aus eingetrockneten Trauben 2021

9 Vol.-%, VL, kleines Holzfass, €€€€€ B V
Leuchtendes Goldgelb, Silberreflexe. Nuancen von Dörrobst, Anklänge von Pfirsich und Honig. Saftig, fast ölige Textur, intensive fruchtige Süße, gelbe Tropenfrucht klingt an, kandierte Orangen, Honigtouch im Abgang, lebendiger Nachhall, ein Trinkdessert.

* Vulkanland Steiermark DAC

Der Hochgrail im weststeirischen Schilcherland

© WSNA

STEIERMARK

WEST-STEIERMARK

DAC

HEIMAT DES SCHILCHERS

Nur rund 640 Hektar sind in der Weststeiermark mit Reben bepflanzt, doch daraus schaffen die Winzerfamilien eine verblüffende Vielfalt an Produkten: rassige, säurebetonte Schilcher, kraftvolle, tanninbetonte Rotweine sowie elegante, charmante Schaumweine. Das alles kommt jedoch aus einer einzigen Rebsorte: dem Blauen Wildbacher. Beginnend mit dem Jahrgang 2018 gehört auch die Weststeiermark zur großen österreichischen DAC-Herkunftsweinfamilie.

Das kleinste Weinbaugebiet der Steiermark ist ein uraltes Weinland, in dem schon Illyrer, Kelten und später Römer Weinreben kultivierten. Die Weingärten ziehen sich in einem schmalen langen Band auf bis zu 600 Meter Seehöhe an den Ausläufern der Koralpe und des Reinischkogels nach Süden bis zur slowenischen Grenze hin. Die Lage bedingt tagsüber starke Erwärmung und schützt vor rauen Winden.

Steile Hänge mit malerischen kleinen Kellerstöckeln sind zu überwinden, tiefe Täler zu durchqueren auf dem Weg von Ligist im Norden über St. Stefan ob Stainz bis nach Deutschlandsberg und Eibiswald. Abstecher in Weinorte wie Greisdorf, Gundersdorf, Wildbach oder Wies bringen überraschende Perspektiven – beim Panorama ebenso wie beim Wein.

Ungewöhnlich sind auch die Bodenbeschaffenheit des Gebiets mit vorwiegend Gneis- und Schiefer-Urgestein sowie das sogenannte illyrische Klima mit südeuropäisch-mediterranen Einflüssen und relativ hohen Niederschlägen. Das natürliche Zusammenspiel all dieser Eigenheiten erklärt auch ein wenig die Einzigartigkeit des Weintyps, der einem hier auf Schritt und Tritt begegnet.

Die Weststeiermark ist das klassische Schilcherland, denn auf dem Großteil der Rebfläche wächst Blauer Wildbacher, eine uralte Rebsorte, die als Grundlage für den rosa- bis zwiebelfarbenen Wein dient, der eine beina-

© WSNA

he unglaubliche Erfolgsgeschichte erlebt hat. Ursprünglich ein rustikaler Bauernwein mit aggressiver Säure, verwandelte er sich durch kontinuierliche Qualitätsverbesserungen unter den Händen ambitionierter Winzer zu einem begehrten Getränk: vom frisch-fruchtigen Aperitif bis hin zu raffinierten Süßweinen. Auch Schaumweine werden aus dieser autochthonen Sorte erzeugt. Nicht zu unterschätzen sind die roten Varianten, die mit ihrer individuellen Stilistik eine Bereicherung auf dem Sektor Terroirwein aus Österreich darstellen. Für den Weintourismus ist der Schilcher ein wesentlicher Erfolgsfaktor; er darf nur in der Weststeiermark den Zusatz DAC tragen. Beim Gebietswein ist bereits der 1. Dezember nach der Ernte als Premierentag erlaubt, Ortsweine dürfen aus Ligist, Eibiswald, Stainz oder Deutschlandsberg kommen. Neben dem Schilcher werden in der Weststeiermark aber auch fast alle anderen steirischen Rebsorten kultiviert, und es gilt, sie zu entdecken.

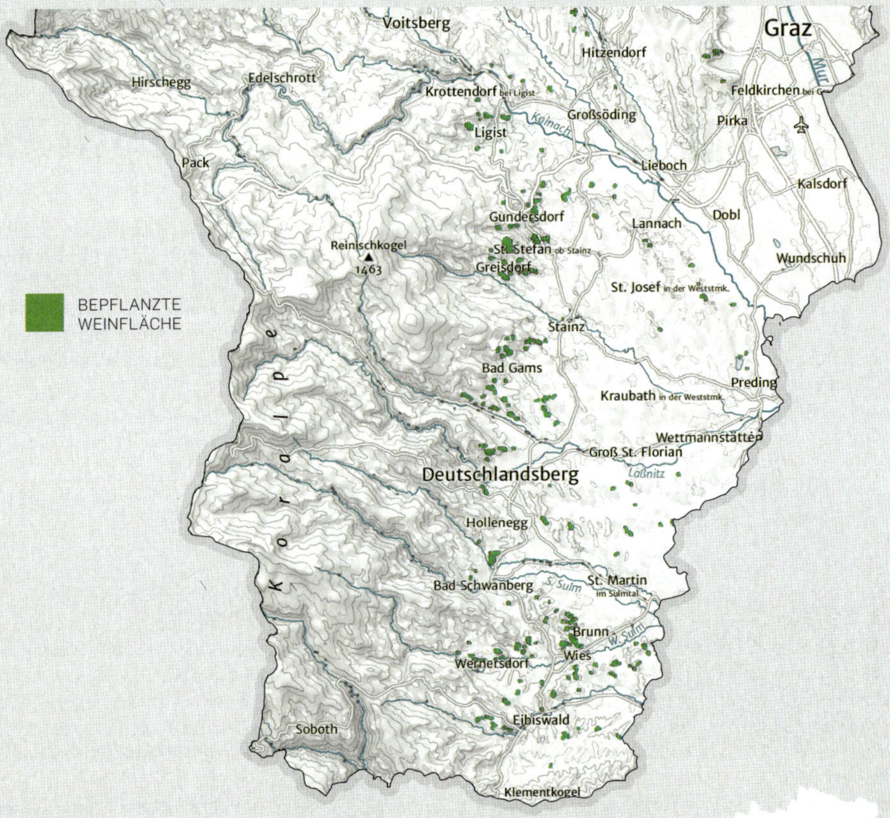

WESTSTEIERMARK DAC

Österreich gesamt	**44.728 ha**
Weinbaugebiet Steiermark	**5.086 ha**
Weststeiermark DAC	**641 ha**

Grundkarte: © Universität Wien, BEV, OSM, SRTM | Österreich Wein Marketing GmbH, 1040 Wien, © ÖWM 2022

AUSGEWÄHLTE WEINGÜTER

★★★

Weingut Schilcherei® Jöbstl, Wernersdorf bei Wies
Weingut Lex Langmann, Sankt Stefan ob Stainz

★★

Schilcherweingut Friedrich, Sankt Stefan ob Stainz

★★

Weingut Reiterer, Wies
Weingut Strohmaier Thomas, Margaretha & Katrin, Pölfing-Brunn

★

Weingut und Buschenschank Haring vlg. Pichlippi, Eibiswald

★★

SCHILCHERWEINGUT FRIEDRICH

Das Weingut Friedrich beschäftigt sich ausschließlich mit der Blauer-Wildbacher-Traube, aus der man verschiedene Ausbauvariationen keltert: von gleich gepresst über Schilcher »Klassik«, den Stainzer Schilcher als Ortswein, verschiedene Riedenschilcher und den Blauen Wildbacher als Rotwein ausgebaut bis hin zu Süßweinen (Spätlesen), Schilcherfrizzante sowie Schilchersekten. Weiters im Programm: »PIUS«, ein Schilcher, der mit seiner sehr trockenen und säurebetonten Ausbaustilistik an die Anfangszeiten des Schilchers erinnert. Gebietsweine, Ortsweine und Riedenweine bekommen als Herkunftsweine die Bezeichnung »Weststeiermark DAC«.
Heuer auch im Programm ist der Jahrgang 2019 des Schilchers Ried Pirkhofberg Bar-

Hochgrail, Sankt Stefan ob Stainz

SCHILCHERWEINGUT FRIEDRICH
8511 Sankt Stefan ob Stainz
Langegg 18
T: +43 (3463) 81252
info@friedrich-schilcher.at
www.friedrich-schilcher.at

Kellermeister: Christian Friedrich
Kontakt: Christian und Isabella Friedrich
Produktion: 8+2 Hektar
Vereinszugehörigkeit: Wein Steiermark

rique Reserve: hochreifes Traubenmaterial, Vergärung und 12-monatige Lagerung in neuen französischen Eichenfässern, biologischer Säureabbau, Rosé-Stilistik mit finessenreichem Abgang, ein Schilcher für Experimentierfreudige. Weiters bietet man hier die Möglichkeit an, bei einer informativen Betriebsführung hinter die Kulissen der Schilcherproduktion zu blicken und die Geheimnisse der verschiedenen Ausbauvariationen näher kennenzulernen.
Das Schilcherweingut Friedrich liegt auf einer Seehöhe von 570 Metern und bietet einen atemberaubenden Ausblick über das steirische Weinland. Im liebevoll eingerichteten Verkaufs- und Degustationsraum können alle näheren Informationen über die weststeirische Spezialität eingeholt werden. Durch die Spezialisierung auf diese einzige Rebsorte können hier Lagenspezifikationen, Lesetermine und Produktionsabläufe optimiert und auf den Punkt gebracht werden.
Zahlreiche Erfolge wie sechs Schilcher-Landessiege, nicht weniger als zwölf verschiedene Schilcher im »SALON Österreich Wein« in den letzten Jahren und Auszeichnungen bei diversen Fachverkostungen zeugen von der Schilcherkompetenz dieses Betriebs. Auch der Jahrgang 2022 schließt nahtlos an die hervorragende Qualität der letzten Jahre an.
Tochter Sophie I ist die derzeit amtierende Weinkönigin der Steiermark und vertritt bis 2024 auch offiziell den steirischen Wein im In- und Ausland.

91 ❶ Schilchersekt 2019

12,5 Vol.-%, NK, Stahltank, €€€

Leuchtendes Kupferrot, Orangereflexe, lebendige Perlage. Nuancen von Erdbeerkonfitüre, rote Kirschen, feine Kräuterwürze, dezent nach Kernobst. Saftig, angenehme süße Beerenfrucht, lebendig strukturiert, balanciert und anhaftend, zitronig-salziger Nachhall, ideal für die Sommerterrasse.

93 Schilcher * Ried Pirkhofberg 2022

12,5 Vol.-%, DV, Stahltank, €€

Kräftiges Lachsrosa, Orangereflexe. Feine Kräuterwürze, Rote Johannisbeeren, Cassis, Limettenzesten, einladendes Bukett. Straff, gute Komplexität, rotbeerig, feine Fruchtsüße im Kern, weiße Beeren im Abgang, zitronig-salziger Nachhall, gute Länge, perfekt für die Terrasse und als Speisenbegleiter.

Blauer Wildbacher

92 Schilcher * Ried Langegg 2022

12,5 Vol.-%, DV, Stahltank, €€

Kräftiges Lachsrosa, orangefarbene Reflexe. Zart nach Ribiseln und Grapefruit, florale Nuancen, facettenreiches Bukett. Saftig, straff und elegant, rotbeerige Textur, finessenreiche Säurestruktur, mineralisch-salzig im Abgang, toller Sommerwein.

92 Schilcher * Ried Pirkhofberg Barrique Reserve 2019

13,5 Vol.-%, NK, Barrique, €€€€€

Leuchtendes Kupferrot, Messingreflexe. Kandierte Orangenzesten, etwas Nougat, feine Beerenfrucht, etwas Karamell. Saftig, elegant, zart nach Vanille und eingelegten Kirschen, seidige Tannine, bleibt gut haften, ein stoffiger Speisenbegleiter mit mineralischem Nachhall, eine Besonderheit.

91 Schilcher * Stainz 2022

12 Vol.-%, DV, Stahltank, €€

Leuchtendes Zwiebelrosa, Silberreflexe. Frische rotbeerige Frucht, ein Hauch von gelbem Apfel, eingelegte Kirschen und Limettenzesten. Straff, lebendig, Rote Johannisbeeren, rassige Struktur, mineralisch-salziger Nachhall.

91 Schilcher * Ried Kirchberg 2022

12,5 Vol.-%, DV, Stahltank, €€

Leuchtendes helles Zwiebelrosa, breitere Orangeaufhellung. Weiße Beerenfrucht, Limetten, etwas Cassis, ein Hauch von Kräutern. Stoffig, elegant, eingelegte Kirschen, feiner Säurebogen, der gut eingebaut ist, zitronig und lebendig, animierender Stil.

★

WEINGUT UND BUSCHENSCHANK HARING VLG. PICHLIPPI

NEU

Schon in den 1950er-Jahren wurden am Rettenberg Weinstöcke angepflanzt und die geernteten Trauben zu Wein verarbeitet. Im hauseigenen Buschenschank schenkte Familie Haring vlg. Pichlippi schon damals Wein aus und servierte eine gute Jause dazu. Später überwogen dann die Viehzucht und der Obstanbau. Im Jahr 1991 wurde der Rettenberg rekultiviert, und es wurden wieder Reben der Sorte Blauer Wildbacher gepflanzt. Der erste Schilcher wurde 1995 in die Flasche gefüllt, und bis heute folgten viele weitere Jahrgänge. Durch kontinuierliche Auspflanzungen in den Jahren 2001, 2011 und 2015 wuchs nicht nur die Rebfläche, sondern auch die Sortenvielfalt am Rettenberg. Welschriesling, Weißburgunder, Gelber Muskateller, Sauvignon Blanc und Blauer Wildbacher sind nun 32 Jahre nach der Wiederbepflanzung an den Südhängen rund um den »Pichlippi Hof« fest verwurzelt. Mit der Buschenschank-Eröffnung 2003 schloss sich der Kreis, und es werden wieder wie schon damals herkunftstypische eigene Weine und selbst erzeugte Jause beim Haring vlg. Pichlippi serviert.

WEINGUT UND BUSCHENSCHANK HARING VLG. PICHLIPPI
8552 Eibiswald
Hörmsdorf 48
T: +43 (3466) 42381
info@pichlippi.at
www.pichlippi.at

Kellermeister:
Haring-Haring Josef
Kontakt: Dipl. Somm. Haring-Haring Josef
Messen: DAC-Präsentationen

93 Sauvignon Blanc * Eibiswald Ried Rettenberg Reserve 2019
14 Vol.-%, NK, großes Holzfass, €€€€€
Helles Goldgelb, Silberreflexe. Zarte weiße Tropenfrucht, Nuancen von frischen Litschis, etwas Birne, mit gelben Stachelbeeren und Blütenhonig unterlegt, einladendes Bukett. Saftig, elegant, finessenreich strukturiert, dezente Fruchtsüße nach Kernobst, balanciert und gut entwickelt, mineralischer Nachhall, verfügt über weiteres Reifepotenzial.

92 Sauvignon Blanc * Eibiswald Ried Rettenberg Reserve 2020
14 Vol.-%, DIAM, großes Holzfass, €€€€€
Mittleres Grüngelb, Silberreflexe. Angenehme reife gelbe Tropenfrucht, zart nach Mango, Papaya und Blütenhonig, zart mit Kräuterwürze unterlegt. Saftig, weißer Pfirsich, feiner Säurebogen, angenehme Mineralik, saliner Nachhall, gute Länge, ein facettenreicher Stil.

92 Sauvignon Blanc * Eibiswald 2021
13,5 Vol.-%, DV, Stahltank, €€€
Helles Gelbgrün, Silberreflexe. Zart nach Grapefruitzesten und frischen Stachelbeeren, mit Nuancen von Litschis unterlegt, Limetten klingen an. Saftig, stoffig, elegante Textur, feine fruchtige Süße im Kern, zart nach Blütenhonig im Abgang, mineralischer Nachhall.

92 Sauvignon Blanc * Eibiswald 2020
13 Vol.-%, DV, Stahltank, €€€
Leuchtendes Grüngelb, Silberreflexe. Intensive gelbe Tropenfrucht, ein Hauch von Quitten und Rhabarber, einladendes Bukett. Mittlere Komplexität, Weiße Johannisbeeren, salzige Mineralik, bleibt gut haften, ein eleganter, gut gereifter Begleiter bei Tisch.

92 Schilcher * Eibiswald Ried Rettenberg Reserve 2021
13,5 Vol.-%, DIAM, großes Holzfass, €€€€€
Leuchtendes kräftiges Kupferrot, Orangereflexe. Zart nach Nougatkaramell, Noten von gelbem Kernobst, mit feiner Kräuterwürze unterlegt. Saftig, elegant und frisch, rote Herzkirschen, gut integrierte, seidige Säure, zarte Fruchtsüße im Abgang, ein spezieller Sortenausdruck, vielfältig einsetzbar.

91 **Schilcher * Eibiswald Ried Rettenberg Reserve 2020**
13 Vol.-%, NK, großes Holzfass, €€€€€
Leuchtendes kräftiges Kupferrot, Orangereflexe. Kandierte Orangenzesten, eingelegte Kirschen, zarte Waldbeerenfrucht. Mittlere Komplexität, Rote Johannisbeeren, sehr lebendig-zitroniger Säurebogen, salziger Nachhall, sehr jugendlich, ein anregender Begleiter bei Tisch.

★★★

WEINGUT SCHILCHEREI® JÖBSTL

Durch selektive Handernte in kleinen Behältnissen und behutsame Kellerwirtschaft kreiert Hannes Jöbstl, der »Master of Schilcher«, bemerkenswerte Kreszenzen und garantiert persönlich für allerhöchste Qualität, Trinkvergnügen und perfekte Sortentypizität. Achtmal steirischer Landessieger und zwanzigmal im »SALON Österreich Wein«: Dies zeugt von hoher Qualität.
Die Liebe der Jöbstls gehört der Sorte Blauer Wildbacher, aus welcher der Schilcher gewonnen wird. Wie kein anderer Wein transportiert dieser den Charme seiner Herkunft. Nur hier, im südweststeirischen Hügel- und Bergland, ist die Heimat des echten Schilchers. In der geschmackvoll eingerichteten »Schilcherei« kann man sich davon in gemütlicher Atmosphäre überzeugen.
Der Stil des Weinguts Jöbstl und die Identität des Jahrgangs, vereint zu immer neuen Facetten, spiegeln sich in einer beeindruckenden Vielfalt wider. Aber nicht nur die unterschiedlichsten Schilcher-Varianten entstehen hier: Das Sortiment reicht vom duftig-feinstrahligen Muskateller über den eleganten Sauvignon Blanc, den fruchtigen Zweigelt und den dichten, samtigen Blauen Wildbacher bis hin zum einzigartigen, rubinrot glänzenden, süßen Schnürlwein. Auch das Thema »vegan« wird bei Johannes und Luise Jöbstl großgeschrieben, und so kann man sowohl vegane Weine als auch Natursäfte bei ihnen genießen. Beim aktuellen Weinjahrgang wurde sogar konsequent auf tierische Bestandteile in den Schönungsmitteln, Etikettenklebern etc. verzichtet. Jahrgangssekt und ein wie Portwein ausgebauter Schilcher runden das Angebot ab.
Das Verkostungsangebot vor Ort wurde ebenso ausgebaut: Zehn einzigartige Schilcher

WEINGUT SCHILCHEREI® JÖBSTL
8551 Wernersdorf bei Wies
Am Schilcherweg 1
T: +43 (3466) 43210
info@joebstl.eu, www.joebstl.eu
Kellermeister: ÖkR Ing. Hannes Jöbstl
Kontakt: Hannes und Luise Jöbstl
Produktion: 15 % weiß, 70 % rosé, 10 % rot, 5 % süß, 7.8 Hektar
Vereinszugehörigkeit: EmmausWinzer, Klassischer Weststeirischer Schilcher, Marktgemeinschaft Steirischer Wein, Masters of Schilcher, Steirischer Junker, Genuss Region Österreich, Schilcherland-Spezialitäten, Wein Steiermark
Messen: Weinmesse Innsbruck, Weinmesse München

Weinbau bei Wies

(weiß, rosé, rot, prickelnd oder still und trocken bis süß) können in Begleitung von zehn Affineur-Käsen probiert werden. Hier heißt es einfach nur eintauchen in die einzigartige Welt der Schilcher-Traube!

92 Chardonnay * Ried Schilcherberg Lignum 2019
13 Vol.-%, DV, Barrique/Stahltank, €€€€ V
Helles Grüngelb, Silberreflexe. Zarte Holzwürze, Nuancen von Vanille und Grapefruitzesten, mit weißem Apfel unterlegt. Stoffig, elegant, feine Extraktsüße, dezenter Säurebogen, zart nussig unterlegte Kernobstnoten im Abgang, ein ausgewogener und gut gereifter Begleiter bei Tisch.

91 Sauvignon Blanc * 2022
12,5 Vol.-%, DV, Stahltank, €€ V
Helles Gelbgrün, Silberreflexe. Zart nach Paprikaschoten und Grapefruitzesten, weiße Tropenfrucht, ein Hauch von Stachelbeeren, einladendes Bukett. Saftig, feine Fruchtsüße, lebendig strukturiert, sehr trinkfreudiger Stil, vielseitiger Speisenbegleiter.

92 Schilcher * Ried Schilcherberg 2022
11,5 Vol.-%, DV, Stahltank, €€ V
Leuchtendes mittleres Zwiebelrot, Silberreflexe. Zarte Nuancen von getrockneten Kräutern, Brombeerblatt, Cassis, mit roten Kirschen unterlegt, würzig, animierendes Bukett. Straff, engmaschig, grüner Apfel, rassige Struktur, Limetten im Abgang, klassischer Stil, toller Sommerwein.

92 Schilcher * Privat 2022
11,5 Vol.-%, DV, Stahltank, €€ V
Leuchtendes mittleres Zwiebelrot, Orangereflexe. Rote Waldbeeren, ein Hauch von frischen Kirschen, etwas Erdbeerkonfitüre. Saftig, komplex, mineralisch, frischer weißer Apfel, finessenreicher Säurebogen, balanciert und gut anhaftend, salziger Nachhall, vielfältig einsetzbar.

94 Eiswein vom Schilcher 2020
10 Vol.-%, DV, Stahltank, €€€€€ V
Mittleres Gold mit Kupferkern. Intensive Nuancen von Dörrpflaumen und Kletzen, rote Beeren, feiner Honig, sehr sauberes Bukett. Stoffig, seidige Textur, gut eingebettete Süße, rassiger Säurebogen, zitronig und anhaftend, zarte Kräuterwürze, Nougat im Rückgeschmack, mit frischer roter Kirschfrucht und Limetten im Nachhall, eine echte Spezialität, einfach delikat.

93 Schnürlwein vom Schilcher 2019
9,5 Vol.-%, DV, Stahltank, €€€€€ V
Kräftiges tiefes Kupfergold, rote Reflexe, Ockerrand. Nuancen von Honig und Dörrpflaumen, eingelegte Kirschen, etwas Nougat. Saftig, die fruchtige Süße wird von einer rassigen Säure perfekt gekontert, rotbeerig-zitronig im Abgang, ausgewogen, eine Rarität.

★★★

WEINGUT LEX LANGMANN

Eine malerische hügelige Weinlandschaft inmitten der Weststeiermark, so weit das Auge reicht – das ist der Arbeitsplatz von Stefan und Daniela Langmann. Dort, wo andere Urlaub machen, bewirtschaften sie Weingärten, in denen der Rohstoff für Weine voll Frische und Finesse entsteht.
Hauptdarsteller ist die Rebsorte Blauer Wildbacher, aus dem die rare Sortenspezialität Schilcher gekeltert wird. Aber auch Sauvignon Blanc, Gelber Muskateller und viele weitere Sorten finden hier perfekte Bedingungen vor. Sorgfältig achtet das Winzerpaar darauf, den unverkennbaren Geschmack ihrer Herkunft, das Terroir, zum Ausdruck zu bringen – mit Erfolg, denn die Weine sind weltweit gefragt. Dazu tragen auch die Hingabe und die Bedachtsamkeit, mit denen sie ihre Weingärten pflegen, bei. Diese sind ein regelrechtes Biotop mit einer bunten Vielfalt an Flora und Fauna, zahlreiche Wildkräuter und selten gewordene Vogelarten fühlen sich hier sichtlich wohl.
Wofür das Weingut ebenfalls sehr geschätzt wird, sind seine Schaumweine. Ob erfrischender Schilchersekt, trendiger Pet Nat, eleganter Blanc de Blancs oder Brut Rosé: Die Kollektion von Stefan und Daniela Langmann lässt das Herz von Liebhabern prickelnder Genüsse definitiv höherschlagen.
Wer die Möglichkeit hat, das Weingut zu besuchen, sollte dies unbedingt mit einem Besuch der angeschlossenen Buschenschank verbinden. Hier verkostet man gemütlich die Weine, wird mit hausgemachten Schmankerln verwöhnt und genießt dabei den Blick über die mit Reben gesäumte Landschaft.

© www.foto-augenblick.at

WEINGUT LEX LANGMANN

8511 Sankt Stefan ob Stainz
Langegg an der Schilcherstraße 23
T: +43 (3463) 6100
office@weingut-langmann.at
www.weingut-langmann.at

Kellermeister/Kontakt:
Stefan Langmann
Produktion: 35 Hektar
Zertifiziert: Nachhaltig Austria
Vereinszugehörigkeit:
Wein Steiermark
Messen: Austrian Tasting London, ProWein Düsseldorf, Tag des Steirischen Weines im Museumsquartier, VieVinum, DAC-Präsentationen

Stefan und Verena Langmann

93 Sekt Austria Große Reserve Extra Brut 2017 CH/SB
12 Vol.-%, NK, Flaschengärung, €€€€€
Helles Grüngelb, Silberreflexe, lebendiges Mousseux. Kandierte Mandarinenzesten, frische Birne, etwas Mango, Limetten im Hintergrund. Mittlere Komplexität, grüner Apfel, frischer Säurebogen, zarter Nougattouch im Finish, bleibt haften, ein lebendiger Speisenbegleiter.

93 Sekt Austria Große Reserve Extra Brut Steiermark g.U. Stainz 2018 WB/CH
12,5 Vol.-%, NK, Flaschengärung, €€€€€
Helles Goldgelb, Silberreflexe, feines, anhaltendes Mousseux. Frische gelbe Tropenfrucht, Nuancen von Mango und Papaya, kandierte Mandarinenzesten und Blütenhonig. Saftig, gelbe Ringlotten, Pfirsich, frisch strukturiert, ein Hauch von Süße verleiht dem Sekt Länge, ein stoffiger Speisenbegleiter.

91 Schilcher Sekt Austria brut
12 Vol.-%, NK, Stahltank/Flaschengärung, €€€
Kräftiges Zwiebelrosa, Goldreflexe, sehr feine Perlage. Floral, Cassis, rote Beeren und Zitronenmelisse, mit einem Hauch von Karamell unterlegt. Straff, rotbeerig, lebendig strukturiert, gut integrierte Süße im Abgang, gut antrinkbar.

90 Schilcher Sekt Austria Reserve Rosé Brut Steiermark g.U.
12,5 Vol.-%, NK, Flaschengärung, €€€€€
Kräftiges Zwiebelrosa, Orangereflexe, lebendige Perlage. Mit einem Hauch von frischem Biskuit unterlegtes rotes Waldbeerenkonfit, Nuancen von frischem Pfirsich. Saftig, feines Nougat, rotbeerig, rassige Struktur, fruchtsüßer Abgang, zarter Honigtouch im Nachhall.

93 Sauvignon Blanc * Ried Greisdorf Himmelreich 2020
14 Vol.-%, NK, Barrique, €€€€€
Mittleres Goldgelb, Silberreflexe. Feine gelbe Tropenfrucht, zart nach Guaven, Passionsfrucht, kandierte Mandarinenzesten, etwas Blütenhonig. Elegant, gute Komplexität, weiße Frucht, zarte Holznuancen, finessenreiche Struktur, mineralisch-salzig im Abgang, sicheres Reifepotenzial.

(92) Sauvignon Blanc * Ried Greisdorf 2021
13,5 Vol.-%, NK, großes Holzfass, €€€€
Helles Goldgelb, Silberreflexe. Zart nach reifer gelber Tropenfrucht, ein Hauch von Gewürznelken, mit zartem Blütenhonig unterlegt. Straff, elegant, feine Holzwürze, Nuancen von weißem Kernobst, frischer Säurebogen, Limetten im Nachhall, ein facettenreicher, leichtfüßig wirkender Speisenbegleiter.

91 Sauvignon Blanc * Stainz 2021
13,5 Vol.-%, DV, Stahltank, €€€
Helles Gelbgrün, Silberreflexe. Frische Stachelbeeren, Cassis und Kräuterwürze, floraler Touch. Saftig, weiße Tropenfrucht, frisch strukturiert, zitronig und salzig im Abgang, ein lebendig-animierender Speisenbegleiter.

91 Weißburgunder * Ried Greisdorf 2021
12,5 Vol.-%, NK, kleines Holzfass, €€€€€
Mittleres Grüngelb, Silberreflexe. Zarte Holzwürze, frische

* Weststeiermark DAC

Birnenfrucht, ein Hauch von Limettenzesten, florale Nuancen. Saftig, kühler, frischer Stil, Nuancen von grünem Apfel, salzig-zitronig, ein animierender Speisenbegleiter.

90 Riesling * Ried Hochgrail 2021
13 Vol.-%, NK, €€€€ Ⓥ
Mittleres Gelbgrün, Silberreflexe. Verhalten, zart nach gelber Tropenfrucht, ein Hauch von Pfirsich und Orangenzesten. Mittlerer Körper, weißer Apfel, rassiger Säurebogen, salzig-zitroniger Nachhall, ein knackiger Speisenbegleiter.

93 Schilcher * Ried Hochgrail Sonnenhang 2021
13,5 Vol.-%, NK, gebrauchte Barriques, €€€€€ Ⓥ
Leuchtendes mittleres Zwiebelrot, Orangereflexe. Zart nach roten Waldbeeren, ein Hauch von Mandarinenzesten, etwas Blütenhonig, einladendes Bukett. Komplex, kraftvoll und elegant, rotbeerig, finessenreicher Säurebogen, bleibt gut haften, Limetten und Himbeeren im Nachhall, saliner Rückgeschmack.

92 Schilcher * Ried Hochgrail 2022
13 Vol.-%, DV, Stahltank, €€€ Ⓥ
Leuchtendes Zwiebelrosa, Orange-Kupfer-Reflexe. Zart rauchig, Nuancen von Waldbeeren, Johannisbeeren und Zwetschken, mit Grapefruitzesten unterlegt. Saftig, elegant, nach feinem Cassis, frisch strukturiert, mineralisch-zitronig im Abgang, vielfältig einsetzbar.

92 Schilcher * Ried Edla 2021
12,5 Vol.-%, NK, großes Holzfass, €€€€€ Ⓥ
Kräftiges Zwiebelrot, Kupferreflexe. Zart kräuterwürzig unterlegte Noten von Waldbeeren, eingelegte Kirschen, zart nach Karamell und Erdbeeren. Stoffig, elegant, frische Johannisbeeren, salzig im Abgang, zarte Fruchtsüße im Nachhall, ein balancierter Speisenwein.

90 Schilcher * Stainz 2022
12 Vol.-%, DV, Stahltank, €€ Ⓥ
Leuchtendes Zwiebelrosa, Orangereflexe. Rote Johannisbeeren, frische Waldfrüchte, florale Nuancen. Saftig, rassig strukturiert, weißer Apfel, zitroniger Touch, engmaschig und animierend, toller Sommerwein.

★★

WEINGUT REITERER

Genuss – Eleganz – Lebensfreude: Das sind die Grundpfeiler der prickelnden Welt von Christian Reiterer.Er hat schon früh erkannt, dass sich die Blauer-Wildbacher-Traube mit ihrer intensiven Frucht und ihrer erfrischenden Säure perfekt für die Produktion von Schaumweinen eignet, und kelterte bereits vor drei Jahrzehnten als Erster Schilcher-Frizzante und Schilcher-Sekt. »Ich war immer schon von der Blauer-Wildbacher-Traube und ihren Möglichkeiten fasziniert«, erzählt der begeisterte Reiter Christian Reiterer, der in dieser Tradition auch die Zukunft für die Region sieht: »Wir haben hier ein einzigartiges Potenzial, das sich aus dem Zusammenspiel einer ausschließlich regional vertretenen Sorte mit unseren Böden und unserem speziellen, von der nahen Koralpe beeinflussten Klima ergibt!«
Steile Lagen sorgen für die perfekte Sonneneinstrahlung und die kühlen Winde von der Koralpe für eine besonders intensive Aromenausprägung in den Trauben. Das kommt dem Schilcher, der hier klassisch und als Lagenwein von den Monopollagen Lamberg und Engelweingarten gekeltert wird, ebenso zugute, wie den duftig-trinkfreudigen Weißweinen vom Welschriesling, Morillon und Sauvignon Blanc.

92 Ⓢ Schilcher Sekt Rosé Extra Dry
11,5 Vol.-%, NK, Stahltank, €€€
Mittleres Lachsrosa, Kupferreflexe, zartes Mousseux. Reife rote Herzkirschen, ein Hauch von Ribiseln und Blütenhonig, mit Mandarinenzesten unterlegt. Mittlerer Körper, rotbeerig, rassiger Säurebogen, von feiner Fruchtsüße gut balanciert, lebendig und anhaftend, mineralischer Nachhall, Limetten im Finish.

90 Ⓢ Rosé Schilcher Frizzante
11 Vol.-%, DV, Stahltank, €€
Mittleres Lachsrosa, Pink-Silber-Reflexe, feine Perlage. Kräuter, Erdbeeren, eingelegte Kirschen, Ribisel, ein Hauch von Orangenzesten. Leichtfüßig, weiße Pfirsichfrucht, fri-

scher Säurebogen, rotbeerig-zitroniger Nachhall, lebendiges Trinkvergnügen.

92 Sauvignon Blanc * Ried Lamberg 2021
13 Vol.-%, DV, großes Holzfass, €€€€
Mittleres Gelbgold, Silberreflexe. Kräuterwürzig, reife Stachelbeeren, ein Hauch von Mango und Blütenhonig, einladendes Bukett. Saftig, elegant, reife Tropenfrucht, feiner Säurebogen, mineralisch, dezentes Nougat im Abgang, ein ausgewogener Speisenbegleiter.

(92) Schilcher * Ried Lamberg 2022
12,5 Vol.-%, DV, Stahltank, €€€
Leuchtendes kräftiges Zwiebelrosa, Pinkreflexe, Ockerrand. Zarte Kräuterwürze, frische Waldbeeren, zart nach Lakritze, Cassis und Zitruszesten. Straff, engmaschig, Weiße Johannisbeeren, lebendiger Säurebogen, mineralisch-salzig im Nachhall, ein animierend-rassiger Speisenbegleiter.

(91) Schilcher * Ried Engelweingarten Alte Reben 2022
12,5 Vol.-%, DV, Stahltank, €€€
Leuchtendes mittleres Zwiebelrosa, Ockerreflexe. Zart nach Cassis und Himbeeren, eingelegte Kirschen, mit weißem Pfirsich unterlegt. Mittlere Komplexität, Ribisel, feine Fruchtsüße, gut eingebundene Säurestruktur, mineralisch-zitronig im Abgang, bereits gut entwickelt.

WEINGUT REITERER
8551 Wies
Lamberg 11
T: +43 (3465) 3950
info@weingut-reiterer.com
www.weingut-reiterer.com

Kellermeister/Kontakt:
Christian Reiterer
Produktion: 30 % Schaumwein, 10 % weiß, 60 % rosé, 77 Hektar
Zertifiziert: Nachhaltig Austria
Messen: ProWein Düsseldorf, VieVinum

(90) Schilcher * Klassik 2022
11,5 Vol.-%, DV, Stahltank, €€
Mittleres Zwiebelrosa, Pinkreflexe. Rotbeerige Nuancen, ein Hauch von eingelegten Kirschen, zarte Kräuterwürze. Mittlerer Körper, frisch strukturiert, Ribiseltouch, rassig, ein Hauch von Fruchtsüße im Abgang, Limetten im Nachhall.

★★

WEINGUT STROHMAIER THOMAS, MARGARETHA & KATRIN

Die Symbiose zwischen Natur und Terroir sowie die Beobachtung der Mondphasen sind für Thomas Strohmaier die wichtigsten Faktoren, um interessante und eigenständige Weine zu kreieren. Die Aromasorten des Weinguts wie Sauvignon Blanc, Schilcher oder Gelber Muskateller wachsen auf Schiefer-Gneis-Urgesteinsböden und reifen zu facettenreichen und eleganten Weinen heran.
Im Wesentlichen wachsen die Trauben des Weinguts Strohmaier in fünf Einzellagen, beginnend beim Schloss Limberg südlich von Schwanberg und entlang der Schilcherweinstraße in Richtung Süden bis Aibl bei Eibiswald. Alle Lagen weisen in Richtung Südwesten. Die unterschiedlichen Hangneigungen und geologischen Eigenschaften sind ausschlaggebend für die Sorten und letztlich auch für die Weine der einzelnen Rieden. »Wenn man im Weingarten alles richtig macht und die Trauben top sind, ist auch der Weg zu einem Top-Wein geebnet«, so der sympathische Winzer Thomas Strohmaier.

92 Riesling Urkraft 2021
13 Vol.-%, DV, Stahltank/großes Holzfass, €€€
Helles Gelbgrün, Silberreflexe. Zart floral, ein Hauch von Zitronenkonfit, zart rauchige Mineralik, mit weißem Steinobst unterlegt. Straff, feine weiße Tropenfrucht, le-

Schloss Stainz

WEINGUT STROHMAIER THOMAS, MARGARETHA & KATRIN
8544 Pölfing-Brunn, Brunn 41
T: +43 (664) 1749617
weingut.strohmaier@aon.at
www.strohmaier.schilcher.com

Kellermeister/Kontakt: Thomas Strohmaier
Produktion: 50 % weiß, 40 % rosé, 10 % rot, 9 Hektar
Vereinszugehörigkeit: Masters of Schilcher, Wein Steiermark
Messen: DAC-Präsentationen

bendig strukturiert, seidige Textur, balanciert, zarte Fruchtsüße im Nachhall, bereits gut antrinkbar, verfügt über Reifepotenzial.

92 Sauvignon Blanc Urkaft 2021
14 Vol.-%, DV, Stahltank/großes Holzfass, €€€
Helles Gelbgrün, Silberreflexe. Nuancen von Passionsfrucht und Guaven, zarter Blütenhonig, mit Grapefruitzesten unterlegt. Kraftvoll, komplex und saftig, süße gelbe Tropenfrucht, frisch und lebendig strukturiert, mineralisch, weißes Kernobst im Nachhall, Limetten im Rückgeschmack, ein facettenreicher Speisenbegleiter.

91 Chardonnay Luna 2021
13,5 Vol.-%, DV, Stahltank/großes Holzfass, €€€
Helles Grüngelb, Silberreflexe. Nuancen von Rhabarber und reifen gelben Stachelbeeren, etwas Pfirsich, ein Hauch von Blütenhonig. Mittlere Komplexität, etwas Birne, feiner Säurebogen, zart nussig im Abgang, salziger Touch im Rückgeschmack, individuell, bereits gut antrinkbar.

93 Schilcher * Ried Aibl 2022
12,5 Vol.-%, DV, Stahltank, €€
Helles Lachsrosa, Pinkreflexe, Silbertouch. Attraktive rotbeerige Nuancen, feine Fruchtsüße nach Herzkirschen, etwas Blütenhonig. Komplex, saftig, weißer Apfel, gut eingebundene, rassige Säurestruktur, salzig-zitronig im Abgang, besitzt gute Länge und Balance, ein Klasse-Schilcher.

92 Schilcher * Klassik 2022
11,5 Vol.-%, DV, Stahltank, €€
Leuchtendes Lachsrosa, zarte Pinkreflexe. Nuancen von Cassis und Brombeerblättern, sehr typisches Bukett, fruchtige Noten. Straff, leichtfüßig, rassige Säurestruktur, Rote Johannisbeeren, saftig im Abgang, grüner Apfel, salzig und anhaftend, schwungvoller Stil.

91 Luna Rosé 2022
12 Vol.-%, DV, Stahltank/500-l-Fass, €€€
Helles Lachsrosa, Goldreflexe. Zart nach roten Kirschen, ein Hauch von Erdbeerkonfitüre, Nuancen von Grapefruit. Straff, rote Waldbeeren, frischer Säurebogen, zarte Süße mit einem Hauch Vanille im Abgang, ein lebendiger, balancierter Speisenbegleiter.

PLATZ FÜR IHRE
WEINNOTIZEN

Weingärten bei Tainach in Kärnten

©WGNA

BERGLAND

RENAISSANCE DES WEINBAUS

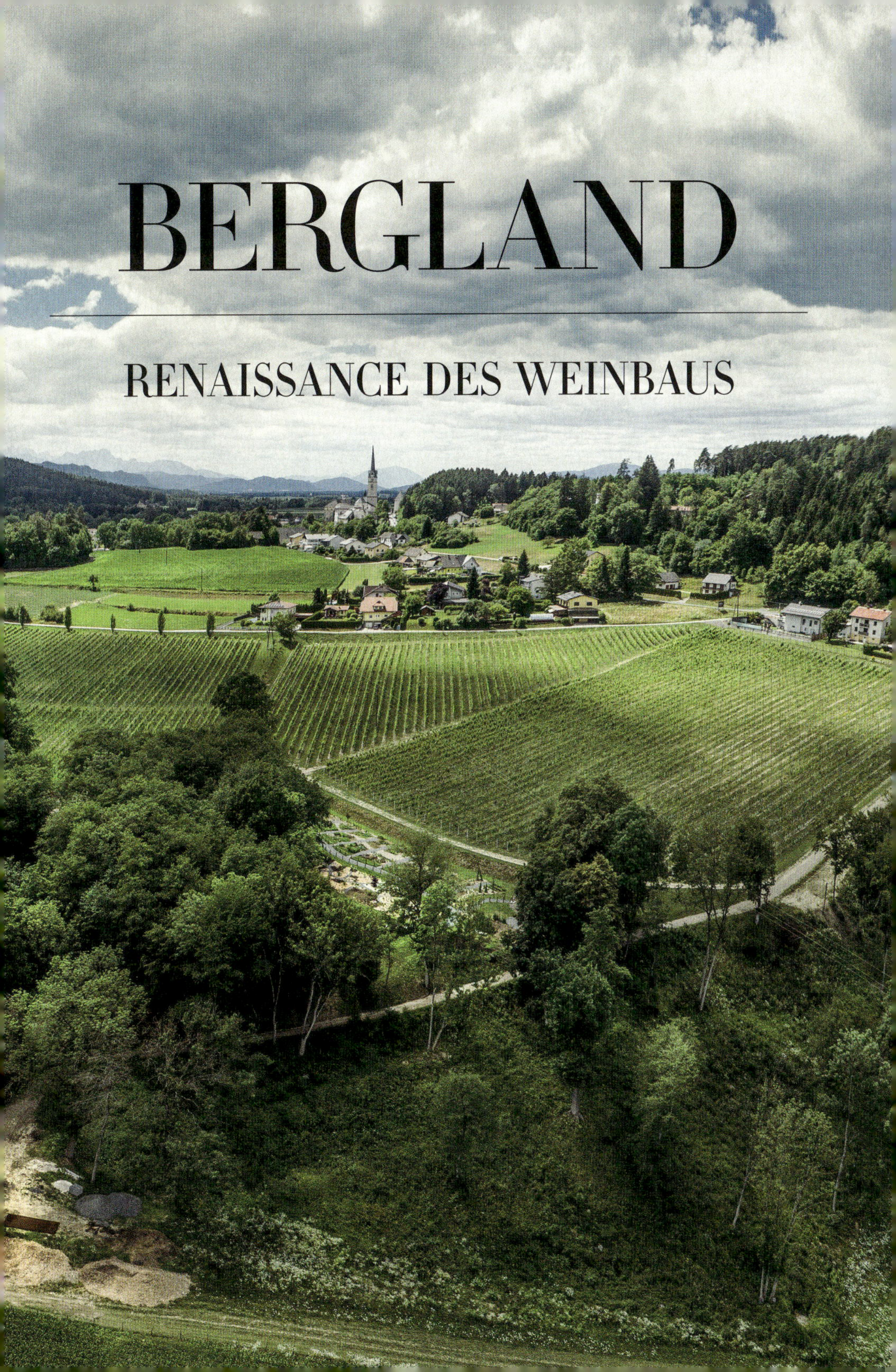

Sankt Georgen am Längsee

DER SÜDEN IM AUFSCHWUNG

Das Bundesland Kärnten im Süden Österreichs verfügte im Mittelalter über einen respektablen Weinbau. Im Jahr 1972 begann ein erster Winzer, im Lavanttal wieder an die alte Tradition anzuknüpfen.

Die Qualität des Weinbaus im südlichsten Bundesland hat sich in den vergangenen Jahren erstaunlich gesteigert. Kärnten blickt auf eine tausendjährige Weinbaugeschichte zurück. Die unter Kaiser Joseph II. durchgeführte Säkularisierung von kirchlichen Einrichtungen leitete den Abschwung im Weinbau ein, außerdem fügte Ende des 19. Jahrhunderts das katastrophale Auftreten des Mehltaus den Kärntner Rieden enormen Schaden zu. In der Zwischenkriegszeit kam der Weinbau völlig zum Erliegen.
Es dauerte bis zum Jahr 1972, dass man sich im Lavanttal wieder an die Geschichte des Weinbaus erinnerte. Damals beschloss der Klosterneuburg-Absolvent Herbert Gartner, in der Riede Oberer Weinzedl am St. Andräer Burgstall wieder Reben zu setzen. Der Weinbauverband Kärnten wurde im Jahr 2001 gegründet und baute mit dem Arbeitskreis »Wein aus Kärnten« eine offizielle Marketingplattform auf, die dazu dient, die Marke professionell zu bewerben und das Image des Kärntner Weins durch entsprechende Öffentlichkeitsarbeit und Qualitätssteigerung zu fördern. Kärnten wurde aus der österreichischen regionalen Reserve ein Pflanzkontingent von 100 Hektar zugesprochen, 2013 wurde um weitere 100 Hektar aufgestockt. Jeder, der hier anpflanzen will, muss beim Land Kärnten um die Bewilligung der Neuanlage von Weingärten ansuchen.
Kärnten ist heute ein gesetzlich anerkanntes Qualitätsweinbaugebiet und zählt zusammen mit Oberösterreich, Salzburg, Tirol und Vorarlberg zur Weinbauregion Bergland. Im Jahr 2011 wurden erstmals wieder mehr als 100.000 Flaschen Wein erzeugt. Die Zentren des Weinbaus sind die Regionen Feldkirchen-Ossiacher See, Klagenfurt-Wörther See, Lavanttal, St. Veit an der Glan, Sittersdorf und das Trixnertal.

© WSNA

★

WEINGUT TRIPPELGUT

Der Gutsbetrieb der Familie Trippel am Maltschacher See – ganz in der Nähe des Golfplatzes Moosburg in Pörtschach – ist eine der neuen Locations unweit vom Wörthersee zum Entschleunigen und Genießen. Von Wein und bester Kulinarik verwöhnt, stellt das »TrippelGUT« eine Ruheoase dar. Durch die erhöhte Lage inmitten der eigenen Weinberge (630 Meter Seehöhe) des zweitgrößten Weinguts Kärntens entspannt man auf den Aussichtsterrassen bis weit in die Nacht. Kulinarisch wird hier modern-kreativ ein klarer Fokus auf die Kombination aus besten Zutaten aus dem Alpe-Adria-Raum und den hauseigenen Weinen gelegt. Dadurch ergeben sich klassische Gerichte der Kärntner Küche, aber auch Degustationsmenüs, die sensorische Höhepunkte versprechen. Die hauseigenen Kärntner Weine, die laufend bei internationalen Wettbewerben ausgezeichnet werden, stellen in Kombination mit den eigens produzierten Kräutern einen weiteren Anziehungspunkt dar. Vor allem als Schlechtwetteralternative sind die Führungen und Verkostungen mit anschließendem Essen in Kärntens größtem Schauweinkeller sehr beliebt. Zusätzlich hat man die Möglichkeit, die Weine auch zu einer regionalen Winzerjause zu genießen oder einfach nur auf der Aussichtsterrasse, von der man über das gesamte Klagenfurter Becken bis zum Pyramidenkogel sieht, zu verweilen. Ein absoluter Geheimtipp ist das »SchlafGUT«. Es besteht aus 14 Winzersuiten, die durch ihre großzügige Dimensionierung, moderne Einrichtung und Ausrichtung nach Süden bestechen und einen atemberaubenden Blick über die Weingärten bieten. Nicht vergessen darf man, dass auf dem »TrippelGUT« auch geheiratet werden kann – standesamtlich in den Weingärten.
Die Weine unterteilen sich hier in drei Linien: »Alpenwein« (leicht und trinkfreudig, belebend und fruchtbetont), »Privat« (Lagen- und Riedenweine) und »AndaS« (Natural/Orange Wine) – einfach probieren!

93 Sauvignon Blanc Ried Kreuzfeld Privat 2018
14Vol.-%,NK,gebr.Barriques/Flaschenreifung,€€€€€€ V
Helles Gelbgrün, Silberreflexe. Attraktives Bukett nach weißen Beeren und Passionsfrucht, unterlegt mit einem Hauch von Vanille und weißem Nougat. Saftig, elegant, ein Hauch von Feuerstein, gelbe Tropenfrucht im Abgang, dezente Extraktsüße, zeigt Länge, verfügt über weiteres Reifepotenzial.

91 Sauvignon Blanc Alpenwein 2021
13 Vol.-%, DV, Stahltank, €€€ V
Sehr helles Gelbgrün, Silberreflexe. Zart nach Brennnesseln, Stachelbeeren, ein Hauch von Guaven und Physalis. Saftig, weiße Fruchtexotik, lebendiger Säurebogen, mineralisch und gut anhaftend, verfügt über Reifepotenzial.

91 Grauburgunder The Grey 2022
13 Vol.-%, NK, Stahltank/gebr. Barriques, €€€€€ V
Helles Goldgelb, zarte Messingreflexe. Dezente Wiesenkräuter, feine gelbe Birnenfrucht, kandierte Orangenzesten. Mittlerer Körper, weißes Kernobst, gute Frische, mineralisch im Abgang, ein vielseitiger Speisenbegleiter.

90 Pinot Blanc Schiefer Alpenwein 2021
12,5 Vol.-%, DV, Flaschengärung/Stahltank, €€€ V
Sehr helles Gelbgrün, Silberreflexe. Zart nach Minze und Zitronenmelisse, mit weißem Kernobst unterlegt. Mittlerer Körper, leichtfüßig, feine Fruchtsüße, ein Hauch von Pfefferminz auch im Abgang, animierender Sommerwein.

89 Gemischter Satz Oachkatzl - Alpenwein 2022
12,5 Vol.-%, DV, Stahltank, €€€ V

89 Gelber Muskateller Alpenwein 2022
12,5 Vol.-%, DV, Stahltank, €€€ V

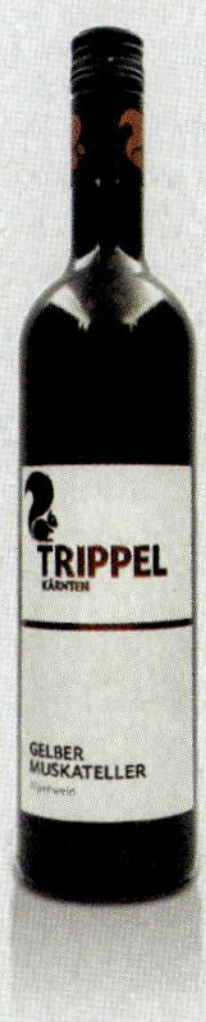

WEINGUT TRIPPELGUT
9560 Feldkirchen, Hubertusweg 4
T: +43 (4276) 93080
info@trippelgut.at
www.trippelgut.at
Kellermeister/Kontakt:
Nikolaus Trippel
Produktion: 66.667 Flaschen
15 % Schaumwein, 60 % weiß,
4 % rosé, 20 % rot, 1 % süß,
10.5 Hektar
Vereinszugehörigkeit:
Weinbauverband Kärnten
Messen: Alles für den Gast Salzburg, Gast Klagenfurt, VieVinum

GRENZENLOS

WEINBAU IN DEN NACHBARLÄNDERN ÖSTERREICHS

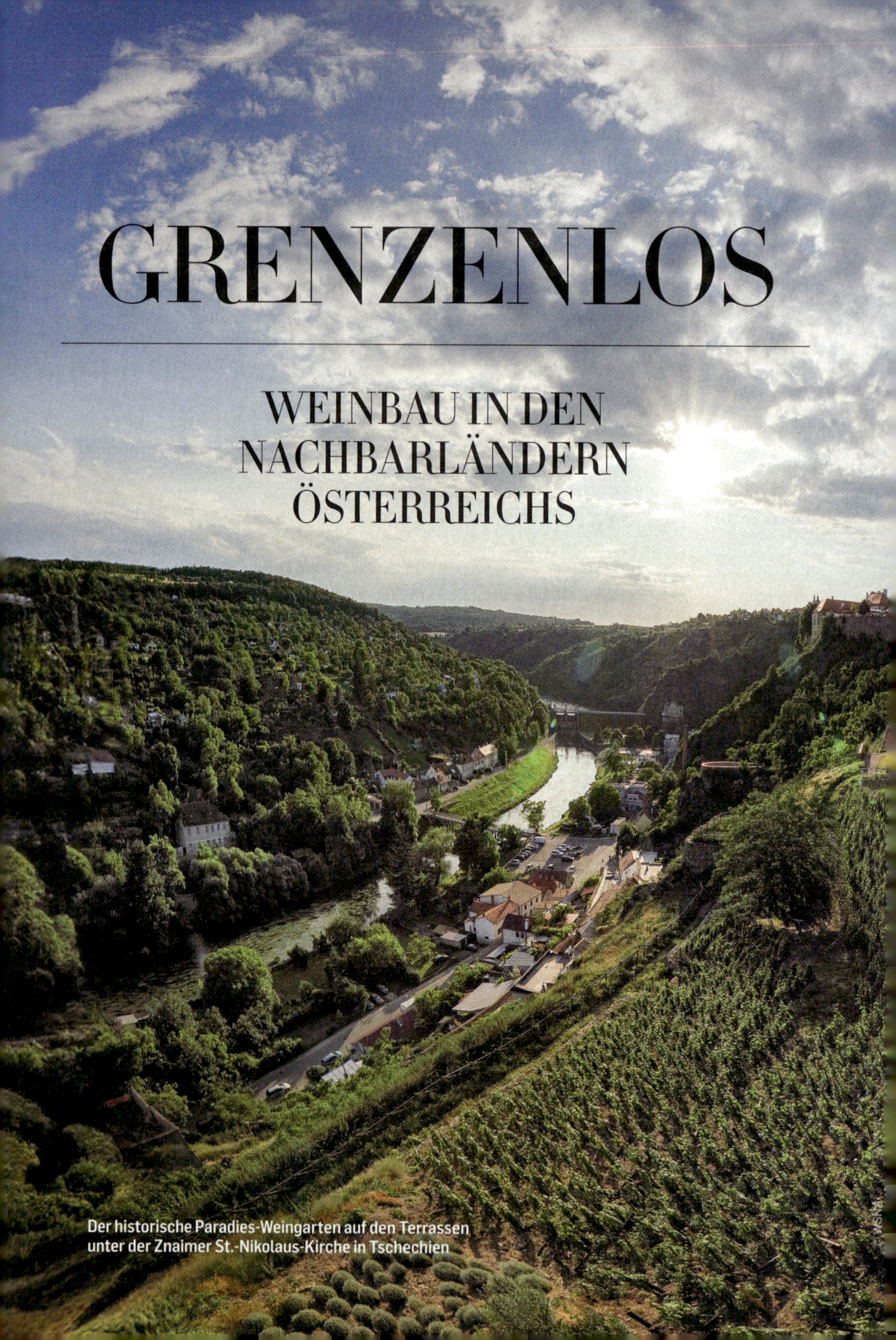

Der historische Paradies-Weingarten auf den Terrassen unter der Znaimer St.-Nikolaus-Kirche in Tschechien

© VSNA

St.-Anna-Kirche in Vidošiči bei Metlika, Slowenien

BEI NACHBARWINZERN ZU BESUCH

Mit den Weinbaugebieten der angrenzenden Länder verbindet Österreich die lange Tradition aus den Zeiten der k. u. k. Monarchie. Dieses in der Nachkriegszeit durch den Eisernen Vorhang gerissene Band nehmen wir heute wieder auf und präsentieren empfehlenswerte Weingüter aus Slowenien, der Slowakei und Ungarn sowie Liechtenstein.

Immer wieder gab es Anfragen, ob der Falstaff Weinguide nicht auch über Weingüter berichten könne, die jenseits der Grenzen hervorragende Weine keltern. Es war bis zum Vorjahr eine Frage des Platzes und nicht des Willens, dass diese Idee nicht aufgegriffen werden konnte. Nachdem die Idee gereift war, nach einem Weinguide Deutschland und Schweiz auch einen für Italien ins Leben zu rufen, wanderte der bisher im Österreich-Guide beheimatete Südtirol-Teil logischerweise dorthin. Und so ist die Gelegenheit entstanden, interessierten und interessanten Weinbaubetrieben aus den anderen Nachbarländern das Angebot einer Teilnahme zu machen. Bei der Premiere im Vorjahr wurde das von unseren Lesern mit sehr positivem Feedback gewürdigt, und heuer haben ein paar neue Weingüter ihre Weine zur Bewertung geschickt. Natürlich können wir Ihnen hier nur Empfehlungen anbieten und keine umfassende Vorstellung einer großen Weinbaunation wie Ungarn oder des vielfältigen Angebots der Winzer aus Slowenien und der Slowakei. Die Auswahl der Weingüter ist naturgemäß begrenzt, aber wir sind voller Hoffnung, dass dieses spannende Kapitel in den nächsten Jahren wächst und wir Ihnen eine weit größere Zahl von Weingütern aus unseren Nachbarländern vorstellen zu können.

© beigestellt

LIECHTENSTEIN

Seit über 2.000 Jahren wird in Liechtenstein bereits Wein angebaut. Die Römer brachten die ersten Reben ins Land. Der Föhn und die jahrhundertealte Erfahrung der einheimischen Winzer ermöglichen seitdem exzellente Weine – vom Chardonnay über den Pinot Noir bis zum Riesling. Ganze vier Berufswinzer erzeugen die edlen Tropfen des Fürstentums. Die Hofkellerei des Fürsten von Liechtenstein in Vaduz befindet sich in der Reblage Herawingert. Der Herawingert zählt mit seinen vier Hektar Rebfläche – von den insgesamt 14 Hektar des Fürstentums – zu den besten Reblagen im Rheintal.

SLOWAKEI

In der Slowakei liegen die sechs Weinbaugebiete an der Westgrenze zu Tschechien und im Süden an der Grenze zu Ungarn. Es sind dies von West nach Ost die Malokarpatská (Kleinkarpaten), Juznoslovenská östlich von Bratislava, darüber die Nitrianská bei Neutra, Stredoslovenská in der südlichen Mitte, Vychodoslovenská im Osten bei Košice und Tokajská im Südosten. Die Slowakei zählt rund 600 Weinbaubetriebe, die rund 10.000 Hektar bewirtschaften. Der Wein wird zum größten Teil im Inland konsumiert.

SLOWENIEN

Die ausgesuchten Weine der drei Weinbauregionen Podravje (Subregionen Štajerska Slovenija und Prekmurje), Posavje (Subregionen Bela Krajina, Bizeljsko-Brežice und Dolenjska) und Primorska (Subregionen Goriška Brda, Kras, Slovenska Istra und Vipavska Dolina) zählen zu den qualitativ besten Produkten der Welt. Aufgrund der unterschiedlichen Standorte, Klimaverhältnisse und Kellertechniken hat jede Region ihre eigene Sortenauswahl. Die slowenischen Weinberge liegen im Zentrum des europäischen Weinbaugürtels. Diesen teilen sich die slowenischen Weinbauregionen mit Gebieten wie z. B. dem französischen Burgund. Das Zusammenspiel verschiedener Klimaeinflüsse und Böden ermöglicht Slowenien eine besonders große Weinvielfalt. Hier gedeihen 52 verschiedene Rebsorten.

UNGARN

Einst war Ungarn eine önologische Weltmacht, doch die Winzer des Landes haben harte Zeiten hinter sich. Erst seit 1989 erholt sich die Branche langsam wieder und findet dank zahlreicher privater Investments allmählich zu alter Stärke zurück. An Qualitätspotenzial mangelt es dem begnadeten Weinland mit seinen 22 Anbauregionen wahrlich nicht. Ungarn hat an vielen Stellen beste Voraussetzungen für Weinbau, sodass sich die Anbaugebiete über das ganze Land verteilen: vom Norden mit seinen teilweise vulkanischen Böden und dem Einfluss des Neusiedler Sees über den gewaltigen Balaton (Plattensee) bis hin zum mediterran geprägten Süden mit vielerlei Sand-, Löss- und Tonböden. Ungarn kann mit einer Vielzahl von autochthonen Rebsorten punkten, allen voran mit Furmint und Hárslevelü, aus denen auch der legendäre Tokajer gekeltert wird. Zunehmend entstehen hier aber auch interessante trockene und halbtrockene Weißweine. Internationale Weiß- wie Rotweinsorten nehmen ebenfalls stark zu.

TSCHECHIEN

Unser nördliches Nachbarland blickt auf eine über tausend Jahre währende Weinbautradition zurück. Die Weinbauregionen in Böhmen bilden heute nur mehr einige einzelne Inseln entlang der Elbe sowie ihrer Zuflüsse Moldau und Berounka, die Hauptanbauzone befindet sich zwischen Melnik (Mělník) und Leitmeritz (Litoměřice), vereinzelt bei Most im Nordböhmischen Becken. Deutlich bedeutender sind die Weinbauzonen in Mähren, wo sich rund 96 Prozent der tschechischen Weinproduktion aus rund 17.000 Hektar Ertragsfläche versammeln. Es werden hier vier Subregionen unterschieden: Znojmo, Mikulov, Velké Pavlovice und die Mährische Slowakei. Seit den späten 2000er-Jahren gibt es ein Herkunftssystem, aktuell sind zwölf verschiedene VOC in Gebrauch. Die wichtigsten Weißweinsorten sind Pinot Gris, Riesling und Chardonnay, in Rot dominieren Pinot Noir, Blaufränkisch und Zweigelt.

AUSGEWÄHLTE WEINGÜTER

★★★★★

Marjan Simčič, Dobrovo – Slowenien

★★★★

Domaine Ciringa, Zgornja Kungota – Slowenien
Dveri-Pax, Pesnica – Slowenien
Vino Gross, Podlehnik –Slowenien
Magula family winery, Suchá nad Parnou – Slowakei
Marof Winery, Mačkovci – Slowenien
Edi Simčič, Dobrovo – Slowenien
Domaine Vicomte de Noüe-Marinič, Kojsko – Slowenien

★★★

Hidden Treasures – A Moric Project, Ungarn
Vinařství Lahofer, Dobšice – Tschechien
Radgonske gorice d.o.o., Gornja Radgona – Slowenien
Vinska Klet Šuklje, Metlika – Slowenien
Svetlik, Dobravlje – Slowenien
Verus, Ormož – Slowenien
Vino Gaube, Zgornja Kungota – Slowenien

★★

Hofkellerei Domäne Vaduz – Stiftung Fürst Liechtenstein, Vaduz – Liechtenstein

★

Atelier Kramar, Dobrovo – Slowenien
Klet Krško, Krško – Slowenien
Vipava 1894, Vipava – Slowenien

DIE BESTEN WEINE

Schaumwein

94	**Untouched by Light 2018**, Radgonske gorice d.o.o.	Seite 810
93	**DP Brut 2013**, Dveri-Pax	Seite 799

Weißwein

95	**Sauvignon Blanc Pruh Domaine Ciringa 2018**, Domaine Ciringa	Seite 797
95	**Sveto – Štajerska Slovenija SVL Okoliš 2021**, Vino Gross	Seite 800
95	**Chardonnay Groblja Vedrignano II Cru 2020**, Domaine Vicomte de Noüe-Marinič	Seite 798
94	**Chardonnay Ried Herawingert 2021**, Hofkellerei Domäne Vaduz - Stiftung Fürst Liechtenstein	Seite 807
94	**Chardonnay Opoka Jordano Cru 2020**, Marjan Simčič	Seite 811
94	**Fojana Chardonnay SVL Srednji Kos Vineyard 2020**, Edi Simčič	Seite 812
94	**Chardonnay Kaspar 2020**, Vino Gaube	Seite 817
94	**Sauvignon Blanc Lozice Cru Plešivica SVL Lega 2021**, Vinska Klet Šuklje	Seite 814
93	**Grauburgunder - Sivi Pinot 2019**, Dveri-Pax	Seite 799
93	**Ryzlink vlašský 2021**, Vinařství Lahofer	Seite 805
93	**Sauvignon Blanc Bodonci SVL Lega 2020**, Marof Winery	Seite 809
93	**Sauvignon Blanc Verus 2021**, Verus	Seite 816

Roséwein

93	**Sen 2020**, Magula family winery	Seite 808
92	**Turn Classic Cviček PTP 2022**, Klet Krško	Seite 804

Rotwein

95	**Merlot Opoka Trobno Cru 2017**, Marjan Simčič	Seite 811
94	**Mačkovci Modra frankinja SVL Lega 2019**, Marof Winery	Seite 809
94	**Kolos 2018**, Edi Simčič	Seite 812

DOMAINE CIRINGA
2201 Zgornja Kungota
Ciringa 28
T: +43 (3453) 4101
weingut@tement.at
www.domaine-ciringa.com

Anbauweise: Zertifiziert Biologisch
Produktion: 100 % weiß

Ried Ciringa/Zieregg

★★★★

DOMAINE CIRINGA

Es gibt wohl keinen besseren Namen für einen Berg, der aus reinen Korallenkalkböden besteht: Wer den »Fosilni Breg« (also den »Fossilienberg«) bewirtschaftet, stolpert immer wieder über versteinerte Meerestiere. Auf dem kargen Untergrund liegt eine Schicht aus tonreichem Mergel (auch Opok genannt) und fruchtbarer Braunerde – ideale Bedingungen für Sauvignon Blanc und für das, was Familie Tement mit all ihrer Erfahrung in ihm sieht. Das Etikett mit dem versteinerten Seestern auf der Vorderseite erzählt die Millionen von Jahren alte Geschichte dieses Ortes und ist damit untrügliches Zeichen einer ganz besonderen Herkunft.
2005 hat Familie Tement begonnen, ihre Idee vom Wein auch auf die slowenische Seite ihrer bekanntesten Lage auszuweiten. Seither gehört die Domaine Ciringa zur Familie. Die dort ausgepflanzten Rebstöcke sind zwar jünger als jene auf der Nachbarlage Zieregg, die südwestliche Ausrichtung und der etwas höhere Humusanteil verleihen diesen Weinen aber eine ganz besondere Note. Eine Spur wärmer, aber um kein bisschen weniger puristisch, eignen sie sich besonders als Begleiter einer elegant-bodenständigen Alpe-Adria-Küche – wen wundert es, schließlich lebt in diesen Weinen die Erinnerung ans Meer.

95 Sauvignon Blanc Pruh 2018
13,5 Vol.-%, VL, großes Holzfass, €€€€€ B V
Helles Grüngelb, Silberreflexe. Kräuterwürzig, dunkle Mineralik, weiße Tropenfrucht, floraler Touch. Komplex, saftig, elegant und fein, zarte Fruchtsüße nach Honigmelone, mineralisch und anhaftend, zitroniger Touch im Rückgeschmack, sicheres Reifepotenzial.

94 Sauvignon Blanc Reserve 2018
13 Vol.-%, DV, großes Holzfass, €€€€€ B V
Helles Gelbgrün, Silberreflexe. Zart rauchig-reduktiv unterlegte Nuancen von weißem Kernobst, zart nach kandierten Grapefruitzesten und Guaven. Komplex, straff, cremige Textur, frisch strukturiert, zart nach Mandarinen im Abgang, dezente Honignuance im Nachhall, bereits gut entwickelt.

93 Sauvignon Blanc Fosilni Breg 2021
12,5 Vol.-%, DV, Stahltank/gr. Holzfass, €€€€ B H V
Sehr helles Grüngelb, Silberreflexe. Zarte Kräuterwürze, ein Hauch von frischen Stachelbeeren, rauchige Würze, mit Grapefruitzesten unterlegt. Saftig, feine Fruchtsüße, seidige Struktur, mineralisch-zitronig im Abgang, ein eleganter Speisenbegleiter.

★★★★

DOMAINE VICOMTE DE NOÜE-MARINIČ

Die Familie de Noüe hat eine lange Weinbautradition im Burgund in Frankreich, wo Charles Louis de Noüe, der Inhaber der Domaine de Vicomte de Noüe-Marinič und zugleich Enkel von Christian Jacques de Clay de Nell, Mitglied der Besitzerfamilie der legendären Domaine Leflaive ist. Seine Leidenschaft für die authentischsten und prestigeträchtigsten Terroirs für den Anbau von Wein – mit Vorliebe für Weißwein – führte ihn nach Brda in Slowenien, wo er mit dem slowenischen Partner Alis Marinič einige verlassene Weinberge wieder in Produktion brachte und mit einer Masseselektion ein reiches genetisches Erbe rettete, das zur Komplexität der Weine beiträgt. Die beiden Partner bewirtschaften ihre Weingärten im Einklang mit der Tradition auf natürliche Weise und ohne den Einsatz von chemischen Mitteln, sie bearbeiten den Boden und lassen im Sommer die aromatischen Kräuter im Weinberg wachsen, um die Feuchtigkeit im Boden zu halten und die Wurzeln zu schützen. Mit dem Mondkalender von Maria Thun folgen sie den Ideen und der Philosophie Steiners.

DOMAINE VICOMTE DE NOÜE-MARINIČ
5211 Kojsko
Vedrijan 17
T: +39 (340) 5838 551
cldenoue@gmail.com
domaine-nouemarinic.com

Kellermeister: Anthony Colas
Kontakt: Charles Louis de Noüe, Alis Marinič

Die Philosophie, nach der Wein im Weinberg hergestellt wird, wird von ihrem Berater Anthony Colas geteilt, der die renommiertesten Weingüter im Burgund betreut. Gemeinsam wählen sie den richtigen Zeitpunkt für die Lese, um schöne Trauben zu ernten. Alles andere folgt dem Wein mit einem Minimum an Eingriffen, um seine Mineralik und Frische zu erhalten. Die Idee ist, einen strukturierten Wein aus dem Terroir zu erhalten, elegant und anhaltend am Gaumen, einen Wein, der in der Lage ist, eine Vibration, eine Emotion zu erzeugen. Das Weingut steht heute hinter diesen drei Marken: Domaine Vicomte de Noüe-Marinič, Erigone sowie Marinič.

95 Chardonnay Groblja Vedrignano II Cru 2020
13,5 Vol.-%, NK
Mittleres Goldgelb, Silberreflexe. Feine Tropenfrucht, dezente Holzwürze, ein Hauch von Karamell und Vanille, feine Noten von gelber Frucht, mit weißen Blüten unterlegt. Saftig, elegant, zarte Nuancen von weißem Kernobst, extraktsüße Textur, gute Frische, salzig, ein Hauch von weißer Schokolade im Nachhall, zeigt Länge, sicheres Reifepotenzial.

94 Chardonnay Sotto la Chiesa Bigliana II Cru 2020
13,5 Vol.-%, NK
Mittleres Goldgelb, Silberreflexe. Zarte gelbe Tropenfrucht, feiner Holzkuss, ein Hauch von Mango und Apfel, frische Mandarinenzesten im Hintergrund. Stoffig, elegant, reife Birnenfrucht, zarter Blütenhonig, mineralisch, saliner Nachhall, gute Länge, wird von weiterer Flaschenreife profitieren, ein facettenreicher Begleiter bei Tisch.

94 Chardonnay Tejca Verdrignano II Cru 2020
14 Vol.-%, NK
Mittleres Goldgelb, Silberreflexe. Zart nach Edelholz, Nuancen von Kräutern, etwas Vanille, gelbes Kernobst, kandierte Orangenzesten, noch etwas scheues Bukett. Mittlere Komplexität, weißes Steinobst, ein Hauch von Süße, elegant und gut anhaftend, mineralisch, balanciert, mit Länge und Potenzial ausgestattet.

93 Chardonnay Attico San Pietro III Cru 2020
14 Vol.-%, DIAM
Helles Goldgelb, Silberreflexe. Zart nach Kräutern und Li-

metten, zarte Holznuancen, ein Hauch von Mango und Vanille. Saftig, weißes Kernobst, ein Hauch von Lindenblüten, mineralisch-salzig im Abgang, feine Extraktsüße im Nachhall, vielfältig einsetzbar.

92 Chardonnay Érigone Ossech V Cru 2020
13,5 Vol.-%, NK
Helles Grüngelb, Silberreflexe. Zart rauchig-mineralisch unterlegte kandierte Mandarinenzesten, gelber Apfel, feine Kräuterwürze. Saftig, helles Karamell, weiße Schokolade, gelbe Tropenfrucht, mineralisch und anhaftend, ein cremiger Speisenbegleiter, gutes Reifepotenzial, bereits antrinkbar.

92 Ribolla Gialla Érigone Gaugnaz I Cru 2020
12,5 Vol.-%, NK
Helles Goldgelb, Messingreflexe. Zart nach Orangenzesten und Marzipan, Nuancen von gelber Birne, dezente Kräuterwürze. Mittlerer Körper, feine Fruchtsüße, mineralisch-salzig im Abgang, ein würziger Speisenbegleiter.

91 Malvasia Érigone Zala Locca III Cru 2020
14 Vol.-%, NK
Leuchtendes Goldgelb, Silberreflexe. Zart nach Rosmarin und Zitronenmelisse, gelbe Tropenfrucht, ein Hauch von Blütenhonig. Straff, engmaschig, weißer Pfirsich, mineralisch-kalkig im Abgang, ein engmaschiger Speisenbegleiter.

★★★★

DVERI-PAX

Auf dem Weingut Dveri-Pax im Nordosten Sloweniens wird die mehr als 800-jährige Weinbautradition der Admonter Benediktinermönche weitergeführt – mit großer Wertschätzung gegenüber der Natur sowie einem feinen Gespür für Trends. Die 73 Hektar umfassenden Weinberge befinden sich in den Regionen Maribor, Jeruzalem, Radgona und Kapela. Dem Weingut ist es in den letzten Jahren gelungen, zu einem der modernsten Weingüter Sloweniens aufzusteigen. Alle Liebhaber von Wein, Kultur und Architektur werden zur Besichtigung des modernisierten, über 450 Jahre alten Schlosses eingeladen. Der Schlosskeller gilt als ältester Teil des Jahringhofs.

93 ⓑ DP Brut 2013 CH/PN
13 Vol.-%, NK, Flaschengärung, €€€€
Helles Goldgelb, Silberreflexe, lebendiges Mousseux. Weiße Blüten, frischer Pfirsich, weißer Apfel, einladendes Bukett. Saftig, feine gelbe Apfelfrucht, ein Hauch von Biskuit,

DVERI-PAX
2221 Pesnica
Polički Vrh 1
T: +386 (2) 6440082
office@dveri-pax.com
dveri-pax.com

Kellermeister: Danilo Flakus
Kontakt: Helmut Aichinger
Produktion: 73 Hektar
Messen: ProWein Düsseldorf, VieVinum, Vinalia

Weingut Dveri-Pax

Pinot Noir

feines Säurespiel, weißes Kernobst und etwas Honig, Nougattouch, gute Länge, vielfältig einsetzbar.

93 Grauburgunder – Sivi Pinot 2019
12,5 Vol.-%, DV, Stahltank, €€€
Mittleres Goldgelb, Silberreflexe. Zart nach kandierten Orangenzesten, Noten von gelbem Kernobst, etwas Pfirsich, einladendes Bukett. Saftig, elegant, dezente Fruchtsüße, mineralisch und gut anhaftend, bereits entwickelt, ein vielseitiger Speisenwein mit weiterem Reifepotenzial.

92 Sauvignon Blanc 2022
12,5 Vol.-%, DV, Stahltank, €€€
Helles Gelbgrün, Silberreflexe. Frische Wiesenkräuter, gelbe Stachelbeeren und Cassis, rauchig, mit einem Hauch von Grapefruitzesten unterlegt. Saftig, komplex, weiße Tropenfrucht, mineralisch, bleibt gut haften, ein stoffiger Speisenbegleiter mit Potenzial.

92 Furmint – Šipon lovci 2019
12,5 Vol.-%, NK, großes Holzfass, €€€€
Leuchtendes Grüngelb, Silberreflexe. Zarte Anklänge von gelber Tropenfrucht, reife Mango, etwas Ananas, Nuancen von Kräutern und Blütenhonig. Saftig, elegant, weiße Frucht, frischer Säurebogen, ausgewogene, trockene Stilistik, ein Hauch von Maracuja im Nachhall, ein facettenreicher Speisenbegleiter.

91 Furmint – Šipon 2021
11,5 Vol.-%, DV, Stahltank, €€€
Leuchtendes Grüngelb, Silberreflexe. Zart tabakig-kräuterwürzig unterlegte reife Birnenfrucht, nussiger Touch, mit kandierten Orangenzesten unterlegt. Mittlerer Körper, weiße Apfelfrucht, frischer Säurebogen, Limetten im Nachhall, ein lebendiger Speisenwein.

92 Pinot Noir 2015
13,5 Vol.-%, NK, kleines Holzfass, €€€€
Mittleres Karmingranat, breite Ockerrandaufhellung. Feines Nougat, rote Waldbeeren, ein Hauch von Zwetschkenröster und Himbeerkonfit, Nuancen von Orangenzesten und Feigen. Mineralisch, rotbeerig, feine Tannine, salzig im Abgang, ein balancierter, gut gereifter Speisenbegleiter.

★★★★

VINO GROSS

BIO

Maria und Michael Gross pflegen extrem steile Weingärten in den Appellationen Maribor und Haloze. Ihre Trauben wachsen fast ausschließlich auf Terrassen und werden im kleinen Weinkeller hoch über den Kessellagen von Gorca verarbeitet. Das Paar mit steirischen Wurzeln hat mittlerweile auch seinen Lebensmittelpunkt in die Štajerska Slovenija verlegt. Die wichtigsten Lagen von Vino Gross sind Iglič, Korže, Colles und Gorca – allesamt biologisch-dynamisch bewirtschaftet. Maria und Michael fokussieren sich auf heimische Rebsorten wie Furmint, Sauvignon Blanc und Welschriesling. Sie sind bekannt für ihre minimalistischen Eingriffe im Weinausbau und Gründungsmitglied der Slovenska Velika Lega, bei der die Herkunft des Weines im Mittelpunkt steht.

95 Korže-Haloze SVL Lega 2020 SB/FU
13,5 Vol.-%, NK, großes Holzfass, €€€€€ B ⓘ
Helles Grüngelb, Silberreflexe. Zart rauchig-kräuterwürzig, reife gelbe Birnenfrucht, feine tabakige Nuancen.

VINO GROSS
2286 Podlehnik
Gorca 43
T: +386 (664) 8206179
hello@vinogross.com
www.vinogross.at

Kellermeister:
Michael und Maria Gross
Anbauweise:
Zertifiziert Biologisch

Weinbaugebiet Haloze

Straff, engmaschig, sehr mineralisch-salzig, zitronige Nuancen im Abgang, mundwässernd, feine Umami-Nuancen, zeigt Länge, Jugend und großes Reifepotenzial.

93 Maribor Blanc SVL Vas 2021 SB/WR
13,5 Vol.-%, NK, großes Holzfass, €€€
Helles Goldgelb, Silberreflexe. Feine Nuancen von gelbem Kernobst, ein Hauch von Birne, feine Kräuterwürze, nussiger Touch. Straff, weiße Frucht, frischer Säurebogen, lebendig und kernig, vom Kalk beschleunigte Frische, sehr lebendig und animierend.

92 Haloze Blanc SVL Vas 2021 SB/FU/WR
13 Vol.-%, NK, großes Holzfass, €€€
Helles Goldgelb, Silberreflexe. Feine Birnenfrucht, ein Hauch von Lindenblüten, zarter Honig, einladendes Bukett. Saftig, gelber Apfel, finessenreicher Säurebogen, weißes Kernobst, mineralisch, zitroniger Touch im Nachhall.

95 Iglić-Haloze SVL Lega 2021
13,5 Vol.-%, NK, großes Holzfass, €€€€€€
Helles Grüngelb, Silberreflexe. Feine gelbe Ringlottenfrucht, zart nach Blütenhonig, ein Hauch von Wiesenkräutern. Straff, lebendig, weiße Frucht, rassige Säurestruktur, wirkt sehr leichtfüßig, lang und salzig im Abgang, ungemein präzise, sicheres Reifepotenzial.

94 Gorca-Haloze SVL Lega 2021
13,5 Vol.-%, NK, großes Holzfass, €€€€€
Helles Goldgelb, Silberreflexe. Zarter Blütenhonig, ein Hauch von kandierten Orangenzesten, etwas Lindenblütenhonig. Straff, zarte Fruchtsüße, Gute-Luise-Birne, feine Säurestruktur, salzige Mineralik, Limetten im Nachhall, lange anhaftend, ein finessenreicher Speisenbegleiter.

93 Colles-Haloze SVL Lega 2020
13,5 Vol.-%, NK, großes Holzfass, €€€€€
Helles Gelbgold, Silberreflexe. Zart nach Orangenblüten, gelbe Tropenfrucht, zarte Kräuterwürze, feiner Cassistouch. Mineralisch, elegant, Nuancen von weißem Kernobst, salzig, ein finessenreicher Speisenbegleiter, lebendiger Stil, Limetten im Nachhall.

95 Sveto – Štajerska Slovenija SVL Okoliš 2021
13,5 Vol.-%, NK
Leuchtendes mittleres Goldgelb, Silberreflexe. Feine Nuancen von gelbem Kernobst, ein Hauch von Ringlotten, frische Birne. Straff, weiße Frucht, engmaschig, grüner Apfel, rassig und kernig, Limetten im Abgang, finessenreich und mit großem Zukunftspotenzial ausgestattet, braucht seine Zeit, sehr engmaschiger Speisenbegleiter.

© shutterstock

★★★

HIDDEN TREASURES A MORIC PROJECT

Der Mastermind hinter den Hidden Treasures ist der bekannte österreichische Winzer Roland Velich, der mit seinen Blaufränkisch-Rotweinen international für Furore sorgt. Über Jahre lotete er dafür die besten Terroirs im Burgenland aus, um alten Blaufränkisch-Reben die feinsten Nuancen dieser vielschichtigen Sorte zu entlocken. Hidden Treasure ist die Weiterführung des Gedankens, der Roland Velich zur Entwicklung von Moric führte, der Versuch, eine Region zu fassen, und zwar so pur und direkt wie möglich: traditionelle alte Methoden und volles Vertrauen in die gegebene Substanz, eine uralte, über Jahrhunderte erfolgreiche und weltweit führende Weinkultur, die Böden und das Klima der Pannonischen Ebene – eine Tiefebene, die sich von den letzten Hügeln der Ostalpen entlang des Karpatenbogens erstreckt –, die Rebsorten, die sich über lange Zeiträume als geeignet und wertvoll erwiesen haben, und natürlich die Menschen. Roland Velich hat sich entschlossen, diesen Weg gemeinsam mit jungen innovativen Winzern zu gehen, Winzern, die bereit sind, sich in ähnlicher Art und Weise auf diese Reise einzulassen. Diese Reise jetzt zu starten ist ihm wichtig: »Es ist Zeit, diese großartige Weinkultur in originärer und authentischer Form dem geneigten Publikum wieder zugänglich zu machen.« Bei den Schätzen aus Ungarn kooperiert er aktuell mit Gergö Filep aus Tokaj, Kis Tamás aus Nagy-Somlói und der Villa Tolnay am Balaton. Hier ist es die pannonische Traditionssorte Furmint, die in unterschiedlichen Facetten ins rechte Licht gesetzt wird.

HIDDEN TREASURES – A MORIC PROJECT
7051 Großhöflein
Kirchengasse 3
T: +43 (664) 4003231
www.moric.at

Kontakt: Roland Velich

94 Hidden Treasures Nr.1 Tokaj feat. Gergö Filep 2021

12,5 Vol.-%

Helles Gelbgrün, Silberreflexe. Feine Nuancen von gelbem Kernobst, Lindenblüten, zarte tabakige Noten, kandierte Mandarinenzesten und Blütenhonig. Straff, stoffig, Nuancen von gelber Frucht, zart nach Akazienhonig, mineralisch-zitronig, frisch strukturiert, salziger Nachhall, ein facettenreicher, lebendiger Speisenbegleiter.

93 Hidden Treasures Nr.3 Balaton feat. Villa Tolnay 2021 FU/RR

12,5 Vol.-%, NK

Leuchtendes helles Gelbgrün, Silberreflexe. Feine Limettenzesten, weißes Steinobst, zarte florale Nuancen, ein Hauch von Marille, attraktives Bukett. Engmaschig, weißer Apfel, feines Säurespiel, mineralisch-kalkiger Touch im Abgang, bereits zugänglich, bietet leichtfüßiges Trinkvergnügen, vielfältig einsetzbar.

93 Hidden Treasures Nr.2 Somlo feat. Kis Tamás 2021 FU/WR

13 Vol.-%

Helles Gelbgrün, Silberreflexe. Frische Wiesenkräuter, ein Hauch von weißer Birne, gelbe Ringlotten, zarte Orangenzesten, mineralischer Touch, mit tabakiger Würze unterlegt. Komplex, straff, weißer Apfel, feines Säuregerüst, mit dezenter Fruchtsüße unterlegt, finessenreich und leichtfüßig, salziger Nachhall, bleibt haften, ein Speisenbegleiter mit Substanz und Länge.

ATELIER KRAMAR
5212 Dobrovo
Barbana 12
T: +386 (41) 317844
www.atelier-kramar.si

Kellermeister/Kontakt:
Matjaž Kramar
Anbauweise: Zertifiziert Biologisch
Produktion: 13.333 Flaschen
25 % Schaumwein, 50 % weiß,
25 % rot, 5 Hektar
Vereinszugehörigkeit:
KON-CERT
Messen: Vinitaly

Schloss Dobrovo

★

ATELIER KRAMAR

NEU - BIO

Katja und Matjaž Kramar, ein deutsch-slowenisches Paar, studierten zunächst Malerei an der Akademie der bildenden Künste in Venedig, bevor sie vor über 20 Jahren begannen, sich dem An- und Ausbau von Naturweinen zu widmen. Das von ihnen aufgebaute kleine, biologisch zertifizierte Weingut liegt direkt am Alpe Adria Trail in Goriška Brda, Slowenien, und umfasst etwa fünf Hektar Weinbaufläche. Sie bieten auf Anfrage Ab-Hof-Verkauf und Verkostungen an, eine Art Buschenschank ist aktuell in der Bauphase.

93 Rebula Primario 2021
13 Vol.-%, DIAM, Stahltank, €€€€
Leuchtendes, zart getrübtes Goldgelb, Messingreflexe. Zart nach Blütenhonig, Kumquatzesten, mit Marillenkonfitüre unterlegt, Orangentouch. Saftig, straff, weißer Pfirsich, engmaschige, mineralische Textur, feiner Gerbstoff, salziger Nachhall, ein stoffig-kraftvoller Speisenbegleiter.

92 Zeleni Sauvignon Bohem 2020 FRL/MA2
12,5 Vol.-%, NK, Stahltank, €€€€
Leuchtendes mittleres Grüngelb, Silberreflexe. Frische Kräuterwürze, zart nussig unterlegte reife gelbe Tropenfrucht, etwas Guaven und kandierte Orangenzesten. Saftig, weiße Melonenfrucht, etwas Mango und Birne, seidige Textur, feiner Blütenhonig im Nachhall, mineralischer Rückgeschmack.

91 Zeleni Sauvignon Bohem 2019 FRL/MA2
13 Vol.-%, NK, 500-l-Fass, €€€€
Leuchtendes Goldgelb, Silberreflexe. Zart nach grünen Nüssen, frische Wiesenkräuter, mit hellem Nougat und Marzipan unterlegt, individuelles Bukett. Straff, trockene Textur, zarte Apfelfrucht, präsenter Gerbstoff, salzig und anhaftend, zart grasiger Grundton, nussig auch im Nachhall, sherrytöniger Speisenbegleiter.

92 Merlot Garanza 2015
14 Vol.-%, NK, 500-l-Fass, €€€€
Dunkles Karmingranat, violette Reflexe, dezente Ockerrandaufhellung. Trockenkräuter, ein Hauch von Erdbeerkonfit und schwarzen Oliven, feuchte Steine, würziges Bukett. Saftig, einlegte rote Kirschen, gute Frische, tragende Tannine, dezente Extraktsüße im Abgang, zartes Nougat im Nachhall.

91 Merlot Garanza 2017
13,5 Vol.-%, NK, 500-l-Fass, €€€€
Dunkles Karmingranat, violette Reflexe, dezente Ockerrandaufhellung. Zart nach Kräutern, dunkle Mineralik, Brombeerkonfitüre, etwas Cassis, ein Hauch von schwarzen Oliven. Saftig, rotbeerig, kompakt, zart nach Ribiseln, feiner Säurebogen, reife Tannine, mineralisch-salzig im Abgang, interessante Sorteninterpretation.

★

KLET KRŠKO

NEU

Die Trauben, die in der Weinkellerei Klet Krško zu Wein verarbeitet werden, stammen aus den Weinbergen einer Genossenschaft mit fast 200 Winzerfamilien. Gemeinsam bewirtschaften sie 200 Hektar Weinberge, die sich über die Dolenjska-Hügel (bis zu 400 Meter über dem Meeresspiegel) mit extrem steilen Hängen verteilen. Die Trauben für das Rebsortenwein-Segment stammen überwiegend aus dem Weinbaugebiet Bizeljsko-Sremič. Das sind vor allem die eigenen Weinberge, die hoch über dem Krško gedeihen, in der Weinlage Sremič (400 Meter über dem Meer), die ein einzigartiges Klima mit vielen Sonnentagen für die gewünschten Parameter bietet. Das gilt vor allem für den Modra Frankinja (Blaufränkisch). Die Weine der Weinkellerei Klet Krško reifen seit fast einem Jahrhundert im Ambiente des alten Burgkellers der Burg Šrajbarski Turn und spiegeln mit jedem Schluck das Wissen und den Mut eines jungen, aber erfahrenen Teams wider, das sich bei jedem Schritt bemüht, die Wünsche der modernen Weinliebhaber zu übertreffen.

Cviček ist eine slowenische Weinspezialität und der Stolz des Betriebes: Das Weingut Klet Krško befindet sich im Südosten Sloweniens, wo die angenehme grüne Landschaft von Dolenjska in der Weinregion Posavje liegt. Und ausschließlich hier wird eine lebendige slowenische Spezialität hergestellt: der Cviček-Wein. Und die größte Menge Cviček wird in der Weinkellerei Klet Krško produziert, die seit einem Jahrhundert jährlich eine Million Liter herstellt, aber immer auf der Höhe der Zeit ist. Cviček ist in seiner Zusammensetzung etwas Besonderes, da er mindestens vier verschiedene Rebsorten enthält, von denen die roten Sorten gegenüber den weißen dominieren – vor allem Žametna Črnina (schwarzer Samt), der dem Wein Leichtigkeit und Trinkbarkeit verleiht. Als »Low Alcohol Wine« spricht er die modernen Weinliebhaber absolut an und eignet sich zu jeder Zeit.
Die Marke TURN umfasst drei Gruppen von Weinen, die in TURN Classic, TURN Premium und TURN Gourmet unterteilt sind. Auf diese Weise hat man Weine von der einfachen

Blaufränkisch

KLET KRŠKO
8270 Krško
Rostoharjeva ulica 88
T: +386 (7) 48 82 500
info@klet-krsko.si
www.klet-krsko.si

Kellermeister: Jure Grubar
Kontakt: Tjaša Metelko

Liter-Version zu einer Gruppe von Weinen für die anspruchsvollsten Weinliebhaber aufgewertet. Die Weine sind mit der persönlichen Note des Önologen und den Besonderheiten des jeweiligen Jahrgangs und des einzigartigen Anbaugebiets versehen, was ihnen einen raffinierten und ausgeprägten Charakter mit Betonung der Sorte verleiht.

91 ❶ Turn Gourmet Bela Penina Brut Nature 2018
12 Vol.-%, NK, Stahltank/Flaschengärung/Flaschenreifung, €€€
Helles Gelbgrün, Silberreflexe, zartes, anhaltendes Mousseux. Ein Hauch von Backwerk und gelber Tropenfrucht, Nuancen von Ananas und Pfirsich, etwas Blütenhonig. Straff, weißer Apfel, lebendige Säure, mineralisch-zitronig, ein Hauch von Birne im Nachhall, Limetten im Rückgeschmack.

90 ❶ Turn Premium Bela Penina Extra Brut 2019
12,5 Vol.-%, NK, Stahltank/Flaschengärung/Flaschenreifung, €€
Helles Gelbgrün, Silberreflexe, lebendige Perlage. Frische gelbe Tropenfrucht, ein Hauch von Ananas, Limetten und Maracuja, weiße Blüten. Zart kräuterwürzig unterlegte grüne Apfelfrucht, mineralisch im Abgang, zitroniger Nachhall.

90 Turn Classic Zeleni Silvanec 2022
13 Vol.-%, DV, Stahltank, €€
Helles Goldgelb, Silberreflexe. Kräuterwürzig unterlegte weiße Birnennote, weiße Blüten, mit Limettenzesten unterlegt. Mittlerer Körper, zart nach Kernobst, zitroniger Touch, mineralisch-salzig im Abgang, lebendiger, animierender Stil.

92 Turn Classic Cviček PTP 2022 ZAM/KR3/WR/BF
10 Vol.-%, DV, Stahltank, €€€€€
Kräftiges Zwiebelrosa, Silberreflexe. Rote Johannisbeeren, mit weißem Kernobst unterlegt, ein Hauch von Pfirsich, zarte Kräuterwürze. Straff, rassiger Säurebogen, mineralisch, Limettentouch im Abgang, salzig und ungemein leichtfüßig, ein perfekter Sommerwein, wird aus weißen und roten Grundweinen hergestellt, eine slowenische Rarität.

92 Turn Premium Modra Frankinja 2020
13 Vol.-%, DV, großes Holzfass, €€
Mittleres Karmingranat, violette Reflexe, breite Ockerrandaufhellung. Zarte Kräuterwürze, ein Hauch von kandierten Orangenzesten, reife Herzkirschen klingen an, rotbeeriger Touch im Hintergrund. Mittlerer Körper, rote Kirschen, feine Tannine, zarte Extraktsüße, mineralisch und anhaftend, lebendiger Stil, ein ausgewogener Speisenbegleiter.

90 Turn Classic Modra Frankinja 2020
13 Vol.-%, DV, Stahltank/großes Holzfass, €€
Kräftiges Rubingranat, violette Reflexe, breitere Randaufhellung. Zartes Nougatkaramell, schwarze Kirschen, ein Hauch von Zwetschken, mit dezenter Kräuterwürze unterlegt. Mittlerer Körper, rote Kirschen, zarte Tannine, frisch und animierend, bietet unkompliziertes Trinkvergnügen.

★★★

VINAŘSTVÍ LAHOFER

NEU

Vinařství LAHOFER ist eine wegweisende Weinkellerei in der Tschechischen Republik, die sich an traditionellen Weinherstellungspraktiken orientiert und moderne Produktionstechnologien einsetzt. So entwickelte sich der Betrieb zu einer der größten Weinkellereien im Land und verfügt heute über 430 Hektar eigene Weinberge ausschließlich in der Weinunterregion Znojmo. Qualität steht ganz im Vordergrund: So ist man Träger der Auszeichnung »Weinkellerei des Jahres« von 2020 und 2021 in der Kategorie der großen Weinkellereien. Der Hauptsitz befindet sich in einem architektonisch außergewöhnlichen und preisgekrönten Gebäude der Architekten Ondřej Chybík und Michal Krištof, das nicht nur Produktions- und Verwaltungsfunktionen vereint, sondern auch eine kulturelle und soziale Bedeutung hat. Die organische Form der »Betonwelle« fügt sich mit ihrem eleganten Relief mühelos in ihre Umgebung ein. Die Philosophie der Kellerei ist es, saftige Weine mit einem ausgewogenen Verhältnis von Säure und natürlichem Restzucker zu erzeugen. Neben den Produktlinien »Base« und »Stan-

Weingut Lahofer

VINAŘSTVÍ LAHOFER
671 82 Dobšice
Vinice 579
T: +420 (725) 517 138
vino@lahofer.cz
www.lahofer.cz

Kellermeister: Jiří Lancman
Kontakt: Jaroslav Chaloupecký
Produktion: 800.000 Flaschen
430 Hektar
Messen: ProWein Düsseldorf

dard« bietet sie auch Weine des Appellationssystems VOC Znojmo sowie die einzigartige Linie »Wave« mit ungewöhnlichen Weinen an. Die Ergebnisse ihrer Arbeit werden von den Fachausschüssen auf den großen internationalen und nationalen Weinmessen immer wieder gewürdigt.

93 Pálava 2022
12 Vol.-%, DV, Stahltank, €€
Leuchtendes mittleres Gelbgrün, Silberreflexe. Feiner Rosenduft, ein Hauch von Blütenhonig, reife Mango und Ananas, einladendes Bukett. Stoffig, gute Komplexität, gut eingebundener Restzucker, elegant, harmonisch und mit guter Länge ausgestattet.

93 Ryzlink vlašský 2021
14 Vol.-%, NK, Beton, €€€
Leuchtendes mittleres Gelbgrün, Silberreflexe. Zart nussig unterlegte Kräuterwürze, etwas Birne und weißes Nougat, Mandarinenzesten klingen an. Straff, kraftvoll, weißes Kernobst, feines Säurespiel, das dem Wein Lebendigkeit verleiht, zeigt Länge und Reifepotenzial.

92 Veltlínské zelené VOC Znojmo 2022
12 Vol.-%, DV, Stahltank, €€
Helles Goldgelb, Silberreflexe. Zart nach gelbem Apfel und Mango, ein Hauch von Wiesenkräutern, mit Nuancen von Blütenhonig und Orangenzesten unterlegt. Mittlerer Körper, frisches Kernobst, feinfruchtige Süße von Melonen, gut integrierter Säurebogen, ein zarter, finessenreicher Speisenbegleiter.

92 Ryzlink rýnský VOC Znojmo 2021
12 Vol.-%, DV, Stahltank, €€
Mittleres Gelbgrün, Silberreflexe. Feine Nuancen von weißem Pfirsich, florale Noten, ein Hauch von Limettenzesten, mineralischer Touch. Straff, feine Tropenfrucht, frischer Säurebogen, zarte Fruchtsüße, lebendig, ein Hauch von Ananas im Abgang, gut gereift, bietet leichtfüßiges Trinkvergnügen.

91 Sauvignon Blanc VOC Znojmo 2022
12 Vol.-%, DV, Stahltank, €€
Mittleres Gelbgrün, Silberreflexe. Zartes Bukett, feine gelbe Tropenfrucht, ein Hauch von reifen Stachelbeeren und Physalis, Nuancen von Blütenhonig. Saftig, elegant und blitzsauber, dezente Süße im Kern, ausgewogen, mineralisch, salziger Nachhall, gut antrinkbar.

90 Rulandské šedé 2022
12,5 Vol.-%, DV, Stahltank, €€
Kräftiges Gelbgrün, Silberreflexe. Feine Nuancen von Birne, dazu Honigmelone und frische Orangenzesten. Mittlerer Körper, weißer Apfel, feiner Säurebogen, mineralisch-zitronig, zeigt gute Frische, trinkanimierender Stil.

© www.oldrichhrb.studio

★★

HOFKELLEREI DOMÄNE VADUZ STIFTUNG FÜRST LIECHTENSTEIN

Im Jahre 1712 erwarb Fürst Johann Adam I. von Liechtenstein die Grafschaft Vaduz, wodurch der Herawingert und die heutige Hofkellerei in den Besitz des Fürstenhauses übergingen. Der Herawingert ist der traditionellste und bedeutendste Weinberg im Fürstentum Liechtenstein. Er gilt mit seinen vier Hektar zusammenhängender Rebfläche als das Kernstück des Weinbaus im Land und zählt zu den besten Lagen im Rheintal. Die von Stéphane Derenoncourt begleiteten Pinots Noirs und Chardonnays finden hier dank der Südwestlage, des milden Föhnklimas und der schiefer- und kalkreichen Böden ideale Bedingungen und reifen zu eigenständiger, elegant-frischer Stilistik heran. Genießen kann man sie direkt in der Hofkellerei oder im familieneigenen Restaurant Torkel am Rebberg.

94 Chardonnay Ried Herawingert 2021
13 Vol.-%, NK, Tonneau, €€€€€
Mittleres Gelbgrün, Silberreflexe. Reife gelbe Tropenfrucht, Nuancen von Mango und Quitten, feiner Blütenhonig, kandierte Mandarinenzesten. Saftig, elegant, weißes Steinobst, cremige Textur, feine Holzwürze, mineralisch-zitronige Nuancen, ein finessenreicher Speisenbegleiter, gut anhaftend, bereits gut antrinkbar.

89 Blanc de Noir 2022
13 Vol.-%, DV, Stahltank, €€€€

92 Pinot Noir Ried Herawingert 2020
13 Vol.-%, NK, Tonneau, €€€€€
Kräftiges Karmingranat, breitere Ockerrandaufhellung. Feine rote Beerenfrucht, frische Kirschen, florale Nuancen, Jasmin im Hintergrund, Mandarinenzesten. Saftig, elegant, zartes Erdbeer-Kirsch-Konfit, feiner Säurebogen, mineralisch im Nachhall, saliner Rückgeschmack.

91 Pinot Noir AOC Clos Domaine 2020
13 Vol.-%, DV, großes Holzfass, €€€€€
Mittleres Karmingranat, Ockerreflexe, breite Randaufhellung. Tabakig-kräuterwürzig unterlegte Nuancen von eingelegten Kirschen, mit kandierten Orangenzesten unterlegt. Mittlerer Körper, feine animalische Würze, zarte Fruchtsüße, guter Säurekern, mineralisch-salzig im Abgang.

© Hofkellerei des Fürsten von Liechtenstein

HOFKELLEREI DOMÄNE VADUZ STIFTUNG FÜRST LIECHTENSTEIN
9490 Vaduz, Feldstrasse 4
T: +423 (3) 2321018
office@hofkellerei.li
www.hofkellerei.li

Kellermeister: Sebastian Gunsch, Natalie Wallner
Kontakt: Stefan Tscheppe
Anbauweise: Umstellung auf bio
Produktion: 4 Hektar
Vereinszugehörigkeit: Swiss Wine
Messen: ProWein Düsseldorf, Vinexpo

Sommelière Prinzessin Marie und Weingutsleiter Stefan Tscheppe

★★★★

MAGULA FAMILY WINERY

BIO

Die Familie Magula stellt mit Leidenschaft Naturweine her, die ausschließlich aus eigenen, biologisch angebauten Trauben typisch slowakischer Sorten bestehen. Die Reise von Vinárstvo Magula durch den Weinbau begann 2007, als man einen alten Weinberg, der an die Familie zurückgegeben wurde, neu bepflanzte. Seit 2016 werden die Rebflächen biodynamisch bewirtschaftet. Die Domäne befindet sich an einem Ort mit besonderer Ausstrahlung: auf dem Gelände eines ehemaligen Klosters im Schatten alter Kastanienbäume. Die Umwelt liegt der Familie Magula sehr am Herzen, und man ist stets darauf bedacht, in Harmonie mit der Natur zu leben. Hier werden auch Kastanien und verschiedene Früchte angebaut, die Familie hält Bienen und züchtet Nutztiere, um mehr Leben und Gleichgewicht in ihrem Anwesen zu erreichen. Im Weinkeller sind sie bestrebt, lediglich als Wegweiser zu fungieren. Die Weine sollen in ihrem eigenen Tempo und gemäß ihrem einzigartigen Charakter reifen und die Besonderheiten der Rebsorte, des Jahrgangs und des Terroirs widerspiegeln. Auf diese Weise sollen Harmonie und Eleganz in die Flasche gebracht werden. Magula-Weine, vor allem die Rotweine, sind intensiv, aber dennoch subtil und sanft und zeigen den frischen und charmanten Charakter der nördlichen Terroirs.

MAGULA FAMILY WINERY
91901 Suchá nad Parnou
Ružová dolina 908
T: +421 (905) 645 520
vino@vinomagula.sk
www.vinomagula.sk

Kellermeister/Kontakt:
Vladimír Magula
Anbauweise: Biodynamisch
Produktion: 26.667 Flaschen
3 % Schaumwein, 20 % weiß,
6 % rosé, 74 % rot, 8.5 Hektar
Messen: VieVinum, RAW – The Artisan Wine Fair Berlin, Karakterre

93 Oranžový vlk 2021 GV/WR/TR
12 Vol.-%, NK, 500-l-Fass/Amphore/Steinzeug/gebrauchte Barriques, €€€€
Zart getrübtes mittleres Orangegelb. Intensive Nuancen von Kumquats und weißen Blüten, feine Noten von reifen Marillen, tabakig unterlegt, facettenreiches Bukett. Straff, engmaschig, weißes Kernobst, frischer Säurebogen, mineralisch-salzig, ein animierender Natural Wine.

93 Sen 2020 CS/BF
12 Vol.-%, NK, gebrauchte Barriques, €€€€€
Helles Karmingranat, Orangereflexe, sehr breite Randaufhellung. Zart nach Walnuss und Trockenkräutern, mit feinen roten Waldbeeren unterlegt, ein Hauch von Erdbeeren, Kirschen und kandierten Orangenzesten. Straff, engmaschig, feine Ribiselfrucht, zarte Tannine, salzig-mineralisch, sehr leichtfüßig und gut anhaftend, ein finessenreicher, trinkanimierender Speisenbegleiter.

93 Frankovka 2015
13 Vol.-%, NK, gebrauchte Barriques, €€€€€
Mittleres Karmingranat, Ockerreflexe, breite Randaufhellung. Zart nach Lakritze und schwarzen Waldbeeren, feinfruchtiges Bukett, zart nach frischen Feigen, dezente Kräuterwürze, mit kandierten Veilchen unterlegt. Saftig, seidige Textur, zarte Fruchtsüße, reife, gut integrierte Tannine, rotbeeriger Touch im Nachhall, elegant und vielfältig einsetzbar.

92 Rosenberg Frankovka 2018
13 Vol.-%, NK, gebrauchte Barriques/500-l-Fass/Barrique, €€€€
Kräftiges Rubingranat, tiefer Kern, violette Reflexe, breitere Ockerrandaufhellung. Zarte blättrige Würze, dunkle Waldbeeren, mineralisch, ein Hauch von Liebstöckel im Hintergrund. Saftig, elegant, rote Herzkirschen, feine Tannine, mineralisch-frisch im Abgang, rotbeeriger Nachhall, ein finessenreicher Speisenbegleiter.

92 Baccara 2019
12 Vol.-%, NK, 500-l-Fass/gebr. Barriques, €€€€
Dunkles Rubingranat, violette Reflexe, zarte Randaufhellung. Floral unterlegte Nuancen von roten Kirschen, feine Waldbee-

ren, zart nach Kräutern und Nougat. Saftig, leichtfüßig, frisch strukturiert, reife Tannine, ein animierender Speisenbegleiter.

91 Pinot Noir Teufelstal 2021
12 Vol.-%, NK, Barrique/gebrauchte Barriques/Steinzeug, €€€€
Mittleres Karmingranat, Ockerreflexe, breite Randaufhellung. Nuancen von eingelegten Kirschen, blumige Nuancen, kandierte Orangenzesten, einladendes Bukett. Mittlerer Körper, Ribiselfrucht, schlanke Textur, zarte Tannine, etwas Gerbstoff, zitronig-salzige Nuancen, bereits gut antrinkbar.

★★★★

MAROF WINERY

Obwohl Marof eine neu errichtete Weinkellerei ist, bleiben die Methoden und Verfahren so einfach wie möglich und sind an hundertjährige Traditionen angelehnt. Der Ansatz des Teams bei der Weinherstellung ist eine Kombination aus dem Reichtum der Natur und dem menschlichen Wissen. Der natürliche Rhythmus von Rebe und Wein wird respektiert. Mit minimalen Eingriffen wird nach dem präzisen Ausdruck der natürlichen Eigenschaften, der Eleganz und Ausgewogenheit des Terroirs gestrebt.
Die besten Weinbergslagen bringen gesunde und optimal gereifte Trauben nach ökologischen Grundsätzen hervor. Die Trauben werden von Hand gelesen und ausgewählt. Die Eingriffe des Kellermeisters sind minimal, mit großem Respekt vor dem, was im Weinberg erreicht wurde: spontane Gärung, meisterhaft durchdachte Maischegärung auf der Hefe und nur die besten Holzbehälter. Das Streben nach Perfektion in allem, was Marof macht – im Weinberg und im Keller –, das ist die Geschichte dieses Weinguts.

93 Sauvignon Blanc Bodonci SVL Lega 2020
13,5 Vol.-%, DIAM, großes Holzfass, €€€€€€
Mittleres Grüngelb, Silberreflexe. Feine gelbe Tropenfrucht, ein Hauch von Passionsfrucht, Guaven, floraler Touch, kandierte Mandarinenzesten, facettenreiches Bukett. Saftig, weiße Frucht, nach reifem Cassis, feine Säurestruktur, mineralisch und elegant, saliner Nachhall, bereits harmonisch und gut antrinkbar, gutes Reifepotenzial.

92 Sauvignon Blanc Goričko 2020
13,5 Vol.-%, DIAM, großes Holzfass, €€€€
Helles Goldgelb, Silberreflexe. Reife gelbe Stachelbeerfrucht, ein Hauch von Guaven, kandierte Orangenzesten, etwas Blütenhonig, kräuterwürzige Nuancen. Straff, elegant, weißer Pfirsich, frischer Säurebogen, seidige Mineralik, Limetten im Nachhall, ein vielseitiger Speisenbegleiter.

93 Chardonnay Kramarovci 2020
13,5 Vol.-%, DIAM, großes Holzfass, €€€€€
Helles Grüngelb, Silberreflexe. Zart nach Akazienblüten, gelber Pfirsich, ein Hauch von Haselnuss, floraler Touch, einladendes Bukett. Saftig, weißer Apfel, finessenreich strukturiert, ein Hauch von Holundersirup, mineralisch-zitronig im Abgang, salziger Nachhall, individueller Stil, vielfältig einsetzbar.

92 Goričko Blanc 2020 WR/CH/SB
13,5 Vol.-%, DIAM, 500-l-Fass/großes Holzfass, €€€€
Helles Gelbgold, Silberreflexe. Zart nach Nougat und Vanille, mit gelber Tropenfrucht unterlegt, Nuancen von Ana-

MAROF WINERY
9202 Mačkovci
Mačkovci 35
T: +386 (3) 467143
uros.valcl@marof.eu
www.marof.eu

Kellermeister: Uroš Valcl
Kontakt: Uroš Vslcl
Produktion: 93.333 Flaschen
40 % weiß, 60 % rot, 22 Hektar

nas, reife Maracujafrucht, mit Limettenzesten unterlegt. Saftig, weißes Steinobst, finessenreiche Säurestruktur, dezente Fruchtsüße, salzig-mineralisch, zitronig, bereits entwickelt und gut antrinkbar.

94 Mačkovci Modra frankinja SVL Lega 2019
13,5 Vol.-%, DIAM, großes Holzfass, €€€€€
Dunkles Rubingranat, violette Reflexe, dezente Ockerrandaufhellung. Zarte Kräuterwürze, ein Hauch von Edelholz und dunklen Beeren, mit etwas Zwetschken und Nougat unterlegt. Straff, elegant, Brombeeren und schwarze Kirschen, reife Tannine, mineralisch, extraktsüßer Nachhall, gutes Reifepotenzial.

★★★

RADGONSKE GORICE D.O.O.

Wie die Wellen der Mur durch Gornja Radgona fließen seit 170 Jahren durch Radgonske gorice kleine Geheimnisse und großes Wissen: wie man den Weinstock gekonnt verwöhnt, damit er in seiner ganzen Pracht gedeiht; wie man Zeit damit verbringt, Trauben zu pflegen; wie man sich in Wein, seine Eleganz und seinen Rausch verliebt; wie man ihm das Funkeln verleiht, eine Quelle unzähliger Bläschen, die niemals versiegen. Radgonske gorice d.o.o. ist der älteste und heute größte Schaumweinhersteller in Slowenien. Von hier stammt der erste slowenische Schaumwein, der heute allen als Zlata radgonska penina bekannt ist. Zusammen mit Srebrna radgonska penina, sonnenverwöhntem Janževec, Traminer mit schwarzem Etikett und weiteren Weinen und Sekten ihres Sortiments begleiten sie uns in verschiedenen wichtigen und wegweisenden oder kleineren und rein alltäglichen Momenten und erschaffen so die schönsten Momente des Lebens.

RADGONSKE GORICE D.O.O.
9250 Gornja Radgona
Jurkovičeva ulica 5
T: +386 (2) 5648510
info@radgonske-gorice.si
radgonske-gorice.si

Kellermeister: Klavdija Topolovec Špur
Kontakt: Andreja Novak
Produktion: 4.666.667 Flaschen
500 Hektar

94 Untouched by Light 2018
12 Vol.-%, DIAM, Flaschengärung, €€€€€€
Helles Gelbgrün, Silberreflexe, sehr feines, anhaltendes Mousseux. Zarter Blütenhonig, ein Hauch von Ananas und Mango, floraler Touch, Limettenzesten, mineralischer Anklang. Straff, engmaschig, weißer Apfel, finessenreicher Säurebogen, leichtfüßig, salzig im Abgang, klar wie ein Gebirgsbach, sicheres Reifepotenzial.

93 Zlata Radgonska Penina Ciconia Brut 2018
12,5 Vol.-%, DIAM, Flaschengärung, €€€€
Helles Goldgelb, Kupferreflexe, feines, lebendiges Mousseux. Floral unterlegte Nuancen von weißen Beeren, Pfirsich, kandierte Limettenzesten, einladendes Bukett. Straff, engmaschig, weißer Apfel, frisch, mineralisch-salzig im Abgang, ein finessenreicher Speisenbegleiter.

92 Zlata Radgonska Penina Selection Sans Dosage 2020
120 Vol.-%, DIAM, Flaschengärung, €€€
Helles Gelbgrün, Silberreflexe, feines, lebendiges Mousseux. Zarte gelbe Tropenfrucht, ein Hauch von Ananas und Mango, Limettenzesten, einladendes Bukett. Straff, elegant, weiße Apfelfrucht, frischer Säurebogen, zitroniger Touch, ein lebendiger Speisenbegleiter.

92 Pet-Nat Renina 2019
11,5 Vol.-%, DIAM, Flaschengärung, €€€€
Zart getrübtes helles Goldgelb, Silberreflexe. Feine Nuancen von Steinobst, Limettenzesten, weißer Pfirsich, Biskuit, einladendes Bukett. Straff, weißer Apfel, mineralisch, Limetten im Abgang, animierend, ein vielseitiger Speisenbegleiter.

91 Zlata Radgonska Penina Selection Brut 2020
12 Vol.-%, DIAM, Flaschengärung, €€€€
Helles Grüngelb, Silberreflexe, lebendiges Mousseux. Zart nach Pfirsich, ein Hauch von Mango, feine Nuancen von Kräutern und Limetten. Mittlere Komplexität, weißes Kernobst, rassiger Säurebogen, zitronig, leichtfüßig und vielfältig einsetzbar.

92 Zlata Radgonska Penina Rosé Extra Dry 2020
12 Vol.-%, DIAM, Flaschengärung, €€€€
Helles Lachsrosa, zarte Kupferreflexe, feines Mousseux. Zart nach roten Waldbeeren, etwas Kirsche, frisches Steinobst, weiße Blüten. Straff, elegant, feine Fruchtsüße, gut integrierter Säurebogen, cremig-mineralischer Abgang, ein stoffiger Speisenbegleiter.

★★★★★

MARJAN SIMČIČ

NEU - BIO

Das Weingut Marjan Simčič ist eines der bekanntesten und prominentesten Weingüter in Slowenien. Marjan Simčič, der Eigentümer und Winzer, repräsentiert die fünfte Generation seiner Familie, die das Weingut seit 1860 besitzt. Das Weingut liegt an der slowenisch-italienischen Grenze, mit Blick auf den Collio. Es verfügt über 14 Hektar Weinberge auf der slowenischen und 10 Hektar auf der italienischen Seite. Die Weinberge befinden sich an den steilen Hängen der Brda, wo das warme Mittelmeerklima auf die kühlen Nachtbrisen der Julischen Alpen trifft. Dieses einzigartige Klima ermöglicht den Anbau hochwertiger biologischer Trauben auf den typischen Opoka-Böden, einer mineralreichen Mischung aus Mergel und Sandstein. Dieses Terroir ist wie geschaffen für die Erzeugung einer Vielzahl eleganter Weine mit ausgeprägtem mineralischem Charakter und Frische. Nachhaltigkeit war von Anfang an Teil der Lebensweise der Familie, und so wird der größte Teil der Arbeit immer noch von Hand und nach strengen nachhaltigen Protokollen ausgeführt. Während man biologische Trauben erzeugt, hält man sich im Keller an traditionelle Weinbereitungsmethoden. Das Weingut Marjan Simčič stellt hauptsächlich sortenreine Weine her und holt das Beste aus den bio-

MARJAN SIMČIČ
5212 Dobrovo
Ceglo 3b
T: +386 (5) 395 92 00
info@simcic.si
www.simcic.si

Kellermeister: Marjan Simčič
Kontakt: Valerija Simčič Kalan
Anbauweise: Zertifiziert Biologisch
Produktion: 130.667 Flaschen
69 % weiß, 30 % rot, 1 % süß,
24 Hektar
Messen: ProWein Düsseldorf, London Wine Fair, The Shanghai International Wine & Spirits Expo, Vinexpo, Vinitaly, ProWine China

Marjan Simčič

logischen Trauben heraus, die zum richtigen Reifezeitpunkt sorgfältig von Hand geerntet werden, wobei die Erträge geringer als im Durchschnitt sind. Das Ergebnis sind elegante und komplexe Weine mit einer ausgeprägten Terroir-Signatur, einem Hauch von Mineralik und genau der richtigen Frische. Ihre prestigeträchtige Linie, die nach dem Terroirboden OPOKA benannt ist, wird auf der ganzen Welt gewürdigt.

94 Sauvignon Blanc Cru Selection 2020
13,5 Vol.-%, DIAM, großes Holzfass, €€€€€
Helles Grüngelb, Silberreflexe. Frische Kräuter, reife Stachelbeeren und Cassis, mit Weißen Johannisbeeren unterlegt, dunkle Mineralik. Komplex, saftig, weiße Tropenfrucht, feiner Säurebogen, mineralisch-salzig im Abgang, angenehme Fruchtsüße im Nachhall, zeigt Länge und Reifepotenzial.

94 Chardonnay Opoka Jordano Cru 2020
13,5 Vol.-%, NK, großes Holzfass, €€€€€€
Helles Grüngelb, Silberreflexe. Frische Würze nach Melisse und Salbei, weißer Pfirsich, ein Hauch von gelber Tropenfrucht, Nuancen von Vanille, facettenreiches Bukett. Saftig, weißes Steinobst, elegant, feine seidige Textur, ein Hauch von Nougatkaramell im Abgang, gut anhaftend, ein vielschichtiger Begleiter bei Tisch.

92 Rebula Brda Classic 2022
13 Vol.-%, DIAM, Stahltank, €€€
Helles Grüngelb, Silberreflexe. Zarte Birnenfrucht, mit kandierten Orangenzesten unterlegt, ein Hauch von Wiesenkräutern, etwas Walnuss. Saftig, feiner Touch von weißem Kernobst, finessenreich strukturiert, ein Hauch von Fruchtsüße im Abgang, ein balancierter Speisenbegleiter.

92 Pinot Grigio Brda Classic 2022
13,5 Vol.-%, DIAM, Stahltank, €€€
Sehr helles Kupfergelb, Silberreflexe. Zarte Kräuterwürze, weiße Apfelfrucht, Mandarinenzesten, etwas scheues Bukett. Mittlere Komplexität, feine Birnenfrucht, gut integrierter Säurebogen, mineralisch-salzig im Abgang, ausgewogen und bereits gut entwickelt.

95 Merlot Opoka Trobno Cru 2017
14 Vol.-%, NK, Barrique, €€€€€€
Dunkles Rubingranat, violette Reflexe, zarte Ockerrandaufhellung. Zart nach Kräutern und Edelholz, feine Nuancen von reifen Herzkirschen, etwas Sanddorn, kandierte Mandarinenzesten und Lakritze. Saftig, komplex, dunkle Beerenfrucht, reife, samtige Tannine, die gut tragen, mineralisch, extraktsüß im Abgang, Nougat im Nachhall, sehr gute Länge, bereits entwickelt, verfügt über weiteres Reifepotenzial.

93 Pinot Noir Cru Selection 2020
13,5 Vol.-%, NK, großes Holzfass, €€€€€
Mittleres Karmingranat, breite Ockerrandaufhellung. Frische rote Waldbeeren, Nuancen von Himbeeren und kandierten Veilchen, mineralischer Touch. Saftig, feine Fruchtsüße, feste Tannine, engmaschiger Stil, bereits antrinkbar, zeigt Länge, verfügt über weiteres Entwicklungspotenzial.

★★★★

EDI SIMČIČ

Goriška Brda ist ein Ort, an dem sich das nördliche Mittelmeer förmlich mit den südlichen Alpen vermischt, ein Ort, an dem der Boden reich an Salzen und Mineralien ist. Die Region ist bekannt für ihre mediterran-exotischen und zugleich vollmundigen und frischen Weißweine, außergewöhnliche Weine mit einem Alterungspotenzial von mehreren Jahren. Winzer Alexs Simčič setzt auf die autochthonen Sorten: »Wir vertrauen auf die Rebula (Ribolla Gialla) und ihr Potenzial. Rebula ist die Sorte des Stolzes, unsere Identität.« Aber auch an Rotweine glaubt man bei Edi Simčič schon seit Langem: »Von ihnen verlangen wir Reife und Langlebigkeit.« All das können die Weinberge und das Klima in der Region Goriška Brda bieten, und viel mehr benötigt man nach der Philosophie des Hauses auch nicht. Trotz hoher Ansprüche lässt man dem Wein seine Freiheit und vertraut auf sein Entwicklungspotenzial. Er kommt aus dem Keller auf den Tisch: ungeschminkt und pur. »Wein wird so angeboten, wie er sich geistig und geschmacklich entwickelt hat: fröhlich, temperamentvoll, in manchen Momenten ernst, aber immer ein wenig befreiend. Wahre Prominenz ist niemals überlegen.«

EDI SIMČIČ

5212 Dobrovo
Vipolže 39 a
T: +386 (30) 602 564
info@edisimcic.si
www.edisimcic.si

Kontakt: Alexs Simčič

Goriška Brda

94 Fojana Chardonnay SVL Srednji Kos Vineyard 2020

14 Vol.-%, NK, Barrique, €€€€€

Mittleres Gelbgrün, Silberreflexe. Mit feiner Kräuterwürze und kandierten Orangenzesten unterlegte Nuancen von gelbem Kernobst, etwas Grapefruit, mineralischer Touch, Blütenhonig im Hintergrund. Stoffig, kraftvoll, cremige Textur, reife gelbe Frucht, mineralisch-zitronig unterlegt, salziger Abgang, ein saftiger Speisenbegleiter.

93 Kozana Chardonnay SVL Polje Vineyard 2020

14 Vol.-%, NK, Barrique, €€€€€

Mittleres Goldgelb, Silberreflexe. Nuancen von gelber Tropenfrucht, etwas Pfirsich, Honigmelone und getrocknete Kräuter, mit kandierten Orangenzesten unterlegt. Komplex, kräftig, weißer Apfel, feiner Säurebogen, im Abgang Limetten, salzige Mineralik, bleibt gut haften, ein facettenreicher Speisenbegleiter mit Reifepotenzial.

93 Malvazija 2021

13,5 Vol.-%, NK, Barrique, €€€€€

Helles Grüngelb, Silberreflexe. Zart nach kandierten Mandarinenzesten, mit feinen Kräutern und Nüssen unterlegt, reife gelbe Birne, ein Hauch von Honig, mineralischer Touch. Stoffig, elegant, feine Fruchtsüße, reifer Apfel, mineralisch-salzig im Abgang, Limetten im Nachhall, ein facettenreicher Speisenbegleiter.

93 Kozana Sauvignon SVL Kurinsce Vineyard 2020

14 Vol.-%, NK, Barrique, €€€€€

Mittleres Goldgelb, Silberreflexe. Feine Kräuterwürze, reife gelbe Stachelbeeren, Blütenhonig, Nuancen von Tropenfrüchten, kandierte Orangen und weißes Nougat. Kraftvoll, stoffig, feine Nuancen von Passionsfrucht, angenehmer Säurebogen, mineralisch-salzig im Nachhall, gute Länge, sicheres Entwicklungspotenzial.

92 Rebula 2021

13 Vol.-%, NK, Barrique, €€€€€

Mittleres Gelbgrün, Silberreflexe. Zart nach Biskuit, gelber Apfel, ein Hauch von Orangenblüten, mit Nuancen von Honigmelone unterlegt. Mittlerer Körper, weißes Kernobst, finessenreich strukturiert, zitronig-salzig im Abgang, vielfältig einsetzbar, animierender Stil.

94 Kolos 2018 ME/CS/CF

14,6 Vol.-%, NK, Barrique, €€€€€€

Dunkles Rubingranat, violette Reflexe, dezente Ockerrandaufhellung. Zarte Edelholzwürze, etwas Nougat und Kräuter, schwarze Waldbeeren, reife Kirschen, tabakige Nuancen. Kraftvoll, straffe Textur, reife Brombeerfrucht, präsente, tragende Tannine, mineralisch-salzig im Abgang, gute Frische, Weichseln und reife Zwetschken im Nachhall, zeigt Länge, sicheres Reifepotenzial.

★★★

VINSKA KLET ŠUKLJE

Vinska Klet Šuklje ist ein kleines Familienweingut mit einer Fläche von sieben Hektar Weingärten in Trnovec in der Nähe von Metlika in Bela Krajina, Südostslowenien. Die ersten Belege für Weinerzeugung in der Familie datieren aus dem Jahr 1895, als Matija Šuklje nach der Verwüstung durch die Reblaus ein Darlehen von 140 Golddinar erhielt, um veredelte Reben zu pflanzen. Seit dieser Zeit hat sich die Tradition des Weinbaus auf dem Gut von Generation zu Generation fortgesetzt. Heute wird das Weingut von der sechsten und siebenten Generation der Familie geführt: von Vater Jože, seinen Kindern Matija und Katja und seinem französischen Schwiegersohn Guillaume. Während Jože in den 1990er-Jahren die traditionelle Weinherstellung in die moderne Ära brachte, bringt die jüngste Generation heute ihre internationale Erfahrung in die Geschicke des Familienweinguts ein: Katja und Guillaume sind nämlich beide außerordentliche Professoren für Weinbau und Önologie an der Universität von Nova Gorica. Nachdem sie fünf Jahre in Südafrika und Australien verbracht und in der Weinindustrie als Forscher gearbeitet hatten, kamen sie 2016 mit der Idee nach Slowenien zurück, die Region Bela Krajina und den slowenischen Blaufränkisch (lokal Modra Frankinja genannt) auf die Landkarte zu bringen. Die Philosophie von Šuklje zielt darauf ab, Weine herzustellen, die ihren Herkunftsort, die Terroirs der Bela Krajina, auf verschiedenen Ebenen zum Ausdruck bringen: klassisch (regional), in der Terroir-Auswahl (Village) und in der Einzellage (Cru). Šuklje ist eines der Gründungsmitglieder von Slovenska Velika Lega, einer Vereinigung slowenischer Winzer, die Weine mit geografischer Herkunft durch einen pyramidalen Ansatz fördert, der den Weinlinien von Šuklje ähnelt (SVL Okoliš, SVL Vas und SVL Lega). Die Weinberge werden seit vielen Jahren auf nachhaltige Weise bewirtschaftet und befinden sich derzeit in offizieller Umstellung auf ökologischen Weinbau. Šuklje glaubt besonders an die Sorte Blaufränkisch und ihr Potenzial, in Bela Krajina ein Wein von Weltklasse zu werden.

VINSKA KLET ŠUKLJE
8330 Metlika
Trnovec 22
T: +386 (40) 654575
info@suklje.com
www.suklje.com

Kellermeister: Katja Šuklje Antalick
Kontakt: Guillaume Antalick
Anbauweise: Umstellung auf bio
Produktion: 26.667 Flaschen
35 % weiß, 10 % rosé, 55 % rot,
7.5+0.3 Hektar

94 Sauvignon Blanc Lozice Cru Plešivica SVL Lega 2021
14 Vol.-%, DIAM, 500-l-Fass/Stahltank/Flaschenreifung, €€€€ B V
Helles Grüngelb, Silberreflexe. Mit frischen Wiesenkräutern unterlegte reife Stachelbeeren, rosa Grapefruit und Guaven, einladendes Bukett. Stoffig, elegant, feine zitronig-mineralische Textur, reife gelbe Tropenfrucht, Kapstachelbeeren, bleibt gut haften, Limetten im Abgang, gutes Reifepotenzial.

92 Ciao Belo SVL Okoliš 2022
13,5 Vol.-%, DIAM, Beton/Stahltank, €€ B V
Helles Goldgelb, Silberreflexe. Frische Kräuterwürze, feine tabakige Nuancen, ein Hauch von frischer Birne. Straff, lebendig, frische Apfelfrucht, mineralisch-zitronig, bietet leichtfüßiges Trinkvergnügen.

93 Belo 140 SVL Okoliš 2021 KR/RR
13 Vol.-%, DIAM, 500-l-Fass/Stahltank, €€€ B V
Helles Gelbgrün, Silberreflexe. Zarte Wiesenkräuter, ein Hauch von Feuerstein, kandierte Limettenzesten, weiße Tropenfrucht, einladendes Bukett. Saftig, elegant, feine gelbe Frucht, nach Mango, finessenreiche Säurestruktur, extraktsüßer Abgang, animierender Stil, macht Lust auf das nächste Glas.

93 Blaufränkisch Vrbanjka Cru Plešivica SVL Lega 2020
13,5 Vol.-%, DIAM, gebrauchte Barriques/500-l-Fass/Stahltank/Flaschenreifung, €€€€ B V
Dunkles Rubingranat, violette Reflexe, breitere Ockerrandaufhellung. Mineralisch, rote Herzkirschen, zart nach Waldbeeren, floraler Touch, ein Hauch von kandierten Zitruszesten. Saftig, rotbeerig, feine seidige Textur, runde Tannine, frisch und mineralisch, bereits gut entwickelt und antrinkbar, verfügt über Länge und Reifepotenzial.

91 Blaufränkisch Lodoma SVL Vas 2021
13 Vol.-%, DIAM, gebrauchte Barriques/Stahltank/Flaschenreifung, €€€ B V
Kräftiges Rubingranat, violette Reflexe, dezente Ockerrandaufhellung. Zart kräuterwürzig unterlegte reife rote Herzkirschfrucht, frisches Brombeerkonfit, kandierte Orangenzesten. Mittlerer Körper, rotbeerige Textur, zarte Tannine, mineralisch, balanciert, ein Hauch von frischen Zwetschken im Nachhall.

90 Modra Frankinja/Blaufränkisch SVL Okoliš 2020
12,5 Vol.-%, DV, großes Holzfass/Stahltank, €€ B V
Kräftiges Rubingranat, violette Reflexe, breitere Ockerrandaufhellung. Zart nach Kirschen, dezent nach Nougat, kandierte Mandarinenzesten. Leichtfüßig, rotbeerig, feine Tannine, frischer Säurebogen, bereits entwickelt und gut antrinkbar, ein unkomplizierter Speisenbegleiter.

★★★

SVETLIK

NEU

Auf dem hohen, sonnigen Hang des Čaven, oberhalb des Dorfes Kamnje, genannt Grace, haben die Svetliks einen Rebula-Weinberg angelegt. Und hier, inmitten der Weinberge, schreiben Ivi und Edvard Svetlik eine neue Geschichte ihres Lebens. Das kleine Dorf Kamnje liegt im Vipava-Tal, einer wunderschönen slowenischen Weinbauregion, nur eineinhalb Autostunden von Venedig entfernt. Das submediterrane Klima des Vipava-Tals wirkt sich positiv auf den Weinanbau aus. Der Weinberg erhält seinen Charme und seine Kraft durch seine extrem sonnige Lage als eine der höchstgelege-

© Doris Markač

SVETLIK
5263 Dobravlje
Kamnje 42b
T: +386 (5) 3725100
svetlik-wine.com

Kellermeister/Kontakt:
Edvard Svetlik

Edvard und Ivi Svetlik

nen Weinberge im Vipava-Tal. Der Reichtum der Aromen der Rebula, einer autochthonen Rebsorte, die sowohl im Vipava-Tal als auch in Brda (Collio) besonders gut gedeiht, beweist, dass die Lage des Rebula-Svetlik-Weinbergs ideal ist. Das Paar produziert nur 6.000 Flaschen aus 8.000 Rebstöcken. Die Weinlese ist ein Festtag, an dem die Svetliks und ihre Freunde die Trauben, die sie den ganzen Sommer über und bis in den Spätherbst hinein gepflegt haben, von Hand lesen. Die Trauben werden eingemaischt, bis sich der Zucker in Alkohol verwandelt und der Rebula seine bernsteinfarbene Farbe erhält – genau wie die Trauben selbst. Er reift zwei Jahre lang in großen Eichenfässern, bevor er unfiltriert in Flaschen abgefüllt wird. Abgesehen vom Rebula Maximilian I., einer Sonderfüllung, die in Barrique-Fässern aus 354 alten Eichen aus dem Wald von König Ludwig XIV. reift und zu Ehren von Kaiser Maximilian I. abgefüllt wird. Schon 1503 ließ der Habsburger-Monarch den Rebula aus dem Vipava-Tal an seinen Hof liefern. Der Rebula Svetlik ist nicht nur bernsteinfarben, sondern auch reich an Aromen, Mineralien und Geschmacksnuancen. Er wird wie ein Rotwein bei einer Temperatur von 15 Grad Celsius in einem großen Glas getrunken, damit er seinen ganzen Reichtum entfalten kann.

(93) Rebula Selekcija 2017
13,5 Vol.-%, NK, Eichenfass, €€€€ B

Mittleres Orangegold, Messingreflexe. Kräuterwürzig unterlegte Nuancen von gelber Frucht, tabakiger Anklang, ein Hauch von weißem Nougat, kandierte Mandarinenzesten. Komplex, zart nach Marille, feiner Gerbstoff, straffe Textur, salzig-mineralisch im Abgang, zartes Nougat im Finish, würziger Nachhall, ein straffer Speisenbegleiter.

★★★

VERUS

NEU

Verus wurde von drei befreundeten Winzern, Rajko Žličar, Danilo Šnajder und Božidar Grabovac, gegründet. Sie haben die Weinberge ihrer Familien, ihr Wissen und ihre Arbeitskraft vereint. Im Frühjahr 2007 hat das Trio einen Weinkeller in einer ehemaligen Bäckerei eingerichtet. Sie teilen das Engagement für Familientraditionen, denn schon ihre Eltern und Großeltern waren eng mit dem Weinbau und dem Wein verbunden. Verus bedeutet echt, wahr, sachlich, auch ehrlich, unverfälscht, aufrichtig. Dieser Haltung sind sie gegenüber allen Menschen stets verpflichtet, und so sollen auch ihre Weine sein. Mit diesem Wissen und der sorgfältigen Arbeit im Weinberg und im Weinkeller erzeugen sie Weine, die die Eigenschaften der Sorte, des Jahrgangs und ihrer Weinbauregion wirklich zum Ausdruck bringen.

93 Sauvignon Blanc Verus 2021
13 Vol.-%, DV, Stahltank, €€€ V

Helles Gelbgrün, Silberreflexe. Attraktive weiße Tropenfrucht, zart nach Guaven und Passionsfrucht, ein Hauch von Kapstachelbeeren, mit Limetten unterlegt. Saftig, elegant, weißer Pfirsich, seidige Textur, gute Frische, harmonischer Stil, ein facettenreicher Speisenbegleiter mit Reifepotenzial.

92 Furmint Verus – Šipon 2021
13 Vol.-%, DV, Stahltank/Teilbarrique, €€€ V

Mittleres Grüngelb, Silberreflexe. Zarter Blütenhonig, Nuancen von weißer Tropenfrucht, gelbes Steinobst, ein Hauch von Limetten. Mittlere Komplexität, feine Fruchtsüße, elegant und balanciert, mineralisch-salziger Touch im Abgang, ein facettenreicher Speisenbegleiter.

92 Chardonnay Verus 2022
13,5 Vol.-%, DV, Stahltank, €€€ V

Helles Gelbgrün, Silberreflexe. Frische Wiesenkräuter, dunkle Mineralik, Nuancen von gelber Frucht, zart nach Mango und Apfel. Stoffig, gute Komplexität, frische weiße Birnenfrucht, feiner Säurebogen, zarte Fruchtsüße, Ananas im Nachhall, zeigt Länge und Reifepotenzial.

92 Pinot Gris Verus – Sivi Pinot 2022
14 Vol.-%, DV, Stahltank, €€€ V

Helles Orangegold, Kupferreflexe. Zarte Nuancen von Dörrfrüchten, feiner Birnentouch, etwas weißes Nougat,

VERUS
2270 Ormož
Hardek 34A
T: +386 (2) 741 54 40
info@verusvino.com
www.verusvino.com

Božidar Grabovac, Danilo Šnajder und Rajko Žličar

dezente Aromatik. Saftig, elegant, reifes gelbes Kernobst, etwas Pfirsich, kandierte Orangenzesten, feine Mineralik im Abgang, etwas Blütenhonig, gut anhaftend, verfügt über Reifepotenzial.

91 Riesling Verus – Renski Rizling 2021
12,5 Vol.-%, DV, Stahltank, €€€ V
Helles Gelbgrün, Silberreflexe. Floral, ein Hauch von weißem Pfirsich, zitroniger Touch, einladendes Bukett. Mittlerer Körper, feine, zart süße Steinobstnuancen, gut integrierter Säurebogen, mineralisch im Abgang, ein balancierter Speisenbegleiter.

93 Pinot Noir Verus – Modri Pinot 2017
14 Vol.-%, DV, gebrauchte Barriques, €€€€ V
Mittleres Karmingranat, Ockerreflexe, breite Randaufhellung. Zart nach kandierten Veilchen, rote Waldbeeren, ein Hauch von Dörrpflaumen, einladendes Bukett. Stoffig, feine Fruchtsüße, eingelegte Kirschen, präsente, tragende Tannine, salzige Mineralik, bleibt haften, ein balancierter Speisenbegleiter.

★★★

VINO GAUBE

NEU

Es gibt Dinge, die wir nie wissen, es gibt Menschen, die mysteriös bleiben, und es gibt Geschichten, die kein Ende haben … Und die Geschichte des Weins schreibt immer wieder neue Kapitel – eine Geschichte, die von Winzern zusammen mit der unvorhersehbaren Natur geschaffen wurde. Die Geschichte des Weinbaus auf dem Hof der Familie Gaube reicht mehrere Generationen zurück, aber in der Zwischenzeit wurde die Tradition der Produktion leider unterbrochen, sodass man erst 1992 mit der Abfüllung eigener Weine beginnen konnte. Seitdem hat sich viel geändert, nur die Verbundenheit den Weinreben und dem Wein gegenüber ist gleich geblieben. Es ist immer eine große Herausforderung für die Familie, eine gemeinsame Sprache mit der Natur zu finden und mit ihrem Geschenk der eigene Freude die Weinliebhaber zu bereichern. Der Betrieb befindet sich im Amphitheater der Weinberge von Svečinske gorice, in Špičnik, direkt unterhalb der berühmten Straße, die die Form eines Herzens zwischen den Weinbergen zeichnet. Die Lage, der Boden und die günstigen klimatischen Bedingungen auf fast neun Hektar Weinbergen

© Sean Fitzpatrick

Die Herzerlstraße bei Špičnik

VINO GAUBE
2201 Zgornja Kungota
Špičnik 17
T: +386 (41) 747151
vinarstvo.gaube@siol.net
www.vino-gaube.si

Kellermeister/Kontakt:
Alojzij Gaube
Produktion: 40.000 Flaschen
8 % Schaumwein, 81 % weiß,
10 % rosé, 1 % rot, 8.6 Hektar
Messen: Vino Ljubljana

ermöglichen es den Gaubes, eine breite Palette verschiedener Weinsorten zu produzieren, die jeden Geschmack befriedigen können. Man kann hier zwischen frischen, ruhigen und meist trockenen Weinen wählen, Schaumweinen, die nach der klassischen Methode hergestellt werden. Im Sortiment finden sich aber auch vollere, reifere Weine aus den Linien »Kaspar« und »Emanuel«, dazu wird auch Blauburgunder angeboten.

94 Chardonnay Kaspar 2020
13,5 Vol.-%, DIAM, Stahltank, €€€
Helles Gelbgrün, Silberreflexe. Mit einem Hauch von kandierten Orangenzesten unterlegte gelbe Apfelfrucht, floral, feiner Honig-Nouagt-Touch, einladendes Bukett. Straff, elegant, weißes Kernobst, feine Struktur, mineralisch und frisch, zitronige Nuancen, bleibt gut haften, ein vielseitiger Begleiter bei Tisch.

93 Sauvignon 2022
12,5 Vol.-%, DV, Stahltank, €€
Leuchtendes Gelbgrün, Silberreflexe. Zart nach Cassis und frischen Stachelbeeren, ein Hauch von Paprikaschoten, angenehme Kräuterwürze. Stoffig, weißer Apfel, lebendige Säurestruktur, zarte Fruchtsüße, zitronig-salzig im Nachhall, gute Länge, blitzsauberer Stil, hat Reifepotenzial.

93 Sivi Pinot 2022
13 Vol.-%, DV, Stahltank, €€
Helles Goldgelb, Silberreflexe. Feine Kräuterwürze, zart nach Melisse und Verveine, ein Hauch von gelber Birne, dezenter Blütenhonig. Komplex, weißes Kernobst, zart nach Apfel, feiner Säurebogen, dezente Süße, balanciert und gut anhaftend, nussig im Abgang, sicheres Reifepotenzial.

92 Zeleni Silvanec 2022
12,5 Vol.-%, DV, Stahltank, €€
Helles Grüngelb, Silberreflexe. Zart tabakig, ein Hauch von Kräutern, weiße Apfelfrucht, mit Limettenzesten unterlegt. Saftig, elegant, feine Fruchtsüße, lebendiger Säurebogen, sehr gute Balance, bleibt haften, mineralisch-zitronig im Abgang, vielfältig einsetzbar, verfügt über Reifepotenzial.

91 Rizling Laški 2022
12,5 Vol.-%, DV, Stahltank, €€
Helles Gelbgrün, Silberreflexe. Frischer Golden-Delicious-Apfel, Wiesenkräuter und Limettenzesten. Straff, engmaschig, grüner Apfel, frischer Säurebogen, mineralisch-zitronig im Nachhall, ein lebendiger Speisenbegleiter.

90 Rosé 2022
12,5 Vol.-%, DV, Stahltank, €€
Helles Lachsrosa, Orangereflexe. Zart nach Trockenkräutern, Nuancen von Erdbeerkonfit, eingelegte Kirschen, kandierte Orangenzesten. Saftig, weißer Apfel, frisch strukturiert, mineralisch-zitronig, ein lebendiger Sommerwein.

© shutterstock

★

VIPAVA 1894

Im malerischen Vipava-Tal im Westen Sloweniens, wo sich der mediterrane Süden und das kontinentale Europa auf spannende Weise vereinen, liegt die traditionsreiche Kellerei Vipava, die – wie der Name erahnen lässt – bereits im Jahr 1894 gegründet wurde.
Die Chronik der Kellerei ist bunt und untrennbar mit der bewegten Geschichte des Vipava-Tals verbunden. Seit Sommer 2017 leitet der steirische Weinmacher Hannes Sabathi mit seinem steirisch-slowenischen Team die vinophilen Geschicke der Kellerei. Damit hat eine neue Ära begonnen. Das Augenmerk liegt darauf, die besten Weine zu keltern, die das Gebiet hervorzubringen vermag – authentisch und mit präziser Herkunftscharakteristik. Rund 350 Weinbauern sind bei diesem großen Vorhaben die wichtigsten Partner von Hannes Sabathi. Seit Generationen pflegen sie mit Stolz die einzigartige Kulturlandschaft des Tales und unterstützen die Visionen des steirischen Weinmachers mit ihrem Erfahrungsreichtum.

92 Rebula Terase 2019
13 Vol.-%, VL, großes Holzfass, €€€€
Leuchtendes Goldgelb, Messingreflexe. Reife Birnenfrucht, ein Hauch von Honig, frische Mandarinenzesten, mineralischer Touch. Stoffig, weißer Apfel, feine Säurestruktur, zitronig, zart salzig im Abgang, Orangentouch im Nachhall.

91 Sauvignon Blanc Terase 2019
13,5 Vol.-%, VL, großes Holzfass, €€€€
Helles Goldgelb, Silberreflexe. Zart floral unterlegte weiße Tropenfrucht, gelbe Pfirsich-Apfel-Frucht, kandierte Orangenzesten. Straff, feiner Gerbstoff, weiße Birne, mineralisch-salzig, ein komplexer feinwürziger Speisenbegleiter.

90 Malvazija Terase 2019
13,5 Vol.-%, VL, großes Holzfass, €€€€
Leuchtendes Goldgelb, Silberreflexe. Feine gelbe Apfelfrucht, ein Hauch von Mango, zarte Note von Jod und Salz, feiner Blütenhonig. Stoffig, weißer Apfel, frisch strukturiert, ein Hauch von Lindenblüten im Abgang, ein trockener Begleiter bei Tisch.

89 Zelen Terase 2019
11,5 Vol.-%, VL, großes Holzfass, €€€€

90 Storia Lanthieri 2019 CS/ME
14 Vol.-%, VL, großes Holzfass, €€€€
Kräftiges Karmingranat, violette Reflexe, breiterer Ockerrand. Frisches rotes Waldbeerenkonfit, ein Hauch von Kirschen, tabakige Nuancen, ein Hauch von Nelken. Mittlere Komplexität, etwas Nougat, Pflaumen, präsente Tannine, mineralischer Nachhall, ein würziger Begleiter bei Tisch.

VIPAVA 1894
5271 Vipava
Vinarska cesta 5
T: +386 (5) 3671200
info@vipava1894.si
www.vipava1894.si

Kellermeister: Hannes Sabathi, Nika Gregoric
Kontakt: Hr. Jakob Blaschitz
Produktion: 10 % Schaumwein, 60 % weiß, 4 % rosé, 25 % rot, 1 % süß
Messen: Alimentaria, ProWein Düsseldorf, Vinitaly, Vinexpo New York, Vino Ljubljana

© shutterstock

Vipava-Tal in Slowenien

MIT BESTER EMPFEHLUNG

Ausgewählte Weinhändler, Feinkostläden und Weingasthöfe
mit hochwertigen Erzeugnissen für kulinarische Genuss-Erlebnisse.

VINOTHEK ST. STEPHAN V

1010 Wien, Stephansplatz 6
T: +43 (1) 5126858
info@vinothek1.at
Mo bis Fr 9.30–18.30 Uhr,
Sa 9.30–17 Uhr
www.vinothek1.at

MAYWINES.COM – WINE WITH PASSION V

1030 Wien, Landstraßer Gürtel 19
T: +43 (664) 2626911, +43 (1) 7965020
info@maywines.com
Mo bis Fr 9–17 Uhr & nach Vereinbarung
www.maywines.com

VINI PER TUTTI V

1080 Wien, Lerchenfelder Straße 44
T: +43 (664) 226426
office@vinipertutti.at
Mo bis Fr 13–22 Uhr, Sa 10–22 Uhr
www.vinipertutti.at

VINOPHILIA & CETERA V

1180 Wien, Währinger Straße 145
T: +43 (1) 47001110
office@vinophilia.at
Mo bis Fr 9.30–19 Uhr, Sa 9–13 Uhr
www.aumannplatz.at

1130 WEIN VINOTHEK V

1130 Wien, Lainzer Straße 1/Eingang
gegenüber Altgasse 27
T: +43 (699) 18000002
vinothek@1130wein.at
Mo bis Fr 10–19 Uhr, Sa 10–15 Uhr
www.1130wein.at

GEBIETSVINOTHEK RETZER LAND IM ALTHOF V

2070 Retz, Althofgasse 14
T: +43 (2942) 3711405
vinarium@althof.at
täglich 11–18 Uhr
www.althof.at

© Markus Haslinger

WIEN | NIEDERÖSTERREICH

GASTHAUS MARTIN WEILER W

2136 Laa an der Thaya,
Staatsbahnstraße 60
T: +43 (2522) 2379
martin@weilerlaa.at
www.weilerlaa.at

ALTES LANDGUT WERDENICH W

2423 Deutsch Jahrndorf, Untere
Hauptstraße 2, T: +43 (2144) 21630
altes@landgut-werdenich.at
Do bis Sa 10.30–24 Uhr, So 10–19.30 Uhr
www.landgut-werdenich.at

GETRÄNKEHAUS KRAUSE & VINOTHEK WEINBLATT V

2201 Gerasdorf bei Wien, Wagramer
Straße 259, T: +43 (1) 7346969
service@weinblatt.at
Mo bis Fr 8–18 Uhr, Sa 8–12 Uhr
www.weinblatt.at

LANDGASTHOF BÄRENWIRT W

3252 Petzenkirchen, Ybbser Straße 3
T: +43 (7416) 52153
info@baerenwirt1.at
Mo bis Sa 9–23 Uhr, So 9–11 Uhr
www.baerenwirt1.at

MARCHFELDERHOF W

2232 Deutsch-Wagram,
Bockfließer Straße 31
T: +43 (2247) 2243
office@marchfelderhof.at
Mi bis So 11–22 Uhr
www.marchfelderhof.at

VINOTHEK »WEIN & WACHAU« V

3390 Melk, Kirchenplatz 5
T: +43 (2752) 54987
office@weinundwachau.at
www.weinundwachau.at

WEINHANDELWIEN

Peter Kaindl Handels KG
Großhandel & Detailverkauf

Handel:
Inkustraße 1–7 / Obj. 4 • 3400 Klosterneuburg - Gewerbepark
Do + Fr 9–18 Uhr und Sa 9–16 Uhr

Büro:
Himmelstraße 31 • 1190 Wien
T: 0676/39 35 135 • F: 02243/26 554

kaindl@weinhandelwien.at • www.weinhandelwien.at

NIEDERÖSTERREICH

DER FLOH W

3425 Langenlebarn, Tullner Straße 1
T: +43 (2272) 62809
floh@derfloh.at
Mo, Fr bis So 9–23 Uhr, Do 17–23 Uhr
www.derfloh.at

LANDHAUS BACHER W

3512 Mautern an der Donau
Südtiroler Platz 2, T: +43 (2732) 82937
info@landhaus-bacher.at
Mi 18.30–0.30 Uhr, Do bis Sa 12–16.30 Uhr und 18.30–0.30 Uhr, So 11.30–23 Uhr
www.landhaus-bacher.at

GUT OBERSTOCKSTALL W

3470 Kirchberg am Wagram
Ringstraße 1, T: +43 (2279) 2335
restaurant@gutoberstockstall.at
Do und Fr 16–23 Uhr, Sa 11.30–23 Uhr, So 11.30–17 Uhr
www.gutoberstockstall.at

SCHWARZ W

3521 Nöhagen, Nöhagen 13
T: +43 (2717) 8209
office@gasthaus-schwarz.at
Mi bis So ab 10 Uhr
www.gasthaus-schwarz.at

GASTHAUS ZUM GOLDENEN KREUZ W

3483 Feuersbrunn, Weinstraße 11
T: +43 (2738) 2342
office@gasthausbauer.at, Di, Mi, Sa 11–21 Uhr, Do 11–15 Uhr, Fr 11–14 Uhr, So 11–16 Uhr, www.gasthausbauer.at

GOLFRESTAURANT HETTEGGER W

3532 Rastenfeld, Niedergrünbach 60
T: +43 (2826) 88102
info@restaurant-hettegger.at
täglich 9–23 Uhr
www.restaurant-hettegger.at

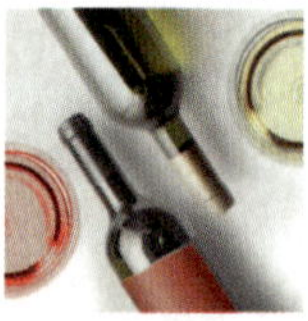

EISENBOCK'S STRASSER HOF W

3491 Strass, Marktplatz 30
T: +43 (2735) 2427
eisenbocks@strasserhof.at
So 10–15.30 Uhr
www.strasserhof.at

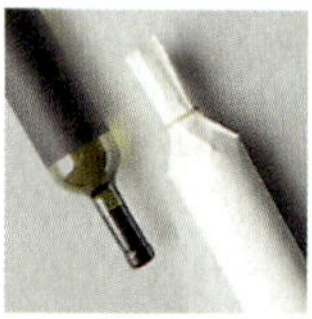

GUTMANN W

3561 Zöbing, Heiligensteinstraße 32
T: +43 (2734) 2334
office@gasthaus-gutmann.at
Mi, Do 11.30–14.30 Uhr, Fr, Sa 11.30–14.30 Uhr und 18–20.30 Uhr, So 9–18 Uhr
www.gasthaus-gutmann.com

GASTHAUS JELL W

3500 Krems, Hoher Markt 8–9
T: +43 (2732) 82345
gasthaus@amon-jell.at
Di bis Sa 11–14.30 Uhr u. 18–22.30 Uhr
www.amon-jell.at

HEINZLE W

3610 Weißenkirchen in der Wachau
Wachaustraße 280
T: +43 (2715) 2231
restaurant@heinzle.at
Mi, Sa 11–21 Uhr, Do, Fr, So 11–16 Uhr
www.heinzle.at

WEIN.DEPOT NOITZ V

3511 Palt, Römerstraße 169
T: +43 (2732) 85656
noitz@wein-handlung.at
Nach telefonischer Vereinbarung
www.wein-handlung.at

PRANDTAUERHOF W

3610 Joching, Prandtauerplatz 36
T: +43 (2715) 2310
weingut@holzapfel.at
Mo, Di, Fr, So 10–16 Uhr, Sa 10–22 Uhr
www.holzapfel.at

OBERÖSTERREICH

ALTE METZGEREI - VINOTHEK V
4020 Linz, Herrenstraße 5
T: +43 (732) 774434
office@walchshofer.com
Mo bis Mi 11–22 Uhr, Do, Fr 11–24 Uhr
www.altemetzgerei.at

SONNBERG BIOFLEISCH F
4273 Unterweißenbach
Sonnbergstraße 1
T: +43 (7956) 7970-81
schaubetrieb@biofleisch.biz
Mo bis Do 8–17 Uhr, Fr 8–18 Uhr,
Sa 8–12 Uhr, www.biofleisch.biz

SCHENKI'S VINOTHEK V
4020 Linz, Landstraße 12
T: +43 (732) 795444
weinhof@schenkenfelder.at
www.schenkenfelder.at

SEEHOTEL GRÜNER BAUM W
4830 Hallstatt, Marktplatz 104
T: +43 (6134) 82630
contact@gruenerbaum.cc
täglich 12–22 Uhr
www.gruenerbaum.cc

WEINHOF SCHENKENFELDER V
4020 Linz, Pollheimerstraße 20
weinhof@schenkenfelder.at
Mo bis Fr 8–12.30 u. 13.30–17.30 Uhr
www.schenkenfelder.at

GETRÄNKEHAUS OTMAR LUX V
4840 Vöcklabruck
Oberbleichfleck 10
T: +43 (7672) 27610
otmarlux@wein-handel.at
www.wein-handel.at

WEINTURM GMBH V
4030 Linz, Thanhoferstraße 11
T: +43 (732) 731014
office@weinturm.at
Mo, Di, Do und Fr 9–18 Uhr,
Mi und Sa 9–13 Uhr
weinturm.at

VINOVINO SPITZENWINZER ÖSTERREICH, FRANKREICH, ITALIEN V
4040 Linz, Freistädter Str. 3, Hinterhof
T: +43 (664) 2308551
office@vinovino.at, Weinabholung
nach Vereinbarung, www.vinovino.at

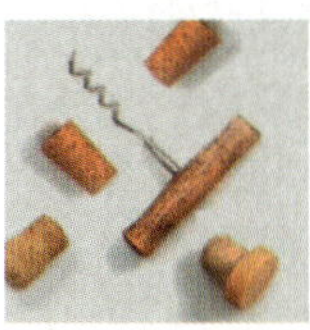

WOLFS WEINDEPOT V
4100 Ottensheim
Blittersdorffstraße 10a
T: +43 (650) 9829302,
office@wolfsweindepot.at
Öffnungszeiten nach Vereinbarung
www.wolfsweindepot.at

WEIN
[vain:] Substantiv

Poesie in Flaschen abgefüllt.

„Feine Auswahl von Wein, Sekt, Champagner und verschiedenen Spirituosen“

„Klein.Fein.Anders.“

CORKOUT®
Exclusive wine deals

CORKOUT VINOTHEK
Argentinierstrasse 28
1040 Vienna, Austria
corkout.shop

OBERÖSTERREICH | SALZBURG | TIROL

VINORILL V
4840 Vöcklabruck
Prinz-Eugen-Straße 44
T: +43 (664) 2040355
vinorill@aon.at
Nach Vereinbarung
www.vinorill.at

DORFKÄSEREI PÖTZELSBERGER F
5421 Adnet bei Hallein, Waidach 27
T: +43 (6245) 83228, info@biokas.at
Di und Do 8–12 Uhr, Mi 8–12 und 15–18 Uhr, Fr 8–18 Uhr, Sa 7–11 Uhr
www.biokas.at

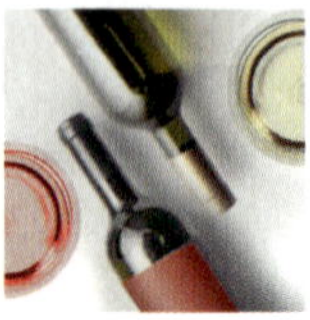

SPORER LIKÖR- & PUNSCHMANUFAKTUR V
5020 Salzburg, Getreidegasse 39
T: +43 (662) 845431
office@sporer.at
Mo bis Fr 10–19 Uhr, Sa 9–17 Uhr
www.sporer.at

DÖLLERER WEINHANDELSHAUS GMBH V
5431 Kuchl, Kellau 160
T: +43 (6244) 20567
weinhaus@doellerer.at
shop.doellerer.at

FEINKOST FLEISCHEREI AUERNIG F
5300 Hallwang, Wiener Bundesstr. 16
T: +43 (662) 661339
metzgerei@auernig.at
Mo bis Fr 7–18 Uhr, Sa 7–12 Uhr
www.auernig.at

HERZOG DESTILLATE V
5760 Saalfelden am Steinernen Meer, Breitenbergham 5
T: +43 (6582) 75707
office@herzogdestillate.at
Mo bis Fr 8–18 Uhr, Sa 8–12 Uhr
www.herzogdestillate.at

DIE FALSTAFF RESTAURANT-APP

Unterwegs einfach die besten Restaurants entdecken!

Mit der Falstaff Restaurant-App haben Sie die **besten Adressen** Europas immer auf Ihrem Smartphone!

So funktioniert's: Die App steht im Google-Play bzw. im App-Store, Stichwortsuche »Falstaff«, kostenlos zum Download zur Verfügung.

JETZT BEI Google play
Laden im App Store

@falstaff.magazin
Falstaff Restaurant-App
falstaff.com/apps
falstaff

VORARLBERG | BURGENLAND

TIROLER SPECKKLAUSE FAMILIE KRUSELBURGER F
6108 Scharnitz, Hauptstraße 67/68
T: +49 (5213) 5767
info@tiroler-speckklause.at
www.tiroler-speckklause.at

BERTSCH & GUNZ HANDELS OG BEVANDA WEINE & DESTILLATE V
6850 Dornbirn, Färbergasse 15
T: +43 (5572) 386631
office@bevanda.cc, Mo bis Fr 9–18 Uhr, Sa 9–17 Uhr, www.bevanda.cc

VINOTHEK NAGELE V
6150 Steinach/Brenner
Bahnhofstraße 162b
T: +43 (5272) 6257
m.wessiack@vinothek-nagele.at
Mo bis Fr 9–19 Uhr, Sa 9–12 Uhr
www.vinothek-nagele.at

JOHANNES THURNHER V
6850 Dornbirn, Bockackerstraße 13
T: +43 (5572) 26151
jth@thurnher-wein.com
Mo bis Fr 8–12 u. 14–18 Uhr, Sa 9–12 Uhr
www.thurnher-wein.com

RIEDHART HANDELS GMBH V
6300 Wörgl, Innsbrucker Straße 96
T: +43 (5332) 72106
office@riedhart.at
Mo bis Fr 7.30–18 Uhr, Sa 7.30–13 Uhr
www.riedhart.at

KÄSESTRASSE BREGENZERWALD GMBH V
6951 Lingenau, Zeihenbühl 423
T: +43 (5513) 4287041
info@kaesestrasse.at
Mo bis Fr 10–18 Uhr, Sa 9–17 Uhr
www.kaesestrasse.at

DEWALDS WEINLADEN V
6370 Kitzbühel, Im Gries 15
T: +43 (699) 17291150
shop@dewalds.at
Mo 12–18.30 Uhr, Di, Do und Fr 10–18.30 Uhr, Mi 10–18 Uhr, Sa 9.30–15 Uhr
www.dewalds.at

RESTAURANT BRAUNSTEIN PAULI'S STUBEN W
7083 Purbach, Fellnergasse 1a
T: +43 (2683) 55130
restaurant@braunstein.at
Mo, Do bis Sa 8–22 Uhr, So 8.30–20 Uhr
www.braunstein.at

WINETASTE KG V
6370 Kitzbühel, Sonngrub 39
T: +43 (660) 3017307
yvonne@weinherz.at
www.weinherz.at

DAS FRITZ W
7121 Weiden am See, Seebad 1
T: +43 (2167) 40222
info@dasfritz.at
täglich 9–22 Uhr
www.dasfritz.at

GRISSEMANN V
6511 Zams, Hauptstraße 150
T: +43 (5442) 6999
vinothek@grissemann.at
Mo bis Fr 8–19 Uhr, Sa 8–18 Uhr
www.dergrissemann.at

SAILER'S VINOTHEK BURGENLAND V
7132 Frauenkirchen, Kirchenplatz 27
T: +43 (664) 4321157
vinothek@sailers.at
Mi bis Fr 10–12 u. 15–18 Uhr, Sa 10–16 Uhr, So 11–16 Uhr, www.sailers.at

V Vinothek F Feinkost W Weingasthof

BURGENLAND | STEIERMARK

GASTHAUS ZUR DANKBARKEIT W

7141 Podersdorf, Hauptstraße 39
T: +43 (2177) 2223
weingut@dankbarkeit.at, Feb. bis Nov. Do, Fr 11.30–14 und 18–21 Uhr, Sa, So 11.30–21 Uhr, www.dankbarkeit.at

KLAPOTETZ WEINBAR V

8010 Graz, Herrengasse 9
T: +43 (316) 820888
wein@klapo.at
Mo bis Fr 11–22 Uhr, Sa 11–18 Uhr
www.klapo.at

PODERSDORFER WEINSTUBEN W

7141 Podersdorf am See
Winklergasse 30, T: +43 (2177) 2829
weingut@dankbarkeit.at
15.4. bis 31.10., Do bis So ab 17 Uhr,
www.weingutzurdankbarkeit.at

WEINHANDEL KOHLBACHER V

8010 Graz, Leonhardstraße 3
T: +43 (316) 319431
office@weinhandel-kohlbacher.at
Mo bis Do 11–19, Fr 10–19, Sa 10–13 Uhr,
www.weinhandel-kohlbacher.at

PRESSHAUS W

7142 Illmitz, Apetloner Straße 13
T: +43 (2175) 2730
presshaus.haider@aon.at
Mi bis So 10–24 Uhr
www.presshaus.com

SIMPLYWINE A.I. DEUTSCH HANDELSGMBH V

8077 Gössendorf, Gewerbering 4
T: +43 (3135) 46060
office@simplywine.at
Mo, Fr 8.30–12.30 Uhr, Di bis Do 8.30–12.30 u. 13–16 Uhr, www.simplywine.at

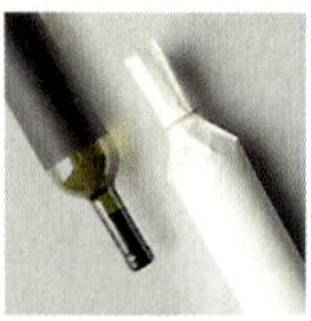

BURGENLAND VINOTHEK V

7301 Deutschkreutz, Hauptstraße 42
T: +43 (1) 7182573
office@burgenland-vinothek.at
Di bis Fr 13–18.30 Uhr, Sa 10–15 Uhr
www.burgenland-vinothek.at

BERGGASTHOF KÖNIG W

8225 Pöllauberg, Oberneuberg 5
T: +43 (3335) 2311
office@berggasthof-koenig.at
Mi bis Sa 11–20.30 Uhr, So 11–18 Uhr
www.berggasthof-koenig.at

HOTEL KRUTZLER W

7522 Heiligenbrunn
Heiligenbrunn 16
T: +43 (3324) 7241
post@hotel-krutzler.at
www.hotel-krutzler.at

EUROGAST INTEREX V

8274 Buch, Totterfeld 24
interex.at
weinschmecker.shop
proseccowelt.com (Villa Sandi)

SCHWABENHOF W

7522 Hagensdorf, Hagensdorf 22
T: +43 (3324) 7333
hotel@schwabenhof.at
Öffnungszeiten laut Homepage
www.schwabenhof.at

RATSCHER LANDHAUS WEIN- UND GENUSSHOTEL W

8461 Ehrenhausen, Ottenberg 35
T: +43 (3453) 23130
info@ratscher-landhaus.at
Mo bis Fr 18–20 Uhr
www.ratscher-landhaus.at

STEIERMARK | KÄRNTEN | NACHBARLÄNDER

SATTLERHOF GENIESSERRESTAURANT W

8462 Gamlitz, Sernau 2a
T: +43 (3453) 44540
restaurant@sattlerhof.at
Di bis So ab 12 Uhr
www.sattlerhof.at

APROPOS WEIN V

94086 Bad Griesbach im Rottal
Seilerberg 6C
T: +49 (8532) 7508
info@aproposwein.com
Mo, Mi, Fr, Sa 10–12 Uhr, Di, Do 16–18 Uhr
www.aproposwein.com

THERESAS – EINE ART GASTHAUS W

8530 Deutschlandsberg,
Kirchengasse 4
T: +43 (3462) 39182,
theresas70@gmx.at
www.theresas.at

WEINGARTEN EDEN GMBH & CO. KG V KALIFORNISCHE EDELWEINE

94086 Bad Griesbach im Rottal
Rottalstraße 18, T: +49 (8532) 920050
info@weingarten-eden.de
www.weingarten-eden.de

KRÄUTERHAUS PFARRSTADEL F

9773 Irschen, Irschen 19a
T: +43 (664) 5753912, info@irschen.com
Mai bis Oktober Mo bis Fr 9–17 Uhr,
Sa 9–13 Uhr
www.kraeuterdorf.at

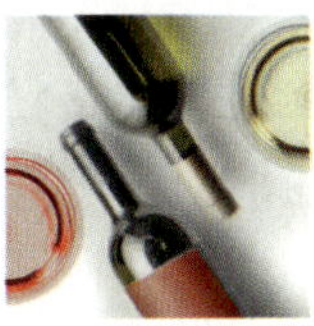

WEINHANDEL PETER GIGLER V

9853 Gmünd, Kirchgasse 53
T: +43 (676) 6094223
petergigler@weinheit.at
Do 17.30–23 Uhr
www.weinheit.at

VINOTHEK BRANCAIA VINTRA SA V

8008 Zürich, Seefeldstraße 299
T: +41 (44) 4224522
office@vinothek-brancaia.ch
Mo bis Fr 9–18.30 Uhr, Sa 9–16 Uhr
www.vinothek-brancaia.ch

UVA-EVA SCHIESS WEINHANDEL V

8934 Knonau, Bachweg 2
T: +41 (44) 7670333
weinhandel@uvaeva.ch
Di bis Do 14–18.30 Uhr, Fr 14–21 Uhr,
Sa 10–14 Uhr, www.uvaeva.ch

avinum©
wines from austria

**Grösstes Sortiment
zu besten Preisen**

Wir liefern jeden österreichischen Qualitätswein
innert nützlicher Frist und zu besten Konditionen
– auch mit Flaschenreife und Raritäten

Avinum GmbH
Höhenstrasse 12
CH-9500 Wil / SG

www.avinum.ch
shop@avinum.ch

Tel. +41 71 911 33 87

Öffnungszeiten Büro und Lager
Montag bis Samstag
auf Voranmeldung

V Vinothek F Feinkost W Weingasthof

WEINGÜTER INDEX NACH NAME

ÖSTERREICH

A

B

H

WEINGÜTER INDEX NACH REGION

WIEN

NIEDERÖSTERREICH

CARNUNTUM

KAMPTAL

KREMSTAL

THERMENREGION

TRAISENTAL

WACHAU

WAGRAM

WEINVIERTEL

BURGENLAND

EISENBERG

LEITHABERG

MITTELBURGENLAND

NEUSIEDLERSEE

STEIERMARK

SÜDSTEIERMARK

VULKANLAND STEIERMARK

WESTSTEIERMARK

BERGLAND

KÄRNTEN

WEINGÜTER NACHBARLÄNDER

LIECHTENSTEIN

SLOWAKEI

SLOWENIEN

TSCHECHIEN

UNGARN

FALSTAFF WEINGUIDE
ÖSTERREICH/NACHBARLÄNDER 2023/24

MEDIENINHABER
Falstaff-Verlags-GmbH
Schottenring 2-6, 1010 Wien, Österreich
Tel.: +43 1 904 21 41, Fax: +43 1 904 21 41-450
www.falstaff.com
E-Mail: wein@falstaff.com

HERAUSGEBER
Wolfgang M. Rosam und Angelika Rosam

GESCHÄFTSFÜHRUNG
Mag. Elisabeth Kamper, Wolfgang M. Rosam,
Ronald Tomandl, M.Sc.

REDAKTION UND DEGUSTATION
Peter Moser, Claudia Schindlmaißer
Konstantin Schindlmaißer, B.A.

CHEFIN VOM DIENST
Mag. Petra Kirchmayer

LEKTORAT
Mag. Florian Praxmarer

REDAKTION VERLAG
Mag. Marie Theres Mikhail
Mag. Georg Morawitz-Holeschofsky
Noah Neururer, B.A. B.A.
Alexander Traxler

PEFC-zertifiziert
Dieses Produkt stammt aus nachhaltig bewirtschafteten Wäldern und kontrollierten Quellen
PEFC
PEFC/04-31-1308
www.pefc.de

PRODUKTION UND GESTALTUNG
Mag. art. Marcus Wiesner (Grafik, Fotografie)
Ing. Michael Lenhart (Produktion)
Robert Pleniger (IT)
Thomas Kepplinger, M.A. (Art Dir. Marketing & Sales)

FLASCHENFOTOS
Claudia Schindlmaißer

ANZEIGEN
Lisa Tschernig, M.A. (Leitung Sales)
Christiane Ceccarelli (Anzeigenkoordination)
Timotheus Lamberg (Leitung Direct Sales)

HERSTELLER/DRUCK
ppm Fulda GmbH & Co. KG

Frankfurter Straße 8
36043 Fulda
www.ppm-fulda.de

IDEE UND KONZEPT VON
PETER MOSER